2025

PERFECT

한국세무사회 국가공인

필기&실기 완벽대비서

국가직무능력표준
National Competency Standards

전산 세무 2급

저자_ 황향숙

배움
도서출판

머리말

　　기업의 작업환경이 수기장부에서 전산화되고, 현대사회가 복잡해짐에 따라 경제현상을 설명하는 회계학의 영역과 그 중요성은 더욱 커져가고 있으며, 이에 발맞추어 전산과 회계를 접목시킨 자격증 제도가 만들어 졌습니다. 현업에서의 회계업무는 회계프로그램을 실행할 수 있는 전산세무회계자격증 취득자를 필요로 하고 있습니다.

　　전산세무회계자격증은 조세의 최고전문가인 1만 여명 세무사로 구성된 한국세무사회가 엄격하고 공정하게 자격시험을 실시하여 그 능력을 등급으로 부여함으로써, 전산세무회계의 실무처리능력을 보유한 전문 인력을 양성할 수 있도록 자격증 제도를 시행하고 있습니다. 또한, 학교의 세무회계 교육방향을 제시하여 인재를 양성시키도록 하고, 기업체에는 실무능력을 갖춘 인재를 공급하여 취업의 기회를 부여하며, 평생교육을 통한 우수한 전문 인력 양성에 그 목적을 두고 있습니다.

　　2011년 이후 국제회계기준의 의무도입으로 인해 대한민국의 회계환경도 많은 변화를 가져왔습니다. 기존에 적용하던 기업회계기준서 대신 상장기업은 한국채택국제회계기준(K-IFRS)을 적용하도록 바뀌고, 비상장기업은 일반기업회계기준을 적용하도록 변경되었습니다.

　　2014년 회계연도부터 비상장기업 중 외부감사를 받지 않는 중소기업의 경우에는 현행 일반기업회계기준 대신 간편법에 의한 회계처리규정을 적용할 수 있는데, 2013년 2월 1일 제정된 이 기준을 중소기업회계기준이라 부릅니다. 다만, 중소기업이라도 중소기업회계기준을 적용하지 않고 일반기업회계기준을 적용하는 것은 인정됩니다.

　　한국세무사회 전산회계·전산세무 자격시험은 일반기업회계기준으로 시험 출제를 하고 있으며, 2013년부터 국가공인 전산세무회계자격시험의 프로그램은 한국세무사회가 직접 소유하고 있는 KcLep(케이렙)으로 진행되고 있습니다.

　　최근 출제의 경향을 분석한 결과 이론적 체계 없이는 합격할 수 없으므로, 과거의 방식대로 암기식, 요약식의 시험대비는 자격 취득 실패의 쓴맛을 보게 될 것입니다. 본 서 전산세무 2급은 회계이론을 기초로 최적화된 이론정리로 시간을 절약하여 이론을 체계적으로 정립할 수 있도록 집필하였습니다. 이론을 체계적으로 정리 후 실기연습에 할애하여 학습하는 것이 가장 바람직하다고 생각합니다.

전산세무 2급

본 서의 특징은 다음과 같습니다.

1. 체계적·효율적 이론정리 및 실전테스트
2. 완벽한 시험대비를 위한 단원별 평가문제 제공
3. 전산실무시험 대비 단원별 집중심화연습 제공
4. 최근경향대비 모의고사 및 최신기출문제 제공

    본 교재를 통하여 전산세무회계 자격증을 취득하고자 하는 많은 분들에게 빠른 합격과 실무능력 향상을 한꺼번에 이루시길 바라며, 교재의 부족한 부분은 계속 노력하여 채워나갈 것을 약속드립니다. 또한 교재에 대한 질문 및 오류 부분은 도서출판 배움 홈페이지(www.bobook.co.kr) [질문과 답변]에 남겨주시면 성실히 답변을 드리도록 하겠습니다.

    본 교재를 출간할 수 있도록 도와주신 도서출판 배움 박성준 대표님과 기타 관계자분들께 감사드리며 교재 출간 계획 및 집필에 많은 조언과 신경을 쓰셨던 고인 조윤준교수님께 감사의 말씀을 드리며 삼가 고인의 명복을 빕니다.

2025. 02 황향숙

Contents

실무이론편

PART 01 전표관리 및 결산관리 (NCS 0203020201_23v6 적격증빙관리/ 0203020102_20v4 자금관리/0203020202_20v5 결산관리)

CHAPTER 01 재무회계의 기초 및 개념 ... 21
1. 재무회계의 기초 ... 21
2. 재무제표 ... 22
3. 재무회계의 개념체계 ... 29
단원평가(실무이론) ... 34

CHAPTER 02 당좌자산 ... 40
1. 현금및현금성자산 ... 40
2. 단기투자자산 ... 42
3. 매출채권 ... 44
4. 기타채권 ... 49
단원평가(실무분개) ... 51
단원평가(실무이론) ... 57

CHAPTER 03 재고자산 ... 61
1. 재고자산의 의의와 종류 ... 61
2. 재고자산의 취득원가 ... 61
3. 기말재고자산에 포함할 항목 ... 62
4. 상품매매에 관한 등식 ... 63
5. 원가흐름에 의한 재고자산 평가 ... 64
6. 재고자산감모손실 ... 67
7. 재고자산평가손실 ... 67
8. 소모품의 기말평가 ... 67
단원평가(실무분개) ... 68
단원평가(실무이론) ... 72

CHAPTER 04 투자자산 ... 76
1. 비유동자산 ... 76
2. 투자자산 ... 76
단원평가(실무분개) ... 81
단원평가(실무이론) ... 83

CHAPTER 05 유형자산 ... 85
1. 유형자산의 의의 및 종류 ... 85
2. 유형자산의 취득원가 ... 85
3. 유형자산 취득의 유형별 회계처리 ... 86
4. 유형자산의 취득 후 지출 ... 91
5. 유형자산 감가상각 ... 92
6. 유형자산의 손상차손 및 인식 이후의 측정 ... 94

	7. 유형자산의 처분	96
	단원평가(실무분개)	97
	단원평가(실무이론)	104

CHAPTER 06 무형자산 … 108

　1. 무형자산의 의의 및 종류 … 108
　2. 무형자산의 취득원가 … 110
　3. 무형자산의 상각 및 손상차손 … 111
　4. 무형자산의 처분 … 112
　단원평가(실무분개) … 113
　단원평가(실무이론) … 114

CHAPTER 07 기타비유동자산 … 116

　단원평가(실무분개) … 117

CHAPTER 08 부채 … 118

　1. 부채의 개념 … 118
　2. 유동부채 … 118
　3. 비유동부채 … 121
　단원평가(실무분개) … 129
　단원평가(실무이론) … 133

CHAPTER 09 자본 … 135

　1. 자본의 개념과 분류 … 135
　2. 자본금 … 136
　3. 주식의 소각(감자) … 138
　4. 자기주식 … 138
　5. 자본잉여금 … 139
　6. 자본조정 … 139
　7. 기타포괄손익누계액 … 140
　8. 이익잉여금 … 140
　9. 이익잉여금의 처분 … 141
　단원평가(실무분개) … 143
　단원평가(실무이론) … 147

CHAPTER 10 수익과 비용 … 150

　1. 손익계산서 계산구조 … 150
　2. 수익의 인식기준 … 150
　3. 비용의 인식기준 … 152
　4. 외화채권·채무 평가 … 153
　단원평가(실무분개) … 154
　단원평가(실무이론) … 157

Contents

CHAPTER 11 회계변경과 오류수정   159
    1. 회계변경   159
    2. 오류수정   161
    단원평가(실무이론)   163

PART 02 　원가회계　 (NCS 0203020103_20v4 원가계산)

CHAPTER 01 원가회계의 개념   167
    1. 원가회계의 개념   167
    2. 원가회계의 목적   167
    3. 원가의 개념 및 비용과의 관계   167
    4. 원가의 분류   168
    5. 원가의 구성   173
    6. 원가계산의 절차   173
    단원평가(실무이론)   174

CHAPTER 02 제조업의 원가흐름   178
    1. 제조기업의 원가계산 흐름   178
    2. 재료비   179
    3. 노무비   180
    4. 제조경비   181
    5. 재공품   183
    6. 제품   184
    7. 제조원가의 회계처리   184
    8. 제조원가명세서   186
    단원평가(실무이론)   187

CHAPTER 03 원가의 배분   191
    1. 원가배분   191
    2. 제조간접비 배부   192
    단원평가(실무이론)   199

CHAPTER 04 부문별 원가계산   203
    1. 부문별 원가계산의 기초   203
    2. 부문별 원가계산의 절차   203
    3. 부문공통비의 배부   203
    4. 보조부문비의 배부기준 및 방법   204
    5. 원가행태에 따른 보조부문비의 배부   208
    단원평가(실무이론)   209

CHAPTER 05 제품별 원가계산	212
1. 개별원가계산	212
2. 종합원가계산	214
3. 공손품, 작업폐물, 부산물의 구분	219
단원평가(실무이론)	222

PART 03 부가가치세 (NCS 0203020205_23v6 부가가치세 신고)

CHAPTER 01 부가가치세의 기본개념	231
1. 부가가치세의 의의	231
2. 부가가치세의 계산(전단계세액공제법)	231
3. 부가가치세의 특징	231
4. 납세의무자	232
5. 과세기간	233
6. 납세지(사업장)	234
7. 사업자등록	236
단원평가(실무이론)	238

CHAPTER 02 과세거래	240
1. 재화의 공급	240
2. 용역의 공급	246
3. 부수재화 또는 용역	247
4. 재화의 수입	247
5. 공급시기(= 거래시기)와 공급장소	248
단원평가(실무이론)	250

CHAPTER 03 영세율과 면세	253
1. 영세율	253
2. 면세	255
3. 영세율과 면세의 비교	257
단원평가(실무이론)	258

CHAPTER 04 거래징수와 세금계산서	260
1. 거래징수	260
2. 세금계산서	260
3. 전자세금계산서	261
4. 매입자발행세금계산서	262
5. 수입세금계산서	262
6. 세금계산서의 발급 · 발급시기	262
7. 세금계산서의 수정	264
8. 영수증	265
단원평가(실무이론)	267

Contents

CHAPTER 05 과세표준과 납부세액   270
    1. 부가가치세의 계산구조   270
    2. 과세표준(= 공급가액)과 매출세액   270
    3. 세율   277
    4. 매입세액공제와 납부세액의 계산   278
    5. 차가감납부(환급)할 세액의 계산   293
    단원평가(실무이론)   294

CHAPTER 06 부가가치세 신고 · 납부절차   298
    1. 부가가치세 신고 · 납부   298
    2. 환급   299
    단원평가(실무이론)   300

CHAPTER 07 간이과세   301
    단원평가(실무이론)   305

PART 04 소득세 (NCS 0203020204_23v6 원천징수/0203020206_23v6 종합소득세 신고)

CHAPTER 01 소득세의 기본개념   310
    1. 소득세의 기초개념   310
    2. 종합소득세의 계산구조   313
    3. 금융소득(이자 · 배당소득)   314
    4. 사업소득   318
    5. 근로소득   322
    6. 연금소득   330
    7. 기타소득   332
    8. 소득금액계산의 특례   335
    단원평가(실무이론)   337

CHAPTER 02 과세표준과 세액의 계산   346
    1. 종합소득 과세표준   346
    2. 종합소득 인적공제   346
    3. 종합소득 물적공제   350
    4. 종합소득 세액공제 · 감면   355
    단원평가(실무이론)   367

CHAPTER 03 납부절차   369
    1. 원천징수제도   369
    2. 연말정산제도   371
    3. 소득세 신고 · 납부절차   371
    단원평가(실무이론)   374

PART 05 보론

- CHAPTER 01 재무비율분석(NCS 0203020106_20v4) — 380
- CHAPTER 02 비영리회계(NCS 0203020109_20v4) — 385
- CHAPTER 03 지방세신고(NCS 0203020208_23v6) — 389

전산실무편

PART 01 실무프로그램의 시작

- CHAPTER 01 실무프로그램의 시작 — 394

PART 02 회계정보시스템운용 (NCS 0203020105_20v4 회계정보시스템운용)

- CHAPTER 01 기초정보등록 — 398
  1. 회사등록 — 398
  2. 환경등록 — 398
  3. 거래처등록 — 398
  4. 계정과목 및 적요등록 — 398

- CHAPTER 02 전기이월작업 — 399
  1. 전기분 재무상태표 — 399
  2. 전기분 원가명세서 — 399
  3. 전기분 손익계산서 — 399
  4. 전기분 이익잉여금처분계산서 — 399
  5. 거래처별초기이월 — 400

PART 03 전표관리 (NCS 0203020201_23v6 적격증빙관리)

- CHAPTER 01 일반전표입력 — 402
  1. 일반전표입력 — 402
  2. 신규거래처 등록 — 406
  3. 유형별 분개 연습하기 — 407
  집중 심화연습 — 425

- CHAPTER 02 매입매출전표입력 — 428
  1. 매입매출전표입력 — 429
  2. 매출유형별 실무프로세스 — 433
  3. 매입유형별 실무프로세스 — 462
  집중 심화연습 — 491

PART 04 부가가치세 신고서 및 부속서류 작성 (NCS 0203020205_23v6 부가가치세 신고)

- CHAPTER 01 세금계산서 및 계산서합계표 — 497
- CHAPTER 02 신용카드매출전표등 발행집계표 — 498
  집중 심화연습 — 500

Contents

CHAPTER 03 부동산임대공급가액명세서 … 501
    집중 심화연습 … 504

CHAPTER 04 영세율 첨부서류(근거서류) … 505
    1. 수출실적명세서 … 505
    2. 영세율첨부서류제출명세서 … 508
    3. 내국신용장·구매확인서전자발급명세서 … 509
    4. 영세율매출명세서 … 510
    집중 심화연습 … 511

CHAPTER 05 대손세액(변제대손세액)공제신고서 … 513
    집중 심화연습 … 515

CHAPTER 06 건물 등 감가상각자산취득명세서 … 517
    집중 심화연습 … 518

CHAPTER 07 신용카드매출전표등 수령명세서 … 519
    집중 심화연습 … 521

CHAPTER 08 의제매입세액공제신고서 … 522
    집중 심화연습 … 529

CHAPTER 09 재활용폐자원세액공제신고서 … 531
    집중 심화연습 … 533

CHAPTER 10 공제받지못할매입세액명세서 … 534
    1. 공제받지못할매입세액내역 … 534
    2. 공통매입세액의 안분 … 536
    3. 공통매입세액의 정산 … 538
    4. 납부세액(또는 환급세액)의 재계산 … 540
    집중 심화연습 … 542

CHAPTER 11 부가가치세신고 및 가산세 … 546
    1. 부가가치세신고서 … 546
    2. 가산세 … 551
    집중 심화연습 … 566
    3. 부가가치세 전자신고 … 569
    집중 심화연습 … 574
    4. 매입매출전표에서 전자세금계산서 발급 … 575

PART 05 결산관리 (NCS 0203020202_20v5 결산관리)

CHAPTER 01 고정자산등록 및 감가상각 … 580
    1. 감가상각 … 580
    2. 고정자산등록 … 580

CHAPTER 02	결산프로세스	583
	1. KcLep 결산 프로세스(법인기업)	583
	2. 수동결산 실무	584
	3. 자동결산 실무	584

CHAPTER 03	재무제표 작성	597
	1. 원가명세서	597
	2. 손익계산서	597
	3. 이익잉여금처분계산서(또는 미처리결손금계산서)	597
	4. 재무상태표	599
	5. 합계잔액시산표	599
	집중 심화연습	599

PART 06 근로소득 원천징수 (NCS 0203020204_23v6 원천징수)

CHAPTER 01	사원등록	605
	1. 근로소득 프로세스	605
	2. 사원등록	605
	집중 심화연습	614

CHAPTER 02	급여자료입력	617
	1. 수당 및 공제등록	617
	2. 급여자료 입력	619
	집중 심화연습	624

CHAPTER 03	원천징수이행상황신고서	625
	1. 원천징수이행상황신고서 작성	625
	2. 원천징수 전자신고	628
	집중 심화연습	632

CHAPTER 04	연말정산추가자료입력	634
	1. 계속근무자 및 특수한 경우의 연말정산	634
	2. 연말정산추가자료입력	635
	집중 심화연습	657

모의고사&기출문제

PART 01	실전모의고사(1회 ~ 2회)	664
PART 02	최신기출문제(117회 ~ 112회)	682
PART 03	집중심화연습 해답	754
PART 04	실전모의고사 해답	808
PART 05	기출문제 해답	830

시험안내 및 출제기준

1. 2025년 국가공인 전산세무회계 자격시험 일정

종목 및 등급	회차	원서접수	장소공고	시험일자	발 표
전산세무 1, 2급 전산회계 1, 2급	제118회	01.02 ~ 01.08	02.03 ~ 02.09	02.09(일)	02.27(목)
	제119회	03.06 ~ 03.12	03.31 ~ 04.05	04.05(토)	04.24(목)
	제120회	05.02 ~ 05.08	06.02 ~ 06.07	06.07(토)	06.26(목)
	제121회	07.03 ~ 07.09	07.28 ~ 08.02	08.02(토)	08.21(목)
	제122회	08.28 ~ 09.03	09.22 ~ 09.28	09.28(일)	10.23(목)
	제123회	10.30 ~ 11.05	12.01 ~ 12.06	12.06(토)	12.24(수)

2. 시험시간

등급	전산세무 1급	전산세무 2급	전산회계 1급	전산회계 2급
시험시간	15:00 ~ 16:30	12:30 ~ 14:00	15:00 ~ 16:00	12:30 ~ 13:30
	90분	90분	60분	60분

3. 응시자격기준 및 응시원서 접수방법

응시자격은 제한이 없다. 다만, 부정행위자는 해당 시험을 중지 또는 무효로 하며 이후 2년간 시험에 응시할 수 없다. 각 회차별 접수기간 중 한국세무사회 홈페이지(http://license.kacpta.or.kr)로 접속하여 단체 및 개인별 접수(회원가입 및 사진등록)한다. 궁금한 사항은 홈페이지를 참고하거나 전화(02-521-8398~9)로 문의할 수 있다.

4. 합격자 결정기준

100점 만점에 이론과 실기를 합해서 70점 이상이 되면 합격한다.

5. 시험출제기준

등급	시험방법	시험과목	평가비율	제한시간	출제방법
전산세무 2급	이론시험	▪ 재무회계(10%), 원가회계(10%), 세무회계(10%)	30%	90분	**이론시험** 객관식 4지선다형 **실무시험** 전산회계프로그램을 이용한 실기시험
	실무시험	▪ 거래자료 입력 및 결산자료의 입력(35%) ▪ 매입매출자료 입력, 부가가치세 신고서 작성 및 전자신고(20%) ▪ 원천징수 및 전자신고와 연말정산 기초(15%)	70%		

※ 각 구분별 ±10% 이내에서 범위를 조정할 수 있으며, 전산세무 2급은 전산회계 1급의 내용을 포함한다.

KcLep(케이렙) 프로그램 설치 방법

1. 한국세무사회 자격시험 홈페이지 사이트(http://license.kacpta.or.kr/) 접속

KcLep(케이렙) 수험용 프로그램을 설치를 위해 먼저 인터넷을 통해 프로그램을 다운 받아야 한다.

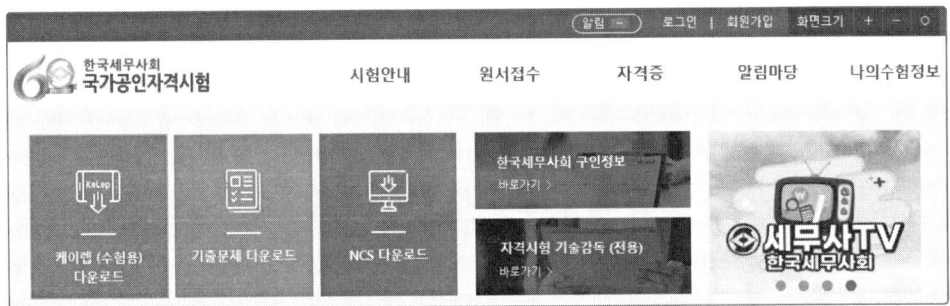

2. 수험용 프로그램 설치

KcLep(케이렙) 프로그램을 다운 받으면 아이콘(KcLepSetup)이 나타내며, 이를 더블클릭하여 프로그램을 설치한다. (버전에 따라 아이콘 모양은 바뀔 수 있다.)

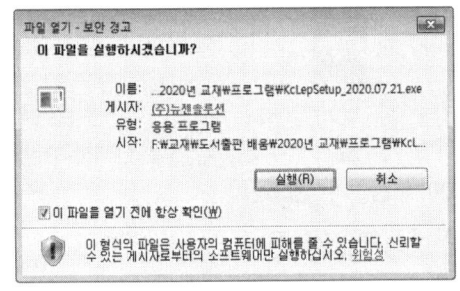 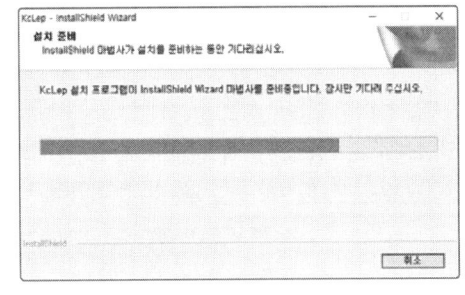

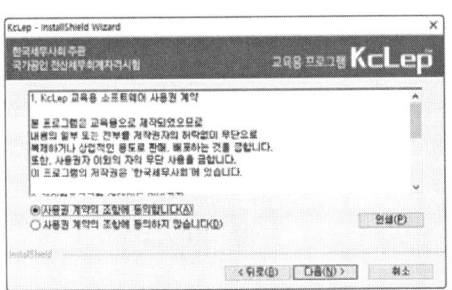

"사용권 계약의 조항에 동의합니다(A)"에 체크 후 "다음(N)"을 클릭한다. 사용권 계약에 동의하면 아래와 같이 파일을 설치할 폴더를 선택하는 화면이 나타나며, "다음(N)"을 클릭한다.

설치 완료 화면에서 "확인"을 클릭하며, 바탕화면에 바로가기 아이콘()이 생성된다.

3. KcLep(케이렙) 프로그램 실행하기

KcLep(케이렙) 프로그램 설치가 끝난 후 바탕화면의 아이콘()을 더블클릭하여 프로그램을 실행한다. 최초 실행시 사용급수는 "전산세무1급"으로 나타나므로 "전산세무2급"으로 변경하여 학습하며, 최신버전을 확인한다. 백업데이터를 설치 후 회사코드가 보이지 않는 경우 을 선택하여 상단의 F4 회사코드재생성 아이콘을 클릭하면 데이터가 재설치 되어 연습할 수 있다.

전산세무 **2**급

PART **01** 전표관리 및 결산관리
PART **02** 원가회계
PART **03** 부가가치세
PART **04** 소득세
PART **05** 보론

실무이론

Perfect
전산세무 2급
www.bobook.co.kr

PART 01

전표관리 및 결산관리

CHAPTER 01 재무회계의 기초 및 개념
CHAPTER 02 당좌자산
CHAPTER 03 재고자산
CHAPTER 04 투자자산
CHAPTER 05 유형자산
CHAPTER 06 무형자산
CHAPTER 07 기타비유동자산
CHAPTER 08 부채
CHAPTER 09 자본
CHAPTER 10 수익과 비용
CHAPTER 11 회계변경과 오류수정

직무명	분류번호	능력단위명	수준	능력단위요소
세무	0203020201_23v6	적격증빙관리	2	1 적격증빙별 거래인식하기 2 전표 처리하기 3 적격증빙 서류관리하기

능력단위정의	적격증빙관리란 적격증빙별 거래를 인식하고, 관련전표와 증빙서류를 처리 및 관리하는 능력이다.

NCS 능력단위	능력단위요소	수 행 준 거
0203020201_23v6 적격증빙관리	0203020201_23v6.1 적격증빙별 거래인식하기	1.1 거래별로 세금계산서발급대상 거래와 영수증대상 거래를 구별하고 관리할 수 있다. 1.2 적격증빙별 거래를 구분하여 인식하고 지출증명서류합계표를 작성하여 관리할 수 있다. 1.3 적격증빙별 거래를 구분하여 인식하고 적격증빙이 아닌 경우 영수증수취명세서를 작성하여 관리할 수 있다.
	0203020201_23v6.2 전표 처리하기	2.1 회계상 거래를 부가가치세신고 여부에 따라 일반전표와 매입매출전표로 구분할 수 있다. 2.2 부가가치세신고와 관련이 없는 회계상 거래를 일반전표에 처리할 수 있다. 2.3 부가가치세신고와 관련이 있는 회계상 거래를 매입매출전표에 처리할 수 있다.
	0203020201_23v6.3 적격증빙 서류관리하기	3.1 발생한 거래에 따라 관련 서류 등을 확인하여 증빙여부를 검토할 수 있다. 3.2 발생한 거래에 따라 관련 규정을 준수하여 증빙서류를 구분 대조할 수 있다. 3.3 증빙서류 관련 규정에 따라 제 증빙서류를 보관·관리할 수 있다. 3.4 업무용승용차관련 거래를 인식하고 차량별로 운행일지를 관리할 수 있다.

직무명	분류번호	능력단위명	수준	능력단위요소
회계·감사	0203020102_20v4	자금관리	2	1 현금시재 관리하기 2 예금 관리하기 3 법인카드 관리하기 4 어음·수표 관리하기

능력단위정의	자금관리란 기업 및 조직의 자금을 관리하기 위하여 회계관련규정에 따라 자금인 현금, 예금, 법인카드, 어음·수표를 관리하는 능력이다.

NCS 능력단위	능력단위요소	수 행 준 거
0203020102_20v4 자금관리	0203020102_20v4.1 현금시재 관리하기	1.1 회계관련규정에 따라 현금 입출금을 관리할 수 있다. 1.2 회계관련규정에 따라 소액현금 업무를 처리할 수 있다. 1.3 회계관련규정에 따라 입·출금전표 및 현금출납부를 작성할 수 있다. 1.4 회계관련규정에 따라 현금 시재를 일치시키는 작업을 할 수 있다.
	0203020102_20v4.2 예금 관리하기	2.1 회계관련규정에 따라 예·적금 업무를 처리할 수 있다. 2.2 자금운용을 위한 예·적금 계좌를 예치기관별·종류별로 구분·관리할 수 있다. 2.3 은행업무시간 종료 후 회계관련규정에 따라 은행잔고를 확인할 수 있다. 2.4 은행잔고의 차이 발생 시 그 원인을 규명할 수 있다.
	0203020102_20v4.3 법인카드 관리하기	3.1 회계관련규정에 따라 금융기관에 법인카드를 신청할 수 있다. 3.2 회계관련규정에 따라 법인카드 관리대장 작성 업무를 처리할 수 있다. 3.3 법인카드의 사용범위를 파악하고 결제일 이전에 대금이 정산될 수 있도록 회계처리할 수 있다.
	0203020102_20v4.4 어음·수표 관리하기	4.1 관련규정에 따라 수령한 어음·수표의 예치 업무를 할 수 있다. 4.2 관련규정에 따라 어음·수표를 발행·수령할 때 회계처리할 수 있다. 4.3 관련규정에 따라 어음관리대장에 기록하여 관리할 수 있다. 4.4 관련규정에 따라 어음·수표의 분실 처리 업무를 할 수 있다.

직무명	분류번호	능력단위명	수준	능력단위요소
세무	0203020202_20v5	결산관리	2	1 손익계정 마감하기 2 자산·부채계정 마감하기 3 재무제표 작성하기

능력단위정의	결산관리란 회계기간의 수익, 비용을 확정하여 경영성과를 파악하고, 결산일 현재의 자산, 부채, 자본을 측정·평가하고 재무상태를 파악하여 재무제표를 작성하는 능력이다.

NCS 능력단위	능력단위요소	수 행 준 거
0203020202_20v5 결산관리	0203020202_20v5.1 손익계정 마감하기	1.1 회계관련규정 및 세법에 따라 손익 관련 제반서류를 준비할 수 있다. 1.2 손익계정에 관한 결산정리사항을 분개할 수 있다. 1.3 손익 관련 계정과목의 오류를 수정할 수 있다. 1.4 법인세, 소득세 신고 관련 사항을 분개할 수 있다.
	0203020202_20v5.2 자산·부채계정 마감하기	2.1 회계관련규정 및 세법에 따라 자산·부채 관련 제반서류를 준비할 수 있다. 2.2 자산·부채계정에 관한 결산정리사항을 분개할 수 있다. 2.3 자산·부채 관련 계정과목의 오류를 수정할 수 있다. 2.4 부가가치세 신고 관련 사항을 분개할 수 있다.
	0203020202_20v5.3 재무제표 작성하기	3.1 회계관련규정에 따라 재무상태표를 작성할 수 있다. 3.2 회계관련규정에 따라 손익계산서를 작성할 수 있다. 3.3 회계관련규정에 따라 자본변동표를 작성할 수 있다. 3.4 회계관련규정에 따라 이익잉여금처분계산서를 작성할 수 있다.

PART 01 전표관리 및 결산관리

01 재무회계의 기초 및 개념

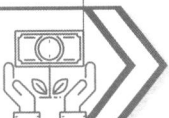

1. 재무회계의 기초

1 회계의 정의

회계란 기업의 경제적 활동에 대한 정보를 인식, 측정, 기록하여 회계정보의 이용자가 합리적인 판단과 의사결정을 할 수 있도록 기업의 경영활동 성과와 재정상태의 변동 상황을 화폐단위로 파악하여 그 결과를 기업의 이해관계자에게 전달하는 과정이라고 할 수 있다.

2 회계의 목적

회계의 목적은 다양한 이해관계자의 의사결정에 유용한 회계정보를 제공하는 것이다. 즉, 회계는 회계정보의 이용자가 그 기업과 관련하여 합리적인 의사결정(투자 또는 거래)을 할 수 있도록 재무상의 자료를 객관화된 회계원칙에 따라 처리하여 유용하고 적정한 정보를 제공하는 것을 목적으로 한다.

회계정보이용자		회계영역	목 적
외부이용자	주주, 채권자, 거래처, 소비자, 금융기관, 정부 등	재무회계	외부 이용자들의 경제적 의사결정에 필요한 정보의 제공
내부이용자	경영자, 종업원 등	관리회계	내부 이용자들의 경영의사결정에 필요한 정보의 제공

3 재무보고의 목적

구 분	내 용
투자 및 신용의사결정에 유용한 정보의 제공	① 합리적인 투자의사결정과 신용의사결정에 유용한 정보제공 ② 이해할 수 있는 회계정보 및 의사결정에 유용한 정보제공 ③ 다양한 유형의 투자자와 채권자를 포함
미래 현금흐름 예측에 유용한 정보의 제공	① 미래 현금흐름을 평가하는데 유용한 정보제공 ② 기업가치 평가(기대배당, 투자위험)에 유용한 정보제공 ③ 기업실체의 채무이행능력, 신용위험평가에 유용한 정보제공
재무상태, 경영성과, 현금흐름 및 자본변동에 관한 정보의 제공	① 재무상태 경영성과와 현금흐름 및 자본변동에 관한 정보를 제공 ② 재무건전성과 유동성을 평가하는데 유용한 정보제공 ③ 기업실체의 미래 순현금흐름의 예측에 유용한 정보제공 ④ 자본거래 및 기업실체의 유동성에 관한 정보를 제공 ⑤ 소유주에게 귀속될 이익 등을 파악하는데 유용한 정보제공

구 분	내 용
경영자의 수탁책임평가에 유용한 정보의 제공	① 경영자의 수탁책임의 이행 등을 평가할 수 있는 정보제공 ② 회계이익 및 현금흐름 등을 이용한 경영자의 수탁책임평가 ③ 환경개선을 위한 기업실체의 활동과 성과를 평가, 보고

2. 재무제표

1 재무제표 종류

기업실체가 외부의 정보이용자에게 재무정보를 전달하는 수단을 말한다.

재무상태표	일정시점의 재무상태 표시에 대한 정보를 제공(정태적보고서)
손익계산서	일정기간의 경영성과 표시에 대한 정보를 제공(동태적보고서)
자본변동표	일정기간의 자본의 크기와 그 변동에 관한 정보를 제공
현금흐름표	일정기간 동안 기업의 현금유입과 현금유출에 대한 정보를 제공(현금주의 작성)
주석	재무제표의 보고상의 한계를 보완하기 위하여 별지에 추가(부연)적인 정보를 제공하며 이익잉여금처분계산서는 주석으로 공지 ■ 주석 포함 사항 ① 재무제표 작성기준 및 유의적인 거래와 회계사건의 회계처리에 적용한 회계정책 ② 일반기업회계기준에서 주석공시를 요구하는 사항 ③ 재무상태표, 손익계산서, 현금흐름표 및 자본변동표의 본문에 표시되지 않는 사항으로서 재무제표를 이해하는 데 필요한 추가 정보

2 재무제표의 기본요소

(1) 재무상태표의 기본요소

재무상태표

유동자산 (current asset)	당좌자산	부채 (liability)	유동부채
	재고자산		비유동부채
비유동자산 (non-current asset)	투자자산	자본 (shareholders' equity)	자본금
	유형자산		자본잉여금
	무형자산		자본조정
			기타포괄손익누계액
	기타비유동자산		이익잉여금
총자산		총자본	

총자산 ↑ 조달된 자금의 투자(investment)활동

총자본 ↑ 자금의 조달 · 재무(finance)활동

구 분	내 용
자산	의의 : 경제적 효익을 창출할 것을 기대되는 자원 ① 자산은 **1년을 기준**으로 **유동자산과 비유동자산**으로 **구분**한다. 유동자산은 당좌자산과 재고자산으로 구분하고, 비유동자산은 투자자산, 유형자산, 무형자산, 기타비유동자산으로 구분한다. ② 유동자산으로 분류되기 위해서는 ㉠ **사용의 제한이 없는 현금및현금성자산**, ㉡ **기업의 정상적인 영업주기 내**에 실현될 것으로 예상되거나 판매목적 또는 소비목적으로 보유하고 있는 자산, ㉢ **단기매매 목적으로 보유**하는 자산, ㉣ ㉠내지 ㉢외에 보고기간 종료일로부터 1년 이내에 현금화 또는 실현될 것으로 예상되는 자산이어야 한다. ③ 비유동자산은 유동자산으로 분류되지 않는 자산을 의미한다.
부채	의의 : 타인에게 제공하여야 할 경제적 의무 ① 부채는 **1년을 기준**으로 **유동부채와 비유동부채**로 **구분**한다. ② 유동부채로 분류되기 위해서는 ㉠ **기업의 정상적인 영업주기 내에 상환** 등을 통하여 소멸할 것이 예상되는 매입채무와 미지급비용 등의 부채, ㉡ 보고기간 종료일로부터 1년 이내에 상환되어야 하는 단기차입금 등의 부채, ㉢ 보고기간 후 1년 이상 결제를 연기할 수 있는 무조건의 권리를 가지고 있지 않은 부채로 계약상대방의 선택에 따라, 지분상품의 발행으로 결제할 수 있는 부채의 조건은 그 분류에 영향을 미치지 아니한다. ③ 비유동부채는 유동부채로 분류되지 않는 부채를 의미한다. ④ 보고기간 종료일로부터 1년 이내에 상환되어야 하는 채무는 보고기간 종료일과 재무제표가 사실상 확정된 날 사이에 보고기간 종료일로부터 **1년을 초과하여 상환**하기로 합의하더라도 **유동부채로 분류**한다. ⑤ 보고기간 종료일로부터 1년 이내에 상환기일이 도래하더라도, **기존의 차입약정**에 따라 보고기간 종료일로부터 **1년을 초과하여 상환**할 수 있고 기업이 그러한 **의도**가 있는 경우에는 **비유동부채로 분류**한다. ⑥ **장기차입약정**을 위반하여 채권자가 즉시 **상환을 요구**할 수 있는 채무는 보고기간 종료일과 재무제표가 사실상 확정된 날 사이에 **상환을 요구하지 않기**로 합의하더라도 **유동부채로 분류**한다. ■ 다음의 조건을 모두 충족한 경우에는 비유동부채로 분류 ㉠ 보고기간 종료일 이전에 차입약정의 위반을 해소할 수 있도록 보고기간 종료일로부터 1년을 초과하는 유예기간을 제공하기로 합의하였다. ㉡ ㉠에서의 유예기간 내에 기업이 차입약정의 위반을 해소할 수 있다. ㉢ ㉠에서의 유예기간동안 채권자가 즉시 상환을 요구할 수 없다.
자본	의의 : 순자산으로 소유주의 잔여청구권(소유주지분, 주주지분 등) ① 자본은 **자본금, 자본잉여금, 자본조정, 기타포괄손익누계액 및 이익잉여금**(또는 결손금)으로 **구분**한다. ② 자본금은 **법정자본금**으로 보통주자본금과 우선주자본금으로 구분하여 표시한다. 보통주와 우선주는 배당금 지급 및 청산시의 권리가 상이하기 때문에 자본금을 구분하여 표시한다. ③ 자본잉여금은 증자나 감자 등 주주와의 거래에서 발생하여 자본을 증가시키는 잉여금이다. 예를 들면, 주식발행초과금, 자기주식처분이익, 감자차익 등이 포함되며, **주식발행초과금과 기타자본잉여금으로 구분하여 표시**한다.

구 분	내 용
자본	④ 자본조정은 당해 항목의 성격으로 보아 자본거래에 해당하나 최종 납입된 자본으로 볼 수 없거나 자본의 가감 성격으로 자본금이나 자본잉여금으로 분류할 수 없는 항목이다. 예를 들면, 자기주식, 주식할인발행차금, 주식선택권, 출자전환채무, 감자차손 및 자기주식처분손실 등이 포함된다. **자본조정 중 자기주식은 별도 항목으로 구분하여 표시**한다. 주식할인발행차금, 주식선택권, 출자전환채무, 감자차손 및 자기주식처분손실 등은 기타자본조정으로 통합하여 표시할 수 있다. ⑤ 기타포괄손익누계액은 보고기간 종료일 현재의 매도가능증권평가손익, 해외사업환산손익, 현금흐름위험회피 파생상품평가손익 등의 잔액이다. ⑥ 이익잉여금(또는 결손금)은 손익계산서에 보고된 손익과 다른 자본항목에서 이입된 금액의 합계액에서 주주에 대한 배당, 자본금으로의 전입 및 자본조정 항목의 상각 등으로 처분된 금액을 차감한 잔액이다. **이익잉여금은 법정적립금, 임의적립금 및 미처분이익잉여금(또는 미처리결손금)으로 구분하여 표시**한다. 이익잉여금 중 법정적립금과 임의적립금의 세부 내용 및 법령 등에 따라 이익배당이 제한되어 있는 이익잉여금의 내용을 주석으로 기재한다.

(2) 손익계산서의 기본요소

중단사업손익이 있을 경우	중단사업손익이 없을 경우
매 출 액 - 매출원가	매 출 액 - 매출원가
매 출 총 손 익 - 판매비와 관리비	매 출 총 손 익 - 판매비와 관리비
영 업 손 익 + 영업외수익 - 영업외비용	영 업 손 익 + 영업외수익 - 영업외비용
법인세비용차감전 계속사업손익 - 계속사업손익 법인세비용	법인세비용차감전 순손익 - 법인세비용
계속사업손익 ± 중단사업손익	
당기순손익 주당손익	당기순손익 주당손익

구 분	내 용
수익	재화의 판매나 용역의 제공결과에 따라 받게 될 화폐액
비용	수익을 획득하기 위한 과정에서 희생한 경제적 대가
포괄손익	소유주와의 자본거래를 제외한 모든 거래나 사건에서 인식한 자본의 변동 포괄손익 = 당기순손익(손익계산서) + 기타포괄손익누계액(재무상태표)

구 분	내 용
손익계산서 기본구조	① 손익계산서는 **매출총손익, 영업손익, 법인세비용차감전계속사업손익, 계속사업손익, 당기순손익**을 구분하여 표시한다. 다만, 제조업, 판매업 및 건설업 외의 업종에 속하는 기업은 매출총손익의 구분표시를 생략할 수 있다. ② 매출액은 기업의 주된 영업활동에서 발생한 제품, 상품, 용역 등의 총매출액에서 매출할인, 매출환입, 매출에누리 등을 차감한 금액이다. 차감 대상 금액이 중요한 경우에는 총매출액에서 차감하는 형식으로 표시하거나 주석으로 기재한다. ③ 매출은 업종별이나 부문별로 구분하여 표시할 수 있으며, 반제품매출액, 부산물매출액, 작업폐물매출액, 수출액, 장기할부매출액 등이 중요한 경우에는 이를 구분하여 표시하거나 주석으로 기재한다. ④ 매출원가는 제품, 상품 등의 매출액에 대응되는 원가로서 판매된 제품이나 상품 등에 대한 제조원가 또는 매입원가이다. 매출원가의 산출과정은 손익계산서 본문에 표시하거나 주석으로 기재한다. ⑤ 판매비와관리비는 제품, 상품, 용역 등의 판매활동과 기업의 관리활동에서 발생하는 비용으로서 매출원가에 속하지 아니하는 모든 영업비용을 포함한다. ⑥ 판매비와관리비는 당해 비용을 표시하는 적절한 항목으로 구분하여 표시하거나 일괄표시할 수 있다. 일괄표시하는 경우에는 적절한 항목으로 구분하여 이를 주석으로 기재한다. ⑦ 영업외수익은 기업의 주된 영업활동이 아닌 활동으로부터 발생한 수익과 차익으로서 중단사업손익에 해당하지 않는 것으로 한다. ⑧ 영업외비용은 기업의 주된 영업활동이 아닌 활동으로부터 발생한 비용과 차손으로서 중단사업손익에 해당하지 않는 것으로 한다. ⑨ 계속사업손익은 기업의 계속적인 사업활동과 그와 관련된 부수적인 활동에서 발생하는 손익으로서 중단사업손익에 해당하지 않는 모든 손익을 말한다. ⑩ 계속사업손익법인세비용은 계속사업손익에 대응하여 발생한 법인세비용이다. ⑪ 중단사업손익은 중단사업으로부터 발생한 영업손익과 영업외손익으로서 사업중단직접비용과 중단사업자산손상차손을 포함하며, 법인세효과를 차감한 후의 순액으로 보고하고 중단사업손익의 산출내역을 주석으로 기재한다. 이 때 중단사업손익에 대한 법인세효과는 손익계산서의 중단사업손익 다음에 괄호를 이용하여 표시한다. ⑫ 당기순손익은 계속사업손익에 중단사업손익을 가감하여 산출하며, 당기순손익에 기타포괄손익을 가감하여 산출한 포괄손익의 내용을 주석으로 기재한다. 이 경우 기타포괄손익의 각 항목은 관련된 법인세효과가 있다면 그 금액을 차감한 후의 금액으로 표시하고 법인세효과에 대한 내용을 별도로 기재한다.

(주)배움의 손익계산서상 영업이익은 얼마인가?

매출액	20,000,000원	감가상각비	500,000원
기부금	1,000,000원	유형자산처분이익	200,000원
매출원가	15,000,000원	기업업무추진비	500,000원
외화환산손실	200,000원	급여	1,000,000원
이자수익	100,000원	법인세비용	300,000원
재해손실	1,500,000원	매출채권관련 대손상각비	100,000원

【해설】

정답 : 영업이익 2,900,000원

1구분 : 매출액 – 매출원가 = 매출총이익
   20,000,000원 – 15,000,000원 = 5,000,000원

2구분 : 매출총이익 – 급여 – 감가상각비 – 대손상각비 – 기업업무추진비 = 영업이익
   5,000,000원 – 1,000,000원 – 500,000원 – 100,000원 – 500,000원 = 2,900,000원

3구분 : 영업이익+이자수익+유형자산처분이익–기부금–외화환산손실–재해손실=법인세비용차감전순이익
   2,900,000원 + 100,000원 + 200,000원 – 1,000,000원 – 200,000원 – 1,500,000원 = 500,000원

4구분 : 법인세비용차감전순이익 – 법인세비용 = 당기순이익
   500,000원 – 300,000원 = 200,000원

(3) 자본변동표의 기본요소

구 분	내 용
소유주의 투자	주주들의 회사에 대한 투자를 말하는 것으로서 순자산의 증가를 가져온다.
소유주에 대한 분배	현금배당 등을 함으로서 회사의 순자산이 감소하게 되는 것을 말한다.
자본변동표 기본구조	자본금, 자본잉여금, 자본조정, 기타포괄손익누계액, 이익잉여금(또는 결손금)의 각 항목별로 기초잔액, 변동사항, 기말잔액을 표시한다.

(4) 현금흐름표의 기본요소

구분	내 용
영업 활동	① 영업활동은 일반적으로 제품의 생산과 상품 및 용역의 구매·판매활동을 말하며, 투자활동과 재무활동에 속하지 아니하는 거래를 모두 포함한다. ■ 현금 유입 : 제품등 현금판매, 매출채권회수, 이자수익과 배당금수익, 기타 투자활동과 재무활동에 속하니 아니하는 거래 ■ 현금 유출 : 원재료등 현금구입, 매입채무결제, 기타 상품과 용역의 공급자와 종업원에 대한 현금지출, 법인세의 지급(토지등 양도소득 법인세 제외), 이자비용, 기타 투자활동과 재무활동에 속하지 아니하는 거래 ② 영업활동으로 인한 현금흐름은 직접법 또는 간접법으로 표시한다. ■ 직접법 : 현금유입액은 원천별로 현금유출액은 용도별로 분류하여 표시하는 방법으로 당기순손익과 당기순손익에 가감할 항목에 관한 사항을 주석공시 ■ 간접법 : 당기순이익에 현금의 유출이 없는 비용 등을 가산하고 현금의 유입이 없는 수익 등을 차감하며, 영업활동으로 인한 자산·부채의 변동을 가감하여 표시하는 방법
투자 활동	영업활동과 관계있는 자산을 제외한 나머지 자산의 증감으로서 현금의 대여와 회수활동, 유가증권·투자자산·유형자산 및 무형자산의 취득과 처분활동 등을 말한다.
재무 활동	영업활동과 관계있는 부채를 제외한 부채와 자본의 증감으로서 현금의 차입 및 상환활동, 신주발행이나 배당금의 지급활동 등과 같이 부채 및 자본계정에 영향을 미치는 거래를 말한다.

3 재무상태표 작성기준

구 분	내 용

항목의 구분과 통합표시	① 자산, 부채, 자본 중 중요한 항목은 재무상태표 본문에 별도 항목으로 구분하여 표시한다. 중요하지 않은 항목은 성격 또는 기능이 유사한 항목에 통합하여 표시할 수 있으며, 통합할 적절한 항목이 없는 경우에는 기타항목으로 통합할 수 있다.
	② 자산, 부채, 자본을 종류별, 성격별로 분류하여 일정한 체계하에 구분표시
	  ▪ 자산 : 유동자산, 비유동자산
	  ▪ 부채 : 유동부채, 비유동부채
	  ▪ 자본 : 자본금, 자본잉여금, 자본조정, 기타포괄손익누계액, 이익잉여금

총액표시	① 자산과 부채는 원칙적으로 상계하여 표시하지 않는다. 다만, 기업이 채권과 채무를 상계할 수 있는 법적 구속력 있는 권리를 가지고 있고, 채권과 채무를 순액기준으로 결제하거나 채권과 채무를 동시에 결제할 의도가 있다면 상계하여 표시한다. ② 매출채권에 대한 대손충당금 등은 해당 자산이나 부채에서 직접 가감하여 표시할 수 있으며, 이는 상계에 해당하지 아니한다.
1년기준	① 자산과 부채는 보고기간 종료일 현재 1년 또는 영업주기를 기준으로 유동과 비유동으로 분류한다. ② 정상적인 영업주기 내에 판매(소멸)되거나 사용되는 재고자산과 회수(지급)되는 매출채권(매입채무) 등은 보고기간 종료일로부터 1년 이내에 실현되지 않더라도 유동자산(유동부채)으로 분류한다.
유동성배열법	자산, 부채는 현금화 가능성이 높은 순서로 배열하는 것이 원칙이다.
잉여금구분	자본거래(자본잉여금)와 손익거래(이익잉여금)를 구분표시 한다.
미결산항목등 표시금지	가지급금, 가수금 등 미결산 계정은 그 내용을 나타내는 적절한 계정으로 표시한다.

4 재무상태표일 후 발생한 사건

재무상태표일 후 발생한 사건이란 재무상태표일과 "재무제표가 사실상 확정된 날" 사이에 발생한 기업의 재무상태에 영향을 미치는 사건을 말하며 재무제표의 수정을 요하는 사건과 수정을 요하지 않는 사건으로 구분된다.

수정을 요하는 보고기간 후 사건

① 보고기간말 현재 이미 자산의 가치가 하락되었음을 나타내는 정보를 보고기간말 이후에 입수하는 경우 또는 이미 손상차손을 인식한 자산에 대하여 계상한 손상차손금액의 수정을 요하는 정보를 보고기간 후에 입수하는 경우
② 보고기간말 이전에 존재하였던 소송사건의 결과가 보고기간 후에 확정되어 이미 인식한 손실금액을 수정하여야 하는 경우
③ 보고기간말 이전에 구입한 자산의 취득원가 또는 매각한 자산의 금액을 보고기간 후에 결정하는 경우
④ 보고기간말 현재 지급하여야 할 의무가 있는 종업원에 대한 이익분배 또는 상여금 지급금액을 보고기간 후에 확정하는 경우
⑤ 전기 또는 그 이전 기간에 발생한 회계적 오류를 보고기간 후에 발견하는 경우

5 손익계산서 작성기준

구 분	내 용
발생기준	수익과 비용은 그것이 발생한 기간에 정당하게 배분되도록 처리한다.
실현주의	수익은 실현시기를 기준으로 계상한다.
수익·비용대응원칙	수익은 실현시기에 따라 비용은 관련 수익이 인식된 기간에 인식한다.
총액주의	수익과 비용은 각각 총액으로 보고하는 것을 원칙으로 한다. 다만, 다른 장에서 수익과 비용을 상계하도록 요구하는 경우에는 상계하여 표시하고, 허용하는 경우에는 상계하여 표시할 수 있다.
구분계산의 원칙	매출총손익, 영업손익, 법인세비용차감전순손익, 당기순손익, 주당순손익으로 구분표시 한다. 단, 제조업, 판매업 및 건설업 외의 업종에 속하는 기업은 매출총손익의 구분표시를 생략할 수 있음
환급금액표시	대손충당금환입(매출채권)은 판매비와관리비의 부(-)의 금액으로 표시한다.

[발생주의 회계]
모든 수익과 비용은 그것이 발생한 기간에 정당하게 배분되도록 처리하여야 한다. 수익과 비용을 그 현금유출입이 있는 기간이 아니라 당해 거래 또는 사건이 발생한 기간에 인식하는 것을 말한다. 발생주의 회계는 발생과 이연의 개념을 포함한다. 재무제표는 발생기준에 따라 작성된다. 다만 현금흐름표는 발생기준에 따라 작성되지 않는다. (현금주의에 따라 작성된다.)

6 재무제표 작성과 표시의 일반원칙

구 분	내 용
계속기업	경영진이 기업을 청산하거나 경영활동을 중단할 의도를 가지고 있지 아니하거나 청산 또는 경영활동의 중단 외에 다른 현실적 대안이 없는 경우가 아니면 계속기업을 전제로 재무제표를 작성한다.
재무제표의 작성 책임과 공정한 표시 및 주석	재무제표의 작성과 표시에 대한 책임은 경영진에 있으며 경제적 사실과 거래의 실질을 반영하여 공정하게 표시하여야 하며, 일반기업회계기준에 의하여 적정하게 작성된 재무제표는 공정하게 표시된 재무제표로 본다.
재무제표 항목의 구분과 통합표시	중요한 항목은 재무제표의 본문이나 주석에 그 내용을 가장 잘 나타낼 수 있도록 구분하여 표시하며, 중요하지 않은 항목은 유사한 항목과 통합하여 표시한다.
비교재무제표의 작성	기간별 비교가능성을 제고하기 위하여 전기 재무제표의 계량정보와 비계량정보를 당기와 비교하는 형식으로 표시한다.

구 분	내 용
재무제표 항목의 표시와 분류의 계속성	재무제표의 기간별 비교가능성을 제고하기 위하여 재무제표 항목의 표시와 분류는 다음의 경우를 제외하고는 매기 동일하여야 한다. ① 일반기업회계기준에 의하여 재무제표 항목의 표시와 분류의 변경이 요구되는 경우 ② 사업결합 또는 사업중단 등에 의해 영업의 내용이 유의적으로 변경된 경우 ③ 재무제표 항목의 표시와 분류를 변경함으로써 기업의 재무정보를 더욱 적절하게 전달할 수 있는 경우
재무제표의 보고양식	재무제표는 이해하기 쉽도록 간단하고 명료하게 표시하여야 하며 일반기업회계기준에 예시된 재무제표의 양식을 참조하여 작성한다. 또한 전기 재무제표의 모든 계량정보를 당기와 비교하는 형식으로 표시한다. [재무제표 기재사항] ① 재무제표 명칭, ② 기업명, ③ 보고기간 종료일 또는 회계기간, ④ 보고통화 및 금액단위

7 재무제표의 특성과 한계

① 재무제표는 화폐단위로 측정된 정보를 주로 제공한다.
② 재무제표는 대부분 과거에 발생한 거래나 사건에 대한 정보를 나타낸다.
③ 재무제표는 추정에 의한 측정치를 포함한다.
④ 재무제표는 특정 기업실체에 관한 정보를 제공하며, 산업 또는 경제전반에 관한 정보를 제공하지는 않는다.

3. 재무회계의 개념체계

재무회계 개념체계란 재무회계에 있어서 기본골격이 되는 것으로 재무제표의 작성과 공시에 기초가 되는 개념을 말한다.

1 재무제표의 기본가정(회계공준)

외부정보이용자에게 기업실체에 관한 재무정보를 전달하는 재무제표는 일정한 가정하에 작성되며, 기업실체, 계속기업, 기간별보고의 가정이 있다.

구 분	내 용
기업(경제적) 실체의 가정	기업실체의 가정이란 기업은 주주와 경영자와는 별개로 존재하는 하나의 독립된 실체라는 것을 말한다. ⇨ 연결재무제표의 작성근거
계속기업의 가정	계속기업의 가정이란 설립된 기업은 기업이 설립목적과 의무를 이해하기에 충분할 정도로 기업실체가 장기간 존속한다고 가정하는 것을 말한다. 즉, 기업실체는 그 경영활동을 청산하거나 중대하게 축소시킬 의도가 없을 뿐 아니라 청산을 요구되는 상황도 없다고 가정한다. ⇨ 역사적원가주의 근거
기간별보고의 가정	기간별 보고의 가정이란 기업실체의 존속기간을 일정한 기간 단위로 분할하여 회계보고서를 기간별로 작성하는 것을 말한다. ⇨ 발생주의 채택근거

2 회계정보의 질적특성

회계정보의 질적특성이란 회계정보를 측정·평가하는 기준이 되는 속성, 회계정보가 유용하기 위해 지녀야 할 속성, 회계정보가 갖추어야 할 질적 속성이다.

주요 질적 특성으로 목적적합성(관련성)과 신뢰성을 두고 있다.

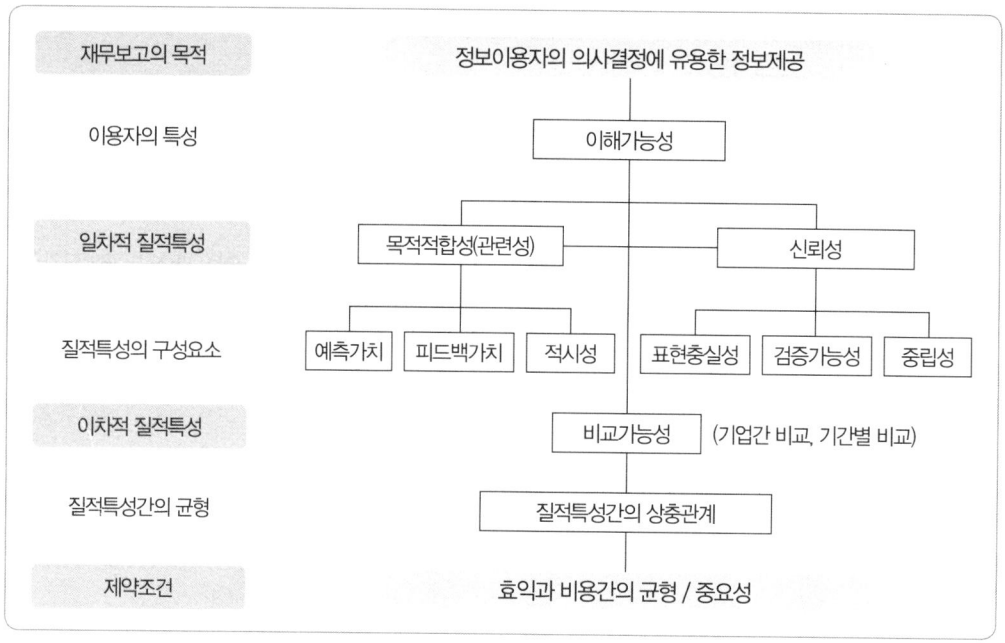

(1) 이해가능성

측정된 회계정보는 정보이용자들이 이해 가능하도록 적정한 방법으로 공시하여야 한다.

(2) 목적적합성(관련성)

목적적합한 재무정보는 정보이용자의 의사결정에 차이가 나도록 할 수 있다. 회계정보가 정보이용자의 의사결정에 유용하기 위해서는 그 정보가 의사결정 목적과 관련되어야 한다.

구 분	내 용
예측가치	정보이용자가 미래의 재무상태, 경영성과, 순현금흐름 등을 예측하는 데에 그 정보가 활용될 수 있는 능력을 말한다.
피드백가치	제공되는 회계정보가 정보이용자의 당초 기대치(예측치)를 확인 또는 수정되게 함으로써 의사결정에 영향을 미칠 수 있는 능력을 말한다.
적시성	회계정보가 정보이용자의 의사결정에 유용하기 위해서는 필요한 시기에 제공되어야 한다.(분기별 및 반기별 재무제표 공시)

(3) 신뢰성

회계정보가 정보이용자의 의사결정에 유용하기 위해서는 신뢰할 수 있는 정보이여야 한다.

구 분	내 용
표현의 충실성	회계정보가 신뢰성을 갖기 위해서는 기업실체의 경제적 자원과 의무, 그리고 이들의 변동을 초래하는 거래나 사건을 충실하게 표현하여야 한다.
검증가능성	다수의 서로 다른 측정자들이 동일한 경제적 사건이나 거래를 동일한 측정방법으로 측정할 경우 유사한 결론에 도달할 수 있어야 한다는 정보의 특성을 말한다.
중립성	미리 의도된 결과나 성과를 유도할 목적으로 재무제표상의 특정정보를 표시함으로써 정보이용자의 의사결정이나 판단에 영향을 미치지 않아야 하는 정보적 특성을 말한다.

(4) 주요질적특성의 상충관계

구 분	목적적합성	신뢰성
자산의 평가방법	시가법	원가법
수익인식방법	진행기준	완성기준
손익인식방법	발생주의	현금주의
정보의 보고시점	분기, 반기재무제표	결산재무제표

(5) 비교가능성

구 분	내 용
기업간 비교가능성 (통일성)	상이한 기업들의 회계처리방법이 유사할 때 회계정보의 비교가능성이 제고된다는 질적특성을 말한다.
기간별 비교가능성 (계속성)	동일 기업이 동일 종류의 회계사건에 대하여 계속 같은 회계처리방법을 사용하여야 한다는 질적특성을 말한다.

(6) 회계정보의 제약요인

① 비용과 효익 대비(비용 ≤ 효익)

질적특성을 갖춘 정보라 하더라도 정보 제공 및 이용에 소요될 사회적 비용이 정보제공 및 이용에 따른 사회적 효익을 초과한다면 그 정보의 제공은 정당화 될 수 없다.

② 중요성

회계정보가 정보이용자의 의사결정에 영향을 미치는 정도로 목적적합성과 신뢰성을 갖춘 항목이라도 중요하지 않다면 반드시 재무제표에 표시되는 것은 아니다. 중요성은 일반적으로 당해 항목의 성격과 금액의 크기에 의해 결정된다. 그러나 어떤 경우에는 **금액의 크기와는 관계없이 정보의 성격 자체만으로도 중요한 정보가 될 수 있다.**

3 보수주의

보수주의란 어떤 거래나 경제적 사건에 대하여 두 가지 이상의 대체적인 회계처리 방법이 있는 경우 재무적 기초를 견고히 하는 관점에서 이익을 낮게 보고하는 방법을 선택하는 것을 말한다.

보수주의에 대한 회계처리의 사례
① 저가주의에 의한 재고자산의 평가
② 자본적 지출 대신 수익적 지출로 처리
③ 우발손실의 인식, 우발이익은 인식하지 않는다.
④ 물가상승시 재고자산 평가방법에 후입선출법 적용
⑤ 초기 감가상각방법에 정액법 대신 가속상각법(정률법 등) 적용
⑥ 사채할인발행차금상각을 유효이자율법 대신 정액법으로 상각
⑦ 재고자산 평가손실의 측정시 총계기준 대신 종목별 기준 적용
⑧ 진행기준 대신 완성기준에 의한 장기간 공사의 수익인식
⑨ 판매기준 대신 회수기일 도래기준에 의한 장기할부판매의 처리

4 재무제표의 인식과 측정

(1) 재무제표의 인식

인식이란 거래나 사건의 경제적 효과를 자산, 부채, 수익, 비용등으로 재무제표에 표시하는 것을 말한다. 특정항목이 인식되면 그 명칭과 화폐적측정치가 재무제표에 나타나게 된다. 기본원칙에는 역사적 원가의 원칙, 수익인식의 원칙, 수익·비용대응의 원칙, 완전공시의 원칙이 있다.

구 분	내 용
역사적 원가의 원칙	역사적원가의 원칙이란 모든 자산·부채는 그것의 취득 또는 발생시점의 취득원가로 평가한다는 원칙을 말하는 것으로 이는 취득 후에 그 가치가 변동하더라도 취득당시의 교환가치를 그대로 유지한다는 것을 의미한다.
수익인식의 원칙	수익은 경제적효익이 유입됨으로써 자산이 증가하거나 부채가 감소하고 그 금액을 신뢰성있게 측정할 수 있을 때 인식한다. ① **실현요건(측정요건)** : 수익의 발생과정에서 수취 또는 보유한 자산이 일정액의 현금 또는 현금청구권으로 즉시 전환 될 수 있음을 의미한다. ② **가득요건(발생요건)** : 기업실체의 수익 창출활동은 재화의 생산 또는 인도, 용역의 제공 등으로 나타나며 수익 창출에 따른 경제적 효익을 이용할 수 있다고 주장하기에 충분한 정도의 활동을 수행하였을 때 가득과정이 완료 되었다고 본다.
수익·비용 대응의 원칙	일정기간 동안 인식된 수익과 수익을 획득하기 위하여 발생한 비용을 결정하여 이를 서로 대응시킴으로써 당기순이익을 산출하여 보고한다는 원칙으로서 이를 비용인식의 원칙이라고도 한다.
완전공시의 원칙	정보이용자의 의사결정에 영향을 미칠 수 있는 중요한 경제적정보는 모두 공시되어야 한다는 원칙이다.

(2) 재무제표의 측정

측정이란 재무제표의 기본요소에 대해 화폐금액을 결정하는 것을 말한다. 측정을 위해서는 측정대상이 되는 일정한 속성을 선택하여야 한다. 자산과 부채의 측정에 사용될 수 있는 측정속성은 다음과 같다.

구 분	내 용
취득원가 (역사적원가)	자산의 취득원가는 자산을 취득하였을 때 그 대가로 지급한 현금, 현금성자산 또는 기타 지급수단의 공정가치를 말한다.
공정가액 (현행원가)	자산을 현재의 시점에서 취득 또는 매각되는 경우 유출, 유입되어지는 현금이나 현금성자산을 말한다.
기업특유가치 (사용가치)	자산의 특유가치는 기업실체가 자산을 사용함에 따라 당해 기업실체의 입장에서 인식되는 현재의 가치를 말하며 사용가치라고도 한다.
실현가능가치 (이행가액)	자산의 순실현가능가치는 정상적 기업활동과정에서 미래에 당해 자산이 현금 또는 현금성자산액으로 전환될 때 수취할 것으로 예상되는 금액에서 그러한 전환에 직접 소요될 비용을 차감한 가액으로 정의되며 유출가치의 개념이다.

5 중간재무제표의 특성

① 중간재무제표는 중간기간 또는 누적중간기간을 대상으로 작성하는 재무제표를 의미하고 있다.

  ㉠ 재무상태표는 중간보고기간말과 직전 연차보고기간말을 비교하는 형식으로 작성한다.
  ㉡ 손익계산서는 중간기간과 누적 중간기간을 직전 회계연도의 동일기간과 비교하는 형식으로 작성한다.
  ㉢ 현금흐름표 및 자본변동표는 누적중간기간을 직전 회계연도의 동일기간과 비교하는 형식으로 작성한다.

② 재무정보의 적시성을 증대시키기 위한 하나의 방안이라 할 수 있다.
③ 중간재무제표에는 재무상태표, 손익계산서, 현금흐름표, 자본변동표, 주석을 포함시키고 있다.
④ 중간재무제표는 연차재무제표와 동일한 양식으로 작성함을 원칙으로 한다.
⑤ 계절적, 주기적 또는 일시적으로 발생하는 수익이라 할지라도 다른 중간 기간 중에 미리 인식, 이연하지 않는다.

다음은 일반기업회계기준의 중간재무제표에 대한 용어의 설명이다. 틀린 것은?

① "누적중간기간"은 회계연도 개시일부터 당해 중간기간의 종료일까지의 기간을 말한다.
② "중간기간"은 1회계연도보다 긴 회계기간을 말한다.
③ "중간재무제표"는 중간기간 또는 누적중간기간을 대상으로 작성하는 재무제표를 말한다.
④ "연차재무제표"는 1회계연도를 대상으로 작성하는 재무제표를 말한다.

【해설】
② "중간기간"은 1회계연도보다 짧은 회계기간을 말한다.

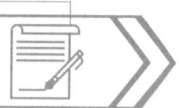

실무이론

01. 다음 중 일반기업회계기준상 재무제표에 해당되지 않는 것은?
① 재무상태표　　　　　　　　　② 이익잉여금처분계산서
③ 손익계산서　　　　　　　　　④ 자본변동표

02. 매입에누리를 영업외수익으로 회계처리한 경우 나타나는 현상으로 틀린 것은?
① 매출총이익이 과소계상된다.　　② 영업이익이 과소계상된다.
③ 법인세차감전이익이 과소계상된다.　④ 매출원가가 과대계상된다.

03. 다음 중 재무상태표 자본의 구성항목에 대한 설명 중 틀린 것은?
① 자본금은 법정자본금으로서 주당 액면가액에 발행주식수를 곱한 금액이다.
② 자본잉여금은 증자나 감자 등 주주와의 거래에서 발생하여 자본을 증가시키는 잉여금이다.
③ 매도가능증권평가손익은 자본조정 항목이다.
④ 이익잉여금도 자본을 구성하는 항목이다.

04. 기업회계기준상 재무상태표 표시와 관련한 설명 중 거리가 먼 것은?
① 자본은 자본금, 자본잉여금, 이익잉여금, 자본조정의 4가지 항목으로만 구분한다.
② 자산은 유동자산과 비유동자산으로 구분하며, 비유동자산은 투자자산, 유형자산, 무형자산, 기타비유동자산으로 구분한다.
③ 부채는 유동부채와 비유동부채로 구분한다.
④ 자산과 부채는 유동성이 높은 항목부터 배열하는 것을 원칙으로 한다.

05. 재무회계에서 당기에 입금된 수입금액 중 차기에 확정되는 금액을 차기로 이연하여 인식하는 것과 가장 관련이 있는 이론은?
① 신뢰성　　　② 수익비용대응　　　③ 실현주의　　　④ 중요성

06. 다음 중 재무회계에 관한 설명으로서 가장 적절하지 않은 것은?
① 재무제표에는 재무상태표, 손익계산서, 자본변동표, 현금흐름표 등이 있다.
② 특정시점의 재무상태를 나타내는 보고서는 재무상태표이다.
③ 기업의 내부이해관계자에게 유용한 정보를 제공하는 것을 주된 목적으로 한다.
④ 일반적으로 인정된 회계원칙의 지배를 받는다.

07 다음은 재무제표의 작성과 관련된 설명이다. 올바르지 못한 것은?

① 자산·부채 및 자본은 총액에 의하여 기재함을 원칙으로 하고, 자산의 항목과 부채 또는 자본의 항목을 상계함으로써 그 전부 또는 일부를 재무상태표에서 제외하여서는 아니된다.
② 모든 수익과 비용은 그것이 발생한 기간에 정당하게 배분되도록 처리하여야 한다. 다만, 수익은 실현시기를 기준으로 계상하고 미실현수익은 당기의 손익계산에 산입하지 아니함을 원칙으로 한다.
③ 이익잉여금처분계산서는 자본금과 이익잉여금의 처분사항을 명확히 보고하기 위하여 자본금과 이익잉여금의 총변동사항을 표시하여야 한다.
④ 자산과 부채는 1년을 기준으로 하여 유동자산 또는 비유동자산, 유동부채 또는 비유동부채로 구분하는 것을 원칙으로 한다.

08 현행 기업회계기준상 손익계산서 작성과 거리가 먼 것은?

① 손익계산서상 매출액은 총매출액에서 매출할인, 매출환입 및 매출에누리 등을 차감한 금액이다.
② 손익계산서상 매출원가는 기초제품(상품)재고원가에서 당기제품제조원가(당기상품순매입원가)를 가산한 금액에서 기말제품(상품)재고원가를 차감한 금액이다.
③ 손익계산서상 수익과 비용은 총액에 의해 기재함을 원칙으로 한다.
④ 손익계산서상 영업손익은 매출액에서 매출원가를 차감하여 표시한다.

09. 기업회계기준상의 재무상태표와 손익계산서의 작성원칙이다. 틀린 것은?

① 자산과 부채는 1년을 기준으로 하여 유동자산 또는 비유동자산, 유동부채 또는 비유동부채로 구분하는 것을 원칙으로 한다.
② 자본거래에서 발생한 자본잉여금과 손익거래에서 발생한 이익잉여금은 혼동하여 표시하여서는 아니된다.
③ 수익과 비용은 그 발생원천에 따라 명확하게 분류하고 각 수익항목과 이에 관련되는 비용항목을 대응표시하여야 한다.
④ 수익과 비용은 순액에 의하여 기재함을 원칙으로 하며 수익항목과 비용항목을 직접 상계함으로써 그 전부 또는 일부를 손익계산서에서 제외할 수 있다.

10. 다음 자료를 이용하여 영업이익을 구하시오.

- 매 출 액 : 30,000,000원
- 매출원가 : 20,000,000원
- 임원급여 : 2,000,000원
- 직원급여 : 2,000,000원
- 감가상각비 : 800,000원
- 기업업무추진비 : 500,000원
- 세금과공과 : 200,000원
- 이자수익 : 100,000원
- 이자비용 : 300,000원

① 10,000,000원 ② 6,000,000원 ③ 4,500,000원 ④ 4,300,000원

11. 다음 중 일반기업회계기준의 금융자산 및 금융부채에 대한 설명으로 틀린 것은?

① 금융자산이나 금융부채는 금융상품의 계약당사자가 되는 때에만 재무상태표에 인식한다.
② 금융자산의 이전거래가 매각거래에 해당하면 처분손익을 인식할 수 있다.
③ 신규로 취득하는 금융자산의 공정가치를 알 수 없는 경우 '0'으로 보아 처분손익을 계상한다.
④ 선급비용과 선수수익은 금융상품으로 볼 수 있다.

12. 재무제표의 기본요소에 대한 설명으로 옳지 않은 것은?

① 자산은 과거의 거래나 사건의 결과이어야 한다.
② 자산의 취득은 반드시 지출을 동반하여야 하는 것은 아니다.
③ 운수업의 미래 예상수리비는 부채로 인식할 수 있다.
④ 부채는 채무·금액·시기가 반드시 확정될 필요는 없다.

13. 재무제표의 기간별 비교가능성을 제고하기 위하여 재무제표의 표시와 분류는 매기 동일하여야 한다. 일반기업회계기준상 그 예외로 인정하고 있지 않는 것은?

① 일반기업회계기준에 의하여 재무제표 항목의 표시와 분류의 변경이 요구되는 경우
② 사업결합 또는 사업중단 등에 의해 영업의 내용이 유의적으로 변경된 경우
③ 세법의 변경으로 인하여 재무제표 항목의 표시와 분류의 변경이 요구되는 경우
④ 재무제표 항목의 표시와 분류를 변경함으로써 기업의 재무정보를 더욱 적절하게 전달할 수 있는 경우

14. 회계정보의 질적특성 중 목적적합성과 신뢰성의 사례로 옳은 것은?

구 분	목적적합성	신 뢰 성
① 자산평가방법	시가법	원가법
② 수익인식방법	완성기준	진행기준
③ 손익인식방법	현금주의	발생주의
④ 재무제표보고시기	결산재무제표	분기,반기재무제표

15. 다음 중 일반기업회계기준에서 설명하고 있는 재무제표의 특성과 한계가 아닌 것은?

① 재무제표는 추정에 의한 측정치를 허용하지 않는다.
② 재무제표는 화폐단위로 측정된 정보를 주로 제공한다.
③ 재무제표는 대부분 과거에 발생한 거래나 사건에 대한 정보를 나타낸다.
④ 재무제표는 특정 기업실체에 관한 정보를 제공하며, 산업 또는 경제 전반에 관한 정보를 제공하지는 않는다.

16. 다음 중 재무상태표에 대한 일반기업회계기준의 내용으로 틀린 것은?

① 재무상태표는 일정 시점 현재 자산과 부채, 그리고 자본에 대한 정보를 제공하는 재무보고서이다.
② 재무상태표에 나타난 자산과 부채의 가액만으로 기업실체의 가치를 직접 평가할 수 있다.
③ 불확실성이나 비용 대 효익의 고려 등으로 인해 재무상태표는 모든 자산과 부채를 나타내지 않을 수 있다.
④ 재무상태표는 정보이용자들이 기업실체의 유동성, 재무적 탄력성, 수익성과 위험 등을 평가하는데 유용한 정보를 제공하여야 한다.

17. 재무제표의 작성책임과 공정한 표시에 관한 설명 중 틀린 것은?
① 재무제표는 재무상태, 경영성과, 현금흐름 및 자본변동을 공정하게 표시하여야 한다.
② 기업회계기준에 따라 적정하게 작성된 재무제표는 공정하게 표시된 재무제표로 본다.
③ 재무제표가 기업회계기준에 따라 작성된 경우에는 그러한 사실을 주석으로 기재 하여야 한다.
④ 재무제표의 작성의 작성과 표시에 대한 책임은 대주주와 경영자에게 있다.

18. 역사적원가주의의 근거에 속하지 않는 것은?
① 회계정보의 적시성이 높아진다.
② 미실현이익의 계상을 방지할 수 있다.
③ 보다 검증가능한 회계정보를 산출할 수 있다.
④ 객관적인 회계정보를 산출할 수 있다.

19. 소액의 소모품은 구입시점에서 자본화(자산으로 처리)하지 않고 비용처리하는 것이 일반적이다. 이와 가장 관련된 회계개념은?
① 수익비용대응   ② 객관성   ③ 중요성   ④ 발생주의

20. 다음 중 회계정보가 갖추어야 할 질적특성에 대한 설명으로 틀린 것은?
① 예측가치란 정보이용자가 기업실체의 미래 재무상태, 경영성과, 순현금흐름 등을 예측하는 데에 그 정보가 활용될 수 있는 능력을 의미한다.
② 피드백가치란 제공되는 회계정보가 기업실체의 재무상태, 경영성과, 순현금흐름 등에 대한 정보이용자의 당초 기대치를 확인 또는 수정되게 함으로써 의사결정에 영향을 미칠 수 있는 능력을 말한다.
③ 중립성이란 동일한 경제적 사건이나 거래에 대하여 동일한 측정방법을 적용할 경우 다수의 독립적인 측정자가 유사한 결론에 도달할 수 있어야 함을 의미한다.
④ 표현의 충실성은 재무제표상의 회계수치가 회계기간말 현재 기업실체가 보유하는 자산과 부채의 크기를 충실히 나타내야 한다는 것이다.

21. 다음 중 회계공준에 대한 설명으로 틀린 것은?
① 회계공준은 회계이론과 실제를 이끌어 나가기 위한 가정이라고 할 수 있다.
② 기업실체의 공준은 개인기업의 경우 기업과 기업주의 가정을 하나의 동일한 실체로 보아 회계처리를 하여야 한다는 공준이다.
③ 계속기업의 공준은 기업이 영속적으로 혹은 적어도 미래 예측 가능한 기간 동안 존재하여 경제활동을 수행할 것이라는 공준이다.
④ 기간별보고의 공준은 기업실체의 재무상태, 경영성과 등을 일정기간별로 구분하여 정기적으로 보고를 해야한다는 공준이다.

22. 다음 중 일반기업회계기준의 내용으로 적당하지 않은 것은?
① 이익잉여금처분계산서는 기본재무제표가 아니고 필요한 경우 주석으로 공시할 수 있다.
② 감가상각방법의 변경은 회계정책의 변경으로 회계처리 한다.
③ 자산과 부채는 유동성이 큰 항목부터 배열하는 것을 원칙으로 한다.
④ 현금으로 배당하는 경우에는 배당액을 이익잉여금에서 차감한다.

23. 일반기업회계기준에서 계속성원칙을 중요시하는 이유는?
① 중요한 회계정보를 필요한 때에 적시성있게 제공하기 위함이다.
② 기간별로 재무제표의 비교를 가능하도록 하기 위함이다.
③ 수익과 비용을 적절히 대응하기 위함이다.
④ 기업간 회계처리의 비교가능성을 제고하기 위함이다.

24. 재무제표정보의 질적 특성인 신뢰성에 대한 내용이 아닌 것은?
① 재무정보가 의사결정에 반영될 수 있도록 적시에 제공되어야 한다.
② 재무정보가 특정이용자에게 치우치거나 편견을 내포해서는 안된다.
③ 거래나 사건을 사실대로 충실하게 표현하여야 한다.
④ 동일사건에 대해 다수의 서로 다른 측정자들이 동일하거나 유사한 측정치에 도달하여야 한다.

25. 다음 중 회계상 보수주의의 예로서 가장 거리가 먼 것은?
① 광고비는 미래의 효익이 불확실하므로 무형자산으로 하지 않고 비용으로 처리
② 발생가능성이 높은 우발이익을 이익으로 인식하지 않고 주석으로 보고
③ 회계연도의 이익을 줄이기 위하여 유형자산의 내용연수를 임의단축
④ 연구비와 개발비 중 미래의 효익이 불확실한 것을 연구비(판관비)로 처리

26. 다음 중 보수주의에 대한 설명으로 잘못된 것은?
① 우발손실의 인식은 보수주의에 해당한다.
② 보수주의는 재무적 기초를 견고히 하는 관점에서 이익을 낮게 보고하는 방법을 선택하는 것을 말한다.
③ 재고자산의 평가시 저가법을 적용하는 것은 보수주의에 해당한다.
④ 보수주의는 이익조작의 가능성이 존재하지 않는다.

27. 다음 중간재무제표의 작성에 대한 회계처리로 틀린 것을 모두 나열한 것은?

> 1. 자본변동표도 중간재무제표에 포함된다.
> 2. 중간재무제표는 주당경상이익과 주당순이익을 손익계산서상의 당기순이익에 주기할 수 있고, 기말 재무제표에는 주석으로 표시한다.
> 3. 기타포괄손익누계액은 중간재무제표에 요약 또는 일괄 표시할 수 있다.
> 4. 중간재무제표에는 회계정책의 변경을 적용할 수 없고 기말에만 적용한다.
> 5. 중간재무제표는 정보산출을 위한 시간과 비용이 많이 소요되는 평가방법이라도 적시성 차원에서 생략할 수 없다.

① 1, 2, 4   ② 1, 4, 5   ③ 2, 4, 5   ④ 2, 3, 5

◆해설◆

01. 재무제표 종류 : 재무상태표, 손익계산서, 자본변동표, 현금흐름표, 주석
02. 법인세차감전이익에 미치는 영향은 없다.
03. 매도가능증권평가손익은 기타포괄손익누계액에 해당된다.
04. 자본은 자본금, 자본잉여금, 이익잉여금, 자본조정, 기타포괄손익누계액의 5가지 항목으로 구분한다.
05. 수익의 인식은 실현주의에 의하며, 비용의 인식은 수익비용대응에 의한다.
06. 관리회계에 관한 설명이며, 외부이해관계자에 유용한 정보를 제공하는 것을 주된 목적으로 한다.

07. 이익잉여금처분계산서는 이익잉여금의 처분사항에 대해서만 표시한다.
08. 영업손익 = 매출액 – 매출원가 – 판매비와관리비
09. 수익과 비용은 총액에 의하여 기재함을 원칙으로 하고 수익항목과 비용항목을 직접 상계함으로써 그 전부 또는 일부를 손익계산서에서 제외하여서는 아니된다.
10. ■ 매출총이익 = 매출액 – 매출원가 = 30,000,000원 – 20,000,000원 = 10,000,000원
    ■ 영업이익 = 매출총이익 – 판매관리비(급여 + 감가상각비 + 기업업무추진비 + 세금과공과)
             = 10,000,000원 – (4,000,000원 + 800,000원 + 500,000원 + 200,000원)
             = 4,500,000원
11. 선급비용, 선급금, 선수수익, 선수금은 현금이나 다른 금융자산의 수취·지급이 아닌 재화 또는 용역의 수취·제공을 가져오게 되므로 금융상품이 아니다.
12. 부채는 과거 사건과의 인과관계가 존재하여야 하므로 단지 예상만으로는 부채를 인식할 수 없다.
13. 세법의 변경으로 인한 분류변경은 예외 사항으로 인정하지 않는다.
14.

구 분	목적적합성	신 뢰 성
① 자산평가방법	시가법	원가법
② 수익인식방법	진행기준	완성기준
③ 손익인식방법	발생주의	현금주의
④ 재무제표보고시기	분기,반기재무제표	결산재무제표

15. 재무제표는 추정에 의한 측정치를 포함하고 있다.
16. 재무상태표에 나타난 자산과 부채의 가액만으로 기업실체의 가치를 직접 평가할 수 있는 것은 아니지만, 재무상태표는 다른 재무제표와 함께 기업가치의 평가에 유용한 정보를 제공하여야 한다.
17. 재무제표의 작성과 표시에 대한 책임은 경영자에게 있다.
18. 역사적원가주의는 미실현이익을 계상하지 않음에 따라 객관적이고 검증가능한 회계정보를 산출할 수 있는 장점이 있다. 반면 시가주의는 적시성이 높은 회계정보를 산출할 수 있는 장점이 있다.
19. 소액의 비용을 당기비용으로 처리하는 회계개념은 중요성이다.
20. ③은 검증가능성에 대한 설명이다.
21. 기업실체의 공준은 회계보고대상으로서의 범위를 결정하는 기준으로서 이에 의하면 개인기업의 경우 기업과 기업주의 가정은 독립적인 실체로 보아 회계처리를 하여야 한다.
22. 일반기업회계기준에서 감가상각의 변경은 회계추정의 변경으로 보아 전진법으로 회계처리 하도록 규정하고 있다.
23. 계속성의 원칙은 회계처리의 기간별 비교를 위해 필요하다.
24. 목적적합성에 대한 내용으로 적시성에 해당하며, ② 중립성, ③ 표현의 충실성, ④ 검증가능성에 대한 설명이다.
25. 내용연수를 이익조정목적으로 단축하는 것은 회계처리의 오류에 해당한다.
26. 보수주의는 논리적 일관성이 결여되어 이익조작의 가능성이 있다.
27. ■ 중간재무제표도 주당경상이익과 주당순이익은 손익계산서상에 주석으로 표시한다.
    ■ 중간재무제표에도 회계정책의 변경을 적용할 수 있다.
    ■ 중간제무제표라도 적시성 확보를 위하여 정보 산출을 위한 시간과 비용이 많이 소요되는 평가방법을 생략할 수 있다.

◆정답◆

01. ② 02. ③ 03. ③ 04. ① 05. ③ 06. ③ 07. ③ 08. ④ 09. ④ 10. ③
11. ④ 12. ③ 13. ③ 14. ① 15. ① 16. ② 17. ④ 18. ① 19. ③ 20. ③
21. ② 22. ② 23. ② 24. ① 25. ③ 26. ④ 27. ③

유동자산이란 **보고기간 종료일로부터 1년 이내**에 현금으로 전환되거나 소비될 것으로 예상되는 자산으로서 당좌자산과 재고자산으로 구분된다. 다만, **정상적인 영업주기 내에서 현금으로 전환되거나 소비될 것으로 예상되는 자산은 보고기간 종료일로부터 1년 이내에 실현되지 않더라도 유동자산으로 분류**한다.

1. 현금및현금성자산

현금및현금성자산이란 **가장 유동성이 높은 자산**으로서 현금(통화 및 통화대용증권), 요구불예금(당좌예금, 보통예금), 현금성자산으로 구성 된다.

1 현금

기업이 보유하고 있는 자산 중 가장 유동성이 높은 자산으로서 통화뿐만 아니라 통화와 언제든지 교환할 수 있는 통화대용증권까지 포함된다.

① 통화 : 지폐 및 동전
② 통화대용증권 : 타인발행당좌수표, 은행발행자기앞수표, 송금환, 우편환증서, 지급기일이 도래한 공·사채이자표, 배당금지급통지표 등
  단, 선일자수표(어음), 차용증서(차입금), 수입인지, 엽서, 우표 등은 제외

2 요구불예금

(1) 보통예금(또는 제예금)

예입과 인출을 수시로 자유로이 할 수 있는 통장식 은행예금을 말한다. 보통예금 통장에 마이너스 대출 약정을 하여 약정한도 내까지 인출이 가능하며 결산시점에 마이너스 대출에 해당하는 잔액은 단기차입금(유동부채) 계정으로 대체처리 한다.

(2) 당좌예금

기업이 은행과의 당좌거래약정을 통하여 현금을 예입하고 예금액의 범위 내에서 수표를 발행하여 언제든지 자유로이 현금을 인출할 수 있는 예금을 말한다.

회계상 거래	회계처리
당좌개설 보증금 (투자자산)	법인 또는 개인사업자가 은행에 당좌예금을 개설하려고 할 경우 당좌개설보증금(100만원 ~ 300만원)을 예치하여야 하며, 보증금은 당좌어음·수표가 부도 처리된 경우 부도수표(어음)처리수수료, 부도 제재금 등의 비용을 충당하기 위한 것이다. (차) 특정현금과예금(투자자산)　×××　　(대) 현금 등　　×××
당좌차월 (유동부채)	은행과 당좌차월약정에 의하여 당좌예금 잔액을 초과하더라도 은행이 이를 대신 지급해 주는 계약에 의하여 당좌수표를 발행할 수 있으며, 당좌예금 초과액을 **당좌차월**이라 하며 결산 시 **단기차입금(유동부채)**으로 분류한다. 다만, **1계정제**를 사용하는 경우 기중 **당좌예금** 계정으로 처리하고 결산시 당좌차월액을 **단기차입금**으로 대체한다. [당좌차월 발생시점] 원재료 매입대금 5,000원 당좌수표 발행지급(당좌예금 잔액 3,000원) (차) 원재료　　5,000원　　(대) 당좌예금　　3,000원 　　　　　　　　　　　　　　　　단기차입금(또는 당좌차월)　2,000원 [당좌예금 입금시점] 외상매출금 10,000원이 당좌예금에 입금(당좌차월 잔액 2,000원) (차) 단기차입금(또는 당좌차월)　2,000원　(대) 외상매출금　10,000원 　　당좌예금　　8,000원

3 현금성자산

현금성자산이란 큰 거래비용 없이 현금으로 전환이 용이하고 이자율변동에 따른 가치변동의 위험이 중요하지 않은 것으로서 **취득당시 만기가 3개월 이내**에 도래하는 금융상품 등을 말한다.

① 취득당시의 만기가 3개월 이내에 도래하는 채권 및 환매체(3개월 이내의 환매조건)
② 취득당시의 상환일까지의 기간이 3개월 이내인 상환우선주

4 현금과부족

현금의 계산상 착오 등으로 장부잔액과 실제잔액이 불일치로 처리하는 일시적인 임시계정을 말한다.

① 현금부족(과잉)액을 **현금과부족**으로 처리한 후, 원인을 조사하여 원인이 밝혀진 경우에는 현금과부족을 해당계정으로 대체한다. 불일치 원인을 결산일에 가서도 알 수 없는 경우 현금부족액은 **잡손실(영업외비용)**로 차변에, 과다액은 **잡이익(영업외수익)**계정 대변에 대체하여 현금과부족계정을 마감한다.
② 결산일 현재 실제와 장부상의 현금차이를 발견했다면 바로 잡손실(영업외비용)이나 잡이익(영업외수익)으로 처리한다.

다음 자료에 의하여 결산 재무상태표에 표시되는 현금및현금성자산은 얼마인가?

자기앞수표	200,000원	수입인지	300,000원	당좌예금	250,000원
우편환	70,000원	보통예금	110,000원	선일자수표	80,000원
종로상회발행수표	200,000원	배당금지급통지표	70,000원	차용증서	500,000원

【해설】

현금및현금성자산 = 자기앞수표 + 당좌예금 + 우편환 + 보통예금 + 종로상회발행수표 + 배당금지급통지표
= 200,000원 + 250,000원 + 70,000원 + 110,000원 + 200,000원 + 70,000원
= 900,000원

2. 단기투자자산

1 단기금융상품

금융상품이란 금융기관이 취급하는 정기예금·적금, 사용이 제한되어 있는 예금 및 기타 정형화된 상품 등으로 기업의 여유자금을 투자한 것을 말한다.

취득일로부터 3개월 이내 만기도래	현금성자산
보고기간 종료일로부터 1년 이내 만기도래	단기금융상품
보고기간 종료일로부터 1년 이후 만기도래	장기금융상품

- 금융자산·금융부채 : 매출채권, 대여금, 투자채권, 매입채무, 차입금, 사채, 선도거래 선물 등
- 선급비용, 선급금, 선수수익, 선수금은 현금이나 다른 금융자산의 수취·지급이 아닌 재화 또는 용역의 수취·제공을 가져오게 되므로 금융상품이 아니다.

2 단기대여금(↔ 단기차입금)

금전소비대차계약에 따라 차용증서 등을 받고 여유자금을 빌려 준 경우로서 보고기간 종료일로부터 만기가 1년 이내에 도래하는 채권(↔ 채무)을 말한다.

주주, 임원, 종업원에게 금전을 대여한 경우	임직원등단기채권
관계회사에게 금전을 대여한 경우	단기대여금

3 단기매매증권

(1) 유가증권의 종류

유가증권은 재산권을 나타내는 증서로서 기업에서 발행하는 일반적인 유가증권의 형태로는 지분증권과 채무증권이 있다. 유가증권은 실제 보유 의도와 보유능력에 따라 단기매매증권, 매도가능증권 및 만기보유증권 중 하나로 분류한다. 단기매매증권은 단기간 내의 매매차익을 목적으로 취득한 유가증권으로서 매수와 매도가 적극적이고 빈번하게 이루어지는 것을 말하며 투자유가증권의 상세설명은 투자자산을 참고한다.

지분증권	소유지분(주식) ⇨ 보유시 **"배당금수익"** 발생	단기적 매매차익(시장성보유)	단기매매증권(당좌자산)
		유의적 영향력 행사 (또는 지분율 20% 이상)	지분법적용투자주식 (투자자산)
		장기적 매매차익	매도가능증권(투자자산)
채무증권	국채, 공채, 사채 ⇨ 보유시 **"이자수익"** 발생	단기적 매매차익(시장성보유)	단기매매증권(당좌자산)
		만기보유 의도·능력	만기보유증권(투자자산)
		장기적 매매차익	매도가능증권(투자자산)

(2) 단기매매증권의 회계처리

회계상 거래	회계처리
단기매매증권 취득시점	단기매매증권의 취득원가는 매입가액(공정가치)을 의미하며, 종목별로 총평균법이나 이동평균법을 적용하여 단가를 산정하며, **취득 시 발생하는 부대비용(수수료 등)**은 별도의 **영업외비용**으로 회계처리 한다. (차) 단기매매증권 ×××　　(대) 현금 등　××× 　　 수수료비용(영업외비용) ×××
단기매매증권 보유시 수익발생	[지분증권 보유 : 배당금 수령] ① 현금 배당금 수령 : 배당금수익(영업외수익) 계정과목으로 처리 ② 주식 배당금 수령 : 회계처리는 하지 않고, 주식의 수량과 단가를 새로이 계산하여 주석 공시 [채무증권 보유 : 이자 수령시 영업외수익인 이자수익 회계처리]
단기매매증권 평가	<table><tr><td>평가기준</td><td>공정가치로 평가</td></tr><tr><td>공정가치의 변동(평가손익)</td><td>단기매매증권평가손익(영업외손익)계정으로 처리</td></tr></table>※ 단기매매증권평가이익과 평가손실은 상계하지 않고 총액으로 표시하는 것이 원칙이지만, 그 금액이 중요하지 않는 경우에는 상계하여 표시할 수 있다. [장부가액 < 공정가치] (차) 단기매매증권 ×××　　(대) 단기매매증권평가이익 ××× [장부가액 > 공정가치] (차) 단기매매증권평가손실 ×××　　(대) 단기매매증권 ×××

회계상 거래	회계처리
단기매매증권 양도(처분)	단기매매증권을 처분하거나 양도하는 경우 처분가액과 장부가액을 비교하여 그 차액을 단기매매증권처분손익(영업외손익)으로 처리하며, **처분 시 매각수수료는 처분이익에서 차감하거나 처분손실에 가산**한다. 단기매매증권처분손익(영업외손익) = 처분가액 – 장부가액 – 처분 매각수수료 [장부가액 < 처분가액] (차) 현금 등　　　　×××　　　(대) 단기매매증권　　××× 　　　　　　　　　　　　　　　　　단기매매증권처분이익　××× [장부가액 > 처분가액] (차) 현금 등　　　　×××　　　(대) 단기매매증권　　××× 　　단기매매증권처분손실　×××

단기투자자산은 기업이 여유자금을 활용할 목적으로 보유하는 자산으로 재무상태표에 통합하여 표시한다. 다만, 각 계정과목의 중요성에 따라 개별 표시 가능하다.
① 단기금융상품　　② 단기매매증권　　③ 단기대여금
④ 투자자산 중 1년 이내 만기가 도래하여 유동자산으로 분류된 매도가능증권과 만기보유증권

3. 매출채권

1 수취채권과 지급채무의 의의

(1) 수취채권

기업이 재화나 용역을 외상으로 판매하고 그 대가로 미래에 현금을 수취할 수 있는 권리를 획득하는 경우 또는 다른 기업에 자금을 대여하고 그 대가로 차용증서나 어음을 수취하는 경우 등에서 발생하는 채권을 말한다.

(2) 지급채무

기업이 재화나 용역을 외상으로 매입하거나, 다른 기업으로부터 자금을 차입한 경우에 지급해야 할 의무가 발생하는 채무를 말한다.

수취채권	지급채무	
매출채권	매입채무	⇒ 일반적인 상거래에서 발생한 채권·채무
미수금	미지급금	⇒ 일반적인 상거래 이외에서 발생한 채권·채무
대여금	차입금	⇒ 금전소비대차계약 거래에서 발생한 채권·채무

2 매출채권(↔매입채무)

(1) 외상매출금(↔ 외상매입금)

일반적인 상거래에서 발생하는 채권으로 도·소매업의 경우 상품매출시, 제조업의 경우 제품매출시에 발생한 미수채권은 외상매출금 계정으로 회계처리 한다.

회계상 거래		회계처리			
외상 매출금	발생	(차) 외상매출금	×××	(대) 제품매출 등	×××
	회수	(차) 현금 등	×××	(대) 외상매출금	×××

(2) 받을어음(↔ 지급어음)

어음이란 미래의 일정 기일에 일정금액을 지급하겠다는 것을 약속한 증권으로서 약속(또는 전자)어음과 환어음 등이 있다. 약속(또는 전자)어음은 어음의 발행인이 일정 금액을 일정한 일자에 수취인에게 지급하기를 약속한 증서를 말하며, 환어음은 발행인이 제3의 지급인으로 하여금 일정한 일자에 일정 금액을 수취인에게 지급하도록 위탁하는 증서이다.

회계상 거래		회계처리			
받을 어음	발생	(차) 받을어음 (차) 받을어음	××× ×××	(대) 제품매출 등 (대) 외상매출금	××× ×××
	만기 회수	(차) 당좌예금 등	×××	(대) 받을어음	×××
	추심 위임 배서	어음은 만기일에 직접 수령하는 것이 아니라 은행에 추심의뢰하는 방식으로 수령하며, 추심과정에서 발생하는 추심수수료에 대해서는 **수수료비용(판매비와관리비)** 계정으로 처리한다. (차) 보통예금 등 ××× (대) 받을어음 ××× 수수료비용(판) ×××			
	배서 양도	어음소지인이 만기일전에 상품대금이나 외상매입금을 지급하기 위해 타인에게 어음의 뒷면에 배서하여 양도하는 것을 말한다. (차) 외상매입금 등 ××× (대) 받을어음 ×××			
	어음 할인 (매각)	은행이 어음소지인의 의뢰에 의해 액면금액에서 만기일까지의 이자를 공제하고 매입하는 것으로 **매각거래 시 할인료는 "매출채권처분손실(영업외비용)"로 처리한다.** $$할인료 = 어음의\ 액면금액 \times 할인율 \times \frac{할인기간}{365}$$ (차) 보통예금 등 ××× (대) 받을어음 ××× 매출채권처분손실 ×××			
	어음 할인 (차입)	어음을 할인하는 경우 어음에 대한 권리와 의무를 실질적으로 양수인에게 이전하지 않는 경우에는 **차입거래로 보며 할인료는 "이자비용(영업외비용)"으로 처리한다.** (차) 보통예금 등 ××× (대) 단기차입금 ××× 이자비용 ×××			

회계상 거래		회계처리
받을 어음	어음 부도	어음의 만기일에 지급제시 하였으나 지급을 거절당한 어음을 말하며 부도어음이 발생하면 이를 받을어음계정에서 차감하고 **"부도어음과수표(기타비유동자산)"** 계정에 가산한다. (차) 부도어음과수표　×××　　(대) 받을어음　×××
	어음 개서	어음의 만기일에 어음대금을 지급할 수 없는 경우 어음소지인에게 어음대금의 지급연기를 요청하고 만기가 연장된 신어음을 발행하여 만기가 된 구어음과 교환하는 것을 말한다. 또한 이자를 함께 수령할 수 있다. (차) 받을어음(신)　×××　　(대) 받을어음(구)　××× 　　 현　　금 등　×××　　　　 이자수익　×××
지급 어음	발행	(차) 원재료 등　×××　　(대) 지급어음　××× (차) 외상매입금　×××　　(대) 지급어음　×××
	만기 지급	발행된 어음의 만기일에 어음을 결제하는 경우를 만기결제라 한다. (차) 지급어음　×××　　(대) 당좌예금 등　×××

3 채권의 대손회계

(1) 채권의 대손처리

매출채권 등의 회수가 불가능하다고 판단될 때 비용으로 계상하는 것을 말하며, 대손회계처리방법은 직접차감법과 충당금설정법이 있다.

- 직접차감법 : 회수불가능한 채권 금액을 당기비용으로 인식하고 동시에 채권에서 직접 차감하는 방법
- 충당금설정법 : 회수불능채권액을 추정하여 대손충당금을 설정하고 동시에 이를 동 기간의 비용으로 회계처리하는 방법
  ① 대차대조표 접근법 : 채권잔액비율법, 연령분석법, 대손실적률법, 현금흐름할인법
  ② 손익계산서 접근법 : (외상)매출액 기준법

일반기업회계기준은 **충당금설정법만 인정**하고 있으며 채권의 회수가 불가능하다고 판단될 때 대손충당금잔액이 있는 경우 우선적으로 대손충당금잔액에서 상계하고, 대손충당금잔액이 부족할 때에는 대손상각비로 처리한다.

- 매출채권 관련 대손처리 시 : 대손상각비(판매비와관리비)
- 기타채권(미수금 등) 대손처리 시 : 기타의대손상각비(영업외비용)

(2) 대손예상(추정)의 회계처리

① 대손예상(추정)액

보유중인 채권 중에서 회수가능액에 대한 정보를 제공하기 위하여 기말시점마다 채권의 회수가능가액을 평가해야 한다. 보유중인 채권 중에서 회수하지 못할 것으로 예상되는 금액을 대손예상(추정)액이라 한다.

구 분	내 용
채권잔액비율법	채권에 대하여 일률적으로 과거의 대손경험률로 설정하는 방법 대손예상액 = 결산일의 채권잔액 × 대손추정률
연령분석법	기말채권잔액을 경과일수에 따라 몇 개의 집단으로 분류하고, 각 집단마다 상이한 대손경험률을 적용하는 방법 대손예상액 = (연령별 채권잔액 × 연령별 대손추정률) 　　　　　 + (연령별 채권잔액 × 연령별 대손추정률) + …

② 회계처리(보충법)

대손충당금 설정액 = (결산일의 채권잔액 × 대손추정률) − 대손충당금 잔액

[채권잔액비율법으로 대손 예상]
- 기말 매출채권잔액 2,000,000원, 대손추정률 1%
- 대손예상액 = 2,000,000원 × 1% = 20,000원
- 대손충당금 설정액 = 20,000원 − 대손충당금 잔액

회계상 거래	회계처리		
[대손예상액 > 대손충당금 "0"] 대손충당금 잔액이 없는 경우	(차) 대손상각비　20,000원	(대) 대손충당금　　　　 20,000원 (자산의 차감평가계정)	
[대손예상액 > 대손충당금 잔액] 대손충당금 잔액이 5,000원 있는 경우	(차) 대손상각비　15,000원	(대) 대손충당금　　　　 15,000원 (자산의 차감평가계정)	
[대손예상액 < 대손충당금 잔액] 대손충당금 잔액이 23,000원 있는 경우	(차) 대손충당금　　3,000원	(대) 대손충당금환입　　　3,000원 (판매비와관리비 차감계정)	

③ 재무상태표 공시

　　대손충당금은 **채권의 차감적 평가계정**으로 재무상태표에는 **채권에서 차감하는** 형식으로 공시한다.

재무상태표		
과목	제11(당)기	
	금액	
	− 중　략 −	
외상매출금 대손충당금	2,000,000 (20,000)	1,980,000
	− 중　략 −	

① 미수금 등의 기타채권과 관련된 대손충당금 설정 회계처리는 **기타의대손상각비(영업외비용)**로 또한 회수로 인한 처리는 **대손충당금환입(영업외수익)**으로 처리한다.
② 매출채권의 대손충당금환입은 판매관리비에서 부(-)의 금액으로 표시한다.

기말 매출채권 40,000,000원에 대해 연령분석법과 채권잔액비율법(대손추정률 15%)에 의하여 대손충당금설정액을 계산하시오. 결산전 대손충당금잔액은 1,000,000원이다.

경과일수	매출채권금액	추정대손율
30일이하	20,000,000원	1%
60 ~ 31일	5,000,000원	3%
180 ~ 61일	5,000,000원	10%
180일 이상	10,000,000원	20%

【해설】

[연령분석법]
대손추정액 = (20,000,000원 × 1% = 200,000원) + (5,000,000원 × 3% = 150,000원)
　　　　　　+ (5,000,000원 × 10% = 500,000원) + (10,000,000원 × 20% = 2,000,000원)
　　　　　= 2,850,000원(재무상태표 기말금액)
대손충당금 설정액 = 2,850,000원 - 1,000,000원 = 1,850,000원(손익계산서 계상금액)

[채권잔액비율법]
대손추정액 = 40,000,000원 × 15% = 6,000,000원(재무상태표 기말금액)
대손충당금 설정액 = 6,000,000원 - 1,000,000원 = 5,000,000원(손익계산서 계상금액)

(3) 대손의 발생(확정)

거래처의 부도, 파산 등으로 채권에 대한 대손이 확정된 경우에는 회수불능채권으로 **대손충당금과 우선적으로 상계**하고, **대손충당금이 부족**한 경우에는 **당기비용(매출채권 : 대손상각비, 기타채권 : 기타의대손상각비)**으로 처리한다.

[대손 발생(확정)]
외상매출금 20,000원 거래처 파산으로 회수불능 채권이 발생하다.

회계상 거래	회계처리	
[대손충당금 > 대손금] 대손충당금 잔액 30,000원인 경우	(차) 대손충당금 20,000원	(대) 외상매출금 20,000원
[대손충당금 < 대손금] 대손충당금 잔액 10,000원인 경우	(차) 대손충당금 10,000원 대손상각비 10,000원	(대) 외상매출금 20,000원
[대손충당금 "0" < 대손금] 대손충당금 잔액이 없는 경우	(차) 대손상각비 20,000원	(대) 외상매출금 20,000원

(주)배움의 다음 자료를 이용하여 2025년 손익계산서에 계상될 대손상각비를 계산하면 얼마인가?

  2024년 12월 31일 매출채권 잔액   37,500,000원
  2024년 12월 31일 대손충당금 잔액   720,000원
  2025년 2월 10일 매출채권 회수불능 판명   402,000원
  2025년 7월 25일 전기 대손액 현금회수   570,000원
  2025년 12월 20일 매출채권 31,800,000원 중 900,000원 회수불능 판명
  2025년 12월 31일 매출채권잔액의 2% 대손 예상

【해설】
- 대손충당금 잔액 부족액 : −12,000원(대손상각비 계상)
  = 720,000원(기초금액) − 402,000원(대손금) + 570,000원(대손 회수액) − 900,000원(대손금)
- 대손충당금 설정액 : (31,800,000원 − 900,000원) × 2% = 618,000원
- 손익계산서 대손상각비 계상액 = 12,000원 + 618,000원 = 630,000원

(4) 대손채권의 회수

대손채권 회수 시 전·당기(대손충당금 및 대손상각비) 구분없이 관련된 **대손충당금을 증가**시킨다.

회계상 거래	회계처리	
파산으로 대손처리 하였던 외상매출금 20,000원 보통예금으로 입금되었다.	(차) 보통예금 20,000원	(대) 대손충당금 20,000원

4. 기타채권

구 분	회계처리
미수금	일반적인 **상거래 이외의 거래**에서 발생하는 채권으로 재고자산 이외의 자산을 판매하는 경우 발생한다. 대금을 외상 처리하거나 어음을 수령한 경우 "미수금"으로 처리한다.

구 분	회계처리
선급금	원재료나 상품 등을 매입할 때 계약금 등으로 대금의 일부를 미리 지급한 금액을 말한다. **[계약금 지급]** (차) 선급금　　　　×××　　　(대) 현금 등　　　　××× **[재고자산 매입]** (차) 원재료 등　　　×××　　　(대) 선급금　　　　××× 　　　　　　　　　　　　　　　　외상매입금 등　×××
가지급금	가지급금(또는 임직원등단기채권)은 현금을 실제로 지출하였으나 처리할 계정과목과 금액이 확정되지 않은 경우에 임시(비망)적으로 쓰는 계정과목으로 계정과목과 금액이 확정되는 시점에 적절한 계정과목으로 대체한다. **[출장 여비 지급]** (차) 가지급금　　　×××　　　(대) 현금 등　　　　××× **[출장경비 정산(증빙수취)]** (차) 여비교통비 등　×××　　　(대) 가지급금　　　×××
미수수익	당기에 용역을 제공하고 수익은 획득하였으나 그 대가를 받지 못해서 수익계정에 기입하지 않은 금액을 말한다. **[결산시점]** (차) 미수수익　　　×××　　　(대) 이자수익 등　　××× **[수익 수령시점]** (차) 현금 등　　　　×××　　　(대) 미수수익　　　××× 　　　　　　　　　　　　　　　　이자수익 등　　×××
선급비용	당기에 지출한 비용 중 다음(차기) 연도의 비용에 해당하는 금액을 말한다. **[지출시점에 비용처리한 경우 차기 미경과분 자산처리]** (차) 선급비용　　　×××　　　(대) 보험료 등　　　××× **[지출시점에 선급비용(자산)처리한 경우 당기 경과분 비용처리]** (차) 보험료 등　　　×××　　　(대) 선급비용　　　×××
선납세금	법인의 경우 법인세의 납부는 사업연도 종료 후 3개월 이내 신고·납부하는 것이 원칙이다. 그러나 조세수입의 조기 확보 및 세수의 평준화를 위하여 사업연도가 진행 중인 동안에도 원천징수 및 중간예납을 통해 미리 법인세를 납부·징수하도록 규정하고 있다. **[법인세 원천납부세액]** (차) 선납세금　　　×××　　　(대) 이자수익　　　××× 　　　보통예금 등　××× **[법인세 중간예납세액]** (차) 선납세금　　　×××　　　(대) 현금 등　　　　××× **[법인세비용 확정]** (차) 법인세비용　　×××　　　(대) 선납세금　　　××× 　　　　　　　　　　　　　　　　미지급세금　　　××× **[법인세비용 납부(차기연도)]** (차) 미지급세금　　×××　　　(대) 현금 등　　　　×××

실무분개

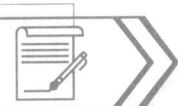

01. 당좌거래개설보증금 1,700,000원을 현금으로 예치하여 우리은행 당좌거래를 개설하였다.

02. 현재 총계정원장의 당좌예금 잔액을 은행의 잔액증명서 잔액과 비교한 결과 발견된 차액의 원인은 당좌차월에 대한 이자비용 200,000원으로 밝혀졌다.

03. (주)송진기업의 외상매출금 30,000,000원 중 10,000,000원은 현금으로 받고 나머지 잔액은 어음으로 받았다.

04. (주)대한부품에 대한 외상매입금과 (주)대한상사에 대한 받을어음이 각각 1,000,000원이 있었는데, (주)대한부품의 외상매입금을 (주)대한상사의 받을어음으로 배서양도 하였다.

05. 4월 1일 회사는 부족한 운영자금문제를 해결하기 위해 보유중인 (주)삼일상사의 받을어음 1,000,000원을 미래은행에 현금으로 매각하였다. 동 매출채권의 만기일은 2025년 8월 31일이며 매출채권 처분시 지급해야 할 은행수수료는 연 12%를 지급한다. (월할계산하며, 매각거래로 회계처리 하시오.)

06. 운전자금 확보를 위해 주거래처인 (주)부자로부터 매출대금으로 받은 약속어음 30,000,000원을 곧바로 세종은행에서 할인하고 할인료 500,000원을 차감한 잔액을 현금으로 수령하다. 단, 어음할인은 차입거래로 간주한다.

07. (주)배움의 외상매출금 중 어음으로 수취한 금액 5,000,000원이 있다. (주)배움으로부터 수취한 어음이 부도처리 되었다는 것을 국민은행으로부터 통보받았으며, 지급거절증서 등 작성비용 50,000원을 현금으로 지급하다. 이에 따른 적절한 회계처리를 하시오.

08. 매출처 (주)지후에 대한 외상매출금 1,100,000원이 회수불가능하게 되어 전액 대손처리하였다. 대손충당금 잔액은 50,000원이다.

09. 거래처 (주)중앙에 대한 미수금 3,000,000원이 회수불가능하게 되어 전액 대손처리하였으며, 대손충당금 잔액은 없다.

10. 매출처 (주)현대에 대한 외상매출금 1,100,000원이 회수불가능하게 되어 대손처리 하였으며, 부가가치세 신고시 대손세액공제 신청을 하였다. 대손충당금 잔액은 400,000원이다.

11. 매출처인 (주)흥국제조의 부도로 전기에 대손처리했던 외상매출금 2억원 중 77,000,000원이 회수되었다. 회수는 전액 자기앞수표로 되었으며, 외상매출금의 대손처리가 이루어진 기간의 부가가치세 신고에서는 대손세액공제를 받지 않았다.

12. 지난 8월 17일 출장갔던 영업부사원 홍길동이 돌아와 다음과 같이 여비정산을 하였다. 출장시 500,000원을 지급하고 가지급금 계정으로 회계처리 하였으며 여비 잔액 47,000원은 현금으로 수취하였다.

여 비	70,000원	숙박비	200,000원	식 대	100,000원
기업업무추진비	50,000원	기 타	33,000원	합 계	453,000원

13. 단기보유목적으로 1,000주(액면가액 @18,000원)를 @20,000원에 현금 취득하고, 중개수수료 300,000원은 당좌수표 발행하여 지급하다.

14. 단기보유목적으로 5월 1일 20,000,000원(1,000주, @20,000원)에 취득하였던 상장주식 전부를 1주당 15,000원에 처분하고 대금은 매각수수료 500,000을 차감하고 보통예금으로 받았다.

15. 정기예금 10,000,000원이 금일 만기가 도래하여 은행으로부터 다음과 같은 내역서를 받고 이자를 포함한 전액이 당사 보통예금계정으로 입금되었다. 이자수익을 미수수익으로 계상한 금액은 없다. 법인세는 자산계정으로 처리하시오.

입 금 증

- 성명 : (주)대한상사 귀하
- 계좌번호 : 12-1258689-123
- 거래일자 : 2025. 6. 15

찾으신 거래내역
- 정기예금 총액 : 10,000,000원
- 이자소득 : 600,000원
- 법인세 : 92,400원
- 차감수령액 : 10,507,600원

항상 저희 은행을 찾아주셔서 감사합니다.
계좌번호 및 거래내역을 확인하시기 바랍니다.
서울은행 강남 지점(전화 :   )   취급자 : _____

16. 장부상 현금보다 실제 현금이 부족하여 현금과부족 계정으로 처리해 두었던 금액 40,000원 중 32,000원은 판매직원의 시내교통비 누락분으로 밝혀졌으며, 잔액은 업무상 사용되었으나 결산일까지 그 내역을 알 수 없는 상황이다.

17. 2025년 12월 25일부터 27일까지 3일간 부산으로 업무차 출장갔던 영업사원 박승민에 대한 출장비지급액과 정산후 반납액이 결산일 현재 각각 가지급금계정과 가수금계정에 계상되어 있다. 결산일에 정산분개를 하며, 출장비는 전액 여비교통비로 처리한다. (장부조회 : 가지급금 300,000원, 가수금 75,000원)

18. 3월 1일 영업부건물 화재보험에 가입하고 1년분 보험료 1,380,000원을 납부하였다. 보험료 납부당시 회사는 전액 보험료로 회계처리 하였으며 기말 결산 회계처리를 하시오. (미경과 보험료는 월할계산)

19. 6월 1일에 1년분 사무실 임차료 36,000,000원을 선불로 납부하고 선급비용으로 처리하였다. 기말 결산 시 필요한 회계처리를 행하시오.

20. 결산일 현재 정기예금과 장기차입금에 대한 내용이다. 일반기업회계기준에 따라 회계처리를 하시오. 단, 이자계산은 월할계산으로 하되 1월 미만은 1월로 한다.

과목	거래처	발생일자	만기일자	금액	이자율	이자지급일
정기예금	국민은행	2025.7.10	2026.7.10	10,000,000	6%	매년 7월 10일
장기차입금	신한캐피탈	2025.10.1	2027.9.30	50,000,000	7%	매년 4월 1일과 10월 1일에 6개월분씩 지급(후지급함)

21. 당사는 제품홍보용 타올을 구입하여 전액 광고선전비로 계상하였으나 결산 시 미사용된 잔액 2,500,000 원을 소모품으로 대체한다.

22. 기말현재 단기매매목적으로 보유하고 있는 단기매매증권의 공정가액은 다음과 같다. 종목별로 회계처리 하시오.

회사명	평가전 장부가액	기말공정가액 평가액
A사 보통주	22,000,000원	24,000,000원
B사 보통주	55,000,000원	53,500,000원

23. 당사는 매출채권의 2%를 보충법으로 대손충당금을 설정하기로 한다. 입력된 매출채권 및 대손충당금 내역의 내용을 참조하라.

부분합계잔액시산표

차변		계정과목	대변	
잔액	합계		합계	잔액
130,000,000	500,000,000	외상매출금	370,000,000	
		대손충당금	700,000	700,000
250,000,000	300,000,000	받을어음	50,000,000	
		대손충당금	1,200,000	1,200,000

24. 당사는 외상매출금과 받을어음에 대하여 기말채권잔액의 1%를 대손예상액으로 추정하여 대손충당금을 설정하고 있다.

부분합계잔액시산표

차변		계정과목	대변	
잔액	합계		합계	잔액
130,000,000	500,000,000	외상매출금	370,000,000	
	1,000,000	대손충당금	1,700,000	700,000
250,000,000	300,000,000	받을어음	50,000,000	
		대손충당금	3,200,000	3,200,000

25. 법인세(지방소득세 포함)가 46,200,000원 이다. 선납세금계정을 조회하여 법인세에 대한 회계처리를 하시오. 단, 지방소득세(소득분)를 포함하여 회계처리 할 것. (합계잔액시산표조회 : 선납세금 10,000,000원)

정답

NO	회계처리			
01	(차) 특정현금과예금(우리은행)	1,700,000	(대) 현　　금	1,700,000
02	(차) 이자비용	200,000	(대) 당좌예금	200,000
03	(차) 현　　금 　　받을어음((주)송진기업)	10,000,000 20,000,000	(대) 외상매출금((주)송진기업)	30,000,000
04	(차) 외상매입금((주)대한부품)	1,000,000	(대) 받을어음((주)대한상사)	1,000,000
05	(차) 현　　금 　　매출채권처분손실 ■ 할인료 = 1,000,000원 × 12% × 5개월/12개월 = 50,000원	950,000 50,000	(대) 받을어음((주)삼일상사)	1,000,000
06	(차) 현　　금 　　이자비용	29,500,000 500,000	(대) 단기차입금(세종은행)	30,000,000
07	(차) 부도어음과수표((주)배움) ■ 부도 발생 시 발생되는 부대비용은 부도어음과수표에 가산한다.	5,050,000	(대) 받을어음((주)배움) 　　현　　금	5,000,000 50,000

NO	회계처리			
08	(차) 대손충당금(외상매출금) 대손상각비(판)	50,000 1,050,000	(대) 외상매출금((주)지후)	1,100,000
	■ 대손충당금과 우선 상계, 대손충당금이 부족한 경우에는 그 부족액을 대손상각비로 처리한다.			
09	(차) 기타의대손상각비	3,000,000	(대) 미수금((주)중앙)	3,000,000
	■ 기타 채권에 대한 대손금은 영업외비용 : 기타의 대손상각비로 처리			
10	(차) 부가세예수금 대손충당금(외상매출금) 대손상각비(판)	100,000 400,000 600,000	(대) 외상매출금((주)현대)	1,100,000
	■ 대손세액공제금액 = 1,100,000원 × 10/110 = 100,000원 ■ 대손세액공제 받은 금액은 부가세예수금으로 회계처리한다.			
11	(차) 현 금	77,000,000	(대) 대손충당금(외상매출금)	77,000,000
	■ 전·당기 대손금 회수 : 대변에 무조건 관련 대손충당금으로 처리하며, 대손금 회수시 대손충당금 계정과목 선택에 유의한다.			
12	(차) 여비교통비(판) 기업업무추진비(판) 현 금	403,000 50,000 47,000	(대) 가지급금(홍길동)	500,000
	■ 가지급금 정리시 거래처 관리 및 비용 중에 "기업업무추진비"는 별도로 처리하여야 한다.			
13	(차) 단기매매증권 수수료비용(영업외비용)	20,000,000 300,000	(대) 현 금 당좌예금	20,000,000 300,000
	■ 단기매매증권 취득 시 부대비용은 수수료비용(영업외비용)으로 처리			
14	(차) 보통예금 단기매매증권처분손실	14,500,000 5,500,000	(대) 단기매매증권	20,000,000
	■ 단기매매증권처분손실 = 처분금액 – 장부금액 – 처분시 수수료비용 = 15,000,000원 – 20,000,000원 – 500,000원 = –5,500,000원			
15	(차) 보통예금 선납세금	10,507,600 92,400	(대) 정기예금(서울은행) 이자수익	10,000,000 600,000
16	(차) 여비교통비(판) 잡 손 실	32,000 8,000	(대) 현금과부족	40,000
	■ 현금과부족의 계상은 실제현금의 잔액이 기준이며, 결산 시 발견하면 현금과부족은 계정으로 계상하지 아니하며 원인 불명시 바로 [잡이익 또는 잡손실]로 계상한다.			
17	(차) 가수금(박승민) 여비교통비(판)	75,000 225,000	(대) 가지급금(박승민)	300,000

NO	회계처리			
18	(차) 선급비용	230,000	(대) 보험료(판)	230,000
	▪ 선급비용(미경과분) = 1,380,000원 × 2개월/12개월 = 230,000원			
19	(차) 임차료(판)	21,000,000	(대) 선급비용	21,000,000
	▪ 지출시점에 비용처리 한 경우 경과분 당기 비용처리 36,000,000원 × 7개월/12개월 = 21,000,000원			
20	(차) 미수수익 　　이자비용	300,000 875,000	(대) 이자수익 　　미지급비용	300,000 875,000
	▪ 미수수익 = 10,000,000원 × 6% × 6개월/12개월 = 300,000원 ▪ 미지급비용 = 50,000,000원 × 7% × 3개월/12개월 = 875,000원			
21	(차) 소모품	2,500,000	(대) 광고선전비(판)	2,500,000
22	(차) 단기매매증권 　　단기매매증권평가손실	2,000,000 1,500,000	(대) 단기매매증권평가이익 　　단기매매증권	2,000,000 1,500,000
23	(차) 대손상각비(판)	5,700,000	(대) 대손충당금(외상매출금) 　　대손충당금(받을어음)	1,900,000 3,800,000
	▪ 외상매출금 = 130,000,000원 × 2% − 700,000원 = 1,900,000원 ▪ 받을어음 = 250,000,000원 × 2% − 1,200,000원 = 3,800,000원			
24	(차) 대손상각비(판) 　　대손충당금(받을어음)	600,000 700,000	(대) 대손충당금(외상매출금) 　　대손충당금환입 　　(대손상각비차감계정)	600,000 700,000
	▪ 외상매출금 = 130,000,000원 × 1% − 700,000원 = 600,000원 ▪ 받을어음 = 250,000,000원 × 1% − 3,200,000원 = −700,000원			
25	(차) 법인세등	46,200,000	(대) 선납세금 　　미지급세금	10,000,000 36,200,000

01. 다음은 모두 큰 거래비용 없이 현금으로 전환이 용이하고 이자율변동에 따른 가치변동의 위험이 중요하지 않는 금융상품이다. 다음 중 현금성자산이 아닌 것은?

① 2025년 12월 10일 취득하였으나 상환일이 2026년 4월 20일인 상환우선주
② 3개월 이내의 환매조건인 환매채
③ 투자신탁의 계약기간이 3개월 이내인 초단기수익증권
④ 취득당시 만기가 3개월 이내에 도래하는 채권

02. 다음 중 기업회계기준상 당좌자산에 속하지 않는 것은?

① 일반적 상거래에서 발생한 외상매출금과 받을어음
② 회수기한이 1년내에 도래하는 대여금
③ 상품·원재료 등의 매입을 위하여 선급한 금액
④ 받은 수익 중 귀속시기가 차기 이후에 속하는 금액

03. 다음 중 기업회계기준상 "현금및현금성자산"의 합계액은 얼마인가?

■ 현 금	50,000원	■ 자기앞수표	100,000원
■ 우편환증서	100,000원	■ 정기예금(장기보유목적)	60,000원
■ 외상매출금	300,000원	■ 단기대여금	100,000원
■ 취득당시 만기일이 3개월이내 환매조건부 채권			500,000원
■ 3월전에 가입한 정기적금(만기일 : 가입일로부터 1년)			100,000원

① 850,000원   ② 750,000원   ③ 810,000원   ④ 760,000원

04. 다음 중 '유가증권' 양도에 따른 실현손익을 인식하기 위한 원가산정방법으로서 가장 합리적인 것은?

① 정액법   ② 이동평균법
③ 정률법   ④ 이중체감법

05. 현행 기업회계기준상 유가증권분류에 관한 설명으로 옳지 않은 것은?

① 유가증권은 취득한 후에 만기보유증권, 단기매매증권, 그리고 매도가능증권 등의 하나로 분류한다.
② 단기매매증권과 매도가능증권은 채무증권을 포함하지 않는다.
③ 만기가 확정된 채무증권으로서 상환금액이 확정되었거나 확정이 가능한 채무증권을 만기까지 보유할 적극적인 의도와 능력이 있는 경우에는 만기보유증권으로 분류한다.
④ 단기매매증권이나 만기보유증권으로 분류되지 아니하는 유가증권은 매도가능증권으로 분류한다.

06. 다음 자료에 의한 시장성 있는 단기매매증권과 관련된 내용으로서 틀린 것은?

종 목	취득원가	2024년말 공정가액	2025년말 공정가액
(주)한국 보통주식	2,000,000원	1,900,000원	2,100,000원

① 2024년말 단기매매증권평가손실은 100,000원이다.
② 2025년말 단기매매증권평가이익은 200,000원이다.
③ 단기매매증권의 2025년말 재무상태표상의 가액은 2,100,000원이다.
④ 단기매매증권평가손익은 재무상태표계정 중 자본조정항목이다.

07. (주)배움의 단기매매주식과 관련된 거래는 다음과 같다. 2025년 인식할 당기손익은 얼마인가?

- 2025. 10. 11 : A사 주식 100주를 500,000원 현금으로 취득하였다.
- 2025. 12. 31 : A사 주식의 공정가치는 주당 7,000원이다.
- 2026. 01. 25 : A사 주식 100주를 주당 6,000원에 현금을 받고 처분하였다.

① 처분이익 200,000원　　② 평가이익 200,000원
③ 처분이익 100,000원　　④ 평가이익 100,000원

08. 대손금 회계처리에 대한 다음의 설명 중 틀린 것은?
① 대손예상액은 기말 매출채권잔액에 대손추정률을 곱하여 산정한다.
② 모든 채권에서 발생된 대손처리 비용은 판매비와관리비로 처리한다.
③ 대손 발생 시 대손충당금 잔액이 있으면 먼저 상계한다.
④ 대손의 회계처리는 직접상각법과 충당금설정법이 있다.

09. 다음은 (주)더지상사의 부분재무상태표이다. 2025년 3월 1일 회계처리로 올바른 것은? 단, 2025년 3월 1일, 전기외상매출금 중 550,000원이 대손되었다.

부분재무상태표(2025. 1. 1)	
외상매출금	5,000,000
대손충당금	(300,000)

① (차) 대손충당금 300,000원　　(대) 외상매출금 300,000원
② (차) 대손충당금 550,000원　　(대) 외상매출금 550,000원
③ (차) 대손상각비 550,000원　　(대) 외상매출금 550,000원
④ (차) 대손충당금 300,000원　　(대) 외상매출금 550,000원
　　　대손상각비 250,000원

10. 다음은 (주)더지상사의 기초 부분재무상태표이다. 기중에 매출채권 2,000,000원이 발생하였고, 그 중 매출채권 15,000원이 대손 확정되었고, 매출채권 1,800,000원이 회수되었다. 결산시 대손상각비로 150,000원이 계상되었다. (주)더지상사의 기말 매출채권 계정잔액은 얼마인가?

부분재무상태표(2025. 1. 1)	
매출채권	700,000
대손충당금	(35,000)

① 855,000원   ② 885,000원   ③ 955,000원   ④ 995,000원

11. (주)갑을은 외상매출금의 대손을 연령분석법으로 추정한다. 2025년 12월 31일 현재의 대손추정관련 내용은 다음과 같다. 2025년 말에 재무상태표상에서 회사의 대손충당금은 얼마로 계상하여야 하는가?

기간	금액	대손추정률
60일 이하	10,000,000원	5%
60일 이상	5,000,000원	20%

① 300,000원   ② 500,000원   ③ 1,000,000원   ④ 1,500,000원

12. 다음은 (주)배움전자의 대손충당금과 관련된 내용이다. 거래내용을 확인한 후 당기 대손충당금으로 설정될 금액을 구하시오.

> 가. 기초 수정 전 매출채권 잔액은 300,000원이고 대손충당금 잔액은 18,000원이다.
> 나. 당기 외상매출금 중에 15,000원이 대손 확정되었다.
> 다. 전기 대손 처리한 매출채권 중에 10,000원이 회수되었다.
> 라. 당기말 대손충당금 잔액은 21,000원이다.

① 8,000원   ② 12,000원   ③ 18,000원   ④ 21,000원

13. (주)세무는 (주)회계로부터 받은 어음(액면가액 10,000,000원)을 9,500,000원에 할인받고자 한다. 다음의 설명 중 틀린 것은? (단, 단기차입금과 장기차입금을 구분하지 않고 차입금으로 인식한다고 가정)
① 해당 거래가 매각거래로 분류될 경우 매출채권처분손실로 인식할 것이다.
② 해당 거래가 차입거래로 분류될 경우 이자비용을 인식할 것이다.
③ 해당 거래가 차입거래로 분류될 경우 차입금 계정은 10,000,000원 증가할 것이다.
④ 해당 거래가 매각거래로 분류될 경우 받을어음 계정은 변동이 없을 것이다.

14. 다음 중 대손금 회계처리에 대한 설명으로 틀린 것은?

① 모든 채권에서 발생된 대손처리 비용은 판매비와 관리비로 처리한다.
② 매출채권잔액기준법에 의한 대손예상금액은 기말 매출채권 잔액에 대손추정률을 곱하여 산정한다.
③ 전기에 대손된 채권을 회수하는 경우에는 대손충당금을 회복시킨다.
④ 대손발생시 대손충당금 잔액이 있으면 먼저 대손충당금과 상계한다.

해설

01. 현금성자산은 큰 거래비용 없이 현금으로 전환이 용이하고 이자율 변동에 따른 가치변동의 위험이 중요하지 않은 금융상품으로서 취득 당시 만기일(또는 상환일)이 3개월 이내인 것을 말한다.
02. ④는 선수수익이므로 부채에 해당한다.
03. 현금, 자기앞수표, 우편환증서, 취득당시 만기일이 3개월 이내인 환매조건부 채권이 해당된다.
현금및현금성자산 = 50,000원 + 100,000원 + 100,000원 + 500,000원 = 750,000원
04. 유가증권의 원가산정방법은 이동평균법, 총평균법 등의 합리적인 방법으로 평가한다.
05. 단기매매증권과 매도가능증권은 채무증권을 포함한다.
06. 단기매매증권평가손익은 손익계산서항목으로서 당기손익에 반영한다.
07. 2025년 인식할 당기손익 : 7,000원 × 100주 − 500,000원 = 200,000원(평가이익)
08. 매출채권에서 발생된 대손처리 비용은 판매비와관리비로 처리하고 기타채권에서 발생된 대손처리 비용은 영업외비용으로 처리한다.
09. 대손이 확정되면 대손충당금과 상계하고 부족분은 당기손익에 반영한다.
10. 매출채권잔액 = 700,000원 + 2,000,000원 − 15,000원 − 1,800,000원 = 885,000원
11. 대손추정액 = (10,000,000원 × 5%) + (5,000,000원 × 20%) = 1,500,000원
12. 기말대손충당금 = 기초대손충당금 − 당기대손발생확정액 + 전기대손금회수액 + 당기설정액
= 18,000원 − 15,000원 + 10,000원 + X = 21,000원
X = 8,000원
13. ■ 매각거래 : (차) 현금 등　　　　　9,500,000원　　　(대) 받을어음　10,000,000원
　　　　　　　　매출채권처분손실　　500,000원
■ 차입거래 : (차) 현금 등　　　　　9,500,000원　　　(대) 차입금　　10,000,000원
　　　　　　　　이자비용　　　　　　500,000원
14. 매출채권 이외의 채권에서 발생한 대손처리비용은 영업외비용으로 처리한다.

정답

01. ①　02. ④　03. ②　04. ②　05. ②　06. ④　07. ②　08. ②　09. ④　10. ②
11. ④　12. ①　13. ④　14. ①

CHAPTER 03 재고자산

1. 재고자산의 의의와 종류

1 재고자산의 의의

정상적인 영업활동과정에서 판매를 위하여 보유하는 자산 또는 판매를 목적으로 생산과정에 있거나 생산이 완료된 자산으로 상품, 원재료, 재공품, 제품 등을 말한다.

2 재고자산의 종류

구 분	내 용
원재료	제품을 제조하기 위하여 구입한 원료, 재료, 외부에서 구입한 중간부품 등
상품	판매를 목적으로 외부에서 완성품 상태로 구입한 상품
재공품	제품제조를 위한 재공과정 즉, 미완성 상태로 판매할 수 없는 형태
반제품	회사가 제조한 중간제품과 부분품으로 판매가 가능한 형태
제품	판매를 목적으로 직접 제조한 생산품(완성품)
미착품	상품이나 원재료 등을 주문하였으나 운송, 통관 중 등으로 회사에 입고되지 않은 상태
저장품	생산과정이나 서비스를 제공하는 과정에서 사용하는 소모품, 소모공구기구비품, 수선용부분품 및 기타 저장품을 말함

[자산 취득 목적에 따른 자산의 분류]
① 판매 및 생산목적으로 취득·보유하는 자산 : **재고자산**
② 투자목적으로 취득·보유하는 자산 : **투자자산**
③ 영업 및 업무에 사용할 목적으로 취득·보유하는 자산 : **유형자산**

2. 재고자산의 취득원가

1 재고자산의 취득원가

매입원가	매입가액 + 취득관련부대비용 − 매입에누리 · 환출액, 매입할인액 (취득부대비용 : 매입운임, 하역료 및 보험료, 통관수수료, 관세 등)
제조원가	직접재료비 + 직접노무비 + 제조간접비 배부액
일괄구입	성격이 상이한 재고자산을 일괄구입시는 공정가치비율로 안분계산

2 매입에누리·환출액, 매입할인액(↔ 매출에누리·환입액, 매출할인액)

구 분	매입자	매출자
판매한 재고자산이 **반품**되는 경우	매입환출	매출환입
재고자산에 하자나 결함으로 인하여 **깎아주는** 경우	매입에누리	매출에누리
외상대금을 할인 기간 내에 **조기결제** 시 2/10, n/30 (two-ten, net thirty) 10일 이내 결제 시 2% 할인, 대금결제기한 30일 이내	매입할인	매출할인

3. 기말재고자산에 포함할 항목

운송중인 재고자산 (미착품)	선적지인도기준 : 구매자(매입자)의 재고자산에 포함(선적 시 소유권이전)
	도착지인도기준 : 판매자의 재고자산에 포함(도착 시 소유권이전)
적송품(위탁품)	수탁자가 보관하고 있는 미판매품은 위탁자의 재고자산에 포함
시송품(시용품)	고객이 구입의사를 표시하기 전의 시송품은 판매자의 재고자산에 포함
할부판매	인도기준에 의해 매출을 인식하므로 판매자의 재고자산에 미포함
저당상품	담보를 제공한 자의 재고자산
반품가능 재고자산	반품률을 합리적으로 추정가능한 경우 : 상품 인도시점에 판매된 것으로 보아 판매자의 재고자산에서 제외
	반품률을 합리적으로 추정할 수 없는 경우 : 구매자가 상품의 인수를 수락하거나 반품기간이 종료된 시점까지 판매자의 재고자산에 포함

 예제

다음 재고자산에 대한 설명 중 (주)배움의 소유가 아닌 것은?

   가. (주)배움은 선적지 인도조건인 운송중인 상품을 (주)황소로부터 구입하였다.
   나. (주)배움이 (주)북부에게 판매를 위탁한 상품(적송품)이 (주)북부의 창고에 보관중이다.
   다. (주)배움은 (주)한국에게 반품률을 합리적으로 추정가능한 상태로 상품을 판매(인도)하였다.
   라. (주)배움은 운송중인 상품을 도착지 인도조건으로 (주)남부에 판매하였다.

【해설】

   다. 반품률을 합리적으로 추정 가능한 상태로 판매하는 경우에는 판매자의 재고자산에서 제외하고 구매자의 재고자산에 포함한다.

4. 상품매매에 관한 등식

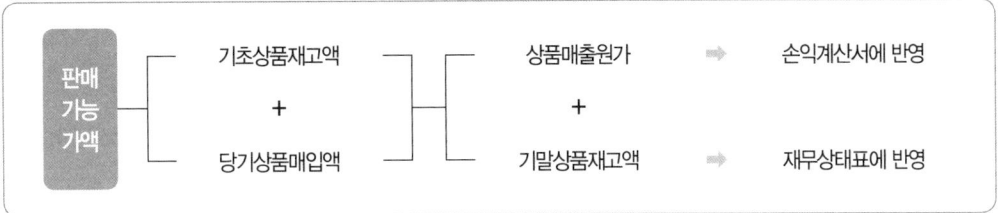

- 순매입액 = 총매입액 + 매입제비용 – 매입에누리와 환출 및 매입할인
- 순매출액 = 총매출액 – 매출에누리와 환입 및 매출할인
- 상품매출원가 = 기초상품재고액 + 순매입액 – 기말상품재고액 – 타계정대체액
- 매출총이익 = 순매출액 – 상품매출원가

(주)배움의 2025년도 손익계산서상 매출총이익이 2,600,000원일 경우, 아래 자료를 보고 2025년도 매출액을 추정하면? 단, (주)배움은 상품도매업만 영위하고 있으며, 아래 이외의 자료는 없는 것으로 가정한다.

- 기초 상품재고액 : 3,000,000원
- 당기 상품매입액 : 2,500,000원
- 상품 타계정대체액 : 1,000,000원 (※접대목적 거래처 증정)
- 기말 상품재고액 : 2,000,000원

【해설】

매출원가 = 기초상품재고액 + 당기상품매입액 – 기말상품재고액 – 타계정대체액
= 3,000,000원 + 2,500,000원 – 2,000,000원 – 1,000,000원 = 2,500,000원
매출총이익 = 매출액 – 매출원가
2,600,000원 = X – 2,500,000원   ∴ X(매출액) = 5,100,000원

1 매출원가 회계처리

재고자산은 구입시점에는 자산으로 회계처리하고 **결산시점에 기말 재고액을 결정하여 매출원가를 계산**하고 있다.

| (차) 상품매출원가 등 | ××× | (대) 상   품 등 | ××× |

2 타계정대체

기업이 재고자산을 판매하여 매출원가에 대체되는 것이 아니라 영업활동 하는 과정에서 보유중인 원재료나 제품 등을 판매 이외에 다른 목적으로 사용하는 경우를 **타계정대체**(프로그램

입력시 적요번호 "8.타계정으로 대체~" 선택)라고 한다. 재고자산을 견본제공, 광고선전 목적, 기부 및 접대 등으로 사용하는 경우가 해당하며 **기말재고액과 매출원가에 포함되지 않는다.**

| (차) 광고선전비 등 | ××× | (대) 상 품 등 | ××× |
| | | (타계정대체액) | |

5. 원가흐름에 의한 재고자산 평가

| 기말재고액 | = | 기말재고수량 | × | 기말재고 취득단가 |

① 계속기록법 ① 개별법
② 실지재고조사법 ② 선입선출법
③ 혼합법 ③ 후입선출법
  ④ 가중평균법(총평균법, 이동평균법)
  ⑤ 매출가격환원법

1 수량결정방법

계속기록법	재고자산의 입·출고 수불내역을 계속적으로 기록하고, 기말에 판매수량을 통하여 기말재고수량을 확정하는 방법 기초수량 + 당기매입수량 − 실제출고(판매)수량 = 기말재고수량
실지재고 조사법	재고자산의 입고내역만 기록하고 정기 재고조사를 통해 실제 재고수량을 파악하여 출고수량을 확정하는 방법 기초수량 + 당기매입수량 − 기말재고실사수량 = 출고(판매)수량
혼합법	계속기록법과 실지재고조사법을 병행하는 방법으로 혼합법을 사용하면 감모수량을 파악할 수 있는 방법 계속기록법상 장부수량 − 실지재고조사법상 실제수량 = 감모수량

2 단가결정방법

(1) 개별법(Specific indentification method)

각 재고자산별로 매입원가 또는 제조원가를 결정하는 방법으로 고가품판매업, 부동산매매업, 조선업 등에서 사용하며 이상적이고 가장 정확한 원가배분방법이다.

장 점	개별재고자산의 식별이 가능한 경우에 사용할 수 있으며 가장 이상적이다.
단 점	상당한 노력이 필요하고, 당기순이익의 조작가능성이 있다.

(2) 선입선출법(FIFO, First-in First-out method)

먼저 매입 또는 생산한 재고항목이 먼저 판매 또는 사용된다는 원가흐름을 가정하는 방법으로 기말재고로 남아있는 항목은 가장 최근에 매입 또는 생산한 항목이다.

(3) 후입선출법(LIFO, Last-in First-out method)

가장 최근에 매입 또는 생산한 재고항목이 가장 먼저 판매 또는 사용된다는 원가흐름을 가정하는 방법으로 기말재고에 남아있는 항목은 가장 먼저 매입 또는 생산한 항목이다.

선입선출법(순매입법)	후입선출법(역매입법)
▪ 물량흐름과 원가흐름이 대체적으로 일치 ▪ 기말재고자산을 현행원가(공정가치)에 가깝게 표시 ▪ 수익과 비용 대응이 부적절 ▪ 물가상승 시 이익이 과대계상	▪ 물량흐름과 원가흐름이 불일치 ▪ 물가상승 시 기말재고자산이 과소 평가 ▪ 현행수익과 현행(원가)비용의 적절한 대응 ▪ 물가상승 시 이익을 적게 계상하므로 법인세이연효과

(4) 가중평균법(Average cost method)

① 총평균법(수량결정방법 : 실지재고조사법에서 사용)

당기에 판매된 재고자산은 모두 동일한 단가라는 가정하에 매출원가와 기말재고액을 결정하는 방법이다.

$$총평균단가 = \frac{(기초재고금액 + 일정기간 매입금액)}{(기초재고수량 + 일정기간 매입수량)}$$

장 점	적용이 간편하고 객관적이며 이익조작의 가능성이 없고, 기말재고의 평가와 매출원가의 계산이 동일한 단위당 평균원가로 측정가능하다.

② 이동평균법(수량결정방법 : 계속기록법에서 사용)

재고자산 매입시마다 평균단가를 계산하는 방법으로 재고자산이 출고되는 시점에서의 평균단가로 매출원가와 기말재고액을 결정하는 방법이다.

$$이동평균단가 = \frac{(매입직전의 재고금액 + 신규매입금액)}{(매입직전의 재고수량 + 신규매입수량)}$$

장 점	출고시마다 재고단가가 즉시 파악되기 때문에 전산화하는 경우 가장 많이 이용한다.
단 점	계속기록법을 사용하는 경우에만 적용이 가능하나, 전산화로 실무상 적용이 쉬워졌다.

(5) 매출가격환원법(소매재고법)

재고자산에 관한 자료를 매가로 기록, 보존하였다가 기말에 일정한 수정과정을 거쳐 이를 원가로 환산하는 방법으로 백화점 등의 유통업종에서만 사용할 수 있다.

$$원가율 = \frac{판매가능재고자산(기초 + 매입)의\ 원가}{판매가능재고자산(기초 + 매입)의\ 매가}$$

기말재고액 = 매가로 표시된 재고자산 × 원가율

(6) 각 평가방법의 상호비교

구 분	이익보고 : 인플레이션(물가상승) 가정하에서
기말재고액 및 당기순이익	선입선출법 > 이동평균법 ≧ 총평균법 > 후입선출법
매출원가	선입선출법 < 이동평균법 ≦ 총평균법 < 후입선출법

기말재고자산이 증가하면 매출원가는 작아지고 매출총이익은 증가한다.

재고수불부에 의하여 재고자산의 평가를 선입선출법 · 후입선출법, 가중평균법에 의할 경우 매출원가와 월말재고자산금액을 계산해 보시오. (계속기록법 가정)

일 자	구 분	수 량	단 가
1월 2일	기초재고	10개	개당 100원
1월 9일	매입	30개	개당 120원
1월 16일	매출	20개	
1월 30일	매입	10개	개당 130원

【해설】

[선입선출법]
- 매출원가 = 10개 × @100원 + 10개 × @120원 = 2,200원(기초재고와 1월 9일 매입분)
- 기말재고 = 20개 × @120원 + 10개 × @130원 = 3,700원(1월 9일과 1월 30일 매입분)

[후입선출법]
- 매출원가 = 20개 × @120원 = 2,400원(1월 9일 매입분)
- 기말재고 = 10개 × @100원 + 10개 × @120원 + 10개 × @130원 = 3,500원

[총평균법]
- 총평균단가 = (1,000원 + 3,600원 + 1,300원) ÷ (10개 + 30개 + 10개) = @118원
- 매출원가 = 20개 × @118원 = 2,360원
- 기말재고 = 30개 × @118원 = 3,540원

[이동평균법]
- 이동평균단가
  1월 9일 매입시점 = (1,000원 + 3,600원) ÷ (10개 + 30개) = @115원
  1월 30일 매입시점 = (2,300원 + 1,300원) ÷ (20개 + 10개) = @120원
- 매출원가 = 20개 × @115원 = 2,300원
- 기말재고 = 30개 × @120원 = 3,600원

6. 재고자산감모손실

재고자산의 도난, 파손, 분실 등으로 인하여 기말재고수량이 장부와 실제와의 차이를 말한다.

재고자산감모손실 = (장부상 재고수량 − 실제 재고수량) × 장부상 취득단가

원가성이 있는 정상적 감모손실 (매출원가 가산)	(차) 매출원가 ×××	(대) 재고자산 ×××
원가성이 없는 비정상적 감모손실 (영업외비용 처리)	(차) 재고자산감모손실 ××× (영업외비용)	(대) 재고자산 ××× (타계정대체액)

7. 재고자산평가손실(기말평가 시 저가법 적용)

재고자산의 진부화, 품질저하, 유행경과(장기체화) 등으로 취득원가와 공정가치(시가)을 비교하여 낮은 가액으로 평가하는 방법을 말한다.

재고자산평가손실 = 실제 기말수량 × (취득단가 − 시가)

적용시가 : 공정가치	■ 상품, 제품, 재공품 등 : 순실현가능가치(= 추정판매가액 − 추정판매비) ■ 원재료 : 현행대체원가(현행원가 : 매입시 소요되는 금액) ■ 종목별평가가 원칙(총계기준 불가)이며 유사항목에 대해서는 조별 평가허용		
하락	매출원가 가산	(차) 재고자산평가손실 ××× (매출원가 가산)	(대) 재고자산평가충당금 ××× (재고자산 차감평가계정)
회복	매출원가 차감	(차) 재고자산평가충당금 ××× (재고자산 차감평가계정)	(대) 재고자산평가충당금환입 ××× (매출원가 차감)

8. 소모품의 기말평가

보고기간 종료일 현재 당기에 구입한 소모품 중 사용한 부분은 비용(소모품비 등)으로 처리하고 미사용한 부분은 자산(소모품)으로 보고하여야 한다.

구분	구입시 전액 비용처리	구입시 전액 자산처리
[구입시점]	(차) 소모품비 100원　(대) 현금 등 100원	(차) 소모품 100원　(대) 현금 등 100원
[결산시점] 사 용 : 30원 미사용 : 70원	비용으로 인식한 소모품비 중 **미사용분만큼** 소모품비(비용)을 감소시키고 **소모품(자산)**으로 인식 (차) 소모품 70원　(대) 소모품비 70원	자산으로 인식한 소모품 중 **사용분만큼** 소모품(자산)을 감소시키고 **소모품비(비용)**으로 인식 (차) 소모품비 30원　(대) 소모품 30원

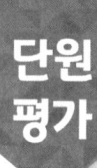

실무분개

01. 당사에서 구입했던 상품인 텐트 100개를 수재민을 도와주기 위해 서울시에 기부하였다. 텐트의 구입 원가는 10,000,000원이며 시가는 12,000,000원이다.

02. 4월 20일 회사는 매출처인 일흥기획의 제품매출에 대한 외상매출금 잔액을 보통예금으로 송금받았다. 동 대금잔액(5,000,000원)은 4월 15일에 발생한 (2/10, n/15)의 매출할인 조건부 거래에 대한 것으로서 동 결제는 동 공급에 관한 최초의 결제이다. (단, 부가가치세는 고려하지 않는다.)

03. 4월 25일 동진자재에 대한 외상매입금 2,750,000원을 전액 당좌수표 발행하여 상환하다. 외상매입금은 모두 10일내 상환시 2% 할인조건으로 4월 20일에 매입한 원재료에 대한 것이며, 부가가치세는 고려하지 않는다.

04. 미국 오리엔탈상사에 원재료 물품대금 10,000,000원을 보통예금에서 이체하여 결제하였다. (선적지인도 조건이며 해당물품은 선적되어 운송 중에 있다.)

05. 제품을 수출하고 관세 환급을 신청한 바, 서울세관으로부터 금일 관세환급금 950,000원을 확정 통지를 받았다.

※ 다음 예시를 보고 프로그램 입력시 일반전표에 회계처리 할 사항과 결산자료입력(자동결산) 메뉴를 사용하여 매출원가 계상과 관련하여 입력할 기말재고액을 계산하시오. (문제 6번 ~ 10번)

[예시] 기말재고자산의 내역은 다음과 같다.

재고자산 내역	실사한 금액	장부상 금액	금액 차이 원인
원 재 료	8,500,000원	9,300,000원	비정상감모
재 공 품	3,000,000원	3,000,000원	–
제 품	12,000,000원	12,500,000원	정상감모

일반전표입력	(차) 재고자산감모손실 (영업외비용)	800,000원	(대) 원재료 (타계정으로 대체)	800,000원

결산자료입력	자 산 명	기말재고액
	원 재 료	8,500,000원
	재 공 품	3,000,000원
	제 품	12,000,000원

06. 재고자산의 실지조사 된 기말재고액 현황은 아래와 같다.

자산명	기말재고액
원 재 료	2,000,000원
재 공 품	3,000,000원
제 품	4,000,000원

※ 단, 원재료에 대한 실지조사 기말재고액 중에는 도착지인도기준에 의해 운송중인 원재료 500,000원이 포함되어 있으며, 그 외에는 위 표에 의한 금액과 장부상 기말재고액이 일치한다.

일반전표입력		
결산자료입력	자 산 명	기말재고액
	원 재 료	
	재 공 품	
	제 품	

07. 재고자산의 기말재고액은 다음과 같다.

구 분	금 액
재 공 품	24,650,000원
제 품	27,300,000원
상 품	29,200,000원

※ 회사는 실지재고조사법에 의하여 재고수량을 파악하고 있으며, 상기 상품 금액에는 선적지인도조건에 의해 구입하였으나 기말 현재 운송 중인 2,000,000원을 제외시켰다.

일반전표입력		
결산자료입력	자 산 명	기말재고액
	상 품	
	재 공 품	
	제 품	

08. 기말상품의 장부상 재고원가는 350,000원이고, 상품감모손실은 발생하지 아니하였다. 또한 순실현가능가액은 300,000원이다.

일반전표입력		
결산자료입력	자 산 명	기말재고액
	상 품	

09. 결산일을 기준으로 상품 재고자산에 대하여 실사를 한 결과 장부상의 수량(10,000개)과 실제수량(8,500개)과 차이가 발생하였다. 그 차이원인을 확인 한 결과 80%는 원가성이 있으나 나머지는 원가성이 전혀 없는 것으로 밝혀졌다. 동 상품의 장부상 단위당 가액은 3,000원이며 이는 기말현재 공정가액과 일치한다. 이러한 수량차이에 대하여 일반기업회계기준에 따라 회계처리 하고자 한다.

일반전표입력		
결산자료입력	자 산 명	기말재고액
	상 품	

10. 기말 현재 재고자산은 다음과 같다. 단, 제품 금액에는 판매용으로 제작하였으나 당사에서 제품 제조 시 사용하기로 한 기계장치 50,000,000원이 포함되어 있으므로 타계정대체를 일반전표입력 메뉴에서 처리하고 결산자료입력을 하시오.

■ 기말제품 : 281,000,000원

일반전표입력		
결산자료입력	자 산 명	기말재고액
	제 품	

◆ 정답 ◆

NO	회계처리
01	(차) 기부금 10,000,000 (대) 상 품 10,000,000 (타계정으로 대체) ■ 재고자산을 판매 또는 생산에 사용하지 않는 경우의 감소분은 적요를 반드시 입력하며 금액은 원가금액으로 회계처리 한다.
02	(차) 보통예금 4,900,000 (대) 외상매출금(일흥기획) 5,000,000 매출할인(제품매출) 100,000 ■ 매출할인액 = 5,000,000원 × 2% = 100,000원
03	(차) 외상매입금(동진자재) 2,750,000 (대) 당좌예금 2,695,000 매입할인(원재료) 55,000
04	(차) 미착품 10,000,000 (대) 보통예금 10,000,000
05	(차) 미수금(서울세관) 950,000 (대) 관세환급금(제품) 950,000 ■ 관세환급금의 경우 반드시 관련 재고자산 계정을 사용하여야 한다.

NO	회계처리		
06	일반전표입력	분개없음	
	결산자료입력	자 산 명	기말재고액
		원 재 료	1,500,000원
		재 공 품	3,000,000원
		제 품	4,000,000원

- 원재료의 도착지인도기준은 매출자의 재고자산에 포함되므로 제외한다.

07	일반전표입력	분개없음	
	결산자료입력	자 산 명	기말재고액
		상 품	31,200,000원
		재 공 품	24,650,000원
		제 품	27,300,000원

- 상품의 선적지인도조건의 운송 중인 상품 2,000,000원 기말재고에 포함한다.

08	일반전표입력	(차) 재고자산평가손실 50,000 (매출원가가산)	(대) 재고자산평가충당금 50,000 (재고자산차감)
	결산자료입력	자 산 명	기말재고액
		상 품	350,000원

- 재고자산평가손실과 관련된 회계처리는 프로그램상에서는 일반전표입력 및 결산자료입력 모두 가능하다.

09	일반전표입력	(차) 재고자산감모손실 900,000 (영업외비용)	(대) 상 품 900,000 (타계정으로 대체)
	결산자료입력	자 산 명	기말재고액
		상 품	25,500,000원

- 정상적으로 발생한 감모손실은 매출원가에 가산하므로 프로그램에서는 별도의 회계처리가 필요하지 않다. 비정상적으로 발생한 감모손실은 영업외비용으로 분류하고 일반전표입력에 회계처리 한다.
- 기말상품재고액 = 8,500개 × 3,000원 = 25,500,000원

10	일반전표입력	(차) 기계장치 50,000,000	(대) 제 품 50,000,000 (타계정으로 대체)
	결산자료입력	자 산 명	기말재고액
		제 품	231,000,000원

실무이론

01. 다음 중 재고자산의 종류에 대한 설명이 틀린 것은?

① 도매기업의 경우 판매를 목적으로 소유하고 있는 상품
② 제조기업의 경우 제품 생산을 위해 소유하고 있는 원료, 재료, 제품, 재공품
③ 부동산매매업의 경우 판매 목적으로 소유하고 있는 토지, 건물 등
④ 부동산임대업의 경우 소유하고 있는 토지, 건물

02. 다음 중 재고자산 취득원가에 포함되지 않는 것은?

① 취득과정에서 정상적으로 발생한 하역료
② 제조과정에서 발생한 직접재료원가
③ 추가 생산단계에 투입하기 전에 보관이 필요한 경우 외의 보관비용
④ 수입과 관련한 수입관세

03. 다음 중 재고자산에 포함되지 아니하는 것은?

① 상품 인도 후 고객이 구매의사를 표시하지 아니한 시용판매 상품
② 상품권은 발행되었으나, 상품권이 결산시까지 회수되지 아니한 상품
③ 위탁판매를 위하여 발송한 후 수탁자가 창고에 보관중인 적송품
④ 도착지 인도기준에 의하여 구매계약 완료후 결산일 현재 운송중인 상품

04. 다음 자료에 근거하여 손익계산서에 반영되는 당기순매입액을 계산하라.

- 당기에 상품 1,000,000원을 외상으로 매입하였다.
- 위 상품을 매입하면서 매입운임으로 80,000원을 지급하였다.
- 위 외상으로 매입한 상품 중 100,000원을 불량품으로 반품하였다.
- 외상매입금을 조기에 지급하여 30,000원의 매입할인을 받았다.

① 1,050,000원   ② 1,080,000원   ③ 950,000원   ④ 980,000원

05. 다음은 (주)성일상사의 2025년 재고자산(상품)관련 자료이다. 2025년도 손익계산서상 매출원가는 얼마인가?

- 기초재고액   : 150,000원
- 매입환출액   : 50,000원
- 타계정대체액 : 20,000원 (접대목적의 거래처 증정분)
- 기말재고액   : 30,000원
- 당기매입액 : 270,000원
- 매입할인   : 30,000원

① 270,000원   ② 290,000원   ③ 320,000원   ④ 340,000원

06. 다음 중 재고자산의 매출원가에 반영되지 않는 경우는?
① 재고자산을 제작하는 비용
② 재고자산 판매시 판매수수료
③ 재고자산의 시가하락에 따른 평가손실
④ 재고자산 보관 중 감모에 따른 정상적인 감모손실

07. 기말재고자산의 원가흐름가정 구분에 해당하지 않는 것은?
① 실지재고조사법   ② 개별법   ③ 평균법   ④ 선입선출법

08. 다음 중 '재고자산'의 원가결정방법에 대한 설명으로 옳지 않은 것은?
① 개별법은 당기 실제 매출액에 전년도 매출원가율을 적용하여 간단하게 재고자산을 추정하는 방법으로 가장 정확한 단가산정방법이지만 실무적으로 적용하기 어렵다.
② 선입선출법은 먼저 매입 또는 생산한 재고항목이 먼저 판매 또는 사용된다고 원가흐름을 가정하는 방법으로 기말재고자산이 가장 최근 매입분으로 구성되어 재고자산가액이 시가에 가깝다.
③ 평균법은 총평균법과 이동평균법이 있고 기초재고와 기중에 매입 생산한 재고가 구별없이 판매 또는 사용된다고 원가흐름을 가정하는 방법이다.
④ 후입선출법은 가장 최근에 매입 또는 생산한 재고항목이 가장 먼저 판매된다고 원가흐름을 가정하는 방법으로 매출원가가 가장 최근 매입분으로 구성되므로 수익·비용의 대응이 선입선출법보다 적절히 이루어진다.

09. 재고자산에 대한 설명 중 틀린 것은?
① 선입선출법에 의해 원가배분을 할 경우 기말재고는 최근에 구입한 상품의 원가로 구성된다.
② 재고자산의 가격이 계속 상승하는 경우 재고자산을 가장 낮게 보수적으로 평가하는 방법은 후입선출법이다.
③ 총평균법에 비해 이동평균법은 현행원가의 변동을 단가에 민감하게 반영시키지 못한다.
④ 재고자산을 저가법으로 평가하는 경우 제품, 상품 및 재공품의 시가는 순실현가능가액을 적용한다.

10. (주)선화는 재고자산에 대하여 선입선출법을 적용한다. 다음 자료를 이용한 경우에 기말의 재고액은 얼마인가?

날 짜	내 용	수 량	단 가
01월 01일	기초재고	100개	10원
03월 10일	매 입	50개	12원
05월 15일	매 출	70개	
12월 31일	기말재고	80개	?

① 900원   ② 880원   ③ 800원   ④ 960원

11. 다음 재고자산의 단위원가를 결정하는 방법 중 수익비용의 대응에 있어서 가장 정확한 방법은 무엇인가?

① 후입선출법　　② 선입선출법　　③ 가중평균법　　④ 개별법

12. 지속적으로 물가가 하락하고 기말상품재고수량이 기초상품재고수량보다 증가하고 있는 상황일 때 다음의 설명 중 옳지 않은 것은?

① 기말상품재고액은 선입선출법이 이동평균법보다 크게 평가된다.
② 매출원가는 선입선출법이 총평균법보다 크게 평가된다.
③ 당기순이익은 선입선출법이 총평균법보다 작게 평가된다.
④ 원가흐름의 가정으로 선입선출법을 사용하거나 이동평균법을 사용하여도 재고자산의 수량에는 차이가 없다.

13. 재고자산 평가방법 중 후입선출법에 대한 설명으로 올바른 것은?

① 실제물량흐름과 원가흐름이 대체로 일치한다.
② 물가하락시 선입선출법보다 이익이 상대적으로 과대계상 된다.
③ 현행수익에 대하여 오래된 원가가 대응되므로 수익비용 대응이 상대적으로 부적절하다.
④ 기말재고자산이 가장 최근에 매입한 단가가 적용되므로 시가에 가깝게 표시된다.

14. 다음 중 재고자산에 대한 설명으로 가장 옳지 않은 것은?

① 계속기록법은 입출고시마다 계속적으로 기록하여 항상 잔액이 산출되도록 하는 방법이다.
② 실지재고조사법은 정기적으로 재고조사를 실시하여 실제 재고수량을 파악하는 방법이다.
③ 계속기록법 하의 평균법을 총평균법이라 한다.
④ 원칙적으로 개별법을 사용하여 취득단가를 결정하고, 개별법으로 원가를 결정할 수 없을 때에 선입선출법, 가중평균법 및 후입선출법에서 선택하여 사용하도록 규정하고 있다.

15. 다음은 일반기업회계기준상 재고자산에 대한 설명이다. 괄호 안에 들어갈 내용으로 옳은 것은?

> 재고자산은 이를 판매하여 수익을 인식한 기간에 (㉠)(으)로 인식한다. 재고자산의 시가가 장부금액 이하로 하락하여 발생한 평가손실은 재고자산의 차감계정으로 표시하고 (㉡)에 가산한다. 재고자산의 장부상 수량과 실제 수량과의 차이에서 발생하는 감모손실의 경우 정상적으로 발생한 감모손실은 (㉢)에 가산하고 비정상적으로 발생한 감모손실은 (㉣)(으)로 분류한다.

	㉠	㉡	㉢	㉣
①	매출원가	영업외비용	영업외비용	매출원가
②	매출원가	매출원가	매출원가	영업외비용
③	영업외비용	매출원가	매출원가	영업외비용
④	영업외비용	영업외비용	영업외비용	매출원가

16. 다음 중 기업회계기준상 재고자산의 평가에 대한 설명으로 틀린 것은?

① 재고자산의 시가가 취득원가보다 하락한 경우에는 저가법을 사용하여 재고자산의 재무상태표 가액을 결정하며 발생한 평가손실은 재고자산의 차감계정으로 표시하고 매출원가에 가산한다.
② 재고자산 평가를 위한 저가법은 종목별로 적용하지만, 재고항목들이 서로 유사하거나 관련되어 있는 경우에는 저가법을 조별로 적용할 수 있다.
③ 저가기준을 적용하여 매출가격환원법을 사용하는 경우에는 원가율을 계산할 때 가격인하를 매출가격에 의한 판매가능액에서 차감하지 아니한다.
④ 평가손실을 초래했던 상황이 해소되어 시가가 장부가액보다 상승하여 평가손실을 환입한 경우에는 수정된 장부가액이 최초의 장부가액을 초과할 수도 있고, 장부가액보다 상승한 상승분 전액을 당기 수익으로 인식한다.

해설

01. 부동산임대업의 경우 소유하고 있는 토지, 건물은 유형자산에 해당한다.
02. 추가 생산단계에 투입하기 전에 보관이 필요한 경우 외의 보관비용은 재고자산원가에 포함할 수 없으며 발생기간의 비용으로 인식하여야 한다.
03. 도착지 인도기준에 의한 매매의 경우 소유권의 이전은 상품이 도착한 때에 이루어진다.
04. 당기순매입액 = 매입가액 + 매입부대비용 − 매입환출 − 매입할인
    = 1,000,000원 + 80,000원 − 100,000원 − 30,000원 = 950,000원
05. 150,000원 + 270,000원 − 50,000원 − 30,000원 − 20,000원 − 30,000원 = 290,000원
06. 재고자산 판매시 판매수수료는 당기비용으로 처리한다.
07. 실지재고조사법은 기말재고자산의 수량 결정방법이다.
08. 매출원가율을 적용하여 계산하는 방법은 소매재고조사법이며 개별법은 각각 재고자산별로 매입원가를 계산하며 가장 정확한 단가산정방법이지만 실무적으로 적용은 어렵다.
09. 이동평균법은 매입시마다 단가를 계산하여 반영하므로 현행원가의 변동을 잘 반영시킨다.
10. (기초재고)30개 × (단가)10원 + (당기매입)50개 × (단가)12원 = 900원
11. 개별법은 각 재고자산별로 매입원가 또는 제조원가를 결정하는 방법이므로 수익비용대응에 가장 정확한 단위원가 결정방법이다.
12. 선입선출법상 기말재고는 최근에 구입한 상품의 원가로 구성되므로 물가가 하락한 경우 재고자산의 가격이 더 작게 평가된다.
13. ①, ③, ④는 선입선출법에 대한 설명이다.
14. 계속기록법 하의 평균법을 이동평균법이라 한다.
16. 평가손실의 환입은 최초의 장부가액을 초과하지 않는 범위 내에서 평가손실을 환입하고 매출원가에서 차감하며 초과분은 당기 수익으로 인식하지 않는다.

정답

01. ④ 02. ③ 03. ④ 04. ③ 05. ② 06. ② 07. ① 08. ① 09. ③ 10. ①
11. ④ 12. ① 13. ② 14. ③ 15. ② 16. ④

CHAPTER 04 투자자산

1. 비유동자산

회사의 영업활동을 위하여 **1년 이상**의 기간 동안 회사가 가지고 있는 자산을 말하며, 투자자산, 무형자산, 유형자산, 기타비유동자산으로 구분한다.

2. 투자자산

1 투자자산의 의의

기업이 정상적인 영업활동과는 무관하게 타회사를 지배하거나 통제할 목적 또는 장기적인 투자이윤을 얻을 목적으로 장기적으로 투자된 자산을 말한다.

2 장기금융상품

장기성예금	유동자산에 속하지 않는 금융상품으로 금융기관이 취급하는 정기예금, 정기적금 및 기타 정형화된 상품 등으로 보고기간 종료일로부터 1년 이후에 만기가 도래하는 금융상품
특정현금과예금	당좌거래를 개설하기 위해 은행에 예치하는 당좌개설보증금 등 장기금융상품 중 사용이 제한되어 있는 예금

3 유가증권

(1) 투자유가증권의 분류

| 구 분 | 증권분류 | | 분류기준 | 재무상태표 표시
(기말평가방법) |
	지분증권	채무증권		
매도가능증권	○	○	다른 증권에 해당하지 않는 경우로 **장기간보유**하며 언제든지 매도가 가능한 증권	투자자산 (공정가치법)
만기보유증권	×	○	**만기가 확정된 채무증권**으로서 상환금액이 확정되었거나 확정이 가능한 유가증권을 만기까지 보유할 적극적인 의도·능력이 있는 경우	투자자산 (상각후원가법)
지분법적용 투자주식	○	×	유의적인 **영향력**을 행사할 목적으로 보유하고 있는 주식(피투자회사의 의결주식 20% 이상 보유한 경우 유의적인 영향이 있다고 봄)	투자자산 (지분법)

[유가증권의 재분류]
① 단기매매증권은 원칙적으로 다른 범주로 재분류 할 수 없으며, 다른 범주의 유가증권의 경우에도 단기매매증권으로 **재분류 할 수 없다**. 단, 단기매매증권의 **시장성이 상실**된 경우 **매도가능증권으로 재분류 가능하다**.
② 매도가능증권은 만기보유증권(지분법적용투자주식)으로 재분류 할 수 있으며, 만기보유증권(지분법적용투자주식)은 매도가능증권으로 **재분류 할 수 있다**.
③ 보고기간 종료일로부터 **만기가 1년 이내 도래**하는 투자자산(매도가능증권 또는 만기보유증권)은 **당좌자산**(매도가능증권 또는 만기보유증권)으로 재분류하여야 한다.

(2) 유가증권의 평가 요약

계정과목		평가방법	평가손익
단기매매증권		공정가치법	단기매매증권평가손익(당기손익반영 – 손익계산서)
매도가능증권	원칙	공정가치법	매도가능증권평가손익(기타포괄손익누계액 – 재무상태표)
	예외	원가법 (시장성이 없는 경우)	기말 평가시 별도의 회계처리 없음
만기보유증권		상각후원가법	이자수령시 할인·할증 상각액 회계처리 기말 평가시 별도의 회계처리 없음
지분법적용투자주식		지분법	지분법손익(당기손익반영 – 손익계산서)

(3) 유가증권의 손상차손 인식

유가증권으로부터 회수할 수 있을 것으로 추정되는 금액(이하 "회수가능가액"이라 한다)이 채무증권의 상각후취득원가 또는 지분증권의 취득원가 보다 작은 경우에는 손상차손을 인식할 것을 고려하여야 한다. 손상차손의 발생에 대한 객관적인 증거가 있는지는 보고기간말마다 평가하고 그러한 증거가 있는 경우에는 손상이 불필요하다는 명백한 반증이 없는한 회수가능가액을 추정하여 **손상차손(영업외비용)**을 **인식**하여야 한다.

당기손상차손액 = 상각후취득원가 – 회수가능가액 – 이미 인식한 손상차손액

손상차손 인식한 후 신용등급 향상 등으로 회복시 **손상차손환입(영업외수익)**으로 **인식**하며 장부가액을 한도로 손상차손환입을 인식하며 **장부가액을 초과하여 환입하지는 않는다**.

회계상 거래	회계처리			
손상차손 발생	(차) 유가증권손상차손 (영업외비용)	×××	(대) 유가증권	×××
손상차손 회복	(차) 유가증권	×××	(대) 유가증권손상차손환입 (영업외수익)	×××

(4) 매도가능증권의 회계처리

회계상 거래	회계처리
매도가능증권 취득시점	매도가능증권의 취득원가는 취득시점에 제공한 대가에 **취득과 관련된 부대비용을 가산**한다. 취득원가 = 매입가액(공정가치) + 취득 시 부대비용(매입수수료, 중개수수료 등) (차) 매도가능증권　　　　×××　　(대) 현금 등　　　　×××
매도가능증권 보유시 수익발생	**[지분증권 보유 : 배당금 수령]** ① 현금 배당금 수령 : 배당금수익(영업외수익) 계정과목으로 처리 ② 주식 배당금 수령 : 회계처리는 하지 않고, 주식의 수량과 단가를 새로이 계산하여 주석 공시 (차) 현금 등　　　　×××　　(대) 배당금수익　　　　××× **[채무증권 보유 : 이자 수령]** (차) 현금 등　　　　×××　　(대) 이자수익　　　　×××
매도가능증권 평가	| 평가기준 | 공정가치로 평가 | | 평가손익 | 매도가능증권평가손익(기타포괄손익누계액)계정으로 처리 | 매도가능증권평가손익은 기타포괄손익으로 분류함으로써 당기순손익에 변화를 주지 않고 재무상태표에 계상되어 있다가 **차기 재평가** 시 장부가액보다 공정가치 하락(상승)으로 **매도가능증권평가손실(이익) 계상 시 매도가능증권평가이익(손실)을 먼저 상계처리** 한다. **[장부가액 < 공정가치]** (차) 매도가능증권　　×××　　(대) 매도가능증권평가이익　　××× 　　　　　　　　　　　　　　　　　(기타포괄손익누계액) **[장부가액 > 공정가치]** (차) 매도가능증권평가손실　×××　　(대) 매도가능증권　　××× 　　(기타포괄손익누계액)
매도가능증권 양도(처분)	매도가능증권을 처분하면 그 장부금액과 처분금액과의 차액에 기타포괄손익누계액에 포함되어 있는 **매도가능증권평가손익을 반영(제거)**하여 영업외손익인 매도가능증권처분손익으로 인식한다. 매도가능증권처분손익 = 처분가액 – 취득가액 – 처분 매각수수료 **[취득원가(장부가액±매도가능증권평가손익) < 처분금액 : 매도가능증권처분이익]** ■ 장부상(재무상태표) 매도가능증권평가손실이 있는 경우로 가정 (차) 현금 등(처분가액)　×××　(대) 매도가능증권(장부가액)　××× 　　　　　　　　　　　　　　　　매도가능증권평가손실　××× 　　　　　　　　　　　　　　　　매도가능증권처분이익　××× 　　　　　　　　　　　　　　　　(영업외수익) **[취득원가(장부가액±매도가능증권평가손익) > 처분금액 : 매도가능증권처분손실]** ■ 장부상(재무상태표) 매도가능증권평가손실이 있는 경우로 가정 (차) 현금 등(처분가액)　×××　(대) 매도가능증권(장부가액)　××× 　　매도가능증권처분손실　×××　　매도가능증권평가손실　××× 　　(영업외비용)

예제1

제5기 10월 15일에 장기보유목적으로 주식을 50,000원에 취득하고 중개수수료 2,000원과 함께 보통예금계좌에서 이체하다. 12월 31일 공정가치 48,000원에 평가하고 제6기 55,000원에 재평가하였다.

【해설】

구 분	회계처리			
5기 10/15	(차) 매도가능증권	52,000원	(대) 보통예금	52,000원
5기 12/31	(차) 매도가능증권평가손실	4,000원	(대) 매도가능증권	4,000원
6기 12/31	(차) 매도가능증권	7,000원	(대) 매도가능증권평가손실 매도가능증권평가이익	4,000원 3,000원

- 매도가능증권의 취득원가 = 50,000원 + 2,000원 = 52,000원
- 매도가능증권 재평가시 기존에 평가한 매도가능증권평가손익과 우선 상계 후 잔액만 회계처리 한다. **재평가로 인하여 인식되는 평가손익은 취득원가와 평가시점의 공정가치와의 차이**만 재무상태표에 계상된다.

예제2

(주)배움이 보유하고 있는 매도가능증권의 내역은 다음과 같으며 기말 평가는 일반기업회계기준(결산일에 회계처리)에 따라 처리하였으며, 현금으로 처분하였다.

취득가액	시 가	처분가액	
2024년 4월 24일	2024년 12월 31일	2025년 8월 20일(A)	2025년 8월 20일(B)
50,000,000원	52,000,000원	47,000,000원	54,000,000원

【해설】

매도가능증권처분시 매도가능증권평가손익을 장부에서 제거하고 매도가능증권처분손익을 인식한다.
- 2024년 12월 31일 평가에 대한 회계처리
  (차) 매도가능증권   2,000,000원   (대) 매도가능증권평가이익   2,000,000원
- **A형태**로 처분한 경우의 회계처리
  매도가능증권처분손실 = 47,000,000원 − 50,000,000원 = △3,000,000원
  (차) 현   금   47,000,000원   (대) 매도가능증권   52,000,000원
      매도가능증권평가이익   2,000,000원
      매도가능증권처분손실   3,000,000원
- **B형태**로 처분한 경우의 회계처리
  매도가능증권처분이익 = 54,000,000원 − 50,000,000원 = 4,000,000원
  (차) 현   금   54,000,000원   (대) 매도가능증권   52,000,000원
      매도가능증권평가이익   2,000,000원   매도가능증권처분이익   4,000,000원

(5) 만기보유증권의 회계처리

회계상 거래	회계처리
만기보유증권 취득시점	취득 당시의 시장이자율로 할인한 현재가치로 결정된다. 만기보유증권인 사채의 취득원가는 매입가액(사채의 공정가치)에 취득부대비용을 가산하고 기간경과분 발생이자가 있는 경우에는 동 금액을 차감하여 결정한다. (차) 만기보유증권　　　×××　　(대) 현금 등　　　×××
이자수익의 인식	만기보유증권은 보유목적이 장기이므로 **이자수익**은 **유효이자율법**을 **적용**하여 인식한다. 사채의 이자수익은 기초장부가액에 유효이자율을 곱한 금액이다. 이 경우 이자수익인 유효이자와 액면이자와의 차액은 만기보유증권에 직접 조정한다. 사채의 할인 취득을 가정하여 회계처리를 보이면 다음과 같다. (차) 현금 등　　　×××　　(대) 이자수익　　　××× 　　 만기보유증권　×××
만기보유증권 평가	만기보유증권은 기말에 상각 후 취득원가로 평가한다.

4 투자부동산

영업활동과는 직접 관련 없이 투자의 목적 또는 비영업용으로 소유하는 토지, 건물 및 기타의 부동산을 말한다. 처분 시 장부금액과 처분금액을 비교하여 **투자자산처분손익(영업외손익)**으로 회계처리 한다.

회계상 거래	회계처리
[취득시점] 장기투자목적으로 토지를 10,000,000원에 취득하고 보통예금에서 지급하였다.	(차) 투자부동산 10,000,000원　(대) 보통예금　　10,000,000원
[처분시점] 10,000,000원에 취득한 투자부동산 전부를 15,000,000원에 처분하고 대금은 동점 발행 어음을 수취하였다.	(차) 미　수　금 15,000,000원　(대) 투자부동산　　10,000,000원 　　　　　　　　　　　　　　　　 투자자산처분이익 5,000,000원

[부동산을 구입한 경우의 분류]
① 부동산매매업의 판매목적으로 보유하는 토지, 건물 등 : **재고자산**
② 투자목적으로 보유하는 토지, 건물 등 : **투자자산**
③ 영업 및 업무에 사용할 목적으로 보유하는 토지, 건물 등 : **유형자산**

5 장기대여금

유동자산에 속하지 아니하는 대여금으로 회수기간이 보고기간 종료일로부터 1년 이후에 도래하는 장기의 대여금을 말한다.

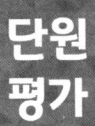
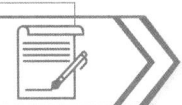

실무분개

01. 장기보유투자목적으로 상장법인 (주) LG상사의 주식 300주(액면가액 1주당 10,000원)를 한국증권거래소에서 1주당 9,000원에 취득하고, 중개수수료 80,000원과 함께 보통예금계좌에서 이체하다.

02. 만기까지 보유할 목적으로 상장법인 (주)부자상사의 사채 100좌를 1좌당 100,000원에 취득하고 대금은 당좌수표 발행하여 지급하다.

03. 당사가 보유중인 매도가능증권에 대하여 기말평가를 하다. 전기 기말 평가는 기업회계기준에 따라 처리하였다.

전 기		당 기
10월 20일 취득가액	12월 31일 공정가치	공정가치
10,000,000원	14,000,000원	13,000,000원

04. 당사가 보유중인 매도가능증권에 대하여 기말평가를 하다.

구분	주식수	장부가액	공정가치	비 고
(주)배움	200주	50,000원/주	55,000원/주	전기 매도가능증권평가손실 700,000원 있음

05. 회사가 보유하고 있는 매도가능증권의 내역은 다음과 같으며 기말 평가는 일반기업회계기준(결산일에 회계처리)에 따라 처리하였으며, 현금으로 처분하다.

취득가액	시 가		처분가액
2023년 4월 24일	2023년 12월 31일	2024년 12월 31일	2025년 8월 20일
50,000,000원	52,000,000원	47,000,000원	54,000,000원

06. 장기투자목적으로 구입한 (주)K사의 주식(시장성 있음) 300주를 1주당 20,000원에 처분하고 대금은 보통예금에 입금되었다. 주식처분에 따른 증권거래세 30,000원과 거래수수료 12,000원은 현금으로 지급하였다.

- 2023.10.20 500주 취득(주당 18,000원 소요)
- 2024.12.31 시가 : 1주당 22,000원

07. (주)부동산개발로부터 투자목적으로 토지를 300,000,000원에 구입하고, 현금으로 100,000,000원, 나머지는 약속어음을 발행하여 교부하였다. 또한 당일 취득세와 등록세 10,000,000원은 현금 납부하였다.

08. 혜리상사에게 투자부동산(장부가액 190,000,000원) 전부를 250,000,000원에 매각하면서 대금은 약속어음(만기 1년 이내)을 받았다.

정답

NO	회계처리
01	(차) 매도가능증권(투자) 2,780,000 (대) 보통예금 2,780,000 ■ 매도가능증권 취득원가 = 2,700,000원 + 80,000원 = 2,780,000원
02	(차) 만기보유증권(투자) 10,000,000 (대) 당좌예금 10,000,000
03	(차) 매도가능증권평가이익 1,000,000 (대) 매도가능증권(투자) 1,000,000 ■ 매도가능증권 재평가 손실(이익)은 매도가능증권평가이익(손실)과 우선 상계후 잔액을 계상한다.
04	(차) 매도가능증권(투자) 1,000,000 (대) 매도가능증권평가손실 700,000 매도가능증권평가이익 300,000

05	(차) 현　　금 54,000,000 (대) 매도가능증권(투자) 47,000,000
	                                      매도가능증권평가손실 3,000,000
	                                      매도가능증권처분이익 4,000,000
	■ 매도가능증권에 대한 자본(기타포괄손익누계액)항목의 누적금액은 그 유가증권을 처분하거나 손상차손을 인식하는 시점에 일괄하여 당기손익에 반영한다.

06	(차) 보통예금 6,000,000 (대) 매도가능증권(투자) 6,600,000
	     매도가능증권평가이익 1,200,000 현　　금 42,000
	                                      매도가능증권처분이익 558,000
	■ 매도가능증권평가이익 = 2,000,000원 × 300주/500주 = 1,200,000원
	■ 매도가능증권 처분 시 부대비용은 매도가능증권처분손익에 가감한다.

07	(차) 투자부동산 310,000,000 (대) 현　　금 110,000,000 미지급금((주)부동산개발) 200,000,000
08	(차) 미수금(혜리상사) 250,000,000 (대) 투자부동산 190,000,000 투자자산처분이익 60,000,000

실무이론

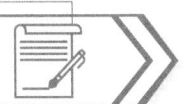

01. 유가증권에 대한 설명 중 옳지 않은 것은?
① 단기매매증권과 매도가능증권은 원칙적으로 공정가액으로 평가한다.
② 단기매매증권과 매도가능증권의 미실현보유손익은 당기순이익항목으로 처리한다.
③ 매도가능증권은 보유 목적에 따라 유동자산이나 투자자산으로 분류된다.
④ 단기매매증권이 시장성을 상실한 경우에는 매도가능증권으로 분류하여야 한다.

02. 다음 유가증권의 분류 중에서 만기보유증권으로 분류할 수 있는 판단기준이 되는 것은 무엇인가?
① 만기까지 보유할 적극적인 의도와 능력이 있는 채무증권
② 만기까지 매매차익을 목적으로 취득한 채무증권
③ 만기까지 다른 회사에 중대한 영향력을 행사하기 위한 지분증권
④ 만기까지 배당금이나 이자수익을 얻을 목적으로 투자하는 유가증권

03. 다음 중 기업회계기준상 유가증권의 손상차손에 대한 설명으로 틀린 것은?
① 지분증권으로부터 회수할 수 있을 것으로 추정되는 금액이 지분증권의 취득원가보다 작다는 것에 대한 객관적인 증거가 있는 경우에는 이에 대한 손상차손을 인식한다.
② 유가증권 손상차손은 원칙적으로 개별 유가증권별로 측정하고 인식하는 것을 원칙으로 한다.
③ 유가증권에 대한 손상차손 또는 손상차손의 회복은 자본조정으로 처리하여야 한다.
④ 만기보유증권의 손상차손을 인식한 이후의 이자수익은 회수가능가액을 측정할 때 미래현금흐름의 할인율로 사용한 이자율을 적용하여 산출한다.

04. 다음 중 기업회계기준상 유가증권에 대한 설명으로 틀린 것은?
① 어음이나 수표는 그 자체가 매매대상이 아니므로 회계상 유가증권에서 제외된다.
② 유가증권은 주식과 같은 지분증권과 사채와 같은 채무증권이 포함된다.
③ 단기매매증권의 평가손익은 미실현보유손익이므로 자본항목으로 처리하여야 한다.
④ 유가증권(단기매매증권 제외)의 취득원가는 유가증권 취득을 위하여 제공한 대가의 시장가격에 취득부대비용을 포함한 가액으로 한다.

05. 다음 자료를 보고 2025년에 인식할 처분손익을 구하시오.

- 2024년 기말 매도가능증권 1,000주, 주당공정가치 7,000원
- 2024년 기말 매도가능증권평가이익 2,000,000원
- 2025년 7월 1일 500주를 주당 6,000원에 처분하였다.

① 처분이익 1,000,000원 ② 처분이익 500,000원
③ 처분손실 500,000원   ④ 처분손실 1,000,000원

06. 다음 중 유가증권에 대한 설명으로 옳지 않은 것은?
① 유가증권은 증권의 종류에 따라 지분증권과 채무증권으로 분류할 수 있다.
② 단기매매증권과 매도가능증권은 지분증권으로 분류할 수 있으나 만기보유증권은 지분증권으로 분류할 수 없다.
③ 보고기간 종료일로부터 1년 이내에 만기가 도래하는 만기보유증권의 경우, 유동자산으로 재분류하여야 하므로 단기매매증권으로 변경하여야 한다.
④ 단기매매증권은 주로 단기간 내에 매매차익을 목적으로 취득한 유가증권을 말한다.

07. 다음 중 유가증권에 대한 설명으로 옳은 것은?
① 만기보유증권으로 분류되지 아니하는 채무증권은 단기매매증권과 매도가능증권 중의 하나로 분류한다.
② 단기매매증권, 매도가능증권, 만기보유증권은 원칙적으로 공정가치로 평가한다.
③ 단기매매증권과 매도가능증권의 미실현보유이익은 당기순이익항목으로 처리한다.
④ 만기가 확정된 채무증권으로서 상환금액이 확정되었거나 확정이 가능한 채무증권을 만기까지 보유할 적극적인 의도와 능력이 있는 경우에는 매도가능증권으로 분류한다.

◆ 해설 ◆

01. 매도가능증권의 미실현보유손익은 자본항목으로 처리하고, 당해 유가증권에 대한 자본항목의 누적금액은 그 유가증권을 처분하거나 감액손실을 인식하는 시점에 일괄하여 당기손익에 반영한다.
02. 만기보유증권이란 만기가 확정된 채무증권으로서 상환금액이 확정되었거나 확정이 가능한 채무증권을 만기까지 보유할 적극적인 의도와 능력이 있는 경우를 말한다.
03. 유가증권에 대한 손상차손 또는 손상차손의 회복은 당기손익(영업외손익)으로 처리한다.
04. 단기매매증권에 대한 미실현보유손익은 당기손익항목으로 처리한다.
05. 500주 × (6,000원 - 7,000원) + (2,000,000원 × 500주/1,000주) = 500,000원
회계처리: (차) 현금 등   3,000,000원 (대) 매도가능증권   3,500,000원
           매도가능증권평가이익 1,000,000원   매도가능증권처분이익   500,000원
06. 계정과목명을 단기매매증권으로 분류 변경하는 것이 아니라, 만기보유증권(유동자산)으로 분류변경 한다.
07. ② 단기매매증권, 매도가능증권은 원칙적으로 공정가치로 평가하고, 만기보유증권은 상각후원가로 평가한다.
③ 단기매매증권에 대한 미실현보유손익은 당기손익항목으로 처리하나, 매도가능증권에 대한 미실현보유이익은 기타포괄손익누계액으로 처리한다.
④ 만기가 확정된 채무증권으로서 상환금액이 확정되었거나 확정이 가능한 채무증권을 만기까지 보유할 적극적인 의도와 능력이 있는 경우에는 만기보유증권으로 분류한다.

◆ 정답 ◆

01. ②   02. ①   03. ③   04. ③   05. ②   06. ③   07. ①

CHAPTER

05 유형자산

PART 01 전표관리 및 결산관리

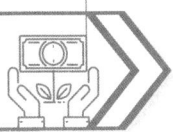

1. 유형자산의 의의 및 종류

1 유형자산의 의의와 인식조건

유형자산은 재화의 생산, 용역의 제공, 타인에 대한 임대 또는 자체적으로 사용할 목적으로 보유하는 물리적 형체가 있는 자산으로서, 1년을 초과하여 사용할 것이 예상되는 자산을 말한다. 또한, 유형자산으로 인식되기 위해서는 다음의 인식조건을 모두 충족하여야 한다.

① 자산으로부터 발생하는 미래경제적효익이 기업에 유입될 가능성이 매우 높다.
② 자산의 원가를 신뢰성 있게 측정할 수 있다.

2 유형자산의 종류

유형자산은 영업상 유사한 성격과 용도로 분류하며 과목 분류의 예는 다음과 같다.

① 토지
② 건물 : 건물, 냉난방, 전기, 통신 및 기타의 건물부속설비 등
③ 구축물 : 교량, 궤도, 갱도, 정원설비 및 기타의 토목설비 또는 공작물 등
④ 기계장치 : 기계장치·운송설비(콘베어, 호이스트, 기중기 등)와 기타의 부속설비 등
⑤ 건설중인자산
⑥ 기타자산 : 차량운반구, 선박, 비품, 공기구 등 기타자산

2. 유형자산의 취득원가

1 외부구입의 경우

유형자산을 외부에서 구입하는 경우의 취득원가는 매입가액에 유형자산이 본래의 기능을 수행하기까지 발생된 취득부대비용을 가산하여 계산한다.

취득원가 = 매입가액 + 취득 시 부대비용 − 매입할인

- **취득 시 부대비용(취득원가 가산)**
① 설치장소 준비를 위한 지출 및 설치비
② 외부 운송 및 취급비
③ 설계와 관련하여 전문가에게 지급하는 수수료
④ 자본화대상인 차입원가
⑤ 취득세, 등록세 등 유형자산의 취득과 직접 관련된 제세공과금
⑥ 유형자산의 취득과 관련하여 국·공채 등을 불가피하게 매입하는 경우 당해 채권의 매입금액과 현재가치와의 차액
⑦ 유형자산이 정상적으로 작동되는지 여부를 시험하는 과정에서 발생하는 원가(단, 시험과정에서 생산된 재화(시제품)의 순매각금액은 차감)
⑧ 해당 유형자산의 경제적 사용이 종료된 후에 원상회복을 위한 복구원가

PERFECT 전산세무 2급_PART 01 | 전표관리 및 결산관리

- 유형자산의 취득원가가 아닌 사례(당기 비용처리)
① 새로운 시설을 개설하는 데 소요되는 원가(예: 취득 전 시설 설치여부 사전조사원가)
② 새로운 상품과 서비스를 소개하는 데 소요되는 원가(예: 광고 및 판촉활동과 관련된 원가)
③ 새로운 지역에서 또는 새로운 고객층을 대상으로 영업을 하는 데 소요는 원가(예: 직원 교육훈련비)
④ 관리 및 기타 일반간접원가

2 자가 건설(건설중인자산)인 경우

건설중인자산은 유형자산의 건설을 위한 재료비, 노무비 및 경비(건설을 위하여 지출한 도급금액 등 포함) 및 유형자산을 취득하기 위하여 지출한 계약금 및 중도금을 포함한다.

취득원가 = (건설이나 제조에 사용된 직접재료원가 + 직접노무원가 + 제조간접원가) + 취득 부대비용

구 분	회계처리			
건설원가 발생시점	(차) 건설중인자산	×××	(대) 현 금	×××
건물 등 완공시점	(차) 건 물 등	×××	(대) 건설중인자산	×××

3. 유형자산 취득의 유형별 회계처리

구 분	내 용
국·공채 구입 (강제매입채권)	국·공채 등을 불가피하게 매입하는 경우 **매입가액과 현재가치(공정가치)와의 차액**은 유형자산의 **취득원가에 포함** ⇨ 토지, 건물, 차량운반구 등 (차) 단기매매증권 등　　　××× 　　(대) 현 금 등　　　××× 　　　(공정가치)　　　　　　　　　　　　(매입가액) 　　　차량운반구 등　　　　×××
건물이 있는 토지를 매입한 경우 (일괄취득)	기존건물을 사용하는 경우 ⇨ 시장가치(공정가치)로 안분 (차) 토　지　　　×××　　(대) 현 금 등　　　××× 　　　건　물　　　××× 새 건물을 신축하기 위해 기존건물을 철거하는 경우 ⇨ 토지의 취득원가 　　　취득원가 = 토지·건물 매입가액 + 건물철거비용 등 - 부산물 매각대금 (차) 토　지　　　×××　　(대) 현 금 등　　　×××
사용 중인 건물을 철거하는 경우	건물의 장부금액은 제거하고 **철거비용은 전액 당기비용**(유형자산처분손익 가감) 처리 (차) 감가상각누계액　　×××　　(대) 건 물 등　　　××× 　　　유형자산처분손실　×××

구 분	내 용
토지 취득 후 지출	진입료 개설, 배수설비, 도로포장, 조경공사 등의 부대시설공사비 ⇨ 내용연수가 **영구**적이거나 유지·보수책임이 **회사측에 없는** 경우 (차) 토 지　　　　　×××　　　(대) 현 금 등　　　××× 진입료 개설, 배수설비, 도로포장, 조경공사 등의 부대시설공사비 ⇨ 내용연수가 **한정**되어 있거나 유지·보수책임이 **회사측에 있는** 경우 (차) 건축물　　　　　×××　　　(대) 현 금 등　　　×××
현물출자 (주식교부)	취득한 자산의 공정가치로 회계처리 (차) 토 지 등　　　×××　　　(대) 자본금　　　　××× 　　　　　　　　　　　　　　　　주식발행초과금　×××
증여·무상 취득한 경우	취득한 자산의 공정가치로 회계처리 (차) 토 지 등　　　×××　　　(대) 자산수증이익　×××
건설자금이자 (차입원가 자본화)	자산의 취득·건설 중에 차입한 **금융비용**에 대하여 **자본화**하는 경우 유형자산의 취득원가에 가산 ⇨ 원칙 : 당기비용(이자비용) 처리 (차) 건설중인자산　×××　　　(대) 보통예금 등　　×××
교환으로 인한 취득	**이종자산**과의 교환 ⇨ **유형자산처분손익** 인식(공정가치불분명시 취득자산의 공정가치가 취득원가) 　　　　취득원가 = 제공한 자산의 **공정가치** + 현금지급액 − 현금수령액 (차) 기계장치　　　×××　　　(대) 비 품　　　　××× 　　감가상각누계액　×××　　　　　현 금 등　　　××× 　　　　　　　　　　　　　　　　유형자산처분이익　××× **동종자산**과의 교환 ⇨ 유형자산처분손익 인식하지 않음 　　　　취득원가 = 제공한 자산의 **장부금액** + 현금지급액 − 현금수령액 ※ **현금수수액이 유의적(중요)**인 경우 동종자산의 교환이 아니라 **이종자산의 교환**으로 회계처리 (차) 비품(신) 등　　×××　　　(대) 비품(구) 등　　××× 　　감가상각누계액　×××
정부보조금 (국고보조금)에 의한 취득	정부보조금 등으로 유형자산을 무상 또는 공정가액보다 낮은 대가로 취득한 경우 그 유형자산의 취득원가는 취득일의 공정가액으로 하며, **정부보조금** 등은 **취득원가에서 차감하는 형식**으로 표시한다. [상환의무가 있는 정부보조금 수령] (차) 보통예금 등　　×××　　　(대) 장기차입금 등　××× [상환의무가 없는 정부보조금 수령] (차) 보통예금 등　　×××　　　(대) 정부보조금　　××× 　　　　　　　　　　　　　　　　　(예금 차감계정) [상환의무가 없는 정부보조금에 의한 자산 취득] (차) 기계장치 등　　×××　　　(대) 보통예금 등　　××× 　　정부보조금　　　×××　　　　　정부보조금　　××× 　　(예금 차감계정)　　　　　　　　(유형자산 차감계정)

구 분	내 용
정부보조금 (국고보조금)에 의한 취득	정부보조금 등으로 취득한 자산에 대한 감가상각비를 계상할 때는 취득자산의 내용연수에 걸쳐 정부보조금과 감가상각비를 상계하여야 한다. $$정부보조금\ 상각액 = 감가상각비 \times \frac{정부보조금}{(취득원가 - 잔존가치)}$$ [당기 감가상각비 계상] (차) 감가상각비　　　×××　　(대) 감가상각누계액　　××× [정부보조금 상각액 상계] (차) 정부보조금　　　×××　　(대) 감가상각비　　　　××× 　　(유형자산 차감계정) 정부보조금 등으로 취득한 자산을 처분할 경우에는 감가상각비와 상계하고 남은 **정부보조금 잔액**을 당해자산의 **처분손익에 차감 또는 부가**하는 방식으로 회계처리 한다. [유형자산처분이익 발생 가정] (차) 현금 등　　　　　×××　　(대) 유형자산　　　　　××× 　　감가상각누계액　　×××　　　　유형자산처분이익　××× 　　정부보조금　　　　××× 　　(유형자산 차감계정)

 예제1

건물 신축 목적으로 건물과 토지를 50,000,000원에 현금 구입하고, 철거비용 5,000,000원과 등기료 300,000원을 현금으로 지급하고 건물에서 발생한 부산물 매각대금 1,000,000원은 현금으로 수취하다.

【해설】

토지 취득원가 = 건물과 토지 취득가액 + 철거비용 + 등기료 - 건물 부산물 매각대금
　　　　　　 = 50,000,000원 + 5,000,000원 + 300,000원 - 1,000,000원 = 54,300,000원
(차) 토　　　지　　　54,300,000원　　(대) 현　　　금　　　54,300,000원

 예제2

건물 신축목적으로 기존 건물(취득가액 60,000,000원, 감가상각누계액 40,000,000원)을 철거하면서 철거비용으로 10,000,000원을 현금으로 지급하다.

【해설】

건물 신축목적으로 기존건물을 철거하고 신축건물을 건설시 장부가액은 제거하여 처분손실로 반영하고, 철거비용은 전액 당기비용으로 처리한다.
(차) 감가상각누계액　　40,000,000원　　(대) 건　　물　　　60,000,000원
　　유형자산처분손실　30,000,000원　　　　현　　금　　　10,000,000원

(주)배움은 기계장치와 교환으로 영업용 건물 부지용 토지를 구입하였다. 교환 시 기계장치의 장부가액은 63,000원(취득원가 106,000원, 감가상각누계액 43,000원)이었으며 공정가액은 84,000원이었다. (주)배움은 기계장치와 더불어 현금 36,000원을 지급하고 교환하였다. 일반기업회계기준에 따른 회계처리 하시오.

【해설】

- 토지의 취득원가 = 기계장치의 공정가액 + 현금지급액
  = 84,000원 + 36,000원 = 120,000원
- 유형자산의 처분손익 = 기계장치의 공정가액 − 기계장치 장부가액
  = 84,000원 − 63,000원 = 21,000원(이익)

(차) 토 지	120,000원	(대) 기계장치	106,000원
감가상각누계액	43,000원	현 금	36,000원
		유형자산처분이익	21,000원

(주)배움은 (주)더지와 기계장치를 교환하였다. 교환 시 기계장치의 장부가액은 63,000원(취득원가 106,000원, 감가상각누계액 43,000원)이었으며 공정가액은 85,000원이었다. (주)배움은 기계장치와 더불어 현금 17,000원을 지급하고 교환하였다. 일반회계기준에 따른 회계처리 하시오. (동종교환의 요건을 충족했다고 가정한다.)

【해설】

- 기계장치의 취득원가 = 기계장치의 장부가액 + 현금지급액
  = 63,000원 + 17,000원 = 80,000원

(차) 기계장치(신)	80,000원	(대) 기계장치(구)	106,000원
감가상각누계액	43,000원	현 금	17,000원

아래 날짜에 대한 거래를 회계처리 하시오.

2025. 01. 07   정부보조금 20,000,000원이 보통예입 되다. (상환의무 없음)
2025. 01. 11   정부보조금에 의해 기계장치를 구입하고 50,000,000원을 보통예금에서 지급하다.
2025. 12. 31   결산시 감가상각을 하다. (정액법 5년, 잔존가치 없음)
2026. 01. 05   위 기계장치를 35,000,000원에 현금 매각하다. (당기 감가상각비는 고려하지 않음)

【해설】

[2025. 01. 07 정부보조금 수령 회계처리]

(차) 보통예금　　　　　　　　20,000,000원　　(대) 정부보조금　　　　　　　　20,000,000원
　　　　　　　　　　　　　　　　　　　　　　　　　(보통예금 차감계정)

[2025. 01. 11 유형자산 취득 회계처리]

(차) 기계장치　　　　　　　　50,000,000원　　(대) 보통예금　　　　　　　　　50,000,000원
　　정부보조금　　　　　　　20,000,000원　　　　정부보조금　　　　　　　　20,000,000원
　　(보통예금 차감계정)　　　　　　　　　　　　　(기계장치 차감계정)

재무상태표(2025.01.07. 현재)

과목	제11(당)기 금액	
보통예금 정부보조금	-중 략- 70,000,000 (20,000,000) -중 략-	50,000,000

재무상태표(2025.01.11. 현재)

과목	제11(당)기 금액	
기계장치 정부보조금	-중 략- 50,000,000 (20,000,000) -중 략-	30,000,000

[2025. 12. 31 결산시 감가상각 회계처리]

- 감가상각비 = 50,000,000원 ÷ 5년 = 10,000,000원

(차) 감가상각비　　　　　　　10,000,000원　　(대) 감가상각누계액　　　　　10,000,000원
　　　　　　　　　　　　　　　　　　　　　　　　　(기계장치 차감평가계정)

- 정부보조금 상각액 = 10,000,000원 × 20,000,000원 / 50,000,000원 = 4,000,000원

(차) 정부보조금　　　　　　　4,000,000원　　(대) 감가상각비　　　　　　　4,000,000원
　　(기계장치 차감계정)

재무상태표(2025.12.31. 현재)

과목	제11(당)기 금액	
기계장치 감가상각누계액 정부보조금	-중 략- 50,000,000 (10,000,000) (16,000,000) -중 략-	24,000,000

[2026. 01. 05 유형자산 처분 회계처리]

(차) 현　금　　　　　　　　　35,000,000원　　(대) 기계장치　　　　　　　　50,000,000원
　　감가상각누계액　　　　　10,000,000원　　　　유형자산처분이익　　　　11,000,000원
　　정부보조금　　　　　　　16,000,000원
　　(기계장치 차감계정)

4. 유형자산의 취득 후 지출

1 자본적지출(자산처리)

새로운 생산공정의 채택이나 기계부품의 성능개선을 통하여 생산능력증대, 내용연수 연장, 상당한 원가절감이나 품질향상을 가져오는 경우의 지출을 말한다.

[사례] ① 엘리베이터 또는 냉난방 장치 설치
② 본래의 용도를 변경하기 위한 개조
③ 빌딩 피난시설 설치, 개량, 확장, 증설 등 자산의 가치를 증가시키는 것

(차) 기계장치 등　　×××　　(대) 현　금 등　　×××

2 수익적지출(비용처리)

유형자산의 수선, 유지를 위한 지출은 해당 자산으로부터 당초 예상되었던 성능수준을 회복하거나 유지를 위한 경우의 지출을 말한다.

[사례] ① 건물 또는 벽의 도장
② 파손된 유리나 기와의 대체
③ 기계의 소모된 부속품과 벨트 대체
④ 자동차의 타이어 교체
⑤ 재해로 인한 자산의 외장복구, 도장, 유리 교체 등

(차) 수선비 등　　×××　　(대) 현　금 등　　×××

[유형자산 취득 후 지출에 대한 회계처리 오류에 대한 효과]
① 자본적지출(자산)을 비용으로 처리 시 ⇨ 자산의 과소계상, 비용의 과대계상, 이익 과소계상(자본 과소계상)
② 수익적지출(비용)을 자산으로 처리 시 ⇨ 자산의 과대계상, 비용의 과소계상, 이익 과대계상(자본 과대계상)

자본적 지출이 수익적 지출로 처리되었을 경우 그 결과는 어떻게 되는가?

① 부채가 과소계상 된다.　　② 자산이 과대계상 된다.
③ 당기순이익이 과소계상 된다.　　④ 자기자본이 과대계상 된다.

【해설】
③ 자산계정으로 계상될 항목이 비용계정으로 계상되었으므로 당기순이익이 과소계상 된다.

5. 유형자산 감가상각

　유형자산은 취득시점 이후부터 영업활동에 사용됨으로 인하여 기업의 수익창출에 공헌하게 되고 최초 취득시의 효용은 유형자산이 사용됨에 따라 점차 감소하게 되며 이를 비용으로 인식하는 것을 감가상각이라 하며, 자산이 사용가능한 때부터 시작한다. 감가상각은 유형자산의 감가상각대상금액(취득원가 − 잔존가치)을 그 자산의 내용연수 동안 체계적이고 합리적인 방법으로 기간 배분하는 원가의 배분과정이다. 또한, 자본적지출이 발생한 경우 취득원가에 가산한다.

1 감가상각비 결정요소

구 분	내 용
취득원가	자산을 취득하기 위하여 자산의 취득시점이나 건설시점에서 지급한 현금및현금성자산 또는 제공하거나 부담할 기타 대가의 공정가치를 말한다.
내용연수	자산의 예상 사용기간 또는 자산으로부터 획득할 수 있는 생산량이나 이와 유사한 단위를 말한다.
잔존가치	자산의 내용연수가 종료되는 시점에서 그 자산의 예상처분가액에서 예상처분비용을 차감한 금액을 말한다.

2 감가상각비의 회계처리

　회계기간의 감가상각비는 제조와 관련된 경우에는 관련 자산의 제조원가로 보고되며, 판매 및 관리와 관련된 감가상각비는 판매비와 관리비로 처리한다.

| (차) 감가상각비　　　×××　　　(대) 감가상각누계액　　　××× |
| 　　　　　　　　　　　　　　　　　　**(자산의 차감평가계정)** |

3 감가상각비 재무상태표 공시

　감가상각누계액은 **유형자산의 차감적 평가계정**으로 재무상태표에는 **유형자산에서 차감하는 형식으로 공시**하며, 취득원가에서 감가상각누계액 계정을 차감한 후의 잔액을 유형자산의 장부가액이라고 한다.

재무상태표		
과목	제11(당)기	
	금액	
	− 중　략 −	
토　　　　지		50,000,000
건　　　　물	30,000,000	
감가상각누계액	(2,000,000)	28,000,000
	− 중　략 −	

4 감가상각방법

상각방법		연 감가상각비
정액법		감가상각비 = (취득원가 − 잔존가치) × $\dfrac{1}{\text{내용연수}}$
체감상각법	정률법	감가상각비 = (취득원가 − 감가상각누계액) × 상각률
	이중체감법	감가상각비 = (취득원가 − 감가상각누계액) × $\dfrac{2}{\text{내용연수}}$
	연수합계법	감가상각비 = (취득원가 − 잔존가치) × $\dfrac{\text{내용연수의 역순}}{\text{내용연수합계}}$
생산량비례법		감가상각비 = (취득원가 − 잔존가치) × $\dfrac{\text{당기생산량}}{\text{추정총생산량}}$

※ 연 감가상각비 계산 시 **월할상각이 원칙**이며 1월 미만은 1월로 보아 계산한다.

[감가상각방법에 따른 각각의 특징]
① 정액법(직선법) : 매년 정액으로 가치 감소
② 체감상각법 : 내용연수 초기에 감가상각비 과대계상
③ 생산량비례법 : 생산량에 비례하여 가치 감소
④ 초기 감가상각비 크기 비교 : 정률법(또는 이중체감법) > 연수합계법 > 정액법

기업회계기준상 유형자산의 감가상각에 관한 내용이다. 옳지 않은 것은?

① 사용하지 않는 자산도 진부화나 마모 등이 있는 경우 내용연수를 결정하여야 한다.
② 기업의 자산관리정책에 따라 일정기간이 경과되거나 경제적 효익의 일정부분이 소멸되어 처분될 경우는 유사한 자산에 대한 기업의 경험에 비추어 해당 유형자산의 내용연수를 추정하여야 한다.
③ 유형자산의 감가상각방법에는 정액법, 체감잔액법(예를 들면, 정률법 등), 연수합계법, 생산량비례법 등이 있다.
④ 감가상각방법의 선택은 현금흐름과 절세 등 각종 지표를 고려하여 선택하여야 한다.

【해설】
④ 유형자산의 감가상각방법은 자산의 경제적 효익이 소멸되는 행태를 반영한 합리적인 방법이어야 한다. 절세 등을 고려한 현금흐름은 기업회계기준상의 감가상각방법의 선택기준이 될 수 없다.

6. 유형자산의 손상차손 및 인식 이후의 측정

1 유형자산의 손상차손

매 보고기간 종료일에 진부화 또는 시장가치의 급격한 하락 등으로 인하여 **회수가능가액** [Max (① 순매각(공정)가치, ② 사용가치)]이 장부가액에 현저하게 미달할 가능성이 있는 경우에는 장부금액을 회수가능액으로 조정하고 그 차액을 손상차손(영업외비용)으로 처리한다.

(차) 유형자산손상차손(영업외비용) ××× (대) 손상차손누계액(유형자산 차감계정) ×××

다만, 회복 시 손상차손을 인식하지 않았을 때의 장부가액을 한도로 환입(영업외수익)한다.

(차) 손상차손누계액(유형자산 차감계정) ××× (대) 유형자산손상차손환입(영업외수익) ×××

다음 자료에 의해 2025년말 유형자산 손상차손을 계산하면 얼마인가?

- 취득원가 : 10,000,000원
- 취득일자 : 2024년 1월 5일
- 내용연수 : 5년
- 잔존가치 : 없음
- 감가상각방법 : 정액법
- 2025년말 손상징후가 발생하여 확인 검사 실시 후 기말 현재 회수가능액은 3,000,000원으로 판정

【해설】

- 2025년도 유형자산 장부금액 계산 : 10,000,000원 − [(10,000,000원 ÷ 5년) × 2년] = 6,000,000원
- 2025년도 말 유형자산의 손상차손 계산 : 장부금액(6,000,000원) − 회수가능액(3,000,000원) = 3,000,000원

2 유형자산 인식 이후의 측정

유형자산을 취득한 이후 보고기간 말 재무상태표를 보고할 때 원가모형과 재평가모형 중 하나를 선택하여 작성하며, 유형자산의 평가모형을 변경하는 것은 회계정책의 변경에 해당한다.

구 분	내 용
원가 모형	유형자산의 취득원가에서 감가상각누계액과 손상차손누계액을 차감한 미상각잔액을 장부에 기록하는 방법을 말한다. 장부금액 = 취득원가 − 감가상각누계액 − 손상차손누계액
재평가 모형	장부금액을 재평가일의 공정가치로 수정한 후 그 이후의 감가상각누계액과 손상차손누계액을 차감한 금액으로 장부에 기록하는 방법을 말한다. 장부금액 = 재평가일의 공정가치 − 감가상각누계액 − 손상차손누계액

구 분		내 용
재평가 모형		① 재평가는 보고기간말 자산의 장부금액과 공정가치가 중요하게 차이가 나지 않도록 주기적 (3년 ~ 5년마다)으로 수행 ② 유형자산 재평가 시에는 해당 자산이 속한 유형자산 분류 전체를 동시에 재평가함이 원칙(토지, 건물, 기계장치 분류별 재평가) ③ 재평가에 대한 회계처리방법 : 비례수정법과 감가상각누계액제거법 중 선택 　■ 비례수정법 : 장부금액이 재평가금액과 일치하도록 총장부금액과 누계액을 비례적으로 수정하는 방법 　■ 감가상각누계액제거법 : 기초의 감가상각누계액을 우선적으로 전액 제거하는 방법 ④ 재평가일의 공정가치 증감에 따른 처리

구 분		수익인식
장부금액 증가	최초평가	재평가잉여금으로 **기타포괄손익누계액**으로 처리 (차) 토지　　　×××　　(대) 재평가잉여금　×××
	후속평가	과거에 당기손실로 인식한 **재평가손실(영업외비용)과 우선상계(재평가이익 계정 사용)** 후 기타포괄손익누계액으로 인식 (차) 토지　　　×××　　(대) 재평가이익　　××× 　　　　　　　　　　　　　재평가잉여금　×××
장부금액 감소	최초평가	**당기손실(재평가손실)**로 처리 (차) 재평가손실　×××　　(대) 토지　　　　×××
	후속평가	과거에 기타포괄손익누계액으로 인식한 **재평가잉여금과 우선상계** 후 당기손실로 인식 (차) 재평가잉여금 ×××　(대) 토지　　　　××× 　　재평가손실　×××
재평가잉여금		해당 자산 제거(또는 사용) 시 이익잉여금으로 대체(재분류) (차) 재평가잉여금 ×××　(대) 이익잉여금　　×××

예제

(주)배움은 2024년 초에 토지를 50,000,000원 현금 취득하고 2025년 말에 55,000,000원으로 재평가되었다. 2025년 말의 회계처리를 하시오.

【해설】

[2024년 취득시점]
(차) 토　지　　50,000,000원　　(대) 현　금　　　　50,000,000원

[2025년 12월 31일]
- 재평가잉여금 = 공정가액 − 장부가액 = 55,000,000원 − 50,000,000원 = 5,000,000원

(차) 토　지　　5,000,000원　　(대) 재평가잉여금　　5,000,000원
　　　　　　　　　　　　　　　　(기타포괄손익누계액)

7. 유형자산의 처분 : 매각(양도) 및 폐기

유형자산 처분시 해당자산과 관련된 감가상각누계액을 장부에서 제거하여야 하고 유형자산의 폐기 또는 처분으로부터 발생하는 손익은 처분금액과 장부금액의 차액으로 결정하며, 손익계산서에 **유형자산처분손익(영업외손익)**으로 인식한다.

- 처분시점까지 감가상각비를 먼저 계상한 후 처분에 대한 회계처리(**선상각후처분**)

구 분	회계처리			

장부가액 < 처분가액	(차) 감가상각누계액
	    현 금 등
		×××
		×××
			(대) 비 품 등
			    유형자산처분이익
				×××
				×××

장부가액 > 처분가액	(차) 감가상각누계액
	    현 금 등
	    유형자산처분손실
		×××
		×××
		×××
			(대) 비 품 등	×××

천재지변 등의 불가항력적인 이유에 의하여 폐기하는 경우는 **"재해손실"**로 처리하며, 보험사에서 보험금을 수령하면 수령시점에 전액 **"보험금수익"**으로 회계처리 한다.

아래의 자료를 기준으로 기계장치를 2025년 처분한 경우의 회계처리를 하시오.

- 취득일자 : 2024년 1월 5일
- 취득원가 : 20,000,000원
- 감가상각방법 : 정률법
- 내용연수 : 4년(상각률 0.528)
- 처분일자 : 2025년 6월 25일
- 처분가액 : 5,000,000원
- 처분가액은 1개월 후에 수령하기로 하였으며, 처분시점까지 감가상각을 정상적으로 처리하였다.

【해설】

감가상각비	2024년 : (20,000,000원 − 0원) × 0.528 = 10,560,000원
	2025년 : (20,000,000원 − 10,560,000원) × 0.528 × 6개월/12개월 = 2,492,160원
	2025년 처분시점 감가상각누계액 : 10,560,000원 + 2,492,160원 = 13,052,160원

회계처리	[처분시점까지의 감가상각비 회계처리]
	(차) 감가상각비 2,492,160원 (대) 감가상각누계액 2,492,160원
	[처분에 대한 회계처리]
	(차) 감가상각 누계액 13,052,160원 (대) 기계장치 20,000,000원
	    미 수 금 5,000,000원
	    유형자산처분손실 1,947,840원

실무분개

01. 공장 신축과 관련하여 2차 중도금 55,000,000원을 당좌수표를 발행하여 지급하다.

02. 금일자로 공장건물이 완공되어 잔금 20,000,000원과 등기를 완료하고 취득세등 7,500,000원을 함께 당좌수표로 지출하였으며, 건설중인자산(장부금액 : 120,000,000원)도 대체 회계처리 하시오.

03. 공장용 주차장부지(토지)를 취득하고, 이와 관련하여 아래와 같은 지출이 발생하였다. 단, 토지구입과 관련해서 전월에 계약금으로 50,000,000원을 지급한 사실이 있으며, 모든 거래는 비사업자와의 거래이고, 거래처등록은 생략한다.

항 목	지출액	비 고
잔금지급액	257,000,000원	전액 보통예금에서 이체
중개수수료	780,000원	원천징수세액(기타소득세 및 지방소득세) 220,000원을 차감한 금액으로서, 전액 현금지급

04. 창고건물과 토지를 총 220,000,000원에 보통예금으로 지급하고 매입하였다. 토지의 취득가격은 200,000,000원, 창고건물의 취득가격은 20,000,000원이며, 매입에 따른 추가부대비용은 다음과 같이 모두 현금으로 지급하였다.

- 토지 중개수수료 및 등기이전비용 : 1,000,000원
- 토지 조경공사비(영구성 있음) : 2,000,000원
- 배수로 및 하수처리장 설치(유지보수책임은 지방자치단체에 있음) : 3,000,000원
- 대대적인 창고건물의 리모델링을 위한 지출 : 6,000,000원

05. 대표이사 최민철로부터 시가 100,000,000원의 건물을 증여받았다. 당일 소유권이전비용으로 취득세 및 등록세 5,000,000원을 현금으로 지출하였다.

06. 새로운 공장을 짓기 위하여 건물이 있는 부지를 구입하고 동시에 건물을 철거하였다. 건물이 있는 부지의 구입비로 100,000,000원을 보통예금계좌에서 이체하고, 철거비용 5,000,000원은 당좌수표로 지불하였다.

07. 본사건물을 신축하기 위하여 사용 중인 기존건물(취득가액 60,000,000원, 감가상각누계액 59,999,000원)을 철거하면서 철거비용으로 5,000,000원을 보통예금에서 지급하다.

08. 공장을 건설하기 위하여 소요되는 자금을 조달하기 위하여 신한은행에서 차입한 차입금에 대한 이자 2,500,000원이 발생하여 신한은행 보통예금계좌에서 이체하였다. 당기 차입금에 대한 이자는 일반기업회계기준상 자본화대상요건을 충족하였고 공장은 현재 건설 중이다.

09. 당사는 사옥으로 사용할 목적으로 (주)남방건설로부터 건물과 토지를 300,000,000원에 일괄 취득하였고, 대금은 약속어음(만기 : 2026.09.05)을 발행하였다. 단, 취득당시 건물의 공정가액은 160,000,000원, 토지의 공정가액은 80,000,000원이었으며, 건물과 토지의 취득원가는 상대적 시장가치에 따라 안분(소숫점 이하 첫째자리 반올림)하며, 부가가치세는 고려하지 않기로 한다.

10. 공장건설을 위한 토지를 매입하면서 법령에 의한 공채를 액면가액으로 함께 구입하고 대금 2,000,000원은 현금으로 지급하였다. 공채의 매입당시 공정가치는 1,750,000원으로 평가되며 단기매매증권으로 분류하도록 한다.

11. 회사는 공장 벽면이 노후되어 새로이 도색작업을 하고 이에 대한 비용 1,000,000원을 (주)금강에 500,000원은 현금으로 결제하고 잔액은 외상으로 하였다. (※증빙서류는 영수증을 수취하였다.)

12. 회사는 본사 사무실의 중앙냉난방시설을 설치하고 이에 대한 비용 15,000,000원을 (주)더워에 당점발행 약속어음으로 결제하다. (※ 증빙서류는 영수증을 수취하였다.)

13. 제조설비를 취득하는 조건으로 상환의무가 없는 정부보조금 30,000,000원을 보통예금으로 수령하였다. 명칭이 동일한 계정과목이 여러개 있는 경우 문제에서 제시한 내용에 알맞은 계정과목을 선택하시오.

14. 공장의 기계장치를 취득하고 보통예금에서 이체하다.

- 기계장치의 취득가액 : 100,000,000원
- 취득 시 정부보조금 : 30,000,000원(정부보조금 보통예금으로 입금)

15. 정부보조금에 의하여 취득한 다음의 기계장치가 노후화되어 제영산업(주)에 외상(매각대금 15,000,000원, 부가가치세는 고려하지 말것)으로 처분하였다. (처분된 기계장치는 취득 후 감가상각을 전혀 하지 않았다.)

기계장치	60,000,000원
정부보조금(기계장치차감)	22,000,000원

16. 화재로 인하여 공장(취득가액 100,000,000원, 감가상각누계액 45,000,000원)이 소실되었다. 화재보험 가입은 되어있으며 현재 (주)제일화재보험에 보험금을 청구하였으며, 당기 감가상각비는 고려하지 말고 회계처리 하시오. (손상차손(손실)에 대한 계정과목은 기설정된 것 중 가장 적절한 것을 선택)

17. 공장의 화재와 관련하여 (주)제일화재보험으로부터 보험금 40,000,000원의 결정 통지를 받았다.

18. 회사가 소유하고 있는 오토바이(취득원가 10,000,000원, 감가상각누계액 5,500,000원)는 한 대밖에 없으며 해당 오토바이는 금일 사고로 폐기처분 하였다.

19. 사용중인 기계장치(취득원가 : 30,000,000원, 감가상각누계액 : 15,000,000원)를 동일업종인 거래처의 유사한 용도로 사용하던 기계장치(장부가액 : 18,000,000원, 공정가액 : 20,000,000원)와 교환하였다. 교환되는 기계장치 상호간의 공정가액은 동일하다.

20. (주)더지상사는 (주)현대상사로부터 영업용차량을 취득하면서 (주)더지상사가 사용중이던 기계장치와 현금 8,000,000원을 추가로 지급하였다. 교환당시 기계장치의 취득원가는 50,000,000원이고, 감가상각누계액은 18,300,000원이며, 공정가치는 32,000,000원이었다.

21. (주)한국물산으로부터 토지(공정가치 200,000,000원)를 취득하면서 보유중인 토지 120,000,000원(장부가액)과 당좌수표 40,000,000원을 발행하여 지급하였다.

22. 사용 중인 기계장치(취득원가 : 30,000,000원, 감가상각누계액 : 15,000,000원, 공정가액 : 17,000,000원)를 동일업종인 거래처의 유사한 용도로 사용하던 기계장치(장부가액 : 18,000,000원, 공정가액 : 25,000,000원)와 교환하였다. 공정가액의 차이 만큼 현금으로 지급하였으며, 현금지급액은 취득자산에 중요한 금액이다.

23. 신주 1,000주를 발행하여 기계장치를 구입하였다. 주당 액면가액은 5,000원이며 발행시점의 공정가액은 주당 6,000원이다.

24. 당사는 재평가모형에 따라 유형자산을 인식하고 있으며, 2025년 12월 31일자로 보유하고 있던 토지에 대한 감정평가를 시행한 결과 다음과 같이 평가액이 산출되어 유형자산재평가익(손)으로 처리하였다.

- 2024년 토지 취득가액 : 455,000,000원
- 2025년 12월 31일 토지 감정평가액 : 600,000,000원

25. 정부보조금으로 7월 1일 구입한 시설장치(취득원가 150,000,000원)를 일반회계기준에 따라 정액법으로 감가상각비를 계상하였다. 내용연수는 4년이며 월할상각 한다.

기계장치 취득가액	150,000,000원
정부보조금(자산차감)	100,000,000원

26. 7월 1일 구입한 다음의 기계장치를 일반기업회계기준에 따라 정액법으로 감가상각비를 계상하시오.

구 분	금 액	비 고
취득가액	240,000,000원	• 내용연수 : 10년
운반비	2,000,000원	• 상각방법 : 정액법
기계장치 설치비용	1,000,000원	• 월할상각 적용함
기계장치 시운전비용	7,000,000원	
합 계	250,000,000원	

27. 당사의 기계장치(취득원가 30,000,000원, 감가상각누계액 5,500,000원)를 직원의 중대한 실수로 인하여 더 이상 사용할 수 없게 되었다. (단, 순공정가치와 사용가치는 모두 0원이며 당기 감가상각비는 고려하지 않는다.)

◆ 정답 ◆

NO	회계처리
01	(차) 건설중인자산　　55,000,000　　(대) 당좌예금　　55,000,000 ■ 건물, 구축물, 기계장치 등의 신축과 관련하여 계약금 및 중도금을 지급 시는 선급금 계정이 아닌 "건설중인자산"으로 대체 후 완공 시 건물 등으로 대체한다.
02	(차) 건　　물　　147,500,000　　(대) 건설중인자산　　120,000,000 　　　　　　　　　　　　　　　　　　당좌예금　　27,500,000 ■ 건물 등이 완공 된 후는 반드시 "건설중인자산"에 금액을 건물등으로 대체처리 한다.
03	(차) 토　　지　　308,000,000　　(대) 보통예금　　257,000,000 　　　　　　　　　　　　　　　　　　선 급 금　　50,000,000 　　　　　　　　　　　　　　　　　　현　　금　　780,000 　　　　　　　　　　　　　　　　　　예 수 금　　220,000 ■ 중개수수료는 취득 시 부대비용으로서 토지의 취득원가에 가산하여야 한다.

NO	회계처리
04	(차) 토　　지　　　　　206,000,000　　(대) 보통예금　　　　220,000,000 　　　건　　물　　　　　 26,000,000　　　　현　　금　　　　 12,000,000 ■ 토지 취득 후 배수로 등의 지출은 내용연수와 그 유지·보수책임이 국가 등에게 있는 경우는 토지의 취득원가에 가산하며, 기업(회사측)에 있는 경우는 구축물로 계상하고 감가상각 한다. ■ 토지의 취득원가 : 200,000,000원 + 1,000,000원 + 2,000,000원 + 3,000,000원 　　　　　　　　　＝ 206,000,000원 ■ 건물의 취득원가 : 20,000,000원 + 6,000,000원 = 26,000,000원
05	(차) 건　　물　　　　　105,000,000　　(대) 자산수증이익　　100,000,000 　　　　　　　　　　　　　　　　　　　　　현　　금　　　　　5,000,000 ■ 무상증여의 경우 취득원가는 증여일의 공정가액이며, 취득 시 부대비용을 가산한다.
06	(차) 토　　지　　　　　105,000,000　　(대) 보통예금　　　　100,000,000 　　　　　　　　　　　　　　　　　　　　　당좌예금　　　　　5,000,000 ■ 일괄취득 후 구 건물을 철거하면 건물과 토지 취득가격 모두를 토지의 취득원가로 한다. 또한 건물을 철거하는 경우에 기존 건물의 철거관련 비용을 토지의 취득원가에 가산한다.
07	(차) 감가상각누계액(건물)　 59,999,000　　(대) 건　　물　　　　 60,000,000 　　　유형자산처분손실　　　5,001,000　　　　보통예금　　　　　5,000,000 ■ 건물 신축목적으로 기존건물을 철거하고 신축건물을 건설 시 장부가액은 제거하여 처분손익에 반영하고, 철거비용은 전액 당기비용(처분손익 가감)으로 처리한다.
08	(차) 건설중인자산　　　　2,500,000　　(대) 보통예금(신한은행)　2,500,000
09	(차) 건　　물　　　　　200,000,000　　(대) 미지급금((주)남방건설)　300,000,000 　　　토　　지　　　　　100,000,000 ■ 일괄 취득한 경우 총구입원가(매입가액과 공통부대 비용 등)를 토지와 건물의 현재시장가치비율로 취득원가를 산정한다. ■ 건물 : 300,000,000원 × (160,000,000원/240,000,000원) = 200,000,000원 ■ 토지 : 300,000,000원 × (80,000,000원/240,000,000원) = 100,000,000원
10	(차) 단기매매증권　　　　1,750,000　　(대) 현　　금　　　　　2,000,000 　　　토　　지　　　　　　250,000 ■ 자산의 취득과 관련하여 매입한 국·공채 등의 매입가액과 현재가치의 차액을 취득원가에 가산한다.
11	(차) 수선비(제)　　　　　1,000,000　　(대) 현　　금　　　　　　500,000 　　　　　　　　　　　　　　　　　　　　　미지급금((주)금강)　　500,000 ■ 노후 된 공장벽면의 도색작업은 수익적지출에 해당하므로 수선비(제조원가) 처리한다.
12	(차) 건　　물　　　　　 15,000,000　　(대) 미지급금((주)더워)　15,000,000 ■ 중앙냉난방시설은 자본적지출에 해당하며, 건물의 취득원가에 가산한다.

NO	회계처리			
13	(차) 보통예금	30,000,000	(대) 정부보조금 (보통예금의 차감계정)	30,000,000
14	(차) 기계장치 　　정부보조금 　　(보통예금의 차감계정)	100,000,000 30,000,000	(대) 보통예금 　　정부보조금 　　(기계장치 차감계정)	100,000,000 30,000,000
	▪ 정부보조금과 관련하여 유형자산의 취득 시 취득일의 공정가액으로 회계처리하며 정부보조금을 차감계정으로 정리한다.			
15	(차) 정부보조금 　　(기계장치 차감계정) 　　미수금(제영산업(주)) 　　유형자산처분손실	22,000,000 15,000,000 23,000,000	(대) 기계장치	60,000,000
	▪ 기계장치 처분 시 정부보조금도 장부에서 제거(상계)한다.			
16	(차) 감가상각누계액(건물) 　　재해손실	45,000,000 55,000,000	(대) 건　　　물	100,000,000
	▪ 일반기업회계기준은 유형자산의 손상이나 손실로 인한 보상금을 받는 경우 보상금은 수취할 권리의 발생시점에 인식하여 당기손익에 반영하여야 하므로 화재발생시에 전액 재해손실 또는 유형자산처분손실로 처리하고, 수취할 권리의 발생시점에 보험금수익(영업외수익)으로 처리한다.			
17	(차) 미수금((주)제일화재보험)	40,000,000	(대) 보험금수익	40,000,000
18	(차) 감가상각누계액(차량) 　　유형자산처분손실	5,500,000 4,500,000	(대) 차량운반구	10,000,000
	▪ 유형자산의 폐기처분(사고포함)은 유형자산처분손실로 처리한다.			
19	(차) 기계장치(신) 　　감가상각누계액(기계)	15,000,000 15,000,000	(대) 기계장치(구)	30,000,000
	▪ 동종자산의 교환으로 취득한 유형자산의 취득원가는 교환을 위하여 제공한 자산의 장부가액으로 인식한다.			
20	(차) 감가상각누계액(기계) 　　차량운반구	18,300,000 40,000,000	(대) 기계장치 　　현　　　금 　　유형자산처분이익	50,000,000 8,000,000 300,000
	▪ 다른 종류의 자산과의 교환으로 취득한 유형자산의 취득원가는 교환을 위하여 제공한 자산의 공정가치로 인식하고, 자산의 교환에 현금수수액이 있는 경우에는 현금수수액을 반영하여 취득원가를 결정한다. ▪ 차량운반구 취득원가 = 32,000,000원 + 8,000,000원 = 40,000,000원			

NO	회계처리			
21	(차) 토　　지	200,000,000	(대) 토　　지 　　　당좌예금 　　　유형자산처분이익	120,000,000 40,000,000 40,000,000
	■ 교환 시 공정가액이 불분명한 경우는 취득자산의 공정가액으로 인식하며, 토지의 경우는 실현가능가액 또는 감정가액으로 인식할 수 있다.			
22	(차) 감가상각누계액(기계) 　　　기계장치	15,000,000 25,000,000	(대) 기계장치 　　　현　　금 　　　유형자산처분이익	30,000,000 8,000,000 2,000,000
	■ 동종자산과의 교환으로 취득한 유형자산의 취득원가는 교환을 위하여 제공한 자산의 장부가액으로 인식하나, 교환 시 추가로 지급된 현금수수액이 중요하다면 이종자산의 교환으로 보아 제공한 자산의 공정가액으로 취득원가를 측정한다. ■ 기계장치의 취득원가 = 17,000,000원 + 8,000,000원 = 25,000,000원			
23	(차) 기계장치	6,000,000	(대) 자 본 금 　　　주식발행초과금	5,000,000 1,000,000
	■ 기업이 현물을 제공받고 주식을 발행한 경우에는 제공받은 현물의 공정가치를 주식의 발행금액으로 한다. ■ 기계장치 취득원가 = 1,000주 × 6,000원(공정가액) = 6,000,000원 ■ 자본금 = 1,000주 × 5,000원(액면가액) = 5,000,000원			
24	(차) 토　　지	145,000,000	(대) 재평가차익 　　　(기타포괄손익누계액)	145,000,000
	■ 재평가차익 = 공정가치 − 취득가액 = 600,000,000원 − 455,000,000원 = 145,000,000원			
25	(차) 감가상각비(제) 　　　정부보조금 　　　(기계장치 차감계정)	18,750,000 12,500,000	(대) 감가상각누계액(기계) 　　　감가상각비(제)	18,750,000 12,500,000
	■ 자산차감항목인 정부보조금은 당해자산의 감가상각 시 동일한 비율만큼 당기 감가상각비와 상계처리한다. ■ 감가상각비 = 150,000,000원 × 1/4 × 6개월/12개월 = 18,750,000원 ■ 정부보조금 상각액 = 18,750,000원 × 100,000,000원 / 150,000,000원 = 12,500,000원			
26	(차) 감가상각비(제)	12,500,000	(대) 감가상각누계액(기계)	12,500,000
	■ 감가상각비 = 250,000,000원 × 1/10 × 6개월/12개월 = 12,500,000원			
27	(차) 감가상각누계액(기계) 　　　유형자산손상차손	5,500,000 24,500,000	(대) 기계장치	30,000,000
	■ 유형자산손상차손 = 장부가액 − Max(순공정가치, 사용가치) 　　　　　　　　　 = 24,500,000원 − 0원 = 24,500,000원			

실무이론

01. 다음 중 기업회계기준상 유형자산이 아닌 것은?
① 사업용 기계장치
② 현재 건설중인 본사건축물과 토지
③ 사업용 신축건물을 위한 매입 토지
④ 부동산 매매업자가 판매목적을 위하여 매입한 토지

02. 다음 중 유형자산의 정의와 인식조건에 해당하지 않는 것은?
① 자산으로부터 발생하는 미래경제적효익이 기업에 유입될 가능성이 매우 높다.
② 자산의 원가를 신뢰성 있게 측정할 수 있다.
③ 기업의 정상적인 영업활동 과정에서 판매를 목적으로 보유하는 물리적 형체가 있는 자산이다.
④ 1년을 초과하여 사용할 것이 예상되는 자산이어야 한다.

03. 다음 중 유형자산에 대한 설명으로 틀린 것은?
① 유형자산은 재화의 생산, 용역의 제공, 타인에 대한 임대 또는 자체적으로 사용할 목적으로 보유하는 물리적 형체가 있는 자산을 말한다.
② 특정 유형자산을 재평가할 때, 해당 자산이 포함되는 유형자산 분류 전체를 재평가한다.
③ 유형자산은 최초에는 취득원가로 측정한다.
④ 새로운 시설을 개설하는 데 소요되는 원가는 유형자산의 원가이다.

04. 유형자산의 취득원가에 관한 내용 중 가장 잘못된 것은?
① 유형자산의 취득원가는 공정가액으로 한다.
② 새로운 건물을 신축하기 위하여 사용중인 기존건물을 철거하는 경우에 기존건물의 장부가액은 새로운 건물의 취득원가에 가산한다.
③ 유형자산의 취득에 관한 운송비와 설치비용은 취득원가에 가산한다.
④ 유형자산의 취득과 관련하여 국·공채를 불가피하게 매입하는 경우에는 동 국공채의 매입가액과 기업회계기준에 따라 평가한 현재가치와의 차액을 유형자산의 취득원가에 가산한다.

05. 당기 중에 공장건설용 토지를 구입하면서 다음과 같은 지출이 이루어진 경우 토지의 취득가액은 얼마인가?

- 토지 취득대금 30,000,000원
- 토지상의 구건물 철거비용 3,700,000원
- 구건물 철거시 철골자재등 매각대금 2,100,000원
- 토지 취득세 1,400,000원
- 토지 재산세 450,000원

① 30,000,000원 ② 33,000,000원 ③ 33,450,000원 ④ 35,100,000원

06. 다음은 일반기업회계기준상 유형자산의 교환에 대한 내용이다. 틀린 것은?
① 이종자산간 교환하는 경우에는 교환으로 취득한 유형자산의 취득가액은 취득자산의 공정가치로 측정한다.
② 자산의 교환에 있어 현금수수액이 있는 경우에는 그 현금수수액을 반영하여 취득원가를 결정한다.
③ 동종자산의 교환인 경우에는 제공한 자산의 장부가액을 취득한 자산의 취득가액으로 할 수 있다.
④ 동종자산과의 교환시에 교환에 포함된 현금 등의 금액이 유의적이라면 동종자산의 교환으로 보지 않는다.

07. 상품도매업을 영위하는 (주)전라도산업은 유형자산에 대한 보유기간 중의 수익적 지출을 자본적 지출로 잘못 회계처리하여 재무제표를 작성하였다. 이 경우 그 잘못된 회계처리가 재무제표에 미치는 효과로 가장 옳은 것은?
① 재무상태표상 자산이 실제보다 과소계상 된다.
② 재무상태표상 부채가 실제보다 과대계상 된다.
③ 손익계산서상 당기순이익이 실제보다 과대계상 된다.
④ 손익계산서상 매출총이익이 실제보다 과소계상 된다.

08. 다음 중 현행 기업회계기준상 감가상각대상인 것을 모두 골라내면?

| 가. 사옥으로 사용중인 건물 | 나. 업무용으로 사용중인 오토바이 |
| 다. 매매목적으로 보관중인 토지 | 라. 폐기예정으로 보관중인 기계장치 |

① 가, 나   ② 가, 나, 다   ③ 나, 다   ④ 나, 다, 라

09. 다음 중 '유형자산'과 관련한 용어의 설명으로 옳지 않은 것은?
① "유형자산"은 재화의 생산 등에 사용할 목적으로 보유하는 물리적 형체가 있는 자산으로서, 1년을 초과하여 사용할 것이 예상되는 자산을 말한다.
② "감가상각"은 감가상각대상금액을 그 자산의 내용연수 동안 체계적인 방법으로 각 회계기간에 배분하는 것을 말한다.
③ "감가상각대상금액"은 취득원가에서 잔존가액을 차감한 금액을 말한다.
④ "내용연수"는 실제 사용시간 또는 생산량의 단위를 말한다.

10. 다음 중 기업회계기준에서 인정하는 유형자산의 감가상각방법으로서, 내용연수동안 감가상각비가 매기간 감소하는 효과가 나타나는 것은?
① 정액법   ② 생산량 비례법   ③ 조업도 비례법   ④ 연수합계법

11. 다음 중 기업회계기준상 유형자산의 감가상각에 대한 설명으로 틀린 것은?
① 감가상각비는 다른 자산의 제조와 관련된 경우에는 관련 자산의 제조원가로, 그 밖의 경우에는 판매비와 관리비로 계상한다.
② 유형자산의 잔존가액이 중요할 것으로 예상되는 경우에는 자산의 취득시점에서 잔존가액을 추정한 후 물가변동에 따라 이를 수정하여야 한다.
③ 감가상각방법은 매기 계속하여 적용하고, 정당한 사유 없이 변경하지 않아야 한다.
④ 내용연수란 자산의 예상 사용기간 또는 자산으로부터 획득할 수 있는 생산량이나 이와 유사한 단위를 말한다.

12. 기계장치의 감가상각관련 자료가 다음과 같을 때 제2기인 2025년말 결산 시에 계상하여야 할 감가상각비와 감가상각누계액을 바르게 표시한 것은?

- 취득일 : 2024년 1월 1일
- 취득원가 : 2,000,000원
- 내용연수 : 10년
- 정률법 상각율 : 10%
- 상각방법 : 정률법

	감가상각비	감가상각누계액		감가상각비	감가상각누계액
①	200,000원	300,000원	②	180,000원	380,000원
③	200,000원	400,000원	④	180,000원	180,000원

13. 다음 중 모든 감가상각방법이 선택가능하다면 일반적으로 첫 해에 회사의 이익을 가장 많이 계상할 수 있는 방법은?
① 정률법　　② 이중체감법　　③ 연수합계법　　④ 정액법

14. 다음 중 유형자산에 대한 설명으로 가장 옳지 않은 것은?
① 유형자산의 취득원가는 당해 자산의 제작원가 또는 매입가액에 취득부대비용을 가산한 가액으로 하며, 매입할인이 있는 경우 차감한다.
② 정부보조금으로 자산 취득시 해당 정부보조금은 해당 자산의 취득원가에서 가산하는 형식으로 기재하며 그 자산의 내용연수에 걸쳐 감가상각비와 상계처리 한다.
③ 유형자산의 감가상각은 감가상각대상금액을 그 자산의 내용연수 동안 합리적이고 체계적인 방법으로 각 회계기간에 배분하는 것이다.
④ 제조설비의 감가상각비는 제조원가를 구성하고, 연구개발 활동에 사용되는 유형자산의 감가상각비는 무형자산의 인식조건을 충족하는 자산이 창출되는 경우 무형자산의 취득원가에 포함된다.

15. 다음은 (주)한국이 1월 1일 취득한 기계장치에 대한 자료이다. 연수합계법에 의한 3차년도 감가상각비는 얼마인가?

- 기계장치 취득원가 : 40,000,000원
- 내용연수 : 5년
- 잔존가치 : 취득원가의 10%

① 16,000,000원　　② 12,000,000원　　③ 9,600,000원　　④ 7,200,000원

해설

01. 재고자산의 정의에 의하여 부동산 매매업자가 판매목적을 위해 매입한 토지는 재고자산이다.
02. 유형자산은 재화의 생산, 용역의 제공, 타인에 대한 임대 또는 자체적으로 사용할 목적으로 보유하는 물리적 형체가 있는 자산이다. 또한, 자산을 판매 목적으로 보유하는 경우 재고자산으로 분류한다.
03. 새로운 시설을 개설하는 데 소요되는 원가는 취득 전 시설 설치여부 사전조사원가 등을 말하는 것으로 취득원가에 해당하지 않는다.
04. 새로운 건물을 신축하기 위하여 기존건물을 철거하는 경우에 기존건물의 장부가액은 제거하여 처분손실로 하고, 철거비용은 당기비용처리 한다.
05. 취득가액 = 30,000,000원 + 3,700,000원 − 2,100,000원 + 1,400,000원 = 33,000,000원
06. 이종자산간의 교환시에 취득자산의 원가는 제공한 자산의 공정가치로 측정한다.
07.
    - 정상 회계처리 : (차) 수선비 등 ××× (대) 현금 등
    - 오류 회계처리 : (차) 유형자산 ××× (대) 현금 등
    - 자산 과대계상, 비용 과소계상 → 당기순이익 과대계상 → 자본 과대계상
08. 매매목적으로 보관중인 토지는 재고자산으로 분류하고, 폐기예정으로 보관중인 기계장치는 감가상각을 하지 않는다.
09. "내용연수"는 예상 사용시간 또는 생산량의 단위를 말한다.
10. 감가상각비가 매기간 감소하는 효과가 나타나는 상각방법은 가속상각법인 정률법, 연수합계법 등이 있다.
11. 유형자산의 잔존가액 추정은 물가변동이 있는 경우에도 수정하지 아니한다.
12. 2024년 감가상각비 : 2,000,000원 × 0.1 = 200,000원
    2025년 감가상각비 : 1,800,000원 × 0.1 = 180,000원
    380,000원(감가상각누계액)
13. 정률법과 이중체감법, 연수합계법은 모두 가속상각법으로 초기에 비용을 많이 계상하므로 이익이 정액법보다 적게 계상된다.
14. 정부보조금으로 자산 취득시 해당 정부보조금은 해당 자산의 취득원가에서 차감하는 형식으로 기재한다.
15. 3차년도말 감가상각비 = (취득원가 − 잔존가치) × 내용연수의 역순/내용연수합계
    = (40,000,000원 − 4,000,000원) × 3/15
    = 7,200,000원

정답

01. ④ 02. ③ 03. ④ 04. ② 05. ② 06. ① 07. ③ 08. ① 09. ④ 10. ④
11. ② 12. ② 13. ④ 14. ② 15. ④

CHAPTER 06 무형자산

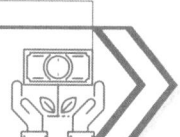

1. 무형자산의 의의 및 종류

1 무형자산의 의의

재화의 생산이나 용역의 제공, 타인에 대한 임대 또는 관리에 사용할 목적으로 기업이 보유하고 있으며, 물리적 형체가 없지만 식별가능하고, 기업이 통제하고 있으며 미래 경제적 효익이 있는 비화폐성자산을 말한다.

① **식별가능성** : 자산의 분리가능성 여부에 의해 판단하며 무형자산이 분리가능하면 그 무형자산은 식별가능함
② **통제가능성** : 기업이 제3자의 접근을 제한할 수 있을 것
③ **미래 경제적 효익** : 재화의 매출이나 용역의 수익, 원가절감 또는 자산의 사용에 따른 기타 효익의 형태로 발생할 것이 기대될 것

2 무형자산의 종류

(1) 영업권

기업의 우수한 경영, 좋은 기업이미지, 특별한 기술이나 지식, 독점적 지위, 양질의 고객관계, 유리한 입지조건 등으로 인하여 동종의 다른 기업보다 더 많은 수익을 얻을 경우 그 초과수익을 자본의 가치로 환원한 것이 영업권이다.

영업권은 기업 내부적으로 창출된 영업권과 외부에서 구입한 영업권으로 구분할 수 있으며, 일반기업회계기준은 **외부에서 구입한 영업권만 인정**하고 내부적으로 창출된 영업권은 취득원가를 신뢰성 있게 측정할 수 없을 뿐만 아니라 기업이 통제하고 식별가능한 자원도 아니기 때문에 인정하지 않고 있다.

영업권(또는 부의영업권) = 합병 등의 대가로 지급한 금액 – 취득한 순자산공정가액

(차) 제 자 산	×××	(대) 제 부 채	×××
영 업 권	×××	현 금 등	×××

(2) 산업재산권

법률의 보호하에서 일정기간 독점적·배타적으로 이용할 수 있는 권리를 말하는 것으로 특허권, 상표권, 디자인권, 실용신안권, 상호권 등을 말한다.

구 분	내 용
특허권	특허법에 의하여 발명을 독점적으로 이용할 수 있는 권리
상표권	특허청에 등록한 상표를 지정 상품에 독점적으로 사용할 수 있는 권리
디자인권	디자인을 등록한 자가 그 등록디자인에 대하여 향유하는 독점적·배타적 권리
실용신안권	실용신안법에 의하여 실용신안을 등록한 사람이 독점적·배타적으로 가지는 권리

(3) 개발비(내부적으로 창출된 무형자산)

개발비는 새로운 제품이나 기술의 개발 또는 개량을 위하여 지출한 금액(소프트웨어 개발과 관련된 비용을 포함)으로 개별적으로 식별가능하고 미래 경제적 효익을 확실하게 기대할 수 있는 것을 말한다. 무형자산을 창출하기 위한 내부 프로젝트를 연구단계와 개발단계로 구분하며, **구분할 수 없는 경우**에는 그 프로젝트에서 발생한 지출 **모두 연구단계에서 발생**한 것으로 본다.

① 연구단계

프로젝트 연구단계에서는 미래 경제적 효익을 창출할 무형자산이 존재한다는 것을 입증할 수 없기 때문에 연구단계에서 발생한 지출은 무형자산으로 인식할 수 없고 기간비용으로 인식한다.

[사례] ㉠ 새로운 지식을 얻고자 하는 활동
㉡ 연구결과 또는 기타 지식을 탐색, 평가 등 활동
㉢ 재료, 장치, 제품, 공정, 시스템 등에 대한 여러 가지 대체 안을 탐색 시 활동

② 개발단계

개발활동이란 새로운 또는 현저히 개량된 재료, 장치, 제품, 공정, 시스템을 생산하기 위하여 연구결과나 기타 지식을 계획적으로 적용하는 활동으로서 상업적인 생산을 시작하기 이전의 활동을 의미한다. 개발단계는 연구단계보다 훨씬 더 진전되어 있는 상태이기 때문에 프로젝트의 개발단계에서 무형자산을 식별할 수 있으며, 그 무형자산이 미래 경제적 효익을 창출할 것임을 입증할 수 있기 때문에 개발단계에서의 지출은 무형자산으로 인식하는 것이다. 단, 요건을 충족하지 못한 개발단계 비용은 제조원가 또는 판매비와관리비로 처리한다.

[사례] ㉠ 생산 전 또는 사용전의 시작품과 모형의 설계, 제작 및 시험하는 활동
㉡ 새로운 기술과 관련된 공구, 금형, 주형 등을 설계하는 활동
㉢ 새롭거나 개선된 재료, 장치, 제품, 공정 등에 대하여 최종적으로 선정된 안을 설계, 제작 및 시험하는 활동

구 분		회계처리
연구단계에서 발생한 비용		연구비(판매비와관리비)
개발단계에서 발생한 비용	무형자산 인식조건 **미충족**	경상개발비 (제조원가 또는 판매비와관리비)
	무형자산으로 인식조건을 **충족**	개발비(무형자산)

(4) 기타 무형자산

구 분	내 용
소프트웨어	자산인식조건을 충족하는 소프트웨어를 구입하여 사용하는 경우 그 구입비용은 무형자산인 소프트웨어 계정과목으로 처리하고, 내부에서 개발된 소프트웨어에 소요된 원가가 자산인식조건을 충족하면 개발비로 처리한다.
라이선스	국가나 허가권자로부터 인·허가과정을 거쳐 확보한 사업허가권으로서 방송사업권이나 통신사업권 등이 해당되며, 일종의 프랜차이즈라 할 수 있다.
프랜차이즈	프랜차이저가 자신의 제품이나 서비스의 판매권, 상표나 상호명의 사용권 또는 용역을 독점적으로 생산 판매할 수 있는 권리로 음식점이나 주유소체인 등이 대표적이다.
저작권	문학이나 학술·예술의 범위에 속하는 창작물인 지적재산권에 대하여 저자 또는 제작자가 출판, 재생 또는 판매할 수 있는 배타적이고 독립적인 권리를 말한다.
광업권	일정한 광구에서 등록한 광물과 동 광상 중에 부존하는 다른 광물을 채굴하여 취득할 수 있는 권리를 말한다.
어업권	수산업법에 의하여 등록된 수면에서 독점적·배타적으로 어법을 영위할 수 있는 권리를 말한다.
임차권리금	토지와 건물 등을 임차하는 경우 그 이용권을 갖는 대가로 보증금이외의 금액을 지급하는 것을 임차권리금이라 한다.

2. 무형자산의 취득원가

1 무형자산의 취득

(1) 외부로부터 취득한 무형자산의 취득원가

외부로부터 유상으로 취득한 무형자산은 당해 자산 매입원가뿐만 아니라 취득과 관련하여 발생한 모든 부대원가, 즉 등록비 및 제세공과금과 법률수수료 등을 포함하여 취득원가로 계상해야 한다.

(2) 내부적으로 창출된 무형자산의 취득원가

내부적으로 창출된 무형자산의 취득원가는 그 자산의 창출, 제조, 사용, 준비에 직접 관련된 지출과 합리적이고 일관성 있게 배분된 간접 지출을 모두 포함한다.

[사례] ① 무형자산의 창출에 직접 종사한 인원에 대한 급여, 상여, 퇴직급여 등의 인건비
② 무형자산의 창출에 사용된 재료비, 용역비 등
③ 무형자산의 창출에 직접 사용된 유형자산의 감가상각비와 무형자산(산업재산권, 라이선스) 상각비
④ 법적 권리를 등록하기 위한 수수료 등 무형자산을 창출하는 데 직접적으로 관련이 있는 지출
⑤ 무형자산의 창출에 필요하며 합리적이고 일관된 방법으로 배분할 수 있는 간접비
⑥ 자본화 대상 금융비용

2 무형자산의 취득 이후의 지출

무형자산을 취득하거나 완성한 후의 지출로서 다음의 요건을 모두 충족하는 경우에는 자본적 지출로 처리하고, 그렇지 않은 경우에는 발생한 기간의 비용(수익적 지출)으로 인식한다.

① 관련지출이 무형자산의 미래 경제적 효익을 실질적으로 증가시킬 가능성이 매우 높다.
② 관련지출이 신뢰성 있게 측정될 수 있으며, 무형자산과 직접 관련된다.

3. 무형자산의 상각 및 손상차손

1 무형자산의 상각

무형자산의 상각은 무형자산의 취득원가를 내용연수 동안 합리적인 방법으로 배분하여 이를 비용으로 처리하는 절차를 말한다.

구 분	내 용
상각 대상금액	무형자산의 취득원가에서 잔존가치를 차감한 잔액을 말하며, 무형자산의 잔존가치는 없는 것을 원칙으로 한다. (단, 부의 영업권의 제외)
상각기간 (내용연수)	법령이나 계약에 정해진 경우를 제외하고는 20년을 초과할 수 없으며, 상각은 자산이 사용가능한 때부터 시작한다.
상각방법	합리적인 상각방법으로 하되, 영업권과 합리적인 상각방법을 정할 수 없는 경우 정액법을 사용한다.
회계처리	무형자산상각비의 회계처리방법(공시)은 직접법과 간접법 모두 허용하며 직접법을 사용할 경우 취득원가와 무형자산상각누계액을 주석으로 공시한다. ■ 직접법 (차) 무형자산상각비　×××　　(대) 무형자산　××× ■ 간접법 (차) 무형자산상각비　×××　　(대) 무형자산상각누계액　×××
무형자산 상각비 처리	무형자산상각비는 다른 자산의 제조와 관련된 경우에는 관련 자산의 제조원가로 처리하고 이외의 상각비는 판매비와관리비로 회계처리 한다.

2 무형자산의 손상차손

자산의 진부화 및 시장가치의 급격한 하락 등으로 인하여 무형자산의 회수가능성이 장부에 미달하고 그 차액이 중요한 경우 손상차손(영업외비용)을 설정한다. (단, 회복 시 환입(영업외수익)처리하며 장부가액을 초과할 수 없다.)

무형자산으로 계상되어 있는 특허권(장부가액 5,000,000원)은 더 이상 사용을 할 수 없어 사용을 중지하고 처분을 위해 보유하고 있는데 당기말 기업회계기준에 의한 회수가능가액은 3,000,000원이다.

【해설】

사용을 중지하고 처분을 위해 보유하는 무형자산은 사용을 중지한 시점의 장부가액으로 유지하며 보고기간 종료일의 회수가능가액으로 평가하고 손상차손(영업외비용)을 인식한다.
회계처리 : (차) 무형자산손상차손   2,000,000원   (대) 특허권   2,000,000원

4. 무형자산의 처분

사용을 중지하고 처분을 위해 보유하는 무형자산은 사용을 중지한 시점에 장부금액으로 표시한다. 처분금액과 장부금액과의 차액은 **무형자산처분손익(영업외손익)**으로 회계처리 한다.

구 분	회계처리			
장부가액 < 처분가액	(차) 현금 등	×××	(대) 특허권 등 무형자산처분이익	××× ×××
장부가액 > 처분가액	(차) 현금 등 무형자산처분손실	××× ×××	(대) 특허권 등	×××

다음 중 무형자산에 대한 설명으로 틀린 것은?
① 산업재산권, 저작권, 개발비 등은 기업회계상 무형자산에 포함된다.
② 국고 보조에 의해 무형자산을 무상으로 취득한 경우에는 취득일의 공정가액을 무형자산의 취득가액으로 한다.
③ 무형자산은 그 형체가 존재하지 아니하므로 당해 자산을 취득한 회계기간에 전액을 일시에 상각하는 것이 원칙이다.
④ 무형자산이 자산의 요건을 충족하지 못하는 경우 발생된 회계기간의 비용으로 계상한다.

【해설】

③ 무형자산은 그 내용연수 동안 체계적인 방법에 의하여 각 회계기간의 비용으로 배분하여야 한다.

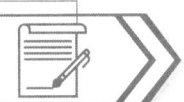

실무분개

01. 유명대학교에 의뢰한 신제품 개발에 따른 연구용역비 20,000,000원을 보통예금에서 인터넷뱅킹으로 이체하여 지급하였다. (자산으로 회계처리 하고, 부가가치세는 고려하지 말 것)

02. 사무실에서 사용 할 회계프로그램을 (주)뉴젠에서 3,500,000원에 구입하고 당점발행 당좌수표를 발행하여 지급하다. (부가가치세는 고려하지 말 것)

03. 보유중인 특허권(장부가액 15,000,000원)을 20,000,000원에 매각하고, 대금은 보통예금으로 입금되었다. (당기 분 감가상각은 고려하지 말 것)

04. 무형자산으로 계상되어 있는 특허권(장부가액 7,000,000원)은 더 이상 사용을 할 수 없어 사용을 중지하고 처분을 위해 보유하고 있는데 당기말 일반기업회계기준에 의한 회수가능가액은 4,000,000원이다. 기 등록되어 있는 적정한 계정과목(영업외비용)으로 처리하시오.

05. 회사는 기말 현재 결산항목 반영 전에 재무상태표상 개발비 미상각 잔액이 4,800,000원이 있다. 개발비는 전기 초에 설정되어 전기 초부터 사용하였고 모든 무형자산은 사용가능한 시점부터 5년간 상각한다.

• 정답 •

NO	회계처리			
01	(차) 개 발 비	20,000,000	(대) 보통예금	20,000,000
02	(차) 소프트웨어	3,500,000	(대) 당좌예금	3,500,000
03	(차) 보통예금	20,000,000	(대) 특 허 권 무형자산처분이익	15,000,000 5,000,000
04	(차) 무형자산손상차손	3,000,000	(대) 특 허 권	3,000,000
	▪ 사용을 중지하고 처분을 위해 보유하는 무형자산은 사용을 중지한 시점의 장부가액으로 유지한다. 이러한 무형자산에 대해서는 매 회계연도말에 회수가능가액을 평가하고 손상차손을 인식한다.			
05	(차) 무형자산상각비	1,200,000	(대) 개 발 비	1,200,000
	▪ 상각비 = 미상각잔액(장부금액) ÷ 미상각연수 = 4,800,000원 ÷ 4년 = 1,200,000원			

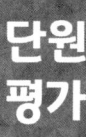
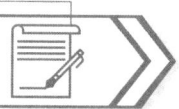

실무이론

01. 다음 중 무형자산의 인식요건이 아닌 것은?
① 식별가능성
② 검증가능성
③ 통제가능성
④ 미래의 경제적 효익의 유입가능성

02. 현행 기업회계기준에서는 '내부적으로 창출된 무형자산'의 취득원가는 그 자산의 창출, 제조, 사용준비에 직접 관련된 지출과 합리적이고 일관성있게 배분된 간접 지출을 모두 포함하도록 규정하고 있다. 다음 중 '내부적으로 창출된 무형자산'의 취득원가에 포함될 수 없는 것은?
① 무형자산의 창출에 사용된 재료비, 용역비 등
② 무형자산을 운용하는 직원의 훈련과 관련된 지출
③ 무형자산의 창출에 직접 사용된 유형자산의 감가상각비
④ 자본화대상 금융비용

03. 다음 중 영업권에 대한 설명으로 옳지 않은 것은?
① 내부적으로 창출된 영업권도 신뢰성 있게 측정하였다면 자산으로 인식할 수 있다.
② 매수기업결합으로 취득한 무형자산의 취득원가는 매수일의 공정가액으로 한다.
③ 영업권의 상각은 관계 법령이나 계약에 정해진 경우를 제외하고는 20년을 초과할 수 없다.
④ 영업권의 잔존가액은 없는 것을 원칙으로 한다.

04. 무형자산에 대한 설명 중 옳지 않은 것은?
① 무형자산이란 업무용도로 보유하는 비화폐성자산으로써 일반적으로 미래 경제적 효익이 있는 물리적 형체가 없는 자산을 말한다.
② 무형자산의 취득원가는 그 자산의 창출, 제조, 사용준비에 사용된 직접비 뿐만 아니라 간접비도 포함한다.
③ 무형자산의 인식기준을 충족하지 못하면 그 지출은 발생한 기간의 비용으로 인식한다.
④ 무형자산의 상각은 항상 판매비와 관리비로 처리한다.

05. 다음은 무형자산에 대한 설명이다. 잘못된 것은?
① 무형자산이란 물리적 형체는 없지만 식별가능하고 기업이 통제하고 있으며, 미래경제적효익이 있는 비화폐성자산을 말한다.
② 무형자산은 합리적인 상각방법을 정할 수 없는 경우에는 정률법을 사용한다.
③ 무형자산의 잔존가치는 없는 것을 원칙으로 한다.
④ 자산에서 발생하는 미래경제적효익이 기업에 유입될 가능성이 매우 높으며, 자산의 원가를 신뢰성 있게 측정할 수 있어야 무형자산으로 인식할 수 있다.

06. 현행 기업회계기준상 무형자산 상각과 관련한 설명으로 옳은 것은?
   ① 무형자산의 상각방법에는 정액법, 유효이자율법, 연수합계법, 생산량비례법 등이 있다.
   ② 무형자산 상각시 잔존가치는 어떠한 경우라도 없는 것으로 한다.
   ③ 무형자산의 상각기간은 독점적·배타적인 권리를 부여하고 있는 관계 법령이나 계약에 정해진 경우를 제외하고는 20년으로 하며 당해 자산이 사용가능한 때부터 시작한다.
   ④ 무형자산의 상각대상금액은 그 자산의 추정내용연수동안 체계적인 방법에 의하여 비용으로 배분한다.

07. 일반기업회계기준상 무형자산에 대한 설명으로 올바른 것은?
   ① 무형자산을 창출하기 위한 과정은 연구단계와 개발단계로 구분하며 연구단계와 개발단계로 구분할 수 없는 경우에는 모두 개발단계에서 발생한 것으로 본다.
   ② 사용을 중지하고 처분을 위해 보유하는 무형자산은 사용을 중지한 시점의 장부가액으로 표시한다.
   ③ 무형자산의 공정가치 또는 회수가능액이 증가하면 상각은 증감된 가액에 기초한다.
   ④ 무형자산은 상각기간이 종료되는 시점에 거래시장에서 결정되는 가격으로 잔존가치를 인식하는 것이 원칙이다.

해설

01. 무형자산의 인식요건은 식별가능성, 통제가능성, 미래의 경제적 효익의 유입가능성이다.
02. 무형자산을 운용하는 직원의 훈련과 관련된 지출은 당기비용으로 처리한다.
03. 내부적으로 창출된 영업권은 취득원가를 신뢰성 있게 측정할 수 없을 뿐만아니라 기업이 통제하고 있는 식별가능한 자원도 아니기 때문에 자산으로 인식하지 않는다.
04. 제조와 관련된 경우에는 제조원가로 그 밖의 경우에는 판매비와 관리비로 처리한다.
05. 무형자산의 상각방법은 자산의 경제적 효익이 소비되는 행태를 반영한 합리적인 방법이어야 한다. 무형자산의 상각대상금액을 내용연수 동안 합리적으로 배분하기 위해 다양한 방법을 사용할 수 있다. 이러한 상각방법에는 정액법, 체감잔액법(정률법 등), 연수합계법, 생산량비례법 등이 있다. 다만, 합리적인 상각방법을 정할 수 없는 경우에는 정액법을 사용한다.
06. ① 무형자산의 상각방법에는 정액법, 체감잔액법(정률법 등), 연수합계법, 생산량비례법 등이 있다.
    ② 무형자산 상각시 잔존가치는 없는 것을 원칙으로 한다.
    ③ 무형자산의 상각기간은 독점적·배타적인 권리를 부여하고 있는 관계 법령이나 계약에 정해진 경우를 제외하고는 20년을 초과할 수 없다.
07. ① 무형자산을 창출하기 위한 내부 프로젝트를 연구단계와 개발단계로 구분할 수 없는 경우에는 그 프로젝트에서 발생한 지출은 모두 연구단계에서 발생한 것으로 본다.
    ③ 무형자산의 공정가치 또는 회수가능액이 증가하더라도 상각은 원가에 기초한다.
    ④ 무형자산의 잔존가치는 없는 것을 원칙으로 한다.

정답

01. ②   02. ②   03. ①   04. ④   05. ②   06. ④   07. ②

CHAPTER 07 기타비유동자산

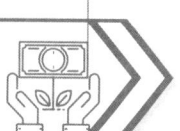

기타비유동자산이란 투자자산, 유형자산, 무형자산에 속하지 않는 비유동자산을 말한다.

구 분		내 용
보증금	임차보증금	타인소유의 부동산이나 동산을 사용하기 위하여 임대차계약을 체결하는 경우에 월세 등을 지급하는 조건으로 임차인이 임대인에게 지급하는 보증금이다.
	전세권	전세금을 지급하고 타인의 부동산을 그 용도에 따라 사용, 수익하는 권리를 말한다.
	영업보증금	채무자가 채권자에게 계약의 이행을 담보하기 위하여 지급하는 보증금으로서 거래보증금, 입찰보증금 및 하자보증금 등의 지급 시 처리하는 계정이다.
장기 채권	장기 매출채권	일반적인 상거래에서 발생한 채권으로서 보고기간 종료일 현재 만기가 1년 이후에 도래하는 채권을 말한다.
	장기 미수금	일반적인 상거래 이외의 거래에서 발생하는 채권으로서 보고기간 종료일 현재 만기가 1년 이후에 도래하는 채권을 말한다.
부도어음과수표		물품대금으로 받은 약속어음(수표)을 지급기일에 지급장소(해당 거래은행)에 제시하고 어음대금을 청구하는데, 어음금액의 지급을 거절하는 것을 어음의 부도라 하고, 지급이 거절된 어음을 부도어음이라 한다. ■ 어음의 부도 ⇨ 부도어음과수표로 처리 ⇨ 대손금 요건 충족 시 대손충당금(또는 대손상각비)과 상계처리
전신전화가입권		특정한 전신 또는 전화를 소유할 수 있는 권리로서 전화통신사업자나 이동통신 사업자에게 전화를 사용하기 위해 미리 예치시키고, 해약을 하면 반환받을 수 있는 금액을 말한다. ⇨ 현재 발생되는 건은 없으며 과거에 발생분 중 현재 돌려받지 않는 부분만 남아있음.
이연법인세자산		일시적인 차이로 인하여 법인세법 등의 법령에 의하여 납부하여야 할 금액이 법인세비용을 초과하는 경우 그 초과하는 금액을 말한다.

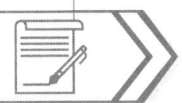

실무분개

01. 본점 이전을 위하여 상속빌딩에 임차보증금 50,000,000원을 보통예금계좌에서 송금하였다.

02. 매출 증대를 위해 대왕마트에서 한 달 동안 완구용품을 판매하기로 하고 대형마트용 진열대를 임차하면서 대왕마트에 보증금 3,000,000원과 1개월분 임차료 100,000원을 보통예금계좌에서 이체하다.

03. 영업점을 이전하면서 임대인(성화빌딩)으로부터 임차보증금 중 임차료 미지급액 6,000,000원을 차감한 나머지 194,000,000원을 보통예금으로 반환받았다. (미지급비용 계정과목을 사용하시오.)

04. 배움빌딩과 공장건물의 임대차계약(계약기간 : 2025.5.14.~2026.5.13.)을 체결하고 임차보증금 20,000,000원과 1년분 임차료 12,000,000원을 당좌수표를 발행하여 지급하였다. (단, 임차료는 지급시 전액 자산처리하고, 거래처코드를 기재한다.)

정답

NO	회계처리			
01	(차) 임차보증금(상속빌딩)	50,000,000	(대) 보통예금	50,000,000
02	(차) 임차보증금(대왕마트) 임차료(판)	3,000,000 100,000	(대) 보통예금	3,100,000
03	(차) 보통예금 미지급비용(성화빌딩)	194,000,000 6,000,000	(대) 임차보증금(성화빌딩)	200,000,000
04	(차) 임차보증금(배움빌딩) 선급비용(배움빌딩)	20,000,000 12,000,000	(대) 당좌예금	32,000,000

CHAPTER
08 부채

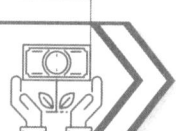

1. 부채의 개념

부채는 과거 사건이나 거래의 결과 현재 부담하여야 하는 경제적의무로 미래에 현금 등의 경제적 효익의 희생을 말한다. 부채는 매입채무·미지급비용 등 영업활동과 관련된 부채는 1년 기준과 정상영업순환주기 기준으로 유동부채와 비유동부채로 분류하도록 규정하고 있다.

2. 유동부채

1 유동부채의 의의

미래에 일정한 금액을 현금으로 지불하거나 상품, 용역을 제공해 주어야 할 의무로 **보고기간 종료일 현재 1년 이내**에 지급해 주어야 할 채무 및 지급기일이 1년을 초과하더라도 **정상적인 영업주기 이내**에 지급하여야 하는 매입채무를 말한다.

2 매입채무(↔ 매출채권)

일반적인 상거래에서 **발생한 외상매입금과 지급어음**을 말한다. 도매업의 상품매입시, 제조업의 원재료 매입시에 발생한 채무는 일반적으로 외상매입금 계정으로 회계처리하고, 당해 외상매입금에 대하여 어음을 발행하여 지급하는 경우 지급어음으로 회계처리 한다. 재무상태표 작성시 외상매입금과 지급어음을 합계하여 매입채무로 표시한다.

(1) 외상매입금(↔ 외상매출금)

외상매입금은 일반적인 상거래에서 재화 또는 용역을 구입하고 그 대금을 구입시점 이후에 지급하기로 약정함으로써 발생하는 채무를 말한다.

회계상 거래	회계처리			
발생	(차) 원재료 등	×××	(대) 외상매입금	×××
지급	(차) 외상매입금	×××	(대) 현금 등	×××

(2) 지급어음(↔ 받을어음)

지급어음이란 일반적인 상거래에서 나타난 어음상의 채무로서, 즉 매입처에 대하여 상품매입 대금이나 외상매입금에 대한 약속어음을 발행한 경우 또는 타인발행 환어음을 인수한 경우에 발생하는 어음채무를 말한다.

회계상 거래	회계처리			
발행	(차) 원재료 등 (차) 외상매입금	××× ×××	(대) 지급어음 (대) 지급어음	××× ×××
만기 지급	발행된 어음의 만기일에 어음을 결제하는 경우를 만기결제라 한다. (차) 지급어음 ××× (대) 당좌예금 등 ×××			

[어음발행 지급시 회계처리]
- 원재료 등 재고자산 구입 시 어음발행 : **지급어음**
- 기계장치 등 유형·무형·투자자산 구입 시 어음발행 : **미지급금**
- 금전소비대차계약에 의한 어음발행 : **단(장)기차입금**

3 기타채무

구 분	회계처리
단기차입금	금융기관으로부터의 당좌차월액과 금전소비대차계약에 따라 차입한 금액 중 보고기간 종료일 현재 1년 이내 만기가 도래하는 채무를 말한다.
미지급금	일반적인 **상거래 이외의 거래**에서 발생하는 채무로 재고자산 이외의 자산을 매입하는 경우 발생한다. 대금을 외상 처리하거나 어음을 지급한 경우 "미지급금"으로 처리한다.
선수금	제품이나 상품 등을 매출할 때 계약금 등으로 대금의 일부로 미리 수령한 금액을 말한다. [계약금 수령] (차) 보통예금 등　　×××　　(대) 선수금　　××× [재고자산 매출] (차) 선수금　　×××　　(대) 제품매출 등　　××× 　　외상매출금 등　×××
예수금	근로자 등에게 소득을 지급 시 소득세 등의 세금, 건강보험 등의 사회보험 등 소득자 부담액을 징수하여 보관하였다가 납부하는 경우 사용한다. [각 소득 지급시점] (차) 급　여 등　　×××　　(대) 예수금　　××× 　　　　　　　　　　　　　　미지급금 등　××× [예수금 납부시점] (차) 예수금　　×××　　(대) 보통예금 등　×××

구 분	회계처리
가수금	현금 등 입금되었으나 계정과목 또는 금액을 확정할 수 없을 때 사용하는 임시계정과목이다. [내용불명의 금액 입금시점] (차) 보통예금 등　　×××　　(대) 가수금　　××× [가수금 원인 규명시점] (차) 가수금　　×××　　(대) 외상매출금 등　　×××
유동성 장기부채	장기차입금 등의 비유동부채 항목 중에서 보고기간 종료일 현재 만기가 1년 이내에 도래하는 채무로 상환예정인 경우 대체하는 계정과목이다. 다만, 만기일에 상환하지 않고 차입금을 연장하고자 하는 경우에는 유동성대체를 하지 않는다. [결산시점] (차) 장기차입금　　×××　　(대) 유동성장기부채　　×××
선수수익	당기에 수익으로 계상한 항목 중에서 차기 연도의 수익에 해당하는 금액을 말한다. [수령시점에 수익처리한 경우 미경과분 부채처리] (차) 임대료 등　　×××　　(대) 선수수익　　××× [수령시점에 선수수익(부채)처리한 경우 경과분 수익처리] (차) 선수수익　　×××　　(대) 임대료 등　　×××
미지급비용	당기에 제공받은 부분에 대한 비용이 지급의 시기가 도래하지 않아 아직 장부에 계상하지 않은 미지급 금액을 말한다. [결산시점] (차) 이자비용 등　　×××　　(대) 미지급비용　　××× [비용 지급시점] (차) 미지급비용　　×××　　(대) 현금 등　　××× 　　 이자비용 등　　×××
미지급세금	미지급세금은 법인세 등의 미지급액을 말하며, 법인세뿐만 아니라 법인세할 지방소득세, 농어촌특별세도 포함한다.
부가세예수금	상품 또는 제품 매출 시 과세품에 대한 부가가치세(10%)를 거래 징수하는 경우 사용하며, 과세기간 종료일에 부가세대급금(당좌자산)과 상계처리 한다.
미지급배당금	당해연도 이익잉여금처분계산서상의 현금배당액을 말한다. 미지급배당금 계정은 일반적으로 보고기간 종료일의 재무상태표에는 나타나지 않으며, 주주총회 결의 시 미지급배당금으로 회계처리 하였다가 배당금 지급 시 정리한다. [배당금 지급 결의시점] (차) 이월이익잉여금　　×××　　(대) 미지급배당금　　××× [배당금 지급시점] (차) 미지급배당금　　×××　　(대) 현금 등　　×××

3. 비유동부채

1 비유동부채의 의의

미래에 일정한 금액을 현금으로 지불하거나 상품, 용역을 제공해 주어야 할 의무로 **보고기간 종료일 현재 1년 이후**에 지급해 주어야 할 채무를 말한다.

2 사채

기업이 거액의 자금을 비교적 장기간 사용하기 위하여 일반투자자들로부터 집단적·공개적으로 자금을 차용하고 그 증거로서 발행하는 유가증권을 말한다.

(1) 사채의 발행금액

사채의 발행금액은 사채의 미래현금흐름을 사채발행일 현재의 시장이자율(유효이자율)로 할인한 현재가치로 계산된다.

> 사채발행금액 = 만기에 지급할 원금의 현재가치 + 미래 이자지급액의 현재가치
> = (사채의 액면금액 × 원금 현가계수) + (사채의 액면이자 × 연금 현가계수)
> = 사채가 창출하는 미래현금흐름의 현재가치 = 사채 발행일의 시장가치

(2) 사채의 발행방법

사채의 발행금액은 액면이자율과 시장이자율에 의해서 결정된다. 액면이자율이란 사채발행기업이 지급할 사채의 액면금액을 기준으로 지급하고자 하는 이자율을 의미하며, 시장이자율은 실제 시장에서 지급하는 이자를 말한다. 이 시장이자율이 사채 발행기업이 실제 부담하는 이자율이 되며 이를 "유효이자율"이라 한다.

발행방법	회계처리
액면발행 (액면이자율 = 시장이자율) ⇩ (발행가액 = 액면가액) 10,000원 = 10,000원	사채가 발행될 때 사채의 발행가액이 사채의 액면가액과 같은 경우 (차) 현금 등 10,000원 (대) 사채(액면가액) 10,000원

할증발행
(액면이자율 > 시장이자율)
⇩
(발행가액 > 액면가액)
11,000원 > 10,000원
	사채의 발행가액이 사채의 액면가액보다 큰 경우
	
	(차) 현금 등 11,000원 (대) 사채(액면가액) 10,000원
	                              사채할증발행차금 1,000원
	                              (사채의 가산계정)

할인발행
(액면이자율 < 시장이자율)
⇩
(발행가액 < 액면가액)
8,000원 < 10,000원
	사채의 발행가액이 사채의 액면가액보다 작은 경우
	
	(차) 현금 등 8,000원 (대) 사채(액면가액) 10,000원
	    사채할인발행차금 2,000원
	    (사채의 차감계정)

(3) 사채발행의 재무상태표 공시

사채를 할인 또는 할증 발행한 경우 사채발행차금을 사채의 차감 또는 가산하는 형식으로 공시하며, 추후 이자지급시 상각(환입)한다.

과목	제11(당)기	
	금액	
	- 중 략 -	
사　　채 사채할인발행차금	50,000,000 (5,000,000)	45,000,000
	- 중 략 -	

(4) 사채발행비

사채발행비는 사채를 발행할 때 발생되는 인쇄비 · 수수료 등의 비용을 말하며, **사채발행가액**에서 **차감**한다.

 TIP

- 액면발행 시 할인발행되어 사채할인발행차금 발생
- 할인발행 시 사채할인발행차금에 가산 : 사채할인발행차금 증가
- 할증발행 시 사채할증발행차금에 차감 : 사채할증발행차금 감소

(5) 사채발행차금의 처리

사채할인발행차금 및 사채할증발행차금은 사채발행시부터 최종상환시까지의 기간에 유효이자율법을 적용하여 상각 또는 환입하고 동 상각액 또는 환입액은 사채이자에서 가감한다. 사채발행차금 상각(환입)은 정액법으로도 처리할 수 있으나 일반기업회계기준에서는 인정하고 있지 않다.

① 사채의 이자비용

$$\text{사채의 이자비용} = \text{사채의 장부금액} \times \text{유효이자율}$$

② 사채의 액면이자(이자지급일에 지급한 현금 지급이자)

$$\text{사채의 액면이자} = \text{사채의 액면금액} \times \text{액면(표시)이자율}$$

③ 사채발행차금의 상각(환입)액

구 분	회계처리			
사채할인 발행차금 상각	사채의 이자비용 = 사채의 액면이자 + 사채할인발행차금 상각액			
	(차) 이자비용	×××	(대) 현 금 등 사채할인발행차금	××× ×××
사채할증 발행차금 환입	사채의 이자비용 = 사채의 액면이자 − 사채할증발행차금 환입액			
	(차) 이자비용 사채할증발행차금	××× ×××	(대) 현 금 등	×××

[유효이자율법에 의한 상각 요약]

발행방법	상각(환입)액	이자비용(유효이자)	사채장부가액
액면발행	0(없음)	액면이자	동일(불변)
할인발행	매년증가	매년증가	매년증가
할증발행	매년증가	매년감소	매년감소

 예제1

(주)배움은 액면금액 1,000,000원(표시이자율 : 연 10%, 이자지급일 : 매년 12월 31일, 만기 3년)인 사채를 2025년 1월 1일에 발행하였다. 발행 당시 유효이자율은 연 12%이고 발행대금은 현금으로 수령하였다.

- 3년, 12% 원금 현가계수 : 0.71179
- 3년, 12% 연금 현가계수 : 2.4018

【해설】

[사채발행시점 회계처리 : 2025년 1월 1일 ⇨ 할인발행]
- 사채 발행금액 = (사채의 액면금액 × 원금 현가계수) + (사채의 액면이자 × 연금 현가계수)
  = (1,000,000원 × 0.71179) + (100,000원 × 2.4018) = 711,790원 + 240,180원 = 951,970원

  (차) 현 금   951,970원   (대) 사 채   1,000,000원
      사채할인발행차금   48,030원

[사채이자 지급시 회계처리 : 2025년 12월 31일]
- 사채의 이자비용 = 사채의 장부금액 × 유효이자율 = 951,970원 × 12% = 114,236원
- 사채의 액면이자 = 사채의 액면금액 × 표시이자율 = 1,000,000원 × 10% = 100,000원
- 사채할인발행차금 상각액 = 114,236원 − 100,000원 = 14,236원

  (차) 이자비용   114,236원   (대) 현 금   100,000원
                                           사채할인발행차금   14,236원

재무상태표(2025.01.01. 현재)		
과목	제11(당)기	
	금액	
사 채 사채할인발행차금	-중 략- 1,000,000 (48,030)	951,970
	-중 략-	

재무상태표(2025.12.31. 현재)		
과목	제11(당)기	
	금액	
사 채 사채할인발행차금	-중 략- 1,000,000 (33,794)	966,206
	-중 략-	

[사채이자 지급시 회계처리 : 2026년 12월 31일]
- 사채의 이자비용 = 사채의 장부금액 × 유효이자율 = 966,206원 × 12% = 115,944원
- 사채의 액면이자 = 사채의 액면금액 × 표시이자율 = 1,000,000원 × 10% = 100,000원
- 사채할인발행차금 상각액 = 115,944원 − 100,000원 = 15,944원

(차) 이자비용　　　　115,944원　　(대) 현　　금　　　　100,000원
　　　　　　　　　　　　　　　　　　사채할인발행차금　 15,944원

[사채이자 지급시 회계처리 : 2027년 12월 31일]
- 사채의 이자비용 = 사채의 장부금액 × 유효이자율 = 982,150원 × 12% = 117,858원
- 사채의 액면이자 = 사채의 액면금액 × 표시이자율 = 1,000,000원 × 10% = 100,000원
- 사채할인발행차금 상각액 = 117,858원 − 100,000원 = 17,858원
  ⇨ 현가계수 소수점 차이로 단수차이가 발생하여 장부상 사채발행금을 정리

(차) 이자비용　　　　117,850원　　(대) 현　　금　　　　100,000원
　　　　　　　　　　　　　　　　　　사채할인발행차금　 17,850원

[사채 만기상환 회계처리 : 2027년 12월 31일]
　　(차) 사 채　　　1,000,000원　　(대) 현　　금　　　1,000,000원

재무상태표(2026.12.31. 현재)		
과목	제12(당)기	
	금액	
사 채 사채할인발행차금	-중 략- 1,000,000 (17,850)	982,150
	-중 략-	

재무상태표(2027.12.31. 현재)		
과목	제13(당)기	
	금액	
사 채	-중 략- 1,000,000	1,000,000
	-중 략-	

❖ 유효이자율법에 의한 할인액 상각표 ❖

연도	기초부채 ①	총이자비용 ①×12% = ②	현금지급이자 ③	할인액상각 ② − ③ = ④	부채증가액 ④	기말부채 ① + ④
2025	951,970	114,236	100,000	14,236	14,236	966,206
2026	966,206	115,944	100,000	15,944	15,944	982,150
2027	982,150	117,850	100,000	17,850	17,850	1,000,000
계		348,030	300,000	48,030	48,030	

회사는 자금을 조달할 목적으로 사채를 아래와 같이 발행하였다. 이외의 다른 사채는 없다고 가정할 경우 결산시점의 적절한 회계처리를 하시오. (원 단위 미만은 절사하기로 한다.)

- 액면가액 10,000,000원의 사채를 2025년 1월 1일에 할인발행하였다. (만기 3년)
- 발행가액은 9,455,350원이고, 액면이자율은 연 3%, 유효이자율은 연 5%이다.
- 액면이자는 매년 말 현금으로 지급하며, 유효이자율법을 이용하여 상각한다.

【해설】

- 회계처리 : (차) 이자비용　　　472,767원　　　(대) 현　　금　　　300,000원
　　　　　　　　　　　　　　　　　　　　　　　　　　사채할인발행차금　172,767원
- 사채의 이자비용 = 사채 장부가액 9,455,350원 × 유효이자율 5% = 472,767원
- 사채의 액면이자 = 사채 액면가액 10,000,000원 × 액면이자율 3% = 300,000원
- 사채할인발행차금 상각액 = 이자비용 472,767원 − 액면이자 300,000원 = 172,767원

(6) 사채의 조기상환

사채의 만기 이전에 유통 중인 사채를 매입하여 상환하는 것을 조기상환이라 하며, 조기상환시 사채의 상환가액에서 장부가액을 차감한 후 잔여금액을 **사채상환손익(영업외손익)**으로 회계처리 한다.

$$사채상환손익 = 사채의\ 장부가액(액면가액 \pm 미상각\ 사채발행차금) - 사채상환가액$$

① 사채발행차금은 사채 매입상환시 상환액면가액 비율로 상계처리한다.

$$사채발행차금상각(환입)액 = 사채발행차금\ 미상각(환입)잔액 \times \frac{상환액면가액}{총액면가액}$$

② 사채 발행시의 시장이자율보다 상환시의 사장이자율이 상승하게 되면 사채의 현재가치(공정가액)는 작아져서 시가가 낮아지게 되므로 장부금액보다 낮은 금액으로 상환되어지며 상환이익이 발생한다.

③ 사채 발행시의 시장이자율보다 상환시의 사장이자율이 하락하게 되면 사채의 현재가치(공정가액)는 커져서 시가가 높아지게 되므로 장부금액보다 높은 금액으로 상환되어지며 상환손실이 발생한다.

(주)배움이 발행한 사채의 액면가액은 100,000,000원이고 만기는 2027년 10월 20일이지만 자금사정의 회복으로 전액 금일 조기상환하기로 하고 상환대금 110,000,000원을 전액 당좌수표를 발행하여 지급하다. 상환전 사채할증발행차금 잔액은 12,000,000원이다.

【해설】
사채상환손익 = 사채의 장부가액 − 사채상환가액
= 112,000,000원(= 100,000,000원 + 12,000,000원) − 110,000,000원 = 2,000,000원(이익)

(차) 사 채	100,000,000원	(대) 당좌예금	110,000,000원
사채할증발행차금	12,000,000원	사채상환이익	2,000,000원

3 충당부채

구 분	내 용
충당부채 인식요건	충당부채는 과거사건이나 거래의 결과에 의한 현재의무로서, 지출의 시기 또는 금액이 불확실하지만 그 의무를 이행하기 위하여 자원이 유출될 가능성이 매우 높고 또한 당해 금액을 신뢰성 있게 추정할 수 있는 의무를 말한다. 다만, 충당부채의 인식요건 중 하나라도 충족시키지 못하는 경우에는 우발부채로 인식하여 주석공시하며 부채로 인식하지 아니한다. ① 과거사건이나 거래의 결과로 인하여 현재의무(법적의무)가 존재한다. ② 당해 의무를 이행하기 위하여 자원의 유출 가능성이 매우 높다. ③ 그 의무 이행에 소요되는 금액을 신뢰성 있게 추정할 수 있다. | 자원유출가능성	금액추정가능성	
---	---	---
	신뢰성 있게 추정가능	추정불가능
가능성이 매우 높음	충당부채(재무상태표)로 인식	우발부채로 주석공시
가능성이 어느 정도 있음	우발부채로 주석공시	
가능성이 거의 없음	공시하지 않음	공시하지 않음	
충당부채 측정	충당부채로 인식하는 금액은 현재의무의 이행에 소요되는 지출에 대한 보고기간 종료일 현재 최선의 추정치이어야 한다. 단, 충당부채의 명목가액과 현재가치의 차이가 중요한 경우 현재가치로 평가한다.
충당부채 변동	보고기간 종료일마다 잔액을 검토하고 보고기간 종료일 현재 최선의 추정치를 반영하여 증감 조정 한다.
충당부채 사용	최초의 인식시점에서 의도한 목적과 용도에만 사용하여야 한다.
우발자산	우발자산은 자산으로 인식하지 아니하고 자원의 유입가능성이 매우 높은 경우에만 주석에 기재한다. 상황변화로 인하여 자원이 유입될 것이 확정된 경우에는 그러한 상황변화가 발생한 기간에 관련 자산과 이익을 인식한다.
충당부채 종류	① 퇴직급여충당부채 : 보고기간 종료일 현재 전 임직원이 일시에 퇴직할 경우 지급해야 할 퇴직금에 상당하는 충당금 ② 판매보증충당부채 : 제품에 결함이 있는 경우 이에 대한 수리 또는 보상을 하기 위해서 설정하는 충당금 ③ 하자보수충당부채 : 건설공사가 완성된 후 하자보수에 대한 보상을 하기 위하여 설정하는 충당금

4 퇴직급여충당부채

구 분	회계처리
퇴직급여 충당부채 설정	퇴직급여충당부채는 보고기간 종료일 현재 전종업원이 일시에 퇴직할 경우 지급하여야 할 퇴직금에 상당하는 금액으로 하며 이를 퇴직급여추계액이라 한다. 보고기간 종료일 현재 퇴직급여충당부채를 설정할 때 퇴직급여충당부채 설정 전 장부가액과 추계액과의 차액을 퇴직급여로 추가설정하거나 환입한다. 이 경우 퇴직급여는 자산의 원가에 포함되는 경우를 제외하고는 비용으로 처리하며 퇴직급여충당부채환입액은 판매비와관리비의 차감계정으로 계상한다. 퇴직급여충당부채 설정(환입)액 = 퇴직급여추계액 − 퇴직급여충당부채 설정 전 장부금액 [퇴직급여 설정액 회계처리] (차) 퇴직급여　　　　×××　　(대) 퇴직급여충당부채　××× [퇴직급여 환입액 회계처리] (차) 퇴직급여충당부채　×××　　(대) 퇴직급여충당부채환입　×××
퇴직급여 지급	퇴직자의 퇴직금 지급 시 **퇴직급여충당부채와 상계**처리하고 **퇴직급여충당부채 부족액**이 발생하면 **당기 비용처리** 한다. (차) 퇴직급여충당부채　×××　　(대) 예수금　　××× 　　퇴직급여　　　　×××　　　　현금 등　×××

5 퇴직연금제도(퇴직보험제도 포함)

구 분		회계처리
확정기여형 퇴직연금 (DC)	불입 시점	확정기여형 퇴직연금은 종업원이 책임과 권한을 갖고 적립금을 운용하는 연봉제 퇴직금제도이다. 적립금은 당기 비용처리하며 결산 시 퇴직급여충당부채 또는 퇴직연금충당부채를 인식하지 않는다. (차) 퇴직급여　×××　　(대) 보통예금 등　×××
	결산 시점	해당 퇴직급여를 자산의 원가에 포함되는 경우를 제외하고는 비용으로 인식하며, 보고기간 종료일 이미 납부한 기여금을 차감한 **미적립 금액은 부채(미지급비용)로 인식**한다. (차) 퇴직급여　×××　　(대) 미지급비용　××× 이미 납부한 기여금이 보고기간말 제공된 근무용역에 대해 납부하여야 하는 **기여금을 초과하는 경우에는 선급비용(자산)으로 인식**한다.
확정급여형 퇴직연금 (DB)	불입 시점	확정급여형 퇴직연금은 기업(사용자)이 책임과 권한을 갖고 적립금을 운용하는 누적제 퇴직금제도이다. 적립금은 퇴직연금운용자산으로 처리하고 **퇴직급여충당부채에 차감하는 형태로 재무상태표에 공시**된다. 퇴직연금운용자산이 퇴직급여충당부채와 퇴직연금미지급금의 합계액을 초과하는 경우에는 그 초과액을 투자자산의 과목으로 표시한다.

구 분		회계처리
확정급여형 퇴직연금 (DB)	불입 시점	재무상태표 | 과목 | 제11(당)기 금액 | |---|---| | -중 략- | | | 퇴직급여충당부채 퇴직연금운용자산 | 30,000,000 (20,000,000)　10,000,000 | | -중 략- | | (차) 퇴직연금운용자산　×××　　(대) 보통예금 등　××× 　　　수수료비용　　　×××
	운용 손익 발생	퇴직연금 불입분에 운용손익이 발생하면 원본에 전입되며 당기손익(영업외손익)으로 처리한다. (차) 퇴직연금운용자산　×××　　(대) 퇴직연금운용수익　××× 　　　　　　　　　　　　　　　　　　(또는 이자수익)
	퇴직 급여 지급	퇴직자의 퇴직금 지급 시 **퇴직급여충당부채와 상계**처리하고 퇴직급여충당부채 **부족액**이 발생하면 **당기 비용처리(퇴직급여)** 한다. 퇴직연금에서 지급하는 금액은 퇴직연금운용자산을 감소시키고 회사에서 직접 지급하는 금액은 현금 등으로 대체한다. (차) 퇴직급여충당부채　×××　　(대) 퇴직연금운용자산　××× 　　　퇴직급여　　　　×××　　　　 예수금 등　　　×××

6 기타비유동부채

장기차입금	금전소비대차계약에 따라 자금을 빌린 경우로서 보고기간 종료일로부터 만기가 1년 이후에 도래하는 채무를 말한다. (차) 보통예금 등　×××　　(대) 장기차입금　×××
임대보증금	임대인이 부동산 또는 동산을 임대하고 받은 보증금을 말하며, 임대보증금은 임대기간이 종료되는 시점에 임차인에게 반환해 주어야 한다. (차) 보통예금 등　×××　　(대) 임대보증금　×××
장기미지급금	일반적인 상거래 이외의 거래에서 발생하는 채무로서 상환기일이 보고기간 종료일로부터 1년 이후에 도래하는 채무를 말한다. (차) 보통예금 등　×××　　(대) 장기미지급금　×××

실무분개

01. 당사는 (주)우주상사에 제품을 공급하기로 계약을 맺고, 계약금 11,000,000원을 보통예금계좌로 이체받았다.

02. 당사는 제품을 교환할 수 있는 상품권(1장당 10,000원) 300장을 시중에 판매하고 현금 3,000,000원을 획득하였다. 단, 본 거래에 대해서만 거래처 입력은 생략할 것.

03. 매출처 직원과 식사를 하고 식대 240,000원을 법인카드(삼성카드)로 결제하였다.

04. 거래처 (주)대성으로부터 6월 5일에 영세율세금계산서를 교부받은 상품매입대금(외상매입금 장부조회 : 170,230,000원) 전액을 외환은행의 외화 보통예금 통장에서 송금하여 결제하고 다음과 같은 거래계산서를 교부받다.

환전/송금/금매매 거래계산서			
거 래 일 : 2025년 6월 17일			고객명 : (주)미성상사
거래종류 : 국내자금당발이체 실행(창구)			
구분	통화	외화금액	환율	원화금액
외화대체	USD	134,961.00	1,266.00	170,860,626원
적요 당발이체수수료 10,000원 내신외화금액 USD 134,961.00 수취인 : (주)대성				내신원화금액 : 10,000원

05. 퇴사한 생산부 직원(근속연수 5년)에 대한 퇴직금 8,000,000원 중 소득세와 지방소득세(소득분) 합계 55,000원을 차감한 잔액을 현금으로 지급하였다. (회사는 퇴직급여충당부채를 설정하고 있으며 퇴직급여충당부채 장부금액은 15,000,000원이다.)

06. 30년간 근속한 영업부사원 노성호씨의 퇴직으로 인하여 퇴직금을 다음과 같이 정산후 보통예금계좌에서 지급하였다. 회사는 퇴직급여충당부채를 설정하고 있다.

- 퇴직금 총액 250,000,000원
- 국민연금(퇴직금)전환금 회사납부액 2,000,000원
- 전세자금 대여액 50,000,000원(임직원등 단기채권에 계상되어 있음)
- 퇴직소득세 및 지방소득세 18,000,000원
- 기초퇴직급여충당부채잔액 150,000,000원(당기에 상기외의 퇴직금지급내역은 없다.)

07. 확정기여형퇴직연금제도를 설정하고 있는 (주)대한상사는 퇴직연금의 부담금(기여금) 1,500,000원(제조 1,000,000원, 관리 500,000원)을 은행에 현금 납부하였다.

08. 확정급여형(Defined Benefit : DB)퇴직연금제도를 설정하고 있는 (주)더지는 영업부 직원의 퇴직연금 1,500,000원을 (주)미래설계증권에 현금납부하였다. 단, 납부한 금액의 1%는 연금사업자의 사업비에 충당한다.

09. 퇴직연금 자산에 이자 300,000원이 입금되다. 당사는 전임직원의 퇴직금 지급 보장을 위하여 (주)미래설계증권에 확정급여형(DB) 퇴직연금에 가입되어 있다.

10. 회사는 영업부 홍길동의 퇴직 시 임원 및 사용인의 퇴직을 퇴직연금 지급사유로 하는 확정급여형퇴직연금에 가입하여 불입한 금액 중 퇴직금 전액 10,000,000원을 인출하여 지급하였다. 퇴직금 원천징수는 고려하지 않으며 퇴직급여충당부채 잔액은 없다.

11. 사채 1,000,000원을 발행하면서 발행금액 1,200,000원은 보통예금 통장으로 입금되다. 사채발행 관련 법무사수수료 300,000원이 현금으로 지급되다. 하나의 전표로 입력하시오.

12. 액면가액 50,000,000원인 사채 중 액면가액 20,000,000원을 20,330,000원에 보통예금계좌에서 이체하여 조기에 상환하였다. 당사의 다른 사채 및 사채할인발행차금 등 사채 관련 계정금액은 없었다.

13. 당사가 발행한 사채의 액면가액은 300,000,000원이고 만기는 2026년 2월 9일이지만 자금사정의 회복으로 인하여 이중 액면가액 100,000,000원의 사채를 금일 중도상환하기로 하고 상환대금 110,000,000원을 전액 당좌수표를 발행하여 지급하다. 상환전 사채할증발행차금 잔액은 12,000,000원이다.

14. 다음의 1기 확정 부가가치세 신고내용과 관련된 회계처리를 부가가치세 확정과세기간 종료일에 하시오. (대손금에 대한 회계처리는 생략하되 대손세액공제액은 반영한다.) 단, 납부할 부가가치세는 '미지급세금' 계정으로 처리하고, 단수차액에 대한 회계처리는 납부시에 하기로 한다.

구 분			금 액	세 액
과세표준 및 매출세액	과 세	세금계산서발급분	500,000,000	50,000,000
		기 타	0	0
	영 세 율	세금계산서발급분	100,000,000	0
		기 타	50,000,000	0
대 손 세 액 가 감				−5,000,000 주1)
매입세액	세금계산서수취분	일반매입	280,000,000	28,000,000
		고정자산매입	0	0
	그밖의공제매입세액	의제매입세액	100,000,000	1,960,784 주2)
납 부 할 세 액				15,039,216

주1) 승천상사 외상매출금의 소멸시효완성으로 대손세액공제를 신청한 것이다.
주2) 의제매입세액공제적용요건은 충족되었으며 원재료구입과 관련된 것으로 구입 시 의제매입세액은 반영하지 않았다.

15. 기말(2025년말)의 장기차입금(신한은행) 내역은 다음과 같다.

항 목	금 액(원)	상환예정시기	비 고
장기차입금(합계)	100,000,000		2022년초에 차입
장기차입금A 상환	60,000,000	2026.06.30	전액 상환예정
장기차입금B 상환	40,000,000	2027.06.30	전액 상환예정

16. 결산시점의 퇴직급여추계액은 다음과 같고 퇴직급여충당부채는 퇴직급여추계액의 100%를 설정한다.

구 분	인 원	퇴직급여추계액	기설정된 퇴직급여충당부채
생산직	10	30,000,000원	18,000,000원
사무직	20	50,000,000원	56,000,000원

◆ 정답 ◆

NO	회계처리			
01	(차) 보통예금	11,000,000	(대) 선수금((주)우주상사)	11,000,000
02	(차) 현 금	3,000,000	(대) 선수금	3,000,000
	■ 상품권 판매시 수익은 인식하지 아니하며 (상품권)선수금으로 대체 후 재고자산과 교환시 수익인식한다.			
03	(차) 기업업무추진비(판)	240,000	(대) 미지급금(삼성카드)	240,000
04	(차) 외상매입금((주)대성)	170,230,000	(대) 보통예금(외환은행)	170,860,626
	외환차손	630,626	현 금	10,000
	수수료비용(판)	10,000		
05	(차) 퇴직급여충당부채	8,000,000	(대) 예 수 금	55,000
			현 금	7,945,000
06	(차) 퇴직급여충당부채	150,000,000	(대) 국민연금전환금	2,000,000
	퇴직급여(판)	100,000,000	임직원등 단기채권	50,000,000
			예 수 금	18,000,000
			보통예금	180,000,000
	■ 임직원 퇴사시 사용할 목적으로 국민연금공단에 적립한 "국민연금전환금"은 직원 퇴직시 상계처리 한다.			
07	(차) 퇴직급여(제)	1,000,000	(대) 현 금	1,500,000
	퇴직급여(판)	500,000		
	■ 확정기여형퇴직연금제도를 설정한 경우에는 당해 회계기간에 대하여 회사가 납부하여야 할 부담금(기여금)을 퇴직급여(비용)로 인식하고, 확정급여형퇴직연금제도를 설정한 경우에는 퇴직연금운용자산으로 인식한다.			

NO	회계처리			
08	(차) 퇴직연금운용자산 　　　수수료비용(판)	1,485,000 15,000	(대) 현　　　금	1,500,000
09	(차) 퇴직연금운용자산	300,000	(대) 이자수익 　　　(또는 퇴직연금운용수익)	300,000
10	(차) 퇴직급여(판)	10,000,000	(대) 퇴직연금운용자산	10,000,000
11	(차) 보통예금 　　　사채할인발행차금 ■ 사채발행비는 발행금액에서 차감하여 처리하여야 한다.	1,200,000 100,000	(대) 사　　　채 　　　현　　　금	1,000,000 300,000
12	(차) 사　　　채 　　　사채상환손실 ■ 사채상환손실 = 사채장부금액 - 사채상환금액 　　　　　　　　= 20,000,000 - 20,330,000원 = △330,000원	20,000,000 330,000	(대) 보통예금	20,330,000
13	(차) 사　　　채 　　　사채할증발행차금 　　　사채상환손실 ■ 사채할증발행차금 상계액 = 12,000,000원 × 100,000,000원 / 300,000,000원 　　　　　　　　　　　　　= 4,000,000원 ■ 사채상환손실 = 사채장부금액 - 사채상환금액 　　　　　　　= 104,000,000 - 110,000,000원 = △6,000,000원	100,000,000 4,000,000 6,000,000	(대) 당좌예금	110,000,000
14	(차) 부가세예수금 ■ 의제매입세액은 원재료의 차감항목이며 대손세액공제액은 매출채권(외상매출금)에서 차감하는 것이다.	50,000,000	(대) 부가세대급금 　　　원재료(타계정대체) 　　　외상매출금(승천상사) 　　　미지급세금	28,000,000 1,960,784 5,000,000 15,039,216
15	(차) 장기차입금(신한은행) ■ 2026년 6월 30일 상환예정인 금액을 유동성대체한다.	60,000,000	(대) 유동성장기부채(신한은행)	60,000,000
16	(차) 퇴직급여(제) 　　　퇴직급여충당부채 ■ 생산직 = 30,000,000원 - 18,000,000원 = 12,000,000원(설정) ■ 사무직 = 50,000,000원 - 56,000,000원 = △6,000,000원(환입)	12,000,000 6,000,000	(대) 퇴직급여충당부채 　　　퇴직급여충당부채환입	12,000,000 6,000,000

실무이론

01. 다음 중 충당부채, 우발부채 및 우발자산에 관련된 내용으로 틀린 것은?

① 충당부채를 인식하기 위해서는 과거사건이나 거래의 결과로 현재의무가 존재하여야 한다.
② 충당부채를 인식하기 위해서는 당해 의무를 이행하기 위하여 자원이 유출될 가능성이 매우 높고, 그 의무의 이행에 소요되는 금액을 신뢰성 있게 추정할 수 있어야 한다.
③ 우발자산은 자산으로 인식하지 아니하고 자원의 유입가능성이 매우 높은 경우에만 주석에 기재한다.
④ 우발부채도 충당부채와 동일하게 재무상태표에 부채로 인식한다.

02. 다음 중 충당부채에 대한 내용으로 올바르지 않은 것은?

① 보고기간말 현재 최선의 추정치를 반영하여 증감조정한다.
② 과거사건이나 거래의 결과에 의한 현재의무로서 지출의 시기 또는 금액이 불확실하지만 현재의무가 존재할 가능성이 매우 높고 인식기준을 충족하는 경우에는 충당부채로 인식한다.
③ 명목금액과 현재가치의 차이가 중요한 경우에는 의무를 이행하기 위하여 예상되는 지출액의 현재가치로 평가한다.
④ 최초의 인식시점에서 의도한 목적과 용도 외에도 사용할 수 있다.

03. 다음 중 기업회계기준상 사채에 대한 설명으로 옳지 않은 것은?

① 사채발행가액은 사채발행수수료 등의 비용을 차감한 후의 가액을 말한다.
② 1좌당 액면가액이 10,000원인 사채를 15,000원에 발행한 경우 '할증발행' 하였다고 한다.
③ 사채할인발행차금은 사채의 액면가액에서 차감하는 형식으로 기재한다.
④ 사채할인발행차금 및 사채할증발행차금은 액면이자율을 적용하여 상각 또는 환입한다.

04. 다음 중 사채와 관련된 설명으로 가장 잘못된 것은?

① 사채의 발행가액은 사채의 미래현금흐름을 발행당시의 해당 사채의 시장이자율(유효이자율)로 할인한 가치인 현재가치로 결정된다.
② 사채가 할인(할증)발행되어도 매년 인식하는 이자비용은 동일하다.
③ 사채의 액면이자율이 시장이자율보다 낮은 경우에는 사채는 할인발행 된다.
④ 사채발행차금은 유효이자율법에 의하여 상각 또는 환입하도록 되어 있다.

05. (주)세원은 3년 만기의 사채를 할증발행하였으며, 사채이자는 매년 기말시점에 현금으로 지급하기로 하였다. 유효이자율법을 적용할 경우 이에 대한 내용으로 옳지 않은 것은?

① 사채의 액면이자율이 시장이자율보다 크다.
② 투자자의 입장에서 인식되는 이자수익은 매년 증가한다.
③ 사채발행자의 입장에서 사채할증발행차금 상각액은 매년 증가한다.
④ 투자자에게 현금으로 지급되는 이자비용은 매년 동일하다.

06. 다음의 사채를 2025년 1월 1일 발행하였다. 이자는 매년 말에 지급한다고 가정할 경우 사채와 관련한 다음 설명 중 잘못된 것은?

액면가액	액면이자율	유효이자율	만기	발행가액
100,000원	8%	10%	3년	92,669원

① 2025년 결산일 현재 사채 장부가액은 사채 액면가액보다 작다.
② 2025년 현금으로 지급된 이자는 8,000원이다.
③ 2027년 말 이자비용 인식 후 사채할인발행차금 잔액은 0원이다.
④ 사채할인발행차금 상각액은 매년 감소한다.

07. 다음 중 부채에 대한 설명으로 가장 옳지 않은 것은?
① 부채는 과거의 거래나 사건의 결과로 현재 기업실체가 부담하고 있는 미래에 자원의 유출 또는 사용이 예상되는 의무이다.
② 부채는 항상 정상적인 영업주기 내 상환여부에 따라 유동부채와 비유동부채로 분류한다.
③ 보고기간종료일로부터 1년 이내에 상환되어야 하는 채무는 보고기간종료일과 재무제표가 사실상 확정된 날 사이에 보고기간종료일로부터 1년을 초과하여 상환하기로 합의하더라도 유동부채로 분류한다.
④ 보고기간종료일로부터 1년 이내에 상환기일이 도래하더라도, 기존의 차입약정에 따라 보고기간종료일로부터 1년을 초과하여 상환할 수 있고 기업이 그러한 의도가 있는 경우에는 비유동부채로 분류한다.

◆해설◆

01. 우발부채는 부채로 인식하지 아니한다. 의무를 이행하기 위해 자원이 유출될 가능성이 아주 낮지 않는 한, 우발부채를 주석에 기재한다.
02. 충당부채는 최초의 인식시점에서 의도한 목적과 용도에만 사용하여야 한다. 다른 목적으로 충당부채를 사용하면 상이한 목적을 가진 두 가지 지출의 영향이 적절하게 표시되지 못하기 때문이다.
03. 사채할인발행차금 및 사채할증발행차금은 사채발행시부터 최종상환시까지의 기간에 유효이자율법을 적용하여 상각 또는 환입하고 동 상각 또는 환입액은 사채이자에 가감한다.
04. 사채가 액면발행인 경우에 매년 인식하는 이자비용은 동일하며 할인발행되면 매년 인식하는 이자비용은 증가하고 할증발행되면 매년 인식하는 이자비용은 감소한다.
05. 투자자의 입장에서 할증발행의 경우 투자시점에 액면가액보다 높게 구입하는 것이기 때문에 높게 구입된 금액만큼 매년 이자수익에서 분할하여 차감한다. 따라서 인식하는 이자수익은 매년 감소한다.
06. 사채할인발행차금 상각액은 매년 증가한다.
07. 부채는 1년을 기준으로 유동부채와 비유동부채로 분류한다. 다만 정상적인 영업주기 내에 소멸할 것으로 예상되는 매입채무와 미지급비용 등은 보고기간 종료일로부터 1년 이내에 결제되지 않더라도 유동부채로 분류한다.

◆정답◆

01. ④   02. ④   03. ④   04. ②   05. ②   06. ④   07. ②

CHAPTER 09 자본

1. 자본의 개념과 분류

1 자본의 개념

자본은 기업의 자산에서 부채를 차감한 후의 잔여지분을 나타내며, 주주로부터의 납입자본에 기업활동을 통하여 획득하고 기업의 활동을 위해 유보된 금액을 가산하고, 기업활동으로부터의 손실 및 소유자에 대한 배당으로 인한 주주지분 감소액을 차감한 잔액이다.

자본(자기자본 또는 소유주지분) = 자산 − 부채(타인자본 또는 채권자지분)

2 자본의 분류

구 분	내 용
자본금	■ 발행주식수 × 1주 액면금액 = 자본금 ■ 계정과목 : 보통주자본금, 우선주자본금
자본잉여금	■ 주식의 발행 및 소각 등 주주와의 거래에서 발생하는 잉여금 ■ 계정과목 : 주식발행초과금, 감자차익, 자기주식처분이익 등
자본조정	■ 주주와의 자본거래에 해당하나 자본금과 자본잉여금으로 분류할 수 없는 항목으로 임시적인 성격에 해당하는 계정 ■ 계정과목 : 주식할인발행차금, 감자차손, 자기주식, 자기주식처분손실, 미교부주식배당금, 신주청약증거금 등
기타포괄 손익누계액	■ 당기손익에 포함되지 않고 자본항목에 포함되는 미실현보유손익 ■ 계정과목 : 매도가능증권평가손익, 해외사업환산손익, 현금흐름위험회피파생상품평가손익, 재평가잉여금 등
이익잉여금	■ 손익거래에서 발생한 당기순손익을 원천으로 하는 잉여금 ■ 계정과목 : 법정적립금(이익준비금, 기타법정적립금), 임의적립금(사업확장적립금, 배당평균적립금 등), 미처분이익잉여금

재무상태표상의 자본에 대한 설명으로서 틀린 것은?

① 자본금은 발행주식수에 발행가액을 곱하여 계산하며 재무상태표에 공시할 때에는 주식종류별로 구분하여 표시한다.
② 재무상태표상의 자본잉여금은 주식발행초과금, 감자차익, 기타자본잉여금으로 구성된다.
③ 재무상태표상의 자본은 자본금, 자본잉여금, 자본조정, 기타포괄손익누계액, 이익잉여금으로 구성된다.
④ 주식할인발행차금은 자본조정항목이다.

【해설】
① 재무상태표상의 자본금은 발행주식수에 액면가액을 곱하여 계산한다. 액면가액과 발행가액의 차액은 주식발행초과금이나 주식할인발행차금으로 처리한다.

2. 자본금

자본금이란 법률에 의해 정해진 납입자본금(법정자본금)으로 액면가액에 발행주식수를 곱한 금액을 말하며 보통주자본금과 우선주자본금으로 구분하여 표시한다.

자본금 = 발행주식수 × 1주당 액면가액

1 주식의 발행(증자)

주식회사는 회사 설립 시와 설립 후 필요에 따라 주식을 발행하고 자본금 계정은 반드시 액면가액을 기록해야 하며, 자본금이 증가하므로 증자라고 한다. 주식의 액면가액은 법정자본금을 의미하며 발행금액이 반드시 액면가액과 일치하는 것은 아니며, 주식의 발행가액과 액면가액의 차이에 따라 액면발행, 할인발행, 할증발행이 있다.

구 분	회계처리
액면발행 (발행가액 = 액면가액) 5,000원 5,000원	주식의 발행가액과 액면가액이 동일한 경우를 말하며, 신주발행비가 발생하는 경우에는 주식할인발행차금이 발생한다. ⇨ 액면가액 전액 자본금 처리 (차) 보통예금 등 5,000 (대) 자본금(액면가액) 5,000

할증발행
(발행가액 > 액면가액)
7,000원   5,000원
	발행가액이 액면가액을 초과하여 주식이 발행된 경우를 말하며, 액면가액을 초과하는 금액은 주식발행초과금으로 처리한다.
	⇨ 액면가액 : 자본금, 초과액 : 주식발행초과금 처리
	
	(차) 보통예금 등 7,000 (대) 자본금(액면가액) 5,000
	                                    주식발행초과금 2,000
	                                    (자본잉여금)

구 분	회계처리

할인발행
(발행가액 < 액면가액)
4,000원 5,000원
	발행가액이 액면가액에 미달하게 주식이 발행되는 경우를 말하며, 액면가액에 미달하는 금액은 주식할인발행차금으로 처리한다.
	⇨ 액면가액 : 자본금, 미달액 : 주식할인발행차금 처리
	
	(차) 보통예금 등 4,000원 (대) 자본금(액면가액) 5,000원
	    주식할인발행차금 1,000원
	    (자본조정)

신주발행비가 발생한 경우	신주발행비란 주식회사가 주식을 발행하는 과정에서 등록비 및 주식공모를 위한 광고비, 주권인쇄비, 인지세와 같은 여러 가지 비용을 말한다. 일반기업회계기준은 신주발행비가 존재하는 경우에는 **주식의 발행가액에서 차감**하도록 규정하고 있다. ■ 액면발행 : 주식할인발행차금으로 처리 ■ 할증발행 : 주식발행초과금에서 차감 ■ 할인발행 : 주식할인발행차금에 가산

**주식발행차금이
있는 경우의 증자**
 	
주식발행초과금 1,000원
액면가액   5,000원
발행가액   3,000원
	① **주식할인발행차금 잔액이 있는 경우** 주식발행초과금이 발생하면 주식할인발행차금 잔액을 먼저 상계하고 잔액을 주식발행초과금으로 처리한다.
	② **주식발행초과금 잔액이 있는 경우** 주식할인발행차금이 발생하면 주식발행초과금 잔액을 먼저 상계하고 잔액을 주식할인발행차금으로 처리한다.
	
	(차) 보통예금 등 3,000원 (대) 자본금(액면가액) 5,000원
	    주식발행초과금 1,000원
	    주식할인발행차금 1,000원

예제

(주)배움은 주식 1,000주(1주당 액면가액 1,000원)를 1주당 1,500원에 증자하고 대금은 보통예금에 입금하고 주식발행관련 제비용으로 100,000원을 현금 지출하였다. 이에 대한 결과로 올바른 것은?

① 주식발행초과금 400,000원 증가   ② 자본금 1,400,000원 증가
③ 주식발행초과금 500,000원 증가   ④ 자본금 1,500,000원 증가

【해설】

정답 : ①
주식발행초과금은 주식발행가액(증자의 경우에 신주발행수수료 등 신주발행을 위하여 직접 발생한 기타의 비용을 차감 한 후의 가액을 말한다)이 액면가액을 초과하는 경우 그 초과하는 금액으로 하며, 자본금은 액면금액이다.
주식발행초과금 = 1,000주 × (1,500원 − 1,000원) − 100,000원 = 400,000원
회계처리 : (차) 보통예금   1,500,000원   (대) 자 본 금   1,000,000원
                                              현   금   100,000원
                                              주식발행초과금   400,000원

3. 주식의 소각(감자)

주식회사에서 사업의 규모를 축소하기 위하여 발행주식을 매입·소각하거나, 결손금을 보전하기 위하여 자본을 감소시키는 것을 감자라 한다. 감자는 실질적 감자인 유상감자와 형식적 감자인 무상감자로 구분된다.

- 유상감자 : 기업이 이미 발행한 주식을 유상으로 재취득하여 소각하는 경우
- 무상감자 : 기업이 주주에게 순자산을 반환하지 않고 주식의 액면금액을 감소시키거나 주식수를 감소시키는 경우

구 분	회계처리
감자차익 발생 [매입가액 < 액면가액] 450,000원 500,000원	기업이 주주에게 감자대가를 지불하고 자본금을 감소시키는 경우 감소된 자본금이 감자대가보다 큰 경우 그 초과하는 금액을 말한다. (차) 자 본 금　　500,000원　　(대) 보통예금 등　　450,000원 　　　　　　　　　　　　　　　　　　　감자차익　　　　 50,000원 　　　　　　　　　　　　　　　　　　　(자본잉여금)
감자차손 발생 [매입가액 > 액면가액] 520,000원 500,000원	기업이 주주에게 감자대가를 지불하고 자본금을 감소시키는 경우 감소된 자본금이 감자대가에 미달하는 경우 그 미달금액을 말한다. (차) 자 본 금　　500,000원　　(대) 보통예금 등　　520,000원 　　 감자차손　　 20,000원 　　 (자본조정)
감자차손익이 있는 경우의 감자 감자차손 100,000원 액면가액 500,000원 매입가액 300,000원	① 감자차손 잔액이 있는 경우 감자차익이 발생하면 감자차손 잔액을 먼저 상계하고 잔액을 감자차익으로 처리한다. ② 감자차익 잔액이 있는 경우 감자차손이 발생하면 감자차익 잔액을 먼저 상계하고 잔액을 감자차손으로 처리한다. (차) 자 본 금　　500,000원　　(대) 보통예금 등　　300,000원 　　　　　　　　　　　　　　　　　　　감자차손　　　 100,000원 　　　　　　　　　　　　　　　　　　　감자차익　　　 100,000원

4. 자기주식

자기주식이란 주식회사가 이미 발행한 자기회사 주식을 소각하거나 추후 재발행할 목적으로 취득한 자기회사가 발행한 주식을 말한다. 자기주식은 부(-)의 자본이므로 자본조정으로 처리하여 자본의 차감계정으로 처리하고 취득, 처분(또는 소각)의 회계처리로 구성된다.

구 분	회계처리
자기주식의 매입 액면가액 1,000,000원 매입가액 900,000원	자기주식을 단주처리 등의 사유로 매입할 때 지급한 금액을 자기주식의 취득원가로 인식하고 자본조정으로 분류한다. (차) 자기주식　　900,000원　　(대) 보통예금 등　　900,000원 　　 (자본조정)

구 분	회계처리

자기주식의 처분
[매입가액 < 처분가액]
450,000원 500,000원
	자기주식을 처분할 때 처분가액이 취득원가(매입가액)를 초과하면 그 초과액은 자기주식처분이익으로 처리한다.
	
	(차) 보통예금 등 500,000원 (대) 자기주식 450,000원
	                                         자기주식처분이익 50,000원
	                                         (자본잉여금)

자기주식의 처분
[매입가액 > 처분가액]
450,000원 425,000원
	자기주식을 처분할 때 처분가액이 취득원가(매입가액)보다 작은 경우 그 미달액은 자기주식처분손실로 처리한다.
	
	(차) 보통예금 등 425,000원 (대) 자기주식 450,000원
	    자기주식처분손실 25,000원
	    (자본조정)

자기주식처분손익이
있는 경우의 처분
자기주식처분손실
          100,000원
처분가액 500,000원
매입가액 300,000원
	① **자기주식처분손실 잔액이 있는 경우** 자기주식처분이익이 발생하면 자기주식처분손실 잔액을 먼저 상계하고 잔액을 자기주식처분이익으로 처리한다.
	② **자기주식처분이익 잔액이 있는 경우** 자기주식처분손실이 발생하면 자기주식처분이익 잔액을 먼저 상계하고 잔액을 자기주식처분손실으로 처리한다.
	
	(차) 보통예금 등 500,000원 (대) 자기주식 300,000원
	                                         자기주식처분손실 100,000원
	                                         자기주식처분이익 100,000원

자기주식의 소각	자기주식의 소각은 주식의 감자를 의미하므로 취득원가와 액면가액의 차액을 비교하여 **감자차손익으로 처리**한다.

5. 자본잉여금

잉여금이란 회사자산에 대한 주주청구권이 회사의 법정자본금을 초과하는 경우에 그 차액으로 표시되는 부분을 말하며, **자본잉여금과 이익잉여금으로 구분**한다. 자본잉여금은 주식발행을 통한 증자 또는 감자 등 주주와의 거래(자본거래)에서 발생하여 자본을 증가시키는 잉여금을 말하며 **주식발행초과금과 기타자본잉여금으로 구분하여 표시**한다.

6. 자본조정

자본조정은 당해 항목의 성격으로 보아 자본거래에 해당하나 최종 납입된 자본으로 볼 수 없거나 자본의 가감 성격으로 자본금이나 자본잉여금으로 분류할 수 없는 항목이다. 자본조정은 자본에 차감하거나 가산되어야 하는 항목들로서 일정기간이 지남에 따라 소멸되는 특성을 가지고 있다. 다만 주식할인발행차금은 주식발행가액에 미달하는 경우 그 미달하는 금액을 말하며, 발행한 연도부터 3년 이내의 기간에 매기 균등액을 상각하고 동 상각액은 이익잉여금으로 처분한다.

자본에서 차감할 항목	주식할인발행차금, 감자차손, 자기주식, 자기주식처분손실 등
자본에 가산할 항목	미교부주식배당금, 신주청약증거금, 출자전환채무, 주식매수청구권 등

7. 기타포괄손익누계액

　기타포괄손익이란 일정기간동안 주주와의 자본거래를 제외한 모든 거래와 사건으로 발생한 모든 순자산(자본)의 변동인 포괄손익에서 당기손익항목을 제외한 것을 말한다.

　손익거래 중 매각되거나 해외사업장을 청산하는 경우 관련손익을 인식하는 시점에서 소멸되는 특징을 가진 계정과목으로 손익계산서에 당기손익으로 계상되지 않는 미실현보유손익을 말한다.

$$포괄손익 = 당기순손익 \pm 기타포괄손익누계액$$

구 분	내 용
매도가능증권평가손익	시장성 있는 매도가능증권을 보고기간 종료일에 공정가치로 평가하는 경우 취득원가와 공정가치의 차액을 말한다.
해외사업환산손익	독립적으로 운영되는 해외지점 및 해외사업소에 투자한 금액을 원화로 환산할 경우의 환산손익을 말한다.
현금흐름위험회피 파생상품평가손익	현금흐름의 위험회피를 목적으로 투자한 파생금융상품에서 발생하는 평가손익을 말한다.
재평가잉여금 (재평가차익)	유형자산을 보고기간 종료일에 재평가모형에 의해 공정가치로 재평가하는 경우 장부가액이 상승한 경우의 재평가차익을 말한다.

8. 이익잉여금

　이익잉여금(또는 결손금)은 손익계산서에 보고된 손익과 다른 자본항목에서 이입된 금액의 합계액에서 주주에 대한 배당, 자본금으로의 전입 및 자본조정 항목의 상각 등으로 처분된 금액을 차감한 잔액이다. 이익잉여금은 법정적립금, 임의적립금 및 미처분이익잉여금(또는 미처리결손금)으로 구분하여 표시한다.

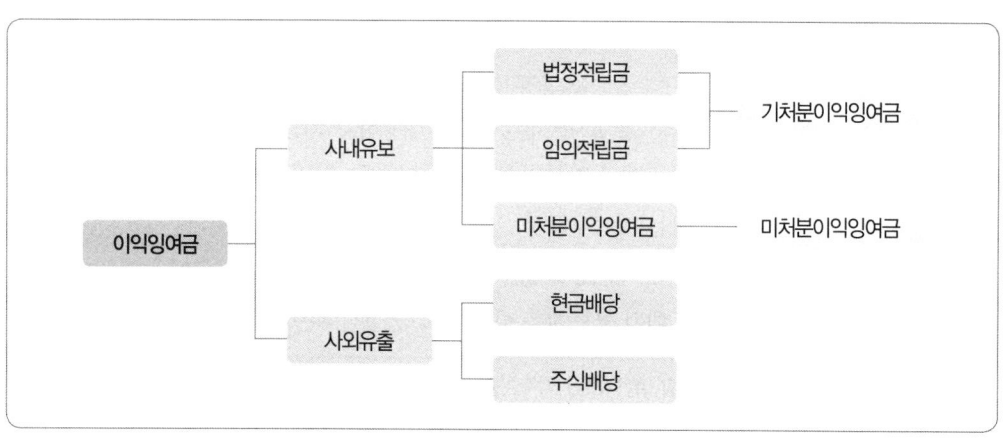

구 분	내 용
이익준비금 (법정적립금)	상법의 규정에 따라 적립하는 법정적립금으로 회사는 그 **자본금의 2분의 1**에 달할 때까지 매기 결산시의 **금전**(중간배당금 + 결산배당금)에 의한 이익배당액의 10분의 1 이상의 **금액**을 적립하여야 한다.
기타법정적립금 (법정적립금)	상법 이외의 법령의 규정에 의하여 적립된 금액을 말한다.
임의적립금	정관의 규정 또는 주주총회의 결의로 적립된 금액으로서 사업확장적립금, 감채적립금, 배당평균적립금, 결손보전적립금 및 세법상 적립하여 일정기간이 경과한 후 환입될 준비금 등을 말한다.
미처분이익잉여금 (또는 미처리결손금)	기업이 벌어들인 이익 중 배당금이나 다른 잉여금으로 처분되지 않고 남아있는 이익잉여금으로 당기 이익잉여금처분계산서의 전기이월미처분이익잉여금과 당기순이익을 합한 금액을 말한다. 차기이월결손금이란 기업이 결손을 보고한 경우에 보고된 결손금 중 다른 잉여금으로 보전되지 않고 이월된 부분으로서 당기 결손금처리계산서의 차기이월결손금을 말한다.

9. 이익잉여금의 처분

1 이익잉여금처분계산서(또는 결손금처리계산서)

이익잉여금처분계산서는 이익잉여금의 변동내용을 보고하는 양식으로 정기주주총회에서 이익잉여금 처분에 대하여 주주들로부터 승인을 받으며, 보고기간 종료일로부터 3개월 이내 재무제표가 확정된다. 그러므로 **보고기간 종료일시점 재무상태표에는 처분하기 전의 이익잉여금**으로 표시된다.

이익잉여금처분계산서	결손금처리계산서

Ⅰ. 미처분이익잉여금
  1. 전기이월미처분이익잉여금
  2. 회계변경누적효과
  3. 전기오류수정
  4. 중간배당액
  5. 당기순이익(당기순손실)
Ⅱ. 임의적립금 이입액
    ⋮
    합   계
Ⅲ. 이익잉여금처분액
  1. 이익준비금
  2. 현금배당액
  3. 주식배당금
    ⋮
Ⅳ. 차기이월미처분이익잉여금
	Ⅰ. 미처리결손금
	  1. 전기이월미처분이익잉여금
	    (또는 전기이월미처리결손금)
	  2. 회계변경누적효과
	  3. 전기오류수정
	  4. 중간배당액
	  5. 당기순이익(당기순손실)
	Ⅱ. 결손금처리액
	  1. 임의적립금이입액
	  2. 법정적립금이입액
	  3. 이익준비금이입액
	  4. 자본잉여금이입액
	Ⅲ. 차기이월미처리결손금

2 배당금 지급 시 회계처리

구 분	회계처리				
배당기준일 (결산일)	이익처분관련 회계처리는 없음				
배당결의일 (정기주주총회)	현금 배당 : (차) 이월이익잉여금	×××	(대) 미지급배당금 (유동부채)	×××	
	주식 배당 : (차) 이월이익잉여금	×××	(대) 미교부주식배당금 (자본조정)	×××	
	이익준비금 : (차) 이월이익잉여금	×××	(대) 이익준비금 (이익잉여금)	×××	
배당지급일	현금 배당 : (차) 미지급배당금	×××	(대) 예수금 보통예금 등	××× ×××	
	주식 발행 : (차) 미교부주식배당금	×××	(대) 자본금	×××	
재무상태	현금배당(순자산의 유출) (차) 이월이익잉여금(자본감소)	×××	(대) 현금 등(자산감소)	×××	
	주식배당(재무상태에 아무런 변화 없음) (차) 이월이익잉여금(자본감소)	×××	(대) 자본금(자본증가)	×××	

> **TIP**
>
> **[주식배당의 특징]**
> ① 주식배당은 순자산의 유출 없이 배당효과를 얻을 수 있다.
> ② 자본의 총계에 변동을 가져오지 않는다. (이익잉여금 감소, 자본금 증가)
> ③ 투자자의 경우 자산 및 수익의 증가로 보지 않고 주석에 주식수와 장부가액(주당 장부가액)만을 수정한다.
> ④ 주식수의 증가로 미래의 배당압력이 가중될 수 있다.
>
> **[무상증자, 주식배당, 주식분할 비교 (아래의 경우 모두 자본의 합계는 변동하지 않음)]**
>
> | 구 분 | 무상증자 | 주식배당 | 주식분할 |
> |---|---|---|---|
> | 자본금 | 증가 | 증가 | 불변 |
> | 자본잉여금 | 불변 | 불변 | 불변 |
> | 이익잉여금 | 감소가능* | 감소 | 불변 |
>
> * 이익잉여금 중 법정적립금만 감소가능

3 미처리결손금

전기이월미처리결손금(또는 전기이월미처분이익잉여금), 회계변경누적효과, 전기오류수정손익, 중간배당액, 당기순손익 등을 가감한 금액이다.

- 결손금처리순서
  전기이월이익잉여금 ⇨ 임의적립금이입액 ⇨ 기타법정적립금이입액 ⇨ 이익준비금이입액 ⇨ 자본잉여금이입액
  단, 결손금처리순서는 상법 규정 개정에 의하여 **2015년부터는 기업의 자율적 선택을 존중**하도록 변경되었다.

단원평가 - 실무분개

PART 01 전표관리 및 결산관리

01. 임시주주총회에서 증자를 결의하여 주식 10,000주를 발행(액면가액: 5,000원, 발행가액 6,000원)하고 주식발행비용 500,000원을 제외한 금액을 가나은행 보통예금으로 입금하였다.

02. 당사는 이사회의 결의로 신주 100,000주(액면가액 @500원)를 1주당 510원에 발행하고, 전액 보통예금계좌로 납입받았으며, 신주발행비용 1,500,000원은 현금으로 지급하였다.

03. 회사는 신주 10,000주(액면가액 1주당 5,000원)를 1주당 6,000원에 발행하고 납입대금 전액을 보통예금에 입금하였으며, 신주발행비 4,500,000원은 당좌수표를 발행하여 지급하였다. (기장된 주식할인발행차금(장부조회 : 2,000,000원)을 조회하여 회계처리 하시오.)

04. 회사가 보유한 신한은행의 장기차입금 300,000,000원을 출자전환하기로 하고 주식 20,000주(액면가액 10,000원)를 발행하여 교부하였으며 자본증자 등기를 마쳤다.

05. 6월 10일에 취득한 자기주식 300주(주당 15,000원) 중 100주를 주당 13,200원에 현금을 받고 매각하였다. 단, 기타의 자본잉여금 중 자기주식처분이익계정에는 100,000원의 잔액이 있다. 이를 반영하여 일반기업회계기준에 따라 회계처리를 하시오.

06. 회사는 3월 15일에 액면금액 5,000원인 자기주식을 1주당 6,000원에 1,000주를 취득했었는데, 4월 15일에 이 자기주식을 소각하였다. (단, 장부상 감자차익이나 감자차손의 존재여부를 확인하고 회계처리 하시오.) [장부조회 : 감자차익 500,000원(가정)]

07. 자본감소(주식소각)를 위해 당사의 기발행주식 중 10,000주(액면가 @500원)를 1주당 400원으로 매입하여 소각하고, 매입대금은 당사 보통예금계좌에서 지급하였다.

08. 무상증자를 위하여 기타자본잉여금 20,000,000원을 자본금으로 전입하고 무상주 4,000주(액면가액 5,000원)를 발행하였다.

09. 회사는 주주환원정책으로 중간배당에 대하여 이사회 결의를 하였다. 이익잉여금처분계산서 자동반영 되도록 회계처리 한다.

종 류	발행주식수	자기주식수	액면금액	현금배당률
보통주	20,000주	1,000주	5,000원	5%

10. 주주총회에서 전기분 이익잉여금처분계산서(안) 대로 처분이 확정되었다. 이익잉여금 처분에 관한 회계처리를 하시오.

[전기 이익잉여금 처분계산서 처분내역]
- 이익준비금 : 1,000,000원
- 현금배당 : 10,000,000원
- 주식배당 : 5,000,000원

11. 전기분 이익잉여금처분계산서대로 주주총회에서 확정(배당결의일 2월 20일)된 배당액을 지급하였다. 원천징수세액 1,540,000원을 제외한 8,460,000원을 현금으로 지급하였고, 주식배당 5,000,000원은 주식을 발행(액면발행)하여 교부하였다.

12. 다음은 전기 이익잉여금처분계산서의 내역이다. 처분확정일의 회계처리를 행하시오. 단, 현금배당은 2025년 3월 9일에 지급되었으나 3월 9일의 회계처리는 생략한다.

이익잉여금처분계산서
2024년 1월 1일부터 2024년 12월 31일까지
처분확정일 2025년 02월 15일 (단위 : 원)

과 목	금 액	
Ⅰ. 미처분 이익잉여금		45,520,000
1. 전기이월미처분이익잉여금	32,000,000	
2. 당기순이익	13,520,000	
Ⅱ. 임의적립금등의 이입액		7,500,000
1. 배당평균적립금	7,500,000	
합 계		53,020,000
Ⅲ. 이익잉여금 처분액		42,000,000
1. 이익준비금	2,000,000	
2. 배당금	20,000,000	
가. 현금배당	20,000,000	
나. 주식배당	0	
3. 감채적립금	20,000,000	
Ⅳ. 차기이월 미처분이익잉여금		11,020,000

13. 단기시세차익을 위해 보관중인 (주)더지의 주식과 관련된 배당금 지급통지서이며, 현금배당금은 한국은행 보통예금계좌에 입금되었다.

배당금 지급 통지서

주소변경, 배당금수령 등 주식 관련 문의는 거래하시는(삼성증권) 영업점 또는 콜센터(1588-1588)에 문의하시 바랍니다.

- **배당금 지급 내역**
  주식회사 더지의 배당금 지급내역을 아래와 같이 통보합니다.

종 류	소유주식수(액면금액)	현금배당률(%)	주식배당률(%)
보통주	10,000(5,000원/주)	10%	5%

◆정답◆

NO	회계처리			
01	(차) 보통예금(가나은행)	59,500,000	(대) 자 본 금 주식발행초과금	50,000,000 9,500,000
	■ 주식발행비용은 별도항목으로 인식하지 않고 주식의 발행가액에서 차감하여 인식한다.			
02	(차) 보통예금 주식할인발행차금	51,000,000 500,000	(대) 자 본 금 현 금	50,000,000 1,500,000
03	(차) 보통예금	60,000,000	(대) 자 본 금 당좌예금 주식할인발행차금 주식발행초과금	50,000,000 4,500,000 2,000,000 3,500,000
	■ 주식 할증발행시 주식할인발행차금이 있는 경우 우선 상계하고 잔액을 주식발행초과금으로 처리한다.			
04	(차) 장기차입금(신한은행)	300,000,000	(대) 자 본 금 주식발행초과금	200,000,000 100,000,000
05	(차) 현 금 자기주식처분이익 자기주식처분손실	1,320,000 100,000 80,000	(대) 자기주식	1,500,000
	■ 자기주식 처분시 자기주식처분이익과 자기주식처분손실은 서로 상계하고 잔액만 장부에 표시한다.			
06	(차) 자 본 금 감자차익 감자차손	5,000,000 500,000 500,000	(대) 자기주식	6,000,000
	■ 자기주식을 소각하면 매입금액과 액면금액의 차이는 "감자차손익"으로 처리하며 감자차익과 감자차손은 서로 상계하여 잔액만 표시한다.			

NO	회계처리			
07	(차) 자 본 금	5,000,000	(대) 보통예금 감자차익	4,000,000 1,000,000
08	(차) 기타자본잉여금	20,000,000	(대) 자 본 금	20,000,000
09	(차) 중간배당금	4,750,000	(대) 미지급배당금	4,750,000
	■ 중간배당금 = (20,000주 − 1,000주) × 5,000원 × 5% = 4,750,000원 ■ 이익잉여금처분계산서에 자동반영하기 위해서는 반드시 "중간배당금" 계정과목으로 처리해야 한다.			
10	(차) 이월이익잉여금	16,000,000	(대) 이익준비금 미지급배당금 미교부주식배당금	1,000,000 10,000,000 5,000,000
	■ 프로그램에 전표 입력시 미처분이익잉여금 대신 "이월이익잉여금" 계정과목을 사용하여야 한다.			
11	(차) 미지급배당금 미교부주식배당금	10,000,000 5,000,000	(대) 현 금 예 수 금 자 본 금	8,460,000 1,540,000 5,000,000
12	(차) 이월이익잉여금 배당평균적립금	34,500,000 7,500,000	(대) 미지급배당금 감채적립금 이익준비금	20,000,000 20,000,000 2,000,000
	■ "임의적립금등의 이입액"란에 기재된 계정과목과 금액은 과거에 적립해 놓은 이익잉여금을 사용하는 경우에 기재하는 란으로 이익잉여금 처분시 이월이익잉여금에 포함하여 사용하므로 차변에 기재하여 회계처리 한다.			
13	(차) 보통예금(한국은행)	5,000,000	(대) 배당금수익	5,000,000
	■ 배당금수령 시 주식배당은 회계처리 하지 않고 변경된 주식수와 단가를 주석에 공시하고 현금배당에 대해서만 회계처리 한다. ■ 현금배당금액 = (10,000주 × 5,000원) × 10% = 5,000,000원			

실무이론

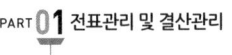
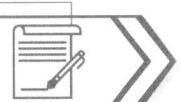

01. 재무상태표상의 자본에 대한 설명으로 틀린 것은?
① 자본금은 법정 납입자본금으로서 발행주식수에 발행가액을 곱한 금액을 말한다.
② 자본잉여금은 증자나 감자 등 주주와의 거래에서 발생하여 자본을 증가시키는 잉여금이다.
③ 자본조정은 당해 항목의 성격으로 보아 자본거래에 해당하나 최종 납입된 자본으로 볼 수 없거나 자본의 가감 성격으로 자본금이나 자본잉여금으로 분류할 수 없는 항목이다.
④ 이익잉여금은 손익계산서에 보고된 손익과 다른 자본항목에서 이입된 금액의 합계액에서 배당 등으로 처분된 금액을 차감한 잔액이다.

02. 기업회계기준상 자본은 '자본금, 자본잉여금, 자본조정, 기타포괄손익누계액, 이익잉여금(또는 결손금)'으로 분류되는데, 다음 중 나머지 셋과 그 분류가 다른 것은?
① 주식발행초과금
② 자기주식처분이익
③ 매도가능증권평가이익
④ 감자차익

03. (주)한국의 2025년 1월 1일 자본금은 30,000,000원(주식수 30,000주, 액면가액 1,000원)이다. 2025년 7월 1일에 주당 1,200원에 10,000주를 유상증자하였다. 2025년 기말 자본금은 얼마인가?
① 12,000,000원   ② 40,000,000원   ③ 50,000,000원   ④ 62,000,000원

04. 다음 중 궁극적으로 재무상태표의 구성항목인 자본을 증감시키는 결과를 초래하지 않는 회계거래는?
① 상품 1,000,000원(원가 800,000원)을 외상으로 판매하였다.
② 직원회식비로 100,000원을 카드결제하였다.
③ 외상매출금 500,000원을 현금으로 수령하였다.
④ 유상증자를 통해 보통주 주식 1억원을 발행하였다.

05. 다음 내용 중 자본의 실질적인 감소를 초래하는 것으로 적합한 것을 모두 묶은 것은?

> 가. 주주총회의 결의에 의하여 주식배당을 실시하다.
> 나. 주주총회의 결의에 따라 주당 8,000원으로 50,000주를 유상증자하다.
> 다. 이사회 결의에 의하여 중간배당으로 현금배당을 실시하다.
> 라. 결손금 보전을 위해 이익준비금을 자본금에 전입하다.
> 마. 만기보유증권을 매도가능증권으로 재분류에 따른 평가손실이 발생하다.

① 가, 나   ② 나, 다   ③ 다, 라   ④ 다, 마

06. 다음 중 자본잉여금의 감소가 가능한 항목은?
① 주식배당   ② 무상증자   ③ 주식분할   ④ 주식병합

07. 다음의 자료에서 자본잉여금에 해당하는 항목의 금액은 얼마인가?

- 주식발행초과금　100,000원
- 감자차익　　　　100,000원
- 자기주식처분이익　100,000원
- 이익준비금　　　100,000원
- 기업합리화적립금　100,000원
- 주식할인발행차금　100,000원
- 감자차손　　　　100,000원
- 자기주식처분손실　100,000원
- 매도가능증권평가이익 100,000원

(예시된 항목의 상계는 고려하지 말 것)

① 200,000원　　② 300,000원　　③ 400,000원　　④ 500,000원

08. 다음 중 주식할인발행차금에 대한 설명으로 옳지 않은 것은?
① 주식발행가액이 액면가액에 미달하는 경우 그 미달하는 금액으로 한다.
② 자본조정에 해당한다.
③ 주식발행연도부터 또는 증자연도부터 5년 이내의 기간에 매기 균등액을 상각하여야 한다.
④ 이익잉여금이 부족한 경우에는 차기 이후 연도에 이월하여 상각할 수 있다.

09. (주)한실적 회사는 주주총회를 통해 회사의 이익잉여금을 다음과 같이 배분하기로 결정하였다. 이 경우 이익잉여금 처분에 따른 (주)한실적의 자본의 증감액은 얼마인가?

- 이익잉여금 총액 : 100,000,000원
- 이익잉여금 처분액 : 20,000,000원
　　　(현금배당액 : 15,000,000원, 주식배당액 : 5,000,000원)

[주] 상기 외의 다른 사항은 고려하지 않기로 한다.

① 15,000,000원 감소　　② 증감사항 없음
③ 5,000,000원 증가　　④ 15,000,000원 증가

10. 주주총회에서 이익배당을 의결하고 곧 주주에게 배당금을 현금으로 지급할 경우에 자산, 부채, 자본에 미치는 영향은?
① 자산의 증가, 자본의 증가　　② 부채의 감소, 자산의 감소
③ 자본의 감소, 부채의 증가　　④ 자본의 감소, 자산의 감소

11. 주식발행회사의 입장에서 주식배당으로 인한 효과로 가장 적절한 것은?
① 자본총액이 주식배당액만큼 감소하며, 회사의 자산도 동액만큼 감소한다.
② 미지급배당금만큼 부채가 증가한다.
③ 자본금은 증가하지만 이익잉여금은 감소한다.
④ 주식배당은 배당으로 인한 회계처리가 불필요하므로 자본항목간의 변동도 없다.

12. 배당에 관한 설명으로 잘못된 것은?
① 주식배당은 순자산의 유출이 없이 배당효과를 얻을 수 있다.
② 주식배당 후에도 자본의 크기는 변동이 없다.
③ 미교부주식배당금이란 이익잉여금처분계산서상의 주식배당액을 말하며 주식교부시에 자본금 계정과 대체된다.
④ 주식배당 후에도 발행주식수는 변동이 없다.

13. 일반기업회계기준상 재무상태표에 표시되는 차기이월이익잉여금은?
① 전기이월이익잉여금 + 당기순이익 − 당기분 이익에 대한 처분액
② 전기이월이익잉여금 + 당기순이익 − 전기분 이익에 대한 처분액
③ 전기이월이익잉여금 + 당기순이익
④ 전기이월이익잉여금 − 전기분 이익에 대한 처분액

해설

01. 자본금은 법정 납입자본금으로서 발행주식수에 액면가액을 곱한 금액을 말한다.
02. ①·②·④는 자본잉여금, ③은 기타포괄손익누계액으로 분류한다.
03. 기말자본금 = (30,000주 + 10,000주) × 1,000원 = 40,000,000원
04. 분개가 (차)현금 500,000 (대)외상매출금 500,000으로 자산의 감소와 증가가 동시에 발생되므로 자본에 미치는 영향은 없다.
05. '가', '라'는 자본의 변동은 없고, '나'는 자본이 증가한다.
06. 자본잉여금을 자본에 전입함으로써 무상증자를 할 수 있다.
07. 자본잉여금 항목은 주식발행초과금, 감자차익, 자기주식처분이익이다.
    자본잉여금 = 100,000원 + 100,000원 + 100,000원 = 300,000원
08. 주식할인발행차금은 주식발행연도부터 또는 증자연도부터 3년 이내의 기간에 매기 균등액을 상각하고 동 상각액은 이익잉여금처분으로 한다. 다만, 처분할 이익잉여금이 부족하거나 결손이 있는 경우에는 차기 이후 연도에 이월하여 상각할 수 있다.
09. 회계처리 : (차) 미처분이익잉여금 20,000,000원 (대) 미지급배당금   15,000,000원
                                                    미교부주식배당금 5,000,000원
    미처분이익잉여금 감소(−20,000,000원) + 미교부주식배당금 증가(+5,000,000원)
    = −15,000,000원
10. 이익의 현금배당시 현금자산의 감소와 동시에 이익잉여금이 감소된다.
11. 주식배당의 경우 배당결의일에 (차) 미처분이익잉여금 ××× (대) 자본금 ××× 의 회계처리를 수행한다. 따라서, 자본금은 증가하고 이익잉여금은 감소하며 자본총액은 동일하다.
12. 주식배당 후에는 발행주식수가 증가한다.
13. 당기 처분결의는 보고기간 종료일로부터 3개월 이내 확정되므로 재무상태표에 표시되는 "차기이월이익잉여금"은 이익잉여금처분계산서의 "Ⅰ.미처분이익잉여금"이다. 그러므로 당기 처분내역(차기에 회계처리)은 반영되지 않으며 전기 이익잉여금 처분(당기 회계처리)에 대한 내역은 차감한다.

정답

01. ① 02. ③ 03. ② 04. ③ 05. ④ 06. ② 07. ② 08. ③ 09. ① 10. ④
11. ③ 12. ④ 13. ②

CHAPTER 10 수익과 비용

1. 손익계산서 계산구조

손익계산서	
과 목	금 액
Ⅰ. 매출액	×××
Ⅱ. 매출원가	×××
Ⅲ. 매출총손익	×××
Ⅳ. 판매비와관리비	×××
Ⅴ. 영업손익	×××
Ⅵ. 영업외수익	×××
Ⅶ. 영업외비용	×××
Ⅷ. 법인세비용차감전순손익	×××
Ⅸ. 법인세비용	×××
Ⅹ. 당기순손익	×××

① 순매출액
  = 총매출액 − 매출에누리·할인·환입
② 매출원가
  ▪ 상품매출원가
    = 기초상품재고액 + 당기순매입액 − 기말상품재고액
  ▪ 제품매출원가
    = 기초제품재고액 + 당기제품제조원가 − 기말제품재고액
③ 매출총손익
  = 순매출액 − 매출원가
④ 영업손익
  = 매출총손익 − 판매비와관리비
⑤ 법인세비용차감전순손익
  = 영업손익 + 영업외수익 − 영업외비용
⑥ 당기순손익
  = 법인세비용차감전순손익 − 법인세비용

2. 수익의 인식기준

수익과 비용은 원칙적으로 발생기준에 의하여 인식한다. 수익의 인식시점은 업종별로 상이하며, 자산의 증가나 부채의 감소와 관련하여 미래 경제적 효익이 증가하고 이를 신뢰성 있게 측정할 수 있을 때 인식한다.

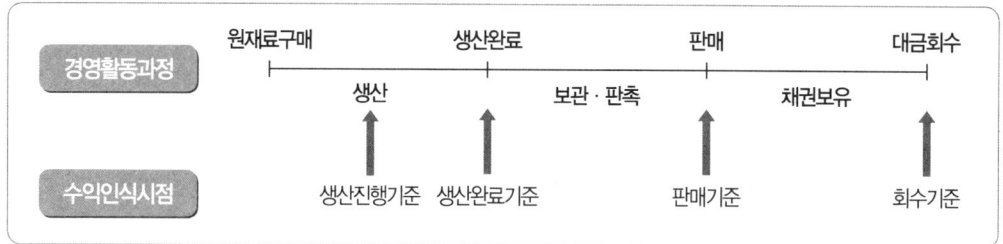

① 재화 : 판매를 위해 취득한 상품과 판매목적으로 생산한 제품 등을 말한다.
② 용역의 제공 : 일반적으로 계약에 의하여 합의된 과업을 수행하는 것을 말한다.
③ 발생기준 : 거래와 회계사건의 재무적 영향을 현금의 유입 또는 유출이 있는 기간이 아니라 그 거래와 회계사건이 발생한 기간에 수익을 인식하는 방법을 말한다.
④ 진행기준 : 거래의 완성정도에 따라 용역이 제공되는 회계기간에 걸쳐 수익을 인식하는 방법을 말한다.
⑤ 실현주의 : 발생주의에 따른 수익을 인식하기 위해서는 수익획득과정별로 증가된 가치를 구분하여 그 크기를 측정하기가 어렵기 때문에 현실에 맞게 수정시킨 일정한 요건이 충족되었을 때 수익을 인식하는 방법을 실현주의라 한다.

1 재화의 판매
① 재화의 소유에 따른 유의적인 위험과 보상이 구매자에게 이전된다.
② 판매자는 판매한 재화에 대하여 소유권이 있을 때 통상적으로 행사하는 정도의 관리나 효과적인 통제를 할 수 없다.
③ 수익금액을 신뢰성 있게 측정할 수 있다.
④ 경제적 효익의 유입 가능성이 매우 높다.
⑤ 거래와 관련하여 발생했거나 발생할 원가를 신뢰성 있게 측정할 수 있다.

2 용역의 제공
① 거래 전체의 수익금액을 신뢰성 있게 측정할 수 있다.
② 경제적 효익의 유입 가능성이 매우 높다.
③ 진행률을 신뢰성 있게 측정할 수 있다.
④ 이미 발생한 원가 및 거래의 완료를 위하여 투입하여야 할 원가를 신뢰성 있게 측정할 수 있다.

3 건설형 공사계약의 수익인식
아래의 조건을 충족하여 공사결과를 신뢰성 있게 추정할 수 있을 때는 **진행기준**을 적용하여 공사수익을 인식한다.
① 총공사수익 금액을 신뢰성 있게 측정할 수 있다.
② 계약과 관련된 경제적 효익이 건설사업자에게 유입될 가능성이 매우 높다.
③ 계약을 완료하는 데 필요한 공사원가와 공사진행률을 모두 신뢰성 있게 측정할 수 있다.
④ 공사원가를 명확히 식별할 수 있고 신뢰성 있게 측정할 수 있어서 실제 발생된 공사원가를 총공사예정원가의 예상치와 비교할 수 있다.

당기공사수익은 **공사계약금액에 보고기간종료일 현재의 공사진행률을 적용**하여 인식한 **누적공사수익에서 전기말까지 계상한 누적공사수익을 차감하여 산출**한다.

당기 공사수익 = 도급금액 × 공사진행률 − 전기까지 인식된 공사수익누적액

공사진행률은 실제공사비 발생액을 **토지의 취득원가와 자본화대상 금융비용 등을 제외**한 총공사예정원가로 나눈 비율로 계산함을 원칙으로 한다. 다만, 공사수익의 실현이 작업시간이나 작업일수 또는 기성공사의 면적이나 물량 등과 보다 밀접한 비례관계에 있고, 전체공사에서 이미 투입되었거나 완성된 부분이 차지하는 비율을 객관적으로 산정할 수 있는 경우에는 그 비율로 할 수 있다.

공사진행률 = 당기말 실제 발생 공사원가 누적액 / 당기말 현재 총공사예정원가

4 거래유형별 수익의 인식

거래구분		수익인식방법
위탁판매		수탁자가 제3자에게 판매한 시점
반품조건부판매(시용판매)		구매자가 인수를 수락한 시점 또는 반품기간의 종료시점
할부판매 (장·단기 모두)		재화가 인도되는 시점 (현재가치와 명목가액의 차이가 중요한 경우에는 현재가치평가)
방송사의 광고수익		광고를 대중에게 전달하는 시점
광고제작 용역수익		제작기간 동안 진행기준 적용
공연입장료		행사가 개최되는 시점
수강료		강의기간 동안 발생기준 적용
도급공사, 예약판매		진행기준에 따라 인식(제조기간에 상관없음)
재화나 용역의 교환	동종	수익으로 인식하지 않음
	이종	판매기준에 따라 인식
배당금수익		배당금을 받을 권리와 금액이 확정되는 시점
이자수익		유효이자율을 적용하여 발생기준에 따라 인식
로열티수익		발생기준에 따라 인식
상품권매출수익		상품권을 회수할 때(물품 등을 제공하거나 판매한 때) 상품권 판매시는 선수금(상품권선수금 계정 등)으로 처리

3. 비용의 인식기준

비용은 수익이 인식된 시점에 이에 대응(수익·비용대응의 원칙)하여 인식한다.

거래구분	수익인식방법
직접대응	보고된 수익과의 인과관계를 기초로 비용을 인식하는 방법으로 직접대응은 수익과 비용의 인과관계가 명확한 경우에 적용되는 방법(예 : 매출원가, 판매원의 수수료 등)
간접대응	특정 수익과 직접적인 인과관계를 명확히 알 수 없지만 발생한 원가가 일정기간 동안 수익 창출활동에 기여한 것으로 판단되면 해당되는 기간에 합리적이고 체계적으로 배분하는 것 (예 : 감가상각비 등)
당기비용 (기간비용)	직접대응과 간접대응 방법을 모두 적용할 수 없는 경우로 당기에 발행한 원가가 미래에 경제적 효익을 제공하지 못하거나 미래 효익의 가능성이 불확실한 경우에는 발생하는 회계기간에 비용으로 인식(예 : 광고선전비 등)

4. 외화채권·채무 평가

1 외화채권·채무 발생시점 회계처리

외화거래가 발생한 경우에는 거래발생일 현재의 환율을 적용하여 회계처리를 하며 환율 환산에 대한 부분은 고려하지 않는다.

회계상 거래	회계처리
[외화채권 발생시점] 제품을 ABC상사에 U$10,000을 외상으로 매출하였다. (매출시점 적용환율 : 1,000원/1$)	외상매출금 = U$10,000 × 1,000원 = 10,000,000원 (차) 외상매출금 10,000,000원 (대) 제품매출 10,000,000원

2 외화채권·채무 결산시점 회계처리

외화거래로 인하여 발생한 채권·채무가 보고기간 종료일에 잔액이 있는 경우에는 **보고기간 종료일의 매매기준율**로 평가하고 장부가액과의 차액은 **외화환산손익(영업외손익)**으로 처리한다.

구 분	환율상승	환율하락
외화채권	외화환산이익 발생	외화환산손실 발생
외화채무	외화환산손실 발생	외화환산이익 발생

회계상 거래	회계처리
[결산시점] ABC상사의 외상매출금 (U$10,000, 장부가액 10,000,000원)의 결산시의 매매기준율은 1,050원/1$이다.	외화환산이익 = U$10,000 × (1,050원 − 1,000원) = 500,000원 (차) 외상매출금 500,000원 (대) 외화환산이익 500,000원

3 외화채권·채무 회수(또는 상환)시점 회계처리

외화채권을 회수하거나 외화채무를 상환하는 경우 외화금액의 원화 환산액과 장부가액과의 차액은 **외환차손익(영업외손익)**으로 처리한다.

회계상 거래	회계처리
[외화채권 회수시점] ABC상사의 외상매출금 (U$10,000, 장부가액 10,500,000원)이 보통예금에 입금되었다. (회수시점의 적용환율 : 1,030원/1$)	외환차손 = U$10,000 × (1,050원 − 1,030원) = 200,000원 (차) 보통예금 10,300,000원 (대) 외상매출금 10,500,000원 외환차손 200,000원

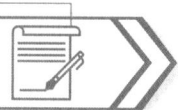

실무분개

01. 영업부 사원이 당일 해외출장을 가면서, (주)대한항공으로부터 항공권을 800,000원에 구매하고 인터넷뱅킹을 통하여 보통예금에서 계좌 이체하였다.

02. 경리직원의 개정세법 교육을 위하여 외부강사를 초빙하여 수강 후 강의료를 국민은행 보통예금 계좌에서 송금함과 동시에 다음의 기타소득에 관한 원천징수영수증을 교부하였다.

- 강의료지급총액 : 500,000원
- 필요경비 : 300,000원
- 소득금액 : 200,000원
- 소득세원천징수세액 : 40,000원(지방소득세 별도)

03. 회사는 대표이사의 주소가 변경됨으로 인해서, 법인등기부등본을 변경등기하고 이에 대한 등록세로 120,000을 현금지출하고, 등록관련 수수료로 100,000을 현금으로 지급하였다.

04. KBC 방송국에 납품입찰을 들어가기 위하여 보증보험에 가입하면서 보험료 900,000원(보험기간 : 2025. 8. 27. ~ 2025. 9. 27.)을 현금으로 지급하였다.

05. 영업부서의 난방용 유류대 350,000원과 공장 작업실의 난방용 유류대 740,000원을 보통예금 이체로 결제하였다.

06. 다음의 급여내용이 보통예금에서 이체되었다.

급여 명세			
사 원 : 김하나	부 서 : 경리부		지급일 : 6월 23일
급여 내용		공제 내용	
- 기본금 : 1,000,000원 - 상여금 : 2,000,000원		- 소 득 세 : 100,000원 - 지방소득세 : 10,000원 - 국민 연금 : 90,000원 - 건강 보험 : 54,000원 - 고용 보험 : 10,000원	
차인지급액		2,736,000원	

07. 수재의연금 명목으로 보통예금계좌에서 10,000,000원을 모금단체 계좌로 이체하였다.

08. 상품 매입처인 경일산업이 당사에 외상매입금 16,000,000원에 대한 상환을 요구하면서 이 중 50%를 면제하여 주다. 당사는 외상매입금을 보통예금으로 지급하다.

09. 판매부서는 저축성(만기환급) 보험료로 대박보험(10년 만기, 3년차 납입)에 3,000,000원을 보통예금으로 납부하였다.

10. 회사는 보유중인 다음의 유가증권(보통주 10,000주/ 액면가액 : 1주당 500원/ 장부가액 : 1주당 1,000원)에 대하여 현금배당액(1주당 80원)과 주식배당액을 당일 수령하였다.

구 분	수령액	공정가치(1주당)	발행가액(1주당)
현금배당	현금 800,000원		
주식배당	보통주 1,000주	900원	600원

11. 전기에 수출한 미국 포드사의 외상매출금(USD $10,000)이 전액 회수되어 보통예금에 입금하였다. 동 외상매출금과 관련된 회계처리는 일반기업회계기준을 준수하였으며 관련 환율정보는 다음과 같다.

구 분	1달러당 환율정보
발생시	1,000원
2024.12.31	1,300원
회수 입금시	1,200원

12. 회사는 전기에 퇴직급여충당부채 10,000,000원이 미 계상된 점을 발견하고 일반(기업)회계기준에 따라 즉시 퇴직급여충당부채를 추가로 계상하였다. (발견된 오류는 중대하지 아니하다.)

13. 당사의 화폐성 외화자산 및 부채와 결산일 현재의 환율은 다음과 같다. 회사는 일반기업회계기준에 따라 회계처리하며 외화환산손실과 외화환산이익을 각각 인식한다. 다만, 미수금과 장기차입금에 대한 거래처 코드 입력은 생략하기로 한다.

계정과목	발생일	발생일 현재 환율	2024년 12월 31일 환율	2025년 12월 31일 환율
미수금($4,000)	2025년 10월 22일	1,430원	1,300원	1,200원
장기차입금($30,000)	2024년 06월 02일	1,450원		

정답

NO	회계처리			
01	(차) 여비교통비(판)	800,000	(대) 보통예금	800,000
02	(차) 교육훈련비(판)	500,000	(대) 예 수 금 보통예금(국민은행)	44,000 456,000
03	(차) 세금과공과(판) 수수료비용(판)	120,000 100,000	(대) 현 금	220,000
04	(차) 보험료(판)	900,000	(대) 현 금	900,000
05	(차) 수도광열비(판) 가스수도료(제)	350,000 740,000	(대) 보통예금	1,090,000
06	(차) 급 여(판) 상여금(판)	1,000,000 2,000,000	(대) 보통예금 예 수 금	2,736,000 264,000
07	(차) 기 부 금	10,000,000	(대) 보통예금	10,000,000
08	(차) 외상매입금(경일산업)	16,000,000	(대) 보통예금 채무면제이익	8,000,000 8,000,000
09	(차) 장기성예금(대박보험)	3,000,000	(대) 보통예금	3,000,000
	■ 만기환급금이 없는 순수보장성 보험료 : 당기 비용처리 → 보험료 ■ 만기환급금이 있는 저축성 보험료 : 자산처리 → 장기성예금 등			
10	(차) 현 금	800,000	(대) 배당금수익	800,000
	■ 배당금수령시 주식배당에 대해서는 회계처리하지 않고 변경된 주식수와 주식단가를 주석으로 공시하고, 현금배당에 대해서만 회계처리 한다.			
11	(차) 보통예금 외환차손	12,000,000 1,000,000	(대) 외상매출금(포드사)	13,000,000
	■ 화폐성외화자산부채는 기말환율로 평가하여 평가손익을 당기손익으로 반영하여야 한다. 따라서 당기 현재의 포드사의 외상매출금의 장부가액은 전기의 기말 환율로 평가되어 있을 것이므로 13,000,000원(= $10,000 × 1,300원)이다. 따라서 회수시에는 회수시점의 장부가액(13,000,000원)을 기준으로 외환차손익을 계산하여야 한다.			
12	(차) 전기오류수정손실 (영업외비용)	10,000,000	(대) 퇴직급여충당부채	10,000,000
	■ 당기에 발견한 전기 또는 그 이전기간의 오류가 중대하지 않은 경우 당기 손익계산서에 영업외손익 중 전기오류수정손익으로 보고하고, 중대한 오류는 재무상태표의 자본으로 보고한다.			
13	(차) 외화환산손실 장기차입금	920,000 3,000,000	(대) 미 수 금 외화환산이익	920,000 3,000,000
	■ 미수금 : U$4,000 × (1,430원 − 1,200원) = 920,000원(손실) ■ 장기차입금 : U$30,000 × (1,300원 − 1,200원) = 3,000,000원(이익)			

실무이론

01. 다음 중 현행 일반기업회계기준상 '재화의 판매, 용역의 제공, 이자, 배당금, 로열티로 분류할 수 없는 기타의 수익'의 인식조건으로 적합하지 않은 것은?

① 수익가득과정이 완료되었거나 실질적으로 거의 완료되었을 것
② 수익금액을 신뢰성있게 측정할 수 있을 것
③ 경제적 효익의 유입 가능성이 매우 높을 것
④ 현금의 유입이 있을 것

02. 다음 중 일반기업회계기준에서 재화의 판매로 인한 수익을 인식하기 위하여 충족되어야 하는 조건이 아닌 것은?

① 재화의 소유에 따른 위험과 효익의 대부분이 구매자에게 이전된다.
② 판매자는 판매한 재화에 대하여 소유권이 있을 때 통상적으로 행사하는 정도의 관리나 효과적인 통제를 할 수 없다.
③ 수익금액을 신뢰성있게 측정할 수 있으며 수익금액이 판매자에게 이전되어야 한다.
④ 거래와 관련하여 발생했거나 발생할 거래원가와 관련 비용을 신뢰성 있게 측정할 수 있어야 한다.

03. 거래처로부터 6월 10일에 상품을 주문을 받고 동 상품을 6월 28일에 인도하였으며, 대금 중 절반은 6월 30일에 현금으로 받았고, 나머지는 7월 2일에 현금으로 수취한 경우, 이 상품의 수익 인식시점은 언제인가?

① 6월 10일   ② 6월 28일   ③ 6월 30일   ④ 7월 2일

04. 다음 중 진행기준을 적용하여 수익을 인식하는 것이 적합한 판매형태는?

① 위탁매출   ② 시용매출   ③ 용역매출   ④ 할부매출

05. 일반기업회계기준상 용역제공에 따른 수익을 진행기준으로 인식하기 위한 요건으로 옳지 않은 것은?

① 재화의 소유에 따른 유의적인 위험과 보상이 구매자에게 이전될 것
② 경제적 효익의 유입가능성이 매우 높을 것
③ 진행률을 신뢰성있게 측정할 수 있을 것
④ 이미 발생한 원가 및 거래의 완료를 위하여 투입하여야 할 원가를 신뢰성 있게 측정할 수 있을 것

06. 당사는 기계설비제조업을 영위하고 있다. 거래처로부터 2월 1일에 설비납품주문을 받았고, 2월 20일에 납품하여 설치하였다. 계약 조건대로 5일간의 시험 가동 후 2월 25일에 매입의사표시를 받았으며, 2월 28일에 대금을 수취하였다. 이 설비의 수익 인식시기는 언제인가?

① 2월 1일   ② 2월 20일   ③ 2월 25일   ④ 2월 28일

07. (주)배움건설은 2023년에 (주)한국의 사옥을 신축하기로 계약하였다. 총공사계약금액은 10,000,000원이며, 공사가 완료된 2025년까지 (주)한국의 사옥 신축공사와 관련된 자료는 다음과 같다. (주)배움건설이 진행기준에 따라 수익을 인식할 경우 2025년에 인식하여야 할 공사수익은 얼마인가?

구 분	2023년	2024년	2025년
당기발생공사원가	1,000,000원	5,000,000원	2,000,000원
추가소요추정원가	6,500,000원	1,500,000원	–

① 2,000,000원 ② 2,200,000원 ③ 2,500,000원 ④ 10,000,000원

08. 다음 중 수익과 비용에 대한 설명으로 가장 잘못된 것은?
① 관련 수익과 직접적 인과관계를 파악할 수 있는 비용은 해당기간에 합리적이고 체계적인 배분을 하여 비용으로 인식한다.
② 수익은 특정 회계기간 동안에 발생한 경제적 효익의 증가로서, 지분참여자에 의한 출연과 관련된 것은 제외한다.
③ 수익이란 기업실체의 경영활동과 관련된 재화의 판매 또는 용역의 제공 등에 대한 대가로 발생하는 자산의 유입 또는 부채의 감소이다.
④ 수익은 자산의 증가나 부채의 감소와 관련하여 미래의 경제적 효익이 증가하고 이를 신뢰성 있게 측정할 수 있을 때 인식한다.

해설

01. 수익은 발생기준 및 실현주의로 인식한다.
02. 수익금액을 신뢰성 있게 측정할 수 있으면 되고 수익금액이 판매자에게 이전되어야 하는 것은 아니다.
03. 재화를 인도한 시점에 수익을 인식한다.
04. 진행기준으로 사용하는 판매형태는 예약판매, 용역매출 등이 있다.
05. ①은 재화의 수익인식 기준에 해당한다.
06. 설치와 검사가 완료된 후에 수익을 인식해야 되므로 시험 가동 후에 수익을 인식한다.
07. (1) 2024년 누적공사수익 : 총공사수익 10,000,000원 × 누적공사진행률 80% = 8,000,000원
    ■ 누적공사진행률 : 실제발생누적공사원가 6,000,000원 ÷ 예상총공사원가 7,500,000원 = 80%
    ■ 예상총공사원가 : 당기발생누적공사원가 6,000,000원 + 추가소요추정원가 1,500,000원
      = 7,500,000원
    (2) 2025년 누적공사수익 : 총공사수익 10,000,000원 × 100% = 10,000,000원
    ■ 누적공사진행률 : 실제발생누적공사원가 8,000,000원 ÷ 총공사원가 8,000,000원 = 100%
    ■ 총공사원가 : 당기발생공사원가 전체 합계
    ∴ 2025년 공사수익 = 2025년 누적공사수익 10,000,000원 - 2024년 누적공사수익 8,000,000원
      = 2,000,000원
08. 수익과 직접 관련하여 발생한 비용은 동일한 거래나 사건에서 발생하는 수익을 인식할 때 대응하여 인식하여야 하며, 관련수익과 직접적인 인과관계를 파악할 수는 없지만 당해 지출이 일정 기간 동안 수익창출 활동에 기여하는 것으로 판단될 경우 합리적이고 체계적으로 배분하여 비용으로 인식한다.

정답

01. ④ 02. ③ 03. ② 04. ③ 05. ① 06. ③ 07. ① 08. ①

CHAPTER 11 회계변경과 오류수정

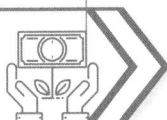

1. 회계변경

1 회계변경의 의의

경제적, 사회적 환경의 변화 또는 새로운 정보의 입수에 따라 과거에 적용해오던 회계처리 방법이 목적적합하고 신뢰성 있는 유용한 정보를 제공하지 못한다고 보아 새로운 회계처리 방법으로 변경하는 것을 말한다.

일반기업회계기준 또는 관련법규의 개정이 있거나, 새로운 회계정책을 적용함으로써 회계정보의 유용성을 향상시킬 수 있는 경우에 한하여 허용한다.

정당한 사유
① 합병, 사업부 신설, 대규모 투자, 사업의 양수도 등 기업환경의 중대한 변화에 의하여 총자산이나 매출액, 제품의 구성 등이 현저히 변동됨으로써 종전의 회계정책을 적용할 경우 재무제표가 왜곡되는 경우 ② 동종산업에 속한 대부분의 기업이 채택한 회계정책 또는 추정방법으로 변경함에 있어서 새로운 회계정책 또는 추정방법이 종전보다 더 합리적이라고 판단되는 경우 ③ 일반기업회계기준의 제정, 개정 또는 기존의 일반기업회계기준에 대한 새로운 해석에 따라 회계변경을 하는 경우 ❖ ③을 제외하고는 회계변경의 정당성을 입증하여야 함

단순히 세법의 규정을 따르기 위한 회계변경은 정당한 회계변경으로 보지 아니한다. 그 이유는 세무보고의 목적과 재무보고의 목적이 서로 달라 세법에 따른 회계변경이 반드시 재무회계 정보의 유용성을 향상시키는 것은 아니기 때문이다. 또한, 이익조정을 주된 목적으로 한 회계변경은 정당한 회계변경으로 보지 아니한다.

[회계변경으로 보지 않는 경우]
① 중요성의 판단에 따라 일반기업회계기준과 다르게 회계처리하던 항목들의 중요성이 커지게 되어 일반기업회계기준을 적용하는 경우로 예를 들면, 품질보증비용을 지출연도의 비용으로 처리하다가 중요성이 증대됨에 따라 충당부채 설정법을 적용하는 경우
② 과거에는 발생한 경우가 없는 새로운 사건이나 거래에 대하여 회계정책을 선택하거나 회계추정을 하는 경우

2 회계정책의 변경(소급법 적용)

재무제표의 작성과 보고에 적용하던 회계정책을 다른 회계정책으로 바꾸는 것으로 변경된 새로운 회계정책은 소급하여 적용한다.

[사례] ① 재고자산 평가방법의 변경(선입선출법에서 후입선출법으로 변경)
② 유가증권의 취득단가산정방법의 변경(이동평균법에서 총평균법으로 변경)
③ 표시통화의 변경
④ 유형자산의 평가모형(원가모형에서 재평가모형으로 변경)

3 회계추정의 변경(전진법 적용)

기업환경의 변화, 새로운 정보의 입수 등에 따라 과거의 회계적 추정치를 새롭게 변경하는 것으로 회계추정의 변경은 전진적으로 처리하여 그 효과를 당기와 당기 이후의 기간에 반영한다.

[사례] ① 감가상각자산의 내용연수 또는 감가상각자산에 내재된 미래경제적효익의 기대소비 형태의 변경(감가상각방법의 변경) 및 잔존가액의 추정
② 채권에 대한 대손의 추정
③ 재고자산의 진부화 여부에 대한 판단과 평가
④ 우발부채의 추정
⑤ 제품보증충당부채의 추정치 변경

4 회계변경의 회계처리 방법

회계변경의 회계처리방법으로는 소급법, 당기일괄처리법, 전진법 3가지가 있다. 회계정책의 변경에 따른 누적효과를 합리적으로 **결정하기 어려운 경우**에는 회계변경을 **전진적으로 처리(회계추정 변경)**한다. 또한, 회계정책의 변경과 회계추정의 변경이 **동시에 이루어지는 경우 회계정책의 변경**에 의한 누적효과를 **먼저 계산**한다.

구 분	내 용
소급법	회계변경으로 인한 **누적효과를 전기이월잉여금에서 수정하고 반영하여 재작성하는 방법**이다. 재무제표에 충분히 표시되므로 비교가능성은 유지된다는 장점은 있으나, 새로운 회계처리 방법에 따라 수정하므로 신뢰성은 저하된다는 단점이 있다.
당기일괄처리법	회계변경으로 인한 누적효과를 회계변경 수정 손익으로 손익계산서에 계상, 과거를 수정하지 않는 방법이다. 과거를 수정하지 않음으로써 재무제표의 신뢰성이 제고된다는 장점은 있으나, 당기손익에 반영하므로 비교가능성이 저해된다는 단점이 있다. (포괄주의에 충실)
전진법	과거의 재무제표에 대해서는 수정하지 않고 **변경된 새로운 처리방법을 당기와 미래에 안분하는 방법**이다. 이익조작가능성이 방지되며, 과거의 재무제표를 수정하지 않으므로 신뢰성은 제고되는 장점이 있으나 변경효과를 파악하기 어렵고 재무제표의 비교가능성이 저해된다는 단점이 있다.

[회계변경의 회계처리 요약]

구 분	소급법	당기일괄처리법	전진법
성 격	일관성 강조	신뢰성, 포괄주의 강조	당기 업적주의 강조
회계처리	회계변경누적효과를 이익잉여금에 반영	회계변경효과를 당기 손익에 반영	회계변경효과 없음 (당기 이후 기간으로 이연)
과거재무제표의 수정여부	수정함	수정하지 않음	수정하지 않음
장 점	비교가능성 유지	신뢰성 유지	신뢰성 유지
단 점	신뢰성 저하	비교가능성 저하 이익조작가능성	비교가능성 저하 변경효과 파악곤란
일반기업 회계기준	회계정책의 변경	–	회계추정의 변경

2. 오류수정

오류수정은 전기 또는 그 이전의 재무제표에 포함된 회계적 오류를 당기에 발견하여 이를 수정하는 것을 말한다. 중대한 오류는 재무제표의 신뢰성을 심각하게 손상할 수 있는 매우 중요한 오류를 말한다.

(1) 전기오류수정손익으로 보고한다.

다만, 전기 이전기간에 발생한 중대한 오류의 수정은 자산, 부채, 자본의 기초금액에 반영한다.

① 회계기준 적용상의 오류 : 일반기업회계기준에 위배되는 회계처리방법 적용
② 회계측정의 오류 : 회계상 측정이 고의 또는 실수로 잘못되는 경우
③ 사실의 오용이나 누락 : 고의 또는 실수로 회계사건의 누락 또는 잘못된 회계처리

(2) 순이익에 영향을 미치는 오류

비교재무제표를 작성하는 경우 중대한 오류의 영향을 받는 회계기간의 재무제표항목은 재작성한다.

전기에 기계장치에 대한 감가상각비 5,000,000원을 실수로 결산에 반영하지 못하였다. 이러한 사실을 당해연도 초에 발견하였으며, 이에 대하여 정상적으로 수정 회계처리 하였고, 당기말 감가상각비는 정확하게 반영되었다.

【해설】

[발견된 오류가 중대한 경우(소급법)]
(차) 전기오류수정손실   5,000,000원   (대) 감가상각누계액   5,000,000원
    (이익잉여금)

[발견된 오류가 중대하지 않은 경우(당기일괄처리법)]
(차) 전기오류수정손실   5,000,000원   (대) 감가상각누계액   5,000,000원
    (영업외비용)

※ 따라서 전기의 오류사항과 당기의 수정사항이 합쳐져 당기말 재무상태표상 자본의 합계액은 정확한 금액으로 계상된다.

(3) 오류의 유형

① **자동조정적 오류** : 오류의 효과가 두 회계기간을 통해 저절로 상쇄되는 오류
　　　　　　　　 (예 : 선급비용, 선수수익, 미지급비용, 미수수익 등)

② **비자동조정적 오류** : 두 회계기간에 걸쳐 자동조정되지 않는 오류(세 회계연도 이상)
　　　　　　　　　(예 : 투자자산오류, 유형자산오류, 사채오류 등)

다음은 회계변경과 오류수정에 대한 설명이다. 올바른 것은?
① 오류수정 중 중대한 오류는 그 발생연도의 손익에 미치는 효과를 오류발견연도의 손익에 반영한다.
② 세법의 규정을 따르기 위한 회계변경은 정당한 회계변경으로 볼 수 있다.
③ 회계변경은 회계정보의 비교가능성을 훼손할 수 있으므로 회계변경을 하는 기업은 어떠한 경우에도 회계변경의 정당성을 입증하여야 한다.
④ 과거에는 발생한 경우가 없는 새로운 사건이나 거래에 대하여 회계정책을 선택하거나 회계추정을 하는 경우에는 회계변경으로 보지 아니한다.

【해설】

정답 : ④
① 당기손익에 반영하는 것이 아니라 자산, 부채 및 자본의 기초금액에 반영하여 재작성한다.
② 정당한 회계변경으로 보지 아니한다.
③ 회계기준제정기구가 새로운 회계기준을 제정하거나 개정하는 경우에는 이익조정을 위한 자의적인 회계변경의 여지가 없으므로 회계변경의 정당성에 대한 입증을 필요로 하지 아니한다.

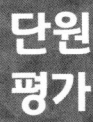
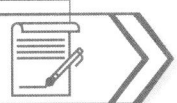

실무이론

01. 다음 중 정당한 회계변경으로 볼 수 없는 경우는?
① 동종산업에 속한 대부분의 기업이 채택한 회계정책 또는 추정방법으로 변경함에 있어서 새로운 회계정책 또는 추정방법이 종전보다 더 합리적이라고 판단되는 경우
② 일반기업회계기준의 제정, 개정 또는 기존의 일반기업회계기준에 대한 새로운 해석에 따라 회계변경을 하는 경우
③ 합병, 사업부 신설 등 기업환경의 중대한 변화에 의하여 총자산이나 매출액, 제품의 구성 등이 현저히변동됨으로써 종전의 회계정책을 적용할 경우 재무제표가 왜곡되는 경우
④ 세법의 규정이 변경되어 회계처리를 변경해야 하는 경우

02. 일반기업회계기준의 회계정책 또는 회계추정의 변경과 관련한 다음 설명 중 잘못된 것은 어느 것인가?
① 일반기업회계기준에서 회계정책의 변경을 요구하는 경우 회계정책을 변경할 수 있다.
② 변경된 회계정책은 원칙적으로 소급하여 적용한다.
③ 회계정책의 변경과 회계추정의 변경이 동시에 이루어지는 경우 회계정책의 변경에 의한 누적효과를 먼저 계산한다.
④ 세법과의 마찰을 최소화하기 위해 세법의 규정을 따르기 위한 회계변경도 정당한 회계변경으로 본다.

03. 회계변경의 처리방법에는 소급법, 전진법, 당기일괄처리법이 있다. 다음 중 소급법에 관한 설명으로 옳은 것은?
① 과거 재무제표에 대한 신뢰성이 유지된다.
② 전기 재무제표가 당기와 동일한 회계처리방법에 의하므로 기간별 비교가능성이 향상된다.
③ 회계변경의 누적효과를 당기손익에 반영하므로 당기손익이 적정하게 된다.
④ 회계변경의 효과를 미래에 영향을 미치게하는 방법이므로 일반기업회계기준에서는 회계추정의 변경에 사용하도록 하고 있다.

04. 다음 중 '회계추정의 변경'에 관한 설명 중 가장 옳지 않은 것은?
① 회계추정의 변경은 전진적으로 회계처리 한다.
② 회계추정 변경전, 후의 손익계산서 항목은 동일한 항목으로 처리한다.
③ 회계추정 변경의 효과는 당해 변경이 발생한 회계연도의 다음 회계연도부터 적용한다.
④ 회계추정에는 대손의 추정, 감가상각자산의 내용연수 추정 등이 있다.

05. 다음은 현행 일반기업회계기준의 회계변경 사례들이다. 성격이 다른 하나는?
① 재고자산의 평가방법을 선입선출법에서 총평균법으로 변경하였다.
② 매출채권에 대한 대손설정 비율을 1%에서 2%로 변경하기로 하였다.
③ 정액법으로 감가상각하던 기계장치의 내용연수를 5년에서 8년으로 변경하였다.
④ 감가상각자산의 잔존가액을 100,000원에서 50,000원으로 변경하였다.

06. (주)KNP의 회계담당자가 결산시 미수임대료 4,000,000원을 판매비와관리비로 잘못 회계처리 하였다. 이러한 회계처리 오류가 손익계산서상 당기순이익에 미치는 영향에 대해 올바르게 나타내고 있는 것은?
① 4,000,000원 과소계상
② 4,000,000원 과대계상
③ 8,000,000원 과소계상
④ 8,000,000원 과대계상

07. 다음 중 오류수정에 대한 설명으로 가장 옳지 않은 것은?
① 당기에 발견한 전기 또는 그 이전 기간의 중대하지 않는 오류는 당기 손익계산서에 영업외손익 중 전기오류수정손익으로 반영한다.
② 전기 또는 그 이전 기간에 발생한 중대한 오류의 수정은 전기이월이익잉여금에 반영하고 관련 계정잔액을 수정한다.
③ 비교재무제표를 작성하는 경우 중대한 오류의 영향을 받는 회계기간의 재무제표 항목은 재작성한다.
④ 충당부채로 인식했던 금액을 새로운 정보에 따라 보다 합리적으로 추정한 금액으로 수정한 것도 오류수정에 해당한다.

 해설

01. 단순히 세법의 규정을 따르기 위한 회계변경은 정당한 회계변경으로 보지 아니한다.
03. 소급법은 회계변경의 누적효과를 전기손익수정항목으로하여 당기초 이익잉여금을 수정하는 방법이며, 비교목적으로 공시되는 전기재무제표는 변경된 방법으로 소급하여 재작성한다. 따라서 전기와 당기재무제표의 회계처리 방법이 동일하므로 기간별 비교가능성이 향상되는 반면 전기재무제표의 신뢰성은 감소된다. ④번은 전진법에 관한 설명이다.
04. 회계추정변경의 효과는 당해 회계연도 개시일부터 적용한다.
05. ①은 회계정책의 변경이고 나머지는 회계추정의 변경이다.
06. 올바른 회계처리는 (차) 미수수익 4,000,000원 (대) 임대료 4,000,000원이다.
따라서 임차료 4,000,000원 비용 과대계상분과 임대료 수익누락분 4,000,000원을 포함하여 당기순이익이 8,000,000원 과소계상 되어 있다.
07. ④는 오류수정이 아니라 회계추정의 변경이다.

정답

01. ④   02. ④   03. ②   04. ③   05. ①   06. ③   07. ④

PART 02

원가회계

CHAPTER 01 　원가회계의 개념
CHAPTER 02 　제조업의 원가흐름
CHAPTER 03 　원가의 배분
CHAPTER 04 　부문별 원가계산
CHAPTER 05 　제품별 원가계산

직무명	분류번호	능력단위명	수준	능력단위요소
회계 · 감사	0203020103_20v4	원가계산	2	1 원가요소 분류하기 2 원가배부하기 3 원가계산하기

능력단위정의	원가계산이란 기업운영에 있어 원가분석 및 정보를 제공 · 활용하기 위해 원가요소 분류, 배부, 계산하는 능력이다.

NCS 능력단위	능력단위요소	수 행 준 거
0203020103_20v4 원가계산	0203020103_20v4.1 원가요소 분류하기	1.1 회계관련규정에 따라 원가와 비용을 구분할 수 있다. 1.2 회계관련규정에 따라 제조원가의 계정흐름에 대해 분개할 수 있다. 1.3 회계관련규정에 따라 원가를 다양한 관점으로 분류할 수 있다.
	0203020103_20v4.2 원가배부하기	2.1 원가계산 대상에 따라 직접원가와 간접원가를 구분할 수 있다. 2.2 원가계산 대상에 따라 합리적인 원가배부기준을 적용할 수 있다. 2.3 보조부문의 개별원가와 공통원가를 집계할 수 있다. 2.4 보조부문의 개별원가와 공통원가를 배부할 수 있다.
	0203020103_20v4.3 원가계산하기	3.1 원가계산시스템의 종류에 따라 원가계산방법을 선택할 수 있다. 3.2 업종특성에 따라 개별원가계산을 할 수 있다. 3.3 업종특성에 따라 종합원가계산을 할 수 있다.

CHAPTER 01 원가회계의 개념

1. 원가회계의 개념

회계는 재무회계와 관리회계로 구분하며 원가회계는 관리회계의 일부분으로 특정한 목적을 위하여 원가정보를 식별, 분류, 집계하는 과정이다. 원가계산은 좁은 의미의 원가회계로 구분의 의미가 없지만 제품의 생산을 위하여 소비된 경제적 가치를 측정, 분류 및 기록하는 것은 원가회계라 하고 그 원가를 집계하여 분류, 계산하는 과정은 원가계산이라 한다.

2. 원가회계의 목적

원가회계는 경영자의 다양한 의사결정에 필요한 원가정보를 제공하고 재무제표 작성에 필요한 원가자료를 제공하는 등의 여러 목적을 갖고 있다.
① 재무제표작성에 필요한 원가자료의 제공
② 가격계산에 필요한 원가자료의 제공
③ 원가관리에 필요한 원가자료의 제공
④ 예산편성 및 예산통제에 필요한 원가자료의 제공
⑤ 경영의 기본계획설정에 필요한 원가정보의 제공

3. 원가의 개념 및 비용과의 관계

1 원가의 개념

원가란 재화나 용역을 얻기 위해서 희생된 자원 가치, 즉 경제적 효익의 희생을 화폐단위로 측정한 것을 의미한다. 즉, 원가는 제조기업이 재화나 용역을 생산하는데 사용한 모든 원재료, 생산설비 등의 소비액을 말한다.

2 원가회계와 관련된 기본개념

구 분	내 용
원가대상	원가를 따로 측정하고자 하는 활동이나 항목으로 원가 집적대상이라고도 한다.
원가집합	원가대상에 직접적으로 추적할 수 없는 간접원가들을 모아둔 것으로 여기에 집계된 원가는 둘 이상의 원가대상에 배분되어야 할 공통비이다.
원가배분	원가집합에 집계된 간접원가를 일정한 배부기준에 따라 원가대상에 배분한 과정을 말한다.

4. 원가의 분류

원가는 제조활동과의 관련성 유무에 따라서 제조원가와 기간원가로 나눌 수 있다. 제조활동에서 발생되는 원가를 제조원가라 하며 제품생산과 관련 없이 발생되어 기간에 비용으로 처리되는 원가를 기간원가라 한다. 원가는 사용목적에 따라 아래와 같이 다양하게 분류할 수 있다.

1 발생형태에 따른 분류(원가의 3요소)

재료비	제품 생산을 위하여 소비된 원재료의 가치
노무비	제품 생산을 위하여 투입된 노동력의 대가
제조경비	제품 생산에 소비된 원가요소 중 재료비와 노무비를 제외한 원가

2 추적가능성에 따른 분류

직접원가(직접비)	특정원가대상에 직접적으로 추적할 수 있는 원가 예 직접재료비(주요재료비, 부품비), 직접노무비(임금)
간접원가(간접비)	특정원가대상에 직접적으로 추적할 수 없는 원가 예 간접재료비(보조재료비), 간접노무비(공장감독자 급여), 간접경비(전기사용료, 수도사용료 등)

3 원가행태에 따른 분류

원가행태란 조업도의 변화에 따른 원가발생의 변동상태를 지칭하는 말이다. 조업도란 기업의 생산설비의 이용정도를 나타내는 지표를 말하는 것으로 생산량, 작업시간, 기계시간 등을 사용한다.

(1) 변동원가(변동비)

조업도의 증감에 따라 변하는 원가, 즉 조업도가 증가하면 총원가는 비례하여 증가하지만 단위당원가는 일정하다.

예 직접재료비, 직접노무비 등

(2) 고정원가(고정비)

조업도의 증감에 관계없이 관련범위 내에서 항상 일정하게 발생하는 원가, 즉 조업도가 증가하여도 총원가는 일정하지만 단위당원가는 체감한다.

예 감가상각비, 공장임차료, 화재보험료, 재산세 등

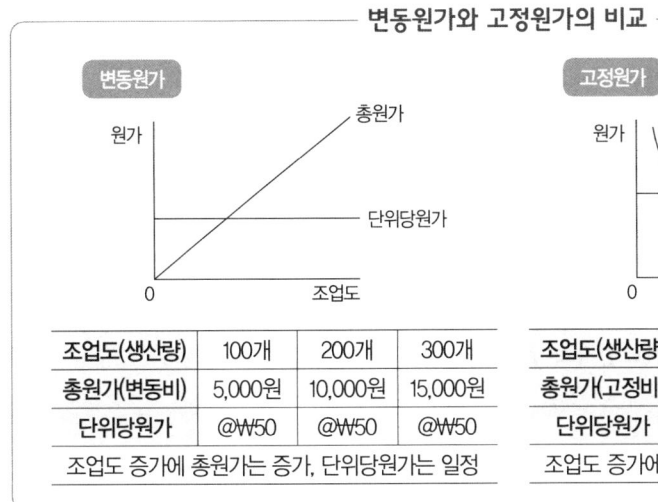
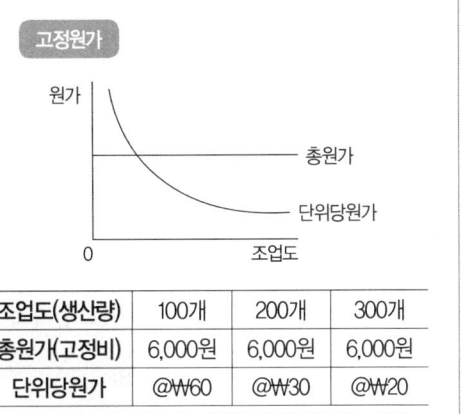

(3) 준변동원가(혼합원가)

조업도의 증감에 관계없이 발생하는 고정비와 조업도의 변화에 따라 일정비율로 변화하는 변동비의 두 가지 요소가 동시에 구성된 원가를 말한다.

例 전력비, 전화요금, 가스요금 등

(4) 준고정원가(준고정비)

일정한 조업도 범위내에서는 고정비와 같이 일정한 원가이나 조업도가 일정수준이상 증가하면 원가총액이 증가한다.

例 생산관리자의 급여, 생산량에 따른 설비자산의 구입가격, 임차료 등

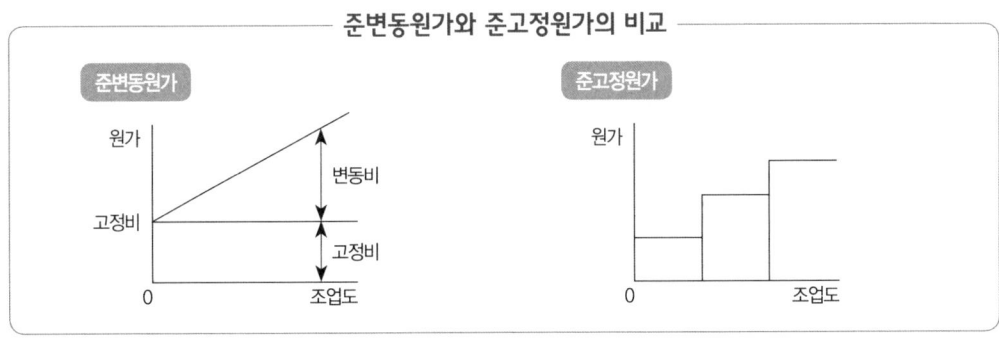

4 제조활동과의 관련성에 의한 분류

(1) 제조원가
제조원가란 제품을 제조하기 위하여 소비된 경제적가치의 소비액을 일컫는 것으로 직접재료비, 직접노무비, 제조간접비로 구분된다.

(2) 비제조원가
판매비와관리비 등에서 발생하는 원가로 기업의 제조활동과 직접적인 관련이 없는 원가이다.

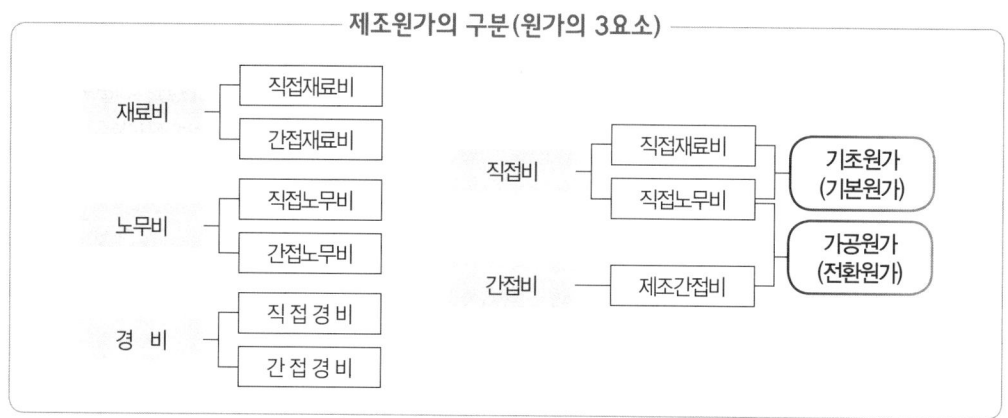

- 생산근로자의 식대 : 제조원가
- 판매근로자의 식대 : 비제조원가

(주)배움의 제2기 원가 자료가 다음과 같을 경우 가공원가는 얼마인가?

- 직접재료원가 구입액 : 800,000원
- 직접재료원가 사용액 : 900,000원
- 직접노무원가 발생액 : 500,000원
- 변동제조간접원가 발생액 : 600,000원
  (변동제조간접원가는 총제조간접원가의 40%이다.)

① 2,000,000원　② 2,400,000원　③ 2,800,000원　④ 2,900,000원

【해설】

정답 : ①
가공원가 = 직접노무비 + 제조간접원가
= 500,000원(직접노무비) + 600,000원/0.4(제조간접원가) = 2,000,000원

5 제조형태에 따른 분류

개별원가계산	여러 종류의 제품을 개별적으로 생산할 때 사용되는 원가계산 방법(소량주문생산)
종합원가계산	같은 종류의 제품을 연속적으로 대량 생산할 때 사용되는 원가계산 방법(대량생산)

6 경제적 효익의 소멸 여부에 따른 분류

미소멸원가	미래의 경제적 효익을 제공할 수 있는 원가 ⑩ 미사용된 원재료
소멸원가	미래의 경제적 효익을 제공할 수 없는 원가 ⑩ 소비된 원재료

7 통제가능성에 따른 분류

통제가능원가	특정한 경영자가 원가 발생액에 대하여 영향을 미칠 수 있는 원가 ⑩ 직접재료비, 직접노무비 등
통제불능원가	특정한 경영자가 원가 발생액에 대하여 영향을 미칠 수 없는 원가 ⑩ 감가상각비, 임차료 등

8 원가계산 범위에 따른 분류

전부원가계산	직접재료비, 직접노무비, 변동제조간접비(간접재료비, 간접노무비 등)와 고정제조간접비(공장설비에 대한 감가상각비, 재산세 등)를 포함한 원가계산
직접(변동)원가계산	직접재료비, 직접노무비, 변동제조간접비는 제조원가에 포함시키고 고정제조간접비는 기간비용으로 처리하는 방법의 원가계산

원가에 대한 다음의 설명 중 틀린 것은?

① 원가의 추적가능성에 따라 통제가능원가와 통제불능원가로 분류된다.
② 조업도(제품생산량)가 증가함에 따라 단위당 변동비는 일정하고 단위당 고정비는 감소한다.
③ 직접노무비, 제조간접비는 모두 가공원가에 해당한다.
④ 제조원가는 직접재료원가, 직접노무원가, 제조간접원가를 말한다.

【해설】

정답 : ①
원가의 추적가능성에 따라 직접원가와 간접원가로 분류되며 ①은 통제가능성에 따른 분류이다.

9 의사결정과의 관련성에 따른 분류

(1) 관련원가와 비관련원가

관련원가란 여러 대안 사이에 차이가 나는 원가로서 의사결정에 직접적으로 관련되는 원가(미래원가이면서 차액원가)를 말하며, 비관련원가는 특정 의사결정과 관계없는 원가를 말한다.

(2) 매몰원가(역사적원가, 기발생원가)

매몰원가란 과거의 의사결정으로부터 이미 발생한 원가로서 현재 또는 미래에 어떤 의사결정을 하더라도 회수할 수 없는 원가를 말한다. 따라서 매몰원가는 의사결정을 할 때 어떤 대안을 선택하든지 회복할 수 없으므로 미래의 의사결정에 고려하지 않는 비관련원가이다.

(3) 기회원가(기회비용)

기회원가는 재화·용역 또는 생산설비를 현재의 용도 이외의 다른 용도로 사용했을 경우 여러 대안 중에 하나의 안을 선택함으로써 포기하게 된 다른 안으로부터 기대되는 포기된 가장 큰 금액(이익)을 말한다.

(4) 차액원가

대안 간에 차이가 발생하는 원가의 차이를 말하며 각 원가요소별로 계산할 수도 있고 총원가의 차이로 계산할 수도 있다.

(5) 회피가능원가와 회피불능원가

회피가능원가는 특정 대안을 선택함으로써 절감되거나 회피할 수 있는 원가(관련원가)를 말하며, 회피불능원가는 특정 대안의 선택여부에 관계없이 계속해서 발생하는 원가(비관련원가)로 의사결정에서 배제한다.

(6) 현금지출원가와 연기가능원가

현금지출원가는 특정 의사결정의 결과 현재 또는 가까운 장래에 현금지출을 필요로 하는 원가를 말하며, 연기가능원가는 단기적 경영능률에 영향을 미치지 않고 미래로 그 발생을 연기할 수 있는 원가로 수선유지비가 대표 예이다.

10 원가측정방법에 따른 분류

실제원가계산	제품의 생산이 완료된 후에 실제로 발생한 원가(사후원가, 역사적원가)
표준원가계산	과학적인 방법을 기초로 하여 미래에 발생되리라고 예상한 원가(사전원가)

기계장치의 매각을 수리 후 처분결정을 하였을 경우 기회원가와 매몰원가는 얼마인가?

- 취득원가 : 10,000원
- 감가상각누계액 : 7,000원
- 바로 처분가액 : 1,000원
- 수리(비용 500원) 후 처분가액 : 2,000원

【해설】

[수리 후 처분 선택]
- 기회원가 : 1,000원(수리 후 처분 시 현금유입액 : 2,000원 − 500원 = 1,500원)
- 매몰원가 : 10,000원 − 7,000원 = 3,000원

5. 원가의 구성

― 원가의 구성도 ―

			이 익	
		판매비와관리비		
	제조간접비			
직접재료비		제조원가	판매원가 (총원가)	판매가격
직접노무비	직접원가			
직접제조경비				

① 직접원가 = 직접재료비 + 직접노무비 + 직접제조경비
② 제조원가 = 직접원가 + 제조간접비
③ 판매원가(총원가) = 제조원가 + 판매비와관리비
④ 판매가격 = 판매원가 + 이익

6. 원가계산의 절차

원가계산은 **원가요소별 → 부문별 → 제품별** 계산의 3단계로 한다.

원가요소별 계산	원가를 발생형태에 따라 재료비, 노무비, 경비의 원가요소로 분류하여 계산한다.
부문별 계산	요소별로 파악된 원가를 발생장소인 부문별로 집계하는 절차이다. ① 직접비 : 각각의 특정 제품에 직접 부과 ② 간접비 : 부문별로 집계
제품별 계산	직접비 부과액과 제조부문에서 제품에 배분한 금액을 제품별로 집계하여 최종단계의 원가를 계산한다.

01. 다음 중 원가계산에 관련된 설명 중 타당하지 않은 것은?
① 원가회계는 일반적으로 회사내부 정보이용자에게도 유용한 정보를 제공한다.
② 제조원가명세서가 작성되었더라도 제품매출원가를 알 수 있는 것은 아니다.
③ 제조과정에 있는 모든 제조기업의 원가계산은 기업회계기준에서 정한 동일한 원가계산방식에 의해서 하여야 한다.
④ 제조원가에 해당하는 금액을 발생즉시 비용처리 하였다면 당기총제조원가를 과소계상하게 된다.

02. 다음 중 원가회계의 목적과 관련이 없는 것은?
① 경영자들의 각종 의사결정 및 통제에 필요한 자료를 제공한다.
② 일반 재무제표의 작성에 필요한 원가를 집계한다.
③ 경영자에게 원가관리에 필요한 원가자료를 제공한다.
④ 회계원칙의 기준에 따라 작성되어야 한다.

03. 원가의 개념에 대한 다음 설명 중 틀린 것은?
① 매몰원가란 특정의사결정과 직접적으로 관련있는 원가를 말한다.
② 고정원가란 관련범위 내에서 조업도 수준과 관계없이 총원가가 일정한 원가형태를 말한다.
③ 직접원가란 특정 원가 집적대상에 추적이 가능하거나 식별 가능한 원가이다.
④ 기간원가란 제품생산과 관련없이 발생된 원가로써 발생된 기간에 비용으로 처리되는 원가를 말한다.

04. 다음의 원가에 관한 설명 중 가장 적절하지 않은 것은?
① 직접비란 특정제품의 제조에만 소비되어 직접 그 특정제품에 관련시킬 수 있는 원가를 말한다.
② 가공원가란 직접재료비와 직접노무비만을 합한 금액을 말한다.
③ 노무비란 제품을 제조하기 위하여 노동력을 소비함으로써 발생되는 원가를 말한다.
④ 간접비란 여러 종류의 제품제조를 위하여 공통적으로 소비되어 특정제품과 직접 관련시킬 수 없는 원가를 말한다.

05. 다음은 제조원가에 관련한 내용이다. 가장 옳지 않은 것은 무엇인가?
① 제조원가는 직접재료비와 직접노무비에 제조관련한 간접비를 가산하여 계산한다.
② 직접노무비와 제조간접비는 변동비에 해당한다.
③ 제품의 가격을 결정시에는 제조원가만을 고려하지 않고 판매비와관리비도 고려하는 것이 보다 합리적이다.
④ 고정비는 관련 조업도범위 내에서 제품생산량에 무관하게 발생하는 비용이다.

06. 다음 중 제조원가를 구성하는 원가의 일부가 아닌 것은?
① 생산직 직원에게 제공된 식사물
② 제조부서에서 발생된 건물임차료
③ 제품 매출대금에서 발생된 대손금
④ 원재료를 제공받는 거래처에게 제공한 선물대

07. 자동차 제조업체인 (주)상용의 회계담당자는 제조원가를 다음과 같이 분류하였다. 잘못 분류된 것은?
① 타이어 : 직접재료비
② 공장장의 임금 : 직접노무비
③ 망치, 못 등의 소모성 비품 : 간접재료비
④ 공장내 의무실에 근무하는 의사의 급여 : 제조간접비

08. 직접노무비는 다음 중 어느 원가에 해당하는가?

	기본원가	가공비	제품원가	기간비용
①	예	예	예	아니오
②	예	아니오	예	아니오
③	예	아니오	예	예
④	아니오	예	예	아니오

09. 일반적으로 제조부문에서 발생하는 노무비에 대한 설명 중 가장 옳은 것은?
① 손익계산서상 판매비와관리비에 해당한다.
② 변동비에 해당한다.
③ 제품원가계산시 당기총제조비용에 반영된다.
④ 재료비 계정으로 대체된다.

10. 특정 원가대상에 대한 원가요소의 추적가능성에 따른 분류는?
① 통제가능원가와 통제불능원가
② 직접비와 간접비
③ 실제원가와 표준원가
④ 변동비와 고정비

11. 관련 범위내에서 조업도의 변화에 따라 총원가가 어떻게 변화하느냐를 구분하는 것을 원가형태(원가행태)에 따른 분류라고 한다. 다음 중 원가형태(원가행태)에 따른 원가의 구분(분류)으로 적당한 것은?
① 제품원가, 기간비용
② 변동원가, 고정원가
③ 직접원가, 간접원가
④ 기초원가, 전환원가

12. 다음 중 변동비와 고정비에 대한 설명 중 잘못된 것은?
① 생산량이 증가함에 따라 총원가가 증가하는 원가를 변동비라고 한다.
② 생산량의 증감과는 관계없이 총원가가 일정한 원가를 고정비라고 한다.
③ 생산량의 증감과는 관계없이 제품의 단위당 변동비는 일정하다.
④ 생산량의 증감과는 관계없이 제품의 단위당 고정비는 일정하다.

13. 다음 중 원가에 대한 설명으로 틀린 것은?

① 노무비 : 제품 제조를 위하여 투입된 노동력에 대한 대가
② 혼합비 : 직접비의 성격과 간접비의 성격이 혼합된 원가
③ 변동비 : 조업도가 증가함에 따라 총원가가 비례적으로 증가되는 원가
④ 고정비 : 조업도가 증가함에 따라 단위당 원가가 감소되는 원가

14. 다음 중 원가의 분류에 대한 설명 중 틀린 것은?

① 조업도가 증가하는 경우 총고정비와 단위당고정비는 일정하다.
② 조업도가 증가하는 경우 총원가가 증가하지만 조업도가 0인 경우에도 일정액이 발생하는 원가를 준변동비 또는 혼합비라고 한다.
③ 임금, 급여, 상여금 등 명칭에 불구하고 제품제조를 위해 투입된 노동력에 대하여 지급된 원가를 노무비라고 한다.
④ 여러 종류의 제품제조를 위하여 공통적으로 소비되어 특정 제품에 추적할 수 없는 원가를 간접원가라고 한다.

15. 과자를 만들 때 과자 10개당 포장지 한 개가 소요된다고 한다면 포장지 재료비의 원가행태를 그래프로 가장 적절하게 표현한 것은? (x : 과자생산량, y : 포장지 재료원가)

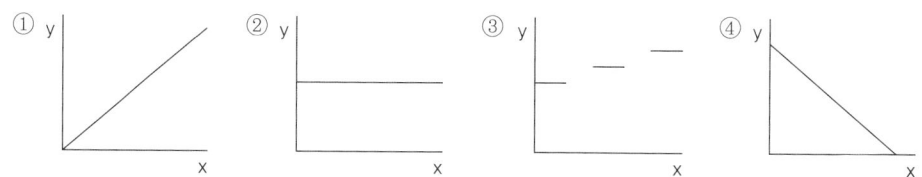

16. 다음 표에 보이는 원가행태와 관련한 설명으로 잘못된 것은?

조업도(시간)	10	20	30
총원가(원)	100,000	100,000	100,000

① 조업도 수준에 관계없이 관련범위 내에서 원가총액은 항상 일정하다.
② 생산량이 증가할수록 단위당 원가부담액은 감소한다.
③ 상기와 같은 원가행태에 속하는 예로는 전력비나 임차료가 있다.
④ 제품 제조과정에서 가공비로 분류된다.

17. 다음은 (주)강남의 제품 한 개에 대한 원가이다. 자료를 보고 (주)강남의 2025년도 제품 단위당 변동제조원가를 구하시오.

- 판매가격 : 1,500원
- 직접재료비 : 500원
- 직접노무비 : 300원(시간당 노무비는 100원)
- 변동제조간접비 : 시간당 30원이 발생

① 800원   ② 830원   ③ 890원   ④ 930원

18. 다음 중 기본원가이면서 전환원가에 해당되는 것은?

① 직접노무비   ② 제조간접비   ③ 간접재료비   ④ 직접재료비

19. 다음 자료에 의하여 제조원가를 계산하면?

| ■ 판매부서급료 : 20,000원 | ■ 공장장급료 : 30,000원 | ■ 대손상각비 : 20,000원 |
| ■ 본사건물보험료 : 30,000원 | ■ 제품외주가공비 : 15,000원 | ■ 기계감가상각비 : 20,000원 |

① 60,000원　　　② 65,000원　　　③ 75,000원　　　④ 80,000원

20. 다음 중 일반적인 제조기업의 원가계산흐름을 바르게 설명한 것은?

① 부문별 원가계산 → 요소별 원가계산 → 제품별 원가계산
② 부문별 원가계산 → 제품별 원가계산 → 요소별 원가계산
③ 요소별 원가계산 → 부문별 원가계산 → 제품별 원가계산
④ 요소별 원가계산 → 제품별 원가계산 → 부문별 원가계산

◆ 해설 ◆

01. 재무회계는 일반적으로 인정된 회계원칙에 의하여 작성되어야 하나 원가회계는 일정한 원칙이 없다.
03. ①의 경우는 관련원가의 의미이다. 매몰원가란 이미 발생된 원가로 현재의 의사결정에는 아무런 영향을 미치지 못하는 원가를 말한다.
04. 가공원가는 직접노무비와 제조간접비를 합한 금액이다.
05. 직접재료비와 직접노무비는 변동비에 해당하며, 제조간접비는 변동비와 고정비가 동시에 발생하는 것이 일반적이다.
06. 제품 매출대금에서 발생된 대손금은 판매관리비로 처분된다.
07. 생산라인에 직접 투입되지 않는 공장장의 임금은 간접노무비로 분류한다.
08. ■ 기본원가 : 직접재료비, 직접노무비　　■ 가공비 : 직접노무비, 제조간접비
09. ① 손익계산서상의 제품매출원가에 해당한다.
　　② 변동비 및 고정비 모두 해당한다.
　　③ 재공품 계정으로 대체된다.
12. 생산량에 증감에 따라 제품의 단위당 고정비는 변동한다.
13. 혼합비(준변동비)란 고정비와 변동비가 혼합된 원가를 의미하므로, 조업도가 0인 경우에도 일정액이 발생하며 조업도가 증가함에 따라서 총원가가 비례적으로 증가되는 원가를 말한다.
14. 조업도 증가시 총고정비는 일정하지만, 단위당고정비는 체감한다.
15. 지문은 준고정비에 대한 내용이므로 ③의 그래프가 해당한다. ①은 변동비, ②는 고정비에 대한 그래프이다.
16. 전력비는 변동비와 고정비의 성격을 동시에 지니고 있어 상기(고정비)의 내용과는 거리가 멀다.
17. 직접재료비 500원 + 직접노무비 300원 + 변동제조간접비 90원(30 × 3시간) = 890원
18. 기본원가(직접재료비와 직접노무비)이면서 전환원가(가공비 = 직접노무비와 제조간접비)는 직접노무비이다.
19. 제조원가 = 공장장급료 + 제품외주가공비 + 기계감가상각비
　　　　　 = 30,000원 + 15,000원 + 20,000원 = 65,000원

◆ 정답 ◆

| 01. ③ | 02. ④ | 03. ① | 04. ② | 05. ② | 06. ③ | 07. ② | 08. ① | 09. ③ | 10. ② |
| 11. ② | 12. ④ | 13. ② | 14. ① | 15. ③ | 16. ③ | 17. ③ | 18. ① | 19. ② | 20. ③ |

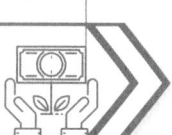

CHAPTER 02 제조업의 원가흐름

1. 제조기업의 원가계산 흐름

재료비, 노무비, 제조경비계정에서 월차손익계정까지 일련의 원가 관련 계정의 대체과정을 원가의 흐름이라 한다.

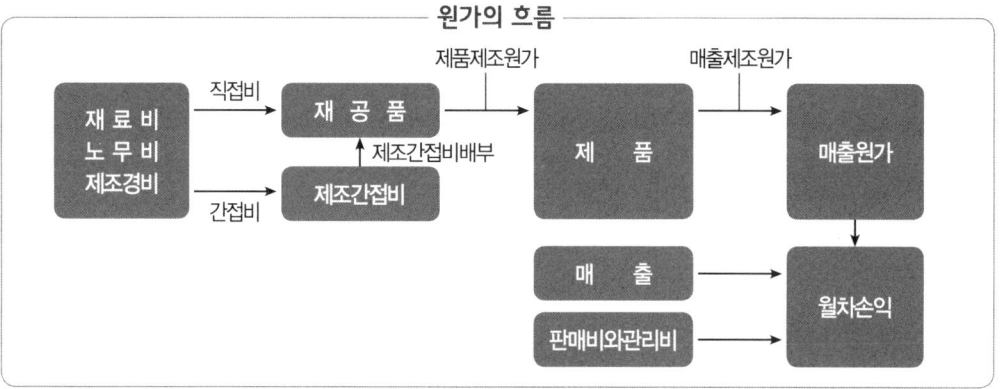

구 분	계산구조
직접원가	직접재료비 + 직접노무비 + 직접제조경비
제조간접비	간접재료비 + 간접노무비 + 간접제조경비
당월총제조원가	직접재료비 + 직접노무비 + 직접제조경비 + 제조간접비
당월완성품제조원가	월초재공품재고액 + 당월총제조원가 − 월말재공품재고액
매출원가	월초제품재고액 + 당월완성품제조원가 − 월말제품재고액

2. 재료비

제품의 제조를 위하여 소비된 재료의 가치를 의미한다.

1 재료비의 분류

(1) 제조활동의 사용형태에 따른 분류

구 분	내 용
주요재료비	제품의 주요부분을 구성하는 재료비 ⑩ 가구제조업의 목재, 기계제조업의 철판 등
보조재료비	제품의 제조과정에서 보조적으로 소비되는 재료비 ⑩ 가구제조의 페인트, 제과업의 포장재료, 기계제조업의 나사 등
부품비	별도의 가공과정을 거치지 않고 제품에 그대로 부착되어 그 제품의 구성부문이 되는 물품을 소비함으로써 발생하는 원가요소 ⑩ 가구제조업의 가구 장식품, 자동차제조업의 타이어 등
소모공구기구비품비	사용기간이 1년 이내인 소모성 공구와 기구 및 비품을 소비함으로써 발생하는 원가요소 ⑩ 망치, 스패너, 드라이버 등

(2) 제품과의 관련성에 따른 분류(추적가능성에 따른 분류)

구 분	내 용
직접재료비	특정 제품의 제조에만 소비된 재료비로 주요재료비와 부품비가 이에 해당한다.
간접재료비	둘 이상의 제품제조에 공통적으로 소비된 재료비로 보조재료비와 소모공구기구비품비가 이에 해당된다.

2 재료비소비액 계산

기초재료재고액 + 당월재료매입액 − 기말재료재고액 = 당월재료소비액

3 재료의 감모손실

재료의 기말재고수량을 조사한 결과 파손, 도난, 부패, 증발 등의 사유로 실제재고수량이 장부상의 재고수량보다 부족한 경우 그 차이를 재료감모손실이라 한다.

구 분	차 변		대 변	
재고감모손실 발생시	재료감모손실	×××	재 료	×××
감모손실이 정상적일 때	제조간접비	×××	재료감모손실	×××
감모손실이 비정상적일 때	손익(영업외비용)	×××	제조간접비	×××

3. 노무비

제품의 제조를 위하여 노동력을 소비함으로써 발생한 원가요소를 말한다.

1 노무비의 분류

(1) 지급형태에 따른 분류

구 분	내 용
임 금	작업현장에서 직접 제조활동에 종사하는 생산직 근로자에게 지급하는 보수
급 료	생산현장이 아닌 사무직 종사자에게 지급하는 보수
잡 급	임시로 고용된 공장노무자에게 지급하는 보수
종업원제수당	비정기적으로 지급되는 보수로 상여금과 제수당

(2) 제품과의 관련성에 따른 분류(추적가능성에 따른 분류)

구 분	내 용
직접노무비	특징제품의 제조에만 직업하는 종업원에 대한 임금 예 작업현장에서 제품 제조에 직접종사하는 종업원의 임금
간접노무비	둘 이상의 제품의 제조에 공통으로 작업하는 종업원의 임금 예 수리공, 운반공 등과 같이 여러 제품생산에 노동력을 제공한 임금

2 노무비소비액 계산

당월지급액 + 전월선급액 + 당월미지급액 − 전월미지급액 − 당월선급액 = 당월노무비소비액

다음 자료에 의하여 당월의 노무비 지급액을 계산하시오.

- 당월 노무비 소비액 480,000원
- 전월말 노무비 미지급액 20,000원
- 당월말 노무비 미지급액 30,000원

【해설】

- 노무비 소비액 = 당월지급액 + 당월미지급액 − 전월미지급액
  480,000원 = 당월지급액 + 30,000원 − 20,000원
  ∴ 노무비지급액 470,000원

4. 제조경비

제품의 제조를 위하여 소비된 원가요소 중 재료비와 노무비를 제외한 원가요소를 말한다.

1 제조경비의 분류

(1) 발생형태에 따른 분류 및 제조경비 소비액 계산

구 분	내 용
월할경비	① 1년 또는 일정기간분을 총괄하여 일시에 지급되는 제조경비 　예 임차료, 보험료, 감가상각비, 세금과공과, 특허권사용료 등 ② 월할제조경비는 일괄지급된 제조경비 중 월별할당액을 계산하여 이 금액을 소비액으로 계상한다. 　　　　당월소비액 = 발생금액 ÷ 해당개월 수
측정경비	① 계량기에 의하여 소비액을 측정하는 제조경비 　예 전력비, 가스수도료 등 ② 측정경비 소비액 　　　　당월소비액 = 당월사용량 × 단위당가격

구 분	내 용
지급경비	① 매월의 소비액을 그 달에 지급하는 제조경비 　　예 수선비, 운반비, 외주가공비 등 ② 지급경비 소비액 당월소비액 = 당월지급액 + (전월선급액 + 당월미지급액) − (당월선급액 + 전월미지급액) 제조경비 전월 선급액　×××　｜　전월미지급액　××× 당월 지급액　×××　｜　당월 소비액　××× 당월미지급액　×××　｜　당월 선급액　×××
발생경비	현금의 지출없이 발생하는 제조경비 　　예 재료감모손실

수도광열비에 대한 자료가 다음과 같다. 당월의 수도광열비 소비액은 얼마인가?

- 당월지급액 : 5,000원
- 당월선급액 : 3,000원
- 전월미지급액 : 1,000원
- 당월미지급액 : 4,000원
- 전월선급액 : 2,000원

【해설】
- 당월소비액 = 당월지급액 + (전월선급액 + 당월미지급액) − (당월선급액 + 전월미지급액)
  = 5,000원 + (2,000원 + 4,000원) − (3,000원 + 1,000원) = 7,000원

(2) 제품과의 관련성에 따른 분류(추적가능성에 따른 분류)

구 분	내 용
직접제조경비	특정제품의 제조에만 직접 소비된 경비 　　예 특허권사용료, 외주가공비, 특정제품의 설계비 등
간접제조경비	여러 제품의 제조에 공통으로 소비된 경비로 대부분의 제조경비가 여기에 해당한다.

5. 재공품

재공품이란 생산과정 중에 있는 미완성품 재고자산을 말한다. 재공품계정은 제조원가의 흐름과 관련하여 중요한 계정으로 당기총제조원가가 재공품계정 차변에 투입되고 당기에 제품이 완성되면 당기제품제조원가인 제품으로 대체된다.

	재공품		
기초재공품	×××	당기제품제조원가 ×××	⇨ 재무상태표 제품계정 차변에 대체
직접재료비	×××		
직접노무비	×××		
제조간접비	×××	기말재공품 ×××	⇨ 재무상태표상의 재공품

1 당기총제조원가

당기총제조원가는 당기에 발생한 직접재료비, 직접노무비, 제조간접비의 합계액을 말한다.

당기총제조원가 = 직접재료비 + 직접노무비 + 제조간접비

2 당기제품제조원가

당기제품제조원가는 당기에 완성된 완성품의 원가로 기초재공품재고액에 당기총제조원가를 합계한 후 기말재공품재고액을 차감한 금액으로 한다.

당기제품제조원가 = 기초재공품재고액 + 당기총제조원가 − 기말재공품재고액

다음의 자료로 당기총제조원가를 구하시오.

ㄱ 당기에 직접재료를 5,000,000원에 구입하였다.
ㄴ 당기에 발생한 직접노무원가는 3,500,000원이다.
ㄷ 제조간접원가는 2,000,000원이 발생하였다.
ㄹ 기초원재료재고는 500,000원이고 기말원재료재고는 2,000,000원이다.

【해설】
- 직접재료비 = 기초원재료재고 + 당기매입원재료 − 기말원재료재고
  = 500,000원 + 5,000,000원 − 2,000,000원 = 3,500,000원
- 당기총제조원가 = 직접재료원가 + 직접노무원가 + 제조간접원가
  = 3,500,000원 + 3,500,000원 + 2,000,000원 = 9,000,000원

6. 제품

제품이란 생산과정이 완료되고 판매를 위해 보유하고 있는 완성품을 말한다. 제품계정은 당기에 완성된 제품의 원가로 당기제품제조원가에 집계되어 제품계정 차변에 대체되고, 당기에 판매된 제품의 원가는 매출원가로 대체된다.

제 품				
기초제품	×××	제품매출원가	×××	⇨ 손익계산서 매출원가계정 차변에 대체
당기제품제조원가	×××	기말제품	×××	⇨ 재무상태표상의 제품

1 매출원가

매출원가는 당기에 판매한 제품의 원가로 기초제품재고액에 당기제품제조원가를 합계한 후 기말제품재고액을 차감한 금액으로 한다.

제품매출원가 = 기초제품재고액 + 당기제품제조원가 − 기말제품재고액

7. 제조원가의 회계처리

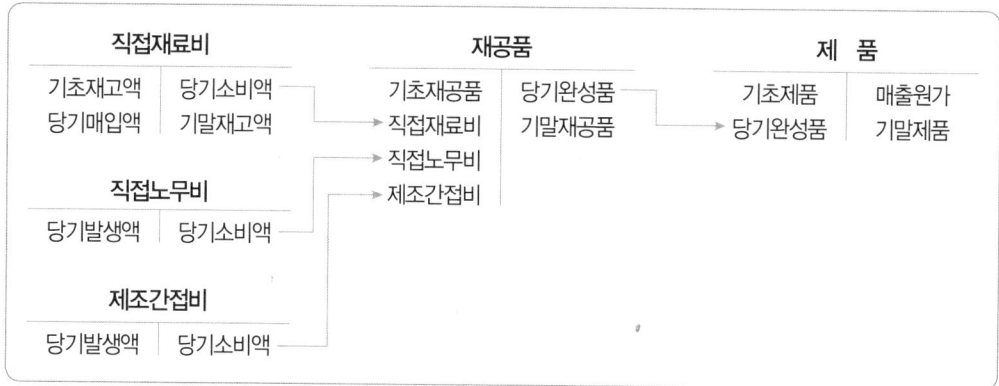

구 분	차 변		대 변	
원재료 등을 현금으로 구입한 경우	원재료 등	×××	현 금	×××
임금 등을 현금으로 지급한 경우	임 금 등	×××	현 금	×××
각종 제조경비를 현금으로 지급한 경우	각종경비	×××	현 금	×××
원재료를 작업 현장에 출고한 경우	재 료 비	×××	원 재 료	×××
재료비 소비액	재 공 품	×××	재 료 비	×××

구 분		차 변		대 변	
임금(노무비) 소비액		재 공 품	×××	임 금	×××
각종 제조경비 소비액		재 공 품	×××	각종경비	×××
완성품원가를 제품계정에 대체		제 품	×××	재 공 품	×××
제품을 외상으로 매출한 경우	원가대체	제품매출원가	×××	제 품	×××
	매가대체	외상매출금	×××	제품매출	×××
외상대금을 현금으로 회수한 경우		현 금	×××	외상매출금	×××

(주)배움의 당기총제조원가, 당기제품제조원가 및 제품매출원가를 계산하시오.

[당해 원가자료]
- 원재료매입액 400,000원
- 직접노무비 800,000원
- 제조간접비 700,000원

구 분	기초재고	기말재고
원재료	140,000원	150,000원
재공품	150,000원	200,000원
제 품	250,000원	350,000원

【해설】

```
          원재료                                     재공품
기초   140,000  소비    390,000      기초       150,000  제품제조원가  1,840,000
매입   400,000  기말    150,000      직접재료비  390,000  기말          200,000
       540,000          540,000      직접노무비  800,000
                                     제조간접비  700,000
                                                2,040,000              2,040,000

           제 품
기초        250,000  제품매출원가  1,740,000
제품제조원가 1,840,000  기말            350,000
           2,090,000                2,090,000
```

① 당기총제조원가 = 직접원가 + 제조간접비
   = 390,000원 + 800,000원 + 700,000원 = 1,890,000원
② 당기제품제조원가 = 기초재공품재고액 + 당기총제조원가 − 기말재공품재고액
   = 150,000원 + 1,890,000원 − 200,000원 = 1,840,000원
③ 제품매출원가 = 기초제품재고액 + 당기제품제조원가 − 기말제품재고액
   = 250,000원 + 1,840,000원 − 350,000원 = 1,740,000원

8. 제조원가명세서

당기에 제품제조를 위하여 제조공정에 투입된 생산요소와 재공품계정의 증감을 일목요연하게 보여주는 손익계산서의 부속명세서이다.

제조원가명세서

(주)배움　　　2025년 1월 1일부터 2025년 12월 31일까지　　　(단위 : 원)

과　목	금　액	
재　료　비		390,000
1.기 초 원 재 료 재 고 액	140,000	
2.당 기 원 재 료 매 입 액	400,000	
3.기 말 원 재 료 재 고 액	(150,000)	
노　무　비		800,000
제 조 간 접 비		700,000
1.감 가 상 각 비	400,000	
2.전　력　비	200,000	
3.수 선 유 지 비	100,000	
당 기 총 제 조 비 용		1,890,000
기 초 재 공 품 재 고 액		150,000
합　계		2,040,000
기 말 재 공 품 재 고 액		(200,000)
당 기 제 품 제 조 원 가		1,840,000

손 익 계 산 서

(주)배움　　　2025년 1월 1일부터 2025년 12월 31일까지　　　(단위 : 원)

과　목	금　액	
매　출　액		×××
매 출 원 가		1,740,000
기 초 제 품 재 고 액	250,000	
당 기 제 품 제 조 원 가	1,840,000	
기 말 제 품 재 고 액	(350,000)	
매 출 총 이 익		×××
판 매 관 리 비		×××
영 업 이 익		×××
⋮	⋮	

다음 중 제조원가명세서를 작성하기 위하여 필요하지 않은 것은?

① 당기 직접노무원가 발생액　② 당기 기말제품 재고액　③ 당기 직접재료 구입액　④ 당기 직접재료 사용액

【해설】

정답 : ②
당기 기말제품재고액은 손익계산서에서 매출원가를 산출하는데 필요한 자료이므로 제조원가명세서와는 상관없는 자료이다.

실무이론

01. 다음 중 원가에 관한 설명 중 가장 적절하지 않은 것은?

① 재공품이란 생산 중에 있는 미완성품을 말한다.
② 공장의 전화요금을 정액제로 가입하면 이는 고정원가에 해당된다.
③ 기초원가란 재료비와 노무비를 합한 금액을 말한다.
④ 개별원가계산은 서로 다른 종류의 제품을 주문 생산하는 경우에 적합하다.

02. 다음 자료를 보고 당기에 투입된 원재료원가를 계산하면 얼마인가?

■ 당기 원재료 매입액	10억원
■ 기초대비 당기말 원재료재고 증가액	3억원
■ 당기 총 제조원가	13억원

① 7억원　　② 10억원　　③ 13억원　　④ 16억원

03. 다음 중 당월에 발생한 재료비 중 간접재료비 100,000원을 대체하는 분개로 맞는 것은? 다만, 당사는 재료비 계정을 설정하여 회계처리를 하고 있다.

① (차변) 재료비　　100,000원　　(대변) 원재료　　100,000원
② (차변) 제조간접비　100,000원　　(대변) 재공품　　100,000원
③ (차변) 원재료　　100,000원　　(대변) 제조간접비　100,000원
④ (차변) 제조간접비　100,000원　　(대변) 재료비　　100,000원

04. 다음 중 재공품계정의 대변에 기입되는 사항은?

① 제조간접비 배부액　　　② 직접재료비 소비액
③ 당기 제품제조원가　　　④ 재공품 전기이월액

05. 다음 중 제조원가명세서의 당기제품제조원가에 영향을 미치지 않는 회계거래는?

① 당기에 투입된 원재료를 과소계상 하였다.
② 당기의 기말재공품원가를 과소계상 하였다.
③ 공장 직원의 복리후생비를 과대계상 하였다.
④ 기초의 제품원가를 과대계상 하였다.

06. 다음 자료를 이용하여 당기제품제조원가를 구하면 얼마인가?

- 기초원재료재고 : 70,000원
- 기말원재료재고 : 40,000원
- 당기원재료매입액 : 200,000원
- 직접노무비 : 150,000원
- 제조간접비 : 100,000원
- 기초재공품재고 : 80,000원
- 기말재공품재고 : 100,000원
- 기초제품재고 : 60,000원
- 기말제품재고 : 150,000원

① 460,000원　② 470,000원　③ 390,000원　④ 480,000원

07. 다음 자료에 의하여 제품매출원가를 구하면?

- 기초재공품원가 : 50,000원
- 기말재공품원가 : 70,000원
- 당기제품제조원가 : 300,000원
- 기초제품원가 : 100,000원
- 기말제품원가 : 50,000원

① 150,000원　② 250,000원　③ 350,000원　④ 370,000원

08. 삼일(주)는 악기를 제조하고 있는 회사이다. 당 회사의 2025년 원가는 다음과 같다. 다음 자료를 참고하여 2025년말 제품재고액을 구하라.

(1) 재무상태표상 금액

	2024년말	2025년말
원재료	?	?
재공품	12,000원	15,000원
제 품	26,000원	?

(2) 제조원가명세서와 손익계산서상의 금액
- 직접노무비 21,000원
- 제조간접비 8,000원
- 직접재료비 26,000원
- 제품매출원가 60,000원

① 15,000원　② 16,000원　③ 18,000원　④ 20,000원

09. 다음은 세무(주)의 당월 원가자료이다. 세무(주)는 당기총제조원가(비용)에 당월 판매비와관리비를 가산하여 판매원가를 계산하고 있다. 자료에 의하여 판매원가에 포함된 판매비와관리비를 계산하면 얼마인가?

- 직접재료비 3,000,000원 ■ 제조간접비 3,000,000원 ■ 직접노무비 2,000,000원 ■ 판매원가 11,000,000원

① 1,700,000원　② 3,000,000원　③ 3,700,000원　④ 4,700,000원

10. 당기의 기말재공품이 기초재공품보다 더 큰 경우에 대한 상황을 가장 적절하게 설명한 것은?

① 당기총제조비용이 당기제품제조원가보다 클 것이다.
② 당기총제조비용이 당기제품제조원가보다 작을 것이다.
③ 당기제품제조원가가 매출원가보다 클 것이다.
④ 당기제품제조원가가 매출원가보다 작을 것이다.

11. 다음 중 제조원가명세서에서 확인할 수 없는 내용은?

① 기말 원재료 재고액 ② 재공품에 투입된 가공비
③ 기말 재공품 재고액 ④ 기말 제품 재고액

12. 제조원가명세서와 손익계산서 및 재무상태표와의 관계에 대한 설명이다. 다음 중 설명이 틀린 것은?

① 제조원가명세서의 기말원재료재고액은 재무상태표의 원재료계정에 계상된다.
② 제조원가명세서의 기말재공품의 원가는 재무상태표의 재공품계정으로 계상된다.
③ 제조원가명세서의 당기제품제조원가는 손익계산서의 매출원가에 계상된다.
④ 손익계산서의 기말제품재고액은 재무상태표의 제품계정금액과 같다.

13. 다음의 요약 제조원가명세서에 대한 설명으로 틀린 것은?

	과 목	금 액(단위 : 원)
I	재료비	140,000
	기초재료재고액	10,000
	당기재료매입액	160,000
	기말재료재고액	30,000
II	노무비	180,000
III	경 비	150,000
IV	당기총제조비용	(?)
V	기초재공품원가	20,000
VI	기말재공품원가	40,000
VII	(㉮)	(?)

① 재무상태표에 반영될 기말재고자산가액은 50,000원이다.
② 손익계산서상 매출원가계산시 반영되는 금액은 450,000원이다.
③ 당기총제조비용은 470,000원이다.
④ ㉮의 과목은 당기제품제조원가이다.

14. 2024년 1월 5일 영업을 시작한 A회사는 2024년 12월 31일에 원재료 재고 5,000원, 재공품 재고 10,000원, 제품 재고 20,000원을 가지고 있었다. 2025년에 영업실적이 부진하자 이 회사는 2025년 6월에 원재료와 재공품 재고를 남겨두지 않고 제품으로 생산한 후 싼 가격으로 처분하고 공장을 폐쇄하였다. 이 회사의 2025년 원가를 큰 순서대로 나열한 것은?

① 매출원가, 제품제조원가, 총제조원가 ② 매출원가, 총제조원가, 제품제조원가
③ 총제조원가, 제품제조원가, 매출원가 ④ 모두 같음

┤해설├

01. 기초원가는 직접재료비와 직접노무비를 합한 금액이다.
02. 재료비소비액 = 기초원재료재고액 + 당기원재료매입액 − 기말원재료재고액
    = 10억원 − 3억원 = 7억원
03. 재료비 계정에 집계된 당기 재료비 중 간접재료비는 제조간접비 계정 차변으로 대체된다.

04. 재공품계정 대변에는 제품제조원가와 기말재공품이 기입된다.
05. 기초의 제품원가 계상 오류는 손익계산서의 제품매출원가에 영향을 미치나 당기제품제조원가에는 영향을 미치지 않는다.
06. ■ 원재료비 = 기초원재료재고액 + 당기원재료매입액 − 기말원재료재고액
                = 70,000원 + 200,000원 − 40,000원 = 230,000원
   ■ 당기총제조원가 = 직접재료비 + 직접노무비 + 제조간접비
                  = 230,000원 + 150,000원 + 100,000원 = 480,000원
   ■ 당기제품제조원가 = 기초재공품재고액 + 당기총제조원가 − 기말재공품재고액
                    = 80,000원 + 480,000원 − 100,000원 = 460,000원
07. ■ 제품매출원가 = 기초제품원가 + 당기제품제조원가 − 기말제품원가
       350,000원 = 100,000원 + 300,000원 − 50,000원
08. ■ 당기제품제조원가 = 12,000원 + (26,000원 + 21,000원 + 8,000원) − 15,000원 = 52,000원
   ■ 제품매출원가 = 26,000원 + 52,000원 − X = 60,000원   X = 18,000원
09. 판매원가 11,000,000원에서 제조원가 8,000,000원을 차감한 3,000,000원이 판매가에 포함될 판매비와관리비가 된다.
10. 기초재공품액 + 당기총제조원가 = 당기제품제조원가 + 기말재공품액
    따라서, 기초재공품액 < 기말재공품액 = 당기제품제조원가 < 당기총제조원가
11. 기말제품재고액은 손익계산서 및 재무상태표에서 확인이 가능하다.
12. 제조원가명세서의 당기제품제조원가는 손익계산서의 당기제품제조원가에 계상된다.
13. 재무상태표에 반영될 재고자산은 기말원재료와 기말재공품이다. 따라서 가액은 70,000원이다. 손익계산서상 매출원가계산시 반영되는 금액은 당기제품제조원가를 의미한다.
14. 매출원가 > 제품제조원가 > 총제조원가

원재료				재공품		
기초	5,000	사용	x + 5,000	기초	10,000	당기제품 제조원가 x + y + 15,000
당기매입	x	기말	0	재료비	x + 5,000	
				가공비	y	기말 0
	x + 5,000		x + 5,000		x + y + 15,000	x + y + 15,000

제 품			
기초	20,000	매출원가	x + y + 35,000
당기제품 제조원가	x + y + 15,000	기말	0
	x + y + 35,000		x + y + 35,000

■ 당기총제조원가 = x + y + 5,000원
■ 당기제품제조원가 = x + y + 15,000원
■ 매출원가 = x + y + 35,000원

정답

01. ③ 02. ① 03. ④ 04. ③ 05. ④ 06. ① 07. ③ 08. ③ 09. ② 10. ①
11. ④ 12. ③ 13. ① 14. ①

CHAPTER 03 원가의 배분

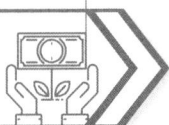

1. 원가배분

1 원가배분의 의의

원가배분이란 일정한 배부기준에 따라 공통비를 각 원가대상(원가집적대상)에 대응시키는 과정을 말한다. 원가대상(원가집적대상)이란 원가가 개별적으로 집적되는 활동이나 조직의 하부단위 등을 말한다. 즉, 원가를 부과할 수 있는 단위이면 그것이 제품이든 부문이든 모두 원가대상이 될 수 있다.

2 원가배분의 목적

경영자의 의사결정에 필요한 정보를 제공하기 위한 것이며, 아래와 같은 사항이다.
① 최적의 자원배분을 위한 경제적 의사결정
② 경영자와 종업원의 동기부여 및 성과평가
③ 외부보고를 위한 재고자산 및 이익의 측정
④ 제품가격결정 및 제품선택 의사결정

3 원가배분(원가배부)기준

구 분	내 용
인과관계기준	원가배분대상과 배분대상 원가간의 인과관계를 통하여 특정원가를 원가배분대상에 대응시키는 가장 이상적인 배분기준이며 공통원가의 발생원인에 근거하여 배분한다.
부담능력기준	원가배분대상인 제품이나 부문의 부담 능력을 기준으로 원가를 배분하는 방법이다. 즉, 보다 많은 수익을 올리는 원가배분대상이 공통비를 보다 더 부담할 능력을 지닌다는 가정하에 원가를 배분하는 방법이다.
수혜기준	원가배분대상이 공통비로부터 제공받는 경제적 효익의 정도에 비례하여 원가를 배분하는 기준으로 수익자부담원칙에 입각한 배분기준이다. 물량기준법에 의한 결합원가의 배분방법이 수혜기준에 의한 대표적인 예이다.
공정성과 공평성기준	배분기준의 포괄적인 원칙으로 공통원가를 원가배분대상에 배분하는 배분기준은 공정성과 공평성을 가져야 한다는 것이다.

2. 제조간접비 배부

1 제조간접비의 의의

간접재료비, 간접노무비, 간접제조경비 등과 같이 두 종류 이상의 제품을 제조하기 위하여 공통적으로 발생하는 원가요소를 말하며 각 제품에 직접 부과할 수 없는 원가이다. 따라서 제조간접비는 월 말에 전체발생액을 집계하고, 적당한 배부기준에 의하여 각 제품에 배부한다.

2 제조간접비의 배부방법

(1) 실제배부법(⇨ 실제개별원가계산)

실제배부법은 원가계산말에 실제로 발생한 제조간접비를 일정한 배부기준에 의해 각 제품에 배부하는 방법이다.

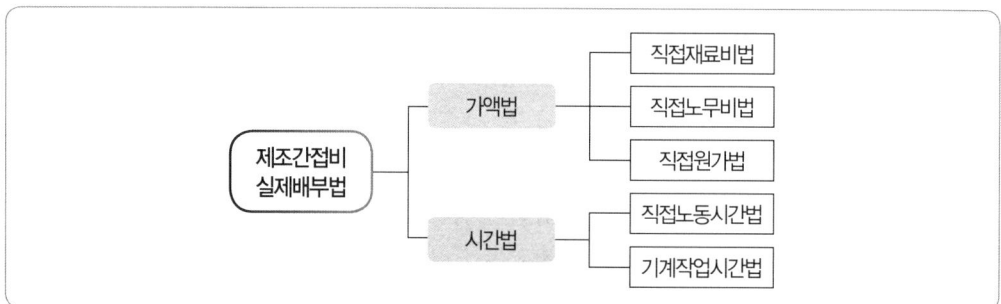

① 가액법

배부방법	실제배부율	제조간접비 배부액
직접재료비법	$\dfrac{\text{제조간접비 총액}}{\text{직접재료비 총액}}$	실제배부율 × 제품별 직접재료비
직접노무비법	$\dfrac{\text{제조간접비 총액}}{\text{직접노무비 총액}}$	실제배부율 × 제품별 직접노무비
직접원가법	$\dfrac{\text{제조간접비 총액}}{\text{직접원가 총액}}$	실제배부율 × 제품별 직접원가

② 시간법

제조간접비의 배부기준을 개별 제품의 제조에 투입된 직접노동시간이나 기계작업시간을 사용한다.

배부방법	실제배부율	제조간접비 배부액
직접노동시간법	$\dfrac{\text{제조간접비 총액}}{\text{총직접노동시간}}$	실제배부율 × 제품별 직접노동시간
기계작업시간법	$\dfrac{\text{제조간접비 총액}}{\text{총기계운전시간}}$	실제배부율 × 제품별 기계운전시간

다음 (주)배움의 5월분 원가자료에 의하여 직접재료비법, 직접노무비법, 직접원가법으로 배부율과 제조간접비 배부액을 계산하시오.

- 당월의 제조간접비 총액 700,000원
- 직접제조경비는 없다.

구 분	갑제품	을제품	합 계
직접재료비	2,000,000원	3,000,000원	5,000,000원
직접노무비	4,000,000원	1,000,000원	5,000,000원
제조간접비			700,000원

【해설】

직접재료비법	① 배부율	$\dfrac{700{,}000원}{5{,}000{,}000원} = 0.14$
	② 배부액	갑제품 : 2,000,000원 × 0.14 = 280,000원 을제품 : 3,000,000원 × 0.14 = 420,000원
직접노무비법	① 배부율	$\dfrac{700{,}000원}{5{,}000{,}000원} = 0.14$
	② 배부액	갑제품 : 4,000,000원 × 0.14 = 560,000원 을제품 : 1,000,000원 × 0.14 = 140,000원
직접원가법	① 배부율	$\dfrac{700{,}000원}{10{,}000{,}000원} = 0.07$
	② 배부액	갑제품 : 6,000,000원 × 0.07 = 420,000원 을제품 : 4,000,000원 × 0.07 = 280,000원

[제조간접비의 배부방법]
1단계 : 배부율을 구한다.
2단계 : 배부액을 구한다.

[예정원가계산의 필요성]
직접재료비나 직접노무비는 소비와 동시에 계산이 가능하지만 제조간접비의 배부계산은 원가계산이 기말에 이루어지게 된다. 그러한 이유 때문에 제품의 제조원가계산을 신속히 하기 위해서는 제조간접비의 예정배부가 필요하게 된다.

(2) 예정배부법(⇨ 정상개별원가계산)

예정배부법이란 연초에 미리 제조간접원가 예정배부율을 산정한 다음 제품의 완성시에 이 예정배부율을 사용하여 각각 제품에 배부할 제조간접원가 배부액을 결정하는 방법이다. 계절별로 제품의 생산량에 큰 차이를 보이는 냉·난방기, 청량음료 등의 제품을 제조하는 기업에서는 제조간접비의 실제배부법 보다는 예정배부법을 사용하여야 한다.

① 제조간접비 예정배부

- 제조간접비 예정배부율 = $\dfrac{\text{예정제조간접비 총액}}{\text{예정배부기준의 총계}}$
- 제조간접비 예정배부액 = 예정배부율 × 제품별 실제배부기준

직접작업시간법으로 계산한 제조지시서 #101의 제조간접비 예정배부액은 얼마인가?

- 연간 예정제조간접비 총액 : 100,000원
- 연간 예정직접작업시간 : 1,000시간
- 제조지시서별 실제작업시간 : #101 - 500시간, #201 - 300시간

① 20,000원   ② 30,000원   ③ 50,000원   ④ 100,000원

【해설】

정답 : ③
- 예정배부율 : 100,000원 ÷ 1,000시간 = 100원/직접작업시간당
- 예정배부액 : 100원 × 500시간 = 50,000원

② 제조간접비의 배부차이

정상개별원가계산은 제조간접비 예정배부율을 이용하여 제조간접비를 계산하나 외부보고 재무제표에는 실제발생액으로 제조간접비를 반영하므로 제조간접비 실제발생액과 예정배부액과의 차이를 조정해야 한다.

제조간접비 배부차이 = 실제발생액 - 예정배부액

발생한 제조간접비 배부차이를 조정하는 방법에는 비례배분법, 매출원가조정법, 영업외손익 등이 있다.

- ⊙ 비례배분법 : 제조간접비 배부차이를 기말재공품, 기말제품, 매출원가의 상대적 비율에 비례하여 배분하는 방법이다.
- ⓒ 매출원가 조정법 : 제조간접비 배부차이를 매출원가에 가감하는 방법이다.
- ⓒ 영업외손익법 : 제조간접비 배부차이를 영업외손익으로 처리하는 방법이다.

(주)배움의 제조간접비 예정배부율은 작업시간당 10,000원이다. 작업시간이 800시간이고, 제조간접비 배부차이가 1,000,000원 과대배부라면, 실제 제조간접비 발생액으로 맞는 것은?

① 6,000,000원　　② 7,000,000원　　③ 8,000,000원　　④ 9,000,000원

【해설】

정답 : ②

- 제조간접비 배부차이 = 실제발생액 − 예정배부액
  1,000,000원(과대) = ? − (10,000원 × 800시간) = 7,000,000원

3 제조간접비 회계처리

(1) 실제 제조간접비의 배부

제조간접비		
간접 재료비		
간접 노무비	① 재 공 품	
간접제조경비		

재 공 품	
월초 재공품	
직 접 원 가	
① 제조간접비	

구　분	차　변	대　변
① 제조간접비의 배부	재 공 품　×××	제조간접비　×××

(2) 제조간접비의 예정배부

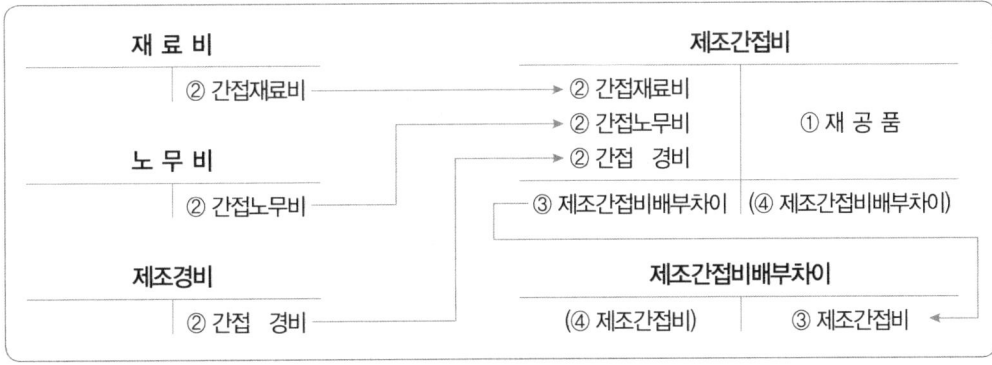

구 분	차 변		대 변	
① 제조간접비의 예정배부	재 공 품	×××	제조간접비	×××
② 제조간접비의 실제발생액	제조간접비	×××	재 료 비 노 무 비 제조경비	××× ××× ×××
③ 제조간접비차이(과대배부)	제조간접비	×××	제조간접비배부차이	×××
④ 제조간접비차이(과소배부)	제조간접비배부차이	×××	제조간접비	×××

(3) 제조간접비 배부차이 처리(매출원가법)

① 제조간접비 과대배부 : 실제발생액(70원) < 예정배부액(100원)

```
            제조간접비                        제조간접비배부차이
   실제발생액(70원)  |                    ② 매출원가(30원) | ① 제조간접비(30원)
                  | 예정배부액(100원)
   ① 제조간접비배부차이(30원) |
```

구 분	과대배부(실제발생액 < 예정배부액)			
	차 변		대 변	
① 배부차이 발생	제조간접비	30원	제조간접비배부차이	30원
② 매출원가에 대체	제조간접비배부차이	30원	매출원가	30원

② 제조간접비 과소배부 : 실제발생액(150원) > 예정배부액(100원)

```
              제조간접비                        제조간접비배부차이
                 | 예정배부액(100원)        ① 제조간접비(50원) | ② 매출원가(50원)
  실제발생액(150원)|
                 | ① 제조간접비배부차이(50원)
```

구 분	과소배부(실제발생액 > 예정배부액)			
	차 변		대 변	
① 배부차이 발생	제조간접비배부차이	50원	제조간접비	50원
② 매출원가에 대체	매출원가	50원	제조간접비배부차이	50원

(4) 제조간접비 배부차이 조정법

① 매출원가 조정법

제조간접비 배부차이를 매출원가에 가감하는 방법으로서 과소배부액은 매출원가에 가산하고 과대배부액은 매출원가에서 차감한다. 이 방법은 배부차이가 적을 경우에 한하여 적용되어야 한다. 왜냐하면 배부차이가 발생된 제조간접비 계정의 영향력을 받은 계정은 매출원가 외에 재공품, 제품 계정이 추가로 발생한다.

구 분	차 변	대 변
과대배부액 : 매출원가에서 차감 (실제발생액 < 예정배부액)	제조간접비배부차이 ×××	매출원가 ×××
과소배부액 : 매출원가에 가산 (실제발생액 > 예정배부액)	매출원가 ×××	제조간접비배부차이 ×××

② 영업외손익법

제조간접비 배부차이를 영업외손익으로 처리하는 방법으로서 과소배부액은 영업외비용으로, 과대배부액은 영업외수익으로 처리하게 된다. 영업외손익으로 처리하는 것은 이론상으로 문제점이 있다. 제조과정에서 실제제조간접비가 예상보다 적게 발생하였다고 해서 이를 수익으로 인식하는 것은 타당하지 못하다.

구 분	차 변	대 변
과대배부액 : 영업외수익 처리 (실제발생액 < 예정배부액)	제조간접비배부차이 ×××	배부차이이익 ××× (영업외수익)
과소배부액 : 영업외비용 처리 (실제발생액 > 예정배부액)	배부차이손실 ××× (영업외비용)	제조간접비배부차이 ×××

③ 비례배분법

비례배분법은 제조간접비 배부차이를 기말재고자산과 매출원가 계정의 상대적 비율에 따라 비례하여 배분하는 방법이다.

구 분	차 변	대 변
과대배부액 : 매출원가 및 재고자산 에서 차감 (실제발생액 < 예정배부액)	제조간접비배부차이 ×××	매출원가 ××× 제 품 ××× 재 공 품 ×××
과소배부액 : 매출원가 및 재고자산에 가산 (실제발생액 > 예정배부액)	매출원가 ××× 제 품 ××× 재 공 품 ×××	제조간접비배부차이 ×××

㉠ 총원가 비례배분법

제조간접비 배부차이를 기말재고자산과 매출원가 계정의 총원가(기말잔액)의 비율로 재공품, 제품, 매출원가 계정에 배분하는 방법이다. 배분시 기준이 되는 총원가에 직접재료비와 직접노무비가 포함되어 있어 제조간접비의 비율과 총원가의 비율이 차이가 날 경우에는 배부차이 배분에 왜곡이 발생하는 문제점이 있다.

㉡ 요소별 비례배분법

제조간접비 배부차이를 기말재고자산과 매출원가 계정에 포함된 원가요소(제조간접비의 배부액)의 비율에 따라 배분하는 방법이다. 논리적으로 가장 뛰어나지만 시간과 절차 비용이 많이 발생한다.

당사는 예정원가계산으로 제조간접비를 배부하고 있다. 당해연도에 과대배부액 1,000,000원이 발생하였다. 다음의 기말재고자산을 통하여 원가요소별 비례배분법에 따라 배분한 후의 기말재고자산의 재고액은?

구 분	재공품	제 품	매출원가
직접재료비	2,000,000원	1,200,000원	2,100,000원
직접노무비	3,000,000원	2,500,000원	1,800,000원
제조간접비	2,000,000원	5,000,000원	3,000,000원
합 계	7,000,000원	8,700,000원	6,900,000원

【해설】

- 과대배부액 중 재공품에 배분할 금액 : 200,000원 = 1,000,000원 × 2,000,000원/10,000,000원
- 과대배부액 중 제품에 배분할 금액 : 500,000원 = 1,000,000원 × 5,000,000원/10,000,000원
- 기말재공품 : 6,800,000원 = 7,000,000원 − 200,000원(과대배부 차감)
- 기말제품 : 8,200,000원 = 8,700,000원 − 500,000원(과대배부 차감)

실무이론

01. 제조간접비에 대한 설명으로서 틀린 것은?
① 제품에 배부되는 원가를 직접 추적할 수 없는 간접원가이다.
② 인과관계에 의한 배부기준 선택이 용이하다.
③ 실제원가배부법의 경우 동일한 제품에 매기 상이한 제품단위당 원가가 계산되는 단점이 있다.
④ 신속한 원가계산 및 제품판매가의 결정시 의사결정의 필요성에 따라 예정원가배부법이 적용된다.

02. 다음은 제조간접비 배부에 관한 내용이다. 옳지 않은 것은?
① 제조간접비란 두 종류 이상의 제품을 제조하기 위하여 공통적으로 발생하는 원가를 말한다.
② 제조간접비는 재료비, 노무비에서 발생되는 경우도 있다.
③ 제조간접비 배부방법 중 실제배부법은 제조간접비 실제 발생총액이 집계되어야 하므로 기중에 제조원가를 계산하기 불편한 점이 있다.
④ 제조간접비 배부차이는 반드시 제조원가에 반영되도록 해야 한다.

03. 다음 중 제조간접비 예정배부액의 계산 방법은?
① 제품별 배부기준의 실제발생액 × 예정배부율
② 제품별 배부기준의 실제발생액 × 실제배부율
③ 제품별 배부기준의 예정발생액 × 예정배부율
④ 제품별 배부기준의 예정발생액 × 실제배부율

04. (주)세무는 직접원가를 기준으로 제조간접비를 배부한다. 다음 자료에 의해 작업지시서 No.1의 제조간접비 배부액은 얼마인가?

	공장전체발생원가	작업지시서 No.1
직접재료비	1,000,000원	300,000원
직접노무비	1,500,000원	400,000원
기계 시간	150시간	15시간
제조간접비	7,500,000원	( )

① 700,000원　② 2,100,000원　③ 3,000,000원　④ 3,651,310원

05. 다음 자료에 의하여 제조간접비 배부액과 제조원가를 구하시오. 단, 제조간접비는 기계작업시간을 기준으로 예정배부한다.

- 제조간접비 총액(예정) : 3,000,000원
- 직접노무비 : 4,000,000원
- 직접재료비 : 1,500,000원
- 실제기계작업시간 : 8,000시간
- 예정 기계작업시간 : 10,000시간

	제조간접비 배부액	제조원가
①	2,400,000원	7,900,000원
②	2,400,000원	8,500,000원
③	3,000,000원	7,900,000원
④	3,000,000원	8,500,000원

06. (주)한국의 제조간접비 예정배부율은 "1,000원/직접노동시간"이며, 실제발생한 제조간접비는 3,100,000원이다. 당기의 제품제조와 관련한 자료가 다음과 같을 때 제조간접비 배부차이를 구하시오.

구 분	작업1	작업2	계
직접재료비	2,500,000원	2,000,000원	4,500,000원
직접노무비	1,000,000원	500,000원	1,500,000원
직접노동시간	2,000시간	1,000시간	3,000시간

① 100,000원(과소배부) ② 100,000원(과대배부)
③ 200,000원(과소배부) ④ 200,000원(과대배부)

07. 간접재료비 50,000원, 간접노무비 30,000원, 간접경비 20,000원이 실제로 발생하였으며, 제조간접비 배부차이는 5,000원을 과소배부하였다면 제조간접비 예정배부액은 얼마인가?

① 150,000원 ② 105,000원 ③ 100,000원 ④ 95,000원

08. (주)산호드림의 제조간접비 예정배부율은 작업시간당 5,000원이다. 작업시간이 800시간이고, 제조간접비 배부차이가 500,000원 과대배부라면, 실제 제조간접비 발생액은 얼마인가?

① 3,500,000원 ② 4,000,000원 ③ 4,500,000원 ④ 5,000,000원

09. 다음 분개내용을 바르게 추정한 것은?

| (차변) 제조간접비 125,000원   (대변) 제조간접비배부차이 125,000원 |

① 제조간접비 실제소비액이 예정배부액보다 125,000원 적다.
② 제조간접비 예정배부액이 실제소비액보다 125,000원 적다.
③ 제조간접비 실제소비액은 125,000원이다.
④ 제조간접비 예정배부액은 125,000원이다.

10. 강남상사는 개별원가계산제도를 채택하고 있다. 5월 중 원장의 재공품계정에는 다음과 같은 사항이 기록되어 있다. 강남상사는 직접노무비의 70%를 제조간접비로 배부하고 있다. 5월 말에 아직 가공 중에 있는 유일한 작업인 제조명령서 101호에는 직접노무비 1,000원이 발생되었다. 제조명령서 101호에 부과될 직접재료비는 얼마인가?

- 5월 1일 : 잔액 3,000원
- 5월 2일 : 직접재료비 투입 10,000원
- 5월 3일 : 직접노무비 투입 6,000원
- 5월 4일 : 제조간접비 투입 4,200원
- 5월 31일 : 제품계정으로 대체 20,000원

① 1,000원   ② 1,500원   ③ 2,000원   ④ 3,000원

11. 제조간접비가 과소배부 되었다면, 다음 설명 중 옳은 것은?
① 실제제조간접비는 예정제조간접비보다 적다.
② 재공품에 배부된 제조간접비는 실제제조간접비 발생액보다 적다.
③ 예정배부율이 너무 높게 설정되었기 때문이다.
④ 제조간접비 통제계정이 기말에 대변잔액이 발생하였다.

12. 다음 내용은 개별원가계산의 제조간접비에 관한 내용이다. 가장 옳지 않은 것은 무엇인가?
① 제조간접비의 예정배부액이 실제 발생액보다 작은 경우가 발생할 수 있으며, 이때에는 과소배부액이 발생한다.
② 제조간접비의 배부율은 공장전체배부율을 적용할 수도 있고, 부문별로 적용할 수도 있다.
③ 재료비는 직접원가이므로 제조간접비를 구성하지 않는다.
④ 제조간접비의 배부율은 노동시간 또는 기계시간 등 가장 합리적인 기준을 적용할 수 있다.

해설

01. 제조간접비는 인과관계에 따라 제품원가의 추적이 불가능하여 다양한 원가배부방법이 존재한다.

02. 제조간접비 배부차이의 조정시 회계처리 방법에는 매출원가조정법, 비례배분법, 영업외손익법이 있다. 따라서 제조간접비 배부차이를 영업외손익으로도 처리 가능하다.

03. ■ 예정배부율 = 제조간접비 연간예산액 ÷ 예정배부기준
　　■ 예정배부액 = 배부기준의 실제발생액 × 예정배부율

04. ■ 제조간접비 배부율 = 제조간접비/직접원가 = 7,500,000원/2,500,000원 = @₩3/직접원가
　　■ 제조간접비 배부액 = 700,000원 × @3원 = 2,100,000원

05. ■ 예정배부율 = 3,000,000원 / 10,000시간 = 1시간당 300원
　　■ 제조간접비 배부액 = 300원 × 8,000시간 = 2,400,000원
　　■ 제조원가 = 1,500,000원 + 4,000,000원 + 2,400,000원 = 7,900,000원

06. 예정배부액 : (작업1) 1,000원 × 2,000시간 = 2,000,000원
　　　　　　　　(작업2) 1,000원 × 1,000시간 = 1,000,000원
　　　　합　계　　　　　　　　　　　　　　　3,000,000원
　　실제발생액　　　　　　　　　　　　　　　3,100,000원
　　과소배부액　　　　　　　　　　　　　　　　100,000원

07. ■ 예정배부액 > 실제발생액 → 과대배부액
　　■ 예정배부액 < 실제발생액 → 과소배부액
　　■ 실제발생액 50,000원 + 30,000원 + 20,000원 = 100,000원
　　　배부차이(과소)　　　　　　　　　5,000원
　　■ 예정배부액 = 실제발생액 100,000원 - 배부차이(과소) 5,000원 = 95,000원

08. 예정배부액(5,000원 × 800시간) - 과대배부액(500,000원) = 3,500,000원

09. 제조간접비 배부차이에 대한 회계처리이다.
　　■ 과대배부 : (차) 제조간접비　×××　　(대) 제조간접비배부차이　×××
　　■ 과소배부 : (차) 제조간접비배부차이　×××　　(대) 제조간접비　×××

10. 기초재공품 + 당기총제조원가 = 당기제품제조원가 + 기말재공품
　　3,000원 + (10,000원 + 6,000원 + 4,200원) = 20,000원 + (1,000원 + 700원 + 직접재료비)
　　따라서 직접재료비 = 1,500원

11. ① 실제제조간접비는 예정제조간접비보다 크다.
　　③ 예정배부율이 너무 낮게 설정되었기 때문이다.
　　④ 제조간접비 통제계정이 기말에 차변잔액이 발생한다.
　　　(차) 재공품(예정배부액)　×××　　(대) 제조간접비(실제발생액)　×××
　　　　제조간접비배부차이(과소배부액)　×××

12. 재료비는 직접비와 간접비 모두 있으므로 제조간접비를 구성할 수 있다.

정답

| 01. ② | 02. ④ | 03. ① | 04. ② | 05. ① | 06. ① | 07. ④ | 08. ① | 09. ① | 10. ② |
| 11. ② | 12. ③ | | | | | | | | |

CHAPTER 04 부문별 원가계산

1. 부문별 원가계산의 기초

1 부문별 원가계산의 의의

제품의 원가를 산정함에 있어 제조간접비(부문비)를 각 제품에 보다 더 정확하게 배부하기 위해 우선적으로 그 발생 장소인 부문별로 분류, 집계하는 절차를 말한다.

2 원가부문의 설정

구 분	내 용
제조부문	제품의 제조활동을 직접 담당하는 부분으로 절단부문, 조립부문 등이 있다.
보조부문	제품의 제조활동에 직접 참여하지 않고 제조부문의 제조활동을 보조하기 위하여 여러 가지 용역을 제공하는 부문으로 동력부문, 수선부문 등이 있다.

2. 부문별 원가계산의 절차

제조부문과 보조부문 등 부문별로 제조간접비를 집계하고 집계된 보조부문원가를 제조부문에 배분한 후 제조부문에서 발생한 제조간접비와 보조부문에서 배분된 원가를 합계하여 개별작업에 배부하는 단계를 거치게 된다.
① 제1단계 : 부문개별비(부문직접비)를 각 부문에 부과
② 제2단계 : 부문공통비(부문간접비)를 각 부문에 배부
③ 제3단계 : 보조부문비를 제조부문에 배부
④ 제4단계 : 제조부문비를 각 제품에 배부

3. 부문공통비의 배부

원가요소 소비액 중 특정 부문의 원가가 아닌 둘 이상의 부문에 공통으로 사용된 원가를 말하고 적절한 배부기준에 의하여 각각의 부문에 배부하는 방법을 부문공통비라 한다.
부문 공통비의 배분 시 적용되는 배부기준은 다음과 같다.

구 분	배 부 기 준
간접재료비	직접재료비
간접노무비	직접노무비, 직접작업시간, 직접작업의 종업원 수
건물감가상각비, 건물보험료	사용(점유)면적, 건물가액
기계장치감가상각비, 기계보험료	기계장치의 가액, 기계작업(운전)시간
임차료, 청소비	사용(점유)면적
전력비	전력사용량, 마력수 × 운전시간
가스비, 수도비	가스·수도의 사용량
수선비	수선횟수, 수선시간, 기계장치의 가액
복리후생비	종업원 수
재산세, 임차료, 화재보험료	토지 또는 건물의 가액, 면적

4. 보조부문비의 배부기준 및 방법

1 배부기준

보조부문	배 부 기 준
동력부문	사용전력량, 전기용량(Kw/h)
수선유지부문	수선횟수, 수선유지시간
검사부문	검사수량, 검사시간
구매부문	주문횟수, 주문비용
노무관리부문	종업원 수
공장사무부문	종업원 수

[보조부문을 제조부분으로 배분하는 이유]
① 정확한 원가계산   ② 보조부문용역의 과다소비 방지   ③ 외부구입에 관한 의사결정

2 배부방법

보조부문이 제조부문에만 용역을 제공하고 있다면 보조부문의 발생원가를 제조부문에 배분하는 업무는 어렵지 않으나 보조부분간 용역을 서로 주고 받은 경우에는 보조부분원가의 배부는 복잡해진다. 그러므로 보조부문 상호간의 용역수수관계를 어느 정도 고려하느냐에 따라 직접배부법, 단계배부법, 상호배부법으로 구분된다.

(1) 직접배부법

보조부문간의 용역의 수수관계를 완전히 무시하고, 각 제조부문이 사용한 용역의 상대적 비율에 따라 보조부문비를 제조부문에 직접 배분하는 방법이다.

즉, 보조부문비를 보조부문에는 전혀 배분하지 않고 직접 제조부문에 모두 배분하는 방법이며 계산이 간단하고 배부순서를 결정할 필요가 없다는 장점은 있으나, 보조부문 상호간의 용역수수관계를 무시하기 때문에 보조부문 상호간에 많은 용역을 주고 받는 경우에는 정확성이 떨어진다는 단점이 있다.

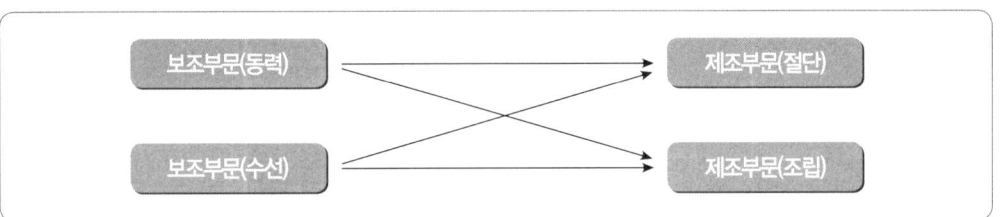

(주)배움의 다음 자료에 의하여 직접배부법으로 보조부문비배부표를 작성하시오. 다음 자료는 당월 중에 각 부분에서 발생한 제조간접비와 보조부문이 다른 부문에 제공한 용역의 양은 다음과 같다.

비 목	보조부문		제조부문		합 계
	동력부문	수선부문	절단부문	조립부문	
자기부문발생액	120,000원	80,000원	500,000원	400,000원	1,100,000원
제공한용역					
동력부문(Kw)	–	10,000	35,000	15,000	60,000
수선부문(시간)	300	–	450	550	1,300

【해설】

부문비배부표

비 목	배부기준	금 액	보조부문		제조부문	
			동력부문	수선부문	절단부문	조립부문
자기부문비		1,100,000원	120,000원	80,000원	500,000원	400,000원
보조부문비						
동력부문비	Kw/h	120,000원			84,000원	36,000원
수선부문비	수선시간	80,000원			36,000원	44,000원
보조부문합계		200,000원			120,000원	80,000원
제조부문비합계		1,100,000원			620,000원	480,000원

- **동력부문**

  절단부문 = 120,000원 × $\frac{35,000}{50,000}$ = 84,000원

  조립부문 = 120,000원 × $\frac{15,000}{50,000}$ = 36,000원

- **수선부문**

  절단부문 = 80,000원 × $\frac{450}{1,000}$ = 36,000원

  조립부문 = 80,000원 × $\frac{550}{1,000}$ = 44,000원

(2) 단계배부법

보조부문들간에 일정한 배분순위를 정한 다음, 그 배분순위에 따라 보조부문의 원가를 단계적으로 타보조부문과 제조부문에 배분하는 방법이며 **보조부문간 용역수수관계를 일부 인식하는 방법**이며, 일단 배분된 부문은 다시는 배분받지 못한다. 단계배부법은 보조부문 상호간의 용역수수관계를 일부 인식하여 배분한다는 장점은 있으나, 어느 보조부문원가부터 배분하는 가에 따라 제조부문에 집계되는 원가가 달라지므로 합리적인 배부순서 결정의 어려움이 있다. 또한, 배부순서 결정 오류 시 직접배부법 대비 정확성이 떨어지고 원가배분에 많은 시간이 필요하다는 단점이 있다.

[배부순서의 결정] ① 다른 보조부문에 대한 용역 제공비율이 큰 것부터
② 용역을 제공하는 다른 보조부문의 수가 많은 것부터
③ 발생원가가 큰 것부터

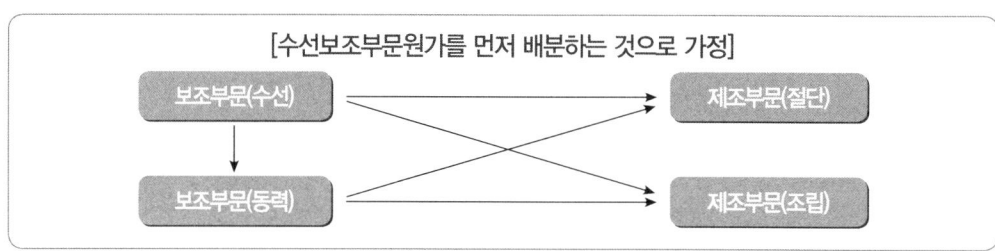

[수선보조부문원가를 먼저 배분하는 것으로 가정]

 예제

(주)배움의 다음 자료에 의하여 단계배부법으로 보조부문비배부표를 작성하시오. 다음 자료는 당월 중에 각 부분에서 발생한 제조간접비와 보조부문이 다른 부문에 제공한 용역의 양이며 수선부문비를 먼저 배부하는 것으로 한다.

비 목	보조부문		제조부문		합 계
	동력부문	수선부문	절단부문	조립부문	
자기부문발생액	120,000원	80,000원	500,000원	400,000원	1,100,000원
제공한용역					
동력부문(Kw)	–	20,000	20,000	60,000	100,000
수선부문(시간)	600	–	600	800	2,000

【해설】

부문비배부표

비 목	배부기준	금 액	보조부문		제조부문	
			동력부문	수선부문	절단부문	조립부문
자기부문비		1,100,000원	120,000원	80,000원	500,000원	400,000원
보조부문비						
수선부문비	수선시간	80,000원	24,000원	(80,000원)	24,000원	32,000원
동력부문비	Kw/h	144,000원	(144,000원)		36,000원	108,000원
보조부문합계		224,000원			60,000원	140,000원
제조부문비합계		1,100,000원			560,000원	540,000원

- **수선부문**

  절단부문 = 80,000원 × $\dfrac{600}{2,000}$ = 24,000원

  조립부문 = 80,000원 × $\dfrac{800}{2,000}$ = 32,000원

  동력부문 = 80,000원 × $\dfrac{600}{2,000}$ = 24,000원

- **동력부문**

  절단부문 = 144,000원 × $\dfrac{20,000}{80,000}$ = 36,000원

  조립부문 = 144,000원 × $\dfrac{60,000}{80,000}$ = 108,000원

(3) 상호배부법

보조부문 상호간의 용역수수를 **전부 고려**하여 그에 따라 각 보조부문비를 제조부문과 다른 보조부문에 배분하는 방법으로, 이론적으로 가장 타당하다. 상호배부법은 정확한 보조부문원가 배분이 가능하고 배부순서를 결정할 필요가 없는 장점이 있으나 연립방정식에 의해 계산하여야 하므로 복잡하다는 단점이 있다.

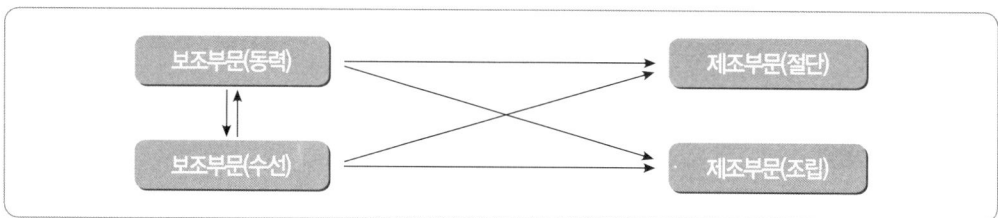

[원가계산의 정확성]
직접배부법 < 단계배부법 < 상호배부법

5. 원가행태에 따른 보조부문비의 배부

1 단일배부율법

보조부문비를 **변동비와 고정비로 구분하지 않고** 모든 보조부문의 원가를 하나의 기준으로 배분하는 방법으로 보조부문비 중 고정비도 변동비처럼 배분된다.

이 방법은 시간과 비용이 상대적으로 적게 소요되고 간편하지만 원가행태에 따른 구분이 없으므로 정확한 원가배분이 이루어지지 않기 때문에 부문의 최적이라 하더라도 전체로는 최적의 의사결정이 되지 않는 문제점을 가지고 있다.

보조부문비 배부액 = 보조부문원가(변동비 + 고정비) × 실제사용량

2 이중배부율법

보조부문비를 원가행태에 따라 **변동비와 고정비로 분류**하여 각각 다른 배부기준을 적용하는 방법이다. 이중배부율법은 원가발생액과 원가대상 사이의 인과관계를 고려하여 배부하며, 단일배부율법에 비해 보다 정교한 원가배부방법으로 원가부문의 계획이나 통제 또는 성과평가에 유용한 정보를 제공한다.

변동비 배부액 = 보조부문원가의 변동비 × 실제사용량
고정비 배부액 = 보조부문원가의 고정비 × 최대사용가능량

- 변동비 : **실제 용역사용량**을 기준으로 배분
- 고정비 : 제조부문에서 사용할 수 있는 **최대 사용가능량**을 기준으로 배분

실무이론

01. 다음 중 부문별원가계산시 각 보조부문원가를 제조부문에 배부하는 기준으로 가장 적합한 것은?
① 식당부문비 : 매출액
② 전력부문비 : 전력사용량
③ 감가상각비 : 종업원 수
④ 각 부문의 노무비

02. 다음은 원가배분에 관한 내용이다. 부문공통원가인 건물의 감가상각비의 배분기준으로 가장 합리적인 것은?
① 각 제조부문과 보조부문의 인원수
② 각 제조부문과 보조부문의 작업시간
③ 각 제조부문과 보조부문의 면적
④ 각 제조부문과 보조부문의 건물가액

03. 다음은 A와 B 두 종류의 제품을 제조하는 하늘산업(주)의 원가 내역 중 일부이다. A제품은 납을 주재료로 하여 절단부문 – 성형부문 – 염색부문 – 조립부문을 거쳐 제조되는 제품이며, B제품은 동을 주재료로 하여 압축부문 – 성형부문 – 염색부문 – 건조부문을 거쳐 제조되는 제품이라면 다음 중 원가의 분류로 잘못된 것은?
① 성형부문의 플라스틱 소비액 – 재료비 – 간접비
② 절단부문 근로자의 임금액 – 노무비 – 직접비
③ 납 원재료의 소비액 – 재료비 – 직접비
④ 염색부문 근로자의 임금액 – 노무비 – 직접비

04. 다음 자료를 보고 부문별원가계산 절차를 순서대로 나열한 것은?

ⓐ 보조부문비를 제조부문에 배부한다.	ⓑ 부문공통비를 각 부문에 배부한다.
ⓒ 제조부문비를 각 제품에 배부한다.	ⓓ 부문개별비를 각 부문에 부과한다.

① ⓐ-ⓑ-ⓒ-ⓓ   ② ⓑ-ⓐ-ⓒ-ⓓ   ③ ⓒ-ⓓ-ⓐ-ⓑ   ④ ⓓ-ⓑ-ⓐ-ⓒ

05. 다음은 보조부문원가의 배부에 관한 설명이다. 틀린 것은?
① 보조부문원가를 어떻게 배부하더라도 회사의 총이익은 변동이 없다.
② 보조부문원가의 배부시에는 수혜기준을 최우선적으로 고려하여야 한다.
③ 보조부문원가의 제조부문에 대한 배분방법에는 직접배분법, 단계배분법, 상호배분법 등이 있다.
④ 상호배분법은 보조부문의 수가 여러 개일 경우 시간과 비용이 많이 소요되고 계산하기가 어렵다는 단점이 있다.

06. 다음 중 보조부문 상호간의 용역수수를 고려하여 배분하는 방법만 모두 고른 것은?

A. 상호배부법	B. 단계배부법	C. 직접배부법

① A, C   ② B, C   ③ A, B   ④ A, B, C

07. 보조부문비를 각 제조부분에 배부하는데 있어 보조부문간의 배부순서에 따라 배부액이 달라질 수 있는 방법은?

① 이중배부율법 ② 단계배부법 ③ 상호배부법 ④ 직접배부법

08. 다음 중 보조부문 원가를 제조부문에 배부하는 방법에 대한 설명으로 틀린 것은?

① 직접배부법을 사용하는 경우에는 특정 보조부문 원가가 다른 보조부문에 배부되지 아니한다.
② 단계배부법을 사용하는 경우 가장 먼저 배부되는 보조부문 원가는 다른 보조부문에도 배부될 수 있다.
③ 상호배부법을 사용하는 경우에는 배부순서에 따라 특정 제조부문에 대한 배부액이 달라지게 된다.
④ 직접배부법, 단계배부법, 상호배부법의 차이는 보조부문 상호간의 용역수수를 인식할 것인지 무시할 것인지의 차이라고 할 수 있다.

09. 원가배부에 대한 내용으로 옳지 않은 것은?

① 직접배부법은 모든 보조부문비를 제조부문에 제공하는 용역비율에 따라 제조부문에 직접배부하는 방법이다.
② 단계배부법은 보조부문들 간에 일정한 배부순서에 따라 보조부문비를 단계적으로 다른 보조부문과 제조부문에 배부하는 방법이다.
③ 상호배부법은 보조부문 상호간의 용역 수수 관계를 완전히 고려하는 방법이다.
④ 보조부문비를 가장 정확하게 배부하는 방법은 단계배부법이다.

10. (주)세무는 직접배부법을 이용하여 보조부문 제조간접비를 제조부문에 배부하고자한다. 보조부문 제조간접비를 배분한 후 조립부문의 총원가는 얼마인가?

구 분	보조부문		제조부문	
	전력부문	수선부문	조립부문	절단부문
전력부문 공급(kw)		40kw	80kw	80kw
수선부문 공급(시간)	100시간		300시간	200시간
자기부문원가(원)	100,000원	200,000원	500,000원	420,000원

① 670,000원 ② 644,000원 ③ 692,000원 ④ 700,000원

11. 보조부문의 원가를 다음과 같은 비율에 의해 제조부문에 배분할 때, 제조부문 A에 배분될 보조부문의 원가총액은 얼마인가? (단, 단계배분법에 의하며, 수선부문원가를 먼저 배부한다.)

구 분	보조부문		제조부문		배분대상원가
	수선부문	관리부문	A	B	
수선부문	0	0.3	0.6	0.1	50,000원
관리부문	0	0	0.2	0.8	40,000원

① 40,000원 ② 41,000원 ③ 42,000원 ④ 43,000원

12. (주)형진의 보조부문에서 발생한 변동제조간접원가는 1,500,000원, 고정제조간접원가는 3,000,000원이 발생하였다. 이중배분율법에 의하여 보조부문의 제조간접원가를 제조부문에 배분할 경우 절단부문에 배분할 제조간접원가는 얼마인가?

	실제기계시간	최대기계시간
절단부문	2,500시간	7,000시간
조립부문	5,000시간	8,000시간

① 1,500,000원   ② 1,700,000원   ③ 1,900,000원   ④ 2,100,000원

해설

01. ① 식당부문비 : 종업원수, ③ 감가상각비 : 기계사용시간, ④ 창고부문비 : 사용(점유)면적
02. 건물의 감가상각비는 건물의 면적과 가장 밀접한 인과관계를 가진다.
03. 염색부문 근로자의 임금액은 A제품과 B제품의 공통원가이므로 간접비로 구분된다.
05. 원가배분기준의 적용순서는 인과관계기준을 우선적용하되 인과관계기준을 알 수 없는 경우에는 부담능력기준, 수혜기준 등을 적용한다.
06. 직접배부법은 보조부문 상호간의 용역수수관계를 완전 무시하는 방법이며 단계배부법은 부분적으로만 인식하며 상호배부법은 부문간의 용역수수관계를 완전하게 고려하는 방법으로서 일정부분 이상 인식하는 방법은 상호배부법과 단계배부법이다.
08. 상호배부법은 배부순서에 영향을 받지 아니한다.
09. 보조부문비를 가장 정확하게 배부하는 방법은 상호배부법이다.
10. ■ 전력부문이 조립부문에 배분한 금액 = 100,000원 × 80kw/160kw = 50,000원
    ■ 수선부문이 조립부문에 배분한 금액 = 200,000원 × 300시간/500시간 = 120,000원
    ■ 조립부문 총원가 = 50,000원 + 120,000원 + 500,000원 = 670,000원
11. ■ 수선부문 원가배분
    ① 관리부문 : 50,000원 × 0.3 = 15,000원
    ② A : 50,000원 × 0.6 = 30,000원
    ③ B : 50,000원 × 0.1 = 5,000원
    ■ 관리부문 원가배분
    ① 관리부문 배분대상 원가 = 40,000원 + 15,000원 = 55,000원
    ② A : 55,000원 × 0.2(0.2/1) = 11,000원
    ③ B : 55,000원 × 0.8(0.8/1) = 44,000원
    ■ 제조부문 A에 배분될 보조부문의 원가총액 = 30,000원 + 11,000원 = 41,000원
12. ■ 변동제조간접원가 = 1,500,000원 × 2,500시간/7,500시간 = 500,000원
    ■ 고정제조간접원가 = 3,000,000원 × 7,000시간/15,000시간 = 1,400,000원
    ■ 합   계 = 1,900,000원

정답

01. ②   02. ③   03. ④   04. ④   05. ②   06. ③   07. ②   08. ③   09. ④   10. ①
11. ②   12. ③

CHAPTER 05 제품별 원가계산

1. 개별원가계산

개별원가계산은 성능, 품질, 규격 등이 다른 여러 종류의 제품을 주문에 의해 소량을 개별적으로 생산하는 건설업, 기계제조업, 항공기제조업, 가구제조업, 조선업 등에서 사용하는 원가계산제도이며 제품별로 부과된 직접비와 간접비 배부액을 집계하는 방법으로 개별 제품 원가를 계산한다.

개별원가계산은 제품의 생산활동 시 발생하는 원가를 **직접재료비, 직접노무비, 제조간접비로 구분하여 작업원가표에 집계**하며, 집계된 원가는 완성되면 제품의 원가이지만 완성되기 전에는 기말(월말)재공품의 평가액이 된다.

1 개별원가계산의 절차

구 분	내 용
1단계	개별작업에 대한 제조직접비(직접노무비, 직접재료비)를 직접부과
2단계	개별작업에 직접부과 할 수 없는 제조간접비를 집계
3단계	제조간접비 배부기준을 설정
4단계	설정된 배부기준율에 따라 제조간접비의 배분

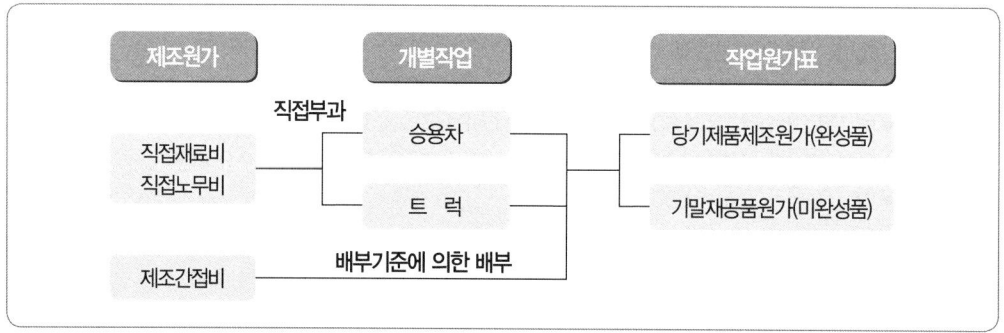

2 실제개별원가계산

개별작업에 실제로 발생한 직접재료비와 직접노무비를 추적·부과하고 제조간접비는 일정기간동안 실제 발생한 제조간접비를 동일기간의 실제 배부기준 총수로 나눈 실제배부율에 의하여 개별제품에 배부하는 원가계산방법이다.

- 제조간접비 실제배부율 = $\dfrac{\text{실제제조간접비 총액}}{\text{실제배부기준의 총계}}$
- 제조간접비 배부액 = 제조간접비 실제배부율 × 제품별 실제배부기준

3 정상개별원가계산

실제개별원가계산은 실제제조간접비가 기말에 집계되므로 원가계산이 기말까지 지체되어 원가계산이 지연된다. 또한 조업도가 월별·계절별로 차이가 나면 제품단위당 원가가 월별·계절별로 달라지므로 여러 가지 문제점이 발생되며 이를 해결하고자 정상개별원가계산이 도입되었다.

정상개별원가계산은 **직접재료비와 직접노무비**는 실제개별원가계산과 같이 **실제발생액**을 개별작업에 직접 부과하며, 개별작업에 직접 부과할 수 없는 **제조간접비**는 회계연도 초에 연간 제조간접비 예산과 연간 예정조업도를 예측하여 **예정배부율을 이용하여 제조간접비를 먼저 배부**하여 제품원가 계산을 하고 추후 실제발생 제조간접비를 집계한다.

외부에 보고하는 재무제표는 실제발생한 제조간접비를 반영하므로 예정배부된 제조간접비와 실제발생한 제조간접비의 차이가 발생하며 이를 제조간접비 배부차이라고 한다. 제조간접비 배부는 [CHAPTER 03 **원가의 배분**]을 참고한다.

구 분	내 용
1단계	회계연도 연초에 예정배부율 산출 제조간접비 예정배부율 = $\dfrac{\text{예정제조간접비 총액}}{\text{예정배부기준의 총계}}$
2단계	기중에 실제 조업도에 따라 제조간접비 배부 ① 제조간접비 예정배부액 = 예정배부율 × 제품별 실제배부기준 ② 제조간접비 실제발생액 집계 ③ 제조간접비 배부차이 집계
3단계	회계연도 말에 제조간접비 배부차이를 조정

2. 종합원가계산

1 종합원가계산의 의의

종합원가계산은 동종한 제품을 연속적으로 대량생산(방직업, 정유업, 식품가공업, 제지업, 제분업 등)하는 기업에서 사용하는 제품 원가계산제도이다.

종합원가계산에서는 원가계산기간별로 원가를 집계하며 일정한 원가계산기간 동안에 발생한 총제조원가를 동 기간 중에 만들어진 완성품 환산량으로 나누어 제품의 단위당 원가를 계산하게 되는 것이다.

2 종합원가계산의 종류

구 분	내 용
단순 종합원가계산	단일공정을 통하여 단일제품을 연속적으로 생산하는 형태의 원가계산방법 (예 : 얼음 및 벽돌제조업 등)
공정별 종합원가계산	두 개 이상의 제조공정을 통하여 동일 종류의 제품을 연속적으로 대량생산하고 있는 형태에서 사용하고 있는 원가계산방법(예 : 제지업, 제당업 등)
조별 종합원가계산	이종제품을 연속적으로 대량생산하는 경우에 제품의 종류마다 조를 설정하여 조별로 원가계산을 하는 방법(예 : 자동차제조업, 통조림제조업 등)
등급별 종합원가계산	동일한 재료와 동일한 공정을 통하여 계속적으로 동일한 종류의 제품을 생산하나 규격, 모양, 무게, 품질 등이 서로 다른 제품을 생산하는 경우 사용하는 원가계산방법 (예 : 정유업, 제화업 등)
연산품 종합원가계산	동일한 재료를 사용하고 동일한 공정을 거쳐 계속적으로 생산되는 서로 다른 두 종류 이상의 제품을 생산하는 경우 사용하는 원가계산방법(예 : 정유업, 정육업 등)

3 종합원가계산의 절차

구 분	내 용
1단계	물량의 흐름을 파악한다.
2단계	원가요소별로 완성품환산량을 계산한다.
3단계	원가요소별로 발생한 원가를 집계한다.
4단계	원가요소별로 완성품환산량 단위당원가를 산출한다.
5단계	완성품제조원가와 기말재공품원가를 계산한다.

4 완성품환산량

완성품환산량이란 종합원가계산에서는 완성품환산량을 기준으로 원가를 완성품과 기말재공품에 배부한다. 완성품환산량이란 일정기간에 투입한 원가를 그 기간에 완성품만을 생산하는데 투입했더라면 완성되었을 완성품수량으로 나타낸 수치를 말한다.

구 분	내 용
완성품	당해 생산공정에서 생산이 완료된 것을 말하는 것으로 가공비 완성도는 100%이다.
기말재공품	당해 생산공정에서 생산이 완료되지 않고 가공 중에 있는 것으로 가공비 완성도가 100% 미만에 해당한다.
완성품환산량	완성품(100% 가공)과 기말재공품(100% 미만 가공)을 동등한 자격으로 일치시켜 주는 척도가 필요한데 이것이 완성품환산량이다. ■ 완성품에 대한 완성품환산량 = 완성품수량 × 완성도(진척도) ■ 기말재공품에 대한 완성품환산량 = 기말재공품수량 × 완성도(진척도) ■ 완성도는 원가요소별로 파악되어야 함

- 재료비 및 가공비의 완성품환산량 계산방법 : 월말수량 100개(완성도 60%)
① 재료비가 공정의 착수시점에 전부 투입되는 경우
  재료비의 완성도 100%로 계산 ⇨ 월말재공품완성품환산량 100개 × 100% = 100개
② 재료비가 제조진행에 따라 투입되는 경우
  완성도를 적용하여 계산 ⇨ 월말재공품완성품환산량 100개 × 60% = 60개
③ 가공비는 항상 제조진행에 따라 투입하는 것으로 본다.

5 종합원가계산방법

(1) 평균법

당월에 완성된 제품은 그것이 월초재공품에서 완성된 것이든, 당월착수분에서 완성된 것이든 구분 없이 당월에 완성된 것으로 보는 방법이다.

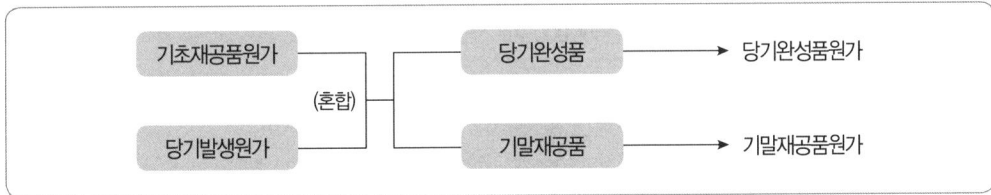

① 완성품환산량 = 당기완성수량 + 기말재공품환산량
② 완성품환산량단위당원가 = $\dfrac{(기초재공품원가 + 당기투입원가)}{완성품환산량}$
③ 기말재공품원가 = 완성품환산량단위당원가 × 기말재공품환산량
  ⇨ 기말재공품 평가는 직접재료비와 가공비를 구분하여 계산한 후 합산한다.

다음 자료를 보고 평균법에 의한 완성품원가 및 월말재공품 원가를 계산하시오.

- 기초재공품 10,000개 (가공비 진척도 50%) (재료비 48,000원, 가공비 6,000원)
- 당기투입량 70,000개 (재료비 392,000원, 가공비 150,000원)
- 기말재공품 20,000개 (가공비 진척도 25%)
- 재료비는 공정초에 전량 투입되고, 가공비는 공정전반에 걸쳐 균등하게 발생한다.

【해설】

- 제1단계 : 물량의 흐름(단위 : 개)

재 공 품			
기초	10,000개(50%)	완성	60,000개
착수	70,000개	기말	20,000개(25%)
	80,000개		80,000개

- 제2단계 : 완성품환산량의 계산

	물량흐름	완성품환산량	
		재료비	가공비
완 성 품	60,000개(100%)	60,000개	60,000개
기말재공품	20,000개(25%)	20,000개*	5,000개**
계		80,000개	65,000개

* 재료비 기말재공품(공정초 전량 투입 : 완성도 100%) = 20,000개 × 100% = 20,000개
** 가공비 기말재공품(공정전반 투입 : 완성도 25%) = 20,000개 × 25% = 5,000개

- 제3단계 : 총원가의 계산

	재료비	가공비
기초재공품	48,000원	6,000원
당기발생원가	392,000원	150,000원
계	440,000원	156,000원

- 제4단계 : 완성품환산량의 단위당 원가

① 재료비의 완성품환산량 단위당 원가 = $\dfrac{440,000원}{80,000개}$ = @5.5원

② 가공비의 완성품환산량 단위당 원가 = $\dfrac{156,000원}{65,000개}$ = @2.4원

- 제5단계 : 월말재공품 평가

① 완성품원가 : (60,000개 × @5.5원) + (60,000개 × @2.4원) = 474,000원
② 기말재공품원가 : 재료비(20,000개 × @5.5원) + 가공비(5,000개 × @2.4원) = 122,000원

(2) 선입선출법

월초재공품을 우선적으로 가공하여 완성시키고, 당월 착수분을 완성시키는 방법으로 기말재공품을 당월 착수분으로만 이루어지는 방법이다.

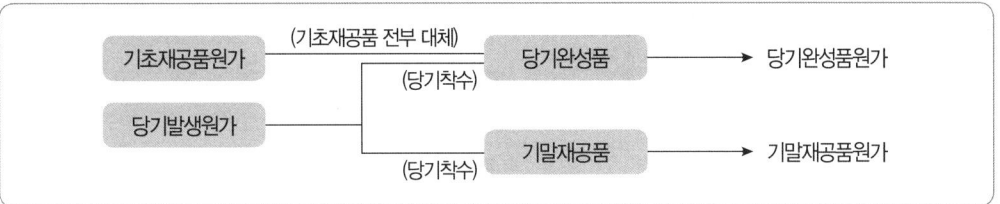

① 완성품환산량 = 당기완성수량 − 기초재공품환산량 + 기말재공품환산량
   = 기초재공품수량 × (1 − 완성도) + 당기제조착수수량 중 완성수량 + 기말재공품수량 × 완성도
② 완성품환산량단위당원가 = $\dfrac{당기투입원가}{완성품환산량}$
③ 기말재공품원가 = 완성품환산량단위당원가 × 기말재공품환산량
   ⇨ 기말재공품 평가는 직접재료비와 가공비를 구분하여 계산한 후 합산한다.

다음 자료를 보고 선입선출법에 의한 월말재공품 원가를 계산하시오.

- 기초재공품   200개 (완성도 60%) (재료비 180,000원, 가공비 70,000원)
- 기말재공품   600개 (완성도 70%)
- 당기투입량   2,400개 (재료비 480,000원, 가공비 345,000원)
- 완성품수량   2,000개
- 재료비는 공정초에 전량 투입되고 가공비는 공정전반에 걸쳐 균등하게 발생한다.

【해설】

- 제1단계 : 물량의 흐름(단위 : 개)

재 공 품				
기초	200개(60%)	완성	2,000개	⇨ 기초 200, 착수 1,800개
착수	2,400개	기말	600개(70%)	
	2,600개		2,600개	

- 제2단계 : 완성품환산량의 계산

	물량흐름	완성품환산량	
		재료비	가공비
완 성 품	2,000개 기초재공품 200개(40%) 당기투입분 1,800개(100%)	0개 1,800개	80개 1,800개
기말재공품	600개(70%)	600개	420개
계		2,400개	2,300개

① 재료비 : 2,000개 − 200개 + 600개 = 2,400개
② 가공비 : 2,000개 − 120개 + 420개 = 2,300개

- 제3단계 : 총원가의 계산

	재료비	가공비
당기발생원가	480,000원	345,000원

- 제4단계 : 완성품환산량의 단위당 원가

① 재료비의 완성품환산량 단위당 원가 = $\dfrac{480,000원}{2,400개}$ = @200원

② 가공비의 완성품환산량 단위당 원가 = $\dfrac{345,000원}{2,300개}$ = @150원

- 제5단계 : 월말재공품 평가
① 완성품원가 : 기초재공품원가 250,000원 + (1,800개 × @200원) + (1,880개 × @150원) = 892,000원
② 기말재공품원가 : 재료비(600개 × @200원) + 가공비(420개 × @150원) = 183,000원

[평균법과 선입선출법의 특징]
① 기초재공품원가가 없다면 평균법과 선입선출법은 동일하다.
② 평균법은 기초재공품도 당기 투입분으로 보아 완성품환산량을 계산하므로 간편한 방법이다.
③ 선입선출법은 기초재공품원가와 당기발생원가를 구분하여 작업하므로 계산과정이 복잡하다.

6 개별원가계산과 종합원가계산의 비교

구 분	종합원가계산	개별원가계산
생산형태	동종 제품의 연속 대량 생산	고객의 주문에 따라 제품을 생산하는 주문생산 형태
적용대상업종	정유업, 제분업, 제당업, 방직업, 철강업, 제지업, 화학품제조업	건설업, 조선업, 인쇄업, 기계제작업, 항공기제조업, 회계서비스업
제조지시서	계속제조지시서	특정제조지시서

구 분	종합원가계산	개별원가계산
원가계산방법	공정별, 기간별원가계산을 하므로 직접재료비와 가공비의 구분과 완성품환산량의 계산이 중요	제조지시서별 원가계산을 위하여 직접비, 간접비의 구분과 제조간접비의 배부가 중요
기말재공품의 평가	제조원가를 완성품원가와 기말재공품으로 분배하는 절차가 필요하고 기말재공품 완성품 환산량에 단위당 원가를 곱하여 계산한다.	미완성된 제조지시서의 원가를 집계 하면 된다.
완성품 단위당원가	완성품제조원가(=기초재공품원가+당기 제조원가투입액-기말재공품원가)를 완성 수량으로 나눈다.	완성된 제품의 원가계산자료의 합계액을 완성수량으로 나누어 구한다.
원가계산의 정확성	상대적으로 정확성이 떨어진다.	제품별 정확한 원가계산이 가능
원가계산의 비용	상대적으로 덜 복잡하여 비용이 많이 들지 않는다.	상세한 기록이 필요하여 원가계산 비용이 많이 소요된다.
보고서식	제조원가보고서	작업원가표

[제조원가계산의 구분]
개별원가계산은 제조간접비의 배부가 중요하므로 직접비(직접재료비, 직접노무비)와 제조간접비로 구분하며 종합원가계산은 단일제품을 연속 대량 생산한다는 가정이므로 제조간접비의 배부가 의미가 없기에 재료비와 가공비로 구분한다.

3. 공손품, 작업폐물, 부산물의 구분

1 공손품

(1) 공손품의 의의

재료의 불량, 작업기술의 미숙, 기계 등의 정비불량 등으로 가공과정에 실패한 불합격품을 공손이라 한다.

공손된 물량에 이미 투입된 원가를 어떻게 처리할 것인가에 문제되는데, 일반적인 처리기준은 공손의 발생원인과 발생시점에 따라 다음과 같이 처리한다.

구 분	내 용	
정상적인 공손	제품의 원가로 처리	기말재공품 검사시점 통과 : 완성품과 기말재공품에 배부
		기말재공품 검사시점 미통과 : 완성품에만 배부
비정상 공손	기간비용인 영업외비용으로 처리	

(2) 정상공손수량의 의의

정확한 제품원가계산과 원가통제를 위하여 정상공손으로 인정할 수 있는 허용한도를 정하는데 이를 정상공손허용률이라고 부르며, 이 범위 내에서 발생한 공손수량을 정상공손수량으로, 공손수량 중 정상공손허용량을 초과한 수량은 비정상공손으로 간주하게 된다.

```
공손수량파악 ➡ 정상공손수량파악 ➡ 비정상공손수량파악
                   ⬆
            정상공손허용률을 이용
```

(3) 정상공손수량 파악

정상공손수량파악은 물량파악의 일부이므로 실제물량흐름에 근거하여야 하는데 흐름생산의 경우 실제물량흐름은 다음과 같다.

> 기초재공품이 먼저 완성되고 당기착수수량 중 일부가 완성되고 일부는 기말재공품이 된다.

① 검사시점 통과기준

당기 중 검사를 통과한 정상품에 정상공손허용률을 적용한다.

> 정상공손허용량 = 당기 중 검사를 통과한 정상품 × 정상공손허용률
> (= 당기 중 검사를 통과한 합격품, 양품)

② 검사시점 도달기준

당기 중 검사를 받은 수량에 정상공손허용률을 적용한다. 그러나 검사를 받은 수량에는 정상품과 공손품이 포함되므로 공손품에 대하여 정상공손이 계산된다는 문제점이 있다.

> 정상공손허용량 = 당기 중 검사를 받은 수량 × 정상공손허용률
> (= 당기 중 검사시점에 도달한 수량 : 검사를 통과한 정상품 + 공손수량)

(4) 정상품

정상품(양품, 합격품)이란 정상적인 판매가치를 지니는 생산물을 말한다. 정상품에 해당하는지에 대한 판단은 검사시점에서 한다는데 주의하여야 한다. 즉, 검사시점에서 하자가 없다고 판단되면 정상품으로 인식하게 된다. 완성품은 당연히 정상품이 되며, 미완성된 기말재공품도 검사시점과 기말재공품의 완성도에 따라 정상품에 포함될 수 있다.

- 기말재공품 완성도 > 검사시점 : 기말재공품이 검사를 통과함 ⇨ **기말재공품도 정상품에 포함됨**
- 기말재공품 완성도 < 검사시점 : 기말재공품이 검사를 통과하지 않음 ⇨ **기말재공품은 정상품에 포함되지 않음**

(주)배움은 단일제품을 대량으로 생산하고 있다. 원재료는 공정초기에 모두 투입되고 가공비는 공정전반에 걸쳐 균등하게 발생한다. 8월의 원가계산은 다음과 같다.

- 기초재공품 : 수량 200개 (완성도 40%)
- 공 손 품 : 수량 150개
- 기말재공품 : 수량 250개 (완성도 60%)
- 당기완성품 : 수량 1,000개
- 당기착수량 : 수량 1,200개
- 품질검사에 합격한 수량의 10%에 해당하는 공손수량은 정상공손으로 간주한다.

검사가 공정의 20%, 50% 완성시점에서 이루어진다고 가정할 경우 (주)배움에서 발생한 공손품 중 제품원가와 영업외비용으로 포함시켜야 할 공손수량은 각각 얼마인가?

【해설】

- 정상공손과 비정상공손 수량 파악

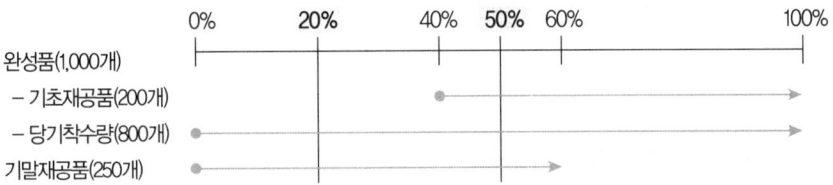

완성도	내 용
20% 시점	기초재공품(40%)은 전기에 검사시점(20%)을 통과하였으며 당기착수완성품(100%)과 기말재공품(60%)은 당기에 검사시점을 통과하였다. ■ 정상공손수량 = (800개 + 250개) × 10% = 105개(제품원가) ■ 비정상공손수량 = 150개 - 105개 = 45개(영업외비용)
50% 시점	기초재공품(40%)은 전기에 검사시점(50%)을 통과하지 않았으며 당기착수완성품(100%) 및 기말재공품(60%)과 함께 당기에 검사시점을 통과하였다. ■ 정상공손수량 = (200개 + 800개 + 250개) × 10% = 125개(제품원가) ■ 비정상공손수량 = 150개 - 125개 = 25개(영업외비용)

2 작업폐물

제품의 제조과정에 투입된 원재료로부터 발생하는 찌꺼기나 조각을 말하며 판매가치가 상대적으로 작은 것을 말한다. (예) 가구제작업의 나무토막, 톱밥 등

① 작업폐물이 발생한 제조지시서의 직접재료비에서 차감하여 제조원가에서 차감하고 작업폐물이 발생한 부문의 부문비에서 차감한다.
② 작업폐물의 금액이 적은 경우 처분하여 잡이익(영업외수익)으로 처리한다.

3 부산물

제품제조과정에서 발생한 이용가치나 매각가치가 작은 제2차적인 생산물인 비누공장에서의 글리세린 같은 제품을 부산물이라 한다.

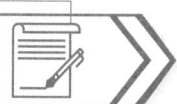

실무이론

01. 다음 중 원가회계에 대한 설명으로 틀린 것은?
① 개별원가회계는 제품별로 원가계산을 하게 되므로 원가를 직접비와 간접비로 구분하여 공통원가인 간접비는 합리적인 방법에 의하여 제품별로 배부하여야 한다.
② 종합원가회계에서 기초재공품이 없다면 선입선출법과 평균법에서 계산한 기말재공품 가액은 동일하다.
③ 실제원가회계는 실제원가를 기초로 제품원가를 계산하게 되므로 회계기초에는 전기 원가자료를 바탕으로 추정된 원가를 적용한 후 회계기말에 실제원가로 수정하는 방법이다.
④ 예정원가회계는 제품 제조 착수 이전에 원가를 예상하여 제품의 원가를 계산한 후 실제원가가 집계된 이후에 그 차이를 조정하는 방법이다.

02. 다음 중 원가회계에 대한 설명으로 틀린 것은?
① 표준원가회계는 사전에 설정된 표준가격, 표준사용량을 이용하여 제품원가를 계산하는 방법으로서 주로 대외적인 보고목적으로 사용되는 원가회계방법이다.
② 전부원가회계에서는 변동비뿐만 아니라 고정비까지도 포함하여 원가계산을 하는 방법이다.
③ 개별원가회계는 건설업, 조선업 등 다품종소량생산 업종에서 주로 사용되는 원가계산 방법이다.
④ 예정원가회계는 과거의 실제원가를 토대로 예측된 미래원가에 의하여 원가계산을 하므로 사전원가회계라고 할 수 있다.

03. 다음은 개별원가계산에 관한 설명이다. 가장 옳지 않은 것은?
① 작업원가표를 근거로 하여 원가계산을 한다.
② 주문생산형태에 가장 적합한 원가계산방법이다.
③ 직접비와 제조간접비의 구분이 중요하다.
④ 공정별로 제품원가를 집계한 다음, 당 공정의 생산량으로 나누어 단위당 원가를 계산한다.

04. 다음 중 종합원가계산 방법들에 대한 설명으로 틀린 것은?
① 조별 종합원가계산 – 동종의 제품을 여러 단계의 제조공정에서 생산하는 경우
② 단일 종합원가계산 – 얼음제조업 등 하나의 제품을 하나의 공정에서 제조하는 경우
③ 연산품 종합원가계산 – 동일한 재료를 투입하여 동일한 공정에서 이종제품을 생산하는 경우
④ 등급품 종합원가계산 – 동일한 재료를 투입하여 동일한 공정에서 동종제품을 생산하는 경우

05. 다음 원가계산방법과 관련된 내용 중 가장 틀린 것은?
① 선박의 제조와 같이 다품종 소량생산의 경우에는 개별원가계산이 적합하다.
② 종합원가계산과 공정별원가계산은 병행할 수 없다.
③ 표준원가계산이란 원가발생의 예외를 관리하여 통제하기에 적절한 원가계산 방법이다.
④ 휘발유, 등유 등을 생산하는 정유회사의 경우에는 연산품원가계산을 적용하는 것이 적합하다.

06. 종합원가계산방법에 대한 설명으로 가장 적절하지 않은 것은?
① 제지업, 섬유업 등 소품종을 대량생산하는 업종의 원가계산에 적합하다.
② 작업지시서별로 작업원가표를 작성한다.
③ 완성품환산량을 기준으로 원가를 배분한다.
④ 여러 공정이 있는 경우에도 사용될 수 있는 원가계산 방법이다.

07. 신발을 제조하는 제화업처럼 동일한 공정에서 동일한 재료를 사용하여 제품의 모양, 크기, 품질규격 등이 서로 다른 동종제품을 계속적으로 생산하는 경우에 가장 적합한 원가계산방법은?
① 공정별 종합원가계산   ② 등급별 종합원가계산
③ 결합원가계산   ④ 개별원가계산

08. 다음은 개별원가계산과 종합원가계산에 대한 내용이다. 틀린 것은?
① 개별원가는 제조원가보고서에 원가를 집계하나, 종합원가는 작업원가계산표에 원가를 집계하여 통제한다.
② 개별원가는 원가를 개별 작업별로 집계하나, 종합원가는 공정별로 집계한다.
③ 개별원가는 원가를 직접비와 간접비로 구분하나, 종합원가는 재료비와 가공비로 구분한다.
④ 개별원가는 이종제품을 소량으로 생산하는 기업에 적합하며, 종합원가는 동종제품을 대량으로 연속적인 제조과정에서 생산하는 기업에 적합하다.

09. 개별원가계산과 종합원가계산의 차이점은?
① 재료비 계산   ② 노무비 계산   ③ 경비 계산   ④ 제조간접비 계산

10. 종합원가계산에서 평균법으로 당기의 완성품환산량 단위당 원가를 계산하고자 할때 고려하여야 할 원가는?

① 당기투입원가
② 당기투입원가와 기초재공품원가의 합
③ 당기총제조비용
④ 당기투입원가와 기말재공품원가의 합

11. 종합원가계산에 있어서 선입선출법과 평균법에 의한 완성품환산량 단위당 원가가 동일하게 산출되는 경우는?

① 생산품의 성격이 동질적일 때
② 기초재공품이 전혀 없는 경우
③ 기말제품이 전혀 없는 경우
④ 기초제품이 전혀 없는 경우

12. 신라공업(주)는 종합원가계산을 채택하고 있다. 재료비는 공정초기에 전량 투입되며, 가공비는 공정기간 동안 균등하게 투입이 될 경우에 평균법에 의하여 완성품환산량을 구하면 얼마인가?

구분	물량	완성도	구분	물량	완성도
기초재공품	300개	70%	완성품	1,300개	-
당기투입	1,500개	-	기말재공품	500개	40%
계	1,800개	-	계	1,800개	-

	재료비	가공비		재료비	가공비
①	1,800개	1,500개	②	1,800개	1,800개
③	1,500개	1,500개	④	1,500개	1,800개

13. 완성품 1,000개, 기말재공품은 500개(완성도40%)인 경우 평균법에 의한 종합원가계산서에서 재료비 및 가공비 완성품환산량은 몇 개인가? 재료비는 공정 50% 시점에서 전량 투입되며, 가공비는 전공정에 걸쳐 균등하게 투입된다.

	재료비 완성품환산량	가공비 완성품환산량		재료비 완성품환산량	가공비 완성품환산량
①	1,000개	1,500개	②	1,000개	1,200개
③	1,500개	1,500개	④	1,500개	1,200개

14. 다음 자료에 의하여 평균법에 의한 기말재공품 원가를 계산하면 얼마인가? 단, 모든 원가요소는 제조 진행정도에 따라 투입된다.

- 기초재공품 원가 : 직접재비 320,000원, 노무비 830,000원, 경비 280,000원
- 당기제조원가 : 직접재비 3,700,000원, 노무비 4,300,000원, 경비 2,540,000원
- 완성품 수량 : 2,000개
- 기말재공품 수량 : 200개(완성도 50%)

① 520,000원   ② 550,000원   ③ 570,000원   ④ 590,000원

15. (주)양산의 종합원가계산하의 물량흐름에 관한 자료를 참고하여 기말재공품의 원가를 계산하라.

- 재료비는 공정초기에 모두 발생하며 가공비는 공정전체에 균일하게 발생한다.
- 기초재공품 : 1,000단위, 당기 착수량 : 4,000단위, 당기 완성품 : 3,000단위
- 제조원가 발생액 내역

	재료비	가공비
기초재공품원가	5,000원	4,000원
당기제조원가	20,000원	12,000원

- 기말재공품의 가공비 완성도 50%, 평균법에 의하여 계산한다.

① 11,000원　② 12,000원　③ 13,000원　④ 14,000원

16. 다음 자료를 보고 선입선출법에 의한 가공비의 완성품환산량을 계산하면 얼마인가?

- 기초재공품 : 10,000단위 (완성도 : 60%)
- 기말재공품 : 20,000단위 (완성도 : 50%)
- 착 수 량 : 30,000단위
- 완성품수량 : 20,000단위
- 원재료는 공정 초에 전량 투입되고, 가공비는 공정전반에 걸쳐 균등하게 발생한다.

① 10,000단위　② 20,000단위　③ 24,000단위　④ 30,000단위

17. 다음 자료를 보고 종합원가 계산시 선입선출법에 의한 당기말재공품원가를 계산하면? 단, 재료는 제조착수 시 전부 투입되며, 가공비는 제조진행에 따라 발생하는 것으로 가정한다.

(1) 기초재공품
- 수량 : 1,000개(완성도 : 30%)
- 원가 : 직접재료비(220,000원), 가공비(80,000원)

(2) 당기총제조비용
- 직접재료비(1,000,000원), 가공비(820,000원)

(3) 당기말 재공품 수량 : 1,000개(완성도 : 50%)
(4) 당기말 완성품 수량 : 8,000개

① 205,000원　② 195,000원　③ 185,000원　④ 175,000원

18. 종합원가계산에서 완성품환산량 계산시 다음의 원가항목 중 완성도가 항상 가장 높은 것은?

① 직접재료원가　② 노무원가　③ 전공정원가　④ 가공비

19. 다음 중 종합원가계산에서 재료비와 가공비를 구분할 필요가 없는 경우는?

① 재료비와 가공비의 제조과정에 투입시점이 같다.
② 제조과정에 투입되는 재료비와 가공비의 물량이 같다.
③ 제조과정에 투입되는 재료비와 가공비의 금액이 같다.
④ 재료비와 가공비의 기말잔액이 같다.

20. 종합원가계산방법 중 원가흐름에 대한 내용이 다른 것은 무엇인가?
 ① 기초재공품 완성분과 당기착수 완성분을 구분하지 않는다.
 ② 환산량 단위당 원가의 배부대상이 되는 원가에서 기초재공품원가가 포함되지 않는다.
 ③ 완성품 원가의 계산시 기초재공품 원가가 별도로 가산된다.
 ④ 당기발생원가는 당기에 수행된 작업량의 완성품환산량에만 배분한다.

21. 종합원가계산하에서 선입선출법과 평균법에 대한 설명 중 틀린 것은?
 ① 선입선출법은 평균법보다 실제물량흐름을 반영하며 원가통제 등에 더 유용한 정보를 제공한다.
 ② 선입선출법은 완성품환산량 계산시 순수한 당기발생작업량만으로 계산한다.
 ③ 선입선출법은 기초재공품원가와 당기발생원가를 구분하지 않고, 모두 당기발생원가로 가정하여 완성품과 기말재공품에 배분한다.
 ④ 기초재공품이 없다면 선입선출법과 평균법의 결과는 차이를 보이지 않는다.

22. 다음은 공손원가에 대한 설명이다. 틀린 것은?
 ① 공손품이란 품질검사시 표준 규격이나 품질에 미달하는 불합격품을 말한다.
 ② 공손품원가는 정상공손원가와 비정상공손원가로 구분되는데, 정상공손원가는 제조비용에 가산하고, 비정상공손원가는 영업외비용으로 처리한다.
 ③ 공손품의 발생시점(불량품 검사시점)이 기말재공품의 완성도 이후인 경우에는 정상공손품의 원가를 완성품과 기말재공품에 산입한다.
 ④ 작업폐물이란 원재료를 가공하는 과정에서 발생하는 매각 또는 이용가치가 있는 폐물로써 공손품과는 별개의 개념이다.

23. 다음은 (주)세원의 제조활동과 관련된 물량흐름이 다음과 같을 때 다음 중 잘못된 것은?

| ■ 기초재공품 200개 | ■ 당기완성수량 800개 | ■ 당기착수량 800개 | ■ 기말재공품 50개 |

 ① 공손품 물량은 150개이다.
 ② 정상공손품의 기준을 완성품의 10%라고 할 경우에는 비정상공손의 수량은 70개이다.
 ③ 정상공손원가는 완성품 또는 재공품에 배분한다.
 ④ 비정상공손원가는 작업폐물로 처리되므로 제조원가에 가산되면 안 된다.

24. 제조공정에서 작업폐물의 처분가액은 어떻게 처리하는가?
 ① 제조간접비계정의 증가   ② 제조간접비계정의 감소
 ③ 제품계정의 증가   ④ 제품계정의 감소

25. (주)한국제조는 품질검사를 통과한 정상품(양품)의 10%만을 정상공손으로 간주하며 나머지는 비정상공손이다. 다음 중 틀린 것은?

재 공 품			
기초재공품	1,000개(완성도 30%)	당기완성품	7,000개
		공손품	1,000개
당기투입분	9,000개	기말재공품	2,000개(완성도 45%)
계	10,000개	계	10,000개

① 품질검사를 공정의 50%시점에서 한다고 가정하였을 경우에 정상공손은 700개이다.
② 품질검사를 공정의 40%시점에서 한다고 가정하였을 경우에 정상공손은 900개이다.
③ 품질검사를 공정의 50%시점에서 한다고 가정하였을 경우에 정상공손원가는 당기 완성품원가와 기말재공품원가에 각각 배부하여야 한다.
④ 비정상공손원가는 품질검사시점과 상관없이 제조원가에 반영되어서는 안된다.

해설

01. 실제원가회계는 실제원가가 집계된 회계기말에 실제원가를 기초로 원가를 계산하는 방법이다.
02. 표준원가회계는 내부목적으로 사용하는 원가계산이다.
03. ④는 종합원가계산에 대한 내용이다.
04. 동종의 제품을 여러 단계의 제조공정에서 생산하는 경우는 공정별 종합원가계산에 해당하며 조별 종합원가계산은 이종제품을 연속적으로 대량생산하는 경우에 제품의 종류마다 조를 설정하여 생산하는 방식을 말한다.
05. 종합원가계산하에서 공정별 원가계산을 적용할 수 있다.
06. ②는 개별원가계산에 대한 설명이다.
08. 개별원가는 작업원가계산표에 개별작업의 원가를 집계하여 통제하나, 종합원가는 공정별제조원가보고서에 공정원가를 집계하여 통제한다.
12. ■ 재료비 : 1,300개 + 500개 = 1,800개
    ■ 가공비 : 1,300개 + 500개 × 40% = 1,500개
13. ■ 기말재공품은 완성도가 50%에 도달하지 않았으므로 기말재공품에 대한재료비 완성품환산량은 0개이다.
    ■ 가공비 완성품환산량 1,200개 = 1,000개 + 500개 × 40%
14. ■ 완성품환산량 = 2,000개 + (200개 × 50%) = 2,100개
    ■ 완성품환산량 단위당단가 = (기초재공품원가 + 당기제조원가) / 완성품환산량
                              = (1,430,000원 + 10,540,000원) / 2,100개 = 5,700원/개
    ■ 기말재공품원가 = 완성품환산량단위당원가 × 기말재공품환산량
                    = 5,700원 × 100개 = 570,000원

15. ■ 완성품환산량계산과 단위원가계산

	재료비	가공비
완성품	3,000단위	3,000단위
기말재공품	2,000단위	1,000단위(=2,000단위×0.5)
합계	5,000단위	4,000단위
단위원가	25,000원/5,000단위 = 5원	16,000원/4,000단위 = 4원

∴ 기말재공품원가 = 2,000단위 × 5원 + 1,000단위 × 4원 = 14,000원

16. 기초재공품수량 × 40% + (완성품수량 − 기초재공품수량) + 기말재공품수량 × 50%
 = 10,000 × 40% + (20,000 − 10,000) + 20,000 × 50% = 24,000

17. (1) 완성품환산량
 ■ 직접재료비 : 8,000개 − (1,000개 × 100%) + (1,000개 × 100%) = 8,000개
 ■ 가공비   : 8,000개 − (1,000개 × 30%) + (1,000개 × 50%) = 8,200개
 (2) 환산량 단위당 원가
 ■ 직접재료비 : 1,000,000원 / 8,000개 = @125원
 ■ 가공비   :   820,000원 / 8,200개 = @100원
 (3) 기말재공품 원가 : (1,000개 × 125원) + (500 × 100원) = 175,000원

18. 다음 공정으로 넘어갈 때의 전공정원가는 전공정에서 원가가 모두 발생한 것이므로 항상 완성도를 100%로 환산한다.

19. 종합원가계산에서 재료비와 가공비로 구분하는 이유는 재료비와 가공비의 투입시점이 다르기 때문이다. 따라서 재료비와 가공비의 투입시점이 같다면 굳이 재료비와 가공비를 구분하는 실익이 없다.

20. 선입선출법은 기초재공품 완성분과 당기착수 완성분으로 구분이 가능하다고 가정하는 원가흐름이며, 평균법은 기초재공품 완성분과 당기착수 완성분으로 구분하지 않고, 모두 당기에 착수되어 완성된 것으로 가정한다. ②·③·④는 선입선출법, ①은 평균법 원가흐름이다.

21. 선입선출법은 당기발생원가만을 완성품과 기말재공품에 배분하고, 기초재공품원가는 완성품 원가에 가산한다. ③은 평균법에 대한 설명이다.

22. 공손품의 발생시점(불량품 검사시점)이 기말재공품의 완성도 이후인 경우에는 기말재공품은 불량품 검사를 받지 않았으므로 기말재공품에는 정상공손원가가 배분되지 아니한다.

23. ① 공손품 : 기초재공품(200개) + 당기착수량(800개) − 당기완성수량(800개)
              − 기말재공품(50개) = 150개
 ② 비정상공손품 : 공손품(150개) − 완성수량(800개)× 10% = 70개
 ④ 공손은 불량품을 말하며, 비정상공손은 영업외비용으로 처리하고 생산과정에서 부수적으로 발생하는 폐물을 작업폐물이라 한다.

25. 품질검사를 공정의 50% 시점에서 한다고 가정하였을 경우에 공손품은 완성품에서만 발생되므로 기밀재공품에 공손품 원가를 배부할 필요가 없다.

정답

01. ③ 02. ① 03. ④ 04. ① 05. ② 06. ② 07. ② 08. ① 09. ④ 10. ②
11. ② 12. ① 13. ② 14. ③ 15. ④ 16. ③ 17. ④ 18. ③ 19. ① 20. ①
21. ③ 22. ③ 23. ④ 24. ② 25. ③

PART 03

부가가치세

CHAPTER 01 부가가치세의 기본개념
CHAPTER 02 과세거래
CHAPTER 03 영세율과 면세
CHAPTER 04 거래징수와 세금계산서
CHAPTER 05 과세표준과 납부세액
CHAPTER 06 부가가치세 신고·납부절차
CHAPTER 07 간이과세

직무명	분류번호	능력단위명	수준	능력단위요소
세무	0203020205_23v6	부가가치세 신고	3	1 세금계산서 발급·수취하기 2 부가가치세 부속서류 작성하기 3 부가가치세 신고하기

능력단위정의	부가가치세신고란 상품의 거래나 서비스의 제공에서 얻어지는 부가가치에 대해 과세되는 금액에 대하여 부가가치세법에 따라 신고 및 납부 업무를 수행하는 능력이다.

NCS 능력단위	능력단위요소	수 행 준 거
0203020205_23v6 부가가치세 신고	0203020205_23v6.1 세금계산서 발급·수취하기	1.1 세금계산서의 발급방법에 따라 세금계산서를 발급하고 세금계산서합계표를 국세청에 전송할 수 있다. 1.2 수정세금계산서 발급사유에 따라 세금계산서를 수정 발행할 수 있다. 1.3 부가가치세법에 따라 세금계산서합계표를 작성할 수 있다.
	0203020205_23v6.2 부가가치세 부속서류 작성하기	2.1 부가가치세법에 따라 수출실적명세서를 작성할 수 있다. 2.2 부가가치세법에 따라 대손세액공제신고서를 작성하여 세액공제를 받을 수 있다. 2.3 부가가치세법에 따라 공제받지 못할 매입세액명세서와 불공제분에 대한 계산근거를 작성할 수 있다. 2.4 부가가치세법에 따라 신용카드매출전표 등 수령명세서를 작성해 매입세액을 공제받을 수 있다. 2.5 부가가치세법에 따라 부동산임대공급가액명세서를 작성하고 간주임대료를 계산할 수 있다. 2.6 부가가치세법에 따라 건물 등 감가상각자산취득명세서를 작성할 수 있다. 2.7 부가가치세법에 따라 의제매입세액공제신고서를 작성하여 의제매입세액공제를 받을 수 있다.
	0203020205_23v6.3 부가가치세 신고하기	3.1 부가가치세법에 따른 과세기간을 이해하여 예정·확정 신고를 할 수 있다. 3.2 부가가치세법에 따라 납세지를 결정하여 상황에 맞는 신고를 할 수 있다. 3.3 부가가치세법에 따른 일반과세자와 간이과세자의 차이를 판단할 수 있다. 3.4 부가가치세법에 따른 재화의 공급과 용역의 공급의 범위를 판단할 수 있다. 3.5 부가가치세법에 따른 부가가치세신고서를 작성할 수 있다.

CHAPTER 01 부가가치세의 기본개념

1. 부가가치세의 의의

부가가치세(Value Added Tax)란 재화나 용역이 생산·제공되거나 유통되는 모든 단계에서 창출된 부가가치를 과세표준으로 하여 과세하는 조세라고 정의할 수 있다.

부가가치세는 사업자가 재화나 용역의 공급, 재화의 수입을 할 경우 최종소비자로부터 걷어서 내도록 하는 세금이다.

2. 부가가치세의 계산(전단계세액공제법)

부가가치세를 과세하는 방법에는 전단계세액공제법, 전단계거래액공제법, 가산법 등이 있는데, 우리나라 부가가치세법은 전단계세액공제법을 사용하여 부가가치세를 계산한다.

납부세액 = (매출 공급가액 × 세율) − (매입 공급가액 × 세율) = 매출세액 − 매입세액

3. 부가가치세의 특징

구 분	내 용
① 국세	국가를 과세의 주체로 한다.
② 간접세	납세의무자와 담세자가 서로 다르며, 납세의무자는 부가가치세법상 사업자이고 담세자는 최종 소비자이다.
③ 일반소비세	면세로 열거되지 않는 한 모든 재화·용역의 공급이 과세대상이다.
④ 물세	담세력을 고려하지 않고 수입이나 재산 그 자체에 대하여 부과하는 조세이다.
⑤ 다단계거래세	재화·용역이 최종소비자에게 도달될 때까지의 모든 거래단계마다 부가가치세를 과세한다.
⑥ 소비형 부가가치세	각 거래 단계에서 발생하는 부가가치세에 과세하는 일반소비세이다.
⑦ 전단계세액공제법	매출세액에서 매입세액을 차감하여 납부세액을 계산한다.
⑧ 면세제도	부가가치세의 역진성 완화를 목적으로 한다.
⑨ 소비지국과세원칙	외국으로 수출하는 경우에는 영세율('0'의 세율)을 적용하여 수출국(생산지국)에서는 부가가치세를 과세하지 않고, 외국에서 수입하는 경우에는 국내산과 동일하게 세관장이 과세하도록 한다.

4. 납세의무자

부가가치세 납세의무자는 영리목적의 유무에 불구하고 사업상 독립적으로 재화 또는 용역을 공급하는 자(계속성, 반복성) 즉, 사업자이다. 따라서 부가가치세 신고는 담세자인 최종소비자가 하는 것이 아니라 납세의무자인 개인·법인(국가·지방자치단체와 지방자치단체조합 포함) 사업자, 법인격이 없는 사단·재단 또는 그 밖의 단체는 부가가치세를 납부할 의무가 있다.

1 사업자의 요건

구 분	내 용
영리성	부가가치세법상 사업자는 영리목적 유무와는 무관하다. 이는 부가가치세가 간접세로서 사업자가 아닌 최종소비자가 실질적인 세부담을 지기 때문에 사업자의 영리성 여부와는 무관하며, 사업자간의 경쟁관계에서 중립성을 유지하기 위함이다.
사업성	사업성이 있어야 한다. 이는 적어도 부가가치를 창출할 수 있을 정도의 사업형태를 갖추고 사회통념상 인정될 수 있는 정도의 계속적 또는 반복적으로 재화 또는 용역을 공급하게 되면 사업성이 있다고 할 수 있다.
독립성	독립성을 갖추어야 한다. 이는 인적기준과 물적기준으로 구분할 수 있는데, 인적기준이란 타인에게 고용 또는 종속되지 않아야 한다는 것이고, 물적기준이란 주된 사업에 부수되는 등 다른 사업의 연장이 아닌 별개의 것이어야 한다.
과세대상이 되는 재화·용역의 공급	① 과세대상인 재화 또는 용역을 공급하는 자 또는 과세대상인 재화를 수입하는 자는 납세의무가 있다. 따라서 면세대상 재화 또는 용역을 공급하는 자 또는 면세대상인 재화를 수입하는 자는 부가가치세법상 사업자가 아닌 것이다. ② 신탁재산과 관련된 재화 또는 용역을 공급하는 때에는 수탁자가 신탁재산별로 각각 별도의 납세의무자로서 부가가치세를 납부할 의무가 있다.

2 사업자의 분류

유 형		구분기준	납부세액 계산구조	증빙발급
과세 사업자	일반 과세자	법인사업자	매출세액 − 매입세액	세금계산서
		개인사업자		
	간이 과세자	개인사업자로서 직전연도의 공급대가 합계액 1억400만원에 미달하는 자	공급대가 × 부가가치율 × 10%	세금계산서 및 영수증
겸영사업자		과세사업과 면세사업을 겸영(업)하는 사업자 ⇨ 부가가치세법상 사업자등록		세금계산서 및 계산서
면세사업자		부가가치세법상 사업자가 아니고 법인세법(또는 소득세법)상 사업자		계산서

※ 간이과세자 중 직전연도 공급대가 합계액 4,800만원 미만인 경우 세금계산서 대신 영수증을 발급한다.

5. 과세기간

1 과세기간

과세기간이란 과세표준과 세액계산의 기초가 되는 기간을 말하며 부가가치세의 과세기간은 다음과 같이 구분된다.

구 분	과 세 기 간
계속사업자	① 일반과세자 : 제1기 : 1.1 ~ 6.30 제2기 : 7.1 ~ 12.31 ② 간이과세자 : 1.1 ~ 12.31
신규사업자	① 사업개시일 ~ 해당 과세기간 종료일 ② 사업개시전 등록의 경우 : 등록일(등록신청일) ~ 해당 과세기간의 종료일
폐업자	① 해당 과세기간 개시일 ~ 폐업일 ② 사업개시전에 등록한 후 사업을 시작하지 아니하게 되는 경우 등록일(등록신청일) ~ 사실상 그 사업을 시작하지 아니하게 되는 날 ⇨ 사업개시전 등록신청을 한 사업자가 6개월이 되는 날까지 정당한 사유 없이 재화와 용역의 공급실적이 없는 때에는 그 6개월이 되는 날에 사업을 시작하지 아니하게 되는 것으로 본다.
과세유형 변경시	① 일반과세자가 간이과세자로 변경되는 경우 : 그 변경 이후 7월 1일 ~ 12월 31일 ② 간이과세자가 일반과세자로 변경되는 경우 : 그 변경 이전 1월 1일 ~ 6월 30일
간이과세 포기자	① 간이과세자로서의 과세기간 : 포기신고일이 속하는 과세기간의 개시일부터 그 신고일이 속하는 달의 말일까지의 기간 ② 일반과세자로서의 과세기간 : 포기신고일이 속하는 다음달 1일부터 해당 과세기간의 종료일까지의 기간

2 예정신고기간

부가가치세법은 각 과세기간마다 예정신고기간을 설정하여 사업자에게 그 예정신고기간에 대한 과세표준과 세액을 그 예정신고기간 종료일부터 25일 이내에 신고납부하도록 하고 있는데 이것을 예정신고납부라고 한다. 이러한 예정신고기간은 다음과 같다.

구 분	예정신고기간
계속사업자	제1기 : 1월 1일 ~ 3월 31일 제2기 : 7월 1일 ~ 9월 30일
신규사업자	사업개시일 ~ 그 예정신고기간의 종료일

6. 납세지(사업장)

납세지란 관할세무서를 결정하는 기준이 되는 장소를 말하며, 부가가치세법상 납세지는 사업장별로 판정한다. 즉, 한 사업자가 둘 이상의 사업장을 갖고 있을 때에는 각 사업장별로 납세지를 결정한다.

사업자는 사업장마다 사업자등록을 하여야 하며, 사업장별로 구분하여 세금계산서를 발급·수취하고 사업장별로 각각 납부(환급)세액을 계산하여 이를 각 사업장 관할세무서장에게 신고·납부하여야 한다.

1 사업장

(1) 사업장의 범위

구 분	사업장별 납세지
광 업	광업사무소의 소재지
제조업	최종 제품을 완성하는 장소(단, 따로 제품 포장만을 하거나 용기에 충전만을 하는 장소와 저유소는 제외)
건설업·운수업·부동산매매업	① 법인사업자 : 법인의 등기부상의 소재지(등기부상 지점소재지 포함) ② 개인사업자 : 사업에 관한 업무를 총괄하는 장소 ③ 법인명의로 등록된 차량을 개인이 운용하는 경우 : 법인의 등기부상소재지(등기부상 지점소재지 포함) ④ 개인명의로 등록된 차량을 다른 개인이 운용하는 경우 : 그 등록된 개인이 업무를 총괄하는 장소
부동산 임대업	그 부동산의 등기부상의 소재지
다단계판매업	등록한 다단계판매업자의 주된 사업장의 소재지
이동통신역무를 제공하는 전기통신사업	① 법인사업자 : 법인의 본점소재지 ② 개인사업자 : 사업에 관한 업무를 총괄하는 장소
수자원 개발사업, 무인자동판매기를 통한 사업, 우정사업의 소포우편물 공급사업	그 사업에 관한 업무를 총괄하는 장소
한국철도공사가 경영하는 사업	그 사업에 관한 업무를 지역별로 총괄하는 장소
비거주자 또는 외국 법인	비거주자 또는 외국법인의 국내사업장
신탁재산의 수탁업	해당 신탁재산의 등기부상 소재지, 등록부상 등록지 또는 신탁사업에 관한 업무를 총괄하는 장소
기타	위 이외의 장소도 사업자의 신청에 의하여 사업장으로 등록할 수 있고 사업장을 설치하지 않은 경우에는 사업자의 주소지나 거소지를 사업장으로 한다.

(2) 직매장 · 하치장 · 임시사업장

구 분	내 용
직매장	직매장이란 사업자가 자기의 사업과 관련하여 생산 또는 취득한 재화를 직접 판매하기 위하여 특별히 판매시설을 갖춘 장소를 말한다. 따라서 직매장에서는 판매행위(재화의 공급)가 이루어지므로 사업장에 해당한다.
하치장	하치장이란 사업자가 재화의 보관 · 관리시설만을 갖춘 장소를 말한다. 따라서 하치장에서는 판매행위(재화의 공급)가 이루어지지 아니하므로 사업장에 해당하지 아니한다. ⇨ 하치장설치신고서를 하치장을 둔 날로부터 10일 이내 하치장 관할세무서장에게 제출
임시사업장	임시사업장이란 사업장이 있는 사업자가 기존사업장 외에 각종 경기대회 · 전람회 · 국제회의 그 밖에 이와 유사한 행사가 개최되는 장소에서 임시로 개설한 사업장을 말한다. 이러한 임시사업장은 기존사업장에 포함되는 것으로 한다. ⇨ 임시사업장의 개설과 폐쇄신고는 개시일 및 폐쇄일로부터 10일 이내 관할세무서장에 신고

2 주사업장 총괄납부

둘 이상의 사업장이 있는 사업자는 부가가치세를 주된 사업장에서 총괄하여 납부할 수 있는데, 이를 "주사업장 총괄납부"라 한다. 이러한 주사업장 총괄납부는 사업자의 납세편의를 도모하고 사업장별로 납부세액과 환급세액이 발생하는 경우의 자금 부담을 완화시켜주기 위한 제도이다.

주사업장 총괄납부는 말 그대로 납부의 총괄이므로 사업자등록 · 부가가치세의 신고 · 세금계산서의 발급 및 수령 등은 여전히 각 사업장별로 하여야 함에 유의하여야 한다.

[주사업장 총괄납부제도의 효력]
① 사업자등록
② 세금계산서 및 영수증의 작성 · 발급
③ 과세표준 및 납부세액(환급세액)의 계산 및 신고
④ 결정 · 경정

3 사업자단위 과세제도

둘 이상의 사업장이 있는 사업자는 해당 사업자의 본점 또는 주사무소(이하 "사업자단위과세 적용사업장"이라 함)의 관할세무서장에게 사업자등록을 하고 납세의무를 이행할 수 있는데, 이를 "사업자단위 과세제도"라 한다.

사업자단위 과세제도의 적용을 받는 사업자는 사업자등록, 세금계산서 및 영수증의 발급, 신고 · 납부 또는 환급 등 일체를 사업자단위 과세 적용사업장에서 사업자단위로 할 수 있으며, 결정 · 경정 및 징수권도 사업자단위 과세 적용사업장 관할세무서장이 행사한다.

4 주사업장 총괄납부와 사업자단위 과세제도 비교

구 분	주사업장 총괄납부	사업자단위 과세제도
주사업장 (총괄사업장)	• 법인사업자 : 본점(주사무소) 　　　　　　 또는 지점(분사무소) • 개인사업자 : 주사무소	• 법인사업자 : 본점(주사무소) • 개인사업자 : 주사무소
효력	주된 사업장 관할세무서장에게 총괄납부	총괄사업장 관할세무서장에게 신고·납부 등
신청	• 기존사업자 : 총괄납부하고자 하는 과세기간 개시 20일전까지 신청 • 신규사업자 : 주사업장의 사업자등록증을 교부받은 날부터 20일이내 신청	• 기존사업자 : 적용받고자 하는 과세기간 개시 20일전까지 신청 • 신규사업자 : 사업개시일로부터 20일이내 사업자단위로 사업자등록 신청
포기	각 사업장에서 납부하고자 하는 과세기간 개시 20일 전에 포기신고	각 사업장에서 납부하고자 하는 과세기간 개시 20일 전에 포기신고

7. 사업자등록

사업자등록이란 부가가치세법상 납세의무자인 사업자의 인적사항 등 과세자료를 파악하는 데 적합한 사항을 신고하여 등재하게 함과 동시에 사업자등록번호를 부여하는 제도를 말한다.

부가가치세법상 사업자등록은 과세사업자에게만 적용되는 규정이다. 부가가치세법상 사업자가 아닌 면세사업자는 부가가치세법이 아닌 법인세법 또는 소득세법상 사업자등록의무를 진다.

1 사업자등록 신청

사업자는 사업장마다 사업개시일로부터 **20일 이내**에 사업장 관할세무서장에게 등록하여야 한다. 다만, 신규로 사업을 개시하고자 하는 자는 사업개시일 전이라도 등록할 수 있다. 사업자등록의 신청은 사업장 관할 세무서장이 아닌 다른 세무서장에게도 할 수 있다.

[사업개시일]
① 제조업 : 제조장별로 재화의 제조를 시작하는 날
② 광업 : 사업장별로 광물의 채취·채광을 시작하는 날
③ 기타의 사업 : 재화 또는 용역의 공급을 시작하는 날

또한, 신탁재산과 관련된 재화 또는 용역을 공급함에 따라 납세의무자가 되는 경우 수탁자(공동수탁자가 있는 경우 대표수탁자를 말한다)는 해당 신탁재산을 사업장으로 사업자등록을 신청하여야 한다.

2 사업자등록증의 발급

사업자등록신청을 받은 세무서장은 그 신청내용을 조사한 후 사업자등록증을 신청일로부터 **2일(토요일·공휴일·근로자의 날은 제외) 이내**에 신청자에게 발급하여야 한다.

다만, 사업장시설이나 사업현황을 확인하기 위하여 국세청장이 필요하다고 인정하는 경우에는 발급기한을 5일(토요일·공휴일·근로자의 날은 제외) 이내에서 연장하고 조사한 사실에 따라 사업자등록증을 발급할 수 있다.

3 사업자등록의 사후관리(정정신고 및 재발급)

사업자가 다음에 해당하는 경우에는 **지체없이** 사업자등록정정신고서를 관할세무서장에게 제출하여야 하며, 사업자등록의 정정신고를 받은 세무서장은 해당 정정내용을 확인한 후 사업자등록증의 기재사항을 정정하여 등록증을 재발급하여야 한다.

재발급기한	사업자등록 정정사유
신고일 당 일	① 상호를 변경하는 때 ② 통신판매업자가 사이버몰의 명칭 또는 인터넷 도메인이름을 변경하는 때
신고일로부터 2일 이내	① 법인 또는 국세기본법에 의하여 법인으로 보는 단체 외의 단체 중 소득세법상 1거주자로 보는 단체의 대표자를 변경하는 때(**개인사업자의 대표자 변경 : 폐업사유**) ② 상속으로 인하여 사업자의 명의가 변경되는 때 ③ 임대인, 임대차 목적물·그 면적, 보증금, 차임 또는 임대차기간의 변경이 있거나 새로이 상가건물을 임차한 때 ④ 사업자단위 과세사업자가 종된 사업장을 신설 또는 이전하는 때 ⑤ 사업자단위 과세사업자가 종된 사업장의 사업을 휴업하거나 폐업하는 때 ⑥ 사업의 종류에 변동이 있는 때 ⑦ 사업장(사업단위 과세사업자는 사업자단위 과세적용사업장)을 이전하는 때 ⑧ 공동사업자의 구성원 또는 출자지분의 변경이 있는 때 ⑨ 사업자단위 과세사업자가 사업자단위 과세 적용사업장을 변경하는 때

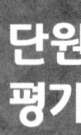
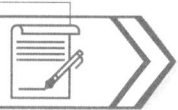

실무이론

01. 부가가치세법에 대한 다음 설명 중 가장 옳지 않은 것은?

① 부가가치세의 과세대상은 재화 및 용역의 공급과 재화의 수입이다.
② 부가가치세는 재화나 용역이 최종 소비자에게 도달할 때까지의 모든 거래단계마다 부가가치세를 과세하는 다단계거래세이다.
③ 부가가치세는 납세의무자와 실질적인 담세자가 일치하지 않는 간접세이다.
④ 부가가치세는 재화 또는 용역이 생산되는 국가에서 과세하는 생산지국과세원칙을 채택하고 있다.

02. 부가가치세법상 납세의무자인 사업자의 요건과 관련이 없는 것은?

① 사업성이 있어야 한다.
② 영리목적이 있어야 한다.
③ 사업상 독립성을 갖추어야 한다.
④ 과세대상인 재화나 용역을 공급하는 자이어야 한다.

03. 다음 중 부가가치세의 과세기간에 대한 설명으로 틀린 것은?

① 일반과세자의 부가가치세의 과세기간은 제1기와 제2기로 나누어진다.
② 일반과세자의 경우 1월 20일에 사업을 개시한 경우 최초의 과세기간은 1월 1일부터 6월 30일까지가 된다.
③ 사업자가 사업을 영위하다 폐업하는 경우 과세기간은 폐업일이 속하는 과세기간의 개시일부터 폐업일까지로 한다.
④ 간이과세를 포기하여 일반과세자로 전환되는 경우 간이과세 포기의 신고일이 속하는 과세기간의 개시일부터 그 신고일이 속하는 달의 말일까지가 1과세기간이 된다.

04. 다음 중 부가가치세법상 사업장으로 잘못된 것은?

① 부동산임대업 : 그 사업에 관한 업무를 총괄하는 장소
② 제조업 : 최종제품을 완성하는 장소
③ 광　업 : 광업사무소 소재지
④ 사업장을 설치하지 않는 경우 : 사업자의 주소 또는 거소

05. 다음 중 부가가치세법상의 납세의무가 없는 경우는?

① 소규모 식당을 운영하는 간이과세 대상 사업자
② 대가를 받고 대한민국 정부에 복사기를 판매하는 상인
③ 화장품을 중국에 수출하는 무역업자
④ 서울에 소재하는 소아과전문병원

06. 다음 중 부가가치세법상 사업자등록과 관련된 설명 중 틀린 것은?

① 사업자는 사업장마다 사업개시일부터 20일내에 사업자등록을 하여야 한다.
② 신규로 사업을 시작하려는 자는 사업개시일 전이라도 사업자등록을 할 수 있다.
③ 사업자등록의 신청을 받은 관할세무서장은 신청일부터 2일이내에 사업자등록증을 신청자에게 발급하는 것이 원칙이다.
④ 상속으로 인하여 사업자의 명의가 변경되는 때에는 폐업을 하고 신규로 사업자등록을 하여야 한다.

07. 다음 부가가치세법상 사업자등록에 관한 설명 중 잘못된 것은?

① 사업자는 사업자등록의 신청을 사업장 관할 세무서장이 아닌 다른 세무서장에게도 할 수 있다.
② 사업장이 둘 이상인 사업자는 사업자 단위로 해당 사업자의 본점 또는 주사무소 관할 세무서장에게 등록을 신청할 수 있다.
③ 사업자등록의 신청을 받은 사업장 관할 세무서장은 신청자가 사업을 사실상 시작하지 아니할 것이라고 인정될 때에는 등록을 거부할 수 있다.
④ 사업자 단위로 사업자등록신청을 한 경우에는 사업자단위 과세가 적용되는 각각의 사업장마다 다른 사업자등록번호를 부여한다.

◆해설◆

01. 우리나라는 소비형 부가가치세제를 채택하고 있으며, 이중과세를 방지하기 위하여 수출하는 재화 등에는 소비지국과세원칙에 따라 영(0)의 세율을 적용한다.
02. 부가가치세법상 사업자는 영리목적과는 관계가 없다.
03. 1월 20일에 사업을 개시한 경우 최초의 과세기간은 1월 20일부터 6월 30일까지가 된다.
04. 부동산임대업은 부동산의 등기부상 소재지가 사업장이다.
05. 면세사업자는 부가가치세법상 납세의무가 존재하지 않는다.
06. 상속으로 인하여 사업자의 명의가 변경되는 것은 사업자등록의 정정사유이다.
07. 등록번호는 사업장마다 관할 세무서장이 부여한다. 다만, 사업자 단위로 등록신청을 한 경우에는 사업자단위과세 적용 사업장에 한 개의 등록번호를 부여한다.

◆정답◆

01. ④ 02. ② 03. ② 04. ① 05. ④ 06. ④ 07. ④

CHAPTER

02 과세거래

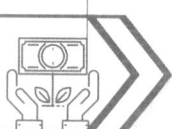

과세거래란 부가가치세의 과세대상이 되는 거래를 말한다. 부가가치세법상 과세대상이 되는 거래는 ① **재화의 공급**, ② **용역의 공급**, ③ **재화의 수입**이다.

1. 재화의 공급

1 재화의 개념

재화란 재산가치가 있는 모든 유체물과 무체물을 말한다.

구 분	구체적 범위
유체물	상품, 제품, 원재료, 건물, 구축물, 기계장치, 차량운반구, 비품 등 모든 유형적 물건
무체물	가스, 전기, 열 등 관리할 수 있는 자연력 또는 특허권, 실용신안권, 디자인권, 상표권, 어업권, 댐사용권 등

※ 화폐, 어음, 수표, 주식, 사채 등은 재화로 보지 아니한다. (소비의 대상이 아님)

2 공급의 범위

공급은 실지공급과 간주공급으로 나누어진다.

재화의 공급	실질공급	대가를 받고 재화를 인도한 거래
	간주공급	대가를 받지 않고 재화를 인도했거나 재화의 인도 자체가 없는 거래

재화의 실지공급은 계약상 원인에 따른 공급과 법률상 원인에 따른 공급으로 구분된다.

(1) 계약상의 원인에 의한 공급

매매계약, 가공계약, 교환계약, 현물출자 등 그 밖의 계약상 원인에 따라 재화를 양도하는 것은 재화의 공급으로 본다.

 TIP

[가공계약의 구분]
① 자기가 주요자재의 전부 또는 일부를 부담하고 상대방으로부터 인도받은 재화에 공작을 가하여 새로운 재화를 만드는 것은 재화의 공급으로 본다.
② 상대방으로부터 인도받은 재화에 자기가 주요자재를 전혀 부담하지 않고 단순히 가공만 하여 주는 것은 용역의 공급으로 구분된다. 단, 건설업의 경우 건설업자가 건설자재의 전부 또는 일부를 부담하는 경우에도 용역의 공급으로 본다.

(2) 법률상의 원인에 의한 공급

경매·수용 그 밖의 법률상 원인에 따라 재화를 인도하거나 양도하는 것은 재화의 공급으로 본다. 그러나 다음의 경우에는 재화의 공급으로 보지 아니한다.

① 국세징수법에 따른 공매, 지방세 징수를 위한 공매, 민사집행법에 따른 경매에 의하여 재화를 인도·양도하는 것은 과세되는 재화의 공급으로 보지 않는다.
② 도시 및 주거환경정비법, 공익사업을 위한 토지 등의 취득 및 보상에 관한 법률 등에 따른 수용절차에 있어서 수용대상인 재화의 소유자가 해당 재화를 철거하는 조건으로 그 재화에 대한 대가를 받는 경우에는 재화의 공급으로 보지 아니한다.

3 재화의 간주공급(재화 공급의 특례)

일정한 대가를 받지 않고 재화를 공급하거나 재화의 이동이 없는 경우에도 일정한 건에 해당하면 재화의 공급으로 간주(**매입세액 공제분에 한함**)하여 과세대상으로 보도록 하는 것을 말한다.

(1) 자가공급

자가공급이란 사업자가 자기의 사업과 관련하여 생산하거나 취득한 재화를 자기의 사업을 위하여 직접 사용·소비하는 경우로 본래 재화의 공급에 해당하지 않지만 다음의 3가지 경우에는 이를 재화의 공급으로 의제한다.

① 면세사업에의 전용

자기의 사업과 관련하여 생산·취득한 재화를 자기의 면세사업을 위하여 직접 사용·소비하는 것은 재화의 공급으로 본다. 다만, 처음부터 매입세액이 공제되지 않은 것(불공제원인은 불문)은 재화의 공급으로 보지 아니한다.

[사례]
㉠ 당초 매입시 매출세액에서 매입세액이 공제된 재화
㉡ 포괄적 사업양도로 취득한 재화로서 사업양도자가 당초 매입시 매출세액에서 매입세액이 공제받은 재화
㉢ 내국신용장 또는 구매확인서에 의한 공급에 따른 수출에 해당하여 영(零) 퍼센트의 세율을 적용받는 재화

② 개별소비세 과세대상 자동차(비영업용소형승용차)와 그 유지를 위한 재화

자기의 사업과 관련하여 생산·취득한 재화를 비영업용 소형승용차로 사용하거나 그 유지에 사용·소비하는 것은 재화의 공급으로 본다. 다만, 처음부터 매입세액이 공제되지 않은 것(불공제원인은 불문)은 재화의 공급으로 보지 아니한다.

[사례]
㉠ 자동차 제조회사가 자가생산한 소형승용자동차를 업무용으로 사용하는 경우
㉡ 운수업을 영위하는 사업자가 운수사업용으로 소형승용자동차를 구입하여 매입세액을 공제받은 후 이를 임직원의 업무용으로 사용하는 경우
㉢ 주유소나 자동차부품판매업을 영위하는 사업자가 휘발유나 부품을 자기의 업무용 소형승용자동차에 사용·소비하는 경우

③ 판매목적 타사업장 반출

2 이상의 사업장이 있는 사업자가 자기 사업과 관련하여 생산·취득한 재화를 타인에게 직접 판매할 목적으로 자기의 다른 사업장에 반출하는 것은 재화의 공급으로 본다. 다만, 주사업장 총괄납부사업자 또는 사업자단위과세사업자가 총괄납부를 하는 과세기간에 반출하는 것은 재화의 공급으로 의제하지 않는다. 이 경우에도 세금계산서를 발급하고 관할세무서장에게 신고·납부한 경우에는 재화의 공급으로 본다.

구 분	판매목적 타사업장 반출
일반적인 경우	재화의 공급으로 봄(세금계산서 발급 ○)
주사업장 총괄납부 또는 사업자단위과세의 경우	원칙 : 재화의 공급으로 보지 않음
	세금계산서를 발급한 경우 : 재화의 공급으로 봄

[간주공급이 아닌 자가공급 사례]
㉠ 자기의 다른 사업장에서 원료·자재 등으로 사용·소비하기 위하여 반출하는 경우
㉡ 자기 사업장의 기술개발을 위하여 시험용으로 사용·소비하는 경우
㉢ 수선 및 사후 무료서비스 제공을 위하여 사용·소비하는 경우
㉣ 불량품 교환·광고선전을 위한 상품 진열 등의 목적으로 자기의 타사업장에 반출하는 경우

(2) 개인적 공급

자기의 사업과 관련하여 생산·취득한 재화를 사업과 직접 관계없이 사업자나 그 사용인의 개인적 목적 또는 기타의 목적을 위하여 사업자가 재화를 사용·소비하는 것은 재화의 공급으로 본다. 이 경우 시가보다 낮은 대가를 받고 제공하는 것은 시가와 받은 대가의 차액에 한정한다.

[간주공급이 아닌 개인적공급 사례]
실비변상적이거나 복리후생인 목적으로 사용인에게 재화를 무상으로 공급하는 것에 해당하는 경우
① 사업을 위해 착용하는 작업복·작업모·작업화를 제공하는 경우
② 직장 연예 및 직장 문화와 관련된 재화를 제공하는 경우
③ ㉠, ㉡, ㉢의 경우로 구분하여 각각 1인당 연간 10만원 이하 재화를 제공하는 경우(연간 10만원 초과하는 경우 초과금액에 대해서는 재화의 공급으로 봄)
　㉠ 경조사와 관련된 재화
　㉡ 설날, 추석과 관련된 재화
　㉢ 창립기념일 및 생일 등과 관련된 재화

(3) 사업상 증여

자기의 사업과 관련하여 생산·취득한 재화를 자기의 고객이나 불특정 다수인에게 그 대가를 받지 않거나 현저히 낮은 대가를 받고 증여하는 것은 재화의 공급으로 본다.

[간주공급이 아닌 사업상 증여 사례]
① 증여하는 재화의 대가가 주된 거래인 재화공급의 대가에 포함되는 것
② 무상으로 견본품을 인도·양도하거나 불특정다수인에게 광고선전물을 배포하는 것
③ 재난 및 안전관리 기본법의 적용을 받아 특별재난지역에 공급하는 물품(기부목적사용)
④ 자기적립마일리지등으로만 전부를 결제받고 공급하는 재화

(4) 폐업시 잔존재화

사업자가 사업을 폐업하는 경우 남아 있는 재화는 자기에게 공급하는 것으로 본다. 다만, 매입세액이 공제되지 아니한 것은 재화의 공급으로 보지 아니한다.

[폐업시 잔존재화에 해당하지 않는 사례]
① 사업의 종류변경 시 변경 전 사업의 잔존재화
② 겸영사업자가 그 중 일부를 폐지 시 폐지사업 관련 잔존재화
③ 직매장을 폐지하고 다른 사업장으로 이전 시 직매장의 잔존재화

(5) 재화의 간주공급 시 세금계산서 발급여부

재화의 간주공급에 대하여는 원칙적으로 세금계산서 발급의무가 면제되나, 직매장 반출(= 타사업장의 반출 포함)이 과세거래에 해당하는 경우에는 반드시 세금계산서를 발급하여야 한다.

[재화의 간주공급 요약]

구 분		매입세액 공제여부	간주공급 여부	과세표준	공급시기	세금계산서 발급여부
자가공급	면세사업전용	○	○	시가	사용·소비되는 때	×
	개별소비세 과세대상 자동차와 그 유지를 위한 재화					
	직매장(타사업장) 반출			원가	반출하는 때	○
개인적공급		○	○	시가	사용·소비되는 때	×
사업상증여		○	○	시가	증여하는 때	×
폐업시잔존재화		○	○	시가	폐업하는 때	×

4 위탁매매에 의한 공급(재화 공급의 특례)

위탁매매 또는 대리인에 의한 매매를 할 때에는 위탁자 또는 본인이 직접 재화를 공급하거나 공급받은 것으로 본다. 다만, 위탁자 또는 본인을 알 수 없는 경우로서 위탁매매 또는 대리인에 의한 매매를 하는 해당 거래 또는 재화의 특성상 또는 보관·관리상 위탁자 또는 본인을 알 수 없는 경우에는 수탁자 또는 대리인에게 재화를 공급하거나 수탁자 또는 대리인으로부터 재화를 공급받은 것으로 본다.

5 신탁재산의 공급(재화 공급의 특례)

신탁법에 따라 위탁자의 지위가 이전되는 경우에는 기존 위탁자가 새로운 위탁자에게 신탁재산을 공급한 것으로 본다. 다만, 신탁재산에 대한 실질적인 소유권의 변동이 있다고 보기 어려운 경우에는 신탁재산의 공급으로 보지 아니한다.

[간주공급이 아닌 신탁재산의 공급]
① 집합투자업자가 다른 집합투자업자에게 위탁자 지위를 이전한 경우
② 위에 준하는 경우로서 실질적 소유권 변동이 없는 경우

6 재화의 공급으로 보지 아니하는 경우

구 분	내 용
담보의 제공	담보제공은 채권담보의 목적에 불과하므로 재화의 공급으로 보지 않는다.
포괄적인 사업의 양도	사업장별로 그 사업에 관한 모든 권리와 의무를 포괄적으로 승계시키는 사업의 양도는 재화의 공급으로 보지 않는다.
조세의 물납	사업자가 사업용 자산을 상속세 및 증여세법, 종합부동산세법, 지방세법 규정에 의하여 물납을 하는 것은 재화의 공급으로 보지 않는다.
신탁재산의 소유권 이전	① 위탁자로부터 수탁자에게 신탁재산을 이전하는 경우 ② 신탁의 종료로 인하여 수탁자로부터 위탁자에게 신탁재산을 이전하는 경우 ③ 수탁자가 변경되어 새로운 수탁자에게 신탁재산을 이전하는 경우
공매·강제경매에 대한 재화의 양도	국세징수법에 의한 공매 및 민사집행법에 의한 강제경매에 의하여 재화를 인도 또는 양도하는 것은 재화의 공급으로 보지 않는다.
하치장 반출	하치장은 사업장에 해당하지 않으므로 하치장반출은 재화의 공급으로 보지 않는다.
화재·도난 등으로 인한 재화의 망실	

 **예제**

재고자산 타계정대체명세의 거래 사례 중 간주공급에 해당하는지의 여부를 "해당여부"란에 "○", "×"로 표시하시오. (당해 재화는 모두 매입세액공제분이라고 가정)

계정과목	거래내용	금 액(원) 원 가	금 액(원) 시 가	해당여부
수선비	불량품 교환으로 사용	3,000,000	4,000,000	
기업업무추진비	매출처에 사은품으로 제공	1,600,000	2,100,000	
비 품	회사의 업무용 비품으로 제공	6,000,000	7,000,000	
기부금	이재민구호품으로 한국방송공사에 기탁	6,200,000	7,100,000	
차량유지비	화물자동차의 수선사용	8,000,000	9,000,000	
광고선전비	상품진열 목적으로 다른 사업장에 반출	2,000,000	3,000,000	
기업업무추진비	특정거래처에 무상제공	2,300,000	2,800,000	
광고선전비	제품홍보용으로 불특정 다수인에게 무상배포	3,100,000	2,300,000	
개발비	기술개발을 위하여 사용	2,000,000	2,300,000	
복리후생비	회사창립 기념품으로 임직원에게 증정	1,100,000	1,700,000	
차량유지비	비영업용소형승용차 수선	1,700,000	2,100,000	

【해설】

계정과목	거래내용	해당여부
수선비	불량품 교환은 자가공급에 해당하지 않음	×
기업업무추진비	사업상 증여에 해당 : 과세표준 2,100,000원(시가)	○
비 품	자가공급에 해당하지 않음	×
기부금	기부목적으로 무상 제공하는 재화 또는 용역은 면세로 사업상 증여에 해당하지 않음	×
차량유지비	비영업용 소형승용차의 유지비용이 아니므로 자가공급에 해당하지 않음	×
광고선전비	광고선전을 위한 상품진열 목적으로 반출하는 것은 자가공급에 해당하지 않음	×
기업업무추진비	사업상 증여에 해당 : 과세표준 2,800,000원(시가)	○
광고선전비	홍보목적 불특정 다수인에게 무상배포하는 경우 자가공급에 해당하지 않음	×
개발비	자가공급에 해당하지 않음	×
복리후생비	개인적 공급에 해당 : 과세표준 1,600,000원(시가), 10만원 초과금액만 간주공급임	○
차량유지비	자가공급에 해당 : 과세표준 2,100,000원(시가)	○

2. 용역의 공급

1 용역의 범위

용역이란 재화 외의 재산가치가 있는 모든 역무 및 그 밖의 행위를 말한다.

① 건설업
② 숙박 및 음식점업
③ 운수 및 창고업
④ 정보통신업(출판업과 영상·오디오 기록물 제작 및 배급업은 제외)
⑤ 금융 및 보험업
⑥ 부동산업(논·밭·과수원·목장용지·임야 또는 염전임대업, 공익사업 관련 지역권·지상권 설정 및 대여사업 제외)
⑦ 전문, 과학 및 기술 서비스업과 사업시설 관리, 사업 지원 및 임대서비스업
⑧ 공공행정, 국방 및 사회보장행정
⑨ 교육서비스업
⑩ 보건업 및 사회복지 서비스업
⑪ 예술, 스포츠 및 여가관련 서비스업
⑫ 협회 및 단체, 수리 및 기타 개인서비스업과 제조업 중 산업용 기계 및 장비 수리업
⑬ 가구내 고용활동 및 달리 분류되지 않은 자가소비 생산활동
⑭ 국제 및 외국기관의 사업

건설업과 부동산업 중 다음에 해당하는 사업은 재화를 공급하는 사업으로 본다.
① 부동산의 매매(주거용 또는 비거주용 및 그 밖의 건축물을 자영건설하여 분양·판매하는 경우를 포함) 또는 그 중개를 사업목적으로 나타내어 부동산을 판매하는 사업
② 사업상의 목적으로 1과세기간 중에 1회 이상 부동산을 취득하고 2회 이상 판매하는 사업

2 공급의 범위

(1) 실지공급

용역의 실지공급이란 계약상 또는 법률상의 모든 원인에 따라 역무를 제공하거나 재화·시설물 또는 권리를 사용하게 하는 것을 말한다.

[용역의 공급사례]
① 건설업의 경우 건설사업자가 건설자재의 전부 또는 일부를 부담하는 것
② 자기가 주요자재를 전혀 부담하지 아니하고 상대방으로부터 인도받은 재화를 단순히 가공만 해주는 것
③ 산업상·상업상 또는 과학상의 지식·경험 또는 숙련에 관한 정보를 제공하는 것

(2) 간주공급

자가공급, 무상공급, 근로제공 등은 용역의 공급으로 보지 아니한다. 다만, **사업자가 특수관계인에게 사업용 부동산의 임대용역을 무상으로 제공하는 것은 용역의 공급으로 본다.**

3. 부수재화 또는 용역

부수재화 또는 용역은 주된 재화 또는 용역의 공급에 부수되어 공급되는 것으로 **주된** 거래에 부수되는 재화 또는 용역과 **주된** 사업에 부수되는 재화 또는 용역으로 구분된다.

1 부수재화 또는 용역의 범위

구분	부수재화 또는 용역의 범위	사례
거래와 관련된 경우	① 해당 대가가 **주된** **거래**인 재화 또는 용역의 공급대가에 통상적으로 포함되어 공급되는 재화 또는 용역	재화의 공급시 배달·운반용역
	② 거래의 관행으로 보아 통상적으로 **주된** **거래**인 재화 또는 용역의 공급에 부수하여 공급되는 것으로 인정되는 재화 또는 용역	보증수리용역
사업과 관련된 경우	① **주된** **사업**과 관련하여 우발적 또는 일시적으로 공급되는 재화 또는 용역	은행의 사업용 고정자산 매각
	② **주된** **사업**과 관련하여 주된 재화의 생산에 필수적으로 부수하여 생산되는 재화	부산물 매각

2 부수재화 또는 용역의 과세대상여부 판정

주된 거래에 부수되는 재화 또는 용역은 주된 재화 또는 용역의 공급에 포함되어 주된 거래의 과세·면세 여부에 따라 결정하며, 주된 사업에 부수되는 재화 또는 용역은 별도의 공급으로 보되, 과세 및 면세 여부 등은 주된 사업의 과세 및 면세 여부에 따라 결정한다.

구 분	부수재화 또는 용역의 과세대상여부 판정
거래와 관련된 경우	① 주된 재화 또는 용역 : 과세 ⇨ 부수되는 재화 또는 용역 : 과세
	② 주된 재화 또는 용역 : 면세 ⇨ 부수되는 재화 또는 용역 : 면세
사업과 관련된 경우	① 우발적·일시적 공급 : 주된 사업이 **면세**이면 부수재화 또는 용역은 과세·면세를 불문하고 **무조건 면세**이나, 주된 사업이 **과세**이면 부수재화 또는 용역은 해당 부수재화 또는 용역이 **과세면 과세, 면세면 면세**된다. (예) 은행 또는 보험사가 업무용차량을 매각시 계산서 교부
	② 부산물 : 주산물이 **과세면 과세, 면세면 면세**된다.

4. 재화의 수입

재화의 수입은 다음 물품을 우리나라에 반입하는 것(보세구역을 거치는 것은 보세구역에서 반입하는 것)을 말한다.

1 재화의 수입으로 보는 경우

① 외국으로부터 우리나라에 도착된 물품
② 외국의 선박에 의하여 공해에서 체포된 수산물을 인취
③ 수출신고가 수리된 물품으로서 선적(기적포함)이 완료된 물품을 우리나라에 인취하는 것

2 재화의 수입으로 보지 않는 경우

① 수출신고가 수리된 물품으로서 선(기)적되지 아니한 것을 보세구역으로부터 인취하는 것
② 외국에서 보세구역(수출자유지역 포함)으로 재화를 반입하는 것

5. 공급시기(=거래시기)와 공급장소

1 재화의 공급시기

구 분		재화의 공급시기
일반적인 공급시기	재화의 이동이 필요한 경우	재화가 인도되는 때
	재화의 이동이 필요하지 아니한 경우	재화가 이용가능하게 되는 때
	위 이외의 경우	재화의 공급이 확정되는 때
거래형태에 따른 공급시기	현금, 외상, 할부판매	재화가 인도·이용가능하게 되는 때
	상품권등 판매 후 그 상품권이 현물과 교환되는 경우	재화가 실제로 인도되는 때
	재화의 공급으로 보는 가공계약	가공된 재화를 인도하는 때
	반환조건부·동의조건부·기타 조건부판매	그 조건이 성취되어 판매가 확정되는 때
	기한부 판매	기한이 경과되어 판매가 확정되는 때
	장기할부, 완성도기준, 중간지급조건부 판매	대가의 각 부분을 받기로 한 때
	자가공급·개인적공급	재화가 사용 또는 소비되는 때
	자가공급 중 직매장반출	재화를 반출하는 때
	사업상증여	재화를 증여하는 때
	폐업시 잔존재화	폐업하는 때
	무인판매기에 의한 재화 공급	무인판매기에서 현금을 인취하는 때
	수출재화: 내국물품의 국외반출·중계무역방식의 수출	수출재화의 선적일(또는 기적일)
	수출재화: 원양어업·위탁판매수출	수출재화의 공급가액이 확정되는 때
	수출재화: 위탁가공무역방식의 수출·외국인도수출	외국에서 해당 재화가 인도되는 때

① **위탁판매** : 수탁자 또는 대리인의 공급을 기준으로 거래형태에 따른 공급시기 적용
② **장기할부판매(회수기준)** : 2회 이상의 대가를 분할하여 수령하는 것으로서 재화의 인도일의 다음날로부터 최종 부불금의 지급기일까지의 기간이 1년 이상일 것
③ **중간지급조건부 공급** : 재화의 인도일 이용가능일 전에 계약금 이외의 대가를 분할하여 지급하는 경우로서 계약금을 지급하기로 한 날부터 잔금을 지급하기로 한 날까지의 기간이 6개월 이상인 경우
④ **완성도기준지급 공급** : 재화의 제작기간이 장기간을 요하는 경우에 그 진행도 또는 완성도를 확인하여 그 비율만큼 대가를 지급하는 것

2 용역의 공급시기

구 분		용역의 공급시기
일반적인 공급시기	① 역무가 제공되거나 재화, 시설물 또는 권리가 사용되는 때 ② 통상적인 용역공급의 경우에는 역무의 제공이 완료되는 때	
거래형태에 따른 공급시기	완성도기준·중간지급조건, 장기할부, 부동산임대	대가의 각 부분을 받기로 한 때
	임대보증금 등에 대한 간주임대료, 부동산임대 공급에 대한 대가를 선불 또는 후불로 받는 경우	예정신고기간 또는 과세기간의 종료일
	위 기준을 모두 적용할 수 없는 때	역무의 제공이 완료되고 그 공급가액이 확정되는 때

3 공급시기의 특례

(1) 폐업하는 경우

폐업 전에 공급한 재화 또는 용역의 공급시기가 폐업일 이후에 도래하는 경우에는 그 **폐업일**을 공급시기로 한다.

(2) 세금계산서의 선 발급 시(= 공급시기 전 세금계산서 발급)

재화 또는 용역의 **공급시기가 도래하기 전**에 재화 또는 용역에 대한 **대가의 전부 또는 일부**를 받고 이와 동시에 당해 받은 대가에 대하여 세금계산서 또는 영수증을 발급하는 경우에는 그 **발급하는 때**를 공급시기로 한다. 세부적인 사항은 세금계산서 발급시기에서 다루기로 한다.

(3) 대가를 전혀 받지 않고 공급시기가 도래하기 전에 세금계산서를 발급하는 경우

① 장기할부 판매하는 재화 또는 용역
② 전력·통신 등 그 공급단위를 구획할 수 없는 재화 또는 용역을 계속적으로 공급하는 경우

4 재화의 수입시기

재화의 수입시기는 "관세법"에 따른 수입신고가 수리된 때로 한다.

5 재화 및 용역의 공급장소(우리나라 과세권이 미치는 거래여부에 대한 판정기준)

구 분		공급장소
재화	재화의 이동이 필요한 경우	재화의 이동이 시작되는 장소
	재화의 이동이 필요하지 아니한 경우	재화가 공급되는 시기에 재화가 있는 장소
용역	원칙	역무가 제공되거나 시설물, 권리 등 재화가 사용되는 장소
	국내 및 국외에 걸쳐 용역이 제공되는 국제운송의 경우 사업자가 비거주자 또는 외국법인인 경우	여객이 탑승하거나 화물이 적재되는 장소
	국외사업자로부터 전자적 용역을 국내에서 공급받는 경우	용역을 공급받는 자의 사업장 소재지·주소지·거소지

실무이론

01. 다음 중 부가가치세법상 재화의 공급에 해당하지 않는 것은?
① 현금판매, 외상판매, 할부판매, 장기할부판매, 조건부 및 기한부 판매, 위탁판매와 그 밖의 매매계약
② 자기가 주요자재의 전부 또는 일부를 부담하고 상대방으로부터 인도받은 재화를 가공하여 새로운 재화를 만드는 가공계약
③ 재화의 인도 대가로서 다른 재화를 인도받거나 용역을 제공받은 교환계약
④ 국세징수법에 따른 공매, 민사집행법에 따른 경매에 따른 재화를 인도하거나 양도하는 것

02. 다음 중 부가가치세법상 재화의 공급의제에 해당하는 것은?
(모두 매입세액 공제를 적용받은 것으로 가정함)
① 생산직 근로자에게 작업복과 작업화를 지급하는 경우
② 택시회사가 영업용 택시로 취득한 승용차(3천cc, 5인승)를 업무용으로 사용하는 경우
③ 다른 사업장에서 원료나 자재 등으로 사용 또는 소비하기 위하여 반출하는 경우
④ 광고선전을 위한 상품진열 목적으로 자기의 다른 사업장으로 반출하는 경우

03. 다음 중 부가가치세법상 직매장반출에 대한 설명으로 옳지 않은 것은?
① 직매장반출에 대해서는 재화의 공급으로 보더라도 세금계산서의 발급의무가 면제된다.
② 직매장은 사업장에 해당되나, 하치장은 사업장에 해당되지 않는다.
③ 자기의 다른 사업장에서 원료 등으로 사용하기 위하여 반출하는 경우에는 이를 재화의 공급으로 보지 않는다.
④ 총괄납부승인을 얻은 사업자가 자기의 타사업장으로 재화를 반출하는 경우에는 이를 재화의 공급으로 보지 않는다.

04. 부가가치세법상 재화의 간주공급에 해당하지 않는 것은? 단, 아래의 모든 재화는 매입 시에 매입세액공제를 받은 것으로 한다.
① 주유소를 운영하는 사업자가 배달용 운반 트럭에 주유소의 경유를 무상으로 주유하는 경우
② 주유소를 운영하는 사업자가 사업주의 승용차에 휘발유를 무상으로 주유하는 경우
③ 가구점을 운영하는 사업자가 사업을 폐지하는 경우에 잔존하는 판매용 가구가 있는 경우
④ 가구점을 운영하는 사업자가 자기의 고객에게 판매용인 가구를 무상으로 공급하는 경우

05. 다음 중 부가가치세법상 용역의 공급에 해당하지 않는 것은?
① 건설업의 건설용역
② 부동산임대업의 임대용역
③ 특허권의 대여
④ 전기의 공급

06. 다음 중 부가가치세가 과세되는 거래는?

① 쌀가게를 운영하는 사업자인 김민국씨는 쌀을 식당에 판매하였다.
② 부동산 임대업자인 김임대씨는 사업용건물인 상가를 포괄양도(사업양도)하였다.
③ 페인트를 판매하는 김사업씨는 매입세액공제를 받고 구입한 상품인 페인트를 친구에게 무상(시가 10만원)으로 공급하였다.
④ 휴대폰 판매사업을 하고 있는 김판매씨는 거래처로부터 판매장려금 100만원을 금전으로 수령하였다.

07. 현행 부가가치세 과세제도의 내용 중 틀린 것은?

① 부가가치세의 납세의무자는 국가 및 지방자치단체도 포함한다.
② 사업자가 특수관계자가 아닌 타인에게 무상으로 공급하는 용역은 과세대상이 아니다.
③ 고용관계에 따라 근로를 제공하는 것은 용역의 공급으로 보지 아니한다.
④ 직전과세기간의 납부세액이 없는 일반과세자인 개인사업자는 예정신고를 하여야 한다.

08. 다음은 부가가치세법상 주된 재화 또는 용역의 공급에 부수되어 공급되는 재화와 용역에 대한 과세 및 면세 여부에 관한 내용이다. 다음 중 연결이 틀린 것은?

주된 공급	부수재화 또는 용역	부수재화 또는 용역의 과세 여부
㉠ 과세거래인 경우	과세대상 재화와 용역	과 세
㉡ 과세거래인 경우	면세대상 재화와 용역	과 세
㉢ 면세거래인 경우	과세대상 재화와 용역	과 세
㉣ 면세거래인 경우	면세대상 재화와 용역	면 세

① ㉠ ② ㉡ ③ ㉢ ④ ㉣

09. 다음 중 부가가치세 과세대상 거래는?

① 컴퓨터 교재(면세서적)와 그에 부수되는 CD를 함께 판매한 경우
② 주주에 대하여 출자지분의 반환대가로 제품인 꽁치통조림으로 지급하는 경우
③ 헬스클럽에서 고객으로부터 입회금(일정기간 거치 후 전액 반환 조건임)을 받은 경우
④ 의류공장에서 유형자산인 토지를 양도하는 경우

10. 다음 중 부가가치세법상 재화 및 용역의 공급시기에 대한 내용으로 올바르지 않은 것은?

① 폐업 전에 공급한 재화의 공급시기가 폐업일 이후에 도래하는 경우 : 폐업일 전일
② 임대보증금에 대한 간주임대료 : 예정신고기간 또는 과세기간의 종료일
③ 장기할부판매 : 대가의 각 부분을 받기로 한 때
④ 공급시기 전에 재화에 대한 대가를 받고 동시에 그에 대한 세금계산서를 발급한 경우 : 세금계산서를 발급하는 때

11. 부가가치세법상 위탁자가 확인되는 재화의 위탁매매에 관한 설명 중 옳지 않은 것은?

① 위탁매매의 공급시기는 수탁자가 공급한 때이다.
② 위탁매매에 의한 공급가액은 위탁자의 과세표준에 포함하지 아니한다.
③ 위탁매매시 수탁자가 당해 재화를 직접 인도할 경우에는 수탁자가 위탁자 명의의 세금계산서를 발급한다.
④ 위탁자가 수탁자에게 지급하는 위탁판매수수료에 대하여는 수탁자가 위탁자에게 세금계산서를 발급하여야 한다.

12. 다음은 갑회사의 거래내역이다. 부가가치세법상의 재화·용역의 공급시기는?

> 갑회사는 을회사와 제품공급계약(수량 1개, 공급가액 1억원)을 맺고, 다음과 같이 이행하기로 하였다.
> - 대금지급방법 : 계좌이체
> - 대금지급일 ⓐ 계약금(10,000,000원) : 2024. 08. 01
>   　　　　　　ⓑ 중도금(40,000,000원) : 2024. 12. 01
>   　　　　　　ⓒ 잔　금(50,000,000원) : 2025. 04. 01
> - 제품인도일 : 2025. 04. 01

① 2024. 08. 01　　　　　　　　　　② 2024. 12. 01
③ 2025. 04. 01　　　　　　　　　　④ 2024. 08. 01, 2024. 12. 01, 2025. 04. 01 모두

해설

01. 국세징수법에 따른 공매나 민사집행법에 따른 경매는 재화의 공급으로 보지 아니한다.
02. 영업용 택시는 매입세액공제가 가능하며, 자기의 사업을 위하여 개별소비세가 발생되는 자동차를 전환하면 자가공급에 해당하며 간주공급이다.
03. 직매장반출이 과세거래에 해당되는 경우에는 반드시 세금계산서를 발급하여야 한다.
04. 비영업용소형승용차의 그 유지를 위한 재화로 사용하는 경우 이를 자가공급으로 보아 부가가치세를 과세한다. 주유소의 배달용 운반 트럭에 주유소의 경유를 무상으로 주유하는 것은 자가공급에 해당되지 않아 부가가치세 과세대상이 아니다. ②는 자가공급, ③은 폐업시 잔존재화, ④는 사업상증여에 해당한다.
05. 전기의 공급은 재산적 가치가 있는 무체물에 해당하여 재화의 공급에 해당한다.
06. 매입세액 공제를 받은 과세재화를 사업과 관계없이 개인적으로 사용하는 것은 간주공급에 해당되어 시가로 부가가치세를 과세한다.
07. 개인사업자는 원칙적으로 예정신고의무가 없다.
08. ⓒ은 면세에 해당된다. 부수재화 및 용역의 공급에 대하여 주된 공급에 흡수되어 주된재화 및 용역에 따라 과세 여부가 결정된다.
09. ① 주된 재화인 컴퓨터 교재가 면세이므로 전체 대가가 면세 적용을 받는다.
    ③ 일정기간 거치 후 전액 반환하는 것은 보증금이므로 과세대상이 아니다.
    ④ 토지의 공급은 면세대상이므로 주된 사업에 관계없이 면세된다.
10. 폐업일 전에 공급한 재화와 용역의 공급시기가 폐업일 이후에 도래하는 경우에는 그 폐업일을 공급시기로 본다.
11. 위탁매매에 의한 공급가액은 위탁자의 과세표준에 해당하며, 수탁자의 공급가액은 수수료부분만 해당된다.
12. 중간지급조건부 거래형태의 공급시기는 각 대가를 받기로 한 때이므로 모두 공급시기이다.

정답

01. ④　02. ②　03. ①　04. ①　05. ④　06. ③　07. ④　08. ③　09. ②　10. ①
11. ②　12. ④

CHAPTER 03 영세율과 면세

1. 영세율

1 영세율의 개념

영세율이란 재화 또는 용역을 공급할 때 과세표준에 적용하는 세율을 영(0)으로 하는 것으로서 매출세액이 영(0)이 된다. 결국 영세율이 적용되면 해당 영세율이 적용된 거래 이전단계까지 창출된 모든 부가가치에 대해서 과세하지 않는 효과를 가져오게 된다. 이러한 이유로 영세율을 **완전면세제도**라고 한다.

2 영세율의 취지

(1) 국제적 이중과세의 방지(소비지국과세원칙)

국가 간에 이동이 이루어지는 재화의 수출·입은 각 국가에서 소비세를 과세하는 경우에는 국제적인 이중과세가 발생되므로 관세 및 무역에 관한 일반협정(GATT)상의 소비지국과세원칙에 따라 재화의 소비지인 수입국에서 과세하도록 함으로써 국제적인 이중과세의 방지를 위한 제도이다.

(2) 수출촉진

영세율이 적용되는 재화·용역은 부가가치세 부담이 완전히 없어지게 되므로 수출하는 재화·용역의 가격조건이 그 만큼 유리하게 되어 국제경쟁력이 강화되며, 영세율이 적용되는 경우에는 조기 환급 대상이 되므로 수출업자의 자금부담을 그 만큼 해소할 수 있어 수출을 촉진시키기 위한 조세지원제도이다.

3 영세율의 적용대상자

(1) 과세사업자

영세율은 부가가치세법상 과세사업자(간이과세자 포함)에 한하여 적용한다. 따라서 부가가치세법상 사업자가 아닌 면세사업자는 면세포기를 함으로써 영세율을 적용받을 수 있다.

(2) 상호면세주의

비거주자 또는 외국법인의 국가에서 대한민국의 거주자 또는 내국법인에게 동일한 면세를 하는 경우에 한하여 영의 세율을 적용하거나 우리나라에 주재하거나 파견된 외교관·외교사절 또한 주한외국공관에 근무하는 외국인으로서 당해 국가의 공무원신분을 가진 자에게 당해 국가에서 우리나라의 외교관 등에게 동일한 면세를 하는 경우에 한하여 영의 세율을 적용하는 것을 상호면세라 한다.

4 영세율 적용대상의 범위

구 분	영세율 대상

수출하는 재화	① 내국물품을 외국으로 반출하는 것(우리나라 선박에 의하여 공해에서 채취한 수산물 포함)
	② 내국신용장 또는 구매확인서에 의하여 공급하는 재화
	③ 국내의 사업장에서 계약과 대가수령 등 거래가 이루어지는 것
	   ㉠ 외국인도수출
	      수출대금은 국내에서 영수하지만 국내에서 통관되지 아니한 수출품 등을 외국으로 인도하는 수출
	   ㉡ 중계무역수출
	      수출목적으로 물품 등을 수입하여 국내에 반입하지 않고 바로 해외에서 인도하는 수출
	   ㉢ 위탁판매수출
	      물품을 무환으로 수출하여 당해 물품이 판매된 범위 안에서 대금을 결제하는 계약에 의한 수출
	   ㉣ 위탁가공무역수출
	      가공임지급조건으로 외국에서 가공(제조, 조립, 재생, 개조를 포함)할 원료의 전부 또는 일부를 거래상대방에서 수출하거나 외국에서 조달하여 가공한 후 가공물품을 외국으로 인도하는 수출
	④ 한국국제협력단·한국국제보건의료재단·대한적십자사에 공급하는 재화
	⑤ 비거주자 및 외국법인에게 공급하는 수탁가공무역 수출용으로 공급하는 재화

국외제공용역	우리나라 거주자 또는 내국법인이 제공하는 용역으로서 해외건설공사와 같이 용역제공의 장소가 국외인 경우를 말한다.
선박·항공기의 외국항행용역	선박 또는 항공기에 의하여 여객이나 화물을 국내에서 국외로, 국외에서 국내로 또는 국외에서 국외로 수송하는 것을 말한다. 외국항행용역에 있어서 국내거래와 국제거래가 혼합된 경우 이를 구분하기가 곤란하므로 그 전체를 영세율로 적용한다.

기타 외화획득
재화·용역
	① 국내에서 비거주자 또는 외국법인에게 공급하는 특정 재화 또는 사업에 해당하는 용역
	② 수출재화임가공용역(직접도급계약에 의한 임가공용역만 영세율 적용)
	③ 기타 외화획득 재화·용역의 공급
	   ㉠ 국내사업장이 없는 경우 : 그 대금을 외국환은행에서 원화로 받는 것
	   ㉡ 국내사업장이 있는 경우 : 국외의 비거주자 또는 외국법인과 직접계약에 의해 공급하는 재화·용역으로서 그 대금을 당해 국외의 비거주자 또는 외국법인으로부터 외국환은행을 통하여 원화로 받는 것

조세특례제한법상 영세율 적용대상	① 방위산업물자, 석유류(국군 조직법에 의하여 설치된 기관 또는 부대) ② 도시철도 건설용역(민간투자법에 따른 사업시행자가 공급하는 경우 제외, 2026.12.31.까지) ③ 사회간접자본 시설·건설용역(2026.12.31.까지) ④ 농·축·임·어업용 기자재 ⑤ 장애인용 보장구 등

[영세율 증명서류 및 영세율 매출명세서 제출]
부가가치세 예정 또는 확정신고시 영세율 적용대상을 증명하는 서류와 영세율 매출명세서를 첨부하여 제출한다.

구 분	내 용
① 직접수출	수출실적명세서(전산계산조직에 의하여 처리된 테이프 및 디스켓 포함). 다만, 소포우편에 의해 수출한 경우에는 당해 우체국장이 발행하는 소포수령증
② 내국신용장에 의한 수출	내국신용장이나 구매확인서 전자발급의무화로 내국신용장·구매확인서전자발급명세서 제출
③ 국외에서 제공하는 용역	외국환은행이 발급하는 외화입금증명서 또는 국외에서 제공하는 용역에 관한 계약서
④ 선박 외국항행용역	외국환은행이 발급하는 외화입금증명서
⑤ 항공기의 외국항행용역	공급가액확정명세서

2. 면세

1 면세의 의의

면세란 국민들의 복리후생 등을 위하여 일정한 재화·용역의 공급과 재화의 수입에 대하여 부가가치세를 면제하는 제도를 말한다.

면세제도는 면세대상거래의 매출세액만을 면제하고, 전단계에서 발생한 매입세액은 공제 또는 환급하지 않는 **부분면세**방법을 택하고 있다.

2 면세의 취지

면세는 소득에 대한 **부가가치세부담의 역진성을 완화**시킴과 동시에 최종소비자의 부가가치세 부담을 경감시켜주기 위하여 도입된 것이다.

3 면세 적용대상의 범위

구 분	면 세 대 상
기초생활 필수품	① 미가공 식료품 등(식용에 공하는 농산물·축산물·수산물·임산물 포함) ⇨ 국적불문 ② 국내에서 생산된 식용에 공하지 아니하는 미가공 농·축·수·임산물 ③ 수돗물 ⇨ 생수는 과세 ④ 연탄과 무연탄 ⇨ 유연탄·갈탄·착화탄(연탄용 불쏘시개)은 과세 ⑤ 여성용 생리처리 위생용품과 영유아용 기저귀와 분유(액상분유 포함) ⑥ 여객운송용역 ⇨ 시내버스, 지하철, 일반 고속버스(우등 제외) 등(항공기·고속철도, 우등고속버스·전세버스운송사업, 택시, 항해시속 20노트 이상의 여객선 등은 과세) ⑦ 주택과 이에 부수되는 토지의 임대용역(도시계획안 5배, 외 10배) 　주택의 부수토지 = MAX[㉠, ㉡] 　㉠ 건물정착면적 × 5배(도시지역 밖은 10배) 　㉡ 건물의 연면적(지하층의 면적, 지상층의 주차장으로 사용되는 면적, 주민공동시설면적 제외)

구 분	면 세 대 상
국민후생 용역	① 의료보건용역과 혈액(치료·예방·진단 목적으로 조제한 동물의 혈액 포함) 　㉠ 의사·치과의사·한의사 등이 제공하는 용역 　　⇨ 미용목적 성형수술(쌍꺼풀수술, 코성형수술, 유방확대·축소술, 주름살제거술, 지방흡인술)은 과세. 단, 유방재건술은 면세 　㉡ 접골사·침사 등이 제공하는 용역 　㉢ 임상병리사·방사선사·물리치료사 등이 제공하는 용역 　㉣ 약사가 제공하는 의약품의 조제용역 ⇨ 의약품의 단순판매는 과세 　㉤ 수의사가 제공하는 용역 　　⇨ 가축·수산동물·장애인보조견·수급자가 기르는 동물에 대한 진료용역과 질병 예방 및 치료 목적의 동물 진료용역이 면세이며, 수의사 및 동물병원이 제공하는 애완동물 진료용역은 과세 　㉥ 장의업자가 제공하는 장의용역 　㉦ 분뇨의 수집·운반·처리 및 정화조청소용역, 적축물처리용역 　㉧ 노인장기요양보험법에 따른 장기요양기관이 장기요양인정을 받은 자에게 제공하는 신체활동·가사활동의 지원 또는 간병 등의 용역 등 ⇨ 간병, 산후조리, 보육용역(사회적기업·협동조합) ② 인가·허가 받은 교육용역, 사회적기업 및 사회적협동조합에서 학생 등에게 제공하는 지식·기술 교육용역 ⇨ 무허가·무인가 교육용역 및 성인대상 영리학원인 무도학원 및 자동차운전학원은 과세
문화관련 재화용역	① 도서(도서대여 및 실내 도서열람 용역 포함)·신문·잡지·관보·뉴스통신 ⇨ 방송과 광고는 과세 ② 예술창작품·예술행사·문화행사·비직업운동경기 ③ 도서관·과학관·박물관·미술관·동물원·식물원의 입장 　⇨ 오락 및 유흥시설과 함께 있는 동·식물원 및 해양수족관은 과세
부가가치 구성요소	① 금융·보험용역 ② 토지의 공급 ⇨ 토지의 임대는 과세 ③ 주택과 이에 부수되는 토지의 임대용역 | 구분 | 공급 | 임대 | |---|---|---| | 토지 | ▪ 토지의 공급 : 면세 | ▪ 일반적인 토지의 임대 : 과세 ▪ 주택부수토지의 임대 : 면세 | | 건물 | ▪ 건물의 공급 : 과세 ▪ 국민주택이하 주택 : 면세 | ▪ 건물의 임대 : 과세 ▪ 주택의 임대 : 면세 | ④ 저술가 등이 직업상 제공하는 인적용역 ⇨ 변호사업·공인회계사업·세무사업·관세사업·기술사업·건축사업 등의 인적용역은 과세
그 밖의 재화용역	① 우표·인지·증지·복권·공중전화 ⇨ 수집용 우표는 과세 ② 판매가격이 200원 이하인 담배 ⇨ 일반 담배는 과세 ③ 종교·학술·자선·구호·기타 공익을 목적으로 하는 단체가 공급하는 재화·용역 ④ 국가·지방자치단체·지방자치단체조합이 공급하는 재화·용역 ⑤ 국가·지방자치단체·지방자치단체조합 또는 공익단체에 **무상** 공급하는 재화·용역 　⇨ 유상공급은 과세 ⑥ 시내버스·마을버스·농어촌버스로 공급되는 전기·수소전기 버스(2025.12.31.까지)

4 면세포기

(1) 면세포기대상
① 영세율 적용대상이 되는 재화·용역
② 학술연구단체 또는 기술연구단체가 공급하는 재화·용역

(2) 면세포기의 효과
① 효력발생시기

일반적인 경우 면세포기의 효력은 **사업자등록 이후의 공급분부터 적용**되며, 신규사업자가 사업자등록신청과 함께 면세포기신청을 한 경우에는 사업개시일부터 면세포기의 효력이 발생한다.

② 면세의 재적용

면세포기신고를 한 사업자는 **신고한 날로부터 3년간**은 부가가치세의 면세를 적용받지 못한다. 이와 같이 면세포기신고를 한 사업자가 3년이 경과한 후 다시 부가가치세의 면세를 적용받고자 하는 때에는 면세적용신고서와 함께 발급받은 사업자등록증을 제출하여야 한다.

3. 영세율과 면세의 비교

구 분	면 세	영 세 율
목적	소득대비 세부담의 역진성 완화	① 국가간 이중과세의 방지 ② 수출산업의 지원·육성
대상	기초생활필수품 등	수출 등 외화획득 재화·용역
면세정도	부분면세(불완전면세)	완전면세
거래중간단계에서의 적용시	환수효과와 누적효과 발생	환수효과 발생
과세대상여부	부가가치세 과세대상에서 제외	부가가치세 과세대상에 포함
사업자여부	부가가치세법상 사업자가 아님	부가가치세법상 사업자임
의무이행여부	부가가치세법상 각종 의무를 이행할 필요가 없으나 다음의 협력의무는 있다. ① 매입처별세금계산서합계표 제출의무 ② 대리납부의무	영세율 사업자는 부가가치세법상 사업자이므로 부가가치세법상 제반의무를 이행하여야 한다.

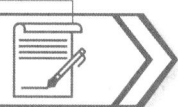

실무이론

01. 부가가치세법상 영세율 적용 대상이면서 세금계산서를 발급하여야 하는 거래는?
① 내국신용장에 의해 공급하는 재화 ② 국외제공용역
③ 주택과 이에 부수되는 토지의 임대용역 ④ 금융·보험용역

02. 다음 중 부가가치세법상 영세율과 관련된 설명 중 가장 틀린 것은?
① 영세율 적용대상은 부가가치세법 및 조세특례제한법에서 규정하고 있다.
② 영세율 적용대상 거래는 세금계산서 발행의무가 없다.
③ 영세율이 적용되는 과세표준에 관하여 영세율 첨부서류를 제출하지 않은 경우 가산세를 부담하여야 한다.
④ 면세사업자라 하더라도 영세율 적용대상이 되면 면세를 포기하고 영세율을 적용받을 수 있다.

03. 다음 중 부가가치세가 면세되는 재화 또는 용역의 개수는?

ⓐ 신문·잡지	ⓑ 수집용우표	ⓒ 복권	ⓓ 토지의 임대	ⓔ 과일	ⓕ 보험용역

① 2개 ② 3개 ③ 4개 ④ 5개

04. 다음 중 부가가치세법상 면세에 대한 설명으로 틀린 것은?
① 가공되지 아니한 식료품 및 우리나라에서 생산된 식용에 공하지 아니하는 농산물은 부가가치세를 면세한다.
② 면세대상이 되는 재화 또는 용역만을 공급하는 경우 부가가치세법상 사업자등록의무를 부담하지 아니하여도 된다.
③ 면세대상이 되는 재화가 영세율적용의 대상이 되는 경우에는 면세포기신청서를 제출하고 승인을 얻은 경우에 한하여 면세포기가 가능하다.
④ 면세포기신고를 한 사업자는 신고한 날로부터 3년간은 부가가치세의 면세를 받지 못한다.

05. 다음 중 부가가치세법상 납세의무가 있는 사업자가 아닌 자는?
① 상가건물을 임대하고 있는 사업자
② 제품을 생산하여 전량 수출하고 있는 영세율적용 사업자
③ 산후조리원을 운영하고 있는 사업자
④ 음식업을 운영하고 있는 간이과세자

06. 다음 중 부가가치세법상 영세율과 면세에 대한 설명 중 틀린 것은?
① 영세율은 완전면세제도이고 면세는 불완전면세제도이다.
② 영세율은 부가가치세법상 사업자만이 적용받을 수 있고, 면세사업자인 상태에서 영세율을 적용받을 수 없다.
③ 영세율과 면세가 동시에 적용되는 경우에는 면세를 포기하고 영세율을 적용받을 수 있다.
④ 영세율과 면세의 경우 모두 부가가치세 신고의무는 면제된다.

07. 부가가치세법상 영세율과 면세에 관한 다음의 설명 중 가장 잘못된 것은?
① 국내거래라 하더라도 영세율이 적용되는 경우가 있다.
② 영세율 적용을 받더라도 사업자등록, 세금계산서 발급 등 납세의무자로서의 의무를 이행하지 않으면 가산세 등 불이익이 발생한다.
③ 토지의 매매와 임대는 모두 면세대상에 해당한다.
④ 면세사업자는 재화의 매입시 부담한 매입세액을 환급받을 수 없다.

해설

01. 국내에서 발생하는 영세율 적용대상인 내국신용장에 의해 공급하는 재화는 영세율이 적용되며, 세금계산서를 발급하여야 한다.
02. 영세율 적용대상은 세금계산서 발급의무가 있는 것과 없는 것으로 나누어진다.
03. ⓐ, ⓒ, ⓔ, ⓕ의 항목이 면세 재화 또는 용역에 해당한다. 토지의 공급은 면세이지만 임대는 과세이다.
04. 면세포기는 승인을 요하지 않는다.
05. 산후조리원을 운영하고 있는 사업자는 면세사업자에 속한다.
06. 영세율의 경우에는 부가가치세 제반의무가 존재한다. 면세는 일정한 협력의무 외의 부가가치세법상의 의무사항은 없다.
07. 토지 임대(전·답·과수원 등 제외)는 과세대상이다.

정답

01. ① 02. ② 03. ③ 04. ③ 05. ③ 06. ④ 07. ③

CHAPTER 04 거래징수와 세금계산서

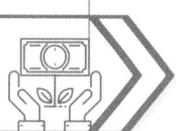

1. 거래징수

1 거래징수의 의의

거래징수제도는 사업자에게 부가가치세의 징수의무와 권한을 부여하고 있는 것으로서 이로 인하여 부가가치세는 최종소비자에게 전가된다. 따라서 부가가치세는 최종소비자가 부담하는 것이다.

[거래징수 시 유의사항]
① 사업자란 과세사업자를 의미하므로 면세사업자는 거래징수의무가 없다.
② 거래징수는 공급받는 자와는 관련이 없으므로 과세되는 재화·용역을 공급하는 사업자는 해당 공급받는 자가 과세사업자·면세사업자·최종소비자인지를 구분하지 아니하고 거래징수의무를 진다.

2 거래징수의 특례

(1) 재화의 수입

재화의 수입 시 공급자는 국외의 사업자이므로 현실적으로 거래징수를 할 여지가 없다. 이에 따라 부가가치세법에서는 재화의 수입 시 세관장이 관세법에 따라 부가가치세를 징수하도록 규정하고 있다.

(2) 대리납부

국내사업장이 없는 비거주자 또는 외국법인등 국외사업자로부터 국내에서 용역 또는 권리를 공급받는 자(공급받은 그 용역 등을 과세사업에 제공하는 경우는 제외하되, 매입세액이 공제되지 아니하는 용역 등을 공급받는 경우는 포함)는 그 대가를 지급하는 때에 그 대가를 받은 자로부터 부가가치세를 징수하여 대리 납부하는 것을 말한다.

2. 세금계산서

1 세금계산서의 의의

세금계산서란 사업자가 재화 또는 용역을 공급할 때 부가가치세를 거래징수하고, 거래사실과 부가가치세의 징수사실을 증명할 수 있는 일종의 증명서류에 해당한다. 이러한 세금계산서는 증명서류로서의 역할뿐만 아니라 과세자료, 청구서, 영수증, 기장의 근거자료로 이용되기도 한다.

2 세금계산서의 기재사항

필요적 기재사항	① 공급하는 사업자의 등록번호와 성명 또는 명칭 ③ 공급가액과 부가가치세액	② 공급받는 자의 등록번호 ④ 작성년월일
임의적 기재사항	① 공급하는 자의 주소 ③ 공급품목과 공급연월일	② 공급받는자의 상호·성명·주소 ④ 단가와 수량 등

3 세금계산서의 종류

구 분		발급의무	비 고
사업자	과세사업자 - 일반과세자	세금계산서	최종소비자대상업종은 영수증 발급
	과세사업자 - 간이과세자	세금계산서	신규사업자 등 예외적으로 영수증 발급
	면세사업자	계산서	최종소비자대상업종은 영수증 발급
세관장(수입재화에 대해 발급)		수입세금계산서	과세대상은 세금계산서, 면세대상은 계산서 발급

※ 영수증 범위 : 신용카드매출전표·직불카드영수증·기명식선불카드영수증·현금영수증·금전등록기계산서

3. 전자세금계산서

1 전자세금계산서의 발급

법인사업자와 소득세법상 직전연도의 사업장별 재화 및 용역의 공급가액(면세공급가액 포함)의 합계액이 8천만원 이상(2024.6.30.이전은 1억원)인 개인사업자(그 이후 직전연도의 사업장별 재화 및 용역의 공급가액이 8천만원 미만이 된 개인사업자를 포함)는 재화 또는 용역의 공급시기가 속하는 달의 다음달 10일까지 다음의 방법 중 하나로 전자세금계산서를 발급하여야 한다. 다만, 다음달 10일이 공휴일 또는 토요일일 때에는 바로 다음 영업일까지 전자세금계산서를 발급할 수 있다.

① 전사적기업자원관리설비(ERP)를 이용하는 방법
② 전자세금계산서 발급업무를 대행하는 사업자(ASP)의 전자세금계산서 발급시스템을 이용하는 방법
③ 국세청이 구축한 전자세금계산서 발급시스템을 이용하는 방법(국세청 홈택스)
④ 전자세금계산서 발급이 가능한 현금영수증 발급장치 및 그 밖에 국세청장이 지정하는 전자세금계산서 발급시스템을 이용하는 방법

전자세금계산서 **의무발급 개인사업자**는 사업장별 재화 및 용역의 공급가액의 합계액이 **8천만원 이상인 해의 다음 해 제2기 과세기간이 시작하는 날부터 전자세금계산서를 발급**해야 한다. 다만, 사업장별 재화와 용역의 공급가액의 합계액이 수정신고 또는 과세관청의 결정과 경정으로 8천만원 이상이 된 경우에는 수정신고 등을 한 날이 속하는 과세기간의 다음 과세기간이 시작하는 날부터 전자세금계산서를 발급해야 한다.

[개인사업자 전자세금계산서 발급 기간]
- 직전연도 공급가액 합계액 8천만원 이상 : 당해연도 7월 1일부터 계속하여 발급

2 전자세금계산서의 전송

사업자가 전자세금계산서를 발급하였을때에는 해당 전자세금계산서 **발급일의 다음날**까지 세금계산서발급명세를 국세청장에게 전송하여야 한다. **(세금계산서합계표 제출의무 면제)**

4. 매입자발행세금계산서

1 매입자발행세금계산서의 정의

납세의무자로 등록한 사업자(세금계산서 발급의무가 있는 간이과세자 포함)로서 사업자가 재화 또는 용역을 공급하고 세금계산서 발급시기에 세금계산서를 발급하지 아니한 경우(사업자의 부도·폐업, 공급 계약의 해제·변경 등의 사유가 발생한 경우로서 사업자가 수정세금계산서를 발급하지 않은 경우 포함) 그 재화 또는 용역을 공급받은 자는 해당 **재화 또는 용역의 공급시기가 속하는 과세기간의 종료일로부터 1년 이내**에 관할 세무서장의 확인을 받아 매입자발행세금계산서를 발행할 수 있다.

다만, 거래사실의 확인신청 대상이 되는 거래는 거래건당 **공급대가(부가가치세 포함 금액)가 5만원 이상**인 경우로 한다.

2 매입세액 공제대상

법령에 의해 공급받는 자가 발행한 매입자발행세금계산서에 기재된 그 부가가치세액은 부가가치세 신고시 매입자발행세금계산서합계표를 제출한 경우에는 매입세액으로 공제받을 수 있다.

5. 수입세금계산서

세관장은 수입되는 재화에 대하여 부가가치세를 징수할 때(부가가치세의 납부가 유예되는 때를 포함)에는 수입된 재화에 대한 세금계산서를 수입하는 자에게 발급하여야 한다.

6. 세금계산서의 발급·발급시기

1 세금계산서의 발급

사업자가 재화 또는 용역을 공급하는 경우에는 공급자가 공급받는 자에게 세금계산서를 발급하여야 한다. 이 경우 세금계산서는 공급자가 2매를 발급하여 1매는 공급자가 보관하고, 1매는 공급받는 자에게 발급(교부)한다.

2 세금계산서의 발급시기

구 분	내 용
원칙	재화 또는 용역의 **공급시기에 발급**하여야 한다.
공급시기 전 발급 (선 발행 세금계산서)	① 재화 또는 용역의 **공급시기 전에 재화 또는 용역에 대한 대가의 전부 또는 일부를 받고**, 그 받은 대가에 대하여 세금계산서(또는 영수증)을 발급하면 그 세금계산서 등을 발급하는 때를 각각 그 재화 또는 용역의 공급시기로 본다. ② 사업자가 재화 또는 용역의 공급시기가 되기 전에 세금계산서를 발급하고 **그 세금계산서 발급일부터 7일 이내에 대가를 받으면** 해당 세금계산서를 발급한 때를 재화 또는 용역의 공급시기로 본다. ③ 위 ②에도 불구하고 다음 어느 하나에 해당하는 경우에는 재화 또는 용역을 공급하는 사업자가 그 재화 또는 용역의 공급시기가 되기 전에 세금계산서를 발급하고 그 세금계산서 발급일로부터 7일이 지난 후 대가를 받더라도 해당 세금계산서를 발급한 때를 재화 또는 용역의 공급시기로 본다. ㉠ 거래 당사자 간의 **계약서·약정서** 등에 대금 청구시기(세금계산서 발급일을 말함)와 지급시기를 따로 적고, **대금 청구시기와 지급시기 사이의 기간이 30일 이내인 경우** ㉡ 재화 또는 용역의 **공급시기가** 세금계산서 **발급일이 속하는 과세기간 내**(공급받는 자가 조기환급을 받은 경우에는 세금계산서 발급일로부터 30일 이내)**에 도래**하는 경우 ④ 다음의 경우에는 **공급시기가 도래하기 전에 대가를 받지 않고** 세금계산서 또는 영수증을 발급하는 경우에는 그 발급하는 때를 재화 또는 용역의 공급시기로 본다. ㉠ 장기할부판매로 재화를 공급하거나 장기할부조건부로 용역을 공급하는 경우의 공급시기 ㉡ 전력이나 그 밖에 공급단위를 구획할 수 없는 재화를 계속적으로 공급하는 경우의 공급시기 ㉢ 그 공급단위를 구획할 수 없는 용역을 계속적으로 공급하는 경우의 공급시기

공급시기 후 발급 (월합계 세금계산서)	다음의 어느 하나에 해당하는 경우에는 재화 또는 용역의 **공급일이 속하는 달의 다음 달 10일**(그 날이 공휴일 또는 토요일인 경우에는 바로 다음 영업일을 말함)까지 세금계산서를 발급할 수 있다.
	① 거래처별로 1역월(1曆月)의 공급가액을 합하여 해당 달의 말일을 작성연월일로 하여 세금계산서를 발급하는 경우
	 공급시기 : "1월 1일 ~ 1월 31일"의 경우
	  → "1월 31일"을 작성연월일로 하여 2월 10일까지 발급
	② 거래처별로 1역월 이내에서 사업자가 임의로 정한 기간의 공급가액을 합하여 그 기간의 종료일을 작성연월일로 하여 세금계산서를 발급하는 경우
	 공급시기 : "1월 1일 ~ 1월 15일", "1월 16일 ~ 1월 31일"의 경우
	  → "1월 15일", "1월 31일"을 작성연월일로 하여 2월 10일까지 발급
	③ 관계 증명서류 등에 따라 실제거래사실이 확인되는 경우로서 해당 거래일을 작성연월일로 하여 세금계산서를 발급하는 경우
	 공급시기 : "1월 7일" 매출분 세금계산서 발급 누락
	  → "1월 7일"을 작성연월일로 하여 2월 10일까지 발급
	여기서 "1역월"이란 달력에 의한 1개월을 의미한다. 따라서 2월 16일부터 3월 15일까지의 기간은 1역월이 아니므로 해당 거래분을 합계하여 세금계산서를 작성할 수 없다.

7. 세금계산서의 수정

세금계산서를 발급한 후 그 기재사항에 관하여 착오 또는 정정사유가 발생한 경우에는 당초 발급한 세금계산서를 수정하여 재발급할 수 있다. 이를 "수정세금계산서"라 하며, 당초승인번호를 기재하여 발급한다. 필요적 기재사항 착오 및 착오 외, 세율을 잘못 적용하여 발급한 경우는 세무조사 통지를 받거나 과세표준 또는 세액을 경정·결정할 것을 미리 알고 있는 것으로 인정되는 경우 수정세금계산서를 발급할 수 없다.

수정세금계산서 사유	발급방법
처음 공급한 재화가 환입된 경우	재화가 환입된 날을 작성일로 적고 비고란에 처음 세금계산서 작성일을 덧붙여 적은 후 붉은색 글씨로 쓰거나 음(陰)의 표시를 하여 발급
계약의 해제로 인하여 재화 또는 용역이 공급되지 아니한 경우	계약이 해제된 때에 그 작성일은 계약해제일로 적고 비고란에 처음 세금계산서 작성일을 덧붙여 적은 후 붉은색 글씨로 쓰거나 음(陰)의 표시를 하여 발급
계약의 해지 등에 따라 공급가액에 추가되거나 차감되는 금액이 발생한 경우	증감 사유가 발생한 날을 작성일로 적고 추가되는 금액은 검은색 글씨로 쓰고, 차감되는 금액은 붉은색 글씨로 쓰거나 음(陰)의 표시를 하여 발급 ⇨ 비고란에 당초 세금계산서 작성일자 기재
재화 또는 용역의 공급 후 내국신용장이나 구매확인서가 과세기간 종료 후 25일이내 개설·발급된 경우	영세율 적용분은 검은색 글씨로 세금계산서를 작성하여 발급하고, 추가하여 처음에 발급한 세금계산서의 내용대로 세금계산서를 붉은색 글씨로 또는 음(陰)의 표시를 하여 작성하고 발급 ⇨ 비고란에 내국신용장 등의 개설·발급일자 기재
필요적 기재사항 등이 착오로 잘못 기재된 경우	처음에 발급한 세금계산서의 내용대로 세금계산서를 붉은색 글씨로 쓰거나 음(陰)의 표시를 하여 발급하고, 수정하여 발급하는 세금계산서는 검은색 글씨로 작성하여 발급 [사례] ① 작성연월일을 착오로 작성한 경우 ② 공급가액을 착오로 기재한 경우 ③ 과세표준에 포함되지 아니한 대가를 과세표준에 산입한 경우 ④ 포괄적인 사업양수도에 의해 세금계산서를 발급한 경우
세율을 잘못 적용하여 발급한 경우	처음에 발급한 세금계산서의 내용대로 세금계산서를 붉은색 글씨로 쓰거나 음(陰)의 표시를 하여 발급하고, 수정하여 발급하는 세금계산서는 검은색 글씨로 작성하여 발급
면세 등 발급대상이 아닌 거래 등에 대하여 발급한 경우	처음에 발급한 세금계산서의 내용대로 붉은색 글씨로 쓰거나 음(陰)의 표시를 하여 발급
필요적 기재사항 등이 착오 외의 사유로 잘못 적힌 경우	재화나 용역의 공급시기가 속하는 과세기간의 확정 신고기한 다음 날부터 1년까지 세금계산서를 작성하되, 처음에 발급한 세금계산서의 내용대로 세금계산서를 붉은색 글씨로 쓰거나 음(陰)의 표시를 하여 발급하고, 수정하여 발급하는 세금계산서는 검은색 글씨로 작성하여 발급

수정세금계산서 사유	발급방법
전자세금계산서를 이중으로 발급한 경우	처음에 발급한 세금계산서의 내용대로 음(陰)의 표시를 하여 발급
과세유형 전환에 따른 수정 (일반과세자 ↔ 간이과세자)	간이과세자(일반과세자)에서 일반과세자(간이과세자)로 과세유형이 전환된 후 과세유형 전환 전에 공급한 재화 또는 용역에 대해 환입 또는 계약의 해지(해제) 사유가 발생한 경우에는 처음에 발급한 세금계산서 작성일을 수정(전자)세금계산서의 작성일로 하여 추가금액은 검은색 글씨, 차감금액은 붉은색 글씨(또는 음의 표시)로 기재하여 발급 ⇨ 비고란에 사유 발생일을 기재

8. 영수증

1 개요

원칙적으로 세금계산서의 필요적 기재사항 중 공급받는 자와 부가가치세액을 별도로 기재하지 아니한 계산서를 영수증이라 한다.

2 영수증 유형

① 신용카드매출전표 · 직불카드영수증 · 기명식 선불카드영수증 · 현금영수증
② 금전등록기계산서
③ 승차권 · 항공권 · 입장권 · 관람권 등
④ 전기사업자가 발급하는 비산업용 전력사용료에 대한 영수증
⑤ 그 밖에 ① ~ ④와 유사한 영수증

3 영수증을 발급하는 사업자의 범위

① 간이과세자(신규사업자 및 직전연도 공급대가 합계액이 4,800만원 미만인 사업자)
② 최종소비자를 대상으로 하는 다음의 사업을 영위하는 일반과세사업자

㉠ 소매업
㉡ 음식점업(다과점업 포함)
㉢ 숙박업
㉣ 미용, 욕탕 및 유사서비스업
㉤ 여객운송업(전세버스운송사업자는 제외)
㉥ 입장권을 발행하여 영위하는 사업
㉦ 변호사, 공인회계사, 세무사 등 인적용역의 과세사업과 행정사업(사업자에게 공급하는 분 제외)
㉧ 우정사업의 소포우편물 배달사업, 의료보건용역, 전자서명인증서를 발급하는 사업, 간편사업자등록을 한 사업자가 국내에 전자적 용역을 공급하는 사업
㉨ 주로 사업자가 아닌 최종소비자에게 재화 · 용역을 공급하는 사업으로서 세법이 정하는 사업(운수업 및 주차장 운영법, 부동산중개업, 사회서비스업 및 개인서비스업 등)

③ 영수증교부의무자(①에 해당하는 간이과세자 제외)라도 공급을 받는 사업자가 사업자등록증을 제시하고 세금계산서의 발급을 요구하는 때에는 세금계산서를 발급하여야 한다. 다만, **다음의 사업자는 세금계산서를 발급할 수 없다.**

　㉠ 미용, 욕탕 및 유사서비스업　　　　　㉡ 여객운송업(전세버스운송사업자는 제외)
　㉢ 입장권을 발행하여 영위하는 사업　　㉣ 의료보건용역, 응급환자 이송용역 등

4 영수증 발급시기

영수증의 발급시기는 재화 또는 용역의 공급시기이다.

5 세금계산서 및 영수증 발급의무 면제

① 택시운송사업자, 노점, 행상, 무인판매기를 이용하여 재화 또는 용역을 공급하는 자
② 소매업을 영위하는 자가 제공하는 재화·용역 ⇨ **공급받는 자가 요구하는 경우 세금계산서 발급**
③ 미용, 욕탕 및 유사서비스업을 영위하는 자가 공급하는 용역
④ 간주공급에 해당하는 재화의 공급 ⇨ **직매장 반출은 세금계산서 발급**
⑤ 부동산임대용역 중 간주임대료
⑥ 영세율 적용대상 재화 또는 용역

　㉠ 수출하는 재화 ⇨ 내국신용장·구매확인서에 의한 공급, 한국국제협력단·한국국제보건의료재단·대한적십자사에 공급하는 재화의 경우에는 세금계산서 발급
　㉡ 국외에서 제공하는 용역
　㉢ 항공기의 외국항행용역
　㉣ 선박의 외국항행용역 ⇨ 공급받는 자가 국내사업장이 있는 경우에는 세금계산서 발급
　㉤ 그 밖의 외화획득 재화·용역

⑦ 전자서명법에 따른 전자서명인증사업자가 인증서를 발급하는 용역 ⇨ 공급받는 자가 요구하는 경우 세금계산서 발급
⑧ 간편사업자등록을 한 사업자가 국내에 공급하는 전자적 용역
⑨ 도로 및 관련 시설 운영용역을 공급하는 자 ⇨ 공급받는 자가 요구하는 경우에는 세금계산서 발급
⑩ 전력(또는 도시가스)을 실지로 소비하는 자(사업자가 아닌 자에 한함)를 위하여 전기사업자(또는 도시가스사업자)로부터 전력(또는 도시가스)을 공급받는 명의자가 공급하는 재화·용역
⑪ 국내사업장이 없는 비거주자 또는 외국법인에게 공급하는 재화·용역

[현금매출명세서의 제출]
최종소비자와 거래하는 사업서비스업 중 변호사, 공인회계사, 세무사, 건축사 등의 사업을 영위하는 사업자는 현금매출명세서를 예정신고 또는 확정신고와 함께 제출하여야 한다. 미제출시 부가가치세법상 가산세(미제출 또는 누락금액의 1%)가 발생한다.

실무이론

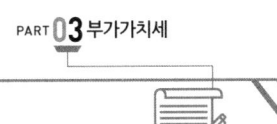

01. 다음 중 부가가치세법상 세금계산서에 반드시 기재해야 하는 사항이 아닌 것은?
① 공급하는 자의 등록번호와 성명 또는 명칭
② 공급받는자의 업태, 종목
③ 공급가액과 부가가치세액
④ 세금계산서의 작성연월일

02. 다음 중 부가가치세법상 세금계산서 수수와 관련한 설명으로서 옳지 않은 것은?
① 원칙적으로 세금계산서는 각 사업장별로 수취, 발급하여야 한다.
② 사업자가 재화 또는 용역의 공급시기가 도래하기 전에 세금계산서를 발급하더라도 그 세금계산서 발급일부터 7일 이내에 대가를 지급받는 경우에는 적법하게 세금계산서를 교부한 것으로 본다.
③ 당초 공급한 재화가 환입된 경우에는 당초 공급한 날을 작성일자에 기재하고, 당해 금액에 부의 표시를 하여 수정세금계산서를 발급하여야 한다.
④ 사업의 포괄양도에 해당되는 경우에는 세금계산서를 교부할 수 없다.

03. 다음은 부가가치세법상 세금계산서의 발급에 관한 사항이다. 적절하게 교부하지 않은 것의 개수는?

> A. 공급시기 전에 세금계산서를 발급하고 발급일로부터 7일 이내에 대가를 지급받음.
> B. 단기할부판매에 관하여 대가의 각 부분을 받기로 한 때마다 각각 세금계산서를 발급함.
> C. 반복적 거래처에 있어서 월합계금액을 공급가액으로 하고, 매월 말일자를 공급일자로 하여 다음달 말일까지 세금계산서를 발급함.
> D. 이미 공급한 재화가 환입된 경우에는 환입된 날을 공급일자로 하고, 비고란에 당초세금계산서 작성일자를 부기하여 발급함.

① 1개   ② 2개   ③ 3개   ④ 4개

04. 부가가치세법상 세금계산서와 관련한 다음 설명 중 잘못된 것은?
① 소매업을 영위하는 자가 영수증을 발급할 경우 상대방이 세금계산서를 요구하는 경우에는 세금계산서를 발급하여야 한다.
② 매입자발행세금계산서는 거래 건당 공급대가 5만원 이상을 발행대상으로 한다.
③ 수탁자가 재화를 인도하는 경우에는 수탁자 명의로 세금계산서를 발급하고 비고란에 위탁자의 사업자등록번호를 부기한다.
④ 공급가액에 증감사유가 발생하여 수정세금계산서를 발급하는 경우 증감사유가 발생한 날을 작성일자로 하여 세금계산서를 발급한다.

05. 다음 중 부가가치세 일반과세사업자가 세금계산서를 발급할 수 있는 경우는?
① 부동산(점포)임대사업자가 임대보증금만을 받고 점포를 임대한 경우
② 사업자가 생산한 과세대상재화를 거래처에 선물로 기증한 경우
③ 사업자가 생산한 과세대상재화를 종업원의 개인용도로 사용하는 경우
④ 사업자가 구매확인서에 의하여 수출대행사에 과세대상재화를 공급하는 경우

06. 다음은 부가가치세법상 전자세금계산서에 대한 설명이다. 틀린 것은?
① 전자세금계산서는 원칙적으로 발급일의 다음날까지 국세청에 전송해야 한다.
② 국세청에 전송된 전자세금계서는 출력하여 별도 보관할 필요가 없다.
③ 전자세금계산서 발급대상 사업자가 적법한 발급기한 내에 전자세금계산서 대신에 종이세금계산서를 발급한 경우 공급가액의 1%의 가산세가 적용된다.
④ 당해 연도의 사업장별 재화와 용역의 공급가액의 합계액이 8천만원 이상인 개인사업자는 반드시 전자로 세금계산서를 발행하여야 한다.

07. 다음은 세금계산서의 작성, 발급, 전송 등에 관한 사항이다. 설명이 잘못된 것은?
① 2025년 1월 15일을 작성일자로 한 세금계산서를 2월 15일에 발급한 경우 매출자에게는 세금계산서 관련 가산세가 적용된다.
② 2025년 1월 15일을 작성일자로 한 세금계산서를 2월 15일에 발급받은 경우 매입자에게는 세금계산서 관련 가산세가 적용된다.
③ 2025년 1월 15일을 작성일자로 한 세금계산서를 7월 15일에 발급한 경우 매출자에게는 세금계산서 관련 가산세가 적용된다.
④ 2025년 1월 15일을 작성일자로 한 세금계산서를 7월 15일에 발급받은 경우 매입자에게는 매입세액이 공제되지 않는다.

08. 부가가치세법에 따른 수정세금계산서에 대한 다음의 설명 중 옳은 것은?
① 수정세금계산서는 반드시 전자로 발급하여야 한다.
② 과세표준 또는 세액을 경정할 것을 미리 알고 있는 경우는 적법한 수정세금계산서의 발급사유에 해당하지 않는다.
③ 필요적 기재사항 등이 착오 외의 사유로 잘못 적힌 경우 재화나 용역의 공급시기가 속하는 과세기간에 대한 확정신고기한까지 수정세금계산서를 발급할 수 있다.
④ 일반과세자에서 간이과세자로 과세유형이 전환되기 전에 공급한 재화 또는 용역에 수정발급 사유가 발생하는 경우의 작성일은 그 사유가 발생한 날을 작성일로 한다.

09. 다음 중 부가가치세법상 수정세금계산서 작성 일자로 옳지 않은 것은?
① 당초 공급한 재화가 환입된 경우 재화가 환입된 날
② 재화를 공급한 후에 공급 시기가 속하는 과세기간 종료 후 25일 이내에 내국신용장이 개설된 경우 당초 세금계산서 작성일
③ 계약이 해지 등에 따라 공급가액에 증감액이 발생한 경우 증감사유가 발생한 날
④ 계약의 해지로 재화가 공급되지 않은 경우 당초 세금계산서 작성일

10. 다음 중 부가가치세법상 세금계산서 발급의무 면제에 해당하지 않는 것은?
   ① 내국신용장에 의하여 공급하는 수출대상재화
   ② 임대보증금에 대한 간주임대료
   ③ 항공기의 외국항행용역
   ④ 국외에서 제공하는 용역

11. 다음에 열거한 것 중에서 부가가치세법상 세금계산서 교부의무가 면제되지 않는 것은?
   ① 수출대행수수료를 지급받는 경우
   ② 자가공급, 개인적 공급, 사업상 증여에 의한 재화의 공급
   ③ 국내에 주재하는 외국정부기관 등에 공급하는 재화의 공급
   ④ 욕탕, 미용업자가 공급하는 용역의 공급

해설

01. 세금계산서 필요적 기재사항은 ①, ③, ④에 공급받는 자의 사업자등록번호가 추가되면 된다.
02. 당초 공급한 재화가 환입된 경우 : 재화가 환입된 날을 작성일자로 기재하고 비고란에 당초 세금계산서 작성일자를 부기한 후 붉은색 글씨로 쓰거나 부(負)의 표시를 하여 교부한다.
03. B(단기할부판매) – 단기할부는 인도시점에 세금계산서를 발급하며, 장기할부의 경우는 대가의 각부분을 받기로 한 때로 세금계산서를 발급한다.
    C(월합계세금계산서) – 월합계세금계산서 다음달 10일까지 세금계산서를 발급한다.
04. 위탁자 명의로 세금계산서 교부하고 비고란에 수탁자의 사업자등록번호 부기한다.
06. 직전연도의 공급가액의 합이 8천만원 이상(2024.6.30.이전은 1억원)인 개인 사업자는 전자로 세금계산서를 발행하여야 한다.
07. 2017년부터는 공급시기가 속하는 과세기간의 확정신고기한 이내에 세금계산서를 수취하면 매입세액공제를 받을 수 있다.
08. ① 수정세금계산서는 전자세금계산서 및 종이세금계산서 모두 수정발급이 가능하다.
    ③ 필요적 기재사항 등이 착오 외의 사유로 잘못 적힌 경우 재화나 용역의 공급시기가 속하는 과세기간의 확정 신고기한 다음 날부터 1년까지 수정세금계산서를 발급할 수 있다.
    ④ 일반과세자에서 간이과세자로 과세유형이 전환되기 전에 공급한 재화 또는 용역에 수정발급 사유가 발생하는 경우는 처음에 발급한 세금계산서 작성일을 수정발급의 작성일로 한다.
09. 계약의 해제로 재화 또는 용역이 공급되지 아니한 경우에는 작성일을 계약해제일로 기입한다.
10. 내국신용장에 의해 수출할 물품을 영세율로 제공하는 경우에도 국내사업자에 제공하는 경우이므로 세금계산서를 발행해야 한다.
11. 무역업자가 공급하는 수출대행 용역은 단순히 국내에서 제공하는 용역의 공급에 불과하므로 과세세금계산서 교부의무가 있다.

정답

01. ② 02. ③ 03. ② 04. ③ 05. ④ 06. ④ 07. ④ 08. ② 09. ④ 10. ①
11. ①

CHAPTER 05 과세표준과 납부세액

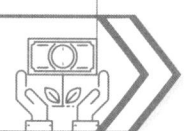

1. 부가가치세의 계산구조

일반과세자가 각 과세기간별로 신고·납부하는 부가가치세의 계산구조는 다음과 같다.

	과 세 표 준	재화·용역의 공급가액(VAT 제외 금액)
(×)	세 율	10% (영세율 : 0%)
	매 출 세 액	(±) 대손세액가감
(−)	매 입 세 액	세금계산서상의 매입세액, 신용카드매출전표 등 수령명세서의 매입세액, 의제매입세액 등
	납 부 세 액	
(−)	공 제 세 액	신용카드매출전표등 발행세액공제, 예정신고미환급세액, 예정고지세액, 조세특례제한법상 공제·경감세액
(+)	가 산 세	
	차감납부세액	(△) 환급세액

2. 과세표준(= 공급가액)과 매출세액

부가가치세 과세표준은 일정 과세기간에 공급한 재화·용역의 공급가액을 합산한 금액으로 하며, 부가가치세 매출세액은 과세표준에 세율을 곱하여 계산한 금액으로 본다. 또한, 대손세액이 발생한 경우에는 매출세액에서 공제하며, 대손세액을 회수한 경우에는 매출세액에 가산한다.

매출세액 = (공급가액 ×10% 또는 0%) ± 대손세액가감

 TIP

[과세표준 합계(부가가치세신고서 (9)란)와 과세표준명세 합계(32란) 금액 일치]
① 과세표준명세의 (28)란 ~ (30)란의 금액은 손익계산서상의 매출액을 업종별 매출이 큰 순서대로 기재한다.
② 과세표준명세의 (31) 수입금액제외 란은 소득세수입금액에서 제외되는 금액을 기재하는 란으로 법인도 반드시 기재하여야 한다.

수입금액제외 대상 : 고정자산매각(법인), 간주임대료, 간주공급, 선수금 등

❺ 과 세 표 준 명 세						
업 태	종 목	생산요소	업종 코드			금 액
(28)						
(29)						
(30)						
(31) 수입금액 제외						
(32) 합 계						

1 과세표준의 계산

(1) 과세표준의 의의

재화 또는 용역의 공급에 대한 부가가치세의 과세표준은 해당 과세기간에 공급한 재화 또는 용역의 공급가액을 합한 금액으로 하며, 부가가치세는 포함하지 않는다. 사업자가 재화 또는 용역을 공급하고 그 대가로 받은 금액에 부가가치세가 포함되어 있는지가 분명하지 아니한 경우에는 그 대가로 받은 금액에 110분의 100을 곱한 금액을 공급가액으로 한다.

(2) 공급유형별 과세표준

구 분	과 세 표 준
금전으로 대가를 받은 경우	그 금전가액
금전 이외의 물건으로 받은 경우	자신이 공급한 재화 또는 용역의 시가
특수관계인 거래에서 부당하게 낮은 대가를 받은 경우 (신탁재산 포함)	자신이 공급한 재화 또는 용역의 시가
폐업하는 경우	폐업 시 남아 있는 재화의 시가
간주공급(자가공급의 직매장반출은 제외)	자기가 공급한 재화 또는 용역의 시가
직매장반출에 따라 재화를 공급하는 것으로 보는 경우	해당 재화의 취득가액 등을 기준으로 매입세액을 공제받은 해당 재화의 가액. 다만, 취득가액에 일정액을 더하여 반출하는 경우에는 그 취득가액에 일정액을 더한 금액을 공급가액으로 본다.
외상거래, 할부거래 등의 재화 또는 용역을 공급하는 경우	공급한 재화의 총 공급가액
장기할부판매, 완성도기준지급·중간지급조건부 또는 계속적인 재화·용역의 공급	계약에 따라 받기로 한 대가의 각 부분
위탁가공무역방식으로 수출하는 경우	완성된 제품의 인도가액

※ 시가란 사업자가 특수관계인이 아닌 자와 해당 거래와 유사한 상황에서 계속적으로 거래한 가격 또는 제3자간에 일반적으로 거래된 가격을 말한다.

- **공급가액** : 부가가치세가 포함되지 않은 금액 ⇨ 일반과세자 과세표준
- **공급대가** : 부가가치세가 포함된 금액 ⇨ 간이과세자 과세표준

2 일반적인 과세표준의 계산식

(1) 과세표준에 포함하는 항목

① 할부판매, 장기할부판매의 경우 이자 상당액
② 대가의 일부로 받는 운송비, 포장비, 하역비, 운송보험료, 산재보험료 등
③ 개별소비세, 주세, 교통세, 교육세 및 농어촌특별세 상당액

(2) 과세표준에 포함하지 않는 항목

① 매출에누리와 매출환입, 매출할인
② 공급받는 자에게 도달하기 전에 파손·훼손 또는 멸실된 재화의 가액
③ 재화·용역의 공급과 직접 관련되지 아니하는 국고보조금과 공공보조금
④ 계약에 의하여 확정된 공급대가의 지급지연으로 인하여 받은 연체이자 등
⑤ 반환조건의 물건의 용기대금과 포장비용
⑥ 대가와 구분하여 기재한 경우로서 해당 종업원에 지급된 사실이 확인된 봉사료

3 과세표준에서 공제해서는 안 되는 항목

재화·용역을 공급한 후에 그 공급가액에 대하여 다음에 해당하는 경우에는 과세표준에서 공제하지 않는다.

① 대손금
② 금전으로 지급하는 판매장려금(현물지급 ⇨ 사업상증여로 보아 과세함)
③ 하자보증금

4 대가를 외국통화나 그 밖의 외국환으로 받은 경우의 과세표준

대가를 외국통화나 그 밖의 외국환으로 받는 때에는 다음 금액을 과세표준으로 한다.

구 분	외화환산액(= 과세표준)
공급시기 되기 전에 원화로 환가한 경우	그 환가한 금액
공급시기 이후에 외화통화나 그 밖의 외국환 상태로 보유하거나 지급받는 경우	공급시기의 외국환거래법에 따른 **기준환율** 또는 **재정환율**에 따라 계산한 금액

※ 기준(또는 재정)환율 조회 : 서울외국환중개(주) (http://www.smbs.biz)

금일 야마다교역에 제품을 수출(선적)하였다. 수출대금은 이미 4월 6일에 일본 엔화로 송금받았으며 다음 자료를 통하여 선수금 수령시 즉시 환가한 경우와 환가하지 않은 경우를 구분하여 부가가치세 과세표준을 계산하시오. 단, 수출과 관련된 내용은 다음과 같으며, 회계처리는 일반기업회계기준에 따른다.

- 수출신고일 : 04.22
- 수출가격 : ¥10,000,000
- 선 적 일 : 04.24
- 계약금(선수금)에 대한 회계처리 : 110,000,000원

일 자	4월 6일	4월 22일	4월 24일
재정환율	1,100원/100¥	1,120원/100¥	1,150원/100¥

【해설】

구 분	내 용
과세표준 (공급가액)	▪ 선수금을 원화로 환가한 경우 : 그 환가한 금액 ￥10,000,000 × 1,100원/100￥ = 110,000,000원 ▪ 선수금을 외화로 보유한 경우 : 공급시기의 재정환율로 계산한 금액 ￥10,000,000 × 1,150원/100￥ = 115,000,000원
매출액	▪ 일반기업회계기준의 수익 인식 : 공급시기의 기준(또는 재정)환율로 계산한 금액 ￥10,000,000 × 1,150원/100￥ = 115,000,000원
회계처리	(차) 선 수 금 110,000,000원 (대) 제품매출 115,000,000원 외환차손 5,000,000원

5 수입재화의 과세표준

재화의 수입에 대한 부가가치세의 과세표준은 관세의 과세가격과 관세·개별소비세·주세·교육세·농어촌특별세 및 교통·에너지·환경세의 합계액으로 한다.

> 과세표준 = 관세의 과세가격 + 관세 + 개별소비세 + 주세 + 교육세 + 농어촌특별세 + 교통·에너지·환경세

6 과세표준의 계산특례

(1) 간주공급의 과세표준
① 일반적인 경우는 해당 재화의 **시가**를 과세표준으로 한다.
② 예외적으로 비상각자산인 직매장 반출의 경우 원칙은 해당 재화의 취득가액이며, 감가상각자산인 경우는 해당재화의 **간주시가**로 한다.

(2) 부동산 임대용역의 과세표준(⇨ 전산실무 : 부동산임대공급가액명세서 작성 제출)

사업자가 다음의 부동산 임대용역을 공급하는 경우 공급가액은 다음에 따라 계산한 금액을 과세표준으로 한다.

① 사업자가 부동산 임대용역을 공급하고 전세금 또는 임대보증금을 받는 경우 간주임대료를 계산하여 과세표준에 가산한다.

$$\text{간주임대료} = \text{해당 과세기간의 전세금·임대보증금} \times \frac{\text{해당 과세기간일수}}{365(\text{윤년 } 366)} \times \text{계약기간 1년의 정기예금이자율}$$

② 과세되는 부동산 임대용역과 면세되는 주택 임대용역을 함께 공급하여 그 임대구분과 임대료 등의 구분이 불분명한 경우에는 다음의 계산식을 순차적으로 적용하여 공급가액을 계산한다.

$$\text{㉠ 토지 또는 건물분에 대한 임대료 상당액} = \text{임대료 등의 대가 및 간주임대료 금액} \times \frac{\text{토지가액 또는 건물가액}}{\text{토지가액과 정착된 건물가액의 합계액}}$$

$$\text{㉡ 토지 임대공급가액} = \text{토지 또는 건물분에 대한 임대료 상당액} \times \frac{\text{과세되는 토지임대면적}}{\text{총토지 임대면적}}$$

$$\text{㉢ 건물 임대공급가액} = \text{토지 또는 건물분에 대한 임대료 상당액} \times \frac{\text{과세되는 건물임대면적}}{\text{총건물 임대면적}}$$

③ 사업자가 둘 이상의 과세기간에 걸쳐 부동산 임대용역을 공급하고 그 대가를 **선불**이나 **후불**로 받는 경우에는 해당 금액을 **계약기간의 개월 수로 나눈 금액**의 각 과세대상기간의 합계액을 공급가액으로 한다. 이 경우 개월 수의 계산은 해당 계약기간의 **개시일**이 속하는 달이 **1개월 미만이면 1개월**로 하고, 해당 계약기간의 **종료일**이 속하는 달이 **1개월 미만이면 산입하지 아니한다.**

7 대손세액공제 (⇨ 전산실무: 대손세액 공제(변제)신고서 작성 제출)

대손세액공제란 사업자가 공급한 재화 또는 용역에 대한 외상매출금 등 채권의 대손이 발생하여 관련 부가가치세를 거래징수하지 못하는 경우 대손이 확정된 날이 속하는 과세기간의 확정신고 기간의 매출세액에서 해당 거래징수하지 못한 부가가치세 상당액을 차감할 수 있도록 하는 제도를 말한다. 다만, 대손금액의 전부 또는 일부를 회수한 경우에는 회수한 대손금액에 관련된 대손세액을 회수한 날이 속하는 과세기간의 매출세액에 더한다.

(1) 대손세액공제액

$$\text{대손세액공제액} = \text{대손금액(공급대가)} \times \frac{10}{110}$$

(2) 대손사유

① 상법·어음법·수표법·민법에 따른 소멸시효가 완성된 채권(외상매출금·미수금·어음·대여금 등)
② 채무자 회생 및 파산에 관한 법률에 따른 회생계획인가의 결정 또는 법원의 면책결정에 따라 회수불능으로 확정된 채권
③ 민사집행법에 따라 채무자의 재산에 대한 경매가 취소된 압류채권
④ 채무자의 파산, 강제집행, 형의 집행, 사업의 폐지, 사망, 실종 또는 행방불명으로 회수할 수 없는 채권
⑤ 부도발생일부터 6개월 이상 지난 수표 또는 어음상의 채권 및 외상매출금(중소기업의 외상매출금으로서 부도발생일 이전의 것에 한함). 다만, 해당 법인이 채무자의 재산에 대하여 저당권을 설정하고 있는 경우는 제외한다.
⑥ 중소기업의 외상매출금 및 미수금으로서 회수기일이 2년 이상 지난 외상매출금 등(특수관계인 거래는 제외)
⑦ 재판상 화해 등 확정판결과 같은 효력을 가지는 것으로서 법으로 정하는 것에 따라 회수불능으로 확정된 채권
⑧ 회수기일이 6개월 이상 지난 채권 중 채권가액이 30만원 이하(채무자별 채권가액의 합계액 기준)인 채권

(3) 대손세액공제의 범위 및 신청

사업자가 부가가치세가 과세되는 재화 또는 용역을 공급한 후 그 **공급일로부터 10년이 지난 날이 속하는 과세기간에 대한 확정신고기한**까지 대손세액공제대상이 되는 사유로 인하여 확정되는 대손세액이어야 한다. 대손세액공제는 사업자가 확정신고시 대손세액공제신고서와 대손이 발생한 사실을 증명하는 서류를 제출하는 경우에 한하여 적용한다.

예제1

다음은 부가가치세 과세사업을 영위하고 있는 (주)배움의 1기 확정 부가가치세 자료이다. 다음 자료를 부가가치세신고서에 반영하시오. (가산세는 고려하지 말 것)

매출자료	① 전자세금계산서 발행 과세 매출액 : 150매, 420,000,000원(부가가치세 별도) ② 신용카드 과세 매출액 : 44,000,000원(부가가치세 포함) ③ 현금영수증 과세 매출액 : 5,500,000원(부가가치세 포함) ④ 직수출액 : 100,000,000원 ⑤ 제품을 타계정대체한 내역 　- 이재민구호품으로 지방자치정부에 제공 : 10,000,000원(시가 12,000,000원) 　- 거래처의 판매실적에 따라 제품으로 지급 : 3,000,000원(시가 4,000,000원) ⑥ 예정신고 누락분 세금계산서 매출액 5,500,000원(VAT 포함)이다.

구 분			금 액	세율	세 액
과세표준 및 매출세액	과세	세금계산서 발급분 (1)		10/100	
		매입자발행 세금계산서 (2)		10/100	
		신용카드·현금영수증발행분 (3)		10/100	
		기타(정규영수증 외 매출분) (4)		10/100	
	영세율	세금계산서 발급분 (5)		0/100	
		기 타 (6)		0/100	
	예 정 신 고 누 락 분 (7)				
	대 손 세 액 가 감 (8)				
	합 계 (9)			㉮	

【해설】

구 분			금 액	세율	세 액
과세표준 및 매출세액	과세	세금계산서 발급분 (1)	420,000,000	10/100	42,000,000
		매입자발행 세금계산서 (2)		10/100	
		신용카드·현금영수증발행분 (3)	45,000,000	10/100	4,500,000
		기타(정규영수증 외 매출분) (4)	4,000,000	10/100	400,000
	영세율	세금계산서 발급분 (5)		0/100	
		기 타 (6)	100,000,000	0/100	
	예 정 신 고 누 락 분 (7)	5,000,000			500,000
	대 손 세 액 가 감 (8)				
	합 계 (9)	574,000,000	㉮	47,400,000

- 신용카드·현금영수증 매출 = (44,000,000원 + 5,500,000원) / 1.1 = 45,000,000원
- 이재민구호품으로 제공한 제품은 간주공급에 해당하지 않으나 거래처의 판매실적에 따라 제품으로 지급한 판매장려금은 사업상증여에 해당하여 시가가 과세표준이 되며 세금계산서 발급은 면제이다.

다음 자료에 따라 (주)배움의 1기 확정 부가가치세 신고시 대손세액 공제(변제)신고서를 작성하고 [예제 1]의 자료가 반영된 신고서에 대손세액공제액을 반영하시오.

| 대손내역 | ① 2024년 10월 21일 대한물산(대표자 : 최대한, 사업자등록번호 : 201-06-12305)에 상품을 매출하고, 대금(부가가치세 포함) 15,400,000원은 대한물산 발행 약속어음으로 수령하였다. 동 어음은 거래일로부터 6개월이 지난 2025년 4월 21일에 주거래은행으로부터 부도확인을 받았다.
② 외상매출금 중 3,300,000원은 2022년 3월 5일 흥진상사(대표자 : 김흥진, 사업자등록번호 : 204-05-00761)에 대한 것이다. 이 외상매출금의 회수를 위해 당사는 법률상 회수노력을 다하였으나, 결국 회수를 못하였고, 2025년 3월 5일자로 동 외상매출금의 소멸시효가 완성되었다.
③ 2025년 4월 10일자로 다도물산(대표자 : 김다도, 사업자등록번호 : 601-05-01239)에 대한 채권잔액 187,000원(부가가치세 포함)을 대손처리하다. 동 채권은 회수기일로부터 7개월(공급일자 : 2024년 9월 10일)이 경과된 것이며, 이 외의 다도물산에 대한 채권은 없다.
④ 2023년 12월 5일에 파산으로 대손처리했던 영일만(주)(대표자 : 김영일, 사업자등록번호 : 214-82-36364)에 대한 채권액 1,650,000원 전액을 2025년 5월 7일 현금으로 회수하였다. 당사는 동 채권액에 대하여 2023년 2기 부가가치세 확정신고시 대손세액공제를 적용 받았다. (당초 공급연월일 : 2022년 5월 20일) |

[대손세액 공제(변제)신고서]

⑤ 당초 공급 연월일	⑥ 대손 확정연월일	⑦ 대손 금액	⑧ 공제율 (10/110)	⑨ 대손 세액	공급받는 자			⑬ 대손 사유
					⑩ 상호	⑪ 성명	⑫ 사업자등록번호	
			10/110					
			10/110					
			10/110					
합 계								

	구 분			금 액	세율	세 액
과세 표준 및 매출 세액	과세	세금계산서 발급분	(1)	420,000,000	10/100	42,000,000
		매입자발행 세금계산서	(2)		10/100	
		신용카드·현금영수증발행분	(3)	45,000,000	10/100	4,500,000
		기타(정규영수증 외 매출분)	(4)	4,000,000	10/100	400,000
	영세율	세금계산서 발급분	(5)		0/100	
		기 타	(6)	100,000,000	0/100	
	예 정 신 고 누 락 분		(7)	5,000,000		500,000
	대 손 세 액 가 감		(8)			
	합 계		(9)	574,000,000	㉮	

【해설】

1. 대손세액공제신고서 작성

대손세액공제분은 대손금액을 **양수**로, 대손금 회수액은 **음수**로 기재한다.
① 부도발생일로부터 6개월이 경과 되지 않았으므로 대손세액공제대상이 아니다.
② 채권소멸시효완성은 대손요건을 충족하였다.
③ 소액채권(거래처별 30만원 이하)으로 회수기일이 6개월 경과된 채권은 대손요건을 충족한다.
④ 대손처리한 대손세액공제분을 변제받은 경우에는 대손세액공제액에서 차감한다.

[대손세액 공제(변제)신고서]

⑤ 당초 공급연월일	⑥ 대손확정연월일	⑦ 대손 금액	⑧ 공제율(10/110)	⑨ 대손 세액	공급받는 자 ⑩ 상호	⑪ 성명	⑫ 사업자등록번호	⑬ 대손 사유
2022.03.05	2025.03.05	3,300,000	10/110	300,000	흥진상사	김흥진	204-05-00761	소멸시효완성
2024.09.10	2025.04.10	187,000	10/110	17,000	다도물산	김다도	601-05-01239	6월경과 소액채권
2022.05.20	2025.05.07	-1,650,000	10/110	-150,000	영일만(주)	김영일	214-82-36364	대손금회수
합 계		1,837,000		167,000				

2. 부가가치세신고서 작성

대손세액가감란에 기재시 대손세액 발생분은 **음수**로, 대손세액 회수분은 **양수**로 기재한다.

구 분			금 액	세율	세 액
과세표준 및 매출세액	과세	세금계산서 발급분 (1)	420,000,000	10/100	42,000,000
		매입자발행 세금계산서 (2)		10/100	
		신용카드·현금영수증발행분 (3)	45,000,000	10/100	4,500,000
		기타(정규영수증 외 매출분) (4)	4,000,000	10/100	400,000
	영세율	세금계산서 발급분 (5)		0/100	
		기 타 (6)	100,000,000	0/100	
	예정신고누락분 (7)		5,000,000		500,000
	대손세액가감 (8)				-167,000
	합 계 (9)		574,000,000	㉮	47,233,000

3. 세율

우리나라 부가가치세의 세율 구조는 단일비례세율(10%)이며, 일정한 재화 또는 용역에 대하여 "0"의 세율을 적용한다.

4. 매입세액공제와 납부세액의 계산

1 매입세액과 납부세액의 계산구조

부가가치세 납부세액은 전단계세액공제법에 의하므로 국가에 납부하여야 할 납부세액은 매출세액에서 매입세액을 공제하여 계산한다. 단, 당해 단계에서 공급한 재화 등에 대한 매출세액보다 당해 단계 이전에서 과세된 매입세액이 클 경우 환급세액이 발생하게 된다.

납부(환급)세액 = 매출세액 ± 대손세액가감 − 매입세액

2 공제하는 매입세액

(1) 공제받을 수 있는 매입세액

사업자가 재화 또는 용역을 공급받을 때 거래징수를 당한 매입세액 중 ㉠**자기의 사업을 위하여 사용하였거나 사용할 목적으로 공급받은 재화 또는 용역의 공급에 대한 부가가치세액과** ㉡**자기의 사업을 위하여 사용하였거나 사용할 목적으로 수입하는 재화의 수입에 대한 부가가치세액**은 매출세액에서 공제된다. 매입세액의 공제시기는 재화 또는 용역을 공급받은 시기 및 재화의 수입시기가 속하는 과세기간의 매출세액에서 공제한다.

(2) 세금계산서 수취분에 대한 매입세액(⇨ 전산실무 : 매입처별 세금계산서합계표 제출)

사업자가 사업을 위하여 사용하였거나 사용할 목적으로 공급받은 재화 및 용역에 대한 증빙으로 세금계산서(또는 수입세금계산서)를 수취한 경우 부가가치세 신고 시 [매입처별 세금계산서합계표]를 제출하여 매입세액을 공제받는다. 다만, 세법상 공제받지 못할 매입세액에 해당하는 경우에는 "공제받지 못할 매입세액"에 추가로 기재하여 매입세액에서 차감한다. 매입자발행세금계산서가 있는 경우에는 [매입자발행세금계산서합계표]를 제출하여 매입세액 공제가 가능하다.

(3) 신용카드매출전표수령명세서 등 제출분 매입세액(⇨ 전산실무 : 신용카드매출전표수령명세서 제출)

사업자가 세법에 정하는 일반과세자 및 간이과세자로부터 재화 또는 용역을 공급받고 영수증에 해당하지만 부가가치세액이 별도로 기재된 신용카드매출전표(직불카드영수증·기명식 선불카드영수증·현금영수증 포함)를 발급받은 때에는 **다음의 요건을 충족하는 경우에는 공제할 수 있는 매입세액으로 본다.**

① 신용카드매출전표 등 수령명세서를 제출할 것
② 신용카드매출전표 등을 그 거래사실이 속하는 과세기간에 대한 확정신고를 한 날로부터 5년간 보관할 것
③ 다음의 경우에 해당하지 않는 경우
   ㉠ 세금계산서를 수취한 경우
   ㉡ 간이과세자(신규사업자 및 직전연도 공급대가 합계액 4,800만원 미만자)와의 거래로 수취한 경우
   ㉢ 공제받지 못할 매입세액인 경우(기업업무추진비, 비영업용소형승용차 유지 등)
   ㉣ 다음에 해당하는 사업을 영위하는 사업자에게 공급받은 경우
      − 미용, 욕탕 및 유사서비스업   − 여객운송업(전세버스운송사업자 제외)
      − 입장권을 발행하여 영위하는 사업

예제

다음은 (주)배움의 10월부터 12월까지 공급가액과 부가가치세를 구분 기재한 신용카드매출전표를 교부받은 내역이다. [신용카드매출전표등 수령명세서]를 작성하기 위해 공제되는 매입세액을 선별하시오.

사용한 신용카드내역	거래일자	거래처명	발행금액 (VAT포함)	공급자의 업종 등	거래내용	비 고	공제여부
현대카드 (법인카드)	10.10	(주)키토산	220,000원	도매업, 일반과세자	거래처 선물구입비용	세금계산서 미교부	
	11.03	스머프상사	440,000원	음식점업, 일반과세자	직원 회식대 (복리후생비)	세금계산서 미교부	
	11.21	세림유통	330,000원	소매업, 간이과세자	사무용품 구입	세금계산서 미교부	
신한카드 (종업원의 카드)	11.25	장수탕	110,000원	욕탕업, 일반과세자	직원의 야근목욕비용	세금계산서 미교부	
	11.30	(주)하드웨어	880,000원	소매업, 일반과세자	컴퓨터 구입	세금계산서 미교부	
	12.05	미네르바	770,000원	변호사, 일반과세자	법률 자문료	세금계산서 수취	
현금영수증 (지출증빙)	12.10	(주)중앙고속	88,000원	운송업, 일반과세자	우등고속버스 출장교통비	세금계산서 미교부	

※ 간이과세자는 직전연도 공급대가 합계액 4,800만원 미만 사업자임

【해설】

사용한 신용카드내역	거래일자	거래처명	발행금액 (VAT포함)	거래내역	공제여부
현대카드 (법인카드)	10.10	(주)키토산	220,000원	거래처 선물 구입비용은 기업업무추진비에 해당하므로 공제 불가	×
	11.03	스머프상사	440,000원	직원 회식비는 복리후생비로 공제 가능	○
	11.21	세림유통	330,000원	직전연도 공급대가 4,800만원 미만인 간이과세자는 세금계산서를 발급할 수 없는 사업자이므로 공제 불가	×
신한카드 (종업원의 카드)	11.25	장수탕	110,000원	욕탕업은 세금계산서를 발급할 수 없는 사업자이므로 공제 불가	×
	11.30	(주)하드웨어	880,000원	컴퓨터 구입은 사업관련 지출이므로 공제 가능	○
	12.05	미네르바	770,000원	세금계산서 수취분은 세금계산서로 매입세액 공제를 받으므로 공제 불가	×
현금영수증 (지출증빙)	12.10	(주)중앙고속	88,000원	여객운송업은 세금계산서를 발급할 수 없는 사업자이므로 공제 불가	×

(4) 의제매입세액공제(⇨ 전산실무 : 의제매입세액 공제신고서 제출)

사업자가 면세농산물(농·축·수·임산물) 등을 원재료로 하여 제조·가공하여 재화 또는 창출한 용역의 공급이 과세되는 경우에는 그 면세농산물 등의 가액의 2/102 등에 해당하는 금액을 매입세액으로서 공제할 수 있는데 이를 의제매입세액공제라고 한다.

구 분	내 용
공제요건	① 적용대상자 : 과세사업을 영위하는 사업자(2021.7.1.이후 간이과세자 제외) ② 과세사업에 사용 : 사업자가 공급받은 면세농산물 등을 원재료로 하여 제조·가공한 재화 또는 용역의 공급이 과세되어야 한다. ③ 증명서류 제출 : 의제매입세액공제신고서, 매입처별계산서합계표, 신용카드매출전표등 수령명세서, 매입자발행계산서합계표 제출(단, 제조업을 영위하는 사업자가 농어민으로부터 직접 매입하는 경우 의제매입세액공제신고서만 제출)
공제시기	의제매입세액의 공제시기는 면세농산물 등의 구입시기가 속하는 예정신고 또는 확정신고 시 매출세액에서 공제한다.
의제매입세액의 계산	의제매입세액 = 면세농산물등의 매입가액 × 공제율 ① 매입가액은 운임 등의 부대비용을 제외하며, 수입농산물 등의 경우 관세의 과세가격을 말한다. ② 공제율 ③ 예정신고 및 확정신고 시 의제매입세액공제액 　㉠ 예정신고 : 예정신고기간의 면세농산물 등의 매입가액 × 공제율 　㉡ 확정신고 : 해당 과세기간의 한도액 범위 내에서 공제 대상금액 × 공제율 　　　　　　 – 예정신고 시 이미 공제받은 세액
한도	① 한도액 계산은 확정신고시에만 적용한다. 공제한도 = 해당 과세기간의 과세표준(면세농산물 관련 매출) × 한도비율 ② 한도비율(2025.12.31.까지)

의제매입세액의 계산 - 공제율:

구 분	공제율
일반 기업	2/102
중소제조업	4/104
과자점업, 도정업, 제분업 및 떡류 제조업 중 떡방앗간을 경영하는 개인사업자	6/106
음식점업 - 유흥장소	2/102
음식점업 - 법인사업자	6/106
음식점업 - 개인사업자 (과세표준 2억원 이하 : 9/109, 2026.12.31.까지)	8/108

한도비율:

구분		개인 일반사업자			간이과세자	법인사업자
		과세표준 1억 이하	과세표준 1억 초과 2억 이하	과세표준 2억 초과		
한도비율	음식점	75%	70%	60%	제외	과세표준×50%
	기타	65%		55%		

구 분	내 용
의제매입세액 추징	의제매입세액을 공제한 면세농산물 등을 그대로 양도·인도하거나 면세사업 또는 기타의 목적을 위하여 사용·소비하는 경우에는 이미 공제한 의제매입세액을 납부세액에 더하거나 환급세액에서 차감한다.

(주)배움은 통조림 제조업을 운영하는 중소기업으로 다음은 면세재화 매입자료이다. 공제여부를 선별하여 예정신고시 의제매입세액과 확정신고 시 의제매입세액을 계산하시오.

1. 면세재화 매입자료

구분	구입일자	상호(성명)	품명	매입가액(원)	증빙	거래내역	공제여부
사업자 매입분	01.10	의성과수원	과일	5,000,000	계산서		
	02.25	한세축산	축산물	30,000,000	신용카드	미사용액 5,000,000원 보유	
	03.05	우일수산	수산물	20,500,000	계산서	운반비 500,000원 포함되어 있음	
	04.20	해찬과수원	과일	1,500,000	영수증		
	05.17	의성과수원	과일	10,000,000	현금영수증		
농어민 매입분	06.07	김농민	과일	70,000,000	계약서		

2. 의제매입과 관련한 매출내역

예정신고	확정신고	합 계
100,000,000원	120,000,000원	220,000,000원

【해설】

1. 면세재화 매입자료

구분	구입일자	상호(성명)	공제대상 매입가액	증빙	거래내역	공제여부
사업자 매입분	01.10	의성과수원	5,000,000	계산서		○
	02.25	한세축산	30,000,000	신용카드	의제매입과 관련된 공제는 구입시점에서 공제	○
	03.05	우일수산	20,000,000	계산서	순수매입가액만 공제대상이므로 운반비는 제외	○
	04.20	해찬과수원	–	영수증	사업자 매입분은 법정증빙을 수취하여야 공제대상임	×
	05.17	의성과수원	10,000,000	현금영수증		○

구분	구입일자	상호(성명)	공제대상 매입가액	증빙	거래내역	공제여부
농어민 매입분	06.07	김농민	70,000,000	계약서	제조업의 경우 농어민 매입분은 법정증빙 수취여부와 관계없이 공제 가능	○

2. 예정신고시 의제매입세액
 ① 매입가액 = 5,000,000원 + 30,000,000원 + 20,000,000원 = 55,000,000원
 ② 의제매입세액 = 매입가액 × 공제율
        = 55,000,000원 × 4/104(중소 제조업) = 2,115,384원

3. 확정신고시 의제매입세액
 ① 의제매입세액
  = [Min ㉠ 면세매입가액, ㉡ 공제한도] × 공제율 − 예정신고시 이미 공제받은 세액
  = 110,000,000원 × 4/104 − 2,115,384원 = 2,115,385원
    4,230,769원
  ㉠ 면세매입가액 = 55,000,000원(예정) + 80,000,000원(확정) = 135,000,000원
  ㉡ 공제한도 = 해당 과세기간의 과세표준 × 한도율
       = 220,000,000원 × 50%(법인) = 110,000,000원

(5) 재활용폐자원 등에 대한 매입세액공제(⇨ 전산실무 : 재활용폐자원매입세액 공제신고서 제출)

재활용폐자원 및 중고품을 수집하는 사업자가 국가·지방자치단체, 면세사업자(면세사업과 과세사업을 겸업하는 경우를 포함)와 간이과세자로부터 **재활용폐자원(고철, 폐지, 폐유리, 폐금속캔, 폐건전지, 폐타이어등, 2025.12.31.까지) 및 중고품(자동차에 한함, 2025.12.31.까지)**을 취득하여 제조 또는 가공하거나 이를 공급하는 경우 매입세액으로 공제할 수 있으며 예정신고시 공제 후 **확정신고시 정산(중고자동차 제외)**하여 한도내 금액까지 공제한다. 이는 매입세액을 공제하여 줌으로써 폐자원수입이 원활하게 이루어질 수 있도록 하는데 그 목적이 있다.

재활용폐자원 매입세액 = 공제대상 매입가액 × 3/103(단, 중고자동차 10/110)

- 확정신고시 매입세액 = 공제대상 매입가액 × 3/103 − 예정신고 시 공제받은 세액
- 공제대상 매입가액(취득가액) Min[㉠, ㉡]
 ㉠ 영수증과 계산서취분 취득가액
 ㉡ 공급가액 × 80% − 세금계산서취분 매입액

3 공제하지 아니하는 매입세액(⇨ 실무 : 공제받지 못할 매입세액 명세서 제출)

다음의 사유에 해당하는 경우의 매입세액은 거래 상대 사업자 또는 세관장에게 부가가치세를 거래징수 당한 사실이 있다하더라도 매출세액에서 공제받을 수 없다.

(1) 매입처별 세금계산서합계표의 미제출 등
① 매입처별 세금계산서합계표를 제출하지 아니한 경우
② 제출한 매입처별 세금계산서합계표의 기재사항 중 거래처별 등록번호 또는 공급가액의 전부 또는 일부가 기재되어 있지 아니하였거나 사실과 다르게 기재된 경우

다만, 다음 중 하나에 해당하는 경우의 매입세액은 공제가 허용된다.

- ㉠ 매입처별 세금계산서합계표 또는 신용카드매출전표등의 수령명세서를 과세표준수정신고와 함께 제출하는 경우
- ㉡ 매입처별 세금계산서합계표 또는 신용카드매출전표등의 수령명세서를 경정청구와 함께 제출하여 경정기관이 경정하는 경우
- ㉢ 발급받은 세금계산서에 대한 매입처별 세금계산서합계표 또는 신용카드매출전표등의 수령명세서를 기한 후 과세표준신고서와 함께 제출하여 관할세무서장이 결정하는 경우
- ㉣ 발급받은 세금계산서에 대한 매입처별 세금계산서합계표의 거래처별 등록번호 또는 공급가액이 착오로 사실과 다르게 적힌 경우로서 발급받은 세금계산서에 의하여 거래사실이 확인되는 경우
- ㉤ 발급받은 세금계산서 또는 신용카드매출전표를 경정에 있어서 경정기관의 확인을 거쳐 제출하는 경우

(2) 세금계산서의 미제출 등(단, 공급가액이 사실과 다른 경우에는 실제가액과의 차액)
① 세금계산서 또는 수입세금계산서를 발급받지 아니한 경우
② 발급받은 세금계산서 또는 수입세금계산서의 필요적 기재사항의 전부 또는 일부가 기재되지 않았거나 사실과 다르게 기재된 경우

다만, 다음 중 하나에 해당하는 경우의 매입세액은 공제가 허용된다.

- ㉠ 사업자등록을 신청한 사업자가 사업자등록증 발급일까지의 거래에 대하여 해당 사업자 또는 대표자의 주민등록번호를 적어 발급받은 경우
- ㉡ 발급받은 세금계산서의 필요적 기재사항 중 일부가 착오로 사실과 다르게 적혔으나 그 세금계산서에 적힌 나머지 필요적 기재사항 또는 임의적 기재사항으로 보아 거래사실이 확인되는 경우
- ㉢ 재화 또는 용역의 공급시기 이후에 발급받은 세금계산서로서 해당 공급시기가 속하는 과세기간에 대한 확정신고기한까지 발급받은 경우
- ㉣ 발급받은 전자세금계산서로서 국세청장에게 전송되지 아니하였으나 발급한 사실이 확인되는 경우
- ㉤ 전자세금계산서 외의 세금계산서로서 재화 또는 용역의 공급시기가 속하는 과세기간에 대한 확정신고기한까지 발급받았고, 그 거래사실도 확인되는 경우
- ㉥ 실제로 재화 또는 용역을 공급하거나 공급받은 사업장이 아닌 사업장을 적은 세금계산서를 발급받았더라도 그 사업장이 총괄하여 납부하거나 사업자 단위 과세 사업자에 해당하는 사업장인 경우로서 그 재화 또는 용역을 실제로 공급한 사업자가 납세지 관할 세무서장에게 해당 과세기간에 대한 납부세액을 신고하고 납부한 경우
- ㉦ 재화 또는 용역의 공급시기가 속하는 과세기간에 대한 확정신고기한이 지난 후 세금계산서를 발급받았더라도 그 세금계산서의 발급일이 확정신고기한 다음 날부터 1년 이내이고 다음 각 목의 어느 하나에 해당하는 경우
  - 가. 과세표준수정신고서와 경정 청구서를 세금계산서와 함께 제출하는 경우
  - 나. 해당 거래사실이 확인되어 납세지 관할 세무서장 등이 결정 또는 경정하는 경우

◎ 재화 또는 용역의 공급시기 전에 세금계산서를 발급받았더라도 재화 또는 용역의 공급시기가 그 세금계산서의 발급일부터 6개월 이내에 도래하고 해당 거래사실이 확인되어 납세지 관할 세무서장등이 결정 또는 경정하는 경우
㊀ 그 거래사실이 확인되고 거래 당사자가 거래형태에 따라 정상적으로 세금계산서를 발급하고 납세지 관할 세무서장에게 해당 납부세액을 신고하고 납부한 경우
　가. 거래의 실질이 위탁매매 또는 대리인에 의한 매매에 해당함에도 불구하고 거래 당사자 간 계약에 따라 위탁매매 또는 대리인에 의한 매매가 아닌 거래로 하여 세금계산서를 발급받은 경우
　나. 거래의 실질이 위탁매매 또는 대리인에 의한 매매에 해당하지 않음에도 불구하고 거래 당사자 간 계약에 따라 위탁매매 또는 대리인에 의한 매매로 하여 세금계산서를 발급받은 경우
　다. 거래의 실질이 용역의 공급에 대한 주선·중개에 해당함에도 불구하고 거래 당사자 간 계약에 따라 용역의 공급에 대한 주선·중개가 아닌 거래로 하여 세금계산서를 발급받은 경우
　라. 거래의 실질이 용역의 공급에 대한 주선·중개에 해당하지 않음에도 불구하고 거래 당사자 간 계약에 따라 용역의 공급에 대한 주선·중개로 하여 세금계산서를 발급받은 경우
　마. 다른 사업자로부터 사업(용역을 공급하는 사업으로 한정)을 위탁받아 수행하는 사업자가 위탁받은 사업의 수행에 필요한 비용을 사업을 위탁한 사업자로부터 지급받아 지출한 경우로서 해당 비용을 공급가액에 포함해야 함에도 불구하고 거래 당사자 간 계약에 따라 이를 공급가액에서 제외하여 세금계산서를 발급받은 경우
　바. 다른 사업자로부터 사업을 위탁받아 수행하는 사업자가 위탁받은 사업의 수행에 필요한 비용을 사업을 위탁한 사업자로부터 지급받아 지출한 경우로서 해당 비용을 공급가액에서 제외해야 함에도 불구하고 거래 당사자 간 계약에 따라 이를 공급가액에 포함하여 세금계산서를 발급받은 경우
　사. 매출에누리와 판매장려금간 착오에 의한 세금계산서를 발행한 경우(수정세금계산서를 발행하지 않는 경우에 한함)
㊀ 부가가치세를 납부해야 하는 수탁자가 위탁자를 재화 또는 용역을 공급받는 자로 하여 발급된 세금계산서의 부가가치세액을 매출세액에서 공제받으려는 경우로서 그 거래사실이 확인되고 재화 또는 용역을 공급한 자가 납세지 관할 세무서장에게 해당 납부세액을 신고하고 납부한 경우
㊀ 부가가치세를 납부해야 하는 위탁자가 수탁자를 재화 또는 용역을 공급받는 자로 하여 발급된 세금계산서의 부가가치세액을 매출세액에서 공제받으려는 경우로서 그 거래사실이 확인되고 재화 또는 용역을 공급한 자가 납세지 관할 세무서장에게 해당 납부세액을 신고하고 납부한 경우

(3) 사업과 관련 없는 지출에 대한 매입세액

사업과 관련 없는 지출에 대한 매입세액은 매출세액에서 공제하지 아니한다.

① 사업자가 그 업무와 관련 없는 자산을 취득·관리함으로써 발생하는 취득비·유지비·수선비와 이와 관련되는 필요경비
② 사업자가 그 사업에 직접 사용하지 아니하고 타인(종업원을 제외한다)이 주로 사용하는 토지·건물 등의 유지비·수선비·사용료와 이와 관련되는 지출금
③ 사업자가 그 업무와 관련 없는 자산을 취득하기 위하여 차입한 금액에 대한 지급이자
④ 사업자가 사업과 관련 없이 지출한 기업업무추진비 : 뇌물, 노동법상 위반하여 지급하는 급여

(4) 개별소비세법 과세대상 자동차의 구입과 임차 및 유지에 관한 매입세액

개별소비세가 과세되는 비영업용 소형승용차(운수업, 자동차판매업 등에서 직접 영업에 사용하는 것은 제외한다)는 사업을 위하여 사용하기도 하나 그 사용구분이 매우 곤란하여 일률적으로 그 구입과 유지에 대한 매입세액은 매출세액에서 공제하지 않는다.

① 영업으로 직접 사용되지 아니하는 자동차(= 비영업용 자동차)
  운수업, 자동차판매업, 자동차임대업, 운전학원업, 경비업(출동차량에 한함) 및 이와 유사한 업종에서와 같이 자동차를 직접 영업에 사용하는 것 이외의 목적으로 사용하는 자동차
② 개별소비세법 과세대상 자동차의 범위
  8인승 이하의 일반형 승용자동차 및 배기량 **1,000cc 초과** 자동차(배기량이 1,000cc 이하로서 길이 3.6미터 이하이고 폭이 1.6미터 이하인 경차 제외) 및 **125cc 초과** 2륜 자동차

(5) 기업업무추진비 지출과 관련된 매입세액

기업업무추진비 및 이와 유사한 비용의 지출에 대한 매입세액은 공제되지 아니한다.

(6) 면세사업 등(면세사업 등을 위한 투자에 관련된 매입세액 포함)에 관련된 매입세액

면세사업(공통매입세액 안분계산분 포함) 및 부가가치세가 과세되지 아니하는 재화 또는 용역을 공급하는 사업과 관련된 매입세액은 공제되지 아니한다.

(7) 토지 관련 매입세액

토지의 조성 등을 위한 자본적 지출에 관련된 매입세액으로 다음 어느 하나에 해당하는 경우를 말하며, 매입세액은 공제되지 아니한다.

① 토지의 취득 및 형질변경, 공장부지 및 택지의 조성 등에 관련된 매입세액
  (예) 조경공사, 골프장 코스 공사
② 건축물이 있는 토지를 취득하여 그 건축물을 철거하고 토지만을 사용하는 경우에는 철거한 건축물의 취득 및 철거비용과 관련된 매입세액
③ 토지의 가치를 현실적으로 증가시켜 토지의 취득원가를 구성하는 비용에 관련된 매입세액
  (예) 진입도로공사(포장·통신시설·상하수도 등)

(8) 사업자등록을 신청하기 전의 매입세액

사업자등록을 하기전의 매입세액은 매출세액에서 공제하지 아니한다. 다만, 공급시기가 속하는 과세기간이 끝난 후 20일 이내에 등록을 신청한 경우 등록 신청일로부터 공급시기가 속하는 과세기간 기산일까지 역산한 기간 이내의 매입세액은 공제 가능하다.

[사업개시 후 사업자등록 신청(제1기 과세기간에 사업개시 가정)]
- 2025년 7월 20일 등록신청 : 2025년 1기분(01.01 ~ 06.30)부터 공제 가능
- 2025년 7월 21일 등록신청 : 2025년 2기분(07.01 ~ 12.31)부터 공제 가능

다음은 과세사업자인 (주)배움의 2기 부가가치세 예정신고기간(7.1 ~ 9.30)에 발생한 매입자료이다. 다음의 자료를 토대로 부가가치세신고서의 부속서류인 [공제받지 못할 매입세액 명세서]를 작성하시오.

가. 제품(공급가액 5,000,000원, 부가가치세 500,000원)을 구입하고 세금계산서를 수취하였으나, 세금계산서에 공급받는자의 상호 및 공급받는자의 대표자 성명이 누락되고 공급자의 성명에 날인도 되지 않은 오류가 있었다.

나. 대표이사가 사업과 상관없이 개인적으로 사용할 노트북을 1,000,000원(부가가치세 별도)에 구입하고 (주)배움을 공급받는자로 하여 세금계산서를 교부받았다.

다. 회사의 공장건물을 신축하기 위하여 회사보유 토지를 평탄하게 하는 공사(자본적 지출임)를 하기 위하여 (주)일성건설에 10,000,000원(부가가치세 별도)에 외주를 주어 공사를 완료하고 세금계산서를 교부받았다(건물의 자본적지출이 아님).

라. 회사의 업무용으로 사용하기 위하여 차량(배기량 800cc, 4인용, 승용)을 12,000,000원(부가가치세 별도)에 구입하고 세금계산서를 받았다.

마. 거래처에 선물용으로 공급하기 위해서 볼펜(단가 1,000원, 500개, 부가가치세 별도)을 구입하고 세금계산서를 교부받았다.

[공제받지 못할 매입세액 명세]

매입세액 불공제 사유	세금계산서		
	매수	공급가액	매입세액
① 필요적 기재사항 누락 등			
② 사업과 직접 관련 없는 지출			
③ 개별소비세법 제1조제2항제3호에 따른 자동차 구입·유지 및 임차			
④ 기업업무추진비 및 이와 유사한 비용 관련			
⑤ 면세사업등 관련			
⑥ 토지의 자본적 지출 관련			
⑦ 사업자등록 전 매입세액			
⑧ 금·구리 스크랩 거래계좌 미사용 관련 매입세액			
⑨ 합 계			

【해설】

가. 성명날인 누락은 필요적 기재사항의 누락이 아니므로 매입세액 공제가 가능하다.
나. 대표이사의 개인직 사용목적 구입은 사업과 관련없는 지출로서 매입세액공제기 불가능하다.
다. 토지 평탄화 공사비는 토지의 자본적지출에 해당하므로 토지의 취득원가로 매입세액공제가 불가능하다.
라. 비영업용소형승용차 중 1,000cc 이하 경차에 대한 구입비는 매입세액공제가 가능하다.
마. 거래처 선물 구입비는 기업업무추진비로 매입세액공제가 불가능하다.

[공제받지 못할 매입세액 명세]

매입세액 불공제 사유	세금계산서		
	매수	공급가액	매입세액
① 필요적 기재사항 누락 등			
② 사업과 직접 관련 없는 지출	1	1,000,000	100,000
③ 개별소비세법 제1조제2항제3호에 따른 자동차 구입·유지 및 임차			
④ 기업업무추진비 및 이와 유사한 비용 관련	1	500,000	50,000
⑤ 면세사업등 관련			
⑥ 토지의 자본적 지출 관련	1	10,000,000	1,000,000
⑦ 사업자등록 전 매입세액			
⑧ 금·구리 스크랩 거래계좌 미사용 관련 매입세액			
⑨ 합　계	3	11,500,000	1,150,000

 예제2

다음은 부가가치세 과세사업을 영위하고 있는 (주)배움의 1기 확정 부가가치세 자료이다. 다음 자료를 부가가치세신고서에 반영하시오.

매입자료	① 세금계산서 수취한 매입액은 90,000,000원(부가가치세 별도)인데, 이 중 공장의 기계장치를 취득한 고정자산매입분이 15,000,000원(부가가치세 별도)있고, 접대목적으로 구입한 물품 매입액 5,000,000원(부가가치세 별도)이 있다. ② 원재료를 구입하고 법인신용카드로 결제하여 부가가치세 매입세액공제 받는 금액이 6,600,000원(부가가치세 포함) 있다. ③ 내국신용장에 의해 원재료를 구매하고, 영세율 전자세금계산서를 수취한 매입액 20,000,000원이 있다. ④ 1기 예정신고시 본사사용 전기요금 900,000원(부가가치세 별도) 누락하였다.

구 분			금 액	세율	세 액
세금계산서 수 취 분	일　반　매　입	(10)			
	수출기업수입분납부유예	(10-1)			
	고 정 자 산 매 입	(11)			
매입 세액	예 정 신 고 누 락 분	(12)			
	매 입 자 발 행 세 금 계 산 서	(13)			
	그 밖 의 공 제 매 입 세 액	(14)			
	합계(10)-(10-1)+(11)+(12)+(13)+(14)	(15)			
	공 제 받 지 못 할 매 입 세 액	(16)			
	차 　감 　계 　(15) 　- 　(16)	(17)		㉣	

【해설】

- 세금계산서 수취분 중 일반매입(10란)
  = 75,000,000원(과세) + 20,000,000원(영세율) = 95,000,000원 / 세액 7,500,000원
- 세금계산서 수취분 중 고정자산매입(11란) = 15,000,000원 / 세액 1,500,000원
- 공제받지 못할 매입세액(16란) = 접대목적 구입 매입액 5,000,000원 / 세액 500,000원
- 그 밖의 공제매입세액(14란) = 신용카드 원재료 매입액 6,000,000원 / 세액 600,000원
- 예정신고누락분(12란) = 전기요금(전자세금계산서임) 900,000원 / 세액 90,000원

구 분			금 액	세율	세 액
매입세액	세금계산서 수 취 분	일 반 매 입 (10)	95,000,000		7,500,000
		수출기업수입분납부유예 (10-1)			
		고 정 자 산 매 입 (11)	15,000,000		1,500,000
	예 정 신 고 누 락 분 (12)		900,000		90,000
	매 입 자 발 행 세 금 계 산 서 (13)				
	그 밖 의 공 제 매 입 세 액 (14)		6,000,000		600,000
	합계(10)-(10-1)+(11)+(12)+(13)+(14) (15)		116,900,000		9,690,000
	공 제 받 지 못 할 매 입 세 액 (16)		5,000,000		500,000
	차 감 계 (15) - (16) (17)		111,900,000	④	9,190,000

(9) 겸영사업자의 공통매입세액 안분계산(예정신고)

납부세액을 계산할 때 과세사업과 관련된 매입세액은 공제되지만 면세사업(비과세사업에 대한 수입금액 포함)과 관련된 매입세액은 공제되지 않는다. 겸영사업자의 매입세액 중 과세사업과 면세사업 중 어느 사업에 대한 매입세액인지의 구분이 불분명한 경우 이를 공통매입세액이라 한다.

① 안분계산 방법

구 분	면세사업등에 관련된 매입세액
원칙	매입세액 불공제분 = 공통매입세액 × $\dfrac{\text{해당과세기간의 면세공급가액}}{\text{해당과세기간의 총공급가액}}$
동일과세기간에 매입·공급시	매입세액 불공제분 = 공통매입세액 × $\dfrac{\text{직전과세기간의 면세공급가액}}{\text{직전과세기간의 총공급가액}}$
공급가액이 없는 경우	① 원칙 : 매입가액비율 ⇨ 예정공급가액비율 ⇨ 예정사용면적비율 ② 건물신축시 : 예정사용면적비율 ⇨ 매입가액비율 ⇨ 예정공급가액비율

- **총공급가액** : 공통매입세액에 관련된 해당 과세기간의 **과세공급가액**과 **면세사업**에 대한 수입금액의 합계액(매출과 관련없는 **수입금액제외 불포함**)
- **면세공급가액** : 공통매입세액에 관련된 해당 과세기간의 **면세사업**에 대한 수입금액의 합계액

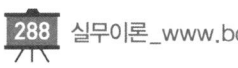

② 안분계산 생략(배제)

다음의 경우에는 **안분계산하지 않고 공통매입세액 전액을 공제받는 매입세액**으로 한다.

㉠ 해당 과세기간의 **공통매입세액이 5백만원 미만**으로서 총공급가액 중 면세공급가액이 **5% 미만**인 경우의 공통매입세액
㉡ 해당 과세기간의 공통매입세액 합계액이 **5만원 미만**인 경우의 매입세액
㉢ 재화를 공급하는 날이 속하는 과세기간에 **신규**로 사업을 시작하여 직전 과세기간이 없는 경우

(10) 겸영사업자의 공통매입세액 정산계산(확정신고)

사업자가 공통매입세액을 예정신고기간에 안분 계산한 경우에는 해당 재화의 취득으로 과세사업과 면세사업의 공급가액이 확정되는 과세기간에 대한 납부세액을 확정신고 때 정산하여야 한다.

구 분	가산 또는 공제되는 세액
가액비율로 안분계산시	총공통매입세액 × $\dfrac{\text{확정되는 해당과세기간의 면세공급가액}}{\text{확정되는 해당과세기간의 총공급가액}}$ − 기불공제 매입세액
면적비율로 안분계산시	총공통매입세액 × $\dfrac{\text{확정되는 해당과세기간의 면세사용면적}}{\text{확정되는 해당과세기간의 총사용면적}}$ − 기불공제 매입세액

(11) 겸영사업자의 공통매입세액 납부·환급세액 재계산(확정신고)

공통매입세액 안분계산에 따라 매입세액을 공제한 후 나중에 면세사업의 비중이 증가 또는 감소하는 경우에는 당초 매입세액공제가 과대 또는 과소해지는 결과가 된다. 따라서 이에 대한 증감의 조정이 필요하여 공제된 매입세액을 납부세액에 가산(또는 공제)하거나 환급세액에 가산(또는 공제)하게 되는데 이를 납부세액 또는 환급세액의 재계산이라 한다.

구 분	내 용
재계산의 요건	① 공통사용재화이어야 한다. ② 감가상각자산(건축물은 10년, 기타의 감가상각자산은 2년이내의 것을 말한다)에 대해서만 납부(환급)세액 재계산을 한다. (상품, 제품, 토지 등은 제외) ③ 취득일 또는 그 후 재계산한 과세기간의 면세비율이 해당과세기간의 **면세비율과 5% 이상 (증감)** 차이가 나는 경우에 한해서 납부세액 재계산을 한다.
재계산 방법	다음 산식에 계산된 금액을 납부세액에 가산(또는 공제)하거나 환급세액에 가산(또는 공제) 한다. 가산(공제)되는 매입세액 = 해당 재화의 공통매입세액 × (1 − 감가율 × 경과된 과세기간 수) × 증감된 면세비율 ① 감가율(체감률) : 건물·구축물의 경우에는 5%, 기타의 감가상각자산의 경우에는 25% ② 경과된 과세기간 수 : 취득과세기간은 **포함**하며, 신고하는 해당과세기간은 **불포함**

예제1

(주)배움은 과세사업과 면세사업을 겸영하고 있으며 1기 예정 부가가치세 자료이다. 다음 자료를 토대로 공통매입세액 안분계산을 하시오.

1. 과세사업과 면세사업에 공통으로 사용되는 자산의 구입명세

구 분	취득일자	공급가액	부가가치세	매입처	결제
건물	2025.03.31	500,000,000원	50,000,000원	(주)건우기업	외상
원재료	2025.03.31	20,000,000원	2,000,000원	주원무역(주)	외상

2. 매출내역

구 분		공급가액	세액	합계액
매출내역 (01.01 ~ 03.31)	과세매출분	80,000,000원	8,000,000원	88,000,000원
	면세매출분	40,000,000원	–	40,000,000원
	합 계	120,000,000원	8,000,000원	128,000,000원

[공통매입세액 안분 계산 명세]

일련 번호	과세·면세사업등 공통매입		⑫ 총공급가액 등	⑬ 면세공급가액 등	⑭ 불공제 매입세액 [⑪×(⑬÷⑫)]
	⑩ 공급가액	⑪ 세액			
1					
2					
합계					

【해설】

- 매입세액 불공제분 = 52,000,000원 × $\dfrac{40,000,000원}{120,000,000원}$ = 17,333,333원

[공통매입세액 안분 계산 명세]

일련 번호	과세·면세사업등 공통매입		⑫ 총공급가액 등	⑬ 면세공급가액 등	⑭ 불공제 매입세액 [⑪×(⑬÷⑫)]
	⑩ 공급가액	⑪ 세액			
1	520,000,000	52,000,000	120,000,000	40,000,000	17,333,333
2					
합계	520,000,000	52,000,000	120,000,000	40,000,000	17,333,333

 **예제2**

(주)배움은 과세사업과 면세사업을 겸영하고 있으며 1기 확정 부가가치세 자료이다. 다음 자료를 토대로 공통매입세액 정산계산을 하시오. 예정신고시 기불공제세액은 [예제 1]에서 계산된 금액이다.

1. 과세사업과 면세사업에 공통으로 사용되는 자산의 구입명세

구 분	취득일자	공급가액	부가가치세	매입처	결제
건물	2025.03.31	500,000,000원	50,000,000원	(주)건우기업	외상
원재료	2025.03.31	20,000,000원	2,000,000원	주원무역(주)	외상
	2025.06.30	50,000,000원	5,000,000원	주원무역(주)	외상

2. 매출내역

구 분		공급가액	세액	합계액
매출내역 (01.01 ~ 03.31)	과세매출분	80,000,000원	8,000,000원	88,000,000원
	면세매출분	40,000,000원	–	40,000,000원
매출내역 (04.01 ~ 06.30)	과세매출분	70,000,000원	7,000,000원	77,000,000원
	면세매출분	60,000,000원	–	60,000,000원
합 계		250,000,000원	15,000,000원	265,000,000원

[공통매입세액의 정산 명세]

일련번호	⑮ 총공통매입세액	⑯ 면세사업등 확정비율	⑰ 불공제 매입세액 총액(⑮×⑯)	⑱ 기 불공제 매입세액	⑲ 가산 또는 공제되는 매입세액(⑰−⑱)
1					
2					
합계					

【해설】

- 총공통매입세액 = 52,000,000원(예정신고) + 5,000,000원(확정신고) = 57,000,000원
- 면세사업등 확정비율 = $\dfrac{100,000,000원(1월 \sim 6월의 합계)}{250,000,000원(1월 \sim 6월의 합계)} \times 100 = 40\%$
- 불공제 매입세액 총액 = 57,000,000원 × 40% = 22,800,000원
- 기 불공제 매입세액 = 1기 예정신고시 불공제 매입세액 17,333,333원

[공통매입세액의 정산 명세]

일련번호	⑮ 총공통매입세액	⑯ 면세사업등 확정비율	⑰ 불공제 매입세액 총액(⑮×⑯)	⑱ 기 불공제 매입세액	⑲ 가산 또는 공제되는 매입세액(⑰−⑱)
1	57,000,000	40%	22,800,000	17,333,333	5,466,667
2					
합계	57,000,000		22,800,000	17,333,333	5,466,667

(주)배움은 과세사업과 면세사업을 겸영하고 있으며 다음 자료를 보고 2기 부가가치세 확정신고시 납부세액재계산을 위한 공제받지못할매입세액명세서를 작성하시오. (2025년 1기까지 납부세액 재계산은 올바르게 신고 되었으며 앞의 예제와는 무관한 예제로 가정한다.)

1. 과세사업과 면세사업에 공통으로 사용되는 자산의 구입내역

계정과목	취득일자	공급가액	부가가치세	비고
토 지	2024.11.25	100,000,000원	–	
건 물	2024.12.05	150,000,000원	15,000,000원	
기계장치	2025.01.12	50,000,000원	5,000,000원	

2. 2024년 및 2025년의 공급가액 내역

구 분	2024년 제2기	2025년 제1기	2025년 제2기
과세사업	200,000,000원	–	400,000,000원
면세사업	300,000,000원	350,000,000원	600,000,000원

[납부세액 또는 환급세액 재계산 명세]

일련번호	⑳ 해당 재화의 매입세액	㉑ 경감률[1−(5/100 또는 25/100×경과된 과세기간의 수)]	㉒ 증가 또는 감소된 면세공급가액 (사용 면적) 비율	㉓ 가산 또는 공제되는 매입세액 (⑳×㉑×㉒)
1				
2				
합계				

【해설】

1. 면세비율(면세비율이 증가하면 양수로, 감소하면 음수로 기재)

① 2024년 제2기 면세비율 = $\dfrac{300,000,000원}{500,000,000원} \times 100 = 60\%$

② 2025년 제1기 면세비율 = $\dfrac{350,000,000원}{350,000,000원} \times 100 = 100\%$

② 2025년 제2기 면세비율 = $\dfrac{600,000,000원}{1,000,000,000원} \times 100 = 60\%$

구 분	2024년 제2기	2025년 제1기	2025년 제2기
면세비율	60%	100%	60%
면세비율 증감		증가 40%	감소 40%

2. 경과된 과세기간수(취득과세기간 포함, 신고하는 해당과세기간은 불포함)

① 건물 : 2024년 2기, 2025년 1기 ⇨ 2과세기간 경과
② 기계장치 : 2025년 1기 ⇨ 1과세기간 경과

3. 경감률 : 1 - 감가율 × 경과된 과세기간 수
   ① 건물 : [1 - (5% × 2)] = 90%   ② 기계장치 : [1 - (25% × 1)] = 75%

[납부세액 또는 환급세액 재계산 명세]

일련번호	⑳ 해당 재화의 매입세액	㉑ 경감률[1-(5/100 또는 25/100×경과된 과세기간의 수)]	㉒ 증가 또는 감소된 면세공급가액 (사용 면적) 비율	㉓ 가산 또는 공제되는 매입세액 (⑳×㉑×㉒)
1	15,000,000	90%	-40%	-5,400,000
2	5,000,000	75%	-40%	-1,500,000
합계	20,000,000			-6,900,000

5. 차가감납부(환급)할 세액의 계산

차감·가감하여 납부(환급)할 세액 = 납부(환급)세액 - 경감·공제세액 - 예정신고미환급세액 + 가산세액

1 경감·공제세액

전자신고 세액공제	사업자가 직접 전자신고방법에 의하여 부가가치세 확정신고를 하는 경우에는 해당 납부세액에서 1만원을 공제하거나 환급세액을 가산한다.
전자세금계산서 발급 세액공제 (2027.12.31.까지)	직전연도 재화 및 용역의 공급가액 합계액이 3억원 미만인 개인사업자(간이과세자 포함)가 전자세금계산서를 발급하고 발급일의 다음 날까지 국세청장에게 전송하면 해당 납부세액에서 연간 100만원 한도 내 금액(발급건수 당 200원)까지 전자세금계산서 발급에 대한 세액공제를 적용받을 수 있다.
신용카드 매출전표 등 발행세액공제 (2026.12.31.까지)	일반과세자 중 영수증 교부의무자(법인 제외)가 신용카드매출전표(직불카드영수증·기명식선불카드영수증·현금영수증 포함)을 발행하거나 전자화폐로 대금결제를 받는 경우에는 신용카드매출전표 발행세액공제를 적용받을 수 있다. (직전연도 공급가액 10억 초과자는 제외) 세액공제액 = MIN[① 발행금액 또는 결제금액 × 1.3%, ② 연간 1,000만원]

2 예정신고미환급세액 및 예정고지세액

예정신고 미환급세액	조기환급을 제외하고는 부가가치세법상 환급세액은 확정신고기한 경과 후 30일 내에 환급한다. 따라서 예정신고기간 중에 발생한 환급세액은 예정신고시 환급되지 아니하고, 확정신고시의 납부세액에서 공제세액으로 차감한다.
예정고지세액	개인사업자 및 영세 법인사업자에 대하여는 관할세무서장이 각 예정신고기간마다 직전과세기간에 대한 납부세액의 50%에 상당하는 금액을 결정하여 예정신고기간내에 징수하도록 규정하고 있다. 따라서 예정신고기간에 납부한 세액은 확정신고시 공제세액의 "예정고지세액"으로 하여 납부할 세액에서 공제한다.

3 가산세

부가가치세신고와 관련한 가산세는 [전산실무 PART 04 부가가치세신고서 및 부속서류작성]에서 서술하기로 한다.

실무이론

01. 다음 중 부가가치세법상 과세표준에 포함되는 것은?
① 비반환조건부 용기 대금
② 대가와 구분 기재된 봉사료
③ 매출할인
④ 재화 또는 용역의 공급과 관련없이 수령한 국고보조금

02. 다음 자료에 의해 부가가치세 과세표준을 계산하면? 단, 당해 사업자는 주사업장총괄납부승인을 받지 아니하였다.

- 상품 외상판매액(공급가액) : 30,000,000원
- 자기의 타사업장으로의 반출액 (공급가액) : 2,000,000원
- 판매처로 운송하는 도중 교통사고로 인해 파손된 상품(원가) : 1,000,000원
  ※ 단, 위 외상판매액에는 반영되어 있지 않다.
- 판매실적에 따라 거래처에 현금으로 지급한 장려금 : 3,000,000원

① 30,000,000원   ② 31,000,000원   ③ 32,000,000원   ④ 33,000,000원

03. 다음 자료를 보고 거래내역에 대한 부가가치세 과세표준을 구하시오.

3월 15일   대만의 웬디사에 제품을 총 $20,000에 수출하기로 하고, 계약금으로 $2,000을 수령하여 동일자로 원화로 환전하였다.
4월 15일   제품을 인천항에서 선적하고 중도금으로 $10,000을 수령하였다.
4월 30일   잔금 $8,000을 수령하고 동 금액을 원화로 환전하였다.
(3월 15일 ₩1,200/$, 4월 15일 ₩1,300/$, 4월 30일 ₩1,100/$)

① 22,200,000원   ② 24,000,000원   ③ 25,800,000원   ④ 26,000,000원

04. 다음 중 부가가치세법상 대손세액공제와 관련된 설명 중 틀린 것은?
① 대손세액공제는 확정신고시에만 가능하다.
② 어음은 부도가 발생하면 즉시 대손세액공제가 가능하다.
③ 대손세액공제액은 대손금액에 110분의 10을 곱한 금액이다.
④ 대손금액을 회수한 경우 대손세액을 회수한 날이 속하는 과세기간의 매출세액에 가산한다.

05. 다음 중 부가가치세법상 일반과세사업자가 당해 과세기간분 부가가치세 확정신고시 공제받을 수 있는 매입세액은?
① 면세사업용도에 사용할 재화를 구입하고 발급받은 세금계산서상 매입세액
② 간이과세자(신규사업자)로부터 재화를 구입하고 발급받은 세금계산서상 매입세액
③ 세금계산서 대신에 발급받은 거래명세표상의 매입세액
④ 당해 과세기간 부가가치세 예정신고 시 누락된 상품매입 세금계산서상의 매입세액

06. 다음 자료에 의하면 부가가치세법상 공제받을 수 있는 매입세액공제액은 얼마인가?

- 2000cc인 비영업용소형승용자동차의 렌탈요금으로 세금계산서 수령 : 공급대가 550,000원
- 종업원 사고 치료비를 병원에서 신용카드로 결제 : 결제금액 110,000원
- 국내 항공기 이용 요금을 신용카드로 결제 : 결제금액 88,000원

① 68,000원　　　　　　　　　　　② 58,000원
③ 18,000원　　　　　　　　　　　④ 공제받을 금액 없음

07. 다음은 부가가치세법상 의제매입세액공제에 관한 내용이다. 가장 옳은 것은?
① 의제매입세액의 공제대상이 되는 원재료의 매입가액에는 운임 등의 부대비용을 포함한 매입원가로 한다.
② 간이과세자(2021. 7. 1. 이후)는 의제매입세액공제를 받을 수 있다.
③ 일반과세자인 음식점은 정규증빙 없이 농어민으로부터 구입 시 의제매입세액공제를 받을 수 없다.
④ 의제매입세액공제는 예정신고 시에는 공제받을 수 없다.

08. 다음 부가가치세법상 일반과세사업자가 과세사업용으로 수취한 매입세액 중 매입세액이 공제되지 않는 것은?
① 공장에서 사용할 화물차를 구입하고 법인카드로 결제한 후 신용카드매출전표를 받았다.
② 본사건물에 대한 임차료를 지급하고 세금계산서를 받았다.
③ 원재료를 6월 30일에 구입하고 세금계산서는 7월 12일로 작성된 세금계산서를 수취하였다.
④ 공장의 사업용 기계장치를 수리하고 수리비에 대한 세금계산서를 받았다.

09. 다음 중 과세사업과 면세사업에 공통으로 사용되는 매입세액을 안분계산하지 않고 전액 공제하는 사유가 아닌 것은?
① 해당 과세기간의 면세공급가액 비율이 직전과세기간에 비해 5% 이상 증감한 경우
② 해당 과세기간 중의 공통매입세액이 5만원 미만인 경우
③ 해당 과세기간에 신규로 사업을 개시한 사업자가 해당 과세기간에 공급한 공통사용재화인 경우
④ 해당 과세기간의 총공급가액 중 면세공급가액이 5% 미만이면서 공통매입세액이 5백만원 미만인 경우

10. 다음 중 부가가치세의 납부방법에 대한 설명으로 옳은 것은?
① 확정신고시 납부할 세액이 1천만원을 초과하는 경우 분납할 수 있다.
② 예정신고기간에 신규로 사업을 개시한 일반과세자는 예정신고·납부를 하여야 한다.
③ 개인사업자의 경우 예정고지가 면제되는 기준금액은 30만원이다.
④ 간이과세자로서 해당 과세기간(6개월)의 공급대가가 4,800만원 미만인 경우 납부의무를 면제한다.

11. 다음 중 부가가치세신고 시 현금매출명세서 제출대상이 아닌 것은?
① 음식점업 ② 경영지도사업
③ 감정평가사업 ④ 법무사업

12. 다음 중 현행 부가가치세법에 대한 설명으로 바르지 않은 것은?
① 음식점을 영위하는 과세사업자 홍길동은 음식재료인 야채를 구입하고 받은 계산서로 의제매입세액공제를 받았다.
② 상품을 직접 수출하는 일반과세사업자 김삿갓은 부가가치세 환급액이 발생하여 조기환급신청을 하였다.
③ 부동산임대업을 영위하는 간이과세사업자 이현주는 간이과세신고기간의 임대수입이 1,000만원이어서 납부의무를 면제받았다.
④ 학원사업을 영위하는 면세사업자 박사장은 학원시설투자비에 대한 세금계산서를 수취하여 매입세액을 전액 공제받았다.

13. 과일 도매업만을 영위하는 개인사업자 박과일씨에 대한 부가가치세법 관련 설명 중 가장 옳은 것은?
① 청과물 배달용 트럭을 중고차매매상사에 유상 처분할 경우, 그에 대하여 세금계산서를 발급하여서는 아니된다.
② 신용카드매출분에 대하여는 부가가치세 신고 시 과세표준에 포함하여야 한다.
③ 당해 업종이 소득세법상 면세대상이므로 종합소득세 신고의무는 없다.
④ 부가가치세 신고시 당해 사업장 임차료에 대한 매입세액은 공제받을 수 있다.

14. 다음 중 현행 부가가치세법의 내용을 잘못 적용하고 있는 사례는?
① 간이과세자로 음식업을 하고 있는 이사장씨는 부가가치세 신고시 신용카드발행액의 1.3%인 260만원을 세액공제 받았다.
② 부동산임대사업자(개인)인 김사장씨는 부가가치세 1기 예정분에 대한 부가가치세 15만원이 고지되어 납부하였다.
③ 간이과세자인 김간이씨는 매출이 영세율에 해당되어 부가가치세 신고시 영세율로 신고한 매출액이 있다.
④ 일반과세자인 공인중개사(부동산중개업) 이강남씨는 2025년 1기 부가가치세 확정신고시 현금매출명세서를 제출하였다.

15. 다음 중 부가가치세법에 관한 설명 중 가장 잘못된 것은?
① 개인사업자가 전자세금계산서를 발급 및 전송한 경우에는 세금계산서합계표 제출의무 및 보관의무가 면제된다.
② 법인사업자는 신용카드매출이 있는 경우에도 신용카드매출전표 등의 발행세액공제를 받을 수 없다.
③ 예정신고 미환급세액은 확정신고시 납부(환급)할 세액에서 공제(가산)한다.
④ 신용카드 등 발급에 의한 세액 공제를 적용받는 경우 연간 700만원을 한도로 한다.

해설

01. 비반환조건부 용기대금은 과세표준에 포함하여야 한다.
02. 과세표준 = 30,000,000원 + 2,000,000원 = 32,000,000원
    주사업장총괄납부승인을 받지 아니한 사업장에 대한 반출분에 대하여는 재화의 공급에 해당되어 과세표준에 포함되나, 공급받는자에게 도달하기 전에 파손된 재화는 과세표준에 포함하지 아니하며, 장려금은 과세표준에서 공제하지 아니한다.
03. - 공급시기 도래전에 원화로 환가한 경우 : 환가한 금액
    - 공급시기 이후에 외화로 수령한 경우 : 공급시기의 기준(또는 재정)환율로 계산한 금액
      ($2,000 × 1,200) + ($18,000 × 1,300) = 25,800,000원
04. 어음은 부도발생일로부터 6개월이 지난시점에서 대손세액공제가 가능하다.
05. ①, ②, ③ 매입세액 불공제사유에 해당한다.
06. 여객운송업(전세버스운송사업은 제외)은 공급받는 자가 요구하더라도 세금계산서를 발급하지 않는 업종으로서, 신용카드로 결제하더라도 매입세액공제를 받을 수 없다.
07. ① 원재료 매입가액에는 운임 등의 부대비용은 제외한다.
    ② 간이과세자(2021.7.1.이후)인 음식점업은 의제매입세액공제가 배제된다.
    ④ 의제매입세액공제는 예정신고 또는 확정신고시에 공제 가능하다.
08. 공급일이 속하는 과세기간 이후의 작성일자로 발급받은 매입세금계산서는 매입세액공제를 받을 수 없다.
10. 부가가치세는 분납제도가 없으며, 예정고지가 면제되는 기준금액은 50만원 미만이다. 간이과세자로서 해당 과세기간(1년)의 공급대가가 4,800만원 미만인 경우 납부의무를 면제한다.
11. 세무사, 변호사, 공인회계사, 변리사, 건축사, 법무사, 심판변론인, 경영지도사, 감정평가사, 기술지도사, 손해사정인업, 통관업, 기술사업, 건축사업, 측량사업, 공인노무사 등 전문직 사업서비스업 등이 제출한다.
12. 면세사업자는 매출세액이 없으므로 매입세액을 공제 받을 수 없다.
13. 청과물 도·소매업은 부가가치세 면세사업자이다. 따라서, 면세사업과 관련한 고정자산을 매각한 경우에는 주된 사업이 면세이므로 그 고정자산도 면세분 매출에 해당되어 부가가치세법상 세금계산서 발급대상은 아니다. 즉, 소득세법상 계산서 교부대상임에 유의한다.
14. 부가가치세 예정고지세액 50만원 미만은 없는 것으로 보아 고지를 생략한다.
15. 신용카드 등 발급에 의한 세액 공제를 적용받는 경우 연간 1,000만원을 한도로 한다.

정답

01. ①   02. ③   03. ③   04. ②   05. ④   06. ④   07. ③   08. ③   09. ①   10. ②
11. ①   12. ④   13. ①   14. ②   15. ④

CHAPTER 06 부가가치세 신고·납부절차

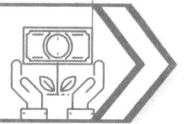

1. 부가가치세 신고·납부

1 예정신고와 납부

(1) 일반적인 경우

사업자는 각 예정신고기간에 대한 과세표준과 납부세액 또는 환급세액을 그 **예정신고기간이 끝난 후 25일 이내**에 각 사업장 관할 세무서장에게 신고하고 해당 예정신고기간의 납부세액을 납부하여야 한다. 다만, **직전 과세기간의 과세표준이 1억 5천만원 미만인 법인사업자**에 대해서는 개인사업자와 같이 **예정고지** 대상에 추가하여 **영세 법인사업자**의 신고부담을 완화한다.

(2) 개인사업자의 경우

개인사업자는 예정신고기간마다 직전과세기간에 대한 납부세액의 50%(1,000원 미만인 단수가 있을 때에는 그 단수금액은 버린다)에 상당하는 금액을 결정하여 해당 예정신고기간이 끝난 후 25일까지 징수한다. 다만, **다음의 경우에는 징수하지 아니한다.**

① 징수하여야 할 금액이 **50만원 미만**인 경우
② 간이과세자에서 해당 과세기간 개시일 현재 일반과세자로 변경된 경우
③ 납세자가 재난등 사유로 관할 세무서장이 징수하여야 할 금액을 사업자가 납부할 수 없다고 인정되는 경우

개인사업자는 위와 같이 **예정고지**에 의한 징수가 **원칙**이지만 다음의 경우에는 **예정신고·납부**를 할 수 있다.

① 휴업 또는 사업 부진으로 인하여 각 예정신고기간의 공급가액 또는 납부세액이 직전 과세기간의 공급가액 또는 납부세액의 **3분의 1에 미달**하는 자
② 각 예정신고기간분에 대해 **조기환급**을 받고자 하는 자
③ 예정부과 기간에 세금계산서를 발급한 간이과세자(**강제규정**)

2 확정신고와 납부

사업자는 각 과세기간에 대한 과세표준과 납부세액 또는 환급세액을 그 **과세기간이 끝난 후 25일(폐업하는 경우 폐업일이 속한 달의 다음 달 25일) 이내**에 대통령령으로 정하는 바에 따라 납세지 관할 세무서장에게 신고하여야 한다. 다만, 예정신고를 한 사업자 또는 조기에 환급을 받기 위하여 신고한 사업자는 이미 신고한 과세표준과 납부한 납부세액 또는 환급받은 환급세액은 신고하지 아니한다.

납세의무자가 재화의 수입에 대하여 「관세법」에 따라 관세를 세관장에게 신고하고 납부하는 경우에는 재화의 수입에 대한 부가가치세를 함께 신고하고 납부하여야 한다.

세관장은 매출액에서 수출액이 차지하는 비율 등 법 요건을 충족하는 중소·중견사업자가 물품을 제조·가공하기 위한 원재료 등 소정의 재화의 수입에 대하여 부가가치세의 납부유예를 미리 신청하는 경우에는 재화를 수입할 때 부가가치세의 납부를 유예할 수 있다.

과세기간		구 분	신고할 사항	신고·납부기한
일반과세자	제1기 (1.1 ~ 6.30)	제1기 예정신고기간	1.1 ~ 3.31의 부가가치세	4.1 ~ 4.25
		제1기 확정신고기간	4.1 ~ 6.30의 부가가치세	7.1 ~ 7.25
	제2기 (7.1 ~ 12.31)	제2기 예정신고기간	7.1 ~ 9.30의 부가가치세	10.1 ~ 10.25
		제2기 확정신고기간	10.1 ~ 12.31의 부가가치세	다음해 1.1 ~ 1.25
간이과세자		간이과세기간	1.1 ~ 12.31의 부가가치세	다음해 1.1 ~ 1.25

2. 환급

환급이란 부가가치세 납부세액계산 시 매입세액이 매출세액을 초과하는 경우에 그 초과하는 세액을 사업자에게 되돌려 주는 것을 말한다. 이러한 환급은 일반환급과 조기환급 두 가지가 있다.

1 일반환급

① 각 과세기간별로 해당 과세기간에 대한 환급세액을 그 **확정신고기한 경과 후 30일 내**에 사업자에게 환급하여야 한다.
② 예정신고기간에 대한 일반환급세액은 환급하지 않고 확정신고시 납부세액에서 공제한다.

2 조기환급

조기환급이란 각 과세기간별·예정신고기간별(3개월) 또는 조기환급기간별(매월 또는 매 2월)로 환급세액을 **확정신고기한·예정신고기한 또는 조기환급신고기한 경과 후 15일 이내**에 환급하는 것을 말한다. 사업장 관할세무서장은 사업자가 다음 중 어느 하나에 해당하는 경우에는 위의 일반환급절차에도 불구하고 환급세액을 사업자에게 조기환급할 수 있다.

구 분	내 용
조기환급 대상	① 영세율이 적용되는 경우 ② 사업설비(감가상각자산)를 신설·취득·확장 또는 증축하는 경우 ③ 재무구조개선계획을 이행 중인 경우
조기환급 방법	① 예정 또는 확정신고기간별 신고와 환급은 그 예정 또는 확정신고기한 경과 후 15일 이내 환급하여야 한다. ② 매 1월 또는 매 2월 단위로 조기환급기간 종료일로부터 25일 내에 신고하여 조기환급신고 기간경과 후 15일 이내에 환급하여야 한다.

실무이론

PART 03 부가가치세

01. 다음 중 부가가치세법상 환급과 관련된 설명으로 가장 틀린 것은?
① 납세지 관할세무서장은 환급세액을 원칙적으로 확정신고기한이 지난 후 30일 이내에 환급하여야 한다.
② 납세지 관할세무서장은 조기환급세액이 발생하는 경우 조기환급신고기한이 지난 후 20일 이내에 환급하여야 한다.
③ 조기환급신고는 개인사업자와 법인사업자 구분 없이 가능하며, 조기환급신고를 한 부분은 확정신고시에는 신고분을 제외하여 신고한다.
④ 법인사업자의 예정신고기간의 환급세액은 조기환급 대상에 해당하지 않는 경우 확정신고 시 납부할 세액에서 차감된다.

02. 다음 중 부가가치세법상 조기환급과 관련한 설명 중 틀린 것은?
① 영세율이 적용되는 사업자의 경우에는 당해 영세율이 적용되는 공급분과 관련된 매입세액에 대해서만 조기에 환급받을 수 있다.
② 사업설비를 취득하였거나 과세표준에 영세율이 적용되는 경우에는 조기환급신고를 할 수 있다.
③ 조기환급기간은 예정신고기간 또는 과세기간 최종 3월중 매월 또는 매 2월을 말한다.
④ 조기환급을 적용받는 사업자가 예정신고서 또는 확정신고서를 제출한 경우에는 조기환급에 관하여 신고한 것으로 본다.

03. 다음은 과세사업만을 영위하는 (주)세미의 지출내역이다. 다음 중 조기환급의 대상이 아닌 것은?
① 재고자산을 일시적으로 대량 매입한 경우   ② 사업설비를 확장하는 경우
③ 재무구조개선계획을 이행 중인 경우   ④ 영세율적용대상인 경우

해설

01. 관할세무서장은 조기환급세액이 발생하는 경우 각 조기환급 예정신고기간별로 그 예정신고 기한이 지난 후 15일 이내에 예정신고한 사업자에게 환급하여야 한다.
02. 영세율이 적용되는 사업자의 경우에는 당해 영세율이 적용되는 공급분과 관련된 매입세액과 관계없이 전액 조기에 환급받을 수 있다.
03. 재고자산의 대량 매입은 조기환급의 사유에 해당하지 않는다.

정답

01. ②   02. ①   03. ①

CHAPTER 07 간이과세

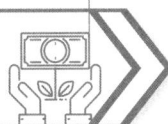

구 분	내 용
간이과세자 개요	① 직전 연도 공급에 대한 대가(부가가치세가 포함된 대가)의 합계액이 1억400만원에 미달하는 **개인사업자(법인제외)**에 대해서는 세부담을 경감시키고 납세편의를 도모할 수 있는 제도로 영수증 발급대상을 제외하고 **세금계산서**(매입자발행세금계산서 포함) **발급 의무**가 있다. ② 세금계산서 발급의무가 부과됨에 따라 간이과세자 중 영수증 발급 사업자에게 발급 적용기간 개시 20일 전까지 영수증 발급대상인지 여부를 해당 사업자에게 관할 세무서장은 통지하며, 발급 적용기간 개시 당일까지 사업자등록증에 세금계산서 발급대상 여부를 정정하여 교부한다. [영수증 발급대상(2021.07.01.이후)] ① **신규사업자** ② 직전연도 공급대가 합계액이 **4,800만원 미만**인 사업자 ③ **주로 사업자가 아닌 자**에게 재화·용역을 공급하는 사업자(소매업, 음식점업, 숙박업, 미용, 욕탕 및 유사 서비스업, 여객운송업 등) → 다만, 소매업, 음식점업, 숙박업 등은 **공급받는 자가 요구**하는 경우 **세금계산서 발급 의무**가 있음
간이과세자 배제업종	간이과세 기준금액에 해당하는 경우에도 다음의 경우에는 **간이과세를 적용 받을 수 없다.** ① 간이과세가 적용되지 아니하는 다른 사업장을 보유하고 있는 사업자 ② 업종, 규모, 지역 등을 고려하여 대통령령으로 정하는 사업자 ㉠ 광업 ㉡ 제조업(다만, 주로 최종소비자에게 직접 재화를 공급하는 사업에 해당하는 것(예 : 과자점업, 양복점 등)은 제외) ㉢ 도매업(소매업을 겸영하는 경우는 포함, 재생용 재료수입 및 판매업은 제외) 및 상품중개업 ㉣ 부동산매매업 및 부동산임대업으로서 시행규칙(제71조제3항 별표2)으로 정하는 것 ㉤ 과세유흥장소 ㉥ 전문자격사 등 사업서비스업(변호사업, 세무사업, 건축사업, 의사업, 감정평가사업, 공인노무사업 등) ㉦ 일반과세자(재화의 공급으로 보지 않는 사업의 양도)로부터의 규정에 따라 양수한 사업 ㉧ 사업장의 소재 지역과 사업의 종류·규모 등을 고려하여 국세청장이 정하는 기준에 해당하는 것 ㉨ 소득세법상 복식부기의무자가 영위하는 사업 ㉩ 전기·가스·증기 및 수도사업 ㉪ 건설업(다만, 주로 최종소비자에게 직접 재화 또는 용역을 공급하는 사업에 해당하는 것(예 : 도배업, 인테리어 공사업 등)은 제외) ㉫ 전문·과학·기술서비스업, 사업시설 관리·사업지원 및 임대 서비스업(다만, 주로 최종소비자에게 직접 용역을 공급하는 사업에 해당하는 것(예 : 인물사진·행사용 영상촬영업 등)은 제외)

구 분	내 용
간이과세자 배제업종	③ **부동산임대업** 또는 **과세유흥장소**를 경영하는 사업자로서 해당 업종의 직전연도의 공급대가의 합계액이 **4,800만원 이상**인 사업자 ④ **둘 이상의 사업장**이 있는 사업자로서 그 둘 이상의 사업장의 직전 연도의 공급대가의 합계액이 **1억400만원 이상**인 사업자 직전 과세기간에 신규로 사업을 시작한 개인사업자에 대하여는 그 사업 개시일부터 그 과세기간 종료일까지의 공급대가를 합한 금액을 12개월로 환산한 금액을 기준으로 적용하며, 이 경우 1개월 미만의 끝수가 있으면 1개월로 한다.
신규사업자 간이과세 적용	신규로 사업을 시작하는 개인사업자는 사업을 시작한 날이 속하는 연도의 공급대가의 합계액이 1억400만원에 미달될 것으로 예상되면 사업자등록 신청 시 간이과세 적용신고서를 납세지 관할 세무서장에게 신고하여야 한다.
간이과세자 과세표준과 세액	① 간이과세자의 **과세표준** : 해당 과세기간의 **공급대가** 합계액 ② **납부세액(매출세액)** 　　　　납부세액 = 공급대가 × 업종별 부가가치율 × 세율(10%) | 구 분	부가가치율
1. 소매업, 재생용 재료수집 및 판매업, 음식점업	15%
2. 제조업, 농업·임업 및 어업, 소화물 전문 운송업	20%
3. 숙박업	25%
4. 건설업, 운수 및 창고업(소화물 전문 운송업 제외), 정보통신업, 그 밖의 서비스업	30%
5. 금융 및 보험 관련 서비스업, 전문·과학 및 기술 서비스업(인물사진 및 행사용 영상촬영업 제외), 사업시설관리·사업지원 및 임대 서비스업, 부동산 관련 서비스업, 부동산임대업	40% | ③ **공제세액** : 세금계산서 등을 수취한 경우 다음 금액을 납부세액에서 공제한다. 　㉠ 매입 세금계산서 등 수취 세액공제 　　세금계산서 등을 발급받은 **매입액(공급대가)** × 0.5% 　㉡ 과세사업과 면세사업 등을 겸영하는 경우에는 안분계산한 금액 　㉢ 전자세금계산서 발급세액공제(2027.12.31.까지) 　　연간 100만원 한도 내 금액(발급건수 당 200원) 　㉣ 신용카드매출전표 등 발행세액공제(2026.12.31.까지) 　　MIN[발행금액 × 1.3%, 연간 1,000만원] 　㉤ 공제세액의 한도 　　매입 세금계산서 등 수취세액공제 등의 합계액이 각 과세기간의 납부세액을 초과하는 때에는 그 초과액은 없는 것으로 보며 일반과세자와 달리 **환급세액은 발생하지 않는다.** ④ **차감 납부할 세액(환급받을 세액)** 　　차감 납부할 세액 = 납부(매출)세액 − 공제세액 − 예정고지(신고)세액 + 가산세

구 분		내 용
간이과세자로 변경되는 경우 재고품 등 매입세액 가산		일반과세자가 간이과세자로 변경되면 변경 당시의 재고품(상품, 제품, 원재료), 건설 중인 자산 및 감가상각자산에 대하여 다음의 계산된 금액을 납부세액에 가산한다. (본 서는 재고품 계산식만 기술) [재고품의 재고납부세액] $$\text{재고납부세액} = \text{재고금액} \times \frac{10}{100} \times (1 - 0.5\% \times \frac{110}{10})$$
간이과세자 신고 및 납부	예정 부과 및 납부	① 예정부과기간 : 1월 1일부터 6월 30일까지의 납부세액으로 결정하여 예정부과기간이 끝난 후 25일 이내까지 징수한다. ② 고지징수 : 간이과세자에 대하여 직전 과세기간에 대한 납부세액의 50%를 징수한다. 다만, 다음에 해당하는 경우에는 징수하지 아니한다. 　㉠ 징수하여야 할 금액이 **50만원 미만**인 경우 　㉡ 간이과세자에서 해당 과세기간 개시일 현재 일반과세자로 변경된 경우 　㉢ 납세자가 재난등 사유로 관할 세무서장이 징수하여야 할 금액을 사업자가 납부할 수 없다고 인정되는 경우 ③ 예외 : 예정부과(고지)에 의한 징수가 원칙이지만 예정부과기간에 신고·납부를 할 수 있다. 　㉠ 휴업 또는 사업 부진 등으로 인하여 예정부과기간의 공급대가의 합계액 또는 납부세액의 직전 과세기간의 공급대가의 합계액 또는 납부세액의 **3분의 1에 미달**하는 자 **(선택규정)** 　㉡ 예정부과기간에 세금계산서를 발급한 간이과세자**(강제규정)**
	확정 신고 및 납부	① 과세기간(01.01 ~ 12.31 : 1년)이 끝난 후 25일(폐업하는 경우 폐업일이 속한 달의 다음 달 25일) 이내에 납세지 관할 세무서장에게 확정신고·납부한다. ② 다만, 예정부과기간에 신고를 한 사업자는 이미 신고한 과세표준과 납부한 납부세액은 신고하지 아니하며 예정고지 납부세액은 예정고지세액으로 공제한다. [예정부과기간 신고 및 확정신고 시 제출서류] ㉠ 부가가치세 신고서 ㉡ 매출처별 세금계산서합계표(세금계산서 발급 의무사업자) ㉢ 매입처별 세금계산서합계표 등
간이과세자 가산세		① 세금계산서 발급의무 규정이 적용됨에 따라 세금계산서 발급과 관련된 가산세는 **일반과세자에게 적용되는 세금계산서 관련 가산세 규정을 준용**한다. ② 가산세 종류 : 사업자미등록 가산세, 영세율과세표준 신고불성실가산세 이외에도 세금계산서 발급관련 가산세, 매출처별 세금계산서합계표 가산세, 세금계산서 미수취 가산세 등 ③ 사업자미등록 가산세 적용시 공급대가에 **0.5%(명의위장등록 1%)**를 적용한다. ④ 세금계산서를 발급받고 매입세액을 공제받지 아니한 경우로서 결정 또는 경정 기관의 확인을 거쳐 납부세액을 계산할 때 매입세액으로 공제받는 경우 **그 공급가액에 0.5%**를 적용한다. ⑤ 매출처별 세금계산서합계표 가산세 **지연제출(0.3%)**은 예정부과기간에 대한 신고를 할 때 **제출하지 못하여** 예정부과기간이 속하는 과세기간에 확정신고를 할 때 적용되며, 세금계산서 미수취 가산세는 공급대가에 **0.5%를 적용**한다.

구 분	내 용
간이과세자 납부의무 면제	① 해당과세기간(1과세기간 = 1월 1일 ~ 12월 31일)에 대한 **공급대가**가 **4,800만원 미만**인 경우에는 해당과세기간에 대한 납부세액의 **납부의무**를 **면제**하며, **신고의무**는 **이행**하여야 한다. ② 납부의무 면제라 하더라도 재고품등 매입세액인 **재고납부세액은 면제되지 않으며** 부가가치세 가산세도 적용하지 아니하는 것이나 **고정사업장이 있는** 미등록사업자는 **미등록가산세**(0.5%와 5만원 중 큰 금액)는 **적용**한다. ③ 납부의무가 면제되는 사업자가 자진 납부한 사실이 확인되면 납세지 관할 세무서장은 납부한 금액을 환급하여야 한다.
간이과세자 포기	① 간이과세자에 관한 규정의 적용을 포기하고 일반과세자에 관한 규정을 적용받으려는 경우에는 **적용받으려는 달의 전달의 마지막 날까지** 납세지 관할 세무서장에게 신고하여야 한다. ■ 간이과세자 과세기간 : 과세기간 개시일 ~ 포기신고일이 속하는 달의 말일 ■ 일반과세자 과세기간 : 포기신고일이 속하는 달의 다음달 1일 ~ 과세기간 종료일 ② **일반과세자 적용일로부터 3년이 되는 날이 속하는 과세기간까지는** 간이과세자에 관한 규정을 적용받지 못한다. 다만, 직전연도 공급대가의 합계액이 **4,800만원 이상 1억400만원 미만**에 해당하면 3년 이내라도 간이과세자 재적용을 신청할 수 있다.

실무이론

01. 다음 중 부가가치세법상 간이과세자가 될 수 있는 사업자는?

① 일반과세자로부터 사업에 관한 모든 권리와 의무를 포괄적으로 승계받아 양수한 개인사업자
② 전자세금계산서 의무발급대상사업을 영위하는 개인사업자
③ 손해사정사업을 영위하는 개인사업자
④ 최종소비자를 대상으로 하는 소매업을 영위하는 개인사업자

02. 부가가치세법상 일반과세자와 간이과세자를 비교한 다음 내용 중 가장 옳지 않은 것은?

	항목	일반과세자	간이과세자
①	납부의무면제	해당사항 없음	과세기간 공급대가가 4,800만원 미만인 경우
②	포기제도	포기제도 없음	간이과세자를 포기하고 일반과세자가 될 수 있음
③	영세율 적용	적용 가능	적용 가능
④	신용카드매출전표등 수취에 따른 공제	매입세액 공제 가능	납부세액에서 공제 불가능

03. 다음 중 현행 부가가치세법상 특징을 설명한 것 중 가장 틀린 것은?

① 간이과세자는 영세율을 적용받을 수 없다.
② 법인사업자는 신용카드매출이 있는 경우에도 신용카드매출세액공제를 받을 수 없다.
③ 간이과세자는 매입세액이 매출세액보다 많아도 환급이 발생하지 않는다.
④ 간이과세자는 과세사업과 면세사업 등을 겸영할 수 있으며, 도매업은 간이과세자가 될 수 없다.

04. 다음 중 부가가치세법상 간이과세에 대한 설명으로 가장 틀린 것은?

① 일반과세자인 부동산임대사업자가 신규로 음식점 사업을 하는 경우 간이과세자가 될 수 있다.
② 원칙적으로 간이과세자 중 해당 과세기간에 대한 공급대가의 합계액이 4,800만원 미만이면 납부의무를 면제한다.
③ 2021년 7월 1일 이후 재화 또는 용역을 공급하는 분부터는 4,800만원 이상 간이과세자는 세금계산서 발급이 원칙이다.
④ 다른 사업자로부터 세금계산서 등을 발급받은 경우 공급대가의 0.5%를 납부세액에서 공제한다.

05. 다음 중 부가가치세법상 간이과세자에 대한 설명으로 틀린 것은?
① 원칙적으로 직전연도의 공급대가의 합계액이 1억400만원에 미달하는 개인사업자로 한다.
② 간이과세의 포기는 포기하고자 하는 달의 전달 마지막 날까지 하여야 한다.
③ 해당 과세기간에 대한 공급대가가 4,800만원 미만인 경우라도 모든 가산세는 부과한다.
④ 간이과세자는 어떠한 경우라도 부가가치세 환급을 받을 수 없다.

06. 다음 부가가치세법상 간이과세자에 대한 설명 중 틀린 것은?
① 간이과세자에 대하여는 그 공급대가를 과세표준으로 한다.
② 간이과세자의 1기 과세기간은 1월 1일부터 6월 30일까지이다.
③ 간이과세자가 일반과세자에 관한 규정을 적용받으려는 경우에는 그 적용받으려는 달의 전달 마지막 날까지 세무서장에게 신고하여야 한다.
④ 간이과세자도 영세율이 아닌한 부가가치세율은 10%를 적용한다.

07. 다음 중 부가가치세법상 음식업을 하고 있는 간이과세자(개인사업자)에 대한 설명으로서 틀린 것은?
① 신용카드매출액의 1.3%를 세액공제 한다.
② 2021.7.1.이후 공급받은 것부터 의제매입세액공제 적용을 배제한다.
③ 사업과 관련 있는 주방설비를 구입하고 발급받은 세금계산서에 기재되어 있는 부가가치세는 전액 공제를 받을 수 있다.
④ 직전연도 공급대가 합계액이 4,800만원 이상인 경우 공급받는 자가 사업자등록증을 제시하고 세금계산서 발급을 요구하면 교부해야 한다.

해설

01. 도매업은 간이과세 배제대상이나 소매업은 가능하다.
02. 간이과세자가 다른 사업자로부터 신용카드매출전표 등을 발급받은 경우 신용카드매출전표 등에 기재된 공급대가에 0.5%를 곱하여 계산한 금액을 납부세액에서 공제한다.
03. 간이과세자도 영세율을 적용받을 수 있다.
04. 간이과세가 적용되지 아니하는 다른 사업장을 보유하고 있는 사업자는 간이과세자가 될 수 없다.
05. 납부할 의무를 면제하는 경우에는 부가가치세 가산세도 적용하지 아니하나 고정사업장이 있는 미등록사업자는 미등록가산세를 적용한다.
06. 간이과세자의 과세기간은 1월 1일부터 12월 31일까지이다.
07. 매입액(공급대가)에 0.5%를 곱한 금액만큼 공제가 가능하다.

정답

01. ④   02. ④   03. ①   04. ①   05. ③   06. ②   07. ③

PART 04

소득세

CHAPTER **01**　소득세의 기본개념
CHAPTER **02**　과세표준과 세액의 계산
CHAPTER **03**　납부절차

실무이론

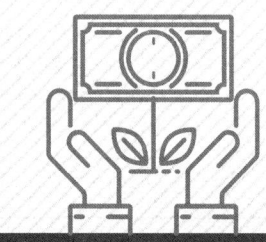

직무명	분류번호	능력단위명	수준	능력단위요소
세무	0203020204_23v6	원천징수	3	1 금융소득 원천징수하기 2 사업소득 원천징수하기 3 근로소득 원천징수하기 4 기타소득 원천징수하기 6 근로소득 연말정산하기
	0203020206_23v6	종합소득세 신고	4	3 종합소득세 신고하기

능력단위정의

원천징수란 금융소득, 사업소득, 근로소득, 기타소득, 퇴직소득을 소득자에게 지급할 때 소득자가 납부해야 할 세금을 원천징수의무자가 대신 징수하여 과세당국에 납부하기 위하여 수반되는 소득 및 세액 계산, 세무신고 및 납부, 연말정산 등을 수행하는 능력이다.

종합소득세신고란 사업소득을 포함한 종합소득금액을 계산하고 종합소득세 과세표준 확정신고서를 작성하여 신고하는 능력이다.

NCS 능력단위	능력단위요소	수 행 준 거
0203020204_23v6 원천징수	0203020204_23v6.1 금융소득 원천징수하기	1.1 세법에 의한 과세, 비과세 이자소득과 원천징수대상 배당소득을 구분하여 원천징수세액을 계산할 수 있다. 1.2 이자소득과 배당소득에 대한 원천징수 결과에 따라 세무정보시스템을 활용하여 원천징수이행상황신고서를 작성하고 신고 후 세액을 납부할 수 있다. 1.3 세법이 정한 서식에 따라 이자소득과 배당소득에 대한 원천징수영수증 발급·교부하고 지급명세서를 기한 내에 제출할 수 있다.
	0203020204_23v6.2 사업소득 원천징수하기	2.1 세법에 의한 원천징수 대상 사업소득을 구분하여 원천징수세액을 계산할 수 있다. 2.2 사업소득에 대한 원천징수 결과에 따라 세무정보시스템을 활용하여 원천징수이행상황신고서를 작성하고 신고 후 세액을 납부할 수 있다. 2.3 세법이 정한 서식에 따라 사업소득에 대한 원천징수영수증을 발급·교부하고 지급명세서를 기한 내에 제출할 수 있다. 2.4 사업소득에 대한 간이지급명세서 및 지급명세서를 기한 내에 제출할 수 있다.
	0203020204_23v6.3 근로소득 원천징수하기	3.1 소득세법에 따라 세무정보시스템 또는 급여대장을 통해 임직원의 인석공제사항을 삭성·관리할 수 있다. 3.2 회사의 급여규정에 따라 임직원의 기본급, 수당, 상여금 등의 급여금액을 정확하게 계산할 수 있다. 3.3 세법에 의한 임직원의 급여액에 대한 근로소득금액을 과세근로소득과 비과세 근로소득으로 구분하여 계산할 수 있다. 3.4 간이세액표에 따라 급여액에 대한 산출된 세액을 공제 후 지급할 수 있다.

NCS 능력단위	능력단위요소	수 행 준 거
0203020204_23v6 원천징수	0203020204_23v6.3 근로소득 원천징수하기	3.5 중도퇴사자에 대한 근로소득 정산에 의한 세액을 환급 또는 추징할 수 있다. 3.6 일용근로자에 대한 근로소득은 비과세 기준을 고려하여 계산할 수 있다. 3.7 근로소득에 대한 원천징수 결과에 따라 세무정보시스템을 활용하여 원천징수이행상황신고서를 작성하고 신고 후 세액을 납부할 수 있다. 3.8 환급받을 원천징수세액이 있는 경우 납부세액과 상계 및 환급신청할 수 있다. 3.9 기 신고한 원천징수 수정 또는 경정요건이 발생할 경우 수정신고 및 경정청구 할 수 있다. 3.10 근로소득에 대한 간이지급명세서를 기한 내에 제출할 수 있다. 3.11 일용근로자에 대한 지급명세서를 기한 내에 제출할 수 있다.
	0203020204_23v6.4 기타소득 원천징수하기	4.1 세법에 의한 원천징수 대상 기타소득을 구분하여 원천징수세액을 계산할 수 있다. 4.2 기타소득에 대한 원천징수 결과에 따라 세무정보시스템을 활용하여 원천징수이행상황신고서를 작성하고 신고 후 세액을 납부할 수 있다. 4.3 기타소득의 원천징수영수증을 발급·교부하고 지급명세서를 기한 내에 제출할 수 있다.
	0203020204_23v6.6 근로소득 연말정산하기	6.1 연말정산대상소득과 연말정산시기에 대해서 파악할 수 있다. 6.2 근로자의 근로소득원천징수부를 확인하여 총 급여 및 원천징수세액을 파악할 수 있다. 6.3 세법에 따라 연말정산대상자의 소득공제신고서와 소득공제증명자료를 처리할 수 있다. 6.4 연말정산결과에 따라 세무정보시스템을 활용하여 근로소득원천징수영수증을 소득자에게 발급할 수 있다. 6.5 연말정산결과에 따라 세무정보시스템을 활용하여 근로소득지급명세서를 전자제출 할 수 있다. 6.6 연말정산결과에 따라 세무정보시스템을 활용하여 원천징수이행상황신고서 전자신고 할 수 있다.
0203020206_23v6 종합소득세 신고	0203020206_23v6.3 종합소득세 신고하기	3.1 세법 절차에 따라 종합소득세 과세표준 확정신고서 및 납부계산서를 작성할 수 있다. 3.2 세법에 따라 소득공제신고서를 작성할 수 있다. 3.3 전자신고 절차에 따라 변환 파일을 만들 수 있다. 3.4 전자신고 절차에 따라 국세청에 파일을 전송할 수 있다. 3.5 전자신고에 따른 오류발생을 검증하고 수정할 수 있다.

CHAPTER 01 소득세의 기본개념

1. 소득세의 기초개념

1 소득세의 정의

개인의 소득을 과세대상으로 하여 부과하는 국세이며, 소득금액을 과세표준으로 하는 조세로서 납세자와 담세자가 일치하므로 직접세에 해당한다.

2 소득세의 특징

구 분	내 용
개인단위 과세제도	개인별로 과세하며, 세대별 혹은 부부별로 합산하지 않는다. 다만, 조세를 회피하기 위하여 공동사업을 경영하는 것으로 확인되는 경우 합산하여 과세한다.
열거주의 과세방식	과세소득을 규정하는 방식으로 열거된 소득에 대해서만 과세하는 방식(소득원천설)을 채택하고 있으며, 이자소득·배당소득은 유형별포괄주의 방식을 채택하고 있다.
소득세 과세방법	▪ **종합과세** : 소득의 종류에 관계없이 모든 소득을 하나의 계산구조에 종합하여 합산 계산하는 것으로 이자소득, 배당소득, 사업소득, 근로소득, 연금소득, 기타소득이 해당한다. ▪ **분류과세** : 간헐적으로 발생하는 퇴직소득, 양도소득은 다른 소득과 합산하지 않고 그 종류별로 구분하여 각각 별도로 과세하는 방식을 말한다. ▪ **분리과세** : 다른 소득들과 합산하지 않고 그 소득별로 소득이 지급될 때 소득세를 원천징수함으로써 납세의무를 종결하는 과세방식을 말한다.
초과누진 세율적용 (8단계)	단계별 초과누진세율을 적용하여 소득이 많은 개인에게 상대적으로 많은 세금을 납부하게 하여 소득 재분배를 한다. | 과세표준	가 산 법	세율	누진공제액
---	---	---	---
1,400만원 이하	과세표준의 6%	6%	-
1,400만원 초과 ~ 5,000만원 이하	84만원 + 1,400만원 초과액의 15%	15%	126만원
5,000만원 초과 ~ 8,800만원 이하	624만원 + 5,000만원 초과액의 24%	24%	576만원
8,800만원 초과 ~ 1억5천만원 이하	1,536만원 + 8,800만원 초과액의 35%	35%	1,544만원
1억5천만원 초과 ~ 3억원 이하	3,706만원 + 1억5천만원 초과액의 38%	38%	1,994만원
3억원 초과 ~ 5억원 이하	9,406만원 + 3억원 초과액의 40%	40%	2,594만원
5억원 초과 ~ 10억원 이하	17,406만원 + 5억원 초과액의 42%	42%	3,594만원
10억원 초과	38,406만원 + 10억원 초과액의 45%	45%	6,594만원	

구 분	내 용
인적 공제제도	소득세는 개인소득에 대하여 부과되는 세금이므로 부양가족에 따른 개인별 부담능력이 다르므로 이를 고려하여 소득에 대한 인적공제제도를 채택하고 있다.
원천징수 제도	소득을 지급하는 사람이 소득 또는 수입금액을 지급할 때 그 지급을 받는 사람이 내야 할 세금을 미리 징수하여 정부에 납부하는 제도를 말한다. ■ **완납적 원천징수** : 원천징수만으로 납세의무가 종결되는 것으로 종합소득 중 분리과세대상 소득이 이에 해당한다. ■ **예납적 원천징수** : 원천징수로서 납세의무가 종결되지 않고 소득을 지급받는 자가 추후에 해당 소득을 다른 소득과 합산하여 소득세 신고·납부하여야 하며 이미 원천징수된 세액은 기납부세액으로 공제받는다.
신고 납부제도	종합소득, 퇴직소득, 양도소득에 대한 소득세를 다음연도 5월 1일 ~ 5월 31일에 신고·납부한다.

3 소득의 구분

구 분		원천징수	분리과세	필요경비
종합소득	이 자 소 득	○	○	×
	배 당 소 득	○	○	×
	사 업 소 득	○	○	○
	근 로 소 득	○	○	×
	연 금 소 득	○	○	×
	기 타 소 득	○	○	○
퇴 직 소 득		○		×
양 도 소 득		×		○

※ 주택임대소득(사업소득) 2천만원 이하 분리과세 선택 가능

4 납세의무자

구 분	의 의	납세의무 범위
거주자	국내에 주소가 있거나 183일 이상 거소를 둔 경우	국내원천소득 + 국외원천소득 (무제한 납세의무자)
비거주자	거주자가 아닌 개인	국내원천소득 (제한적 납세의무자)

5 과세기간

구 분	과세기간	확정신고기한
일반적인 경우	매년 1월 1일 ~ 12월 31일까지	다음연도 5월 1일 ~ 5월 31일
거주자가 사망한 경우	1월 1일부터 사망한 날	상속개시일이 속하는 달의 말일로부터 6개월이 되는 날
출국으로 비거주자가 되는 경우	1월 1일부터 출국한 날	출국일 전일

법인은 임의로 사업년도(과세기간)를 정할 수 있으나 개인은 사업자라도 임의로 사업연도를 정할 수 없다. 사업소득 외 다른 소득이 있는 경우 이를 과세하기 위함이다.

6 납세지

(1) 일반적인 소득세의 납세지

구 분	납 세 지
거주자	원칙 : 주소지(주소지가 없는 경우 : 거소지)
비거주자	원칙 : 국내사업장의 소재지(국내사업장이 둘 이상 있는 경우에는 주된 국내사업장의 소재지) 국내사업장이 없는 경우 : 국내원천소득이 발생하는 장소

(2) 원천징수하는 소득세의 납세지

구 분	납 세 지
거주자	해당 거주자의 주된 사업장 소재지(사업장이 없는 경우에는 그 거주자의 주소지 또는 거소지)
비거주자	해당 비거주자의 주된 국내사업장 소재지 (사업장이 없는 경우에는 그 비거주자의 거류지 또는 체류지)

(3) 납세지의 지정

국세청장 또는 관할 지방국세청장은 사업소득이 있는 거주자가 사업장 소재지를 납세지로 신청한 경우에는 납세지를 따로 지정할 수 있다.

구 분	지 정 절 차
신 청	납세지 지정신청을 하려는 자는 해당 과세기간의 10월 1일부터 12월 31일까지 납세지지정신청서를 사업장 관할세무서장에게 제출
통 지	다음연도 2월 말일까지 그 지정여부를 서면 통지

(4) 납세지의 변경

납세지가 변경된 때에는 **그 변경된 날부터 15일 이내**에 납세지변경신고서를 변경 후의 납세지 관할세무서서장에게 신고하여야 한다. **부가가치세법** 규정에 의하여 **사업자등록정정을 한 경우**에는 납세지의 변경신고를 한 것으로 보며 별도의 소득세법상의 변경신고를 할 필요가 **없다**.

2. 종합소득세의 계산구조

3. 금융소득(이자·배당소득)

1 이자소득

(1) 이자소득금액 계산

이자소득금액 = 이자소득 총수입금액 (비과세 소득과 분리과세 소득은 제외)

(2) 이자소득의 범위

① 채권 또는 증권의 이자와 할인액 ② 예금의 이자
③ 채권 또는 증권의 환매조건부 매매차익
④ 법에 정한 저축성보험의 보험차익

- 2013.2.15.이전 체결된 계약분 : 계약기간 10년(2001년 ~ 2003년인 경우 7년) 미만인 경우 이자소득으로 과세
- 2013.2.15.이후 체결된 계약분은 이자소득으로 과세하되, 다음의 보험차익은 과세소득에서 제외한다.
  ㉠ 납입보험료 합계액이 2억원 이하이고 보험계약기간 10년 이상
  ㉡ 보험계약기간 10년 이상인 월적립식 보험으로서 납입기간 5년 이상
  ㉢ 55세 이후 사망시까지 연금형태로 받는 법에 정한 종신형 연금계약

⑤ 직장공제회 초과반환금(1999.1.1 이후 가입분) ⑥ 비영업대금의 이익
⑦ 소기업·소상공인공제에서 발생하는 소득 ⑧ 파생금융상품의 이자
⑨ 위의 소득과 유사한 소득으로서 금전 사용에 따른 대가로서의 성격이 있는 것

[이자소득이 아닌 경우]
① 사업관련 소득 : 퇴직연금운용자산에 대한 운용수익
② 계약의 위약 또는 해약을 원인으로 법원의 판결에 의하여 지급받는 손해배상금과 그에 대한 법정이자는 기타소득으로 보며, 그 외의 원인에 의하여 지급받는 손해배상금과 그에 대한 법정이자에 대해서는 소득세를 과세하지 않는다.

(3) 이자소득의 수입시기

구 분	수입시기
채권 등의 이자와 할인액	① 무기명의 경우 : 그 지급을 받은 날 ② 기명의 경우 : 약정에 의한 이자지급일
보통예금·정기예금·적금 또는 부금의 이자	① 원칙 : 실제로 이자를 지급받은 날 ② 원본전입 특약이 있는 이자 : 원본전입일 ③ 해약으로 인하여 지급되는 이자 : 해약일 ④ 계약기간을 연장하는 경우 : 그 연장하는 날

구 분	수입시기
통지예금의 이자	인출일
저축성보험의 보험차익	보험금 또는 환급금의 지급일. 다만 기일전에 해지하는 경우에는 그 해지일
채권·증권의 환매조건부 매매차익	약정에 의한 해당 채권 또는 증권의 환매수일 또는 환매도일. 다만, 기일전에 환매수 또는 환매도하는 경우에는 그 환매수일 또는 환매도일
직장공제회 초과반환금	약정에 따른 납입금 초과이익 및 반환금 추가이익의 지급일
비영업대금의 이익	약정에 의한 이자지급일. 다만, 이자지급일의 약정이 없거나 약정에 의한 이자지급일 전에 이자를 지급 받는 경우 또는 총수입금액 계산에서 제외하였던 이자를 지급받는 경우에는 그 이자지급일
유사 이자소득 및 결합파생상품의 이익	약정에 따른 상환일. 다만 기일 전에 상환하는 때에는 그 상환일

2 배당소득

(1) 배당소득금액 계산

배당소득금액 = 배당소득 총수입금액(비과세 소득과 분리과세 소득은 제외) + Gross-up 금액(10%)

※ 이자소득 및 배당소득에 대해서는 필요경비가 인정되지 아니한다.

(2) 배당소득의 범위

① 내국법인·외국법인·법인으로 보는 단체, 내국법인으로 보는 신탁재산(법인과세 신탁재산)으로부터 받은 이익이나 잉여금 배당 또는 분배금(일반배당)
② 감자·퇴사·탈퇴·해산·합병·분할 및 잉여금의 자본전입으로 인한 무상주 의제배당
③ 법인세법에 따라 배당으로 소득처분된 금액(인정배당)
④ 국내 또는 국외에서 받는 집합투자기구로부터의 이익, 비금전 신탁 수익증권 및 투자계약증권으로부터의 이익
⑤ 국제조세조정에 관한 법률에 따라 배당받은 것으로 간주되는 금액(간주배당)
⑥ 공동사업에서 발생한 소득금액 중 경영에 참여하지 않고 출자만 하는 출자공동사업자의 손익분배비율에 해당하는 금액(출자공동사업자의 배당)
⑦ 파생금융상품의 배당
⑧ 위의 소득과 유사한 소득으로서 수익분배의 성격이 있는 것(문화펀드와 신종펀드의 배당)

[공동사업 이익배분의 구분]
① 공동사업자(경영참가) : 사업소득   ② 출자공동사업자(경영미참가) : 배당소득

(3) 배당소득의 수입시기

구 분	수입시기
일반적인배당	① 무기명주식의 이익이나 배당 : 그 지급을 받은 날 ② 잉여금처분에 의한 배당 : 당해 법인의 잉여금 처분결의일
인정배당	당해 법인 사업연도의 결산확정일
의제배당	① 잉여금의 자본전입으로 인한 의제배당 : 자본전입 결정일 ② 해산으로 인한 의제배당 : 잔여재산가액 확정일 ③ 합병·분할로 인한 의제배당 : 합병·분할 등기일
집합투자기구 및 조각투자상품으로부터의 이익	이익을 지급받은 날
출자공동사업자가 받는 손익분배비율에 상당하는 금액	과세기간 종료일
기타 수익분배금의 성격이 있는 배당 또는 분배금, 파생금융상품의 배당	그 지급을 받은 날

3 비과세 금융소득

① 공익신탁법에 따른 공익신탁의 이익(소득세법)
② 거주자의 비과세종합저축 및 장기보유 우리사주의 배당소득 등(조세특례제한법)

4 금융소득 과세방식

(1) 금융소득 원천징수

원천징수의무자는 이자소득 또는 배당소득을 지급할 때에 그 지급금액에 원천징수세율을 적용하여 계산한 소득세를 원천징수 한다. 다만, 법인이 배당 또는 분배금 처분을 결정한 날부터 3개월이 되는 날까지 미지급시 3개월이 되는 날에 배당소득을 지급한 것으로 보아 원천징수 한다.

(2) 무조건 분리과세대상 금융소득

금융소득이 2,000만원을 초과하는지 여부와 무관하게 항상 분리과세하는 금융소득을 말한다.

구 분	원천징수세율
분리과세를 신청한 장기채권의 이자등	30%(2018년 이후 발행분부터 14% 원천징수 후 조건부종합과세)
직장공제회 초과반환금	기본세율
비실명금융소득	45%(금융실명제 90%)
법원보증금 및 경락대금에서 발생하는 이자소득	14%
법인이 아닌 단체의 금융소득	14%

(3) 무조건 종합과세대상 금융소득

종합과세기준금액(2,000만원)을 초과하는지 여부와 관계없이 무조건 종합과세 되는 소득을 말한다.

구 분	원천징수세율
국내에서 원천징수 되지 않는 국외금융소득	–
출자공동사업자의 배당소득	25%

(4) 조건부 종합과세대상 금융소득

구 분	종합과세 여부
금융소득* ≤ 종합과세기준금액(2천만원)	무조건 종합과세금융소득만 종합과세 한다.
금융소득* > 종합과세기준금액(2천만원)	무조건 종합과세금융소득과 조건부 종합과세금융소득 모두를 종합과세한다.

* 금융소득은 Gross-up금액을 가산하기 전의 금액

- 금융소득 종합과세시 세율
  ① 2천만원 이하 ⇨ 원천징수세율(14%, 비영업대금이익 25%) 적용
  ② 2천만원 초과 ⇨ 기본세율적용

5 배당소득에 대한 이중과세의 조정

(1) 이중과세
① 법인세와 소득세의 이중과세의 조정방법으로 Gross-up(Imputation 제도)제도 채택
② 주주의 배당소득 총수입금액에 귀속법인세액(10%의 Gross-up금액)을 합산하여 종합소득세를 산출한 후, 동 합산한 귀속법인세액을 세액공제(배당소득세액공제)로 차감하는 방식

(2) Gross-up하는 배당소득(다음의 요건 모두 충족하는 배당)
① 내국법인으로부터 받은 배당소득이어야 한다.
② 법인단계에서 법인세가 과세된 소득을 재원으로 하는 배당소득이어야 한다.
③ 종합과세 되는 배당소득이어야 한다.
④ 기본세율이 적용되는 배당소득이어야 한다.

(3) 종합과세기준금액(2천만원) 구성 순서

① 이자소득 ⇨ ② Gross-up(배당소득가산)을 하지 않는 배당소득 ⇨ ③ Gross-up을 하는 배당소득

※ Gross-up 적용 제외되는 배당 : 외국법인으로부터 받는 배당, 출자공동사업자가 받는 배당, 법인과세 신탁재산으로부터 받는 배당금 등

4. 사업소득

1 사업소득금액 계산

사업소득금액 = 총수입금액(비과세 소득 제외) - 필요경비

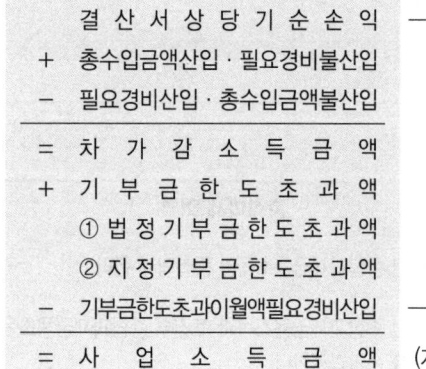

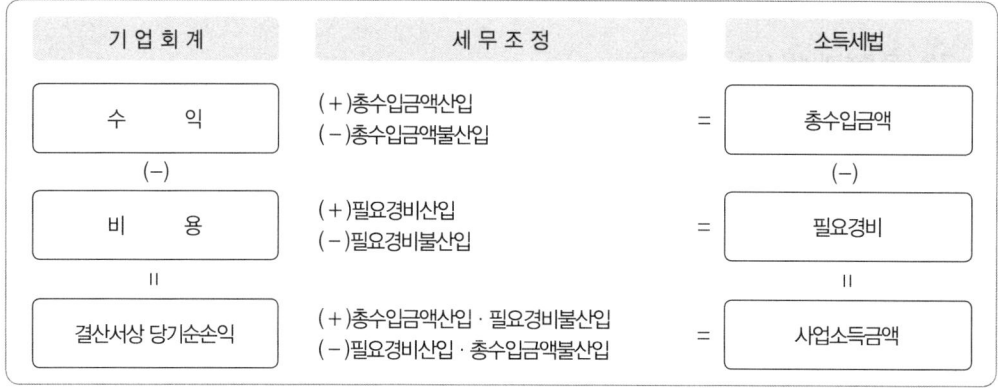

2 사업소득의 범위

사업소득은 개인이 영리를 목적으로 자기의 계산과 책임하에 계속적·반복적으로 행하는 활동을 통하여 얻는 소득을 말하며 열거주의에 따라 다음의 사업만을 과세대상으로 한다.

① 농업·임업 및 어업, 고소득 작물재배업
　(곡물 및 기타 식량작물재배업은 제외)
② 광업·제조업
③ 전기·가스·증기 및 공기조절공급업
④ 수도, 하수·폐기물처리, 원료재생업
⑤ 도매·소매업, 운수·창고업, 정보통신업
⑥ 건설업(주택신축판매업 포함)
⑦ 숙박 및 음식점업
⑧ 전문, 과학 및 기술서비스업
⑨ 금융 및 보험업
⑩ 부동산업 및 임대업
⑪ 사업시설관리 및 사업지원·임대서비스업
⑫ 교육서비스업
⑬ 보건업 및 사회복지서비스업
⑭ 예술, 스포츠 및 여가관련 서비스업
⑮ 협회 및 단체, 수리 및 기타 개인서비스업
⑯ 가구내 고용활동에서 발생하는 소득

[부동산임대소득의 범위]
① 부동산 또는 부동산상의 권리(전세권, 부동산임차권 및 지역권과 지상권의 설정·대여)의 대여로 인하여 발생하는 소득. 다만, 「공익사업을 위한 토지 등의 취득 및 보상에 관한 법률」에 따른 공익사업과 관련하여 지역권·지상권(지하 또는 공중에 설정된 권리를 포함)을 설정하거나 대여함으로써 발생하는 소득은 제외
② 공장재단 또는 광업재단의 대여로 인하여 발생하는 소득
③ 광업권자·조광권자·덕대가 채굴에 관한 권리를 대여함으로 인하여 발생하는 소득

[복식부기의무자의 고정자산매각에 대한 소득의 범위]
복식부기의무자의 사업용 유형고정자산(부동산 제외) 처분손익을 수입금액 및 필요경비에 산입한다.
(예 : 차량 및 운반구, 공구, 기구 및 비품, 선박 및 항공기, 기계 및 장치 등)

3 비과세 사업소득

구 분	비과세 범위
농지대여소득	농지(논·밭의 작물생산)대여소득(논·밭을 주차장으로 이용 시 과세)
주택 소유자 주택임대소득	1주택을 소유한 자의 주택임대소득(기준시가가 12억원을 초과하는 고가주택과 국외소재주택은 과세) ⇨ 배우자 소유주택은 생계와 무관하게 합산
농어가부업소득	농가부업규모의 축산(젖소 : 50마리, 돼지 : 700마리, 닭 : 15,000마리, 양봉 : 100군 등)
	고공품제조·민박·음식물판매·특산물제조·전통차제조 등 기타 농어가부업소득으로 연간 3,000만원 이하의 금액(어로어업 및 양식어업 소득 제외)
전통주 제조소득	전통주를 수도권지역 밖의 읍·면지역에서 제조함으로써 발생하는 소득으로 소득금액 합계액이 연 1,200만원 이하의 금액
임목의 벌채·양도소득	조림기간 5년 이상인 임지의 임목의 벌채 또는 양도로 발생하는 소득으로 연 600만원 이하의 금액
작물재배업	작물재배업에서 발생하는 소득으로 연 10억원 이하의 금액
어로어업 또는 양식어업	연근해 어업과 내수면 어업에서 발생하는 소득으로 연 5,000만원 이하의 금액

4 사업소득에 대한 과세방식

구 분	과세방법	비 고
원칙적인 경우	원천징수 없음 ⇨ 확정신고(종합과세)	주택임대소득 2,000만원 이하 분리과세(14%) 선택 가능
의료보건용역 및 인적용역	원천징수 ⇨ 확정신고(종합과세)	수입금액 × 3% 원천징수
봉사료수입금액 (공급가액의 20%를 초과하는 봉사료)	원천징수 ⇨ 확정신고(종합과세)	수입금액 × 5% 원천징수
보험모집인·방문판매원·음료품배달원 (직전연도수입금액 7,500만원 미만)	매월 원천징수 ⇨ 연말정산(종합과세) (연말정산 시기 : 다음연도 2월말일)	수입금액 × 3% 원천징수

5 총수입금액

총수입금액 산입 항목	총수입금액 불산입 항목
① 사업수입금액(매출에누리와 환입·매출할인금액 제외, 주택임대소득을 포함하며 2,000만원 이하의 주택임대소득은 분리과세 선택가능) ② 사업과 관련하여 거래상대방으로부터 받은 장려금 기타 이와 유사한 성질의 금액 ③ 필요경비로서 지출된 세액이 환입되었거나 환입될 금액(관세환급금 등) ④ 사업과 관련된 자산수증이익·채무면제이익(사업무관은 불산입되며 증여세 과세) ⑤ 사업과 관련하여 생긴 보험차익(확정급여형퇴직연금제도의 보험차익과 신탁계약의 이익 또는 분배금, 사업과 관련하여 해당 사업용 자산의 손실로 취득하는 보험차익) ⑥ 가사용으로 소비된 재고자산(시가를 총수입금액에 산입하고, 동 재고자산의 원가는 필요경비에 산입) ⑦ 복식부기의무자의 사업용 유형고정자산(부동산 제외) 양도가액 ⑧ 간주임대료(부동산 또는 그 부동산상의 권리 등을 대여하고 보증금 등을 받은 경우에 적용하되, 주택을 대여하고 보증금 등을 받은 경우에는 3주택 또는 고가주택 2주택 이상을 소유하고 보증금 등의 합계액이 3억원(고가주택은 12억원)을 초과하는 경우에 한함) ⑨ 기타 사업과 관련된 수입금액으로서 해당 사업자에게 귀속되었거나 귀속될 금액 ⑩ 부동산을 임대하거나 지역권·지상권을 설정 또는 대여하고 받은 선세금(先貰金)에 대한 총수입금액은 그 선세금을 계약기간의 월수로 나눈 금액의 각 과세기간의 합계액으로 함(월수계산은 초월산입, 말일불산입)	① 소득세 등의 환급액 ② 자산수증이익과 채무면제이익 중 이월결손금의 보전에 충당한 금액(강제규정이 아니라 사업자 임의의 선택사항) ③ 전년도로부터 이월된 소득금액 ④ 생산된 제품 등을 타제품 등의 원재료로 소비한 금액 ⑤ 부가가치세 매출세액(부가가치세 매입세액은 필요경비 불산입항목) ⑥ 개별소비세 등의 수입금액 ⑦ 국세·지방세 환급가산금, 과오납금의 환급금에 대한 이자 ⑧ 자산임의평가차익(평가차익 규정 없음) ⑨ 재고자산 이외의 자산의 처분이익(복식부기의무자는 제외)

6 필요경비

필요경비 산입 항목	필요경비 불산입 항목
① 판매한 상품 또는 제품에 대한 원료의 매입가액(매입에누리·환출 및 매입할인금액을 제외)과 그 부대비용 ② 판매한 상품 또는 제품의 보관료, 포장비, 운반비, 판매장려금 및 판매수당 등 판매와 관련한 부대비용(판매장려금 및 판매수당의 경우 사전약정 없이 지급하는 경우를 포함) ③ 부동산의 양도 당시의 장부가액(건물건설업과 부동산 개발 및 공급업의 경우만 해당)	① 소득세와 지방소득세(소득세분)·농어촌특별세 ② 벌금·과료와 과태료 ③ 국세징수법 기타 조세에 관한 법률에 따른 가산금과 강제징수비 ④ 조세에 관한 법률에 따른 징수의무 불이행으로 인하여 납부하였거나 납부할 세액(가산세 포함) ⑤ 가사의 경비와 이에 관련된 경비(재고자산을 가사용으로 사용 시 원가는 필요경비, 시가는 총수입금액에 산입)

필요경비 산입 항목	필요경비 불산입 항목
④ 종업원의 급여(거주자의 배우자 및 부양가족이라 하더라도 사업에 직접 종사하고 있는 경우 종업원으로 보아 필요경비로 인정) 및 근로자에게 지급하는 출산·양육 지원금 ⑤ 사업용 자산에 대한 비용(현상유지를 위한 수선비, 관리비와 유지비, 임차료, 손해보험료 등) ⑥ 복식부기의무자가 사업용 유형자산의 양도가액을 총수입금액에 산입한 경우 해당 사업용 유형자산의 양도 당시 장부가액 ⑦ 사업과 관련이 있는 제세공과금(세액공제를 적용하지 않는 경우의 외국소득세액을 포함) ⑧ 사내근로복지기금, 공동근로복지기금에 출연한 금품 ⑨ 공제계약사업주가 건설근로자퇴직공제회에 납부한 공제부금 ⑩ 근로자퇴직급여 보장법에 따라 사용자가 부담하는 부담금 ⑪ 국민건강보험법, 고용보험법 및 노인장기요양보험법에 의하여 사용자로서 부담하는 보험료 또는 부담금(종업원은 동 금액 비과세 근로소득) ⑫ 국민건강보험법 및 노인장기요양보험법에 의한 직장가입자로서 부담하는 사용자 본인의 보험료(지역가입자로서 부담하는 보험료 포함) ⑬ 단체순수보장성보험 및 단체환급부보장성보험의 보험료(종업원의 경우 70만원까지는 근로소득 비과세소득, 초과분은 근로소득으로 과세) ⑭ 총수입금액을 얻기 위하여 직접 사용된 부채에 대한 지급이자 ⑮ 사업용 유형자산 및 무형자산의 감가상각비 ⑯ 자산의 평가차손(파손·부패 등으로 인한 재고자산평가차손 및 천재지변으로 인한 고정자산평가차손) ⑰ 대손금(부가가치세 매출세액의 미수금으로서 회수할 수 없는 것 중 부가가치세법 따른 대손세액공제를 받지 아니한 것을 포함) ⑱ 거래수량 또는 거래금액에 따라 상대편에게 지급하는 장려금 기타 이와 유사한 성질의 금액 ⑲ 매입한 상품·제품·부동산 및 산림 중 재해로 인하여 멸실된 것의 원가를 그 재해가 발생한 과세기간의 소득금액을 계산할 때 필요경비에 산입한 경우의 그 원가 ⑳ 종업원을 위하여 직장체육비·직장문화비·가족계획사업지원비·직원회식비 등으로 지출한 금액 ㉑ 업무와 관련이 있는 해외시찰·훈련비 ㉒ 광고·선전을 목적으로 견본품·달력·수첩·컵·부채 기타 이와 유사한 물품을 불특정다수인에게 기증하기 위하여 지출한 비용(특정인에게 기증한 물품(개당 3만원 이하의 물품은 제외)의 경우에는 연간 5만원 이내의 금액으로 한정) ㉓ 영업자가 조직한 단체로서 법인이거나 주무관청에 등록된 조합 또는 협회에 지급하는 회비	⑥ 재고자산, 고정자산 등의 평가차손 ⑦ 반출필 미판매 제품에 대한 개별소비세, 주세의 미납액 ⑧ 부가가치세 매입세액(매입세액불공제 부분과 간이과세자가 납부한 부가가치세는 필요경비(세금과공과)로 인정. 다만, 자산의 취득원가 및 자본적지출, 매입세액 공제분은 제외 ⑨ 차입금 중 건설자금에 충당한 금액의 이자(취득원가에 가산) ⑩ 채권자 불분명한 차입금의 이자 ⑪ 업무와 관련이 없는 경비(업무무관자산 관련 차입금이자 포함) ⑫ 초과인출금에 대한 지급이자(사업용 자산의 합계액이 부채의 합계액에 미달하는 경우에 그 미달하는 금액에 상당하는 부채의 지급이자) ⑬ 선급비용 ⑭ 대표자의 급여와 퇴직급여(공동사업자의 경우 동일) ⑮ 재고자산 이외의 자산의 처분손실(재고자산 이외의 자산 처분이익은 총수입금액 불산입 항목(복식부기의무자 제외)) ⑯ 대손충당금 및 퇴직급여충당금, 감가상각비 한도초과액 ⑰ 복식부기의무자의 업무용승용차 관련비용(감가상각비, 임차료, 유류비, 보험료, 수선비, 자동차세, 통행료 및 금융리스부채에 대한 이자비용 등) 업무사용비율에 의한 한도초과액과 업무외사용액 ⑱ 복식부기의무사업자의 업무용 승용차 중 1대 초과분에 대하여 업무전용자동차보험 미가입시 필요경비 100% 불산입액(단, 성실신고확인대상자 또는 전문직업종 사업자가 아닌 경우 '24·'25년은 50% 불산입) ⑲ 비지정기부금(사업과 직접적인 관계없이 무상으로 지급하는 법령에서 정한 기부금은 필요경비 산입) ⑳ 기업업무추진비 한도초과액

7 사업소득의 수입시기

구 분	수입시기
상품·제품 또는 그 밖의 생산품의 판매	그 상품등을 인도한 날
상품등 이외의 자산 매매(건물건설업과 부동산 개발 및 공급업의 경우의 부동산포함)	대금을 청산한 날. 다만, 대금을 청산하기 전에 소유권 등의 이전에 관한 등기 또는 등록을 하거나 해당 자산을 사용수익하는 경우에는 그 등기·등록일 또는 사용수익일
상품등의 시용판매	상대방이 구입의 의사를 표시한 날
상품등의 위탁판매	수탁자가 그 위탁품을 판매하는 날
장기할부조건에 의한 상품등의 판매	그 상품등을 인도한 날
건설·제조 기타 용역(도급공사 및 예약매출을 포함)의 제공	용역의 제공을 완료한 날(목적물을 인도하는 경우에는 목적물을 인도한 날). 다만, 계약기간이 1년이상인 경우로서 작업진행률을 기준으로 인식
무인판매기에 의한 판매	무인판매기에서 현금을 인출하는 때
인적용역의 제공	용역대가를 지급받기로 한 날 또는 용역의 제공을 완료한 날 중 빠른 날. 다만, 연예인 및 직업운동선수 등이 계약기간 1년을 초과하는 일신전속계약에 대한 대가를 일시에 받는 경우에는 계약기간에 따라 해당 대가를 균등하게 안분한 금액을 각 과세기간 종료일에 수입한 것으로 함
금융보험업에서 발생하는 이자 및 할인액	실제로 수입된 날
자산을 임대하거나 지역권·지상권을 설정하여 발생하는 소득	계약 또는 관습에 따라 지급일이 정해진 것은 그 정해진 날, 이외는 그 지급을 받은 날

※ 월수의 계산은 해당 계약기간의 개시일이 속하는 달이 1개월 미만인 경우에는 1개월로 하고 해당 계약기간의 종료일이 속하는 달이 1개월 미만인 경우에는 이를 산입하지 아니한다.

5. 근로소득

1 근로소득금액 계산

(1) 근로소득금액의 계산구조

근로소득금액 = 총급여액(비과세 소득 제외) − 근로소득공제(연 2,000만원 한도)

(2) 근로소득공제(연 2,000만원 한도)

총 급 여 액	공 제 율
500만원 이하	총 급여액의 70%
500만원 초과 ~ 1,500만원 이하	350만원 + 500만원 초과금액의 40%
1,500만원 초과 ~ 4,500만원 이하	750만원 + 1,500만원 초과금액의 15%
4,500만원 초과 ~ 1억원 이하	1,200만원 + 4,500만원 초과금액의 5%
1억원 초과	1,475만원 + 1억원 초과금액의 2%

※ 근속기간 1년 미만인 경우에도 월할 공제를 하지 아니하고, 2인 이상으로부터 근로소득이 있는 경우에는 그 근로소득의 합계액을 총급여액으로 계산한다. 또한, 공제액이 2,000만원을 초과하는 경우에는 2,000만원을 공제한다.

2 근로소득의 범위

① 근로의 제공으로 인하여 받은 봉급 · 급료 · 보수 · 임금 · 상여 · 수당과 이와 유사한 성질의 급여
② 법인의 주주총회 · 사원총회 또는 이에 준하는 의결기관의 결의에 따라 상여로 받는 소득
③ 법인세법에 의하여 상여로 처분된 금액(인정상여)
④ 퇴직함으로써 받는 소득으로서 퇴직소득에 속하지 아니하는 소득
⑤ 종업원 등 또는 대학의 교직원이 지급받는 직무발명보상금으로 고용관계 종료 전 지급되는 보상금(**퇴직 후** 지급받으면 **기타소득**으로 과세)
⑥ 사업자나 법인이 생산 · 공급하는 재화 또는 용역을 그 사업자나 법인(「독점규제 및 공정거래에 관한 법률」에 따른 계열회사를 포함)의 사업장에 종사하는 임원등에게 시가보다 낮은 가격으로 제공하거나 구입할 수 있도록 지원함으로써 해당 임원등이 얻는 이익

(1) 근로소득에 포함되는 항목

① 기밀비(판공비 포함) · 교제비 기타 이와 유사한 명목으로 받는 것으로 업무를 위하여 사용된 것이 분명하지 아니한 급여, 여비의 명목으로 받는 연액 또는 월액의 급여
② 종업원이 받는 공로금 · 위로금 · 개업축하금 · 학자금 · 장학금(직계비속이 사용자로부터 받은 학자금 · 장학금 포함) 기타 이와 유사한 성질의 급여
③ 근로수당 · 가족수당 · 전시수당 · 물가수당 · 출납수당 · 직무수당, 급식수당 · 주택수당 · 피복수당, 기술수당 · 보건수당 및 연구수당, 시간외근무수당 · 통근수당 · 개근수당 · 특별공로금, 벽지수당 · 해외근무수당, 휴가비 그 밖에 이와 유사한 성질의 급여
④ 법인세법에 따라 손금에 산입되지 아니하고 지급받는 퇴직급여
⑤ 보험회사, 투자매매업자 또는 투자중개업자 등의 종업원이 받는 집금(集金)수당과 보험가입자의 모집, 증권매매의 권유 또는 저축을 권장하여 받는 대가, 그 밖에 이와 유사한 성질의 급여
⑥ 공무원에게 지급되는 직급보조비, 공무원이 국가 또는 지방자치단체로부터 공무 수행과 관련하여 받는 상금과 부상

⑦ 회사로부터 받는 경제적 이익

  ㉠ 주택을 제공받음으로써 얻는 이익
  ㉡ 종업원이 주택(주택에 부수된 토지를 포함한다)의 구입·임차에 소요되는 자금을 저리 또는 무상으로 대여 받음으로써 얻는 이익
  ㉢ 종업원이 계약자이거나 종업원 또는 그 배우자 및 그 밖의 가족을 수익자로 하는 보험·신탁 또는 공제와 관련하여 사용자가 부담하는 보험료·신탁부금 또는 공제부금
  ㉣ 계약기간 만료전 또는 만기에 종업원에게 귀속되는 단체환급부보장성보험의 환급금
  ㉤ 법인의 임원 또는 종업원이 해당 법인 또는 해당 법인과 특수관계에 있는 법인으로부터 부여받은 주식매수선택권을 해당 법인등에서 근무하는 기간 중 행사함으로써 얻은 이익(주식매수선택권 행사 당시의 시가와 실제 매수가액과의 차액을 말하며, 주식에는 신주인수권을 포함)
    → 퇴직 전에 부여받은 주식매수선택권을 **퇴직 후**에 행사하거나 고용 관계없이 주식매수선택권을 부여받아 해사함으로써 얻는 이익은 **기타소득**으로 본다.

(2) 근로소득으로 보지 아니하는 소득

① 사용자가 종업원에게 지급한 경조금 중 사회통념상 타당하다고 인정되는 금액
② 퇴직급여로 지급하기 위하여 적립되는 급여(종업원의 퇴직위로금·공로금은 당연 퇴직소득)
③ 사내 근로복지기금으로부터 받는 장학금 등

3 비과세 근로소득 범위

(1) 실비변상적 성질의 급여

구 분	한도
① 일직료·숙직료 또는 여비로서 실비변상적정도의 금액, 선원법에 의하여 받는 식료	-
② **자가운전보조금**: 종업원의 소유차량(공동명의 중 배우자 허용) 및 본인 명의로 임차한 차량을 종업원이 직접 운전하여 사용자의 업무수행에 이용하고 시내출장 등에 소요된 여비를 받는 대신에 그 소요경비를 해당 사업체의 규칙 등에 의하여 정하여진 지급기준에 따라 받는 금액	월 20만원
③ 선원이 받는 월 20만원 이내의 승선수당, 경찰공무원이 받는 함정근무수당·항공수당, 소방공무원이 받는 함정근무수당·항공수당·화재진화수당 등	-
④ 연구보조비 또는 연구활동비 ■ 유아교육법, 초·중등교육법(H06), 고등교육법(H07) 및 특별법에 따른 교육기관과 이에 준하는 학교(H08)의 교원 ■ 특정연구기관, 정부출연연구기관, 지방자치단체출연연구원에서 연구활동에 직접 종사하는 자 및 동 연구기관 등에서 직접적으로 연구활동을 지원하는 자(H09) ■ 중소기업·벤처기업의 기업부설연구소와 연구개발전담부서(중소기업·벤처기업내 전담부서에 한함)에서 연구활동에 직접 종사하는 자(H10)	월 20만원
⑤ 방송·뉴스통신·신문사 등의 기자가 받는 취재수당(인터넷 기자 포함)	월 20만원
⑥ 근로자가 벽지에 근무함으로 인하여 받는 벽지수당	월 20만원

구 분	한도
⑦ 국가 또는 지방자치단체가 지급하는 보육교사의 처우개선을 위하여 지급하는 근무환경개선비(사립유치원 수석교사·교사의 인건비 포함), 전문과목별 전문의의 수급 균형을 유도하기 위하여 전공의에게 지급하는 수련보조수당	전액
⑧ 제복을 착용해야 하는 자가 받는 제복·제모 및 제화(사내에서 현물로 제공하는 것만 비과세)	-
⑨ 병원·시험실·금융회사·공장·광산 등에서 근무하는 사람이 받는 작업복이나 그 직장에서만 착용하는 피복	-
⑩ 특수분야에 종사하는 군인이 받는 낙하산강하위험수당·수중파괴작업위험수당·잠수부위험수당·고전압위험수당·폭발물위험수당·항공수당(유지비행훈련수당 포함)·비무장지대근무수당·전방초소근무수당·함정근무수당(유지항해훈련수당 포함) 및 수륙양용궤도차량승무수당, 특수분야에 종사하는 경찰공무원이 받는 경찰특수전술업무수당과 경호공무원이 받는 경호수당	-
⑪ 광산근로자가 받는 입갱수당 및 발파수당, 특수분야에 종사하는 군인이 받는 낙하산강하위험수당 등	-
⑫ 수도권 외의 지역으로 이전하는 공공기관 소속 공무원 또는 직원에게 한시적으로 지급하는 이전지원금	월 20만원
⑬ 근로자가 천재·지변 기타 재해로 인하여 받는 급여	-
⑭ 종교 관련 종사자가 소속 종교단체의 규약 또는 소속 종교단체의 의결기구의 의결·승인 등을 통하여 결정된 지급 기준에 따라 종교 활동을 위하여 통상적으로 사용할 목적으로 지급받은 금액 및 물품	-

(2) 생산직등의 근로자가 받는 연장근로수당 등

구 분	내 용
비과세 요건	① 적용 대상(한국표준직업분류 기준) 　㉠ 공장 또는 광산에서 근로를 제공하는 자로서 생산 및 관련종사자 　㉡ 어업을 영위하는 자에게 고용되어 근로를 제공하는 자 　㉢ 운전 및 운송 관련직 종사자, 돌봄·미용·여가 및 관광·숙박시설·조리 및 음식 관련 서비스직 종사자, 매장 판매 종사자, 상품 대여 종사자, 통신 관련 판매직 종사자, 운송·청소·경비·가사·음식·판매·농림·어업·계기·자판기·주차관리 및 기타 서비스 관련 단순 노무직 종사자 ② **월정액급여가 210만원 이하**이면서 직전 과세기간의 **총급여액이 3,000만원 이하**인 근로자 월정액급여 = 급여총액 − 상여등 부정기적급여 − 비과세되는 실비변상적 급여 − 비과세되는 복리후생적 급여 − 시간외 근무수당 ③ 통상임금에 가산하여 받는 **연장근로·휴일근로·야간근로수당**일 것(선원은 선원법에 의하여 받는 생산수당일 것)
비과세 금액	① 광산근로자·일용근로자 : **전액** 비과세 ② ① 외의 생산직근로자(선원 포함) 등 : **연 240만원** 비과세

(3) 근로자가 제공받는 식사 또는 식사대

구 분	한도
① 사내급식 등을 통하여 근로자가 제공받는 식사 기타 음식물	전액
② 식사·음식물을 제공받지 아니하는 근로자가 받는 식사대 단, 식사 기타 음식물을 제공받으면서 식사대를 지급받으면, **전액 과세됨**에 유의	월 20만원

(4) 복리후생적 급여

① 비출자임원, 소액주주 임원, 임원이 아닌 종업원(비영리법인 또는 개인의 종업원을 포함) 및 국가·지방자치단체로부터 **근로소득을 지급받는 사람이 사택을 제공받음**으로써 얻는 이익

② **중소기업 종업원**(개인사업자의 친족관계·법인의 지배주주등은 제외)이 **주택**(주택에 부수된 토지 포함)의 **구입·임차**에 소요되는 **자금을 저리** 또는 **무상**으로 **대여** 받음으로써 얻는 **이익**

③ 영유아보육법에 따라 **직장어린이집을 설치·운영하거나 위탁보육을 하는 사업주가 그 비용을 부담**함으로써 해당 사업장의 종업원이 얻는 이익

④ 종업원이 계약자이거나 종업원 또는 그 배우자 및 그 밖의 가족을 수익자로 하는 보험·신탁 또는 공제와 관련하여 사용자가 부담하는 보험료·신탁부금 또는 공제부금 중 다음의 **보험료** 등

  ㉠ 종업원의 사망·상해 또는 질병을 보험금의 지급사유로 하고 종업원을 피보험자와 수익자로 하는 보험으로서 만기에 납입보험료를 환급하지 아니하는 보험(단체순수보장성보험)과 만기에 납입보험료를 초과하지 아니하는 범위 안에서 환급하는 보험(단체환급부보장성보험)의 보험료 중 **연 70만원 이하**의 금액

  ㉡ 임직원의 고의(중과실 포함) 외의 **업무상 행위로 인한 손해의 배상청구**를 보험금의 지급사유로 하고 임직원을 피보험자로 하는 보험의 보험료

⑤ 공무원이 국가 또는 지방자치단체로부터 공무 수행과 관련하여 받는 상금과 부상 중 연 240만원 이내의 금액

(5) 국외근로자의 비과세급여

구 분	내 용
일반근로자	국외 또는 「남북교류협력에 관한 법률」에 따른 북한지역에서 근로를 제공하는 경우 **월 100만원** [원양어업 선박, 국외 등을 항행하는 선박 또는 국외등의 건설현장 등에서 근로(감리 및 설계업무를 포함)를 제공하고 받는 보수의 경우에는 **월 500만원**] 이내의 금액
공무원 등	국외등에서 근무하고 받는 수당 중 해당 근로자가 국내에서 근무할 경우에 지급받을 금액 상당액을 초과하여 받는 금액 중 실비변상적 성격의 급여로서 협의하여 고시하는 금액

(6) 근로자 또는 그 배우자의 출산이나 자녀의 보육과 관련하여 지급받는 급여

구 분	내 용	한도
출산지원금	근로자(사용자와 **특수관계**에 있는 자는 **제외**) 또는 그 배우자의 출산과 관련하여 **자녀의 출생일 이후 2년 이내**에 사용자로부터 **최대 2 차례**에 걸쳐 지급받는 급여 (이직 시 이직 전에 지급받은 횟수 미합산하며 기업의 공통 지급규정에 의해 지급)	전액

구 분	내 용	한도
보육수당	근로자 또는 그 배우자의 해당 과세기간 개시일을 기준으로 **6세 이하**(6세가 되는 날과 그 이전 기간을 말함)인 **자녀의 보육**과 관련하여 사용자로부터 지급받는 급여	월 20만원

(7) 종업원 할인혜택 비과세 급여

기업이 생산하는 재화 또는 용역을 그 기업(계열사 포함)에 종사하는 임원등에게 **시가보다 낮은 가격**으로 제공함으로써 임원등이 얻는 일정 이익을 근로소득으로 보며, **연 240만원 이내** 금액까지 비과세한다.

구 분	내 용
비과세 요건	▪ 임원 또는 종업원 본인이 소비하는 것을 목적으로 제공받거나 지원을 받아 구입한 재화 또는 용역으로서 **일정기간 동안 재판매가 허용되지 아니할 것** ① 자동차, 대형가전, 고가재화(귀금속제품·고급시계·고급융단·고급가방) : 2년 ② 그 외 재화 : 1년 ▪ 해당 재화 또는 용역의 제공과 관련하여 모든 임원등에게 공통으로 적용되는 기준이 있을 것
비과세 금액	▪ Max [시가의 20%, 연 240만원] ▪ 비과세 금액 : 연간 구입한 모든 재화·용역의 시가를 합산한 금액기준

(8) 기타의 비과세 근로소득

구 분	내 용
① 각종 법률에 의하여 받는 금액	㉠ 복무 중인 병(兵)이 받는 급여 ㉡ 법률에 따라 동원된 사람이 그 동원 직장에서 받는 급여 ㉢ 산업재해보상보험법 등에 따라 지급받는 요양급여·휴업급여·장해급여·유족급여 등 ㉣ 고용보험법에 따라 받는 실업급여, 육아휴직급여와 산전후 급여, 육아기 근로시간 단축급여, 배우자 출산휴가급여 등 ㉤ 국민연금법에 따라 받는 반환일시금(사망에 한함) 및 사망일시금
② 요건을 갖춘 본인 학자금	㉠ 기업의 업무와 관련있는 교육·훈련으로 규칙 등에 정하여진 지급기준에 따라 지급받을 것 ㉡ 교육·훈련기간이 6개월 이상인 경우 해당 교육기관을 초과하여 근무하지 않는 경우에는 지급받은 금액을 반납할 것을 조건으로 할 것
③ 건강보험료 등의 사용자부담금	고용보험법 또는 노인장기요양보험법에 따라 국가·지방자치단체 또는 사용자가 부담하는 국민건강보험료, 고용보험료, 노인장기요양보험료 ⇨ 종업원이 부담하는 국민건강보험료, 고용보험료, 노인장기요양보험료는 특별소득공제 중 보험료공제로 공제
④ 근로장학금	대학생(기초생활수급자)이 대학에 근로로 제공하고 지급받는 장학금
⑤ 직무발명보상금	종업원 등 또는 대학의 교직원이 받는 직무발명보상금으로서 700만원 이하의 보상금 (개인사업자의 친족관계·법인의 지배주주등은 제외)

4 일용근로자

(1) 일용근로자의 범위
근로를 제공한 날 또는 시간에 따라 근로대가를 계산하여 받는 자로서 계약에 따라 **동일한 고용주에게 3월 이상 계속하여 고용되어 있지 않은 자**를 말한다. (건설용역은 1년 이내, 하역노동자는 기간제한 없음)

(2) 일용근로자 과세방법(완납적 원천징수)
일용근로자는 소득의 지급자가 소득의 지급시에 원천징수함으로써 모든 납세의무를 종결한다.

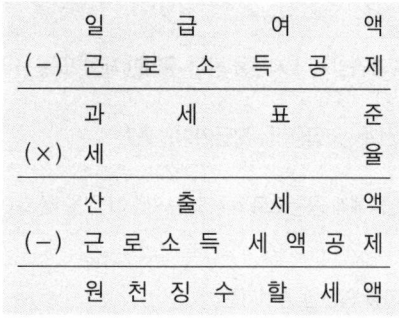

일급여액의 **15만원** 공제	
종합소득공제는 적용하지 않음	
무조건 **6%**	
산출세액의 **55%**(한도없음)	

일용직근로자 원천징수 세액(간편법) = (일급여액 − 150,000원) × 2.7%

5 근로소득의 수입시기

구 분	수입시기
급 여	근로를 제공한 날
잉여금처분에 의한 상여	당해 법인의 잉여금처분 결의일
인정상여	해당 사업연도 중의 근로를 제공한 날
주식매수선택권	주식매수선택권을 행사한 날
근로소득에 해당하는 임원의 퇴직금 한도초과액 등	지급받거나 지급받기로 한 날

① 법인세법에 의하여 상여로 처분(근로제공 사업연도 2025년, 결산확정일 2026.03.25)된 금액은 근로를 제공한 날이 속하는 2025년도의 근로소득으로 본다.
② 주주총회에서의 잉여금처분에 의한 상여금(2025년 실적에 대한 상여금으로 처분결의일 2026.03.25)의 금액은 처분결의일이 속하는 2026년도의 근로소득으로 본다.

6 근로소득에 대한 과세방식

(1) 원천징수

구 분	내 용
원천징수 시기	원천징수의무자가 매월분의 근로소득을 지급하는 때 근로소득간이세액표에 따라 소득세를 원천징수한다. 다만, 일용근로자는 원천징수세율 6%를 적용하여 소득세를 징수한다. ① 원천징수한 소득세를 그 징수일이 속하는 달의 다음달 10일까지 신고·납부 ② 직전연도의 상시고용인원이 20인 이하(금융·보험업 제외)인 원천징수의무자는 관할세무서에 신청하여 반기별 신고·납부할 수 있다.
지급시기 의제	실제로 지급하지는 아니하였지만 지급한 것으로 보아 원천징수를 하는 경우를 지급시기 의제라 한다. ■ 1월부터 11월까지의 급여 ⇨ 12월 31일에 지급한 것으로 본다. ■ 12월분 급여 ⇨ 2월말일 지급한 것으로 본다.

(2) 연말정산

연말정산이란 근로소득을 지급하는 자(일용근로자 제외)가 다음해 2월분 급여를 지급하는 때에 1년간 지급한 급여액에서 비과세 소득을 차감하고 각종 소득공제액 및 세액공제액을 계산하여 근로자별로 부담하여야 할 연간 소득세액을 확정하는 것으로 원천징수의무자는 근로자별로 연말정산에 의하여 확정된 연간 부담할 세액과 매월 급여 지급 시 간이세액조견표에 의하여 이미 원천징수 납부한 세액을 비교하여 그 차액을 추가로 원천징수하거나 환급하는 절차를 말한다.

구 분	연말정산시기	신고·납부기한 (원천징수이행상황신고서)	지급명세서 제출기한
계속근무자	다음 연도 2월분 근로소득 지급할 때	다음 연도 3월 10일까지 (반기별 신고자는 7월 10일까지)	다음연도 3월 10일까지
중도퇴사자	퇴직하는 달의 근로소득을 지급할 때	다음 달 10일까지	
2인 이상으로부터 근로소득을 받는 경우	2인 이상으로부터 근로소득을 받는 사람이 주된 근무지와 종된 근무지를 정하고 종된 근무지의 원천징수의무자로부터 근로소득 원천징수영수증을 발급받아 해당 과세기간의 다음 연도 2월분의 근로소득을 받기 전에 주된 근무지의 원천징수의무자에게 제출하는 경우 주된 근무지의 원천징수의무자는 주된 근무지의 근로소득과 종된 근무지의 근로소득을 더한 금액에 대하여 소득세를 원천징수한다.		
재취직자에 대한 근로소득의 연말정산	해당 과세기간 중도에 퇴직하고 새로운 근무지에 취직한 근로소득자가 종전 근무지에서 해당 과세기간의 1월부터 퇴직한 날이 속하는 달까지 받은 근로소득을 포함하여 근로소득자 소득·세액 공제신고서를 제출하는 경우 원천징수의무자는 그 근로소득자가 종전 근무지에서 받은 근로소득과 새로운 근무지에서 받은 근로소득을 더한 금액에 대하여 소득세를 원천징수한다.		

6. 연금소득

1 연금소득금액 계산

연금소득금액 = 총연금액(비과세 소득 제외) − 연금소득공제(900만원 한도)

[연금과세체계]

구 분		소득공제 또는 세액공제	수령연도의 소득구분	
			연금수령시	연금외수령시
공적연금		납입액 전액 연금보험료공제	연금소득	퇴직소득
사적연금 (연금계좌에서 수령하는 금액)	이연퇴직소득	−		퇴직소득
	세액공제를 받은 금액	min(납입액, 900만원) × 12% (또는 15%) 연금계좌세액공제		기타소득
	운용수익	−		기타소득

2 연금소득의 범위

(1) 공적연금소득

국민연금법, 공무원연금법, 군인연금법, 사립학교교직원연금법, 별정우체국법 또는 국민연금과 직역연금의 연계에 관한 법률에 의한 소득을 말하며 **2001.12.31 이전 불입분 연금수령 시 과세대상 소득이 아님**에 유의한다.

(2) 사적연금소득

연금계좌(연금저축계좌, 퇴직연금계좌 등)에서 연금 수령하는 다음의 소득을 말한다.
① 금융회사와의 계약에 따라 '연금저축'이라는 명칭으로 설정하는 계좌
② 근로자퇴직급여보장법에 따른 확정기여형퇴직연금제도(확정급여형 퇴직연금제도 제외)·개인형퇴직연금제도·중소기업퇴직연금기금제도에 가입하여 설정하는 계좌
③ 과학기술인공제회법에 따라 퇴직연금급여를 지급하기 위해 설정하는 계좌

3 비과세 연금소득

① 국민연금법에 의하여 지급받는 유족연금 또는 장애연금
② 공무원연금법·군인연금법·사립학교교직원연금법 또는 별정우체국법에 의하여 지급받는 유족연금·장애연금·상이연금
③ 산업재해보상보험법에 의하여 지급받는 각종 연금
④ 국군포로 대우 등에 관한 법률에 따른 국군포로가 지급받는 연금

4 연금소득에 대한 과세방식

(1) 원천징수

구 분	내 용
공적연금	원천징수의무자가 공적연금 소득을 지급하는 때에는 연금소득간이세액조견표에 의하여 소득세를 원천징수한다. 이후 다음 연도 1월분 연금소득 지급시 연말정산을 한다.
사적연금	① 퇴직연금 및 연금저축 : 요건이 동시에 충족하는 경우 낮은 세율 적용 | 나이(연금수령일 현재)	세율	종신계약
---	---	---
70세 미만	5%	사망할 때까지 연금수령하는 종신계약에 따라 받는 연금소득 : 4%
70세 이상 80세 미만	4%	
80세 이상	3%		 ② 원천징수되지 아니한 퇴직소득을 연금수령하는 연금소득 : 연금소득을 연금외수령하였다고 가정할 때 계산한 원천징수세액을 연금외수령한 금액으로 나눈 비율의 70%(10년 초과 60%)

(2) 연금소득의 종합과세

연금소득은 원칙적으로 종합소득에 합산하여 과세한다. 단, 공적연금소득을 제외한 연금소득의 합계액이 **연 1,500만원 이하**인 거주자는 해당 거주자의 **선택에 의하여 분리과세**하거나 종합과세한다. 연금소득이 1,500만원을 초과하여 종합과세하는 경우, 15%의 세율로 분리과세를 선택할 수 있다.

연금소득이 있는 거주자는 총연금액에서 다음 표에 규정된 금액을 공제하여 연금소득금액을 계산한다. 다만 공제액이 900만원을 초과하는 경우에는 **900만원을 공제**한다.

총연금액	연금소득공제
350만원 이하	총 연 금 액
350만원 초과 ~ 700만원 이하	350만원 + 350만원을 초과한 금액의 40%
700만원 초과 ~ 1,400만원 이하	490만원 + 700만원을 초과한 금액의 20%
1,400만원 초과	630만원 + 1,400만원을 초과한 금액의 10%

5 연금소득의 수입시기

구 분	수입시기
공적연금소득	연금을 지급받기로 한 날
연금계좌에서 연금형태로 인출하는 연금소득	연금수령한 날
그 밖의 연금소득	해당 연금을 지급받은 날

7. 기타소득

기타소득은 이자소득, 배당소득, 사업소득, 근로소득, 연금소득, 퇴직소득, 양도소득 외의 소득을 말하며 열거된 소득으로 한다. (열거주의)

1 기타소득금액의 계산

$$기타소득금액 = 총수입금액(비과세 소득 제외) - 필요경비$$

2 기타소득의 범위

(1) 80% 추정필요경비가 적용되는 기타소득

필요경비 : MAX[㉠, ㉡] ㉠ 실제발생 필요경비, ㉡ 총수입금액의 80%

기타소득의 범위	필요경비
① 공익법인이 주무관청의 승인을 얻어 시상하는 상금과 부상 및 다수가 순위 경쟁하는 대회에서 입상한 자가 받는 상금 및 부상	80% 추정필요경비
② 계약의 위약 또는 해약으로 인하여 받는 위약금과 배상금 중 주택입주 지체상금	
③ 점당 6,000만원 이상인 서화·골동품(제작 후 100년 초과분)의 양도로 발생하는 소득. 단, 양도일 현재 생존해 있는 국내원작자의 작품은 제외한다. (단, 보유기간 10년 이상인 경우 필요경비는 90%)	90% 추정필요경비 (양도가액 1억 초과분 : 80% 추정필요경비)

(2) 60% 추정필요경비가 적용되는 기타소득

필요경비 : MAX[㉠, ㉡] ㉠ 실제발생 필요경비, ㉡ 총수입금액의 60%

기타소득의 범위	필요경비
① 다음에 해당하는 인적용역을 일시적으로 제공하고 지급받는 대가 　㉠ 고용관계가 없이 다수인에게 강연을 하고 받은 강연료 등의 대가를 받는 용역 　㉡ 라디오·텔레비전 방송 등을 통하여 해설·계몽 또는 연기의 심사 등을 하고 받는 보수 또는 이와 유사한 성질의 대가를 받는 용역 　㉢ 변호사·공인회계사·세무사 등 그 밖의 전문적 지식 또는 기능을 활용하여 보수 또는 그 밖의 대가를 받고 제공하는 용역 　㉣ 그 밖의 용역으로서 고용관계 없이 수당 또는 이와 유사한 성질의 대가를 받고 제공하는 용역 ② 문예창작소득(원고료, 서작권사용료인 인세, 미술·음악·사진 등 창작품) ③ 광업권, 어업권, 양식업권, 산업재산권, 산업정보, 산업상 비밀, 상표권, 영업권(일정한 점포임차권 포함), 토사석의 채취허가에 관한 권리, 지하수개발·이용권, 그 밖에 이와 유사한 자산이나 권리를 양도하거나 대여하고 그 대가로 받는 금품 ④ 공익사업과 관련된 지역권·지상권을 설정 또는 대여하고 받는 금품 ⑤ 통신판매중개를 통한 물품 또는 장소 대여소득(연 500만원 초과시 전액 사업소득으로 과세)	60% 추정필요경비

(3) 실제발생경비만 필요경비로 인정되는 기타소득

기타소득의 범위	필요경비
① 상금·현상금·포상금·보로금 또는 이에 준하는 금품 ② 계약의 위약 또는 해약으로 인하여 받는 위약금과 배상금, 부당이득 반환시 지급받는 이자 ③ 저작자 또는 실연자·음반제작자·방송사업자 외의 자가 저작권 또는 저작인접권의 양도 또는 사용의 대가로 받는 금품(저작자에게 귀속되는 소득은 사업소득) ④ 물품(유가증권포함) 또는 장소를 일시적으로 대여하고 사용료로서 받는 금품 ⑤ 유실물의 습득 또는 매장물의 발견으로 보상금을 받거나 새로 소유권을 취득하는 경우 그 보상금 또는 자산 ⑥ 소유자가 없는 물건의 점유로 소유권을 취득하는 자산 ⑦ 재산권에 관한 알선수수료, 사례금 ⑧ 뇌물·알선수재 및 배임수재에 의하여 받는 금품 ⑨ 법인세법에 따라 처분된 기타소득 ⑩ 연금계좌 납입액을 연금외수령한 소득(연금계좌세액공제를 받은 금액, 운용실적에 따라 증가한 금액) ⑪ 퇴직 전에 부여받은 주식매수선택권을 퇴직 후에 행사하거나 고용관계 없이 주식매수선택권을 부여받아 이를 행사함으로써 얻는 이익 ⑫ 소기업·소상공인 공제부금의 해지일시금 ⑬ 복권·경품권, 그 밖의 추첨권에 당첨되어 받는 금품 ⑭ 종업원 등 또는 대학의 교직원이 퇴직 후에 받는 직무발명보상금 및 학생이 받는 직무발명보상금 중 700만원 초과액 ⑮ 자산 또는 권리의 양도·대여 또는 사용의 대가로 받는 금품(영화필름 등) ⑯ 거주자·비거주자 또는 법인의 특수관계인이 그 특수관계로 인하여 그 거주자·비거주자 또는 법인으로부터 받는 경제적 이익으로서 급여·배당 또는 증여로 보지 아니하는 금품 ⑰ 가상자산을 양도하거나 대여함으로써 발생하는 소득(2027.1.1. 이후)	실제발생경비
⑱ 한국마사회법에 따른 승마투표권 및 경륜·경정법에 따른 승자투표권, 전통소싸움경기에 관한 법률에 따른 소싸움경기투표권 및 국민체육진흥법에 따른 체육진흥투표권의 구매자가 받는 환급금	단위투표금액 합계액
⑲ 슬롯머신(비디오게임 포함) 및 투전 기타 이와 유사한 기구를 이용하는 행위에 참가하여 받는 당첨금품 등	당첨 당시 슬롯머신 등에 투입한 금액

(4) 근로소득으로 신고하지 않은 종교인의 기타소득

필요경비 : MAX[㉠, ㉡] ㉠ 실제발생 필요경비, ㉡ 의제필요경비

구 분	의제필요경비
2천만원 이하	총수입금액의 80%
2천만원 초과 4천만원 이하	1,600만원 + 2천만원 초과금액의 50%
4천만원 초과 6천만원 이하	2,600만원 + 4천만원 초과금액의 30%
6천만원 초과	3,200만원 + 6천만원 초과금액의 20%

3 비과세 기타소득

① 국가유공자등 예우 및 지원에 관한 법률 등에 의한 보훈급여금 및 정착금, 위로지원금 등
② 국가보안법, 상훈법 등에 의한 상금과 부상 등
③ 종업원등 또는 대학의 교직원이 퇴직한 후에 지급받거나 대학의 학생이 소속 대학에 설치된 산학협력단으로부터 받는 직무발명보상금으로서 **700만원 이하의 금액**(근로소득에서 비과세 되는 직무발명보상금이 있는 경우에는 **700만원에서 해당금액을 차감**한다.)
④ 문화재보호법에 따라 국가지정문화재로 지정된 서화·골동품의 양도로 발생하는 소득
⑤ 서화·골동품을 박물관 또는 미술관에 양도함으로써 발생하는 소득 및 점당 양도가액 6,000만원 이하의 금액
⑥ 학자금, 식사대, 실비변상적급여, 보육수당, 사택제공 이익의 종교인 소득

4 기타소득의 과세방식

구 분	내 용
원천징수	원천징수세액 = **기타소득금액**(지급금액 - 필요경비 또는 의제필요경비) × 20%
무조건 분리과세	① 복권당첨소득, 승마투표권 및 승자투표권, 소싸움경기투표권, 체육진흥투표권이 환급금, 슬롯머신 등은 20%(3억원을 초과하는 경우 그 초과하는 분에 대하여는 30%) ② 서화·골동품의 양도소득 및 가상자산소득(2027.1.1.이후)은 20% ③ 연금계좌에서 연금외수령한 기타소득 지급금액은 15%
무조건 종합과세	뇌물, 알선수재 및 배임수재에 의하여 받는 금품
조건부 분리과세	① 무조건 분리과세와 무조건 종합과세를 제외한 기타소득금액의 합계액이 **연 300만원 이하**(직무발명보상금 포함)이면 분리과세와 종합과세 중 선택 가능. **80%(또는 60%) 필요경비**가 인정되는 기타소득의 경우 그 소득이 **연 1,500만원(또는 750만원) 이하**이면 분리과세 선택이 가능 ② 계약의 위약 또는 해약으로 받는 위약금·배상금 중 **매수자 귀책사유**에 의해 계약금이 위약금·배상금으로 대체되는 금액은 **원천징수 의무가 배제**되며 기타소득금액 300만원 이하인 경우 분리과세 선택이 가능
과세최저한	다음의 기타소득에 대해서는 **소득세를 과세하지 아니한다.** | 구 분	과세최저한
① 승마투표권·승자투표권, 소싸움경기투표권, 체육진흥투표권의 구매자가 받는 환급금	매건마다 승마투표권 또는 승자투표권 등의 권면에 표시된 금액의 합계액이 10만원 이하이고 단위투표금액당 환급금이 단위 투표금액의 100배 이하이면서 적중한 개별투표당 환급금이 200만원 이하일 때
② 복권당첨금 또는 슬롯머신 등을 이용하는 행위에 참가하여 받는 당첨금품 등	매건마다 200만원 이하일 때
③ 가상자산소득	연 250만원 이하일 때
위 ①, ②, ③ 외의 기타소득금액	매건마다 5만원 이하일 때	

5 기타소득의 수입시기

구 분	수입시기
원칙	그 지급을 받은 날(현금주의)
법인세법에 의하여 처분된 기타소득	당해 법인의 사업연도의 결산확정일
광업권 등의 자산·권리를 양도	그 대금 청산한 날, 자산을 인도한 날 또는 사용·수익일 중 빠른 날
계약의 위약 또는 해약으로 인하여 받는 소득	계약의 위약 또는 해약이 확정된 날

[강사료와 원고료, 서화·골동품양도소득의 구분]

강사료	① 고용관계로 받는 경우 : 근로소득(학교 등과 근로계약에 의하여 시간 등에 따라 3개월 이상 계속해서 강사료를 지급받는 경우) ② 학원 등에서 계속적·반복적으로 강의하고 일정비율을 받는 경우 : 사업소득 ③ 위 외의 경우(특강료 등) : 기타소득
원고료	① 신규채용시험·사내교육을 위한 출제·감독·채점·강의교재 등을 작성하고 근로자가 지급받는 수당 : 근로소득 ② 작가 등(독립된 자격으로 계속적이고 직업적인 창작활동)이 받는 인세 : 사업소득 ③ 위 외의 일시적인 원고료 : 기타소득
서화·골동품 양도소득	① 원칙 : 서화·골동품 양도로 발생하는 소득은 계속적·반복적 활동여부를 불문하고 기타소득으로 한다. ② 예외 : 서화·골동품의 양도 거래를 위하여 사업장 등 물적 시설(인터넷 등 정보통신망을 이용한 가상의 시설 포함)을 갖춘 경우 또는 사업자등록을 한 경우에는 사업소득으로 한다.

8. 소득금액계산의 특례

1 부당행위계산의 부인

구 분	내 용
적용요건	① 배당소득(출자공동사업자)·사업소득·기타소득 또는 양도소득이 있는 거주자의 행위 ② 해당 거주자와 특수관계인과의 거래 ③ 해당 소득에 대한 조세의 부담이 부당하게 감소시킨 것으로 인정되는 경우
부당거래 유형	① 특수관계인으로부터 시가보다 높은 가격으로 자산을 매입하거나 특수관계인에게 시가보다 낮은 가액으로 양도한 때 ② 특수관계자에게 금전이나 그 밖의 자산 또는 용역을 무상 또는 낮은 이율 등으로 대부하거나 제공한 경우. 다만, 직계존비속에게 주택을 무상으로 사용하게 하고 직계존비속이 그 주택에 실제 거주하는 경우에는 국민정서를 감안하여 부당행위계산부인대상에서 제외한다. ③ 특수관계인으로부터 금전이나 그 밖의 자산 또는 용역을 무상 또는 높은 이율 등으로 차용하거나 제공받는 경우 ④ 특수관계인으로부터 무수익자산을 매입하여 그 자산에 대한 비용을 부담하는 경우 ⑤ 그 밖의 특수관계인과 거래로 인하여 조세부담을 부당하게 감소시킨 것으로 인정되는 경우

2 공동사업 소득분배 및 공동사업 합산과세

구분	내용
공동사업 소득분배	① 사업소득이 발생하는 사업을 공동으로 경영하고 그 손익을 분배하는 공동사업(출자공동사업자 포함)의 경우에는 해당 사업을 경영하는 장소를 **1거주자**로 보아 공동사업장별로 그 **소득금액을 계산**한다. ② 공동사업에서 발생한 소득금액은 해당 공동사업을 경영하는 각 거주자 간에 약정된 **손익분배비율**(약정된 손익분배비율이 **없는** 경우에는 **지분비율**을 말함)에 의하여 분배되었거나 분배될 소득금액에 따라 각 공동사업자별로 분배한다. (가산세액 및 원천징수된 세액 포함하여 분배) **공동사업 소득분배 순서** : 1거주자 공동사업장 소득금액 계산 ⇨ 손익분배비율에 의한 각 공동사업자별로 소득금액 분배 ⇨ 분배된 소득금액을 자신의 종합소득금액에 합산 ③ 구성원이 동일한 공동사업장이 2 이상인 경우에는 직전연도의 수입금액을 합산하여 기장의무를 판단하며 각 구성원의 다른 개별사업장 또는 다른 공동사업장과는 별개로 본다. ④ 공동사업장에서 발생한 결손금은 공동사업장 단위로 이월되거나 이월결손금 공제 후 소득금액을 배분하는 것이 아니라 각 공동사업자별로 분배되어 공동사업자 각각의 다른 소득금액과 통산한다.
공동사업 합산과세	거주자 1인과 그의 특수관계인과 공동사업자가 소득세법에 의하여 제출한 신고서와 첨부서류에 기재한 **사실과 현저하게 다르거나 조세를 회피하기 위하여 공동으로 사업을 경영하는 것이 확인되는 경우** 분배하지 않고 주된 공동사업자의 소득금액으로 본다. 주된 공동사업자 외의 특수관계인은 그의 손익분배비율에 해당하는 소득금액을 한도로 주된 공동사업자와 연대납세의무를 진다. [주된 공동사업자의 판정 순서] ① 공동사업에 대한 손익분배비율이 큰 공동사업자 ② 공동사업소득 외의 종합소득금액이 많은 자 ③ 공동사업소득 외의 종합소득금액이 같은 경우에는 직전연도의 종합소득금액이 많은 자 ④ 직전연도의 종합소득금액이 같은 경우에는 해당 사업에 대한 종합소득과세표준을 신고한 자

3 결손금(사업소득, 양도소득)과 이월결손금(사업소득) 공제

구분	내용
결손금 공제	공제 순서 : 근로소득 ⇨ 연금소득 ⇨ 기타소득 ⇨ 이자소득 ⇨ 배당소득 사업소득 중 **부동산임대업(주거용건물 임대업 제외)에서 발생한 결손금은 타소득에서 공제할 수 없고, 추후 발생하는 해당 부동산임대업의 소득금액에서만 공제가능**하다.
이월결손금* 공제 (2020년 발생분부터 15년 이내공제)	공제 순서 : 사업소득 ⇨ 근로소득 ⇨ 연금소득 ⇨ 기타소득 ⇨ 이자소득 ⇨ 배당소득 사업소득 중 부동산임대업소득에서 발생한 이월결손금은 해당 부동산임대업의 소득금액에서 공제한다. 또한, 결손금이 발생하고 이월결손금이 있는 경우에는 **그 과세기간의 결손금을 먼저 소득금액에서 공제**한다.
이월결손금 공제 배제	소득금액을 추계신고, 결정, 경정하는 경우에는 이월결손금공제를 배제한다. 다만, 천재지변 기타 불가항력으로 인하여 장부·기타 증빙서류가 멸실되어 추계하는 경우에는 이월결손금공제를 적용한다.
결손금 소급공제	① **중소기업**의 사업소득(부동산임대업의 결손금은 제외)에서 발생한 결손금 ② 결손금 발생연도와 그 직전연도의 소득세를 신고기간 내에 신고한 경우 ③ 과세표준 확정신고 기한 내에 소급공제환급신청을 한 경우

* 2020.01.01. 이전 발생한 결손금은 10년(2009.01.01. 이전 발생분은 5년)

실무이론

PART 04 소득세

[소득세 총론]

01. 다음 중 소득세법에 관한 설명으로 가장 옳은 것은?
① 소득세의 과세기간은 1/1 ~ 12/31일은 원칙으로 하나, 사업자의 선택에 의하여 이를 변경할 수 있다.
② 사업소득이 있는 거주자의 소득세 납세지는 사업장소재지로 한다.
③ 소득세법은 종합과세제도이므로 거주자의 모든 소득을 합산하여 과세한다.
④ 소득세의 과세기간은 사업개시나 폐업에 의하여 영향을 받지 않는다.

02. 다음 중 소득세에 대한 설명으로 틀린 것은?
① 종합소득세 과세표준 계산 시에는 부양가족 수, 배우자 유무 등 개인적인 인적사항이 고려되므로 조세의 분류 중 인세에 해당한다고 할 수 있다.
② 퇴직, 양도소득과 같은 분류과세소득을 제외한 모든 소득은 예외 없이 개인별로 다른 소득과 합산되어 종합과세된다.
③ 종합소득에 산출세액 계산 시에는 과세표준금액에 따라 6% ~ 45%의 8단계 누진세율이 적용된다.
④ 이자, 배당소득 등 일부 소득을 제외하고는 원칙적으로 열거주의 과세방식을 적용한다.

03. 다음 중 소득금액 계산시 실제 지출된 필요경비를 인정받을 수 있는 소득은?
① 이자소득   ② 배당소득   ③ 근로소득   ④ 기타소득

04. 다음 내용을 보고, 소득세법 및 부가가치세법 내용으로 잘못된 것은?

> 거주자인 갑은 서울 강남구 역삼동에서 ○○의류샵을 운영하고, 서울 서초구 서초동에서 ××음식점을 운영하고 있다. 갑의 주소지는 서울 서초구 서초동에 있다. 갑은 사업자단위과세제도 및 주사업장총괄납부 대상자가 아니며 역삼동과 서초동은 각각 역삼세무서와 서초세무서 관할이다.

① 갑의 부가가치세 대한 관할세무서는 ○○의류샵에 대하여는 역삼세무서이고, ×× 음식점에 대하여는 서초세무서이다.
② 갑의 소득세 신고에 대한 관할세무서는 ○○의류샵에 대하여는 역삼세무서이고, ×× 음식점에 대하여는 서초세무서이다.
③ 갑이 부가가치세 신고 시에는 ○○의류샵에서 발생한 내역과 ×× 음식점에서 발생한 내역을 별도의 신고서에 작성하여 각각 신고하여야 한다.
④ 갑이 소득세 신고 시에는 ○○의류샵에서 발생한 내역과 ×× 음식점에서 발생한 내역을 합산하여 하나의 신고서에 작성하여 신고하여야 한다.

05. 우리나라 부가가치세와 소득세의 공통점이 아닌 것은?
① 국세   ② 신고납부제도   ③ 종가세   ④ 누진세제도

06. 다음 중 소득세법상 원천징수대상 소득인 것은?
① 뇌물
② 알선수재 및 배임수재에 의하여 받는 금품
③ 부동산임대업자가 임차인(간이과세자)으로부터 받는 임대료
④ 일용근로자의 일급여

07. 다음 중 소득세법상 분리과세소득이 없는 종합소득은?
① 근로소득   ② 양도소득   ③ 기타소득   ④ 배당소득

[금융소득]

08. 다음 중 소득세법상 배당소득에 해당하지 않는 것은?
① 법인으로 보는 단체로부터 받는 분배금
② 공동사업에서 발생한 소득금액 중 출자공동사업자의 손익분배비율에 해당하는 금액
③ 법인세법에 따라 배당으로 처분된 금액
④ 저축성보험의 보험차익

09. 다음 중 소득세법상 소득의 종류가 다른 하나는?
① 내국법인으로부터 받은 잉여금의 분배금
② 비영업대금의 이익
③ 저축성보험의 보험차익
④ 국가가 발행한 채권의 할인액

10. 다음 중 소득세법상 분리과세 이자소득이 아닌 것은?
① 직장공제회초과반환금
② 원천징수되지 않은 이자소득
③ 종합과세 기준금액 이하의 이자소득
④ 비실명이자소득

[사업소득]

11. 다음 중 소득세법상 소득의 구분으로 옳은 것은?
① 장소를 일시적으로 대여하고 사용료로서 받는 금품 : 부동산임대소득
② 일시적인 금전대여로 인한 비영업대금의 이익 : 기타소득
③ 공동사업 중 출자공동사업자(경영에 참여하지 않고 출자만 하는 자)로써 얻는 이익 : 배당소득
④ 사업용고정자산(간편장부대상자)의 처분으로 인하여 발생한 이익 : 사업소득

12. 다음 중 소득세가 과세되지 않는 경우는?
① 임대인이 임차인으로부터 건물임대차계약에 근거하여 받는 위약금
② 부동산임대업자가 건물을 임대해 주고 받는 임대료
③ 3개의 주택을 소유한 자가 그 중 2개의 주택을 임대해 주고 받는 임대료
④ 조림기간이 5년 이상인 임지의 임목의 벌채 또는 양도로 발생하는 소득으로서 연 600만원 이하의 금액

13. 다음 중 소득세법상 사업소득금액 계산시 총수입금액에 산입되는 항목은?
① 사업무관자산의 자산수증이익
② 소득세의 환급액
③ 전년도로부터 이월된 소득금액
④ 거래상대방으로부터 받은 판매장려금

14. 사업소득의 총수입금액에 대한 설명이다. 가장 틀린 것은?
① 환입된 물품의 가액과 매출에누리는 해당 과세기간의 총수입금액에 산입하지 아니한다.
② 부가가치세의 매출세액은 해당 과세기간의 소득금액을 계산할 때 총수입금액에 산입하지 아니한다.
③ 관세환급금등 필요경비에 지출된 세액이 환급되었거나 환입된 경우에 그 금액은 총수입금액에 이를 산입한다.
④ 사업과 관련하여 확정급여형퇴직연금제도의 보험차익은 이자소득으로 총수입금액에 이를 산입하지 아니한다.

15. 다음 중 일반적으로 부가가치세법상의 과세표준과 소득세법상의 총수입금액이 일치하지 않는 항목은?
① 매출할인
② 임대업자의 임대료수입
③ 유형고정자산처분이익(간편장부대상자)
④ 개인적공급

16. 다음 중 소득세법상 사업소득에 대한 설명으로 가장 옳지 않은 것은?
① 거주자가 재고자산을 가사용으로 소비하기 위하여 타인에게 지급한 경우에도 총수입금액에 산입하고 재고자산 장부가액은 필요경비에 산입한다.
② 국세환급가산금은 총수입금액에 산입하지 아니한다.
③ 선급비용은 필요경비에 산입하지 않는다.
④ 기업업무추진비 50,000원을 현금으로 지출하고 법정정규증빙이 아닌 간이영수증을 수취한 경우 기업업무추진비 한도초과액에 대해서만 필요경비 불산입한다.

17. 소득세법상 사업소득과 관련된 다음 설명 중 적절하지 않은 것은?
① 복식부기의무 사업자의 사업용유형고정자산 양도로 인해 발생한 양도차익은 총수입금액에 포함시킨다.
② 사업소득에 대해서도 원천징수하는 경우가 있다.
③ 사업소득의 이월결손금은 당해 연도의 다른 종합소득에서 공제될 수 있다.
④ 사업소득에서 발생한 은행예금에 대한 이자수익은 영업외수익으로 총수입금액에 산입된다.

18. 다음 중 소득세법상 사업소득금액 계산시 필요경비에 산입되는 항목은?
① 대표자의 급여와 퇴직급여
② 초과인출금에 대한 지급이자
③ 부가가치세의 가산세
④ 거래수량에 따라 지급하는 판매장려금

19. 소득세법에 따른 사업소득 필요경비에 해당하지 않는 것은?

① 해당 사업에 직접 종사하고 있는 사업자의 배우자 급여
② 판매한 상품 또는 제품의 보관료, 포장비, 운반비
③ 운행기록을 작성비치한 업무용승용차 관련비용 중 업무사용비율에 해당하는 금액(복식부기의무자)
④ 새마을금고에 지출한 기부금

20. 다음 중 해당 과세기간에 전액 필요경비에 불산입하는 항목이 모두 몇 개인지 고르시오.

| 가. 사업과 직접적인 관계없이 무상으로 지급하는 법령에서 정한 기부금 |
| 나. 가사의 경비와 이에 관련되는 경비   다. 벌금, 과료, 과태료 |
| 라. 충당금 한도초과액   마. 대손금 |

① 2개   ② 3개   ③ 4개   ④ 5개

21. 다음 중 소득세법상 주택의 임대소득에 대한 설명으로서 가장 틀린 것은?

① 1개의 주택을 소유하는 자의 월세에 대한 임대소득에 대하여 소득세가 과세되는 경우는 없다.
② 2개의 주택(고가주택 제외)을 소유한 자가 주택을 전세로만 임대하고 받은 전세 보증금에 대해서는 소득세가 과세되지 않는다.
③ 3주택 이상의 주택을 소유한 자라 하더라도 주택을 전세로만 임대하고 받은 전세금의 전체 합계액이 3억원 이하이면 소득세가 과세되지 않는다.
④ 본인과 배우자가 각각 주택을 소유하는 경우에는 이를 합산하여 주택수를 계산한다.

22. 다음 중 소득세법상 부동산임대업에 대한 설명 중 틀린 것은?

① 1주택자의 기준시가 12억원을 초과하는 주택에 대한 월세임대소득은 소득세를 과세한다.
② 1주택 소유자가 1개의 주택을 임대하고 있는 경우 주택의 임대보증금에 대한 간주임대료 계산을 하지 않는다.
③ 주거용 건물 임대업에서 발생한 수입금액 합계액이 4천만원 이하인 경우 분리과세를 선택할 수 있다.
④ 부동산을 임대하고 받은 선세금에 대한 총수입금액은 그 선세금을 계약기간의 월수로 나눈 금액의 각 과세기간의 합계액으로 한다. (월수계산은 초월산입·말월불산입)

[근로소득]

23. 다음 중 소득세법상 소득의 분류에 대한 설명으로서 잘못된 것은?

① 사업용고정자산을 제외하고 양도하는 영업권은 기타소득에 해당한다.
② 퇴직함으로써 받는 소득으로서 퇴직소득에 속하지 아니하는 임원의 퇴직금한도초과액은 기타소득이다.
③ 근로자퇴직급여보장법에 따라 받는 연금은 연금소득이다.
④ 법인의 주주총회·사원총회 또는 이에 준하는 의결기관의 결의에 따라 상여로 받는 소득은 근로소득이다.

24. 다음 중 근로소득에 포함되지 않는 것은?
① 근로를 제공하고 받은 보수
② 주주총회 등 의결기관의 결의에 따라 받은 상여
③ 퇴직함으로써 받은 소득으로 퇴직소득에 속하지 않은 소득
④ 사업주가 종업원을 위하여 직장회식비로 지출한 금액

25. 다음 중 소득세법상 근로소득 비과세 대상이 아닌 것은?
① 광산근로자가 받는 입갱수당 및 발파수당
② 근로자가 천재, 지변 기타 재해로 인하여 받는 급여
③ 공장직원에게 무상으로 지급되는 작업복
④ 출장여비 등의 실제비용을 별도로 받는 직원에 대한 자가운전보조금 월 20만원 금액

26. 다음 중 비과세근로소득이 아닌 것은?
① 근로자 또는 배우자의 6세 이하인 자녀의 보육과 관련하여 받는 월 20만원의 육아수당
② 일직료·숙직료 또는 여비로서 실비변상정도의 금액
③ 회사에서 식사를 제공하는 근로자에게 별도로 지급하는 월 20만원의 식대
④ 종업원의 소유차량 및 임차차량을 종업원이 직접 운전하여 사용자의 업무수행에 이용하고 시내출장 등에 소요된 실제여비를 받는 대신에 그 소요경비를 당해 사업체의 규칙 등에 의하여 정하여진 지급기준에 따라 받는 금액으로서 월 15만원의 자가운전보조금

27. 다음 중 소득세법상 근로소득의 수입시기에 대한 설명으로 옳지 않은 것은?
① 잉여금처분에 의한 상여 : 근로를 제공한 날
② 환율 인상에 따라 추가지급되는 급여액 : 근로를 제공한 날
③ 급여를 소급인상하고 이미 지급된 금액과의 차액을 추가로 지급하는 경우 : 근로를 제공한 날
④ 근로소득으로 보는 임원퇴직소득 한도를 초과하는 금액 : 지급받거나 지급받기로 한 날

28. 소득세법상 일용근로자에 대한 설명이다. 틀린 것은?
① 일용근로자의 근로소득이 일당(日當)으로 15만원 이하인 경우에는 부담할 소득세는 없다.
② 일용근로자의 산출세액은 일반근로자와 마찬가지로 근로소득금액에서 기본세율이 적용된다.
③ 일용근로자의 근로소득세액공제는 산출세액의 55%를 공제한다.
④ 일용근로자의 근로소득은 항상 분리과세한다.

[연금소득]

29. 다음 중 소득세법상 연금소득과 관련된 설명 중 적절하지 않은 것은?
① 2002년 이전 가입분에 대한 연금소득금액은 비과세 대상이 아닌 연금 수령액 전체금액에서 연금소득공제를 적용하여 계산한다.
② 당해연도에 받은 총 연금액이 3,500,000원 이하인 경우 납부할 소득세는 없다.
③ 근로자퇴직급여보장법에 따라 지급받는 퇴직연금도 연금소득으로 과세된다.
④ 연금소득도 원칙적으로 종합과세 대상이다.

[기타소득]

30. 다음 중 소득세법상 소득의 구분이 다른 하나는?
① 영업권의 대여
② 공장재단의 대여
③ 점포임차권의 양도
④ 공익사업과 관련된 지상권의 대여

31. 다음 중 소득세법상 기타소득에 해당되지 않은 것은?
① 물품 또는 장소를 일시적으로 대여하고 사용료로서 받는 금품
② 근로소득으로 신고하지 않은 종교인의 소득
③ 저작자가 자신의 저작권 사용의 대가로 받는 금품
④ 상금, 현상금, 포상금, 보로금

32. 당해연도 7월에 지급한 기타소득 중 소득세법상 총수입금액의 60%를 필요경비로 의제하여 주는 것은?
① 승마투표권 등의 구매자에게 지급하는 환급금
② 알선수재 및 배임수재에 의하여 받은 금품
③ 복권, 경품권 기타 추첨권에 의하여 받는 당첨금품
④ 고용관계없이 다수인에게 강연을 하고 받는 강연료

33. 소득세법상 기타소득 중 종합소득과세표준 계산에 항상 합산하지 아니하는 것(= 무조건 분리과세 대상)은?
① 복권당첨금
② 뇌물 및 알선수재 등에 의하여 받는 금품
③ 원천징수대상이 아닌 기타소득
④ 당연분리과세를 제외한 기타소득금액이 연 300만원인 경우

34. 과세최저한을 초과하는 기타소득금액 중 원천징수되지 않는 것은?
① 일시적인 봉사료 지급금액
② 계약금이 위약금으로 대체된 위약금(매수자 귀책사유)
③ 알선수수료(사업소득자 아님)
④ 복권 당첨금

35. 대학교수인 김태환씨가 일시적으로 4월에 공무원교육기관에서 공무원을 대상으로 강연을 하였다. 김태환씨가 공무원교육기관으로부터 지급받은 강연료 1,200,000원(원천징수전 금액)인 경우, 김태환씨의 소득세법상 소득구분과 원천징수세액(지방소득세 포함)을 바르게 연결한 것은? 단, 김태환씨는 당해연도에 이 건 외의 강연료를 지급받은 적이 없다.
① 기타소득 105,600원
② 사업소득 105,600원
③ 기타소득 158,400원
④ 사업소득 158,400원

36. 다음 중 소득세가 과세되지 않는 경우는?
① 학원사업으로 인하여 발생되는 순수익 1억원
② 회사에 근로를 제공한 대가로 받는 급여 1억원
③ 복식부기의무자인 제조업자의 유형자산인 차량의 처분으로 발생되는 1,000만원의 매매차익
④ 일시강연으로 받은 강연료 120,000원

37. 다음 중 소득세법에 관련된 설명 중 틀린 것은?
① 미술품을 사업적으로 판매하는 개인사업자인 화랑의 미술품을 양도하는 경우 기타소득으로 과세된다.
② 당기 개시일 전 15년(2020.1.1. 이전 발생분은 10년) 이내에 사업소득에서 발생한 세무상 결손금 중 미소멸분은 당기 사업소득에서 공제할 수 있다.
③ 일용근로자가 하루 150,000원의 일당을 받는 경우 원천징수할 금액은 없다.
④ 특례기부금에 대해서도 이월공제가 허용된다.

[소득금액계산의 특례]
38. 다음은 소득세법상 결손금과 이월결손금에 관한 내용이다. 옳지 않은 것은?
① 소득금액의 추계시에는 원칙적으로 이월결손금의 공제를 할 수 없다.
② 사업소득의 결손금(2020년 귀속분부터)은 10년간만 이월공제 가능하다.
③ 결손금은 소득세법상 사업소득(개정 전의 부동산임대소득 포함), 양도소득에 대하여 인정된다.
④ 중소기업의 경우에는 소급공제가 가능하다.

39. 사업소득의 결손금 공제순서로 올바른 것은?
① 이자소득금액 ⇨ 배당소득금액 ⇨ 기타소득금액 ⇨ 근로소득금액 ⇨ 연금소득금액
② 근로소득금액 ⇨ 연금소득금액 ⇨ 기타소득금액 ⇨ 이자소득금액 ⇨ 배당소득금액
③ 기타소득금액 ⇨ 이자소득금액 ⇨ 배당소득금액 ⇨ 근로소득금액 ⇨ 연금소득금액
④ 기타소득금액 ⇨ 근로소득금액 ⇨ 연금소득금액 ⇨ 이자소득금액 ⇨ 배당소득금액

40. 소득세법상 종합소득금액을 계산함에 있어서 옳은 것은?
① 사업소득에서 발생한 결손금에 대해서는 다른 종합소득금액에서 공제한다.
② 부동산임대소득에서 발생한 결손금에 대해서는 다른 종합소득금액에서 공제한다.
③ 이자소득, 배당소득, 사업소득, 근로소득, 연금소득, 기타소득은 반드시 모두 합산하여 종합소득금액으로 신고해야 한다.
④ 아버지와 아들이 공동으로 사업을 하는 경우에는 당연히 합산하여 소득금액을 계산한다.

◆ 해설 ◆

01. ① 소득세의 과세기간은 1/1 ~ 12/31을 원칙으로 하며, 사망이나 출국으로 비거주자가 되는 경우 등 만이 예외에 해당한다.
② 거주자의 납세지는 주소지(없는 경우 거소지)로 하며, 비거주자는 주된 국내사업장의 소재지로 한다.
③ 소득세법은 종합과세제도와 분리과세제도가 병행하여 적용된다.
02. 종합소득인 경우에는 비과세소득과 분리과세소득은 종합과세 되지 아니한다.

03. 이자소득, 배당소득, 근로소득은 소득금액 계산시 필요경비를 공제하지 않는다.
04. 종합소득세 납세지는 주소지로 한다.
05. 소득세법은 6% ~ 45%의 8단계 누진세제도를 취하나, 부가가치세는 10% 또는 0%의 단일비례세제도를 취하고 있다.
06. ①, ②, ③은 원천징수 없이 종합과세 되는 소득이다.
07. 양도소득은 분리과세되는 소득이 없으며 사업소득 중 주택임대소득은 2019년부터 2,000만원 이하는 분리과세가 가능하다.
08. 저축성보험의 보험차익은 이자소득이다.
09. ①만 배당소득에 해당하고 나머지는 이자소득이다.
10. 원천징수되지 않은 이자소득은 언제나 종합소득과세표준에 합산된다. 따라서 거주자의 이자소득과 배당소득 등 금융소득의 합계액이 2천만원 이하인 경우에도 모두 종합소득과세표준에 합산하여 과세한다.
11. ① 장소를 일시적으로 대여하고 사용료로서 받는 금품 : 기타소득
    ② 일시적인 금전대여로 인한 비영업대금의 이익 : 이자소득
    ④ 사업용고정자산(간편장부대상자)의 처분으로 인하여 발생한 이익 : 미열거소득으로 과세되지 않는 소득이며, 복식부기의무자의 경우는 사업소득에 포함한다.
12. 산림에서 발생하는 사업소득으로 비과세되는 소득이다.
13. ①, ②, ③은 사업소득 총수입금액에 불산입되는 소득이며, 수령한 판매장려금은 총수입금액에 산입한다.
14. 일반적인 보험차익은 이자소득에 해당하나 사업과 관련하여 확정급여형퇴직연금제도의 보험차익은 사업소득으로 총수입금액에 산입하여야 한다.
15. ① 매출할인은 양자 모두 매출액(과세표준, 총수입금액)에서 차감한다.
    ③ 고정자산처분이익은 부가가치세법상 과세표준을 형성하지만, 소득세법상 복식부기의무자는 총수입금액에 포함하고 간편장부대상자는 제외된다. (미열거소득)
    ④ 재고자산을 가사용으로 소비하는 경우(개인적 공급 = 자가소비) 그 소비한 때의 가액으로 한다.
16. 30,000원을 초과하는 기업업무추진비 중 신용카드 등 미사용분은 한도계산 없이 직접 필요경비를 불산입 한다.
17. 은행예금이자는 이자소득으로 과세된다.
18. ①, ②, ③은 필요경비 불산입항목이며, 판매장려금 지급액은 필요경비에 산입한다.
19. 사업과 직접적인 관계없이 무상으로 지급하는 법령에서 정한 기부금은 필요경비에 산입하나 새마을금고에 지출한 기부금은 비지정기부금에 해당하여 필요경비에 산입하지 않는다.
20. ■ 필요경비 항목 : 가, 마   ■ 필요경비 불산입 항목 : 나, 다, 라
21. 1주택자의 임대소득이라 하더라도 고가주택에 대해서는 소득세를 과세한다.
    [주택의 임대소득 요약]
    ① 주택임대소득은 모두 소득세 과세대상이나, 서민들의 주거생활 보호차원에서 일부 주택임대소득에 대하여는 소득세를 과세하지 않는다.
    ② 비과세주택임대소득 : 1개 이하의 주택을 소유한 자의 주택임대소득에 대하여는 소득세 비과세
    ③ 임대소득이 과세되는 고가주택의 범위 : "고가주택"이란 과세기간종료일 또는 당해 주택의 양도일 현재 소득세법 제 99조에 의한 기준시가가 12억원을 초과하는 주택
    ④ 주택수 계산은 본인과 배우자가 각각 주택을 소유하는 경우 이를 합산하여 계산한다.
    ⑤ 월세를 받는 경우 월세의 연간 합계액을 총수입금액으로 하여 소득세를 과세하며, 주택임대소득이 2,000만원 이하이면 분리과세(14%)를 선택할 수 있다.

⑥ 전세금 또는 보증금을 받는 경우 3주택(고가주택은 2주택) 이상 보유자 중 전세금 또는 보증금 합계가 3억원(고가주택은 12억원)을 초과하는 경우 초과금액 60%에 대하여 정기예금이자율 상당액 만큼 총수입금액에 포함하여 과세한다.

22. 주거용 건물 임대업에서 발생한 수입금액 합계액이 2천만원 이하인 경우 분리과세를 선택할 수 있으며, 2,000만원을 초과하는 경우 종합과세 대상이다.
23. 퇴직함으로써 받는 소득으로서 퇴직소득에 속하지 아니하는 임원의 퇴직금한도초과액은 근로소득이다.
24. 근로자의 근로소득이 아닌 사업자의 복리후생비로 본다.
25. 출장여비 등을 별도로 지급받는 경우에는 자가운전보조금은 과세대상이다.
26. 식사를 제공받는 경우(현물제공) 비과세가 적용되지 않는다.
27. 잉여금처분에 의한 상여 : 당해 법인의 잉여금처분결의일
28. 일용근로소득은 6%의 단일세율을 적용한다.
29. 연금소득은 2002년 1월 1일 이후에 불입된 연금기여금 및 사용자부담금을 기초로 하거나 2002년 1월 1일 이후 근로의 제공을 기초로 하여 지급받는 연금소득으로 하며, 연금소득은 실제 소득공제 또는 세액공제를 받은 금액을 기초로 하여 지급받는 연금소득으로 한다.
30. ①, ③, ④는 기타소득, ②는 부동산임대소득에 해당한다.
31. 저작자 이외의 자에게 귀속되는 소득은 기타소득이지만 저작자 자신에게 귀속되는 소득은 사업소득이다.
33. 복권당첨소득은 무조건 분리과세소득에 해당한다.
34. 기타소득 중 계약금이 위약금 등으로 대체되는 경우(매수자 귀책사유)에는 원천징수하지 않는다.
35. 세차감전 지급총액 = 1,200,000원
    ∴ [1,200,000원 - (1,200,000원 × 60%)] × 0.22 = 105,600원
    ⇨ 고용관계없이 다수인에게 강연을 하고 받는 강연료는 기타소득은 수입금액의 60%를 필요경비로 의제
36. 기타소득금액 5만원 이하는 과세최저한에 해당하여 징수되는 소득세가 없다.
37. 화랑의 미술품을 양도하는 경우 사업소득으로 과세된다.
38. 사업소득의 결손금은 2020년 귀속분부터 15년간 이월공제할 수 있다.
40. 부동산임대소득의 결손금은 타소득과 통산하지 않으며, 이자소득과 배당소득은 2,000만원 초과인 경우 합산신고하고, 공동사업의 경우에도 원칙적으로 각각 소득금액을 계산한다.

정답

01. ④	02. ②	03. ④	04. ②	05. ④	06. ④	07. ②	08. ④	09. ①	10. ②
11. ③	12. ④	13. ④	14. ④	15. ③	16. ④	17. ④	18. ④	19. ④	20. ②
21. ①	22. ③	23. ②	24. ④	25. ④	26. ③	27. ①	28. ②	29. ①	30. ②
31. ③	32. ④	33. ①	34. ②	35. ①	36. ④	37. ①	38. ②	39. ②	40. ①

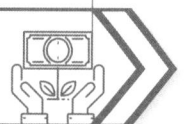

02 과세표준과 세액의 계산

1. 종합소득 과세표준

소득세법은 소득을 크게 종합소득·퇴직소득 및 양도소득으로 구분하고, 구분된 소득에 대하여 각각의 과세표준을 구한 뒤 별도의 소득세율을 적용하여 소득세액을 산출하는 구조를 가지고 있다. 퇴직소득의 경우는 결집효과를 완화하기 위하여, 양도소득은 종합소득보다 중과세하기 위하여 분류과세 하는 것이다.

종합소득 과세표준 = 종합소득금액 – 종합소득공제

2. 종합소득 인적공제

인적공제는 납세의무자의 최저생계비 보장 및 부양가족의 상황에 따라 세부담에 차별을 두어 소득을 계산할 때 공제하는 제도로 기본공제와 추가공제가 있다. 인적공제의 합계액이 종합소득금액을 초과하는 경우 그 초과하는 공제액은 없는 것으로 한다.

인적공제 = 기본공제 + 추가공제

1 기본공제

기본공제는 종합소득이 있는 거주자에 대하여 다음 중 어느 하나에 **해당하는 가족수에 150만원을 곱하여 계산한 금액**을 거주자의 당해 연도 종합소득금액에서 공제한다.

구분	공제대상	생계요건		나이요건[주3]	소득금액요건
본인공제	당해 거주자	동거 여부 불문		해당없음	해당없음
배우자공제	거주자의 배우자			해당없음	
부양가족 공제	직계존속	생계를 같이하는 부양가족	주민등록상 동거원칙 (주거 형편상 별거 포함)	60세 이상	연간 소득금액 합계액 100만원 이하[주5]
	직계비속, 입양자[주1]		동거 여부 불문	20세 이하	
	형제자매		주민등록상 동거 원칙 (다만 취학, 질병의 요양 등의 사유에 의한 일시퇴거 허용)	20세 이하 또는 60세 이상	
	국민기초생활보장 법에 의한 수급자			해당 없음	
	위탁아동[주2]			18세 미만[주4]	

주1) 직계비속(입양자 포함)과 그 배우자가 모두 장애인인 경우에는 그 배우자를 포함한다.
주2) 아동복지법에 따른 가정위탁을 받아 양육하는 아동으로서 **해당 과세기간에 6개월 이상 직접 양육**한 위탁아동. 다만, 직전 과세기간에 소득공제를 받지 못한 경우에는 해당 위탁아동에 대한 직전 과세기간의 위탁기간을 포함하여 계산한다.
주3) **나이산정방법 : 신고대상 귀속연도(2025년) − 태어난 연도 = 나이요건 충족 여부**
주4) 보호기간이 연장된 위탁아동 포함(20세 이하인 경우)
주5) 연간 소득금액합계액 100만원 이하 금액 : 연말정산시 배우자를 포함한 부양가족을 기본공제대상자로 하기 위해서는 해당 부양가족의 **연간 소득금액의 합계액(무조건 분리과세 제외)이 100만원 이하** 요건을 충족하여야 한다.

소득종류		소득금액 계산	소득금액 100만원 이하 사례
① 종합소득	근로소득	총급여액 (연간근로소득 − 비과세소득) − 근로소득공제	■ **총급여액 333만원 − 근로소득공제 233만원 = 100만원** ■ 부양가족이 근로소득만 있는 경우 해당 과세기간의 **총급여액이 500만원 이하인 경우도 포함 함**
	연금소득	총연금액 − 연금소득공제	■ **공적연금(노령연금) : 총연금액은 516만원 − 416만원 = 100만원** ■ 사적연금의 총연금액 1,500만원 이하는 분리과세소득으로 종합소득금액에서 제외되어 기본공제 가능
	사업소득	총수입금액 − 필요경비	총수입금액에서 필요경비를 차감한 금액이 100만원이 되는 경우
	기타소득	총수입금액 − 필요경비	총수입금액에서 필요경비를 차감한 금액이 100만원인 경우가 이에 해당하나, **기타소득금액 300만원 이하는 분리과세소득**으로 종합소득금액에서 제외되어 공제 가능
	이자·배당소득	총수입금액	이자소득과 배당소득의 **합계 금액이 2천만원 이하인 경우 분리과세소득**으로 종합소득금액에서 제외되어 공제 가능
	소계	위의 소득금액의 합계액이 종합소득금액이 된다.	**종합소득금액 100만원** (단, 비과세 및 분리과세소득은 제외)
② 퇴직소득		퇴직소득 = 퇴직소득금액	비과세소득을 제외한 금액이 100만원인 퇴직금
③ 양도소득		양도가액 − 필요경비 − 장기보유 특별공제	필요경비와 장기보유특별공제금액을 차감한 금액이 100만원인 양도소득금액
연간 소득금액의 합계액 (① + ② + ③)			종합소득·퇴직소득·양도소득이 있는 경우 각 소득금액을 합계한 금액으로 함

근로자 두더지씨의 부양가족으로 배우자, 자녀 3명(만 20세 자녀 1명과 20세 미만 자녀 2명), 60세 이상 직계존속 2명이 있으며, 두더지씨 본인 외에는 소득이 없는 경우 기본공제 금액은?

【해설】

기본공제금액 = 본인 포함 공제대상가족(7명) × 150만원 = 1,050만원
■ 공제대상가족수 : 본인, 배우자, 자녀 3명, 직계존속 2명
  ⇨ 해당 과세기간 중에 만 20세에 도달하더라도 기본공제 가능

[인적공제 유의사항]
① 본인 공제시 유의사항 : 경로우대·장애인·부녀자·한부모 여부 확인
② 배우자공제 유의사항
  ㉠ 과세연도 중에 **이혼**한 배우자에 대하여는 배우자에 대한 기본공제를 받을 수 **없다**.
  ㉡ 과세연도 중에 결혼(**사실혼 제외**)한 경우에는 과세기간 종료일 현재 배우자에 해당하므로 배우자의 연간소득금액 합계액이 100만원 이하인 경우에는 배우자 공제 대상이 된다.
  ㉢ 배우자가 과세기간 중에 **사망**한 경우에는 배우자공제를 적용받을 수 **있다**. 단, 소득금액 요건(연간 소득금액의 합계액이 100만원 이하)을 충족한 경우에 한한다.
③ 직계존속에는 배우자의 직계존속(장인, 장모, 시부, 시모), 계부·모를 모두 포함하며, 양자의 경우 양부모와 친생부모가 모두 직계존속의 범위에 해당한다.
④ 형제자매의 배우자나 며느리·사위(직계비속과 며느리 또는 사위가 모두 장애인인 기본공제대상자의 경우는 제외), 고모나 조카 등은 공제대상자의 범위에 해당하지 아니한다.
⑤ 공제대상 여부 판정 시기는 원칙적으로 **과세기간 종료일(12월 31일) 현재의 상황**에 의하나, **과세기간 중 사망자는 사망일 전일, 장애가 치유된 자는 치유일 전일 상황에 의해 판정**한다. 또한, 적용대상 나이가 있는 경우로서 **과세기간 중에 해당 나이에 해당되는 날이 하루라도 있는 경우에는 공제대상자**로 본다.
⑥ 장애인은 **나이요건의 제한(21세 ~ 59세)을 받지 않으나 소득금액요건은 적용**된다.
  ㉠ 장애인복지법에 의한 장애인 ⇨ 보건복지부 발급 장애인증명서
  ㉡ 국가유공자 등 예우 및 지원에 관한 법률에 의한 상이자로서 근로능력이 없는 자
     ⇨ 보훈청 발급 장애인증명서
  ㉢ 항시 치료를 요하는 중증환자(말기암환자 등) ⇨ 의료기관 발급 장애인증명서
     지병에 의해 평상시 치료를 요하고 취학·취업이 곤란한 상태에 있는 자를 말한다.
⑦ 직계비속이 기본공제대상자인 장애인인 경우 **자녀세액공제대상자에도 해당**한다.
⑧ **기본공제** 대상자인 **직계비속이 장애인인 경우 배우자**(며느리 또는 사위) 또한 **장애인(소득금액합계액 100만원 이하자)**에 해당하면 그 배우자도 공제대상자에 **포함**한다.

2 추가공제

거주자 또는 부양하고 있는 가족이 일정요건에 해당하면 일정금액을 종합소득금액에서 추가로 소득공제한다. 추가공제 대상에는 경로우대자 추가공제·장애인 추가공제·부녀자 추가공제·한부모 추가공제가 있으며, **기본공제 대상자에 한하여 추가공제가 가능**하다.

구 분	사 유	공제금액
경로우대자 추가공제	만 70세 이상인 경우	1명당 연 100만원
장애인 추가공제	장애인인 경우(나이제한 없음)	1명당 연 200만원
부녀자 추가공제	종합소득금액 3천만원(총급여액 41,470,588원) 이하인 거주자 본인으로 ① 또는 ②에 해당하는 경우 ① 배우자가 없는 여성으로서 기본공제대상 부양가족이 있는 세대주인 경우 ② 배우자가 있는 여성인 경우	연 50만원
한부모 추가공제	배우자가 없는 근로자가 기본공제대상자인 직계비속을 부양하는 경우 (부녀자추가공제와 중복시 한부모추가공제 적용)	연 100만원

[추가공제 유의사항]
① 추가공제는 기본공제대상자가 해당 사유에 해당하는 경우 해당 사유별로 공제하는 것이므로 기본공제대상자 1인이 장애인이면서 경로우대자에 해당되는 경우 기본공제와 더불어 장애인추가공제, 경로우대자추가공제가 모두 적용되는 것이다.
② 부녀자추가공제와 한부모추가공제에 모두 해당되면 **한부모추가공제를 받는다.**

근로자 두더지씨의 자녀(만 23세)가 소득세법에서 인정되는 장애인으로 소득이 없는 경우 해당 자녀에 대한 기본공제 및 추가공제금액은?

【해설】

- 인적공제 = 기본공제 150만원 + 추가공제 200만원 = 350만원

자녀가 연간 소득금액의 합계액 100만원(근로소득만 있는 자는 총급여 500만원) 이하이고, 소득세법에서 인정하는 장애인에 해당하는 경우 나이에 관계없이 기본공제 150만원과 추가공제 200만원을 공제할 수 있다.

근로자가 기본공제대상자인 장인(81세), 장모(76세)를 부양하고 있으며 2025.10.30. 장인이 사망한 경우 장인에 대한 기본공제와 추가공제금액은?

【해설】

- 인적공제 = 기본공제 150만원 + 경로우대자 추가공제 100만원 = 250만원

해당 연도 중 사망한 경우 사망일 전일 상황에 의해 공제대상 여부를 판단하므로 배우자의 직계존속도 생계를 같이하는 부양가족에 해당되면 기본공제와 추가공제를 받을 수 있다.

예제3

2025년 발생한 소득금액이 다음과 같은 경우 연간 소득금액 합계액은?

총급여 400만원, 강연으로 인한 기타소득 300만원, 퇴직소득 100만원

【해설】

- 연간 소득금액 합계액 = 종합소득금액 120만원 + 퇴직소득금액 100만원 = 220만원
  ① 근로소득금액 120만원 = 400만원 – 280만원(근로소득공제 400만원 × 70%)
  ② 기타소득금액 120만원 = 300만원 – 180만원(필요경비 300만원 × 60%)
     ⇨ 분리과세소득으로 종합소득금액에서 제외 가능
  ③ 퇴직소득금액 : 100만원(퇴직소득 = 퇴직소득금액)

3. 종합소득 물적공제

1 연금보험료공제(전액공제, 근로기간 제한 불문)

종합소득이 있는 거주자가 공적연금 관련법에 따른 기여금 또는 개인부담금(이하 "연금보험료"라 한다)을 납입한 경우에는 해당 과세기간의 종합소득금액에서 그 과세기간에 납입한 연금보험료를 **전액 공제**한다.

구 분	내 용
공제대상 연금보험료	① 『국민연금법』에 따라 본인이 부담하는 연금보험료(사용자부담금은 제외) ② 『공무원연금법』・『군인연금법』・『사립학교교직원연금법』 또는 『별정우체국법』에 따라 근로자 본인이 부담하는 기여금 또는 부담금
유의사항	① 국민연금보험료는 실제 납부한 과세기간에 공제한다. ② 거주자 **본인 부담분만 공제 가능**한 것으로, 배우자나 부양가족 명의로 불입한 연금보험료는 공제대상에 해당하지 않는다.

2 주택담보노후연금이자비용공제

고령자의 주거안정과 노후소득 보장을 지원하기 위하여 연금소득이 있는 거주자 본인이 일정한 주택담보노후연금을 받은 연금에 대하여 해당 과세기간에 발생한 이자비용상당액을 연 200만원 한도로 연금소득금액에서 공제한다.

소득공제액 = MIN[① 해당 과세기간에 발생한 이자상당액, ② 200만원, ③ 연금소득금액]

3 특별소득공제

특별소득공제는 "**근로소득이 있는 거주자**"가 받을 수 있으며, 조세특례제한법에 따른 "그 밖의 소득공제"는 받을 수 있는 요건을 해당 조항에 각각 규정하고 있다.

특별소득공제 = 보험료 소득공제 + 주택자금 소득공제

(1) 보험료공제(전액공제, 근로기간에 지출한 비용만 공제)

근로소득자(일용근로자 제외)가 해당 과세기간에 **국민건강보험법, 고용보험법 또는 노인장기요양보험법**에 따라 근로자가 부담하는 보험료를 지급한 경우 그 금액을 해당 과세기간의 근로소득금액에서 **전액 공제**한다.

보험료 공제액 = 국민건강보험료・고용보험료・노인장기요양보험료 근로자 부담 보험료

(2) 주택자금공제(근로기간에 지출한 비용만 공제)

주택을 소유하지 아니한 세대의 세대주(장기주택저당차입금은 1주택을 보유한 세대주도 가능)로서 근로소득이 있는 거주자(일용근로자 제외, ㉯와 ㉰는 외국인 포함)가 주택구입 또는 주택임차를 위해 차입한 차입금의 이자 등을 상환하거나 지급한 경우 소득공제가 가능하다.

소득공제		공제항목	공제한도액
주택자금	㉮ 주택마련저축	청약저축, 주택청약종합저축 **납입액의 40%**	연 400만원 [㉮+㉯]
	㉯ 주택임차차입금 원리금 상환액	무주택 세대의 세대주(세대원 포함)가 국민주택규모의 주택을 임차하기 위한 **차입금의 원리금 상환액의 40%**	
	㉰ 장기주택저당차입금 이자상환액	무주택 또는 1주택 보유세대의 세대주(세대원 포함)인 근로자가 **기준시가 6억원 이하**인 주택을 구입하기 위한 **차입금의 이자상환액 공제**	연 800만원 (600만원 ~ 2,000만원) [㉮+㉯+㉰]

※ 주택마련저축은 "특별소득공제"가 아닌 "그 밖의 소득공제"에 해당하나 한도 규정으로 인하여 함께 표기함.

[주택자금공제 관련 요약]

구 분	공제대상자
청약저축 납입액	해당 과세기간의 **총급여액이 7,000만원 이하**이며 해당 과세기간 중 주택을 소유하지 않은 세대의 세대주 또는 세대의 배우자가 해당 과세연도에 청약저축 또는 주택청약종합저축에 납입한 금액(2025.12.31.까지 납입하는 분) ① 연 납입액이 300만원을 초과하는 경우에는 그 초과금액은 없는 것으로 한다.
임차를 위한 차입금 원리금 상환액	① 대상요건 : **무주택 세대주** 및 세대원(요건충족)도 공제 적용(외국인 포함) ② **국민주택규모**(오피스텔 포함)의 **주택을 임차**하기 위하여 차입하고 그 원리금을 상환하는 경우 　㉠ 대출기관 : 금융기관 차입금 　㉡ 거주자 : 총급여액 5천만원 이하인 근로자가 거주자로부터 법정이율 이상으로 차입한 원리금 상환액
장기주택 저당차입금 이자상환액	취득당시 기준시가 6억원 이하(2013.12.31. 이전 취득분은 3억원, 2018.12.31. 이전 취득분은 4억원, 2023.12.31.이전 취득분은 5억원 이하)인 주택을 취득하기 위하여 그 주택(2013.12.31.이전 취득분은 국민주택규모 충족)에 저당권을 설정하고 금융회사 등 또는 국민주택기금으로부터 **장기차입금 요건을 갖추어 차입한 장기주택저당차입금의 이자상환액** ① 대상요건 : 세대주 및 세대원(요건충족)도 공제 적용(외국인 포함) ② 거주자가 2주택 이상 보유시 보유기간이 속한 과세연도는 공제를 배제 ③ 세대구성원이 보유한 주택을 포함하여 과세기간 종료일 현재 2주택 이상을 보유한 경우에는 적용하지 아니한다.

※ 국민주택규모의 면적 : 주거전용 면적이 85m² 이하 주택(다만, 수도권을 제외한 도시지역이 아닌 읍·면지역은 100m² 이하 주택)

4 그 밖의 소득공제(조세특례제한법상 소득공제)

(1) 신용카드 등 사용금액 소득공제(소득금액요건 적용, 나이요건 불문, 형제자매 제외)

구 분	내 용
신용카드 등 사용금액	신용카드 등 사용금액은 해당 과세기간의 **근로제공기간에 사용**한 신용카드 사용금액, 현금영수증에 기재된 금액 및 직불카드 등 사용금액의 합계액으로 한다. (2025.12.31.까지) ① 『여신전문금융업법』 제2조에 따른 신용카드를 사용하여 그 대가로 지급하는 금액 ② 현금영수증(현금거래사실을 확인받은 것을 포함)에 기재된 금액 ③ 『여신전문금융업법』에 따른 직불카드 또는 기명식선불카드
신용카드 등 소득공제 금액	신용카드 등 사용금액이 해당연도 **총급여액의 25%를 초과(최저사용금액)**하는 경우 그 **초과사용금액**을 소득공제 대상으로 한다. (1) 사용구분에 따른 공제율 	구 분	공제율
① 전통시장 사용분	40%
② 대중교통 이용분	40%
③ 총급여 7천만원 이하자의 문화체육사용분(도서·신문·공연·박물관·미술관·영화상영관·수영장·체력단련장)	30%
④ 직불카드·선불카드·현금영수증 사용분(①·②·③ 사용분에 포함된 금액 제외)	30%
⑤ 신용카드 사용분(①·②·③ 사용분에 포함된 금액 제외)	15% | (2) 공제한도(**최대 600만원**) : 기본공제 한도 + 추가공제 한도 | 공제한도 \ 총급여액	7천만원 이하	7천만원 초과
---	---	---
기본공제 한도	300만원	250만원
추가공제 한도 - 전통시장	300만원	200만원
추가공제 한도 - 대중교통	300만원	200만원
추가공제 한도 - 문화체육	300만원	-	
카드사용자 범위	① 연간 **소득금액 합계액이 100만원 이하**인 배우자 또는 직계존비속 명의의 신용카드 등 사용금액은 당해 거주자의 신용카드 등 소득공제금액에 이를 포함할 수 있음 ⇨ 거주자와 생계를 같이하는 직계존비속으로서 배우자의 직계존속과 동거입양자를 포함하되, 다른 거주자의 기본공제를 적용받는 자는 제외 ② 다만, **형제자매, 기초생활수급자, 위탁아동**의 신용카드 등 사용금액은 기본공제대상자라 하더라도 공제대상 사용금액에 **포함되지 않음**

구 분	내 용
신용카드 등 사용금액 중 소득공제 대상에서 제외되는 경우	① **사업소득**의 **비용**인 경우 또는 **법인**의 **비용**인 경우 ② 국민건강보험료, 고용보험료, 연금보험료 및 각종 보험계약에 의한 보험료 및 공제료 ③ 영유아보육시설의 보육비용, 유치원·초·중·고·대학·대학원의 수업료, 입학금 ⇨ **취학전 아동의 학원 또는 체육시설 등 수강료는 카드사용액에 포함됨** ⇨ 가족에 대한 대학원 교육비는 교육비공제는 물론 신용카드 등 사용금액에 대한 소득공제 대상이 아니다. ④ **외국**에서 사용한 신용카드사용액(시내·출국장·기내 면세점 사용금액 포함) ⑤ 국세·**지방세** 및 공과금(전기료, 수도료, 가스료, 전화료, 아파트관리비, 텔레비전시청료 및 고속도로통행료) ⑥ 상품권 등 유가증권 구입비, 리스료(자동차대여료 포함) ⑦ 차입금 이자상환액, 증권거래수수료 등 금융·보험용역과 관련한 지급액, 수수료, 보증료 및 이와 비슷한 대가 ⑧ 지방세법에 의하여 취득세 또는 등록세가 부과되는 재산의 구입비용(**중고자동차의 경우 구입금액의 10% 공제**) ⑨ 신규로 출고되는 자동차를 구입하는 경우 ⑩ 정치자금법에 따라 정당에 신용카드 등으로 결제하여 기부하는 정치자금 및 고향사랑기부금 (세액공제를 **적용받은 경우에 한함**) ⑪ 국가·지방자치단체 또는 지방자치단체조합이 부동산임대업, 도·소매업, 음식숙박업, 골프장·스키장 운영업, 기타 운동시설운영업 외의 업무를 수행하면서 공급하는 재화 또는 용역을 공급받고 지급하는 사용료, 수수료 등의 대가 ⑫ **현금서비스** 금액 ⑬ 비정상적인 사용행위인 물품 또는 용역의 거래 없이 신용카드 등의 매출전표를 교부받거나 실제 매출금액을 초과하여 신용카드 등의 매출전표를 교부받는 행위, 위장카드가맹점에서 교부받은 매출전표 ⑭ **월세** 세액공제를 **적용받은** 월세액
중복공제 검토	■ 신용카드 등 사용금액 소득공제와 특별세액공제 **중복 적용 여부** | 구 분		특별세액공제 항목	신용카드공제
---	---	---	---
신용카드로 결제한 의료비		의료비 세액공제 가능	신용카드공제 가능
신용카드로 결제한 보장성보험료		보험료 세액공제 가능	신용카드공제 불가
신용카드로 결제한 학원비	취학전 아동	교육비 세액공제 가능	신용카드공제 가능
	그 외	교육비 세액공제 불가	
신용카드로 결제한 교복구입비		교육비 세액공제 가능	신용카드공제 가능
신용카드로 결제한 기부금		기부금 세액공제 가능	신용카드공제 불가	

근로자 두더지씨의 당해 과세기간의 신용카드 사용내역이다. 모두 근로기간 내에 사용하였으며 공제대상여부를 "해당여부"란에 "○", "×"로 표시하시오.

사용내역	해당여부
본인의 현금서비스 및 자동차 보험료	
배우자(나이 47세, 소득없음)의 생활용품 구입액	
자녀(나이 21세, 소득없음)의 대학 등록금과 본인 대학원 수업료	
본인의 물품구입비(회사의 경비로 별도 지급받음)	
본인과 배우자 해외여행 결제비 및 면세점 구입액	
자녀(나이 5세)의 미술 및 태권도장 학원비	
본인의 중고자동차 구입비	
처제의 생활용품 구입비	
배우자(나이 47세, 소득없음)의 성형수술비용	
부친(나이 65세, 근로소득금액 1,000만원)의 생활용품 구입액	

【해설】

사용내역	해당여부
현금서비스 및 보험료 ⇨ 공제대상 제외이며 보험료는 보험료 세액공제 적용	×
배우자(나이 47세, 소득없음)의 생활용품 구입액 ⇨ 공제요건 충족	○
자녀와 본인의 교육비 ⇨ 공제대상 제외(교육비 세액공제)	×
본인의 물품구입비(회사의 경비로 별도 지급받음) ⇨ 공제대상 제외	×
본인과 배우자 해외여행 결제비 및 면세점 구입액 ⇨ 외국 사용분(면세점 포함)은 공제대상 제외	×
자녀(나이 5세)의 미술 및 태권도장 학원비 ⇨ 공제대상으로 교육비 세액공제 중복공제 가능	○
본인의 중고자동차 구입비 ⇨ 공제대상으로 구입가액의 10% 공제 가능	○
처제의 생활용품 구입비 ⇨ 형제자매의 사용액은 공제대상 제외	×
배우자(나이 47세, 소득없음)의 성형수술비용 ⇨ 공제대상으로 의료비 세액공제 불가능	○
부친 생활용품 구입액 ⇨ 근로소득금액 100만원 초과자로 공제대상 제외	×

(2) 개인연금저축 소득공제(본인지출분만 해당)

거주자가 **본인 명의로 개인연금저축(2000.12.31. 이전 가입)**에 가입한 경우 해당 과세기간의 저축납입액에 대해 해당 과세기간의 종합소득금액에서 공제한다.

소득공제액 = 연간 납입금액 × 40%(연 72만원 한도)

(3) 그 밖의 조세특례제한법상 소득공제

조세특례제한법상 소득공제는 상기에 제시한 공제외에도 중소기업창업투자조합출자 등에 대한 소득공제, 소기업·소상공인 공제부금에 대한 소득공제, 우리사주조합 출연금 소득공제, 고용유지중소기업 근로자 소득공제, 장기집합투자증권저축 소득공제 등이 있다.

5 소득공제 종합한도

거주자의 종합소득에 대한 소득세를 계산할 때 다음 중 어느 하나에 해당하는 공제금액의 합계액이 2,500만원을 초과하는 경우에는 **그 초과하는 금액은 없는 것으로** 한다.

구 분	내 용
소득공제 종합한도 합계액	① 소득세법에 따른 특별소득공제. 다만, **건강보험료, 고용보험료, 노인장기요양보험료는 포함하지 아니한다.** ② 중소기업창업투자조합 출자 등에 대한 소득공제(조특법 제16조 제1항) **2015년 이후 투자분 중 공제율 30%·50%·100% 적용분은 종합한도 제외** ③ 소기업·소상공인 공제부금에 대한 소득공제(조특법 제86조의3) ④ 청약저축·주택청약종합저축에 대한 소득공제(조특법 제87조 제2항) ⑤ 우리사주조합 출자에 대한 소득공제(조특법 제88조의4 제1항) ⑥ 장기집합투자증권저축에 대한 소득공제(조특법 제91조의16) ⑦ 신용카드 등 사용금액에 대한 소득공제(조특법 제126조의2)

4. 종합소득 세액공제·감면

1 종합소득세액계산의 구조

종 합 소 득 금 액	
(−) 소 득 공 제	연금보험료공제 + 주택자금공제 + 신용카드등사용액공제 등
= 종 합 소 득 과 세 표 준	
(×) 기 본 세 율	6% ~ 45%(초과누진세율)
= 산 출 세 액	
(−) 세 액 감 면 · 세 액 공 제	근로소득세액공제 + 배당세액공제 + 특별세액공제 등
= 결 정 세 액	
(+) 가 산 세	
= 총 결 정 세 액	
(−) 기 납 부 세 액	중간예납세액, 원천징수세액, 수시부과세액 등
= 차 가 감 자 진 납 부 세 액	

2 종합소득 산출세액

종합소득금액에서 인적공제, 연금보험료공제, 특별소득공제, 그 밖의 소득공제 등 각종 소득공제를 차감한 과세표준 금액에 종합소득세 세율을 적용하여 산출세액을 계산한다.

종합소득 산출세액 = 종합소득 과세표준(= 종합소득금액 − 종합소득공제) × 세율(6% ~ 45%)

(1) 종합소득 과세표준

종합과세대상인 6가지 소득금액을 합산한 금액을 종합소득금액이라고 하며 그 금액에서 종합소득공제를 차감하여 종합소득 과세표준을 계산한다.

(2) 기본세율

과세표준	가산법	간편법	
		세율	누진공제액
1,400만원 이하	과세표준의 6%	6%	−
1,400만원 초과 ~ 5,000만원 이하	84만원 + 1,400만원 초과액의 15%	15%	126만원
5,000만원 초과 ~ 8,800만원 이하	624만원 + 5,000만원 초과액의 24%	24%	576만원
8,800만원 초과 ~ 1억 5천만원 이하	1,536만원 + 8,800만원 초과액의 35%	35%	1,544만원
1억 5천만원 초과 ~ 3억원 이하	3,706만원 + 1억5천만원 초과액의 38%	38%	1,994만원
3억원 초과 ~ 5억원 이하	9,406만원 + 3억원 초과액의 40%	40%	2,594만원
5억원 초과 ~ 10억원 이하	17,406만원 + 5억원 초과액의 42%	42%	3,594만원
10억원 초과	38,406만원 + 10억원 초과액의 45%	45%	6,594만원

3 종합소득 결정세액

종합소득 결정세액 = 종합소득 산출세액 − 종합소득 세액감면 − 종합소득 세액공제

(1) 종합소득 세액감면

감면세액 = 종합소득 산출세액 × 감면대상소득금액/종합소득금액 × 감면율

구 분	내 용
소득세법	정부간의 협약에 따른 파견된 외국인근로소득 세액감면 등
조세특례제한법	중소기업 취업자에 대한 소득세 감면, 외국인기술자에 대한 소득세 감면 등

(2) 종합소득 세액공제

구분	세액공제	내용
소득세법	① 배당세액공제	Gross-up금액(종합소득 산출세액에서 비교산출세액을 차감한 금액이 공제한도)
	② 기장세액공제	간편장부대상자가 복식부기에 의해 장부를 기장한 경우 [산출세액 × (기장된 소득금액/종합소득금액)] × 20%, (연간 100만원 한도)
	③ 전자계산서발급 세액공제	직전연도 수입금액 합계액이 **3억원 미만인 개인사업자**가 전자계산서를 발급하고 발급일의 다음 날까지 국세청장에게 전송하면 소득세에서 **연간 100만원 한도 내 금액(발급건수 당 200원)**까지 세액공제를 적용(2027.12.31.까지)
	④ 외국납부세액공제 (10년간 이월공제)	Min : ⊙ 외국납부세액, ⓒ 종합소득 산출세액 × 국외원천소득금액/종합소득금액
	⑤ 재해손실세액공제	산출세액 × 재해 상실비율(재해로 자산총액 20% 이상 상실된 경우)
	⑥ 근로소득세액공제	근로소득이 있는 근로자에 대하여 공제
	⑦ 자녀세액공제	거주자의 기본공제대상 자녀(입양자 · 위탁아동 · 손자녀 포함)에 대한 세액공제
	⑧ 연금계좌세액공제	종합소득자 본인이 납입한 연금저축
	⑨ 특별세액공제	보험료세액공제, 의료비세액공제, 교육비세액공제, 기부금세액공제
조세특례제한법	① 고향사랑기부금 세액공제	거주자 본인이 지방자치단체에 기부한 고향사랑기부금에 대한 세액공제
	② 정치자금세액공제	거주자 본인이 정당에 기부한 정치자금에 대한 세액공제
	③ 혼인에 대한 세액공제	거주자가 혼인신고를 한 경우 1회에 한정하여 세액공제
	④ 성실신고확인비용에 대한 세액공제	Min [① 성실신고확인에 직접 사용한 비용 × 60% ② 120만원(법인사업자는 150만원)
	⑤ 전자신고세액공제	납부세액에서 2만원(양도소득세 포함) 공제
	⑥ 그 밖의 세액공제	연구 및 인력개발비세액공제, 각종 투자세액공제(10년간 이월공제)

 TIP

[성실신고대상 기준 매출액]

업종구분	기준금액
농업 · 어업, 광업, 도소매업, 부동산매매업 등	해당연도 수입금액 15억원 이상
제조업, 음식업, 운수업, 건설업, 출판영상방송통신 및 정보서비스업 등	해당연도 수입금액 7.5억원 이상
부동산임대업, 교육서비스업, 보건업, 기타개인서비스업 등	해당연도 수입금액 5억원 이상

① 성실신고기한 : 다음해 6월 30일(성실신고확인 세무사·회계사 선임 신고기한 폐지)
② 성실신고 혜택 : 의료비·교육비·월세액 세액공제, 성실신고비용 필요경비(지출연도) 인정 및 세액공제(귀속연도)
③ 수입금액기준(기준금액 판정) : 사업용 유형고정자산 처분에 따른 수입금액 제외

[간편장부대상자 기준금액(이상자는 복식부기의무자, 미만자는 간편장부대상자)]

업종구분	기준금액
① 농업·임업 및 어업, 광업, 도소매업, 부동산매매업, 그 밖에 아래 ②, ③에 해당하지 아니하는 사업	직전연도 수입금액 3억원
② 제조업, 숙박 및 음식점업, 전기·가스·증기 및 수도사업, 하수·폐기물처리, 원료재생 및 환경복원업, 건설업(비주거용 건물 건설업 제외), 부동산 개발 및 공급업(주거용 건물 개발 및 공급업에 한함), 운수업, 출판·영상·방송통신 및 정보서비스업, 금융 및 보험업, 상품중개업, 욕탕업	직전연도 수입금액 1억5천만원
③ 부동산임대업, 부동산업(부동산매매업은 제외), 전문·과학 및 기술서비스업, 사업시설관리·사업지원 및 임대서비스업, 교육서비스업, 보건 및 사회복지서비스업, 예술·스포츠 및 여가관련 서비스업, 협회 및 단체, 수리 및 기타 개인서비스업, 가구내 고용활동	직전연도 수입금액 7천5백만원

※ 복식부기의무자는 **과세기간의 개시일로부터 6개월 이내** 사업장 또는 주소지 관할세무서장에게 **사업용계좌를 신고**하여야 한다.

4 근로소득 세액공제

근로소득이 있는 거주자에 대하여 당해 근로소득에 대한 산출세액에서 공제한다.

(1) 세액공제액

산출세액	세액공제액
130만원 이하	근로소득 산출세액 × 55%
130만원 초과	715,000원 + (근로소득 산출세액 − 130만원) × 30%

(2) 공제한도세액

총급여액	한 도
3,300만원 이하	74만원
3,300만원 초과 ~ 7,000만원 이하	Max[①, ②] ① 74만원 − (총급여액 − 3,300만원) × 0.8%, ② 66만원
7,000만원 초과 ~ 1억 2,000만원 이하	Max[①, ②] ① 66만원 − (총급여액 − 7,000만원) × 50%, ② 50만원
1억 2,000만원 초과	Max[①, ②] ① 50만원 − (총급여액 − 1.2억원) × 50%, ② 20만원

5 혼인에 대한 세액공제

구 분	내 용
공제대상	거주자가 혼인신고(혼인신고 후 그 혼인이 무효가 되어 무효신고를 한 경우는 제외)를 한 경우에는 혼인신고를 한 날이 속하는 과세기간의 종합소득산출세액에서 공제한다.
적용기간	2024년 ~ 2026년 혼인신고 분
세액공제액	생애 1회에 한정하여 50만원 공제

6 자녀 세액공제

종합소득이 있는 거주자의 기본공제대상자에 해당하는 자녀(입양자 및 위탁아동, 손자·손녀 포함)가 있는 경우에 종합소득산출세액에서 공제한다.

구 분	세액공제액
기본 세액공제 (만 8세 미만 아동수당 중복적용 제외)	만 8세 이상의 자녀가 있을 경우 ① 2명 이하 : 1명 25만원 + 1명 30만원 ② 3명 이상 : 연 55만원 + 2명 초과하는 1명당 연 40만원
출산·입양 세액공제 (위탁아동 및 손자녀 제외)	해당 과세기간에 출산·입양 자녀가 있는 경우 ① 첫째인 경우 : 연 30만원 ② 둘째인 경우 : 연 50만원 ③ 셋째이상인 경우 : 연 70만원

7 연금계좌 세액공제(2001.1.1 이후 가입분)

구 분	내 용
공제대상	종합소득이 있는 거주자(**본인**)이 연금계좌에 납입한 금액이 있는 경우
세액공제액	Min[①, ②] × 12% 다만, 종합소득금액 4,500만원 또는 총급여액 5,500만원 이하인 거주자는 15% 적용 ① 연금저축계좌 납입액 + 퇴직연금계좌 납입액 + ISA 연금 전환금액 ② 한도 : 900만원 　㉠ 연금저축계좌 납입액 : 600만원 　㉡ 퇴직연금계좌 납입액 : 300만원 　㉢ ISA 연금 전환금액 : 개인종합자산관리계좌(ISA) 만기시 연금계좌로 전환한 금액 10% 　　로 300만원 한도(㉠ 연금저축계좌에 포함)

8 특별세액공제

특별세액공제 = 보험료세액공제 + 의료비세액공제 + 교육비세액공제 + 기부금세액공제

(1) 특별세액공제와 표준세액공제와의 관계

구 분	내 용
근로소득자	다음 중 선택하여 공제 ① 특별소득공제 + 특별세액공제 + 월세액세액공제 ② 표준세액공제(연 13만원)
소득세법상 성실사업자	다음 중 선택하여 공제(2026.12.31.까지) ① 의료비세액공제 + 교육비세액공제 + 월세액세액공제 ② 표준세액공제(연 12만원)
위 이외의 자의 경우	표준세액공제(연 7만원)

(2) 소득공제·세액공제 적용 시 나이·소득(금액)요건과 근로기간에 대한 제한

구분	특별소득공제			특별세액공제						
	주택 자금	신용 카드	연금 저축	보험료		의료비	교육비		기부금	월세
				일반	장애인		일반	장애인		
나이	×	×	×	○	×	×	×	×	×	×
소득(금액)	△	○	×	○	○	×	○	×	○	○
근로기간	○	○	×	○	○	○	○	○	×	○

※ 충족(제한) : ○, 미충족(불문) : ×, 요건에 따라 상이 : △

(3) 보험료 세액공제

근로소득자가 기본공제대상자(**소득금액요건, 나이요건 제한 있음**)를 위해 해당 과세기간에 지출한 보장성보험료(**저축성보험료 및 태아보험료는 제외**)를 공제한다.

구 분	내 용
세액공제액	① 보장성 보험료 : 만기에 환급되는 금액이 납입보험료를 초과하지 아니하는 보험의 보험계약과 주택임차보증금(보증대상 3억원 이하) 반환 보증보험료 ② 장애인전용보장성 보험료 : 보험계약 또는 보험료 납입영수증 등에 '장애인전용 보험'으로 표시된 보험

구 분	내 용
세액공제액	③ 일반보장성보험료와 장애인전용보장성보험료 규정이 동시에 적용되는 경우에는 그 중 하나만 선택하여 적용한다. 다만, 보험료공제 적용 시 보험종류별로 적용하는 것으로 동일 보험계약인 경우에 한한다. (동일인이 아닌 경우 제외)
공제시기	보험료 불입일이 속하는 과세기간에 세액공제

세액공제 대상 보험료	대상금액 한도	세액공제액
보장성 보험료	연 100만원	보험료 납입액 × 12%
장애인전용보장성 보험료	연 100만원	보험료 납입액 × 15%

근로자 두더지씨의 당해 과세기간의 보험료 납부내역이다. 모두 근로기간 내에 지출하였으며 공제대상 여부를 "해당여부"란에 "○", "×"로 표시하시오.

납부내역	해당여부
본인의 자동차보험료 및 아파트 화재보험료	
부친(나이 81세, 사업소득금액 2,000만원)의 생명보험료	
자녀(나이 21세, 소득없음)의 상해보험료	
본인 명의 저축성보험료	
배우자(나이 50세, 소득없음)의 생명보험료	
배우자의 장애인 전용 보장성보험료(생명보험료와 상이한 보험증권)	

【해설】

납부내역	해당여부
본인의 자동차보험료와 화재보험료 ⇨ 손해보험으로 공제가능	○
부친의 생명보험료는 나이요건은 충족하나 소득요건이 불충족하여 공제제외	×
자녀의 상해보험료는 나이요건이 불충족하여 공제제외	×
본인 명의 저축성보험료 ⇨ 보장성보험료가 아니므로 공제 제외	×
배우자 생명보험료 ⇨ 배우자는 나이에 제한이 없으므로 공제가능	○
배우자의 장애인 전용 보장성보험료 ⇨ 보험종류별로 공제를 적용하므로 공제가능	○

(4) 의료비 세액공제

구 분	내 용
공제대상	근로소득이 있는 거주자가 기본공제대상자(**소득금액요건, 나이요건 제한 없음**)를 위하여 지출한 의료비
세액공제액	[① + ②] 공제대상금액 × 15%(단, 미숙아·선천성이상아 의료비 20%, 난임시술비 30%) ① 전액공제대상금액 = [의료비지출액 − ②의 의료비 지출액이 총급여액의 3% 미달금액] 　㉠ 본인　　㉡ 65세 이상자　　㉢ 장애인　　㉣ 6세 이하자 　㉤ 중증질환자, 희귀난치성질환자 또는 결핵환자 　㉥ 미숙아·선천성이상아 의료비, 난임시술비(보조생식술에 소요된 비용) ② ①외의 배우자 및 부양가족(연 700만원 한도) = [의료비지출액 − 총급여액 × 3%]
세액공제 대상 의료비	① 진찰·진료·질병예방(**건강검진비**)을 위한 의료기관 지출액 ② **치료·요양**을 위한 의약품(한약은 포함하나 보약은 제외) 구입비 ③ 장애인보장구 구입·임차비용 ④ 의사·치과의사·한의사 등의 처방에 따른 의료기기 구입·임차비용 ⑤ **시력보정용** 안경·콘택트렌즈 구입비(**1명당 50만원 이내 금액**) ⑥ 보청기 구입비, 보철비, 임플란트와 스케일링비, 라식 수술비 및 근시교정시술비 ⑦ 장기요양급여에 대한 비용으로서 실제 지출한 본인일부부담금 ⑧ **산후조리원 비용(출산 1회당 200만원 이내 금액)**
세액공제 제외 의료비	① **미용·성형수술**을 위한 비용　　② **건강증진**을 위한 의약품 구입비용 ③ **국외의료기관** 지출한 의료비　　④ 간병인에 대한 간병비용 ⑤ **실손의료보험금**으로 보전받은 금액

근로자 두더지씨의 당해 과세기간의 의료비 지출내역이다. 모두 근로기간 내에 두더지씨가 지출하였으며 공제대상여부를 "해당여부"란에 "○", "×"로 표시하시오.

지출내역	해당여부
본인(총급여액 6,500만원)의 질병치료 한약 구입비	
배우자(나이 47세, 소득없음)의 성형수술비	
자녀(나이 21세, 소득없음)의 시력보정용 콘택트 렌즈구입비 70만원	
장인(나이 67세, 사업소득 1,000만원)의 암치료비 500만원(실손의료보험금 400만원 수령)	
배우자의 산후조리원 비용 350만원	
모친(나이 70세, 일시강연소득 1,000만원)의 보청기 및 장애인보장구 구입비용	
부친(나이 81세, 사업소득금액 2,000만원)의 건강검진비	
장모(나이 68세, 소득없음) 외국병원 진료비	

【해설】

지출내역	해당여부
본인의 질병치료 한약 구입비 ⇨ 치료목적 한약구입비는 공제대상	○
배우자의 성형수술비 ⇨ 미용·성형목적 의료비는 공제제외	×
자녀의 콘택트 렌즈구입비 ⇨ 1인당 50만원까지 공제대상	○
장인의 암치료비 ⇨ 의료비는 나이와 소득금액 불문이므로 공제대상(단, 실손의료보험금을 제외한 금액만 가능)	○
배우자 산후조리원 비용 ⇨ 출산 1회 200만원까지 공제대상	○
모친의 의료비 ⇨ 보청기 및 장애인보장구 구입비 공제대상	○
부친의 건강검진비 ⇨ 나이와 소득금액 불문이므로 공제대상	○
장모 외국병원 진료비 ⇨ 외국병원은 공제제외	×

(5) 교육비 세액공제

구 분	내 용
공제대상	근로소득이 있는 거주자가 그 거주자와 기본공제대상자(**소득금액요건 제한, 나이요건 제한 없음, 직계존속은 제외**)를 위하여 해당 과세기간에 지출한 교육비
세액공제액	교육비 공제대상금액(본인과 장애인특수교육비는 한도 없음) × 15%

세액공제 대상 교육비

① 취학 전 아동, 초·중·고등학생

공제대상 교육비	공제한도	공제대상기관
■ 보육료, 입학금, 보육비용, 그 밖의 공납금 및 학원·체육시설 수강료(1주 1회 이상 이용) ■ 방과 후 수업료(특별활동비 포함) ※ 유치원 종일반 운영비 포함	1인당 300만원	유치원, 보육시설, 학원·체육시설, 국외교육기관 (유치원)
■ 방과 후 학교 수업료(도서구입비 포함, 재료비 제외) ■ 학교 급식법에 의한 급식비 ■ 학교에서 구입한 교과서대 ■ 교복구입비용(중·고생 1인당 50만원 이내) ■ 초·중·고등학생 수련활동, 수학여행 등 현장체험학습(1인당 30만원 이내) ■ 대학입학전형료, 수능응시료 등		초·중·고등학교, 인가된 외국인학교, 인가된 대안학교, 국외교육기관

② 대학생

공제대상 교육비	공제한도	공제대상기관
■ 수업료, 입학금 등 ■ **본인** 든든 학자금 및 일반 상환학자금 대출의 원리금 상환액(대학 재학시 공제받지 않은 것에 한하며, 대출금 상환연체로 인하여 추가 지급하는 금액과 생활비대출금액은 제외)	1인당 900만원	대학교, 특수학교, 특별법에 의한 학교 (원격대학, 학점제 등), 국외교육기관

구 분	내 용
세액공제 대상 교육비	③ 본인 <table><tr><th colspan="2">공제대상 교육비</th><th>공제한도</th></tr><tr><td colspan="2">■ 대학교, 대학원, 직업능력개발훈련비(수강료 – 수강지원금), 학자금 대출의 원리금상환액</td><td>전액</td></tr></table>④ 장애인특수교육비(직계존속 포함) <table><tr><th>공제대상 교육비</th><th>공제한도</th><th>공제대상기관</th></tr><tr><td>■ 장애인교육비 수업료, 입학금, 재활교육비 등</td><td>전액</td><td>장애인특수학교, 사회복지시설 등</td></tr></table>
세액공제 제외 교육비	① 직계존속의 교육비(장애인특수교육비는 제외)　② 본인 이외의 대학원 교육비 ③ 학원수강료(취학 전 아동의 경우는 제외)　④ 소득세 또는 증여세가 비과세되는 장학금 ⑤ 학교기숙사비, 학생회비, 학교버스이용료　⑥ 학자금 대출을 받아 지급하는 교육비(자녀등)

근로자 두더지씨의 당해 과세기간의 교육비 지출내역이다. 모두 근로기간 내에 지출하였으며 공제대상 여부를 "해당여부"란에 "○", "×"로 표시하시오.

지출내역	해당여부
본인의 대학원 수업료	
배우자(나이 47세, 소득없음)의 댄스학원비	
자녀(나이 21세, 소득없음)의 대학교 수업료	
자녀(나이 5세, 소득없음)의 미술학원비	
자녀(나이 17세, 고등학생)의 방과후 수업료 및 수학여행비	
모친(나이 80세, 소득없음)의 노인대학 수업료	
자녀(나이 21세, 소득없음)의 대학교 기숙사비, 학교버스이용료	
자녀(나이 27세, 근로소득금액 2,700만원)의 대학원 수업료	

【해설】

지출내역	해당여부
본인의 대학원 수업료 ⇨ 대학원은 본인만 공제가능	○
배우자의 댄스학원비 ⇨ 학원비는 취학 전 아동만 가능하므로 제외	×
자녀의 대학교 수업료 ⇨ 나이는 불문이므로 공제가능	○
자녀의 미술학원비 ⇨ 취학 전 아동의 학원비는 공제가능	○
자녀의 방과후 수업료 및 수학여행비 ⇨ 공제대상으로 체험학습비는 30만원 한도	○
모친의 노인대학 수업료 ⇨ 직계존속의 일반교육비는 공제제외	×
자녀의 대학교 기숙사비 ⇨ 기숙사비, 학교버스이용료는 공제제외	×
자녀의 대학원 수업료 ⇨ 소득금액 규제 및 대학원 수업료는 본인만 가능하므로 공제제외	×

(6) 기부금 세액공제

구 분	내 용
공제대상	거주자 및 기본공제대상자(**소득금액요건 제한, 나이요건 제한 없음**)가 지급한 기부금
세액공제액	기부금 공제대상금액 × 15%(공제대상금액 1,000만원 초과 30%)
세액공제 대상 기부금	▪ **특례기부금(구 법정기부금)** ① 국가나 지방자치단체에 무상으로 기증하는 금품 ② 국방헌금과 국군장병 위문금품의 가액 ③ 사립학교 및 병원 등에 시설비·교육비·장학금·연구비로 지출한 기부금 ④ 사회복지법인 사회복지공동모금회에 지출한 기부금 ⑤ 독립기념관, 대한적십자사에 지출한 기부금(2022.12.31.까지) ⑥ 천재지변으로 생기는 이재민을 위한 구호금품의 가액 ⑦ 특별재난지역을 복구하기 위하여 자원 봉사한 경우 그 용역 가액(8시간 기준 8만원) ⑧ 본인의 **정치자금기부금 및 고향사랑기부금**(연 2,000만원 이하) 　10만원까지는 각각 **정치자금세액공제 및 고향사랑기부금세액공제**를 적용받고, 10만원을 **초과**하는 금액은 **특례기부금**으로 보며, 해당금액이 3,000만원 초과분은 25% 세액공제 　| 구 분 | 세액공제액 | 　|---|---| 　| 10만원 이하 | 기부금 × 100/110(90,909원) | 　| 10만원 초과 | 특례기부금으로 공제(15%) | ▪ **우리사주조합기부금** 　우리사주조합에 지출하는 기부금(우리사주조합원이 **아닌** 거주자 **본인**에 한함) ▪ **일반기부금(구 지정기부금)** ① 종교단체 기부금 ② 노동조합에 납부한 회비(노조 회계 **미공시**한 경우 기부금 공제 배제) ③ 사내근로복지기금에 지출한 기부금 ④ 무료 또는 실비 사회복지시설, 불우이웃돕기 결연기관 기부 ⑤ 노인여가복지시설(경로당, 노인복지관, 노인교실)에 지출하는 기부금 ⑥ 공공기관(독립기념관, 대한적십자사)등에 지출하는 기부금
세액공제 제외 기부금	향우회, 친목회, 동창회, 종친회, 새마을금고 등에 기부한 비지정기부금
기부금 이월공제	▪ 기부금이 한도액을 초과한 경우와 기부금세액공제를 받지 못한 경우(산출세액 초과)에 **10년간 이월**(정치자금·고향사랑·우리사주조합기부금 제외)하여 기부금세액공제를 받을 수 있다. 　| 구 분 | 2014년 이전 | 2014년 이후 | 2019년 이후 | 　|---|---|---|---| 　| 특례기부금 | 3년 | 5년 | 10년 (2013년 이후 지출분부터 적용) | 　| 일반기부금 | 5년 | 5년 | | ▪ 기부금 공제시 **이월된 기부금 공제 후 당해연도 지출 기부금**을 공제한다.

 예제

근로자 두더지씨의 당해 과세기간의 기부 내역이다. 공제대상 기부금을 특례기부금 및 일반기부금으로 분류(○, ×)하시오.

지출내역	특례	일반
본인 명의 종교단체 기부		
배우자(나이 47세, 소득없음)의 대한적십자사 기부		
본인 명의 종친회 기부		
자녀(나이 17세, 소득없음)의 국방헌금 기부		
부친(나이 81세, 사업소득금액 2,000만원)의 이재민구호금품 기부		
모친(나이 80세, 소득없음)의 정당 후원금		
본인 명의 사회복지공동모금회 기부		
자녀(나이 27세, 근로소득금액 2,700만원)의 특별재난지역 자원봉사 기부		

【해설】

지출내역	특례	일반
본인 명의 종교단체 기부 ⇨ 일반기부금에 해당		○
배우자의 대한적십자사 기부 ⇨ 일반기부금에 해당		○
본인 명의 종친회 기부 ⇨ 비지정기부금으로 공제 제외		
자녀의 국방헌금 기부 ⇨ 특례기부금에 해당	○	
부친의 이재민구호금품 기부 ⇨ 특례기부금에 해당하나 소득금액 규제로 공제 제외		
모친의 정당 후원금 ⇨ 정당 후원금은 본인 명의만 공제 대상이므로 제외		
본인 명의 사회복지공동모금회 기부 ⇨ 특례기부금에 해당	○	
자녀의 특별재난지역 자원봉사 ⇨ 특례기부금에 해당하나 소득금액 규제로 공제 제외		

9 월세액 세액공제

구 분	내 용
공제대상	거주자가 **무주택 세대의 세대주**로서 **총급여액 8천만원 이하**인 근로소득자(외국인 포함)가 **국민주택규모**의 주택(오피스텔, 다중생활시설(고시원) 포함) 또는 **기준시가 4억원 이하** 주택을 임차하고 지급하는 월세액이 있는 경우(월세계약은 본인뿐만 아니라 **기본공제 대상자도 체결 가능**)
세액공제액	월세 지급액(연 1,000만원 한도) × 15% | 총급여액	공제율
5,500만원 이하(종합소득금액이 4,500만원 이하)	17%
5,500만원 초과 8,000만원 이하(종합소득금액이 4,500만원 초과 7,000만원 이하)	15%	

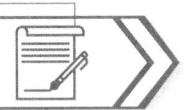

실무이론

01. 거주자 이세원씨의 2025년 각 소득별 소득금액은 다음과 같다. 이세원씨의 2025년 과세되는 종합소득금액은 얼마인가?

- 사업소득금액(무역업) : 40,000,000원
- 사업소득금액(비거주용 부동산임대업) : △20,000,000원
- 사업소득금액(음식점업) : △10,000,000원
- 근로소득금액 : 25,000,000원

① 30,000,000원 ② 35,000,000원 ③ 55,000,000원 ④ 65,000,000원

02. 다음 중 소득세법상 사업소득금액(성실사업자가 아님)에서 소득공제 및 세액공제를 할 수 있는 것은?

① 보장성 보험료 세액공제
② 한부모 소득공제
③ 교육비 세액공제
④ 신용카드 소득공제

03. 다음 중 금융소득 종합과세대상인 배당소득만이 있는 거주자로서, 종합소득세 확정신고시 적용받을 수 있는 세액공제는?

① 기장세액공제 ② 배당세액공제 ③ 재해손실세액공제 ④ 근로소득세액공제

04. 소득세법상 근로소득자와 사업소득자(성실사업자 아님)에게 공통으로 적용될 수 있는 특별소득공제 및 특별세액공제 항목을 모두 나열한 것은?

| 가. 부녀자 공제 | 나. 한부모 추가공제 | 다. 보험료 세액공제 |
| 라. 주택자금 공제 | 마. 기부금 세액공제 | 바. 연금계좌 세액공제 |

① 가 – 다 – 마 ② 나 – 라 – 바 ③ 가 – 나 – 라 – 마 ④ 가 – 나 – 바

05. 다음 중 소득세법상 사업소득자(성실사업자)와 근로소득자에게 모두 적용되는 소득공제내역이 아닌 것은?

① 본인이 부담하는 본인 자동차보험의 보험료
② 본인의 명의로 납부한 대학원 수업료
③ 소득이 없는 26세 자녀에 대한 장애인추가공제 200만원
④ 본인이 납부한 국민연금보험료

06. 소득세법상 인적공제대상 여부의 판정에 대한 내용으로 옳지 않은 것은?

① 추가공제는 해당 거주자의 기본공제를 적용받는 경우에만 공제할 수 있다.
② 과세기간 종료일 전에 사망한 경우 사망일 전일의 상황에 따라 공제여부를 판정한다.
③ 거주자의 공제대상 배우자가 다른 거주자의 공제대상 부양가족에 해당하는 경우 공제대상 배우자로 한다.
④ 본인이 부녀자로써 배우자 없이 20세 이하 직계비속을 부양하는 경우 부녀자공제 및 한부모공제를 중복공제가 가능하다.

07. 다음 중 소득세법상 종합소득금액과 관련한 설명 중 가장 옳은 것은?

① 종합소득금액은 이자소득, 배당소득, 사업소득, 근로소득, 퇴직소득, 기타소득, 연금소득을 모두 합산한 것을 말한다.
② 원천징수된 소득은 종합소득금액에 포함될 수 없다.
③ 부가가치세법상 영세율적용대상에서 발생하는 소득은 소득세법상 소득금액에서 제외한다.
④ 당해연도 사업소득에서 발생한 결손금은 당해연도 다른 종합소득금액에서 공제한다.

08. 다음 중 소득금액이 3,000만원인 김갑동씨의 소득공제 또는 특별세액공제대상이 아닌 것은?

① 5세인 소득이 없는 자녀에 대한 150만원인 기본소득공제
② 기본공제대상자인 형제자매가 교회에 기부한 지정기부금 100,000원
③ 퇴직소득(500만원)이 있는 배우자를 피보험자로 가입하고 김갑동씨가 납부한 생명보험료 500,000원
④ 본인이 납부한 연금보험료 3,000,000원

◆해설◆

01. 비주거용 부동산임대업에서 발생한 결손금은 해당 연도의 타 소득금액에서 공제할 수 없다.
종합소득금액 = 40,000,000원 − 10,000,000원 + 25,000,000원 = 55,000,000원
02. 사업소득자도 인적공제는 가능하며 성실사업자인 경우는 의료비와 교육비 세액공제도 가능하다.
03. 금융소득발생여부와 관련 없이 기장세액공제, 재해손실세액공제는 사업소득 또는 부동산임대소득이 있는 경우, 근로소득세액공제는 근로소득이 있는 경우에 적용된다.
04. 인적공제와 연금계좌세액공제는 공제가 가능하다. 사업소득자만 있는 경우에는 기부금(추계신고자는 제외)은 필요경비로만 허용된다.
05. 인적공제 및 연금보험료공제, 의료비 및 교육비 세액공제는 근로소득자와 성실사업자인 사업소득자 모두 가능하다. 자동차보험의 보험료 세액공제는 근로소득자만 공제 가능하다.
06. 본인이 부녀자 공제와 한부모 공제 모두 해당하는 경우 둘 중 하나만 공제를 받아야 하며, 세부담을 최소화하고자 한다면 "한부모 공제(100만원)"를 선택한다.
07. ① 종합소득금액은 이자소득, 배당소득, 사업소득, 근로소득, 기타소득, 연금소득을 모두 합산한 것을 말한다.
② 원천징수된 소득 중 예납적 원천징수 소득은 종합소득금액에 포함되어야 한다.
③ 부가가치세법상 영세율적용대상에서 발생하는 소득은 소득세법상 비과세소득과는 무관하다.
08. 종합소득금액, 양도소득금액, 퇴직소득금액 합계가 100만원을 초과하는 자는 보험료 세액공제가 되지 않는다.

◆정답◆

01. ③ 02. ② 03. ② 04. ④ 05. ① 06. ④ 07. ④ 08. ③

CHAPTER 03 납부절차

PART 04 소득세

1. 원천징수제도

1 원천징수 의의

소득의 원천이 되는 소득금액 또는 수입금액을 지급하는 자(원천징수의무자)가 이를 지급하는 때에 세법에 따라 납세의무자로부터 일정금액의 국세를 징수하여 국가에 납부하게 하는 제도를 말한다.

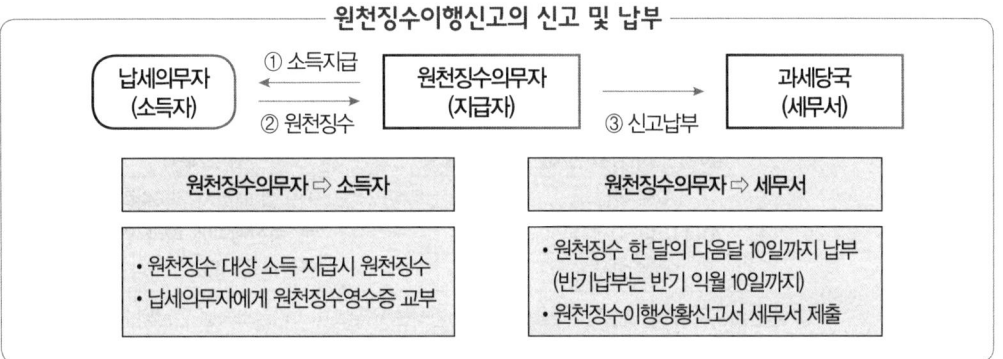

2 원천징수의무자

국내에서 거주자나 비거주자에게 원천징수대상 소득 또는 수입금액을 지급하는 자로서 소득을 지급받는 거주자 또는 비거주자(내·외국법인 포함)로부터 소득세·법인세·농어촌특별세를 원천징수하여 국가에 납부하여야 할 의무가 있는 자를 말한다.

① 거주자   ② 비거주자   ③ 내국법인
④ 외국법인의 국내지점 또는 국내영업소(출장소 기타 이에 준하는 것 포함)
⑤ 그 밖에 소득세법에서 정하는 원천징수의무자

3 원천징수의 종류

구 분	내 용
완납적 원천징수	원천징수만으로 납세의무가 종결되는 것으로 종합소득 중 분리과세대상소득이 이에 해당한다.
예납적 원천징수	원천징수로서 납세의무가 종결되지 않고 소득을 지급받는 자가 추후에 해당 소득을 다른 소득과 합산하여 소득세 신고·납부하여야 하며 이미 원천징수된 세액은 기납부세액으로 공제받는다.

4 원천징수세율

원천징수 대상소득	원천징수세율
이자소득	① 일반 : 14% ② 비실명 이자소득 : 45%(90%) ③ 비영업대금이익 : 25% ④ 장기채권의 이자소득 : 14%(2018년 이전 30%)
배당소득	① 일반 : 14% ② 비실명 배당소득 : 45%(90%) ③ 출자공동사업자에 대한 배당소득 : 25%
사업소득	① 부가가치세가 면세되는 인적용역 : 3%(외국인 직업운동가 20%) ② 봉사료수입금액 : 5%(봉사료가 공급가액의 20%를 초과하는 경우에 한함)
근로소득	① 상용근로자의 급여 : 기본세율(매월분 지급시에는 간이세액표 적용) ② 일용근로자의 급여 : 6%(1일 150,000원 근로소득공제)
연금소득	① 국민연금 및 공무원 등 연금 : 기본세율(연금소득 간이세액표) ② 퇴직연금 및 연금저축 : 요건이 동시에 충족하는 경우 낮은 세율 선택 | 나이(연금수령일 현재) | 세율 | 종신계약 | |---|---|---| | 70세 미만 | 5% | 사망할 때까지 연금수령하는 종신계약에 따라 받는 연금소득 : 4% | | 70세 이상 80세 미만 | 4% | | | 80세 이상 | 3% | | ③ 원천징수되지 아니한 퇴직소득을 연금수령하는 연금소득 : 연금소득을 연금외수령하였다고 가정할 때 계산한 원천징수세액을 연금외수령한 금액으로 나눈 비율의 70%(10년초과 60%)
기타소득	① 소기업·소상공인 공제부금의 해지일시금 및 기타소득에 해당하는 연금외수령액 : 15% ② 복권당첨금, 승마투표권·승자투표권·소싸움경기투표권·체육진흥투표권의 환급금, 슬롯머신 당첨금 : 소득금액 3억원까지는 20%, 3억원 초과분은 30% ③ 위 외의 기타소득 : 20%
퇴직소득	기본세율(연분연승법 특례적용)

5 원천징수 신고·납부

원천징수의무자는 원천징수한 소득세를 그 징수일이 속하는 달의 다음 달 10일까지 원천징수이행상황신고서를 제출 및 납부를 하여야 한다.

구 분	내 용
원칙	징수일이 속하는 달의 다음 달 10일까지 정부에 납부(매월 납부)
예외	직전 과세기간의 상시고용인원이 20명 이하인 원천징수의무자(금융·보험업자는 제외)로서 원천징수 관할세무서장의 승인을 받거나 국세청장이 정하는 바에 따라 지정을 받은 자는 원천징수한 소득세를 그 징수일이 속하는 반기의 마지막 달의 다음 달 10일까지 납부할 수 있다(반기별 납부).

2. 연말정산제도

연말정산이란 근로소득(일반적으로 월급·봉급생활자가 지급받는 급여 등을 말함)을 지급하는 자(원천징수의무자)가 다음 연도 2월분(연금소득은 1월분)의 급여(또는 퇴직하는 달의 급여)를 지급하는 때에 1년간의 총급여액에 대한 근로소득세액을 세법에 따라 정확하게 계산한 후, 매월 급여 지급시 간이세액조견표에 의하여 이미 원천징수한 세액과 비교하여 많이 징수한 경우에는 돌려주고 부족하게 징수한 경우에는 추가 징수하여 납부하는 절차를 말한다.

구 분		내 용
연말정산대상 소득		① 간편장부대상자(직전연도 수입금액 7,500만원 미만)인 보험모집인, 방문판매원, 음료품배달판매원의 사업소득 ② 근로소득(일용근로자 제외) ③ 공적연금소득
연말정산 시기	원칙	원천징수의무자가 해당 과세기간의 다음 연도 2월(공적연금소득은 1월) 연말정산대상소득을 지급하는 때에 연말정산 한다.
	예외	① 보험모집인 등과 거래계약을 해지하는 경우에는 해지하는 달의 사업소득을 지급할 때 ② 근로소득자가 퇴직하는 경우에는 퇴직하는 달의 근로소득을 지급하는 때 ③ 연금소득자가 사망하는 경우에는 사망일이 속하는 달의 다음 다음 달 말일까지 연말정산 한다.
연말정산 신고·납부기한		① 월별(매월)신고자 : 다음 연도 3월 10일까지 ② 반기별신고자 : 다음 연도 7월 10일까지(환급신청시는 3월 10일까지)
지급명세서 제출기한		다음 연도 3월 10일까지

3. 소득세 신고·납부절차

1 중간예납

구 분	내 용
의의	납세지 관할세무서장은 종합소득이 있는 거주자에 대하여 중간예납세액으로 납부하여야 할 세액을 결정하여 **11월 30일(분납세액은 다음 연도 1월 말일)**까지 징수하여야 한다. (**고지납부원칙**)
대상자	**사업소득**이 있는 거주자는 **중간예납 의무**가 있으나 다음에 해당하는 경우에는 중간예납대상자에서 **제외**한다. ① 사업소득 중 수시부과하는 소득만 있는 경우 ② 과세기간 개시일 현재 사업자가 아닌 자로서 과세기간 중 사업을 시작한 경우 ③ 사업소득 중 속기·타자 등 사무관련 서비스업 등에서 발생한 소득만 있는 경우 ④ 납세조합이 중간예납기간 중 그 조합원의 해당 소득에 대한 소득세를 매월 징수하여 납부한 경우 ⑤ 보험모집인·방문판매원·음료배달원 등 연말정산대상 사업소득으로서 원천징수의무자가 직전연도에 사업소득세의 연말정산을 한 경우 ⑥ 분리과세 주택임대소득

구 분	내 용
절차	납세지 관할세무서장은 11월 1일부터 11월 15일까지의 기간 내에 중간예납세액의 납세고지서를 발부하여야 한다.
중간예납세액	중간예납세액 = 중간예납기준액(직전 과세기간의 종합소득세액) × 1/2 다만, 중간예납세액이 **50만원 미만**인 경우에는 징수하지 않으며, 중간예납기간 중의 토지 등 매매차익 예정신고납부세액이 있는 경우 차감한다.
중간예납 추계액의 신고	① 중간예납추계액이 **중간예납기준액의 30%에 미달**하는 경우(임의규정) ② 중간예납기준액이 없는 거주자가 당해 연도의 중간예납기간 중 종합소득이 있는 경우(강제규정. 단, 복식부기의무자가 아닌 사업자는 제외) ⇨ 11월 1일부터 11월 30일까지의 기간 내에 납세지 관할세무서장에게 신고·납부

2 사업장 현황신고(개인 면세사업자)

개인 면세사업자(해당 과세기간 중 사업을 폐업 또는 휴업한 사업자 포함)가 5월의 종합소득 확정신고를 하기 전에 1년간 수입금액을 미리 신고하는 제도를 사업장 현황신고라 하며, 다음 연도 2월 10일까지 사업장 소재지 관할 세무서장에게 신고하여야 한다.

[신고사항]
① 사업자 인적사항   ② 업종별 수입금액명세
③ 수입금액의 결제수단별 내역(매출처별 계산서합계표 등)
④ 계산서·세금계산서·신용카드매출전표 및 현금영수증 수취내역(매입처별 계산서합계표 등)

3 지급명세서 제출의무

구 분		제출기한
원칙		다음 연도 2월 말일 단, 간이지급명세서를 제출한 인적용역 기타소득은 제출의무 면제
근로소득, 퇴직소득, 사업소득, 종교인소득		다음 연도 3월 10일 단, 간이지급명세서를 제출한 사업소득은 제출의무 면제(연말정산 사업소득은 제외)
일용근로소득(매월)		① 원칙 : 지급일이 속하는 달의 다음 달 말일 ② 예외 : 휴업·폐업·해산일이 속하는 달의 다음 달 말일
폐업(휴업)		폐업(휴업)일이 속하는 달의 다음 다음 달 말일
간이 지급명세서	상용직 근로소득	① 원칙 : 지급일이 속하는 반기의 마지막 달의 다음 달 말일 　▪ 1월 ~ 6월 지급분 → 7월 31일까지 　▪ 7월 ~ 12월 지급분 → 1월 31일까지 ② 예외 : 휴업·폐업·해산일이 속하는 반기의 마지막 달의 다음 달 말일

구 분		제출기한
간이 지급명세서	원천징수대상 사업소득 및 인적용역 관련 기타소득	① 원칙 : 지급일이 속하는 달의 다음 달 말일 ② 예외 : 휴업·폐업·해산일이 속하는 달의 다음 달 말일

※ 지급명세서 미제출시 지급액에 대하여 1%(일용직근로소득 제외) 가산세 적용(3개월 이내 제출시 50% 감면)

4 소액부징수

다음의 어느 하나에 해당하는 경우에는 해당 **소득세를 징수하지 아니한다.**
① 원천징수세액이 **1천원 미만인 경우**(이자소득 및 인적용역 사업소득은 제외)
② 납세조합의 징수세액이 1천원 미만인 경우
③ 중간예납세액이 **50만원 미만인 경우**

5 확정신고와 납부

구 분	확정신고
의의	당해 연도의 소득금액(종합, 퇴직, 양도소득)이 있는 거주자는 당해 소득의 과세표준을 당해 연도의 **다음 연도 5월 1일부터 5월 31일까지** 납세지 관할세무서장에게 신고하여야 한다. 이러한 과세표준 확정신고는 해당 과세기간의 과세표준이 없거나 결손금액이 있는 경우에도 하여야 한다. 다만, 일정 규모 이상인 **성실신고확인대상사업자**는 다음연도 **5월 1일부터 6월 30일까지** 확정신고를 한다. ① 거주자 사망시 : 상속인이 상속개시일이 속하는 달의 말일부터 6개월이 되는 날까지 신고한다. 다만, 상속인이 승계한 연금계좌의 소득금액에 대해서는 그러하지 아니하다. ② 거주자 출국시 : 출국일이 속하는 과세기간의 과세표준을 출국일 전날까지 신고
확정신고 예외	다음 어느 하나에 해당하는 경우 거주자는 해당 소득에 대하여 과세표준확정신고를 하지 아니할 수 있다. ① 근로소득만 있는 자　　　　　　　② 퇴직소득만 있는 자 ③ 공적연금법에 따른 연금소득만 있는 자　④ 연말정산대상 사업소득만 있는 자 ⑤ 기타소득으로서 종교인소득만 있는 자 ⑥ 위 ①, ② 또는 ②, ③ 또는 ②, ④ 또는 ②, ⑤ 소득만 있는 자 ⑦ 분리과세(이자소득, 배당소득, 연금소득, 기타소득)만 있는 자 ⑧ 위 ①부터 ⑤에 해당하는 자로서 분리과세(이자소득, 배당소득, 연금소득, 기타소득)만 있는 자
자진납부 및 분납	거주자는 해당 연도의 과세표준에 대한 종합소득·퇴직소득·양도소득 산출세액에서 감면세액·공제세액·기납부세액을 공제한 금액을 과세표준확정신고기한까지 납세지 관할세무서에 납부한다. 또한, 납부할 세액(가산세는 제외)이 **1천만원을 초과**할 경우 납부기한 경과 후 **2월 이내에 분납**할 수 있다. ① 납부할 세액이 2천만원 이하인 때에는 1천만원을 초과하는 금액 ② 납부할 세액이 2천만원을 초과하는 때에는 그 세액의 50% 이하의 금액

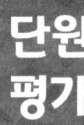
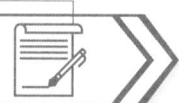

01. 다음의 소득세법상 원천징수세율 중 옳은 것은?

　① 일용근로자의 근로소득 : 8%
　② 모든 원천징수대상 사업소득 : 3%
　③ 주택복권의 당첨소득 중 2억 초과분 : 30%
　④ 이자소득 중 비영업대금의 이익(사채이자) : 25%

02. 다음 중 소득세법상 소득에 대해 적용되는 원천징수세율이 가장 낮은 것부터 순서대로 나열한 것은?

| 가. 비영업대금의 이익 | 나. 3억원 이하의 복권당첨소득 |
| 다. 분리과세를 신청한 장기채권의 이자와 할인액(2025년) | 라. 일당 15만원의 일용근로소득 |

　① 가 – 나 – 다 – 라　　　　　　② 나 – 다 – 라 – 가
　③ 라 – 다 – 나 – 가　　　　　　④ 나 – 가 – 다 – 라

03. 다음 사례에서 소득세법상 원천징수세액이 가장 큰 경우는?

　① 이만복씨가 로또복권에 당첨된 1,000,000원(복권구입비는 1,000원이다)
　② 세무사업을 하는 이세무씨가 일시적인 강의를 하고 받은 1,000,000원
　③ 호텔종업원이 봉사료로 받은 사업소득금액 1,000,000원
　④ 이금융씨가 은행에 예금을 하고 이자로 받은 1,000,000원

04. 다음 중 소득세법상 중간예납세액 및 분납에 대한 설명으로 가장 올바르지 않은 것은?

　① 신규사업자, 보험모집인과 방문판매원, 음료배달원, 주택조합의 조합원이 영위하는 공동사업에서 발생하는 소득만 있는 자는 중간예납의무가 없다.
　② 고지서에 의하여 발급할 중간예납세액이 30만원 미만인 경우에는 징수하지 않는다.
　③ 납부할 세액이 2천만원을 초과하는 때에는 그 세액의 50% 이하의 금액을 납부기한이 지난 후 2개월 이내에 분납할 수 있다.
　④ 분납에 관한 규정은 종합소득 및 퇴직소득에 대하여도 적용된다.

05. 다음은 모두 성실히 납세의무를 이행하고 있는 개인사업자들이다. 이들 중 소득세법상 사업장현황신고를 하지 않아도 되는 사업장은?

　① 소아과 병원
　② 인가를 받아 운영하는 입시학원
　③ 신문발행과 광고업을 같이 운영하는 신문사
　④ 시내버스와 마을버스를 같이 운영하는 버스회사

06. 다음 중 당해 소득세를 징수하는 것은?
① 납세조합의 징수세액이 1천원 미만인 경우
② 근로소득에 따른 원천징수세액이 1천원 미만인 경우
③ 이자소득에 따른 원천징수세액이 1천원 미만인 경우
④ 중간예납세액이 50만원 미만인 경우

07. 다음 중 소득세법상 종합과세대상이 아닌 소득은?
① 국외에서 받은 이자소득(원천징수대상이 아님)이 1,200만원 있는 경우
② 로또에 당첨되어 받은 3억원의 복권당첨소득
③ 소득세법상 성실신고대상사업자가 업무용 차량을 매각하고 200만원의 매각차익이 발생한 경우
④ 회사에 근로를 제공한 대가로 받은 급여 2,000만원

08. 다음 중 소득세법상 과세표준 확정신고를 반드시 해야만 하는 경우는?
① 기타소득금액이 2,000,000원 있는 경우
② 퇴직소득이 50,000,000원 발생한 경우
③ 한 과세기간에 근로소득이 두 군데 사업장에서 발생했는데 연말정산시 합산해서 신고하지 않은 경우
④ 분리과세되는 이자소득만 있는 경우

09. 소득세법과 관련한 다음 설명 중 잘못된 것은?
① 중간예납세액이 150,000원에 불과하다면 징수되지 아니한다.
② 근로소득과 퇴직소득이 있는 자는 종합소득세 확정신고 의무 대상자이다.
③ 부당한 방법으로 과세표준 또는 세액신고를 위반하는 경우 가산세가 중과된다.
④ 거주자는 국내원천소득과 국외원천소득 모두에 대하여 소득세 납세의무가 있다.

10. 다음의 거주자 중 종합소득세 확정신고를 하지 않아도 되는 거주자는 누구인가? (단, 제시된 소득 이외의 다른 소득은 없다.)
① 복권에 당첨되어 세금을 공제하고 10억원을 수령한 이재민씨
② 과세기간 중 다니던 회사를 퇴사하고 음식점을 개업하여 소득이 발생한 오유미씨
③ 소유 중인 상가에서 임대소득이 발생한 서영춘씨
④ 고용관계 없이 기업체에서 일시적으로 강연을 하고 강연료로 받은 1,600만원만 있는 자

11. 다음 중 소득세법상 중간예납세액에 대한 설명으로 틀린 것은?

① 중간예납대상자는 사업소득이나, 당해 사업연도 중 최초로 사업을 개시한 신규사업자는 중간예납 의무가 없다.
② 중간예납에 대한 고지를 받은 자는 11월 30일까지 고지된 세액을 납부하여야 한다.
③ 중간예납은 과세관청 입장에서 다음 연도 5월 31일에 징수할 세액을 조기에 확보한다는 장점이 있다.
④ 중간예납은 원칙적으로 신고 납부하여야 하지만, 전년도 수입금액이 일정금액 미만인 경우에는 관할 세무서장의 고지에 의하여 납부할 수도 있다.

◆해설◆

01. ① 6% : 2011.1.이후 발생하는 소득분부터 8%에서 6%로 변경
    ② 3%(20%) 또는 5% : 대통령령이 정하는 봉사료는 5%, 외국인 직업운동가는 20%
    ③ 30% : 3억 이하는 20%, 3억 초과분은 30%
02. 가. 25%   나. 20%   다. 14%(2018.1.1.이후 발생분부터, 이전분은 30%)   라. 6%
03. ① 복권당첨소득은 3억원 미만인 경우 원천징수세율은 20%이다.
       (1,000,000원 − 1,000원) × 20% = 199,800원
    ② 기타소득(강연료) : (1,000,000원 − 1,000,000원 × 60%) × 20% = 80,000원
    ③ 사업소득(봉사료) : 1,000,000원 × 5% = 50,000원
    ④ 이자소득 : 1,000,000원 × 14% = 140,000원
04. 고지서에 의하여 발급할 중간예납세액은 50만원 미만일 때에 징수하지 아니한다.
05. 사업장현황신고는 부가가치세 신고를 하지 않는 면세사업만 하는 사업자가 하는 것으로 과세사업과 면세사업의 겸영사업자의 경우에는 사업장현황신고를 할 필요가 없다.
06. 이자소득은 소액부징수 규정이 적용되지 않는다.
07. 기타소득은 원칙적으로 종합소득과세표준에 합산하여 신고한다. 예외적으로 복권당첨금 등의 소득은 무조건 분리과세가 적용된다.
08. 이중 근로소득이 있는데 연말정산시 합산신고하지 않은 경우 종합소득세 확정신고를 하여야 된다.
09. 근로소득과 퇴직소득만 있는 자는 확정신고를 하지 아니하여도 된다. (면제)
10. ① 기타소득은 원칙적으로 종합소득과세표준에 합산하여 신고한다. 예외적으로 복권 당첨금 등 열거된 소득은 무조건 분리과세가 적용된다.
    ④ 해당 과세기간의 기타소득금액이 300만원을 초과하는 경우 종합소득과세표준에 합산하여야 한다.
       기타소득금액 = 16,000,000원 − (16,000,000원 × 60%) = 6,400,000원
11. 중간예납은 고지 납부하는 것이 원칙이다.

◆정답◆

01. ④   02. ③   03. ①   04. ②   05. ③   06. ③   07. ②   08. ③   09. ②   10. ①
11. ④

PART 05

보론

CHAPTER 01 재무비율분석
CHAPTER 02 비영리회계
CHAPTER 03 지방세신고

실무이론

직무명	분류번호	능력단위명	수준	능력단위요소
회계 · 감사	0203020106_20v4	재무비율분석	3	2 재무비율 계산하기
	0203020109_20v4	비영리회계	4	1 비영리대상 판단하기 2 비영리회계 처리하기

능력단위정의	재무비율분석이란 재무제표상의 관련항목을 대응시켜 수익성, 활동성, 안정성, 유동성, 성장성, 기타 재무비율 등의 비율을 산출하고 분석하는 능력이다.
	비영리회계란 비영리조직의 회계보고를 위하여 비영리대상 파악, 비영리 회계처리, 비영리회계보고서를 작성하는 능력이다.

NCS 능력단위	능력단위요소	수 행 준 거
0203020106_20v4 재무비율분석	0203020106_20v4.2 재무비율 계산하기	2.1 재무제표를 이용하여 수익성 비율을 계산할 수 있다. 2.2 재무제표를 이용하여 활동성 비율을 계산할 수 있다. 2.3 재무제표를 이용하여 안정성 비율을 계산할 수 있다. 2.4 재무제표를 이용하여 성장성 비율을 계산할 수 있다. 2.5 재무제표를 이용하여 기타 재무비율을 계산할 수 있다.
0203020109_20v4 비영리회계	0203020109_20v4.1 비영리대상 판단하기	1.1 비영리조직에 관한 일반적 정의에 의거하여 비영리조직 여부를 판단할 수 있다. 1.2 비영리조직 관련규정에 따라 비영리법인 여부를 판단할 수 있다. 1.3 비영리조직 관련규정에 따라 회계단위를 구분할 수 있다.
	0203020109_20v4.2 비영리회계 처리하기	2.1 비영리조직 관련규정에 따라 영리활동으로 인한 거래와 비영리활동으로 인한 거래를 구분할 수 있다. 2.2 비영리활동으로 인한 거래가 발생하면 해당 비영리조직의 개별적인 특성에 따라 회계처리할 수 있다. 2.3 비영리활동으로 인한 거래가 발생하면 복식부기 기반의 발생주의회계를 사용하여 회계처리할 수 있다.

직무명	분류번호	능력단위명	수준	능력단위요소
세무	0203020208_23v6	지방세 신고	3	1 지방소득세 신고하기 2 취득세 신고하기 3 주민세 신고하기

능력단위정의	지방세신고란 지방세를 납부하기 위하여 지방세관계법과 지방자치단체의 조례에 따라 과세권자인 지방자치단체에 지방세의 과세표준, 세율, 납부세액 등 필요한 사항을 기재한 각 지방세목별로 신고하는 능력이다.

NCS 능력단위	능력단위요소	수 행 준 거
0203020208_23v6 지방세 신고	0203020208_23v6.1 지방소득세 신고하기	1.1 개인지방소득 및 법인지방소득의 범위 및 소득을 계산할 수 있다. 1.2 개인지방소득 및 법인지방소득의 소득분지방소득세 과세표준과 세액을 계산할 수 있다.
	0203020208_23v6.2 취득세 신고하기	2.1 취득세의 과세대상과 납세의무자에 대하여 구분할 수 있다. 2.2 취득의 종류 및 취득시기에 따른 과세표준과 세율을 적용할 수 있다.
	0203020208_23v6.3 주민세 신고하기	3.1 사업소분주민세와 종업원분주민세의 과세대상과 납세의무자에 대해서 파악할 수 있다. 3.2 사업소분주민세와 종업원분주민세의 과세표준과 세율을 파악하여 계산할 수 있다.

CHAPTER 01 재무비율분석

구 분			내 용
재무비율분석 의의			재무비율분석은 재무제표상의 관련 항목들을 대응시켜 비율을 산출하고, 산출된 비율을 통해 기업의 수익성과 재무적 위험, 성장성 등을 평가하는 분석 방법이다. 재무비율분석은 간편하고 이용하기 쉽기 때문에, 전통적으로 기업 분석을 위한 예비적인 분석 방법으로 많이 사용되어 왔다.
수익성 분석 비율		의의	수익성이란 일정 기간 동안의 경영 성과를 의미하는 것으로, 수익성 분석 비율에는 자본 수익성 비율과 매출 수익성 비율 그리고 자산의 활용도를 측정하는 활동성(효율성)비율이 있다.
	자본 수익성 비율	자기자본 이익율	자기자본 이익률(ROE : return on equity)은 당기순이익을 자기 자본으로 나눈 비율로서 주주 입장에서의 투자 수익률을 나타내기도 하고, 기업의 입장에서는 사후적인 자기 자본 비용의 대용치이다. 따라서 자기 자본 이익률이 자기 자본비용보다 크다면 기업 가치는 증가하고, 반대의 경우에는 기업 가치가 감소한다. $$자기자본\ 이익률 = \frac{당기순이익}{(기초자기자본 + 기말자기자본) \div 2} = \frac{당기순이익}{평균자기자본}$$
		총자산 이익률	총자산 이익률(ROA : return on assets)은 당기 순이익을 총자산으로 나눈 비율로서, 기업의 종합적인 경영 성과를 나타낸다. $$총자산이익률 = \frac{당기순이익}{(기초총자산 + 기말총자산) \div 2} = \frac{당기순이익}{매출액} \times \frac{매출액}{총자산(평균)}$$ $$= 매출액순이익률 \times 총자산\ 회전율$$
	매출 수익성 비율	매출액 총이익률	매출액 총이익률은 기업의 생산과 관련된 수익성을 측정하는 비율이다. - 매출액 총이익률 = $\frac{매출총이익}{매출액}$ - 매출원가율 = 1 − 매출액 총이익률
		매출액 영업 이익률	매출액 영업이익률은 기업의 영업 활동(생산 및 판매 관리 활동)의 수익성을 평가한다. $$매출액\ 영업이익률 = \frac{영업이익}{매출액}$$
		매출액 순이익률	매출액 순이익률은 영업 활동과 재무 활동 및 투자 활동을 총망라한 경영 활동의 성과를 최종적으로 평가하는 비율이다. $$매출액\ 순이익률 = \frac{당기순이익}{매출액}$$

구 분		내 용
수익성 분석 비율	활동성 비율	
	의의	활동성 비율은 기업의 영업 활동에 투입된 자산을 얼마나 효율적으로 사용하고 있는 가를 나타내는 비율로 효율성 비율이라고도 한다. 활동성 비율은 매출액을 투입된 자산으로 나눈 회전율로 측정되는데, 이때 분모에 해당하는 투입 자산은 자본수익성 비율을 계산할 때와 마찬가지로 기초와 기말의 평균값을 사용한다.
	총자산 회전율	총자산 회전율은 총자본 회전율이라고도 하며 총자산 회전율이 높다는 것은 한 단위의 자산에서 보다 높은 매출액이 실현되었다는 것을 의미하므로 자산이 효율적으로 사용되었다는 것을 뜻한다. 그러나 총자산 회전율이 낮으면, 기업의 자산 투자가 과다하였거나 또는 자산이 비효율적으로 이용되고 있다는 것을 의미한다. $$\text{총자산 회전율} = \frac{\text{매출액}}{\text{총자산(평균)}}$$
	비유동 자산 회전율	비유동자산 회전율의 비율이 낮은 경우에는 비유동자산 투자가 과다하였거나 또는 비유동자산이 비효율적으로 이용되고 있음을 의미한다. 비유동자산의 대표 항목인 유형자산에 대한 투자 효율성을 측정하는 유형자산 회전율도 많이 이용된다. ■ $\text{비유동자산 회전율} = \dfrac{\text{매출액}}{\text{비유동자산(평균)}}$ ■ $\text{유형자산 회전율} = \dfrac{\text{매출액}}{\text{유형자산(평균)}}$
	재고자산 회전율	재고자산 회전율은 재고자산관리의 효율성을 나타내며 재고자산 비율이 높다는 것은 적은 재고 자산으로 일정액의 매출을 달성한 것이므로 재고 자산이 효율적으로 관리되고 있음을 의미한다. 재고자산 회전율을 계산할 때 매출액 대신 매출원가를 분자로 사용하는 것은 매출액은 시가로 표시되고 재고자산은 원가로 표시되기 때문에 분자 분모가 서로 다른 기준에 의해 평가되는 문제점을 해결하기 위한 것이다. 한편 재고자산 회전율을 기간 형태로 바꾼 것을 재고자산 보유기간(재고자산 회전기간)이라고 하는데 이는 재고자산이 판매되기까지 평균적으로 얼마의 시간이 소요되는가를 나타낸다. ■ $\text{재고자산 회전율} = \dfrac{\text{매출원가}}{\text{재고자산(평균)}}$ ■ $\text{재고자산 보유기간} = \dfrac{365}{\text{재고자산 회전율}} = \dfrac{\text{재고자산(평균)}}{\text{매출원가} \div 365} = \dfrac{\text{재고자산(평균)}}{\text{일평균 매출원가}}$
	매출채권 회전율	매출채권 회전율은 매출 채권의 투자효율성 즉, 매출 채권이 현금화되는 속도를 나타낸다. 매출채권 회수기간은 매출채권 회전율을 기간 형태로 표현한 것으로 365일을 매출채권 회전율로 나누어 계산된다. 재고자산 보유기간과 매출채권 회수기간을 더한 것을 영업 순환 주기라고도 부른다. ■ $\text{매출채권 회전율} = \dfrac{\text{매출액}}{\text{매출채권(평균)}}$ ■ $\text{매출채권 회수기간} = \dfrac{365}{\text{매출채권 회전율}} = \dfrac{\text{매출채권(평균)}}{\text{매출액} \div 365} = \dfrac{\text{매출채권(평균)}}{\text{일평균 매출액}}$

구 분			내 용
재무적 위험 분석 비율		의의	재무적 위험 분석 비율은 기업의 지급 불능 위험을 나타내는 비율로서, 단기적 지급능력을 나타내는 유동성 비율과 장기적 지급 능력을 평가하는 레버리지 비율로 구성된다.
	유동성 비율	의의	유동성 비율은 기업의 단기적 지급 능력을 평가하는 비율로, 주로 유동자산과 유동부채를 비교하여 산정된다.
		유동비율	유동비율은 유동성을 평가하는데 가장 보편적으로 사용된다. 유동 자산이 유동 부채보다 충분히 많으면 단기지급능력이 양호한 것으로 평가하게 된다. $$유동비율 = \frac{유동자산}{유동부채}$$
		당좌비율	당좌비율은 유동자산에서 재고 자산을 차감한 자산인 당좌자산을 유동부채로 나눈 비율이다. 재고자산은 판매 과정을 거쳐야만 현금화될 수 있고, 재고자산 평가방법에 따라 그 가치가 다르게 나타날 수 있으며, 또 진부화 되어 판매가 어려운 재고 자산이 발생할 수도 있다. 따라서 재고 자산을 제외한 당좌자산을 유동부채와 비교함으로써 보다 엄격한 기업의 단기 지급 능력을 평가할 수 있다. $$당좌비율 = \frac{유동자산 - 재고자산}{유동부채}$$
		현금비율	현금비율은 당좌자산 중 대손 가능성이 있는 매출채권을 제외하고 측정된 것으로 가장 보수적인 유동성 비율이다. $$현금비율 = \frac{현금및현금성자산}{유동부채}$$
	레버리지 비율	의의	기업이 부채를 사용하게 되면 고정비 성격의 이자비용이 발생하는데, 이 이자비용은 영업 성과에 따라 손익을 확대시키는 효과를 가져온다. 이러한 손익 확대 효과 때문에 부채가 많을수록 기업의 지급 불능 위험은 높아지게 되는데, 이를 측정하는 것이 레버리지 비율이다. 즉, 레버리지 비율은 부채 의존에 따른 장기적인 지급 능력을 평가하는 비율이다.
		부채비율	부채비율은 기업의 타인 자본 의존도를 평가하는 것으로, 이 비율이 높아질수록 재무 위험이 증가하고, 기업의 지급 불능 위험은 높아진다. $$부채비율 = \frac{부채}{자기자본}$$
		비유동 비율	기업이 조달한 자금은 유동자산과 비유동자산에 투자하게 되는데, 유동자산에 투자된 자금은 단기간에 회수할 수 있지만 비유동자산에 투자된 자금은 회수하는데 장기간이 소요된다. 따라서 유동자산에 투자되는 자금은 단기자금으로 조달하고, 비유동자산에 투자되는 자금은 장기 자금으로 조달하는 것이 자금 운용의 안정성을 확보하는 방법일 것이다. 이러한 자금 운용과 자금 조달 사이의 재무적 안정성과 지급 능력 정도를 평가하는 비율이 비유동비율과 비유동 장기 적합률이다.

구 분		내 용
재무적 위험 분석 비율	레버리지 비율	비유동 비율	■ 비유동비율 = $\dfrac{\text{비유동자산}}{\text{자기자본}}$ ■ 비유동 장기 적합률 = $\dfrac{\text{비유동자산}}{\text{비유동부채} + \text{자기자본}}$
		이자 보상 비율	부채비율이 일정 시점의 부채 의존도를 알려준다면, 이자보상비율은 부채 사용에 따른 일정 기간의 이자비용에 대한 안전도를 나타내준다. 이자보상비율 = $\dfrac{\text{이자 및 법인세비용 차감 전 순이익}}{\text{이자비용}}$ = $\dfrac{\text{당기순이익} + \text{법인세비용} + \text{이자비용}}{\text{이자비용}}$
성장성 분석 비율	의의	성장성 분석 비율은 일정 기간 동안 기업의 규모나 성과가 얼마나 증가하였는지를 나타내는 비율로 표시된다.
	매출액 증가율	매출액 증가율은 기업의 매출액이 전기에 비해 얼마나 증가하였는지를 측정하는 비율로 기업의 외형적 성장을 평가하는데 사용된다. 매출액 증가율 = $\dfrac{\text{당기말 매출액} - \text{전기말 매출액}}{\text{전기말 매출액}}$
	순이익 증가율	순이익 증가율은 당기 순이익이 전기에 비해 얼마나 증가하였는지를 측정하는 비율로서 실질적인 기업의 성장을 평가하는데 사용된다. 순이익 증가율 = $\dfrac{\text{당기순이익} - \text{전기순이익}}{\text{전기순이익}}$
	총자산 증가율	총자산 증가율은 전기 말에 비해 기업의 총자산 규모가 얼마나 증가하였는지를 나타내는 비율로 매출액 증가율과 함께 기업의 외형적 성장을 평가하는데 주로 사용된다. 총자산 증가율 = $\dfrac{\text{당기말 총자산} - \text{전기말 총자산}}{\text{전기말 총자산}}$
	자기자본 증가율	자기자본 증가율은 전기 말에 비해 기업의 자기 자본이 얼마나 증가하였는지를 나타내는 비율이다. 자기자본의 증가는 유상 증자와 이익의 사내 유보에 의해서 나타난다. 자기자본 증가율 = $\dfrac{\text{당기말 자기자본} - \text{전기말 자기자본}}{\text{전기말 자기자본}}$

구 분		내 용
기타 재무 비율	주가 이익 비율	주가 이익 비율(PER : price-earnings ratio)은 투자자가 기업의 미래에 대한 전망을 어떻게 하고 있는가를 보여주는 지표이다. $$\text{주가 이익 비율} = \frac{\text{주가}}{\text{주당 순이익}}$$
	주가 순자산 비율	주가 순자산 비율(PBR : price-to-book value ratio)은 기업의 미래 수익성(자기 자본 이익률)과 위험(자기 자본 비용)의 관계를 보여주는 것으로, 기업의 자기 자본 이익률이 자기 자본 비용보다 높을 것으로 예상 된다면 주식 가격은 주당 순자산보다 크게 되어 주가 순자산 비율은 1보다 커진다. $$\text{주가 순자산 비율} = \frac{\text{주가}}{\text{주당 순자산}}$$
	주가 매출액 비율	주가 매출액 비율(PSR : price-sales ratio)은 미래 수익성 전망과 위험에 따라 결정되는데, 적자 기업에도 적용이 가능하다는 장점이 있다. $$\text{주가 매출액 비율} = \frac{\text{주가}}{\text{주당 매출액}}$$
	주가 현금흐름 비율	주가 현금흐름 비율(PCR : price-to-cash flow ratio)은 보통 현금흐름은 현금흐름표상 영업활동 현금 흐름을 사용한다. 이 비율은 기업의 회계 처리 방법의 선택에 따라 달라지는 순이익과 달리, 기업의 회계 정책에 거의 영향을 받지 않는 영업 활동 현금 흐름을 사용하였다는 특징이 있다. $$\text{주가 현금흐름 비율} = \frac{\text{주가}}{\text{주당 영업활동 현금흐름}}$$

CHAPTER 02 비영리회계

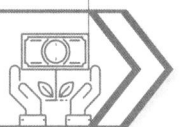

1. 비영리 조직

비영리 조직은 영리를 추구하지 않는 조직체이다. 비영리 조직은 정부·공공 부문·비영리 법인(기관)·자선 단체 등을 포함한다.

구 분	내 용
미국회계학회의 정의	미국회계학회(AAA)는 다음에 열거하는 특성 중에 하나 이상을 충족하면 비영리 조직체로 규정하고 있다. ① 의도적·개인적 이윤 추구 동기가 없을 것 ② 개인 또는 개별적으로 지분을 소유하고 있지 않을 것 ③ 지분이 매각 또는 교환되지 않을 것 ④ 자본의 출자자 또는 기증자로부터 제공 자원에 대해 직접적이거나 비례적으로 재무적 편익을 요구받지 않을 것
한국회계기준원의 정의	'비영리 조직'은 일반 사회의 공익 등을 목적으로 설립되어 비영리 사업을 영위하는 모든 조직을 말하며, 특정인의 이익과 영리를 목적으로 설립되어 운영되고 있는 영리 조직과 대조되는 개념이다. 예를 들면, 비영리 조직에는 사회 복지 사업, 교육 사업, 연구와 학술 활동의 영위 또는 지원, 교화, 종교, 자선 등의 사업을 영위하는 조직이 있다.
비영리 조직체의 종류	미국회계학회의 정의에 따라 비영리 조직체를 규정하면 대학, 종교 단체, 종합 병원, 자발적인 보건 복지 기관, 자선 단체, 정부 기관 등이 대표적이다. 반면에 협동조합, 노동조합, 무역협회, 골프 클럽 등은 조직의 구성원, 회원 등에게 재무상의 효익을 제공할 수 있기 때문에 비영리 조직체가 아니다.

2. 비영리 법인

법인은 설립 목적에 따라 영리 법인과 비영리 법인으로 구분할 수 있다. 영리란 사업 목적이 이윤을 추구하고, 그 이익을 구성원에게 분배하여 경제적 이익을 도모하는 것을 의미한다.

구 분	내 용
영리 법인	영리 법인은 영리를 목적으로 「상법」에 의해 설립된 주식회사, 합자 회사, 합명 회사, 유한 회사 등이 대표적이다.
비영리 법인	비영리 법인은 학술, 종교, 자선, 기예, 사교, 기타 영리 아닌 사업을 목적으로 「민법」 등에 의해 설립된다. 「민법」에 의해 설립되는 비영리 법인은 사단 법인과 재단법인이 있고, 특별법에 근거하여 설립되는 재단 법인으로 학교 법인(사립학교법), 의료법인(의료법), 사회 복지 법인(「사회복지사업법」) 등이 있다.

구 분		내 용
비영리 법인	사단법인	사단 법인은 일정 목적을 위해 사람들이 결합한 단체로서 주무 관청의 허가를 받아 설립한 단체이다. 사단 법인은 사람이라는 구성원이 필수 요소이고, 사단 법인의 의사 결정은 사원 총회를 통해 이루어진다. 사단 법인은 임의 해산이 가능하고, 그 설립 목적이 영리를 추구하든, 비영리를 추구하든 설립할 수 있다.
	재단법인	재단 법인은 특정한 목적을 위해 주무 관청의 허가를 받아 설립된 재단을 말한다. 재단법인은 일정한 목적을 위해 출연한 재산이 필수 요소이고, 재단 법인의 운영은 설립자의 설립 목적에 따라 운영된다. 재단 법인은 임의 해산을 할 수 없고, 그 설립 목적이 비영리를 추구하는 경우에만 설립할 수 있다.
	특별법에 의해 설립된 비영리 법인	① 「사립학교법」: 학교 법인 ② 「의료법」: 의료 법인 ③ 「사회복지사업법」: 사회 복지 법인 ④ 「공익법인의 설립·운영에 관한 법률」의 규정
	세법상 비영리 법인	(1) 「법인세법」 ① 법인세의 납세 의무와 관련하여 「민법」에 의하여 설립된 법인 ② 「사립학교법」의 규정에 의하여 설립된 학교 법인 ③ 기타 특별법에 의하여 설립된 법인 등으로 「민법」 제32조의 규정에 명시된 설립 목적 및 기타 그와 유사한 설립 목적을 가진 법인 (2) 「상속세 및 증여세법」 ① 종교의 보급, 기타 교화에 현저히 기여하는 사업 ② 교육법의 규정에 의한 교육 기관을 운영하는 사업 ③ 「사회복지사업법」의 규정에 의하여 설립한 사회 복지 법인이 운영하는 사업 ④ 「의료법」 또는 「정신보건법」의 규정에 의한 의료 법인 또는 정신 의료 법인이 운영하는 사업 ⑤ 공익 법인의 설립·운영에 관한 법률의 적용을 받는 법인이 운영하는 사업 ⑥ 예술 및 문화에 현저히 기여하는 사업으로서 영리를 목적으로 하지 아니하는 사업 ⑦ 공중위생 및 환경 보호에 현저히 기여하는 사업으로서 영리를 목적으로 하지 아니하는 사업 ⑧ 공원, 기타 공중이 무료로 이용하는 시설을 운영하는 사업 ⑨ 「법인세법 시행령」 또는 「소득세법 시행령」이 정하는 지정 기부금 단체가 운영하는 고유 목적 사업 ⑩ 기타 기획재정부령이 정하는 사업을 영위하는 자를 비영리 조직(공익 법인 등)

3. 비영리 회계처리

1 영리 조직과 비영리 조직의 특성

영리는 재산상의 이익을 의미하고, 영리 조직은 재산상의 이익을 얻을 목적으로 활동하는 조직을 말한다. 반면에 비영리는 재산상의 이익을 추구하지 않는 것이고, 비영리 조직은 공공 목적에 봉사하는 정부와 기업 외의 자발적 비영리 단체를 의미한다.

[영리 조직과 비영리 조직의 비교]

구 분	영리 조직	비영리 조직
조직 목적	이익 추구	사회복지, 공익 서비스 제공
자원 조달 방법	자기자본, 타인자본 조달	조세, 기부금, 보조금, 회비
자원 활용	자유 활동	법규, 규칙, 정관 등 적용
정보 이용자	주주, 채권자 등	자원 제공자
재무정보	재무상태, 현금흐름 등	지속 가능한 서비스 등

2 영리 활동과 비영리 활동의 구분

구 분	내 용
수익 사업	수익 사업은 일반적으로 경제적 효익을 얻는 사업을 말하며,「법인세법」에서는 다음에 해당하는 사업을 수익 사업으로 규정하고 있다. 비영리 조직의 수익 사업에 대해서도 과세하고 있다. ① 제조업, 건설업, 도·소매 및 소비자 용품 수리업, 부동산·임대 및 사업 서비스업 등 수익이 발생하는 사업 ②「소득세법」에 의한 이자·할인액·배당금 ③ 주식·출자 지분 등의 양도로 인하여 생기는 수입 ④ 고정 자산의 처분으로 인하여 생기는 수입
고유 목적 사업	고유 목적 사업은 법인의 설립 목적이 되는 사업을 말한다. 영리 법인은 영리를 목적으로 설립된 법인이므로 영리 사업이 고유 목적 사업이고, 비영리 법인은 영리외의 것을 고유 목적으로 하여 설립된 법인이다.
비영리 법인의 고유 목적 사업	비영리 법인의 고유 목적 사업은 학술·종교·자선·사교 등이다. 비영리 법인이 당해 고정 자산 처분일 현재 3년 이상 계속하여 법령 또는 정관에 규정된 고유 목적 사업에 직접 사용한 경우 당해 고정 자산의 처분으로 인한 수입에 대하여 법인세를 과세하지 않는다.

3 비영리 조직의 수익 사업

비영리 조직이 목적 달성을 위해 필요한 범위 내에서 수익 사업을 영위할 수 있는데, 수익 사업을 영위하기 위해서는 법인의 정관에서 정하는 바에 따라 운영해야 한다.

구 분	내 용
대학 회계 규칙상 수익 사업	「사립학교법」에서 사립 대학은 교육 재원을 마련하기 위한 수단으로 수익 사업을 허용하고 있다. ① 수익 사업 유형 　사립 대학의 수익 사업 유형은 부동산 임대업, 의료업, 금융업, 출판사업, 건설업, 여행업, 전산 교육 사업, 어학 사업 등 다양하게 수행할 수 있다. ② 구분 회계 처리 　사립 대학의 수익 사업은 「법인세법 시행령」에 의해 구분하여 별도 회계 처리하고, 실무 차원에서 수익 사업별 예산과 결산서도 구분, 작성해야 한다.
의료 법인의 부대 사업	「의료법」은 의료 기관이 의료 업무 외에 다음의 부대 사업을 할 수 있으며, 이 경우 부대 사업으로 얻은 수익에 관한 회계는 의료 법인의 다른 회계와 구분하여 계산해야 한다. ① 의료인과 의료 관계자 양성이나 보수 교육 ② 의료나 의학에 관한 조사 연구 ③ 노인 의료 복지 시설의 설치 · 운영 ④ 장례식장의 설치 · 운영 ⑤ 부설 주차장의 설치 · 운영 ⑥ 의료업 수행에 수반되는 의료 정보 시스템 개발 · 운영 사업 ⑦ 기타 휴게 음식점, 일반 음식점, 이용업, 미용업 등 환자 또는 의료 법인이 개설한 의료 기관 종사자 등의 편의를 위한 사업
사회복지 사업법상의 수익 사업	사회복지사업법은 사회복지법인이 목적사업의 경비에 충당하기 위하여 필요할 때에는 법인의 설립 목적 수행에 지장이 없는 범위 내에서 수익사업을 영위할 수 있도록 규정하고 있다.

4 영리 회계와 비영리 회계의 차이점 분석

구 분	영리 회계	비영리 회계
이윤 추구	이윤 추구, 기간 성과 측정	이윤 동기 없음, 일방적 소비와 지출
원가 회수	이윤에 의한 원가 회수	원가 회수 없음(공공성, 사회성)
수익 창출	수익에 근거한 원가 지출	수익과 관련 없이 서비스 제공
순이익 계산	순자산, 잔여재산 등 계상	지분이 없어 순이익 계산하지 않음
회계 단위	기업 전체	사업 목적별 회계
예 산	임의적, 내부 통제 목적	예산에 의해 규제, 한정
성과 측정	화폐적 평가	화폐적 평가, 양적 · 질적 평가
세무회계	모든 수익에 과세	수익 사업에 한해 과세

CHAPTER 03 지방세신고

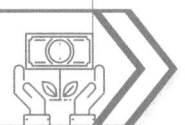

1. 지방소득세

구 분		내 용
의의	개인 지방소득	소득세법에 따른 거주자 또는 비거주자의 소득을 말한다. ① 거주자의 개인지방소득 : 거주자의 개인지방소득은 종합소득(이자소득, 배당소득, 근로소득, 사업소득, 연금소득, 기타소득), 퇴직소득, 양도소득으로 구분하며, 각 소득의 범위는 소득세법에서 정하는 바에 따른다. ② 비거주자의 개인지방소득 : 비거주자의 개인지방소득은 소득세법에 의한 국내원천소득으로 한다.
	법인 지방소득	법인세법상 내국법인 또는 외국법인의 소득을 말한다. 내국법인 및 외국법인의 법인지방소득은 각 사업연도의 소득, 청산소득, 양도소득, 미환류소득으로 구분되며, 법인의 종류에 따른 각 호의 소득의 범위는 법인세법에서 정하는 바에 따른다.

과세표준
및
세율
	개인
	지방소득세
		① 거주자의 종합소득 과세표준
		    거주자의 종합소득 과세표준은 이자소득, 배당소득, 사업소득, 근로소득, 연금소득, 기타소득 등의 각 소득에서 필요경비 등을 차감한 후 종합소득공제(인적공제 및 물적공제)를 차감한 금액을 말한다.
		② 거주자의 종합소득 과세표준에 대한 세율
		    거주자의 종합소득 과세표준에 대한 적용세율은 구간별 최소 0.6%에서 최대 4.2%의 초과누진세율을 적용하고 있다.

	법인
	지방소득세
		① 법인지방소득세 과세표준
		    내국법인의 각 사업연도의 소득에 대한 법인지방소득세의 과세표준은 법인세법에 따라 계산한 금액으로 한다.
		② 법인지방소득세 과세표준에 대한 세율
		    내국법인의 각 사업연도의 과세표준에 대한 적용세율은 구간별 최소 1%에서 최대 2.5%의 초과누진세율을 적용하고 있다.

2. 취득세

구 분	내 용
과세대상 자산	취득세의 과세대상 자산은 부동산, 차량, 기계장비, 항공기, 선박, 입목, 광업권, 어업권, 골프회원권, 승마회원권, 콘도미니엄 회원권, 종합체육시설 이용회원권 또는 요트회원권을 말한다.
납세의무자	취득세 납세의무자는 부동산등을 취득한 자이다.
과세표준	취득세의 과세표준은 취득 당시의 가액으로 한다. 다만, 연부(年賦)로 취득하는 경우에는 연부금액(매회 사실상 지급되는 금액을 말하며, 취득금액에 포함되는 계약보증금을 포함)으로 한다.
세율	지방자치단체의 장은 조례로 정하는 바에 따라 취득세의 세율의 100분의 50의 범위에서 가감할 수 있다. ■ 부동산 : 2.3% ~ 4.0% ■ 부동산 외의 자산 : 2.0% ~ 7.0%
신고 및 납부	취득세 과세물건을 취득한 자는 그 취득한 날부터 60일 이내에 그 과세표준에 세율을 적용하여 산출한 세액을 신고하고 납부하여야 한다.

3. 주민세

구 분	균등분 주민세	재산분 주민세	종업원분 주민세
정의	■ 개인 또는 법인에 대하여 균등하게 부과하는 주민세	■ 사업소 연면적을 과세표준으로 하여 부과하는 주민세 ■ 사업소란 인적 및 물적 설비를 갖추고 계속하여 사업 또는 사무가 이루어지는 장소	■ 종업원의 급여총액을 과세표준으로 하여 부과하는 주민세 ■ 종업원의 급여총액이란 사업소의 종업원에게 지급하는 봉급, 임금, 상여금 및 이에 준하는 성질을 가지는 급여
납세의무자	매년 8월 1일 현재 시·군내에 주소를 둔 개인, 사업소를 둔 개인 및 법인	매년 7월 1일 현재 과세대장에 등재된 사업주	종업원에게 급여를 지급하는 사업주
면세점 기준	-	해당 사업소의 연면적이 330제곱미터 이하인 경우	최근 1년간 해당 사업소 종업원 급여총액의 월평균금액이 135백만원 이하인 경우
납기	매년 8월 16일 ~ 8월 31일 (과세기준일 8월 1일)	매년 7월 1일 ~ 7월 31일 (과세기준일 7월 1일)	매월 말일을 기준으로 다음달 10일까지 신고납부
세율	■ 개인 : 1만원 범위 내에서 자체 단체별로 조례에규정 ■ 개인사업자(직전년도 부가가치세 과세표준 4,800만원이상) : 50,000원 ■ 법인사업자 : 자본금과 종업원수에 따라 5만원 ~ 50만원	■ 연면적 1m²당 250원	■ 종업원 급여 총액의 0.5%

전산세무 **2**급

PART **01** 실무프로그램의 시작
PART **02** 회계정보시스템운용
PART **03** 전표관리
PART **04** 부가가치세신고서 및 부속서류 작성
PART **05** 결산관리
PART **06** 근로소득 원천징수

전산실무

전산실무 출제유형

전산실무는 시험의 70%(70점) 비중을 차지하며 출제 메뉴는 다음과 같다.

구분	출제 메뉴	세부사항	배점
문제 [1]	일반전표입력	부가가치세신고와 관련 없는 거래자료 입력	15점 (5문제)
문제 [2]	매입매출전표입력	부가가치세신고와 관련 있는 거래자료 입력	15점 (5문제)
문제 [3]	부가가치세신고서 및 부속명세서 작성 (전자신고 포함)	① 부가가치세신고서의 작성(가산세 포함) 및 전자신고 ② 부가가치세 부속명세서 작성	10점 ~ 13점 (2문제)
문제 [4]	결산자료입력	① 수동결산 : 일반전표입력 메뉴 ② 자동결산 : 결산자료입력 메뉴 ③ 고정자산등록(출제비중 낮음)	15점 (5문제)
문제 [5]	근로소득 원천징수 및 연말정산 (전자신고 포함)	① 사원등록 ② 급여자료입력 ③ 원천징수이행상황신고서의 작성 및 전자신고 ③ 연말정산자료입력	13점 ~ 15점 (2문제)

※ 문제 [3] · 문제 [4] · 문제 [5] 출제비율이 ± 서로 상충관계 됨

PART 01

실무프로그램의 시작

CHAPTER 01 실무프로그램의 시작

백데이터 다운로드 및 설치방법

1. 도서출판 배움 홈페이지(www.bobook.co.kr)에 접속한다.
2. 홈페이지 교재실습/백데이터 자료실을 클릭한다.
3. 교재실습/백데이터 자료실 ⇨ [2025_TAX_2grade] 백데이터를 선택하여 다운로드 한다.
4. 다운로드한 파일을 선택 후 실행하면 [내컴퓨터 ⇨ C: ₩KcLepDB ⇨ KcLep]에 자동으로 복구 저장된다.
5. 한국세무사회 자격시험 케이렙 프로그램 을 실행한다.

   실행화면에서 회사등록 ⇨ F4 회사코드재생성 을 실행하여야 선택하고자 하는 회사가 생성된다.

   ```
   회사등록
   ⊗ 닫기    코드   삭제   인쇄   조회
   ≡ F3 검색   CF3 조건검색   F4 회사코드재생성   F6 회사명되돌리기   CF8 세무서코드자동변경
   ```

   - 전표처리 · 부가가치세 · 결산 · 원천징수 따라하기 : 2000.(주)배움 ~ 2250.(주)합격
   - 집중심화연습회사 : 2300.(주)대흥 ~ 2600.(주)온누리

6. 웹하드(www.webhard.co.kr) 다운로드 방법
   ① 오른쪽 상단의 [로그인] 버튼을 클릭하여 아이디와 비밀번호를 입력한다. [아이디 : bobookcokr / 비밀번호 : book9750]
   ② [내리기전용] ⇨ [전산세무회계] ⇨ [전산세무 2급] 폴더에서 백데이터를 선택하여 다운로드 한다.
   ③ 이외의 사항은 위와 동일하다.

전산실무

CHAPTER
01 실무프로그램의 시작

PART 01 실무프로그램의 시작

1. 프로그램의 시작

1 사용자 로그인

① 바탕화면에서  아이콘을 클릭한다.
② 사용자 설정화면에서 사용자가 작업할 "종목선택"을 선택한다.
③ 등록된 회사가 없으므로 화면하단의 회사등록 버튼을 클릭하여 작업할 회사를 먼저 등록한 다음
④ 회사코드와 회사명을 선택하고 로그인 버튼을 클릭하여 시작한다.
⑤ 백데이터를 실행 후 로그인하는 경우는 "회사코드"란에서 🔲 버튼을 클릭하여 작업할 회사를 선택하여 로그인 버튼을 클릭하여 시작한다.

 **TIP**

프로그램 설치 후 처음 시작할 때는 "**회사등록**"을 먼저하고, 한번 회사등록이 된 후에는 회사코드를 선택하여 로그인하여야 하나 [**전산세무 2급**]은 백데이터를 활용하여 연습하고자 한다.

2 급수별 프로그램 구성

구 분	전산회계 2급	전산회계 1급	전산세무 2급	전산세무 1급
기업기준	개인기업, 도·소매업	법인기업, 제조업	법인기업, 제조업	법인기업, 제조업
재무회계	회계원리	회계원리	중급회계	고급회계
원가회계	-	기초원가	원가계산	고급원가계산
부가가치세법	-	부가가치세 기초	부가가치세 실무	부가가치세 실무
소득세법	-	-	근로소득 원천징수 실무	근로·퇴직·사업·기타·이자·배당소득 원천징수 실무
법인세법	-	-	-	법인 세무조정실무

[전산세무 2급 기본메뉴 구성]

전산세무 2급 메뉴는 회계관리, 부가가치, 원천징수로 구성되어 있다.

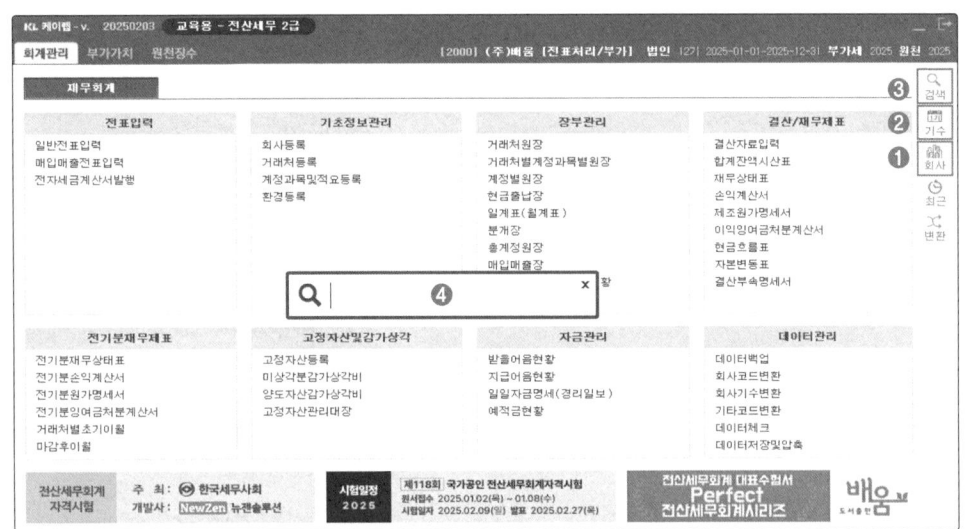

① 작업 중인 회사에서 다른 회사를 선택하여 작업하고자 할 때 활용한다.
  (회사선택은 이미 선택된 급수에서의 회사변경만 가능하다.)
② 기수, 원천 작업연도, 부가세 작업연도를 변경하고자 할 때 활용한다.
③ 검색을 선택하면 검색 가능한 메뉴화면이 활성화 되며 메뉴이름 2글자를 입력하거나 초성 2글자를 입력하면 해당모듈 안에 있는 메뉴를 검색하여 실행가능하다.
④ 찾는 방법 : 검색 버튼을 클릭하거나 화면에서 마우스 중간의 휠(단축키 : Ctrl + Enter↵)을 누르면 화면 중간에 메뉴검색창이 뜬다. ③에서와 마찬가지로 메뉴이름 2글자 또는 초성 2글자를 입력하면 프로그램 안에 있는 모든 메뉴를 검색해 준다.

3 전산세무 2급 프로세스

전산세무 2급을 구성하는 프로그램의 전체 프로세스는 다음과 같다.

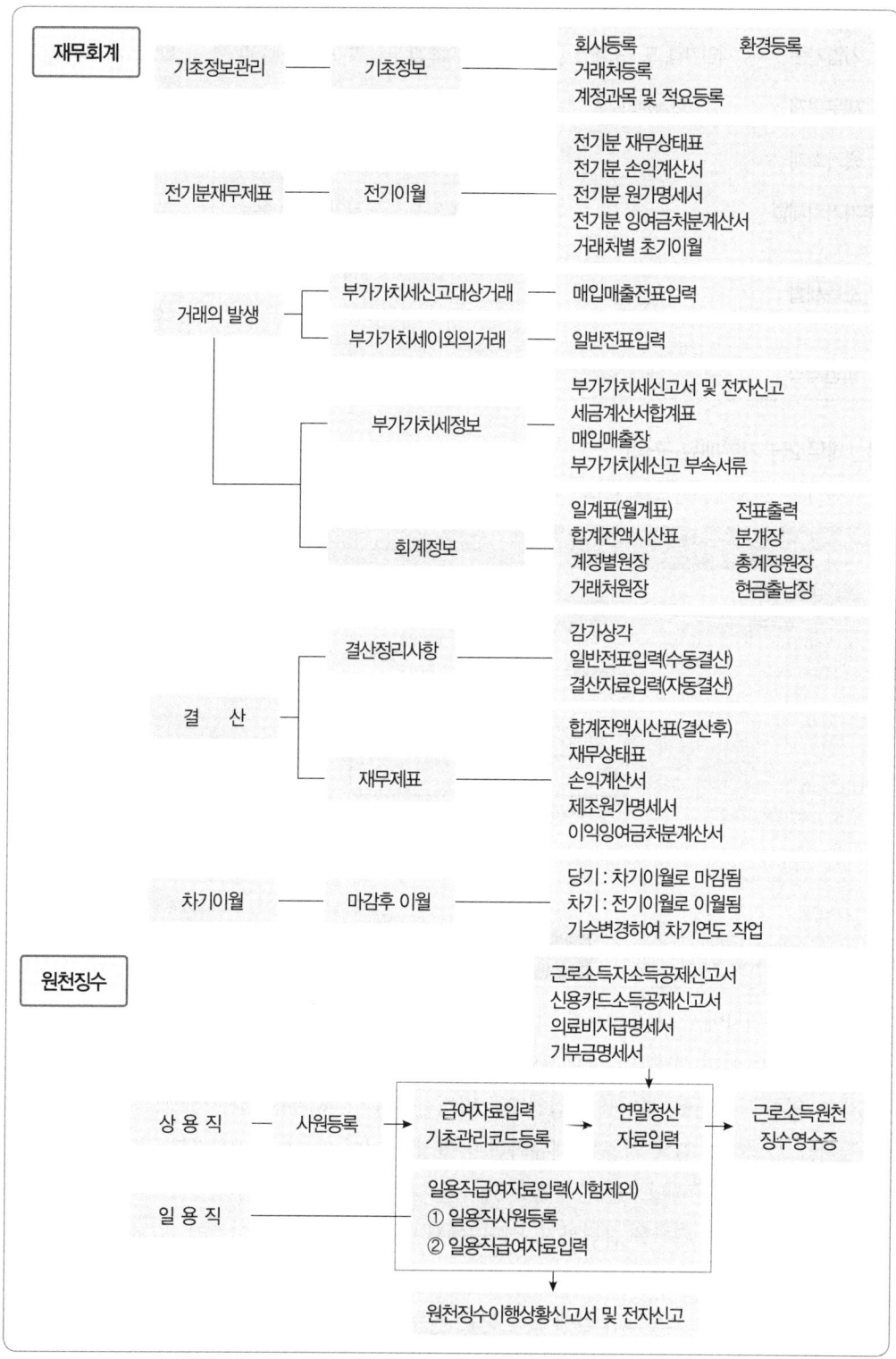

PART 02

회계정보시스템운용

CHAPTER 01 기초정보등록
CHAPTER 02 전기이월작업

전산실무

NCS 학습모듈	대분류	경영 · 회계 · 사무	
	중분류		재무 · 회계
	소분류		회계
	세분류		회계 · 감사

NCS 능력단위	능력단위요소	수 행 준 거
0203020105_20v4 회계정보시스템 운용	0203020105_20v4.1 회계 관련 DB마스터 관리하기	1.1 DB마스터 매뉴얼에 따라 계정과목 및 거래처를 관리할 수 있다. 1.2 DB마스터 매뉴얼에 따라 비유동자산의 변경 내용을 관리할 수 있다. 1.3 DB마스터 매뉴얼에 따라 개정된 회계관련규정을 적용하여 관리할 수 있다.

01 기초정보등록

1. 회사등록

[회사등록]은 프로그램을 운용하여 작업할 기본회사를 등록하는 메뉴로서 프로그램 운영상 가장 먼저 등록되어야 한다. [회사등록]에 등록된 사항은 프로그램 운영 전반 및 각종 신고서에 반영되므로 정확히 입력해야 한다.

2. 환경등록

[환경등록] 메뉴는 프로그램을 운용하여 작업할 기본회사의 시스템환경을 설정하기 위한 메뉴로 회사등록 후 바로 설정한다. [환경등록]은 시스템전반에 걸쳐 영향을 미치기 때문에 초기 설정 값을 신중하게 고려하여 결정한다.

3. 거래처등록

[거래처등록]은 관리하고자 하는 거래처의 기본정보를 등록하는 메뉴이다. 상품매출 등의 거래 시 외상거래 등 채권·채무에 관한 거래가 발생했을 때, 보조장부로 거래처별 장부를 만들어 관리하게 되는데, 프로그램에서는 이를 거래처코드로 등록하고 거래처코드별로 집계된 [거래처원장]을 작성할 수 있다.

 TIP

[반드시 거래처코드를 입력해야 하는 계정과목]

채권계정	외상매출금	받을어음	미수금	선급금	장(단)기대여금	가지급금	임차보증금	보통예금 등
채무계정	외상매입금	지급어음	미지급금	선수금	장(단)기차입금, 유동성장기부채	가수금	임대보증금	

※ 예금 및 가수금은 시험 지문에 별도의 표시가 있는 경우 반드시 입력함에 유의

4. 계정과목 및 적요등록

계정과목은 시스템 전반에 영향을 미치므로 프로그램을 처음 사용하는 시섬에서 정확하게 설정하여야 한다. 기업회계기준에 따라 가장 일반적인 계정과목은 이미 등록되어 있는 상태이므로 회사의 특성에 따라 계정과목을 계정과목코드체계에 따라 수정하거나 추가하여 사용할 수 있다. 또한, 전표입력 시 편의와 능률을 향상시키기 위해 자주 사용되는 적요를 입력하여 사용하는 메뉴이다.

CHAPTER 02 전기이월작업

당해연도 중에 개업한 경우가 아닌 전년도 이전에 개업한 회사에 대하여 시스템을 처음 사용하면서 전기분의 자료를 입력할 필요없이 전년도의 결산 재무제표를 입력하므로써 전기분과 당기분의 비교식 재무제표를 작성할 수 있게 된다.

1. 전기분 재무상태표

계속기업의 경우 전년도의 결산시 작성된 재무제표 중 재무상태표 항목은 이월을 받게 되는데 전기분 재무상태표는 각 계정별로 이월시킴과 동시에 당기분 보고용 비교식 재무상태표의 전기 자료를 제공한다.

2. 전기분 원가명세서

전기분 원가명세서는 계속기업의 비교식 원가명세서의 작성자료를 제공함과 동시에 손익계산서의 부속자료로 당기제품제조원가를 입력하는 메뉴이다. 전기분 재무상태표 및 전기분 손익계산서와 마찬가지로 [마감후 이월] 메뉴에서 전년도 장부를 마감하면 자동 이월된다.

3. 전기분 손익계산서

전기분 손익계산서는 계속기업의 비교식 손익계산서의 작성 자료를 제공함과 동시에 기업의 당기순이익을 계산하는 메뉴이기도 하다. 즉, 손익계산서에서 계산된 당기순손익은 재무상태표에 주기사항으로 표시되며 손익계산서가 작성되어야만 재무상태표의 당기순손익란에 반영되고 이익잉여금처분계산서의 당기순이익에 반영된다.

4. 전기분 이익잉여금처분계산서

법인기업은 당기순이익과 전년도에서 이월된 이익 등을 주주총회를 통해 배당하거나 적립 등의 용도로 처분하게 된다. 법인은 결산일로부터 3개월 이내에 주주총회를 하여 이익에 대한 처분을 하며, 이익처분이나 전입액 등을 보고하는 서식이다. 그러나 결산일은 결산기준일일 뿐

주주총회가 있기 이전으로 처분을 할 수 없으므로 전기이월 되어 넘겨받는 시점에서는 처분내역이 없음에 유의하여야 한다. 전기분 이익잉여금처분계산서는 당기순이익 및 처분내역을 입력하고 비교식 이익잉여금처분계산서를 작성하기 위하여 입력하는 메뉴이다.

[이익잉여금처분에 대한 회계처리 사례]

처분확정일자 2025년 3월 25일			제 11(전)기 2024년01월01일-2024년12월31일	
과목	계정과목명		금액	
	코드	계정과목	입력금액	합계
I.미처분이익잉여금				29,000,000
1.전기이월미처분이익잉여금			15,000,000	
2.회계변경의 누적효과	0369	회계변경의누적효과		
3.전기오류수정이익	0370	전기오류수정이익		
4.전기오류수정손실	0371	전기오류수정손실		
5.중간배당금	0372	중간배당금		
6.당기순이익			14,000,000	
II.임의적립금 등의 이입액				5,000,000
1.배당평균적립금	0358	배당평균적립금	5,000,000	
2.				
합계(I + II)				34,000,000
III.이익잉여금처분액				16,000,000
1.이익준비금	0351	이익준비금	1,000,000	
2.재무구조개선적립금	0354	재무구조개선적립금		
3.주식할인발행차금상각액	0381	주식할인발행차금		
4.배당금			15,000,000	
가.현금배당	0265	미지급배당금	10,000,000	
주당배당금(률)		보통주(원/%)		
		우선주(원/%)		
나.주식배당	0387	미교부주식배당금	5,000,000	
주당배당금(률)		보통주(원/%)		
		우선주(원/%)		
5.사업확장적립금	0356	사업확장적립금		
6.감채적립금	0357	감채적립금		
7.배당평균적립금	0358	배당평균적립금		
8.기업합리화적립금	0352	기업합리화적립금		
IV.차기이월미처분이익잉여금				18,000,000

① 처분확정일자 회계처리(2025년 3월 25일)
　[임의적립금 등의 이입액]
　(차) 배당평균적립금　　5,000,000원　　(대) 이월이익잉여금　　5,000,000원
　[이익잉여금처분액]
　(차) 이월이익잉여금　　16,000,000원　　(대) 이익준비금　　　　1,000,000원
　　　　　　　　　　　　　　　　　　　　　　　미지급배당금　　　10,000,000원
　　　　　　　　　　　　　　　　　　　　　　　미교부주식배당금　　5,000,000원

② 배당금지급일자 회계처리
　[현금배당(개인주주 가정)]
　(차) 미지급배당금　　10,000,000원　　(대) 예수금　　　　　　1,540,000원
　　　　　　　　　　　　　　　　　　　　　　　보통예금 등　　　　8,460,000원

　[주식배당(액면배당)]
　(차) 미교부주식배당금　5,000,000원　　(대) 자본금　　　　　　5,000,000원

5. 거래처별초기이월

재고자산 등의 외상매입거래에 대하여 또는 특정한 계정과목에 대하여 거래처별 장부를 만들고자 할 때 사용하는 메뉴이며, 계정과목별로 관리대상 거래처와 전기말 잔액을 입력한다.

PART 03 전표관리

CHAPTER 01 일반전표입력
CHAPTER 02 매입매출전표입력

전산실무

NCS 학습모듈	대분류	경영 · 회계 · 사무		
	중분류		재무 · 회계	
	소분류			회계
	세분류			세무

NCS 능력단위	능력단위요소	수 행 준 거
0203020201_23v6 적격증빙관리	0203020201_23v6.2 전표 처리하기	2.1 회계상 거래를 부가가치세신고 여부에 따라 일반전표와 매입매출전표로 구분할 수 있다. 2.2 부가가치세신고와 관련이 없는 회계상 거래를 일반전표에 처리할 수 있다. 2.3 부가가치세신고와 관련이 있는 회계상 거래를 매입매출전표에 처리할 수 있다.
	0203020201_23v6.3 적격증빙 서류관리하기	3.1 발생한 거래에 따라 관련 서류 등을 확인하여 증빙여부를 검토할 수 있다. 3.2 발생한 거래에 따라 관련 규정을 준수하여 증빙서류를 구분 대조할 수 있다. 3.3 증빙서류 관련 규정에 따라 제 증빙서류를 보관 · 관리할 수 있다. 3.4 업무용승용차 관련 거래를 인식하고 차량별로 운행일지를 관리할 수 있다.

CHAPTER 01 일반전표입력

기업은 매일 발생하는 회계상의 거래는 부가가치세와 관련 없는 일반거래와 부가가치세와 관련 있는 거래로 구분된다. 부가가치세와 관련 없는 일반거래는 [일반전표입력] 메뉴에 거래 내용을 입력하여 제 장부 및 재무제표 등에 자동반영 된다. 반면에 부가가치세와 관련된 거래는 [매입매출전표입력] 메뉴에 입력하여 부가가치세 신고서 및 부속서류 등에 반영한다.

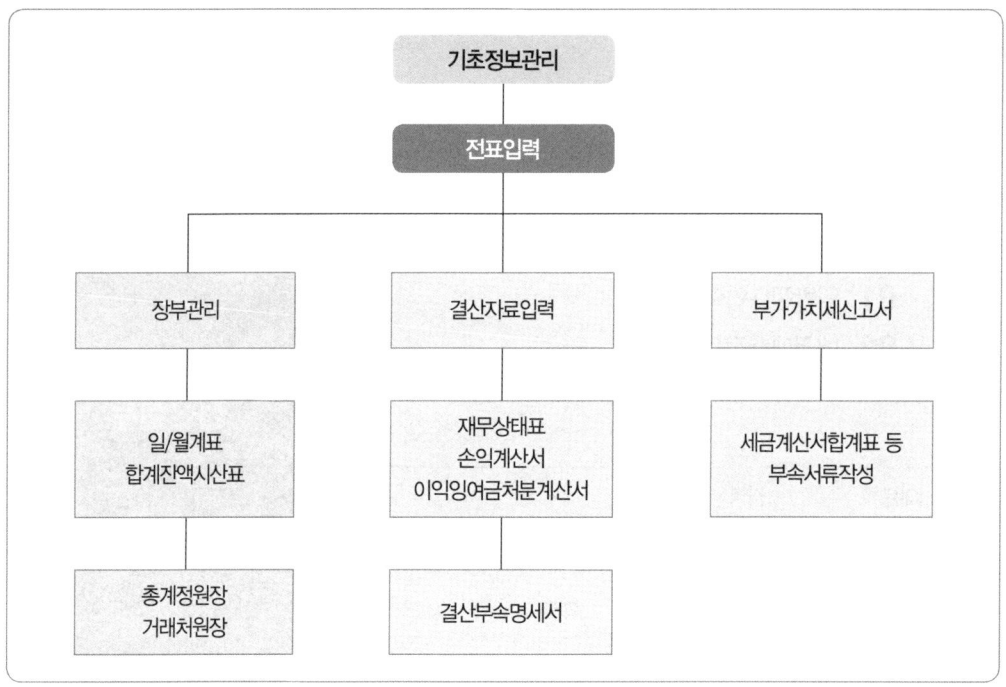

1. 일반전표입력

[일반전표입력] 메뉴는 부가가치세신고와 관련된 매입매출거래(세금계산서, 계산서, 수입세금계산서, 신용카드 등 거래) 이외의 모든 거래를 입력하는 메뉴이다. 일반전표입력 메뉴에서는 발생된 증빙을 보고 KcLep 프로그램이 요구하는 형식에 맞추어 입력하며, 입력된 자료는 자동으로 정리, 분류, 집계되어 분개장 및 총계정원장 등의 메뉴에서 내용을 조회 및 출력을 할 수 있게 한다.

일반전표입력 필드 설명

항 목	입력내용 및 방법
	일반전표입력 메뉴가 활성화되면 우측 상단에 작업년도가 자동으로 표시되며 커서는 월에 위치한다.
월, 일	① 입력하고자 하는 전표의 해당 월 2자리 숫자를 직접 입력하거나 열람단추를 클릭, 1월 ~ 12월 중 해당 월을 선택한다. ② 일자를 직접 입력하여 일일거래를 입력하거나, 해당 월만 입력 후 일자별 거래를 연속적으로 입력한다. 일자가 동일한 경우는 일자를 입력하지 않고 Enter를 치면 된다.
현금잔액	현금 잔액란에 표시된 금액은 전기분재무상태표의 현금으로 입력한 금액이며, 현금 계정과목의 입·출금에 따라 금액이 변경되며 버튼을 클릭하면 [현금출납장]이 조회된다.
번 호	① 전표번호는 각 일자별로 "00001"부터 자동 부여되며, 한번 부여 후 삭제된 번호는 다시 부여되지 않는다. 대체분개 입력 시는 차·대변 합계가 일치할 때까지 1개의 전표로 인식, 동일한 번호가 부여되며, 차·대변의 합계가 일치된 다음 입력되는 전표는 새로운 전표로 보아 다음 번호로 부여된다. ② 전표번호를 수정하고자 하는 경우는 "SF2번호수정"을 클릭하여 번호를 수정한다.
구 분	전표의 유형을 입력하는 란으로 해당란에 커서가 위치하면 화면의 좌측하단의 메세지란에 다음과 같은 도움말이 나타난다. 1. 출금 2. 입금 3. 차변 4. 대변 5. 결산차변 6. 결산대변 ① 현금전표 – 출금전표 : 1, 입금전표 : 2 ② 대체전표 – 차변 : 3, 대변 : 4 ③ 결산전표 – 결산차변 : 5, 결산대변 : 6 (결산대체분개시만 사용함)

계정과목	거래 자료의 계정과목을 입력하며 코드번호는 3자리 입력 또는 선택으로 이루어진다. 기존에 없는 새로운 계정과목이나 계정과목명 변경 시에는 [기초정보관리 ⇨ 계정과목및적요등록] 메뉴에서 해당코드와 해당계정과목을 등록하여 사용한다.
	• **방법 1 : 계정코드를 모르는 경우 입력방법**
	  ① 코드란에 커서 위치 시 코드도움(F2)을 받아 원하는 계정을 부분 검색하여 Enter로 입력
	  ② 코드란에 커서 위치 시 계정과목명 앞 두 글자를 입력하여 Enter로 입력
	• **방법 2 : 계정코드를 알고 있는 경우 입력하는 방법**
	  코드란에서 계정과목 코드를 입력한다.
	
	[비용계정과목 선택 시 유의사항]
	500번대 : 제조경비 600번대 : 도급경비 700번대 : 분양경비 800번대 : 판매관리비

거래처	채권 및 채무 관련계정 등의 거래처별 잔액 또는 거래내역을 관리하기 위해서는 거래처 코드를 입력하는 란이다.
	• **방법 1 : 거래처코드를 알고 있는 경우 입력방법**
	  해당 거래처코드를 입력하며 코드를 입력하면 거래처명은 자동으로 반영된다.
	• **방법 2 : 거래처코드를 모르는 경우 입력방법**
	  ① 코드란에 커서 위치 시 코드도움(F2)을 받아 원하는 거래처를 부분 검색하여 Enter로 입력(사업자등록번호로도 검색이 가능함)
	  ② 코드란에 커서 위치 시 "+"키 또는 "00000"을 치고 원하는 거래처명 또는 사업자등록번호를 입력하여 Enter
	• **직전거래처코드와 동일한 경우 입력방법**
	  "거래처명"만이 아닌 "거래처코드"까지 직전 전표와 동일한 입력을 원할 경우에는 거래처 코드란에서 "+"키를 누른 후 Enter 키를 누르면 자동 반영된다.

항 목	입력내용 및 방법
거래처	• **신규거래처일 경우 입력방법** 코드란에 커서 위치 시 "+"키를 입력하고 거래처명을 입력하여 Enter ➡ 수정(tab)을 클릭하여 기본 사항을 입력
적 요	적요는 숫자 0, 1~8, F2 중 해당 번호를 선택, 입력한다. ① 0 또는 Enter : 임의의 적요를 직접 입력하고자 할 때 선택한다. ② 1~8 또는 F2 : 화면 하단에 보여지는 내장적요로, 해당번호를 선택 입력한다. 기 내장 적요 외에 빈번하게 사용하는 적요의 경우에는 적요 코드도움 창에서 적요편집(F8)키를 눌러 기 등록된 적요를 수정 또는 추가할 수 있다.
금 액	금액 입력 시 키보드의 "+"키는 "000"을 의미한다. 그러므로 2,000,000원을 입력할 경우 [2"+""+"로 입력]하여 활용한다.

1 출금거래 입력하기

출금거래란 현금이 지출된 거래를 말하며, 대변에 "현금" 계정과목만 기재된다.

[분 개] (차변) 복리후생비 등   ×××   (대변) 현   금   ×××

[입력방법]
① 구분을 '1'로 선택한 다음 차변계정과목을 입력한다.
② 계정과목의 코드란에 커서가 있을 때 한글 2글자를 입력한 후 Enter를 치면 조회되는 계정과목 중 선택하는 방법으로 입력한다.
③ 거래처 코드란에서 차변계정과목의 관리가 필요한 경우 코드까지 입력한다. 거래처코드란에 "+"키 또는"00000"을 입력한 후 상호명을 입력하고 Enter를 치면 이미 등록된 거래처는 코드번호를 표시해 주고, 등록되지 않은 거래처는 거래처등록의 메시지를 표시해 준다. [수정(tab)]키를 이용하여 직접 등록할 수 있다.
④ 적요는 등록된 번호 중 선택하거나 '0'을 선택하여 직접 입력할 수 있으며, 등록된 적요내용을 수정하여 선택할 수 있다.
⑤ 금액은 "차변(또는 대변)"으로 기재된 란에 거래금액을 입력한다.

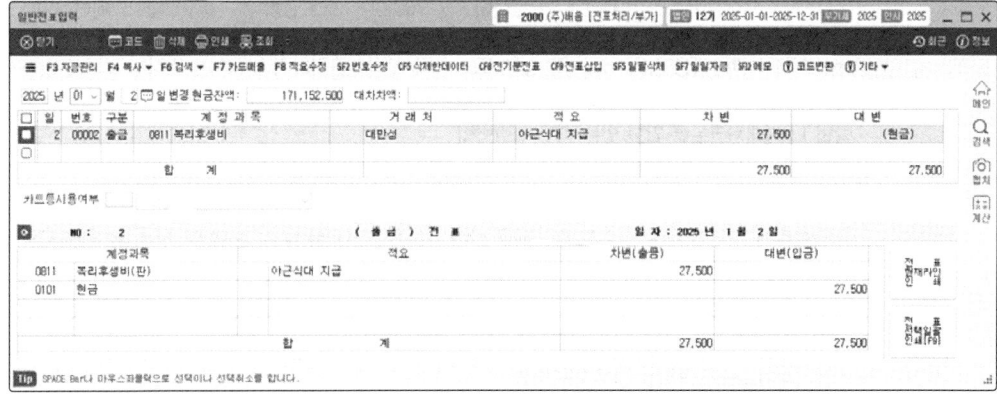

2 입금거래 입력하기

입금거래란 현금이 입금된 거래를 말하며, 차변에 "현금" 계정과목만 기재된다.

[분 개] (차변) 현 금 ××× (대변) 외상매출금 등 ×××

[입력방법]
① 구분을 '2'로 선택한 다음 대변계정과목을 입력한다.
② 거래처코드란에서 대변계정과목의 관리가 필요한 경우 코드와 거래처명을 입력한다.
③ 적요는 등록된 번호 중 선택하거나 '0'을 선택하여 직접 입력할 수 있으며, 등록된 적요내용을 수정하여 선택할 수 있다.
④ 금액은 "차변(또는 대변)"으로 기재된 란에 거래금액을 입력한다.

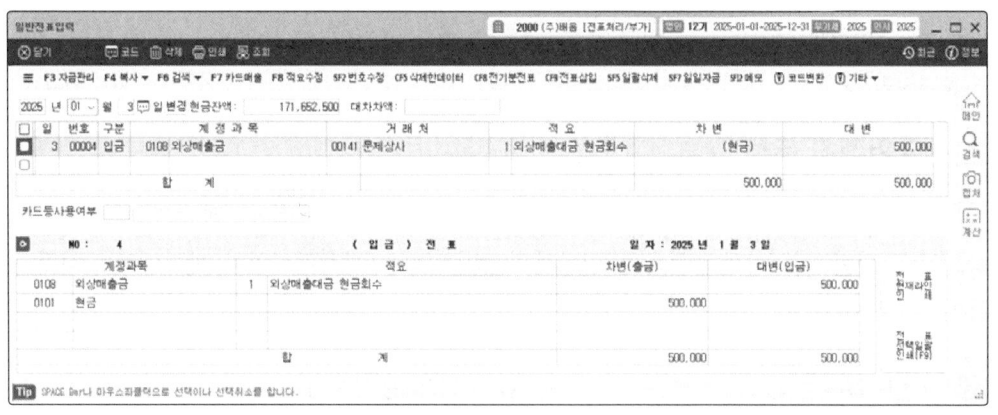

3 대체거래 입력하기

대체거래란 현금이 포함되지 않은 거래를 말하며, 현금이 일부 포함된 거래도 대체거래로 입력할 수 있다.

[분 개] (차변) 복리후생비 등 ××× (대변) 미지급금 등 ×××

[입력방법]
① 구분을 '3'으로 선택하여 차변계정과목에 대한 거래처코드, 적요, 금액을 입력한 다음 구분을 '4'로 선택하여 대변계정과목에 대한 거래처코드, 적요, 금액을 입력한다.

- 순서가 바뀔 수 있으며, 거래에 따라 차변이 두 줄 이상이거나 대변이 두줄 이상이 될 수도 있다.
- 현금이 포함된 대체거래의 입력시(구분이 3 또는 4일 때) 101.현금계정의 입력이 가능하다.

② 거래처 관리가 필요한 경우 코드와 거래처명을 입력한다.
③ 적요는 등록된 번호 중 선택하거나 '0'을 선택하여 직접 입력할 수 있으며, 등록된 적요내용을 수정하여 선택할 수 있다.
④ 금액은 "차변(또는 대변)"으로 기재된 란에 거래금액을 입력한다.

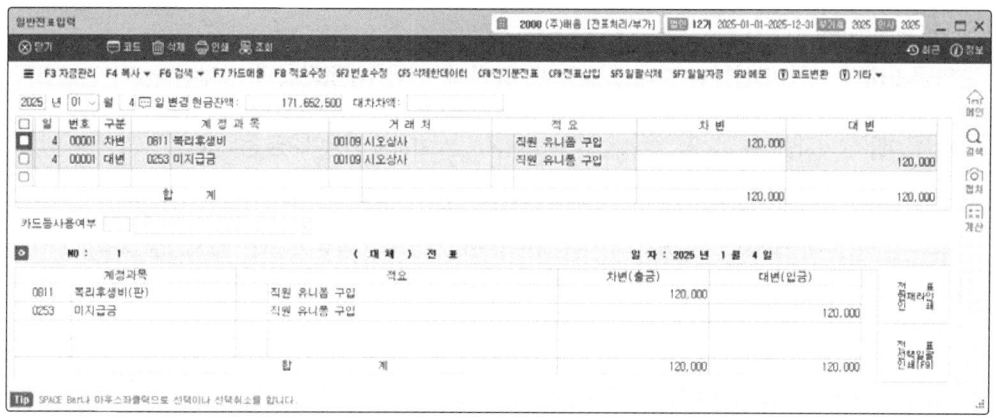

2. 신규거래처 등록

신규거래처 등록은 [기초정보관리 ⇨ 거래처등록] 메뉴에서 기존데이터에 추가하여 거래처를 등록한다. 다만, 신규거래처 등록은 [일반전표입력] 및 [매입매출전표입력] 메뉴에서도 직접 등록이 가능하다.

항 목		입력내용 및 방법
거래처등록항목	등록(Enter)	자동 부여되는 번호(00101~99999의 범위에서 사용되지 않은 번호 중 빠른 번호로 부여됨) 또는 번호를 수정 후 이외의 등록사항이 필요하지 않은 경우 선택하며, 키보드의 Enter 키 이용도 가능하다.
	수정(tab)	자동 부여된 코드가 아닌 임의의 다른 코드로 등록을 원할 때나 거래처의 세부항목을 등록할 때 버튼을 선택, 클릭을 하면 전표입력화면의 "거래처내용등록" 화면에 커서가 이동하며 세부사항을 입력한다.
	취소(Esc)	신규거래처 등록을 원하지 않을 경우 선택한다.

거래처코드에서 "+"키를 누르면 "00000"이 자동 표시 되며 거래처명 입력 후 Enter를 누른다.

▼

거래처등록 팝업화면에서 거래처코드 "00103" 입력 후 "수정[tab]"을 클릭하여 세부사항을 입력한다.

▼

일반전표 화면에서 세부사항을 입력한다.

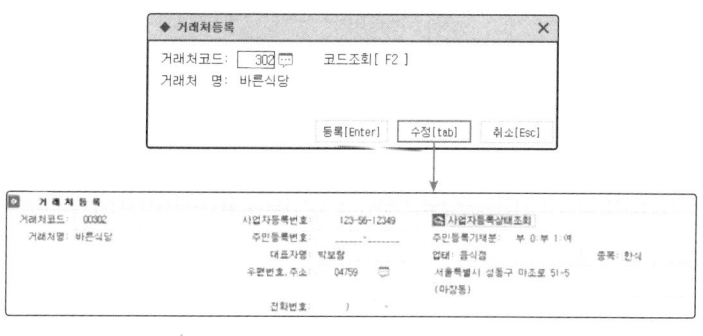

3. 유형별 분개 연습하기(회사코드 : 2000.(주)배움)

입력 시 유의사항

- 일반적인 적요의 입력은 생략하지만, 타계정 대체거래는 적요번호를 선택하여 입력한다.
- 채권·채무와 관련된 거래는 별도의 요구가 없는 한 반드시 기등록된 거래처코드를 선택하는 방법으로 거래처명을 입력한다.
- 제조경비는 500번대 계정코드를, 판매비와관리비는 800번대 계정코드를 사용한다.
- 회계처리 시 계정과목은 별도의 지시가 없는 한 등록된 계정과목 중 가장 적절한 과목으로 한다.

다음은 (주)배움(회사코드 2000)의 거래이다. 이를 일반전표입력메뉴에 추가 입력하시오.

[3월 거래]

[1] 3월 1일 우리테크노에 상품 @10,000원(부가세별도)짜리 100개를 주문하고 대금 중 계약금 300,000원을 현금으로 지급하고 나머지 잔액은 물건을 인도 받는 날에 지급하기로 하다.

[2] 3월 1일 당사는 (주)보이스가구에 제품을 공급하기로 계약을 맺고, 11,000,000원의 계약금을 보통예금계좌로 이체받았다.

[3] 3월 1일 당사는 제품을 교환할 수 있는 상품권(1장당 10,000원) 300장을 시중에 판매하고 현금 3,000,000원을 획득하였다. 단, 본 거래에 대해서만 거래처 입력은 생략할 것.

[4] 3월 2일 회사는 매출처인 (주)인천의 제품매출에 대한 외상매출금 잔액 5,000,000원을 보통예금으로 송금받았다. 동 대금잔액은 2월 25일에 발생한 (2/10, n/15)의 매출할인 조건부 거래에 대한 것으로서 동 결제는 동 공급에 관한 최초의 결제이다. (단, 부가가치세는 고려하지 않는다.)

[5] 3월 2일 매입처 (주)민국기업으로부터 외상으로 매입한 상품 중 품질불량으로 인해 에누리 받은 금액이 500,000원이다. 단, 부가가치세는 고려하지 아니한다.

[6] 3월 3일 운전자금 확보를 위해 주거래처인 (주)울산으로부터 매출대금으로 받은 약속어음 30,000,000원을 곧바로 세종은행에서 할인하고 할인료 500,000원을 차감한 잔액을 현금으로 수령하다. 단, 어음할인은 매각거래로 간주한다.

[7] 3월 3일 시오상사로부터 제품을 판매하고 받은 받을어음(만기 6월 30일) 12,000,000원을 288,000원 할인한 금액으로 보통예금에 입금하였다. 할인은 거래은행인 국민은행에서 하였으며, 할인액은 이자비용으로 회계처리하기로 하며, 차입거래로 회계처리 한다.

[8] 3월 4일 공공상사에 대한 외상매입금과 (주)울산에 대한 받을어음이 각각 1,000,000원이 있었는데, 공공상사의 외상매입금을 (주)울산의 받을어음으로 배서양도 하였다.

[9] 3월 5일   (주)민국기업에 대한 외상매입금 10,000,000원 중 5,000,000원은 보통예금계좌에서 이체하였고, 나머지 금액은 다음과 같은 내용의 금전대차거래로 전환하기로 하였다.

> - 이자율 : 연 12% (단, 원리금 상환지체시 연 30% 추가)
> - 이자지급기한 : 원금 상환시 일시지급
> - 원금상환기한 : 차용일로부터 10개월
> - 차용일 : 3월 5일

[10] 3월 6일   상품 매입처인 (주)경일산업이 당사에 외상매입금 16,000,000원에 대한 상환을 요구하면서 이 중 50%를 면제하여 주다. 당사는 외상매입금을 보통예금으로 지급하다.

[11] 3월 7일   부도 발생한 (주)서울에 대한 외상매출금 1,000,000원을 대손처리 하시오. 단, 대손처리 시점의 대손충당금 내역은 입력된 자료를 조회하여 사용하며, 대손세액공제는 고려하지 않는다.

[12] 3월 7일   당사는 (주)한국물류에게 대여한 단기대여금 10,000,000원을 회수불능채권으로 보아 전액 대손처리하였다. 대손충당금의 잔액을 조회하여 처리할 것.

[13] 3월 8일   매출처인 (주)흥국제조의 부도로 전기 1월 31일에 대손처리했던 외상매출금 2억원 중 77,000,000원이 회수되었다. 회수는 전액 자기앞수표로 되었으며, 외상매출금의 대손처리가 이루어진 기간의 부가가치세 신고에서는 대손세액공제를 받지 않았다.

[14] 3월 8일   전기에 (주)팽성의 외상매출금 4,400,000원(부가가치세 포함)을 회수불능채권으로 대손처리하였으나 당일 전액 현금으로 회수되었다. 단, 상기금액은 전기 제1기 부가가치세 확정신고시 대손요건 충족으로 대손세액공제를 받은바 있다.

[15] 3월 9일   당사는 단기매매증권으로 분류되는 (주)청윤(상장회사)의 주식 5,000주를 1주당 10,000원에 매입하였다. 매입수수료는 매입가액의 1%이고 매입관련 대금은 모두 현금으로 지급하였다.

[16] 3월 12일   단기간 매매차익 목적으로 구입하였던 상장법인 (주)LG상사의 주식 300주(장부가액 : 3,000,000원)를 한국증권거래소에서 1주당 9,000원에 처분하고, 수수료 80,000원을 차감한 잔액을 보통예금계좌로 이체받았다.

[17] 3월 12일   단기보유목적으로 2024년 12월 5일에 구입한 시장성이 있는 (주)국현의 주식 1,000주를 15,000,000원에 처분하였다. 처분대금은 거래수수료 10,000원을 차감한 잔액이 보통예금에 입금되었으며, 증권거래세 45,000원은 현금으로 납부하였다.

> - 2024년 12월 5일 취득시 : 2,000주, 주당 취득가액 18,000원, 취득부대비용 67,000원
> - 2024년 12월 31일 시가 : 주당 16,000원

[18] 3월 13일 당사가 장기투자 목적으로 보유하던 상장주식(투자회사에 대한 지분율이 1% 미만임)을 다음과 같은 조건으로 처분하고 처분대금을 보통예금 계좌로 입금하였다. 단, 전년도(2024년)에 해당 상장주식에 대한 기말 평가는 일반기업회계기준에 따라 적절하게 회계처리 하였다.

취득가액	시 가	양도가액
취득일 2024년 1월 31일	2024년 12월 31일	
7,000,000원	5,000,000원	6,000,000원

[19] 3월 14일 (주)서울상사에서 발행한 만기 3년인 채권을 다음과 같이 구입하였다. 당사는 동 채권을 만기까지 보유할 의도 및 능력을 갖추고 있다. (하나의 전표로 처리할 것)

구 분	금 액	비 고
(주)서울상사가 발행한 채권의 구입비	1,000,000원	보통예금에서 이체함
채권구입과 관련하여 (주)한국증권에게 지급한 수수료	30,000원	보통예금에서 이체함
계	1,030,000원	–

[4월 거래]

[1] 4월 1일 3월 15일에 수입하였던 원재료에 대하여 다음과 같은 비용이 보통예금에서 지급되었다.

- 통관서류작성 수수료 : 15,000원
- 창고까지 운반한 비용 : 30,000원

[2] 4월 2일 (주)비즈로부터 투자목적으로 사용할 토지를 200,000,000원에 현금으로 매입하였다. 당일 취득세와 등록세 10,000,000원은 현금 납부하였다.

[3] 4월 3일 혜리상사에게 투자부동산 190,000,000원 전부를 250,000,000원에 매각하면서 대금은 약속어음(만기 1년)을 받았다.

[4] 4월 4일 제조설비를 취득하는 조건으로 상환의무가 없는 정부보조금 30,000,000원을 보통예금으로 수령하였다. 명칭이 동일한 계정과목이 여러개 있는 경우 문제에서 제시한 내용에 알맞은 계정과목을 선택하시오.

[5] 4월 5일 공장용 주차장부지(토지)를 취득하고, 이와 관련하여 아래와 같은 지출이 발생하였다. 단, 토지구입과 관련해서 2월에 계약금으로 50,000,000원을 지급한 사실이 있으며, 모든 거래는 비사업자와의 거래이고, 거래처등록은 생략한다.

항 목	지출액(원)	비 고
잔금지급액	257,000,000	전액 보통예금에서 이체
중개수수료	780,000	원천징수세액(기타소득세 및 지방소득세) 220,000원을 차감한 금액으로서, 전액 현금지급

[6] 4월 6일   당사는 사옥으로 사용할 목적으로 (주)동양산업로부터 300,000,000원에 건물과 토지를 일괄 취득하였고, 대금은 약속어음(만기 당기 10월 10일)을 발행하였다. 단, 취득당시 건물의 공정가액은 160,000,000원, 토지의 공정가액은 80,000,000원이었으며, 건물과 토지의 취득원가는 상대적 시장가치에 따라 안분(소숫점 이하 첫째자리 반올림)하며, 부가가치세는 고려하지 않기로 한다.

[7] 4월 8일   새로운 공장을 짓기 위하여 건물이 있는 부지를 구입하고 동시에 건물을 철거하였다. 건물이 있는 부지의 구입비로 100,000,000원을 보통예금계좌에서 이체하고, 철거비용 5,000,000원은 당좌수표로 지불하였다. (부가가치세는 고려하지 말 것)

[8] 4월 9일   당사의 최대주주인 이재민으로부터 업무용 토지를 기증 받았다. 본 토지에 대한 취득세로 15,000,000원이 현금으로 은행에 납부되었다. 이재민이 실제 취득한 토지의 가액은 200,000,000원이었으며, 수증일 현재의 공정가액은 300,000,000원이다.

[9] 4월 11일   업무용으로 사용할 중고자동차를 비사업자로부터 취득하였다. 차량가액은 국민은행 당좌수표를 발행하여 지급하고, 취득세 및 등록면허세는 현금으로 지급하였다. (부가가치세는 고려하지 말 것)

- 차량가액 : 12,000,000원   ■ 취득세 : 300,000원   ■ 등록면허세 : 60,000원

[10] 4월 12일   업무용 차량 구입시 법령에 의하여 액면가액 1,000,000원의 공채를 액면가액에 현금 매입하였다. 다만, 공채의 매입당시 공정가액은 750,000원으로 평가되며 단기매매증권으로 분류한다.

[11] 4월 13일   공장을 건설하기 위하여 소요되는 자금을 조달하기 위하여 대한은행에서 차입한 차입금에 대한 이자 2,500,000원이 발생하여 대한은행 보통예금계좌에서 이체하였다. 당기 차입금에 대한 이자는 일반기업회계기준상 자본화대상요건을 충족하였고 공장은 현재 건설중이다.

[12] 4월 14일   사용중인 공장건물을 새로 신축하기 위하여 기존건물을 철거하였다. 철거당시의 기존건물의 취득가액 및 감가상각누계액의 자료는 다음과 같다.

1. 건물의 취득가액 : 100,000,000원
2. 철거당시 감가상각누계액 : 80,000,000원(철거시점까지 상각완료가정)
3. 건물철거비용 : 3,000,000원(간이과세자로부터 영수증 수취함, 가산세는 고려하지 말 것)을 현금 지급함

[13] 4월 21일   화재로 인하여 공장의 기계장치(취득가액 10,000,000원, 감가상각누계액 4,500,000원)가 소실되었다. (화재보험 가입은 되어있지 않고, 당기 감가상각비는 고려하지 말고, 손상차손(소실)에 대한 계정과목은 기설정된 것 중 가장 적절한 것을 선택)

[14] 4월 22일 업무용 차량에 교통사고가 발생하여 완전히 소실되었다. 소실전 감가상각비가 반영된 차량의 장부가액은 다음과 같다. (단, 해당 차량은 손해보험에 가입되어 있음)

- 차량운반구의 취득원가 : 20,000,000원
- 감가상각누계액 : 2,000,000원

[15] 4월 23일 당좌거래개설보증금 1,700,000원을 현금으로 예치하여 우리은행 당좌거래를 개설하였다.

[16] 4월 24일 ㈜일렉코리아에서 차량운반구를 구입하고 미지급한 11,000,000원에 대해 국민은행 당좌수표를 발행하여 지급하였다. 이때 당좌예금 잔액은 5,000,000원이며, 국민은행과는 당좌차월계약이 체결되어 있으므로 당좌차월 계정과목을 사용하여 회계처리 하시오.

[17] 4월 26일 거래처인 ㈜웅이상사에 대한 외상매출금 25,000,000원을 금전소비대차계약으로 전환처리하여 24개월간 대여하기로 하였다.

[5월 거래]

[1] 5월 1일 대만 웬디사의 외상매출금이 전액 국민은행 보통예금에 입금되었다. 동 외상매출금에 대한 내역은 다음과 같다.

- 4월 25일 제품을 선적하였다.
- 환율정보 : 4월 25일(1,200원/$), 5월 1일(1,150원/$)
- 수출대금 $50,000를 전액 회수하여 외화상태로 보유중임

[2] 5월 2일 미국 뉴욕은행으로부터 금년 1월 10일 차입한 단기차입금 $10,000에 대해 원화(현금)를 외화($)로 환전하여 상환하였다. 상환당시 환율은 1$당 1,200원이었고, 차입당시 환율은 1$당 1,300원이었다. 환전수수료 등 기타 부대비용은 없다고 가정한다.

[3] 5월 4일 전기에 미국 스탠다드은행으로부터 차입한 외화장기차입금 $500,000와 이자비용 $15,000를 보통예금에서 지급하여 상환하였다.

- 2024년 12월 31일 기준환율 : 1,100원/$
- 2025년 5월 4일 상환시 적용환율 : 1,050원/$

[4] 5월 6일 생산부 직원용 기숙사 제공을 위해 원룸 2채에 대하여 김사부와 임대차계약을 맺고, 이와 관련한 보증금을 당사 나라은행 당좌예금계좌에서 전액 지급하였다. 임대차 계약기간은 금일부터 2년이고 계약한 금액은 보증금 2억원이다.

[5] 5월 7일 미지급세금으로 처리되어 있던 1기 예정신고분의 부가가치세 미납분 1,000,000원을 납부지연가산세 9,000원과 함께 보통예금에서 이체하여 납부하였다. (단, 가산세는 판매비와관리비의 세금과공과로 처리한다.)

[6] 5월 8일   당사는 확정기여형 퇴직연금(DC형)을 가입하고 있는데, 당월분 퇴직연금을 다음과 같이 보통예금에서 지급하였다.

> ■ 영업직 직원 퇴직연금 : 32,000,000원   ■ 생산직 직원 퇴직연금 : 19,000,000원

[7] 5월 9일   당사의 임원은 (주)최고생명 퇴직연금상품(확정급여형)에 가입하고 4,500,000원을 보통예금 계좌에서 이체하다.

[8] 5월 11일   (주)최고생명에서 당사가 가입한 퇴직연금에 대한 운용수익 500,000원이 퇴직연금계좌로 입금되었다. 현재 당사는 (주)최고생명에 확정급여형(DB)퇴직연금을 가입하고 있다.

[9] 5월 12일   퇴사한 생산부 직원(근속연수 3년)에 대한 퇴직금 8,000,000원 중 소득세와 지방소득세 합계 55,000원을 차감한 잔액을 현금으로 지급하였다. (회사는 퇴직급여충당부채를 설정하고 있으며, 잔액은 충분한 것으로 간주한다.)

[10] 5월 13일   당사는 만기 3년, 액면가액 100,000,000원의 사채를 발행하였으며, 발행가액은 보통예금으로 입금되었다. 유효이자율법에 의한 사채발행가액은 95,000,000원이다.

[11] 5월 14일   사채 12,000,000원을 발행하면서 발행금액 11,000,000원은 보통예금 통장으로 입금되었다. 사채발행 관련 법무사수수료 300,000원이 현금으로 지급되었다. 하나의 전표로 입력하시오.

[12] 5월 15일   액면가액 100,000,000원인 3년 만기의 사채를 106,000,000원에 발행하였으며, 대금은 국민은행 보통예금으로 입금받았다.

[13] 5월 18일   액면가액 50,000,000원인 사채 중 액면가액 20,000,000원을 20,330,000원에 보통예금계좌에서 이체하여 조기에 상환하였다. 당사의 다른 사채 및 사채할인발행차금 등 사채 관련 계정금액은 없다고 가정한다.

[6월 거래]

[1] 6월 1일   주주총회의 특별결의로 보통주 8,000주(액면가액 1주당 5,000원)를 1주당 4,800원에 발행하고 납입액은 전액 보통예금에 예입하였으며, 주식발행에 관련된 법무사수수료 등 500,000원은 현금으로 별도 지급하였다. (주식발행초과금 잔액은 없다고 가정하며, 하나의 전표로 입력할 것)

[2] 6월 2일   유상증자를 위하여 신주 10,000주(주당 액면가액 5,000원)를 1주당 8,000원에 발행하여 대금은 당좌예금계좌로 입금되었고, 동 주식발행과 관련하여 법무사수수료 250,000원을 현금으로 지급하였다. 회사에는 현재 주식할인발행차금 2,100,000원이 존재하고 있다. (하나의 전표로 입력할 것)

[3] 6월 3일   유상증자를 위하여 신주 1,000주(액면 @10,000원)을 1주당 12,000원에 발행하고 대금은 전액 당좌예입하였으며, 주식발행과 관련한 법무사수수료 200,000원은 현금으로 지급되었다. 단, 주식할인발행차금 잔액은 없는 것으로 한다.

[4] 6월 4일   당사는 유상증자를 위해 보통주 15,000주(1주당 액면가액 10,000원)를 1주당 8,000원으로 발행하였고, 주금은 금일 보통예금으로 입금받았다. 단, 이와 관련한 주식발행비용(제세공과금 등) 2,000,000원은 즉시 보통예금에서 지급되었고, 증자일 현재 주식발행초과금 잔액은 29,450,000원이 있다. (하나의 거래로 처리할 것)

[5] 6월 5일   무상증자를 위하여 기타자본잉여금 20,000,000원을 자본금으로 전입하고 무상주 4,000주(액면가액 5,000원)를 발행하였다.

[6] 6월 6일   주주총회의 결의에 의하여 자사주식 2,000주(액면 5,000원)를 1주당 3,000원에 매입하여 소각하고, 대금은 현금으로 지급하였다.

[7] 6월 7일   보유중인 자기주식(취득원가 : 300,000원)을 240,000원에 현금처분하였다. 회사의 재무상태표에는 전기 이월된 자기주식처분이익 50,000원이 계상되어 있다.

[8] 6월 8일   전기분 이익잉여금처분계산서대로 주주총회에서 확정(배당결의일 3월 25일)된 배당액을 지급하였다. 원천징수세액 1,540,000원을 제외한 8,460,000원을 보통예금으로 지급하였고, 주식배당 5,000,000원은 주식을 발행(액면발행)하여 교부하였다.

[9] 6월 9일   (주)배움은 주주환원정책으로 다음과 같이 중간배당의 필요성을 설명하고 그 가부를 물은 바, 출석이사 전원 이의 없이 찬성하여 승인 가결하였다. 이익잉여금처분계산서에 반영되도록 중간배당에 대한 회계처리를 하시오.

종류	총발행주식수(자기주식포함)	자기주식수	액면금액	현금배당률
보통주	30,000주	2,000주	5,000원	5%

[10] 6월 11일   정기예금 10,000,000원이 금일 만기가 도래하여 은행으로부터 다음과 같은 내역서를 받고 이자를 포함한 전액이 당사 보통예금계정으로 입금되었다. 이자수익을 미수수익으로 계상한 금액은 없다. 법인세는 자산계정으로 처리하시오.

입 금 증

성명 : (주)배움 귀하	계좌번호 : 12-1258689-123	거래일자 : 2025. 6.11
찾으신 거래내역	• 정기예금 총액 : 10,000,000원 • 법인세 : 92,400원	• 이자소득 : 600,000원 • 차감수령액 : 10,507,600원

항상 저희은행을 찾아주셔서 감사합니다.
계좌번호 및 거래내역을 확인하시기 바랍니다.
나라은행 강남 지점 (전화 :   )   취급자 : _____

[11] 6월 12일 본사건물에 대해 전년도에 납부한 전기요금 중 과오납부한 금액 200,000원이 당사 보통예금으로 입금되어 오류를 수정하였다. (중대한 오류가 아니다.)

[12] 6월 13일 영업부문 경리부서에 근무하는 직원인 전혜주씨에게 다음과 같이 원천징수세액을 차감한 후 6월분 급여를 법인의 보통예금 통장에서 지급하였다. (공제액은 하나의 계정과목으로 처리한다.)

사원 이름	총급여	국민연금 등 본인부담액	소득세(지방소득세 포함)	차감지급액
전혜주	2,500,000원	200,000원	40,000원	2,260,000원

[13] 6월 14일 공장건물 청소원인 김갑순에게 인건비 500,000원을 현금으로 지급하고 일용직 근로소득으로 신고하였다. 이와 관련된 원천징수세액은 없으며 동 금액은 잡급으로 처리하기로 한다.

[14] 6월 15일 5월분 국민연금 450,000원(회사부담금 : 225,000원, 본인부담금 : 225,000원)을 현금으로 납부하였다. 당사의 관리부서와 생산부서의 급여 비율은 5 : 5이며, 국민연금 기준액 비율도 이와 같다.

[15] 6월 16일 당사가 보유중인 유가증권(보통주 1,000주, 액면가액 : 1주당 5,000원, 장부가액 : 1주당 10,000원)에 대하여 현금배당액(1주당 800원)과 주식배당액을 아래와 같이 당일 수령하였다.

구 분	수령액	공정가치(1주당)	발행가액(1주당)
현금배당	현금 800,000원		
주식배당	보통주 100주	9,000원	8,000원

[16] 6월 17일 영업부서 김철수 과장이 제주에 출장을 다녀온 후 제출한 지출결의서 내역이다. 회사는 김철수 과장의 출장시 전도금 250,000원으로 처리하였다.

[지출 결의서 내역]
- 항공기이용권 : 183,000원
- 숙박시설 이용료 : 50,000원
- 현금반환액 : 17,000원

[17] 6월 18일 당사의 제품(원가 : 100,000원, 판매가 : 120,000원)을 생산직 직원의 복리후생 목적으로 제공하였다. (재화의 간주공급에 해당하지 아니함)

[18] 6월 19일 매출처 직원과 식사를 하고 식대 120,000원을 법인카드(대한카드)로 결제하였다.

[19] 6월 20일 수출영업부에서 무역협회(법정단체임) 일반회비로 200,000원을 현금으로 지불하였다.

[20] 6월 21일 회사는 대표이사의 주소가 변경됨으로 인해서, 법인등기부등본을 변경등기하고 이에 대한 등록세로 120,000원을 현금지출하고, 등록관련 수수료로 100,000원을 현금으로 지급하였다.

[21] 6월 22일 영업부서의 난방용 유류대 350,000원과 공장 작업실의 난방용 유류대 740,000원을 보통예금 이체로 결제하였다.

[22] 6월 23일 원재료로 사용하기 위해 구입한 부품(취득원가 : 1,000,000원)을 생산공장의 기계장치를 수리하는데 사용하였다. 수리와 관련된 비용은 수익적 지출로 처리하시오.

[23] 6월 24일 영업사원의 직무능력향상을 위한 외부강사 강연료에 대하여 현금으로 지급하고 기타소득으로 원천징수한 내역이 다음과 같다. 적절한 회계처리를 하시오.

- 지급총액 : 3,000,000원
- 필요경비 : 지급총액의 60%
- 소득세율 : 20%
- 지방소득세 : 소득세의 10%

[24] 6월 25일 당사에서 구입했던 상품인 텐트 100개를 수재민을 도와주기 위해 서울시에 기부하였다. 텐트의 구입 원가는 10,000,000원이며 시가는 12,000,000원이다.

유형별 분개 연습하기 해설

[3월 거래 입력]

NO	월	일	구분	계정과목	거래처	차변	대변
[1]	3	1	차변	선급금	우리테크노	300,000	
			대변	현 금			300,000
[2]	3	1	차변	보통예금		11,000,000	
			대변	선 수 금	(주)보이스가구		11,000,000
[3]	3	1	차변	현 금		3,000,000	
			대변	선 수 금			3,000,000

- 상품권을 판매한 경우 수익으로 인식하지 않고 "선수금"으로 처리하며, 상품등과 교환시 매출로 인식한다.

NO	월	일	구분	계정과목	거래처	차변	대변
[4]	3	2	차변	매출할인(406)		100,000	
			차변	보통예금		4,900,000	
			대변	외상매출금	(주)인천		5,000,000
	■ 2/10, n/15 : 외상대금의 회수기일 15일이나, 10일 이내 회수할 경우 2% 할인조건 　⇨ 10일 이내 결제되었으므로 2% 매출할인 적용 = 5,000,000원 × 2% = 100,000원 ■ 상품매출(401)의 매출할인(403)과 제품매출(404)의 매출할인(406)을 구분하여 입력						
[5]	3	2	차변	외상매입금	(주)민국기업	500,000	
			대변	매입환출및에누리(147)			500,000
	■ 상품(146)의 매입에누리(147)과 원재료(153)의 매입에누리(154)를 구분하여 입력						
[6]	3	3	차변	매출채권처분손실		500,000	
			차변	현　　금		29,500,000	
			대변	받을어음	(주)울산		30,000,000
	■ 어음할인 시 매각거래인 경우 할인액은 매출채권처분손실로 처리하며, 대변에 받을어음을 상계처리한다. 　할인료 = 할인어음금액 × 할인율 × 할인일수/365						
[7]	3	3	차변	이자비용		288,000	
			차변	보통예금		11,712,000	
			대변	단기차입금	국민은행		12,000,000
	■ 어음할인 시 차입거래인 경우 할인액은 이자비용으로 처리하며, 단기차입금으로 대체처리한다. 또한, 만기시 받을어음과 단기차입금을 상계처리하여야 한다.						
[8]	3	4	차변	외상매입금	공공상사	1,000,000	
			대변	받을어음	(주)울산		1,000,000
[9]	3	5	차변	외상매입금	(주)민국기업	10,000,000	
			대변	보통예금			5,000,000
			대변	단기차입금	(주)민국기업		5,000,000
	■ 금전소비대차거래는 차입(또는 대여)를 의미하므로 차입금(또는 대여금)으로 처리한다.						
[10]	3	6	차변	외상매입금	(주)경일산업	16,000,000	
			대변	보통예금			8,000,000
			대변	채무면제이익			8,000,000
[11]	3	7	차변	대손충당금(109)		1,000,000	
			대변	외상매출금	(주)서울		1,000,000
	■ 대손충당금과 우선 상계 후 대손충당금 잔액 부족시 당기비용(판매비와관리비) 처리한다.						
[12]	3	7	차변	대손충당금(115)		7,000,000	
			차변	기타의대손상각비		3,000,000	
			대변	단기대여금	(주)한국물류		10,000,000
	■ 대손충당금과 우선 상계 후 대손충당금 잔액 부족시 당기비용(영업외비용) 처리한다.						

NO	월	일	구분	계정과목	거래처	차변	대변
[13]	3	8	차변	현 금		77,000,000	
			대변	대손충당금(109)			77,000,000

- 대손금 회수시 : 전·당기 구분하지 않고 대변에 무조건 관련 대손충당금으로 회계처리 한다.

[14]	3	8	차변	현 금		4,400,000	
			대변	대손충당금(109)			4,000,000
			대변	부가세예수금			400,000

- 대손처분시 대손세액공제를 받은 대손금을 회수하는 경우 대손세액공제액 만큼은 대변에 부가세예수금으로 회계처리 한다.

[15]	3	9	차변	단기매매증권		50,000,000	
			차변	수수료비용(984)		500,000	
			대변	현 금			50,500,000

- 단기매매증권 취득과 관련된 부대비용은 수수료비용(영업외비용)으로 처리한다.

[16]	3	12	차변	보통예금		2,620,000	
			차변	단기매매증권처분손실		380,000	
			대변	단기매매증권			3,000,000

- 단기매매증권처분손익 = 처분(=매각)금액 − 장부가액 − 처분시 부대비용 = (+) 처분이익, (−)처분손실
  = 2,700,000원 − 3,000,000원 − 80,000원 = △380,000원(손실)

[17]	3	12	차변	보통예금		14,990,000	
			차변	단기매매증권처분손실		1,055,000	
			대변	단기매매증권			16,000,000
			대변	현 금			45,000

- 단기매매증권처분손익 = 처분(=매각)금액 − 장부가액 − 처분시 부대비용 = (+) 처분이익, (−)처분손실
  = 15,000,000원 − 16,000,000원 − 55,000원 = △1,055,000원(손실)
- 전년도에 취득한 단기매매증권을 결산일에 평가하면 장부가액은 평가한 공정가액이다.

[18]	3	13	차변	보통예금		6,000,000	
			차변	매도가능증권처분손실		1,000,000	
			대변	매도가능증권(178)			5,000,000
			대변	매도가능증권평가손실			2,000,000

- 매도가능증권처분손익 = 처분(=매각)금액 − 취득가액 − 처분시 부대비용 = (+) 처분이익, (−)처분손실
  = 6,000,000원 − 7,000,000원 = △1,000,000원(손실)
- 매도가능증권 처분시 매도가능증권평가손익도 반드시 장부에서 제거한다.

[19]	3	14	차변	만기보유증권(181)		1,030,000	
			대변	보통예금			1,030,000

- 유가증권(단기매매증권 제외) 취득과 관련된 부대비용은 취득원가에 가산한다.

[4월 거래 입력]

NO	월	일	구분	계정과목	거래처	차변	대변
[1]	4	1	차변	원 재 료		45,000	
			대변	보통예금			45,000

- 자산의 취득과 관련된 부대비용은 취득원가에 가산한다.

NO	월	일	구분	계정과목	거래처	차변	대변
[2]	4	2	차변	투자부동산		210,000,000	
			대변	현 금			210,000,000

- 업무 사용 목적으로 구입한 토지 : 유형자산 ⇨ 토지
- 투자 목적으로 구입한 토지 : 투자자산 ⇨ 투자부동산

NO	월	일	구분	계정과목	거래처	차변	대변
[3]	4	3	차변	미 수 금	혜리상사	250,000,000	
			대변	투자부동산			190,000,000
			대변	투자자산처분이익			60,000,000

- 상거래에서 어음을 수취하면 받을어음으로 처리하고 상거래 이외의 거래에서 어음을 수취하면 미수금으로 처리한다.

NO	월	일	구분	계정과목	거래처	차변	대변
[4]	4	4	차변	보통예금		30,000,000	
			대변	정부보조금(104)			30,000,000

- 상환의무가 있는 경우 : ○○차입금
- 상환의무가 없는 경우 : 정부보조금(자산의 차감계정)

NO	월	일	구분	계정과목	거래처	차변	대변
[5]	4	5	차변	토 지		308,000,000	
			대변	선 급 금			50,000,000
			대변	보통예금			257,000,000
			대변	예 수 금			220,000
			대변	현 금			780,000

- 중개수수료는 자산 취득 부대비용이므로 토지의 취득원가에 가산한다.

NO	월	일	구분	계정과목	거래처	차변	대변
[6]	4	6	차변	건 물		200,000,000	
			차변	토 지		100,000,000	
			대변	미지급금	(주)동양산업		300,000,000

- 일괄취득 자산의 취득원가 : 구분이 불분명한 경우 상대적 시장가치(=공정가액)로 안분계산
    ① 건물 : 300,000,000원 × (160,000,000원/240,000,000원) = 200,000,000원
    ② 토지 : 300,000,000원 × (80,000,000원/240,000,000원) = 100,000,000원

NO	월	일	구분	계정과목	거래처	차변	대변
[7]	4	8	차변	토 지		105,000,000	
			대변	보통예금			100,000,000
			대변	당좌예금			5,000,000

- 철거비용의 회계처리
    ① 일괄취득 후 구건물의 철거비용 : 취득원가 가산(자산처리)
    ② 사용 중인 기존건물의 철거비용 : 당기비용처리(유형자산처분손실에 가산)

NO	월	일	구분	계정과목	거래처	차변	대변
[8]	4	9	차변	토 지		315,000,000	
			대변	자산수증이익			300,000,000
			대변	현 금			15,000,000

- 증여 자산 취득세는 취득원가에 가산하고 증여 자산의 취득원가는 증여일의 공정가치로 자산수증이익(영업외수익)으로 회계처리 한다.

NO	월	일	구분	계정과목	거래처	차변	대변
[9]	4	11	차변	차량운반구		12,360,000	
			대변	당좌예금			12,000,000
			대변	현 금			360,000
[10]	4	12	차변	단기매매증권		750,000	
			차변	차량운반구		250,000	
			대변	현 금			1,000,000

- 유형자산 취득 시 법령에 의하여 의무적으로 취득하게 되는 공채의 공정가액을 초과하여 지급한 금액은 유형자산 취득원가에 가산한다.

NO	월	일	구분	계정과목	거래처	차변	대변
[11]	4	13	차변	건설중인자산		2,500,000	
			대변	보통예금	대한은행		2,500,000

- 자산의 취득과 관련된 자본화요건을 충족한 금융비용은 "건설중인자산"으로 처리한다.

NO	월	일	구분	계정과목	거래처	차변	대변
[12]	4	14	차변	감가상각누계액(203)		80,000,000	
			차변	유형자산처분손실		23,000,000	
			대변	건 물			100,000,000
			대변	현 금			3,000,000

- 유형자산처분손익 = 처분(=매각)금액 − 장부가액 − 처분시 부대비용 = (+) 처분이익, (−) 처분손실
  = 0 − 20,000,000원 − 3,000,000원 = △23,000,000원(손실)

NO	월	일	구분	계정과목	거래처	차변	대변
[13]	4	21	차변	감가상각누계액(207)		4,500,000	
			차변	재해손실		5,500,000	
			대변	기계장치			10,000,000

- 사용 중인 자산의 폐기 시 장부가액 : 유형자산처분손실
- 사용 중인 자산의 천재지변으로 인한 폐기시 장부가액 : 재해손실(보험가입 유·무 관계없이 전액 처리)
- 보험가입하여 보험금 수령시 : 보험금수익(수령액 전액)

NO	월	일	구분	계정과목	거래처	차변	대변
[14]	4	22	차변	감가상각누계액(209)		2,000,000	
			차변	유형자산처분손실		18,000,000	
			대변	차량운반구			20,000,000
[15]	4	23	차변	특정현금과예금	우리은행	1,700,000	
			대변	현 금			1,700,000

NO	월	일	구분	계정과목	거래처	차변	대변
[16]	4	24	차변	미지급금	(주)일렉코리아	11,000,000	
			대변	당좌예금	국민은행		5,000,000
			대변	당좌차월	국민은행		6,000,000

- 당좌차월 약정을 한 경우 차월약정액까지 당좌수표 발행이 가능하며, 회계처리는 "당좌예금"을 먼저 사용하고 부족액만큼을 "당좌차월(부채)" 처리한다.

NO	월	일	구분	계정과목	거래처	차변	대변
[17]	4	26	차변	장기대여금	(주)웅이상사	25,000,000	
			대변	외상매출금	(주)웅이상사		25,000,000

[5월 거래 입력]

NO	월	일	구분	계정과목	거래처	차변	대변
[1]	5	1	차변	보통예금	국민은행	57,500,000	
			차변	외환차손		2,500,000	
			대변	외상매출금	웬디사		60,000,000

- 실제 거래와 관련된 외화자산·부채의 환율차이는 "외환차손" 또는 "외환차익" 처리한다.
  외환차손 = 60,000,000원 − 57,500,000원($50,000 × 1,150원) = 2,500,000원

NO	월	일	구분	계정과목	거래처	차변	대변
[2]	5	2	차변	단기차입금	뉴욕은행	13,000,000	
			대변	현 금			12,000,000
			대변	외환차익			1,000,000
[3]	5	4	차변	외화장기차입금	스탠다드은행	550,000,000	
			차변	이자비용		15,750,000	
			대변	보통예금			540,750,000
			대변	외환차익			25,000,000

- 외환차손 = U$500,000원 × (1,100원 − 1,050원) = 25,000,000원
- 이자비용 = U$15,000 × 1,050원/1$ = 15,750,000원

NO	월	일	구분	계정과목	거래처	차변	대변
[4]	5	6	차변	임차보증금	김사부	200,000,000	
			대변	당좌예금	나라은행		200,000,000
[5]	5	7	차변	미지급세금		1,000,000	
			차변	세금과공과(판)		9,000	
			대변	보통예금			1,009,000

- 부가가치세신고와 관련하여 발생되는 가산세는 "세금과공과"로 처리하고, 전자신고세액공제 등은 "잡이익"으로 처리한다.

NO	월	일	구분	계정과목	거래처	차변	대변
[6]	5	8	차변	퇴직급여(판)		32,000,000	
			차변	퇴직급여(제)		19,000,000	
			대변	보통예금			51,000,000

- 퇴직연금 확정기여(DC)형 불입액(당기비용처리) : (차) 퇴직급여 ×××   (대) 보통예금 등 ×××
- 퇴직연금 확정급여(DB)형 불입액(자산처리) : (차) 퇴직연금운용자산 ×××   (대) 보통예금 등 ×××

NO	월	일	구분	계정과목	거래처	차변	대변
[7]	5	9	차변	퇴직연금운용자산	(주)최고생명	4,500,000	
			대변	보통예금			4,500,000
[8]	5	11	차변	퇴직연금운용자산	(주)최고생명	500,000	
			대변	이자수익			500,000

- 퇴직연금(DB) 운용손익은 영업외손익으로 처리하고 원본에 전입한다.

[9]	5	12	차변	퇴직급여충당부채		8,000,000	
			대변	예 수 금			55,000
			대변	현 금			7,945,000

- 퇴직금 지급 시 퇴직급여충당부채와 우선상계 후 충당부채 부족시 당기비용(퇴직급여) 처리한다.

[10]	5	13	차변	보통예금		95,000,000	
			차변	사채할인발행차금		5,000,000	
			대변	사 채			100,000,000
[11]	5	14	차변	보통예금		11,000,000	
			차변	사채할인발행차금		1,300,000	
			대변	사 채			12,000,000
			대변	현 금			300,000

- 사채발행비는 사채발행금액에서 차감하므로 사채할인발행차금에 가산 또는 사채할증발행차금에 차감한다.
  사채할인발행차금 = 12,000,000원 − 11,000,000원 + 300,000원 = 1,300,000원

[12]	5	15	차변	보통예금	국민은행	106,000,000	
			대변	사 채			100,000,000
			대변	사채할증발행차금			6,000,000
[13]	5	18	차변	사 채		20,000,000	
			차변	사채상환손실		330,000	
			대변	보통예금			20,330,000

- 사채상환손익의 계산(조기상환시 발생)
  ① 사채상환손익 = 사채의 장부가액 − 상환가액 = (+) 상환이익, (−) 상환손실
  ② 사채상환시 반드시 "사채할인발행차금" 및 "사채할증발행차금"을 반드시 장부에서 제거한다.

[6월 거래 입력]

NO	월	일	구분	계정과목	거래처	차변	대변
[1]	6	1	차변	보통예금		38,400,000	
			차변	주식할인발행차금		2,100,000	
			대변	자 본 금			40,000,000
			대변	현 금			500,000

- 신주발행비는 발행금액에서 차감하므로 주식할인발행차금에 가산 또는 주식발행초과금에서 차감한다.

NO	월	일	구분	계정과목	거래처	차변	대변
[2]	6	2	차변	당좌예금		80,000,000	
			대변	자 본 금			50,000,000
			대변	현 금			250,000
			대변	주식할인발행차금			2,100,000
			대변	주식발행초과금			27,650,000
	■ 주식할증(또는 할인)발행 시 기존의 주식할인발행차금(또는 주식발행초과금)이 있는 경우 우선 상계 후 잔액을 장부에 계상한다.							
[3]	6	3	차변	당좌예금		12,000,000	
			대변	자 본 금			10,000,000
			대변	현 금			200,000
			대변	주식발행초과금			1,800,000
[4]	6	4	차변	보통예금		118,000,000	
			차변	주식발행초과금		29,450,000	
			차변	주식할인발행차금		2,550,000	
			대변	자 본 금			150,000,000
[5]	6	5	차변	기타자본잉여금		20,000,000	
			대변	자 본 금			20,000,000
[6]	6	6	차변	자 본 금		10,000,000	
			대변	현 금			6,000,000
			대변	감자차익			4,000,000
	■ 주식 감자 시 감자차손(또는 감자차익)이 있는 경우 우선 상계후 잔액을 장부에 계상한다.							
[7]	6	7	차변	현 금		240,000	
			차변	자기주식처분이익		50,000	
			차변	자기주식처분손실		10,000	
			대변	자기주식			300,000
	■ 자기주식 처분 시 자기주식처분이익(또는 자기주식처분손실)이 있는 경우 우선 상계후 잔액을 장부에 계상한다.							
[8]	6	8	차변	미지급배당금		10,000,000	
			차변	미교부주식배당금		5,000,000	
			대변	예 수 금			1,540,000
			대변	보통예금			8,460,000
			대변	자 본 금			5,000,000
	■ 3월 25일 회계처리를 검색하여 배당금 지급에 대한 회계처리를 한다. (차) 이월이익잉여금　　　　　16,000,000원　　(대) 이익준비금　　　　　1,000,000원 　　　　　　　　　　　　　　　　　　　　　　　　　미지급배당금　　　10,000,000원 　　　　　　　　　　　　　　　　　　　　　　　　　미교부주식배당금　5,000,000원							

NO	월	일	구분	계정과목	거래처	차변	대변
[9]	6	9	차변	중간배당금		7,000,000	
			대변	미지급배당금			7,000,000
	■ 당기분 이익잉여금처분계산서에 반영되도록 하려면 "372.중간배당금" 계정과목으로 회계처리하여야 한다. 중간배당금 = (30,000주 − 2,000주) × 5,000원 × 5% = 7,000,000원							
[10]	6	11	차변	선납세금		92,400	
			차변	보통예금		10,507,600	
			대변	정기예금	나라은행		10,000,000
			대변	이자수익			600,000
[11]	6	12	차변	보통예금		200,000	
			대변	전기오류수정이익(912)			200,000
	■ 전기오류에 대한 회계처리 ① 중대하지 않은 오류 : 영업외손익의 전기오류수정손익(900번대)으로 처리 ② 중대한 오류 : 자본의 전기오류수정손익(300번대)으로 처리							
[12]	6	13	차변	급여(판)		2,500,000	
			대변	예 수 금			240,000
			대변	보통예금			2,260,000
[13]	6	14	차변	잡급(제)		500,000	
			대변	현 금			500,000
[14]	6	15	차변	예 수 금		225,000	
			차변	세금과공과(판)		112,500	
			차변	세금과공과(제)		112,500	
			대변	현 금			450,000
[15]	6	16	차변	현 금		800,000	
			대변	배당금수익			800,000
	■ 주식을 발행한 회사의 경우 ① 현금배당 실시 ⇨ 현금등의 감소 ② 주식배당 실시 ⇨ 자본금의 증가 ■ 주식에 투자한 회사의 경우 ① 현금배당 수취 ⇨ 배당금수익(수익)으로 회계처리 ② 주식배당 수취 ⇨ 회계처리 하지 않음(단, 변경된 수량과 단가는 주석 공시)							
[16]	6	17	차변	여비교통비(판)		233,000	
			차변	현 금		17,000	
			대변	전 도 금	김철수		250,000
	■ 출장여비 지급시 전도금 또는 가지급금으로 처리 후 정산하며 거래처 관리함에 유의한다.							

NO	월	일	구분	계정과목	거래처	차변	대변
[17]	6	18	차변	복리후생비(제)		100,000	
			대변	제품(8.타계정으로 대체)			100,000
	■ 재고자산을 생산 또는 판매 이외에 사용하는 경우 반드시 적요번호 "8.타계정으로 대체~"를 선택하여야 하며, 금액은 원가로 입력한다.						
[18]	6	19	차변	기업업무추진비(판)		120,000	
			대변	미지급금	대한카드		120,000
[19]	6	20	차변	세금과공과(판)		200,000	
			대변	현 금			200,000
	■ 법정단체의 일반회비 : 세금과공과 ■ 임의단체 일반·특별회비, 법정단체 특별회비 : 기부금						
[20]	6	21	차변	세금과공과(판)		120,000	
			차변	수수료비용(판)		100,000	
			대변	현 금			220,000
[21]	6	22	차변	수도광열비(판)		350,000	
			차변	가스수도료(제)		740,000	
			대변	보통예금			1,090,000
[22]	6	23	차변	수선비(제)		1,000,000	
			대변	원재료(8.타계정으로 대체)			1,000,000
[23]	6	24	차변	교육훈련비(판)		3,000,000	
			대변	예 수 금			264,000
			대변	현 금			2,736,000

	■ 교육훈련과 관련된 강연료 원천징수(소득세)
	  ① 기타소득 : 기타소득금액(기타소득 − 필요경비) × 20% = 1,200,000원 × 20% = 240,000원
	  ② 사업소득 : 사업소득 × 3% = 3,000,000원 × 3% = 90,000원
	■ 지방소득세 : 소득세 × 10%
	∴ 원천징수세액(기타소득) = 1,200,000원 × 22%(지방소득세 포함) = 264,000원						

[24]	6	25	차변	기 부 금		10,000,000	
			대변	상품(8.타계정으로 대체)			10,000,000

[1] 다음 거래를 일반전표입력 메뉴에 추가 입력하시오. [회사코드 : 2300.(주)대흥]

① 3월 1일   액면가액 10,000,000원의 사채를 발행하여 12,000,000원이 보통예금 계좌로 입금되었다. 사채발행 관련 수수료 2,500,000원은 현금으로 지급하였다. (하나의 전표로 입력하시오.)

② 3월 10일 사업축소를 위하여 당사의 주식 2,000주(액면 @5,000원)를 1주당 4,000원에 매입 후 즉시 소각하고 대금은 현금으로 지급하였다. (하나의 전표로 입력하시오.)

③ 3월 30일 영업부 김홍국 차장은 부산출장에서 돌아와 출장 전 현금으로 지급된 출장비 500,000원(지급시 가지급금 처리)에 대한 지출내역을 다음과 같이 제출하였다. 모든 비용에 대해 적격증빙을 첨부하였으며, 잔액 50,000원은 현금으로 반환하였다. (단, 부가가치세는 고려하지 말 것)

- KTX 승차권 구입 : 100,000원   ▪ 현지 택시비 : 50,000원   ▪ 거래처 미팅시 식대 : 300,000원

④ 5월 21일 투자 목적으로 토지를 50,000,000원에 현금으로 매입하였고, 취득 과정에서 취득세 3,000,000원을 현금으로 납부하였다.

⑤ 8월 29일 제품을 매출하고 인천상사로부터 수취한 어음 3,300,000원이 부도처리 되었다는 것을 거래처 주거래은행으로부터 통보받았다.

[2] 다음 거래를 일반전표입력 메뉴에 추가 입력하시오. [회사코드 : 2400. (주)태풍]

① 2월 15일 당사는 매출거래처인 (주)역삼에 선물을 하기 위해 (주)홍삼에서 홍삼을 250,000원에 구입하고, 전액 당사의 비씨카드로 결제하였다. (단, 부가가치세는 고려하지 않는다.)

② 3월 2일   전기요금 800,000원(본사관리부 300,000원, 공장 500,000원)이 보통예금 통장에서 자동 인출되었다. (하나의 전표로 입력할 것)

③ 3월 8일   1년 이내 처분할 목적으로 주식시장에 상장되어 있는 (주)세무의 주식을 주당 12,000원의 가격으로 1,000주를 매입하였으며, 이 매입과정에서 대한증권에 주당 100원의 수수료가 발생하였다. 주식 매입과 관련된 모든 대금은 보통예금에서 이체하였다.

④ 3월 30일 업무용화물차량을 구입하면서 취득세 600,000원을 현금으로 납부하고, 국채(액면가액 300,000원, 공정가치 250,000원)도 액면가액으로 현금구입한 후 등록을 완료하였다. 단, 국채는 단기매매증권으로 처리한다. (하나의 전표로 입력할 것)

⑤ 5월 31일 사무직원 김용남씨의 5월분 급여 내역은 다음과 같으며 공제금액을 차감하고, 현금지급 하였다.

- 급여 2,000,000원(비과세 식대 100,000원 포함)
- 4대보험 내역(김용남씨와 회사부담액은 반반이라고 가정하되, 산재보험은 전액 회사부담)

  | • 국민연금 171,000원 | • 건강보험 127,300원 | • 고용보험 24,700원 | • 산재보험 10,000원 |
- 소득세 20,000원, 지방소득세 2,000원

⑥ 6월 15일 업무와 관련된 자산을 취득하는 조건으로 성남시청으로부터 정부보조금 50,000,000원(이 중 50%는 상환의무가 없는 지원금이며, 나머지 50%는 3년후 원금을 상환해야 함)을 받아 보통예금에 입금하였다.

[3] 다음 거래를 일반전표입력 메뉴에 추가 입력하시오. [회사코드 : 2500. (주)만세]

① 3월 14일 (주)도현에게 제품을 매출한 후 외상매출금 5,000,000원에 대하여 조기회수에 따른 매출할인액(할인율 : 외상매출금의 3%)을 차감한 나머지 금액이 당좌예금으로 입금되었다. 부가가치세는 고려하지 마시오.

② 4월 3일   회사는 부족한 운영자금문제를 해결하기 위해 (주)화민전자로부터 제품 판매대금으로 받은 약속어음 30,000,000원(만기일 : 6월 30일)을 대박은행에 할인하고 할인비용 300,000원을 제외한 금액을 현금으로 수령하였다. (약속어음의 할인은 매각거래에 해당하며, 하나의 전표로 입력할 것)

③ 4월 15일   히로상사에 대한 단기대여금인 1,000,000원이 당일 대손이 확정되어 대손처리 하였다. 단, 단기대여금 관련 대손충당금은 조회하여 회계처리 할 것.

④ 5월 12일   본사건물에 대한 감가상각비가 전년도에 25,000,000원만큼 과대계상된 오류를 발견하였다. 본 사항은 중대한 오류로 판단된다.

⑤ 6월 12일   1,000,000원에 취득하였던 자기주식을 모두 소각하였다. 자기주식의 소각일 현재 공정가치는 1,200,000원이고, 액면가액은 500,000원이다.

[4] 다음 거래를 일반전표입력 메뉴에 추가 입력하시오. [회사코드 : 2600. (주)온누리]

① 2월 15일   신축 중인 공장의 공사대금으로 사용한 차입금의 이자비용 1,250,000원을 보통예금으로 지급하였다. 동 이자비용은 자본화대상이며, 공장은 2026년 1월 30일 완공예정이다.

② 2월 22일   전기말 (주)세청상사에 대한 단기대여금(외화로 단기대여 $2,000, 대여시 환율 : 900원/$)을 금일 보통예금계좌로 회수하였다. (단, 회수시 적용된 환율은 1,200원/$이다.)

③ 2월 24일   유상증자를 위하여 신주 10,000주(주당 액면가액 5,000원)를 1주당 8,000원에 발행하여 대금은 당좌예금계좌로 입금되었고, 동 주식발행과 관련하여 법무사수수료 300,000원을 현금으로 지급하였다. 회사에는 현재 주식할인발행차금이 존재하고 있다. (하나의 전표로 입력할 것)

④ 4월 25일   부가가치세 제1기 예정분에 대한 납부세액 20,550,000원(미지급세금에 반영되어 있음)과 국세카드납부에 따른 수수료(결제대금의 0.8%)를 법인카드(우리카드)로 납부하였다. 하나의 전표로 입력하시오.

⑤ 4월 30일   당사가 보유하는 한경상사 주식에 대하여 2,000,000원이 중간배당 되어 당사의 보통예금에 입금되었다. (단, 원천징수세액은 고려하지 말 것)

※ 집중심화연습 해답은 [모의고사&기출문제 ➡ PART 03] 754페이지에서 확인 가능합니다.

CHAPTER

02 매입매출전표 입력

PART 03 전표관리

거래 자료의 입력이란 전표나 증빙을 보고 KcLep 프로그램이 요구하는 형식에 맞추어 입력하는 작업을 말한다. 이 거래 자료의 유형별로 입력된 자료를 분류, 정리, 계산, 집계, 보관 및 출력 등의 업무가 전산시스템이 자동으로 수행하여 준다.

거래 자료 중 세금계산서, 영세율세금계산서, 계산서, 신용카드매출전표, 현금영수증 등 매출자료 및 매입자료, 부가가치세 신고와 관련한 거래 자료를 KcLep의 [매입매출자료입력] 메뉴에 입력하여 관리하고자 한다.

[거래 자료에 의한 유형의 구분]

구 분	과 세	영 세	면 세
의미	• 재화·용역 공급 시 10% 부가가치세 징수	• 수출재화·공급시 영세율 적용 • 매출세액은 발생하지 않고 매입세액에 대한 환급이 적용 (완전면세)	• 생활필수품 등에 대한 부가가치세 면세
적용대상	• 재화의 공급 • 용역의 공급 • 재화의 수입	• 수출하는 재화 • 국외에서 제공하는 용역 • 선박 또는 항공기의 외국항행 용역 등 • 기타 외화 획득 재화·용역 • 조세특례제한법에 의한 영세율 적용	• 기초생활필수품 • 국민후생용역 • 문화관련 재화, 용역 • 부가가치 생산요소 (토지, 금융보험용역, 인적용역 등)
관련 증빙서류	• 세금계산서 • 신용카드매출전표 • 현금영수증 등	• 영세율세금계산서 • 수출신고필증 • 신용카드매출전표 등	• 계산서 • 신용카드매출전표 • 현금영수증 등
신고방법	• 부가가치세 신고기간에 신고	• 부가가치세 신고기간에 신고	• 부가가치세 납세의무 없음 • 면세사업장현황신고(개인)
세무신고 첨부서류	• 부가가치세신고서 • 세금계산서합계표 • 관련 신고부속서류	• 부가가치세신고서 • 세금계산서합계표 • 영세율첨부서류	• 면세사업장현황신고(개인) • 수입금액신고서 • 세금계산서합계표(매입) • 계산서합계표(매입/매출)

매입매출전표입력 실무예제는 (주)배움(회사코드 2000)에 추가 입력하시오.

1. 매입매출전표입력(회사코드 : 2000.(주)배움)

회계관리 ▶▶ 재무회계 ▶▶ 전표입력 ▶▶ 매입매출전표입력

부가가치세와 관련된 거래 자료를 입력하는 메뉴로 과세유형에 따라 부가가치세 금액과 화면 하단의 계정과목이 자동으로 표시되고 부가가치세신고서에 반영되므로 부가가치세에 대한 정확한 구분을 이해하고 입력해야 한다.

상단부는 부가가치세 관련 각 신고자료(부가가치세신고서, 세금계산서합계표, 매입매출장 등)로 활용되고, 하단부의 분개는 각 재무회계자료(총계정원장, 재무제표 등)에 반영된다. 단, 매입거래 중 **고정자산취득과 관련된 거래는 반드시 하단부의 분개를 입력하여야 부가가치세신고서의 고정자산매입분에 반영**됨에 유의한다.

매입매출전표입력 필드 설명

항 목	입력내용 및 방법
월, 일	① 입력하고자 하는 전표의 해당 월 2자리 숫자를 직접 입력하거나 열람단추를 클릭, 1월~12월 중 해당 월을 선택한다. ② 일자를 직접 입력하여 일일거래를 입력하거나, 해당 월만 입력 후 일자별 거래를 연속적으로 입력한다. 일자가 동일한 경우는 일자를 입력하지 않고 Enter를 치면 된다.

항 목	입력내용 및 방법
유형	입력되는 매입매출자료의 유형코드 2자리를 입력한다. 유형은 크게 매출과 매입으로 구분되어 있으며, 유형코드에 따라 부가가치세신고서 등의 각 부가가치세 관련 해당 자료에 자동 반영되므로 정확한 입력을 하여야 한다.
품목	세금계산서 등에 기재되는 품명을 직접 기재하며 다수의 품명을 기재하는 경우 복수거래(F7) 버튼을 클릭하여 입력이 가능하다.
수량 단가	물품 수량(해당사항이 없을 경우 Enter 키를 누르면 단가로 커서 이동)과 물품 단가(해당사항이 없을 경우 Enter 키를 누르면 공급가액으로 커서 이동)를 직접 기재하며, 수량, 단가의 소수점관리를 원하면 환경등록이 선행되어야 한다.
공급가액 부가세	수량, 단가를 입력한 경우 공급가액 및 부가가치세는 자동으로 입력되며, 공급가액을 직접 입력 시는 금액을 입력한 후 Enter 키를 치면 부가가치세(공급가액의 10%)가 자동으로 표시되며 환경등록에 따라 공급가액의 절사방법으로 "1.절사, 2.올림, 3.반올림"을 선택할 수 있다.
코드 공급처명 사업/주민번호	일반전표입력과 동일하다. ① 신규 거래처 등록 시 거래처 코드란에서 "+"키를 입력하여 "00000"을 나오게 하고 신규 공급자를 등록한다. ② 주민등록기재분 세금계산서의 입력 : 주민등록 기재분 해당 거래처일 경우는 세부항목 입력사항 "5.주민등록번호" 입력 우측에 "1.주민등록번호"를 선택하면 세금계산서합계표에 [주민기재분]으로 자동 반영된다.
전자	전자(세금)계산서 여부를 구분하여 (세금)계산서합계표의 "전자(세금)계산서"란에 집계하도록 한다. 전자인 경우 '1.여'를 선택한다.
분개	매입매출거래의 회계처리를 위한 입력 란으로서 분개의 번호를 선택하면 해당 거래 유형에 따라 최대 5개까지(환경등록 선행) 자동분개 되어 입력된다. (기본계정의 입력은 환경등록에서 등록) (1) 0.분개없음 : 하단부에 분개를 하지 않을 때 사용하며 예를 들어 부가가치세 신고기간이 임박하여 자료가 취합된 경우, 모든 거래를 분개까지 하려면 많은 시간이 소요되므로 분개를 생략하고자 할 때 선택한다. (부가가치세신고관련 제반사항은 분개와 상관없이 작성되며, 고정자산매입분은 회계처리 반영하여야 [고정자산취득]으로 반영됨에 유의 ➡ 부가가치세신고서, 세금계산서합계표 등) (2) 1.현금 : 전액 현금거래일 경우 선택한다. ① 매출 – 부가세예수금과 기본계정으로 자동분개(부가세예수금을 제외한 계정과목 수정 및 추가분개 가능) ② 매입 – 부가세대급금과 기본계정으로 자동분개(부가세대급금을 제외한 계정과목 수정 및 추가분개 가능)

항 목	입력내용 및 방법
분개	(3) **2.외상** : 전액 외상거래(외상매출금, 외상매입금)일 경우 선택한다. (환경등록에서 추가계정 설정 가능) 단, 외상거래일지라도 미수금, 미지급금의 경우는 "3.혼합"을 선택해야 한다. ① 매출 – 차변계정은 외상매출금으로, 대변계정은 부가세예수금과 기본계정으로 자동분개(부가세예수금은 수정 불가능하며, 기본계정은 수정 및 추가분개 가능) ② 매입 – 대변계정은 외상매입금으로, 차변계정은 부가세대급금과 기본계정으로 자동분개(부가세대급금은 수정 불가능하며, 기본계정은 수정 및 추가분개 가능) (4) **3.혼합** : 상기 이외의 거래로서 기타 다른 계정과목을 사용하고자 할 때 선택한다. 다만, '1.현금' 과 '2.외상' 대신 '3.혼합'을 사용하여도 무방하다. ① 매출 – 대변계정은 부가세예수금과 기본계정으로 자동분개 되며, 차변계정은 비워져 있으므로 사용자가 직접 입력한다. ② 매입 – 차변계정은 부가세대급금과 기본계정으로 자동분개 되며, 대변계정은 비워져 있으므로 사용자가 직접 입력한다. **거래처코드를 입력할 때 유의하여야 할 계정과목 : 보통예금, 받을(지급)어음 등** (5) **4.카드** : 카드매출, 카드매입의 경우 카드사를 선택하면 [환경등록]에서 설정된 기본계정과 거래처에 카드사가 자동 반영된다. [분개유형 설정] 매 출 0404 제품매출 매 출 채 권 0108 외상매출금 매 입 0153 원재료 매 입 채 무 0251 외상매입금 신용카드매출채권 0108 외상매출금 신용카드매입채무 0253 미지급금 (6) **5.추가** : [환경등록]의 "3.추가계정 설정"에 입력한 계정과목으로 회계처리하는 경우 선택하며, 다수의 업종에 경우 매출(매입)계정과목을 추가로 등록하여 사용할 수 있다.
적요	매입매출전표의 하단부의 적요는 별도로 입력하지 않으면 상단 품명란의 적요가 자동으로 입력된다. 적요를 직접 입력할 때에는 '0'을 사용하며 이미 등록된 적요를 선택하기 위해서는 코드도움(F2)을 클릭하면 된다. **[적요번호를 반드시 선택해야 하는 사례]** ① 재고자산의 '타계정으로 대체액'의 경우 ② 의제매입세액공제신고서 자동반영의 경우 ③ 재활용폐자원매입세액공제신고서 자동반영의 경우
간편집계표 ⇩ 예정누락분	① 부가세신고 관련하여 예정신고(1기 예정 : 1월 ~ 3월, 2기 예정 : 7월 ~ 9월) 시 누락된 전표를 표시할 때 사용하는 메뉴이다. 부가세신고서 예정신고누락분에 데이터가 반영된다. ② 예정누락분 전표를 체크하고 "Shift+F5"나 간편집계표의 "예정누락분"을 클릭 ➡ 확정신고 개시년월 ➡ 확인(Tab) 선택 입력된 자료는 세금계산서 합계표, 부가가치세 신고서에 자동 반영된다.

항 목	입력내용 및 방법
간편집계표 ⇩ 수정세금계산	발급된 세금계산서에 수정사유가 발생한 경우 반드시 **"전자수정세금계산서"**를 발급하여 부가가치세신고를 하여야 하며, **발급기한이 경과한 경우라도 법 요건을 충족하였다면 가산세는 적용되지 않는다.** 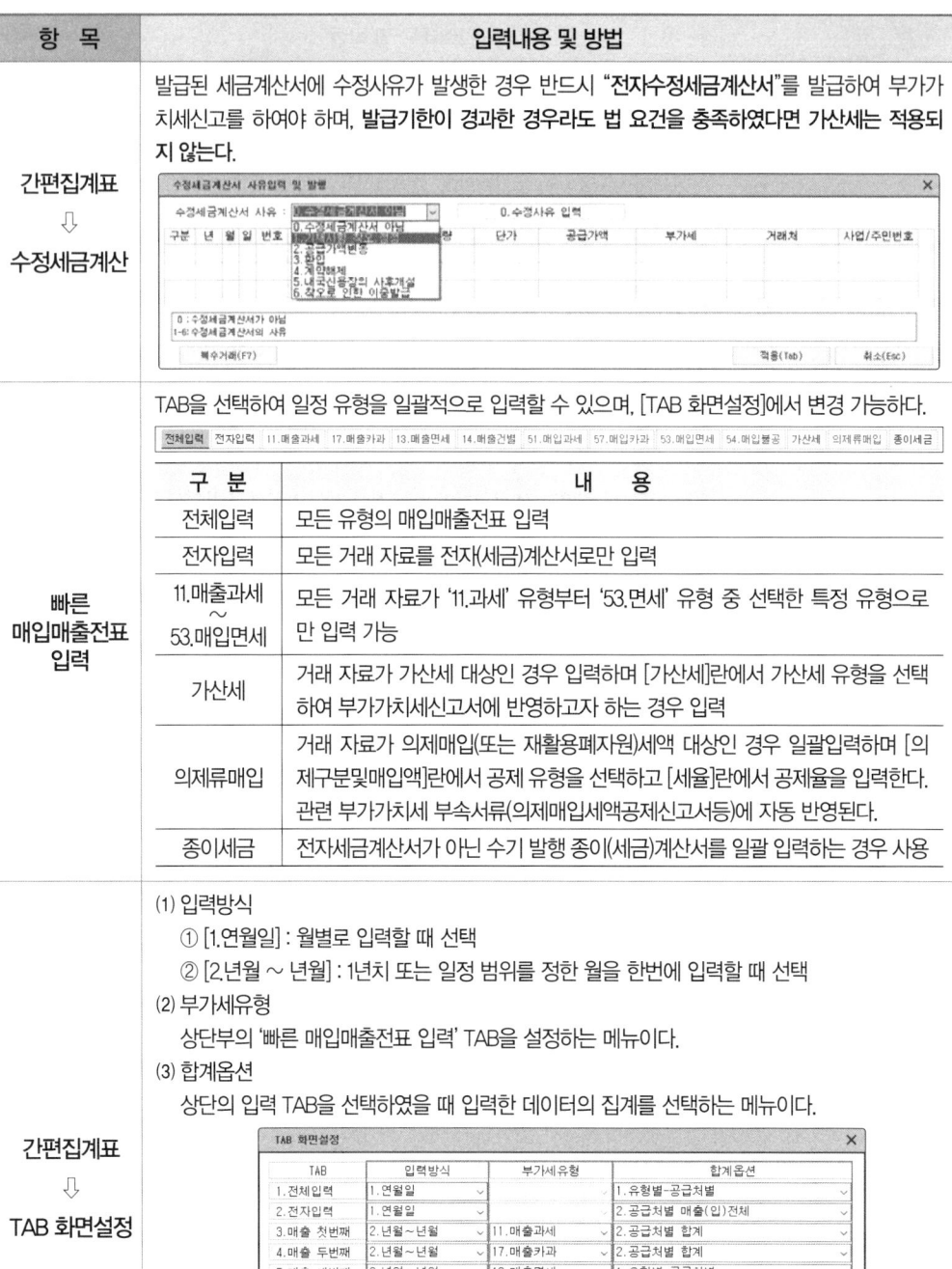
빠른 매입매출전표 입력	TAB을 선택하여 일정 유형을 일괄적으로 입력할 수 있으며, [TAB 화면설정]에서 변경 가능하다. | 구 분	내 용
전체입력	모든 유형의 매입매출전표 입력
전자입력	모든 거래 자료를 전자(세금)계산서로만 입력
11.매출과세 ~ 53.매입면세	모든 거래 자료가 '11.과세' 유형부터 '53.면세' 유형 중 선택한 특정 유형으로만 입력 가능
가산세	거래 자료가 가산세 대상인 경우 입력하며 [가산세]란에서 가산세 유형을 선택하여 부가가치세신고서에 반영하고자 하는 경우 입력
의제류매입	거래 자료가 의제매입(또는 재활용폐자원)세액 대상인 경우 일괄입력하며 [의제구분및매입액]란에서 공제 유형을 선택하고 [세율]란에서 공제율을 입력한다. 관련 부가가치세 부속서류(의제매입세액공제신고서등)에 자동 반영된다.
종이세금	전자세금계산서가 아닌 수기 발행 종이(세금)계산서를 일괄 입력하는 경우 사용	

간편집계표
⇩
TAB 화면설정
	(1) 입력방식
	  ① [1.연월일] : 월별로 입력할 때 선택
	  ② [2.년월 ~ 년월] : 1년치 또는 일정 범위를 정한 월을 한번에 입력할 때 선택
	(2) 부가세유형
	  상단부의 '빠른 매입매출전표 입력' TAB을 설정하는 메뉴이다.
	(3) 합계옵션
	  상단의 입력 TAB을 선택하였을 때 입력한 데이터의 집계를 선택하는 메뉴이다.

2. 매출유형별 실무프로세스

[매출전표 유형별 설명]

매출코드	유형	내용
11	과세	부가가치세 10% **세금계산서** 발급 시 선택한다.
12	영세	**영세율(Local L/C, 구매확인서에 의한 매출) 세금계산서** 발급 시 선택하며, 전표입력 시 '**영세율구분**'을 반드시 선택하여 [영세율 매출명세서] 부가가치세 부속서류에 반영한다. [환경등록] 메뉴에서 '영세율구분' 기본 설정값을 설정하여 반영할 수도 있다. 　6　유형:불공(54)의 불공제 사유　　　　　　2 　　　유형:영세율매출(12.16) 구분
13	면세	**계산서** 발급 시 선택한다.
14	건별	세금계산서가 발행되지 않은 과세매출 입력 시 선택한다. [사례] 　소매매출로 영수증 또는 금전등록기 영수증 발행과 간주공급, 간주임대료 입력 시
15	간이	세금계산서가 발행되지 않는 과세매출 입력 시 선택하며 간이과세자가 사용하므로 일반과세자는 사용하지 않는다.
16	수출	영세율세금계산서 발급 의무가 면제되는 경우에 선택하며, 전표입력 시 '**영세율구분**'을 반드시 선택하여 [영세율 매출명세서] 부가가치세 부속서류에 반영한다. [사례] 　직수출(수출신고필증 등), 중계무역, 외국인도 등
17	카과	신용카드에 의한 과세매출 입력 시 선택한다. 입력된 자료는 [**신용카드매출전표발행집계표**] '과세분'에 자동 반영되며, 거래처등록 시 매출카드사의 가맹점등록사항을 반드시 입력해야 한다.
18	카면	신용카드에 의한 면세매출 입력 시 선택한다. 입력된 자료는 [**신용카드매출전표발행집계표**] '면세분'에 자동 반영된다.
19	카영	신용카드에 의한 영세율매출 입력 시 선택한다. 입력된 자료는 [**신용카드매출전표발행집계표**] '과세분'에 자동 반영된다.
20	면건	계산서가 발행되지 않은 면세매출 입력 시 선택한다.
21	전자	전자적결제(전자화폐) 수단으로의 매출 입력 시 선택한다. [전자화폐결제명세서]에 가맹점별로 집계되며, 거래처등록 시 가맹점등록사항을 반드시 입력한다.
22	현과	현금영수증에 의한 과세매출 입력 시 선택한다. 입력된 자료는 [**신용카드매출전표발행집계표**] '과세분'에 자동 반영된다.
23	현면	현금영수증에 의한 면세매출 입력 시 선택한다. 입력된 자료는 [**신용카드매출전표발행집계표**] '면세분'에 자동 반영된다.
24	현영	현금영수증에 의한 영세율매출 입력 시 선택한다. 입력된 자료는 [**신용카드매출전표발행집계표**] '과세분'에 자동 반영된다.

1 과세매출(세금계산서 발급)

일반과세사업자가 매출 시 **10% 부가가치세가 있는 세금계산서를 발급**하면 이를 [매입매출전표입력] 메뉴에 입력한다. 부가가치세 신고 시 내역을 집계하여 [매출처별 세금계산서합계표]를 작성하고 [부가가치세신고서]에 반영한다.

(1) 과세매출 - 일반과세(사업자와의 거래)

| 10% 부가가치세 있는 세금계산서 발급 | ▶ | 유형 : 11.과세매출 선택 |

7월 1일 (주)전자마트에 제품을 90,000,000원(공급가액)에 인도하고, 이에 대한 전자세금계산서를 발급하였다. 단, 전월에 계약금으로 받은 9,000,000원을 제외한 판매대금 잔액은 다음 달 말일에 수취하기로 하였다.

품목	수량	단가	금액
Q 제품	1,000	50,000	50,000,000원
P 제품	2,000	20,000	40,000,000원

| (차) 선수금 | 9,000,000원 | (대) 제품매출 | 90,000,000원 |
| 외상매출금 | 90,000,000원 | 부가세예수금 | 9,000,000원 |

① 회계처리 일자(2025.07.01)을 입력하고 품목란에서 [F7복수거래]를 선택하여 품목을 입력한다.

No	품목	규격	수량	단가	공급가액	부가세	합계	비고
1	Q 제품		1,000	50,000	50,000,000	5,000,000	55,000,000	
2	P 제품		2,000	20,000	40,000,000	4,000,000	44,000,000	
3								
				합 계	90,000,000	9,000,000	99,000,000	

② 공급가액과 부가세는 자동반영 되며 공급처 코드란에서 "전자"를 입력하여 공급처를 선택하고 전자세금계산서이므로 "전자 - 1.여"를 선택한다. 혼합거래이므로 "분개 - 3.혼합"을 선택하고 차변에 "선수금"과 "외상매출금"을 입력한다.

□	일	번호	유형	품목	수량	단가	공급가액	부가세	코드	공급처명	사업/주민번호	전자	분개
□	1	50007	과세	Q 제품외			90,000,000	9,000,000	00172	(주)전자마트	125-85-18505	여	혼합
			유형별-공급처별 [1]건				90,000,000	9,000,000					

신용카드사				봉사료		

NO : 50007 (대 체) 전 표

구분		계정과목	적요	거래처		차변(출금)	대변(입금)	
대변	0255	부가세예수금	Q 제품외	00172	(주)전자마트		9,000,000	(세금)계산 현재라인인
대변	0404	제품매출	Q 제품외	00172	(주)전자마트		90,000,000	거래명세서 현재라인인
차변	0259	선수금	Q 제품외	00172	(주)전자마트	9,000,000		
차변	0108	외상매출금	Q 제품외	00172	(주)전자마트	90,000,000		전 표
					합 계	99,000,000	99,000,000	

(2) 과세매출 – 일반과세(비사업자와의 거래)

사업자등록증이 없는 비사업자에게 매출 시 ▶ 유형 : 11.과세매출 선택
10% 부가가치세 있는 세금계산서 발급   거래처등록 : 1.주민등록번호 선택

7월 2일 김사부씨에게 제품을 5,500,000원(부가가치세 포함)에 판매하고 나라은행 보통예금계좌로 판매 즉시 입금 받았다. 김사부씨는 사업자등록 예정자로서 주민등록증 제시에 의하여 "주민기재분" 전자세금계산서를 발급하였다.

(차) 보통예금	5,500,000원	(대) 제품매출	5,000,000원
		부가세예수금	500,000원

① 회계처리 일자(2025.07.02), 공급가액을 입력하면 부가세가 자동반영 된다.
② 공급처 코드란에서 "김사"를 입력하여 공급처를 선택하고 전자세금계산서이므로 "전자 – 1.여"를 선택한다. 대금을 보통예금으로 입금 받았으므로 "분개 – 3.혼합"을 선택하고 하단의 분개내역에서 차변계정과목을 "보통예금" 거래처는 "나라은행"을 입력한다.

□	일	번호	유형	품목	수량	단가	공급가액	부가세	코드	공급처명	사업/주민번호	전자	분개
□	2	50002	과세	제품			5,000,000	500,000	00104	김사부	800301-1990719	여	혼합
			유형별-공급처별 [1]건				5,000,000	500,000					

| 신용카드사 | | | | 봉사료 | | |

NO : 50002 (대 체) 전 표

구분		계정과목	적요	거래처		차변(출금)	대변(입금)	
대변	0255	부가세예수금	제품	00104	김사부		500,000	(세금)계산 현재라인인
대변	0404	제품매출	제품	00104	김사부		5,000,000	거래명세서 현재라인인
차변	0103	보통예금	제품	98001	나라은행	5,500,000		전 표
					합 계	5,500,000	5,500,000	

보통예금도 거래처 관리를 반드시 하여야하므로 **시험문제 지문에 은행이 명기**된 경우 **반드시 입력**한다.

(3) 과세매출 - 일반과세(고정자산매각)

기계장치, 차량운반구 등 매각 시
10% 부가가치세 있는 세금계산서 발급 ▶ 유형 : 11.과세매출 선택

7월 3일 제품 제조에 사용하던 기계장치를 10,000,000원(부가가치세 별도)에 회계상사에 매각하고 전자세금계산서를 발급하였다. 매각대금은 전액 외상으로 하였다.
(매각당시 감가상각누계액 : 9,000,000원, 취득가액 : 20,000,000원)

 예제 따라하기

(차) 감가상각누계액	9,000,000원	(대) 기계장치	20,000,000원
미수금	11,000,000원	부가세예수금	1,000,000원
유형자산처분손실	1,000,000원		

① 회계처리 일자(2025.07.03)를 입력하고 품목, 공급가액을 입력하여 부가세를 자동반영 하며 공급처 코드란에서 "회계"를 입력하여 공급처를 선택한다. 전자세금계산서이므로 "전자 - 1.여"을 선택하고 **고정자산 매각거래**는 "**분개 - 3.혼합**"을 선택하여 분개내역을 입력한다.

② 대변 계정과목 "제품매출"을 **기계장치**로 수정하고 금액은 "**취득가액 20,000,000원**"으로 수정 입력한다. 차변 계정과목은 기계장치와 관련된 "감가상각누계액(207)"을 입력하고 금액 "9,000,000원", 미수금 "11,000,000원"을 입력한다. 상단의 "**대차차액 △1,000,000원**"을 확인하고 "**유형자산처분손실**"을 추가 입력한다.

[고정자산 매각 시 유형자산처분손익 확인]
회계처리 시 처분하는 고정자산 계정과목과 취득원가를 대변에 입력하고 차변에 관련 감가상각누계액 및 대금회수 관련사항을 입력한 후 상단의 **[대차차액]**란을 확인하여 입력한다.
① 대차차액이 **양수** : 유형자산처분이익으로 처리   ② 대차차액이 **음수** : 유형자산처분손실로 처리

(4) 과세매출 – 반품거래

매출 반품(환입)시
10% 부가가치세 있는 세금계산서 발급
▶
유형 : 11.과세매출 선택
수량(△) 입력, 금액(△) 입력

7월 4일 (주)전자마트에 판매한 제품에 하자가 발견되어 금일 반품 전자수정세금계산서를 발급하였다. 반품된 공급가액은 300,000원, 부가가치세 30,000원이며 반품 대금은 (주)전자마트의 외상매출금과 상계하기로 하였다.

(차) 외상매출금	-330,000원	(대) 제품매출	-300,000원
		부가세예수금	-30,000원

① 회계처리 일자(2025.07.04)를 입력하고 품목, 공급가액을 입력하면 부가세가 자동반영 된다.
② 전자세금계산서이므로 "전자 – 1.여"를 선택하고 대금은 외상매출금과 상계하기로 하였으므로 "분개 – 2.외상"을 선택하여 하단의 분개내역을 확인한다.

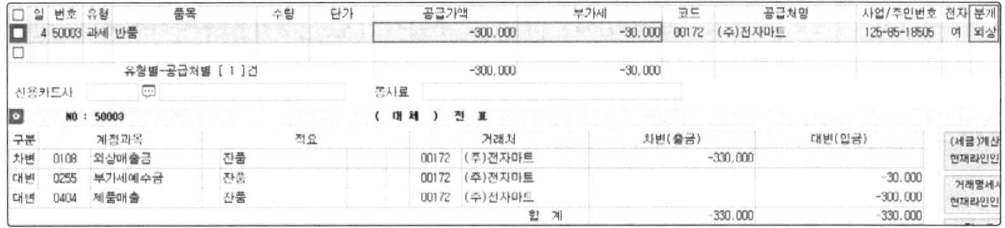

[전자수정세금계산서 입력 시 유의사항]
지문에 '**수정세금계산서 사유**'를 적용하라는 문구가 있는 경우 [**간편집계표 ⇨ 수정세금계산**] 버튼을 선택하여 사유를 입력한다.

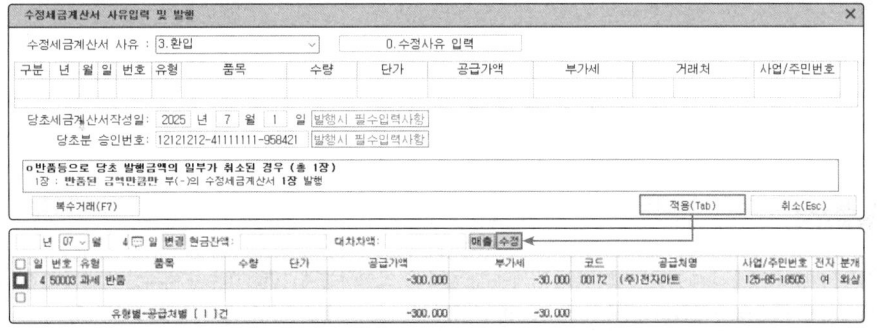

결과확인하기

부가가치 ▶▶ 신고서/부속명세 ▶▶ 부가가치세 ▶▶ 세금계산서합계표

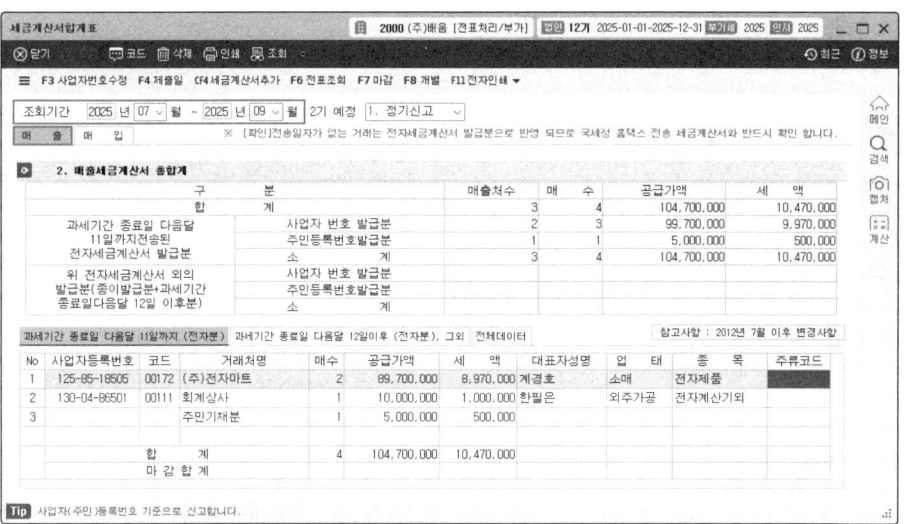

부가가치 ▶▶ 신고서/부속명세 ▶▶ 부가가치세 ▶▶ 부가가치세신고서

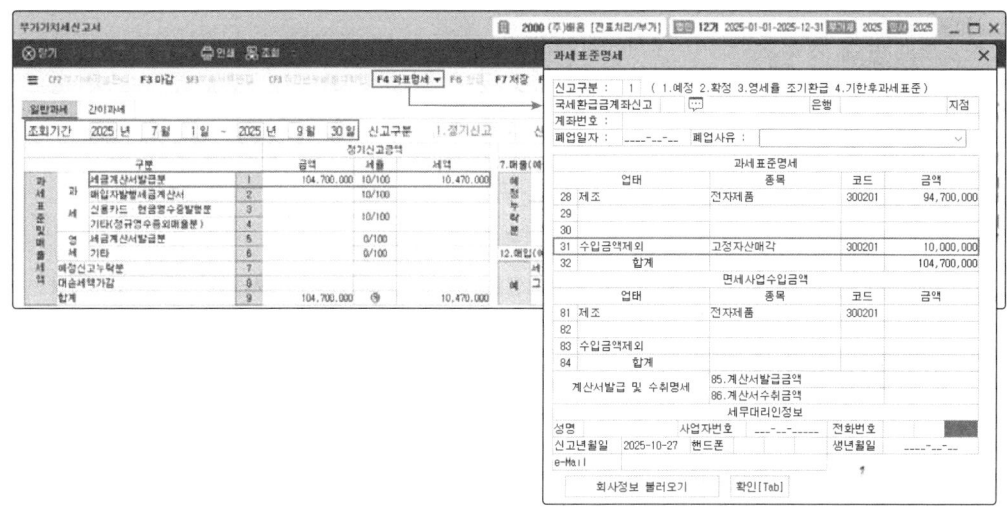

부가가치세신고서에 과세매출은 과세표준명세에 반영되며, **고정자산매각(법인)**은 손익계산서 매출에 해당되지 않으므로 [**수입금액제외(31)란**]에 반영되며, 종목란에 해당 사유를 입력한다.

2 영세매출

(1) 영세매출 - 세금계산서 발급분

일반과세사업자가 매출 시 0%(영의 세율)이 적용되는 재화·용역을 공급하고 영세율(전자)세금계산서를 발급한 경우 이를 [매입매출전표입력] 메뉴에 입력한다. 부가가치세 신고 시 내역을 집계하여 [매출처별 세금계산서합계표] 및 [내국신용장·구매확인서 전자발급명세서]를 작성하고 [부가가치세신고서]에 반영한다.

| 내국신용장 또는 구매확인서에 의한 영세율 세금계산서 발급 | ▶ | 유형 : 12.영세매출 선택 |

실무예제

7월 5일 수출업자인 (주)코어드에 Local L/C(번호 : LCCAPP454578, 발급일 : 2025. 07. 01)에 의하여 공급가액 10,000,000원의 제품을 납품하고 영세율전자세금계산서를 발급하였다. 대금은 전액 외상으로 하였다. (하단의 영세율 구분 입력할 것)

예제 따라하기

(차) 외상매출금　　10,000,000원　　(대) 제품매출　　10,000,000원

① 회계처리 일자(2025.07.05)를 입력하고 품목, 공급가액을 입력하며 공급처 코드란에서 "코어"를 입력하여 공급처를 선택, 전자세금계산서이므로 "전자 - 1.여"를 입력한다.

② 영세율구분란에서 코드도움(F2) 또는 💬을 클릭하여 "3.내국신용장·구매확인서에 의하여 공급하는 재화"를 선택하고, 서류번호(LCCAPP454578)를 입력한다.

③ 외상거래이므로 "분개 - 2.외상"을 선택하고 하단의 분개내역을 확인한다.

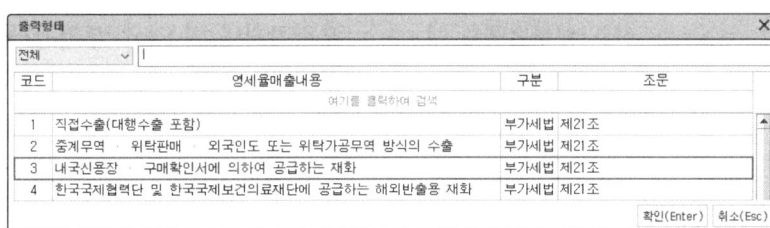

결과확인하기

부가가치 ▶▶ 신고서/부속명세 ▶▶ 부가가치세 ▶▶ 세금계산서합계표

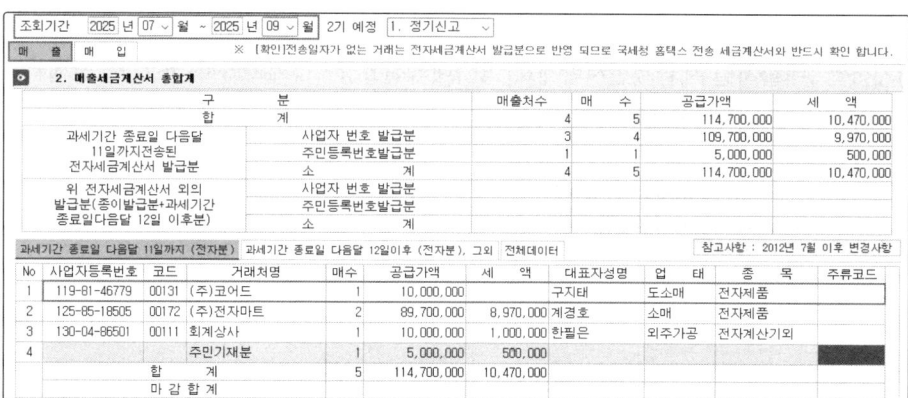

부가가치 ▶▶ 신고서/부속명세 ▶▶ 부속명세서 Ⅰ ▶▶ 내국신용장·구매확인서 전자발급명세서

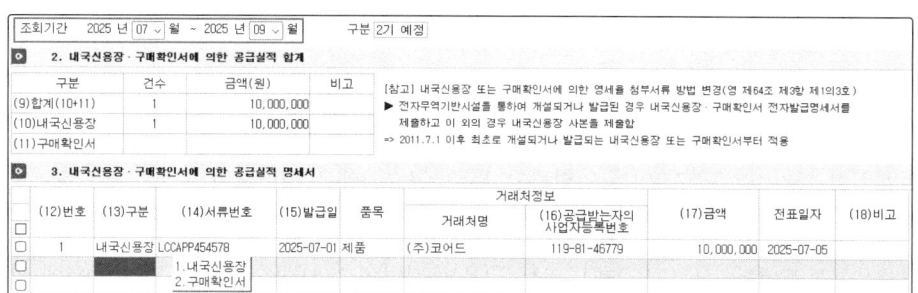

부가가치 ▶▶ 신고서/부속명세 ▶▶ 부가가치세 ▶▶ 부가가치세신고서

TIP

내국신용장(또는 구매확인서) 거래에 의한 영세율 적용은 부가가치세 신고시 **[내국신용장·구매확인서 전자발급명세서]** 및 **[영세율매출명세서]** 를 작성하여 제출하여야 한다. (영세율 첨부서류 참고)

(2) 수출매출 – 직수출 및 중계무역 등

일반과세사업자가 매출 시 0%(영의 세율)이 적용되는 재화·용역을 공급하고 **세금계산서 발급의무가 면제**된 경우 이를 [매입매출전표입력] 메뉴에 입력한다. 부가가치세 신고 시 내역을 집계하여 [수출실적명세서] 등을 작성하고 [부가가치세신고서]에 반영한다.

직수출 등에 의한 매출 ▶ 유형 : 16.수출매출 선택

7월 6일 미국의 James CO.,LTD에 수출계약을 맺고 Master L/C에 의해 제품 50대(개당 $750, 선적일의 매매기준율 1,000원)을 수출 선적하고 대금은 전액 외상으로 하였다.
(수출신고번호 11863-19-120643X, 영세율구분 선택할 것)

(차) 외상매출금   37,500,000원   (대) 제품매출   37,500,000원

① 회계처리 일자(2025.07.06)로 입력하고 품명, 수량, 단가를 입력하여 공급가액을 자동반영한다.
② 영세율구분란에서 코드도움(F2) 또는 ▦을 클릭하여 "1.직접수출(대행수출 포함)"을 선택하여 적용하고 하이픈 없이 수출신고번호를 입력한다.

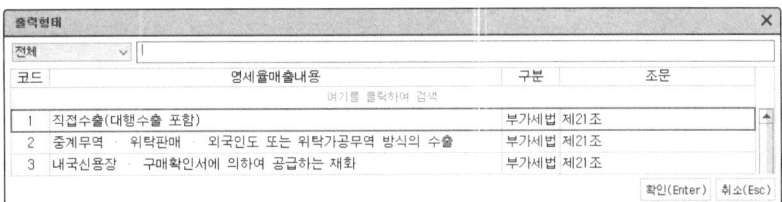

③ 외상거래이므로 "분개 – 2.외상"을 선택하고 하단의 분개내역을 확인한다.

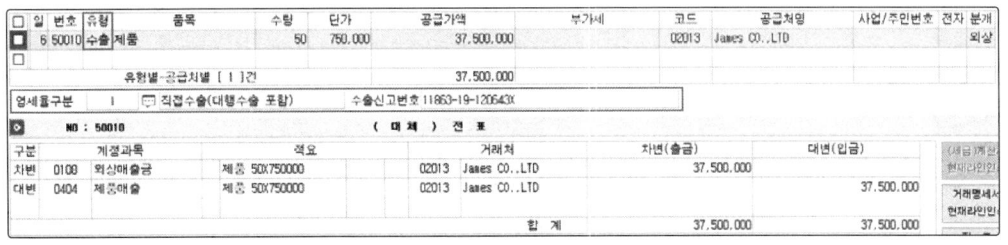

결과확인하기

부가가치 ▶▶ 신고서/부속명세 ▶▶ 부속명세서 I ▶▶ 수출실적명세서

조회기간	2025년 07월 ~ 2025년 09월	구분: 2기 예정	과세기간별입력		
구분	건수	외화금액	원화금액		비고
⑨합계	1	37,500.00	37,500,000		
⑩수출재화[=⑫합계]	1	37,500.00	37,500,000		
⑪기타영세율적용					

No	□	(13)수출신고번호	(14)선(기)적일자	(15)통화코드	(16)환율	금액		전표정보	
						(17)외화	(18)원화	거래처코드	거래처명
1	□	11863-19-120643X	2025-07-06	USD	1,000.0000	37,500.00	37,500,000	02013	James Co.,LTD
	□								
		합계				37,500	37,500,000		

부가가치 ▶▶ 신고서/부속명세 ▶▶ 부속명세서 I ▶▶ 영세율매출명세서

조회기간 2025년 07월 ~ 2025년 09월 2기 예정

부가가치세법 | 조세특례제한법

(7)구분	(8)조문	(9)내용	(10)금액(원)
부가가치세법	제21조	직접수출(대행수출 포함)	37,500,000
		중계무역·위탁판매·외국인도 또는 위탁가공무역 방식의 수출	
		내국신용장·구매확인서에 의하여 공급하는 재화	10,000,000
		한국국제협력단 및 한국국제보건의료재단에 공급하는 해외반출용 재화	
		수탁가공무역 수출용으로 공급하는 재화	
	제22조	국외에서 제공하는 용역	
	제23조	선박·항공기에 의한 외국항행용역	
		국제복합운송계약에 의한 외국항행용역	
(11) 부가가치세법에 따른 영세율 적용 공급실적 합계			47,500,000
(12) 조세특례제한법 및 그 밖의 법률에 따른 영세율 적용 공급실적 합계			
(13) 영세율 적용 공급실적 총 합계(11)+(12)			47,500,000

부가가치 ▶▶ 신고서/부속명세 ▶▶ 부가가치세 ▶▶ 부가가치세신고서

일반과세 | 간이과세

조회기간 2025년 7월 1일 ~ 2025년 9월 30일 신고구분 1.정기신고 신고차수 부가율 100 예정

		구분		정기신고금액				구분		금액	세율	세액
				금액	세율	세액	7.매출(예정신고누락분)					
과세표준및매출세액	과세	세금계산서발급분	1	104,700,000		10,470,000	예정누락분	과세	세금계산서	33		10/100
		매입자발행세금계산서	2		10/100				기타	34		10/100
		신용카드·현금영수증발행분	3		10/100			영세	세금계산서	35		0/100
		기타(정규영수증외매출분)	4						기타	36		0/100
	영세	세금계산서발급분	5	10,000,000	0/100				합계	37		
		기타	6	37,500,000	0/100		12.매입(예정신고누락분)					
	예정신고누락분		7						세금계산서	38		
	대손세액가감		8				예		그 밖의 공제매입세액	39		
	합계		9	152,200,000	㉨	10,470,000			합계	40		

[영세매출 입력 시 유의사항]
매출유형 중 영세율매출인 '**12.영세**', '**16.수출**', '**19.카영**', '**24.현영**'의 경우 '**영세율구분**' 코드를 선택하면 [영세율매출명세서]에 자동 반영된다.

3 면세매출(계산서 발급)

면세사업자가 매출 시 **부가가치세가 면제**된 거래에 대하여 **계산서를 발급**하면, 이를 [매입매출전표입력] 메뉴에 입력한다. 부가가치세 신고 시 발급된 내역을 집계하여 [계산서합계표]를 작성하고 [부가가치세신고서] '면세수입금액'에 반영한다.

> 면세적용 품목 매출 시 계산서 발급 ▶ 유형 : 13.면세매출 선택

실무예제

7월 7일 (주)태연조명에 면세가 적용되는 서적(상품)을 2,000,000원 판매하고 전자계산서를 발급하였으며 대금은 전액 현금으로 받았다.

 예제 따라하기

   (차) 현   금   2,000,000원   (대) 상품매출   2,000,000원

① 회계처리 일자(2025.07.07)을 입력하고 품목, 공급가액을 입력한다. 공급처 코드란에서 "태연"을 입력하여 공급처를 선택, 전자계산서이므로 "전자 – 1.여"를 입력한다.
② 현금거래이므로 "분개 – 1.현금"을 선택하여 하단의 분개내역에 자동반영하고, 대변의 '제품매출'을 **'상품매출'**로 수정 입력한다.

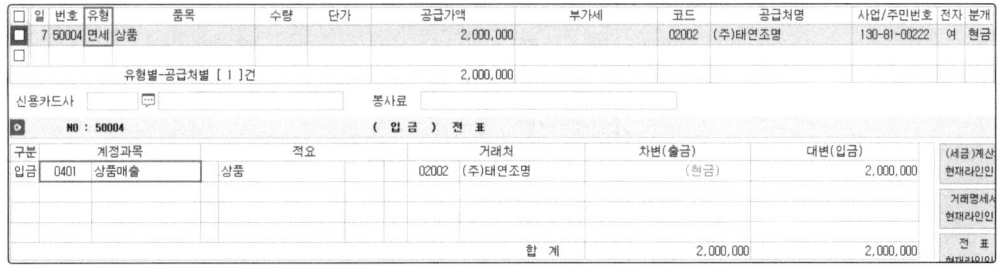

 결과확인하기

부가가치 ▶▶ 신고서/부속명세 ▶▶ 부가가치세 ▶▶ 계산서합계표

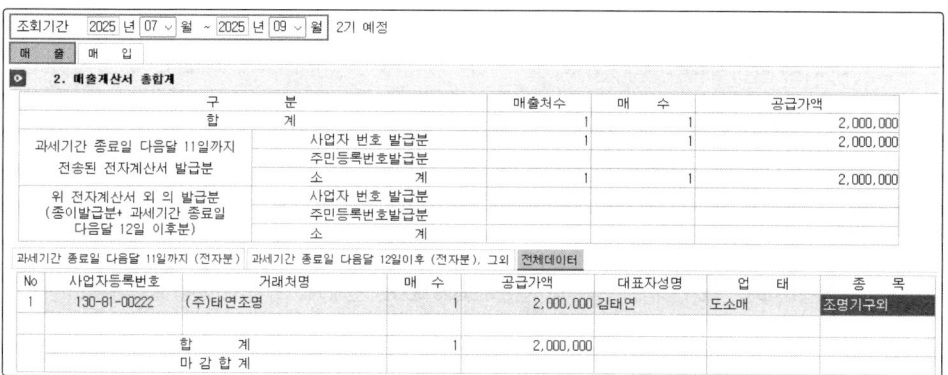

부가가치 ▶▶ 신고서/부속명세 ▶▶ 부가가치세 ▶▶ 부가가치세신고서

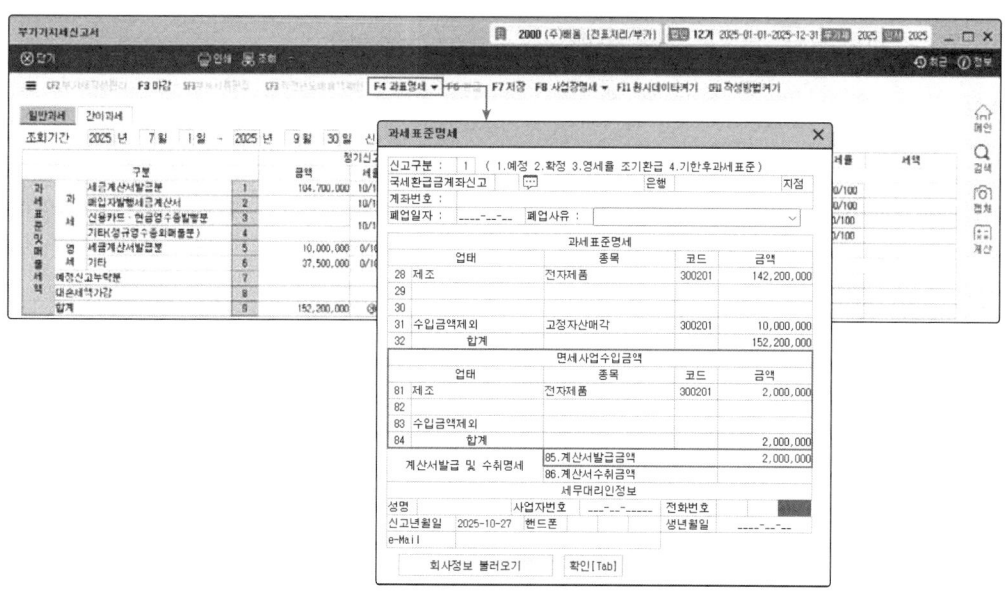

 TIP

매입매출전표입력 메뉴에 입력 시 '유형:13.면세'는 부가가치세가 면제되는 매출건으로 일반과세자 부가가치세신고서 "4쪽 중 제3쪽"에 [면세사업수입금액] 및 [계산서발급금액(85)란]에 반영된다. 단, 프로그램에서는 F4 과표명세 버튼을 클릭하여 확인할 수 있다.

4 카드매출(신용카드매출전표 발급)

과세사업자이면서 영수증발급대상자가 **10% 부가가치세가 있는 신용카드매출전표를 발급**하여 매출이 발생한 경우 [매입매출전표입력] 메뉴에 입력한다. 부가가치세 신고 시 [신용카드매출전표발행집계표]를 작성하고 [부가가치세신고서]에 반영한다.

10% 부가가치세 포함된
신용카드매출전표 발급 유형 : 17.카드과세매출 선택

7월 8일 (주)희연에 전자제품을 10,120,000원(부가가치세 포함)에 매출하고 국민카드로 결제 받고 신용카드매출전표영수증을 발급하였다.

 예제 따라하기

(차) 외상매출금	10,120,000원	(대) 제품매출	9,200,000원
		부가세예수금	920,000원

① 회계처리 일자(2025.07.08)를 입력하고 "유형:17.카과"를 입력한다.
② 공급가액에 **공급대가(합계금액)** 를 입력한 후 Enter↵ 키를 누르면 공급가액과 부가가치세가 자동으로 구분되어 입력되며 공급처 코드란에서 "희연"을 입력하여 공급처를 선택한다.
③ 신용카드사를 코드도움(F2) 또는 💬을 선택하여 입력하고 카드매출이므로 **"분개 − 4.카드"** 를 선택한다. 하단의 분개는 [환경등록]에서 설정한 내용이 반영되고 차변계정과목의 거래처는 "카드사"가 자동 반영된다.

□	일	번호	유형	품목	수량	단가	공급가액	부가세	코드	공급처명	사업/주민번호	전자	분개
□	8	50002	카과	제품			9,200,000	920,000	02007	(주)희연	220-85-04460		카드
□													
			유형별-공급처별 [1]건				9,200,000	920,000					

신용카드사	99601	💬 국민카드		봉사료		

NO : 50002 (대 체) 전 표

구분	계정과목		적요	거래처		차변(출금)	대변(입금)
차변	0108	외상매출금	제품	99601	국민카드	10,120,000	
대변	0255	부가세예수금	제품	02007	(주)희연		920,000
대변	0404	제품매출	제품	02007	(주)희연		9,200,000
				합 계		10,120,000	10,120,000

5 현금영수증매출(지출증빙 또는 소득공제용 현금영수증 발급)

　과세사업자이면서 영수증발급대상자가 **10% 부가가치세가 있는 현금영수증을 발급**하여 매출이 발생한 경우 [매입매출전표입력] 메뉴에 입력한다. 부가가치세 신고 시 [신용카드매출전표발행집계표]를 작성하고 [부가가치세신고서]에 반영한다.

10% 부가가치세 포함된 현금영수증 발급 ▶ 유형 : 22.현금과세매출 선택

 실무예제

7월 9일 회사는 비사업자인 이상해씨에게 컴퓨터 제품 주변기기를 3,300,000원(VAT 포함)에 전자세금계산서 발급 없이 현금 판매하였고 현금영수증(소득공제용, 승인번호 200906175)을 발급하여 주었다.

 예제 따라하기

(차) 현　　금	3,300,000원	(대) 제품매출	3,000,000원
		부가세예수금	300,000원

① 회계처리 일자(2025.07.09)를 입력하고 "유형 : 22.현과" 및 품목을 입력한다.
② 공급가액에 **공급대가(합계금액)**를 입력한 후 Enter↵ 키를 누르면 공급가액과 부가가치세가 자동으로 구분되어 입력되며 공급처 코드란에서 "이상"을 입력하여 공급처를 선택한다.
③ 현금매출이므로 "분개 – 1.현금"을 선택하고 하단의 분개를 확인한다.

6 세금계산서 발급분에 대한 신용카드 결제

신용카드매출전표 발행분에 대하여 **세금계산서 중복교부**는 현재 부가가치세법에서는 **금지**하고 있다. 다만, **세금계산서** 또는 **계산서 발급분**에 대하여 **신용카드 결제**는 **가능**하므로 동일건에 대하여 중복되는 경우 반드시 부가가치세 신고 시 [신용카드매출전표발행집계표]에 표기하여 신고하여야 한다.

세금계산서(또는 계산서) 발급분
신용카드 결제 ▶ 유형 : 11.과세매출 선택
(또는 12.영세, 13.면세 선택)

7월 10일 (주)전자마트에 전자제품을 5,000,000원(부가가치세 별도)에 판매하고 전자세금계산서를 발급하였으며 대금결제는 국민카드로 결제 받고 신용카드매출전표영수증을 발급하였다.

(차) 외상매출금 5,500,000원   (대) 제품매출 5,000,000원
                                 부가세예수금 500,000원

① 회계처리 일자(2025.07.10)를 입력하고 **"유형:11.과세"** 및 품목을 입력한다.
② 공급가액을 입력하면 부가세는 자동반영되며 공급처 코드란에서 "전자"를 입력하여 공급처를 선택, 전자세금계산서이므로 "전자 - 1.여"를 입력한다.
③ 신용카드 결제이므로 **"분개 - 4.카드"**를 선택하며 보조창에서 신용카드(국민카드)를 입력한다. 거래처 "국민카드" 앞에 **"카"**로 표시되면 서식에 자동반영 된다.

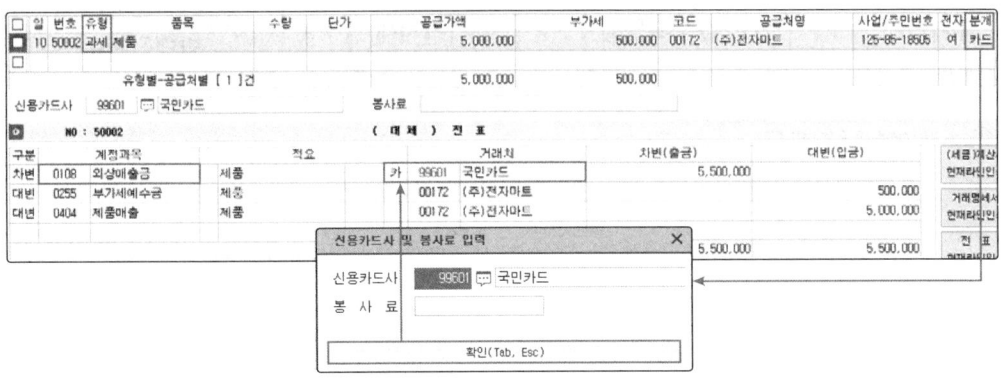

[환경등록에서 부가세 포함 여부 설정에 따른 입력 방식]

[부가세 포함 여부]을 "1.전체포함"으로 설정되어 있는 경우에는 공급가액란에 부가가치세가 포함된 공급대가를 입력한 후 Enter 키를 누르면 공급가액과 부가가치세가 자동으로 구분되어 입력된다. 만약 "0.전체미포함"으로 되어 있으면 공급가액란에 공급가액을 입력하면 10% 부가가치세가 자동 계산되어 입력된다.

4	부가세 포함 여부	
	카과, 현과의 공급가액에 부가세 포함	1.전체포함
	건별 공급가액에 부가세 포함	1.포함
	과세 공급가액에 부가세 포함	0.전체미포함

[환경등록에서 신용카드매출채권을 외상매출금으로 설정한 경우]

[환경등록] 메뉴에서 "분개유형 설정"의 신용카드매출채권이 "외상매출금"으로 되어 있다면 분개유형을 "4.카드"로 선택하면 계정과목이 차변에 외상매출금으로 자동 반영되고, 거래처 또한 입력한 카드사로 자동 반영된다.

2	분개유형 설정		
매 출	0404		제품매출
매 출 채 권	0108		외상매출금
매 입	0153		원재료
매 입 채 무	0251		외상매입금
신용카드매출채권	0108		외상매출금
신용카드매입채무	0253		미지급금

[환경등록에서 신용카드매출채권을 미수금으로 설정한 경우]

[환경등록] 메뉴에서 "분개유형 설정"의 신용카드매출채권이 "미수금"으로 되어 있었다면, ①분개유형은 "4.카드"로 하고 계정과목을 "미수금"에서 "외상매출금"으로 수정한다. 또는 ②분개유형을 "3.혼합"으로 하고 차변에 "외상매출금"을 입력하고, 거래처는 카드사를 입력한다.

2	분개유형 설정		
매 출	0404		제품매출
매 출 채 권	0108		외상매출금
매 입	0153		원재료
매 입 채 무	0251		외상매입금
신용카드매출채권	0120		미수금
신용카드매입채무	0253		미지급금

[매입매출전표입력에서 '분개 – 3.혼합'으로 회계처리 하는 경우]

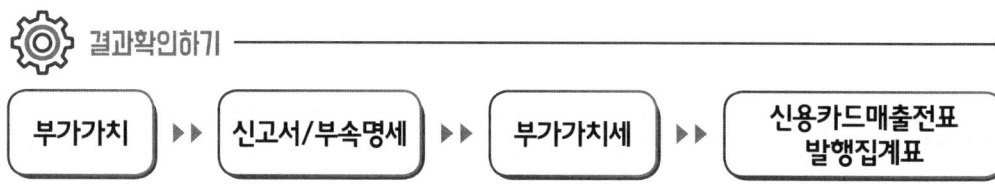

결과확인하기

부가가치 ▶▶ 신고서/부속명세 ▶▶ 부가가치세 ▶▶ 신용카드매출전표 발행집계표

조회기간 2025 년 07 월 ~ 2025 년 09 월 구분 2기 예정

2. 신용카드매출전표 등 발행금액 현황

구 분	합 계	신용·직불·기명식 선불카드	현금영수증	직불전자지급 수단 및 기명식선불 전자지급수단
합 계	18,920,000	15,620,000	3,300,000	
과세 매출분	18,920,000	15,620,000	3,300,000	
면세 매출분				
봉 사 료				

3. 신용카드매출전표 등 발행금액중 세금계산서 교부내역

세금계산서발급금액	5,500,000	계산서발급금액	

부가가치 ▶▶ 신고서/부속명세 ▶▶ 부가가치세 ▶▶ 세금계산서합계표

부가가치 ▶▶ 신고서/부속명세 ▶▶ 부가가치세 ▶▶ 부가가치세신고서

TIP

① 부가가치세신고서 "**신용카드·현금영수증발행분(3)란**"에 금액이 반영된 경우에는 [**신용카드매출전표발행집계표**]를 작성하며 신용카드매출전표발행집계표의 매출분 합계액이 신고서의 "**신용카드매출전표등 발행공제등(19)란**"에 반영된다.

② 부가가치세신고서 "**신용카드매출전표등 발행공제등(19)란**"에 금액이 반영된 개인사업자의 경우 신용카드 매출전표 발행세액공제를 적용받을 수 있다. (직전연도 공급가액 10억원 이하인 경우)

세액공제액 = MIN[㉠, ㉡]
㉠ 발행금액 또는 결제금액 × 1.3%   ㉡ 연간 1,000만원

7 건별매출

과세사업자이면서 재화나 용역을 공급하고 **기타증빙(세금계산서, 신용카드매출전표, 현금영수증 이외의 증빙)을 발급한 경우 및 증빙이 전혀 발급되지 않은 경우** "유형:14.건별"로 [매입매출전표입력] 메뉴에 입력한다. 부가가치세 신고 시 별도의 부속서류는 없으며 [부가가치세신고서]에 직접 반영하여 신고한다.

10% 부가가치세가 있는 소매매출 ▶ 유형 : 14.건별매출 선택

7월 11일 비사업자인 이상해씨에게 전자제품 275,000원(부가가치세 포함)을 판매하고 대금은 현금으로 받았으며, 현금영수증은 발급하지 않았다. (현금영수증 의무발급대상 업종에 해당하지 않음)

(차) 현　　금	275,000원	(대) 제품매출	250,000원
		부가세예수금	25,000원

① 증빙이 없는 거래이므로 매출이 발생한 일자를 회계처리 일자(2025.07.11)로 입력하고 "유형:14.건별"을 입력한다.
② 공급가액에 **공급대가(합계금액)**를 입력한 후 Enter↵ 키를 누르면 공급가액과 부가가치세가 자동으로 구분되어 입력되며 공급처 코드란에서 "이상"을 입력하여 공급처를 선택한다.
③ 현금매출이므로 "분개 – 1.현금"을 선택하고 하단의 분개를 확인한다.

결과확인하기

부가가치 ▶▶ 신고서/부속명세 ▶▶ 부가가치세 ▶▶ 부가가치세신고서

	구분		금액	세율	세액
과세표준및매출세액	과세	세금계산서발급분 ①	109,700,000	10/100	10,970,000
		매입자발행세금계산서 ②		10/100	
		신용카드·현금영수증발행분 ③	12,200,000	10/100	1,220,000
		기타(정규영수증외매출분) ④	250,000		25,000
	영세	세금계산서발급분 ⑤	10,000,000	0/100	
		기타 ⑥	37,500,000	0/100	
	예정신고누락분 ⑦				
	대손세액가감 ⑧				
	합계 ⑨		169,650,000	㉮	12,215,000

	구분		금액	세율	세액
7.매출(예정신고누락분)					
예정누락분	과세	세금계산서 ㉝		10/100	
		기타 ㉞		10/100	
	영세	세금계산서 ㉟		0/100	
		기타 ㊱		0/100	
	합계 ㊲				
12.매입(예정신고누락분)					
예	세금계산서 ㊳				
	그 밖의 공제매입세액 ㊴				
	합계 ㊵				

 **TIP**

① 건별매출은 세금계산서가 발급되지 않은 **무증빙 과세매출** 및 **간주공급** 입력 시 [14.건별]을 선택한다.
   (예 : 증빙을 전혀 발급하지 않거나, 영수증 등을 발급했을 경우)
② [환경등록] 메뉴에서 아래와 같이 건별에 대해 "부가세 포함 여부"가 "1.포함"으로 설정되어 있는 경우에는 공급가액란에 부가가치세가 포함된 공급대가를 입력한 후 Enter 키를 치면 공급가액과 부가가치세가 자동으로 구분되어 입력된다. 만약 "0.미포함"으로 되어 있으면 공급가액란에 공급가액을 입력하면 10% 부가가치세가 자동 계산되어 입력된다.

4	부가세 포함 여부	
	카과, 현과의 공급가액에 부가세 포함	1.전체포함
	건별 공급가액에 부가세 포함	1.포함
	과세 공급가액에 부가세 포함	0.전체미포함

8 매출유형별 분개 연습하기(회사코드 : 2000.(주)배움)

입력 시 유의사항

· 일반적인 적요의 입력은 생략하지만, 타계정 대체거래는 적요 번호를 선택하여 입력한다.
· 채권·채무와 관련된 거래는 별도의 요구가 없는 한 반드시 기등록된 거래처코드를 선택하는 방법으로 거래처명을 입력한다.
· 제조경비는 500번대 계정코드를, 판매비와관리비는 800번대 계정코드를 사용한다.
· 회계처리 시 계정과목은 등록된 계정과목 중 가장 적절한 과목으로 한다.
· 입력화면 하단의 분개까지 처리하고, 세금계산서 및 계산서는 전자 여부를 입력하여 반영한다.

[매출 유형 : 11.과세]

[1] 9월 1일   (주)한국물류에게 제품을 15,000,000원(부가가치세 별도)에 판매하고 전자세금계산서를 발급하였다. 매출대금 중 10,000,000원은 약속어음으로 받았고(만기일 10.31) 나머지는 보통예금으로 입금되었다. 하나의 전표로 입력하시오.

[2] 9월 30일   당사는 (주)서울과 다음의 두 가지 거래를 하고 9월 30일에 월합계전자세금계산서를 작성하여 발급하였다. 복수거래의 매입매출전표를 입력하고 회계처리는 공급일이 아닌 전자세금계산서 작성일에 두 거래를 하나의 전표로 처리하시오.

> - 9월 10일 : 제품(1,000개, 단가 10,000원)을 외상으로 판매하였다.
> - 9월 20일 : 제품(500개, 단가 10,000원)을 판매하고 대금은 어음으로 수취하였다.

[3] 9월 2일   (주)경일산업에 제품(공급가액 : 7,000,000원, 세액 : 700,000원)을 공급하고 전자세금계산서를 발급하였다. 대금은 전월에 계약금으로 받은 500,000원을 제외한 잔액을 구라전자 발행 약속어음(만기일 12.31)을 배서양도 받았다.

[4] 9월 3일   (주)일렉코리아에 제품 10,000,000원(부가가치세 별도)을 판매하고 전자세금계산서를 발급하였다. 거래대금 중 2,000,000원은 (주)일렉코리아의 부흥정밀에 대한 매출채권(받을어음이 아님)으로 양수하였고, 나머지는 보통예금으로 입금되었다. 단, 하나의 전표로 입력하시오.

[5] 9월 4일   비사업자인 이수원에게 제품을 1,000,000원(VAT 별도)을 판매하고 외상대금 500,000원을 제외한 금액은 국민은행의 보통예금계좌로 수령하였으며 전자세금계산서를 발급하였다. 거래처를 코드 950번으로 등록하고 회계처리를 하시오. (주민등록번호 : 700418 - 1234568)

[6] 9월 5일   (주)태연조명과 다음의 장기연부 조건의 제품 판매계약을 체결하고 제품을 인도하였다. 제1회차 할부금액 및 부가가치세는 제품인도와 동시에 보통예금 계좌로 입금되었고, 전자세금계산서는 부가가치세법에 따라 발행되었으며 매출수익은 판매대가 전액을 명목가액으로 인식하였다. (단, 2·3회차 할부금 계정과목은 외상매출금을 사용할 것)

구 분	계약서상 지급일	계약서상 지급액(VAT 별도)
제1회차 할부금	2025년 9월 5일	200,000,000원
제2회차 할부금	2026년 9월 5일	200,000,000원
제3회차 할부금	2027년 9월 5일	200,000,000원
총 계		600,000,000원

[7] 9월 6일   상품포장시 발생한 폐지를 금일자로 (주)깔끔클린에 처분하고, 현금 3,300,000원(부가가치세 포함)을 받은 후 전자세금계산서를 발급하였다. 단, 폐지에 대한 원가는 없는 것으로 하며, 손익관련 계정과목은 영업외손익 중 가장 적절한 것을 적용하시오.

[8] 9월 7일   비서실에서 사용하던 컴퓨터를 (주)하이테크에 350,000원(부가가치세 별도)에 매각하고 전자세금계산서를 발급하였다. 매각대금은 전액 현금으로 당일에 수취하였다. 컴퓨터 취득가액은 1,500,000원, 감가상각누계액은 1,300,000원이며, 매각시의 감가상각비는 고려하지 않는다.

[9] 9월 8일   랜드전자에 특허권을 양도하고 전자세금계산서를 발급하였다. 특허권의 양도대가 11,000,000원(부가가치세 포함)은 보통예금통장으로 이체받았다. 단, 특허권의 장부상 가액은 8,000,000원임

[10] 9월 10일   공공상사에 제품을 30,000,000원(부가가치세 별도)에 판매하고 전자세금계산서를 발급하였다. 대금 33,000,000원은 국민카드로 결제받았다. (카드수령분은 외상매출금으로 회계처리 할 것)

[11] 9월 11일   (주)서울에 제품을 3,000,000원(부가가치세 별도)에 판매하고 판매대가 전액에 대하여 (주)서울에 대한 단기차입금과 상계하기로 하였다. 당사는 전자세금계산서를 발급하였다.

[12] 9월 12일   (주)서울에 판매한 제품에 하자가 발견되어 금일 반품 전자세금계산서를 발급하였다. 반품된 공급가액은 500,000원, 부가가치세 50,000원이며 반품 대금은 (주)서울의 외상매출금과 상계하기로 하였다. (회계처리는 음수로 할 것)

[매출 유형 : 12.영세]

[13] 9월 13일   수출업체인 (주)경주에 구매확인서를 통해 제품 200개(단위당 가격 @100,000원)를 공급하고 영세율전자세금계산서를 발급하였으며, 대금은 전액 외상으로 하였다. (하단의 영세율 구분 입력할 것)

[14] 9월 14일   수출대행업체인 (주)태연조명에게 내국신용장에 의하여 제품(공급가액 10,000,000원)을 판매하고 전자세금계산서를 발급하였다. 판매대금 중 7,000,000원은 (주)태연조명 발행 어음(만기일 11.01)으로 받았고 나머지는 외상으로 하였다. (하단의 영세율 구분 입력할 것)

[15] 9월 15일   당사는 수출업자인 (주)건영상사와 수출재화에 대한 임가공용역(공급가액 5,000,000원)을 제공하였다. 세금계산서는 부가가치세 부담이 최소화되는 방향으로 부가가치세법 규정에 맞게 전자발행하였으며, 대금은 다음달 10일에 받기로 하였다. (매출계정은 "용역매출"을 사용할 것)

[매출 유형 : 13.면세]

[16] 9월 16일 (주)태연조명에 면세가 적용되는 서적(상품)을 3,000,000원 판매하고 전자계산서를 발급하였으며 대금은 전액 외상으로 하였다.

[매출 유형 : 14.건별]

[17] 9월 17일 매입한 원재료 중 원가 600,000원(판매가 880,000원)을 매출처인 (주)서울에 접대용으로 제공하였다. 단, 매입 원재료는 적법하게 매입세액공제를 받았다.

[매출 유형 : 16.수출]

[18] 9월 18일 중국 상하이상사에 상품을 직수출하고, 수출대금은 전액을 이달 말일에 미국달러화로 받기로 하였다. 수출과 관련된 내용은 다음과 같다. (하단의 영세율 구분 입력하고 수출신고번호는 생략)

- 수출신고일 : 9월 15일
- 선하증권상(B/L)의 선적일 : 9월 18일
- 수출가격 : $100,000

일 자	9월 15일	9월 18일	9월 30일
기준환율	1,250원/1$	1,200원/1$	1,230원/1$

[19] 9월 19일 홍콩에 소재하는 아일랜드에게 제품을 US$100,000에 중계무역 방식으로 수출하고 대금은 다음과 같이 받기로 하고, 당일 US$60,000이 보통예금에 입금되었다. 9월 19일의 회계처리만 처리하시오. (하단의 영세율 구분 입력할 것)

판매대금	대금수령일	결제방법	비 고
US$60,000	9월 19일	외화통장으로 입금	선적일
US$40,000	9월 30일	외화통장으로 입금	잔금청산일

단, 이와 관련하여 적용된 환율은 다음과 같다.

기준환율	• 9월 19일 : 1US$당 1,100원 • 9월 30일 : 1US$당 1,200원

[20] 9월 20일 중국 하이얼사에 제품을 선적(공급가액 : $10,000)완료하였다. 대금수취와 관련해서는 9월 15일에 위 공급가액 중 계약금 명목으로 송금받은 $4,000(원화환전액 : 4,000,000원)은 동일자로 선수금 계정에 반영하였으며, 나머지는 외상으로 하였다. 단, 선적일 현재 기준환율은 ₩1,100/1$이며, 회계처리시 수익의 인식은 부가가치세법상 공급시기에 따르며, 측정은 부가가치세법상 과세표준액으로 한다. (하단의 영세율 구분 입력할 것)

[21] 9월 21일 금일 일본 야마다교역에 제품을 수출(선적)하였다. 수출대금은 이미 9월 6일에 일본 엔화로 송금받아 즉시 원화로 환전하여 당사의 보통예금에 입금하였다. 단, 수출과 관련된 내용은 다음과 같으며, 회계처리는 일반기업회계기준에 따른다. (영세율구분 및 수출신고번호 입력할 것)

- 수출신고일 : 9월 19일
- 선적일 : 9월 21일
- 수출가격 : ￥10,000,000
- 수출신고번호 : 13042-10-044689X

일 자	9월 6일	9월 19일	9월 21일
재정환율	1,000원/100￥	1,100원/100￥	1,150원/100￥

[22] 9월 22일 일본 쿄토에 소재하는 파낙소니사에게 다음의 소프트웨어 개발용역(국외에서 제공하는 용역)을 제공하고 용역대가인 ￥300,000을 보통예금으로 입금받았다. 단, 매출액은 용역매출로 반영하고, 하단의 '영세율구분'도 입력하시오.

- 용역제공장소 : 일본국 쿄토시
- 용역제공기간 : 9월 15일 ~ 9월 22일
- 용역제공완료일 : 9월 22일
- 환율

일 자	9월 15일	9월 20일	9월 22일
재정환율	1,050원/￥100	1,030원/￥100	1,060원/￥100

[매출 유형 : 17.카과]

[23] 9월 23일 비사업자인 김사부에게 제품을 판매하고, 판매대금 440,000원(부가가치세 포함)은 신용카드(우리카드)로 결제받았다.

[매출 유형 : 18.카면]

[24] 9월 24일 회사를 이전하면서 직원 식사를 위해 구입하였던 쌀 10kg을 쌀 판매점인 (주)도깨비마트에 500,000원에 판매하고 국민카드로 결제받았다. 쌀의 구입원가는 500,000원이며 구입당시 저장품으로 회계처리 하였다. 단, 쌀 판매는 (주)배움의 사업과 관련된 부수재화에 해당되지 않는 것으로 가정한다.

[매출 유형 : 22.현과]

[25] 9월 25일 개인소비자 김사부에게 제품을 880,000원(부가가치세 포함)에 판매하고 현금영수증을 발급하였다. 대금은 기존에 발행하였던 상품권 1,000,000원을 수령하고, 잔액은 현금으로 지급하였다.

[26] 9월 26일 공장에서 사용하던 기계장치(취득가액 80,000,000원 감가상각누계액 20,000,000원)를 (주)인천에 55,000,000원(부가가치세 포함)에 판매하였다. 판매대금 전액을 자기앞수표로 수령하고 현금영수증을 발급하였다.

매출유형별 분개 연습하기 해설

NO	일자	유형	품목	공급가액	부가세	공급처명	전자	분개
[1]	9/1	11.과세	제품	15,000,000	1,500,000	(주)한국물류	여	혼합

	구분	계정과목	거래처	차변	대변
[1]	대변	부가세예수금	(주)한국물류		1,500,000
	대변	제품매출	(주)한국물류		15,000,000
	차변	받을어음	(주)한국물류	10,000,000	
	차변	보통예금	(주)한국물류	6,500,000	

NO	일자	유형	품목	공급가액	부가세	공급처명	전자	분개
[2]	9/30	11.과세	제품(복수거래)	15,000,000	1,500,000	(주)서울	여	혼합

	구분	계정과목	거래처	차변	대변
[2]	대변	부가세예수금	(주)서울		1,500,000
	대변	제품매출	(주)서울		15,000,000
	차변	외상매출금	(주)서울	11,000,000	
	차변	받을어음	(주)서울	5,500,000	

NO	일자	유형	품목	공급가액	부가세	공급처명	전자	분개
[3]	9/2	11.과세	제품	7,000,000	700,000	(주)경일산업	여	혼합

	구분	계정과목	거래처	차변	대변
[3]	대변	부가세예수금	(주)경일산업		700,000
	대변	제품매출	(주)경일산업		7,000,000
	차변	선 수 금	(주)경일산업	500,000	
	차변	받을어음	구라전자	7,200,000	

■ 타수어음을 배서양도 받은 경우 한국세무사회는 어음법에 의한 회계처리를 정답으로 인정하고 있으므로 거래처는 "(주)경일산업"이 아닌 "구라전자"로 입력한다.

NO	일자	유형	품목	공급가액	부가세	공급처명	전자	분개
[4]	9/3	11.과세	제품	10,000,000	1,000,000	(주)일렉코리아	여	혼합

	구분	계정과목	거래처	차변	대변
[4]	대변	부가세예수금	(주)일렉코리아		1,000,000
	대변	제품매출	(주)일렉코리아		10,000,000
	차변	외상매출금	부흥정밀	2,000,000	
	차변	보통예금	(주)일렉코리아	9,000,000	

NO	일자	유형	품목	공급가액	부가세	공급처명	전자	분개
	9/4	11.과세	제품	1,000,000	100,000	이수원	여	혼합

	구분	계정과목	거래처	차변	대변
	대변	부가세예수금	이수원		100,000
[5]	대변	제품매출	이수원		1,000,000
	차변	외상매출금	이수원	500,000	
	차변	보통예금	국민은행	600,000	

- 신규거래처 등록은 코드란에서 "+"키를 누르고 등록하며 지문에 은행이 명기된 경우는 반드시 은행을 거래처에 입력한다.

NO	일자	유형	품목	공급가액	부가세	공급처명	전자	분개
	9/5	11.과세	제품	200,000,000	20,000,000	(주)태연조명	여	혼합

	구분	계정과목	거래처	차변	대변
	대변	부가세예수금	(주)태연조명		20,000,000
[6]	대변	제품매출	(주)태연조명		600,000,000
	차변	보통예금	(주)태연조명	220,000,000	
	차변	외상매출금	(주)태연조명	400,000,000	

- 부가가치세법 장기할부판매의 공급시기 : 대가의 각 부분을 받기로 한 때
- 기업회계기준 할부판매의 수익인식기준 : 장·단기 구분하지 않고 인도기준

NO	일자	유형	품목	공급가액	부가세	공급처명	전자	분개
	9/6	11.과세	폐지	3,000,000	300,000	(주)깔끔클린	여	현금

	구분	계정과목	거래처	차변	대변
[7]	입금	부가세예수금	(주)깔끔클린	(현금)	300,000
	입금	잡 이 익	(주)깔끔클린	(현금)	3,000,000

NO	일자	유형	품목	공급가액	부가세	공급처명	전자	분개
	9/7	11.과세	컴퓨터	350,000	35,000	(주)하이테크	여	혼합

	구분	계정과목	거래처	차변	대변
	대변	부가세예수금	(주)하이테크		35,000
	대변	비 품	(주)하이테크		1,500,000
[8]	차변	현 금	(주)하이테크	385,000	
	차변	감가상각누계액(213)	(주)하이테크	1,300,000	
	대변	유형자산처분이익	(주)하이테크		150,000

NO	일자	유형	품목	공급가액	부가세	공급처명	전자	분개
	9/8	11.과세	특허권	10,000,000	1,000,000	랜드전자	여	혼합
[9]	구분	계정과목		거래처	차변		대변	
	대변	부가세예수금		랜드전자			1,000,000	
	대변	특 허 권		랜드전자			8,000,000	
	대변	무형자산처분이익		랜드전자			2,000,000	
	차변	보통예금		랜드전자	11,000,000			

NO	일자	유형	품목	공급가액	부가세	공급처명	전자	분개
	9/10	11.과세	제품	30,000,000	3,000,000	공공상사	여	카드
[10]	신용카드사			국민카드				
	구분	계정과목		거래처	차변		대변	
	차변	외상매출금		국민카드	33,000,000			
	대변	부가세예수금		공공상사			3,000,000	
	대변	제품매출		공공상사			30,000,000	

■ 세금계산서 매출분에 대하여 신용카드 결제를 받은 경우 [분개 – 4.카드]를 선택하고 "국민카드"를 입력한다.

NO	일자	유형	품목	공급가액	부가세	공급처명	전자	분개
	9/11	11.과세	제품	3,000,000	300,000	(주)서울	여	혼합
[11]	구분	계정과목		거래처	차변		대변	
	대변	부가세예수금		(주)서울			300,000	
	대변	제품매출		(주)서울			3,000,000	
	차변	단기차입금		(주)서울	3,300,000			

NO	일자	유형	품목	공급가액	부가세	공급처명	전자	분개
	9/12	11.과세	반품	−500,000	−50,000	(주)서울	여	외상
[12]	구분	계정과목		거래처	차변		대변	
	차변	외상매출금		(주)서울	−550,000			
	대변	부가세예수금		(주)서울			−50,000	
	대변	제품매출		(주)서울			−500,000	

NO	일자	유형	품목	공급가액	부가세	공급처명	전자	분개
	9/13	12.영세	제품	20,000,000	0	(주)경주	여	외상
	영세율 구분			③ 내국신용장 · 구매확인서에 의하여 공급하는 재화				
[13]	구분	계정과목		거래처	차변		대변	
	차변	외상매출금		(주)경주	20,000,000			
	대변	제품매출		(주)경주			20,000,000	

NO	일자	유형	품목	공급가액	부가세	공급처명	전자	분개
[14]	9/14	12.영세	제품	10,000,000	0	(주)태연조명	여	혼합
	영세율 구분			③ 내국신용장 · 구매확인서에 의하여 공급하는 재화				
	구분	계정과목		거래처	차변		대변	
	대변	제품매출		(주)태연조명			10,000,000	
	차변	받을어음		(주)태연조명	7,000,000			
	차변	외상매출금		(주)태연조명	3,000,000			

NO	일자	유형	품목	공급가액	부가세	공급처명	전자	분개
[15]	9/15	12.영세	임가공용역	5,000,000	0	(주)건영상사	여	외상
	영세율 구분			⑩ 수출재화임가공용역				
	구분	계정과목		거래처	차변		대변	
	차변	외상매출금		(주)건영상사	5,000,000			
	대변	용역매출(420)		(주)건영상사			5,000,000	

NO	일자	유형	품목	공급가액	부가세	공급처명	전자	분개
[16]	9/16	13.면세	상품	3,000,000		(주)태연조명	여	외상
	구분	계정과목		거래처	차변		대변	
	차변	외상매출금		(주)태연조명	3,000,000			
	대변	상품매출		(주)태연조명			3,000,000	

NO	일자	유형	품목	공급가액	부가세	공급처명	전자	분개
[17]	9/17	14.건별	접대	800,000	80,000	(주)서울		혼합
	구분	계정과목		거래처	차변		대변	
	대변	부가세예수금		(주)서울			80,000	
	대변	원재료(8.타계정으로 대체)		(주)서울			600,000	
	차변	기업업무추진비(판)		(주)서울	680,000			

- 간주공급(타사업장 반출 제외)은 세금계산서를 발급할 수 없으므로 "14.건별"로 입력하며 과세표준은 시가로 적용한다. 다만 회계처리 시 재고자산의 감소는 원가이므로 금액을 수정하여야 하며 거래처 관리는 필요하지 않으나 답안에 공지 되고 있으니 지문에 명기된 경우는 입력한다.

NO	일자	유형	품목	공급가액	부가세	공급처명	전자	분개
[18]	9/18	16.수출	상품	120,000,000	0	상하이상사		외상
	영세율 구분			① 직접수출(대행수출 포함)				
	구분	계정과목		거래처	차변		대변	
	차변	외상매출금		상하이상사	120,000,000			
	대변	상품매출		상하이상사			120,000,000	

- 과세표준 = 외화 × 공급시기의 환율 = U$100,000 × 1,200원(선적일) = 120,000,000원

NO	일자	유형	품목	공급가액	부가세	공급처명	전자	분개
[19]	9/19	16.수출	제품	110,000,000	0	아일랜드		혼합

영세율 구분	② 중계무역 · 위탁판매 · 외국인도 또는 위탁가공무역 방식의 수출

구분	계정과목	거래처	차변	대변
대변	제품매출	아일랜드		110,000,000
차변	보통예금	아일랜드	66,000,000	
차변	외상매출금	아일랜드	44,000,000	

- 외화를 수령하여 보유하고 있는 경우와 공급시기 이후 대가를 외화로 수령하는 경우 선적일(공급시기)의 기준환율로 환산한 금액을 과세표준으로 한다.
  과세표준 = 외화 × 공급시기의 환율 = U$100,000 × 1,100원 = 110,000,000원

NO	일자	유형	품목	공급가액	부가세	공급처명	전자	분개
[20]	9/20	16.수출	제품	10,600,000	0	하이얼사		혼합

영세율 구분	① 직접수출(대행수출 포함)

구분	계정과목	거래처	차변	대변
대변	제품매출	하이얼사		10,600,000
차변	선 수 금	하이얼사	4,000,000	
차변	외상매출금	하이얼사	6,600,000	

- 외화대금 중 선수금 수령하여 원화로 환전한 경우의 과세표준은 환가한 금액이다.
  과세표준 = 선수금 + (외화 × 선적일 기준환율) = 4,000,000원 + (U$6,000 × 1,100원) = 10,600,000원

NO	일자	유형	품목	공급가액	부가세	공급처명	전자	분개
[21]	9/21	16.수출	제품	100,000,000	0	야마다교역		혼합

영세율 구분	① 직접수출(대행수출 포함)

구분	계정과목	거래처	차변	대변
대변	제품매출	야마다교역		115,000,000
차변	선 수 금	야마다교역	100,000,000	
차변	외환차손	야마다교역	15,000,000	

- 과세표준 = 선적일 이전에 환가한 경우 그 환가한 금액 = 100,000,000원
- 수출재화의 수익인식 = 외화 × 공급시기의 재정환율 = ¥10,000,000 × 1,150원/100¥ = 115,000,000원

NO	일자	유형	품목	공급가액	부가세	공급처명	전자	분개
[22]	9/22	16.수출	개발용역	3,180,000	0	파낙소니사		혼합

영세율 구분	⑥ 국외에서 제공하는 용역

구분	계정과목	거래처	차변	대변
대변	용역매출(420)	파낙소니사		3,180,000
차변	보통예금	파낙소니사	3,180,000	

- 용역의 공급시기는 용역제공완료일이며 제공완료일의 환율로 계산한 금액이 과세표준이다.
- 과세표준 = ¥300,000 × 1,060원/¥100 = 3,180,000원

NO	일자	유형	품목	공급가액	부가세	공급처명	전자	분개
	9/23	17.카과	제품	400,000	40,000	김사부		카드

	신용카드사		우리카드		
[23]	구분	계정과목	거래처	차변	대변
	차변	외상매출금	우리카드	440,000	
	대변	부가세예수금	김사부		40,000
	대변	제품매출	김사부		400,000

NO	일자	유형	품목	공급가액	부가세	공급처명	전자	분개
	9/24	18.카면	쌀	500,000		(주)도깨비마트		카드

	신용카드사		국민카드		
[24]	구분	계정과목	거래처	차변	대변
	차변	미 수 금	국민카드	500,000	
	대변	저 장 품	(주)도깨비마트		500,000

- 카드매출은 분개유형을 [카드, 혼합, 외상] 모두 사용이 가능하므로 어떤 것을 사용하여도 무방하다.

NO	일자	유형	품목	공급가액	부가세	공급처명	전자	분개
	9/25	22.현과	제품	800,000	80,000	김사부		혼합

	구분	계정과목	거래처	차변	대변
	대변	부가세예수금	김사부		80,000
[25]	대변	제품매출	김사부		800,000
	대변	현 금	김사부		120,000
	차변	선 수 금	김사부	1,000,000	

NO	일자	유형	품목	공급가액	부가세	공급처명	전자	분개
	9/26	22.현과	기계장치	50,000,000	5,000,000	(주)인천		혼합

	구분	계정과목	거래처	차변	대변
	대변	부가세예수금	(주)인천		5,000,000
	대변	기계장치	(주)인천		80,000,000
[26]	차변	감가상각누계액(207)	(주)인천	20,000,000	
	차변	현 금	(주)인천	55,000,000	
	차변	유형자산처분손실	(주)인천	10,000,000	

3. 매입유형별 실무프로세스

[매입전표 유형별 설명]

매출코드	유형	내용
51	과세	교부받은 **매입세금계산서(공제가능)** 입력 시 선택한다.
52	영세	교부받은 **영세율** 매입세금계산서 입력 시 선택한다.
53	면세	교부받은 **매입계산서** 입력 시 선택한다.
54	불공	**매입세액공제를 받을 수 없는 세금계산서(수입세금계산서 중 불공제분 포함)** 입력 시 선택한다. ① 사유별로 우측 해당번호 선택 ② "공제받지못할매입세액명세서" 서식에 사유별로 자동반영 ③ [9.공통매입세액 안분계산서분], [11.납부세액재계산분]은 겸영사업자가 사용하며, "공제받지 못할매입세액명세서" 서식에 자동반영하여 계산하고자 할 경우 선택 **불공제사유** 1 ①필요적 기재사항 누락 등 2 ②사업과 직접 관련 없는 지출 3 ③개별소비세법 제1조제2항제3호에 따른 자동차 4 ④기업업무추진비 및 이와 유사한 비용 관련 5 ⑤면세사업 관련 6 ⑥토지의 자본적 지출 관련 7 ⑦사업자등록 전 매입세액 8 ⑧금.구리 스크랩 거래계좌 미사용 관련 매입세액 9 ⑨공통매입세액안분계산분 10 ⑩대손처분받은 세액 11 ⑪납부세액재계산분
55	수입	재화의 수입 시 세관장이 발행한 **수입세금계산서(매입세액공제)** 입력 시 선택한다. 수입세금계산서상의 과세표준(= 공급가액)은 단지 부가가치세 징수를 위한 과세표준일뿐 회계처리 대상은 아니다. 따라서 본 프로그램에서는 수입세금계산서의 경우 하단부 분개는 부가가치세만 표시 되도록 되어있다.
56	금전	매입세액공제가 가능한 금전등록기 이면확인영수증 입력 시 선택한다. (현재는 **폐지**)
57	카과	**매입세액공제**가 가능한 재화 등을 매입하고 **신용카드매입전표**를 수취한 경우 선택한다. 입력된 자료는 [신용카드매출전표수령명세서]에 자동 반영되며, 거래처등록 시 매입카드를 반드시 입력해야 한다.
58	카면	면세사업자에게 면세재화를 공급받고 신용카드매입전표를 수취한 경우 선택한다.
59	카영	영세율이 적용되는 재화 등을 매입하고 신용카드매입전표를 수취한 경우 선택한다.
60	면건	계산서가 교부되지 않은 면세 매입(무증빙) 입력 시 선택한다.
61	현과	**매입세액공제**가 가능한 재화 등을 매입하고 **현금영수증(지출증빙)**을 수취한 경우 선택한다. 입력된 자료는 [신용카드매출전표수령명세서]에 자동 반영된다.
62	현면	현금영수증에 의한 면세 매입을 입력 시 선택한다.

1 과세매입(세금계산서 수취)

10% 부가가치세가 별도로 징수된 **공제 가능 매입세금계산서**를 발급받은 경우 [매입매출전표입력] 메뉴에 입력하여 [세금계산서합계표]를 작성하고 [부가가치세신고서]에 반영한다.

(1) 과세매입 – 재고자산 매입(과세사업자)

10% 부가가치세 있는 재고자산 매입 시 세금계산서 수취	▶	유형 : 51.과세매입 선택

7월 15일 당사는 매입처 (주)마도로부터 원재료[수량 1,250, 단가 16,000원(부가가치세 별도)]를 외상으로 매입하고 전자세금계산서를 수취하였다.

 예제 따라하기

(차) 원재료	20,000,000원	(대) 외상매입금	22,000,000원
부가세대급금	2,000,000원		

① 회계처리 일자(2025.07.15)를 입력하고 품목, 수량, 단가를 입력하여 공급가액, 부가세를 자동반영 한다.
② 공급처 코드란에서 "마도"를 입력하여 공급처를 선택하고 전자세금계산서이므로 "전자 – 1. 여"를 선택한다.
③ 재고자산 매입 외상거래이므로 "분개 – 2.외상"을 선택하고 하단의 분개내역을 확인한다.

□ 일	번호	유형	품목	수량	단가	공급가액	부가세	코드	공급처명	사업/주민번호	전자	분개
■ 15	50004	과세	원재료	1,250	16,000	20,000,000	2,000,000	00129	(주)마도	137-04-12034	여	외상
		유형별-공급처별 [1]건				20,000,000	2,000,000					

신용카드사			봉사료		
NO : 50004		(대체) 전 표			
구분	계정과목	적요	거래처	차변(출금)	대변(입금)
대변	0251 외상매입금	원재료 1250X16000	00129 (주)마도		22,000,000
차변	0135 부가세대급금	원재료 1250X16000	00129 (주)마도	2,000,000	
차변	0153 원재료	원재료 1250X16000	00129 (주)마도	20,000,000	
			합 계	22,000,000	22,000,000

(2) 과세매입 – 고정자산 매입

10% 부가가치세 있는 고정자산 매입 시 세금계산서 수취 ▶ 유형 : 51.과세매입 선택

 실무예제

7월 16일 기계장치의 생산성 향상을 위하여 엔진을 교체하면서 (주)인천에 16,000,000원(부가가치세 별도)을 지급하기로 하였으며, 전자세금계산서는 당일 수령하였다. 대금은 1개월 후에 지급하기로 하였다.
(고정자산 등록은 생략)

 예제 따라하기

(차) 기계장치	16,000,000원	(대) 미지급금	17,600,000원
부가세대급금	1,600,000		

① 회계처리 일자(2025.07.16)를 입력하고 품목, 공급가액을 입력하여 부가세를 자동반영 한다.
② 공급처 코드란에서 "인천"을 입력하여 공급처를 선택하고 전자세금계산서이므로 "전자 – 1.여"를 선택한다.
③ 유형자산(자본적지출) 매입 외상거래이므로 "분개 – 3.혼합"을 선택하고 차변계정과목을 "기계장치", 대변계정과목 "미지급금"을 입력하여 분개를 마무리 한다.

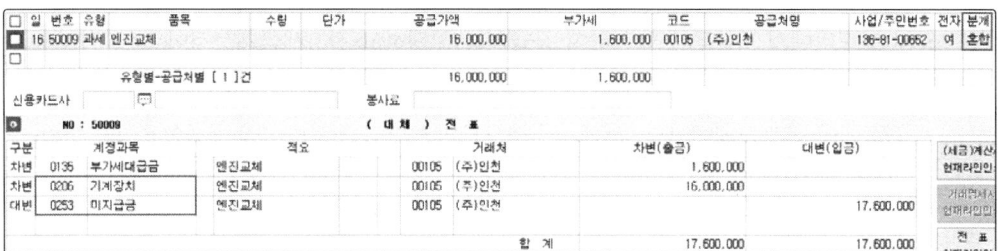

 TIP

세금계산서 수취분 중 고정자산으로 회계처리 시 **[매입세액 ⇨ 세금계산서수취분의 고정자산매입(11)란]**에 반영되므로 계정과목 입력시 유의해야 한다.

(3) 과세매입 – 지로용지 매입

10% 부가가치세 있는 지로용지 수취 ▶ 유형 : 51.과세매입 선택

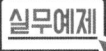

7월 17일 생산부에서 사용한 전화요금의 명세서를 보고 매입매출전표입력 메뉴에 입력하시오. 납부는 나중에 할 것이며, 7월분의 비용으로 처리하시오. (해당 명세서는 전자세금계산서 기능이 있는 명세서로 이외의 사항은 생략)

7월 명세서	
금 액 : 308,500원	공급자 등록번호 : 122-81-14782
납 기 일 : 7월 26일	공급받는자 등록번호 : 214-81-29167
작성일자 : 7월 17일	세금계산서 공급가액 : 280,455원
공급자명 : (주)케이텔레콤	부가가치세 : 28,045원

(차) 통신비(제)	280,455원	(대) 미지급금	308,500원
부가세대급금	28,045원		

① 회계처리 일자(2025.07.17)를 입력하고 품목, 공급가액을 입력하여 부가세를 자동반영 한다.
② 공급처 코드란에서 "케이"를 입력하여 공급처를 선택하고 전자세금계산서이므로 "전자 – 1.여"를 선택한다.
③ 납기일에 결제하므로 "분개 – 3.혼합"을 선택하고 하단의 분개내역에서 차변계정과목 "원재료"를 "통신비(제)"로 수정입력, 대변계정과목은 "미지급금"을 입력한다.

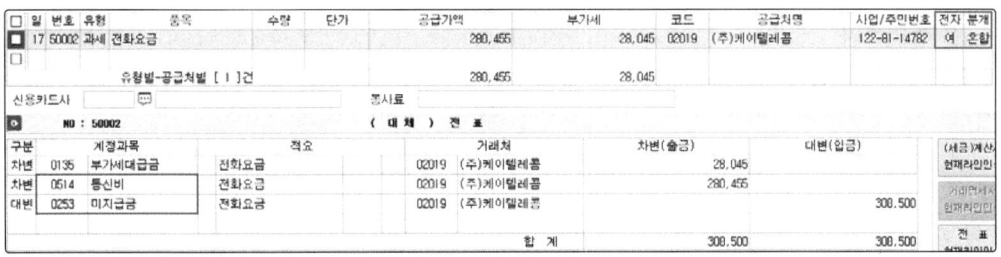

전기요금 및 통신요금, 가스료 등의 대금은 부가가치세 과세표준에 포함하지 않는 금액이 있으므로 [매입매출전표입력] 하단의 분개 처리 시 계정과목 및 금액을 확인하여 입력한다. 한국세무사회시험은 지문에 주어진 대로 회계처리하며 회계처리 계정과목 확인차원에서 [일반전표입력] 문제로도 출제가 되고 있으나 실무에서는 [매입매출전표입력] 메뉴에서 반드시 입력하여야 한다.

(4) 과세매입 - 반품거래

매입 반품(환출)시
10% 부가가치세 있는 세금계산서 수취
▶
유형 : 51.과세매입 선택
수량(△) 입력, 금액(△) 입력

7월 18일 (주)마도에서 매입한 원재료에 하자가 있어 반품하고 수정전자세금계산서(공급가액 300,000원, 부가가치세 30,000원, 부의 세금계산서)를 발급받았다. 대금은 외상매입금과 상계처리 하였다.

예제 따라하기

| (차) 원 재 료 | -300,000원 | (대) 외상매입금 | -330,000원 |
| 부가세대급금 | -30,000원 | | |

① 회계처리 일자(2025.07.18)를 입력하고 품목, 공급가액(음수)을 입력하면 부가세가 자동반영된다.
② 공급처 코드란에서 "마도"를 입력하여 공급처를 선택하고 전자세금계산서이므로 "전자 - 1.여"를 선택한다.
③ 대금은 외상매입금과 상계하기로 하였으므로 "분개 - 2.외상"을 선택하여 하단의 분개내역을 확인한다.

(5) 과세매입 – 예정신고누락

예정신고 누락 분 확정신고 반영 ▶ 유형 : 51.과세매입 선택
모든 예정신고 누락분 입력 가능

실무예제

7월 19일 아리아나에서 원재료(공급가액 200,000원, 부가가치세 20,000원)를 외상으로 구입하면서 세금계산서를 발급(전자분 아님) 받았다. 2기 예정 부가가치세 신고 시 해당 세금계산서를 누락하여 2기 확정 부가가치세 신고에 반영하려고 한다. 해당 세금계산서를 2기 확정 부가가치세 신고에 반영시킬수 있도록 입력·설정하시오.

예제 따라하기

(차) 원 재 료　　　　200,000원　　(대) 외상매입금　　　　220,000원
　　부가세대급금　　　20,000원

① 회계처리 일자(2025.07.19)를 입력하고 품목, 공급가액을 입력하면 부가세가 자동반영 된다.
② 공급처 코드란에서 "아리"를 입력하여 공급처를 선택하고 수기로 발급한 세금계산서이므로 "전자 – 0.부"를 선택한다. 대금은 외상매입이므로 "분개 – 2.외상"을 선택하여 하단의 분개 내역을 확인한다.
③ 상단의 [간편집계표 ⇨ **예정 누락분**]을 선택하고 "**확정신고 개시년월 : 2025년 10월 1일**"을 입력하고 "확인(Tab)" 버튼을 누른다.

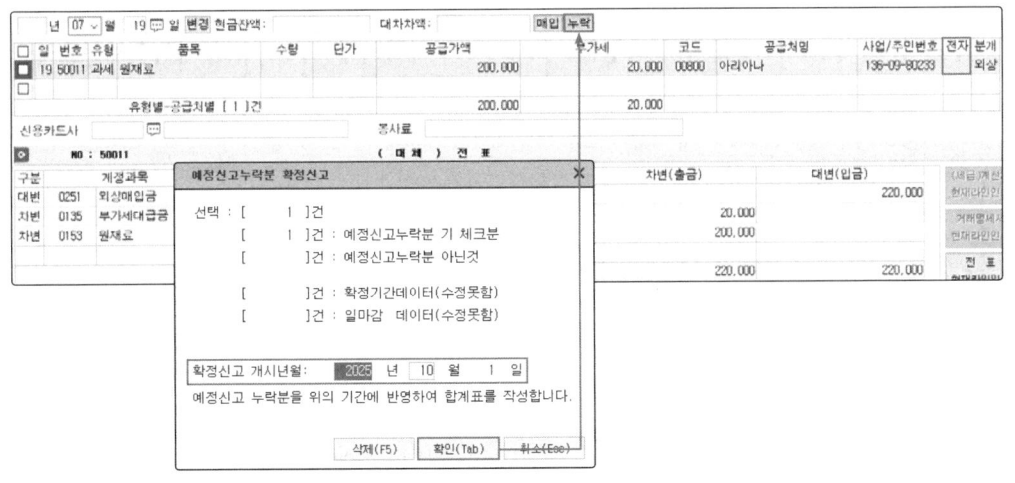

결과확인하기

부가가치 ▶▶ 신고서/부속명세 ▶▶ 부가가치세 ▶▶ 세금계산서합계표

부가가치 ▶▶ 신고서/부속명세 ▶▶ 부속명세서 I ▶▶ 건물등감가상각취득명세서

부가가치 ▶▶ 신고서/부속명세 ▶▶ 부가가치세 ▶▶ 부가가치세신고서

[매입매출전표입력] 메뉴에서 51.과세, 52.영세, 54.불공, 55.수입으로 입력한 유형이 반영된다.

[세금계산서 수취분 부가가치세신고서 반영 유의사항]
세금계산서 수취분은 매입세액공제여부 불문, 과세매입 및 영세매입, 수입세금계산서 모두 집계되며 그 중 수출기업 중 수입세금계산서에 대한 부가가치세 납부유예와 고정자산매입을 구분하여 작성하게 되어 있다.

[예정신고 누락분 입력 후 부가가치세신고서 반영]
예정신고 누락분은 **매출 및 매입, 유형에 관계없이** 상기의 예제와 같이 입력하며 [예정신고누락분 확정신고] 보조창에서 입력하는 "확정신고 개시년월"은 확정신고 과세기간 중 반영하고자 하는 해당 월을 입력한다.

2 영세매입

영세율이 적용되는 재화나 용역을 공급받고 **영세율세금계산서를 수취**하는 경우 [매입매출전표입력] 메뉴에 입력하고, 이는 [세금계산서합계표]에 집계되며 [부가가치세신고서]에 반영한다.

내국신용장(또는 구매확인서)에 의한 매입시 영세율세금계산서 수취 ▶ 유형 : 52.영세매입 선택

7월 20일 원재료 납품업체인 (주)민국기업으로부터 내국신용장(Local L/C)에 의해 수출용 제품생산에 사용될 원재료(1,000개, 단가 30,000원)를 납품받고 (영세율)전자세금계산서를 교부받았다. 대금결제는 전액 다음 달 말일에 지급하기로 하였다.

| (차) 원재료 | 30,000,000원 | (대) 외상매입금 | 30,000,000원 |

① 회계처리 일자(2025.07.20)을 입력하고 품목, 수량, 단가를 입력하여 공급가액을 자동반영한다. 공급처 코드란에서 "민국"을 입력하여 공급처를 선택한다.
② 전자세금계산서이므로 "전자 - 1.여"를 선택하고 외상거래이므로 "분개 - 2.외상"을 선택하고 하단의 분개내역을 확인한다.

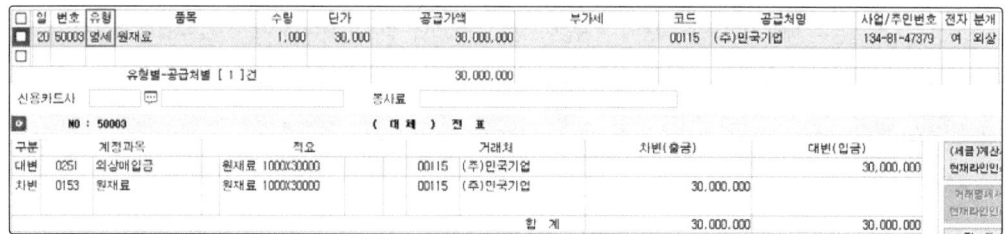

 결과확인하기

부가가치 ▶▶ 신고서/부속명세 ▶▶ 부가가치세 ▶▶ 세금계산서합계표

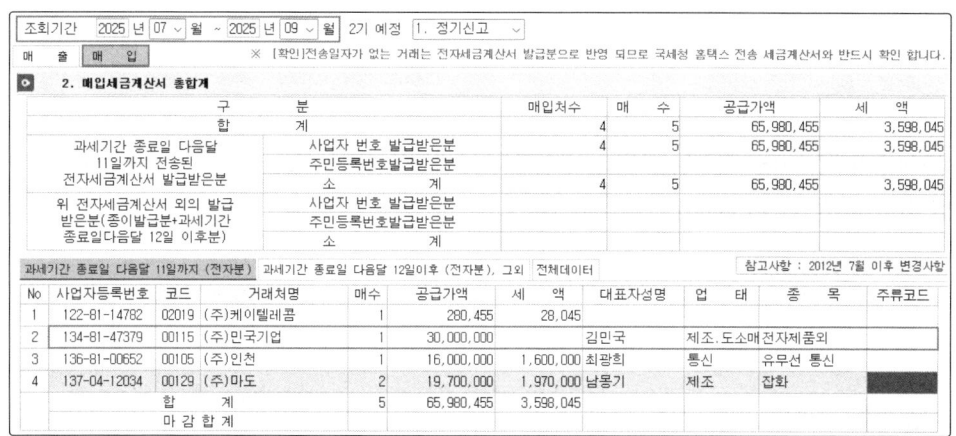

부가가치 ▶▶ 신고서/부속명세 ▶▶ 부가가치세 ▶▶ 부가가치세신고서

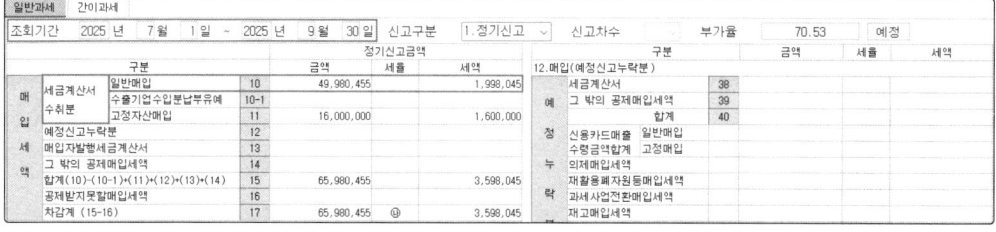

"유형 : 52.영세" 입력분은 영세율 근거서류를 공급받는자가 공급자에 제공하므로 영세율 근거서류는 제출할 필요는 없으며 부가가치세 신고서 [세금계산서 수취분]란에 기재하여 신고한다.

3 면세매입

면세사업자로부터 발급받은 **계산서**는 [매입매출전표입력] 메뉴에 입력하고, 이는 [계산서합계표]에 집계되며 [부가가치세신고서]에 반영한다.

| 면세적용 품목 매입 시 계산서 수취 | ▶ | 유형 : 53.면세매입 선택 |

7월 21일 (주)상호캐피탈로부터 관리업무용 중고승용차(계약일: 4월 21일, 리스계약조건: 운용리스, 3년약정, 650,000원/월)의 7월분 리스료에 대한 전자계산서를 교부받았으며, 대금은 다음달 3일 지급하기로 하였다.

| (차) 임차료(판) | 650,000원 | (대) 미지급금 | 650,000원 |

① 회계처리 일자(2025.07.21)을 입력한 후 품목, 공급가액을 입력한다. 공급처 코드란에서 "상호"를 입력하여 공급처를 선택한다.

② 전자계산서이므로 "전자 - 1.여", "분개 - 3.혼합"을 선택하고 하단의 분개내역에서 차변계정과목 "원재료"를 "임차료"로 수정, 대변계정과목에 "미지급금"을 입력한다.

결과확인하기

부가가치 ▶▶ 신고서/부속명세 ▶▶ 부가가치세 ▶▶ 계산서합계표

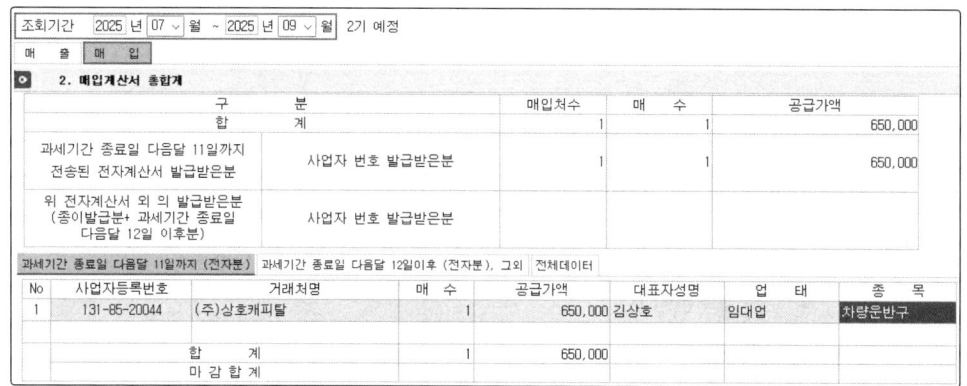

부가가치 ▶▶ 신고서/부속명세 ▶▶ 부가가치세 ▶▶ 부가가치세신고서

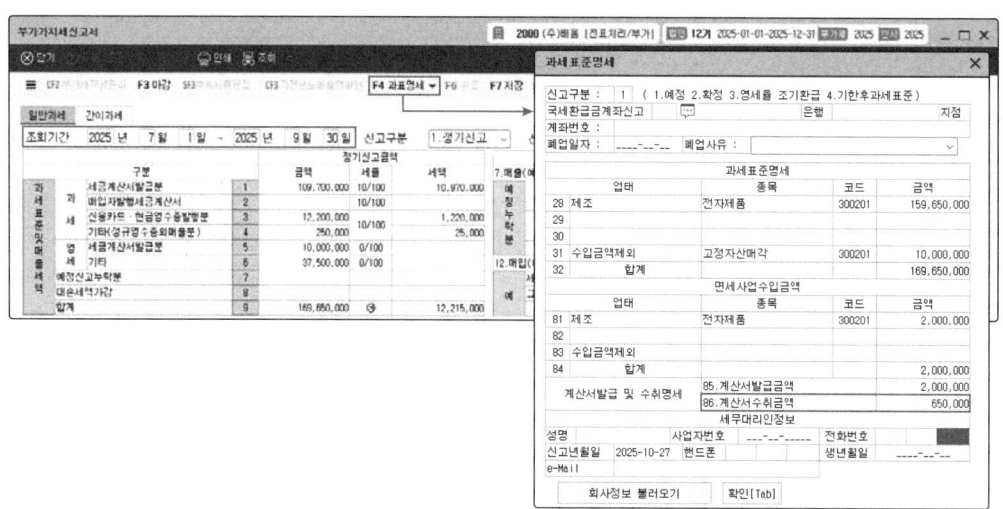

TIP

"유형 : 53.면세" 입력분은 부가가치세가 면제되는 매입건으로 일반과세자 부가가치세신고서 "4쪽 중 제3쪽"의 [계산서수취금액(86란)]에 반영된다. 프로그램에서는 F4 과표명세 버튼을 선택하여 확인할 수 있다.

4 불공제 매입

세금계산서(또는 수입세금계산서)를 수취한 부분 중 **매입세액불공제 사유에 해당하는 경우** [매입매출전표입력] 메뉴에 입력하여 [세금계산서합계표]를 작성하고, 불공제사유별로 집계한 [공제받지못할매입세액명세서]를 작성하여 [부가가치세신고서]에 반영한다.

10% 부가가치세 있는 세금계산서 수취분 공제불가능 매입세액에 해당 유형 : 54.불공매입 선택

실무예제

7월 22일 영업부에서 사용할 K5(1,999cc) 5인용 승용차(공급가액 30,000,000원, 부가가치세 3,000,000원)를 (주)경기자동차로부터 구입하고 전자세금계산서를 교부받았으며 이미 지급한 계약금 2,000,000원을 제외한 나머지 금액을 (주)상호캐피탈의 할부금융에서 10개월 상환약정을 하고 차입하여 지급하였다.

 예제 따라하기

(차) 차량운반구	33,000,000원	(대) 선 급 금	2,000,000원
		단기차입금	31,000,000원

① 회계처리 일자(2025.07.22)를 입력하고 품목, 공급가액을 입력하여 부가세를 자동 반영하며, 공급처 코드란에서 "경기"를 입력하여 공급처를 선택, 전자세금계산서이므로 "전자 - 1.여"를 입력한다.
② K5(1,999cc) 차량은 **"비영업용소형승용차"**에 해당하며 구입 및 유지와 관련된 비용은 매입세액 공제가 불가능하므로 "유형 - 54.불공"을 선택하고 불공제 사유(3.개별소비세법 제1조제2항제3호에 따른 자동차 구입 · 유지 및 임차)를 입력한다.
③ 상거래이외의 거래에 해당하므로 "분개 - 3.혼합"을 선택하고 차변계정과목을 "원재료"를 "차량운반구"로 대변계정과목 "선급금"과 "단기차입금"을 입력하고 거래처를 변경한다.

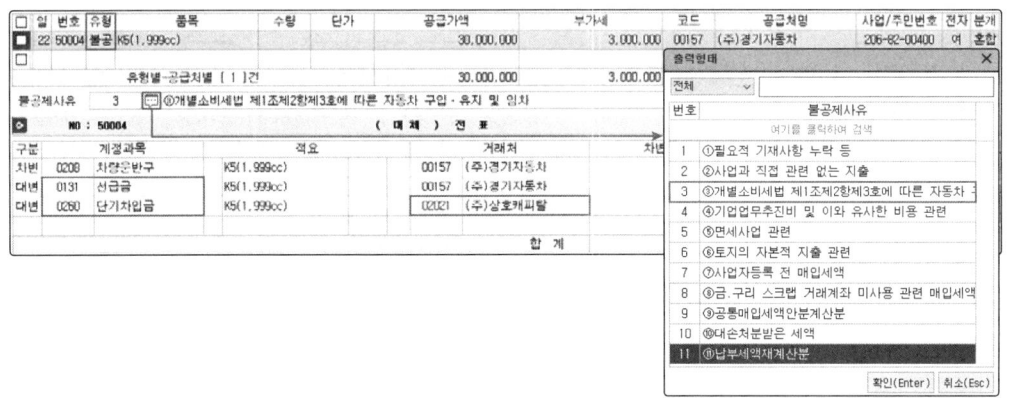

결과확인하기

부가가치 ▶▶ 신고서/부속명세 ▶▶ 부가가치세 ▶▶ 세금계산서합계표

조회기간 2025년 07월 ~ 2025년 09월 2기 예정 1.정기신고

매출 / **매입**

※ [확인]전송일자가 없는 거래는 전자세금계산서 발급분으로 반영 되므로 국세청 홈택스 전송 세금계산서와 반드시 확인 합니다.

2. 매입세금계산서 총합계

구 분		매입처수	매 수	공급가액	세 액
합 계		5	6	95,980,455	6,598,045
과세기간 종료일 다음달 11일까지 전송된 전자세금계산서 발급받은분	사업자 번호 발급받은분	5	6	95,980,455	6,598,045
	주민등록번호발급받은분				
	소 계	5	6	95,980,455	6,598,045
위 전자세금계산서 외의 발급 받은분(종이발급분+과세기간 종료일다음달 12일 이후분)	사업자 번호 발급받은분				
	주민등록번호발급받은분				
	소 계				

과세기간 종료일 다음달 11일까지 (전자분) / 과세기간 종료일 다음달 12일이후 (전자분), 그외 / 전체데이터   참고사항 : 2012년 7월 이후 변경사항

No	사업자등록번호	코드	거래처명	매수	공급가액	세액	대표자성명	업태	종목	주류코드
1	122-81-14782	02019	(주)케이텔레콤	1	280,455	28,045				
2	134-81-47379	00115	(주)민국기업	1	30,000,000		김민국	제조.도소매	전자제품외	
3	136-81-00652	00105	(주)인천	1	16,000,000	1,600,000	최광희	통신	유무선 통신	
4	137-04-12034	00129	(주)마도	2	19,700,000	1,970,000	남몽기	제조	잡화	
5	206-82-00400	00157	(주)경기자동차	1	30,000,000	3,000,000	양윤정	대리점	자동차	
			합 계	6	95,980,455	6,598,045				
			마 감 합 계							

부가가치 ▶▶ 신고서/부속명세 ▶▶ 부속명세서 I ▶▶ 공제받지못할매입세액명세서

조회기간 2025년 07월 ~ 2025년 09월 구분 2기 예정

공제받지못할매입세액내역 / 공통매입세액안분계산내역 / 공통매입세액의정산내역 / 납부세액또는환급세액재계산

매입세액 불공제 사유	세금계산서		
	매수	공급가액	매입세액
①필요적 기재사항 누락 등			
②사업과 직접 관련 없는 지출			
③개별소비세법 제1조제2항제3호에 따른 자동차 구입·유지 및 임차	1	30,000,000	3,000,000
④기업업무추진비 및 이와 유사한 비용 관련			
⑤면세사업등 관련			
⑥토지의 자본적 지출 관련			
⑦사업자등록 전 매입세액			
⑧금·구리 스크랩 거래계좌 미사용 관련 매입세액			
합계	1	30,000,000	3,000,000

부가가치 ▶▶ 신고서/부속명세 ▶▶ 부가가치세 ▶▶ 부가가치세신고서

일반과세 / 간이과세

조회기간 2025년 7월 1일 ~ 2025년 9월 30일 신고구분 1.정기신고 신고차수   부가율 70.53 예정

구분		정기신고금액			구분		금액	세율	세액
			금액	세율	세액				
매입 세액	세금계산서 수취분	일반매입	10	49,980,455		1,998,045	16.공제받지못할매입세액			
		수출기업수입분납부유예	10-1				공제받지못할 매입세액	50	30,000,000	3,000,000
		고정자산매입	11	46,000,000		4,600,000	공통매입세액면세등사업분	51		
	예정신고누락분		12				대손처분받은세액	52		
	매입자발행세금계산서		13	"유형:54.불공" 입력분 반영			합계	53	30,000,000	3,000,000
	그 밖의 공제매입세액		14				18.그 밖의 경감·공제세액			
	합계(10)-(10-1)+(11)+(12)+(13)+(14)		15	95,980,455		6,598,045	전자신고 및 전자고지 세액공제	54		
	공제받지못할매입세액		16	30,000,000		3,000,000	전자세금계산서발급세액공제	55		
	차감계 (15-16)		17	65,980,455	④	3,598,045	택시운송사업자경감세액	56		
							대리납부세액공제	57		

5 수입매입

재화를 수입하고 세관장으로부터 **수입세금계산서를 수취**한 경우 [매입매출전표입력] 메뉴에 입력하여 [세금계산서합계표]를 작성하고 [부가가치세신고서]에 반영한다. 또한 **매입세액공제가 가능**한 경우 "55.수입"을 선택하고 수입세금계산서상의 과세표준(=공급가액)은 부가가치세 징수를 위한 과세표준일 뿐이므로 회계처리는 부가가치세만 표시된다.

수입시 세관장이 발급한 수입세금계산서 수취 ▶ 유형 : 55.수입매입 선택

7월 23일 캐나다의 벤쿠버상사로부터 원재료를 수입하면서 인천세관으로부터 전자수입세금계산서(공급대가 : 5,500,000원)를 교부받았고, 부가가치세와 관세를 합해서 900,000원을 현금으로 지급하였다. 원재료의 공급가액은 회계처리하지 않고 관세 및 부가가치세만 회계처리 하기로 한다.

 예제 따라하기

| (차) 부가세대급금 | 500,000원 | (대) 현 금 | 900,000원 |
| 원 재 료 | 400,000원 | | |

① 회계처리 일자(2025.07.23)을 입력하고 품목, 공급가액을 입력하여 부가세를 자동반영 한다.
② 공급처 코드란에서 "인천"를 입력하여 공급처를 선택, 수입전자세금계산서이므로 "전자 – 1.여"를 입력한다.
③ 관세와 부가가치세를 현금으로 납부한 경우는 "분개 – 3.혼합"을 선택하여야 하며, 하단의 회계처리는 자동반영된 "부가세대급금", 취득과 관련하여 발생한 관세에 대하여 "원재료" 계정과목을 추가하여 취득원가로 처리한다.

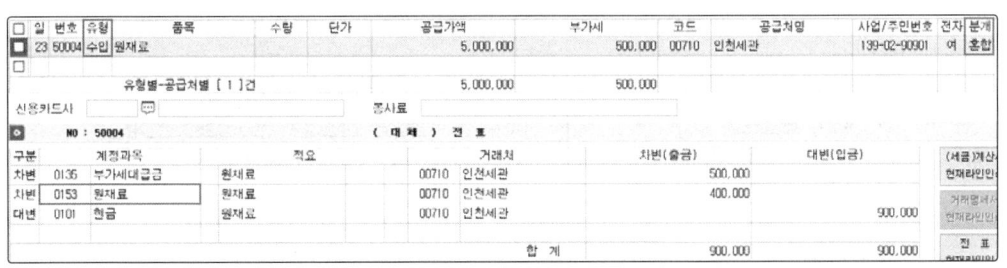

결과확인하기

부가가치 ▶▶ 신고서/부속명세 ▶▶ 부가가치세 ▶▶ 세금계산서합계표

No	사업자등록번호	코드	거래처명	매수	공급가액	세액	대표자성명	업태	종목	주류코드
1	122-81-14782	02019	(주)케이텔레콤	1	280,455	28,045				
2	134-81-47339	00115	(주)민국기업	1	30,000,000		김민국	제조.도매	전자제품외	
3	136-81-00652	00105	(주)인천	1	16,000,000	1,600,000	최광희	통신	유무선 통신	
4	137-04-12034	00129	(주)마도	2	19,700,000	1,970,000	남몽기	제조	잡화	
5	139-02-90901	00710	인천세관	1	5,000,000	500,000	진보라	관공서		
6	206-82-00400	00157	(주)경기자동차	1	30,000,000	3,000,000	양윤정	대리점	자동차	
	합계			7	100,980,455	7,098,045				

부가가치 ▶▶ 신고서/부속명세 ▶▶ 부가가치세 ▶▶ 부가가치세신고서

TIP

수입세금계산서 수취분 중 부가가치세 납부유예를 적용 받는 경우 [회사등록 ⇨ 추가사항] 및 [간편집계표 ⇨ 수입분납부유예 : 1.여]를 적용하여 부가가치세신고서 [세금계산서수취 - 수출기업수입분납부유예(10-1)]란에 반영한다.

[회사등록]   [매입매출전표입력]

6 카드매입

10% 부가가치세가 별도로 징수된 신용카드매출전표에 의한 매입 자료가 모두 매입부가가치세가 공제되는 거래는 아니며, 공제요건을 갖추었을 때만 부가가치세를 매입세액공제로 인정받을 수 있다. **공제요건을 갖춘 신용카드매출전표를 수취**한 경우 [매입매출전표입력] 메뉴에 입력하여 [신용카드매출전표 등 수령명세서]를 작성하고 [부가가치세신고서]에 반영한다.

| 10% 부가가치세 있는 신용카드매출전표 수취(매입세액공제요건 충족) | ▶ | 유형 : 57.카드과세매입 선택 |

7월 24일 공장 기계장치에 사용할 등유 2,200,000원(공급대가)을 당산주유소에서 구입하고 법인명의 신용카드(대한카드)로 결제하였다. (가스수도료로 처리할 것)

| (차) 가스수도료(제) | 2,000,000원 | (대) 미지급금 | 2,200,000원 |
| 부가세대급금 | 200,000원 | | |

① 회계처리 일자(2025.07.24)를 입력하고 "유형:57.카과"를 선택하고 품목을 입력한다.
② **공급대가(합계금액)**를 입력한 후 Enter↲ 키를 누르면 공급가액과 부가가치세가 자동으로 구분되어 입력된다.
③ 공급처 코드란에서 "당산"을 입력하여 공급처를 선택하고 신용카드사란에 "대한카드"를 입력한다.
④ 카드매입이므로 "분개 - 4.카드"를 선택하면 하단의 분개는 [환경등록]에서 설정한 내용이 반영되고 대변계정과목의 거래처는 "대한카드"가 자동반영 되며 차변계정과목에 "원재료"를 "가스수도료(제)"로 수정 입력한다.

7 현금과세매입

10% 부가가치세가 별도로 징수된 현금영수증에 의한 매입 자료가 모두 매입 부가가치세가 공제되는 거래는 아니며, 공제요건을 갖추었을 때만 부가가치세를 매입세액공제로 인정받을 수 있다. **공제요건을 갖춘 현금영수증을 수취한 경우** [매입매출전표입력] 메뉴에 입력하여 [신용카드매출전표 등 수령명세서]를 작성하고 [부가가치세신고서]에 반영한다.

> 10% 부가가치세 있는 현금영수증 수취(매입세액공제요건 충족) ▶ 유형 : 61.현금과세매입 선택

실무예제

7월 25일 영업부에서 야근 중인 직원을 위해 (주)직진마트에서 간식을 구입하고 88,000원(부가가치세 포함)을 현금으로 지급하였다. 증빙으로 현금영수증(지출증빙)을 수취하다.

예제 따라하기

| (차) 복리후생비(판) | 80,000원 | (대) 현 금 | 88,000원 |
| 부가세대급금 | 8,000원 | | |

① 회계처리 일자(2025.07.25)를 입력하고 "유형:61.현과"를 선택하고 품목을 입력한다.
② **공급대가(합계금액)**를 입력한 후 Enter 키를 누르면 공급가액과 부가가치세가 자동으로 구분되어 입력되며 공급처 코드란에서 "직진"을 입력하여 공급처를 선택한다.
③ 현금매입이므로 "분개 - 1.현금"을 선택하고 차변의 계정과목 "원재료"를 "복리후생비(판)"로 수정 입력한다.

[환경등록에서 부가세 포함 여부 설정에 따른 입력 방식]

[부가세 포함 여부]을 "1.전체포함"으로 설정되어 있는 경우에는 공급가액란에 부가가치세가 포함된 공급대가를 입력한 후 Enter 키를 누르면 공급가액과 부가가치세가 자동으로 구분되어 입력된다. 만약 "0.전체미포함"으로 되어 있으면 공급가액란에 공급가액을 입력하면 10% 부가가치세가 자동 계산되어 입력된다.

4	부가세 포함 여부	
	카과, 현과의 공급가액에 부가세 포함	1.전체포함
	건별 공급가액에 부가세 포함	1.포함
	과세 공급가액에 부가세 포함	0.전체미포함

[환경등록에서 신용카드매입채무 계정과목]

[환경등록] 메뉴에서 "분개유형 설정"의 신용카드매입채무 계정과목 설정이 가능하다. 분개유형을 "4.카드"로 선택하면 설정한 계정과목이 대변에 자동 반영되고, 거래처 또한 입력한 카드사로 자동 반영된다. 또는 분개유형을 "3.혼합"을 선택하고 대변에 계정과목 및 카드사를 입력해도 무방하다.

2	분개유형 설정		
매	출	0404	제품매출
매 출 채 권		0108	외상매출금
매	입	0153	원재료
매 입 채 무		0251	외상매입금
신용카드매출채권		0108	외상매출금
신용카드매입채무		0253	미지급금

결과확인하기

부가가치 ▶▶ 신고서/부속명세 ▶▶ 부가가치세 ▶▶ 신용카드매출전표등 수령명세서

조회기간 : 2025년 07월 ~ 2025년 09월   구분 2기 예정

2. 신용카드 등 매입내역 합계

구분	거래건수	공급가액	세액
합 계	2	2,080,000	208,000
현금영수증	1	80,000	8,000
화물운전자복지카드			
사업용신용카드	1	2,000,000	200,000
그 밖의 신용카드			

3. 거래내역입력

No	월/일	구분	공급자	공급자(가맹점)사업자등록번호	카드회원번호	그 밖의 신용카드 등 거래내역 합계		
						거래건수	공급가액	세액
1	07-24	사업	당산주유소	131-08-08184	9408-0000-3481-0019	1	2,000,000	200,000
2	07-25	현금	(주)직진마트	209-20-81509		1	80,000	8,000
			합계			2	2,080,000	208,000

① 법인카드는 [거래처등록 신용카드 TAB]에서 [유형 : 매입, 카드종류 : 사업용카드]로 등록하여야 한다.
② **법인카드**로 구매하여 매입세액공제를 받고자 입력한 매입자료는 [신용카드매출전표등 수령명세서]를 제출 보관하여야 하며 "구분"란에 **사업**으로 집계되어야 한다.
③ **임직원카드** 사용분도 공제요건이 충족하면 매입세액 공제가 가능하며 [신용카드매출전표등 수령명세서]의 "구분"란이 **신용**으로 집계된다.
④ **현금영수증(지출증빙)** 수취분 중 공제요건이 충족하면 매입세액 공제가 가능하며 [신용카드매출전표등 수령명세서]의 "구분"란에 **현금**으로 집계된다.

부가가치 ▶▶ 신고서/부속명세 ▶▶ 부가가치세 ▶▶ 부가가치세신고서

	구분		금액	세율	세액		구분		금액	세율	세액
매입세액	세금계산서 수취분	일반매입	10	54,980,455		2,498,045	14.그 밖의 공제매입세액 신용카드매출 수령금액합계표	일반매입	41	2,080,000		208,000
		수출기업수입분납부유예	10-1					고정매입	42			
		고정자산매입	11	46,000,000		4,600,000	의제매입세액		43		뒤쪽	
	예정신고누락분		12				재활용폐자원등매입세액		44		뒤쪽	
	매입자발행세금계산서		13				과세사업전환매입세액		45			
	그 밖의 공제매입세액		14	2,080,000		208,000	재고매입세액		46			
	합계(10)-(10-1)+(11)+(12)+(13)+(14)		15	103,060,455		7,306,045	변제대손세액		47			
	공제받지못할매입세액		16	30,000,000		3,000,000	외국인관광객에대한환급세액		48			
	차감계 (15-16)		17	73,060,455	ⓐ	4,306,045	합계		49	2,080,000		208,000

신용카드(현금영수증 포함) 매입 중 매입세액 공제분은 일반매입과 고정자산매입으로 구분하여 부가가치세신고서에 반영된다. 또한 고정자산매입은 부가가치세 신고시 [건물등감가상각자산취득명세서]를 작성 제출한다.

8 매입유형별 분개 연습하기(회사코드 : 2000.(주)배움)

입력 시 유의사항

- 일반적인 적요의 입력은 생략하지만, 타계정 대체거래는 적요 번호를 선택하여 입력한다.
- 채권·채무와 관련된 거래는 별도의 요구가 없는 한 반드시 기등록된 거래처코드를 선택하는 방법으로 거래처명을 입력한다.
- 제조경비는 500번대 계정코드를, 판매비와관리비는 800번대 계정코드를 사용한다.
- 회계처리 시 계정과목은 등록된 계정과목 중 가장 적절한 과목으로 한다.
- 입력화면 하단의 분개까지 처리하고, 세금계산서 및 계산서는 전자 여부를 입력하여 반영한다.

[매입 유형 : 51.과세]

[1] 8월 1일   (주)전남기업으로부터 원재료를 9,000,000원(부가가치세 별도)에 매입하고 전자세금계산서를 교부받았으며, 대금의 50%는 당사가 발행한 약속어음을 교부하였고 나머지는 보통예금계좌에서 이체하였다.

[2] 8월 2일   (주)광주로부터 원재료 공급가액 12,000,000원(부가세별도)을 매입하고 전자세금계산서를 받았다. 대금은 7월 16일에 지급한 선급금 1,000,000원을 제외한 잔액을 보통예금으로 지급하였다.

[3] 8월 3일   (주)민국기업으로부터 원재료(공급가액 5,000,000원, 부가가치세 별도)를 매입하고 전자세금계산서를 교부받았다. 대금 중 2,000,000원은 7월 25일 계약금을 지급하였고, 나머지 금액은 제품매출 대금으로 받은 (주)울산이 발행한 어음을 배서양도하였다.

[4] 8월 4일   전년도에 (주)경일산업에서 매입한 상품에 하자가 있어 반품하고 수정전자세금계산서(공급가액 3,000,000원, 부가가치세 300,000원, 부[負]의 세금계산서)를 교부받았다. 대금은 외상매입금과 상계처리 하였다.

[5] 8월 5일   원재료를 구입하면서 운반대가로 하인물류에게 880,000원(VAT 포함)을 현금으로 지급하고 수기로 발행한 세금계산서를 수취하였다.

[6] 8월 6일   회사 업무용 4인용 소형승용차(배기량 800cc)를 한국자동차에서 구입하면서 대금 5,000,000원 (부가가치세 500,000원)을 현금으로 결제하고 전자세금계산서를 수취하다.

[7] 8월 7일   신일중공업에 공장 기계장치 점검을 의뢰하고 수선비용으로 380,000원(부가가치세 별도)을 현금 지출한 후 종이세금계산서를 교부받았다. 기계수선내역은 수익적지출로 간주한다.

[8] 8월 8일   당사는 본사 건물 일부가 노후화 되어 안전에 문제가 있어 기존 계단시설을 폐쇄하고 엘리베이터와 현관 1층에 보안시스템을 새로 설치하였다. 공사를 담당한 (주)동양산업의 견적 내역은 다음과 같으며, 8월 8일 전자세금계산서 수취와 동시에 해당 금액은 전액 약속어음(만기일 12월 30일)을 발행하여 결제 완료되었다.

공사구분	금액(원)	비 고
엘리베이터 설치	15,000,000	
1층 보안시스템 설치	11,000,000	[주]
합 계	26,000,000	부가가치세 별도

[주] 보안시스템은 건물의 일부로 설치되어 매월 본사 물품 도난사고가 방지될 것으로 예상되며, 건물감정평가액이 높아질 것으로 기대됨

[9] 8월 9일   당사는 낡은 공장건물을 수선하고, 영진엔지니어링으로부터 아래와 같은 내용의 전자세금계산서 1매를 수취하였다. 대금 중 20,000,000원은 영진엔지니어링에 대한 외상매출금과 상계하기로 하였고, 나머지는 다음 달 말일에 지급하기로 하였다. 단, 세금계산서 입력은 복수거래로 입력할 것.

품 명	공급가액	세 액	비 고
창호공사	1,400,000원	140,000원	자본적 지출
지붕교체	25,000,000원	2,500,000원	자본적 지출
합 계	26,400,000원	2,640,000원	

[10] 8월 10일 공장의 신축이 완료되어 (주)전남기업에 잔금을 회사의 보통예금통장에서 지급하고 세법에 의한 세금계산서를 수취하다. (주)전남기업과의 공급계약은 다음과 같다. (본 계약은 계약금 및 중도금 지급 시 세금계산서를 발행하지 않았다.)

구 분	지급일자	공급대가(부가가치세 포함)
계약금	2월 28일	110,000,000원
중도금	7월 1일	550,000,000원
잔 금	8월 10일	440,000,000원

※ 계약금과 중도금은 입력된 자료를 이용하며, 건물로의 대체분개도 포함하여 회계처리 할 것.

[11] 8월 11일 회사 ERP시스템 구축을 위하여 이현소프트(주)에 소프트웨어 용역을 공급받고 전자세금계산서를 수취하면서 33,000,000원(부가가치세 포함)을 현금으로 지급하다. 무형자산항목으로 처리하고, 당해 용역이 완료되었다고 가정하시오.

[12] 8월 12일 당사는 시오상사가 소유하고 있던 특허권을 구입하면서 전자세금계산서(공급가액 1,000,000원, 부가가치세 100,000원)를 교부받았고, 그 대가로 당사의 주식 150주(액면가액 5,000원)를 액면발행해서 교부하고, 나머지는 당좌수표로 지급하였다.

[13] 8월 13일 당사는 기술인력 부족으로 고열가공을 외주하기로 하였다. (주)지성상사에 당사의 원재료의 가공을 의뢰하고 11,000,000(부가가치세 별도)의 전자세금계산서를 수취하였으며, 대금은 당좌수표를 발행하여 지급하였다.

[14] 8월 14일 코리아전자에서 원재료(공급가액 1,000,000원, 부가가치세 100,000원)를 외상으로 구입하면서 세금계산서를 발급(전자분 아님) 받았다. 2기 예정 부가가치세 신고 시 해당 세금계산서를 누락하여 2기 확정 부가가치세 신고에 반영하려고 한다. 해당 세금계산서를 2기 확정 부가가치세 신고에 반영시킬수 있도록 입력·설정하시오.

[매입 유형 : 52.영세]

[15] 8월 15일 원재료 납품업체인 (주)울산으로부터 Local L/C에 의해 수출용 제품생산에 사용될 원재료(1,000개, 단가 30,000원)를 납품받고 (영세율)전자세금계산서를 교부받았다. 대금결제는 전액 당사발행 약속어음(만기일 당기 12.30)으로 지급하였다.

[16] 8월 16일 (주)광주로부터 원재료(1,000개, 단위당 원가 20,000원)를 매입하고 영세율전자세금계산서를 수취하였다. 대금은 국민은행 기업구매자금대출(만기 6개월)로 지급하였다.

[매입 유형 : 53.면세]

[17] 8월 17일 회사의 판매부 직원 홍진주의 결혼식에 사용할 축하화환을 110,000원에 상상플라워에서 종이계산서를 발급받아 구입하고 보통예금 계좌에서 이체하였다.

[18] 8월 18일 (주)직진마트에서 한우갈비세트를 1개월 후 지급조건으로 1,000,000원에 구입하고, 전자계산서를 수취하였다. 이 중 300,000원은 복리후생 차원에서 당사 공장직원들에게 제공하였고, 나머지는 매출거래처에 증정하였다. (하나의 전표로 입력할 것)

[매입 유형 : 54.불공]

[19] 8월 19일 당사는 업무용으로 사용할 목적으로 취득가액 20,000,000원(부가가치세 별도)인 소형승용차(5인승, 1,500cc)를 (주)경기자동차에서 5개월 할부로 구입하고, 최초 할부금 4,400,000원은 당좌수표를 발행하여 지급하였으며, 전자세금계산서를 수취하였다.

[20] 8월 20일 당사는 영업사원의 업무용으로 사용하기 위하여 (주)금오렌터카로부터 2,000cc급 소나타 승용차를 임차하고, 전자세금계산서(공급가액 : 2,000,000원, 세액 : 200,000원)를 교부받았다. 단, 당월분 임차료는 다음달 10일에 지급하기로 하였다.

[21] 8월 21일 미국 자동차회사인 GM상사로부터 영업부서에서 사용할 승용차(배기량 2,000cc, 4인승)를 인천세관을 통해 수입하고 수입전자세금계산서(공급가액 : 50,000,000원, 부가가치세 : 5,000,000원)를 교부받았다. 부가가치세 5,000,000원과 관세 1,000,000원을 보통예금으로 지급하였다. 매입매출전표에서 수입세금계산서와 관세에 대해서만 회계처리 하시오.

[22] 8월 22일 매출거래처의 신규지점 개업을 축하하기 위하여 랜드전자로부터 선물세트를 1,000,000원(부가가치세 별도)에 매입하고, 전자세금계산서를 수취한 후 500,000원은 당사의 거래은행 계좌에서 당좌수표를 발행하여 지급하였고, 나머지 금액은 한 달 후에 지급하기로 하였다.

[23] 8월 23일 본사 건물의 주차장으로 사용하기 위하여 토지를 구입한 후 토지의 정지비용과 구 건물철거와 관련한 비용으로 (주)평탄산업에 32,000,000원(부가가치세 별도)을 보통예금으로 지급하고 전자세금계산서를 수취하였다.

[24] 8월 24일 출판사업부에서 사용할 기계장치를 (주)프로테크로부터 10,000,000원(부가가치세 별도)에 전액 외상으로 구입하고 전자세금계산서를 수취하였다. 당사에서는 출판사업부에서 발생한 매출액에 대하여 부가가치세를 면세로 신고해 오고 있다.

[매입 유형 : 55.수입]

[25] 8월 25일 일본 산요사로부터 수입한 원재료(¥3,500,000)와 관련하여, 인천세관으로부터 금일자를 작성일자로 하는 전자수입세금계산서를 교부받아 동 부가가치세액 3,850,000원을 인천세관에 현금으로 완납하였다. 단, 부가가치세와 관련된 것만을 회계처리하기로 한다.

[매입 유형 : 57.카과]

[26] 8월 26일 영업부에서 회사 제품 홍보를 위하여 (주)지성상사에 티슈제작을 의뢰하면서 계약금 2,200,000원(부가가치세 200,000원 별도 기재됨)을 대한카드(법인카드)로 결제하였다.

[27] 8월 27일 경기도 용인의 (주)대한연수원에서 공장 생산직 직원들의 직무연수를 실시하고 교육훈련비로 8,800,000원(공급대가)을 하나카드로 결제하였다.

[매입 유형 : 58.카면]

[28] 8월 28일 (주)직진마트에서 한우갈비셋트(부가가치세 면세대상임) 1,100,000원을 법인명의 신용카드(대한카드)로 구입하고, 신용카드 매출전표를 수취하였다. 이 중 400,000원은 복리후생차원에서 당사 공장직원에게 제공하였고, 나머지는 특정 매출거래처에 증정하였다.

[매입 유형 : 61.현과]

[29] 8월 29일 영업부에서는 사무실 사용목적으로 임차할 건물을 강남공인중개사로부터 소개를 받았다. 이와 관련하여 당사는 중개수수료 550,000원(부가가치세 포함)을 보통예금에서 이체함과 동시에 강남공인중개사로부터 현금영수증을 수취하였다.

[매입 유형 : 62.현면]

[30] 8월 30일 영업부 사무실 신문구독료 50,000원을 동아일보사에 현금결제하고 지출증빙용 현금영수증을 교부받았다.

매입유형별 분개 연습하기 해설

[1]

NO	일자	유형	품목	공급가액	부가세	공급처명	전자	분개
	8/1	51.과세	원재료	9,000,000	900,000	(주)전남기업	여	혼합

구분	계정과목	거래처	차변	대변
차변	부가세대급금	(주)전남기업	900,000	
차변	원 재 료	(주)전남기업	9,000,000	
대변	지급어음	(주)전남기업		4,950,000
대변	보통예금	(주)전남기업		4,950,000

[2]

NO	일자	유형	품목	공급가액	부가세	공급처명	전자	분개
	8/2	51.과세	원재료	12,000,000	1,200,000	(주)광주	여	혼합

구분	계정과목	거래처	차변	대변
차변	부가세대급금	(주)광주	1,200,000	
차변	원 재 료	(주)광주	12,000,000	
대변	선 급 금	(주)광주		1,000,000
대변	보통예금	(주)광주		12,200,000

[3]

NO	일자	유형	품목	공급가액	부가세	공급처명	전자	분개
	8/3	51.과세	원재료	5,000,000	500,000	(주)민국기업	여	혼합

구분	계정과목	거래처	차변	대변
차변	부가세대급금	(주)민국기업	500,000	
차변	원 재 료	(주)민국기업	5,000,000	
대변	선 급 금	(주)민국기업		2,000,000
대변	받을어음	(주)울산		3,500,000

- 보유중인 약속어음을 배서양도하는 경우 거래처를 반드시 변경함에 유의한다.

[4]

NO	일자	유형	품목	공급가액	부가세	공급처명	전자	분개
	8/4	51.과세	반품	-3,000,000	-300,000	(주)경일산업	여	외상

구분	계정과목	거래처	차변	대변
대변	외상매입금	(주)경일산업		-3,300,000
차변	부가세대급금	(주)경일산업	-300,000	
차변	상 품	(주)경일산업	-3,000,000	

[5]

NO	일자	유형	품목	공급가액	부가세	공급처명	전자	분개
	8/5	51.과세	운반비	800,000	80,000	하인물류		현금

구분	계정과목	거래처	차변	대변
출금	부가세대급금	하인물류	80,000	(현금)
출금	원 재 료	하인물류	800,000	(현금)

- 원재료 매입과 관련된 부대비용은 취득원가에 가산하며 수기로 발급된 세금계산서이므로 "전자"란은 공란으로 둔다.

NO	일자	유형	품목	공급가액	부가세	공급처명	전자	분개
[6]	8/6	51.과세	승용차	5,000,000	500,000	한국자동차	여	현금
	구분	계정과목		거래처	차변		대변	
	출금	부가세대급금		한국자동차	500,000		(현금)	
	출금	차량운반구		한국자동차	5,000,000		(현금)	

- 비영업용소형승용차 1,000cc 이하 자동차는 매입세액 공제가 가능하다.

NO	일자	유형	품목	공급가액	부가세	공급처명	전자	분개
[7]	8/7	51.과세	수선	380,000	38,000	신일중공업		현금
	구분	계정과목		거래처	차변		대변	
	출금	부가세대급금		신일중공업	38,000		(현금)	
	출금	수선비(제)		신일중공업	380,000		(현금)	

NO	일자	유형	품목	공급가액	부가세	공급처명	전자	분개
[8]	8/8	51.과세	엘리베이터외	26,000,000	2,600,000	(주)동양산업	여	혼합
	구분	계정과목		거래처	차변		대변	
	차변	부가세대급금		(주)동양산업	2,600,000			
	차변	건 물		(주)동양산업	26,000,000			
	대변	미지급금		(주)동양산업			28,600,000	

- 상거래이외의 어음 발행 계정과목은 "미지급금"으로 처리하여야 한다.

NO	일자	유형	품목	공급가액	부가세	공급처명	전자	분개
[9]	8/9	51.과세	창호공사외(복수)	26,400,000	2,640,000	영진엔지니어링	여	혼합
	구분	계정과목		거래처	차변		대변	
	차변	부가세대급금		영진엔지니어링	2,640,000			
	차변	건 물		영진엔지니어링	26,400,000			
	대변	외상매출금		영진엔지니어링			20,000,000	
	대변	미지급금		영진엔지니어링			9,040,000	

NO	일자	유형	품목	공급가액	부가세	공급처명	전자	분개
[10]	8/10	51.과세	공장잔금	1,000,000,000	100,000,000	(주)전남기업	여	혼합
	구분	계정과목		거래처	차변		대변	
	차변	부가세대급금		(주)전남기업	100,000,000			
	차변	건 물		(주)전남기업	1,000,000,000			
	대변	건설중인자산		(주)전남기업			660,000,000	
	대변	보통예금		(주)전남기업			440,000,000	

본 건은 중간지급조건부에 해당하지 않으므로 계약금 및 중도금 지급시는 세금계산서를 발급하지 않고 잔금 지급시 발급한다.
- 중간지급조건부에 해당하는 경우의 과세표준 및 수익인식기준
① 부가가치세법상 공급시기 및 세금계산서 발급시기 : 대가의 각부분을 받기로 한 때
② 기업회계기준상 수익인식기준 : 인도기준이므로 잔금지급 시 인식하므로 계약금 및 각 중도금에 대한 부분은 선수금(유형자산인 경우 건설중인자산)으로 처리

NO	일자	유형	품목	공급가액	부가세	공급처명	전자	분개
[11]	8/11	51.과세	소프트웨어	30,000,000	3,000,000	이현소프트(주)	여	현금
	구분	계정과목		거래처	차변		대변	
	출금	부가세대급금		이현소프트(주)	3,000,000		(현금)	
	출금	소프트웨어		이현소프트(주)	30,000,000		(현금)	

NO	일자	유형	품목	공급가액	부가세	공급처명	전자	분개
[12]	8/12	51.과세	특허권	1,000,000	100,000	시오상사	여	혼합
	구분	계정과목		거래처	차변		대변	
	차변	부가세대급금		시오상사	100,000			
	차변	특 허 권		시오상사	1,000,000			
	대변	자 본 금		시오상사			750,000	
	대변	당좌예금		시오상사			350,000	

■ 현물출자로 취득한 자산의 취득원가 = 취득자산의 공정가치 + 취득 부대비용

NO	일자	유형	품목	공급가액	부가세	공급처명	전자	분개
[13]	8/13	51.과세	외주가공	11,000,000	1,100,000	(주)지성상사	여	혼합
	구분	계정과목		거래처	차변		대변	
	차변	부가세대급금		(주)지성상사	1,100,000			
	차변	외주가공비(제)		(주)지성상사	11,000,000			
	대변	당좌예금		(주)지성상사			12,100,000	

NO	일자	유형	품목	공급가액	부가세	공급처명	전자	분개
[14]	8/14	51.과세	원재료	1,000,000	100,000	코리아전자		외상
	구분	계정과목		거래처	차변		대변	
	대변	외상매입금		코리아전자			1,100,000	
	차변	부가세대급금		코리아전자	100,000			
	차변	원 재 료		코리아전자	1,000,000			

■ 예정신고누락분을 부가가치세신고서에 자동 반영하고자 하는 경우 [간편집계표 ⇨ 예정누락분]을 선택하고 "확정신고 개시년월 : 2025년 10월 1일"을 입력한다.

NO	일자	유형	품목	공급가액	부가세	공급처명	전자	분개
[15]	8/15	52.영세	원재료	30,000,000	0	(주)울산	여	혼합
	구분	계정과목		거래처	차변		대변	
	차변	원 재 료		(주)울산	30,000,000			
	대변	지급어음		(주)울산			30,000,000	

NO	일자	유형	품목	공급가액	부가세	공급처명	전자	분개
[16]	8/16	52.영세	원재료	20,000,000	0	(주)광주	여	혼합
	구분	계정과목		거래처		차변		대변
	차변	원 재 료		(주)광주		20,000,000		
	대변	단기차입금		국민은행				20,000,000

NO	일자	유형	품목	공급가액	부가세	공급처명	전자	분개
[17]	8/17	53.면세	화환	110,000		상상플라워		혼합
	구분	계정과목		거래처		차변		대변
	차변	복리후생비(판)		상상플라워		110,000		
	대변	보통예금		상상플라워				110,000

NO	일자	유형	품목	공급가액	부가세	공급처명	전자	분개
[18]	8/18	53.면세	한우갈비세트	1,000,000		(주)직진마트	여	혼합
	구분	계정과목		거래처		차변		대변
	차변	복리후생비(제)		(주)직진마트		300,000		
	차변	기업업무추진비(판)		(주)직진마트		700,000		
	대변	미지급금		(주)직진마트				1,000,000

▪ 거래처 접대목적으로 구입한 물품은 매입세액 불공제 사유에 해당하나 계산서를 수취한 부분이므로 "유형: 53.면세"로 입력하여야 한다.

NO	일자	유형	품목	공급가액	부가세	공급처명	전자	분개
[19]	8/19	54.불공	소형승용차	20,000,000	2,000,000	(주)경기자동차	여	혼합
	불공제 사유			③ 개별소비세법 제1조제2항제3호에 따른 자동차 구입·유지 및 임차				
	구분	계정과목		거래처		차변		대변
	차변	차량운반구		(주)경기자동차		22,000,000		
	대변	당좌예금		(주)경기자동차				4,400,000
	대변	미지급금		(주)경기자동차				17,600,000

NO	일자	유형	품목	공급가액	부가세	공급처명	전자	분개
[20]	8/20	54.불공	임차	2,000,000	200,000	(주)금오렌터카	여	혼합
	불공제 사유			③ 개별소비세법 제1조제2항제3호에 따른 자동차 구입·유지 및 임차				
	구분	계정과목		거래처		차변		대변
	차변	임차료(판)		(주)금오렌터카		2,200,000		
	대변	미지급금		(주)금오렌터카				2,200,000

NO	일자	유형	품목	공급가액	부가세	공급처명	전자	분개
[21]	8/21	54.불공	승용차	50,000,000	5,000,000	인천세관	여	혼합
	불공제 사유			③ 개별소비세법 제1조제2항제3호에 따른 자동차 구입·유지 및 임차				
	구분	계정과목		거래처		차변	대변	
	차변	차량운반구		인천세관		6,000,000		
	대변	보통예금		인천세관			6,000,000	

■ 수입세금계산서도 부가가치세법의 불공제사유에 해당하는 경우 "54.불공"으로 입력하며 부가가치세는 취득원가에 가산하거나 당기비용처리 한다.

NO	일자	유형	품목	공급가액	부가세	공급처명	전자	분개
[22]	8/22	54.불공	선물세트	1,000,000	100,000	랜드전자	여	혼합
	불공제 사유			④ 기업업무추진비 및 이와 유사한 비용 관련				
	구분	계정과목		거래처		차변	대변	
	차변	기업업무추진비(판)		랜드전자		1,100,000		
	대변	당좌예금		랜드전자			500,000	
	대변	미지급금		랜드전자			600,000	

NO	일자	유형	품목	공급가액	부가세	공급처명	전자	분개
[23]	8/23	54.불공	정지비외	32,000,000	3,200,000	(주)평탄산업	여	혼합
	불공제 사유			⑥ 토지의 자본적 지출 관련				
	구분	계정과목		거래처		차변	대변	
	차변	토　지		(주)평탄산업		35,200,000		
	대변	보통예금		(주)평탄산업			35,200,000	

■ 토지와 구건물 일괄 취득 후 구건물 철거비용과 토지를 사용하기 위한 정지비는 토지의 취득원가로 가산하므로 매입세액을 공제받을 수 없다. 다만, 사용중인 기존건물 철거시 발생되는 철거비는 당기 비용(유형자산처분손실)로 회계처리 하며, 매입세액공제도 가능하다.

NO	일자	유형	품목	공급가액	부가세	공급처명	전자	분개
[24]	8/24	54.불공	기계장치	10,000,000	1,000,000	(주)프로테크	여	혼합
	불공제 사유			⑤ 면세사업 관련				
	구분	계정과목		거래처		차변	대변	
	차변	기계장치		(주)프로테크		11,000,000		
	대변	미지급금		(주)프로테크			11,000,000	

NO	일자	유형	품목	공급가액	부가세	공급처명	전자	분개
[25]	8/25	55.수입	원재료	38,500,000	3,850,000	인천세관	여	현금
	구분	계정과목		거래처		차변	대변	
	출금	부가세대급금		인천세관		3,850,000	(현금)	

NO	일자	유형	품목	공급가액	부가세	공급처명	전자	분개
	8/26	57.카과	티슈제작	2,000,000	200,000	(주)지성상사		카드
	신용카드사			대한카드				
	구분	계정과목		거래처		차변		대변
[26]	대변	미지급금		대한카드				2,200,000
	차변	부가세대급금		(주)지성상사		200,000		
	차변	선 급 금		(주)지성상사		2,000,000		
	▪ 분개유형을 "3.혼합"을 사용하여도 무방하다.							

NO	일자	유형	품목	공급가액	부가세	공급처명	전자	분개
	8/27	57.카과	교육훈련	8,000,000	800,000	(주)대한연수원		카드
	신용카드사			하나카드				
	구분	계정과목		거래처		차변		대변
[27]	대변	미지급금		하나카드				8,800,000
	차변	부가세대급금		(주)대한연수원		800,000		
	차변	교육훈련비(제)		(주)대한연수원		8,000,000		

NO	일자	유형	품목	공급가액	부가세	공급처명	전자	분개
	8/28	58.카면	한우갈비셋트	1,100,000		(주)직진마트		카드
	신용카드사			대한카드				
	구분	계정과목		거래처		차변		대변
[28]	대변	미지급금		대한카드				1,100,000
	차변	복리후생비(제)		(주)직진마트		400,000		
	차변	기업업무추진비(판)		(주)직진마트		700,000		
	▪ 분개유형을 "3.혼합"을 사용하여도 무방하다.							

NO	일자	유형	품목	공급가액	부가세	공급처명	전자	분개
	8/29	61.현과	중개수수료	500,000	50,000	강남공인중개사		혼합
	구분	계정과목		거래처		차변		대변
[29]	차변	부가세대급금		강남공인중개사		50,000		
	차변	수수료비용(판)		강남공인중개사		500,000		
	대변	보통예금		강남공인중개사				550,000

NO	일자	유형	품목	공급가액	부가세	공급처명	전자	분개
	8/30	62.현면	신문구독료	50,000		동아일보사		현금
[30]	구분	계정과목		거래처		차변		대변
	출금	도서인쇄비(판)		동아일보사		50,000		(현금)

 심화연습

[1] 다음 거래 자료를 매입매출전표입력 메뉴에 입력하시오. [회사코드 : 2300. (주)대흥]

① 1월 26일 세현상사에 제품을 70,000,000원(부가가치세 별도)에 판매하고 전자세금계산서를 교부하였다. 대금은 당사가 백두기업에게 지급할 외상매입금 20,000,000원을 직접 세현상사가 지급하기로 하였으며, 나머지는 보통예금으로 입금되었다. 하나의 전표로 입력하시오.

② 2월 6일 수지상사에 1월 2일에 외상 판매하였던 제품 중 10개(1개당 공급가액 80,000원, 부가가치세 8,000원)가 불량품으로 판명되어 반품됨에 따라 반품 수정전자세금계산서를 발급하였다. 대금은 외상매출금과 상계처리하기로 하였다.

③ 2월 9일 비사업자인 이상경(거래처 등록할 것. 코드 : 700, 주민번호 : 800615-1835426)에게 제품을 판매하고 대금은 보통예금으로 1,100,000원(공급대가)을 수령하면서 현금영수증을 발급하였다.

④ 3월 3일 (주)바로캐피탈로부터 영업부 업무용 승용차(계약일 3월 2일, 리스조건 : 운용리스, 2년 약정, 1,000,000원/월)의 3월분 리스료에 대한 전자계산서를 교부 받았으며 대금은 다음 달 말일에 지급하기로 하였다. (리스료에 대한 계정은 판매관리비 중 임차료 계정과목을 사용하기로 한다.)

⑤ 3월 23일 과세 제품 생산에 사용중이던 기계장치(취득가액 50,000,000원, 감가상각누계액 35,700,000원)를 (주)전주에 15,000,000원(부가가치세 별도)에 매각하고 전자세금계산서를 발급하였다. 10,000,000원은 보통예금으로 수령하였으며, 나머지는 (주)전주에서 발행한 어음으로 수령하였다.

[2] 다음 거래 자료를 매입매출전표입력 메뉴에 입력하시오. [회사코드 : 2400. (주)태풍]

① 8월 1일 한글상회에 제품(공급가액 10,000,000원, 부가가치세 별도)을 판매하고 전자세금계산서를 발급하였다. 판매대금은 6월 30일에 수령한 계약금 2,000,000원을 제외한 잔액을 한글상회 발행어음(만기 2026.2.28)으로 받았다.

② 8월 4일 당사는 수출업자인 (주)한중과 수출재화에 대한 임가공용역(공급가액 6,000,000원)을 제공하였다. 전자세금계산서는 부가가치세 부담이 최소화되는 방향으로 부가가치세법 규정에 맞게 전자발행 하였으며, 대금은 보통예금으로 입금 받았다. (매출계정은 "용역매출"을 사용하며, 서류번호 입력은 생략할 것)

③ 8월 5일   본사 사옥을 신축할 목적으로 건축물이 있는 토지를 당기 구입하고 기존 건축물 철거와 관련하여 용역비용 2,000,000원(부가가치세 별도, 전자세금계산서 수취)을 (주)왕갑에게 보통예금 계좌에서 이체하였다.

④ 8월 26일 (주)판촉으로부터 원재료(VIM21PMP)를 121,000,000원(부가가치세 포함)에 매입하고 전자세금계산서를 발급받다. 대금 중 전기말에 지급하였던 계약금 22,000,000원을 차감한 잔액 중 90,000,000원은 당사에서 만기상환을 목적으로 보관하던 (주)강남상사 발행의 약속어음을 배서양도하고, 잔액은 당좌수표로 지급하였다. (계약금을 지급함에 대하여는 별도의 전자세금계산서를 발급받지 않음)

⑤ 8월 29일 영업부 사무실에서 사용할 목적으로 사무용품점 (주)오피스코리아에서 필기구 세트를 33,000원(공급대가)에 현대카드로 구입하였다(사무용품비로 처리하시오).

[3] 다음 거래 자료를 매입매출전표입력 메뉴에 입력하시오. [회사코드 : 2500. (주)만세]

① 4월 3일   미국 동부의 SELLA.CO.LTD사에 수출할 제품($300,000)을 부산항에서 금일 선적완료하였다. 당해 수출과 관련하여 당사는 이미 2월 5일 계약금으로 $20,000를 받아 원화로 환가하여 보통예금 계좌에 입금하였으며, 나머지 수출대금은 4월 25일 모두 받기로 하였다. 일자별 환율은 다음과 같다. (부가가치세법에 따라 회계처리하고 하단의 영세율구분 및 수출신고번호 : 13064-25-247041X을 입력하시오.)

구 분	2월 5일	4월 3일	4월 25일
기준환율(1$당)	1,200원	1,300원	1,100원

② 4월 21일 공장에 새로운 기계장치(공급대가 3,850,000원) 설치를 다모서비스에 의뢰하고 보통예금에서 계좌이체한 후, 지출증빙용 현금영수증을 수취하였다.

③ 4월 25일 당사는 공장건물이 노후화 되어 안전에 문제가 있다는 판단에 따라 기존건물을 철거하고 새로 신축하기로 하였다. 신축공사는 (주)한국토목건설과 다음과 같이 하기로 하였다. 당일에 계약금인 22,000,000원(부가가치세 포함)에 대하여 전자세금계산서를 발급받았고 대금은 당사가 발행한 약속어음(만기일 2025.09.30)으로 지급하였다.

- 총도급금액 : 220,000,000원(부가가치세 포함)
- 대금지급방식
  ⓐ 계약금(당기 4.25/공사착공일) : 22,000,000원(부가가치세 포함)
  ⓑ 중도금(당기 12.31   ) : 88,000,000원(부가가치세 포함)
  ⓒ 잔 금(차기 6.30/완공예정일) : 110,000,000원(부가가치세 포함)

④ 5월 6일   프랑스 알퐁스사로부터 수입한 공장용 기계장치와 관련하여 인천세관으로부터 43,000,000원(부가가치세 별도)의 전자수입세금계산서를 수취하고, 관련 부가가치세는 보통예금에서 이체하였다. 단, 유형자산 회계처리는 생략할 것.

⑤ 5월 27일 매출거래처의 신규지점 개업을 축하하기 위하여 (주)대양유통으로부터 선물세트를 3,000,000원(부가가치세 별도)에 매입하고, 전자세금계산서를 수취한 후 대금은 한 달 후에 지급하기로 하였다.

[4] 다음 거래 자료를 매입매출전표입력 메뉴에 입력하시오. [회사코드 : 2600. (주)온누리]

① 4월 1일   제품 20,000,000원(부가가치세 별도)을 (주)성한[대표자 : 윤주원(631201-1512151)]에게 현금판매하고 전자세금계산서를 교부하였다. (주)성한의 사업개시일은 2025년 4월 5일, 사업자등록신청일은 2025년 4월 15일이다.

② 4월 2일   Local L/C에 의하여 (주)무한상사에 제품을 100,000,000원에 공급하고, 영세율 전자세금계산서를 발행하였다. 대금은 다음달 10일까지 지급받기로 하였다.
           (서류번호 : LCCAPP1234-5678)

③ 4월 3일   알파상사로부터 원재료(수량 1,250개, 단가 16,000원, 부가가치세 별도)를 외상으로 매입하고 전자세금계산서를 수취하였다.

④ 4월 30일 공장에서 사용하던 기계장치(취득원가 2,000,000원, 감가상각누계액 1,200,000원)를 세무상사에 600,000원(부가가치세 별도)에 외상으로 매각하고 전자세금계산서를 발급하였다. (단, 매각년도의 감가상각비계산은 생략한다.)

⑤ 5월 31일 당사는 (주)라디오스타가 보유하고 있는 상표권을 10,000,000원(부가가치세 별도)에 취득하고 전자세금계산서를 수취하였으며, 상표권 취득에 대한 대가로 당사의 주식을 1,000주 발행하여 교부하였다. 당사의 주식에 대한 정보는 아래와 같다. 하나의 전표로 입력하시오.

  ■ 주식의 액면가액 : 주당 7,500원   ■ 주식의 시가 : 주당 11,000원

※ **집중심화연습 해답은** [모의고사&기출문제 ➡ PART 03] 756페이지**에서 확인 가능합니다.**

Perfect
전산세무 2급
www.bobook.co.kr

PART 04

부가가치세 신고서 및 부속서류 작성

CHAPTER 01   세금계산서 및 계산서합계표
CHAPTER 02   신용카드매출전표등 발행집계표
CHAPTER 03   부동산임대공급가액명세서
CHAPTER 04   영세율 첨부서류(근거서류)
CHAPTER 05   대손세액(변제대손세액)공제신고서
CHAPTER 06   건물 등 감가상각자산취득명세서
CHAPTER 07   신용카드매출전표등 수령명세서
CHAPTER 08   의제매입세액공제신고서
CHAPTER 09   재활용폐자원세액공제신고서
CHAPTER 10   공제받지못할매입세액명세서
CHAPTER 11   부가가치세신고 및 가산세

전산실무

(주)배움(회사코드 2000) ~ (주)합격(회사코드 2250)을 선택하여 실습예제를 진행하세요.

직무명	분류번호	능력단위명	수준	능력단위요소
세무	0203020205_23v6	부가가치세 신고	3	1 세금계산서 발급·수취하기 2 부가가치세 부속서류 작성하기 3 부가가치세 신고하기

능력단위정의	부가가치세 신고란 상품의 거래나 서비스의 제공에서 얻어지는 부가가치에 대해 과세되는 금액에 대하여 부가가치세법에 따라 신고 및 납부 업무를 수행하는 능력이다.

NCS 능력단위	능력단위요소	수 행 준 거
0203020205_23v6 부가가치세 신고	0203020205_23v6.1 세금계산서 발급·수취하기	1.1 세금계산서의 발급방법에 따라 세금계산서를 발급하고 세금계산서합계표를 국세청에 전송할 수 있다. 1.2 수정세금계산서 발급사유에 따라 세금계산서를 수정 발행할 수 있다. 1.3 부가가치세법에 따라 세금계산서합계표를 작성할 수 있다.
	0203020205_23v6.2 부가가치세 부속서류 작성하기	2.1 부가가치세법에 따라 수출실적명세서를 작성할 수 있다. 2.2 부가가치세법에 따라 대손세액공제신고서를 작성하여 세액공제를 받을 수 있다. 2.3 부가가치세법에 따라 공제받지 못할 매입세액명세서와 불공제분에 대한 계산근거를 작성할 수 있다. 2.4 부가가치세법에 따라 신용카드매출전표 등 수령명세서를 작성해 매입세액을 공제받을 수 있다. 2.5 부가가치세법에 따라 부동산임대공급가액명세서를 작성하고 간주임대료를 계산할 수 있다. 2.6 부가가치세법에 따라 건물 등 감가상각자산취득명세서를 작성할 수 있다. 2.7 부가가치세법에 따라 의제매입세액공제신고서를 작성하여 의제매입세액공제를 받을 수 있다.
	0203020205_23v6.3 부가가치세 신고하기	3.1 부가가치세법에 따른 과세기간을 이해하여 예정·확정신고를 할 수 있다. 3.2 부가가치세법에 따라 납세지를 결정하여 상황에 맞는 신고를 할 수 있다 3.3 부가가치세법에 따른 일반과세자와 간이과세자의 차이를 판단할 수 있다. 3.4 부가가치세법에 따른 재화의 공급과 용역의 공급의 범위를 판단할 수 있다. 3.5 부가가치세법에 따른 부가가치세신고서를 작성할 수 있다.

CHAPTER 01 세금계산서 및 계산서합계표

부가가치 ▶▶ 신고서/부속명세 ▶▶ 부가가치세 ▶▶ 세금계산서합계표

사업자가 세금계산서를 발급하였거나 세금계산서를 수취한 경우 [매출처별세금계산서합계표]와 [매입처별세금계산서합계표]를 예정신고 또는 확정신고시 관할세무서에 제출하여야 한다.

매입매출전표입력시
유형 : 11.과세매출, 12.영세매출
▶ 매출처별 세금계산서합계표

매입매출전표입력시
유형 : 51.과세매입, 52.영세매입
54.불공매입, 55.수입매입
▶ 매입처별 세금계산서합계표

전자적으로 발급하고 기일내에 국세청에 전송된 전자세금계산서는 [전자분]탭에서 조회되고, 종이로 발행된 세금계산서와 전자적으로 발급하였으나, 그 개별명세를 국세청에 전송하지 않거나, 과세기간 종료일 다음달 12일 이후에 국세청에 전송한 전자세금계산서는 [전자 이외분]탭에서 조회된다.

부가가치 ▶▶ 신고서/부속명세 ▶▶ 부가가치세 ▶▶ 계산서합계표

사업자가 계산서를 발급하였거나 계산서를 수취한 경우 부가가치세법상 사업자는 [매출처별계산서합계표]와 [매입처별계산서합계표]를 예정신고 또는 확정신고시 관할세무서에 제출하여야 한다.

매입매출전표입력시
유형 : 13.면세매출
▶ 매출처별 계산서합계표

매입매출전표입력시
유형 : 53.면세매입
▶ 매입처별 계산서합계표

전자적으로 발급하고 기일내에 국세청에 전송된 전자계산서는 [전자분]탭에서 조회되고, 종이로 발행된 계산서와 전자적으로 발급하였으나, 그 개별명세를 국세청에 전송하지 않거나, 과세기간 종료일 다음달 12일 이후에 국세청에 전송한 전자계산서는 [전자 이외분]탭에서 조회된다.

PART 04 부가가치세 신고서 및 부속서류 작성

CHAPTER
02 신용카드매출전표등 발행집계표

신용카드매출전표 등을 발급한 사업자(법인포함)는 부가가치세 예정신고 또는 확정신고 시에 신용카드매출전표등발행집계표를 작성하여 부가가치세신고서와 함께 제출하여야 한다. 또한 매입매출전표입력 시 아래의 유형으로 입력한 자료가 자동반영되며, 직접입력도 가능하다.

매입매출전표입력시
유형 : 17.카드과세, 18.카드면세, 19.카드영세   ▶   신용카드매출전표등 발행금액집계표
22.현금과세, 23.현금면세, 24.현금영세

부가가치세가 과세되는 재화 또는 용역을 공급(**법인 및 매출 10억원 초과하는 개인사업자는 제외**)하고 신용카드매출전표 등을 발행하거나 전자화폐로 대금결제를 받는 경우에는 신용카드매출전표발행세액공제를 적용받을 수 있다.

세액공제액 = MIN[① 발행금액 또는 결제금액 × 1.3%, ② 연간 1,000만원]

※ 신용카드등 매출 **전표입력**은 교재 445페이지를 참고

 실무예제

다음 자료를 (주)청송(회사코드 : 2100)의 제1기 예정 부가가치세신고서에 추가로 반영하고, [신용카드매출전표등 발행금액집계표]를 작성하시오. (신용카드매출전표는 제시된 자료 외에는 없는 것으로 가정하며, 매입·매출전표에 입력은 생략)

① 1월 10일 : 거래처 (주)강한상사(사업자등록번호 105-81-91237)에 3,300,000원(공급대가)의 제품을 현금판매하고, 현금영수증을 교부하였다.
② 2월 25일 : 거래처 우주상사(사업자등록번호 105-81-00809)에 2,500,000원(공급가액)의 상품을 판매하고, 영세율전자세금계산서를 발행하고, 대금은 국민카드(가맹점번호 012345666)로 결제받았다.
③ 3월 10일 : 비사업자 김유림에게 상품 1,430,000원(공급대가)을 소매로 매출하고, 국민카드(가맹점번호 012345666)로 결제받았다.

 예제 따라하기

(1) 신용카드매출전표발행집계표(조회기간 : 2025년 01월 ~ 2025년 03월)

해당 자료를 직접 공급대가(발행금액)로 입력한다.

구 분		1월 10일	2월 25일	3월 10일
신용카드 매출전표 발행집계표	신용카드등 발행금액	해당(현금영수증) 3,300,000원	해당(신용카드) 2,500,000원	해당(신용카드) 1,430,000원
	세금계산서 교부내역	비해당	해당 2,500,000원	비해당
부가가치세 신고서	(3)란 공급가액	직접입력 3,000,000원	–	직접입력 1,300,000원
	(5)란 공급가액	–	직접입력 2,500,000원	–
	(19)란 공급대가	직접입력 3,300,000원	–	직접입력 1,430,000원

2. 신용카드매출전표 등 발행금액 현황

구 분	합 계	신용·직불·기명식 선불카드	현금영수증	직불전자지급 수단 및 기명식선불 전자지급수단
합 계	7,230,000	3,930,000	3,300,000	
과세 매출분	7,230,000	3,930,000	3,300,000	
면세 매출분				
봉 사 료				

3. 신용카드매출전표 등 발행금액중 세금계산서 교부내역

세금계산서발급금액	2,500,000	계산서발급금액	

(2) 부가가치세신고서(조회기간 : 2025년 1월 1일 ~ 2025년 3월 31일)

매입매출전표입력 메뉴에 자료를 입력하지 않았으므로 해당란에 **직접 입력**하여야 한다. "신용카드 · 현금영수증발행분(3)"란에 금액은 공급가액과 부가가치세를 구분하여 입력하고 "신용카드매출전표등 발행공제등(19)"란 금액은 공급대가로 입력한다.

구분			정기신고금액			구분			금액	세율	세액
			금액	세율	세액	7.매출(예정신고누락분)					
과세표준및매출세액	과세	세금계산서발급분	1		10/100		예정누락분	과세	세금계산서	33		10/100
		매입자발행세금계산서	2		10/100				기타	34		10/100
		신용카드 · 현금영수증발행분	3	4,300,000	10/100	430,000		영세	세금계산서	35		0/100
		기타(정규영수증외매출분)	4						기타	36		0/100
	영세	세금계산서발급분	5	2,500,000	0/100				합계	37		
		기타	6		0/100		12.매입(예정신고누락분)					
	예정신고누락분		7						세금계산서	38		
	대손세액가감		8				예정누락분		그 밖의 공제매입세액	39		
	합계		9	6,800,000	㉮	430,000			합계	40		
경감공제세액	그 밖의 경감 · 공제세액		18					신용카드매출수령금액합계	일반매입			
	신용카드매출전표등 발행공제등		19	4,730,000		㉯			고정매입			
세액	합계		20					의제매입세액				

심화연습

[1] 다음은 2025년 제1기 확정 부가가치세 신고기간(4.1 ~ 6.30)의 자료이다. [신용카드매출전표등 발행금액 집계표]를 작성하시오. 다만 다음의 자료는 전표입력하지 아니한다.

[회사코드 : 2300.(주)대흥]

1. 04월 12일 제품(공급가액: 10,000,000원 부가세: 1,000,000원)을 홍길동에게 제공하고 현금영수증을 발급하였다.
2. 05월 05일 제품(공급가액: 5,000,000원 부가세: 500,000원)을 (주)한강에 납품하고 전자세금계산서를 발급하였으며 대금은 5월 25일 (주)한강의 법인카드로 결제 받았다.
3. 06월 10일 면세제품(공급가액: 8,000,000원)을 (주)낙동에 납품하고 전자계산서를 발급하였으며 대금 중 3,000,000원은 현금으로 받고 나머지는 (주)낙동의 법인카드로 결제 받았다.

[2] 다음 자료를 제2기 예정 부가가치세신고서에 추가로 반영하고, 신고부속서류인 [신용카드매출전표등 발행금액집계표]를 작성하시오. (신용카드매출전표는 제시된 자료 외에는 없는 것으로 가정하며, 회계처리는 생략하시오.) [회사코드 : 2400.(주)태풍]

1. 08월 15일 : 비사업자인 박승민에게 제품 공급대가 1,870,000원(부가가치세 포함)을 판매하고 당사가 가맹된 비씨카드(가맹점번호 123456789)에 의해 결제받고 신용카드매출전표를 발행하였다.
2. 09월 30일 : (주)화미가구에 제품 공급가액 3,000,000원(부가가치세 별도)을 판매하고 전자세금계산서를 발행하였다. 대금 전액을 가맹된 삼성카드(가맹점번호 453126777)에 의해 결제하고 (주)화미가구에 신용카드매출전표를 발행하였다.

※ 집중심화연습 해답은 [모의고사&기출문제 ➡ PART 03] 761페이지에서 확인 가능합니다.

CHAPTER 03 부동산임대공급가액명세서

부가가치 ▶▶ 신고서/부속명세 ▶▶ 부속명세서 Ⅰ ▶▶ 부동산임대공급가액명세서

부동산임대업을 영위하는 사업자는 부가가치세신고서와 함께 부동산임대공급가액명세서를 반드시 작성 제출해야 한다. 부동산 임대용역의 공급내역(과세표준)을 상세히 기록하여 부가가치세 과세표준(간주임대료 포함)을 성실히 신고하고 있는지에 활용한다.

항 목	입력내용 및 방법
과세표준	부동산임대공급가액명세서는 간주임대료 뿐만 아니라 과세표준을 신고하는 서류이므로 보증금만 있거나 보증금 없이 임대료만 있는 경우에도 작성하여 제출하여야 한다. 임대료(월세 = 차임) + 관리비 + 간주임대료
관리비	사업자가 부동산임대와 관련하여 발생하는 관리비는 과세표준에 포함한다. 다만, 임차인이 부담해야하는 보험료, 수도료 및 전기요금 등 공공요금은 별도로 징수하여 납입대행을 하는 경우 과세표준에 포함하지 아니한다.
간주임대료	사업자가 부동산임대용역을 공급하고 전세금 또는 임대보증금을 받은 경우에는 실제로 받은 임대료에 간주임대료를 가산하여 과세하여야 한다. 이를 간주임대료라 한다. ① 간주임대료(보증금이자) 간주임대료 = 임대보증금 × 정기예금이자율 × 과세대상기간의 일수/365(윤년 366) ※ 2025년 정기예금이자율 : 3.1%(매년 공시되며 기중에 변경될 소지가 있음) ② 간주임대료에 대한 부가가치세 회계처리 : 부담자의 **세금과공과**로 처리 | **임대인이 부담하는 경우**	(차) 세금과공과 ××× (대) 부가세예수금 ×××
임차인이 부담하는 경우	(차) 세금과공과 ××× (대) 보통예금 등 ××× | ③ 간주임대료는 **세금계산서 발급의무 면제**이므로 [매입매출전표]에 입력 시 "**유형 : 14.건별**"로 입력하며 [부가가치세신고서 : 기타(정규영수증외매출분) 4번란]에 자동반영된다.
작성방법	① 조회기간 : 해당 과세기간을 입력한다. ② 거래처명(임차인)·동·층·호 : 계약건별 임차인이 사용하는 동, 층, 호를 기재하며 동은 관리사항으로 생략가능하고 **지하층**은 반드시 "B"로 구분 표시한다. ③ 계약갱신일 : 과세기간 내에 계약기간의 연장, 보증금·월세의 변동이 있는 경우 입력하며 **임대기간의 시작일과 동일**하다. ④ 임대기간 : 계약서의 **전체 임대기간**을 기재한다. ⑤ 보증금 : 보증금 및 전세금을 입력하며 간주임대료가 자동계산 된다. ⑥ 월세·관리비 : 월임대료와 월관리비를 입력한다. ⑦ 전체합계 : 월세, 관리비, 간주임대료의 총합계액을 표시하며 부가가치세신고서에 반영될 과세표준이다.

(주)청송(회사코드 : 2100)은 영업매장의 일부를 상가로 임대하고 있다. 다음 임대현황을 토대로 2025년 제1기 확정 부가가치세 신고를 위한 [부동산임대공급가액명세서]를 작성하고 간주임대료를 매입매출전표에 입력하여 부가가치세신고서에 추가 반영하시오. 임대료에 대한 세금계산서 교부 및 입력은 이미 완료되어 있고 간주임대료에 대한 이자율은 3.1%로 가정한다. 간주임대료에 대한 부가가치세는 임대인이 부담한다.

건물명	동	층	호수	상호	임대기간	보증금(원)	월세(원)	인적사항
청송빌딩	1동	지상1	101	정화건설	2025.4.1 ~ 2026.3.31	20,000,000	2,000,000	사업자등록번호 : 206-23-76392 면적/용도 : 40㎡/사무실
		지하1	101	퐁퐁노래방	2025.5.1 ~ 2027.4.30	10,000,000	1,500,000	사업자등록번호 : 206-23-68849 면적/용도 : 80㎡/노래방

※ 부동산임대 업종코드 : 701201(부동산업-비주거용건물임대업)

 예제 따라하기

(1) 부동산임대공급가액명세서(조회기간 : 2025년 04월 ~ 2025년 06월)

적용이자율 또는 상단의 F6 이자율 버튼을 클릭하여 이자율(3.1%)을 확인하고 해당 임대자료를 입력한다.

① 임차인 : 정화건설

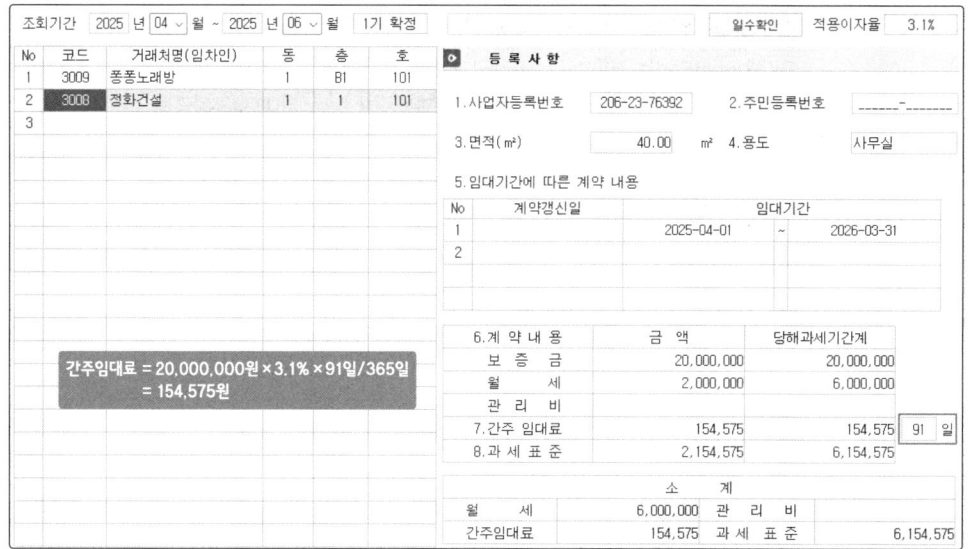

간주임대료 = 20,000,000원 × 3.1% × 91일/365일 = 154,575원

② 임차인 : 퐁퐁노래방

간주임대료 = 10,000,000원 × 3.1% × 61일/365일
            = 51,808원

전체합계의 간주임대료를 별도로 회계처리 하여야 하므로 금액을 메모한다.

지하이므로 반드시 영문 대문자 "B"를 입력

(2) 간주임대료 회계처리(과세기간 종료일)

과세기간 종료일이 공급시기이므로 매입매출전표에 "6월 30일", 세금계산서 발급의무 면제이므로 **"유형 : 14.건별"**로 입력한다. 공급가액란에 **공급대가(227,021원)**를 입력하면 공급가액과 부가세가 자동으로 계산된다.

TIP

간주임대료에 대한 회계처리는 [일반전표입력] 메뉴에서 회계처리 하여도 무방하다. 다만, 부가가치세신고서에 자동반영되지 않으므로 직접 해당란에 입력하여야 한다. 전산세무시험에서 지문에 기재된 내용을 확인하여 회계처리 하도록 한다.

(3) 부가가치세 신고서(조회기간 : 2025년 4월 1일 ~ 2025년 6월 30일)

매입매출전표입력 메뉴에 입력하면 부가가치세신고서 [**과세 ⇨ 기타**]란에 자동으로 반영된다. 또한, [**과세표준명세**]를 선택하면 **"수입금액제외(31)"**란에 자동반영되나 수입금액제외란에 간주임대료를 기재하여 **전자신고**하는 경우 실무에서는 **오류**가 발생하여 **부동산임대 과세표준에 합산하여 신고**한다. (국세청 전자신고 지침사항)

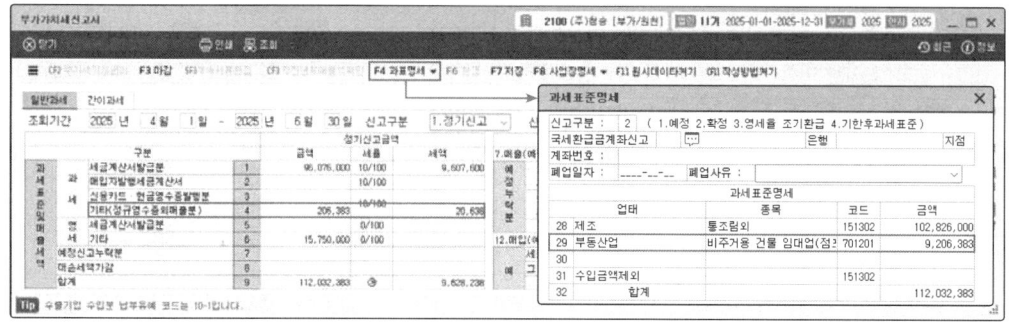

 심화연습

[1] 다음 자료를 입력하여 2025년 제1기 확정분 [부동산임대공급가액명세서]를 작성하고 부가가치세 신고서(과세표준 명세 제외)에 추가 반영하시오. (단, 간주임대료 계산시 적용되는 이자율은 연 3.1%로 하며, 동코드는 생략한다.) [회사코드 : 2300.(주)대흥]

호수 (층)	상호 (사업자번호)	면적 (m²)	용도	임대계약기간	보증금	월세	관리비
201 (지상2)	대흥상사 120-29-66758	300	점포	2024. 10. 1 ~ 2025. 9. 30	50,000,000원	400,000원	150,000원
101 (지상1)	(주)코리아 120-81-23873	200	공장 (재계약)	2023. 5. 1 ~ 2025. 4. 30	60,000,000원	500,000원	100,000원
				2025. 5. 1 ~ 2027. 4. 30	80,000,000원	500,000원	100,000원
102 (지상1)	김세무 530106-2233417	60	사무실	2025. 1. 1 ~ 2026.12.31	없 음	2,700,000원	50,000원

※ 월세와 관리비에 대해서는 전자세금계산서를 발급하고 있다.

[2] 다음 자료에 따라 제2기 예정신고시 제출할 [부동산임대공급가액명세서]를 작성하고 간주임대료(임대인부담)에 대해서는 매입매출전표입력 메뉴에 입력하여 부가가치세 신고서(과세표준 명세작성 포함)에 추가 반영하시오. 간주임대료에 대한 정기예금이자율은 3.1%로 가정한다. (동코드는 생략하고, 부동산임대 업종코드는 701201임) [회사코드 : 2400.(주)태풍]

층	호수	상호 (사업자번호)	면적 (m²)	용도	임대기간	보증금(원)	월세(원)
지하 1층	101	(주)가족애 (104-81-24017)	400	점포	2024.11.1. ~ 2025.10.31	23,000,000	2,500,000
지상 1층	101	(주)우리마트 (107-81-27084)	600	점포	2025.6.5. ~ 2027.6.4	60,000,000	1,500,000

※ 월세에 대해서는 전자세금계산서를 발급하고 있다.

※ 집중심화연습 해답은 [모의고사&기출문제 ➡ PART 03] 762페이지에서 확인 가능합니다.

CHAPTER 04 영세율 첨부서류(근거서류)

1. 수출실적명세서

부가가치 ▶▶ 신고서/부속명세 ▶▶ 부속명세서 Ⅰ ▶▶ 수출실적명세서

수출실적명세서는 내국물품을 국외로 반출하는 수출거래에 영세율을 적용받기 위하여 부가가치세신고서와 함께 제출하는 영세율첨부서류를 말한다.

항 목	입력내용 및 방법
조회기간	당해 과세기간을 입력한다.
수출재화	직수출인 수출신고필증에 의해 수출한 총건수, 외화금액 합계, 원화금액의 합계로 하단에 입력한 내역의 ⑫합계가 자동 반영된다.
기타영세율적용	직수출하는 재화 이외의 영세율 적용분(국외제공용역 등)으로 세금계산서를 발급하지 않은 총건수, 외화금액 합계, 원화합계 금액을 입력하며 상세내역은 영세율첨부서류제출명세서에 명세를 작성할 수 있다.
수출신고번호	수출신고필증(신고서)의 신고번호를 입력한다.
선(기)적일자	부가가치세법상 공급시기를 입력하며 매입매출전표에 입력한 회계처리일자와 동일하다.
통화코드	코드도움(F2)을 클릭하여 해당 통화코드를 검색하여 선택한다.
환율	과세표준(원화금액) = 외화금액 × 환율 환율 입력 시 엔화의 경우는 반드시 1엔으로 변경하여 입력한다. ① 공급시기 도래 전에 원화로 환가한 경우 : 환가일의 환율 ② 공급시기 이후에 받거나 외화로 보유하고 있는 경우 : 공급시기의 기준(재정)환율
전표정보	거래처 입력은 필수항목이 아니며 자료 입력 후 상단의 F4 전표처리 버튼을 선택하여 전표추가 시에는 반드시 입력한다.
전표처리	수출실적명세서에 입력한 자료를 매입매출전표입력에 [유형 : 16.수출]로 전표를 전송하고자 하는 경우 사용한다.
전표불러오기	매입매출전표에 입력한 전표를 수출실적명세서에 반영하고자 하는 경우 사용하며 통화코드, 환율, 외화를 추가 입력한다.

(주)청송(회사코드 : 2100)은 미국의 ABC Co.,Ltd에 제품을 직수출하고 신고한 수출신고필증이다. 대금은 말일에 거래은행을 통하여 청구(NEGO)하기로 하였다. (선하증권(B/L)상 선적일 2월 14일)

2월 12일 기준환율	2월 14일 기준환율
₩1,050.12/$	₩1,054.40/$

① 거래자료를 매입매출전표입력 메뉴에 입력하시오.
② 수출실적명세서를 작성하시오.(영세율매출명세서 작성 생략)
③ 영세율에 대하여 제1기 부가가치세 예정신고서에 반영하시오.

수 출 신 고 필 증(갑지)

※ 처리기간 : 즉시

제출번호 : 12345-04-0001230	⑤ 신고번호 11863-19-120643X	⑥ 세관.과 030-15	⑦ 신고일자 2025/02/12	⑧ 신고구분 H	⑨ C/S구분
① 신고자 : 인천 관세법인 관세사 최고봉					
② 수출대행자 : (주)청송 (통관고유부호) 청송-1-74-1-12-4 수출자구분 A 수출화주 : (주)청송 (통관고유부호) 청송-1-74-1-12-4 (주소) 대전광역시 중구 선화로81번길 85 (대표자) 최수지 (소재지) 214-1 (사업자등록번호) 108-83-65144	⑩ 거래구분 11	⑪ 종류 A	⑫ 결제방법 LS		
	⑬ 목적국 US USA	⑭ 적재항 INC 인천항	⑮ 선박회사 (항공사) HJSC		
	⑯ 선박명(항공편명) HANJIN SAVANNAH	⑰ 출항예정일자 20250214	⑱ 적재예정보세구역 03012202		
	⑲ 운송형태10 BU		⑳ 검사희망일 2025/02/10		
	㉑ 물품소재지한진보세장치장 인천 중구 연안동 245-1				
③ 제조자 : (주)청송 (통관고유부호) 청송-1-74-1-12-4 제조장소 214 산업단지부호	㉒ L/C번호 868EA-10-55554		㉓ 물품상태 N		
	㉔ 사전임시개청통보여부 A		㉕ 반송 사유		
④ 구매자 : ABC Co., Ltd (구매자부호) CNTOSHIN12347	㉖ 환급신청인 1(1:수출대행자/수출화주, 2:제조자) 간이환급 NO				

• 품명 • 규격(란번호/총란수: 999/999)

㉗ 품 명 : CAR WHEEL ONE PRECE	㉙ 상표명 NO				
㉘ 거래품명 : ONE PRECE					
㉚ 모델·규격ONE PRECE 18"	㉛ 성분	㉜ 수량 302.5(EA)	㉝ 단가(US$) 400	㉞ 금액(US$) 121,000	
㉟ 세번부호 : 1234.12-1234	㊱ 순중량 : 500KG	㊲ 수량 302.5(EA)	㊳ 신고가격 (FOB)	$120,000 ₩126,254,400	
㊴ 송품장번호 : AC-2013-00620	㊵ 수입신고번호		㊶ 원산지 Y	㊷ 포장갯수(종류)	300C/T
㊸ 수출요건확인(발급서류명)					
㊹ 총중량 550KG	㊺ 총포장갯수	300C/T	㊻ 총신고가격(FOB)	$120,000 ₩126,254,400	
㊼ 운임(₩) ₩860,000	㊽ 보험료(₩)	₩280,000	㊾ 결제금액	CIF-$121,000	
㊿ 수입화물관리번호			51 컨테이너번호	CKLU2005013	Y
※ 신고인기재란 수출자 : 제조/무역, 전자제품			52 세관기재란		
53 운송(신고)인 : 한라통운(주) 박운송 54 기간 : 2025/02/12부터 2025/03/11까지	55 적재의무기한 2025/03/11	56 담당자 990101(김태호)	57 신고수리일자 2025/02/12		

(1) 매입매출전표입력

직수출의 공급시기는 선적일이므로 **선적일(2025.02.14)**을 기준으로 회계처리 하며 과세표준 환산에 적용되는 환율은 외상거래이므로 선적일의 기준환율을 적용한다. 수출신고필증의 신고번호를 수출신고번호란에 하이픈 없이 입력한다.

과세표준(원화금액) = U$121,000(결제금액) × 1,054.40원(선적일 기준환율) = 127,582,400원

□	일	번호	유형	품목	수량	단가	공급가액	부가세	코드	공급처명	사업/주민번호	전자	분개
■	14	50002	수출	제품($121,000×1054.40)			127,582,400		03010	ABC CO.,LTD			외상

유형별-공급처별 [1]건   127,582,400

영세율구분 1 직접수출(대행수출 포함)   수출신고번호 11863-19-120643X

NO : 50002 (대 체) 전 표

구분	계정과목	적요	거래처	차변(출금)	대변(입금)
차변	0108 외상매출금	제품($121,000×1054.40)	03010 ABC CO.,LTD	127,582,400	
대변	0404 제품매출	제품($121,000×1054.40)	03010 ABC CO.,LTD		127,582,400
			합 계	127,582,400	127,582,400

(2) 수출실적명세서(조회기간 : 2025년 01월 ~ 2025년 03월)

상단의 SF4전표불러오기 버튼을 클릭하여 매입매출전표에 입력한 전표를 반영하며 통화코드, 환율, 외화를 추가 입력한다.

전표 불러오기

	매입매출 전표입력					수출실적명세서			
□	년월일	거래처명	공급가액	부가세	수출신고번호	년월일	거래처명	공급가액	부가세	수출신고번호
✓	2025-02-14	ABC CO.,LTD	127,582,400		11863-19-120643X					

유형 16.수출 합계 127,582,400 유형 합계

오류 사항

Tip! [년월일], [부가세유형(16.수출)], [공급가액], [거래처], [부가세]가 같을 경우 동일 전표로 인식합니다
동일한 전표가 아닐 경우 직접 선택해주세요 확인(Tab) 취소(Esc)

구분	건수	외화금액	원화금액	비고
⑨합계	1	121,000.00	127,582,400	
⑩수출재화[=⑫합계]	1	121,000.00	127,582,400	
⑪기타영세율적용				

					금액		전표정보	
No	□	(13)수출신고번호	(14)선(기)적일자	(15)통화코드	(16)환율	(17)외화	(18)원화	거래처코드	거래처명
1	□	11863-19-120643X	2025-02-14	USD	1,054.4000	121,000.00	127,582,400	03010	ABC CO.,LTD
	합계					121,000	127,582,400		

(3) 부가가치세신고서(조회기간 : 2025년 1월 1일 ~ 2025년 3월 31일)

신용카드매출전표등발행집계표 작성분은 조회 또는 "기존에 저장된 데이터를 불러오시겠습니까?" 메시지 안내시 "아니오"를 선택하면 전표 입력데이터가 아니므로 삭제됨에 유의한다.

		구분		정기신고금액				구분		금액	세율	세액
				금액	세율	세액	7.매출(예정신고누락분)					
과세표준및매출세액	과세	세금계산서발급분	1		10/100		예정누락분	과세	세금계산서	33		10/100	
		매입자발행세금계산서	2		10/100				기타	34		10/100	
		신용카드·현금영수증발행분	3		10/100			영세	세금계산서	35		0/100	
		기타(정규영수증외매출분)	4						기타	36		0/100	
	영세	세금계산서발급분	5		0/100				합계	37			
		기타	6	127,582,400	0/100		12.매입(예정신고누락분)					
	예정신고누락분		7				예		세금계산서	38			
	대손세액가감		8						그 밖의 공제매입세액	39			
	합계		9	127,582,400	㉮				합계	40			

2. 영세율첨부서류제출명세서

부가가치 ▶▶ 신고서/부속명세 ▶▶ 부속명세서 I ▶▶ 영세율첨부서류제출명세서

영세율첨부서류제출명세서는 개별소비세 등의 수출영세율을 적용받기 위하여 개별소비세 과세표준신고서와 함께 제출한 사업자가 부가가치세 신고시에 해당 서류를 별도로 제출하지 아니하고자 하는 경우 또는 영세율 첨부서류를 전산테이프·디스켓으로 제출하는 경우에 작성한다.

항 목	입력내용 및 방법
서류명	개별소비세 신고시 이미 제출한 서류의 명칭을 기재한다.
발급자·발급일자	코드도움(F2)을 클릭하여 해당서류의 발급자를 선택하고 서류 발급일자를 입력한다.
선적일자	해당서류의 선적일자를 입력하며 매입매출전표에 입력하는 공급시기와 일치해야 한다.
통화코드	코드도움(F2)을 클릭하여 해당 통화코드를 검색하여 선택한다.
환율	수출재화의 공급시기의 기준(재정)환율을 입력한다.
당기제출금액	수출대금으로 받을 외화금액을 입력하면 원화금액은 이미 입력한 환율을 적용하여 계산된다.
당기신고해당분	부가가치세 영세율신고와 관련된 외화금액을 입력하면 원화금액은 자동반영 된다.
과세유형	매입매출전표에 전표를 추가하고자 하는 경우 해당 "유형"을 입력한다.
영세율구분	[영세율매출명세서]에 반영되는 영세율구분을 코드도움(F2)을 클릭하여 입력한다.

 실무예제

(주)청송(회사코드 : 2100)은 다음 자료를 입력하여 제1기 확정 부가가치세 [영세율첨부서류제출명세서]를 작성하고자 한다. 단, 서류는 국민은행에서 발급 받았으며 매출과 관련된 회계처리는 적정하게 이루어졌고 중계무역방식(과세유형 : 16.수출)에 의한 수출이다. (영세율매출명세서 작성 생략)

입금일자	발급일자	수출금액 외화	수출금액 원화	제출서류	서류번호	선적일자	비고
2025.4.30	2025.7.20	U$15,000	15,750,000	외화입금증명서	KB 707-07-001	2025.4.20	환율 1,050

 예제 따라하기

조회기간(2025년 04월 ~ 2025년 06월)을 입력한 후 해당자료를 입력한다.

조회기간	2025년 04월 ~ 2025년 06월	구분 1기 확정						과세기간별입력				
No	(10)서류명	(11)발급자	(12)발급일자	(13)선적일자	(14)통화코드	(15)환율	당기제출금액 (16)외화	당기제출금액 (17)원화	당기신고해당분 (18)외화	당기신고해당분 (19)원화	과세유형	영세율구분 코드	영세율구분 구분명
1	외화입금증명서	98001 국민은행	2025-07-20	2025-04-20	USD	1,050.0000	15,000.00	15,750,000	15,000.00	15,750,000	수출	2	중계무역
							15,000.00	15,750,000	15,000.00	15,750,000			

3. 내국신용장·구매확인서전자발급명세서

수출업자 또는 수출업자에게 납품하는 사업자에게 수출용 재화를 공급하는 경우 내국신용장 또는 구매확인서에 의하여 공급하는 경우에 한하여 영세율이 적용되며 내국신용장 등을 전자무역기반시설을 통하여 개설되거나 발급된 경우에는 내국신용장·구매확인서 전자발급명세서를 제출하여야 한다.

항 목	입력내용 및 방법
조회기간	당해 과세기간을 입력한다.
구분	내국신용장, 구매확인서 중 선택한다.
서류번호	내국신용장 및 구매확인서 발급번호를 기재한다.
발급일	내국신용장 및 구매확인서 발급일을 기재한다.
거래처정보	내국신용장 등에 의한 영세율세금계산서 공급받는 자를 기재한다.
금액	영세율세금계산서 발급금액을 입력한다.
전표일자	매입매출전표에 입력한 공급시기를 입력한다.
불러오기	매입매출전표에 입력한 전표를 내국신용장·구매확인서 전자발급명세서에 반영하고자 하는 경우 사용하며 서류번호, 발급일을 추가 입력한다. 또한, 불러오고자 하는 경우 해당 계정과목을 입력하여 진행한다.

실무예제

(주)청송(회사코드 : 2100)은 수출업체인 (주)한우리상사에 제품을 3월 9일에 납품하고 동 날짜로 받은 내국신용장에 의해 영세율 전자세금계산서를 발급하였다. 대금은 전액 외상으로 처리하고 추후 물품수령증 수령 후 청구(NEGO)를 진행하기로 하였다. 회계처리 및 [내국신용장·구매확인서 전자발급명세서]를 작성하시오.

공급시기	서류번호	발급일	금액
2025.03.09	LCCAPP1234789	2025.03.09	10,000,000원

예제 따라하기

(1) 매입매출전표입력

공급시기가 회계처리일자(2025.03.09)이므로 입력하고 NEGO를 통한 대금수령 예정이므로 외상으로 처리하며 영세율구분을 선택하고 서류번호를 입력한다.

(2) 내국신용장 · 구매확인서전자발급명세서(조회기간 : 2025년 01월 ~ 2025년 03월)

매입매출전표에 입력된 전표를 반영하고자 하는 경우는 상단의 F4 불러오기 버튼을 선택한다. 불러오고자 하는 구분에 해당 계정과목(예 : 404.제품매출)을 입력하여 반영한다.

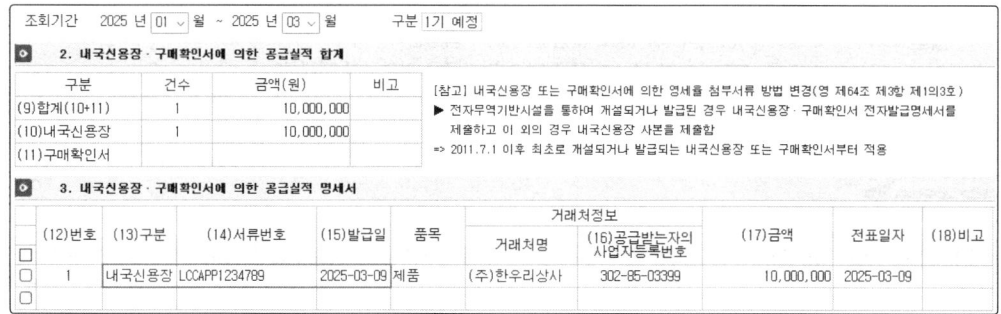

반영된 자료에 구분(내국신용장)을 확인하고 발급일을 추가 입력한다.

4. 영세율매출명세서

부가가치 ▶▶ 신고서/부속명세 ▶▶ 부속명세서 I ▶▶ 영세율매출명세서

사업자는 영세율이 적용되는 매출이 있는 경우 영세율매출명세서를 작성하여 제출하여야 한다. 영세율매출명세서는 영세율첨부서류가 아닌 제출서류이므로 제출하지 아니할 경우 영세율 과세표준 신고를 무신고로 보지 않고 별도의 가산세도 없다.

 **실무예제**

(주)청송(회사코드 : 2100)은 제1기 예정신고기간의 [영세율매출명세서]를 작성하시오.

 예제 따라하기

조회기간(2025년 01월 ~ 2025년 03월)을 입력하여 매입매출전표입력자료를 반영한다.

부가가치세법	조세특례제한법			
(7)구분	(8)조문	(9)내용		(10)금액(원)
부가가치세법	제21조	직접수출(대행수출 포함)		127,582,400
		중계무역·위탁판매·외국인도 또는 위탁가공무역 방식의 수출		
		내국신용장·구매확인서에 의하여 공급하는 재화		10,000,000
		한국국제협력단 및 한국국제보건의료재단에 공급하는 해외반출용 재화		
		수탁가공무역 수출용으로 공급하는 재화		
	제22조	국외에서 제공하는 용역		
	제23조	선박·항공기에 의한 외국항행용역		
		국제복합운송계약에 의한 외국항행용역		
(11) 부가가치세법에 따른 영세율 적용 공급실적 합계				137,582,400
(12) 조세특례제한법 및 그 밖의 법률에 따른 영세율 적용 공급실적 합계				
(13) 영세율 적용 공급실적 총 합계(11)+(12)				137,582,400

 **TIP**

부가가치세신고서 [과세표준및매출세액 ⇨ 영세]의 합계금액과 **일치**해야 한다.

영세	세금계산서발급분	5	10,000,000	0/100	
	기타	6	127,582,400	0/100	

 **심화연습**

[1] 다음의 자료를 토대로 2025년 제1기 부가가치세 예정신고와 관련하여 1월 15일과 3월 15일의 매출회계처리를 매입매출전표입력에서 입력한 후, [수출실적명세서] 및 [부가가치세신고서]를 작성하시오. [회사코드 : 2400,(주)태풍]

① 거래상대방은 JENER. CORP이며, 수출대금 회수시 기준환율을 적용한다.
② 1월 15일에 선적된 제품의 수출대금은 결제일에 현금으로 회수하였다.
③ 3월 15일에 선적된 제품의 수출대금은 외화예금으로 보유하고 있다.

수출신고번호	선적일자	수출신고일	대금결제일	기 준 환 율			외화금액
				선적일	수출신고일	대금결제일	
13042-10-044689X	1.15	1.13	2.20	1,200원/$	1,150원/$	1,250원/$	$10,000
13045-10-011470X	3.15	2.20	3.10	1,053원/$	1,120원/$	1,055.50원/$	$6,000

[2] 다음 자료를 보고 2025년 제2기 예정신고기간의 [수출실적명세서] 작성과 [영세율매출명세서]에 추가 반영하시오. (단, 매입매출전표 입력은 생략한다.) [회사코드 : 2500.(주)만세]

거래처	수출 신고번호	선적일	환가일	통화	수출액	적용환율	
						선적일	환가일
히로상사	13041-20-044589X	2025.8.20.	2025.8.15.	USD	$200,000	₩1,100/$	₩1,150/$
LA상사	13055-10-011460X	2025.8.22.	2025.8.25.	USD	$100,000	₩1,170/$	₩1,200/$
킹덤상사	13064-25-147041X	2025.9.17.	–	JPY	¥1,000,000	950/100¥	–

[3] 다음 자료를 통하여 제2기 예정신고기간(7.1 ~ 9.30)의 [영세율첨부서류제출명세서]와 [수출실적명세서]를 작성하라. (매입매출전표 입력은 생략한다.) [회사코드 : 2600.(주)온누리]

① 기타영세율 내용(모두 당기신고 해당분이며 중계무역방식 수출(과세유형 : 16.수출)에 해당한다.)

서류명	발급자	발급일자	선적일자	통화코드	외화
외화입금증명서	신한은행	2025.07.14.	2025.07.04.	USD	$15,000
외화입금증명서	신한은행	2025.08.25.	2025.07.25.	USD	$21,000

② 수출실적 내용(거래처입력은 생략한다.)

수출신고번호	선적일자	수출신고일	대금결제일	통화코드	외화
13064-25-247041X	2025.08.06.	2025.08.05.	2025.08.16.	USD	$9,600

③ 매매기준환율

2025.07.04	2025.07.14	2025.07.25	2025.08.05.	2025.08.06.	2025.08.16.	2025.08.25
1,050원/$	1,000원/$	1,100원/$	1,110원/$	1,200원/$	1,220원/$	1,000원/$

[4] 다음 자료를 매입매출전표에 입력(대금은 모두 외상)하고 2025년 제1기 확정신고기간(4.1 ~ 6.30) 부가가치세 신고 시 [내국신용장·구매확인서전자발급명세서]를 작성하시오.

[회사코드 : 2500.(주)만세]

① 2025년 4월 8일(공급일)
알퐁스사에 제품 24,000,000원(부가가치세 별도)를 매출하고 구매확인서(발급일 : 2025.4.20, 서류번호 : PKT4567891)를 발급받아 제품공급일을 작성일자로 하여 2025.4.30일에 영세율전자세금계산서를 작성하여 전송하였다.
② 2025년 5월 7일(공급일)
(주)대양유통으로부터 발급받은 내국신용장(발급일 : 2025.5.1, 서류번호 : LCCAPP1234567)에 의하여 제품 8,000,000원(부가가치세 별도)를 매출하고 제품공급일을 작성일자로 하여 2025.5.10일에 영세율전자세금계산서를 작성하여 전송하였다.

※ 집중심화연습 해답은 [모의고사&기출문제 ➡ PART 03] 764페이지에서 확인 가능합니다.

CHAPTER 05 대손세액(변제대손세액)공제신고서

PART 04 부가가치세 신고서 및 부속서류 작성

부가가치 ▶▶ 신고서/부속명세 ▶▶ 부속명세서 I ▶▶ 대손세액공제신고서

사업자가 부가가치세가 과세되는 재화 또는 용역을 공급한 후 공급받는 자의 부도 등의 사유로 대손이 발생하게 되면 공급자는 거래징수하지 못한 부가가치세(대손세액)를 매출세액에서 차감하여 공제받고자 하는 경우 관련 증명서류와 함께 제출 시 작성한다.

항 목	입력내용 및 방법
대손세액	대손세액공제는 사업자가 **확정신고시** 대손세액공제신고서와 대손이 발생한 사실을 증명하는 서류를 제출하는 경우에 한하여 적용한다. $$\text{대손세액공제액} = \text{대손금액(공급대가)} \times \frac{10}{110}$$
대손사유	① 상법·어음법·수표법·민법에 따른 **소멸시효가 완성된** 채권(외상매출금·미수금·어음·대여금 등) ② 채무자 회생 및 파산에 관한 법률에 따른 **회생계획인가의 결정** 또는 **법원의 면책결정**에 따라 회수불능으로 확정된 채권 ③ 민사집행법에 따라 채무자의 재산에 대한 **경매가 취소된** 압류채권 ④ 채무자의 **파산, 강제집행, 형의 집행, 사업의 폐지, 사망, 실종** 또는 **행방불명**으로 회수할 수 없는 채권 ⑤ **부도발생일부터 6개월 이상 지난** 수표 또는 어음상의 채권 및 외상매출금(중소기업의 **외상매출금**으로서 부도발생일 이전의 것에 한함). 다만, 채무자의 재산에 대하여 저당권을 설정한 경우 제외 ⑥ 중소기업의 외상매출금 및 미수금으로서 **회수기일이 2년 이상 지난** 외상매출금 등(다만, **특수관계인과의 거래는 제외**) ⑦ 재판상 화해 등 확정판결과 같은 효력을 가지는 것으로서 법에 의해 회수불능으로 확정된 채권 ⑧ **회수기일이 6개월 이상 지난** 채권 중 채권가액이 **30만원 이하**(채무자별 채권가액의 합계액 기준)인 채권
대손세액 공제범위	재화 또는 용역의 공급일로부터 10년이 지난 날이 속하는 과세기간에 대한 확정신고기한까지 대손세액공제대상이 되는 사유로 인하여 확정되는 대손세액이어야 한다.
대손세액 처리방법	(아래 표 참조)

구분	대손금 확정·대손처분받은 경우	대손금 회수·변제한 경우
공급자 ↓ 대손발생 TAB	대손이 확정된 날이 속하는 과세기간의 매출세액에서 대손세액을 차감 ⇨ **대손세액차감** (부가가치세신고서 8번란 음수기재)	회수한 날이 속하는 과세기간의 매출세액에 회수한 대손세액을 가산 ⇨ **대손세액가산** (부가가치세신고서 8번란 양수기재)
공급 받는자 ↓ 대손변제 TAB	매입세액공제를 받고 동 대손이 폐업전에 확정되는 경우에는 그 확정된 날이 속하는 과세기간의 매입세액에서 대손세액을 차감(별도 작성서식 없음) ⇨ **대손처분받은 세액** (부가가치세신고서 52번란 양수기재)	대손세액을 매입세액에서 차감(관할세무서장이 경정한 경우 포함)한 후 대손금을 변제한 경우에는 변제일이 속하는 과세기간의 매입세액에 변제한 대손세액을 가산 ⇨ **변제대손세액** (부가가치세신고서 47번란 양수기재)

실무예제

다음은 (주)청송(회사코드 : 2100)의 2025년 제2기 부가가치세 확정신고와 관련된 자료이다. 다음 자료를 보고 [대손세액공제신고서]를 작성하고 부가가치세신고서에 반영하시오.

- (주)강서상사(341-83-51795)에 2024년 7월 1일 제품을 매출하고 수취한 받을어음 1,100,000원(부가가치세 포함)이 2025년 3월 1일 은행에서 부도처리 되어 6개월이 지난 시점인 2025년 9월 2일 대손이 확정되었다.
- (주)안국상사(123-81-13262)에 2024년 1월 20일에 매출하고 파산으로 인해 2024년 제2기 확정 신고기간(2024년 10월 1일 대손확정)에 대손처리하여 대손세액공제를 받았던 외상매출금 550,000원(부가가치세 포함)이 2025년 11월 3일 (주)안국상사로부터 전액 현금으로 회수되었다. (대손사유는 "7.대손채권 회수"로 직접 입력)

 예제 따라하기

(1) 대손세액공제신고서(대손발생 TAB, 조회기간 : 2025년 10월 ~ 2025년 12월)

대손금액(공급대가) 입력 시 대손세액공제분은 **"양수"**로 입력하며 대손금을 회수한 경우는 **"음수"**로 입력하여야 한다. 또한, 대손사유는 등록된 사유를 선택할 수 있고 직접입력을 선택하여 직접 사유를 기재해도 무방하다.

당초공급일	대손확정일	대손금액	공제율	대손세액	거래처		대손사유
2024-07-01	2025-09-02	1,100,000	10/110	100,000	(주)강서상사	5	부도(6개월경과)
2024-01-20	2025-11-03	-550,000	10/110	-50,000	(주)안국상사	7	대손채권 회수
합 계		550,000		50,000			
성명	김강서		사업자등록번호		341-83-51795		
소재지	서울특별시 성동구 마조로15가길 2 (마장동)		주민등록번호		-		

(2) 부가가치세신고서(조회기간 : 2025년 10월 1일 ~ 2025년 12월 31일)

대손세액공제신고서의 "대손세액"이 반영되며 **대손세액공제**를 받는 경우는 **"음수"**로 반영되고 **대손금을 회수**하여 대손세액공제분을 납부하여야 하는 경우는 **"양수"**로 반영된다. 본 건은 두 금액이 가감되어 잔액이 반영된다.

	구분		정기신고금액				구분		금액	세율	세액
			금액	세율	세액		7.매출(예정신고누락분)				
과세표준및매출세액	과세	세금계산서발급분	1	314,454,545	10/100	31,445,454	예정누락분	과세	세금계산서	33		10/100	
		매입자발행세금계산서	2		10/100				기타	34		10/100	
		신용카드·현금영수증발행분	3		10/100			영세	세금계산서	35		0/100	
		기타(정규영수증외매출분)	4		10/100				기타	36		0/100	
	영세	세금계산서발급분	5	20,000,000	0/100				합계	37			
		기타	6		0/100			12.매입(예정신고누락분)				
	예정신고누락분		7				예		세금계산서	38			
	대손세액가감		8			-50,000			그 밖의 공제매입세액	39			
	합계		9	334,454,545	㉮	31,395,454			합계	40			

[대손금 회계처리 : 일반전표입력 메뉴에 대손확정(회수)일 또는 대손처분(변제)일로 처리]

공급자	대손금 확정	(차) 부가세예수금 대손충당금 대손상각비	××× ××× ×××	(대) 외상매출금 등	×××
	대손금 회수	(차) 보통예금 등	×××	(대) 부가세예수금 대손충당금	××× ×××
공급받는자	대손처분 받은 세액	(차) 외상매입금	×××	(대) 부가세대급금	×××
	변제 대손세액	(차) 부가세대급금 외상매입금	××× ×××	(대) 현금 등	×××

[1] 다음 자료를 토대로 2025년 제1기 부가가치세 확정신고시 [대손세액공제신고서] 및 부가가치세신고서를 작성하시오. 2025년 제1기 확정신고시 대손세액공제 대상인지의 여부를 판단하여 신고서에 반영하시오. [회사코드 : 2600.(주)온누리]

〈자료〉
① 2024년 10월 10일 한경상사에 제품 10,000,000원(부가가치세 별도)을 외상매출하고 동사발행 어음을 수령하였다. 동 어음이 2025년 1월 30일 부도발생하였다.
② 2024년 6월 10일 경일상사(대표성명 : 이경일, 사업자번호 : 123-12-12345)에 공장에서 사용하던 기계장치를 5,000,000원(부가가치세 별도)에 외상으로 매각하였다. 경일상사는 2025년 3월 20일 현재 대표자가 실종되어 기계장치 판매대금을 회수할 수 없음이 객관적으로 입증되었다. 기계장치에는 저당권 등이 설정되어 있지 아니하다.
③ 2022년 2월 10일 용인상사(대표성명 : 김동일, 사업자등록번호 : 121-13-15168)에 제품 1,100,000원(부가가치세 포함)을 외상으로 판매하였다. 외상매출금의 소멸시효는 2025년 2월 10일 완성되었다.
④ 소멸시효 완성(2024년 3월 31일)으로 인해 2024년 1기 부가가치세 확정신고시 공제받지 못할 매입세액(대손처분받은 세액)으로 신고하였던 청수상사(대표자 : 김청수, 204-06-67885)에 대한 외상매입금 3,300,000원(부가가치세 포함)을 2025년 3월 1일 전액 현금으로 상환하였다.

[2] 거래처 화진상사의 부도발생으로 인하여 동 거래처의 2024년 4월 19일자 전자세금계산서를 교부하여 받은 어음(1,100,000원, 부가가치세 포함)에 대하여 2024년 12월 2일에 부도확인을 받았다. 2025년 6월 3일에 적절한 회계처리를 하고(대손충당금 잔액 조회요망), [대손세액공제신고서]를 작성하여, 제1기 확정 부가가치세신고서에 반영하시오. [회사코드 : 2300.(주)대흥]

[3] 당사는 중소기업이며 다음의 〈자료〉를 이용하여 2025년 제2기 부가가치세 확정신고시 적용할 [대손세액공제신고서]를 작성하시오. [회사코드 : 2500.(주)만세]

〈자료1〉

구 분	매출채권발생일	대손금액(원)	거래처	비 고
받을어음	2023. 9. 20	11,000,000	(주)대성	(주)대성은 2025년 3월 20일 부도처리되었으며, 만성상사는 2025년 9월 30일 회수기일이 2년 1개월이 지난 외상매출금으로 특수관계인과의 거래가 아니다.
외상매출금	2023. 2. 10	22,000,000	만성상사	
	2025. 5. 21	7,700,000	(주)대성	

구 분	매출채권발생일	소멸시효완성일	금액(원)	거래처
외상매출금	2022. 7. 20	2025. 7. 20	33,000,000	하마상회

〈자료2〉
당사는 2025년 9월 30일 대손 발생된 채권에 대하여 전부 대손충당금 상계처리 했다고 가정한다.

[4] 다음의 자료에 근거하여 중소기업에 해당하는 (주)태풍의 2025년 제1기 부가가치세 확정신고시 제출하여야 할 [대손세액공제신고서]를 작성하시오. [회사코드 : 2400.(주)태풍]

■ 대손관련 자료

매출채권 유형	거래일자	대손금액(VAT포함)	거래처	비 고
단기대여금	2024. 7. 31.	7,700,000원	(주)역삼	2025.3.10. 대표자가 사망하여 회수할 수 없음이 객관적으로 입증됨
외상매출금	2024. 5. 31.	5,500,000원	(주)세무	2025.4.1.에 법원으로부터 파산확정판결을 받음
	2019. 6. 30.	16,500,000원	(주)우진	2021년 1기 확정신고시 대손세액공제(파산) 적용분 2025년 4월 2일 60%(VAT 포함) 회수함
미수금 (기계장치판매대금)	2023. 6. 10.	8,800,000원	루리상사	2025.5.9. 대손 처리함(해당 법인이 채무자의 재산에 대하여 저당권을 설정하고 있음)

※ 대손금 회수와 관련된 대손사유는 "7.대손채권 일부회수"로 직접 입력한다.

※ 집중심화연습 해답은 [모의고사&기출문제 ➡ PART 03] 766페이지에서 확인 가능합니다.

CHAPTER 06 건물 등 감가상각자산취득명세서

부가가치 ▶▶ 신고서/부속명세 ▶▶ 부속명세서Ⅰ ▶▶ 건물등감가상각자산 취득명세서

사업자가 감가상각자산에 해당하는 사업설비를 신설·취득·확장(자본적 지출 포함) 또는 증축하는 경우 건축물은 10년, 기타고정자산은 2년으로 이를 사후관리(공통매입세액 안분계산)하기 위한 목적과 조기환급 시 첨부서류로 제출하는 서류이다.

매입매출전표 입력 시 고정자산으로 입력된 계정과목은 상단의 F4 불러오기 버튼을 누른 후 구분에 해당 계정과목을 입력하여 서식에 자동반영할 수 있다.

실무예제

다음은 (주)청송(회사코드 : 2100)의 감가상각자산 취득 자료를 이용하여 2025년 제1기 확정신고기간에 대한 [건물등감가상각자산취득명세서]를 작성하고 부가가치세신고서에 그 내용을 반영하시오. (매입매출전표입력은 생략)

일자	내 역	공급가액	부가가치세	상호	사업자등록번호
5/15	생산부서에서 사용할 비품 구입 (신용카드매출전표 수취)	2,000,000원	200,000원	(주)동양산업	109-81-61278
5/28	공장에서 사용할 제품 제작용 기계구입 (전자세금계산서 수취)	30,000,000원	3,000,000원	(주)경일산업	139-81-40783
6/30	영업부서의 업무용 승용차(990cc)인 경차 구입(전자세금계산서 수취)	15,000,000원	1,500,000원	(주)경기자동차	206-82-00400

 예제 따라하기

(1) 건물등감가상각자산취득명세서(조회기간 : 2025년 04월 ~ 2025년 06월)

세금계산서 및 신용카드 등 증빙을 수취하여 취득한 감가상각자산은 취득명세를 작성한다. 상호란에서 코드도움(F2)을 사용하여 거래처를 선택할 수도 있고 직접 입력도 가능하다.

취득내역

감가상각자산종류	건수	공급가액	세액	비고
합 계	3	47,000,000	4,700,000	
건물·구축물				
기 계 장 치	1	30,000,000	3,000,000	
차 량 운 반 구	1	15,000,000	1,500,000	
기타감가상각자산	1	2,000,000	200,000	

거래처별 감가상각자산 취득명세

No	월/일	상호	사업자등록번호	자산구분	공급가액	세액	건수
1	05-15	(주)동양산업	109-81-61278	기타	2,000,000	200,000	1
2	05-28	(주)경일산업	139-81-40783	기계장치	30,000,000	3,000,000	1
3	06-30	(주)경기자동차	206-82-00400	차량운반구	15,000,000	1,500,000	1
		합 계			47,000,000	4,700,000	3

(2) 부가가치세신고서(조회기간 : 2025년 4월 1일 ~ 2025년 6월 30일)

매입매출전표입력 메뉴에 자료를 입력하지 않았으므로 해당란에 직접 입력한다. 세금계산서 수취분에 의한 취득은 [세금계산서 수취분 ⇨ 고정자산매입], 신용카드 수취분에 의한 취득은 [그 밖의 공제매입세액 ⇨ 신용카드매출수령금액합계표 : 고정매입]에 직접 입력한다.

	구분		금액	세율	세액		구분		금액	세율	세액
매입세액	세금계산서수취분	일반매입	10	90,995,000		9,099,500	14.그 밖의 공제매입세액	신용카드매출	일반매입	41			
		수출기업수입분납부유예	10-1					수령금액합계표	고정매입	42	2,000,000		200,000
		고정자산매입	11	45,000,000		4,500,000		의제매입세액		43		뒤쪽	
	예정신고누락분		12					재활용폐자원등매입세액		44		뒤쪽	
	매입자발행세금계산서		13					과세사업전환매입세액		45			
	그 밖의 공제매입세액		14	2,000,000		200,000		재고매입세액		46			
	합계(10)-(10-1)+(11)+(12)+(13)+(14)		15	137,995,000		13,799,500		변제대손세액		47			
	공제받지못할매입세액		16					외국인관광객에대한환급세액		48			
	차감계 (15-16)		17	137,995,000	㉯	13,799,500		합계		49	2,000,000		200,000

심화연습

[1] 다음의 자료를 이용하여 2025년 제1기 확정신고기간에 대한 [건물등감가상각자산취득명세서]를 작성하시오. [회사코드 : 2300.(주)대흥]

일자	내역	공급가액	부가가치세	상호	사업자등록번호
4/15	영업부의 업무용 승용차(2,000cc) 구입(전자세금계산서 수취)	30,000,000원	3,000,000원	대림자동차	214-09-22396
4/18	공장에서 사용할 포장용 기계구입 (전자세금계산서 수취)	50,000,000원	5,000,000원	태연정밀	114-03-79146
4/30	영업부 환경개선을 위해 에어컨 구입(전자세금계산서 수취)	4,000,000원	400,000원	고려전자	220-06-11286

※ 집중심화연습 해답은 [모의고사&기출문제 ➡ PART 03] 768페이지에서 확인 가능합니다.

CHAPTER 07 신용카드매출전표등 수령명세서

부가가치 ▶▶ 신고서/부속명세 ▶▶ 부가가치세 ▶▶ 신용카드매출전표등 수령명세서

사업자가 일반과세자로부터 재화 또는 용역을 공급받고 부가가치세액이 별도로 구분 가능한 신용카드매출전표 등을 발급 받고 본 서류를 제출하는 경우 부가가치세를 공제받을 수 있는데 이때 작성하는 서식을 말한다.

매입매출전표 유형 [57.카과, 61.현과]로 입력한 경우 신용카드매출전표등수령명세서에 자동으로 반영된다. 또한 유형 [58.카면, 62.현면]은 반영되지 않으나 계정코드 '146.상품, 153.원재료'를 입력하고 적요코드 '6.의제매입세액 원재료차감'이 선택된 경우에는 반영된다.

[공제받지 못할 매입세액에 해당하는 사유]
- 공제대상 제외 사업자
  ① 간이과세자(영수증발급사업자)
  ② 미용·욕탕 및 이와 유사한 사업
  ③ 여객운송업(전세버스운송사업을 제외)
  ④ 입장권을 발행하여 영위하는 사업
- 세금계산서 수취분 제외

- 매입세액 불공제사유
  ① 업무와 관련 없는 지출에 대한 매입세액
  ② 비영업용 소형승용차의 구입과 유지에 대한 매입세액
  ③ 기업업무추진비 관련 매입세액
  ④ 면세사업 관련 매입세액
  ⑤ 토지관련 매입세액

항 목	입력내용 및 방법
조회기간	당해 과세기간을 입력한다.
구 분	[1.현금, 2.복지, 3.사업, 4.신용] 중 선택한다. ■ 1.현금 : 현금영수증 ■ 2.복지 : 화물운전자 복지카드 ■ 3.사업 : 법인/개인사업자(등록) 사업용카드 ■ 4.신용 : 그 밖의 신용카드로 임직원의 개인카드
공급자	공급자의 상호명을 입력한다.
공급자(가맹점) 사업자등록번호	공급자의 사업자등록 번호를 입력한다.
카드회원번호	공급받는자의 카드회원 번호를 입력한다.
거래내역 합계	건수와 공급가액 및 세액을 입력한다.
새로불러오기	매입매출전표입력에 입력한 [57.카과], [61.현과]로 입력된 모든 거래내용이 반영된다.

※ 신용카드등 매입 **전표입력**은 교재 **477페이지**를 참고

다음은 (주)청송(회사코드 : 2100)의 1월부터 3월까지 공급가액과 부가가치세를 구분 기재한 신용카드매출전표를 교부받았다. [신용카드매출전표 등 수령명세서]를 작성하고 작성된 내용을 제1기 예정 부가가치세신고서에 반영하시오.

사용한 신용카드내역	거래처명 (등록번호)	성명 (대표자)	거래 일자	발행금액 (VAT포함)	공급자의 업종 등	거래 내용	비고
현대카드 (법인카드, 사업용카드) (번호 : 9843-8765-3021-1234)	(주)키토산 (220-81-14510)	김사랑	01.10	220,000원	도매업, 일반과세자	거래처 선물구입비용	세금계산서 미교부
	스머프상사 (134-81-28732)	김성환	02.03	440,000원	음식점업, 일반과세자	직원 회식대 (복리후생비)	세금계산서 미교부
	세림유통 (104-03-11251)	김말자	02.21	330,000원	소매업, 간이과세자	사무용품 구입	세금계산서 미교부
신한카드 (종업원 홍길동명의, 일반카드) (번호 : 1234-7896-4510-5461)	장수탕 (610-81-16502)	김정원	02.25	110,000원	욕탕업, 일반과세자	직원의 야근 목욕비용	세금계산서 미교부
	(주)하드웨어 (110-81-21223)	송승헌	02.28	1,210,000원	소매업, 일반과세자	컴퓨터 구입 (비품처리)	세금계산서 미교부
	미네르바 (104-81-00335)	허욱영	03.05	770,000원	변호사, 일반과세자	법률 자문료	세금계산서 수취

※ 간이과세자는 영수증발급 사업자이다.

예제 따라하기

(1) 신용카드매출전표등 수령명세서(조회기간 : 2025년 01월 ~ 2025년 03월)

① (주)키토산 : 기업업무추진비, 세림유통 : 간이과세자(영수증발급), 장수탕 : 욕탕업으로 공제 불가함

② 미네르바 : 세금계산서수취분은 세금계산서로 매입세액을 공제 받으므로 신용카드매출전표로는 공제 불가(중복공제 배제)함

구분		거래건수	공급가액	세액
합 계		2	1,500,000	150,000
현금영수증				
화물운전자복지카드				
사업용신용카드		1	400,000	40,000
그 밖의 신용카드		1	1,100,000	110,000

3. 거래내역입력

No	월/일	구분	공급자	공급자(가맹점) 사업자등록번호	카드회원번호	거래건수	공급가액	세액
1	02-03	사업신용	스머프상사	134-81-28732	9843-8765-3021-1234	1	400,000	40,000
2	02-28		(주)하드웨어	110-81-21223	1234-7896-4510-5461	1	1,100,000	110,000
			합계			2	1,500,000	150,000

(2) 부가가치세신고서(조회기간 : 2025년 1월 1일 ~ 2025년 3월 31일)

구분			정기신고금액			구분		금액	세율	세액
			금액	세율	세액	14.그 밖의 공제매입세액				
매입세액	세금계산서 수취분	일반매입	10				신용카드매출 수령금액합계표	일반매입	41	400,000		40,000
		수출기업 수입분납부유예	10-1					고정매입	42	1,100,000		110,000
		고정자산매입	11			의제매입세액					
	예정신고누락분		12			재활용폐자원등매입세액					
	매입자발행세금계산서		13			과세사업전환매입세액					
	그 밖의 공제매입세액		14		1,500,000		150,000	재고매입세액				
	합계(10)-(10-1)+(11)+(12)+(13)+(14)		15	1,500,000		150,000	변제대손세액		47			
	공제받지못할매입세액		16				외국인관광객에대한환급세액		48			
	차감계 (15-16)		17	1,500,000	ⓓ	150,000	합계		49	1,500,000		150,000

심화연습

[1] 다음은 (주)만세의 사업용신용카드인 국민체크카드(9540-8105-3071-8344)로 사용한 내역이다. 매입세액공제 대상만 제2기 예정 [신용카드매출전표수령명세서]를 작성하시오. 매입매출전표에 입력하지 않고, 간이과세자는 세금계산서발급 사업자이다. [회사코드 : 2500.(주)만세]

거래처	성명	거래 일자	발행금액 (부가세포함)	거래내용	비고
(주)호이마트	김국진	9.04	880,000원	영업부서 소모품	일반과세자
박진헤어샵	박 진	9.17	220,000원	광고모델인 김하나의 미용비	일반과세자
대한의원	최대한	9.20	100,000원	직원 독감 예방주사	
지성자동차	이래원	9.21	550,000원	운반용 트럭 수리비	일반과세자
참맛식당	신정원	9.22	660,000원	직원회식대	일반과세자
북경반점	모택동	9.23	77,000원	직원야식대	간이과세자

[2] 다음은 (주)온누리의 2025년 1월부터 3월까지의 기간동안 재화나 용역을 공급받고 신용카드매출전표 및 현금영수증(부가가치세 별도 기입분)을 수취한 내용이다. 간이과세자는 영수증발급 사업자이며 사업용카드는 국민법인카드(1234-5689-5114-8512)를 사용하였다. [신용카드매출전표수령명세서]를 작성하고, 관련 금액을 제1기 예정분(1월 ~ 3월)부가가치세 신고서에 반영하라. 단, 아래 거래와 관련해서는 세금계산서를 수취하지 아니하였고, 이외의 거래사항은 없는 것으로 한다. [회사코드 : 2600.(주)온누리]

구분	거래처명	성명 (대표자)	거래 일자	발행금액 (VAT포함)	공급자 업종 (과세유형)	거래내용
법인 신용카드	다사랑	정동환	01.11	220,000원	소매업(일반과세)	거래처 선물구입대
	우성사무	송승헌	02.13	440,000원	소매업(간이과세)	사무비품 구입
	추억모텔	정유진	02.20	550,000원	숙박업(일반과세)	지방출장 숙박비
직원 신용카드	이맛식당	정우성	01.20	330,000원	음식점업(일반과세)	직원회식대(복리후생) (9455-4102-9215-1813)
현금영수증 (지출증빙)	수락만슈퍼	김잡다	03.10	110,000원	소매업(일반과세)	사무실 음료외구입 (복리후생)

※ 집중심화연습 해답은 [모의고사&기출문제 ➡ PART 03] 768페이지에서 확인 가능합니다.

CHAPTER 08 의제매입세액공제신고서

부가가치 ▶▶ 신고서/부속명세 ▶▶ 부속명세서 I ▶▶ 의제매입세액공제신고서

사업자가 면세농산물 등을 원재료로 하여 제조·가공하여 재화 또는 창출한 용역의 공급이 과세되는 경우에는 그 면세농산물 등의 가액의 2/102 등에 해당하는 금액을 매입세액으로서 공제할 수 있는데 이를 의제매입세액공제라고 한다.

항 목	입력내용 및 방법
의제매입세액의 계산	의제매입세액 = 면세농산물 등의 매입가액 × 공제율 ① 매입가액은 운임 등의 부대비용을 제외하며, 수입농산물 등의 경우 관세의 과세가격임 ② 공제율 	구 분		공제율
---	---	---
일반 기업		2/102
중소제조업 (과자점업, 도정업, 제분업 및 떡류제조업 중 떡방앗간을 경영하는 개인사업자 : 6/106)		4/104
음식점업	유흥장소	2/102
	법인사업자	6/106
	개인사업자 (개인사업자 중 과세표준 2억원 이하 : 9/109, 2026.12.31.까지)	8/108	 ③ 예정신고 및 확정신고 시 의제매입세액공제액 ㉠ 예정신고 : 예정신고기간의 면세농산물 등의 매입가액 × 공제율 ㉡ 확정신고 : 해당 과세기간의 한도액 범위 내에서 공제 대상금액 × 공제율 - 예정신고 시 이미 공제받은 세액
한도	① 한도액 계산은 확정신고시에만 적용한다. 공제한도 = 해당 과세기간의 과세표준(면세농산물관련 매출) × 한도비율 ② 한도비율(2025.12.31.까지) | 구분		개인 일반사업자			간이 과세자	법인 사업자
---	---	---	---	---	---	---
		과세표준 1억 이하	과세표준 1억 초과 2억 이하	과세표준 2억 초과		
한도 비율	음식점	75%	70%	60%	제외	과세표준 × 50%
	기타		65%	55%			

항 목	입력내용 및 방법
회계처리	**[매입매출전표 유형]** ■ 53.면세 : 사업자거래로 계산서 수취 ■ 58.카면 또는 62.현면 : 사업자거래로 신용카드매출전표(또는 현금영수증) 수취 ■ 60.면건 : 농어민매입분으로 별도의 증빙 필요하지 않음(제조업만 가능) ① 매입매출전표입력 **[의제류매입 TAB]**에 입력하는 경우 당초 구입 시 의제매입세액공제액을 "부가세대급금"으로 처리한다. 의제구분과 세율(공제세율 분자를 입력)을 직접 수정하여 공제세액을 자동계산한다. (차) 원재료 등 ×××　　　(대) 외상매입금 등 ××× 　　부가세대급금 ××× ← 의제매입세액공제액 의제 구분 ■ 0.해당없음 : 의제매입 공제를 하지 않는 경우 ■ 1.의제매입 : 의제매입세액공제신고서에 반영하는 경우 ■ 2.재활용 : 재활용폐자원세액공제신고서에 반영하는 경우 ■ 3.구리스크랩등 : 스크랩등매입세액공제신고서에 반영하는 경우 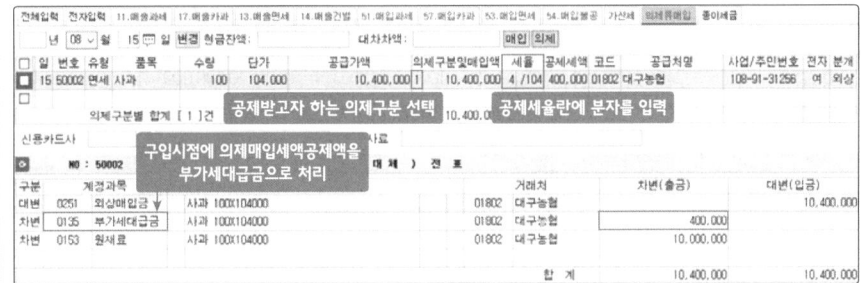 ② 매입매출전표입력 **[전체입력 TAB]**에 입력하는 경우 ㉠ 면세농산물 구입(매입)시점 : 구입액 전체 금액을 원재료 등으로 처리하고, 적요 "6.의제매입세액공제신고서 자동반영분" 선택 (차) 원재료 등 ×××　　　(대) 외상매입금 등 ××× 　　(6.의제매입세액공제신고서) ← 서식 자동반영 ㉡ 의제매입세액공제액 신청 시**(일반전표입력)** : 판매 또는 생산목적 이외의 재고자산 감소는 적요 (8.타계정으로 대체액~)를 반드시 입력 (차) 부가세대급금 ×××　　　(대) 원재료 등 ××× 　　　　　　　　　　　　　　　　(8.타계정으로 대체액)

㈜청송(회사코드 : 2100)은 식료품가공업을 영위하는 중소기업으로 당사의 의제매입세액공제 대상이 되는 계산서 및 신용카드매출전표에 의한 원재료 매입자료 내역이다. 다음의 자료에 의하여 거래내용을 매입매출전표에 입력(**의제류매입 TAB사용**)을 하고, 2025년 제2기 예정분 [의제매입세액공제신고서]를 작성하여 부가가치세신고서에 반영하시오. (의제매입세액공제 대상이 되는 거래는 다음 거래뿐이라고 가정하고, 모두 외상거래이다.)

전자계산서(공급받는자 보관용)						승인번호		
공급자	등록번호	108-91-31256			공급받는자	등록번호	108-83-65144	
	상호	대구농협	성명(대표자)	김재은		상호	㈜청송	성명(대표자)	최수지
	사업장주소	대구 달서구 달서대로88길 5				사업장주소	대전광역시 중구 선화로81번길 85	
	업태	도소매업	종사업장번호			업태	제조업외	종사업장번호	
	종목	농/축/수/임산물				종목	통조림외	
작성일자	2025.08.15	공급가액			10,400,000			

월	일	품목	규격	수량	단가	공급가액	비고
8	15	사과		100		10,400,000	

합계금액	현금	수표	어음	외상미수금	이 금액을 □영수 ☑청구 함
10,400,000				10,400,000	

E·MART 대한민국 1등할인점 최저가격 할인점

이마트 자양점 206-85-22365   대표 : 이경상
대전광역시 중구 선화로   (042)2024-1234
[등록] 2025-9-1 14:03 POS 번호 : 1025

상품코드	단가	수량	금액

001 양배추
8809093190580   60,000   100kg   6,000,000
002 토마토
8888021200126   22,500   200kg   4,500,000

부가세 과세 물품가액   0
상품가격에 이미 포함된 부가세   0
합 계   10,500,000

상품코드 앞 * 표시가 되어 있는 품목은 부가세 과세 품목입니다.

0010 비씨카드   ××××/××
회원번호 : ****26817413****
카드매출 : 10,500,000
승인번호 : KIS 30021238

 예제 따라하기

(1) 매입매출전표입력 : 의제류매입 TAB

① 계산서 매입(2025년 8월 15일)

의제구분(1.의제매입)을 선택하고 세율은 중소기업이므로 "4/104"를 적용하여야 하므로 분자란에 "4"를 입력하면 세율이 "4/104"로 적용되며 공제세액이 계산된다.

의제매입세액 = 10,400,000원 × 4/104 = 400,000원

② 신용카드 매입(2025년 9월 1일)

의제구분(1.의제매입)을 선택하고 세율은 중소기업이므로 "4/104"를 적용하여야 하므로 분자란에 "4"를 입력하면 세율이 "4/104"로 적용되며 공제세액이 계산된다. 원재료 매입이므로 별도의 표기가 없는 한 외상매입금으로 처리하고 신용카드사(비씨카드)를 선택한다.

의제매입세액 = 10,500,000원 × 4/104 = 403,846원

(2) 의제매입세액공제신고서(조회기간 : 2025년 07월 ~ 2025년 09월)

매입매출전표에 입력한 자료가 자동반영되며 [전체입력 TAB]에 입력하여 반영한 경우는 공제율이 "2/102" 반영되므로 수정이 필요하며 [의제류매입 TAB]에 입력하여 반영한 경우는 수정이 필요하지 않다.

매입매출전표	공제율	의제매입세액 회계처리
전체입력 TAB	2/102 ⇨ 4/104로 수정	의제매입세액공제신고서의 공제액을 확인하여 일반전표에 별도로 회계처리 함
의제류매입 TAB	4/104로 자동반영	매입시점에 회계처리 하며 신고시점에 별도의 회계처리 필요하지 않음

공급자별로 작성된 의제매입세액공제가 집계되며 부가가치세신고서에 자동으로 반영될 의제매입세액공제액임

(3) 부가가치세신고서(조회기간 : 2025년 7월 1일 ~ 2025년 9월 30일)

부가가치세신고서의 [그 밖의 공제매입세액 → 의제매입세액]에 자동반영된다.

실무예제2

(주)청송(회사코드 : 2100)의 제2기 확정신고기간동안 매입한 원재료 면세자료이다. 다음의 자료에 의하여 거래내용을 매입매출전표에 입력(**전체입력 TAB사용**)을 하고, 2025년 제2기 확정분 [의제매입세액공제신고서]를 작성하여 부가가치세신고서에 반영하시오. 중소기업에 해당하며 의제매입세액(부가세대급금으로 처리)에 대한 회계처리는 과세기간 종료일에 하시오.

[자료 1] 확정신고기간의 원재료 매입내역

구 분	일자	상호	매입가액	품명	수량	결제
농어민매입	10월 28일	정하나	20,000,000원	야채	100	현금

[자료2] 예정신고 자료 및 공급가액

예정신고 자료	① 예정신고 의제매입대상 원재료 매입금액 : 20,900,000원 ② 예정신고 의제매입세액공제액 : 803,846원
공급가액 (입력자료 무시)	① 제2기 예정 공급가액 : 40,000,000원 ② 제2기 확정 공급가액 : 65,000,000원(고정자산 매각액 5,000,000원 포함)

 예제 따라하기

(1) 매입매출전표입력 : 전체입력 TAB(2025년 10월 28일)

농어민 매입분이므로 [유형 : 60.면건]을 선택하고 [전체입력 TAB]에서 입력하므로 적요번호 "6.의제매입세액공제신고서 자동반영분"을 반드시 선택한다.

□	일	번호	유형	품목	수량	단가	공급가액	부가세	코드	공급처명	사업/주민번호	전자	분개
■	28	50001	면건	야채	100	200,000	20,000,000		00102	정하나	700121-2122011		현금

유형별-공급처별 [1]건		20,000,000	
신용카드사		봉사료	

NO : 50001 (출 금) 전 표

구분	계정과목	적요	거래처	차변(출금)	대변(입금)
출금	0153 원재료	06 의제매입세액공제신고서 자동반영분	00102 정하나	20,000,000	(현금)
			합 계	20,000,000	20,000,000

(2) 의제매입세액공제신고서(조회기간 : 2025년 10월 ~ 2025년 12월)

① 매입매출전표에 입력한 자료가 자동반영되며 [전체입력 TAB]에 입력하여 반영한 경우는 공제율이 "2/102" 반영되므로 "4/104"로 수정이 필요하며 상단의 F6 공제율일괄변경 버튼을 선택하여 공제율을 입력하여 일괄변경도 가능하다.

② 확정과세기간이므로 의제매입세액의 정산이 필요하다. 예정신고와 확정신고의 자료를 자동으로 반영하고자 하는 경우는 불러오기 버튼을 선택하여 과세표준과 관련된 계정과목을 입력후 확인을 누르면 과세표준과 의제매입세액 매입자료 및 예정신고시 공제받은 세액이 자동으로 반영된다. **다만, 본 예제는 주어진 자료를 기준으로 작업해야 하므로 직접 입력한다.**

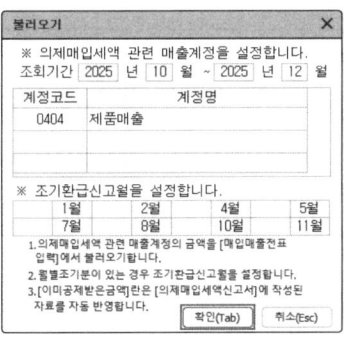

[확정신고시 공제가능 의제매입세액]
① 공제대상금액 [Min ㉠, ㉡]   ㉠ **40,900,000원**
  ㉠ 과세표준 × 한도율 = 100,000,000원(의제관련 매출이 아닌 고정자산매각액은 제외) × 50% = 50,000,000원
  ㉡ 당기매입액 = 40,900,000원
② 의제매입세액 공제대상세액
  공제대상금액 × 공제율 = 40,900,000원 × 4/104 = 1,573,076원
③ 의제매입세액 공제(납부)할 세액
  공제대상세액 - 이미 공제받은 세액 = 1,573,076원 - 803,846원 = **769,230원**

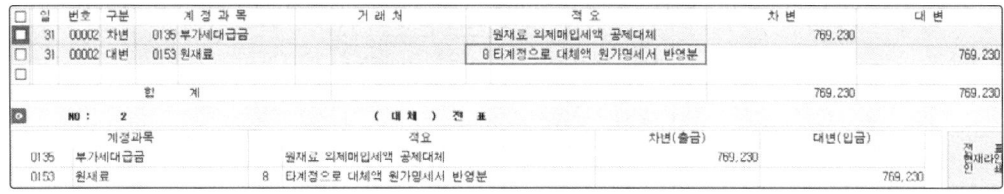

(3) 부가가치세신고서(조회기간 : 2025년 10월 1일 ~ 2025년 12월 31일)

부가가치세신고서의 [그 밖의 공제매입세액]에 "공제(납부)할세액"이 자동반영 된다.

(4) 일반전표입력(과세기간종료일 : 2025년 12월 31일)

의제매입세액 공제분에 대하여 매입시점에 회계처리한 부분이 없으므로 의제매입세액 신고시점에 회계처리하여야 한다.

TIP

[의제매입세액의 환경등록]

[환경등록] 메뉴에서 [의제류 자동 설정]에서 "1.의제매입"을 설정하면 매입매출전표입력 메뉴의 [전체입력 TAB]에 입력시 팝업화면이 나오며 해당 버튼을 선택하여 공제율에 해당하는 부가세대급금 회계처리를 직접할 수 있다.

[환경등록] 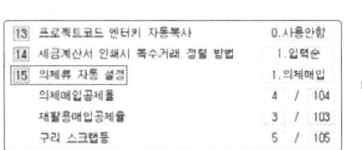   [매입매출전표입력]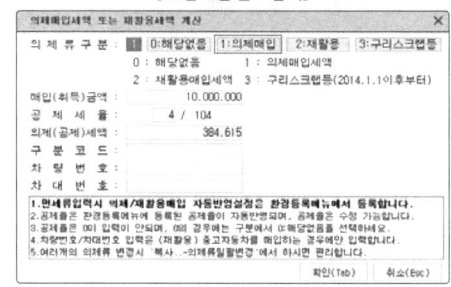

[1] 2025년 제1기 예정 부가가치세 신고시 다음 자료에 의하여 [의제매입세액공제신고서]를 작성하고, 2025년 3월 31일자로 의제매입세액공제액과 관련한 적절한 회계처리(관련 계정은 '부가세대급금'을 사용할 것)를 일반전표입력 메뉴에 입력하시오. 단, 본 문제와 관련한 업태는 제조업(중소기업), 종목은 볶음김치로 가정하며, 부가가치세신고서에 반영하시오.

[회사코드 : 2300.(주)대흥]

공급일자	매입처	품명	공급가액(원)	비 고
1/25	(주)삼성농장 (201-81-13655)	배추 (수량:1,000kg)	50,000,000	전자계산서를 교부받았고, 이 중 5,000,000원은 3월 31일 현재 미사용분 상태로 남아있다.
2/10	(주)삼성농장 (201-81-13655)	무 (수량:500kg)	10,000,000	법인신용카드로 구입하였다.
3/20	최불식 (600112-1462362)	소금 (수량:1,000kg)	5,000,000	농어민으로부터 직접구입하였으며, 500kg은 (주)일산에 양도하고 나머지는 김치제조에 사용하였다.
위의 매입한 품목들은 전부 "원재료"계정으로 처리되어 있다고 가정한다.				

[2] 다음은 의제매입세액공제 대상이 되는 매입자료 내역이며, 당사는 요식업을 영위하는 법인이다. 의제매입세액공제신고서에 자동반영 되도록 매입매출전표에 입력하여 2025년 제2기 예정 신고기간의 [의제매입세액공제신고서]를 작성하시오. 의제매입세액은 구입시점에 공제 받고자 하며 모두 외상거래이다. [회사코드 : 2400.(주)태풍]

공급일자	매입처	품명	공급가액	비 고
7월 27일	삼성수산(주) (201-81-13655)	광어 (수량:100kg)	15,300,000원	전자계산서를 교부받았고, 이 중 1,000,000원은 9월 30일 현재 미사용분 상태로 남아있다.
8월 10일	(주)현진상회 (136-81-18337)	쌀 (수량:300kg)	3,570,000원	신용카드(국민카드)로 대금을 결제하고 구매하였고 별도로 회계처리한 취득원가에 가산한 운반비 150,000원이 있다.
위의 매입한 품목들은 전부 "원재료"계정으로 처리되어 있다.				

[3] 복숭아 통조림을 제조하는 중소기업 법인으로 다음은 2025년 제1기 확정신고기간(2025.4.1 ~ 2025.6.30) 동안 매입한 면세자료이다. 의제매입공제와 관련한 거래만 매입매출전표에 입력(수량은 "1"로 기재)하고 [의제매입세액공제신고서]를 작성하고, 6월 30일자로 의제매입세액공제액을 전표입력 하시오. [회사코드 : 2500.(주)만세]

[자료 1] 면세 매입내역

구 분	일자	상호(성명)	사업자번호 (주민번호)	매입가격	품명
전자계산서 매입분 (현금거래)	4월 6일	(주)하나	127-81-49025	3,060,000원	복숭아
	6월 4일	(주)웅진	129-81-66753	204,000원	수도요금
신용카드 매입분 (현대카드)	5월 2일	(주)대어	204-81-37258	816,000원	방역비
	6월 3일	(주)보람	106-81-51688	1,428,000원	복숭아
농어민 매입분 (현금거래)	4월 1일	최농부	701201-2213216	3,978,000원	복숭아

[자료 2]
제1기 예정분 과세표준은 20,000,000원, 제1기 확정분 과세표준은 30,000,000원이다. 제1기 예정신고 의제매입액은 8,000,000원, 의제매입세액 공제액은 307,692원이 있는 것으로 가정한다. (기장된 자료는 무시)

[4] 당사는 원재료인 수산물을 가공하여 통조림 제조업을 영위하는 법인으로 일반기업(본 문제에 한함)이며, 다음의 자료를 이용하여 2025년 제1기 확정(4월 ~ 6월) [의제매입세액공제신고서]를 작성하시오. (단, 전표입력은 생략하고 원단위 미만은 절사하며, 불러오는 자료는 무시하고 직접 입력하시오.) [회사코드 : 2600.(주)온누리]

매입 자료	공급자	사업자번호	매입일자	품명	수량(kg)	매입가격	증빙	건수
	연어산업	111-11-11111	2025. 4. 7.	연어	100	12,000,000원	계산서	1
추가 자료	■ 제1기 예정 과세표준은 24,000,000원이며, 제1기 확정 과세표준은 28,000,000원(기계공급가액 5,000,000원은 제외한 것임)이다. ■ 예정신고시(1월 ~ 3월) 의제매입세액 300,000원을 공제받았다.							

※ 집중심화연습 해답은 [모의고사&기출문제 ➡ PART 03] 769페이지에서 확인 가능합니다.

CHAPTER 09 재활용폐자원세액공제신고서

부가가치 ▶▶ 신고서/부속명세 ▶▶ 부속명세서 Ⅰ ▶▶ 재활용폐자원세액공제신고서

　재활용폐자원 매입세액공제란 재활용폐자원 등을 수집하는 사업자가 부가가치세 과세사업을 하지 않는 자와 간이과세자로부터 재활용폐자원(2025.12.31.까지) 및 중고품(중고자동차, 2025.12.31.까지) 등을 취득하여 제조, 가공하거나 이를 공급하는 경우에는 일정 금액을 매입세액으로서 공제할 수 있는 제도이다. 의제매입세액공제처럼 매입매출전표입력 시 **[의제류매입 TAB]** 또는 **[적요 : 7.재활용폐자원매입세액공제신고서 자동반영]**을 선택하여 서식에 자동반영할 수 있다.

항 목	입력내용 및 방법
재활용폐자원 매입세액 계산	재활용폐자원 등 매입세액은 다음의 금액으로 하며 예정신고 시 이미 재활용폐자원 매입세액공제를 받은 금액은 확정신고시 정산(중고자동차는 제외)한다. 재활용폐자원 매입세액 = 공제대상 매입가액 × 3/103(단, 중고자동차 10/110) ■ 확정신고시 매입세액 = 공제대상 매입가액 × 3/103 - 예정신고시 공제받은 세액 ■ 공제대상 매입가액(취득가액) Min[㉠, ㉡] 　㉠ 영수증과 계산서수취분 취득가액　㉡ 공급가액 × 80% - 세금계산서수취분 매입가액
매출액	확정신고시 정산에 필요한 매출 계정과목을 설정하여 자동으로 반영하고자 하는 경우 사용한다.
불러오기	상단의 매출액 계정과목을 설정한 후 불러오기를 누르면 매출액 및 예정신고 자료가 반영된다.

실무예제

다음은 (주)청송(회사코드 : 2100)의 재활용폐자원 매입자료로 매입매출전표에 추가입력(전체입력 TAB사용)한 후 [재활용폐자원공제신고서(구분코드 : 2.기타재활용폐자원)]를 작성하고, 제1기 예정 부가가치세신고서에 추가 반영하시오. 당사를 재활용폐자원 수집 사업자로 가정(상품 계정과목 사용)하며 대금결제는 현금이다.

[재활용폐자원공제대상 매입현황]

매입처	사업자등록번호	매입일자	품명	수량	매입가액	증빙
(주)정밀소재	122-85-07805	1월 30일	고철	200kg	3,760,000원	전자계산서
김부자	651104-1245381	3월 30일	고철	300kg	7,400,000원	영수증

(1) 매입매출전표입력 : 전체입력 TAB

① 계산서 매입(2025년 1월 30일)

[전체입력 TAB]에서 입력하므로 서식에 자동반영하기 위해서는 반드시 적요번호 "7.재활용폐자원매입세액공제신고서 자동반영"을 반드시 선택한다.

일	번호	유형	품목	수량	단가	공급가액	부가세	코드	공급처명	사업/주민번호	전자	분개
30	50003	면세	고철	200	18,800	3,760,000		03001	(주)정밀소재	122-85-07805	여	현금
			유형별-공급처별 [1]건			3,760,000						

NO : 50003 (출금) 전 표

구분	계정과목	적요	거래처	차변(출금)	대변(입금)
출금	0146 상품	07 재활용폐자원매입세액공제신고서 자동반영분	03001 (주)정밀소재	3,760,000	(현금)
			합 계	3,760,000	3,760,000

② 비사업자 매입(2025년 3월 30일)

비사업자 매입분이므로 [유형 : 60.면건]을 선택하고 적요번호 "7.재활용폐자원매입세액 공제신고서 자동반영"을 반드시 선택한다.

일	번호	유형	품목	수량	단가	공급가액	부가세	코드	공급처명	사업/주민번호	전자	분개
30	50002	면건	고철	300	24,666	7,400,000		03016	김부자	651104-1245381		현금
			유형별-공급처별 [1]건			7,400,000						

NO : 50002 (출금) 전 표

구분	계정과목	적요	거래처	차변(출금)	대변(입금)
출금	0146 상품	07 재활용폐자원매입세액공제신고서 자동반영분	03016 김부자	7,400,000	(현금)
			합 계	7,400,000	7,400,000

(2) 재활용폐자원세액공제신고서(조회기간 : 2025년 01월 ~ 2025년 03월)

조회기간 2025년 01월 ~ 2025년 03월 구분 1기 예정 공제(납부)세액 325,047 원 ※중요

※ 중고자동차 업종은 501103, 501202, 519111 만 허용됩니다. (홈택스검증사항)

No	(24)공급자 성명 또는 거래처 상호(기관명)	주민등록번호 또는 사업자등록번호	거래 구분	(25)구분코드	(26)건수	(27)품명	(28)수량	(29)차량번호	(30)차대번호	(31)취득금액	(32)공제율	(33)공제액 ((31)*(32))	취득일자
1	(주)정밀소재	122-85-07805	2.계산서	2.기타재활용자원	1	고철	200			3,760,000	3/103	109,514	2025-01-30
2	김부자	651104-1245381	1.영수증	2.기타재활용자원	1	고철	300			7,400,000	3/103	215,533	2025-03-30
	영수증수취분		1		1					7,400,000		215,533	
	계산서수취분		1		1					3,760,000		109,514	
	합계		2		2					11,160,000		325,047	

(3) 부가가치세신고서(조회기간 : 2025년 1월 1일 ~ 2025년 3월 31일)

상단의 [조회] 버튼을 누르면 부가가치세신고서의 [그 밖의 공제매입세액]에 자동반영 된다. 다만, 기존 신용카드매출수령금액합계표란의 금액은 전표입력자료가 아니므로 삭제된다.

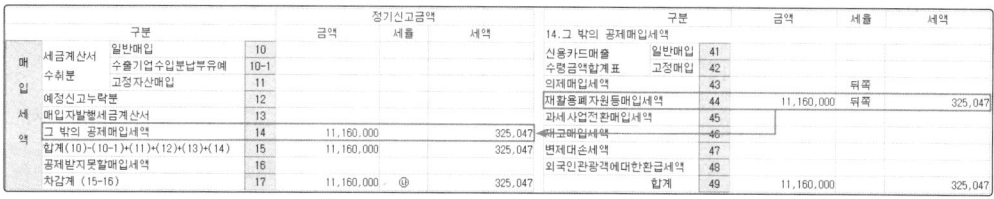

 **심화연습**

[1] 본 문제에 한하여 당사는 재활용폐자원을 수집하는 사업자라고 가정한다. 다음 자료를 이용하여 2025년 제1기 확정신고기간(2025.4.1 ~ 2025.6.30)의 [재활용폐자원세액공제신고서(구분코드 : 2.기타재활용폐자원)]를 작성하시오. [회사코드 : 2500.(주)만세]

거래일	공급자 (주민등록번호 또는 사업자등록번호)	품명	수량(kg)	취득가액(원)	건수
4.25	고수지(820503-2111111)	고철	200	2,546,000	1
6.22	나폐상사(136-05-45687)	폐지	1,500	6,600,000	1

- 고수지(비사업자)와의 거래는 영수증수취 거래이며, 주민등록번호는 정확한 것으로 간주한다.
- 나폐상사는 개인, 일반과세사업자이다.
- 매입매출전표입력은 생략하며, 예정신고기간 중의 재활용폐자원 매입액(영수증수취) 3,000,000원이 있으며 재활용폐자원 공제액 87,378원이 있다.
- 1기 과세기간 중 재활용관련 매출액과 세금계산서 매입액은 다음과 같다.

구분	매출액	매입공급가액(세금계산서)
예정분	65,000,000원	36,000,000원
확정분	50,000,000원	45,000,000원

[2] 본 문제에 한하여 당사는 중고자동차를 매매하는 사업자라고 가정한다. 다음 자료에 의하여 2025년 제1기 확정신고기간의 [재활용폐자원세액공제신고서(구분코드 : 1.중고자동차)]를 작성하시오. [회사코드 : 2600.(주)온누리]

거래 자료	공급자	사업자번호	거래일자	품명	수량	취득금액	증빙	건수
	윤주원	631201-1512151	2025.4.6.	자동차	1대	7,700,000원	영수증	1

추가 자료	- 윤주원은 비사업자이며 차량번호는 [123가4568], 차대번호는 [KMHEL13CPYA123456]이다. - 매입매출전표입력은 생략하며, 예정신고기간 중의 중고자동차 매입액(영수증수취) 15,000,000원이 있으며 재활용폐자원 공제액 1,363,636원이 있다. - 1기 과세기간 중 중고자동차 관련 매출액과 세금계산서 매입액은 다음과 같다. | 구분 | 매출액 | 매입공급가액(세금계산서) | |---|---|---| | 예정분 | 58,000,000원 | 43,000,000원 | | 확정분 | 63,000,000원 | 52,000,000원 |

※ 집중심화연습 해답은 [모의고사&기출문제 ➡ PART 03] 773페이지에서 확인 가능합니다.

CHAPTER 10 공제받지못할매입세액명세서

부가가치 ▶▶ 신고서/부속명세 ▶▶ 부속명세서 Ⅰ ▶▶ 공제받지못할매입세액명세서

1. 공제받지못할매입세액내역

사업자가 수취한 세금계산서 중 자기의 사업을 위하여 사용되었거나 사용될 재화 또는 용역의 공급 및 재화의 수입에 대한 매입세액은 매출세액에서 공제되지만, 일정한 사유에 대해서는 매입세액을 공제해주지 않는다.

매입매출전표입력 메뉴에서 [유형 : 54.불공]을 선택하고 **불공제사유(공통매입세액안분계산 분등)**를 입력하면 서식에 자동반영되며 직접입력도 가능하다.

매입매출전표입력시 유형 : 54.불공매입 ▶ 공제받지못할매입세액명세서

[불공제사유]
① 필요적기재사항 누락 등
② 사업과 직접 관련없는 지출 매입세액
③ 개별소비세가 발생하는 비영업용 소형승용차 구입·유지 및 임차(렌트비용 포함) 매입세액
  - 배기량 : 1,000cc(이륜자동차 125cc) 초과
  - 8인승 이하의 승용자동차
④ 기업업무추진비 및 이와 유사한 비용 관련 매입세액
⑤ 면세사업 관련 매입세액
⑥ 토지의 자본적지출 관련 매입세액
  - 토지의 평탄화작업 및 정지비
  - 토지와 건축물 일괄 취득 후 그 건축물을 철거하는 경우 건축물의 취득 및 철거비용 매입세액
⑦ 사업자등록 전 매입세액
  - 공급시기가 속하는 과세기간이 끝난 후 20일 이내에 신청한 경우 그 과세기간내의 것은 공제 가능
⑧ 금거래·구리 스크랩 거래계좌 미사용 관련 매입세액

※ 매입세액 불공제 매입 **전표입력**은 교재 **473페이지** 참고

실무예제

다음 자료는 과세사업과 면세사업을 겸영하는 (주)청송(회사코드 : 2100)의 2025년 제1기 예정신고기간의 거래내용이다. 아래의 거래내역을 보고 제1기 예정신고기간의 [공제받지 못할 매입세액명세서]를 작성하시오. (전표입력은 생략하며, 모든 거래는 세금계산서 수취거래로서 부가가치세 별도의 금액임)

① 한성전자에 휴대폰을 10대(단가 : 400,000원) 구입하여 전량 거래처에 무상으로 제공하다.
② 대표자의 업무용승용차(1,600cc)의 고장으로 인해 이의 수리비 500,000원을 오토자동차에 지출하다.
③ 면세사업에만 사용할 목적으로 난방기를 온방산업에서 1,300,000원에 구입하고 당기 비품으로 처리하다.
④ 기린상사로부터의 상품매입액 3,000,000원 세금계산서합계표상의 공급받는자의 등록번호가 착오로 일부 오류 기재되었다. (세금계산서는 정확히 기재됨)
⑤ 건물신축과 관련하여 토지의 정지비 5,000,000원을 지출하다.

예제 따라하기

세금계산서 수취분 중 공제받지 못할 매입세액에 해당하는 경우 매입매출전표입력 메뉴에 [유형 : 54.불공]을 선택하여 **불공제사유**를 선택하면 [공제받지 못할 매입세액명세서]에 자동반영된다. 그러나 시험은 전표입력은 생략하고 해당 자료를 직접 입력하는 문제를 출제하고 있어 실무예제는 서식에 직접 입력하고자 한다.

① 접대목적 구입 : 불공제 사유
② 비영업용승용차로 개별소비세법 제1조제2항제3호에 따른 자동차 유지 : 불공제 사유
③ 면세사업 전용 : 불공제 사유
④ 세금계산서는 정상이나 착오로 세금계산서합계표 작성을 잘못한 경우 매입세액 공제 가능
⑤ 토지의 정지비는 토지 자본적지출에 해당 : 불공제 사유

[공제받지 못할 매입세액명세서 TAB(조회기간 : 2025년 01월 ~ 2025년 03월)]

공제받지못할매입세액내역	공통매입세액안분계산내역	공통매입세액의정산내역	납부세액또는환급세액재계산		
매입세액 불공제 사유		세금계산서			
		매수	공급가액		매입세액
①필요적 기재사항 누락 등					
②사업과 직접 관련 없는 지출					
③개별소비세법 제1조제2항제3호에 따른 자동차 구입·유지 및 임차		1	500,000		50,000
④기업업무추진비 및 이와 유사한 비용 관련		1	4,000,000		400,000
⑤면세사업등 관련		1	1,300,000		130,000
⑥토지의 자본적 지출 관련		1	5,000,000		500,000
⑦사업자등록 전 매입세액					
⑧금·구리 스크랩 거래계좌 미사용 관련 매입세액					
합계		4	10,800,000		1,080,000

2. 공통매입세액의 안분(예정신고)

　　납부세액을 계산할 때 과세사업과 관련된 매입세액은 공제되지만 면세사업(비과세사업에 대한 수입금액 포함)과 관련된 매입세액은 공제되지 않는다. 겸영사업자의 매입세액 중 과세사업과 면세사업 중 어느 사업에 대한 매입세액인지의 구분이 불분명한 경우 이를 공통매입세액이라 하며 예정신고시 안분계산하여 불공제매입세액을 신고한다.

항 목	입력내용 및 방법
안분계산 방법	① 원칙 $$\text{불공제매입세액} = \text{공통매입세액} \times \frac{\text{당해과세기간의 면세공급가액}}{\text{당해과세기간의 총공급가액}}$$ ② 동일과세기간에 매입·공급시 $$\text{불공제매입세액} = \text{공통매입세액} \times \frac{\text{직전과세기간의 면세공급가액}}{\text{직전과세기간의 총공급가액}}$$ ③ 공급가액이 없는 경우 　㉠ 원칙 : 매입가액비율 ⇨ 예정공급가액비율 ⇨ 예정사용면적비율 　㉡ 건물신축시 : 예정사용면적비율 ⇨ 매입가액비율 ⇨ 예정공급가액비율
안분계산 생략	다음의 경우에는 안분계산하지 않고 공통매입세액 전액을 공제받는 매입세액으로 한다. ① 해당 과세기간의 **공통매입세액이 5백만원 미만**으로서 총공급가액 중 면세공급가액이 **5% 미만**인 경우의 공통매입세액 ② 해당 과세기간의 **공통매입세액이 5만원 미만**인 경우의 매입세액 ③ 재화를 공급하는 날이 속하는 과세기간에 **신규로 사업을 개시**하여 직전 과세기간이 **없는** 경우
작성방법	① 산식 　㉠ 당해 과세기간 중 과세사업과 면세사업의 공급가액이 있는 경우 : 1번 선택 　㉡ 당해 과세기간 중 과세사업과 면세사업의 공급가액이 없거나 그 어느 한 사업의 공급가액이 없는 경우 : 2번 ⇨ 3번 ⇨ 4번 순으로 선택 ② 구분 : 필수 입력사항은 아니며 인쇄시 산식명에 반영된다. ③ 과세·면세사업 공통매입 　예정신고기간에 공통으로 매입한 재화 및 용역의 공통매입세액을 입력한다. 매입매출전표입력에서 [유형 : 54.불공 ⇨ ⑨ **공통매입세액안분계산분**]을 입력한 경우에 공급가액과 세액이 자동으로 반영된다. 　　　　　?Check 　　　　　전표데이타를 불러오시겠습니까? 　　　　　　예(Y)　아니오(N) ④ 면세비율(⑬ 면세공급가액등 ÷ ⑫ 총공급가액등) 　㉠ 총공급가액등(⑫) : 예정신고기간의 총공급가액 등을 입력 　㉡ 면세공급가액등(⑬) : 예정신고기간의 면세공급가액 등을 입력

실무예제

(주)청송(회사코드 : 2100)은 과세사업과 면세사업을 겸영하고 있는 사업자로서 2025년 제1기 예정 부가가치세 신고 시 공통매입세액을 안분계산하고자 한다. 기존의 입력된 자료는 무시하고 2025년 제1기 예정분 자료가 다음과 같다고 가정하여 부가가치세 신고 부속서류 중 [공제받지 못할 매입세액명세서(공통매입세액안분계산내역 TAB)]를 작성하시오. 2025년 제1기 예정 신고 시 주어진 자료 이외에 매입세액 불공제내역은 없다고 가정하며, 안분계산만 고려한다.

- 과세매입가액 : 1,440,000,000원(세금계산서 수취), 면세매입가액 : 160,000,000원(계산서 수취)
- 과세공급가액 : 300,000,000원, 면세공급가액 : 200,000,000원
- 과세사업예정사용면적 : 600㎡, 면세사업예정사용면적 : 200㎡
- 공통매입가액 : 240,000,000원, 공통매입세액 : 24,000,000원

예제 따라하기

① 조회기간(2025년 01월 ~ 2025년 03월)을 입력, 예정신고이므로 [공통매입세액안분계산내역 TAB]을 선택한다.
② 다수의 안분기준 중 원칙인 **공급가액이 있는 경우 원칙을 적용**한다.
③ 산식란에서 [1.당해과세기간의 공급가액기준]을 선택하면 "전표데이타를 불러오시겠습니까?" 메시지가 나오며 직접 입력할 것이므로 "아니오(N)"을 선택한다.
④ 구분은 필수 사항이 아니므로 생략하고 과세·면세사업 공통매입 및 공급가액을 입력하여 불공제매입세액을 계산한다.

[공통매입세액 안분 계산 내역 TAB(조회기간 : 2025년 01월 ~ 2025년 03월)]

산식	구분	과세·면세사업 공통매입		⑫총공급가액등	⑬면세공급가액등	면세비율 (⑬÷⑫)	⑭불공제매입세액 [⑪×(⑬÷⑫)]
		⑩공급가액	⑪세액				
1.당해과세기간의 공급가액기준		240,000,000	24,000,000	500,000,000.00	200,000,000.00	40.000000	9,600,000
합계		240,000,000	24,000,000	500,000,000	200,000,000		9,600,000

불공제매입세액 (9,600,000) = 세액(24,000,000) × 면세공급가액 (200,000,000) / 총공급가액 (500,000,000)

[공통매입세액 회계처리]

매입매출전표	회계처리
유형 : 51.과세	(1) 원재료 매입 시 : **전액 매입세액 공제**로 처리 　(차) 원재료　　　　240,000,000원　　(대) 외상매입금　　264,000,000원 　　　부가세대급금　　24,000,000원 (2) 원재료 안분 시 : **불공제분**을 일반전표에 입력 　(차) 원재료　　　　　9,600,000원　　(대) 부가세대급금　　9,600,000원 　　　(적요번호 : 9.타계정에서 대체액)
유형 : 54.불공 (⑨ 공통매입세액 안분계산분)	(1) 원재료 매입 시 : **전액 매입세액 불공제**로 처리 　(차) 원재료　　　　264,000,000원　　(대) 외상매입금　　264,000,000원 (2) 원재료 안분 시 : **공제분**을 일반전표에 입력 　(차) 부가세대급금　 14,400,000원　　(대) 원재료　　　　14,400,000원 　　　(적요번호 : 8.타계정으로 대체액)

3. 공통매입세액의 정산(확정신고)

사업자가 공통매입세액을 예정신고기간에 안분 계산한 경우에는 해당 재화의 취득으로 과세사업과 면세사업의 공급가액이 확정되는 과세기간에 대한 납부세액을 확정신고 때 정산하여야 한다.

항 목	입력내용 및 방법
가산 또는 공제되는 세액	① 가액비율로 안분계산시 　불공제매입세액 = 총공통매입세액 × $\dfrac{\text{당해과세기간의 면세공급가액}}{\text{당해과세기간의 총공급가액}}$ − 기불공제매입세액 ② 면적비율로 안분계산시 　불공제매입세액 = 총공통매입세액 × $\dfrac{\text{당해과세기간의 면세사용면적}}{\text{당해과세기간의 총사용면적}}$ − 기불공제매입세액
작성방법	① 산식 　예정신고시 안분계산한 방식으로 확정신고시 정산한다. ② 구분 : 필수 입력사항은 아니며 인쇄시 산식명에 반영된다. ③ 총공통매입세액 　과세기간(1월 ~ 6월, 7월 ~ 12월)에 공통으로 매입한 재화 및 용역의 공통매입세액을 입력한다. 　매입매출전표입력에서 [유형 : 54.불공 ⇨ ⑨ 공통매입세액안분계산분]을 입력한 경우에 공급가액과 세액이 자동으로 반영된다.

항 목	입력내용 및 방법
작성방법	④ 면세사업확정비율 　㉠ 총공급가액 : 과세기간(1월 ~ 6월, 7월 ~ 12월)의 총공급가액을 입력 　㉡ 면세공급가액 : 과세기간(1월 ~ 6월, 7월 ~ 12월)의 면세공급가액을 입력 ⑤ 불공제매입세액총액 : 총공통매입세액 × 면세사업확정비율 ⑥ 기불공제매입세액 　예정신고기간의 기 불공제된 매입세액을 입력하며 기 입력된 자료가 있으면 자동으로 반영할 수 있다.

실무예제

(주)청송(회사코드 : 2100)은 과세 및 면세사업을 영위하는 겸영사업자이다. 다음의 자료를 이용하여 2025년 제1기 확정신고기간에 대한 공제받지못할매입세액명세서 중 공통매입세액의 정산내역 탭을 입력하시오. 단, 2025년 제1기 부가가치세 예정신고서에 반영된 **공통매입세액 불공제분은 9,600,000원**이며, 공급가액 기준으로 안분계산하고 있다. (입력된 전표는 무시할 것)

구 분		제1기 예정(1월 ~ 3월)		제1기 확정(4월 ~ 6월)		전체(1월 ~ 6월)	
		공급가액	세액	공급가액	세액	공급가액 합계	세액 합계
매출	과세	300,000,000원	30,000,000원	700,000,000원	70,000,000원	1,000,000,000원	100,000,000원
	면세	200,000,000원		300,000,000원		500,000,000원	
공통매입세액		240,000,000원	24,000,000원	100,000,000원	10,000,000원	340,000,000원	34,000,000원

예제 따라하기

① 조회기간(2025년 04월 ~ 2025년 06월)을 입력, 확정신고이므로 [공통매입세액의정산내역 TAB]을 선택한다.
② 예정신고 시 **공급가액**으로 **안분**하였으므로 확정신고 시에도 **동일한 방법으로 계산**한다.
③ [1.과세기간의 공급가액기준]을 선택하면 "전표데이타를 불러오시겠습니까?" 메시지가 나오며 직접 입력할 것이므로 "아니오(N)"을 선택한다.

④ 구분은 필수 사항이 아니므로 생략하고 1월 ~ 6월의 전체 총공통매입세액 및 면세사업확정 비율을 입력하여 불공제매입세액총액을 계산하고 예정신고시 불공제처리한 금액을 기불공제매입세액을 입력하여 "가산 또는 공제되는 매입세액"을 계산한다.

[공통매입세액의 정산 내역 TAB(조회기간 : 2025년 04월 ~ 2025년 06월)]

산식	구분	(15)총공통매입세액	(16)면세 사업확정 비율			(17)불공제매입세액총액((15)*(16))	(18)기불공제매입세액	(19)가산또는 공제되는매입세액((17)-(18))
			총공급가액	면세공급가액	면세비율			
1.당해과세기간의 공급가액기준		34,000,000	1,500,000,000.00	500,000,000.00	33.333333	11,333,333	9,600,000	1,733,333
합계		34,000,000	1,500,000,000	500,000,000		11,333,333	9,600,000	1,733,333

가산또는공제되는매입세액 (1,733,333) = 총공통매입세액(34,000,000) * 면세비율(%)(33.333333) - 기불공제매입세액(9,600,000)

4. 납부세액(또는 환급세액)의 재계산

공통매입세액 안분계산에 따라 매입세액을 공제한 후 나중에 면세사업의 비중이 증가 또는 감소하는 경우에는 당초 매입세액공제가 과대 또는 과소해지는 결과가 된다. 따라서 이에 대한 증감의 조정이 필요하여 공제된 매입세액을 납부세액에 가산(또는 공제)하거나 환급세액에 가산(또는 공제)하게 되는데 이를 납부세액 또는 환급세액의 재계산이라 한다.

항 목	입력내용 및 방법
재계산의 요건	① 공통사용재화이어야 한다. ② 감가상각자산(건축물은 10년, 기타의 감가상각자산은 2년 이내의 것을 말한다)에 대해서만 납부(환급)세액 재계산을 한다. (상품, 제품, 토지 등은 제외) ③ 취득일 또는 그 후 재계산한 과세기간의 면세비율이 해당과세기간의 **면세비율과 5% 이상(증감)** 차이가 나는 경우에 한해서 납부(환급)세액 재계산을 한다.
재계산 방법	다음 산식에 계산된 금액을 납부세액에 가산(또는 공제)하거나 환급세액에 가산(또는 공제)한다. 가산(공제)되는 매입세액 = 해당 재화의 공통매입세액 × (1 – 감가율 × 경과된 과세기간 수) × 증감된 면세비율 ① 체감률 : 건물·구축물의 경우에는 5%, 기타의 감가상각자산의 경우에는 25% ② 경과된 과세기간 수 : 취득과세기간은 **포함**하며, 신고하는 해당 과세기간은 **불포함**
작성방법	① 자산 [1.건물,구축물]과 [2.기타자산] 중 선택하며, 선택에 따라 체감률이 자동 반영된다. ② 해당재화의 매입세액 재계산대상의 공통매입세액을 입력한다. ③ 경감률 취득년월을 입력하면 경과과세기간이 자동반영되어 경감률이 계산된다. ④ 증가 또는 감소된 면세공급가액(사용면적)비율 면세비율 증가에 대한 금액 입력시 **재계산을 신고한 시점과 비교**하는 것이며, 면세비율 증감이 5% 미만인 경우에는 재계산을 배제한다. ■ 면세비율 증가 : 양수　　■ 면세비율 감소 : 음수

실무예제

(주)청송(회사코드 : 2100)은 과세 및 면세사업을 영위하는 겸영사업자이다. 다음의 내용을 토대로 2025년 제1기 확정부가가치세신고시 납부세액재계산을 하여 [공제받지못할매입세액명세서]를 작성하시오.

(1) 과세사업과 면세사업에 공통으로 사용되는 자산의 구입내역

계정과목	취득일자	공급가액	부가가치세	비고
기계장치	2023. 07. 01.	10,000,000원	1,000,000원	
공장건물	2022. 08. 10.	100,000,000원	10,000,000원	
상 품	2024. 10. 20.	1,000,000원	100,000원	

※ 2024년 제2기 부가가치세 확정신고시 공통매입세액에 대한 안분계산 및 정산은 정확히 신고서에 반영되었다.

(2) 2024년 및 2025년의 공급가액 내역

구 분	2024년 제1기	2024년 제2기	2025년 제1기
과세사업	1,000,000,000원	1,300,000,000원	1,000,000,000원
면세사업	300,000,000원	200,000,000원	500,000,000원

예제 따라하기

① 조회기간(2025년 04월 ~ 2025년 06월)을 입력, 재계산이므로 [납부세액또는환급세액재계산 TAB]을 선택한다.
② 감가상각자산이 아닌 재고자산인 상품은 제외하고 입력하며 자산을 선택하면 "전표데이타를 불러오시겠습니까?" 메시지가 나오며 직접 입력할 것이므로 "아니오(N)"을 선택한다.
③ 면세비율 증감과 관련된 공급가액을 입력하면 "가산 또는 공제되는 매입세액"이 계산된다.

구 분	2024년 제1기	2024년 제2기	2025년 제1기
면세비율	23.076923% (3억/13억 × 100)	13.333333%(9.743590% 감소) (2억/15억 × 100)	33.333333%(20% 증가) (5억/15억 × 100)

[납부세액 또는 환급세액 재계산 TAB(조회기간 : 2025년 04월 ~ 2025년 06월)]

자산	(20)해당재화의 매입세액	(21)경감률[1-(체감률*경과된과세기간의수)]				(22)증가 또는 감소된 면세공급가액(사용면적)비율					(23)가산또는 공제되는 매입세액 (20)*(21)*(22)
		취득년월	체감률	경과 과세기간	경감률	당기 총공급	당기 면세공급	직전 총공급	직전 면세공급	증가율	
2.기타자산	1,000,000	2023-07	25	3	25	1,500,000,000.00	500,000,000.00	1,500,000,000.00	200,000,000.00	20.000000	50,000
1.건물,구축물	10,000,000	2022-08	5	5	75	1,500,000,000.00	500,000,000.00	1,500,000,000.00	200,000,000.00	20.000000	1,500,000
합계											1,550,000

가산또는공제되는매입세액 (50,000) = 해당재화의매입세액 (1,000,000) * 경감률(%)(25) * 증가율(%)(20.000000)

[공통매입세액 불공제분 부가가치세신고서 반영]

공통매입세액의 불공제 처리분은 [공제받지못할 매입세액명세서]를 작성하면 부가가치세신고서 공제받지못할매입세액(16)란에 자동반영 된다.

	구분		정기신고금액			구분		금액	세율	세액
			금액	세율	세액	16.공제받지못할매입세액				
매입세액	세금계산서 수취분	일반매입	10				공제받지못할 매입세액	50	10,800,000		1,080,000
		수출기업수입분납부유예	10-1				공통매입세액면세등사업분	51	96,000,000		9,600,000
		고정자산매입	11				대손처분받은세액	52			
	예정신고누락분		12				합계	53	106,800,000		10,680,000
	매입자발행세금계산서		13								
	그 밖의 공제매입세액		14	11,160,000		325,047					
	합계(10)-(10-1)+(11)+(12)+(13)+(14)		15	11,160,000		325,047					
	공제받지못할매입세액		16	106,800,000		10,680,000					
	차감계 (15-16)		17	-95,640,000	㉮	-10,354,953					

[1] 다음은 과세사업자인 (주)대흥의 2025년 제2기 부가가치세 예정신고기간에 발생한 매입자료(전표입력은 생략)이다. 다음의 자료를 토대로 부가가치세신고서의 부속서류인 '공제받지못할 매입세액명세서'를 작성하시오. [회사코드 : 2300.(주)대흥]

> 가. 제품(공급가액 10,000,000원, 부가가치세 1,000,000원)을 구입하고 세금계산서를 수취하였으나, 세금계산서에 공급받는자의 상호 및 공급받는자의 대표자 성명이 누락되고 공급자의 성명에 날인도 되지 않은 오류가 있었다.
>
> 나. 대표이사가 사업과 상관없이 개인적으로 사용할 에어컨을 2,500,000원(부가가치세 별도)에 구입하고 (주)대흥을 공급받는자로 하여 세금계산서를 교부 받았다.
>
> 다. 회사의 공장건물을 신축하기 위하여 회사보유 토지를 평탄하게 하는 공사(자본적 지출임)를 하기 위하여 (주)일성건설에 10,000,000원(부가가치세 별도)에 외주를 주어 공사를 완료하고 세금계산서를 교부 받았다(동 공사는 건물의 자본적지출이 아님).
>
> 라. 회사의 업무용으로 사용하기 위하여 차량(배기량 800cc, 4인용, 승용)을 12,000,000원(부가가치세 별도)에 구입하고 세금계산서를 받았다.
>
> 마. 거래처에 선물용으로 공급하기 위해서 노트북 2대(3,000,000원, VAT 별도)를 구입하고 세금계산서를 교부받았다.
>
> 바. 매출거래처 기업업무추진비 3,450,000원(공급가액 2,500,000원, 부가가치세 250,000, 봉사료 700,000원)을 놀러와에서 법인카드(국민카드)로 결제하고 신용카드매출전표를 수취하였다.

[2] 다음 자료를 보고 당사(과세 및 면세 겸영사업자)의 2025년 제1기 예정 부가가치세 신고시 부가가치세 신고부속서류 중 [공제받지 못할 매입세액명세서]를 작성하라. 단, 아래의 매출과 매입은 모두 관련 세금계산서 또는 계산서를 적정하게 수수한 것이며, 과세분 매출과 면세분 매출은 모두 공통매입분과 관련된 것이다. [회사코드 : 2300,(주)대흥]

구 분		공급가액(원)	세액(원)	합계액(원)
매출내역	과세분	40,000,000	4,000,000	44,000,000
	면세분	60,000,000	–	60,000,000
	합 계	100,000,000	4,000,000	104,000,000
매입내역	과세분	30,000,000	3,000,000	33,000,000
	공통분	50,000,000	5,000,000	55,000,000
	합 계	80,000,000	8,000,000	88,000,000

[3] 다음 자료에 의하여 면세사업과 과세사업을 겸영하고 있는 제조기업 (주)태풍의 2025년 제2기 확정 부가가치세 신고 시 [공제받지 못할 매입세액 명세서]를 작성하시오. 전표입력 및 부가가치세 신고서 작성은 생략하며 주어진 자료 이외에 매입자료는 없다고 가정한다. 아래 금액은 모두 부가가치세 별도금액이며 적정하게 세금계산서를 교부받았다. [회사코드 : 2400,(주)태풍]

1. 2025년 제2기 예정 매입 내역
   ① 과세 면세 공통사용 기계장치 매입액 : 17,000,000원
   ② 불공제공통매입세액 : 476,000원
2. 2025년 제2기 확정 매입 내역
   ① 원재료 매입액 : 과세사업 사용분 25,000,000원
   ② 공통사용 부재료 매입액 : 18,600,000원
3. 기간별 공급가액

구 분	2025년 제2기 예정(7월 1일 ~ 9월 30일)	2025년 제2기 확정(10월 1일 ~ 12월 31일)
과세분	252,000,000원	294,000,000원
면세분	98,000,000원	196,000,000원
합 계	350,000,000원	490,000,000원

[4] 당사는 도서도매(면세사업)와 책장제조(과세사업)을 겸영하는 사업자이다. 다음의 2025년 제1기 과세기간의 부가가치세 신고와 관련한 자료를 참고하여 제1기 확정신고 시 제출할 "공제받지 못할 매입세액명세서"를 작성하시오. (단, 예정신고는 세법에 따라 적정하게 신고한 것으로 가정하며, 과세재화와 면세재화는 상호간 부수재화는 아니다.) [회사코드 : 2500.(주)만세]

1. 매입세액에 관한 내역

일자	내 역	매입세액	비 고
2025.01.05.	책장 제조용 목재 구입	500,000원	
2025.02.20.	회계팀 사무용품 구입	150,000원	과세·면세사업 사용 구분 불가
2025.03.11.	직원휴게실 음료 등 다과	50,000원	휴게실은 전직원이 이용함
2025.04.05.	책장을 위한 포장재 구입	100,000원	
2025.05.20.	세무사 사무소 수수료	100,000원	과세·면세사업 사용 구분 불가
2025.06.11.	생산직직원 안전장비	150,000원	생산직 직원은 책장을 조립함

2. 공급가액에 대한 내역

구 분	과세 공급가액	면세 공급가액
제1기 예정신고	150,000,000원	50,000,000원
제1기 확정신고	200,000,000원	100,000,000원
계	350,000,000원	150,000,000원

[5] 다음 자료를 보고 2025년 제1기 부가가치세 확정신고시 [공제받지못할 매입세액명세서(납부세액 재계산)]를 작성하시오. (2024년 제2기까지 납부세액 재계산은 올바르게 신고되었다.)

[회사코드 : 2400.(주)태풍]

① 과세사업과 면세사업에 공통으로 사용되는 자산의 구입내역

구 분	취득일자	공급가액	부가가치세	비고
건 물	2024.02.22	100,000,000원	10,000,000원	
비 품	2024.05.10	20,000,000원	2,000,000원	

② 2024년 및 2025년의 공급가액 명세

구 분	2024년 제1기	2024년 제2기	2025년 제1기
과세사업	150,000,000원	200,000,000원	180,000,000원
면세사업	250,000,000원	300,000,000원	420,000,000원

[6] 다음 자료에 의하여 면세사업과 과세사업을 겸영하고 있는 제조기업 (주)온누리의 2025년 제1기 확정 부가가치세 신고 시 [공제받지 못할 매입세액 명세서]를 작성하시오. 전표입력 및 부가가치세 신고서 작성은 생략하며 주어진 자료 이외에 매입자료는 없다고 가정한다. 아래 금액은 모두 부가가치세 별도금액이며 적정하게 세금계산서를 교부받았다. [회사코드 : 2600.(주)온누리]

1. 2025년 제1기 예정신고기간(1월 1일 ~ 3월 31일) 매입 및 신고내역
   ① 과세 면세 공통사용 기계장치 매입액 : 100,000,000원
   ② 제1기 예정신고시 공통매입세액 불공제분 : 5,000,000원
2. 2025년 제1기 중 후반 3개월(4월 1일 ~ 6월 30일) 매입 내역
   ① 원재료 매입액 : 과세사업 사용분 150,000,000원(1매)
                    면세사업 사용분 50,000,000원(1매)
   ② 비영업용소형승용차 임차료 : 3,000,000원(1매)
   ③ 거래처 접대용 선물구입분 : 10,000,000원(2매)
   ④ 공통사용 부재료 매입액 : 25,500,000원(1매)
3. 기간별 공급가액

구 분	2025년 제1기 예정(1월 1일 ~ 3월 31일)	2025년 제1기 확정(4월 1일 ~ 6월 30일)
과세분	200,000,000원	300,000,000원
면세분	200,000,000원	100,000,000원
합 계	400,000,000원	400,000,000원

[7] 다음 자료를 보고 2025년 제1기 부가가치세 확정신고시 납부세액재계산을 위한 [공제받지못할 매입세액명세서]를 작성하시오. [회사코드 : 2300.(주)대흥]

① 과세사업과 면세사업에 공통으로 사용되는 자산의 구입내역

계정과목	취득일자	공급가액	부가가치세	비고
토 지	2023.11.25.	100,000,000원	–	
건 물	2023.12.05.	150,000,000원	15,000,000원	
기계장치	2024.01.12.	50,000,000원	5,000,000원	
비 품	2023.01.05	2,000,000원	200,000원	

② 2024년 및 2025년의 공급가액 내역(2024년 제2기까지 납부세액 재계산은 올바르게 신고되었다.)

구 분	2024년 제1기	2024년 제2기	2025년 제1기
과세사업	200,000,000원	–	400,000,000원
면세사업	300,000,000원	350,000,000원	600,000,000원

※ 집중심화연습 해답은 [모의고사&기출문제 ➡ PART 03] 774페이지에서 확인 가능합니다.

CHAPTER 11

부가가치세신고 및 가산세

PART 04 부가가치세 신고서 및 부속서류 작성

부가가치 ▶▶ 신고서/부속명세 ▶▶ 부가가치세 ▶▶ 부가가치세신고서

1. 부가가치세신고서

부가가치세신고서는 각 신고기간에 대한 부가가치세 과세표준과 납부세액 또는 환급세액 등을 기재하여 관할세무서에 신고하는 서류로 부가가치세법에 규정된 서식이다.

부가가치세신고는 예정신고, 확정신고, 영세율등 조기환급신고, 수정신고가 있으며, 신고시 부가가치세신고서의 상단에 해당신고를 표시하고 신고내용을 증명하는 부속서류를 같이 제출해야 한다. 또한 부가가치세는 자진신고납부제도로 신고기한과 납부기한이 동일하므로 기한 내에 신고와 함께 납부를 하여야 하고 이렇게 함으로써 부가가치세 납세의무가 종결된다.

항 목	입력내용 및 방법
조회기간	당해 과세기간을 입력한다.
신고구분	[1.정기신고], [2.수정신고] 중 선택하며, [2.수정신고]를 선택한 경우는 [신고차수]를 반드시 입력하여 수정신고서를 작성한다.
원시데이타 켜기	해당란에 커서를 두고 [원시데이타 켜기] 버튼을 누르면 매입매출전표입력 자료 및 부속서류 조회가 가능하여 신고서 작성시 비교 대조할 수 있다.
작성방법 켜기	[작성방법 켜기] 버튼을 누르고 해당란에 커서를 두면 작성요령에 대한 보조화면이 나타난다.

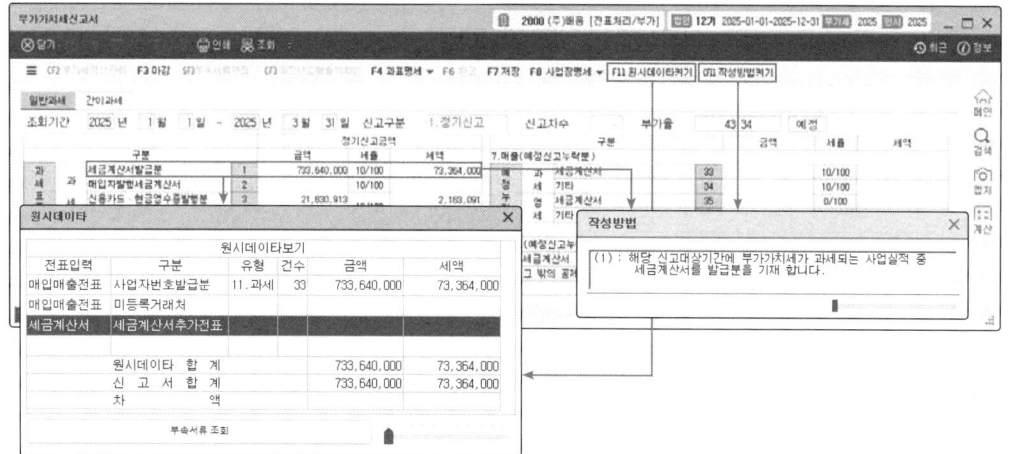

1 과세표준 및 매출세액

구분		정기신고금액			구분		금액	세율	세액
		금액	세율	세액	7.매출(예정신고누락분)				
과세표준및매출세액	과세 세금계산서발급분 ①		10/100		예정누락분	과세 세금계산서 ㉝		10/100	
	매입자발행세금계산서 ②		10/100			기타 ㉞		10/100	
	신용카드·현금영수증발행분 ③		10/100			영세 세금계산서 ㉟		0/100	
	기타(정규영수증외매출분) ④					기타 ㊱		0/100	
	영세 세금계산서발급분 ⑤		0/100			합계 ㊲			
	기타 ⑥		0/100						
	예정신고누락분 ⑦								
	대손세액가감 ⑧								
	합계 ⑨		㉮						

항 목		입력내용 및 방법
과세표준 및 매출세액	과세 / 세금계산서 발급분	① 과세(10%) 세금계산서 발급 ⇨ **유형 : 11.과세** 입력분 자동반영 ② 매출처별세금계산서합계표 제출
	매입자발행 세금계산서	① 매입자발행세금계산서 수취(세무서 직권에 의한 발급) ⇨ 유형 : 11.과세로 입력하며 [간편집계표 : 매입자 발행] 선택시 자동반영 ② 매출처별세금계산서합계표 제출
	신용카드·현금영수증발행분	① 과세(10%) 신용카드매출전표 및 현금영수증 발급 ⇨ **유형 : 17.카과, 22.현과** 입력분 자동반영 ② 신용카드매출전표등발행집계표 제출 ③ [경감·공제세액] ⇨ 신용카드매출전표등 발행공제등(19란)에 공급대가(발행금액) 반영
	기타	과세(10%) 매출로 법정증빙 발급이 없는 매출 ⇨ **유형 : 14.건별** 입력분 자동반영 ① 영수증에 의한 현금매출 ② **간주공급**(타사업장 반출 제외) ③ **간주임대료**
	영세 / 세금계산서 발급분	① 영세(0%) 세금계산서 발급 ⇨ **유형 : 12.영세** 입력분 자동반영 ② 매출처별세금계산서합계표 및 내국신용장·구매확인서 전자발급명세서 등 제출
	기타	① 영세(0%) 재화·용역을 공급하는 경우로 세금계산서를 발급하지 않는 거래 ⇨ **유형 : 16.수출, 19.카영, 24.현영** 입력분 자동반영 ② 수출실적명세서, 영세율첨부서류제출명세서 등 제출
	예정신고누락분	예정신고(1월 ~ 3월, 7월 ~ 9월)에 누락한 매출이 있는 경우 확정신고서에 반영하여 신고하며 매입매출전표입력 메뉴에서 [간편집계표 ⇨ **예정누락분**]을 선택하여 자동반영할 수 있다.
	대손세액가감	대손금이 확정되어 대손세액을 **공제(음수 기재)** 받거나 대손금을 회수하여 대손세액을 **납부(양수 기재)**하는 경우에 기재하며 [대손세액공제신고서]를 작성하여 자동반영한다.
	합 계	**과세표준명세의 합계(32)란의 금액과 반드시 일치**하여야 한다. 프로그램에서는 `F4 과표명세` 버튼을 클릭하여 확인할 수 있다.

2 과세표준명세

항 목		입력내용 및 방법
신고구분		[1.예정, 2.확정, 3.영세율 조기환급, 4.기한후과세표준] 중 유형을 선택한다. 다만, 조회기간(=과세기간)을 입력하면 예정과 확정은 자동으로 설정되며 "3"과 "4"는 직접 선택하여야 한다.
국세환급금계좌신고		"환급받을 세액"이 발생한 사업자가 기재하며 [회사등록] 메뉴의 "국세환급금계좌"에 입력하여 반영할 수 있다.
폐업일자 · 폐업사유		사업을 폐업하고 확정신고하는 사업자만 기재한다.
과세표준명세	(28) ~ (30)	손익계산서에 기재되는 업태와 종목별 과세표준을 기재하며 회사등록에 등록된 정보가 자동 반영된다. 매입매출전표입력 시 계정과목을 매출계정 "401 ~ 430"으로 회계처리한 정보가 반영된다. | 구 분 | 내 용 | |---|---| | 상품매출(401) | 업태 : 도소매로 입력되어야 자동집계 | | 제품매출(404) | 업태 : 제조로 입력되어야 자동집계 | | 기타매출(401 · 404 이외코드) | 기타매출로 집계 |
	(31)수입금액제외	고정자산매각, 간주공급 등 소득세법상 수입금액에서 제외되는 금액을 입력한다. 다만, 법인사업자의 경우는 법인세법상 수입금액제외를 기재한다.
	(32)합계	**과세표준의 합계(9)란과 일치**하여야 한다.
면세사업수입금액		부가가치세가 면세되는 사업의 수입금액을 업태, 종목별로 구분하여 입력하며 [유형 : 13.면세, 18.카면, 20.면건, 23.현면] 입력분이 자동반영 된다.
계산서 발급 및 수취명세	계산서 발급금액	부가가치세가 과세되지 아니한 재화 또는 용역을 공급하고 발급한 계산서 합계액을 입력하며 [유형 : 13.면세] 입력분이 자동반영 된다.
	계산서 수취금액	부가가치세가 면세되는 재화 등을 공급받고 수취한 계산서 합계액을 입력하며 [유형 : 53.면세] 입력분이 자동반영 된다.
신고년월일		부가가치세 신고일자를 입력하며 조회기간을 입력하면 신고기한이 자동반영 된다.

3 매입세액

구분			정기신고금액			구분		금액	세율	세액
			금액	세율	세액	12.매입(예정신고누락분)				
매입세액	세금계산서 수취분	일반매입	10			예정누락분	세금계산서	38		
		수출기업수입분납부유예	10-1				그 밖의 공제매입세액	39		
		고정자산매입	11				합계	40		
	예정신고누락분		12				신용카드매출 일반매입			
	매입자발행세금계산서		13				수령금액합계 고정매입			
	그 밖의 공제매입세액		14				의제매입세액			
	합계(10)-(10-1)+(11)+(12)+(13)+(14)		15				재활용폐자원등매입세액			
	공제받지못할매입세액		16				과세사업전환매입세액			
	차감계 (15-16)		17		ⓐ		재고매입세액			
납부(환급)세액(매출세액⑨-매입세액ⓑ)					ⓑ		변제대손세액			
							외국인관광객에대한환급세액			
구분			금액	세율	세액		합계			
16.공제받지못할매입세액						14.그 밖의 공제매입세액				
공제받지못할 매입세액			50			신용카드매출	일반매입	41		
공통매입세액면세사업분			51			수령금액합계표	고정매입	42		
대손처분받은세액			52			의제매입세액		43	뒤쪽	
합계			53			재활용폐자원등매입세액		44	뒤쪽	
						과세사업전환매입세액		45		
						재고매입세액		46		
						변제대손세액		47		
						외국인관광객에대한환급세액		48		
						합계		49		

항 목			입력내용 및 방법
매입세액	세금계산서 수취분	일반매입	① 과세(10%), 영세(0%) 매입세금계산서 수취 ⇨ 유형 : 51.과세, 52.영세, 54.불공, 55.수입 입력분 반영 ② 고정자산매입은 유형·무형자산 매입분이 반영되며 토지의 취득원가로 인한 정지비 등은 일반매입에 기재 ③ 수입분 중 부가가치세 납부유예신청분은 별도로 기재하여 불공제 처리 ⇨ 회사등록의 추가사항 TAB에서 [수입부가가치세 납부유예 : 여] 설정, 매입매출전표입력 메뉴의 [간편집계표 : 수입분납부유예]를 선택하여 자동 반영할 수 있다. ④ 매입처별세금계산서합계표 및 건물등감가상각자산취득명세서 제출
		수출기업 수입분 납부유예	
		고정자산 매입	
	예정신고누락분		예정신고(1월 ~ 3월, 7월 ~ 9월)에 누락한 매입이 있는 경우 확정신고서에 반영하여 신고하며 매입매출전표입력 메뉴에서 [간편집계표 ⇨ 예정누락분]을 선택하여 자동반영할 수 있다.
	매입자발행세금계산서		① 매입자발행세금계산서 발급(세무서 직권에 의한 발급) ⇨ [간편집계표 : 매입자 발행] 선택시 자동반영 ② 매입자발행세금계산서합계표 작성 제출
	그 밖의 공제 매입 세액	신용카드매출 수령합계표 (일반매입)	① 과세(10%) 신용카드 및 현금영수증 수취한 경우로 매입세액공제가 가능한 부분만 기재 ⇨ 유형 : 57.카과, 61.현과 입력분 반영 ② 일반매입과 고정자산(유형·무형자산) 매입 구분 기재 ③ 신용카드매출전표등수령명세서 및 건물등감가상각자산취득명세서 작성 제출
		신용카드매출 수령합계표 (고정매입)	
		의제매입세액	농산물 등 면세 원재료를 사용하여 과세 재화 또는 용역을 제공하여 의제매입세액을 공제받는 경우 기재하며 [의제매입세액공제신고서] 작성분 반영
		재활용폐자원등 매입세액	재활용폐자원 등에 대한 매입세액을 공제받고자 하는 경우 기재하며 [재활용폐자원세액공제신고서] 작성분 반영
		과세사업전환 매입세액	면세사업자가 과세사업 전환 시 잔존재화에 대하여 매입세액공제를 신고하는 경우 기재하며 [과세사업전환 감가상각자산신고서] 작성분 반영
		재고매입세액	간이과세자가 일반과세자 전환 시 잔존재화에 대하여 매입세액공제를 신고하는 경우 기재하며 [일반(간이)과세전환시의 재고품등신고서] 작성분 반영

항 목			입력내용 및 방법
매입세액	그 밖의 공제매입세액	변제대손세액	대손처분받은 세액에 대하여 대손금 변제를 한 경우로 [대손세액공제신고서] 작성하여 자동반영
		외국인관광객에 대한 환급세액	외국인관광객 특례적용관광호텔 사업자가 숙박용역의 공급시기에 정상적으로 부가가치세를 과세(10%)로 신고한 후 해당 부가가치세를 공제받는 경우 기재
	공제받지 못할 매입세액	공제받지못할 매입세액	① [세금계산서 수취분] 중 매입세액 불공제 사유에 해당하는 경우 기재 ⇨ 유형 : 54.불공 입력분 반영 ② 공제받지못할매입세액명세서 작성 제출
		공통매입세액면세등 사업분	겸영사업자의 공통매입세액 중 안분·정산·재계산하여 면세사업에 해당하는 부분을 계산하여 기재하며 [공제받지못할매입세액명세서]를 작성하여 자동반영
		대손처분받은세액	과세당국으로부터 매입 부가가치세에 대하여 대손처분 통지를 받은 경우 기재

4 차감·가감하여 납부할세액

항 목			입력내용 및 방법
경감공제세액	그 밖의 경감·공제세액	전자신고 세액공제	사업자가 직접 전자신고(국세청홈택스)하는 경우 확정신고시 "10,000원" 공제하거나 환급세액에 더한다.
		전자세금계산서 발급세액공제	직전연도 사업장별 공급가액이 3억원 미만인 개인사업자(간이과세자 포함)가 전자세금계산서를 발급일의 다음 날까지 국세청장에게 전송한 경우 발급 건수에 따라 200원 공제(연 100만원 한도, 2027.12.31.까지)
		택시운송사업자 경감세액	일반택시운송사업자에 대해서는 부가가치세 납부세액의 100분의 99를 2026년 12월 31일까지 경감하는 제도로 택시운송사업자만 기재
		대리납부 세액공제	대리납부제도 도입에 따른 신용카드사가 대리납부한 세액에 대해서 1%의 세액공제를 해주는 제도
		현금영수증 사업자세액공제	현금영수증 발급기를 각 사업장에 설치하여 주는 사업자에게 일정부분 세액을 공제해 주는 경우 기재
	신용카드매출전표등 발행공제등		개인사업자(법인 및 직전연도 공급가액 10억 초과 개인사업자 제외) 중 신용카드등 매출전표를 발행한 경우 연 1,000만원 한도(2026.12.31.까지) 내 금액을 세액공제 ⇨ 유형 : 17.카과, 22.현과 입력분 반영(법인도 공급대가 기재)
	소규모 개인사업자 부가가치세 감면세액		개인 일반과세자(과세유흥장소, 부동산매매·임대업 배제) 중 과세기간(6개월) 공급가액(부가가치세 미포함)의 합계액이 4천만원 이하인 경우 확정신고시 [소규모 개인사업자 부가가치세 감면신청서]를 제출하여 감면세액 적용 (2020.12.31.까지 한시적용)

항 목	입력내용 및 방법
예정신고미환급세액	예정신고시 일반환급세액이 있을 경우 확정신고서에 반영하여 정산한다. 일반환급자의 미환급세액을 직접 **양수**로 입력한다.
예정고지세액	개인사업자 및 소규모 법인사업자(직전 과세기간 공급가액 1억5천만원 미만인 법인)의 해당 과세기간의 예정신고기간에 고지된 세액을 기재한다.
사업양수자의 대리납부 기납부세액	사업을 양수받는 자가 대가를 지급하는 때에 그 대가를 받은 자로부터 부가가치세를 징수하여 납부한 경우에는 매입자가 납부한 세액을 공제하므로 그 금액을 기재한다.
매입자 납부특례 기납부세액	금지금·금제품 및 구리 스크랩 등 거래에 따른 부가가치세를 신한은행에 직접 입금한 부가가치세액을 기재한다.
신용카드업자의 대리납부 기납부세액	대리납부대상자가 유흥, 단란주점에서 부가가치세가 과세되는 재화 또는 용역을 공급하고 소비자가 신용카드(직불·선불카드 포함)로 결제하는 경우 신용카드사가 신용카드 등 결제금액의 4/110에 해당하는 금액을 부가가치세로 징수하여 대리납부대상자를 대신하여 납부하는 제도로 기납부세액을 기재한다.
가산세액계	별도로 설명
총괄납부사업자가 납부할 세액(환급받을 세액)	총괄납부제도를 적용하는 사업자 중 주된사업장에서 총괄한 납부·환급세액을 기재하며 [사업장별 부가가치세과세표준 및 납부세액(환급세액) 신고명세서] 작성분 반영

2. 가산세

1 가산세명세

25.가산세명세				
사업자미등록등		61		1/100
세 금 계산서	지연발급 등	62		1/100
	지연수취	63		5/1,000
	미발급 등	64		뒤쪽참조
전자세금 발급명세	지연전송	65		3/1,000
	미전송	66		5/1,000
세금계산서 합계표	제출불성실	67		5/1,000
	지연제출	68		3/1,000
신고 불성실	무신고(일반)	69		뒤쪽
	무신고(부당)	70		뒤쪽
	과소·초과환급(일반)	71		뒤쪽
	과소·초과환급(부당)	72		뒤쪽
납부지연		73		뒤쪽
영세율과세표준신고불성실		74		5/1,000
현금매출명세서불성실		75		1/100
부동산임대공급가액명세서		76		1/100
매입자 납부특례	거래계좌 미사용	77		뒤쪽
	거래계좌 지연입금	78		뒤쪽
신용카드매출전표등수령명세서미제출·과다기재		79		5/1,000
합계		80		

(1) 사업자미등록등 가산세

구 분	내 용	가산세
미등록가산세	사업개시일로부터 20일 이내에 사업자등록을 신청하지 **않은** 경우	공급가액 × 1%
허위등록 가산세	사업자가 **타인명의**(배우자는 타인으로 보지 아니한다)로 사업자등록을 하고 사업을 영위하는 경우	공급가액 × 2%

(2) 세금계산서 불성실가산세

구 분		내 용
부실기재	대상	발급한 세금계산서의 **필요적 기재사항의 전부 또는 일부**가 기재되지 않았거나 사실과 다르게 기재된 경우
	가산세	부실기재한 공급가액 × 1%
미발급등의 경우	대상	① 세금계산서를 **확정신고기한**(7월 25일, 1월 25일)까지 발급하지 **않은** 경우(미발급) ② 가공 세금계산서 등 : 재화 등을 **공급하지 아니하고** 세금계산서(신용카드매출전표등 포함) 등을 발급한 경우와 공급받지 아니하고 세금계산서 등을 발급받은 경우 ③ **타인명의**로 세금계산서 등(**위장** 세금계산서)을 발급하거나 발급받은 경우 ④ 재화 등을 공급하고 세금계산서 등의 **공급가액을 과다**하게 기재하여 공급하거나 공급받은 경우 ⑤ 둘 이상의 사업장을 보유한 사업자가 재화 또는 용역을 공급한 사업장이 아닌 **자신의 다른 사업장 명의**로 발급시기에 세금계산서를 발급한 경우 ⑥ 전자세금계산서 발급의무자가 발급시기에 **종이세금계산서 발급**한 경우
	가산세	미발급 · 타인명의 세금계산서 공급가액 × 2%
		가공 세금계산서 공급가액 × 3%
		④의 경우 실제보다 과다하게 기재한 부분에 대한 공급가액 × 2%
		⑤와 ⑥의 경우 발급한 공급가액 × 1%
지연발급 (지연수취)	대상	① **공급시기 이후** 해당 공급시기가 속하는 과세기간의 **확정신고기한**(7월 25일, 1월 25일)까지 세금계산서 발급하는 경우 ② 공급시기 이후 세금계산서를 발급받았으나, 실제 공급시기가 속하는 과세기간의 확정신고기한 다음날부터 **1년 이내**에 발급받은 것으로서 수정신고 · 경정청구하거나, 거래사실을 확인하여 결정 · 경정하는 경우 ③ 공급시기 이전 세금계산서를 발급받았으나, 실제 공급시기가 **6개월 이내**에 도래하고 거래사실을 확인하여 결정 · 경정하는 경우 ④ 공급받는 자가 **지연발급**한 세금계산서를 **수취**한 경우 매입세액 **공제**는 **가능**하나 **지연수취 가산세**가 적용된다.
	가산세	지연발급한 세금계산서 공급가액 × 1%(**지연수취 가산세 0.5%**)
		<table><tr><th>공급시기(가정)</th><th>발급기한</th><th>지연발급(1%)</th><th>미발급(2%)</th></tr><tr><td>03.20</td><td>4월 10일까지</td><td>04.11 ~ 07.25</td><td>07.25까지 미발급</td></tr></table>
세금계산서 발급명세 미전송등	대상	전자세금계산서를 발급한 사업자가 국세청장에 세금계산서 **발급명세를 전송하지 아니한 경우** ① 지연전송 : 공급시기가 속하는 과세기간의 확정신고기간(25일)까지 전송 ② 미전송 : 공급시기가 속하는 과세기간의 확정신고기간(25일)까지 전송하지 않은 경우 <table><tr><th>발급시기(가정)</th><th>전송기한</th><th>지연전송(0.3%)</th><th>미전송(0.5%)</th></tr><tr><td>04.07</td><td>4월 8일까지</td><td>04.09 ~ 07.25</td><td>07.25까지 미전송시</td></tr></table>
	가산세	지연전송한 공급가액 × 0.3%
		미전송한 공급가액 × 0.5%

(3) 매출처별세금계산서합계표 불성실가산세

구 분		내 용
부실기재	대상	거래처별 등록번호 또는 공급가액의 전부 또는 일부가 기재되지 아니하였거나 사실과 다르게 기재된 경우
	가산세	부실기재한 공급가액 × 0.5%
미제출	대상	확정신고시 매출처별세금계산서합계표를 제출하지 아니한 경우 　제출기한이 지난 후 1개월 이내에 제출하는 경우 해당가산세의 50%를 감면한다.
	가산세	미제출한 공급가액 × 0.5%
지연제출	대상	예정신고시 제출하여야 할 매출처별세금계산서합계표를 확정신고와 함께 제출한 경우 　예정신고시 미제출분을 확정신고시 제출하는 경우만 지연제출에 해당한다.
	가산세	지연제출한 공급가액 × 0.3%

(4) 매입처별세금계산서합계표 불성실가산세

구 분		내 용
재화등 공급시기 이후에 발급받은 경우	대상	재화 또는 용역의 공급시기 이후에 발급받은 세금계산서로서 해당 공급시기가 속하는 과세기간의 확정신고 기한내에 발급받은 경우
	가산세	공급가액 × 0.5%
미제출	대상	매입처별세금계산서합계표를 제출하지 않고 경정시 세금계산서를 경정기관의 확인을 거쳐 매입세액을 공제받는 경우
	가산세	공급가액 × 0.5%
공급가액 과다기재	대상	제출한 매입처별세금계산서합계표의 기재사항 중 공급가액을 사실과 다르게 과다하게 기재하여 신고한 경우
	가산세	과다기재한 공급가액 × 0.5%

(5) 영세율과세표준 신고불성실가산세

구 분	내 용
대상	영세율이 적용되는 과세표준을 신고하지 않거나 신고하여야 할 금액에 미달하게 신고한 경우 또는 영세율 첨부서류를 제출하지 않은 경우 　법정신고기한 경과 후 2년 이내 수정신고(예정신고 누락분 확정신고 포함)시 과소신고 가산세 90% ~ 10% 감면한다.
가산세	무신고 또는 미달신고한 과세표준 × 0.5%

(6) 현금매출명세서 미제출가산세

구 분	내 용
대상	사업자가 예정신고 또는 확정신고를 할 때 현금매출명세서를 제출하지 않거나 누락된 수입금액이 있는 경우 제출업종 : 변호사, 공인회계사, 세무사, 건축사, 변리사, 부동산중개업 등
가산세	미제출 또는 누락금액 × 1%

(7) 부동산임대공급가액명세서 미제출가산세

구 분	내 용
대상	부동산임대업자가 부동산임대공급가액명세서를 제출하지 않거나 제출한 수입금액이 사실과 다르게 적혀 있는 경우
가산세	미제출 또는 누락금액 × 1%

(8) 경정기관 확인 신용카드매출전표등 수취 및 명세서 가산세

구 분	내 용
대상	① 예정·확정신고시 미제출하고 경정기관의 확인을 거쳐 해당 경정기관에 제출하여 매입세액공제를 받는 경우 ② 매입세액을 공제받기 위하여 제출한 신용카드매출전표등 수령명세서에 공급가액을 과다하게 적은 경우(착오로 기재된 경우로서 신용카드매출전표등에 따라 거래사실이 확인되는 부분은 제외)
가산세	미제출 공급가액 또는 실제보다 과다하게 적은 공급가액 × 0.5%

(9) 신고불성실가산세

구 분		내 용
무신고	대상	사업자가 법정신고기간까지 예정신고 또는 확정신고를 하지 않은 경우
	가산세	① 일반무신고 : 납부세액 × 20% ② 부정무신고 : 납부세액 × 40%
과소신고 (초과환급)	대상	사업자가 법정신고기한까지 예정신고 또는 확정신고를 한 경우로서 납부세액(환급세액)을 신고하여야 할 금액보다 적게(많이) 신고한 경우
	가산세	① 일반과소(초과환급)신고 : 납부세액 × 10% ② 부정과소(초과환급)신고 : 납부세액 × 40%

(10) 납부지연가산세

구 분	내 용
대상	사업자가 납부기한까지 부가가치세의 납부를 하지 않거나 납부하여야 할 세액보다 적게 납부한 경우

구분	내용
가산세	납부지연가산세 = ① + ② ① 미납세액 또는 미달납부세액(초과환급세액) × 경과일수 × 2.2/10,000 ② 법정납부기한까지 납부하여야 할 세액 × 3% 　(납세고지서에 따른 납부기한까지 완납하지 아니한 경우에 한정함) 　㉠ 경과일수 : 당초 납부기한의 다음날부터 자진납부일 또는 납세고지일까지의 일수 　㉡ **예정신고 누락분 확정신고 및 수정신고**시에는 과세관청으로부터 납세고지서가 발급되기 전이므로 부가가치세 가산세는 **①의 가산세만 적용됨** 　㉢ 체납된 국세의 납부고지서별 · 세목별세액이 150만원 미만인 경우에는 ①의 가산세가 제외되나 부가가치세 **예정신고 누락(법인) 및 수정신고**는 자진신고 · 납부에 해당하므로 **가산세가 적용됨**

(11) 가산세 중복적용 배제

우선 적용되는 가산세	적용배제 가산세
미등록 등 가산세	세금계산서 지연발급, 부실기재 가산세 경정기관 확인 신용카드매출전표등 가산세 매출처별세금계산서합계표 불성실가산세 전자세금계산서 지연전송, 미전송가산세
세금계산서 지연발급, 부실기재 가산세 경정기관 확인 신용카드매출전표등 가산세 전자세금계산서 지연전송, 미전송가산세	매출처별세금계산서합계표 불성실가산세
세금계산서 미발급 가산세 가공세금계산서 발급(수취) 가산세 세금계산서등의 공급가액 과다기재 발급(수취) 가산세	미등록 가산세 매출처별세금계산서합계표 불성실가산세 매입처별세금계산서합계표 불성실가산세
세금계산서 지연발급 가산세 세금계산서 미발급 가산세	세금계산서 부실기재 가산세 전자세금계산서 지연전송, 미전송가산세
세금계산서 부실기재 가산세	전자세금계산서 지연전송, 미전송가산세
위장세금계산서 발급(수취) 가산세	세금계산서 미발급가산세

2 가산세 감면

(1) 수정신고에 따른 감면

법정신고기한 경과 후 2년 이내에 수정신고(예정신고 누락분 확정신고 포함)를 한 경우(**과소신고가산세와 초과환급신고가산세, 영세율과세표준신고불성실가산세만 해당됨**)에는 다음의 구분에 따른 금액을 감면한다.

다만, 과세관청의 경정할 것을 미리 알고 과세표준수정신고서를 제출하는 경우는 제외한다.

법정신고기한 경과 후	감면률(납부율)	법정신고기한 경과 후	감면률(납부율)
1개월 이내	90%(납부 10%)	1개월 초과 3개월 이내	75%(납부 25%)
3개월 초과 6개월 이내	50%(납부 50%)	6개월 초과 1년 이내	30%(납부 70%)
1년 초과 1년 6개월 이내	20%(납부 80%)	1년 6개월 초과 2년 이내	10%(납부 90%)

(2) 기한후 신고에 따른 감면

법정신고기한 지난 후 기한후 신고를 한 경우(무신고가산세만 해당함) 다음의 구분에 따른 금액을 감면한다. 또한, 기한 후 신고자도 경정청구 및 수정신고가 가능하다.

법정신고기한 경과 후	감면률(납부율)	법정신고기한 경과 후	감면률(납부율)
1개월 이내	50%(납부 50%)	1개월 초과 3개월 이내	30%(납부 70%)
3개월 초과 6개월 이내	20%(납부 80%)		

(3) 세법에 따른 제출 · 신고 · 가입 · 등록 · 개설의 기한이 지난 후 1개월 이내에 해당 세법에 따른 제출 등의 의무를 이행하는 경우 해당 가산세액의 50%를 감면한다.

실무예제 1

기존에 입력된 자료는 무시하고 다음의 자료를 토대로 2025년도 제1기 예정신고기간(1.1 ~ 3.31)의 부가가치세 예정신고서를 작성하시오. 단, 관련전표입력 및 부속서류작성은 생략한다. [회사코드 : 2000.(주)배움]

매출자료	▪ 제품 매출 후 전자세금계산서 발행매출 : 240,000,000원(부가가치세 별도) ▪ 제품 카드매출판매액 : 3,300,000원(부가가치세 포함) ▪ 수출신고하고 선적한 수출매출 : 50,000,000원 ▪ 당사의 제품(원가 : 7,000,000원, 시가 : 10,000,000원)을 매출처에 무상 제공 ▪ 고정자산매각 전자세금계산서 발행 : 10,000,000원(부가가치세 별도)
매입자료	▪ 세금계산서 수취한 매입액은 90,000,000원(부가가치세 별도)인데, 이 중 공장의 기계장치를 취득한 고정자산매입분이 15,000,000원(부가가치세 별도) 있고, 접대목적으로 구입한 물품 매입액 5,000,000원(부가가치세 별도)이 있다. ▪ 원재료를 구입하고 법인신용카드로 결제하여 부가가치세 매입세액공제 받는 금액이 6,600,000원(부가가치세 포함) 있다. ▪ 내국신용장에 의해 원재료를 구매하고, 영세율전자세금계산서를 수취한 매입액 20,000,000원이 있다.
기타자료	▪ 위에서 주어진 자료 이외에는 거래내역이 없다고 가정하며 위에 매출자료를 기준으로 과세표준명세를 작성한다. ▪ 업태 및 종목, 업종코드는 다음과 같다.<table><tr><th>업태</th><th>종목</th><th>업종코드</th></tr><tr><td>제조</td><td>전자제품</td><td>300201</td></tr></table>

 예제 따라하기

① 조회기간(2025년 1월 1일 ~ 2025년 3월 31일)을 입력하고 신고구분(1.정기신고)를 선택하면 매입매출전표입력에 입력된 데이터가 조회된다. 지문에 "**기존에 입력된 자료는 무시**"라는 문구가 있으므로 조회된 데이터를 삭제 후 입력하여야 한다. **시험과 동일한 형태로 연습하고자 매입매출전표에 입력된 데이터는 삭제하지 않는다.**

② 제품 카드매출판매액(현금영수증 포함)은 신용카드·현금영수증발행분(3)란과 신용카드매출전표등 발행공제등(19)란에 입력한다. 신용카드 및 현금영수증의 과세매출은 법인도 (19)란에 기재하여 신고하는 것이 맞으나 **시험에서는 별도의 지문이 주어지지 않는 경우는 현재 채점대상에서 제외**하고 있다. 답안공지는 기재와 미기재 두 가지가 병행되고 있어 수험자는 무조건 기재로 연습한다.

③ 매출처에 무상제공한 제품은 **간주공급**에 해당하여 **시가**가 과세표준이며 세금계산서 발급의무가 없으므로 (4)란에 입력한다.

④ 세금계산서수취분은 고정자산매입(11)란에 금액 15,000,000원, 세액 1,500,000원을 입력하고 일반매입은 금액 95,000,000원(= 90,000,000원 − 15,000,000원 + 20,000,000원), 세액 7,500,000원을 입력한다.

⑤ 세금계산서수취분 중 접대목적 구입은 불공제 사유에 해당하므로 공제받지못할매입세액(16)란의 (50)란에 금액 5,000,000원, 세액 500,000원 입력하여 반영한다.

⑥ 신용카드 원재료 매입은 그 밖의 공제매입세액(14)란의 일반매입(41)란에 입력하여 반영한다.

	구분		정기신고금액				구분		금액	세율	세액
			금액	세율	세액		14.그 밖의 공제매입세액				
과세표준및매출세액	과세	세금계산서발급분	1	250,000,000	10/100	25,000,000	신용카드매출수령금액합계표	일반매입	41	6,000,000		600,000
		매입자발행세금계산서	2		10/100			고정매입	42			
		신용카드·현금영수증발행분	3	3,000,000		300,000	의제매입세액		43		뒤쪽	
		기타(정규영수증외매출분)	4	10,000,000	10/100	1,000,000	재활용폐자원등매입세액		44		뒤쪽	
	영세	세금계산서발급분	5		0/100		과세사업전환매입세액		45			
		기타	6	50,000,000	0/100		재고매입세액		46			
	예정신고누락분		7				변제대손세액		47			
	대손세액가감		8				외국인관광객에대한환급세액		48			
	합계		9	313,000,000	㉮	26,300,000	합계		49	6,000,000		600,000
매입세액	세금계산서수취분	일반매입	10	95,000,000		7,500,000	16.공제받지못할매입세액					
		수출기업수입분납부유예	10-1				공제받지못할 매입세액		50	5,000,000		500,000
		고정자산매입	11	15,000,000		1,500,000	공통매입세액면세사업분		51			
	예정신고누락분		12				대손처분받은세액		52			
	매입자발행세금계산서		13				합계		53	5,000,000		500,000
	그 밖의 공제매입세액		14	6,000,000		600,000						
	합계(10)-(10-1)+(11)+(12)+(13)+(14)		15	116,000,000		9,600,000						
	공제받지못할매입세액		16	5,000,000		500,000						
	차감계 (15-16)		17	111,000,000	㉯	9,100,000						
납부(환급)세액(매출세액㉮-매입세액㉯)					㉰	17,200,000						
경감공제세액	그 밖의 경감·공제세액		18									
	신용카드매출전표등 발행공제등		19	3,300,000								
	합계		20		㉱							
소규모 개인사업자 부가가치세 감면세액			20-1		㉲							
예정신고미환급세액			21		㉳							
예정고지세액			22		㉴							
사업양수자의 대리납부 기납부세액			23		㉵							
매입자 납부특례 기납부세액			24		㉶							
신용카드업자의 대리납부 기납부세액			25		㉷							
가산세액계			26		㉸							
차가감하여 납부할세액(환급받을세액)㉰-㉱-㉲-㉳-㉴-㉵-㉶-㉷+㉸			27			17,200,000						
총괄납부사업자가 납부할 세액(환급받을 세액)												

⑦ 상단의 [과표명세] 버튼을 클릭하여 [과세표준 및 매출세액]의 **합계(9)**란의 금액과 [과세표준명세] **합계(32)**란의 금액과 **동일**하도록 입력하고 **간주공급**과 **고정자산매각**은 과세표준에는 포함되나 수입금액은 아니므로 과세표준명세의 **수입금액제외(31)**란에 기재한다.

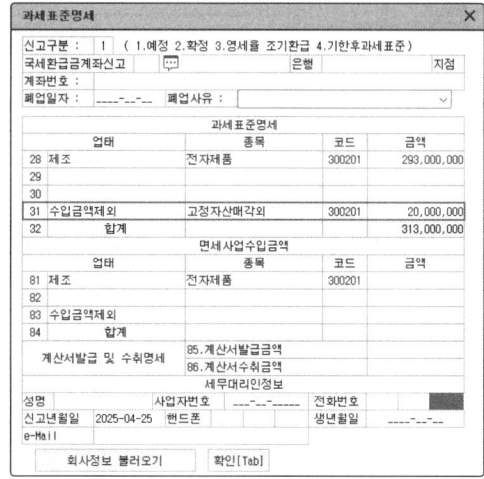

실무예제2

2025년 제1기 예정 부가가치세 신고 시에 누락된 다음 자료를 포함(**전표입력 요망**)하여 2025년 제1기 확정 부가가치세 신고서를 작성하시오. 확정 과세기간의 전표입력은 완료되었고 가산세 적용 시 미납일수는 91일(제1기 예정신고 기한 : 2025년 4월 25일, 확정신고·납부일자 : 2025년 7월 25일)로 하며 일반과소신고가산세율을 적용하기로 한다.

[회사코드 : 2000.(주)배움]

- 2/23 : 공공상사로부터 받은 공장임차료 1,000,000원(부가가치세 별도)을 현금지급하고 교부받은 종이세금계산서
- 3/30 : 제품 2,000,000원(부가가치세 별도)을 (주)웅이상사에 현금매출하고 교부한 전자세금계산서(4월 30일에 지연 발급함)
- 4/30 : 구라전자에서 수취한 원재료 매입 20,000,000원(부가가치세 별도)의 전자세금계산서는 그 공급시기(4.30.) 이후인 확정신고기한(7.25.)까지 수취한 매입 내역이다.

예제 따라하기

(1) 매입매출전표입력

① 2025년 2월 23일 공공상사 누락분

매입매출전표입력 메뉴 상단의 [**간편집계표 ⇨ 예정 누락분**]을 선택하여 누락분을 반영하고자 하는 확정신고 월(4월 ~ 6월)을 입력한다.

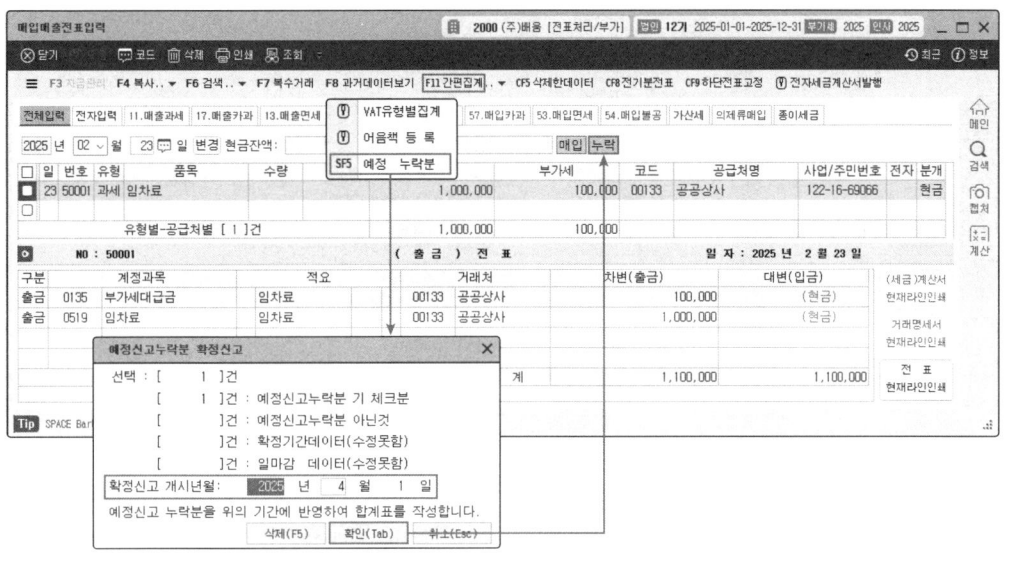

② 2025년 3월 30일 (주)웅이상사 누락분 : 공공상사 입력 방식과 동일한 방식으로 입력한다.

③ 확정 과세기간에 대한 전표입력은 이미 완료한 상태이므로 4월 30일 공급받은 원재료 매입은 추가 입력하지 않는다.

(2) 부가가치세신고서(조회기간 : 2025년 4월 1일 ~ 2025년 6월 30일) 작성 및 가산세

① 지연발급 가산세 = 2,000,000원 × 1%(1기 확정신고기한내 발급) = 20,000원

② 지연수취 가산세 = 20,000,000원 × 0.5% = 100,000원

공급시기(04.30.)이후에 공급시기가 속하는 과세기간에 대한 확정신고기한(07.25.)까지 발급받은 세금계산서의 경우 매입세액공제는 가능하나, 해당 공급가액의 0.5%만큼 지연수취 가산세가 발생한다.

③ 신고불성실 가산세 = (200,000원 - 100,000원) × 10%(일반과소) × (1 - 75%) = 2,500원

⇨ 1개월초과 3개월이내 수정신고 : 75% 감면

④ 납부지연 가산세 = (200,000원 - 100,000원) × 91일 × 2.2/10,000 = 2,002원

[납부지연일수 계산] 보조화면에 당초납부기한(2025년 04월 25일), 납부일 또는 고지일(2025년 07월 25일)을 입력하면 미납일수(91일)가 계산되며 자동으로 납부지연가산세가 계산 반영된다.

실무예제 3

기존에 입력된 자료는 무시하고 다음의 자료를 토대로 2025년 제2기 확정신고기간(10.1~12.31)의 부가가치세신고서를 작성하며 부가가치세 관련 부속서류는 작성하지 않는다. [회사코드 : 2000.(주)배움]

매출 자료	■ 전자세금계산서 발행매출 : 200,000,000원(부가가치세 별도) ■ 수출신고하고 선적한 수출매출 : 50,000,000원 ■ 현금 과세 매출액 : 16,500,000원(부가가치세 포함), 현금영수증 의무발행업종이 아님 ■ 거래처의 파산을 사유로 확정된 대손금액 : 4,400,000원(부가가치세 포함된 금액이며 법요건 충족함) ■ 2025년 제2기 예정신고기간(7.1 ~ 9.30)에 발행된 카드매출을 예정신고시 신고누락하고 제2기 확정신고시 신고하였는데 그 금액은 3,000,000원(부가가치세 별도)이었다. (가산세 계산시 미납일수는 92일로 가정한다.)
매입 자료	■ 세금계산서 수취한 매입액은 120,000,000원(부가가치세 별도)인데, 이 중 비영업용소형승용차(1,500cc)를 취득한 고정자산매입분 15,000,000원이 있다. ■ 비품을 구입하고 법인신용카드로 결제하여 부가가치세 매입세액공제 받는 금액이 4,400,000원(부가가치세 포함) 있다.
기타 자료	■ 위에서 주어진 자료 이외에는 거래내역이 없으며, (주)배움이 홈택스에서 직접 전자신고 하였다. ■ 제2기 예정신고기한 : 2025년 10월 25일, 확정신고 · 납부일자 : 2026년 1월 25일

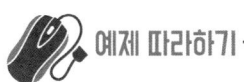

예제 따라하기

① 조회기간(2025년 10월 1일 ~ 2025년 12월 31일)을 입력하고 신고구분(1.정기신고)를 선택하며 **"기존에 입력된 자료는 무시"**라는 문구가 있으므로 조회된 데이터를 삭제 후 입력한다.

② 대손요건 충족에 대한 대손세액 공제분 400,000원은 **음수**로 대손세액가감(8)란에 입력한다.

- 대손세액 공제액 = 4,400,000원 × 10/110 = 400,000원

③ 홈택스에서 직접 전자신고를 하는 경우 확정신고시 전자신고세액공제 "10,000원"을 [그 밖의 경감 · 공제세액(18)]란의 (54)란에 입력한다.

④ 예정신고 시 매출이 누락된 부분이 있으므로 가산세가 발생한다. 다만, 세금계산서 이외의 거래이므로 세금계산서 관련 가산세는 없으나 신고 · 납부에 대한 가산세가 적용된다.

㉠ 신고불성실 가산세 = 300,000원 × 10%(일반과소) × (1 − 75%) = 7,500원

⇨ 1개월초과 3개월이내 수정신고 : 75% 감면

㉡ 납부지연 가산세 = 300,000원 × 92일 × 2.2/10,000 = 6,072원

구분				정기신고금액 금액	세율	세액
과세표준및매출세액	과세	세금계산서발급분	1	200,000,000	10/100	20,000,000
		매입자발행세금계산서	2		10/100	
		신용카드 · 현금영수증발행분	3		10/100	
		기타(정규영수증외매출분)	4	15,000,000		1,500,000
	영세	세금계산서발급분	5		0/100	
		기타	6	50,000,000	0/100	
	예정신고누락분		7	3,000,000		300,000
	대손세액가감		8			-400,000
	합계		9	268,000,000	㉮	21,400,000
매입세액	세금계산서수취분	일반매입	10	105,000,000		10,500,000
		수출기업수입분납부유예	10-1			
		고정자산매입	11	15,000,000		1,500,000
	예정신고누락분		12			
	매입자발행세금계산서		13			
	그 밖의 공제매입세액		14	4,000,000		400,000
	합계(10)-(10-1)+(11)+(12)+(13)+(14)		15	124,000,000		12,400,000
	공제받지못할매입세액		16	15,000,000		1,500,000
	차감계 (15-16)		17	109,000,000	㉯	10,900,000
납부(환급)세액(매출세액㉮-매입세액㉯)					㉰	10,500,000
경감공제세액	그 밖의 경감 · 공제세액		18			10,000
	신용카드매출전표등 발행공제등		19			
	합계		20		㉱	10,000
소규모 개인사업자 부가가치세 감면세액			20-1		㉲	
예정신고미환급세액			21		㉳	
예정고지세액			22		㉴	
사업양수자의 대리납부 기납부세액			23		㉵	
매입자 납부특례 기납부세액			24		㉶	
신용카드업자의 대리납부 기납부세액			25		㉷	
가산세액계			26		㉸	13,572
차가감하여 납부할세액(환급받을세액)㉰-㉱-㉲-㉳-㉴-㉵-㉶-㉷+㉸					27	10,503,572
총괄납부사업자가 납부할 세액(환급받을 세액)						

구분				금액	세율	세액
7.매출(예정신고누락분)						
예정누락분	과세	세금계산서	33		10/100	
		기타	34	3,000,000	10/100	300,000
	영세	세금계산서	35		0/100	
		기타	36		0/100	
		합계	37	3,000,000		300,000
14.그 밖의 공제매입세액						
신용카드매출수령금액합계표		일반매입	41			
		고정매입	42	4,000,000		400,000
의제매입세액			43		뒤쪽	
재활용폐자원등매입세액			44		뒤쪽	
과세사업전환매입세액			45			
재고매입세액			46			
변제대손세액			47			
외국인관광객에대한환급세액			48			
		합계	49	4,000,000		400,000
16.공제받지못할매입세액						
공제받지못할 매입세액			50	15,000,000		1,500,000
공통매입세액면세등사업분			51			
대손처분받은세액			52			
		합계	53	15,000,000		1,500,000
18.그 밖의 경감·공제세액						
전자신고세액공제			54			10,000
전자세금계산서발급세액공제			55			
택시운송사업자경감세액			56			
대리납부세액공제			57			
현금영수증사업자세액공제			58			
기타			59			
		합계	60			10,000

25.가산세명세					
사업자미등록등		61		1/100	
세금계산서	지연발급 등	62		1/100	
	지연수취	63		5/1,000	
	미발급 등	64		뒤쪽참조	
전자세금발급명세	지연전송	65		3/1,000	
	미전송	66		5/1,000	
세금계산서합계표	제출불성실	67		5/1,000	
	지연제출	68		3/1,000	
신고불성실	무신고(일반)	69		뒤쪽	
	무신고(부당)	70		뒤쪽	
	과소·초과환급(일반)	71	300,000	뒤쪽	7,500
	과소·초과환급(부당)	72		뒤쪽	
납부지연		73	300,000	뒤쪽	6,072
영세율과세표준신고불성실		74		5/1,000	
현금매출명세서불성실		75		1/100	
부동산임대공급가액명세서		76		1/100	
매입자납부특례	거래계좌 미사용	77		뒤쪽	
	거래계좌 지연입금	78		뒤쪽	
신용카드매출전표등수령명세서미제출		79		5/1,000	
합계		80			13,572

납부지연일수 계산

당초납부기한	2025	년	10	월	25	일
납부일 또는 고지일	2026	년	1	월	25	일
미납일수	92					

확인[Tab] 취소[Esc]

실무예제 4

2025년 제2기 부가가치세 확정신고(신고기한 2026년 1월 25일)에 대한 **수정신고**를 2026년 2월 23일에 하고자 한다. 수정신고와 관련하여 누락된 자료는 아래와 같고, 일반과소신고이며, 미납일수는 29일이다. 다음 거래(전표입력은 생략)에 대하여 **수정신고 1차분**에 직접입력방식으로 수정신고서를 작성(과세표준명세 작성 포함)하시오.

[회사코드 : 2200.(주)성공]

① 10월 13일 : 외상 제품매출누락(공급가액 3,500,000원, 세액 350,000원, 전자세금계산서 발행)
② 11월 9일 : 영업부 직원 황영업(임원 아님)에게 경조사와 관련하여 연간 시가 2,000,000원(원가 1,500,000원) 상당의 당사가 제조한 제품을 무상으로 제공
③ 11월 22일 : 신용카드 제품판매내역 누락(공급대가 1,650,000원)
④ 12월 4일 : 6인승 업무용 승용차 3개월 할부구입(전자세금계산서 수취, 공급가액 23,000,000원, 세액 2,300,000원)

예제 따라하기

① 조회기간(2025년 10월 1일 ~ 2025년 12월 31일), **신고구분(2.수정신고), 신고차수(1차)**를 선택한다. 수정신고자료는 [**수정신고금액**]란에서 직접 추가입력한다.
② 세금계산서발급분(1란) : 587,800,000원 + 3,500,000원 = 591,300,000원으로 수정입력
③ 신용카드·현금영수증발행분(3란) : 신용카드 제품매출 1,500,000원 추가입력, 신용카드매출전표등 발행공제등(19란) 공급대가 1,650,000원 추가입력
④ 기타(4란) : 경조사와 관련하여 직원에게 재화를 제공하는 경우 사용인 1명당 연간 10만원 초과하는 금액에 대해서는 재화의 간주공급(개인적 공급)에 해당한다.
간주공급의 과세표준(시가) : 2,000,000원 − 100,000원 = 1,900,000원 추가입력
⑤ 세금계산서수취분의 고정자산매입(11란) : 금액 23,000,000원, 세액 2,300,000원 추가입력, 공제받지못한매입세액(16)란에서 [TAB] 키를 누른 후 (50)란에 금액 23,000,000원, 세액 2,300,000원 추가입력

⑥ 가산세명세를 수정하는 경우는 [TAB] 키를 누른 후 입력한다.
  ㉠ 매출세액 : (3,500,000원 + 1,900,000원 + 1,500,000원) × 10% = 690,000원
  ㉡ 매입세액 : 6인승 승용차 구입은 비영업용소형승용차에 해당하여 불공제사유이므로 매입세액 공제분은 없음
  ㉢ 신고불성실 가산세 = 690,000원 × 10%(일반과소) × (1 – 90%) = 6,900원
    ⇨ 1개월이내 수정신고 : 90% 감면
  ㉣ 납부지연 가산세 = 690,000원 × 29일 × 2.2/10,000 = 4,402원(원미만 절사)

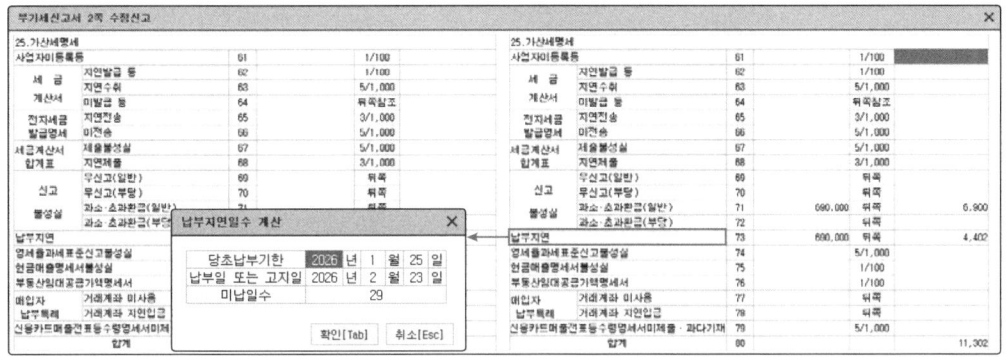

⑦ 수정 부가가치세신고서 입력화면

⑧ 상단의 [과표명세]를 누른 후 과세표준명세를 수정한다. 개인적공급인 간주공급은 수입금액 제외에 해당하므로 (31)란에 입력하고 신고년월일(2026-02-23)을 입력한다.

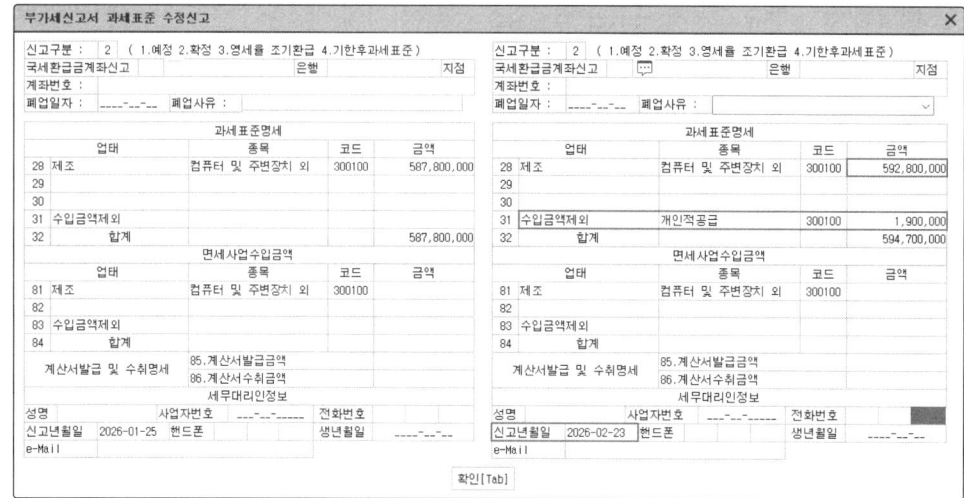

실무예제5

당사는 2025년 제1기 확정신고기간(4.1 ~ 6.30)의 부가가치세 신고를 하지 않아 2025년 8월 1일에 기한후신고납부를 하고자 한다. 다음 자료를 **매입매출전표에 입력(분개는 현금)하여 부가가치세 기한후 신고서를 작성**하시오. 전자세금계산서는 적정하게 작성 및 전송하였고, 가산세는 미납일수를 7일로 하고, 일반무신고가산세를 적용한다. 단, 과세표준명세를 입력하고, 가산세는 원미만 절사한다. [회사코드 : 2200.(주)성공]

- 5월 22일 : 원재료 5,400,000원(부가가치세 별도)를 놀부상사로부터 매입하고 전자세금계산서를 발급받았다.
- 6월 4일 : 제품 9,100,000원(부가가치세 별도)를 (주)창조에 매출하고 전자세금계산서를 작성하고 전송하였다.
- 제1기 확정신고·납부기한 : 2025년 7월 25일, 기한후 신고·납부일자 : 2025년 8월 1일

예제 따라하기

(1) 매입매출전표입력

① 2025년 5월 22일 놀부상사 거래분(매입)

□	일	번호	유형	품목	수량	단가	공급가액	부가세	코드	공급처명	사업/주민번호	전자	분개
■	22	50003	과세	원재료			5,400,000	540,000	00211	놀부상사	220-08-81087	여	현금
			유형별-공급처별 [1]건				5,400,000	540,000					

NO : 50003   (출금) 전 표

구분	계정과목		적요	거래처	차변(출금)	대변(입금)
출금	0135	부가세대급금	원재료	00211 놀부상사	540,000	(현금)
출금	0153	원재료	원재료	00211 놀부상사	5,400,000	(현금)
				합 계	5,940,000	5,940,000

② 2025년 6월 4일 (주)창조 거래분(매출)

□	일	번호	유형	품목	수량	단가	공급가액	부가세	코드	공급처명	사업/주민번호	전자	분개
■	4	50003	과세	제품			9,100,000	910,000	00110	(주)창조	125-86-26808	여	현금
			유형별-공급처별 [1]건				9,100,000	910,000					

NO : 50003   (입금) 전 표

구분	계정과목		적요	거래처	차변(출금)	대변(입금)
입금	0255	부가세예수금	제품	00110 (주)창조	(현금)	910,000
입금	0404	제품매출	제품	00110 (주)창조	(현금)	9,100,000
				합 계	10,010,000	10,010,000

(2) 부가가치세신고서

① 조회기간(2025년 4월 1일 ~ 2025년 6월 30일), 신고구분(1.정기신고)를 선택하고 조회한다.

② 기한후 신고와 관련된 가산세를 입력한다.

　㉠ 신고불성실 가산세 = (910,000원 − 540,000원) × 20%(일반무신고) × 50% = 37,000원

　　⇨ 1개월이내 신고 : 50% 감면

　㉡ 납부지연 가산세 = (910,000원 − 540,000원) × 7일 × 2.2/10,000 = 569원

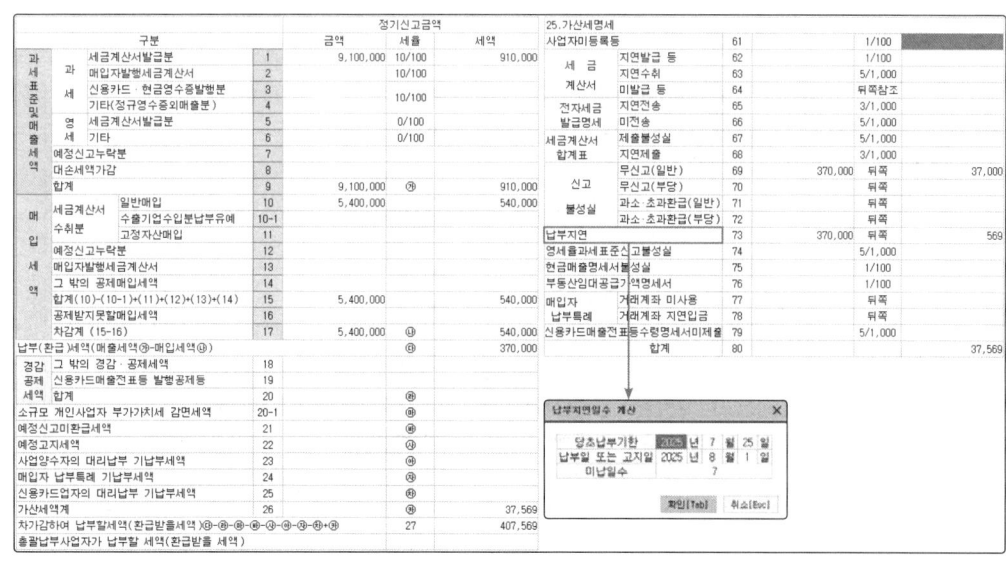

③ 과세표준명세

　신고구분(4.기한후과세표준), 신고년월일(2025-08-01)을 입력한다.

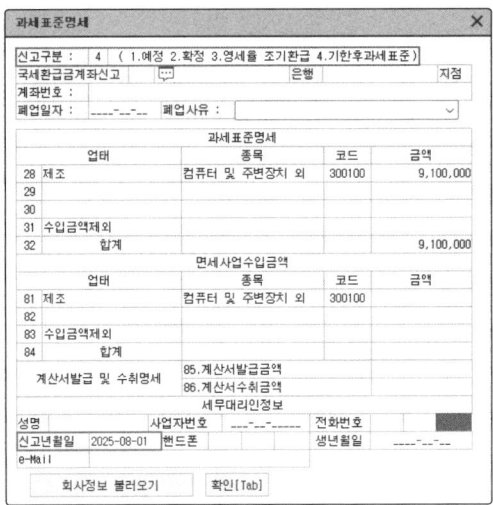

 심화연습

[1] 기존의 입력된 자료는 무시하고 다음 자료를 토대로 2025년 제2기 확정 부가가치세신고서를 작성하시오(세부담 최소화 가정). 부가가치세신고서 이외의 과세표준명세 등 기타 부속서류의 작성은 생략한다. 단 제시된 자료 이외의 거래는 없으며, 홈택스에서 직접 전자신고하여 세액공제를 받기로 한다. [회사코드 : 2400. (주)태풍]

매출자료	■ 전자세금계산서 발행 과세매출액 : 400,000,000원(500매, 부가가치세 별도) ■ 신용카드 매출액 : 66,000,000원(부가가치세 포함) ■ 직수출액 : 200,000,000원 ■ 2024년 제1기 확정신고시 대손세액공제를 받았던 외상매출금 22,000,000원을 전액 회수하였다.
매입자료	■ 세금계산서 매입액 : 530,000,000원(부가가치세 별도) 　세금계산서 매입액 중 500,000,000원(부가가치세 별도)은 과세상품구입과 관련한 매입액이며, 토지의 자본적 지출 관련 매입액 30,000,000원(부가가치세 별도)이 포함되어 있다. ■ 제2기 예정신고시 누락된 세금계산서 매입액 : 10,000,000원(부가가치세 별도) ■ 제2기 예정고지세액(소규모 영세법인 가정) : 3,000,000원

[2] 2025년 제1기 예정 부가가치세 신고 시에 다음 내용이 누락되었다. 누락된 자료를 추가하여 제1기 확정 부가가치세 신고서를 작성하시오. 3월분 임차료는 전자세금계산서를 발급받았다. 예정신고누락분을 전표입력(분개는 생략한다)하여 부가가치세확정신고서에 반영하시오.

[회사코드 : 2400. (주)태풍]

1. 공장건물의 3월분 임차료 전자세금계산서를 누락하였으며 이는 공급시기 이후 4월 30일에 전자세금계산서를 수취하였다.

   - 공급가액 : 1,500,000원(VAT 별도)   - 공급자 : 김규천(125-20-44552)   - 일자 : 3월 20일

2. 수출한 재화(제품)의 신고를 누락하다.

거래처명	선적일	수출신고일	대금결제일	환율			외화금액
				선적일	수출신고일	대금결제일	
제이앤제이	03.26.	03.19.	04.14.	1,200/$	1,150/$	1,250/$	$15,000

[3] 기존의 입력된 자료는 무시하고 다음 자료를 반영하여 2025년 제2기 확정신고(10월~12월)에 대한 부가가치세 신고서를 작성하시오. 단, 제2기 확정 과세기간의 거래는 주어진 자료 뿐이라고 가정하고, 부가가치세 신고서 이외의 부속서류 작성 및 매입매출전표의 수정·입력은 생략한다. [회사코드 : 2600. (주)온누리]

- 예정신고시 누락분
  ① 직수출 30,000,000원(부정행위 아님)
  ② 매입세액공제 가능한 사업용신용카드 일반매입분 5,500,000원(공급대가) 누락
- 확정신고기간분에 대한 사항
  ① 세금계산서 매출액 200,000,000원(공급가액)
    ⇨ 세금계산서 매출분 중 공급시기에 종이세금계산서 발급분 10,000,000원(공급가액)이 포함되어 있다.
  ② 세금계산서 매입액 100,000,000원(공급가액) : 고정자산매입분 없음
    ⇨ 매입세금계산서 중 기업업무추진비 해당분 3,000,000원(공급가액)이 포함되어 있다.
  ③ 아래의 대손확정은 재화용역의 공급일로부터 10년 이내에 발생한 것이다.
    – (주)세무에 대한 외상매출금으로써 2025년 10월 5일 소멸시효 완성 분 : 44,000,000원(부가가치세 포함)
    – (주)회계에 대한 받을어음 ((주)회계는 2025년 9월 6일 부도발생함) : 55,000,000원(부가가치세 포함)
  ④ 제2기 예정신고시 미환급세액 : 2,000,000원

[4] (주)대흥은 2025년 제2기 확정신고(10월~12월)를 한 후 다음과 같은 오류를 발견하였다. 2026년 2월 28일에 수정신고하는 경우 부가가치세 수정신고서(1차)를 작성하시오. 본 문제에서 과소신고한 것은 부당과소신고가 아니다. [회사코드 : 2300. (주)대흥]

가정	▪ 발견된 오류는 아직 신고서에 반영되지 않았으며, 오류 내용에 대한 전표입력은 생략한다. ▪ 가산세 계산시 일수는 34일로 하며 당초 제2기 확정신고·납부기한은 2026년 1월 25일이다. ▪ 아래 오류사항 이외에 추가적으로 반영할 사항은 없으며, 각종 세액공제는 모두 생략한다.
오류 사항	▪ 10월 1일 (주)영동상사에 제품을 5,000,000원(부가가치세 별도)에 판매하고, 즉시 전자세금계산서를 발급한 1건에 대한 국세청 전송을 누락하여 2026년 2월 20일 국세청에 전송하였는데 부가가치세 신고서에 반영되지 않았다. ▪ 원재료를 소매로 3,000,000원(부가가치세 별도)에 매입하고 카드로 결제한 내역 1건을 누락하였다. (원재료 판매처는 일반과세자이다) ▪ (주)대박상사로부터 원재료를 1,000,000원(부가가치세 별도)에 매입하고 세금계산서 수취 1건을 누락하였다.

[5] 당사는 2025년 제2기 부가가치세 확정신고를 법정신고기한 내에 이행하지 못하여 2026년 1월 30일에 기한후신고를 수행하고 세액을 납부하고자 한다. 다음 자료를 매입매출전표에 입력하고 (단, 분개는 외상) 부가가치세 신고서를 작성하시오. 가산세는 일반무신고가산세를 적용하고, 미납일수는 5일로 하며, 과세표준명세도 작성한다. (원단위는 절사하며, 본 문제에 한하여 부가가치세신고서에 반영된 대손세액공제분 6,000,000원은 삭제하고 작성한다.)

[회사코드 : 2500. (주)만세]

일자	거래형태	금액	거래처	적요
10월 15일	수출	15,000,000원	SELLA.CO.LTD	제품 직수출거래이며 이에 대한 첨부서류는 제출할 예정(수출신고번호 생략)
10월 26일	매입	6,400,000원 (부가가치세 별도)	(주)광진	원재료 매입 전자세금계산서를 발급받음
11월 18일	매출	7,200,000원 (부가가치세 별도)	만성상사	제품매출로 공급시기에 종이세금계산서를 발급함
12월 28일	매입	220,000원 (부가가치세 포함)	구민오피스	사무실 소모품 구입이며, 현대카드로 결제함(소모품비로 미지급비용처리)
12월 30일	증여	원가 : 7,000,000원 시가 : 10,000,000원	(주)서림	매출처에 상품을 무상 증여함 (당초 매입세액 공제 받음)

※ 집중심화연습 해답은 [모의고사&기출문제 ➡ PART 03] 777페이지에서 확인 가능합니다.

3. 부가가치세 전자신고(2022년 4월 자격시험부터 출제)

부가가치세 전자신고는 KcLep 프로그램에서 전자신고 파일 제작까지하고 파일 변환 및 신고는 국세청 홈택스에서 직접한다. 잠재적 실무 담당자를 양성하는 교육기관 등에서 홈택스 전자신고를 보다 쉽게 접근해 볼 수 있도록 교육용 프로그램에 홈택스 전자신고변환을 [국세청 홈택스 전자신고변환(교육용)] 메뉴로 개발하여 추가하였으며 **2022년 4월 자격시험부터 출제**될 예정이다.

[KcLep 프로그램 신고서 작성 및 전자신고 프로세스]

2025년 제1기 예정 부가가치세 전자신고를 하고자 한다. 부가가치세신고서를 작성·마감하여 가상홈택스에서 부가가치세 전자신고를 수행하시오. **[회사코드 : 2250.(주)합격]**

① (주)합격은 세금계산서 매출과 매입만 있으며 직접 부가가치세 자진신고를 하고자 하며, 과세표준명세는 이미 작성되어 있다.
② 전자신고 제작과 관련한 비밀번호는 "12345678"로 설정하고자 한다.

1 부가가치세 부속서류 작성 및 신고서 마감

(1) 부가가치세 부속서류 작성(제1기 예정신고기간)

부가가치세신고서 마감 전 관련 부속서류 작성과 마감이 진행되어야 한다. 모든 부속서류가 [마감]이 필요한 것은 아니며 아래의 서식은 반드시 [마감]을 진행하고 부가가치세 신고서를 마감한다. **현재 시험에서는 마감하여 제공하기도 한다.**

① 매입·매출처별 세금계산서합계표
② 매입·매출처별 계산서합계표
③ 신용카드매출전표등 수령명세서
④ 영세율관련 첨부서류(수출실적명세서, 내국신용장·구매확인서전자발급명세서 등)

① 세금계산서합계표 메뉴에서 조회기간(2025년 01월 ~ 2025년 03월), 1기 예정(1.정기신고)을 입력하여 매입매출전표입력에 입력한 내역을 반영한다.

② 상단의 F7마감 버튼을 클릭하여 해당 과세기간의 자료를 마감한다.

(2) 부가가치세신고서 마감

① 부가가치세신고서 메뉴에서 조회기간(2025년 1월 1일 ~ 2025년 3월 31일), 신고구분(1.정기신고)을 입력하여 해당 과세기간의 부가가치세 신고자료를 반영하고 상단의 F3마감 버튼을 클릭한다.

② [부가세 마감] 화면에 부가가치세신고서 및 작성된 부속서류가 함께 조회되며 첨부서류를 확인하고 하단의 마감[F3] 을 클릭하여 마감한다.

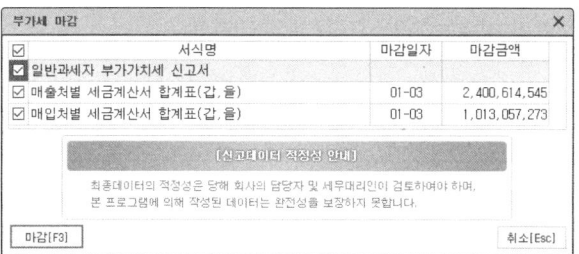

③ 부가가치세 관련 부속서류 작성 및 과세표준명세가 미비하면 "마감오류"가 발생하며 실제 신고시에는 오류가 발생하지 않도록 하여야 하며 오류가 적정한 경우에는 강제마감[F3] 버튼을 클릭한다. 본 예제는 정상적으로 마감이 진행된다.

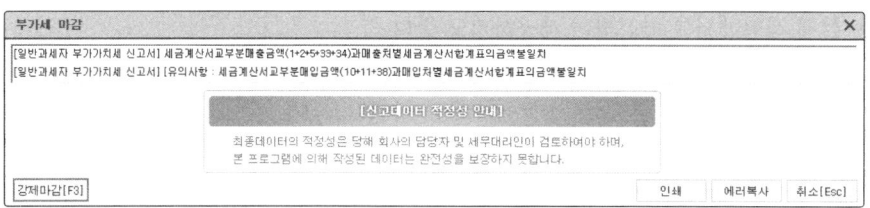

④ 부가가치세 신고 마감이 완료되면 상단에 "마감"이 표시되며 [마감] 버튼이 [마감취소]로 변경된다.

2 부가가치세 전자신고 파일제작

국세청 전자신고 변환파일을 생성하는 메뉴로 신고년월과 신고인구분을 선택하여 신고자료를 변환한다. 세무대리인이 신고하는 경우는 [세무대리인 등록 TAB]에 정보를 등록한 후 [전자신고제작 TAB]을 선택하며 기업이 직접 신고하는 경우는 [전자신고제작 TAB]을 바로 선택한다.

① [전자신고제작 TAB]을 선택하고 신고년월(2025년 01월 ~ 2025년 03월), 신고구분(1.정기신고), 신고인구분(2.납세자 자진신고), 회사코드(2250.(주)합격)를 입력한다.
② 선택한 회사코드의 마감자료가 조회되며 변환하고자 하는 회사를 선택하고 F4 제작 버튼을 클릭하여 국세청 변환파일로 변환하며 제작경로("C:\")에 저장된다.

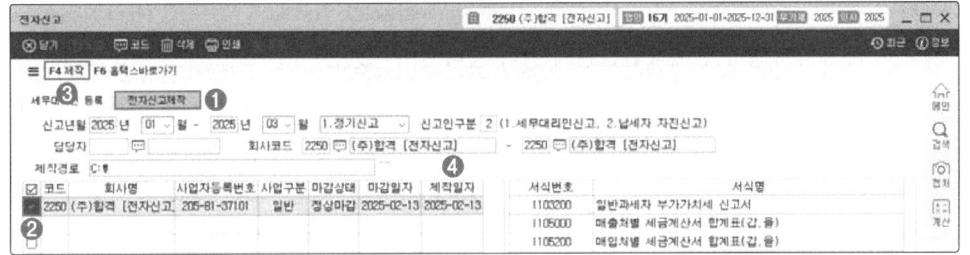

③ 제작 버튼을 클릭하면 파일 **비밀번호(8자리 이상 20자리 이하)** 입력 화면이 활성화되며 비밀번호는 제작 파일별로 각각 입력하며 국세청 제출시 필요하므로 반드시 기억하여야 한다. (주)합격은 숫자 "12345678"을 입력한다.

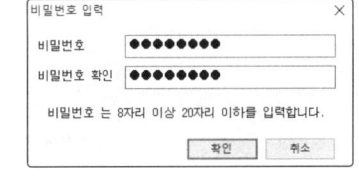

④ 전자신고 데이터 제작이 완료 메시지가 나오며 상단의 F6 홈택스바로가기 버튼을 클릭하여 직접 국세청 홈택스로 접속할 수 있다. 본서는 외부에 별도로 제공하고 있는 메뉴를 사용하고자 한다.

3 국세청 홈택스 전자신고

본 메뉴는 국세청 홈택스 전자신고 화면을 가상으로 제공하는 메뉴로 전자신고 변환에 필요한 기능 이외의 모든 기능을 막아서 사용할 수 없으며 파일만 첨부하여 테스트만 가능하다.

[부가가치세 전자신고 제작파일 명]

enc	.	20250425	.	101	.	v2058137101
enc	+	작성연월일(8)	.	신고구분	.	사업자번호(10)

- 정기신고 : 일반과세자 – 101, 간이과세자 – 102
- 기한후신고 : 일반과세자 – 103, 간이과세자 – 104
- 수정신고·경정청구 : 일반과세자 – 105, 간이과세자 – 106

① 국세청 홈택스 [신고서 전자파일 제출] 절차 화면이 활성화되며 각 단계별 설명을 확인할 수 있다. 하단의 "닫기" 버튼을 클릭하여 국세청 홈택스 전자신고변환 화면으로 전환한다. 또한, 국세청 홈택스 전자신고 순서는 상단에 변환순서로 기재되어 있다.

> · 변환순서 : [찾아보기] → [형식검증하기] → 비밀번호 입력 → [형식검증결과확인] → [내용검증하기] → [내용검증결과확인]
> → [전자파일제출 이동] → 다음 화면에서 신고서요약내용 확인 후 [전자파일제출하기] → '일괄접수증' 확인 → [신고내역 조회(접수증·납부서)]

② [Step 1.세금신고] TAB에서 전자파일변환을 위해 찾아보기 버튼을 클릭하여 변환대상파일을 선택한다. 제작파일명은 제작연월일에 따라 달라질 수 있다.

③ 전자 신고하고자 하는 파일 첨부가 끝나면 처리내역의 **[진행현황]** 검증순서별로 각각의 버튼을 클릭하여 파일의 형식 및 내용을 검증한다.

④ 형식검증하기를 클릭하고 신고파일 생성시 입력한 비밀번호 "12345678"을 입력하여 첨부파일의 형식을 검증하고 형식검증결과확인으로 진행상황을 확인한다.

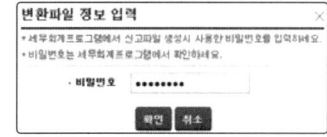

⑤ 하단 진행현황의 내용검증하기를 클릭하여 신고내용을 검증하고 내용검증결과확인으로 신고내용의 오류사항을 파일 처리내역에서 확인한다. 오류발생시 "오류" 항목을 클릭하여 [변환결과조회]에서 오류사항을 확인할 수 있으며 검증결과 오류가 발생하면 전자파일 제출이 불가능하므로 전자신고 파일을 다시 제작해야 한다.

⑥ 신고서에 오류가 발생하지 않으면 전자파일제출을 클릭하여 전자파일 제출로 이동하여 전자파일을 제출한다.

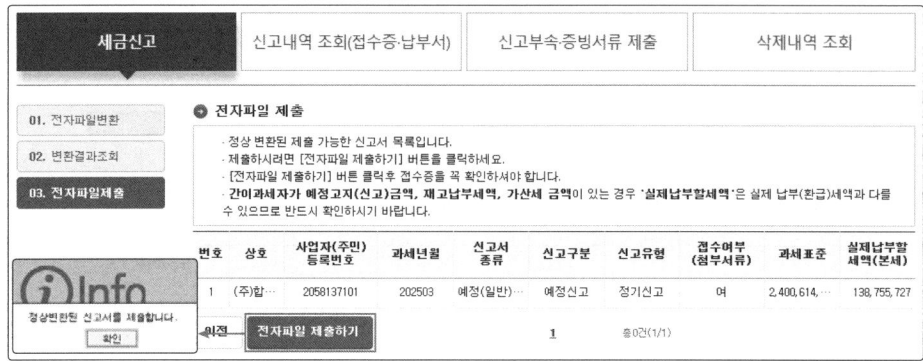

⑦ [전자파일 제출하기]를 클릭하면 가상서버(교육용)로 제출되며, "정상변환된 신고서를 제출합니다." 메시지가 나온다. [확인]을 선택하면 [부가가치세 신고서 접수증(변환파일)] 화면이 활성화 되며 신고된 내용을 확인할 수 있고 [인쇄하기]를 클릭하여 접수증을 출력하여 보관한다.

 심화연습

[1] 2025년 제1기 확정 부가가치세신고서를 작성 및 마감하여 가상홈택스에서 부가가치세 신고를 수행하시오. [회사코드 : 2250.(주)합격]

① 부가가치세신고서와 관련 부속서류는 마감되어 있다.
② [전자신고] → [국세청 홈택스 전자신고변환(교육용)] 순으로 진행한다.
③ 전자신고용 전자파일 제작시 신고인 구분은 "2.납세자 자진신고"로 선택하고, 비밀번호는 "45457878"로 입력한다.
④ 전자신고용 전자파일 저장경로는 로컬디스크(C:)이며, 파일명은 "enc작성연월일.101.v2058137101"이다.
⑤ 최종적으로 국세청 홈택스에서 [전자파일 제출하기]를 완료한다.

※ 집중심화연습 해답은 [모의고사&기출문제 ➡ PART 03] 781페이지에서 확인 가능합니다.

4. 매입매출전표에서 전자세금계산서 발급(시험출제 제외)

1 전자세금계산서 발급(회사코드 : 2250.(주)합격)

전자세금계산서 발급거래를 베스트빌을 이용하여 직접 발급을 할 수도 있다. 아직까지 **한국세무사회주관 시험에서 출제된 적은 없으나** "7월 8일 매출거래"를 이용하여 전자세금계산서 발급을 진행해 보기로 한다.

① 해당 거래를 [매입매출전표입력]메뉴에 입력한다. 이때, **"전자"**란은 **공란(0.부)**이어야 한다.

② [전자세금계산서발행] 메뉴에서 전자세금계산서를 발급할 거래를 조회한다. 전자세금계산서를 발급하기 위해서는 공급받는자의 이메일주소가 필요하다. 화면과 같이 "수신자" TAB에서 "사용여부"를 "사용"으로 선택하고, 담당자메일주소를 입력한다. 또는 [거래처등록] 메뉴에서 "13.업체 담당자연락처"의 "조회/등록" 버튼을 클릭하여 담당자의 이메일주소를 입력한다. (담당자 : 김사랑, 메일주소 : happy@bestbill.com)

③ 해당 거래를 선택하고 F3전자발행 버튼을 클릭하면 "전자세금계산서 발행" 화면이 열린다.

④ 위 화면에서 발행(Tab) 버튼을 클릭하면 "전자세금계산서 ○○건을 발행하시겠습니까?"라는 메시지 화면이 열린다. 여기에서 예(Y) 버튼을 클릭한다.

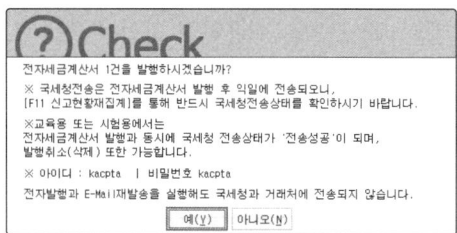

⑤ 위 화면에서 예(Y) 버튼을 클릭하면 "베스트빌 로그인" 화면이 나타난다. **아이디와 비밀번호 모두 "kacpta"로 입력**하고 확인(Tab) 버튼을 클릭한다. ("☑저장"으로 하면 다음번에 아이디와 비밀번호를 다시 입력하지 않아도 된다.)

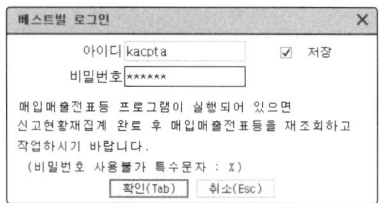

⑥ 위 화면에서 확인(Tab) 버튼을 클릭하면 국세청에 전송하기 위한 e세로 인증서 화면이 나타나는데, 수험용 프로그램에서는 인증서 암호가 미리 입력되어 있으므로 확인(Tab) 버튼만 클릭하면 된다.

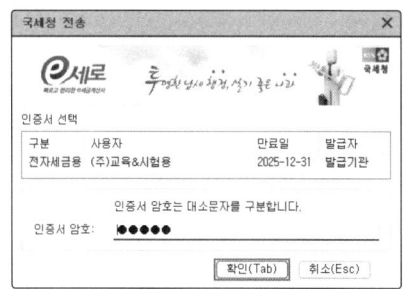

⑦ 위 국세청 전송 화면에서 확인(Tab) 버튼을 클릭하면 전자세금계산서가 발급되고, 국세청에 전송되었다는 화면이 나타난다. "발행상태"가 "발행"이고, "성공"에 "○" 표시된 것을 확인하고 "닫기" 버튼을 클릭한다.

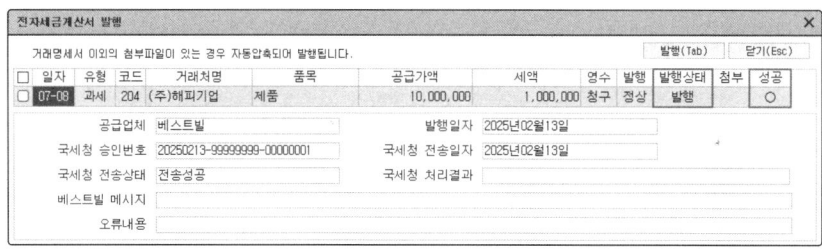

⑧ 위 프로세스가 진행된 후에 [전자세금계산서발행] 메뉴를 다시 조회했을 때 "발행상태"는 "발행", "국세청 전송상태"는 "전송성공", 승인번호가 수록되면 완료된 것이다.

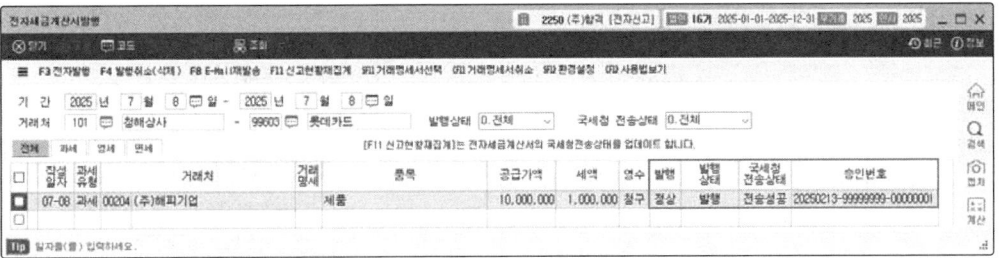

⑨ 마지막으로 [매입매출전표입력] 메뉴를 다시 조회하면 "전자"란에 "여"로 반영되어 있는 것을 확인할 수 있다.

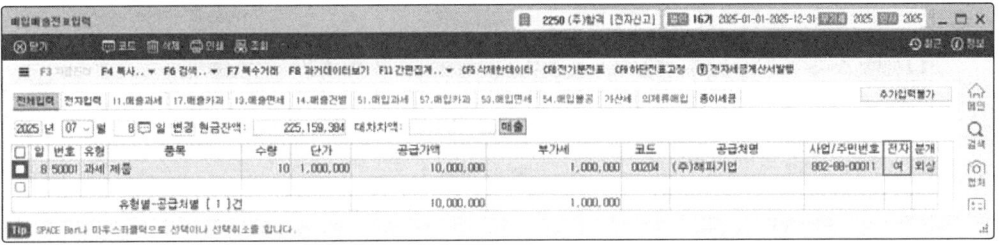

2 전자세금계산서의 발급취소

① 전자발급된 세금계산서를 발급취소 하고자 할 때는 [전자세금계산서발행] 메뉴에서 취소할 거래를 선택하고 F4 발행취소(삭제) 버튼을 클릭한다.

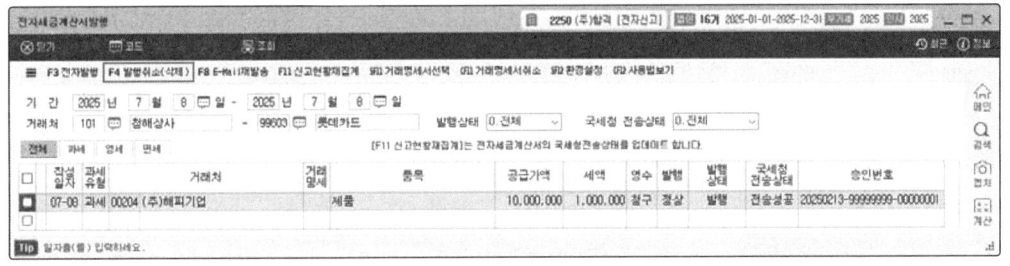

② F4 발행취소(삭제) 버튼을 클릭하면 "전자세금계산서 발행취소(삭제)" 화면이 열린다.

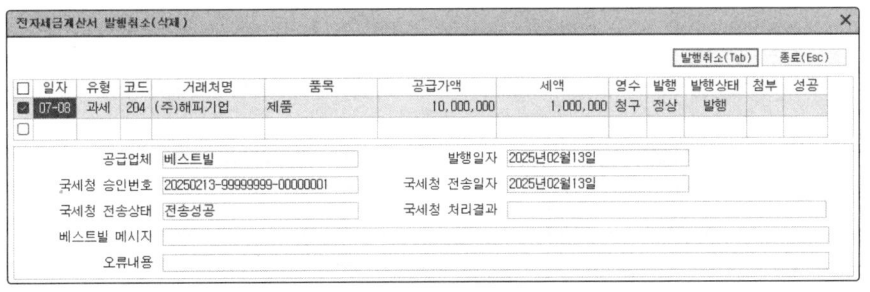

③ 위 화면에서 발행취소(Tab) 버튼을 클릭하면 "베스트빌 로그인" 화면이 나타난다. 확인(Tab) 버튼을 클릭한다.

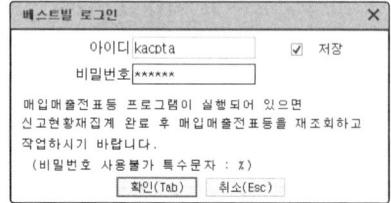

④ 선택한 전자세금계산서가 발행취소 되었다는 메시지 창이 열린다.

⑤ 발급이 취소되면 "발행상태"가 "미발행"으로 변경된다.

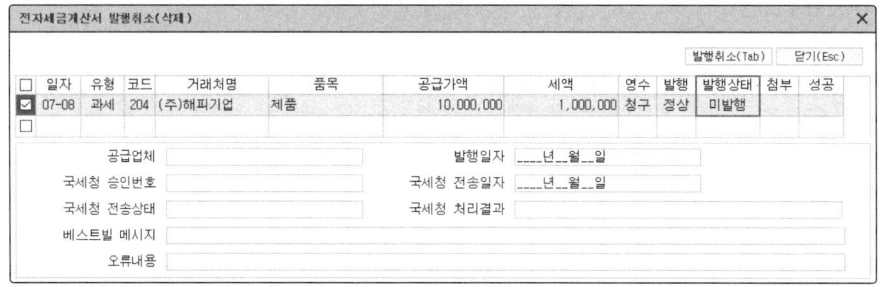

PART 05

결산관리

CHAPTER 01 고정자산등록 및 감가상각
CHAPTER 02 결산프로세스
CHAPTER 03 재무제표 작성

전산실무

NCS 학습모듈		
대분류	경영 · 회계 · 사무	
중분류	재무 · 회계	
소분류		회계
세분류		세무

NCS 능력단위	능력단위요소	수 행 준 거
0203020202_20v5 결산관리	0203020202_20v5.1 손익계정 마감하기	1.1 회계관련규정 및 세법에 따라 손익 관련 제반서류를 준비할 수 있다. 1.2 손익계정에 관한 결산정리사항을 분개할 수 있다. 1.3 손익 관련 계정과목의 오류를 수정할 수 있다. 1.4 법인세, 소득세 신고 관련 사항을 분개할 수 있다.
	0203020202_20v5.2 자산 · 부채계정 마감하기	2.1 회계관련규정 및 세법에 따라 자산 · 부채 관련 제반서류를 준비할 수 있다. 2.2 자산 · 부채계정에 관한 결산정리사항을 분개할 수 있다. 2.3 자산 · 부채 관련 계정과목의 오류를 수정할 수 있다. 2.4 부가가치세 신고 관련 사항을 분개할 수 있다.
	0203020202_20v5.3 재무제표 작성하기	3.1 회계관련규정에 따라 재무상태표를 작성할 수 있다. 3.2 회계관련규정에 따라 손익계산서를 작성할 수 있다. 3.3 회계관련규정에 따라 자본변동표를 작성할 수 있다. 3.4 회계관련규정에 따라 이익잉여금처분계산서를 작성할 수 있다.

CHAPTER 01 고정자산등록 및 감가상각

1. 감가상각

고정자산에 대한 감가상각은 고정자산의 원가를 사용가능한 기간에 걸쳐 비용으로 배분하는 절차라 할 수 있다. 즉, 고정자산의 가치감소(소멸)액을 자산원가에서 차감하는 절차로서 해당 고정자산의 취득원가를 경제적 효익을 받는 기간에 걸쳐 합리적·체계적으로 배분하는 과정이다. 전산세무 프로그램으로 감가상각을 하는 경우 감가상각비 계산에 필요한 요소만 입력하거나 선택하면 감가상각비가 자동으로 산출되므로 쉽게 계산할 수 있다.

> **TIP**
>
> [감가상각 작업순서]
> ① 고정자산등록　　② 결산자료입력 메뉴에 반영　　③ 결산분개완성

2. 고정자산등록

회계관리 ▶▶ 재무회계 ▶▶ 고정자산및감가상각 ▶▶ 고정자산등록

상각대상인 유형, 무형의 자산을 등록하여 감가상각비를 계산하고 각종명세서를 작성하는 메뉴이다. 본 메뉴는 [기본등록사항]과 [추가등록사항]으로 구분되어 있다.

고정자산등록 필드 설명

항 목	입력내용 및 방법
자산계정과목	계정과목코드 3자리를 입력하거나 코드도움(F2) 또는 💬를 눌러 해당계정 과목을 입력한다.
자산코드/명	계정과목을 입력하면 화면하단이 활성화되면서 자산코드와 자산명을 입력할 수 있게 된다. 자산의 구체적인 품목과 취득일자를 입력한다.
취득년월일	해당자산을 취득한 년, 월, 일 또는 사용 년, 월, 일을 입력한다.
상각방법	건물, 무형자산은 정액법으로 자동 표시되고, 이외의 유형자산은 정률법으로 자동 표시되는데 정액법으로 수정 가능하다.
기초가액	전기말 현재의 취득가액 또는 당기에 취득한 고정자산의 취득원가를 입력한다. 다만, **무형자산**의 경우 **전기의 상각액이 차감된 장부상 금액**을 입력한다.
전기말 상각누계액	전기말까지 상각한 감가상각누계액을 입력한다. ■ 신규취득자산 : 전기말상각누계액은 없음 ■ 무형자산 : 전기말상각누계액의 계정금액은 없으나 전기까지 상각한 누계금액을 입력함

항 목	입력내용 및 방법
전기말장부가액	기초가액에서 전기말상각누계액을 차감한 금액이 자동반영 된다.
당기중 취득 및 당기증가	신규취득자산의 취득원가 또는 고정자산의 자본적 지출액을 입력한다.
당기감소	고정자산의 일부를 매각하거나 폐기하는 경우 해당금액을 입력한다.
내용연수	해당자산의 상각내용연수를 입력하며 상각률은 내용연수에 따라 자동표시 된다.
상각범위액	기초가액, 상각방법, 내용연수 등 입력된 사항에 의해서 자동계산 된다. ■ 유형자산 : (기초가액 − 전기말감가상각누계액) × 상각률 = 감가상각비 ■ 무형자산 : (기초가액 + 전기말감가상각누계액) × 상각률 = 무형자산상각비
회사계상액	상각범위액이 자동 반영되며 [사용자수정] 버튼을 클릭하여 회사계상액을 직접 수정할 수 있다.
경비구분	용도에 따라 경비구분하여 결산에 반영하기 위한 선택이다. 1.500번대(제조) 2.600번대(도급) 3.650번대(보관) 4.700번대(분양) 5.750번대(운송) 6.800번대(판관비)
전체양도일자	연도 중에 양도한 자산의 양도일자를 입력한다. 양도일자가 입력된 자산은 양도자산감가상각비 메뉴와 고정자산관리대장 메뉴에서 조회된다.
전체폐기일자	연도 중에 폐기한 자산의 폐기일자를 입력한다. 폐기일자가 입력된 자산은 고정자산관리대장 메뉴에서만 조회된다.
업종	법인조정 시 감가상각조정계산서를 같은 내용연수와 업종별자산으로 그룹화하여 제출하기 위한 방법으로 선택한다.
보조금적용여부 당기말보조금잔액	국고(정부)보조금에 의해 취득한 자산인 경우 "1.여"를 선택하고 당기말보조금잔액란에 해당 국고(정부)보조금 수령액을 입력하여 결산시 반영한다.

실무예제

(주)성공(회사코드 : 2200)에 다음 자료를 등록하여 결산에 반영할 감가상각비를 계산하시오.
(이외의 감가상각자산은 이미 등록되어 있다.)

계정과목 (업종)	코드	자산명	취득년월일	취득가액	감가상각 누계액	상각 방법	내용 연수	경비 구분	관리 부서
건물 (03)	101	공장건물	2023.10.13	295,000,000	12,500,000	정액법	40년	500번대	생산부
기계장치* (13)	3	산업로봇	2025.07.01	150,000,000	−	정률법	5년	500번대	생산부
특허권 (63)	501	특허권	2024.01.10	70,000,000	10,000,000	정액법	5년	800번대	관리부

* 기계장치 정부(국고)보조금은 당기에 50,000,000원 수령하였으며 2025년부터 감가상각을 적용한다.

예제 따라하기

고정자산등록 시 [14.경비구분]을 정확하게 입력하여야 [결산자료입력] 메뉴에서 감가상각비를 자동으로 해당 원가에 반영할 수 있다. 무형자산 [1.기초가액] 등록 시 과거에 취득한 자산은 미상각금액(장부금액)을 입력하여야 한다.

[공장건물 감가상각비 : 7,375,000원]

[특허권 감가상각비 : 14,000,000원]

[산업로봇 감가상각비 : 33,825,000원]

정부(국고)보조금을 수령하여 취득한 자산인 경우 [기본등록사항] TAB에 취득내용을 등록한 후 "**21.보조금적용여부 – 1:여**"를 선택한다.

상단의 [SF7 보조금상계] 버튼을 클릭하여 수령한 보조금금액 50,000,000원을 입력하면 당기 감가상각비와 상계될 보조금상계액이 자동계산되고 당기보조금잔액이 "22란"에 반영된다.

보조금상각액(상계액)
= 감가상각비 × 보조금수령액/취득가액
= 33,825,000원 × 50,000,000원/150,000,000원
= 11,275,000원

CHAPTER

02 결산프로세스

PART 05 결산관리

결산이란 회계연도 종료일 그 회계연도의 회계처리를 마감하여 회계처리 결과를 재무제표로 작성하는 일련의 과정을 말한다. 기업은 영업활동의 결과를 정기적으로 보고하기 위하여 회계기간을 구분하여 매 회계연도별로 회계처리결과를 요약하여 결산보고서를 작성한다.

KcLep 프로그램을 통하여 결산을 하는 경우에는 회계처리만으로 장부마감 등의 절차없이 자동작성이 되어 [수정전 시산표]를 출력하여 검토하고 기말결산정리사항 및 수정분개전표를 입력함으로써 재무제표를 확정하는 작업을 말한다. 또한, 프로그램을 통한 결산은 [일반전표입력] 메뉴에 직접 입력하는 수동결산과 [결산자료입력] 메뉴에 입력하여 작업하는 자동결산 방법으로 구분된다.

1. KcLep 결산 프로세스(법인기업)

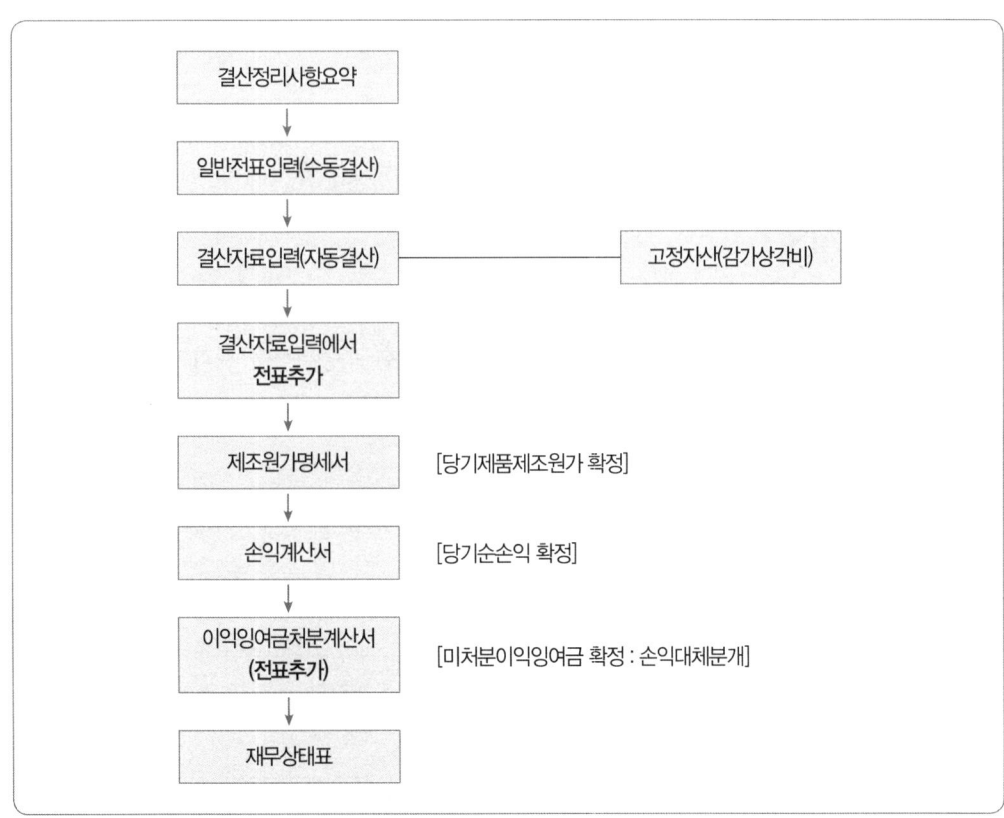

2. 수동결산 실무

회계관리 ▶▶ 재무회계 ▶▶ 전표입력 ▶▶ 일반전표입력

결산자료 중 수동결산정리사항은 [일반전표입력] 메뉴에 재무제표보고일(=결산일)로 직접 회계처리 한다.

수동결산정리사항	자산계정	① 재고자산의 감모 · 평가손실 ② 유가증권 평가 ③ 외화자산 평가 ④ 보통예금 마이너스 대출 정리 ⑤ 현금과부족, 가지급금 등 가계정 정리 ⑥ 부가세대급금 정리
	부채계정	① 외화부채 평가 ② 비유동부채 유동성대체 ③ 가수금 등 가계정 정리 ④ 부가세예수금 정리
	수익 · 비용계정	① 수익이연(선수수익) ② 비용이연(선급비용) ③ 수익예상(미수수익) ④ 비용예상(미지급비용) ⑤ 소모품(저장품) 정리

3. 자동결산 실무

1 자동결산정리사항

결산기준일의 정리사항 중 [일반전표입력] 메뉴에 입력한 수동결산을 제외한 "자동결산정리사항"을 [결산자료입력] 메뉴에 해당사항의 금액을 입력하고 난 다음 F3 전표추가 키를 이용하여 결산대체분개를 자동으로 생성한다.

자동결산정리사항	자산계정	① 재고자산 계정의 정리(매출원가 대체 등) ② 대손충당금 설정 ③ 유형자산의 감가상각 ④ 무형자산 상각
	부채계정	① 퇴직급여충당부채 설정
	수익 · 비용계정	① 법인세(소득세) 등 설정

2 결산자료입력

결산자료입력 메뉴는 결산작업의 마지막 단계로 결산정리사항을 수동대체 분개를 하지 않고 본 화면 해당란에 해당금액을 입력하여 자동분개 하는 메뉴이다. 월별, 분기별, 반기별, 년간으로 해당월의 선택에 따라 중간결산과 기말결산을 진행한다.

결산자료입력 필드 설명

항 목	입력내용 및 방법
전표추가(F3)	해당금액을 입력 후 마지막에 F3 전표추가 키를 클릭하여 결산분개를 자동으로 생성한다.
원가설정(F4)	업종별 원가 설정 시 사용하며 [451.상품매출원가]는 입력하지 않는다.
결산분개삭제(CF5)	일반전표의 자동 결산 분개를 삭제 시 사용한다.
잔액조회(F6)	계정과목의 잔액을 확인하고자 하는 경우 사용한다.
감가상각(F7)	[고정자산등록]에서 저장된 당기상각비를 해당 자산에 자동으로 반영 시 선택하며 결산반영 키를 눌러서 반영한다.

항 목		입력내용 및 방법
대손상각(F8)		대손충당금 설정을 자동 계산하여 결산에 자동 반영 시 사용한다. ① 대손율(%) : 대손충당금 설정률을 입력한다. ② 설정전 충당금 잔액 : [합계잔액시산표]의 금액이 반영된다. ③ 추가설정액 : 결산에 반영되는 금액으로 직접 입력 및 수정·삭제가 가능하다.
퇴직충당(CF8)		퇴직급여충당부채를 결산에 자동 반영 시 사용한다. ① 퇴직급여추계액 : 보고기간 종료일 현재 지급해야 할 퇴직금을 직접 입력한다. ② 당기감소 : 전표입력 시 차변에 "퇴직급여충당부채" 감소처리 시 적요를 선택하여 자동 반영한다. ③ 잔액 : 기초금액에서 환입에 의한 당기증가는 더하고 당기감소를 차감한 금액으로 "설정전 잔액"을 의미한다. ④ 추가설정액 : "퇴직급여추계액 - 설정전 잔액"을 의미하며 결산반영 키를 누르면 결산에 반영되는 금액이다. ⑤ 유형 : 원가 구분을 의미하며 [제조 - 노무비의 퇴직급여], [판관 - 판매비와관리비의 퇴직급여]로 반영된다.
기 간		결산을 하고자 하는 대상기간을 입력한다.
결산반영금액	각 재고자산의 기말재고액 입력	기말상품재고액, 기말원재료재고액, 기말부재료재고액, 기말재공품재고액, 기말제품재고액 등의 각 해당란에 커서위치 시 입력한다.
	각 유형자산의 감가상각비 입력	당기상각비의 귀속에 따라 판매비와일반관리비, 제조경비의 감가상각비란에 해당자산의 당기 감가상각비 해당액을 입력한다. ■ 직접입력 : 각 경비별로 유형자산의 결산반영금액란에 입력한다. ■ 자동반영 : 툴바의 F7 감가상각 의 결산반영금액을 본 메뉴에 자동 반영하며 고정자산등록의 금액을 결산기간 만큼 안분해서 가져온다.

항 목		입력내용 및 방법
결산반영금액	퇴직급여의 입력	판매비와일반관리비, 제조경비의 퇴직급여(전입액), 퇴직연금충당금전입액란에 설정액을 입력한다. ■ 직접입력 : 퇴직급여충당부채의 추가 설정액을 결산반영금액란에 입력한다. ■ 자동반영 : 툴바의 CF8 퇴직충당 에서 추가설정액을 자동 반영한다.
	대손상각의 입력	판매비와일반관리비의 대손상각란, 영업외비용의 기타의대손상각란에 각 채권별로 해당 대손충당금 설정액을 입력한다. ■ 직접입력 : 각 경비별로 채권에 대한 회수 불가능액을 추산하여 입력한다. ■ 자동반영 : 툴바의 F8 대손상각 에 의해 반영하며 보충법에 의해 계산한 추가설정액을 자동 반영한다.
	무형자산의 상각액 입력	판매비와일반관리비의 무형자산란에 각 무형자산 해당 계정과목별 당기상각액을 입력한다. ■ 직접입력 : 무형자산의 결산반영금액란에 입력한다. ■ 자동반영 : 툴바의 F7 감가상각 의 결산반영금액을 본 메뉴에 자동 반영하며 고정자산등록의 금액을 결산기간 만큼 안분해서 가져온다.
	법인세등의 입력	선납세금 및 납부해야하는 미지급세금(추가계상액) 금액을 결산반영금액란에 입력한다.

(1) 매출원가와 원가경비 선택

[결산자료입력] 메뉴를 클릭하면 "매출원가 및 경비선택" 팝업창이 나오면 선택하고자 하는 원가를 선택하여 [사용여부 – 여]로 변경한다. 전산세무 2급은 전기분원가명세서 작성을 하였으므로 별도의 원가 설정은 필요하지 않으므로 "확인(Enter)"을 선택하고 결산자료를 입력한다.

사용여부	매출원가코드 및 계정과목		원가경비		화면
여	0455	제품매출원가	1	0500번대	제조
부	0452	도급공사매출원가	2	0600번대	도급
부	0457	보관매출원가	3	0650번대	보관
부	0453	분양공사매출원가	4	0700번대	분양
부	0458	운송매출원가	5	0750번대	운송

[참고사항]
1. 편집(tab)을 선택하면 사용여부를 1.여 또는 0.부로 변경하실 수 있습니다.
2. 사용여부를 1.여로 입력 되어야만 매출원가코드를 변경하실 수 있습니다.
   (편집(tab)을 클릭하신 후에 변경하세요)
3. 사용여부가 1.여인 매출원가코드가 중복 입력되어 있는 경우 본 화면에 입력하실 수 없습니다.

확인(Enter) 편집(Tab) 자동설정(F3) 취소(Esc)

(2) 결산자료 전표추가

결산자료 해당사항을 모두 입력한 후 프로그램 상단의 F3전표추가 키 클릭 시 일반전표에 결산분개를 추가할 것인지 메세지가 나온다.

여기서 "예(Y)" 버튼을 선택하면 해당 분개가 [일반전표입력]에 추가되며 또한 결산이 완료된다. [결산자료입력] 메뉴에 자료 저장만 하고 F3전표추가를 하지 않으면 결산분개가 발생하지 않아 결산을 완료할 수 없다.

(3) 결산의 수정

① [결산자료입력] 메뉴를 이용한 자동 결산대체분개의 수정 및 삭제

결산분개를 자동으로 발생시킨 후 각 회사의 특성에 따라 손익계산서 등의 표시가 적정하지 않을 경우, 결산분개가 이루어진 기간을 선택하여 [결산자료입력] 메뉴의 "결산분개삭제" 버튼을 선택하여 해당 결산분개를 삭제할 수 있다.

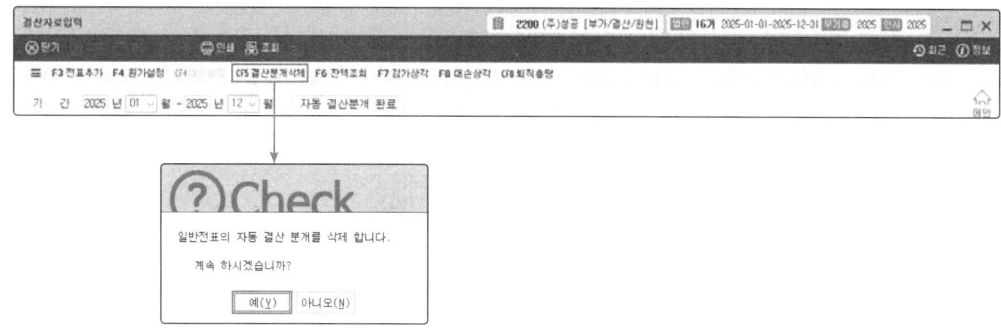

② 결산대체 분개의 일괄삭제

재결산 등의 이유로 "결산대체분개"를 삭제하고자 할 때 결산기간 입력 종료월의 해당 [일반전표입력]에서 SF5일괄삭제를 누르면 "일반전표 - 일괄삭제" 팝업창이 열린다.

"결산분개"에 체크표시가 되어 있는 상태에서 "확인(Tab)" 버튼을 클릭하면 다시 삭제여부를 묻는 메시지가 나타나므로 삭제를 원할시에는 "예(Y)" 버튼을 삭제를 원치 않을 때는 "아니오(N)" 버튼을 클릭한다.

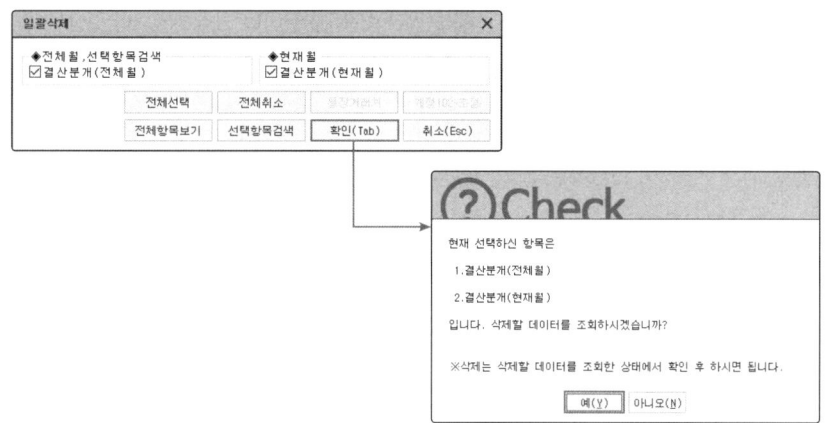

다음 [결산자료]를 참고로 **(주)성공(회사코드 : 2200)**의 결산을 수행하고 재무제표를 완성하시오.
(단, 제시된 자료 이외의 자료는 없다고 가정함)

[1] 당사는 10월 1일 공장 화재보험료(보험기간 : 2025년 10월 1일 ~ 2026년 9월 30일) 6,000,000원을 지급하고 선급비용으로 회계처리하였다. 기말 수정분개를 하시오. (월할계산 할 것)

[2] 당기말에 운영자금으로 사용된 대출금이 있는데, 이에 대한 대출약정 내용은 다음과 같다. 아래의 내용에 따라 이자 미지급액에 대한 결산분개 사항을 입력하라. (계정과목은 미지급비용 계정을 사용하며, 월할계산을 사용함)

- 대출기관 : 산업은행
- 대출금액 : 100,000,000원
- 이자지급방식 : 만기에 일시불로 지급함
- 대출금 사용 기간 : 2025년 9월 1일 ~ 2026년 8월 31일
- 대출이자율 : 연 12%

[3] 9월 1일 공장건물 중 일부를 12개월간 임대(임대기간 : 2025.9.1 ~ 2026.8.31)하고, 12개월분 임대료 12,000,000원(부가가치세 별도) 전액을 수령하여 임대료(영업외수익)로 회계처리 하였다. (월할계산 할 것)

[4] 거래은행인 한솔은행에 예입된 정기예금에 대한 자료는 다음과 같다. 당기분 경과이자를 인식하여 반영하시오. (단, 이자수익은 월할계산할 것)

- 예금 금액 : 60,000,000원
- 가입연월일 : 2025년 4월 1일
- 만기일 : 2028년 3월 31일
- 만기 : 3년
- 연이자율 : 10%
- 이자지급조건 : 만기시 전액 후불

[5] 당사는 회사홍보용 우산(구입가액 6,000,000원)을 광고선전비(판관비)로 계상하였으나 결산시 미사용된 잔액 2,500,000원을 소모품(자산)으로 대체한다. 단, 회계 처리시 금액은 음수로 입력하지 아니한다.

[6] 기중 현금시재가 부족하여 현금과부족으로 계상하였던 차변금액 10,000원에 대하여 결산일 현재에도 그 원인을 알 수 없어 당기 비용(영업외비용)으로 처리하다.

[7] 한솔은행으로부터 차입한 장기차입금 100,000,000원은 결산일 현재 1년 이내에 상환기일이 도래하며 만기일에 상환할 예정이다.

[8] 기말 현재 장기 투자목적으로 보유중인 매도가능증권의 평가액은 다음과 같다.

구 분	수 량	2025년 취득원가	2025년 공정가액
(주)한양산업	1,000주	32,000,000원	35,000,000원

[9] 외화장기차입금(스탠다드은행)이 기말현재 130,000,000원(미화 $100,000) 계상되어 있으며, 결산일 현재 환율은 1,200원/$이다.

[10] 제2기 확정신고기간의 부가가치세와 관련된 내용이 다음과 같다고 가정한다. 기장된 데이터는 무시하고 12월 31일 부가세예수금과 부가세대급금을 정리하는 회계처리를 하시오. (환급세액은 미수금으로 납부세액은 미지급세금으로 전자신고세액공제는 잡이익으로 회계처리하며 수정신고는 고려하지 않는다.)

- 부가세예수금 : 58,780,000원
- 부가세대급금 : 32,000,000원
- 전자신고세액공제 : 10,000원

[11] 당사는 일반기업회계기준에 의하여 퇴직급여충당부채를 설정하고 있으며, 관련 자료는 다음과 같다.

구 분	기초금액	기중감소(사용)금액	기말금액(퇴직금추계액)
생산직 사원	6,000,000원	4,000,000원	15,000,000원
사무직 사원	4,000,000원	-	10,000,000원

[12] 유형자산 및 무형자산에 대한 감가상각비는 [고정자산등록] 메뉴에 등록된 자료를 결산에 반영하시오.

[13] 대손상각비는 매출채권(외상매출금과 받을어음) 잔액에 대하여 1%를 설정하기로 한다.

[14] 재고자산의 실제조사 된 기말재고액은 다음과 같으며 기말재고액을 결산에 반영하시오.

자 산 명	기말재고액
원 재 료	150,000,000원
재 공 품	25,000,000원
제 품	230,000,000원

[15] 법인세등으로 계상할 금액은 35,000,000원이다. 선납세금계정에 법인세 중간예납세액 및 원천납부세액이 계상되어 있다.

예제 따라하기

[수동결산 : 일반전표입력]

일반전표입력 메뉴 12월 31일에 결산수정분개를 직접 입력한다.

[1] 비용의 이연(선급비용)

월	일	구분	계정과목	거래처	차변	대변
12	31	차변	보험료(제)		1,500,000	
		대변	선급비용			1,500,000

- 지출시점 **비용**처리 ⇨ 결산시점 미경과분 선급비용 계상
- 지출시점 **자산**처리 ⇨ 결산시점 경과분 당기비용 계상
  당기 보험료 = 6,000,000원 × 3개월/12개월 = 1,500,000원

[2] 비용의 예상(미지급비용)

월	일	구분	계정과목	거래처	차변	대변
12	31	차변	이자비용		4,000,000	
		대변	미지급비용			4,000,000

- 이자비용 = 100,000,000원 × 12% × 4개월/12개월 = 4,000,000원

[3] 수익의 이연(선수수익)

월	일	구분	계정과목	거래처	차변	대변
12	31	차변	임대료(904)		8,000,000	
		대변	선수수익			8,000,000

- 선수수익(미경과분) = 12,000,000원 × 8개월/12개월 = 8,000,000원

[4] 수익의 예상(미수수익)

월	일	구분	계정과목	거래처	차변	대변
12	31	차변	미수수익		4,500,000	
		대변	이자수익			4,500,000

- 미수이자 = 60,000,000원 × 10% × 9개월/12개월 = 4,500,000원

[5] 소모품미사용액 계상

월	일	구분	계정과목	거래처	차변	대변
12	31	차변	소모품		2,500,000	
		대변	광고선전비(판)			2,500,000

- 구입시 비용처리 : 결산시 미사용액 자산처리   - 구입시 자산처리 : 결산시 사용액 비용처리

[6] 현금과부족 정리

월	일	구분	계정과목	거래처	차변	대변
12	31	차변	잡 손 실		10,000	
		대변	현금과부족			10,000

[7] 비유동부채 유동성대체

월	일	구분	계정과목	거래처	차변	대변
12	31	차변	장기차입금	한솔은행	100,000,000	
		대변	유동성장기부채	한솔은행		100,000,000

[8] 매도가능증권의 평가

월	일	구분	계정과목	거래처	차변	대변
12	31	차변	매도가능증권(178)		3,000,000	
		대변	매도가능증권평가이익			3,000,000

- 매도가능증권은 보고기간 종료일의 공정가치로 평가하며, 재평가시 반드시 장부의 매도가능증권평가손익을 확인하여 상계여부를 결정한다.

[9] 화폐성 외화부채 평가

월	일	구분	계정과목	거래처	차변	대변
12	31	차변	외화장기차입금	스탠다드은행	10,000,000	
		대변	외화환산이익			10,000,000

- 외화환산이익 = ($100,000 × 1,200원) − 130,000,000원 = △10,000,000원(부채 감소)

[10] 부가가치세 상계처리

월	일	구분	계정과목	거래처	차변	대변
12	31	차변	부가세예수금		58,780,000	
		대변	부가세대급금			32,000,000
		대변	잡이익			10,000
		대변	미지급세금			26,770,000

- 부가가치세 상계처리 시 경감공제세액은 잡이익으로, 가산세는 세금과공과로 회계처리 한다.

[자동결산 : 결산자료입력]

결산자료입력 메뉴를 선택하고 기간(01월 ~ 12월)을 설정한다. 기본적으로 원가설정은 [제품매출원가]로 되어 있으므로 "확인(Enter)"을 누른다.

[11] 퇴직급여충당부채 설정

퇴직급여충당부채의 설정액은 [결산자료입력]의 해당란에 직접입력하거나 상단의 CF8 퇴직충당 키를 클릭하고 "퇴직급여추계액"란에 금액을 입력한 후 "추가설정액"이 계산되면 결산반영 을 눌러 결산자료에 자동 반영시킨다.

퇴직급여충당부채 설정액 = 퇴직급여추계액 - 퇴직급여충당부채잔액
- 생산직 : 15,000,000원 - 2,000,000원 = 13,000,000원
- 사무직 : 10,000,000원 - 4,000,000원 = 6,000,000원

퇴직충당부채

코드	계정과목명	퇴직급여추계액	설정전 잔액				추가설정액(결산반영) (퇴직급여추계액-설정전잔액)	유형
			기초금액	당기증가	당기감소	잔액		
0508	퇴직급여	15,000,000	6,000,000		4,000,000	2,000,000	13,000,000	제조
0806	퇴직급여	10,000,000	4,000,000			4,000,000	6,000,000	판관

±	코드	과 목	결산분개금액	결산전금액	결산반영금액	결산후금액
		3) 노 무 비		560,000,000	13,000,000	573,000,000
		1). 임금 외		560,000,000		560,000,000
	0504	임금		360,000,000		360,000,000
	0505	상여금		200,000,000		200,000,000
	0508	2). 퇴직급여(전입액)			13,000,000	13,000,000
	0550	3). 퇴직연금충당금전입액				

±	코드	과 목	결산분개금액	결산전금액	결산반영금액	결산후금액
		4. 판매비와 일반관리비		549,529,650	6,000,000	555,529,650
		1). 급여 외		240,000,000		240,000,000
	0801	급여		180,000,000		180,000,000
	0803	상여금		60,000,000		60,000,000
	0806	2). 퇴직급여(전입액)			6,000,000	6,000,000
	0850	3). 퇴직연금충당금전입액				

[12] 고정자산 감가상각비 계상

　　감가상각비(무형자산상각비)는 [결산자료입력]의 제조경비와 판매비와일반관리비 "(일반)감가상각비"란에 각각 구분하여 직접 입력하거나 상단의 F7 감가상각 키를 클릭하여 [고정자산등록]에 등록한 감가상각비를 결산반영 을 눌러 결산자료에 자동 반영시킨다.

감가상각

코드	계정과목명	경비구분	고정자산등록 감가상각비	감가상각비 X (조회기간월수/내용월수)	고정자산등록 보조금상계액	보조금상계액 X (조회기간월수/내용월수)	결산반영금액	결산반영금액 보조금상계액
0202	건물	제조	7,375,000	7,375,000			7,375,000	
0206	기계장치	제조	124,387,500	124,387,500	11,275,000	11,275,000	124,387,500	11,275,000
0208	차량운반구	제조	6,765,000	6,765,000			6,765,000	
0208	차량운반구	판관	7,000,000	7,000,000			7,000,000	
0212	비품	판관	26,000,500	26,000,500			26,000,500	
0219	특허권	판관	14,000,000	14,000,000			14,000,000	
	감가상각비(제조)합계		138,527,500	138,527,500	11,275,000	11,275,000	138,527,500	11,275,000
	감가상각비(판관)합계		47,000,500	47,000,500			47,000,500	

±	코드	과 목	결산분개금액	결산전금액	결산반영금액	결산후금액
		7)경 비		270,286,950	127,252,500	397,539,450
		1). 복리후생비 외		270,286,950		270,286,950
	0511	복리후생비		59,947,950		59,947,950
	0512	여비교통비		25,600,000		25,600,000
	0513	기업업무추진비		7,335,000		7,335,000
	0515	가스수도료		19,800,000		19,800,000
	0521	보험료		1,500,000		1,500,000
	0524	운반비		42,500,000		42,500,000
	0530	소모품비		14,104,000		14,104,000
	0531	수수료비용		39,500,000		39,500,000
	0533	외주가공비		60,000,000		60,000,000
	0518	2). 일반감가상각비			138,527,500	138,527,500
	0202	건물			7,375,000	7,375,000
	0206	기계장치			124,387,500	124,387,500
	0208	차량운반구			6,765,000	6,765,000
	0212	비품				
	0518	2). 일반감가상각비(보조금상계)			11,275,000	11,275,000
	0206	기계장치			11,275,000	11,275,000

±	코드	과 목	결산분개금액	결산전금액	결산반영금액	결산후금액
		4. 판매비와 일반관리비		549,529,650	53,000,500	602,530,150
		1). 급여 외		240,000,000		240,000,000
	0801	급여		180,000,000		180,000,000
	0803	상여금		60,000,000		60,000,000
	0806	2). 퇴직급여(전입액)			6,000,000	6,000,000
	0850	3). 퇴직연금충당금전입액				
	0818	4). 감가상각비			33,000,500	33,000,500
	0202	건물				
	0206	기계장치				
	0208	차량운반구			7,000,000	7,000,000
	0212	비품			26,000,500	26,000,500
	0818	4). 감가상각비(보조금상계)				
	0206	기계장치				
	0835	5). 대손상각				
	0108	외상매출금				
	0110	받을어음				
	0840	6). 무형자산상각비			14,000,000	14,000,000
	0219	특허권			14,000,000	14,000,000
	0226	개발비				

[13] 대손상각비 계상

대손상각비 설정액은 [결산자료입력]의 해당란에 직접 입력하거나 상단의 F8 대손상각 키를 클릭하고 "대손율(%) : 1%"을 입력하면 "추가설정액"이 계산되며 결산반영 을 눌러 결산자료에 자동반영 시킨다. 다만, **기타채권이** 설정대상 채권이 아닌 경우 반드시 **"추가설정액"란의 금액을 삭제**한 후 반영하여야 한다.

대손충당금 설정액 = (채권잔액 × 대손율) - 대손충당금 잔액
- 외상매출금 : (641,416,902원 × 1%) - 2,000,000원 = 4,414,169원
- 받을어음 : (46,500,000원 × 1%) - 100,000원 = 365,000원

대손상각

대손율(%)	1.00					
코드	계정과목명	금액	설정전 충당금 잔액		추가설정액(결산반영) [(금액×대손율)-설정전충당금잔액]	유형
			코드	계정과목명	금액	
0108	외상매출금	641,416,902	0109	대손충당금	2,000,000	4,414,169	판관
0110	받을어음	46,500,000	0111	대손충당금	100,000	365,000	판관
0114	단기대여금	171,000,000	0115	대손충당금			영업외
0116	미수수익	4,500,000	0117	대손충당금			영업외
0131	선급금	51,000,000	0132	대손충당금			영업외
대손상각비 합계						4,779,169	판관

±	코드	과 목	결산분개금액	결산전금액	결산반영금액	결산후금액
		4. 판매비와 일반관리비		549,529,650	57,779,669	607,309,319
		1). 급여 외		240,000,000		240,000,000
	0801	급여		180,000,000		180,000,000
	0803	상여금		60,000,000		60,000,000
	0806	2). 퇴직급여(전입액)			6,000,000	6,000,000
	0850	3). 퇴직연금충당금전입액				
	0818	4). 감가상각비			33,000,500	33,000,500
	0202	건물				
	0206	기계장치				
	0208	차량운반구			7,000,000	7,000,000
	0212	비품			26,000,500	26,000,500
	0818	4). 감가상각비(보조금상계)				
	0206	기계장치				
	0835	5). 대손상각			4,779,169	4,779,169
	0108	외상매출금			4,414,169	4,414,169
	0110	받을어음			365,000	365,000

[14] 재고자산 매출원가 계상

기말재고자산의 기말재고액을 해당 결산반영금액란에 각각 직접 입력한다.

±	코드	과 목	결산분개금액	결산전금액	결산반영금액	결산후금액
		2. 매출원가		1,992,300,223		1,982,552,723
	0455	제품매출원가				1,982,552,723
		1) 원재료비		1,128,513,273		978,513,273
	0501	원재료비		1,128,513,273		978,513,273
	0153	① 기초 원재료 재고액		12,500,000		12,500,000
	0153	② 당기 원재료 매입액		1,116,013,273		1,116,013,273
	0153	⑩ 기말 원재료 재고액			150,000,000	150,000,000

±	코드	과 목	결산분개금액	결산전금액	결산반영금액	결산후금액
	0455	8) 당기 총제조비용		1,958,800,223		1,949,052,723
	0169	① 기초 재공품 재고액		15,000,000		15,000,000
	0169	⑩ 기말 재공품 재고액			25,000,000	25,000,000
	0150	9) 당기완성품제조원가		1,973,800,223		1,999,052,723
	0150	① 기초 제품 재고액		18,500,000		18,500,000
	0150	⑩ 기말 제품 재고액			230,000,000	230,000,000

[15] 법인세비용 계상

법인세등에 해당하는 금액을 해당란에 각각 직접 입력하며 선납세금과 추가계상액을 입력하면 "9.법인세등"의 금액은 법인세등 계상액과 일치하여야 한다.

- 선납세금 : "결산전금액"에 반영된 7,423,000원을 결산반영금액란에 입력한다.
- 추가계상액 : 법인세추산액 − 선납세금 = 35,000,000원 − 7,423,000원 = 27,577,000원
  27,577,000원을 결산반영금액란에 입력한다.

±	코드	과 목	결산분개금액	결산전금액	결산반영금액	결산후금액
	0998	9. 법인세등			35,000,000	35,000,000
	0136	1). 선납세금		7,423,000	7,423,000	7,423,000
	0998	2). 추가계상액			27,577,000	27,577,000

[자동결산 : 결산자료입력 전표추가]

[결산자료입력]의 자동결산은 반드시 F3전표추가 를 해야 결산분개가 [일반전표입력]에 자동으로 반영된다. 결산분개가 추가되면 [자동 결산분개 완료]라는 문구가 상단에 표기된다.

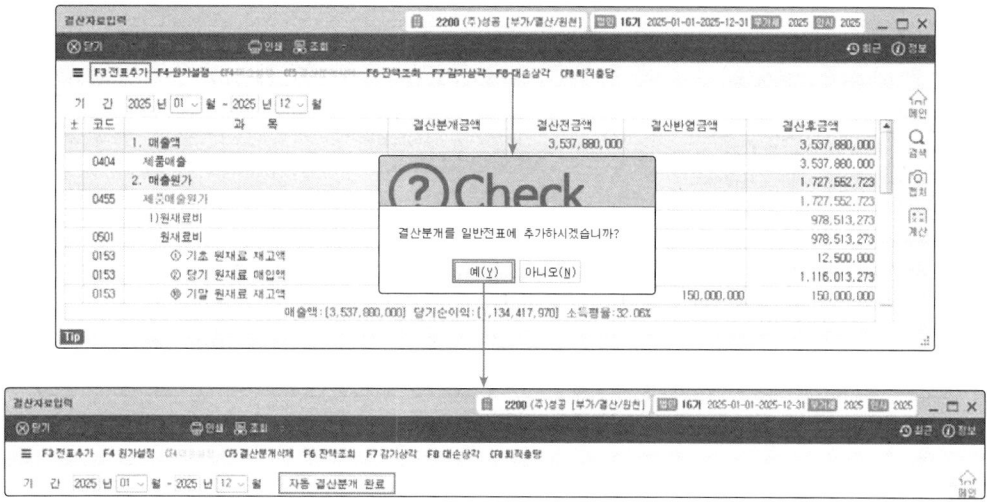

[일반전표입력 결산분개 확인]

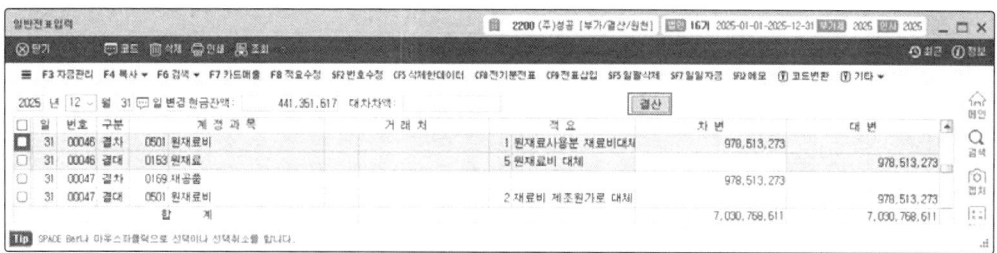

CHAPTER 03 재무제표 작성

기업은 기간을 정하여 결산이 완료되면 결산보고서를 정한다. 결산보고서란 기업의 회계년도의 경영성과와 결산일 현재의 재무상태 등을 기업과 관련한 이해관계자에게 공시하기 위한 보고서를 말한다. 결산보고서는 영업보고서, 재무제표, 재무제표 부속명세서, 감사보고서가 있다.

1. 원가명세서

원가명세서는 손익계산서의 매출원가 중 제조업의 제품매출원가에 대하여 당기제품제조원가가 어떻게 산출된 것인지 그 내역을 기록한 재무제표 부속명세서로 제조업인 경우 제조원가명세서를, 건설업인 경우에는 건설형태에 따라 도급공사원가명세서, 분양공사원가명세서 등으로 구분할 수 있다. 전산세무프로그램에서는 제조업을 대상으로 하므로 제조원가명세서를 작성하게 된다. 본 메뉴는 관리용, 제출용, 표준용으로 구분되어 작성된다.

2. 손익계산서

손익계산서란 일정기간 동안의 경영성과를 나타내는 보고서를 발한다. 일정기간 중 실현된 수익에서 발생된 비용을 차감하여 당기순이익을 산출하는 과정을 표시한다. 프로그램에서는 관리용, 제출용, 포괄손익, 표준용으로 구분하여 조회할 수 있다.

3. 이익잉여금처분계산서(또는 미처리결손금계산서)

이익잉여금처분계산서는 이익잉여금의 총변동사항을 명확히 보고하기 위해 작성하는 서식이며 재무제표에는 해당하지 않으나 상법에 의하여 주석으로 공시한다.

일반기업회계기준(재무상태표일 후 발생한 사건)에 따라 이익잉여금처분내역을 재무상태표에 표시하지 않는다. 손익계산서를 작성하고 이익잉여금처분계산서에 들어가면 손익계산서의 당기순손익이 자동 반영된다.

[이익잉여금처분계산서] 메뉴에서 "당기처분예정일"을 입력하고 "Ⅱ.임의적립금 등의 이입액" 및 "Ⅲ.이익잉여금처분액"을 입력한다. 또한 상단의 F6 전표추가 버튼을 클릭하여 손익대체분개를 [일반전표입력]에 추가하여야 결산이 완료되며 전표추가를 하지 않는 경우 재무상태표의 "미처분이익잉여금" 금액이 반영이 되지 않아 차액이 발생하는 오류가 발생한다.

다음 당기 이익잉여금 처분내역을 참고로 **(주)성공(회사코드 : 2200)**의 이익잉여금처분계산서를 완성하시오.
(전산세무 시험은 결산자료와 함께 출제되나 프로세스상 결산 및 필요한 재무제표는 작성하고 작업한다.)

[당기 이익잉여금 처분내역]

처분일자	▪ 당기 : 2026.03.15 ▪ 전기 : 2025.02.25
처분내역	▪ 이익준비금 5,000,000원 ▪ 현금배당 50,000,000원 ▪ 주식배당 20,000,000원

[이익잉여금처분계산서] 메뉴에서 "당기처분예정일(2026년 3월 15일)"을 입력하고 "Ⅲ.이익잉여금처분액"을 입력한다. 또한 상단의 F6 전표추가 버튼을 클릭하여 손익대체분개를 [일반전표입력]에 추가하여야 결산이 완료되며 전표추가를 하지 않는 경우 재무상태표의 "미처분이익잉여금" 금액이 반영이 되지 않아 차액이 발생하는 오류가 발생한다.

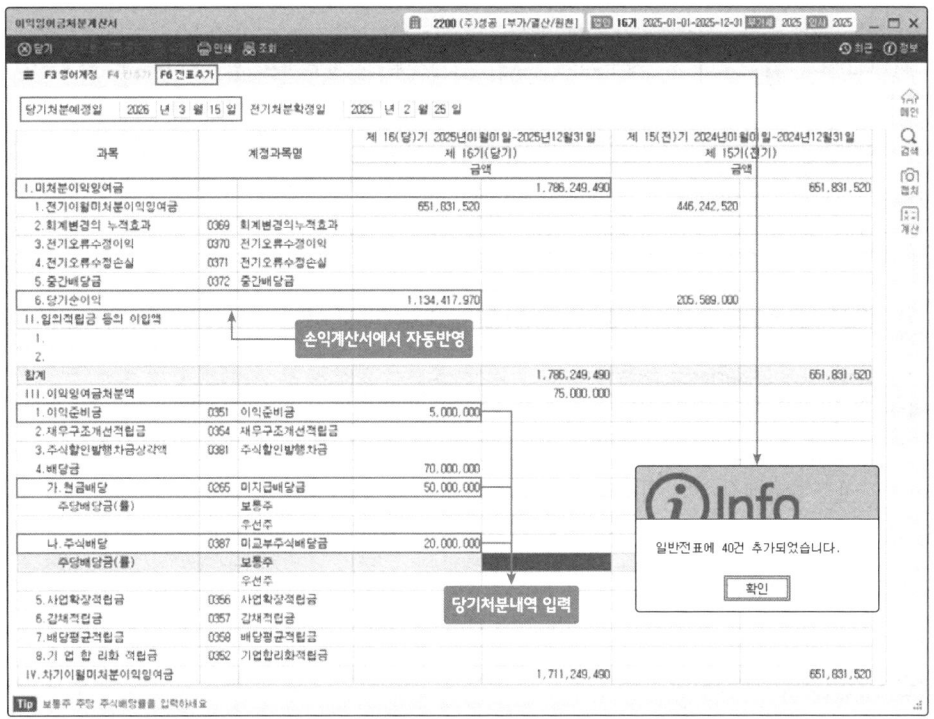

[일반전표입력 손익대체 분개 확인]

4. 재무상태표

재무상태표는 일정한 시점(회계기간 종료일 현재)의 기업의 재무상태를 나타내는 보고서이다. 입력된 자료에 의하여 매월말 또는 결산월의 재무상태표를 조회할 수 있으며, 관리용, 제출용, 표준용으로 구분하여 조회할 수 있다.

5. 합계잔액시산표

합계잔액시산표는 입력된 자료가 대차차액 없이 정확히 처리되었는지를 검증하는 기능이 있다. 따라서 "결산 전" 또는 "결산 후"에 시산표를 작성함으로써 전표처리의 정확성을 확인할 수 있다.

[1] 다음 결산자료를 입력하여 결산을 완료하시오. [회사코드 : 2300.(주)대흥]

① 7월 1일에 영업부의 자동차보험료 720,000원(1년분)을 현금으로 납부하면서 모두 자산계정으로 처리하였다. (단, 보험료는 월할계산 하도록 한다.)

② 장부상 현금잔액이 실제 보유하고 있는 현금잔액 보다 12,670원이 많으며 그에 대한 원인이 밝혀지지 아니하였다. 영업외비용 중 적절한 계정과목에 의하여 회계처리 하시오.

③ 당기말 보유하고 있는 단기매매증권의 내역은 다음과 같다.

주식명	취득일	주식수	1주당 단가(2025년 12월 31일 기준)	
(주)덕희	2025.11.1.	2,000주	장부가액 : 5,000원	공정가액 : 10,000원

④ 다음의 유형자산 감가상각자산에 대한 내역이다. 제시된 자산에 대하여만 감가상각하고 [고정자산등록] 메뉴에 입력하여 산출된 당기 상각비를 결산에 반영하시오.

코드	계정과목	자산명	취득일자	취득원가	전기말 감가상각누계액	상각방법	내용연수	업종코드
101	건 물	본사건물	2017.02.15	100,000,000	22,000,000	정액법	40년	03
102	기계장치	공장압축기	2023.10.20	50,000,000	10,000,000	정률법	8년	13

⑤ 기말재고자산의 내역은 다음과 같다.

재고자산 내역	실사한 금액(원)	장부상 금액(원)	금액 차이 원인
원재료	8,500,000원	9,300,000원	비정상감모
재공품	3,000,000원	3,000,000원	–
제 품	12,000,000원	12,500,000원	정상감모

[2] 다음 결산자료를 입력하여 결산을 완료하시오. [회사코드 : 2400.(주)태풍]

① 독일의 벤스에 대한 장기차입금 중 외화장기차입금 4,500,000원(차입 당시 900원/$)에 대한 결산일 현재의 환율은 1,150원/$이다.

② 결산일 현재 가수금 3,000,000원의 내역이 다음과 같이 확인되었다.

- (주)정지에 대한 거래로 제품매출을 위한 계약금을 받은 금액 : 500,000원
- (주)정지에 대한 외상대금 중 일부를 회수한 금액 : 2,500,000원

③ 결산일 현재 외상매출금 잔액의 1%에 대하여 대손을 예상하고 보충법으로 대손충당금을 설정한다. 대손상각비가 발생하는 경우 판매비와관리비로 처리하고, 대손충당금환입이 발생하는 경우 대손상각비의 차감 항목으로 처리한다.

④ 당기 법인세(지방소득세 포함)는 5,200,000원으로 확정되었다(당기 법인세 중간예납액은 선납세금으로 처리되어 있다).

⑤ 기말 현재 재고자산은 다음과 같다. 단, 기말제품 중에는 수탁자의 창고에 보관중인 위탁품 4,000,000원이 포함되어 있다.

- 기말원재료 : 1,000,000원
- 기말재공품 : 3,500,000원
- 기말제품 : 14,000,000원

[3] 다음 결산자료를 입력하여 결산을 완료하시오. [회사코드 : 2500.(주)만세]

① 당사는 장기차입금 중 다음의 차입금을 만기에 상환하기로 하였다.

- 차입기관 : 우리은행
- 차입액 : 100,000,000원
- 차입기간 : 2023. 10. 1. ~ 2026. 9. 30.

② 시장성이 있는 매도가능증권에 대한 보유내역이 다음과 같다. 기말 매도가능증권평가에 대한 회계처리를 하시오.

취득가액	2024.12.31. 공정가액	2025.12.31. 공정가액
2,000,000원	2,200,000원	1,900,000원

③ 퇴직급여충당부채를 설정하기 전 기말현재 퇴직급여추계액 및 퇴직급여충당부채의 잔액은 다음과 같다. 퇴직급여충당부채는 퇴직급여추계액의 5%를 설정한다.

구 분	퇴직급여추계액	퇴직급여충당부채
생산직	100,000,000원	2,000,000원
영업직	200,000,000원	6,000,000원

④ 기말 현재의 재고자산은 다음과 같다.

구 분	재고자산 장부상 금액	재고자산 실제금액	재고자산 시가(순실현가능가액)
원재료	30,000,000원	30,000,000원	30,000,000원
제 품	50,000,000원	50,000,000원	45,000,000원

※재고자산의 시가(순실현가능가액)는 일반기업회계기준상 저가법의 사유로 인하여 발생된 것이다.

⑤ 기말 현재 보유중인 제조부분의 감가상각대상 자산은 다음과 같다. 제시된 자료 이외에 감가상각 대상자산은 없다고 가정하고, 고정자산 등록 없이 감가상각금액을 계산하여 전표에 입력하시오.

계정과목	취득원가	잔존가치	내용연수	전기말 감가상각누계액	취득일자	상각방법	상각률
기계장치	80,000,000원	0원	5년	8,000,000원	2024.7.20.	정액법	0.2

[4] 다음 결산자료를 입력하여 결산을 완료하시오. [회사코드 : 2600.(주)온누리]

① 회사가 보유 중인 특허권의 배타적 권리가치가 25,000,000원으로 하락하였다. 회사는 보유 중인 특허권을 처분할 예정이며, 자산손상차손 요건을 충족한다.

② 당사는 재평가모형에 따라 유형자산을 인식하고 있으며, 2025년 12월 31일자로 보유하고 있던 토지에 대한 감정평가를 시행한 결과 다음과 같이 평가액이 산출되어 유형자산재평가익(손)으로 처리하였다.

- 2025년 토지 취득가액 : 455,000,000원
- 2025년 12월 31일자 토지 감정평가액 : 600,000,000원

③ 전기말 재무상태표상 개발비 미상각 잔액이 48,000,000원 있다. 개발비 상각에 대한 내용연수는 5년이며, 2024년 초부터 상각을 시작하였다.

④ 당사는 연령분석법으로 외상매출금에 대한 대손을 추정하고 대손상각비를 계상하고 있다. 충당금 설정전 잔액은 900,000원이다.

구 분	당기말 채권잔액	대손설정율
30일 이내	30,000,000원	1%
30일 초과 90일 이내	133,502,300원	2%
90일 초과	100,000,000원	5%
합 계	263,502,300원	

⑤ 다른 자료는 무시하고, 다음 자료를 이용하여, 제2기 확정 부가가치세 신고기간의 부가가치세예수금과 부가가치세대급금을 정리하는 회계처리를 하시오. (단, 환급세액의 경우는 미수금으로, 납부세액의 경우는 미지급세금으로, 전자신고세액공제액은 잡이익으로 처리한다.)

- 부가세대급금 : 70,000,000원
- 부가세예수금 : 47,000,000원
- 전자신고세액공제 : 10,000원

⑥ 회사는 자금을 조달할 목적으로 사채를 아래와 같이 발행하였다. 이외의 다른 사채는 없다고 가정할 경우 결산시점의 적절한 회계처리를 하시오.

- 액면가액 10,000,000원의 사채를 2024년 1월 1일에 할인발행하였다. (만기 3년)
- 발행가액은 9,455,350원이고, 액면이자율은 연 3%, 유효이자율은 연 5%이다.
- 액면이자는 매년 말 현금으로 지급하며, 유효이자율법을 이용하여 상각한다.
- 원 단위 미만은 절사하기로 한다.

⑦ 2026년 3월 10일에 이익잉여금으로 현금배당 12,000,000원과 주식배당 10,000,000원을 하기로 결의하였다. 처분 예정된 배당내역과 이익준비금(적립률 10%)을 고려하여 당기 이익잉여금처분계산서를 작성하시오.

※ 집중심화연습 해답은 [모의고사&기출문제 ➡ PART 03] 783페이지에서 확인 가능합니다.

PART 06

근로소득 원천징수

CHAPTER 01 사원등록
CHAPTER 02 급여자료입력
CHAPTER 03 원천징수이행상황신고서
CHAPTER 04 연말정산추가자료입력

전산실무

(주)청송(회사코드 2100) ~ (주)합격(회사코드 2250)을 선택하여 실습예제를 진행하세요.

직무명	분류번호	능력단위명	수준	능력단위요소
세무	0203020204_23v6	원천징수	3	3 근로소득 원천징수하기 6 근로소득 연말정산하기

능력단위정의	원천징수란 금융소득, 사업소득, 근로소득, 기타소득, 퇴직소득을 소득자에게 지급할 때 소득자가 납부해야 할 세금을 원천징수의무자가 대신 징수하여 과세당국에 납부하기 위하여 수반되는 소득 및 세액 계산, 세무신고 및 납부, 연말정산 등을 수행하는 능력이다.

NCS 능력단위	능력단위요소	수 행 준 거
0203020204_23v6 원천징수	0203020204_23v6.3 근로소득 원천징수하기	3.1 소득세법에 따라 세무정보시스템 또는 급여대장을 통해 임직원의 인적공제사항을 작성·관리할 수 있다. 3.2 회사의 급여규정에 따라 임직원의 기본급, 수당, 상여금 등의 급여금액을 정확하게 계산할 수 있다. 3.3 세법에 의한 임직원의 급여액에 대한 근로소득금액을 과세근로소득과 비과세 근로소득으로 구분하여 계산할 수 있다. 3.4 간이세액표에 따라 급여액에 대한 산출된 세액을 공제 후 지급할 수 있다. 3.5 중도퇴사자에 대한 근로소득 정산에 의한 세액을 환급 또는 추징할 수 있다. 3.6 일용근로자에 대한 근로소득은 비과세 기준을 고려하여 계산할 수 있다. 3.7 근로소득에 대한 원천징수 결과에 따라 세무정보시스템을 활용하여 원천징수이행상황신고서를 작성하고 신고 후 세액을 납부할 수 있다. 3.8 환급받을 원천징수세액이 있는 경우 납부세액과 상계 및 환급 신청할 수 있다. 3.9 기 신고한 원천징수 수정 또는 경정요건이 발생할 경우 수정신고 및 경정청구 할 수 있다. 3.10 근로소득에 대한 간이지급명세서를 기한 내에 제출할 수 있다. 3.11 일용근로자에 대한 지급명세서를 기한 내에 제출할 수 있다.
	0203020204_23v6.6 근로소득 연말정산하기	6.1 연말정산대상소득과 연말정산시기에 대해서 파악할 수 있다. 6.2 근로자의 근로소득원천징수부를 확인하여 총 급여 및 원천징수세액을 파악할 수 있다. 6.3 세법에 따라 연말정산대상자의 소득공제신고서와 소득공제증명자료를 처리할 수 있다. 6.4 연말정산결과에 따라 세무정보시스템을 활용하여 근로소득원천징수영수증을 소득자에게 발급할 수 있다. 6.5 연말정산결과에 따라 세무정보시스템을 활용하여 근로소득지급명세서를 전자제출할 수 있다. 6.6 연말정산결과에 따라 세무정보시스템을 활용하여 원천징수이행상황신고서 전자신고할 수 있다.

CHAPTER 01 사원등록

1. 근로소득 프로세스

근로소득은 근로소득자의 세액을 계산해가는 과정으로 먼저 사원을 등록하고, 사원에 대한 급여자료를 입력하여 월별로 세액을 납부한 다음 연간소득에 대한 연말정산을 하도록 구성되어 있다.

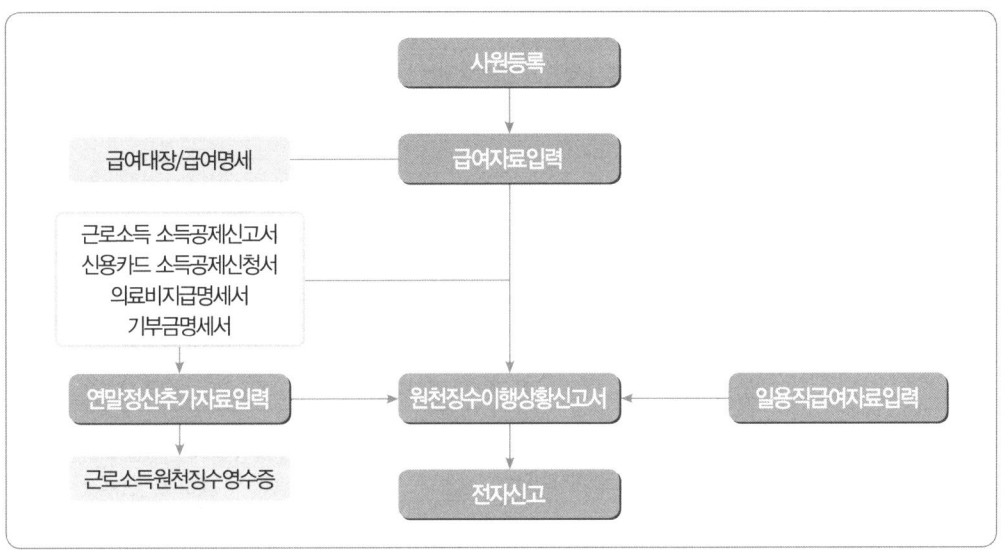

2. 사원등록

사원등록은 각 사원의 인적사항과 인적공제 및 관리사항을 입력한다. [기본사항], [부양가족명세], [추가사항]으로 TAB이 구성되어 있으며 상용직 근로소득자 급여지급시 간이세액조견표에 의한 원천징수세액과 연말정산에 영향을 주는 중요한 정보이다.

항 목		입력내용 및 방법
사번		숫자 또는 문자를 이용하여 10자 이내의 사원코드를 부여한다.
성명		사원명을 20자 이내로 입력한다. 외국인은 국세청 전자신고시 사원명을 한글로 풀어서 입력해야 한다.
주민(외국인)번호		내국인은 "1:주민등록번호"를 선택하여 주민등록번호를 입력하고, 외국인은 "2:외국인등록번호, 3:여권번호" 중 선택하여 번호를 입력한다.
나이		현재 시스템일자를 기준으로 표시되고 [부양가족명세] TAB의 나이는 과세기간종료일 현재 나이로 표기된다.
기본사항	입사년월일	해당 사원의 입사일자를 입력하며 사원관리의 기준이 되는 중요한 입력항목이므로 반드시 정확하게 입력한다.
	내/외국인	내국인이면 "1", 외국인이면 "2"를 선택한다.
	외국인국적	외국인인 경우 국적 및 체류자격을 입력하여 전자신고시 반영한다.
	주민구분	주민(외국인)번호에서 입력한 정보가 자동 반영된다.
	거주구분 거주지국코드	거주자인 경우 "1", 비거주자인 경우 "2"로 입력한다. 비거주자인 경우 거주지국코드를 선택하여 전자신고시 반영한다.
	국외근로제공	국외근로 비과세를 입력하며 해당사항이 없으면 "0.부"를 선택한다. <table><tr><td>1. 월 100만원 비과세</td><td>원양어업 선원, 건설현장근로자 이외의 월 100만원 비과세인 경우 선택한다.</td></tr><tr><td>2. 월 500만원 비과세</td><td>원양어업 등의 선원, 해외건설근로자(감리·설계업무 포함)에 해당하여 월 500만원 비과세인 경우 선택한다.</td></tr><tr><td>3. 전액 비과세</td><td>공무원 등 종사자로 전액 비과세인 경우 선택한다.</td></tr></table>
	단일세율적용	외국인근로자의 경우 단일세율적용(0.부, 1.여)를 선택하며 "1.여"를 선택하면 근로소득의 19%를 산출세액으로 계산한다.
	외국법인 파견근로자	외국법인에서 파견하여 근무하는 근로자인 경우 선택한다.
	생산직여부	연장근로수당 등이 비과세되는 **생산직** 사원의 경우 "**1.여**", 생산직이외의 사원은 "0.부"를 입력한다. **전년도 총급여액이 3,000만원 이하인 생산직근로자인 경우** [**연장근로비과세**] "**1.여**"를 입력한다.
	주 소	해당 사원의 주소를 □□키 또는 코드도움(F2)를 선택하여 입력한다.
	국민연금 보수월액	보수월액을 입력하면 [기초등록]에 등록된 요율에 따라 자동으로 계산하여 보여주며 [급여자료입력] 메뉴의 사회보험 공제항목에 자동 반영된다.
	건강보험 보수월액	보수월액을 입력하면 [기초등록]에 등록된 요율에 따라 자동으로 계산하여 보여주며 [장기요양보험적용] 여부를 선택한다. 또한 [급여자료입력] 메뉴의 사회보험 공제항목에 자동 반영된다.
	고용보험적용	고용보험 적용여부(0.부, 1.여)를 선택하고 대표자인 경우 "1" 입력, 이외의 경우는 "0"를 선택한다. 고용보험적용 "1.여"를 선택한 경우 고용보험보수월액을 입력하면 [기초등록]에 등록된 요율에 따라 자동으로 계산하여 보여준다. 또한 [급여자료입력] 메뉴의 사회보험 공제항목에 자동 반영된다.

항 목		입력내용 및 방법
기본사항	산재보험적용	산재보험 적용 대상자인 경우 "1.여"를 선택하면 사회보험보수총액에 반영되며 교육버전은 지원되지 않는다.
	퇴사년월일/사유	해당 사원이 퇴사한 경우 해당 "년·월·일" 및 퇴직사유를 입력하며, 퇴사년월일을 입력하면 중도퇴사자 연말정산과 퇴직소득자료입력에 자동으로 반영된다.
부양가족명세		소득자 본인을 포함한 부양가족에 대한 내역을 입력하며 입력된 사항을 바탕으로 급여자료입력 시 원천징수세액 계산, 연말정산자료입력의 인적공제 내역에 반영된다.
	연말관계	하단의 메시지를 참고하여 입력하며 인적공제 대상자 범위에 해당하는 코드를 선택하며 **직계비속 배우자 중 기본공제 대상자**에 해당하면 '**5.직계비속(4 제외)**'를 선택한다. ※ 연말관계 : 0.소득자 본인, 1.소득자의 직계존속, 2.배우자의 직계존속, 3.배우자, 4.직계비속(자녀 + 손자녀 + 입양자), 5.직계비속(4 제외), 6.형제자매, 7.수급자(1~6 제외), 8.위탁아동(만 18세 미만)
	성명	부양가족의 성명을 입력한다.
	내/외국인	부양가족이 내국인이면 "1"을 외국인이면 "2"를 선택한다.
	주민(외국인)번호	부양가족이 내국인이면 주민등록번호를 입력하고 외국인이면 외국인등록번호를 입력한다.
	기본공제	인적공제의 기본공제 대상여부를 선택하는 란이다. | 0. 부	부양가족에 해당하나 기본공제 대상자에 해당하지 않는 경우에 선택하며 의료비, 교육비 등 세액공제 대상자인 경우 반드시 선택 | | 1. 본인 | 소득자 본인일 때 선택하며 자동 반영된다. | | 2. 배우자 | 기본공제 대상이 배우자일 때 선택 | | 3. 20세 이하 | 기본공제 대상이 직계비속 및 형제자매일 때 선택 | | 4. 60세 이상 | 기본공제 대상이 직계존속 및 형제자매일 때 선택 | | 5. 장애인 | 부양가족이 **장애인(21세 ~ 59세)**인 경우 선택 | | 6. 기초생활대상등 | 기초생활보장법에 따른 생계급여 등의 수급자일 때 선택 | | 7. 자녀장려금대상 | 자녀장려금 대상인 경우 선택 |
추가공제	부녀자	종합소득금액 3천만원(총급여액 41,470,588원) 이하자로 배우자가 없는 여성근로자로서 기본공제대상 부양가족이 있는 세대주 또는 배우자가 있는 여성근로자
	한부모	배우자가 없는 자로서 기본공제 대상자인 **직계비속(입양자 포함)**이 있는 경우 선택
	경로우대	기본공제 대상자 중 만 70세 이상에 해당하는 경우 선택
	장애인	기본공제 대상자 중 **장애인**에 해당하는 경우 선택하며 (1.장애인복지법에 따른 장애인, 2.국가유공자등 근로능력없는자, 3.항시치료를 요하는 중증환자) 중 택일
자녀세액공제	자녀	기본공제 대상자 중 **만 8세 이상 ~ 20세 이하**의 자녀(입양자 및 위탁아동, 손자녀 포함)가 있는 경우 선택(기본공제대상자에 해당하는 장애인 자녀는 나이 상관없이 포함)
	출산입양	당해 연도에 **출생**하거나 **입양**한 자녀가 있는 경우 선택

항 목		입력내용 및 방법
부양가족명세	위탁관계	부양가족에 대해 본인과의 관계를 코드도움(F2)을 이용하여 입력한다. (전산세무 시험은 현재 출제되고 있지 않으나 실무는 반드시 선택)
	세대주구분	본인이 세대주이면 "1.세대주"를 세대원이면 "2.세대원"을 선택한다.
추가사항	중소기업 취업감면	중소기업에 2026.12.31. 이전까지 입사한 경우로 취업감면자에 해당하여 소득세를 감면받는 경우 입력한다.
	감면대상	① 청년 : 근로계약 체결일 현재 연령이 15세 이상 34세 이하인 근로자 ② 근로계약 체결일 현재 연령이 60세 이상인 근로자 ③ 장애인 근로자 ④ 경력단절 여성 근로자
	감면기간	■ 청년은 최초입사일부터 5년, 이외의 자는 3년을 적용 ■ 시작일(초일불산입)로부터 5년(3년)이 되는 날이 속하는 달의 말일까지 입력
	감면율	청년은 90%, 이외의 자는 70%를 적용하며 연간 200만원 한도까지 세액 감면
	감면입력	급여 지급시 감면을 적용하는 경우 "1.급여입력", 연말정산시 감면을 적용하는 경우 "2.연말입력"을 선택한다.

[인적공제 요건 요약]

구 분	공제대상	생계요건	나이요건[주3]	소득금액요건
본인공제	당해 거주자	동거 여부 불문	해당없음	해당없음
배우자공제	거주자의 배우자		해당없음	연간 소득금액 합계액 100만원 이하[주5]
부양가족공제	직계존속	생계를 같이하는 부양가족	주민등록상 동거원칙 (주거 형편상 별거 포함)	60세 이상	
	직계비속, 입양자[주1]		동거 여부 불문	20세 이하	
	형제자매		주민등록상 동거 원칙 (다만 취학, 질병의 요양 등의 사유에 의한 일시퇴거 허용)	20세 이하 또는 60세 이상	
	국민기초생활보장법에 의한 수급자			해당 없음	
	위탁아동[주2]			18세 미만[주4]	

주1) 직계비속(입양자 포함)과 그 배우자가 모두 장애인인 경우에는 그 배우자를 포함
주2) 아동복지법에 따른 가정위탁을 받아 양육하는 아동으로서 **해당 과세기간에 6개월 이상 직접 양육**한 위탁아동. 다만, 직전 과세기간에 소득공제를 받지 못한 경우에는 해당 위탁아동에 대한 직전 과세기간의 위탁기간을 포함하여 계산한다.

주3) 나이산정방법 : **신고대상 귀속연도(2025년) − 태어난 연도** = 나이요건 충족 여부
　　장애인의 경우 나이요건을 적용하지 않으며, 당해 과세기간 중 공제기준일이 해당하는 날이 있는 경우 적용
주4) 보호기간이 연장된 위탁아동 포함(20세 이하인 경우)
주5) 연간 소득금액합계액 100만원 이하 금액
　　연말정산시 배우자를 포함한 부양가족을 기본공제대상자로 하기 위해서는 해당 부양가족의 연간 소득금액의 합계액이 100만원 이하 요건을 충족하여야 한다.

[연간 소득금액합계액 100만원 이하 금액]

소득종류		소득금액 계산	소득금액 100만원 이하 사례
① 종합소득	근로소득	총급여액 (연간근로소득 − 비과세소득) − 근로소득공제	■ **총급여액 333만원 − 근로소득공제 233만원 = 100만원** ■ 2015.12.3. 세법이 개정되어 부양가족이 **근로소득만 있는 경우** 해당 과세기간의 **총급여액이 500만원 이하인 경우**도 포함함 ■ 무조건분리과세 : 일용직근로소득
	연금소득	총연금액 − 연금소득공제	■ **공적연금(노령연금)** 　: 총연금액은 516만원 − 416만원 = 100만원 ■ **사적연금의 총연금액 1,500만원 이하**는 분리과세소득으로 종합소득금액에서 제외되어 기본공제 가능 ■ 2001.12.31. 이전 불입된 공적연금 및 기초연금은 비과세소득
	사업소득	총수입금액 − 필요경비	총수입금액에서 필요경비를 차감한 금액이 100만원이 되는 경우(결손금 발생 포함)
	기타소득	총수입금액 − 필요경비	■ 총수입금액에서 필요경비를 차감한 금액이 100만원인 경우가 이에 해당하나, **기타소득금액 300만원 이하**는 분리과세소득으로 종합소득금액에서 제외되어 공제 가능 ■ 무조건분리과세 : 복권당첨소득 등 ■ 필요경비 60% 인정 소득 : 강연료, 문예창작소득 등
	이자·배당소득	총수입금액	이자소득과 배당소득의 **합계금액이 2천만원 이하**인 경우 분리과세소득으로 종합소득금액에서 제외되어 공제 가능
	소계	위의 소득금액의 합계액이 종합소득금액이 된다.	**종합소득금액 100만원** (단, 비과세 및 분리과세소득은 제외)
② 퇴직소득		퇴직소득 = 퇴직소득금액	비과세소득을 제외한 금액이 100만원인 퇴직금
③ 양도소득		양도가액 − 필요경비 − 장기보유 특별공제	필요경비와 장기보유특별공제금액을 차감한 금액이 100만원인 **양도소득금액**(양도차손 발생시 기본공제대상 포함)
연간 소득금액의 합계액(① + ② + ③)			종합소득 · 퇴직소득 · 양도소득이 있는 경우 각 소득금액을 합계한 금액으로 함

영업부 부장 김철수(거주자, 입사일 : 2022년 7월 5일, 사원번호 : 100)를 사원등록하고 부양가족명세를 작성하시오. (제시된 소득 이외의 소득은 없으며, 세부담 최소화를 가정한다.) [회사코드 : 2100.(주)청송]

자료 1. 김철수의 주민등록표

자료 2. 사원등록 참고자료

① 부양가족은 김철수와 생계를 같이 하며 사회보험과 관련한 보수월액은 4,500,000원이다.
② 배우자 박혜선은 일시적인 문예창작소득 5,000,000원의 소득이 있으며 필요경비를 확인할 수 없다.
③ 자녀 김혁은 장애인복지법에 의한 청각장애인에 해당하며 총급여액 6,000,000원이 있다.
④ 부친 김철재는 원천징수 배당소득 16,000,000원과 기초연금 2,400,000원이 있다.
⑤ 고모 김경희는 별도의 소득이 없으며, 시각장애인이다.

 예제 따라하기

(1) 기본사항 TAB

김철수의 주민등록 등본의 기재사항을 확인하여 정확하게 입력한다.

(2) 부양가족명세 TAB

① 김철수 : 본인이므로 기본공제 가능하고 세대주 선택

② 박혜선 : 문예창작소득은 기타소득으로 필요경비 60%를 차감한 소득금액 300만원 이하는 분리과세를 선택할 수 있어 기본공제 요건을 충족하므로 공제 가능
(5,000,000원 − 3,000,000원 = 2,000,000원)

③ 김 혁 : 청각장애인이지만 소득금액(총급여 5,000,000원) 제한을 초과하였으므로 기본공제 불가능

④ 김철재 : 금융소득은 2,000만원 이하까지는 분리과세가 가능하고, 기초연금은 비과세소득이므로 기본공제와 경로우대 추가공제 가능

⑤ 김경희 : 고모는 공제 대상 부양가족 범위에 해당하지 않으므로 입력하지 않음

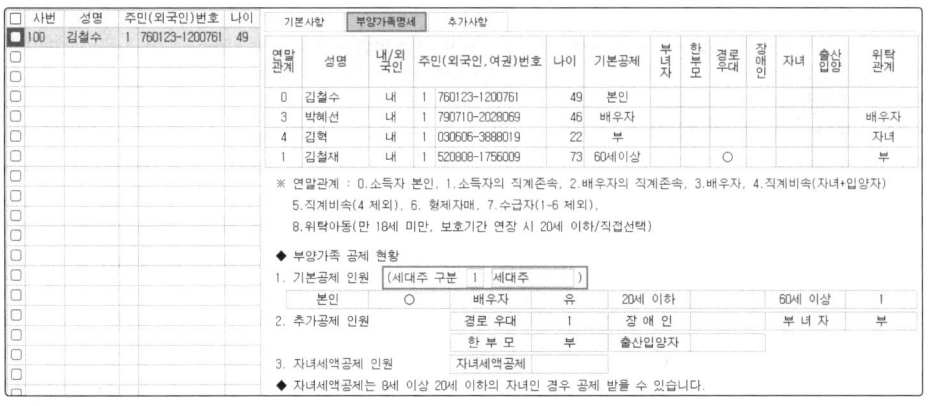

2025년 9월 1일 입사한 생산직 하경자(거주자이며 세대원, 사원번호 : 200)의 가족관계증명서이다. 세부담을 최소화하는 방법을 선택하며 가족관계증명서상 부양가족은 생계를 같이한다. [회사코드 : 2100. (주)청송]

자료 1. 하경자의 가족관계증명서

[별지 제1호서식] 〈개정 2010.6.3〉

가 족 관 계 증 명 서

등록기준지	서울시 송파구 도곡로 460 (잠실동)

구분	성명	출생연월일	주민등록번호	성별	본
본인	하경자	1992년 10월 01일	921001-2036531	여	晉陽

가족사항

구분	성명	출생연월일	주민등록번호	성별	본
모	정진숙	1964년 04월 05일	640405-2649846	여	延日
배우자	이해상	1988년 10월 10일	881010-1774910	남	星州
자녀	이수빈	2011년 03월 05일	110305-4457870	여	星州
자녀	이성훈	2025년 01월 23일	250123-3052775	남	星州

자료 2. 사원등록 참고자료

① 하경자의 당해연도 종합소득금액은 30,000,000원 초과자에 해당하며, 직전연도 총급여액 2,450만원이다.
② 사회보험과 관련한 보수월액 2,500,000원이다.
③ 정진숙은 부동산임대소득금액 15,000,000원이 있다.
④ 배우자 이해상은 세대주에 해당하며 항시 치료를 요하는 중증환자로서 현재 타지역의 요양시설에서 생활하고 있으며 소득은 없다.
⑤ 자녀 이수빈은 혼인 전에 출산한 자녀로 지방 소재 중학교에 재학 중이고, 일용근로소득 5,000,000원의 소득이 있다.
⑥ 자녀 이성훈은 어린이집에 다니고 있다.
⑦ 당사는 통조림을 제조하는 중소기업으로 중소기업취업자 소득세 감면을 최대한 적용받고자 하경자는 신청하였다. 중소기업취업자 감면은 매월 급여수령시 적용하기로 하며 최초 취업일은 2025년 9월 1일이다. (전근무지에서 감면을 적용한적 없음)

(1) 기본사항 TAB

하경자의 가족관계증명서의 기재사항을 확인하여 정확하게 입력한다. 생산직에 해당하므로 [10.생산직등여부 : 1.여, 연장근로비과세 : 1.여, 전년도총급여 : 24,500,000원]을 입력한다.

(2) 부양가족명세 TAB

① 하경자 : 세대주가 아니므로 [세대주 구분 : 2.세대원]을 선택하고, 종합소득금액이 3,000만원 초과자로 배우자가 있어도 부녀자공제 불가능

② 정진숙 : 부동산임대 사업소득금액이 100만원 초과로 기본공제 불가능

③ 이해상 : 기본공제 및 장애인(3.항시치료를 요하는 중증환자) 추가공제 가능

④ 이수빈 : 혼인 전에 출생한 자녀도 부양하는 경우 공제대상이며 동거 여부와 관계없이 공제 가능. 일용근로소득은 분리과세소득이므로 기본공제 및 자녀세액공제(기본) 가능

⑤ 이성훈 : 20세 이하이므로 기본공제 가능하고 아동수당 중복배제로 자녀세액공제(기본)는 제외되나 당해연도 출생이므로 [출산·입양]란의 둘째를 선택하여 세액공제를 적용한다.

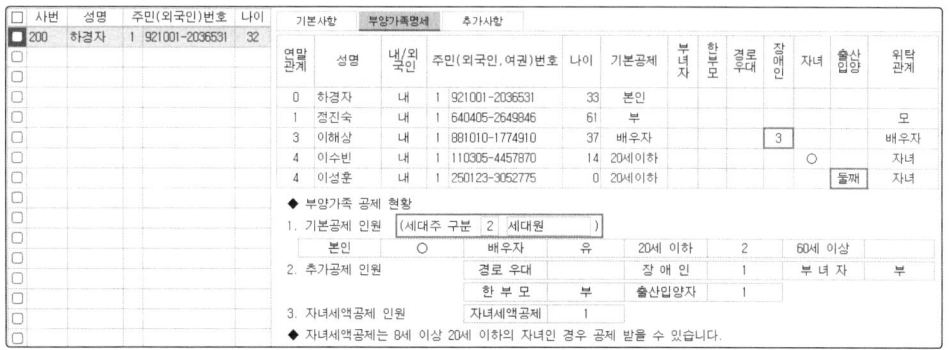

(3) 추가사항 TAB

청년에 해당하는 근로자 본인이 중소기업에 2026.12.31.까지 입사한 경우 중소기업 취업자에 해당하며 최초취업일로부터 5년간 소득세를 90% 적용받는다.

① 최초취업일이 2025년 9월 1일이므로 감면기간은 [2025-09-01 ~ 2030-09-30]을 입력한다.
② 청년에 해당하므로 감면율 "4.90%"을 선택한다.
③ 소득세 감면을 급여 지급시 적용하기로 하였으므로 감면입력을 "1.급여입력"을 선택한다.

심화연습

[1] 2025년 10월 1일자로 입사한 사원 황진이(830128-2436824, 세대주, 총급여 40,000,000원)와 생계를 같이하는 주민등록표상의 부양가족사항은 다음과 같다. 황진이씨의 세부담이 최소화되도록 사원등록에서 부양가족명세서를 작성하시오. (본인 포함 부양가족 전원을 반영하되, 기본공제 대상자가 아닌 경우에는 기본공제 항목에 "부"로 입력하며, 아래 주민등록번호는 모두 정확한 것으로 가정한다.) [회사코드 : 2300.(주)대흥]

관계	이름	주민등록번호	비 고
모	사임당	540310-2412840	부동산임대소득금액 1,200,000원, 항시치료를 요하는 중증환자
자녀	홍순아	081130-4035256	2025년 3월 학업을 위하여 주소를 타지로 이전함
동생	황매화	880427-1412318	장애인복지법에 따른 장애인 2025년 증여받은 재산가액 50,000,000원
동거인	김소망	240405-3035240	2024.12.20.부터 양육한 아동복지법에 따른 가정위탁임

※ 본인 황진이는 배우자와 이혼한 상태이다.

[2] 다음은 사무직직원 김한세(사원코드 : 103)씨 부양가족내용이다. 사원등록을 추가 입력하고 제시한 주민등록번호는 정확한 것으로 가정한다. (단, 본인 포함 부양가족 전원을 반영하되, 기본공제 대상자가 아닌 경우에는 기본공제 항목에 "부"로 입력할 것) [회사코드 : 2400.(주)태풍]

가족	이름	주민등록번호	소득현황	비 고
본인	김한세	790301-1023436		세대주
배우자	이은영	820905-2012331	■ 근로소득 4,000,000원 ■ 퇴직소득 2,900,000원	(주)세한에서 2월 말에 퇴사하고 급여 및 퇴직금(일시수령) 수령함
부친	김무식	531109-1023285	소득없음	2025년 1월 10일에 사망
모친	박정금	630805-2123745	■ 양도소득금액 6,000,000원	
딸	김은정	030128-4012676	대학생	장애인복지법에 따른 장애인
아들	김두현	190707-3010233	-	

[3] 2025. 5. 1. 입사한 사원 심인경(850128-2243697, 세대원, 총급여 45,000,000원)의 부양가족 사항은 다음과 같다. 심인경의 세부담이 최소화되도록 사원등록에서 부양가족명세서를 작성하시오. (단, 본인 포함 부양가족 전원을 반영하되, 기본공제 대상자가 아닌 경우에는 기본공제 항목에 "부"로 입력할 것) [회사코드 : 2500.(주)만세]

관계	이름	주민등록번호	비 고
배우자	조태오	830826-1476729	근로소득자, 총급여 24,000,000원
시부	조진수	520806-1173939	2025년 4월 25일 장애(치료를 요하는 중증환자)가 치유됨, 소득 없음
시모	하지수	600914-2535248	주거형편상 별거 중이며, 소득 없음
자	조상아	091130-4035253	모델전속계약금(기간 2025년 1월 ~ 2025년 6월, 일시적인 소득으로 기타소득 신고) 50,000,000원
자	조상혁	100228-3078524	소득 없음

※ 위 주민등록번호는 모두 정확한 것으로 가정한다.

[4] 다음 자료를 보고 내국인이며 거주자인 생산직사원 정별인(780128-2436817, 세대주, 입사일자 2025년 6월 1일, 국내근무)을 사원등록(사원번호 : 103, 주소 생략)하고, 정별인의 부양가족을 모두 부양가족명세에 등록 후 세부담이 최소화 되도록 공제여부를 입력하시오. (단, 본인 포함 부양가족 전원을 반영하되, 기본공제 대상자가 아닌 경우에는 기본공제 항목에 "부"로 입력할 것) [회사코드 : 2600.(주)온누리]

관계	이름	주민등록번호	비 고
본 인	정별인	780128-2436817	직전연도 총급여액 2,900만원, 당해연도 총급여액은 3,500만원이며, 사회보험 보수월액은 250만원이다.
배우자	최소한	700717-1002071	사업소득자(월 평균소득금액 3,000,000원)
아 들	최한성	080506-3002021	고등학생, 일본 유학중이며 현재의 배우자가 이전 혼인관계에서 출생한 자임
딸	최한미	240330-4520370	2025년 1월 20일 입양
동 생	정별거	800830-1234526	국가유공상이자에 따른 장애인, 질병치료관계로 국내 별도거주
아버지	정영일	561230-1783537	미국 거주(이민)
어머니	김영미	571005-2783567	미국 거주(이민)

※ 위 주민등록번호는 모두 정확한 것으로 가정한다.

[5] 다음은 생산직 직원 황민수씨(입사일 : 2025년 8월 1일)와 생계를 같이하고 있는 부양가족(내국인, 국내근무)에 대한 자료이다. 황민수씨를 사원등록(코드번호 : 201번)하고, 기본사항 입력은 주어진 자료 이외는 생략하되 세부담이 최소화 되도록 부양가족명세에 입력하시오. (단, 부양가족 모두 부양가족명세에 등록 후 기본공제 대상자가 아닌 경우 '부'로 표시하시오.)

[회사코드 : 2300.(주)대흥]

관계	이름	주민등록번호	비 고
본인	황민수	760420-1234588	세대주, 직전연도 총급여액 7,000만원
배우자	오연지	780320-2951379	복권당첨금 100,000,000원
장인	황세무	470624-1566827	2000년 공무원 퇴직 후 공무원연금소득 월 100만원 수령
자녀	황장남	990508-1245342	장애인 복지법에 따른 장애인
자녀	황차남	150220-4665120	
며느리	김보름	990920-2243407	장애인 복지법에 따른 장애인으로서 황장남의 배우자임

※ 장인은 배우자의 계부(배우자의 직계존속 모두 생존)로 부양하고 있으며, 자녀와 며느리는 소득이 없다.

※ 집중심화연습 해답은 [모의고사&기출문제 ➡ PART 03] 789페이지에서 확인 가능합니다.

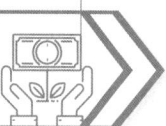

CHAPTER
02 급여자료입력

원천징수 ▶▶ 근로/퇴직/사업 ▶▶ 근로소득관리 ▶▶ 급여자료입력

급여자료입력은 상용직근로자에게 지급한 급여내역과 각종 공제액(소득세 및 지방소득세 포함)을 입력하는 메뉴이다. 급여자료입력 메뉴에서 입력된 자료는 [원천징수이행상황신고서]에 자동 반영되며 추후 연말정산 시 [연말정산추가자료입력]의 [소득명세 TAB]에 반영된다.

매월 지급하는 급여자료를 입력하기 위해서는 수당등록과 공제등록을 선행하여야 한다.

1. 수당 및 공제등록

상단의 F4 수당공제 버튼을 선택하여 수당 및 공제항목을 등록할 수 있고, 근로기준법상 통상임금 포함여부, 임금명세서에 반영하는 지급항목 계산방법, 사원별 계산방법 등록도 함께 할 수 있다.

1 수당등록

No	코드	과세구분	수당명	근로소득유형			월정액	통상임금	사용여부
				유형	코드	한도			
1	1001	과세	기본급	급여			정기	여	여
2	1002	과세	상여	상여			부정기	부	여
3	1003	과세	직책수당	급여			정기	부	여
4	1004	과세	월차수당	급여			정기	부	여
5	1005	비과세	식대	식대	P01	(월)200,000	정기	부	여
6	1006	비과세	자가운전보조금	자가운전보조금	H03	(월)200,000	부정기	부	여
7	1007	비과세	야간근로수당	야간근로수당	001	(년)2,400,000	부정기	부	여

→ 급여지급시 지급항목을 등록하는 메뉴이며 [사용여부 : 여]로 설정된 수당명은 [급여항목]에 자동반영

● 지급항목 계산방법일괄적용(임금명세서 반영), 계산방법 삭제 : F5

적용시작(귀속)월	계산방법

● 사원별 계산방법 등록 / 해당 사원만 입력합니다.(입력 없으면 계산방법일괄적용), 계산방법 삭제 : F5

No	사번	사원명	계산방법

비과세항목 입력화면 색활표시 □   급여입력화면에 계산방법 표시 □   통상시급(원) 자동계산 □

→ [비과세항목 입력화면 표시 여부] 체크 박스를 선택하면 급여자료입력화면에 "비과세항목"이 파란색으로 구분 표시

*** 야간근로수당(001)은 전년도 총 급여액이 3천만원 이하이고, 월정액이 210만원 이하인 생산직 사원만 연240만원 한도로 비과세 됩니다.
*** 수당과 공제 등록은 현재 귀속년도 전체 월에 동일하게 반영됩니다.
*** 실비변상적인 수당[소법12조 3호(코드 H01-H15)]은 정기적이더라도 비과세한도 만큼은 월정액 급여에서 제외됩니다.
*** 기본적으로 제공하는 수당의 경우에도 수당명은 편집이 가능합니다.
※ 통상시급자동계산
월 중에 통상임금 여부와 자동계산 체크 여부를 변경할 때 통상시급 변경시점은 급여항목 금액을 다시 입력할 때 입니다.
(금액 있는 상태에서 여부값 변경시 F6재계산 이용)

F2 코드 도움 하세요   코드(F2) 삭제(F5) 확인(Tab)

급여 지급 시 지급하는 각종 수당을 추가하거나 수정·등록하며 기본적인 비과세수당은 등록되어 있다. 기본적으로 제공하는 항목은 **"과세구분"은 변경이 불가능**하며 삭제할 수 없으므로 미사용시 "사용여부 : 부"로 선택하여야 한다. 다만 **"수당명"은 변경이 가능**하다.

항 목	입력내용 및 방법
과세구분	과세수당이면 과세, 비과세수당이면 비과세를 입력한다.
수당명	추가하고자 하는 수당명을 입력하며 기 등록된 수당명은 변경이 가능하다.
근로소득 유형	[과세구분 : 과세] 근로소득지급명세서에 반영되는 과세유형명을 코드도움(F2) 키를 누른 후 보조창에서 해당유형을 선택한다. [과세구분 : 비과세] 지급항목 중 비과세에 해당하는 경우 코드도움(F2) 키를 클릭하여 해당 비과세유형을 선택하며 항목별 "월(또는 연)" 한도액이 자동 계산된다.
월정액여부	생산직근로자의 월정기적급여액(210만원 이하) 계산 포함여부를 선택하는 메뉴이다. 　　월정액급여 　　= 급여총액 – 상여 등 부정기적 급여 – 실비변상적 급여 – 복리후생적 급여 – 연장근로수당 급여총액에서 제외해야 하는 급여는 "0:부정기"를 선택하고 포함해야 하는 급여는 "1:정기"를 선택한다.
사용여부	기본적으로 제공하는 항목 또는 등록한 항목 중 사용하지 않는 경우 "0:부"로 설정하면 급여자료 입력에 조회되지 않는다.

2 공제등록

급여지급 시 공제하는 항목을 등록하는 메뉴이며 기본적으로 등록된 고정항목은 삭제가 불가능하므로 사용하지 않을 경우에는 "사용여부 : 부"로 변경한다.

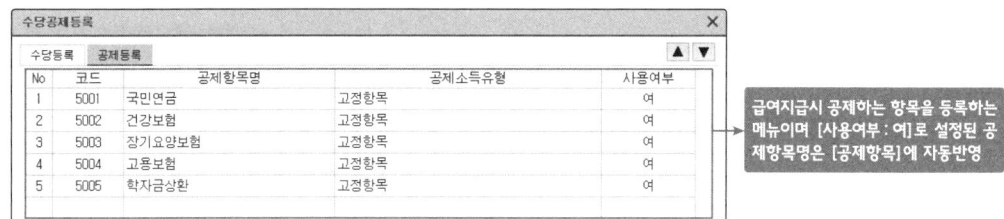

급여지급시 공제하는 항목을 등록하는 메뉴이며 [사용여부 : 예]로 설정된 공제항목명은 [공제항목]에 자동반영

항 목	입력내용 및 방법
공제항목명	추가하고자 하는 공제항목을 입력한다.
공제소득 유형	코드도움([F2]) 키를 누른 후 보조창에서 공제소득유형을 선택하며 기부금 및 사회보험정산 유형은 기부금명세서 및 사회보험정산 메뉴에 자동반영 되는 유형이다.

2. 급여자료 입력

수당 및 공제등록을 설정한 후 각각의 사원에 대한 급여항목과 공제항목을 입력하면 급여대장 및 급여명세 등을 출력할 수 있고 원천징수한 소득세를 집계하는 [원천징수이행상황신고서]에 자동으로 반영된다.

항 목	입력내용 및 방법
귀속년월	지급하는 급여 및 상여의 귀속월을 입력한다.(실제 근로를 제공한 월을 입력)
지급년월일	지급하는 급여 및 상여의 지급일자를 입력한다.
급여항목	[수당공제]의 "수당등록"에 등록된 수당항목 중 "사용 : 여"로 설정한 항목이 자동으로 반영된다.
공제항목	[수당공제]의 "공제등록"에 등록된 공제항목 중 "사용 : 여"로 설정한 항목이 자동으로 반영된다.
지급일자	귀속월별 지급내역을 확인할 수 있으며, 정기적으로 발생하는 급여나 상여금이 동일할 때 복사를 이용하여 손쉽게 작업할 수 있다. 또한 입력실수 등으로 지급일자, 지급구분 등을 변경하고자할 때 [지급일자] 버튼을 이용하여 해당내역을 삭제 후 다시 설정하여 등록할 수 있다.
재계산	과세, 비과세금액이 변경되거나 사원의 부양가족이 변경되는 등 입력된 정보의 내용을 변경하고자 하는 경우 사용한다.
마감	당월 지급분에 대한 급여자료입력을 완료했다는 의미이며, 마감시 수정, 재계산, 삭제 등의 작업을 할 수 없다. 마감 후 다시 [마감취소] 버튼을 클릭하면 마감이 취소된다.
중도퇴사자 정산	중도퇴사시 사원등록에서 퇴사일을 입력한 다음 해당 퇴사월의 급여자료입력 후 [중도퇴사자정산] 버튼을 클릭하여 [급여반영] 버튼을 클릭하면 중도퇴사자에 대한 연말정산이 반영·완료된다.
연말정산	[중도퇴사자정산] 버튼 안의 [연말정산] 버튼을 클릭하여 **전년도 연말정산 소득세를 급여자료입력에 반영**할 수 있다.
분납적용	[중도퇴사자정산] 버튼 안의 [분납적용] 버튼을 클릭하여 전년도 연말정산 소득세 납부액이 **10만원 초과시 3개월에 걸쳐 균등액 분할 납부시** 선택한다.

다음은 당사의 2025년 급여지급내역(지급일 : 매월 25일)이다. 수당등록 및 급여자료(1월 ~ 12월)를 입력하며 12월만 상여금(기본급의 100%)이 지급된다. [회사코드 : 2100.(주)청송]

[수당항목]

사원명	기본급	식대	자가운전 보조금	야간 근로수당	보육수당	직무수당
김철수(사무직)	4,400,000원	200,000원	200,000원	200,000원	-	200,000원
하경자(생산직)	2,500,000원	200,000원	200,000원	400,000원	200,000원	100,000원

※ 12월 상여금(기본급 100%)은 급여와 함께 지급

[공제항목]

사원명	국민연금	건강보험	장기 요양보험	고용보험	소득세	지방 소득세	사우회비
김철수							30,000원
하경자			프로그램에서 자동계산되는 자료 사용				10,000원

※ 세법 개정에 따른 프로그램 업데이트시 원천징수세액이 달라질 수 있음.

[급여관련 추가자료]

① 식대는 중식대로서 이외의 별도로 식사나 기타 음식물을 제공받지 않는다.
② 자가운전보조금은 본인 소유차량을 직접 운전하여 업무상 이용하고 매월 고정비로 지급받는 것이다.
③ 야간근로수당은 연장 및 야간근로로 인하여 지급하는 수당이다.
④ 보육수당은 6세 이하 자녀와 관련하여 매월 지급하며 하경자씨는 당해연도에 출생한 자녀가 있으며 회사 지급 규정에 의해 출산지원금(1회) 10,000,000원을 12월에 지급한다. (특수관계인에 해당하지 않음)
⑤ 하경자씨는 2025년 9월 1일에 입사하였으며 12월 상여금 지급대상자에 해당한다.

 예제 따라하기

① 귀속년월(2025년 1월), 지급년월일(2025년 1월 25일)을 입력하고 상단의 F4 수당공제 버튼을 선택하여 수당항목을 추가등록한다. 하경자는 당해연도 9월 1일에 입사하여 1월 ~ 8월 급여 입력 시에는 조회되지 않는다.
② 직책수당과 월차수당은 사용하지 않을 것이니 "사용여부 : 부"로 선택한다. 메뉴의 하단으로 내리고자 하는 경우 오른쪽 상단의 방향버튼(▲▼)을 눌러서 아래로 내릴 수 있다.
③ 식대는 별도의 현물제공되는 중식이 없으므로 비과세 급여이다. (월정액 : 정기)
④ 자가운전보조금은 본인 소유차량을 업무에 사용하고 별도의 경비를 받은 적이 없으니 비과세 급여이다. (월정액 : 부정기)

⑤ 야간근로수당은 사무직 및 생산직 모두에게 지급한다고 하여 과세와 비과세를 등록하는 것이 아니라 **무조건 비과세 소득으로 등록**한다. 이유는 [사원등록] 메뉴의 [10.생산직등여부, 연장근로비과세] 설정에 의해서 과세여부가 적용된다. (월정액 : 부정기)

구분	사원등록		급여자료입력
	생산직등여부	연장근로비과세	수당등록
사무직	부	비활성화	비과세설정 ⇨ 프로그램에서 **과세급여**로 자동계산
생산직	여	부 (직전연도 총급여액 3,000만원 초과자)	비과세설정 ⇨ 프로그램에서 **과세급여**로 자동계산
	여	여	비과세설정 ⇨ 프로그램에서 **비과세급여**로 자동계산 (월정기적 급여 210만원 초과하면 과세급여로 프로그램이 자동계산)

⑥ 보육수당은 6세 이하 자녀를 양육하는 경우에는 비과세 급여이다. (월정액 : 정기)
⑦ 출산지원금은 자녀 출생일 이후 2년 이내 회사지급규정에 의해 지급받는 경우 최대 2회까지 전액 비과세 적용(특수관계인 제외)한다. (월정액 : 부정기)
⑧ 직무수당은 과세급여이다. (월정액 : 정기)

[수당등록 화면]

No	코드	과세구분	수당명	근로소득유형			월정액	통상임금	사용여부
				유형	코드	한도			
1	1001	과세	기본급	급여			정기	여	여
2	1002	과세	상여	상여			부정기	부	여
3	1005	비과세	식대	식대	P01	(월)200,000	정기	부	여
4	1006	비과세	자가운전보조금	자가운전보조금	H03	(월)200,000	부정기	부	여
5	1007	비과세	야간근로수당	야간근로수당	O01	(년)2,400,000	부정기	부	여
6	2001	비과세	보육수당	보육수당	Q02	(월)200,000	정기	부	여
7	2002	비과세	출산지원금(1회)	출산지원금(1회)	Q03	전액	부정기	부	여
8	2003	과세	직무수당	급여			정기	부	여
9	1003	과세	직책수당	급여			정기	부	부
10	1004	과세	월차수당	급여			정기	부	부

보육수당·출산지원금(1회)·직무수당은 추가로 신규 등록하였고, 직책수당과 월차수당은 사용하지 않으므로 사용여부를 "부"로 설정하였다.

⑨ 공제항목명에 "사우회비"를 등록하고 공제소득유형란에서 코드도움(F2) 키를 누른 후 "4.기타"를 선택한다.

[공제등록 화면]

No	코드	공제항목명	공제소득유형	사용여부
1	5001	국민연금	고정항목	여
2	5002	건강보험	고정항목	여
3	5003	장기요양보험	고정항목	여
4	5004	고용보험	고정항목	여
5	5005	학자금상환	고정항목	여
6	6001	사우회비	기타	여

비과세항목 입력화면 색깔표시 ☑   급여입력화면에 계산방법 표시 ☐   통상시급(원) 자동계산 ☐

⑩ 급여자료입력 화면에 비과세항목을 별도로 표기(파란색)하고자 한다면 [비과세항목 입력화면 표시여부]를 체크한다. 필수 항목은 아니므로 시험에서는 체크하지 않아도 된다.

[1월 급여입력 화면]

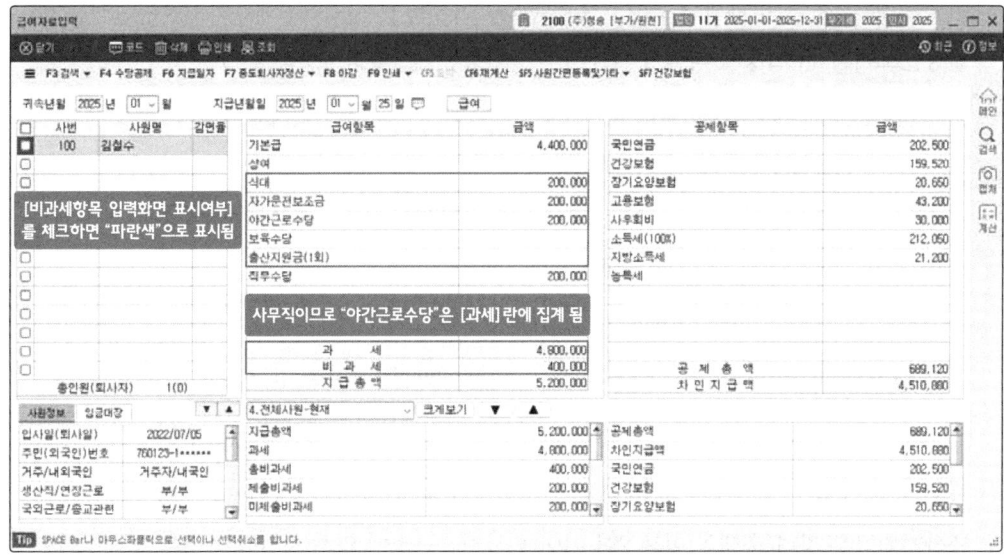

⑪ 2월 ~ 12월 : 1월 급여를 입력하고 다음 어느 하나의 방법을 선택하여 입력할 수 있다.

㉠ 차기월(귀속년월 : 2025년 2월, 지급년월일 : 2025년 2월 25일)을 선택하면 "전월 임금대장 포함(근기령 제27조에 따른 기재사항 포함)하여 복사하시겠습니까?" 메시지가 나오면 "예"를 선택하여 복사한다.

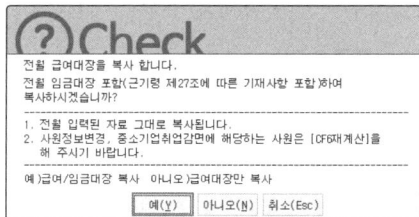

㉡ 상단의 [지급일자] 버튼 활용

F6 지급일자 버튼 클릭 ⇨ 다중복사(F7) 버튼 클릭 ⇨ [급여다중복사] 화면에서 귀속월(3월 ~ 9월)과 지급일자(당월지급)를 입력한 후 [복사]를 클릭 ⇨ 복사가 완료되면 "처리되었습니다." 메시지가 나오며 [확인]키를 누른다.

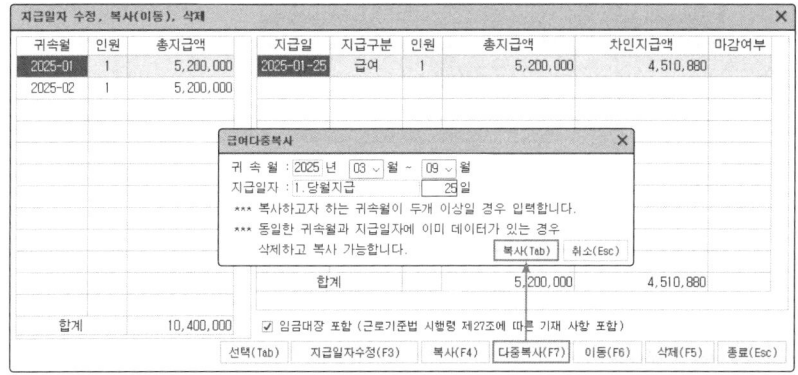

⑫ 지급월 모두 복사가 가능하나 9월 입사자 "하경자" 사원의 급여를 추가입력한 후 10월부터 12월까지 복사한다. 하경자 사원은 중소기업취업감면자로 급여지급시 적용하였으므로 "감면율(90%)"란에 반영된다.

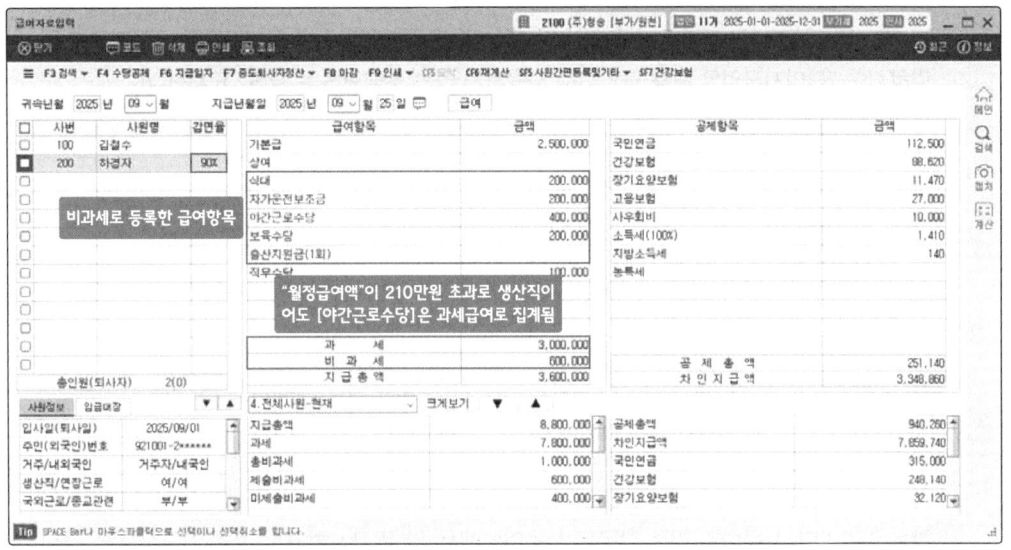

⑬ 9월 급여자료입력 후 12월급여까지 복사하고 상여 및 출산지원금(1회)을 추가 입력하여 급여 입력을 완성한다.

[김철수 12월 급·상여입력화면]

사번	사원명	감면율	급여항목	금액	공제항목	금액
100	김철수		기본금	4,400,000	국민연금	202,500
200	하경자	90%	상여	4,400,000	건강보험	159,520
			식대	200,000	장기요양보험	20,650
			자가운전보조금	200,000	고용보험	82,800
			야간근로수당	200,000	사우회비	30,000
			보육수당		소득세(100%)	769,330
			출산지원금(1회)		지방소득세	76,930
			직무수당	200,000	농특세	
			과 세	9,200,000		
			비 과 세	400,000	공 제 총 액	1,341,730
총인원(퇴사자)	2(0)		지 급 총 액	9,600,000	차 인 지 급 액	8,258,270

[하경자 12월 급·상여입력화면]

사번	사원명	감면율	급여항목	금액	공제항목	금액
100	김철수		기본금	2,500,000	국민연금	112,500
200	하경자	90%	상여	2,500,000	건강보험	88,620
			식대	200,000	장기요양보험	11,470
			자가운전보조금	200,000	고용보험	49,500
			야간근로수당	400,000	사우회비	10,000
			보육수당	200,000	소득세(100%)	16,790
			출산지원금(1회)	10,000,000	지방소득세	1,670
			직무수당	100,000	농특세	
			과 세	5,500,000		
			비 과 세	10,600,000	공 제 총 액	290,550
총인원(퇴사자)	2(0)		지 급 총 액	16,100,000	차 인 지 급 액	15,809,450

[1] 다음 자료를 보고 내국인이며 거주자인 생산직사원 조윤진(760128-2436815, 세대주, 입사일자 2025년 5월 1일)의 세부담이 최소화 되도록 사원등록사항을 보충하고 5월분 급여자료를 입력하시오. (급여지급일은 매월 말일이며 사용하지 않는 수당항목은 '부'로 표시한다.)

[회사코드 : 2300.(주)대흥]

- 별도의 식사를 제공하지 않고 있으며, 식대로 매월 100,000원을 지급하고 있다. (월정액)
- 출퇴근용 시내교통비로 매월 250,000원을 지급하고 있다. (월정액)
- 육아수당은 6세 이하 자녀를 양육하는 직원에게 지급하는 수당이다. (월정액)
- 3월 및 5월에는 업무특성상 야간근무를 하고 이에 대하여 별도 수당을 지급하고 있다.
  (조윤진 : 국내근무, 월정액급여 2,050,000원, 직전 과세기간 총급여 25,000,000원)

급여 및 제수당	기본급	식대	시내교통비	육아수당	야간근로수당
금액(원)	1,600,000	100,000	250,000	100,000	2,000,000

[2] 성덕순씨의 1월분 급여자료이다. 급여지급일은 1월 25일이다. 다음 사항에 따라서 수당등록사항을 입력하되, 사용하지 않는 항목은 사용여부에서 '부'로 표시하고 급여를 입력하시오. 공제항목은 자동계산에 의한다. [회사코드 : 2400.(주)태풍]

1. 회사 직원들은 모두 구내식당에서 무료로 식사를 제공받는다.
2. 모든 직원은 출장 및 출퇴근 시에 회사 차량을 이용하고 있다.
3. 성덕순씨의 급여는 다음과 같다.

- 기본급 2,000,000원
- 상여 500,000원
- 식대보조금 200,000원(월정액)
- 자가운전보조금 200,000원(월정액)

[3] 다음의 급여자료를 2월분 급여자료입력 메뉴에 반영하고, 필요한 경우 수당공제 항목을 수정입력하시오. (급여지급일은 25일이다.) [회사코드 : 2500.(주)만세]

사원명	부서	급여 및 제수당(원)					
		기본급	식대	자가운전보조금	명절수당	자녀수당	야간근로수당
김경자	생산직	1,400,000	250,000	250,000	200,000	250,000	300,000
이숙경	사무직	1,400,000	250,000	250,000	200,000	250,000	300,000

- 식대 및 자가운전보조금은 비과세요건을 충족한 것으로 가정함
- 명절수당은 설날(구정)을 맞이하여 지급하는 특별수당임
- 자녀수당은 6세 이하의 자녀가 있는 직원에게 지급하고 있음(김경자와 이숙경 모두 자녀가 6세 이하임)
- 야간근로수당은 정규근로시간을 초과하여 야간근무시에 지급하고 있으며 비과세요건을 충족함
- 월정액에 해당하는 수당은 식대, 자녀수당이며 그 이외의 수당은 월정액에 해당하지 않음
- 사회보험과 소득세 및 지방소득세는 자동반영되므로 별도로 입력하지 않음

※ 집중심화연습 해답은 [모의고사&기출문제 ➡ PART 03] 792페이지에서 확인 가능합니다.

CHAPTER 03 원천징수이행상황신고서

1. 원천징수이행상황신고서 작성

원천징수 ▶▶ 근로/퇴직/사업 ▶▶ 근로소득관리 ▶▶ 원천징수이행상황신고서

원천징수이행상황신고서는 원천징수의무자가 원천징수대상소득을 지급하면서 소득세를 원천징수한 날의 다음달 10일까지 관할세무서에 제출하여야 한다. 원천징수이행상황신고의 제출시기는 귀속기준이 아닌 지급기준임에 유의한다.

─── 원천징수이행신고의 신고 및 납부 ───

납세의무자(소득자) ①소득지급 / ②원천징수 → 원천징수의무자(지급자) ③신고납부 → 과세당국(세무서)

원천징수의무자 ⇒ 소득자
- 원천징수 대상 소득 지급시 원천징수
- 납세의무자에게 원천징수영수증 교부

원천징수의무자 ⇒ 세무서
- 원천징수 한 달의 다음달 10일까지 납부 (반기납부는 반기 익월 10일까지)
- 원천징수이행상황신고서 세무서 제출

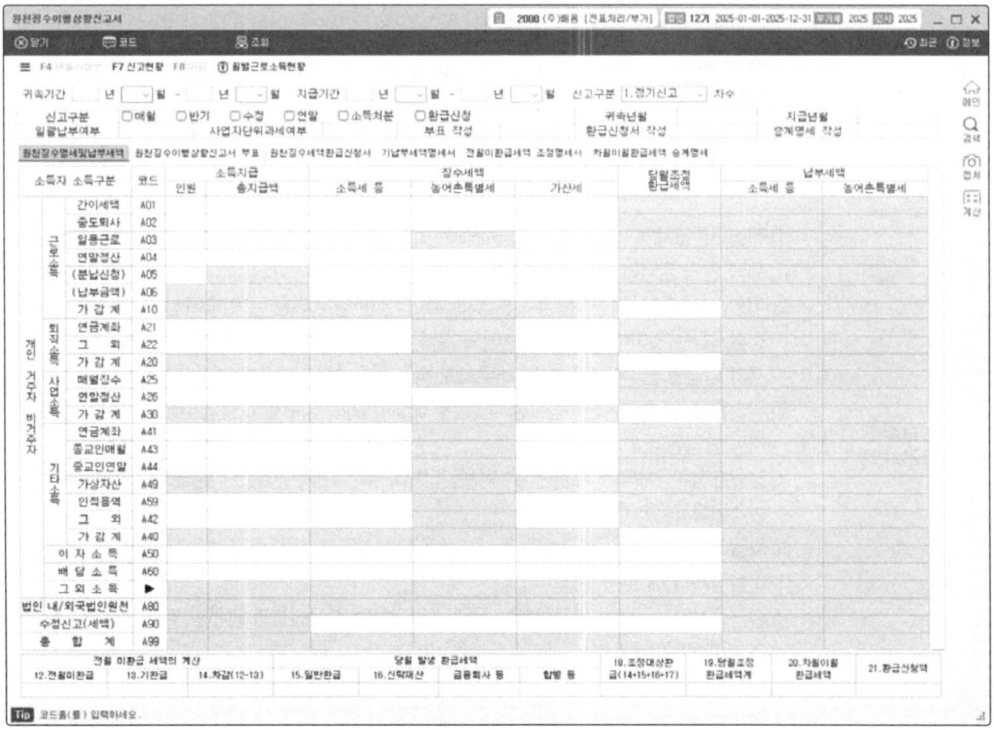

항 목	입력내용 및 방법
귀속기간	원천징수 대상소득의 소득 발생월을 기재한다.
지급기간	원천징수 대상소득의 소득 지급월을 기재한다.
신고구분	① 1.정기신고 : 정기신고할 때 선택 ② 2.기한후신고 : 정기신고 때 신고하지 않은 경우 기한후 신고시 선택 ③ 3.수정신고 : 당초 신고분을 수정신고할 때 선택
근로소득 원천징수명세	[원천징수명세및납부세액 TAB]은 근로소득, 퇴직소득, 사업소득 등이 있으나 전산세무 2급에서는 근로소득만 출제되므로 근로소득에 대한 내용만 설명하고자 한다. ① 간이세액(A01) : [급여자료입력] 메뉴에 입력한 자료가 자동 반영 ② 중도퇴사(A02) : 당월 중 퇴직한 상용직 사원이 있는 경우 퇴직시점에서 당해연도 중 지급한 총급여액에 대한 연말정산 자료를 입력하며 [연말정산추가자료입력]의 "중도퇴사 TAB" 자료가 자동 반영 ③ 일용근로(A03) : 일용근로자에 대한 원천징수 내역을 입력하며 [일용직급여자료입력] 메뉴에 입력한 자료가 자동 반영(교육버전은 지원하지 않음) ④ 연말정산(A04) : 계속근무자에 대한 연말정산자료를 입력하며 [연말정산추가자료입력]의 "연말 TAB" 자료가 자동 반영 ⑤ 분납금액(A05) : 연말정산 시점에 납부세액이 100,000원 초과하는 경우 납부세액을 분납할 수 있으며 그러한 경우 입력 ⑥ 소득지급의 총지급액 : 과세미달분과 비과세소득을 포함하여 총지급액을 입력한다. 다만, 비과세소득 중 근로소득 지급명세서 작성의무가 면제된 "미제출"에 해당되는 **비과세는 제외**한다. ■ **제출** 비과세 : 식대, 육아수당, 야간근로수당, 국외근로수당, 연구수당, 중소기업취업감면 등 ■ **미제출** 비과세 : 자가운전보조금, 당직수당 등
당월조정 환급세액	① 전월미환급세액 : 전월에 미환급세액이 있는 경우 입력하거나 직전월의 "⑳차월이월환급세액"란의 금액이 자동 반영된다. ② 기환급신청한 세액 : 원천징수 환급세액이 발생한 경우 다음 달 이후에 납부할 세액에서 조정환급하는 것이나, 다음달 이후에도 원천징수할 세액이 없거나 원천징수하여 납부할 소득세가 환급할 금액에 미달하여 세무서에 직접 환급 신청한 금액을 입력한다. ③ 일반환급 : 당월에 [원천징수명세및납부세액 TAB]의 징수세액 란의 금액이 (▲)인 경우에 자동 반영된다. ④ 당월조정환급세액계 : [원천징수명세및납부세액 TAB]의 "당월조정환급세액" 항목에 자동 반영된다. ⑤ 차월이월환급세액 : 환급세액과 납부세액을 상계하고 남은 환급세액으로 다음달 "⑫전월미환급세액"에 자동 반영한다. ⑥ 환급신청액 : 당월에 환급신청할 금액을 입력하며 환급신청과 관련한 부표를 함께 작성하여 제출하여야 한다.

항 목	입력내용 및 방법
당월조정 환급세액	[전월미환급세액 300,000원이 발생한 경우 사례] 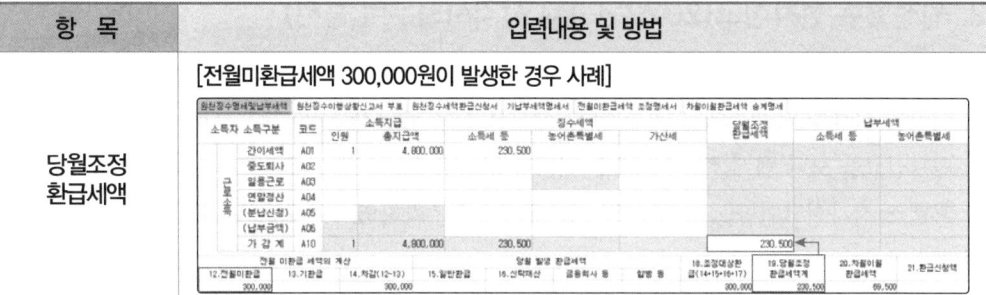

실무예제

(주)청송의 급여는 귀속월과 지급월이 동일하며 원천징수신고는 매월하고 있다. 9월 원천징수이행상황신고서를 작성하라. [회사코드 : 2100.(주)청송]

예제 따라하기

귀속기간(2025년 09월 ~ 2025년 09월), 지급기간(2025년 09월 ~ 2025년 09월), 신고구분(1.정기신고)를 선택한다. 급여자료입력에 입력된 김철수 및 하경자의 총지급액 및 소득세가 반영된다.

■ 지급총액 - 미제출비과세 = 8,800,000원 - 400,000원 = 8,400,000원
■ 제출비과세소득 : 식대, 보육수당, 야간근로수당
■ 미제출비과세소득 : 자가운전보조금

2. 원천징수 전자신고(2022년 4월 자격시험부터 출제)

소득세 원천징수 전자신고는 KcLep 프로그램에서 전자신고 파일 제작까지하고 파일 변환 및 신고는 국세청 홈택스에서 직접한다. 잠재적 실무 담당자를 양성하는 교육기관등에서 홈택스 전자신고를 보다 쉽게 접근해 볼 수 있도록 교육용 프로그램에 홈택스 전자신고변환을 [국세청 홈택스 전자신고변환(교육용)] 메뉴로 개발하여 추가하였으며 **2022년 4월 자격시험부터 출제**될 예정이다.

[KcLep 프로그램 신고서 작성 및 전자신고 프로세스]

① 각 소득별 자료입력	⇨	② 원천징수이행 상황신고서 마감	⇨	③ 전자신고 파일제작	⇨	④ 국세청 홈택스 전자신고 [전자파일변환 → 변환결과조회 → 전자파일제출]

실무예제

2025년 9월 귀속, 9월 지급의 원천징수이행상황신고서를 작성·마감하여 가상홈택스에서 원천징수이행상황신고서 전자신고를 수행하시오. [회사코드 : 2100.(주)청송]

① (주)청송은 소득세 원천징수세액을 매월신고하며 귀속시기와 지급시기가 동일하다.
② 전자신고 제작과 관련한 비밀번호는 "12345678"로 설정하고자 한다.

예제 따라하기

1 원천징수이행상황신고서 마감

① 원천징수이행상황신고서 메뉴에서 귀속기간(2025년 09월 ~ 2025년 09월), 지급기간(2025년 09월 ~ 2025년 09월), 신고구분(1.정기신고)을 입력하여 해당 지급기간의 원천징수세액을 반영하고 상단의  버튼을 클릭한다.

② [원천징수 마감] 화면에서 하단의 을 클릭하여 마감한다.

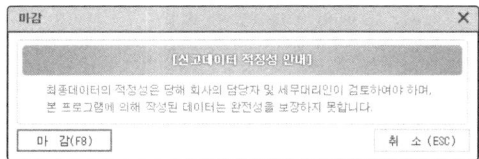

③ 원천징수이행상황신고서 마감이 완료되면 상단에 "마감"이 표시되며 [마감] 버튼이 [마감취소]로 변경된다.

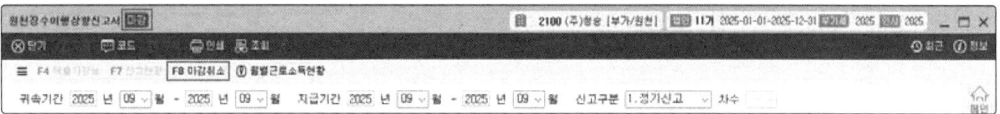

2 원천징수이행상황신고서 전자신고 파일제작

국세청 전자신고 변환파일을 생성하는 메뉴로 세무대리인이 신고하는 경우는 [세무대리인등록 TAB]에 정보를 등록한 후 [원천징수이행상황제작 TAB]을 선택하며 기업이 직접 신고하는 경우는 [원천징수이행상황제작 TAB]을 바로 선택한다.

① [원천징수이행상황제작 TAB]을 선택하고 신고인구분(2.납세자자진신고), 지급기간(2025년 09월 ~ 2025년 09월), 신고(1.정기신고), 원천신고(1.매월), 제작경로(C:₩)를 입력한다.
② 선택한 회사코드의 마감자료가 조회되며 변환하고자 하는 회사를 선택하고 F4 제작 버튼을 클릭하여 국세청 변환파일로 변환한다.

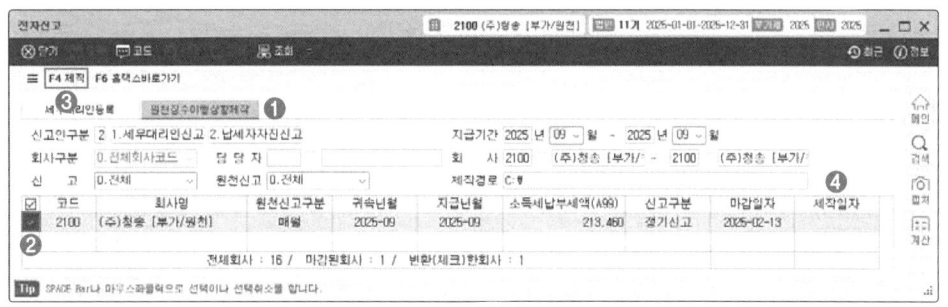

③ 제작이 완료되면 전자신고 파일이 생성되었다는 메시지가 나온다. [확인] 버튼을 클릭하면 파일 **비밀번호(8자리 이상 20자리 이하)** 입력 화면이 활성화되며 비밀번호는 제작 파일별로 각각 입력하며 국세청 제출시 필요하므로 반드시 기억하여야 한다. (주)청송은 숫자 **"12345678"** 을 입력한다.

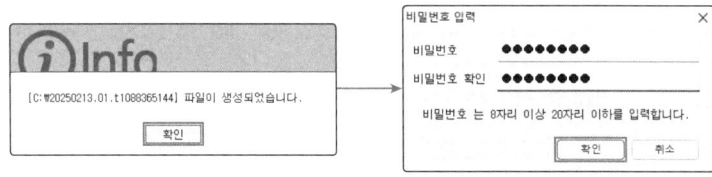

④ 전자신고 데이터 제작이 성공적으로 암호화 되었다는 메시지가 나오며 상단의  버튼을 클릭하여 직접 국세청 홈택스로 접속할 수 있다. 본서는 외부에 별도로 제공하고 있는 메뉴를 사용하고자 한다.

3 국세청 홈택스 전자신고

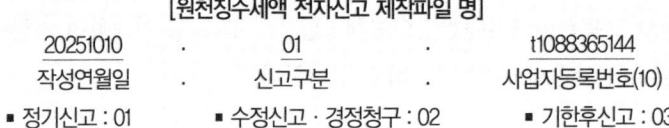

본 메뉴는 국세청 홈택스 전자신고 화면을 가상으로 제공하는 메뉴로 전자신고 변환에 필요한 기능 이외의 모든 기능을 막아서 사용할 수 없으며 파일만 첨부하여 테스트만 가능하다.

[원천징수세액 전자신고 제작파일 명]

20251010	.	01	.	t1088365144
작성연월일	.	신고구분	.	사업자등록번호(10)

- 정기신고 : 01   ■ 수정신고·경정청구 : 02   ■ 기한후신고 : 03

① 국세청 홈택스 [신고서 전자파일 제출] 절차 화면이 활성화되며 각 단계별 설명을 확인할 수 있다. 하단의 "닫기" 버튼을 클릭하여 국세청 홈택스 전자신고변환 화면으로 전환한다. 또한, 국세청 홈택스 전자신고 순서는 상단에 변환순서로 기재되어 있다.

> · 변환순서 : [찾아보기] → [형식검증하기] → 비밀번호 입력 → [형식검증결과확인] → [내용검증하기] → [내용검증결과확인] → [전자파일제출 이동] → 다음 화면에서 신고서요약내용 확인 후 [전자파일제출하기] → '일괄접수증' 확인 → [신고내역 조회(접수증·납부서)]

② [Step 1.세금신고] TAB에서 전자파일변환을 위해 [찾아보기] 버튼을 클릭하여 변환대상파일을 선택한다.

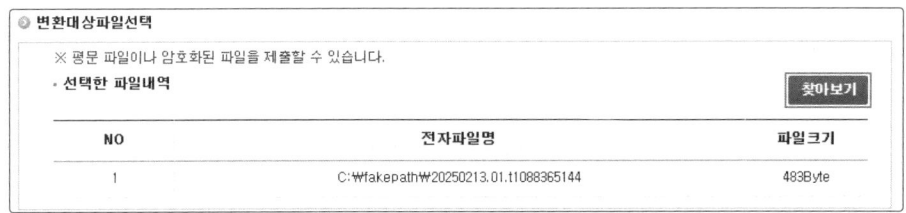

③ 전자 신고하고자 하는 파일 첨부가 끝나면 처리내역의 [**진행현황**] 검증순서별로 각각의 버튼을 클릭하여 파일의 형식 및 내용을 검증한다.

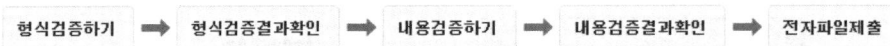

④ [**형식검증하기**]를 클릭하고 신고파일 생성시 입력한 비밀번호 "**12345678**"을 입력하여 첨부파일의 형식을 검증하고 [**형식검증결과확인**]으로 진행사항을 확인한다.

⑤ 하단 진행현황의 [**내용검증하기**]를 클릭하여 신고내용을 검증하고 [**내용검증결과확인**]으로 신고내용의 오류사항을 파일처리내역에서 확인한다.

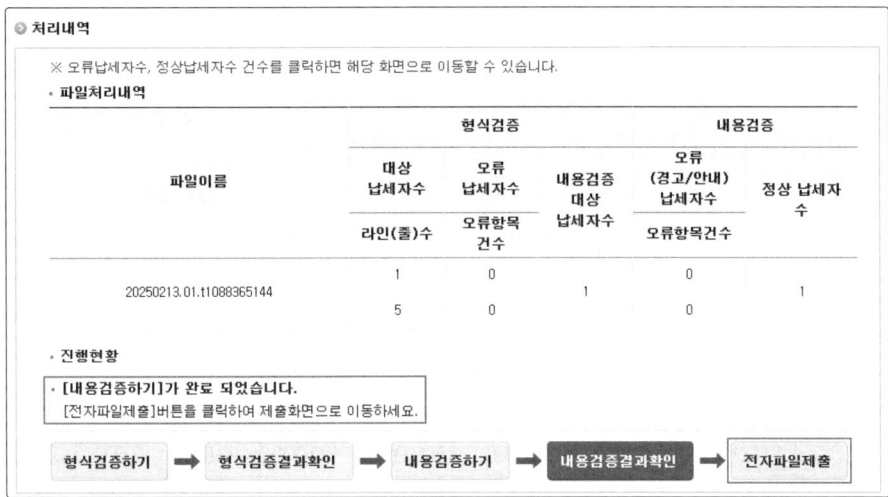

⑥ 신고서에 오류가 발생하지 않으면 [**전자파일제출**]을 클릭하여 전자파일 제출로 이동하여 전자파일을 제출한다.

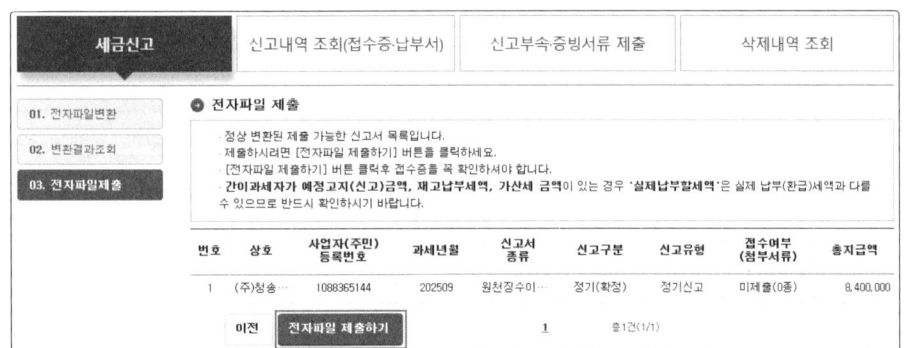

⑦ [**전자파일 제출하기**]를 클릭하면 가상서버(교육용)로 제출되며, "정상변환된 신고서를 제출합니다." 메시지가 나온다. [확인]을 선택하면 [원천세 신고서 접수증(변환파일)] 화면이 활성화 되며 신고된 내용을 확인할 수 있고 [인쇄하기]를 클릭하여 접수증을 출력하여 보관한다.

[1] 다음 자료를 보고 당사의 원천징수이행상황신고서를 작성하라. 단, 급여자료입력은 생략한다.

[회사코드 : 2500.(주)만세]

① 당월(3월) 정규근로자(일용근로자가 아님) 급여지급내역

성명	기본급여 및 제수당(원)				공제액(원)			
	기본급	상여	자가운전보조금	지급합계	국민연금 등	근로소득세	지방소득세	공제합계
김갑동	1,500,000	300,000	200,000	2,000,000	110,000	11,000	1,100	122,100
이을동	2,000,000	300,000	200,000	2,500,000	150,000	15,000	1,500	166,500
박병동	2,500,000	300,000	200,000	3,000,000	170,000	21,000	2,100	193,100
최정동	3,000,000	300,000	200,000	3,500,000	190,000	25,000	2,500	217,500
합 계	9,000,000	1,200,000	800,000	11,000,000	620,000	72,000	7,200	699,200

※ '자가운전보조금' 항목은 소득세법상 비과세요건을 충족한다.
※ '국민연금 등' 항목은 국민연금, 건강보험, 고용보험료를 합계한 금액이다.
※ 당월 중 퇴직직원은 없다.

② 당월(3월) 공장 일용근로자 급여지급내역

성명	급여액(원)			공제액(원)		
	당월 근로제공 일수	일급여	지급합계	근로소득세	지방소득세	공제합계
이태백	10일	100,000	1,000,000	-	-	-
박문수	10일	50,000	500,000	-	-	-
정약용	5일	250,000	1,250,000	13,500	1,350	14,850
합 계		400,000	2,750,000	13,500	1,350	14,850

※ 일용근로자 모두는 국민연금, 건강보험, 고용보험 가입대상자가 아니다.

③ 기타사항

- 당사는 당월분 급여(일용근로자 급여 포함)를 당월말일에 일괄 지급하고 있다.
- 당사는 매월별 원천징수세액 납부대상사업자이다.
- 전월분 원천징수이행상황신고서상의 차월이월환급세액은 17,500원이었으며, 환급세액에 대하여는 일체의 환급신청을 하지 않았다.

[2] 다음 자료를 이용하여 본사 기업부설연구소의 수석연구원으로 근무하는 김용식(사번 : 101)의 5월분 [급여자료입력]과 [원천징수이행상황신고서]를 작성하시오. [회사코드 : 2600.(주)온누리]

(주)온누리 2025년 5월 급여내역			
이 름	김용식	지 급 일	2025년 6월 10일
기 본 급	2,000,000원	국민연금	117,000원
직책수당	300,000원	건강보험	92,170원
식 대	250,000원	장기요양보험	11,930원
교 통 비	150,000원	고용보험	24,300원
보육수당	400,000원	소 득 세	21,890원
연구보조비	200,000원	지방소득세	2,180원
급 여 계	3,300,000원	공제합계	269,470원
노고에 감사드립니다.		지급총액	3,030,530원

① 회사는 별도의 현물식사를 제공하지 않으며, 6세 이하의 자녀가 있는 경우 사규에 따라 자녀 1인당 200,000원의 보육수당을 지급하고, 연구보조비는 연구활동에 직접 종사하는 자에게 지급한다.
② 수당등록 시 월정액 및 통상임금은 고려하지 않으며, 사용하는 수당 이외의 항목은 사용 여부를 "부"로 체크한다. 공제항목은 불러온 데이터를 무시하고 직접 입력하여 작성한다.
③ 원천징수신고는 매월하고 있으며, 전월미환급세액 150,000원이 있다.

[3] 다음 자료를 이용하여 이미 작성된 [원천징수이행상황신고서]를 조회하여 마감하고, 국세청 홈택스에 전자신고하시오. [회사코드 : 2250.(주)합격]

1. 전산에 입력되어 있는 기본자료

귀속월	지급월	소득구분	신고코드	인원	총지급액	소득세	비 고
9월	9월	근로소득	A01	4명	19,200,000원	1,327,910원	매월신고, 정기신고

2. 유의사항
① 위 자료를 바탕으로 [원천징수이행상황신고서]가 작성되어 있다.
② [원천징수이행상황신고서] 마감 → [전자신고] → [국세청 홈택스 전자신고 변환(교육용)] 순으로 진행한다.
③ 전자신고용 전자파일 제작 시 신고인 구분은 2.납세자 자진신고를 선택하고, 비밀번호는 "45457878"을 입력한다.
④ 전자신고용 전자파일 저장경로는 로컬디스크 (C:)이며, 파일명은 "작성연월일.01.t2058137101"이다.
⑤ 최종적으로 국세청 홈택스에서 [전자파일 제출하기]를 완료하여야 한다.

※ 집중심화연습 해답은 [모의고사&기출문제 ➡ PART 03] 794페이지에서 확인 가능합니다.

CHAPTER 04 연말정산추가자료입력

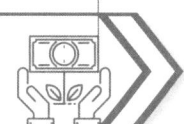

 연말정산이란 근로소득(일반적으로 월급·봉급생활자가 지급받는 급여 등을 말함)을 지급하는 자(원천징수의무자)가 다음 연도 2월분의 급여(또는 퇴직하는 달의 급여)를 지급하는 때에 1년간의 총급여액에 대한 근로소득세액을 세법에 따라 정확하게 계산한 후, 매월 급여 지급시 간이세액표에 의하여 이미 원천징수한 세액과 비교하여 많이 징수한 경우에는 돌려주고 부족하게 징수한 경우에는 추가 징수하여 납부하는 절차를 말한다.
 KcLep 프로그램은 연말정산추가자료입력 메뉴에서 근로자가 제출한 근로소득공제신고서 및 각종 증빙자료(국세청간소화서비스 자료 포함)를 바탕으로 하여 연말정산에 필요한 사항을 입력하여 근로소득자 연말정산을 완료한다.

1. 계속근무자 및 특수한 경우의 연말정산

구 분	내 용
계속근무자	다음연도 2월 급여 지급시 연말정산을 진행하며 [연말정산추가자료입력] 메뉴의 상단 "전체사원" 버튼을 클릭하여 계속근무자를 반영하여 연말정산을 완성한다.
2 이상의 근무지가 있는 경우	2 이상의 근무지로부터 근로소득을 지급 받는 근로소득자는 근로소득을 지급받기 전에 2 이상의 근무지 중 주된 근무지와 종된 근무지를 결정하여 주된 근무지의 원천징수의무자에게 근무지신고서를 제출하여야 하며, 주된 근무지의 원천징수의무자는 그 신고서를 관할세무서장에게 제출하고 종된 근무지의 원천징수의무자에게 통보하여야 한다. ⇨ [연말정산추가자료입력 소득명세 TAB : 종(전)근무]에 입력
재취직자 (중도입사자)	당해 연도의 중도에 취직한 근로소득자로서 전 근무지가 있는 근로소득자에 대하여 근로소득을 지급하는 원천징수의무자는 그 근로소득자에게 그를 고용한 날이 속하는 연도의 다음 연도 2월분의 근로소득을 지급하는 때에 전 근무지에서 당해 연도의 1월부터 그 연도의 중도에 퇴직한 날이 속하는 달까지 받은 근로소득을 포함하여 연말정산을 하여야 한다. ⇨ [연말정산추가자료입력 소득명세 TAB : 종(전)근무]에 입력
중도퇴사자	사업연도 중에 근로자가 퇴사한 경우에는 퇴직한 달의 급여를 지급할 때 중도퇴사자에 대한 연말정산을 하여야 한다. ⇨ [연말정산추가자료입력 중도 TAB]에 입력 [KcLep 프로그램 중도퇴사자 프로세스] ① 사원등록 : 퇴사일자 입력 ⇨ ② 급여자료입력(퇴사월) ⇨ ③ 연말정산추가자료입력(중도 TAB) ⇨ ④ 원천징수이행상황신고서(근로소득의 중도퇴사란 반영)

2. 연말정산추가자료입력

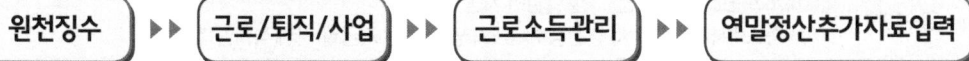

항 목	입력내용 및 방법
전체사원	사원등록에 등록되어 있는 모든 사원을 불러오고자 하는 경우 사용한다. 사번에서 코드도움 ([F2]) 키를 클릭하여 사원등록에 등록된 사원을 선택하여 입력할 수 있다.
세로확대·축소	[연말정산추가자료입력] 메뉴 화면상의 크기를 세로로 확대·축소시 사용한다.
자료갱신	① 급여자료갱신 : 현재사원에 대하여 변경된 사원, 급여정보를 반영하고자 하는 경우 사용한다. ② 추가공제갱신 : 사원 및 부양가족의 주민등록번호를 기준으로 추가공제를 자동표시하고자 하는 경우 사용한다. ③ 세액재계산 : 현재사원에 대하여 공제액만 재계산하고자 하는 경우 사용한다.
부양가족탭 불러오기	[부양가족 TAB]에 입력된 보험료, 의료비, 신용카드, 기부금 등 지출액을 [연말정산입력 TAB]의 각 항목 지출액을 반영하고자 하는 경우 사용한다.
전년도기부금 불러오기	이월기부금이 있는 경우 전년도 [기부금 TAB]에 입력된 전년도 이월금액을 반영하고자 하는 경우 사용한다.
소득공제신고서 불러오기	[신용카드소득공제신청서] 및 [근로소득공제신고서]의 지출액을 반영하고자 하는 경우 사용하며 공제금액을 재계산한다. 또한 불러오기를 적용할 경우 기존에 입력한 데이터가 삭제됨에 유의한다.
작업완료 (작업취소)	연말정산 자료입력을 완료했다는 의미로 완료된 사원에 대해 재계산, 금액변경, 삭제 등을 할 수 없으며, 완료취소는 완료된 작업을 취소할 때 사용한다.
세액단수처리	① 세액단수처리 : 입력된 사원에 절사방법(원미만절사 또는 십원미만 절사)을 선택하고 [자료갱신] 버튼을 선택하여 적용한다. ② 인정상여 : 법인조정의 [소득자료명세서]의 자료를 불러오기하여 적용하고자 하는 경우 사용한다. ③ 영수일자 변경 : 근로소득원천징수영수증의 영수일자를 일괄로 변경하고자 하는 경우 사용하며 [자료갱신] 버튼을 수행하면 초기화된다.
계속TAB 중도TAB 전체TAB	① 계속TAB : 계속근무자의 연말정산일 경우 "계속"을 선택 ② 중도TAB : 중도퇴사자의 정산데이터일 경우 "중도"를 선택 ③ 전체TAB : 계속근무자와 중도퇴사자 모두를 조회하고자 할 경우 선택
정산(지급)년월	① 계속근무자의 연말정산은 다음해 2월 급여지급월이다. ② 중도퇴사자의 연말정산은 퇴직한 달의 급여를 지급한 월을 기재한다.
귀속기간	① 계속근로자 : 매년 1월 1일부터 12월 31일 ② 해당연도에 입사하거나 퇴사한 경우 [사원등록] 메뉴에서 입력한 입사년월과 퇴사년월이 자동반영

항 목	입력내용 및 방법
영수일자	① 계속근로자 : 다음연도 2월말일이 자동 표시 ② 중도퇴사자 : 퇴사 시 원천징수세액의 영수 또는 지급일 기재(직접입력)
편리한 연말정산 엑셀	국세청의 편리한 연말정산 간편제출을 이용할 사원의 근로자 기초자료를 엑셀로 변환하고자 하는 경우 사용한다.
특별(소득) 세액 공제반영	특별소득(세액)공제와 월세세액공제 금액을 합산하여 표준세액공제(13만원)를 비교하여 근로자에게 유리한 쪽으로 반영하여야 하며 세부내역을 확인하고자 하는 경우 사용한다.
소득명세 TAB	[급여자료입력] 메뉴에 입력한 급여자료가 자동반영된다. 중도입사자(또는 2 이상 근무지가 있는 경우)의 경우에는 종(전)근무지의 소득자료를 입력하여야 하며 **노란색** 부분은 **코드도움**([F2])으로 세부사항을 선택 입력한다.
부양가족 TAB	① 사원등록의 [부양가족명세 TAB]에 입력한 자료가 자동반영되며 직접 추가, 수정, 삭제할 수 있다. 부양가족 중 소득기준초과로 기본공제 "부"에 해당하는 경우 "1:여"로 선택한다. ② 2024년부터 2026년에 혼인신고를 한 거주자가 혼인신고를 한 해(생애 1회)에 50만원 공제가 가능하다. 해당하는 경우 본인의 "**결혼세액**"란에서 "**1:여**"를 선택하여 [연말정산입력 TAB] "56.결혼세액공제"란에 반영한다. ③ 본인 및 부양가족의 **보험료, 의료비, 교육비, 신용카드 등, 기부금**의 공제 항목이 있는 경우 인명별로 직접 또는 **노란색** 화면을 **더블클릭**하여 보조화면 · 별도 탭에서 입력한다. ④ [부양가족 TAB]에 입력한 자료는 상단의 F8 부양가족탭불러오기 버튼을 선택하여 [연말정산입력 TAB]의 보험료, 의료비, 교육비, 신용카드 등, 기부금란으로 반영한다. ⑤ 공제항목별 입력방법 ■ 보험료 : [부양가족 TAB] 공제대상자 선택 후 보험료란 더블클릭 – 보험료 등 공제대상금액 보조화면에 보장성보험료 입력

항 목	입력내용 및 방법
부양가족 TAB	■ 의료비 : [부양가족 TAB] 공제대상자 선택 후 의료비란 더블클릭 → [의료비 TAB]으로 이동 – 의료비 공제대상자별 지급명세 입력 ■ 교육비 : [부양가족 TAB] 공제대상자 선택 후 지출액 입력 후 교육비 구분 선택 ■ 신용카드등 사용액 : [부양가족 TAB] 공제대상자 선택 후 기부금란 더블클릭 → [신용카드등 TAB]으로 이동 – 신용카드등 공제대상자별 지출액 입력 ■ 기부금 : [부양가족 TAB] 공제대상자 선택 후 신용카드란 더블클릭 → [기부금 TAB]으로 이동 – 기부자별 기부금 입력 ⑥ [연말정산입력 TAB]에서 **[F8 부양가족탭불러오기]**를 실행하지 않는 경우 '**빨간색**'으로 표시되며, 지출액에 반영되지 않으므로 반드시 실행한다.
신용카드등 TAB	■ **신용카드등 사용액 소득공제 반영방법** [신용카드 등 TAB] 입력 → [부양가족 TAB] 자동 반영 → [연말정산입력 TAB] : [F8 부양가족 탭불러오기] 버튼을 클릭하여 반영 ① 신용카드 등 사용액(**나이 불문, 소득금액 규제**)이 있는 경우 부양가족별로 사용액을 입력한다. [부양가족 TAB]에서 더블클릭하면 [신용카드등 TAB]으로 이동하며, 직접 탭을 선택하여 입력하여도 된다. ② 도서등신용/도서등직불/도서등현금 : 총급여액 7,000만원 이하자로 문화체육사용분(도서 · 신문 · 공연 · 박물관 · 미술관 · 영화상영관 · 수영장 · 체력단련장) 지출액이 있는 경우 입력
의료비 TAB	■ **의료비 세액공제 반영방법** [의료비 TAB] 입력 → [부양가족 TAB] 자동 반영 → [연말정산입력 TAB] : [F8 부양가족탭불러오기] 버튼을 클릭하여 반영 ① 기본공제대상자(**나이 및 소득금액 불문**)를 위하여 지출한 의료비가 있는 경우 입력하며 코드도움(F2)을 이용하여 의료비 공제대상자를 선택 후 입력 ② 본인등 해당여부 : 부양가족 등록 정보에 따라 전액공제대상(○) 및 일정한도대상(×) 자동 설정되며 수정이 필요한 경우 직접 수정입력 가능 ■ 소득자 본인 : 1.본인(○) ■ 6세 이하, 65세 이상, 장애인, 건강보험산정특례자 : 2.6세이하,65세이상,장애인,건강보험산정특례자(○) ■ 이외의 자 : 3.그 밖의 기본공제대상자(×) ③ 지급처 : 증빙코드를 '1.국세청장'으로 선택한 경우 상호, 사업자등록번호, 건수는 입력하지 않으며 이외의 증빙코드는 상호, 사업자번호, 건수를 반드시 입력 ④ 지급명세 : 의료비 지출액을 금액란에 입력 ■ 실손보험수령액이 있는 경우 지출액 전액을 금액란에 입력하고 실손보험수령액 함께 입력 ■ 미숙아 및 선천성이상아 의료비, 난임시술비 지출액이 있는 경우 "1.해당(○)" 선택 ■ 산후조리원 지출액이 있는 경우 출산 1회당 200만원 한도로 입력하고 "1.해당(○)" 선택

항 목	입력내용 및 방법
기부금 TAB	■ **기부금 세액공제 반영방법** [기부금 TAB] 입력 → [부양가족 TAB] 자동 반영 → [연말정산입력 TAB] : [F8 부양가족탭불러오기] 버튼을 클릭하여 반영 ① 기본공제대상자(**나이 불문, 소득금액 규제**)가 지출한 기부금이 있는 경우 코드도움(F2)을 이용하여 기부금 공제대상자를 선택 후 입력 ② 기부금 유형 : 코드도움(F2)을 이용하여 기부금코드 선택 ■ 10.특례기부금 : 국가나 지방자치단체, 학교 등에 기부한 기부금 ■ 20.정치자금기부금 : 본인의 정치자금기부금이 있는 경우 지출액 **전액**을 입력하며 10만원 이하는 "100/110"의 금액은 정치자금 세액공제하고 초과분은 특례기부금으로 세액공제 ■ 40.일반기부금(종교단체 외) : 종교단체 이외의 일반기부금 단체에 지출한 기부금 ■ 41.일반기부금(종교단체) : 종교단체 기부금 ■ 42.우리사주조합기부금 : 본인(비조합원)이 우리사주조합에 기부한 기부금 ■ 43.고향사랑기부금 : 본인의 고향사랑기부금이 있는 경우 지출액(2,000만원 이하) **전액**을 입력하며 정치자금기부금과 동일하게 세액공제 ③ 기부금명세서 작성순서 [기부금 입력] TAB → [기부금 조정] : "공제금액계산" 버튼 : 불러오기＞공제금액반영＞저장&종료.
연금저축 등 I, II TAB	① 연금계좌 세액공제 : 근로자퇴직급여보장법에 따른 근로자 부담금이 있는 경우 입력하며 [연말정산입력 TAB]의 [연금계좌 : 59.근로자퇴직연금]란에 자동반영 ② 연금계좌 세액공제 : 개인연금저축과 연금저축 불입액이 있는 경우 입력하며 [연말정산입력 TAB]의 [연금계좌 : 37.개인연금저축, 60.연금저축]란에 자동반영 ③ 연금계좌 세액공제 : 개인종합자산관리계좌(ISA) 만기시 연금계좌로 전환한 금액이 있는 경우 입력하며 [연말정산입력 TAB]의 [연금계좌 : 60-1 ISA연금계좌전환]란에 자동반영

항 목		입력내용 및 방법
연금저축 등 I, II TAB		④ 주택마련저축 공제 : 청약저축, 주택청약종합저축이 있는 경우 입력하며 [연말정산입력 TAB]의 [39.주택마련저축소득공제]란에 자동반영 ⑤ 장기집합투자증권저축 소득공제 : 장기집합투자액이 있는 경우 입력하며 [연말정산입력 TAB]의 [45.장기집합투자증권저축]란에 자동반영 ⑥ 중소기업 창업투자조합 출자 등에 대한 소득공제 : 중소기업창업투자조합 등에 출자 또는 투자를 하는 경우 입력하며 [연말정산입력 TAB]의 [41.투자조합출자등 소득공제]란에 자동반영 ⑦ 청년형 장기집합투자증권저축 소득공제 : 청년 장기집합투자증권저축이 있는 경우 입력하며 [연말정산입력 TAB]의 [46.청년형 장기집합투자증권저축]란에 자동반영
월세액 TAB		① 월세액 세액공제 명세 : 총급여액 8,000만원 이하자의 월세액이 있는 경우 임차인의 정보를 입력하며 [연말정산입력 TAB]의 [70.월세액]란에 자동반영 ② 거주자간 주택임차차입금 원리금 상환액 소득공제 명세 : 주택임차차입금 원리금 중 거주자 개인에게 차입한 금액이 있는 경우 입력하며 [연말정산입력 TAB]의 [34.주택차입금원리금 : 거주자]란에 자동반영
출산지원금 TAB		[소득명세 TAB]의 비과세소득 출산지원금이 자동반영되며, 코드도움(F2)을 이용하여 자녀를 선택하거나 직접 입력한다.
연말정산입력 T A B	연금보험료공제	[급여자료입력] 메뉴에서 입력한 자료가 자동반영되며 추가 입력 및 수정은 [부양가족소득공제 TAB]의 "보험료"란에서 더블클릭하여 입력한다.
	보험료공제	
	주택자금공제	① 주택차입금원리금상환액 : 대출기관란에서 더블클릭하여 보조화면에서 입력하며 거주자분은 [월세액 TAB]란에서 입력하여 반영받는다.

PERFECT 전산세무 2급_PART 06 | 근로소득 원천징수

항 목		입력내용 및 방법
연말정산입력 TAB	주택자금공제	② 장기주택저당차입금이자상환액 : 더블클릭하여 보조화면에서 차입시기와 상환기간을 확인하여 입력한다. ③ 주택마련저축소득공제 : 청약저축 등의 불입액이 있는 경우 [연금저축 등 I TAB]란에서 입력하여 반영하며 직접 입력은 불가능하다.
	신용카드등소득공제	[신용카드등 TAB]에서 입력하며 [부양가족 TAB]에 자동반영된 자료를 반영하기 위해서는 반드시 **[F8 부양가족탭불러오기]**를 실행하여야 하며 직접 입력은 불가능하다.
	자녀세액공제	사원등록 메뉴의 [부양가족명세 TAB] 또는 연말정산추가자료 메뉴의 [부양가족 TAB]의 "자녀, 출산입양"란에 정보가 자동반영된다.
	연금계좌세액공제	본인이 지출한 연금저축이 있는 경우 입력하며 [연금저축 등 TAB]에서 입력한 자료가 자동반영되며 직접입력은 불가능하다. 개인연금저축으로 입력한 정보는 [37.개인연금저축]란에 반영된다. Min[①, ②] × 12%(총급여액 5,500만원 이하 15%) ① 연금저축계좌 납입액 + 퇴직연금계좌 납입액 + ISA 연금 전환금액 ② 한도 : 900만원
	보장성보험세액공제	기본공제대상자(**나이 및 소득금액 제한**)의 일반보장성 보험료(연 100만원 한도) 및 장애인보장성 보험료(연 100만원 한도)를 [부양가족 TAB]에서 입력하고 **[F8 부양가족탭불러오기]**를 실행하여 반영하고 직접 입력은 불가능하다. 보장성 보험료 × 12%(장애인전용보장성 보험료 15%)

항 목	입력내용 및 방법
연말정산입력 TAB - 의료비 세액공제	기본공제대상자(나이 및 소득금액 불문)의 의료비를 지출한 경우 [의료비 TAB]에서 입력하며 [부양가족 TAB]에 자동반영된 자료를 반영하기 위해서는 반드시 [F8 부양가족탭불러오기]를 실행하여야 하며 직접 입력은 불가능하다. [㉠ + ㉡] 공제대상금액 × 15%(단, 미숙아·선천성이상아 의료비 20%, 난임시술비 30%) ㉠ 전액공제대상금액 = [의료비지출액 − ㉡의 의료비 지출액이 총급여액의 3% 미달금액] 전액공제대상 의료비 : 본인, 6세 이하자, 65세 이상자, 장애인, 중증질환자·희귀난치성질환자 또는 결핵환자, 미숙아·선천성이상아 의료비, 난임시술비(보조생식술에 소요된 비용) ㉡ ㉠외의 배우자 및 부양가족(연 700만원 한도) = [의료비지출액 − 총급여액 × 3%]
교육비 세액공제	기본공제대상자(나이 불문, 소득금액 규제)를 위하여 지출한 교육비가 있는 경우 [부양가족 TAB]에서 입력하고 [F8 부양가족탭불러오기]를 실행하여 반영하고 직접 입력은 불가능하다. 교육비 공제대상금액(본인과 장애인특수교육비는 한도 없음) × 15%
기부금 세액공제	기본공제대상자(나이 불문, 소득금액 규제)가 지출한 기부금은 [기부금 TAB]에서 입력하며 [부양가족 TAB]에 자동반영된 자료를 반영하기 위해서는 반드시 [F8 부양가족탭불러오기]를 실행하여야 하며 직접 입력은 불가능하다. 기부금 공제대상금액 × 15%(공제대상금액 1,000만원 초과분은 30%)

항 목		입력내용 및 방법
연말정산입력 T A B	월세액 세액공제	본인(총급여액 8,000만원 이하자)이 해당 과세기간에 지출한 월세액이 있는 경우 입력하며 [월세액 TAB]에서 입력한 자료가 자동반영되며 직접입력은 불가능하다. | 구분 | 지출액 | 공제대상금액 | 공제금액 | |---|---|---|---| | 70.월세액 | | | | 월세 지급액(연 1,000만원 한도) × 15% | 총급여액 | 공제율 | |---|---| | 5,500만원 이하(종합소득금액 4,500만원 이하) | 17% | | 5,500만원 초과 8,000만원 이하(종합소득금액 4,500만원 초과 7,000만원 이하) | 15% |

[소득·세액공제 적용 시 나이·소득금액요건과 근로기간에 대한 제한]

구분	특별소득공제		연금저축	특별세액공제			교육비		기부금	월세
	주택자금	신용카드		보험료		의료비				
				일반	장애인		일반	장애인		
나이	×	×	×	○	×	×	×	×	×	×
소득금액	△	○	×	○	○	×	○	×	○	○
근로기간	○	○	×	○	○	○	○	×	○

※ 충족(제한) : ○, 미충족(불문) : ×, 요건에 따라 상이 : △

 실무예제 1

다음 자료를 보고 계속근무자인 김철수씨의 연말정산을 완성하시오. 단, 김철수의 가족은 생계를 같이하고 있으며 국세청간소화서비스 제출자료로 모든 지출은 본인이 부담하였다. [회사코드 : 2100. (주)청송]

구 분	내 역	금 액
추가급여	▪ 법인세법상 소득처분 받은 인정상여	5,000,000원
주택자금	▪ 장기주택저당차입금 이자상환액	5,000,000원
신용카드 (본인지출)	▪ 차량구입비(중고자동차) ▪ 현금서비스 ▪ 기타 생활용품 구입(전통시장 사용 2,000,000원 포함) ▪ 보험료 납부 ▪ 국세 납부	15,000,000원 4,000,000원 18,000,000원 600,000원 2,600,000원
연금저축	▪ 본인의 연간 불입액(2009.2.10 가입, (주)국민은행, 계좌번호 : 124578)	3,600,000원

구 분	내 역	금 액
보험료	■ 본인의 자동차 보험료 불입액 ■ 본인의 저축성 보험료 불입액 ■ 배우자(문예창작소득 500만원)를 피보험자로 한 생명보험료 불입액 ■ 장남(장애인, 총급여액 600만원)을 피보험자로 한 장애인전용보장성 보험료	900,000원 1,200,000원 500,000원 900,000원
의료비	■ 아버지(배당소득 1,600만원과 기초연금 240만원)의 건강기능식품 구입 ■ 본인의 치료목적 수술비(실손의료보험금 2,000,000원 수령)	4,000,000원 5,000,000원
교육비	■ 본인의 대학원 등록금 ■ 아버지의 원격대학 등록금 ■ 장남(장애인, 총급여액 600만원) 대학교 수업료 ■ 배우자 방송통신대학 등록금	8,000,000원 3,000,000원 4,800,000원 2,000,000원
기부금	■ 동창회 후원금(본인이 기부) ■ 본인의 이재민 구호금품(성남시청, 고유번호 : 456-83-12357) ■ 아버지의 교회 기부금(천국교회, 고유번호 : 123-83-12379)	120,000원 500,000원 1,000,000원

[주택자금 추가자료]

주택은 국민주택규모로 1주택을 소유하고 있으며, 세대주이다.
상환기간은 15년(고정금리, 비거치)이며, 주택명의는 배우자와 공동명의로, 주택대출금은 김철수의 명의이다. 주택취득시점(2014년 5월 6일) 기준시가는 3억 5천만원이었으며, 취득시 잔금을 대출금으로 대체하였고, 근저당권이 설정되어있다. (그 외 장기주택저당차입금 이자상환액공제의 요건을 충족한 것으로 본다.)

 예제 따라하기

사번에서 코드도움(F2)을 누른 후 "100.김철수"를 선택하여 반영하거나 [전체사원] 버튼을 클릭하여 반영하면, [급여자료입력]에 입력한 급여자료 및 사회보험 근로자 부담금이 자동반영된다.

(1) 소득명세 TAB

법인세법상 소득처분 받은 인정상여는 근로소득에 해당하므로 "13-3.과세대상추가(인정상여추가)"란에서 **더블클릭**하여 인정상여추가분에 5,000,000원을 입력한다.

(2) 부양가족 TAB

① **인적공제** : [사원등록] 메뉴의 [부양가족명세 TAB]에 입력한 자료가 반영되며 직접 부양가족을 등록·수정·삭제가 가능하다. 김혁(자녀)은 소득금액 초과자에 해당하므로 **소득기준 초과여부**를 "1:여"로 변경하며 의료비, 교육비, 신용카드, 기부금, 보험료 소득/세액공제금액이 영향을 받는다.

② 본인, 배우자, 부양가족의 인명(개인)별 **보험료, 의료비, 교육비, 신용카드등 사용액, 기부금** 지출액을 입력한다.

보험료	공제대상자 선택 후 보험료란에서 **더블클릭**하여 [보험료 등 공제대상금액] 보조화면에 입력 → [연말정산입력 TAB]에서 [F8 **부양가족탭불러오기**] 버튼을 실행하여 반영
의료비	의료비란에서 **더블클릭**하면 [의료비 TAB]으로 이동하며 코드도움(F2)을 이용하여 공제대상자를 선택하여 의료비 입력 → [연말정산입력 TAB]에서 [F8 **부양가족탭불러오기**] 버튼을 실행하여 반영
교육비	공제대상자 선택 후 일반교육비(교육 구분)와 장애인특수교육비를 구분하여 입력 → [연말정산입력 TAB]에서 [F8 **부양가족탭불러오기**] 버튼을 실행하여 반영
신용카드등 사용액	신용카드등 사용액공제란에서 **더블클릭**하면 [신용카드등 TAB]으로 이동하며 코드도움(F2)을 이용하여 공제대상자를 선택 후 사용액 입력 → [연말정산입력 TAB]에서 [F8 **부양가족탭불러오기**] 버튼을 실행하여 반영
기부금	기부금란에서 **더블클릭**하면 [기부금 TAB]으로 이동하며 코드도움(F2)을 이용하여 기부자를 선택하여 기부금 유형별 입력 → [연말정산입력 TAB]에서 [F8 **부양가족탭불러오기**] 버튼을 실행하여 반영

기부금

[부양가족 TAB]

기부금
1,500,000

⇨

[연말정산입력 TAB]

구분		지출액	공제대상금액	공제금액
64.기부금		1,500,000	1,500,000	1,500,000	225,000
1)정치자금기부금	10만원이하			
	10만원초과			
2)고향사랑기부금	10만원이하			
	10만원초과			
3)특례기부금(전액)		500,000	500,000	75,000
4)우리사주조합기부금				
5)일반기부금(종교단체외)				
6)일반기부금(종교단체)		1,000,000	1,000,000	150,000

③ **보험료(나이 및 소득금액 규제)** : 김철수와 박혜선의 보험료란에서 **더블클릭** 후 입력

  ㉠ 김철수(본인)의 손해보험료(저축성보험료 공제 배제) 및 박혜선(배우자) 생명보험료 공제 가능하며 [기타]란의 보험료는 [급여자료입력] 메뉴의 근로자 부담금 건강보험료 등이 반영된 것이다.

  ㉡ 김혁(장남)의 장애인전용보장성보험료는 소득금액 요건 불충족으로 공제 배제된다.

[김철수(본인)]

자료구분	국세청간소화	급여/기타	정산	공제대상금액
국민연금_직장		2,430,000		2,430,000
국민연금_지역				
합 계		2,430,000		2,430,000
건강보험료-보수월액		1,914,240		1,914,240
장기요양보험료-보수월액		247,800		247,800
건강보험료-소득월액(납부)				
기요양보험료-소득월액(납부				
합 계		2,162,040		2,162,040
고용보험료		558,000		558,000
보장성보험-일반	900,000			900,000
보장성보험-장애인				
합 계	900,000			900,000

[박혜선(배우자)]

자료구분	국세청간소화	급여/기타	정산	공제대상금액
국민연금_직장				
국민연금_지역				
합 계				
건강보험료-보수월액				
장기요양보험료-보수월액				
건강보험료-소득월액(납부)				
기요양보험료-소득월액(납부				
합 계				
고용보험료				
보장성보험-일반	500,000			500,000
보장성보험-장애인				
합 계	500,000			500,000

④ **의료비(나이 및 소득금액 불문)** : 의료비 지출액란에서 **더블클릭**하면 [의료비 TAB]으로 이동되며 공제대상자 선택 후 입력

  ㉠ 김철재(아버지) 건강기능식품 구입비는 의료비가 아니므로 공제 배제되며, 김철수(본인)의 수술비는 의료비에 해당하므로 공제 가능

  ㉡ 의료비 공제대상자는 성명란에서 코드도움(F2)을 이용하여 반영하고 "6.본인등 해당여부"는 [부양가족 TAB]의 등록정보에 의해 반영되며 수정이 필요한 경우 하단의 메시지를 참고하여 직접 수정 입력한다.

[본인등 해당여부 코드]
1. 본인 → 전액공제 대상 : ○ 표시
2. 6세 이하·65세 이상·장애인·건강보험산정특례자 → 전액공제 대상 : ○ 표시
3. 그 밖의 기본공제대상자 → 일반의료비 대상 : × 표시

연말관계	성명	내/외국인	주민(외국인)번호	장애인	65세이상	6세이하
본인	김철수	내국인	760123-1200761	X	X	X
소득자 직계존속	김철재	내국인	520808-1756009	X	0	X
배우자	박혜선	내국인	790710-2028069	X	X	X
직계비속(자녀·입양자)	김혁	내국인	030606-3888019	X	X	X

ⓒ 의료비증빙코드가 "1.국세청장"인 경우 지급처의 상호, 사업자번호, 건수를 입력하지 않으며, 이외의 "2.국민건강보험 ~ 5.기타영수증"의 지급처와 건수를 입력하여야 한다.

ⓓ 지급명세는 아래와 같이 입력하며 **지출 한도가 있는 안경구입비등은 한도내 금액까지만 입력**한다.

의료비 구분	금액	11-1. 실손 보험수령액	12. 미숙아 선천성이상아	13. 난임 여부	14. 산후 조리원
실손보험수령액	지출액 전액 입력	수령액 입력			
미숙아선천성이상아	해당 금액 입력		해당(○)		
난임시술비	해당 금액 입력			해당(○)	
산후조리원	1회 지출한도 내 금액 입력				해당(○)

ⓔ 김철수(본인) : 국세청장자료이므로 상호·사업자등록번호, 건수 입력은 생략하고 금액 "5,000,000원", 실손의료보험금 "2,000,000원"을 입력하고 미숙아선천성이상아·난임여부·산후조리원 해당여부(×)를 확인한다.

⑤ **교육비(나이 불문, 소득금액 규제)** : 지출자를 선택하고 교육비 지출액 및 구분 직접 입력

[구분 코드]
1. 취학전 아동(연300만원/1인)   2. 초중고(연300만원/1인)
3. 대학생(연900만원/1인)   4. 본인
5. 공제대상아님

ⓐ 김철수(본인) 대학원 등록금은 공제가능 : 지출액 "8,000,000원", 구분 "4.본인" 입력

ⓑ 일반교육비는 직계비속(아버지)에 대한 교육비 공제 불가

ⓒ 김혁(장남)은 장애인에 해당하나 소득금액 초과로 일반교육비는 공제가 되지 않는다.

ⓓ 박혜선(배우자)의 대학등록금은 공제가능 : 지출액 "2,000,000원", 구분 "3.대학생" 입력

⑥ **신용카드등 사용액(나이 불문, 소득금액 규제)** : 신용카드란에서 **더블클릭**하면 [신용카드등 TAB]으로 이동하며 지출자를 선택 후 해당란에 입력한다.

㉠ 차량구입비(중고자동차의 10%는 공제가능), 현금서비스, 보험료·국세 납부와 관련된 지출액은 신용카드 공제제외 대상이며, 생활용품구입비는 공제가 가능하며 전통시장 사용액은 별도로 입력한다.

㉡ 신용카드사용액 = (중고자동차 15,000,000원 × 10%) + 생활용품구입 16,000,000원
= 17,500,000원

	성명 생년월일	자료 구분	신용카드	직불,선불	현금영수증	도서등 신용	도서등 직불	도서등 현금	전통시장	대중교통	합계
☐	김철수	국세청	17,500,000						2,000,000		19,500,000
	1976-01-23	기타									
	합계		17,500,000						2,000,000		19,500,000
	총급여				67,000,000	신용카드 등 최소금액(총급여의 25%)					16,750,000

⑦ **기부금(나이 불문, 소득금액 규제)** : 기부금란에서 **더블클릭**하면 [기부금 TAB]으로 이동하며 기부자 인적사항은 코드도움(F2)을 이용하여 기부자를 선택 후 기부유형별로 입력한다.

[기부금명세서 작성순서]

❶ 기부금 입력 TAB ⇨ ❷ 기부금 조정 TAB ⇨ ❸ 공제금액계산 버튼
[불러오기]
↓
[공제금액반영]
↓
[저장 & 종료]

[기부금 입력 TAB]

㉠ 본인의 동창회 후원금은 비지정기부금으로 공제 불가능하며 이재민 구호금품은 특례기부금에 입력, 아버지 교회 기부금은 종교단체기부금에 입력한다.

㉡ [기부금 입력 TAB]의 주민등록번호란에서 코드도움(F2) 키를 사용하여 기부자를 반영하고 하단의 기부명세에 유형, 기부내용, 기부처, 기부금, 자료구분(국세청)을 입력한다.

[기부금 유형]
- 10.특례기부금 – 국가·지방자치단체, 국방헌금, 사립학교 및 병원등에 시설비·교육비·장학금·연구비, 사회복지공동모금회, 이재민구호금품 등
- 20.정치자금기부금 – 본인의 정치자금
- 40.일반기부금(종교단체 외) – 노동조합비, 사내근로복지기금에 지출한 기부금 등
- 41.일반기부금(종교단체) – 종교단체 기부금
- 42.우리사주조합기부금 – 우리사주조합원이 아닌 본인이 지출한 기부금
- 43.고향사랑기부금 – 본인의 고향사랑기부금

ⓒ 김철수(본인) 기부금내역

ⓔ 김철재(부친) 기부금내역

[기부금 조정 TAB]

㉠ 당해연도 기부금 공제금액계산을 위해 기부금 조정명세의 공제금액계산 버튼을 클릭하며 [기부금 공제금액 계산 참조] 화면이 활성화 된다. 불러오기 버튼을 클릭하여 기부금 내역을 반영하여 공제금액 및 이월액을 계산하고 공제금액반영 을 클릭하여 정산명세에 반영한다.

㉡ 세액공제가능액은 소득·세액공제 입력순서에 따라 달라질 수 있으며, [연말정산추가자료입력 : 부양가족 TAB → 기부금]에 자동 반영된다.

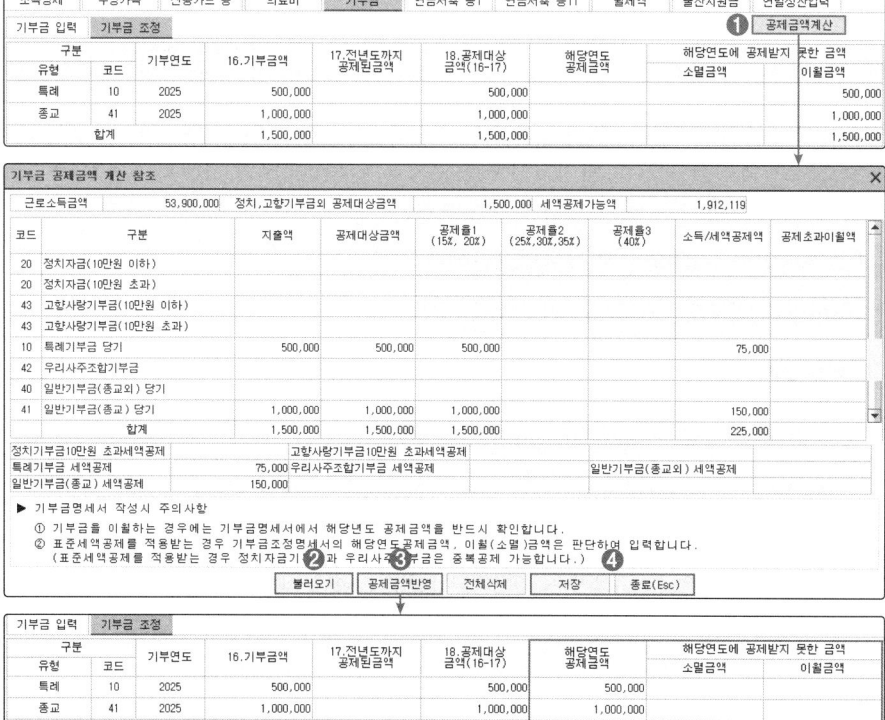

(3) 부양가족 TAB 전체합계 화면

(4) [연말정산입력 TAB]에 입력자료 반영하기

① [부양가족 TAB]에 입력된 보험료, 의료비, 교육비, 신용카드등 사용액, 기부금은 [연말정산입력 TAB]에 반영하기 전 **빨간색**으로 표시되며 지출액 및 공제대상금액이 공란으로 표시된다.

② 상단의 `F8 부양가족탭불러오기` 버튼을 클릭하여 [부양가족 TAB]에 입력한 보험료, 의료비, 교육비, 신용카드등 사용액, 기부금을 반영한다. 공제금액은 이후에 입력하는 소득공제와 세액공제 자료에 따라 달라질 수 있다.

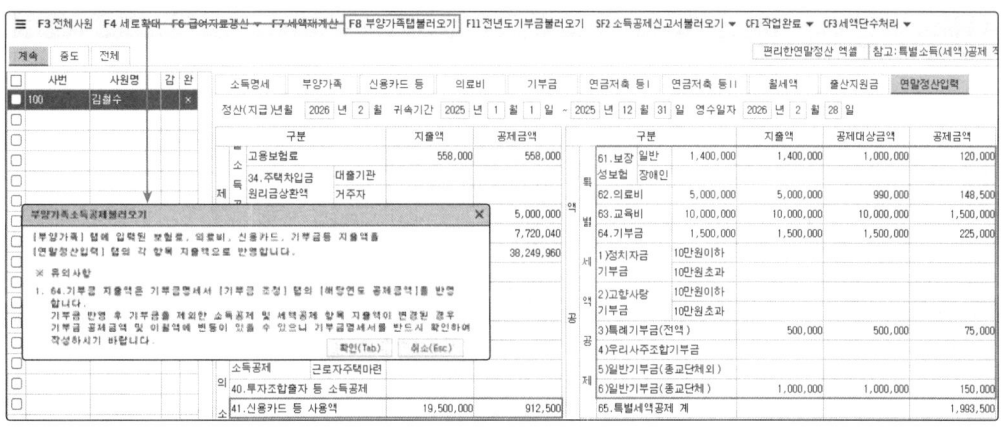

(5) 연금저축 등 I TAB

본인의 연금저축은 공제가 가능하므로 [2.연금계좌 세액공제]란에 입력하여 [연말정산입력 TAB]에 반영한다.

(6) 연말정산입력 TAB

① 법정요건 충족한 주택자금을 [34.장기주택저당차입금 이자상환액]란에서 **더블클릭**하고 "2012년 이후 차입금"의 "㉫고정AND비거치"란에 "5,000,000원"을 입력한다.

② 보험료, 의료비, 교육비, 신용카드등 사용액, 기부금은 [부양가족 TAB]에서 반영되었고, 연금저축은 [연금저축 등 TAB]에 입력한 자료가 자동 반영된다. 주택자금공제는 직접 입력한다.

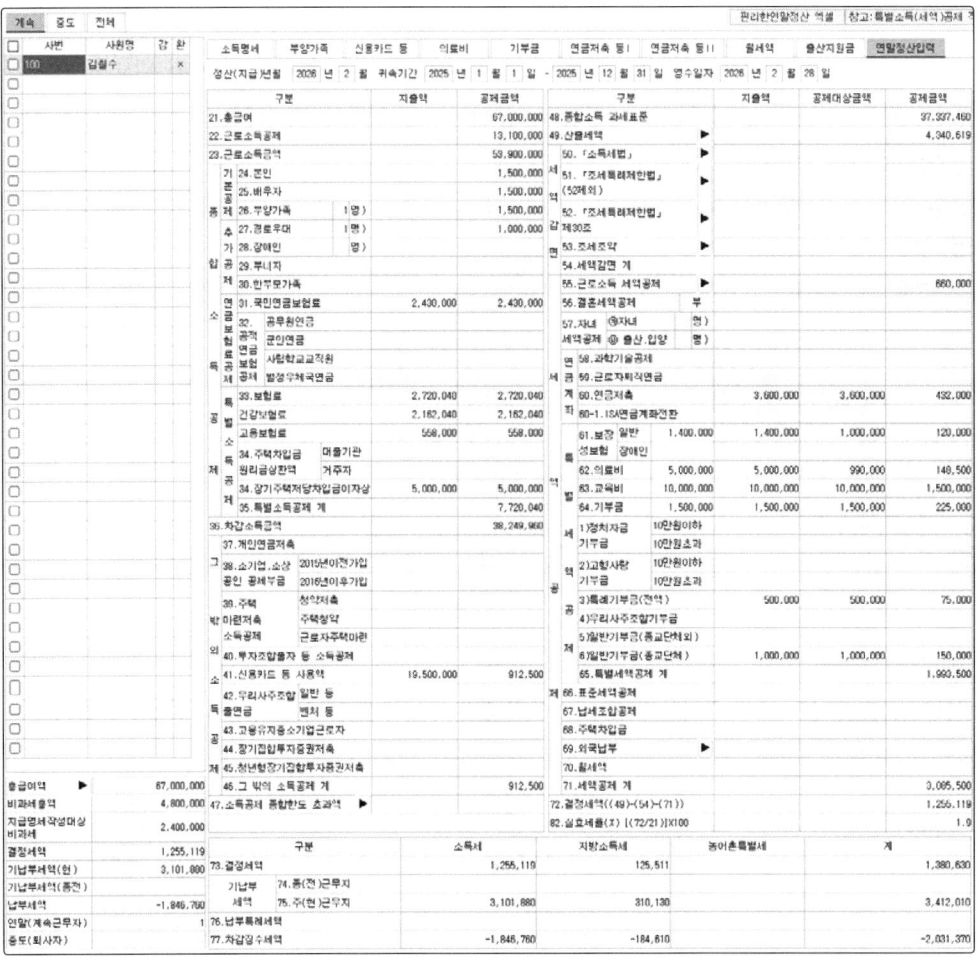

실무예제2

다음 자료를 보고 중도입사자 하경자씨의 연말정산을 완성하시오. 단, 하경자씨의 가족은 생계를 같이하고 있으며 중소기업취업감면은 고려하지 않고 모든 지출은 본인이 부담하였다. [회사코드 : 2100. (주)청송]

(1) 전근무지 근로소득원천징수영수증

① 근무처명 등

근무처명	사업자등록번호	근무기간
(주)해양	120-81-34671	2025.1.1 ~ 2025.08.25

② 소득명세 등

급여총액	상여총액	보육수당 비과세	건강보험료	장기요양 보험료	고용보험료	국민연금 보험료
30,000,000원	1,000,000원	1,600,000원	1,048,500원	128,650원	240,000원	1,395,000원

③ 세액명세 등

항 목	소득세	지방소득세
결정세액	480,000원	48,000원
기납부세액	560,000원	56,000원
차감징수세액	-80,000원	-8,000원

(2) 출산지원금 내역 및 혼인관계증명서

① 2025년 12월 20일 자녀 이성훈(250123-3052775)의 출산지원금(1회차) 1,000만원을 당사 (주)청송(108-83-65144)에서 지급 받았으며, 12월 임금대장에 반영되어 원천징수 신고하였다.

② 하경자는 2025년 4월 20일 생애 최초 혼인신고하였으며 연말정산 시 [혼인관계증명서]를 제출하였다.

(3) 근로자소득공제명세서에 첨부된 증명서류의 내용(국세청간소화서비스자료)

구 분	내 용	금 액
보험료	손해보험료(계약자 및 피보험자 : 본인, 보장성)	1,550,000원
	생명보험료(계약자 및 피보험자 : 배우자, 장애인보장성)	1,230,000원
의료비	모친(부동산임대소득금액 1,500만원, 61세, 정진숙)의 척추 수술비	3,500,000원
	본인 난임시술(인공수정)비	2,500,000원
	본인 산후조리원 비용(1회)	3,000,000원
교육비	이수빈 중학교 수업료(교복구입비 600,000원 포함)	1,100,000원
	이성훈 어린이집 수업료(방과후수업료 700,000원 포함)	1,700,000원

사번에서 코드도움(F2) 키를 누른 후 "200.하경자"를 선택하여 반영한다. [급여자료입력]에 입력한 급여자료 및 사회보험 근로자 부담금이 자동 반영된다.

(1) 소득명세 TAB

① 중도입사자의 경우 전근무지가 있다면 연말정산 시점에 [근로소득원천징수영수증]을 제출받아 당사에서 지급한 소득과 반드시 합산신고를 하여야 한다.
② 보육수당비과세는 제출비과세에 해당하므로 해당란에 정확하게 입력하고 월 200,000원 비과세이므로 연 240만원을 초과하는 금액이 발생하는 경우 과세 급여란에 입력하여야 한다.
③ 전근무지의 사회보험 징수액을 입력하고 세액명세란에 "**결정세액**"을 입력한다.

	구분		합계	주(현) (주)청송 [부가/원천]	납세조합	종(전) [1/2] (주)째양
소득명세	9.근무처명			(주)청송 [부가/원천]		(주)째양
	9-1.종교관련 종사자			부		부
	10.사업자등록번호			108-83-65144	-- -- -----	120-81-34671
	11.근무기간			2025-09-01 ~ 2025-12-31	~	2025-01-01 ~ 2025-08-25
	12.감면기간			2025-09-01 ~ 2025-12-31	~	~
	13-1.급여(급여자료입력)		40,400,000	10,400,000		30,000,000
	13-2.비과세한도초과액		1,600,000	1,600,000		
	13-3.과세대상추가(인정상여추가)					
	14.상여		3,500,000	2,500,000		1,000,000
	16.계		45,500,000	14,500,000		31,000,000
	18-2.보육수당	Q02	2,400,000	800,000		1,600,000
	18-3.출산지원금(1회)	Q03	10,000,000	10,000,000		
	18-32.중소기업취업청년(90%)	T13	14,500,000	14,500,000		
	18-40.비과세식대	P01	800,000	800,000		
	20.비과세 계		13,200,000	11,600,000		1,600,000
	20-1.감면소득 계		14,500,000	14,500,000		
공제보험료	직장	건강보험료(직장)(33)	1,402,980	354,480		1,048,500
		장기요양보험료(33)	174,520	45,880		128,650
		고용보험료(33)	370,500	130,500		240,000
		국민연금보험료(31)	1,845,000	450,000		1,395,000
세액	기납부세액	소득세	501,020	21,020		480,000
		지방소득세	50,090	2,090		48,000
		농어촌특별세				

(2) 부양가족 TAB

① **인적공제** : 부양가족은 사원등록의 [부양가족명세 TAB]에 등록된 정보가 반영된다.
  ㉠ 본인(하경자)이 생애 최초로 혼인신고를 하였으므로 **"결혼세액"**란을 "**1:여**"로 선택하여 혼인세액공제 50만원을 공제받는다.
  ㉡ 정진숙(모친)은 소득금액 초과자에 해당하므로 **소득기준 초과여부**를 "**1:여**"로 변경한다.

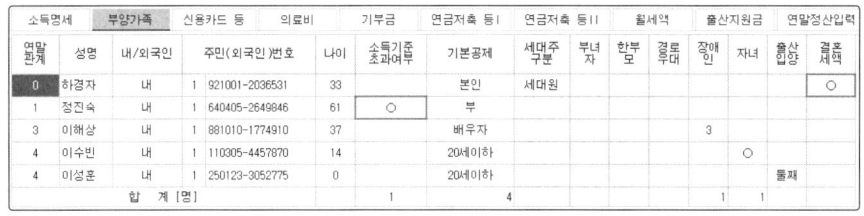

② **보험료(나이 및 소득금액 규제)** : 공제대상자 선택 후 보험료란에서 **더블클릭** 후 입력
  ㉠ 하경자(본인) : 손해보험료 155만원 일반보장성란에 입력
  ㉡ 이해상(배우자) : 동일인의 동일보험증권이 아니므로 일반보장성과 장애인보장성 보험료를 동시에 공제받을 수 있으므로 생명보험료 123만원 장애인전용란에 입력

[하경자(본인)]

자료구분	국세청간소화	급여/기타	정산	공제대상금액
국민연금_직장		1,845,000		1,845,000
국민연금_지역				
합 계		1,845,000		1,845,000
건강보험료-보수월액		1,402,980		1,402,980
장기요양보험료-보수월액		174,530		174,530
건강보험료-소득월액(납부)				
기요양보험료-소득월액(납부)				
합 계		1,577,510		1,577,510
고용보험료		370,500		370,500
보장성보험-일반	1,550,000			1,550,000
보장성보험-장애인				
합 계	1,550,000			1,550,000

[이해상(배우자)]

자료구분	국세청간소화	급여/기타	정산	공제대상금액
국민연금_직장				
국민연금_지역				
합 계				
건강보험료-보수월액				
장기요양보험료-보수월액				
건강보험료-소득월액(납부)				
기요양보험료-소득월액(납부)				
합 계				
고용보험료				
보장성보험-일반				
보장성보험-장애인	1,230,000			1,230,000
합 계	1,230,000			1,230,000

③ **의료비(나이 및 소득금액 불문)** : 의료비란에서 더블클릭하여 [의료비 TAB]에서 입력
  ㉠ 성명란에서 코드도움을 사용하여 의료비 공제대상자를 입력하며 의료증빙코드(국세청장)를 선택한다.
  ㉡ 하경자(본인)의 난임시술비 250만원은 금액을 입력하고 "13.난임여부 : 1.해당(○)"을 선택한다. 출산 1회당 산후조리원 비용 200만원 이내까지 공제가 가능하므로 금액 200만원 입력하고 "14.산후조리원 : 1.해당(○)"을 선택한다.
  ㉢ 정진숙(모친)의 척추수술비는 본인이 지출하였으므로 공제대상이며 350만원을 입력한다.

	소득명세	부양가족	신용카드 등	의료비	기부금	연금저축 등 I	연금저축 등 II	월세액	출산지원금	연말정산입력

2025년 의료비 지급명세서

	성명	내/외	5.주민등록번호	6.본인등해당여부	9.증빙코드	8.상호	7.사업자등록번호	10.건수	11.금액	11-1.실손보험수령액	12.미숙아선천성이상아	13.난임여부	14.산후조리원
□	하경자	내	921001-2036531	1 0	1				2,500,000		X	0	X
□	하경자	내	921001-2036531	1 0	1				2,000,000		X	X	0
□	정진숙	내	640405-2649846	3 X	1				3,500,000		X	X	X
	합계								8,000,000				
	일반의료비 (본인)		2,000,000	6세이하,65세이상인 건강보험산정특례자 장애인			일반의료비 (그 외)		3,500,000		난임시술비		2,500,000
											미숙아,선천성이상아		

④ **교육비(나이 불문, 소득금액 규제)** : 공제대상자 선택 후 교육비 및 구분 입력
  ㉠ 이수빈(2.초중고) : 교복구입비 1인당 50만원 한도이므로 일반교육비 100만원 입력

	소득명세	부양가족	신용카드 등	의료비	기부금	연금저축 등 I	연금저축 등 II	월세액	출산지원금	연말정산입력

연말관계	성명	내/외국인	주민(외국인)번호	나이	소득기준초과여부	기본공제	세대주구분	부녀자	한부모	경로우대	장애인	자녀	출산입양	결혼세액
4	이수빈	내	1 110305-4457870	14		20세이하						○		

자료구분	보험료				의료비					교육비	
	건강	고용	일반보장성	장애인전용	일반	실손	선천성이상아	난임	65세,장애인	일반	장애인특수
국세청										1,000,000 2.초중고	
기타											

  ㉡ 이성훈(1.취학전) : 방과후수업료도 교육비 공제대상이므로 170만원 입력

연말관계	성명	내/외국인	주민(외국인)번호	나이	소득기준초과여부	기본공제	세대주구분	부녀자	한부모	경로우대	장애인	자녀	출산입양	결혼세액
4	이성훈	내	1 250123-3052775	0		20세이하							둘째	

자료구분	보험료				의료비					교육비	
	건강	고용	일반보장성	장애인전용	일반	실손	선천성이상아	난임	65세,장애인	일반	장애인특수
국세청										1,700,000 1.취학전	
기타											

(3) 출산지원금 TAB

[소득명세] TAB에 입력된 출산지원금 비과세 금액이 반영되며 자녀 성명란에서 코드도움(F2)을 이용하여 이성훈을 선택하여 반영하고 지급받은 날(2025-12-20)을 입력한다.

소득명세 | 부양가족 | 신용카드 등 | 의료비 | 기부금 | 연금저축 등I | 연금저축 등II | 월세액 | 출산지원금 | 연말정산입력

1 출산지원금 비과세 대상 자녀 명세

자녀 성명	주민등록번호	출산지원금 지급받은 날	출산지원금 지급받은 금액	출산지원금 지급회차	지급처(사업자등록번호)
이성훈	250123-3052775	2025-12-20	10,000,000	1회	108-83-65144

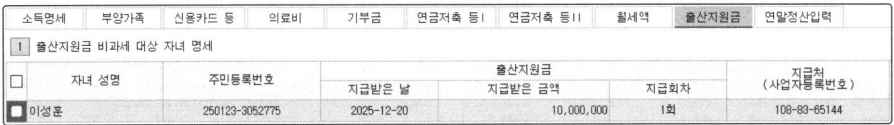

(4) 연말정산입력 TAB

상단의 F8 부양가족탭불러오기 버튼을 클릭하여 [부양가족 TAB]에 입력한 보험료, 의료비, 교육비를 반영한다.

사번	사원명	감	완
100	김철수		×
200	하경자	○	×

소득명세 | 부양가족 | 신용카드 등 | 의료비 | 기부금 | 연금저축 등I | 연금저축 등II | 월세액 | 출산지원금 | 연말정산입력

정산(지급)년월 2026 년 2 월 귀속기간 2025 년 9 월 1 일 ~ 2025 년 12 월 31 일 영수일자 2026 년 2 월 28 일

구분		지출액	공제금액
21.총급여			45,500,000
22.근로소득공제			12,025,000
23.근로소득금액			33,475,000
종합소득공제 기본공제	24.본인		1,500,000
	25.배우자		1,500,000
	26.부양가족 2명)		3,000,000
추가공제	27.경로우대 명)		
	28.장애인 1명)		2,000,000
	29.부녀자		
	30.한부모가족		
연금보험료공제	31.국민연금보험료	1,845,000	1,845,000
32.공적연금보험공제	공무원연금		
	군인연금		
	사립학교교직원		
	별정우체국연금		
특별소득공제	33.보험료	1,948,010	1,948,010
	건강보험료	1,577,510	1,577,510
	고용보험료	370,500	370,500
34.주택차입금 원리금상환액	대출기관		
	거주자		
	34.장기주택저당차입금이자상		
	35.특별소득공제 계		1,948,010
36.차감소득금액			21,681,990
그 밖의 소득공제	37.개인연금저축		
38.소기업,소상공인 공제부금	2015년이전가입		
	2016년이후가입		
39.주택마련저축소득공제	청약저축		
	주택청약		
	근로자주택마련		
	40.투자조합출자 등 소득공제		
	41.신용카드 등 사용액		
42.우리사주조합출연금	일반 등		
	벤처 등		
	43.고용유지중소기업근로자		
	44.장기집합투자증권저축		
	45.청년형장기집합투자증권저축		
	46.그 밖의 소득공제 계		
47.소득공제 종합한도 초과액 ▶			

구분		지출액	공제대상금액	공제금액
48.종합소득 과세표준				21,681,990
49.산출세액 ▶				1,992,298
세액감면	50.「소득세법」 ▶			
	51.「조세특례제한법」(52제외) ▶			
	52.「조세특례제한법」제30조 ▶	14,500,000		571,417
	53.조세조약 ▶			
	54.세액감면 계			571,417
세액공제	55.근로소득 세액공제 ▶			470,703
	56.결혼세액공제 여			500,000
57.자녀세액공제	㉮자녀 1명)			250,000
	㉯ 출산.입양 1명)			200,178
연금계좌	58.과학기술공제			
	59.근로자퇴직연금			
	60.연금저축			
	60-1.ISA연금계좌전환			
특별세액공제 61.보장성보험	일반 1,550,000	1,550,000	1,000,000	
	장애인 1,230,000	1,230,000	1,000,000	
	62.의료비 8,000,000	8,000,000	6,635,000	
	63.교육비 2,700,000	2,700,000	2,700,000	
	64.기부금			
1)정치자금기부금	10만원이하			
	10만원초과			
2)고향사랑기부금	10만원이하			
	10만원초과			
	3)특례기부금(전액)			
	4)우리사주조합기부금			
	5)일반기부금(종교단체외)			
	6)일반기부금(종교단체)			
	65.특별세액공제 계			
	66.표준세액공제			
	67.납세조합공제			
	68.주택차입금			
	69.외국납부 ▶			
	70.월세액			
	71.세액공제 계			1,420,881
72.결정세액((49)-(54)-(71))				
82.실효세율(%) [(72/21)]X100				

총급여액 ▶	112,500,000
비과세총액	18,800,000
지급명세작성대상비과세	15,600,000
결정세액	1,255,119
기납부세액(현)	3,122,900
기납부세액(종전)	480,000
납부세액	-2,347,780
연말(계속근무자)	2
중도(퇴사자)	

구분		소득세	지방소득세	농어촌특별세	계
73.결정세액					
기납부세액	74.종(전)근무지	480,000	48,000		528,000
	75.주(현)근무지	21,020	2,090		23,110
76.납부특례세액					
77.차감징수세액		-501,020	-50,090		-551,110

실무예제3

이용규씨(남, 사원코드 : 101)는 2025년 3월 31일 퇴사하고 3월 급여 수령 시 중도퇴사에 대한 연말정산을 실시하였다. 이용규씨의 3월 급여명세서로 3월의 급여대장을 작성하고 3월귀속 · 3월지급분에 대한 원천징수이행상황신고서를 작성하시오. 3월 급여대장 작성 시 중도퇴사에 대한 연말정산 금액을 급여대장에 반영하기로 하며, 원천징수이행상황신고서에 환급발생시 전액 차월이월하기로 한다. (당사의 급여 지급일은 매월 말일이다.) [회사코드 : 2200.(주)성공]

자료. 3월 급여명세서

급여항목	금액(원)	공제항목	금액(원)
기본급	5,400,000	국민연금	247,500
직책수당	100,000	건강보험	194,970
식대(비과세)	200,000	장기요양보험	24,970
		고용보험	49,500

※ 퇴직사유 : 개인사정으로 인한 자진퇴사

 예제 따라하기

(1) 사원등록
이용규를 선택하고 [16.퇴사년월일]에 "2025년 3월 31일", 사유(1)를 입력한다.

(2) 급여자료입력
① 귀속년월(2025년 03월), 지급년월일(2025년 03월 31일)을 입력하여 조회한다. "전월 급여대장을 복사합니다." 메시지가 나오면 "예"를 선택하여 전월 급여를 반영한다.
② 중도퇴사 연말정산

퇴사월의 급여를 입력한 후 상단의 F7중도퇴사자정산▼ 버튼을 누른 후 연말정산 추가자료 입력이 있는 경우는 입력하며 상단의 영수일자를 확인한 다음 급여반영(Tab)를 클릭하여 [차감징수세액]을 반영한다.

구분	지출액	공제금액	구분	지출액	공제대상금액	공제금액
21.총급여		16,500,000	49.종합소득 과세표준			6,532,500
22.근로소득공제		7,725,000	50.산출세액			391,950
23.근로소득금액		8,775,000	51.「소득세법」			
기 24.본인		1,500,000	52.「조세특례제한법」			

구분	소득세	지방소득세	농어촌특별세	계
73.결정세액	46,378	4,637		51,015
기납부 74.종(전)근무지				
세액 75.주(현)근무지	841,180	84,100		925,280
76.납부특례세액				
77.차감징수세액	-794,800	-79,460		-874,260

③ 이용규 급여자료입력

귀속년월 2025년 03월	지급년월일 2025년 03월 31일	급여		중도정산적용함	
사번	사원명	급여항목	금액	공제항목	금액
101	이용규(퇴사자)	기본급	5,400,000	국민연금	247,500
		직책수당	100,000	건강보험	194,970
		식대	200,000	장기요양보험	24,970
				고용보험	49,500
				소득세(100%)	
				지방소득세	
				농특세	
				중도정산소득세	-794,800
		과 세	5,500,000	중도정산지방소득세	-79,460
		비 과 세	200,000	공 제 총 액	-357,320
총인원(퇴사자)	1(1)	지 급 총 액	5,700,000	차 인 지 급 액	6,057,320

(3) 연말정산추가자료입력

[급여자료입력] 메뉴에서 F7 중도퇴사자정산 ▼ 버튼을 활용하여 급여대장에 정산명세를 반영하였다면 중도퇴사자 연말정산이 완료되었으므로 본 메뉴(중도 TAB)를 다시 작업할 필요는 **없다**.

(4) 원천징수이행상황신고서

귀속기간(2025년 03월 ~ 2025년 03월), 지급기간(2025년 03월 ~ 2025년 03월), 신고구분(1.정기신고)를 선택 한다. 급여자료입력에 입력된 이용규의 총지급액 및 소득세가 반영된다. 또한 [중도퇴사]란에 이용규의 연말정산자료(총급여액 및 차감징수세액)이 반영된다.

환급세액 발생시 전액 차월로 이월하기로 하였으므로 [20.차월이월환급세액]란에 기재된 상태로 신고한다.

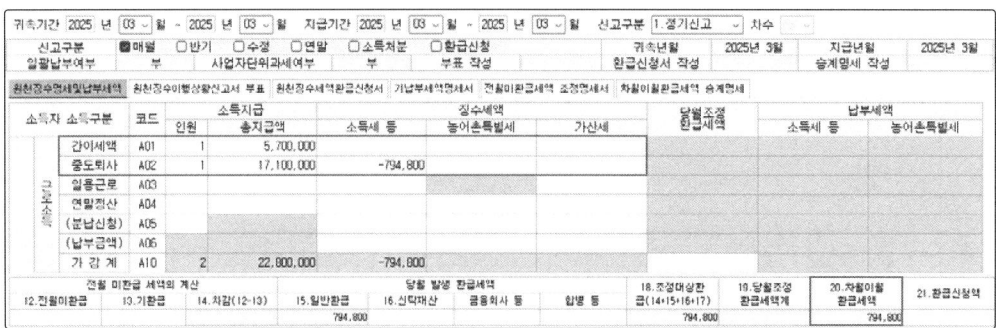

 심화연습

[1] 다음은 2025년 8월 1일 입사한 박경수씨의 연말정산 관련자료이다. 연말정산추가자료입력 메뉴의 소득명세 탭, 부양가족 탭, 신용카드등 탭, 의료비 탭, 연말정산입력 탭을 입력하시오.

[회사코드 : 2600.(주)온누리]

현 근무지	▪ 급여총액 : 17,500,000원(상여금 포함) ▪ 소득세 기납부세액 711,100원(지방소득세 71,090원)
종(전)근무지	▪ (주)엘론(근무기간 2025.1.1. ~ 2025.7.31, 사업자등록번호 220-81-78135) ▪ 급여총액 : 21,000,000원(상여 · 비과세 없음) ▪ 건강보험료 : 744,450원 　　▪ 장기요양보험료 : 192,820원 ▪ 고용보험료 : 189,000원 　　▪ 국민연금보험료 : 945,000원 ▪ 소득세 결정세액 : 1,500,000원(지방소득세 150,000원)
연말정산 국세청자료	▪ 2025년 신용카드 등 사용금액 내역 | 구 분	연간사용액
신용카드	5,000,000원(대중교통 1,000,000원 포함)
직불카드	6,000,000원(전통시장 2,000,000원 포함)
현금영수증	2,000,000원(도서공연 지출액 500,000원 포함)
총 계	13,000,000원 | ▪ 일반 보장성 보험료 : 2,000,000원 ▪ 본인 의료비 : 3,500,000원(의료기관에서 받은 건강진단을 위한 비용 500,000원 포함) ▪ 본인 교육비 : 3,000,000원(본인 대학원)

[2] 다음 연말정산자료를 이용하여 사원코드 102번 이기자의 연말정산추가자료입력 메뉴의 부양가족 탭, 의료비 탭, 기부금 탭, 월세액 탭, 연말정산입력 탭에 입력하시오. (단, 이기자는 본인 외 부양가족은 없고 무주택 세대주로 연말정산 자료는 국세청 제공자료이다.)

[회사코드 : 2400.(주)태풍]

- 보장성보험료(일반) : 2,500,000원
- 의료비 : 6,500,000원(본인의 미용성형수술 금액 2,000,000원이 포함되어 있다.)
- 기부금 : 정당후원금 500,000원(기부처 : 행복당, 고유등록번호 : 107-82-12235)
- 월세관련 자료 – 월세 : 500,000원(계약기간 2024.11.01. ~ 2025.10.31.)
　　　　　　　　 – 주소 : 경기도 성남시 분당구 성남대로 36
　　　　　　　　 – 임대인 : 나상가(570101-2522145) 오피스텔 55m²
- 근로소득 총급여액 : 39,300,000원

[3] 다음은 사원 이신소(사번 : 104)의 연말정산을 위한 국세청 제공자료와 기타 증빙자료이다. 부양가족은 제시된 자료외에는 소득이 없고, 이신소와 생계를 같이하고 있다. 연말정산추가자료입력 메뉴의 [부양가족]탭을 수정하여 완성하고 [신용카드등]탭, [의료비]탭, [기부금]탭, [연말정산입력]탭을 작성하시오. (단, 세부담 최소화를 가정할 것) [회사코드 : 2300.(주)대흥]

관계	성명	주민번호	비 고
본인	이신소	870330-2356343	세대주, 총급여 48,000,000원
직계존속(부)	이부여	601223-1234647	사업소득금액 500만원
직계존속(모)	김부여	681212-2343247	소득없음
배우자	유신라	880321-1335359	소득없음
직계존속(자)	이하나	090508-4233339	일용근로소득 1,000만원, 고등학생
직계존속(자)	이현민	201005-3236321	소득없음, 미취학아동
형제자매	이강남	980221-1626538	소득없음, 대학생

성명	관계	소득공제 내용
이부여	아버지	■ 질병치료비 300만원을 이신소의 신용카드로 결제하였다. ■ 보장성보험료(계약자 : 이신소) 30만원을 납입하였다.
김부여	어머니	■ 교회에 헌금(일반기부금)으로 150만원을 지출하였다. • 기부처 : 행복교회 • 고유등록번호 : 134-82-09538 ■ 노인대학 교육비로 200만원을 지출하였다.
이신소	본인 (세대주)	■ 국민주택규모 주택의 전세자금 대출(무주택자) • 주택유형 : 아파트, 면적 : 66m² • 대출기관 : (주)국민은행 • 원금 : 5,000,000원, 이자 : 750,000원 ■ 노동조합비(금속조합 회계 적정공시) 월2만원을 기부(고유등록번호 : 105-82-03569) ■ 본인의 신용카드 사용액 : 20,000,000원 • 이중 부친 질병치료비 3,000,000원, 회사 경비 지출액 5,000,000원 포함
유신라	배우자	■ 주택청약종합저축(계약자 : 유신라) 불입액으로 240만원을 지출하였다. ((주)국민은행, 계좌번호 2014578950) ■ 연금저축불입액(계약자 : 유신라)으로 300만원을 지출하였다. ((주)국민은행, 계좌번호 12345) ■ 건강검진비 1,000,000원 지출하고 유신라 신용카드로 결제하였다.
이강남	형제	■ 대학교 교육비 400만원을 이신소씨가 지출하였다.
이하나	자녀	■ 고등학교 교육비로 250만원(수련회비 40만원 포함)을 지출하였다. ■ 보장성보험료(계약자 : 이신소) 50만원을 납입하였다.
이현민	자녀	■ 유치원수업료 240만원을 지출하였다(유치원에서 구입한 방과후 수업 도서구입비 20만원 포함). ■ 태권도장 수업료(월단위 실시, 1주 5일 수업) 120만원을 지출하였다.

[4] 다음 자료를 보고 사무직 계속근로자인 박성민(830101-1234577, 입사일 2025. 4. 1. 총급여 54,000,000원, 세대주)씨의 세부담 최소화를 위한 연말정산추가자료입력 메뉴의 [부양가족]탭을 수정하고 [신용카드등]탭, [의료비]탭, [기부금]탭, [연말정산입력]탭을 완성하시오.

[회사코드 : 2500.(주)만세]

- 종전근무지는 없으며, 국민연금·건강보험 및 고용보험료는 입력된 자료를 이용한다.
- 비고에 언급된 사항을 제외하고는 모두 근로제공기간에 지출되었고, 자녀들은 모두 소득이 없다.
- 산후조리원 비용을 제외한 모든 공제항목은 국세청 자료이고 지출액은 모두 박성민의 소득에서 지급되었다.

관계	이름	주민번호	비 고
배우자	김소연	890701-2234561	총급여 5,000,000원
자녀	박상아	151130-4035226	초등학생
자녀	박상혁	170228-3078546	초등학생, 장애인복지법에 따른 장애인
자녀	박상철	250517-3078548	2025년 출생

지출내역 구분		지출액(원)	대상자	비 고
보험료	자동차보험료	500,000	김소연	
	실비보장성보험료	300,000	박성민	2025년 2월 지출
	교육저축성보험료	600,000	박상아	
	장애인전용보험료	700,000	박상혁	
	실비보장성보험료	400,000	박상철	
의료비	맹장수술비	2,000,000	박성민	2025년 3월 지출
	질병치료 약값	2,350,000	박성민	실손의료보험금 1,000,000원 수령
	성형수술비	3,000,000	김소연	
	산후조리원 비용	2,500,000	김소연	아가랑(사업자번호 : 110-92-22892), 1회 지출
	시력교정용안경	600,000	박상아	
교육비	초등학교 방과후 수업료	800,000	박상아	
	장애인 특수교육비	3,240,000	박상혁	
	주1회 미술학원비	1,800,000	박상아	
기부금	국방헌금	250,000	박성민	2025년 1월 지출 한국예비군 (고유등록번호 : 204-82-07256)
	종교단체	1,200,000	김소연	천국교회 (고유등록번호 : 123-83-12379)

신용카드	지출내역 구분	지출액(원)	대상자	비 고
신용카드	신용카드	15,000,000	박성민	재산세납부분 300,000원 포함
	신용카드	3,000,000	김소연	전통시장사용분 1,000,000원 포함
	현금영수증	750,000	박상아	대중교통이용분 400,000원 포함

[5] 관리부 소속인 김수당(사번 : 101) 사원이 2025년 7월 31일 퇴사(퇴직사유 : 개인사정으로 인한 자진퇴사)하여, 7월 급여 지급시 중도퇴사에 대한 연말정산을 실시하였다. 김수당씨의 2025년 7월분의 급여대장을 아래의 내용대로 공제항목을 추가하여 7월분 급여자료입력을 하고, 7월 급여대장 작성시 중도퇴사에 대한 연말정산 금액을 급여대장에 반영하시오. 또한 7월귀속 · 7월 지급분에 대한 원천징수이행상황신고서를 작성하고 환급발생시 전액 차월이월하기로 한다.

[회사코드 : 2400.(주)태풍]

① 김수당의 급여지급일은 매월 말일이다.
② 7월에 지급할 내역은 다음과 같으며 모두 월정액이다. 기 등록된 공제항목을 사용하며 별도로 항목을 만들지 않는다.
- 기본급 : 3,000,000원
- 식대보조금 : 200,000원(구내식당에서 식사를 제공함)
- 자가운전보조금 : 200,000원(회사차량으로 업무수행)

③ 7월 공제할 항목은 다음과 같다.
- 국민연금 : 153,000원
- 건강보험료 : 120,530원
- 장기요양보험료 : 15,600원
- 고용보험료 : 30,600원
- 주차비 : 100,000원(공제소득유형 : 기타)

※ 집중심화연습 해답은 [모의고사&기출문제 ➡ PART 03] 797페이지에서 확인 가능합니다.

전산세무 2급

PART 01 실전모의고사
PART 02 최신기출문제
PART 03 집중심화연습 해답
PART 04 실전모의고사 해답
PART 05 기출문제 해답

모의고사 & 기출문제

**Perfect
전산세무 2급**
www.bobook.co.kr

PART 01

실전모의고사

백데이터 다운로드 및 설치방법

1. 도서출판 배움 홈페이지(www.bobook.co.kr)에 접속한다.
2. 홈페이지 교재실습/백데이터 자료실을 클릭한다.
3. 교재실습/백데이터 자료실 ⇨ [2025_TAX_2grade] 백데이터를 선택하여 다운로드 한다.
4. 다운로드한 파일을 선택 후 실행하면 [내컴퓨터 ⇨ C: ₩KcLepDB ⇨ KcLep]에 자동으로 복구 저장된다.
5. 한국세무사회 자격시험 케이렙 프로그램 을 실행한다.

   실행화면에서 회사등록 ⇨ F4 회사코드재생성 을 실행하여야 선택하고자 하는 회사가 생성된다.

   ```
   회사등록
   ⊗ 닫기   💬 코드  🗑 삭제  🖨 인쇄  🔍 조회
   ≡ F3 검색   CF3 조건검색   F4 회사코드재생성   F6 회사명되돌리기   CF8 세무서코드자동변경
   ```

6. 웹하드(www.webhard.co.kr) 다운로드 방법
   ① 오른쪽 상단의 [로그인] 버튼을 클릭하여 아이디와 비밀번호를 입력한다. [아이디 : bobookcokr / 비밀번호 : book9750]
   ② [내리기전용] ⇨ [전산세무회계] ⇨ [전산세무 2급] 폴더에서 백데이터를 선택하여 다운로드 한다.
   ③ 이외의 사항은 위와 동일하다.

모의고사 &
기출문제

1회 실전모의고사 이론 문제 PART 01 모의고사

다음 문제를 보고 알맞은 것을 골라 [이론문제 답안작성] 메뉴화면에 입력하시오. (객관식 문항당 2점)

기 본 전 제

문제에서 한국채택국제회계기준을 적용하도록 하는 전제조건이 없는 경우, 일반기업회계기준을 적용한다.

01. 재무제표의 기본요소에 대한 설명으로 옳지 않은 것은?
① 자산은 과거의 거래나 사건의 결과이어야 한다.
② 자산의 취득은 반드시 지출을 동반하여야 하는 것은 아니다.
③ 운수업의 미래 예상수리비는 부채로 인식할 수 있다.
④ 부채는 채무·금액·시기가 반드시 확정될 필요는 없다.

02. 다음 중 현금및현금성자산으로 분류되는 것은?
① 사용이 제한된 예금
② 요구불 당좌예금
③ 통화대용증권에 해당하지 않는 수입인지
④ 취득당시 만기가 1년 이내에 도래하는 금융상품

03. 다음은 무형자산에 대한 설명이다. 잘못된 것은?
① 무형자산이란 물리적 형체는 없지만 식별가능하고 기업이 통제하고 있으며, 미래경제적효익이 있는 비화폐성자산을 말한다.
② 무형자산은 합리적인 상각방법을 정할 수 없는 경우에는 정률법을 사용한다.
③ 무형자산의 잔존가치는 없는 것을 원칙으로 한다.
④ 자산에서 발생하는 미래경제적효익이 기업에 유입될 가능성이 매우 높으며, 자산의 원가를 신뢰성 있게 측정할 수 있어야 무형자산으로 인식할 수 있다.

04. 다음 자료를 이용하여 영업이익을 구하시오.

- 매출액 : 30,000,000원
- 매출원가 : 25,000,000원
- 임직원급여 : 2,000,000원
- 직원회식비 : 200,000원
- 광고선전비 : 200,000원
- 기업업무추진비 : 200,000원
- 장기대여금의 대손상각비 : 200,000원
- 기부금 : 200,000원
- 유형자산처분손실 : 200,000원

① 1,800,000원　② 2,000,000원　③ 2,200,000원　④ 2,400,000원

1회 이론문제

05. 다음 중 오류수정에 대한 설명으로 가장 옳지 않은 것은?
① 당기에 발견한 전기 또는 그 이전 기간의 중대하지 않은 오류는 당기 손익계산서에 영업외손익 중 전기오류수정손익으로 반영한다.
② 전기 또는 그 이전 기간에 발생한 중대한 오류의 수정은 전기이월이익잉여금에 반영하고 관련 계정잔액을 수정한다.
③ 비교재무제표를 작성하는 경우 중대한 오류의 영향을 받는 회계기간의 재무제표 항목은 재작성한다.
④ 충당부채로 인식했던 금액을 새로운 정보에 따라 보다 합리적으로 추정한 금액으로 수정한 것도 오류수정에 해당한다.

06. 다음 중 제조원가에 해당되지 않는 경우는?
① 제품의 홍보를 위한 제품견적서의 인쇄비
② 공장건물에 대한 재산세
③ 생산직 직원의 퇴직급여지급액
④ 원재료 운반용 차량에 대한 감가상각비

07. 2024년 1월 5일 영업을 시작한 A회사는 2024년 12월 31일에 원재료 재고 5,000원, 재공품 재고 10,000원, 제품 재고 20,000원을 가지고 있었다. 2025년에 영업실적이 부진하자 이 회사는 2025년 6월에 원재료와 재공품 재고를 남겨두지 않고 제품으로 생산한 후 싼 가격으로 처분하고 공장을 폐쇄하였다. 이 회사의 2025년 원가를 큰 순서대로 나열한 것은?
① 매출원가, 제품제조원가, 총제조원가
② 매출원가, 총제조원가, 제품제조원가
③ 총제조원가, 제품제조원가, 매출원가
④ 모두 같음

08. 다음은 원가배분에 관한 내용이다. 부문공통원가인 건물의 감가상각비의 배분기준으로 가장 합리적인 것은?
① 각 제조부문과 보조부문의 인원수
② 각 제조부문과 보조부문의 작업시간
③ 각 제조부문과 보조부문의 면적
④ 각 제조부문과 보조부문의 건물가액

09. (주)설악전자의 제조간접비 예정배부율은 작업시간당 2,000원이다. 작업시간이 1,000시간이고 제조간접비 배부차이가 200,000원 과소배부라면, 실제 제조간접비 발생액은 얼마인가?
① 2,200,000원
② 2,000,000원
③ 1,800,000원
④ 1,600,000원

10. 완성품은 200개이며, 기초재공품은 없고, 기말재공품은 50개(완성도 60%)이다. 가공비는 460,000원 발생하였다. 가공비의 완성품 환산량 단위당 원가는 얼마인가? (재료는 공정초에 모두 투입되고, 가공비는 공정 전반에 걸쳐 균등하게 투입된다. 원단위 미만은 절사함)
① 1,000원
② 1,840원
③ 2,000원
④ 2,300원

이론문제 1회

11. 다음 중 부가가치세법상 세금계산서의 발급의무가 면제되지 않는 것은?
① 택시운송
② 간주공급 중 개인적공급
③ 내국신용장 또는 구매확인서에 의하여 공급하는 재화
④ 부동산임대용역 중 간주임대료

12. 다음 중 부가가치세법상 재화의 공급에 해당하지 않는 것은?
① 현금판매, 외상판매, 할부판매, 장기할부판매, 조건부 및 기한부 판매, 위탁판매와 그 밖의 매매계약
② 자기가 주요자재의 전부 또는 일부를 부담하고 상대방으로부터 인도받은 재화를 가공하여 새로운 재화를 만드는 가공계약
③ 재화의 인도 대가로서 다른 재화를 인도받거나 용역을 제공받는 교환계약
④ 국세징수법에 따른 공매, 민사집행법에 따른 경매에 따라 재화를 인도하거나 양도하는 것

13. 다음은 부가가치세법상 부동산의 임대 및 공급에 대한 부가가치세 과세여부에 대한 설명 중 면세에 해당하는 것을 모두 묶은 것은?

| 가. 국민주택면적을 초과하는 아파트의 임대 | 나. 상가용 토지의 공급 |
| 다. 주차장용 토지의 임대 | 라. 국민주택면적을 초과하는 아파트의 공급 |

① 가, 나   ② 가, 다   ③ 나, 다   ④ 가, 라

14. 다음 중 소득세법에 대한 설명 중 올바른 것은?
① 거주자의 종합소득에 대한 소득세는 해당 연도의 종합소득과세표준에 6~42%의 세율을 적용하여 계산한 금액을 그 세액으로 한다.
② 기타소득금액의 연간합계액이 400만원 이하인 경우에는 종합과세와 분리과세를 선택할 수 있다.
③ 소득세법은 종합과세제도이므로 퇴직소득과 양도소득을 제외한 거주자의 그 밖의 모든 소득을 합산하여 과세한다.
④ 사업소득이 있는 자가 11월 30일에 폐업을 하여 그 이후 다른 소득이 없는 경우에도 소득세의 과세기간은 1월 1일부터 12월 31일까지로 한다.

15. 다음 중 소득세법상 소득의 구분이 다른 하나는?
① 영업권의 대여
② 공장재단의 대여
③ 점포임차권의 양도
④ 공익사업과 관련된 지상권의 대여

1회 실전모의고사 실무 문제

(주)희망(회사코드 : 2700)은 제조, 도·소매 및 무역업을 영위하는 중소기업이며, 당기(제28기) 회계기간은 2025. 1.1. ~ 2025.12.31.이다. 전산세무회계 수험용 프로그램을 이용하여 다음 물음에 답하시오.

기 본 전 제

- 문제에서 한국채택국제회계기준을 적용하도록 하는 전제조건이 없는 경우, 일반기업회계기준을 적용하여 회계처리 한다.
- 문제의 풀이와 답안작성은 제시된 문제의 순서대로 진행한다.

문제 1 [일반전표입력] 메뉴를 이용하여 다음의 거래자료를 입력하시오. (15점)

입력 시 유의사항

- 일반적인 적요의 입력은 생략하지만, 타계정 대체거래는 적요 번호를 선택하여 입력한다.
- 채권·채무와 관련된 거래는 별도의 요구가 없는 한 반드시 기등록된 거래처코드를 선택하는 방법으로 거래처명을 입력한다.
- 제조경비는 500번대 계정코드를, 판매비와관리비는 800번대 계정코드를 사용한다.
- 회계처리 시 계정과목은 별도의 제시가 없는 한 등록된 계정과목 중 가장 적절한 과목으로 한다.

[1] 4월 30일   영업부에서는 법정단체인 무역협회에 일반회비로 500,000원을 보통예금에서 지급하였다. (3점)

[2] 5월 10일   (주)한국에 대한 전기 외화외상매출금(계정과목 : 외상매출금) $600,000를 전액 보통예금으로 지급받았다. 단, 전기말 외화자산 평가는 적절하게 하였다. (3점)

■ 2024년 12월 31일 기준환율 : 1,200원/$ ■ 2025년 5월 10일 입금시 적용환율 : 1,100원/$

[3] 5월 11일   다음 통장거래를 일반전표입력메뉴에 입력하시오. 단, 이자소득세는 자산계정으로 처리한다. (3점)

일자	출금액	입금액	내 역
5/11	–	169,200원	예금결산이자는 200,000원이며, 이자소득세 30,800원을 차감한 금액을 보통예금 계좌에 입금하였다.

[4] 5월 29일   당사는 당사의 주식 4,000주(1주당 액면가액 5,000원)를 1주당 4,000원으로 매입 소각하였다. 대금은 보통예금계좌에서 이체하여 지급하였다. (3점)

[5] 12월 10일   본사 영업부의 4대보험 및 근로소득세 납부내역은 다음 표와 같다. 회사는 보통예금으로 동 금액을 납부하였다. 국민연금은 세금과공과 계정을 사용하고 건강보험과 장기요양보험은 복리후생비, 고용보험 및 산재보험은 보험료 계정을 사용한다. (3점)

구 분	근로소득세	지방소득세	국민연금	건강보험	장기요양보험	고용보험	산재보험
회사 부담분			50,000원	30,000원	2,000원	1,550원	1,200원
본인 부담분	100,000원	10,000원	50,000원	30,000원	2,000원	850원	
계	100,000원	10,000원	100,000원	60,000원	4,000원	2,400원	1,200원

문제 2 [매입매출전표입력] 메뉴를 이용하여 다음의 거래자료를 입력하시오. (15점)

입력 시 유의사항

- 일반적인 적요의 입력은 생략하지만, 타계정 대체거래는 적요 번호를 선택하여 입력한다.
- 채권·채무 관련 거래는 별도의 요구가 없는 한 반드시 기등록된 거래처코드를 선택하는 방법으로 거래처명을 입력한다.
- 제조경비는 500번대 계정코드를, 판매비와관리비는 800번대 계정코드를 사용한다.
- 회계처리 시 계정과목은 등록된 계정과목 중 가장 적절한 과목으로 한다.
- 입력화면 하단의 분개까지 처리하고, 세금계산서 및 계산서는 전자 여부를 입력하여 반영한다.

[1] 4월 10일   다음은 당일에 제품을 공급하고 발행한 전자세금계산서이다. 적절한 회계처리를 하시오. (3점)

전자세금계산서(공급자보관용)

승인번호: 02040410-41000000-00002153
관리번호:

	공급자			공급받는자			
등록번호	125-81-77559	종사업장번호		등록번호	130-42-27256	종사업장번호	
상호(법인명)	(주)희망	성명(대표자)	홍길동	상호(법인명)	서울상사	성명(대표자)	이범수
사업장주소	서울시 구로구 새말로 97			사업장주소	서울시 마포구 마포대로 58		
업태	제조,도소매,무역	종목	전자제품	업태	소매	종목	전자제품

작성	공급가액	세액	수정사유
년 2025 월 4 일 10	4,000,000	400,000	

비고:

월	일	품목	규격	수량	단가	공급가액	세액	비고
4	10	전자제품		1		4,000,000	400,000	

합계금액	현금	수표	어음	외상미수금	이 금액을 영수/청구 함
4,400,000	400,000		2,000,000	2,000,000	

1회 실무문제

[2] 4월 12일 영도상사에 제품 A를 6,000,000원(공급가액)에 공급하고, 이에 대한 전자세금계산서를 교부하였다. 단, 전월에 계약금으로 받은 600,000원을 제외한 판매대금 잔액은 다음 달 말일에 수취하기로 하였다. (3점)

[3] 4월 15일 광고를 목적으로 (주)우리상사에서 4월 1일 매입한 판촉용 수건에 하자가 있어 반품하고 수정전자세금계산서(공급가액 -100,000원, 부가가치세 -10,000원)를 교부받고 대금은 미지급금과 상계처리 하였다. (3점)

[4] 4월 17일 대표이사가 업무를 위해 제주도에 방문하여 업무용승용차(998cc)를 (주)탐라렌트카에서 3일간 렌트하고(렌트대금 500,000원, 부가가치세 별도) 전자세금계산서를 수령하였다. 대금은 다음달 10일에 지급하기로 하였다. (임차료 계정과목으로 처리할 것) (3점)

[5] 4월 30일 일본 노무라사로부터 수입한 공장용 기계부품과 관련하여 양산세관으로부터 아래와 같은 내용의 수입전자세금계산서를 발급받았고, 관련 부가가치세는 금일 전액 보통예금에서 납부하였다. (3점)

작성일자	품목	과세표준	세액	합계	비고
4월 30일	기계부품	15,500,000원	1,550,000원	17,050,000원	영수

문제 3 부가가치세 신고와 관련하여 다음 물음에 답하시오. (10점)

[1] 다음 자료를 이용하여 2025년 제2기 예정신고기간의 부동산임대공급가액명세서를 작성하고 부가가치세신고서에 반영하시오. (월세와 관리비는 부가가치세 별도 금액이며, 적법하게 전자세금계산서를 교부하였다. 이자율은 3.1%로 가정한다. 부가가치세신고서 작성시 기존 자료는 삭제하고, 월세 등 부동산임대공급가액명세서의 내용을 반영하며, 전표입력은 생략한다.) (3점)

- 거래처명 : 나이스상사(거래처코드 : 501)
- 사업자등록번호 : 312-85-60155
- 용도 : 점포(면적 155㎡)
- 동, 층, 호수 : 1동, 1층, 101호
- 임대기간별 임대료 및 관리비(재계약)

임대기간	보증금(원)	월세(원)	월 관리비(원)
2024.08.01. ~ 2025.07.31.	10,000,000	1,000,000	50,000
2025.08.01. ~ 2026.07.31.	20,000,000	1,100,000	50,000

[2] (주)희망의 2025년 제2기 부가가치세 확정신고(2025.10.1. ~ 12.31.)를 하려고 한다. 다음의 사항과 가산세(부당 과소신고는 아님)를 반영하여 부가가치세신고서를 작성하시오. 과소납부경과일수는 92일로 한다. (주어진 자료 이외에는 부가가치세신고서를 불러올 때 자동으로 반영되는 자료를 이용하고, 부가가치세신고서 이외에 부속서류의 작성은 생략한다.) (5점)

예정신고 누락내용	■ 신용카드 매출(공급대가 55,000,000원) ■ 제품을 직수출하고 받은 외화입금증명서(공급가액 20,000,000원) ■ 영업부서의 2,000cc 승용차(공급가액 20,000,000원, 부가가치세 2,000,000원) 세금계산서 매입
제2기 확정신고시 기타 사항	■ 전기 확정신고시 대손세액공제를 받았던 외상매출금 3,300,000원을 회수하였다. ■ 2025년 제2기 예정신고시 미환급세액 400,000원이 있다. ■ 신용카드 매출(위에서 언급한 55,000,000원)과 전자세금계산서 50매 발행·전송 및 부가가치세 전자신고를 직접 이행함에 따른 세액공제 적용여부를 판단하여 적용한다.

[3] (주)희망(회사코드 : 2700)의 제1기 예정 부가가치세 신고서를 작성 및 마감하여 가상홈텍스에서 부가가치세 신고를 수행하시오. (2점)

1. 부가가치세신고서와 관련 부속서류는 마감되어 있다.
2. [전자신고] → [국세청 홈택스 전자신고변환(교육용)] 순으로 진행한다.
3. 전자신고용 전자파일 제작 시 신고인 구분은 2.납세자 자진신고로 선택하고, 비밀번호는 "12341234"로 입력한다.
4. 전자신고용 전자파일 저장경로는 로컬디스크(C:)이며, 파일명은 "enc작성연월일.101.v1258177559"이다.
5. 최종적으로 국세청 홈택스에서 [전자파일 제출하기]를 완료한다.

문제 4 다음 결산자료를 입력하여 결산을 완료하시오. (15점)

[1] (주)희망은 4월 1일 공장 화재보험료(보험기간 : 2025년 4월 1일 ~ 2026년 3월 31일) 2,400,000원을 보통예금에서 이체하고 선급비용으로 회계처리 하였다. 기말 수정분개를 하시오. 단, 음수로 입력하지 말고 월할계산 할 것. (3점)

[2] 당기 중 실제 현금보다 장부상 현금이 7,000원 많아 현금과부족으로 처리했던 금액 중 결산일에 현금 5,000원은 책상 밑에서 발견되었으나, 나머지 2,000원은 결산일 현재까지도 그 원인을 알 수 없었다. 영업외비용 항목 중 적절한 계정과목을 선택하여 처리할 것. (3점)

1회 실무문제

[3] 당사의 ABC.CO.LTD의 외화외상매출금(계정과목:외상매출금)과 관련된 자료는 다음과 같다. 기말수정분개를 하시오. (3점)

- 10월 31일 수출 및 선적 : 수출대금 $30,000, 선적일 환율 1,170원/$, 전액외상으로 수출함
- 11월 30일 : 위 수출대금 중 일부인 $12,000를 회수함(환율 1,170원/$)
- 결산일 환율 : 1,120원/$

[4] 매출채권(외상매출금 및 받을어음) 기말잔액에 대하여 1%의 대손충당금을 보충법으로 설정하시오. (3점)

[5] 기말재고자산의 내역은 다음과 같으며 장부상 재고와 실제 재고는 일치한다. (3점)

- 원재료 : 8,000,000원
- 재공품 : 4,000,000원
- 제품 : 12,840,000원

문제 5 2025년 귀속 원천징수자료와 관련하여 다음의 물음에 답하시오. (15점)

[1] 다음 자료를 참조하여 영업부 소속인 김연말(사번 : 101) 사원의 2025년 5월분의 급여대장에 아래의 내용대로 수당등록 및 공제항목을 추가하여 5월분 급여자료입력을 하시오. (6점)

① 김연말의 급여지급일은 매월 25일이다.
② 5월에 지급할 내역은 다음과 같으며 비과세로 인정받을 수 있는 항목은 최대한 반영하기로 한다.

- 기본급 : 4,000,000원
- 자가운전보조금 : 200,000원
- 육아수당 : 200,000원(만6세의 자녀가 있음)
- 체력단련수당 : 50,000원
- 식대 : 200,000원(중식을 별도로 제공하지 않음)
- 야간근로수당 : 100,000원
- 출근수당 : 50,000원(원거리 출·퇴근자에게 지급함)

※ 자가운전보조금은 본인 명의의 배기량 2,000cc의 비영업용 소형승용차를 업무에 사용하면서 받았다.

③ 5월 공제할 항목은 다음과 같다.

- 국민연금 : 189,000원
- 고용보험료 : 37,800원
- 소득세 : 194,500원(지방소득세 : 19,450원)
- 건강보험료 : 148,890원(장기요양보험료 : 19,280원)
- 주차비 : 100,000원(공제소득유형 : 기타)

④ 수당등록 시 월정액 및 통상임금은 고려하지 않으며, 사용하는 수당 이외의 항목은 사용여부를 "부"로 반영한다.
⑤ 급여자료입력 시 공제항목의 불러온 데이터는 무시하고 직접 입력하여 작성한다.

실무문제 1회

[2] 다음은 김범수(사번 : 102) 사원의 2025년 연말정산 자료이다. [연말정산추가자료입력] 메뉴의 [부양가족] 탭, [신용카드등] 탭, [의료비] 탭, [연말정산입력] 탭을 작성하시오. (단, 근로자 본인의 세부담이 최소화되도록 한다.) (9점)

1. 부양가족 인적사항(가족 중에 장애인은 없다)

- 배우자 이정연 : 1982년 4월 12일생
- 자녀 김시온 : 2004년 11월 24일생
- 자녀 김시우 : 2008년 2월 9일생
- 자녀 김시진 : 2009년 8월 9일생

※ 배우자는 총급여액 3,300,000원이 있으며, 자녀들은 소득이 없다.

2. 보험료, 의료비, 교육비, 신용카드 관련 자료(안경구입비를 제외하고 국세청 제공 자료)

구분	내용
보험료	■ 배우자의 생명보험료(보장성보험) : 844,000원 ■ 본인의 자동차보험료 : 600,000원
의료비	■ 본인의 질병 치료 의료비 : 4,052,400원(실손의료보험금 1,000,000원 수령함) ■ 김시온의 질병 치료 의료비 : 1,400,500원 ■ 김시우의 질병 치료 의료비 : 477,250원 ■ 김시우 시력보정용 안경구입비용 : 700,000원(김범수 신용카드 결제) 　- 구입처 : 세무안경점(사업등록번호 605-26-23526) 　- 의료비증빙코드는 기타영수증으로 입력할 것
교육비	■ 본인의 대학원 교육비 : 10,000,000원　　■ 김시온의 대학교 교육비 : 10,000,000원
신용카드 (본인)	■ 신용카드 사용액 : 20,169,390원　　■ 현금영수증 사용액 : 7,958,408원 ■ 직불카드 사용액 : 2,484,570원　　■ 전통시장 사용액 : 70,550원 ■ 대중교통 이용액 : 62,240원

※ 의료비는 전부 김범수씨 본인이 부양가족들을 위하여 지출한 금액이고, 신용카드·현금영수증·직불카드 사용액은 전통시장 사용액 및 대중교통 이용액이 제외된 금액이다.

2회 실전모의고사 이론 문제

다음 문제를 보고 알맞은 것을 골라 **이론문제 답안작성** 메뉴화면에 입력하시오. (객관식 문항당 2점)

기 본 전 제

문제에서 한국채택국제회계기준을 적용하도록 하는 전제조건이 없는 경우, 일반기업회계기준을 적용한다.

01. 재고자산 평가방법 중 후입선출법에 대한 설명으로 올바른 것은?
① 실제물량흐름과 원가흐름이 대체로 일치한다.
② 물가하락시 선입선출법보다 이익이 상대적으로 과대계상 된다.
③ 현행수익에 대하여 오래된 원가가 대응되므로 수익비용 대응이 상대적으로 부적절하다.
④ 기말재고자산이 가장 최근에 매입한 단가가 적용되므로 시가에 가깝게 표시된다.

02. 다음 중 유가증권에 대한 설명으로 옳지 않은 것은?
① 유가증권은 증권의 종류에 따라 지분증권과 채무증권으로 분류할 수 있다.
② 단기매매증권과 매도가능증권은 지분증권으로 분류할 수 있으나 만기보유증권은 지분증권으로 분류할 수 없다.
③ 보고기간종료일로부터 1년 이내에 만기가 도래하는 만기보유증권의 경우, 유동자산으로 재분류하여야 하므로 단기매매증권으로 변경하여야 한다.
④ 단기매매증권은 주로 단기간 내에 매매차익을 목적으로 취득한 유가증권을 말한다.

03. 다음 중 모든 감가상각방법이 선택가능하다면 일반적으로 첫 해에 회사의 이익을 가장 많이 계상할 수 있는 방법은?
① 정률법　　② 이중체감법　　③ 연수합계법　　④ 정액법

04. 다음 중 무형자산의 인식요건이 아닌 것은?
① 식별가능성　　② 검증가능성
③ 통제가능성　　④ 미래의 경제적 효익의 유입가능성

05. 다음 내용 중 자본의 실질적인 감소를 초래하는 것으로 적합한 것을 모두 묶은 것은?

> 가. 주주총회의 결의에 의하여 주식배당을 실시하다.
> 나. 주주총회의 결의에 따라 주당 8,000원으로 50,000주를 유상증자하다.
> 다. 이사회 결의에 의하여 중간배당으로 현금배당을 실시하다.
> 라. 결손금 보전을 위해 이익준비금을 자본금에 전입하다.
> 마. 만기보유증권을 매도가능증권으로 재분류에 따른 평가손실이 발생하다.

① 가, 나　　② 나, 다　　③ 다, 라　　④ 다, 마

06. 다음 자료를 이용하여 당기제품제조원가를 구하면 얼마인가?

- 기초원재료재고 : 70,000원
- 기말원재료재고 : 40,000원
- 당기원재료매입액 : 200,000원
- 직접노무비 : 150,000원
- 제조간접비 : 100,000원
- 기초재공품재고 : 80,000원
- 기말재공품재고 : 100,000원
- 기초제품재고 : 60,000원
- 기말제품재고 : 150,000원

① 460,000원 ② 470,000원 ③ 390,000원 ④ 480,000원

07. 다음은 예정원가계산에 대한 설명이다. 아래 각각의 빈칸에 들어갈 용어로 옳지 않은 것은?

직접재료비와 직접노무비 등 직접비는 (①)(을)를 집계하고 (②)(은)는 예정소비액에 대한 예정조업도를 반영한 (③)에 의해 원가를 생산완료와 동시에 결정하고 원가계산 기말에 (④)(을)를 계산하여 이를 다시 조정하는 방법에 의하여 제품의 원가를 계산하는 것이다.

① 실제발생원가 ② 제조원가 ③ 예정배부율 ④ 배부차이

08. 자동차 제조업체인 (주)상용의 회계담당자는 제조원가를 다음과 같이 분류하였다. 잘못 분류된 것은?
① 타이어 : 직접재료비
② 공장장의 임금 : 직접노무비
③ 망치, 못 등의 소모성 비품 : 간접재료비
④ 공장내 의무실에 근무하는 의사의 급여 : 제조간접비

09. (주)반천개발은 많은 기업들이 입주해 있는 사무실 건물을 관리하고 있다. 청소담당직원들은 모든 입주기업들의 사무실과 복도 등 건물 전체를 청소한다. 건물 전체의 청소비를 각 기업에 배부하기 위한 기준으로 가장 적합한 것은?
① 각 입주기업의 직원 수
② 각 입주기업의 주차 차량수
③ 각 입주기업의 임대면적
④ 각 입주기업의 전기 사용량

10. 종합원가계산하에서 선입선출법과 평균법에 대한 설명 중 틀린 것은?
① 선입선출법은 평균법보다 실제물량흐름을 반영하며 원가통제 등에 더 유용한 정보를 제공한다.
② 선입선출법은 완성품환산량 계산시 순수한 당기발생작업량만으로 계산한다.
③ 선입선출법은 기초재공품원가와 당기발생원가를 구분하지 않고, 모두 당기발생원가로 가정하여 완성품과 기말재공품에 배분한다.
④ 기초재공품이 없다면 선입선출법과 평균법의 결과는 차이를 보이지 않는다.

2회 이론문제

11. 다음 중 부가가치세법상 재화와 용역의 공급시기에 대한 연결이 옳지 않은 것은?

① 폐업시 잔존재화 : 폐업 후 재화가 사용되는 때
② 자가공급, 개인적 공급 : 재화가 사용 또는 소비되는 때
③ 수출재화 : 수출재화의 선(기)적일
④ 무인판매기에 의한 공급의 경우 : 무인판매기에서 현금을 인취하는 때

12. 다음 중 부가가치세법상 수정세금계산서 발급 사유가 아닌 것은?

① 필요적 기재사항이 착오로 잘못 기재되어 경정할 것을 미리 알고 있는 경우
② 면세 등 발급대상이 아닌 거래 등에 대하여 발급한 경우
③ 공급가액에 추가 또는 차감되는 금액이 발생한 경우
④ 착오로 전자세금계산서를 이중으로 발급한 경우

13. 다음 중 부가가치세법의 내용으로 옳은 것은?

① 음식점업을 영위하는 법인사업자는 의제매입세액 공제를 받을 수 없다.
② 주로 사업자가 아닌 자에게 재화 또는 용역을 공급하는 법인사업자는 신용카드매출전표 발급 등에 대한 세액공제를 적용받을 수 있다.
③ 법인사업자는 전자세금계산서 발급에 대하여 전자세금계산서 발급세액공제를 받을 수 있다.
④ 간이과세자의 과세기간에 대한 공급대가의 합계액이 4,800만원 미만인 경우에도 재고납부세액에 대하여는 납부의무가 있다.

14. 다음 중 소득세법상 원천징수대상 소득인 것은?

① 알선수재 및 배임수재에 의하여 지급받는 300만원 상당의 금품
② 부동산임대업자가 임차인(간이과세자)으로부터 받는 월 200만원의 임대료
③ 일용근로자가 지급받는 25만원 상당의 일급여
④ 3억원 상당의 뇌물

15. 다음 중 소득세법상 이자소득으로 볼 수 없는 것은?

① 국가가 발행한 채권의 이자와 할인액
② 외국법인이 발행한 채권의 이자와 할인액
③ 비영업대금의 이익
④ 계약의 위반을 원인으로 법원의 판결에 의하여 지급받는 손해배상금에 대한 법정이자

2회 실전모의고사 실무 문제

(주)세진(회사코드: 2800)은 제조, 도·소매 및 무역업을 영위하는 중소기업이며, 당기(32기) 회계기간은 2025.1.1.~ 2025.12.31.이다. 전산세무회계 수험용 프로그램을 이용하여 다음 물음에 답하시오.

기본전제
- 문제에서 한국채택국제회계기준을 적용하도록 하는 전제조건이 없는 경우, 일반기업회계기준을 적용하여 회계처리 한다.
- 문제의 풀이와 답안작성은 제시된 문제의 순서대로 진행한다.

문제 1 [일반전표입력] 메뉴를 이용하여 다음의 거래자료를 입력하시오. (15점)

입력 시 유의사항
- 일반적인 적요의 입력은 생략하지만, 타계정 대체거래는 적요 번호를 선택하여 입력한다.
- 채권·채무와 관련된 거래는 별도의 요구가 없는 한 반드시 기등록된 거래처코드를 선택하는 방법으로 거래처명을 입력한다.
- 제조경비는 500번대 계정코드를, 판매비와관리비는 800번대 계정코드를 사용한다.
- 회계처리 시 계정과목은 별도의 제시가 없는 한 등록된 계정과목 중 가장 적절한 과목으로 한다.

[1] 2월 1일 당사는 (주)호주무역에게 대여한 단기대여금 20,000,000원을 회수불능채권으로 보아 전액 대손처리 하였다. (대손충당금은 조회하여 처리하시오.) (3점)

[2] 2월 20일 업무용승용차를 구입하기 위하여 액면금액 1,000,000원의 10년 만기 무이자부 국공채를 액면금액으로 현금으로 매입하였다. 당 회사는 해당 국공채를 만기까지 보유할 예정이며, 보유할 수 있는 의도와 능력이 충분하다. 구입당시의 만기보유증권의 공정가액은 600,000원이다. (3점)

[3] 2월 28일 당사는 1월 10일에 매출처인 (주)부도로부터 외상매출금 50,000,000원에 대하여 어음을 받아 소지하고 있었으나, (주)부도의 자금사정 악화로 2월 28일자로 금융기관으로부터 최종부도처리 되었음이 확인되었다. (대손세액공제 등 부가가치세는 고려하지 말 것) (3점)

[4] 3월 1일 비사업자인 김갑수로부터 토지와 건물을 70,000,000원에 일괄 취득함과 동시에 당좌수표를 발행하여 전액 지급하였다. 토지와 건물의 공정가치는 아래와 같다. (3점)

▪ 토지의 공정가치 : 60,000,000원	▪ 건물의 공정가치 : 40,000,000원

[5] 3월 15일 영업부에서 원재료로 사용하기 위해 구입한 미가공식용품(취득원가:1,000,000원)을 거래처 직원을 위한 선물로 지급하였다. (3점)

2회 실무시험

문제 2 [매입매출전표입력] 메뉴를 이용하여 다음의 거래자료를 입력하시오. (15점)

입력 시 유의사항

- 일반적인 적요의 입력은 생략하지만, 타계정 대체거래는 적요 번호를 선택하여 입력한다.
- 채권·채무 관련 거래는 별도의 요구가 없는 한 반드시 기등록된 거래처코드를 선택하는 방법으로 거래처명을 입력한다.
- 제조경비는 500번대 계정코드를, 판매비와관리비는 800번대 계정코드를 사용한다.
- 회계처리 시 계정과목은 등록된 계정과목 중 가장 적절한 과목으로 한다.
- 입력화면 하단의 분개까지 처리하고, 세금계산서 및 계산서는 전자 여부를 입력하여 반영한다.

[1] 4월 4일 (주)장금상회에 제품 200개(단위당 가격 100,000원, 부가가치세 별도)를 공급하고 전자세금계산서를 발행하였으며, 대금은 전액 외상으로 하였다. (3점)

[2] 4월 30일 (주)엘룬으로부터 원재료 공급가액 21,000,000원(부가가치세 별도)을 매입하고 전자세금계산서를 받았다. 작년에 지급한 선급금 5,000,000원을 제외한 잔액을 보통예금으로 지급하였다. (3점)

[3] 5월 1일 (주)삼정에 제품을 공급하고 전자세금계산서(공급가액 10,000,000원, 세액 1,000,000원)를 교부하였다. 대금은 지난달 말에 계약금으로 3,000,000원을 수령하였으며, 나머지는 이달 말에 받기로 하다. (3점)

[4] 5월 11일 수출업자인 (주)한미상사에 내국신용장(Local L/C)에 의하여 공급가액 10,000,000원의 제품을 납품하고 영세율전자세금계산서를 발급하였다. 대금은 공급일 현재 내국신용장 개설은행에서 미지급 상태이며, 내국신용장 개설번호는 LCCAPP1234590이다. (3점)

[5] 5월 25일 본사에서 사용하던 건물을 (주)신방에 44,000,000(부가가치세 포함)에 매각하고, 전자세금계산서를 발행하였다. 대금은 (주)나이스에 대한 원재료 외상매입액 30,000,000원을 (주)신방에서 대신 변제하기로 하고, 나머지 잔액은 보통예금으로 입금받았다. 해당 건물 취득원가는 100,000,000원이며 처분시까지 감가상각누계액은 40,000,000원이다. (3점)

문제 3 부가가치세 신고와 관련하여 다음 물음에 답하시오. (10점)

[1] 당사는 원재료인 고기를 가공하여 깡통 통조림 제조업을 영위하는 법인 중소기업이며, 다음의 자료를 이용하여 2025년 2기 확정(10월 ~ 12월) 의제매입세액공제신고서를 작성하시오. (원단위 미만은 절사할 것. 불러오는 자료는 무시하고 직접 입력하시오.) (4점)

매입자료	공급자	사업자번호	매입일자	품명	수량	매입가격	증빙	건수
	한우	111-11-11111	2025.10.05.	소고기	100	5,000,000원	계산서	1
	한돈	222-22-22222	2025.11.07.	돼지고기	200	4,000,000원	신용카드	1
추가자료	■ 2기 예정 과세표준은 14,000,000원이며, 2기 확정 과세표준은 11,000,000원이다. ■ 7월에서 9월까지는 면세품목에 대한 매입이 없어 의제매입세액공제를 받지 않았다.							

[2] 다음은 2025년 1기 확정 부가가치세신고기간(2025.4.1. ~ 2025.6.30.)에 대한 관련 자료이다. 아래 자료를 반영하여 2025년 1기 확정분 부가가치세 신고서를 작성하시오. 본 문제에 한해서 당사는 부동산임대업과 수출입업을 같이 하는 것으로 가정한다. (부가가치세 신고서 작성 시 기존자료는 삭제하고 아래 자료의 내용으로 입력하시오.) (6점)

> ① 대손이 확정된 외상매출금 2,200,000원에 대하여 대손세액공제를 적용한다.
> ② 내국신용장에 의하여 제품을 판매하고 영세율 세금계산서를 발행하였다(공급가액 : 30,000,000원).
> ③ 수출신고필증 및 선하증권상에서 확인된 수출액을 원화로 환산하면 24,000,000원이다.
> ④ 현금매출로 5,500,000원(부가가치세 포함)이 발생하였다. (현금영수증 의무발급사업자가 아님)
> ⑤ 간주임대료 관련 내역은 다음과 같다.
>
> - 보증금 : 1억원
> - 이자율 : 3.1%(가정)
> - 대상기간일수 : 91일
> - 당해연도 총 일수 : 365일(가정)
> - 원단위 미만은 절사할 것
>
> ⑥ 업무용 소모품을 법인신용카드로 매입한 금액 550,000원(부가가치세 포함)이 예정신고시 누락되었다.

문제 4 다음 결산자료를 입력하여 결산을 완료하시오. (15점)

[1] 제조용 공장 중 일부를 임차하여 사용하고 있는데 2025년 9월 1일에 건물 임차에 대한 1년분 임차료 3,600,000원(임대기간 : 2025.9.1. ~ 2026.8.31.)을 현금으로 지급하고 전액 제조원가로 회계처리 하였다. 월할계산하여 기말수정분개를 하시오. (단, 임대인은 간이과세자(영수증발급자)이며, 거래처입력은 생략하고, 회계처리는 음수가 나타나지 않도록 한다.) (3점)

[2] 당사가 보유하고 있는 유가증권의 내역을 반영하여 기말평가를 하시오. 단, 당기말까지 해당 주식의 매매거래는 없었다. (3점)

일 자	금 액	주식수	비 고
2025년 10월 4일	1주당 14,000원으로 취득	500주	단기매매증권으로 인식함
2025년 12월 31일	1주당 공정가액 22,000원	500주	

2회 실무문제

[3] 기말 현재 결산항목 반영 전에 개발비 미상각 잔액이 7,200,000원이 있다. 이는 2023년 1월 초에 취득한 것으로서 취득 후 즉시 사용하였으며 모든 무형자산은 사용가능시점부터 5년간 상각한다. (월할상각하고 1월 미만의 기간은 1개월로 볼 것) (3점)

[4] 당기분 법인세(지방소득세 포함)가 10,500,000원으로 계산이 되었다. 단, 회사는 당기 법인세 중간예납세액 4,600,000원을 납부시점에 법인세등으로 계상하였다. 추가 납부할 세금은 미지급세금으로 계상한다. (2점)

[5] 기말 재고자산의 장부가액은 다음과 같다. 결산자료입력메뉴에 입력하고, 감모손실에 대해서는 일반전표입력메뉴에 입력하시오. (4점)

- 원재료 : 2,000,000원
- 재공품 : 1,000,000원
- 제품 : 15,000,000원

- 원재료 중에는 기말 현재 해외로부터 선적지 인도기준으로 매입운송 중인 금액 300,000원이 포함되어 있지 않다.
- 제품의 실사평가를 한 결과 다음과 같으며, 수량감소는 비정상적으로 발생한 것이다. (기타 다른 사항은 없는 것으로 한다.)

- 장부상 수량 : 1,500개
- 단위당 취득원가 : 10,000원
- 실지재고 수량 : 1,400개
- 단위당 시가(공정가치) : 12,000원

문제 5 2025년 귀속 원천징수자료와 관련하여 다음의 물음에 답하시오. (15점)

[1] 다음은 김예림(사번 : 101, 여성, 세대주)의 부양가족 내역이다. 사원등록메뉴에서 연말정산시 세부담최소화를 할 수 있도록 부양가족명세를 입력하시오. 본인 포함 부양가족 전원을 반영하되, 기본공제 대상자가 아닌 경우에는 기본공제 항목에 "부"로 입력한다. (5점)

성명	관계	주민등록번호	연령(만)	내/외국인	동거여부	비 고
김예림	본인	920530-2134586	33세	내국인	-	연간 총급여액 3,000만원
최 영	배우자	870420-1234562	38세	내국인	근무형편상 별거	연간 총급여액 550만원
김진훈	부	480330-1345675	77세	내국인	주거형편상 별거	복권당첨소득 500만원
유지유	모	470730-2345667	78세	내국인	주거형편상 별거	소득 없음
최유선	딸	170805-4123455	8세	내국인	취학상 별거	소득 없음, 장애인복지법 장애인임
최상욱	아들	200505-3123453	5세	내국인	동거	소득 없음

※본인 및 부양가족의 소득은 위의 소득이 전부이며, 위의 주민등록번호는 정확한 것으로 가정한다.

실무문제 2회

[2] 다음 자료를 이용하여 이미 작성된 [원천징수이행상황신고서]를 조회하여 마감하고, 국세청 홈택스에 전자신고하시오. (2점)

1. 전산에 입력되어 있는 기본자료

귀속월	지급월	소득구분	신고코드	인원	총지급액	소득세	비 고
10월	10월	근로소득	A01	2명	8,500,000원	598,040	매월신고, 정기신고

2. 유의사항
- 위 자료를 바탕으로 [원천징수이행상황신고서]가 작성되어 있다.
- [원천징수이행상황신고서] 마감 → [전자신고] → [국세청 홈택스 전자신고 변환(교육용)] 순으로 진행한다.
- 전자신고용 전자파일 제작 시 신고인 구분은 2.납세자 자진신고를 선택하고, 비밀번호는 "12345678"을 입력한다.
- 전자신고용 전자파일 저장경로는 로컬디스크 (C:)이며, 파일명은 "작성연월일.01.t1058133130"이다.
- 최종적으로 국세청 홈택스에서 [전자파일 제출하기]를 완료하여야 한다.

[3] 2025년 10월 1일 입사한 박용민의 연말정산 관련 자료는 다음과 같다. 연말정산추가자료입력 메뉴의 소득명세 및 신용카드등 · 의료비 · 월세액 · 부양가족 · 연말정산입력 탭을 입력하시오. 단, 박용민은 무주택 세대주이며 부양가족은 없다. (8점)

현 근무지	- 급여총액 : 18,000,000원(상여 · 비과세 없음) - 소득세 기납부세액 : 1,669,230원(지방소득세 166,920원)
전 근무지	- 신승상사(근무기간 2025.1.1. ~ 2025.9.30., 사업자등록번호 123-12-12345) - 급여총액 : 64,000,000원(상여 · 비과세 없음) - 국민연금 : 2,430,000원　　　　- 건강보험료 : 1,684,800원 - 장기요양보험료 : 110,350원　　- 고용보험료 : 351,000원 - 소득세 결정세액 : 4,000,000원(지방소득세 400,000원) - 소득세 기납부세액 : 5,000,000원(지방소득세 500,000원) - 소득세 차감징수세액 : -1,000,000원(지방소득세 -100,000원)
연말정산 자료	- 신용카드 등 사용금액 내역(의료비 결제액 포함) | 구 분 | 연간사용액 | |---|---| | 신용카드 | 10,000,000원(대중교통 2,000,000원 포함) | | 현금영수증 | 16,000,000원(전통시장 4,000,000원 포함) | - 일반 보장성 보험료 : 1,000,000원　　- 저축성보험료 : 1,500,000원 - 본인 의료비 : 5,000,000원(의료기관에서 받은 건강진단을 위한 비용 500,000원 포함되어 있으며 실손의료보험금 2,000,000원 수령함) - 본인 성형수술비 : 3,000,000원 지출 - 월세액 명세(월 700,000원 지출, 아파트 계약 면적 : 80m²) | 임대인 | 주민등록번호 | 주소지 | 임대차기간 | |---|---|---|---| | 박민주 | 770615-1977210 | 서울시 강남구 논현로 408 | 2025.1.1. ~ 2026.12.31. |

PART 02

최신기출문제

모의고사 &
기출문제

117회 이론시험 (합격률: 27.77%) PART 02 기출문제

다음 문제를 보고 알맞은 것을 골라 │이론문제 답안작성│메뉴에 입력하시오. (객관식 문항당 2점)

기본전제
문제에서 한국채택국제회계기준을 적용하도록 하는 전제조건이 없는 경우, 일반기업회계기준을 적용한다.

01. 다음 중 자산, 부채의 분류가 잘못 연결된 것은?
① 임차보증금 – 비유동자산
② 사채 – 유동부채
③ 퇴직급여충당부채 – 비유동부채
④ 선급비용 – 유동자산

02. 다음 중 무형자산에 대한 설명으로 옳은 것은?
① 무형자산 창출을 위한 내부 프로젝트를 연구단계와 개발단계로 구분할 수 없는 경우 그 프로젝트에서 발생한 지출은 모두 연구단계에서 발생한 것으로 본다.
② 내부적으로 창출한 영업권은 취득일의 공정가치로 자산으로 인식한다.
③ 연구단계에서 발생한 지출은 모두 무형자산으로 인식한다.
④ 무형자산의 상각기간은 어떠한 경우에도 20년을 초과할 수 없다.

03. 다음 중 채무증권으로만 분류되는 유가증권은 무엇인가?
① 단기매매증권   ② 매도가능증권   ③ 만기보유증권   ④ 지분법적용투자주식

04. 다음 중 유형자산의 감가상각에 대한 설명으로 옳지 않은 것은?
① 감가상각은 자산이 사용 가능한 때부터 시작한다.
② 감가상각대상금액은 내용연수에 걸쳐 합리적이고 체계적인 방법으로 배분한다.
③ 내용연수 도중 사용을 중단하고 처분 예정인 유형자산은 사용을 중단한 시점의 장부금액으로 표시한다.
④ 감가상각방법 중 연수합계법은 자산의 내용연수 동안 감가상각액이 매 기간 증가하는 방법이다.

05. 다음 중 일반기업회계기준상 오류수정에 대한 설명으로 옳지 않은 것은?
① 오류수정은 전기 또는 그 이전의 재무제표에 포함된 회계적 오류를 당기에 발견하여 수정하는 것을 말한다.
② 당기에 발견한 전기 또는 그 이전 기간의 오류 중 중대한 오류가 아닌 경우에는 영업외손익 중 전기오류수정손익으로 보고한다.
③ 전기 이전 기간에 발생한 중대한 오류의 수정은 발견 당시 회계기간의 재무제표 항목을 재작성한다.
④ 중대한 오류는 재무제표의 신뢰성을 심각하게 손상시킬 수 있는 매우 중요한 오류를 말한다.

117회 이론시험

06. 다음 중 공장에서 사용하는 제품 제조용 전기요금에 대한 원가행태로 옳은 것은?
① 변동원가, 가공원가
② 변동원가, 기초원가
③ 고정원가, 가공원가
④ 고정원가, 기초원가

07. 다음 중 제조원가명세서의 구성요소가 아닌 것은?
① 기초제품재고액
② 기말원재료재고액
③ 당기제품제조원가
④ 기말재공품재고액

08. 다음 중 종합원가계산 제도에 대한 설명으로 옳지 않은 것은?
① 완성품환산량이란 일정기간에 투입한 원가를 그 기간에 완성품만을 생산하는 데 투입하였다면 완성되었을 완성품 수량을 의미한다.
② 동종제품, 대량생산, 연속생산의 공정에 적합한 원가계산제도이다.
③ 정유업, 화학공업, 시멘트공업에 적합하다.
④ 원가의 정확성이 높으며, 작업원가표를 주요 원가자료로 사용한다.

09. 다음의 자료를 이용하여 제조간접원가 배부액과 제조원가를 각각 계산하면 얼마인가? 단, 제조간접원가는 기계작업시간을 기준으로 예정배부한다.

- 제조간접원가 총액(예정): 5,000,000원
- 예정 기계작업시간: 5,000시간
- 직접노무가: 4,000,000원
- 실제 기계작업시간: 4,000시간
- 직접재료원가: 2,000,000원

	제조간접원가 배부액	제조원가		제조간접원가 배부액	제조원가
①	6,250,000원	12,250,000원	②	6,250,000원	10,000,000원
③	4,000,000원	10,000,000원	④	4,000,000원	12,250,000원

10. 다음의 자료를 이용하여 직접배분법에 따라 보조부문의 제조간접원가를 배분한다면 제조부문 B에 배분된 보조부문원가는 얼마인가?

구 분		보조부문		제조부문		합 계
		X	Y	A	B	
자기부문 발생액		100,000원	300,000원	500,000원	750,000원	1,650,000원
제공 횟수	X	–	100회	400회	600회	1,100회
	Y	400회	–	300회	300회	1,000회

① 210,000원
② 400,000원
③ 850,000원
④ 960,000원

이론시험 117회

11. 다음 중 부가가치세법상 영세율에 대한 설명으로 옳지 않은 것은?
① 사업자가 비거주자인 경우에는 그 해당 국가에서 대한민국의 거주자에 대하여 동일하게 면세하는 경우에만 영세율을 적용한다.
② 영세율이 적용되는 사업자는 부가가치세 납세의무가 면제된다.
③ 국내에서 계약과 대가의 수령이 이루어지지만 영세율이 적용되는 경우도 있다.
④ 내국물품을 외국으로 반출하는 것은 수출에 해당하므로 영세율을 적용한다.

12. 다음 중 부가가치세법상 공급시기로 옳지 않은 것은?
① 내국물품을 외국으로 수출하는 경우 : 수출 재화의 선적일
② 폐업 시 잔존재화의 경우 : 폐업하는 때
③ 위탁판매의 경우(위탁자 또는 본인을 알 수 있는 경우에 해당) : 위탁자가 판매를 위탁한 때
④ 무인판매기로 재화를 공급하는 경우 : 무인판매기에서 현금을 꺼내는 때

13. 다음 중 부가가치세법상 주사업장총괄납부와 사업자단위과세제도에 대한 설명으로 옳지 않은 것은?
① 법인의 경우 총괄납부제도의 주사업장은 분사무소도 가능하다.
② 총괄납부의 신청은 납부하려는 과세기간 종료일 20일 전에 신청하여야 한다.
③ 사업자 단위로 본점 관할세무서장에게 등록신청한 경우 적용 대상 사업장에 한 개의 등록번호만 부여된다.
④ 사업자단위과세를 적용할 경우 직매장반출은 재화의 공급의제에서 배제된다.

14. 다음 중 소득세법상 근로소득과 사업소득이 발생한 경우, 근로소득에 대한 종합소득산출세액을 초과하여 공제받을 수 있는 특별세액공제는?
① 교육비 세액공제
② 보험료 세액공제
③ 의료비 세액공제
④ 기부금 세액공제

15. 다음 중 소득세법상 과세표준의 확정신고와 납부에 대한 설명으로 옳은 것은?
① 공적연금소득과 근로소득이 있는 자로서 각각의 소득을 연말정산한 자는 종합소득세 확정신고의무가 없다.
② 두 곳 이상의 직장에서 근로소득이 발생된 자가 이를 합산하여 한 곳의 직장에서 연말정산을 했다면 종합소득세 확정신고의무가 없다.
③ 근로소득이 있는 자에게 연말정산 대상 사업소득이 추가로 발생한 경우, 해당 사업소득을 연말정산 했다면 종합소득세 확정신고의무가 없다.
④ 금융소득만 3천만원이 있는 자는 종합소득세 확정신고의무가 없다.

117회 실 무 시 험

(주)어진상사(회사코드 : 1172)는 전자제품의 제조 및 도·소매업을 주업으로 영위하는 중소기업으로 당기(제18기)의 회계기간은 2025.1.1. ~ 2025.12.31.이다. 전산세무회계 수험용 프로그램을 이용하여 다음 물음에 답하시오.

기 본 전 제

- 문제에서 한국채택국제회계기준을 적용하도록 하는 전제조건이 없는 경우, 일반기업회계기준을 적용하여 회계처리 한다.
- 문제의 풀이와 답안작성은 제시된 문제의 순서대로 진행한다.

문제 1 [일반전표입력] 메뉴를 이용하여 다음의 거래자료를 입력하시오. (15점)

입력 시 유의사항

- 일반적인 적요의 입력은 생략하지만, 타계정 대체거래는 적요번호를 선택하여 입력한다.
- 채권·채무와 관련된 거래는 별도의 요구가 없는 한 반드시 기등록된 거래처코드를 선택하는 방법으로 거래처명을 입력한다.
- 제조경비는 500번대 계정코드를, 판매비와관리비는 800번대 계정코드를 사용한다.
- 회계처리 시 계정과목은 별도의 제시가 없는 한 등록된 계정과목 중 가장 적절한 과목으로 한다.

[1] 1월 5일 (주)대명으로부터 사옥을 구입하기 위한 자금 600,000,000원을 6개월 내 상환하는 조건에 차입하기로 약정하여 선이자 15,000,000원을 제외한 나머지 금액이 보통예금 계좌에 입금되었다(단, 하나의 전표로 입력할 것). (3점)

[2] 4월 20일 주주총회에서 결의된 내용에 따라 유상증자를 실시하였다. 1주당 6,000원(액면가액 : 1주당 5,000원)에 10,000주를 발행하고, 대금은 보통예금으로 입금받았다(단, 주식할인발행차금을 확인하고, 회계처리 할 것). (3점)

[3] 7월 17일 전기에 회수불능으로 대손처리한 외상매출금 11,000,000원(부가가치세 포함)을 보통예금으로 회수하였다(단, 당시 대손요건을 충족하여 대손세액공제를 받았음). (3점)

[4] 8월 1일   정기예금 100,000,000원을 중도해지하여 은행으로부터 다음과 같은 내역서를 받고 이자를 포함한 전액을 당사의 보통예금 계좌로 입금받았다. 이자는 이자수익 계정으로 계상하며, 법인세와 지방소득세는 자산계정으로 처리하시오. (3점)

거래내역 확인증

계좌번호	103-9475-3561-31	거래일시	25.08.01.(15:12:59)
취급점	서울은행 강남지점	취급자	홍길동

※ 거래내용 : 중도해지 ※

- 예금주명 : (주)어진상사
- 원   금 : 100,000,000원
- 해지이자 : 300,000원
- 세후이자 : 253,800원
- 차감지급액 : 100,253,800원

- 법인세 : 42,000원
- 지방소득세 : 4,200원
- 세금 합계 : 46,200원

항상 저희 은행을 찾아주셔서 감사합니다.
계좌번호 및 거래내역을 확인하시기 바랍니다.

[5] 11월 1일   제2기 예정분 부가가치세 고지금액을 가산세를 포함하여 보통예금 계좌에서 이체하여 납부하였다(단, 부가세예수금 계정을 사용하고 차액은 잡손실 계정으로 회계처리 한다. 이 문제에 한하여 해당 법인은 소규모 법인이라고 가정한다). (3점)

납부고지서 겸 영수증(납세자용)

납부번호	분류기호	납부연월	결정구분	세목	발행번호
	0126	2510	7	41	85521897

성명(상호)	(주)어진상사	수입징수관 계좌번호	011756		
주민등록번호 (사업자등록번호)	571-85-01094	회계연도	2025	일반 회계	기획재정부 소관	조 세
		과세기간	202507			
주소(사업장)	서울시 구로구 안양천로 539길 6					

납부기한	2025년 10월 25일 까지
부가가치세	950,000
계	950,000
납기경과 2025. 10. 26.까지	납부지연가산세 28,500
	계 978,500
납기 후 납부시 우측(납부일자별 납부할 금액)을 참고하여 기재	
납기경과 2025. 10. 27.부터	납부할 금액 978,500

위 금액을 한국은행 국고(수납)대리점인 은행
또는 우체국 등에 납부하시기 바랍니다.
(인터넷 등에 의한 전자납부 가능)
        2025년 10월 05일
        구로 세무서장 (인)

위 금액을 정히 영수합니다.

년 월 일
은   행
우체국 등

117회 실무시험

문제 2 [매입매출전표입력] 메뉴를 이용하여 다음의 거래자료를 입력하시오. (15점)

입력 시 유의사항

- 일반적인 적요의 입력은 생략하지만, 타계정 대체거래는 적요번호를 선택하여 입력한다.
- 채권·채무 관련 거래는 별도의 요구가 없는 한 반드시 기등록된 거래처코드를 선택하는 방법으로 거래처명을 입력한다.
- 제조경비는 500번대 계정코드를, 판매비와관리비는 800번대 계정코드를 사용한다.
- 회계처리 시 계정과목은 등록된 계정과목 중 가장 적절한 과목으로 한다.
- 입력화면 하단의 분개까지 처리하고, 세금계산서 및 계산서는 전자 여부를 입력하여 반영한다.

[1] 1월 4일   제조부문이 사용하는 시설장치의 원상회복을 위한 수선을 하고 수선비 330,000원을 전액 국민카드로 결제하고 다음의 매출전표를 수취하였다(부채계정은 미지급금으로 회계처리 할 것). (3점)

매 출 전 표

단말기번호 98758156   전표번호 123789

카드종류	거래종류	결제방법
국민카드	신용구매	일시불
회원번호(Card No)	취소시 원거래일자	
1234-5678-8888-9098		
유효기간	거래일시	품 명
2027.12.01.	2025.01.04.	시설장치수선
전표제출	금 액/AMOUNT	300,000
	부가세/VAT	30,000
전표매입사	봉사료/TIPS	
	합 계/TOTAL	330,000
거래번호	승인번호/(Approval No.) 123789	

가맹점	시설수리전문여기야		
대표자	박수리	TEL	02-2673-0001
가맹점번호	123456	사업자번호	124-11-80005
주 소	서울시 송파구 충민로 66		

서명(Signature)

[2] 2월 3일   생산공장에서 사용할 목적으로 플라스틱 사출기(기계장치)를 중국으로부터 인천세관을 통하여 수입하고, 수입전자세금계산서를 수취하였다. 부가가치세는 보통예금으로 지급하였다. 부가가치세와 관련된 회계처리만 입력하시오. (3점)

수입전자세금계산서							승인번호		20250203-1451412-203458	
세관명	등록번호	121-83-00561	종사업장 번호		공급받는자	등록번호	571-85-01094	종사업장 번호		
	세관명	인천세관	성 명	김통관		상 호 (법인명)	(주)어진상사	성 명	김세종	
	세관주소	인천광역시 중구 서해대로 339 (항동7가)				사업장 주소	서울 구로구 안양천로 539길 6			
	수입신고번호 또는 일괄발급기간(총건)		20250203178528			업 태	제조, 도소매	종 목	전자제품	
납부일자		과세표준		세 액		수정사유		비 고		
2025. 02. 03.		42,400,000		4,240,000						
월	일	품 목	규 격	수 량	단 가	과세표준		세 액	비 고	
02	03	사출기(기계장치)		10	4,240,000	42,400,000		4,240,000		
합계금액						46,640,000				

[3] 2월 15일   영업부서 거래처 직원의 경조사가 발생하여 화환을 주문하고, 다음의 계산서를 발급받았다. (3점)

전자계산서							승인번호		20250215-90051116-10181237	
공급자	등록번호	123-90-11117	종사업장 번호		공급받는자	등록번호	571-85-01094	종사업장 번호		
	상 호 (법인명)	풍성화원	성 명	오미숙		상 호 (법인명)	(주)어진상사	성 명	김세종	
	사업장 주소	경기도 화성시 양감면 은행나무로 22				사업장 주소	서울시 구로구 안양천로 539길 6			
	업 태	도소매업	종 목	화훼, 식물		업 태	제조, 도소매	종 목	전자제품	
	이메일	miso7@naver.com				이메일	happy07@naver.com			
작성일자		공급가액		수정사유		비 고				
2025. 02. 15.		100,000								
월	일	품 목	규 격	수 량	단 가	공급가액		비 고		
02	15	화환		1	100,000	100,000				
합계금액		현 금		수 표		어 음		외상미수금	위 금액을 **청구**함	
100,000								100,000		

117회 실무시험

[4] 2월 18일 공장에서 사용하던 화물용 트럭(취득가액 18,000,000원, 감가상각누계액 6,000,000원)을 10,500,000원(부가가치세 별도)에 이배달씨(비사업자)에게 매각하고 전자세금계산서를 발급하였으며 매각 대금은 2월 15일에 선수금으로 1,800,000원을 받았고 잔액은 2월 18일에 보통예금 계좌로 입금받았다. (※ 2월 18일의 회계처리를 하시오.) (3점)

전자세금계산서					승인번호		20250218-410100012-7115861	
공급자	등록번호	571-85-01094	종사업장 번호		공급받는자	등록번호	680101-1240854	종사업장 번호	
	상호(법인명)	(주)어진상사	성 명	김세종		상호(법인명)		성 명	이배달
	사업장 주소	서울 구로구 안양천로 539길 6				사업장 주소			
	업 태	제조, 도소매	종 목	전자제품		업 태		종 목	
	이메일	happy07@naver.com				이메일			
작성일자		공급가액		세 액		수정사유			
2025. 02. 18.		10,500,000		1,050,000		해당 없음			
비 고									

월	일	품 목	규 격	수 량	단 가	공급가액	세 액	비 고
02	18	화물용 트럭 판매		1	10,500,000	10,500,000	1,050,000	

합계금액	현 금	수 표	어 음	외상미수금	위 금액을 **영수**함
11,550,000	11,550,000				

[5] 3월 7일 당사의 건물 인테리어 공사를 담당한 (주)양주산업의 견적 내역은 다음과 같으며, 3월 7일 전자세금계산서 수취와 동시에 해당 금액은 전액 약속어음(만기일 25.12.31.)을 발행하여 결제 완료하였다. 계정과목은 건물로 계상하시오. (3점)

공사 구분	금 액	비 고
건물 내부 인테리어	100,000,000원	
1층 보안시스템 설치	10,000,000원	
합 계	110,000,000원	부가가치세 별도

• (주)어진상사는 1층 보안시스템의 설치로 물품 도난 사고 방지에 도움이 될 것으로 예상하며, 건물의 감정평가액이 높아질 것으로 기대하고 있다.

문제 3 부가가치세 신고와 관련하여 다음 물음에 답하시오. (10점)

[1] 다음 자료를 보고 제2기 부가가치세 확정신고 기간의 [공제받지못할매입세액명세서](「공제받지못할매입세액내역」 및 「공통매입세액의정산내역」)를 작성하시오(단, 불러온 자료는 무시하고 다음의 자료를 참고하여 직접 입력할 것). (4점)

1. 매출 공급가액에 관한 자료

구분	과세사업	면세사업	합계
7월 ~ 12월	200,000,000원	50,000,000원	250,000,000원

2. 매입세액(세금계산서 수취분)에 관한 자료

구분	① 과세사업 관련			② 면세사업 관련		
	공급가액	매입세액	매수	공급가액	매입세액	매수
10월 ~ 12월	180,000,000원	18,000,000원	20매	20,000,000원	2,000,000원	8매

3. 총공통매입세액(7월~12월) : 5,000,000원
※ 제2기 예정신고 시 공통매입세액 중 불공제된 매입세액 : 800,000원

[2] 다음은 2025년 제2기 부가가치세 예정신고기간(7월 1일 ~ 9월 30일)의 영세율 매출과 관련된 자료이다. [수출실적명세서] 및 [내국신용장·구매확인서전자발급명세서]를 작성하시오. (4점)

1. 홈택스에서 조회한 수출실적명세서 관련 내역

수출신고번호	선적일자	통화	환율	외화금액	원화환산금액
8123458123458X	2025년 7월 22일	USD	1,400원/$	$30,000	42,000,000원

※ 위 자료는 직접수출에 해당하며, 거래처명 입력은 생략한다.

2. 홈택스에서 조회한 구매확인서 및 전자세금계산서 관련 내역

(1) 구매확인서 전자발급명세서 내역

서류구분	서류번호	발급일	공급일	금 액
구매확인서	PKT20250731555	2025년 8월 5일	2025년 7월 31일	70,000,000원

117회 실무시험

(2) 영세율전자세금계산서

영세율전자세금계산서						승인번호		20250731-33000099-11000022		
공급자	등록번호	571-85-01094	종사업장번호		공급받는자	등록번호	551-85-12772	종사업장번호		
	상호(법인명)	(주)어진상사	성명	김세종		상호(법인명)	(주)최강전자	성명	최강수	
	사업장주소	서울시 구로구 안양천로 539길 6				사업장주소	경기도 광명시 디지털로 5, 301호			
	업태	제조업	종목	전자제품		업태	도매업	종목	전자제품	
	이메일	happy07@naver.com				이메일	big99@naver.com			
작성일자		공급가액		세액		수정사유				
2025. 07. 31.		70,000,000				해당 없음				
비고										
월	일	품목	규격	수량	단가	공급가액		세액		비고
07	31	전자제품				70,000,000				
합계금액		현금		수표		어음		외상미수금		위 금액을 **청구**함
70,000,000								70,000,000		

[3] 당사의 2025년 제1기 부가가치세 확정 신고서를 작성 및 마감하여 국세청 홈택스에서 부가가치세 신고를 수행하시오. (2점)

> 1. 부가가치세신고서와 관련 부속서류는 마감되어 있다.
> 2. [전자신고] → [국세청 홈택스 전자신고변환(교육용)] 순으로 진행한다.
> 3. 전자신고용 전자파일 제작 시 신고인 구분은 2.납세자 자진신고로 선택하고, 비밀번호는 "12341234"로 입력한다.
> 4. 전자신고용 전자파일 저장경로는 로컬디스크(C:)이며, 파일명은 "enc작성연월일.101.v5718501094"이다.
> 5. 최종적으로 국세청 홈택스에서 [전자파일 제출하기]를 완료한다.

문제 4 결산정리사항은 다음과 같다. 관련 메뉴를 이용하여 결산을 완료하시오. (15점)

[1] (주)어진상사는 2025년 2월 1일에 국민은행으로부터 1년 갱신 조건으로 마이너스 보통예금 통장을 개설하였다. 2025년 12월 31일 현재 통장 잔액은 (-)5,700,000원이다(단, 음수(-)로 회계처리 하지 말 것). (3점)

[2] 미국에 소재한 거래처 INSIDEOUT과의 거래로 발생한 외상매입금 60,250,000원($50,000)이 계상되어 있다(결산일 현재 기준환율 : 1,390원/$). (3점)

[3] 당사는 생산부서의 원재료를 보관하기 위해 창고를 임차하고 임대차계약을 체결하였다. 당해 연도 9월 1일에 임대인에게 1년분 임차료 18,000,000원(2025.9.1. ~ 2026.8.31.)을 보통예금 계좌에서 이체하여 지급하고 지급일에 1년분 임차료를 선급비용으로 회계처리하였다(단, 임차료는 월할계산할 것). (3점)

[4] 당사는 외상매출금과 받을어음에 대하여 기말채권잔액의 2%를 대손예상액으로 추정하여 대손충당금을 설정하기로 한다(단, 다른 채권에 대해서는 대손충당금을 설정하지 않음). (3점)

[5] 2025년 4월 15일에 취득한 영업권의 취득원가는 54,000,000원이다. 영업권에 대한 12월 말 결산 회계처리를 하시오. 회사는 무형자산에 대하여 5년간 월할 균등 상각하고 있으며, 상각기간 계산 시 1월 미만은 1월로 간주한다. (3점)

문제 5 2025년 귀속 원천징수와 관련된 다음의 물음에 답하시오. (15점)

[1] 다음은 영업부 김성민 과장(사번 : 300)의 11월 귀속 급여 및 상여와 관련된 자료이다. [급여자료입력]과 [원천징수이행상황신고서]를 작성하시오(단, [기초코드등록] → [환경등록] → [원천] → [5.급여자료입력 화면]에서 "2.구분별로 입력"으로 변경한 후 작성할 것). (5점)

1. 11월 귀속 급여 및 상여 자료
1) 급여 자료

급여 항목	금 액	공제항목	금 액
기 본 급	3,000,000원	국 민 연 금	135,000원
식 대 (비 과 세)	200,000원	건 강 보 험	106,350원
		장 기 요 양 보 험	13,770원
		고 용 보 험	24,000원
		소 득 세	74,350원
		지 방 소 득 세	7,430원
		공 제 총 액	360,900원
지 급 총 액	3,200,000원	차 인 지 급 액	2,839,100원

117회 실무시험

2) 상여 자료

상여 항목	금액	공제항목	금액
상 여	2,500,000원	고 용 보 험	20,000원
		소 득 세	207,020원
		지 방 소 득 세	20,700원
		공 제 총 액	247,720원
지 급 총 액	2,500,000원	차 인 지 급 액	2,252,280원

2. 급여의 지급시기는 2025년 11월 30일이고, 상여의 지급시기는 2026년 3월 15일이다.
3. 소득세법상 11월 귀속 근로소득이 12월까지 지급되지 않은 경우, 12월 31일에 지급한 것으로 보아 소득세를 원천징수한다.
4. 지급시기별로 각각의 [급여자료입력]과 [원천징수이행상황신고서]를 작성한다.

[2] 다음은 (주)어진상사의 사무관리직원인 이태원(사원코드 : 202번)씨의 연말정산 관련 자료이다. [연말정산추가자료입력] 메뉴의 [소득명세] 탭, [부양가족] 탭, [연말정산입력] 탭을 작성하시오(입력된 자료는 무시하고 다음의 자료만을 이용하여 입력할 것). (10점)

〈자료 1〉 근무지 현황(급여에는 기본급 외에는 없고, 급여일은 매달 말일임)

근무지	급여기간	월급여	연간 총급여
(주)경기 412-81-24785	2025.1.1. ~ 2025.11.30.(퇴사)	4,500,000원	49,500,000원
	• 국민연금 : 2,400,000원, 고용보험 : 440,000원 • 건강보험 : 1,826,000원, 장기요양보험 : 187,000원 • 원천징수 소득세 : 2,580,000원, 지방소득세 : 258,000원		
근무지	급여기간	월급여	연간 총급여
(주)어진상사	2025.12.1.(입사) ~ 2025.12.31.	5,500,000원	5,500,000원
	• 국민연금 : 218,700원, 고용보험 : 49,550원 • 건강보험 : 166,750원, 장기요양보험 : 17,090원 • 원천징수 소득세 : 289,850원, 지방소득세 : 28,980원		

〈자료 2〉 가족 현황

관계	성명	주민등록번호	비 고
본인	이태원	731210 – 1254632	총급여 55,000,000원
배우자	김진실	781214 – 2458709	소득 없음
모	최명순	450425 – 2639229	소득 있음(장애인(주1))
아들	이민석	040505 – 3569897	대학생
딸	이채영	090214 – 4452148	고등학생

※ (주1) 모친인 최명순씨는 상가임대소득에 대한 총수입금액 36,000,000원과 필요경비 16,000,000원이 있으며, 「장애인복지법」상 장애인에 해당함.

실무시험 117회

〈자료 3〉 연말정산자료

※ 단, 의료비, 보험료, 교육비 입력 시 국세청간소화에 입력하고, 의료비의 증빙코드는 1.국세청장으로 입력할 것.

(1) 보험료
- 본인(이태원)
  - 자동차보험료 600,000원
  - 보장성운전자보험료 240,000원
- 본인 외
  - 모친의 장애인전용보장성보험료 960,000원
  - 배우자의 저축성생명보험료 1,800,000원

(2) 교육비
- 본인(이태원) : 경영대학원 교육비 8,000,000원
- 배우자 : 정규야간전문대학 교육비 7,000,000원
- 아들 : 대학교 수업료 7,000,000원
- 딸 : 고등학교 수업료 2,000,000원, 교복구입비용 1,000,000원, 현장체험학습비 500,000원

(3) 의료비(단, 모두 근로자 본인(이태원)이 부담하였다.)
- 모친 : 상해사고 치료비 5,000,000원(실손보험 수령액 3,000,000원)
- 아들 : 시력보정용안경 300,000원
- 배우자 : 미용목적 성형수술비 2,000,000원

116회 이론시험 (합격률: 21.01%) PART 02 기출문제

다음 문제를 보고 알맞은 것을 골라 이론문제 답안작성 메뉴에 입력하시오. (객관식 문항당 2점)

기본전제
문제에서 한국채택국제회계기준을 적용하도록 하는 전제조건이 없는 경우, 일반기업회계기준을 적용한다.

01. 다음 중 자본적 지출 항목을 수익적 지출로 잘못 회계처리한 경우 재무제표에 미치는 영향으로 옳은 것은?
① 자산이 과소계상 된다.
② 당기순이익이 과대계상 된다.
③ 부채가 과소계상 된다.
④ 자본이 과대계상 된다.

02. 다음 중 당좌자산에 해당하지 않는 항목은 무엇인가?
① 영업권
② 매출채권
③ 단기투자자산
④ 선급비용

03. 다음 중 회계추정의 변경에 해당하지 않는 것은 무엇인가?
① 감가상각자산의 내용연수 변경
② 감가상각방법의 변경
③ 재고자산 평가방법의 변경
④ 재고자산의 진부화 여부에 대한 판단

04. 다음 중 자본에 대한 설명으로 옳지 않은 것은?
① 유상증자 시 주식이 할인발행된 경우 주식할인발행차금은 자본조정으로 계상한다.
② 신주발행비는 손익계산서상의 당기 비용으로 처리한다.
③ 주식분할의 경우 주식수만 증가할 뿐 자본금에 미치는 영향은 발생하지 않는다.
④ 무상감자는 주식소각 대가를 주주에게 지급하지 않으므로 형식적 감자에 해당한다.

05. 다음의 자료를 이용하여 기말재고자산에 포함해야 할 총금액을 계산하면 얼마인가? 단, 창고 재고 금액은 고려하지 않는다.

- 반품률이 높지만, 그 반품률을 합리적으로 추정할 수 없는 상태로 판매한 상품: 2,000,000원
- 시용판매 조건으로 판매된 시송품 총 3,000,000원 중 고객이 구매의사표시를 한 상품: 1,000,000원
- 담보로 제공한 저당상품: 9,000,000원
- 선적지 인도조건으로 매입한 미착상품: 4,000,000원

① 15,000,000원　② 16,000,000원　③ 17,000,000원　④ 18,000,000원

06. 다음 중 원가에 대한 설명으로 옳지 않은 것은?
① 조업도(제품생산량)가 증가함에 따라 단위당 변동원가는 일정하고 단위당 고정원가는 감소한다.
② 제조원가는 직접재료원가, 직접노무원가, 제조간접원가를 말한다.
③ 가공원가란 직접재료원가와 직접노무원가만을 합한 금액을 말한다.
④ 고정원가란 관련범위 내에서 조업도 수준과 관계없이 총원가가 일정한 원가를 말한다.

07. 다음 중 개별원가계산과 종합원가계산에 대한 설명으로 옳지 않은 것은?
① 개별원가계산은 개별적으로 원가를 추적해야 하므로 공정별로 원가를 통제하기가 어렵다.
② 종합원가계산 중 평균법은 기초재공품 모두를 당기에 착수하여 완성한 것으로 가정한다.
③ 종합원가계산을 적용할 때 기초재공품이 없다면 평균법과 선입선출법에 의한 계산은 차이가 없다.
④ 종합원가계산은 개별원가계산과 달리 기말재공품의 평가문제가 발생하지 않는다.

08. 다음 중 보조부문원가를 배분하는 방법에 대한 설명으로 옳지 않은 것은?
① 상호배분법은 보조부문 상호 간의 용역수수관계를 완전히 반영하는 방법이다.
② 단계배분법은 보조부문 상호 간의 용역수수관계를 전혀 반영하지 않는 방법이다.
③ 직접배분법은 보조부문 상호 간의 용역수수관계를 전혀 반영하지 않는 방법이다.
④ 상호배분법, 단계배분법, 직접배분법 중 어떤 방법을 사용하더라도 보조부문의 총원가는 제조부문에 모두 배분된다.

09. 당사의 보험료를 제조부문에 80%, 영업부문에 20%로 배분하고 있다. 당월 지급액 100,000원, 전월 미지급액 30,000원, 당월 미지급액이 20,000원인 경우 당월 제조간접원가로 계상해야 하는 보험료는 얼마인가?
① 64,000원 ② 72,000원 ③ 80,000원 ④ 90,000원

10. 종합원가계산을 적용할 경우, 다음의 자료를 이용하여 평균법과 선입선출법에 따른 가공원가의 완성품 환산량을 각각 계산하면 몇 개인가?

- 기초재공품 : 300개(완성도 20%)
- 기말재공품 : 200개(완성도 60%)
- 당기착수량 : 1,000개
- 당기완성량 : 1,100개
- 원재료는 공정착수 시점에 전량 투입되며, 가공원가는 전체 공정에서 균등하게 발생한다.

	평균법	선입선출법		평균법	선입선출법
①	1,120개	1,060개	②	1,120개	1,080개
③	1,220개	1,180개	④	1,220개	1,160개

116회 이론시험

11. 다음 중 부가가치세법상 부가가치세가 과세되는 재화 또는 용역의 공급에 해당하는 것은?
① 박물관에 입장하도록 하는 용역
② 고속철도에 의한 여객운송 용역
③ 도서 공급
④ 도서대여 용역

12. 다음 중 부가가치세법상 매입세액공제가 가능한 경우는?
① 면세사업과 관련된 매입세액
② 기업업무추진비 지출과 관련된 매입세액
③ 토지의 형질변경과 관련된 매입세액
④ 제조업을 영위하는 사업자가 농민으로부터 면세로 구입한 농산물의 의제매입세액

13. 다음 중 소득세법상 근로소득의 원천징수 시기로 옳지 않은 것은?
① 2025년 05월 귀속 근로소득을 2025년 05월 31일에 지급한 경우 : 2025년 05월 31일
② 2025년 07월 귀속 근로소득을 2025년 08월 10일에 지급한 경우 : 2025년 08월 10일
③ 2025년 11월 귀속 근로소득을 2026년 01월 31일에 지급한 경우 : 2025년 12월 31일
④ 2025년 12월 귀속 근로소득을 2026년 03월 31일에 지급한 경우 : 2025년 12월 31일

14. 다음 중 소득세법상 사업소득에 대한 설명으로 가장 옳지 않은 것은?
① 간편장부대상자의 사업용 유형자산 처분으로 인하여 발생한 이익은 사업소득에 해당한다.
② 국세환급가산금은 총수입금액에 산입하지 않는다.
③ 거주자가 재고자산을 가사용으로 소비하는 경우 그 소비·지급한 때의 가액을 총수입금액에 산입한다.
④ 부동산임대와 관련 없는 사업소득의 이월결손금은 당해 연도의 다른 종합소득에서 공제될 수 있다.

15. 다음 중 소득세법상 종합소득공제 및 세액공제에 대한 설명으로 옳지 않은 것은?
① 거주자의 직계존속이 주거 형편에 따라 별거하고 있는 경우에는 생계를 같이 하는 것으로 본다.
② 재학 중인 학교로부터 받은 장학금이 있는 경우 이를 차감한 금액을 세액공제 대상 교육비로 한다.
③ 배우자가 있는 여성은 배우자가 별도의 소득이 없는 경우에 한하여 부녀자공제를 받을 수 있다.
④ 맞벌이 부부 중 남편이 계약자이고 피보험자가 부부공동인 보장성보험의 보험료는 보험료 세액공제 대상이다.

116회 실무시험

(주)선진테크(회사코드 : 1162)는 컴퓨터 및 주변장치의 제조 및 도·소매업을 주업으로 영위하는 중소기업으로서 당기(제12기)의 회계기간은 2025.1.1. ~ 2025.12.31.이다. 전산세무회계 수험용 프로그램을 이용하여 다음 물음에 답하시오.

기본전제

- 문제에서 한국채택국제회계기준을 적용하도록 하는 전제조건이 없는 경우, 일반기업회계기준을 적용하여 회계처리 한다.
- 문제의 풀이와 답안작성은 제시된 문제의 순서대로 진행한다.

문제 1 [일반전표입력] 메뉴를 이용하여 다음의 거래자료를 입력하시오. (15점)

입력 시 유의사항

- 일반적인 적요의 입력은 생략하지만, 타계정 대체거래는 적요번호를 선택하여 입력한다.
- 채권·채무와 관련된 거래는 별도의 요구가 없는 한 반드시 기등록된 거래처코드를 선택하는 방법으로 거래처명을 입력한다.
- 제조경비는 500번대 계정코드를, 판매비와관리비는 800번대 계정코드를 사용한다.
- 회계처리 시 계정과목은 별도의 제시가 없는 한 등록된 계정과목 중 가장 적절한 과목으로 한다.

[1] 1월 3일 전기에 하남상회에게 제품을 판매하고 계상했던 외상매출금 총 3,400,000원 중 1,400,000원은 하남상회가 발행한 약속어음으로 받고, 나머지는 보통예금 계좌로 즉시 입금받았다. (3점)

[2] 1월 15일 영업부에서 사용할 실무서적을 현금으로 구입하고, 다음의 영수증을 수취하였다. (3점)

영 수 증 (공급받는자용)				
			(주)선진테크 귀하	
공급자	사업자등록번호	145 - 91 - 12336		
	상 호	대일서점	성 명	김대일
	사업장소재지	서울시 강동구 천호대로 1(천호동)		
	업 태	도소매	종 목	서적
작성일자		금액합계		비 고
2025.01.15.		25,000원		
공 급 내 역				
월/일	품명	수량	단가	금액
1/15	영업전략실무	1	25,000원	25,000원
합 계		₩	25,000	
위 금액을 영수함				

116회 실무시험

[3] 8월 20일 당사는 공장신축용 토지를 취득한 후 취득세 18,000,000원과 지방채 12,000,000원(액면가 12,000,000원, 공정가치 10,500,000원, 만기 5년, 무이자부)을 보통예금 계좌에서 지급하였다. (단, 지방채는 매도가능증권으로 분류할 것) (3점)

[4] 10월 25일 다음의 제조부서 직원급여를 보통예금 계좌에서 이체하여 지급하였다. 예수금은 하나의 계정으로 처리하시오. (3점)

2025년 10월분 급여명세서

(단위 : 원)

사원코드 : 0008 사원명 : 김하나
부서 : 제조 직급 : 과장 입사일 : 2024.05.01

지급내역	지급액	공제내역	공제액
기본급	3,500,000	국민연금	265,500
상 여	3,000,000	건강보험	230,420
		고용보험	58,500
		장기요양보험료	29,840
		소득세	530,000
		지방소득세	53,000
		공제액계	1,167,260
지급액계	6,500,000	차인지급액	5,332,740

귀하의 노고에 감사드립니다. (주)선진테크

[5] 12월 1일　지난 9월 2일 공장에서 사용할 목적으로 (주)은성기계에서 기계장치를 구매하고 아래의 전자세금계산서를 수취하면서 미지급금으로 회계처리를 했던 거래에 대하여 12월 1일에 법인카드(신한카드)로 결제하여 지급하였다(단, 카드 결제분은 미지급금으로 처리할 것). (3점)

전자세금계산서						승인번호		20250902-31000013-44346111		
공급자	등록번호	180-81-41214	종사업장 번호		공급받는자	등록번호	130-81-53506	종사업장 번호		
	상호(법인명)	(주)은성기계	성 명	박은성		상 호 (법인명)	(주)선진테크	성 명	이득세	
	사업장 주소	서울특별시 성북구 장월로1길 28, 상가동 101호				사업장 주소	경기도 부천 길주로 284, 105호(중동)			
	업 태	제조업	종 목	전자부품		업 태	제조, 도소매 외	종 목	컴퓨터 및 주변장치 외	
	이메일	es@naver.com				이메일	jdcorp@naver.com			
작성일자		공급가액		세 액		수정사유				
2025/09/02		20,000,000		2,000,000		해당 없음				
비 고										
월	일	품 목	규 격	수 량	단 가		공급가액	세 액		비 고
09	02	기계장치					20,000,000	2,000,000		
합계금액		현 금		수 표		어 음	외상미수금		위 금액을 **청구**함	
22,000,000							22,000,000			

문제 2 [매입매출전표입력] 메뉴를 이용하여 다음의 거래자료를 입력하시오. (15점)

입력 시 유의사항

- 일반적인 적요의 입력은 생략하지만, 타계정 대체거래는 적요번호를 선택하여 입력한다.
- 채권·채무 관련 거래는 별도의 요구가 없는 한 반드시 기등록된 거래처코드를 선택하는 방법으로 거래처명을 입력한다.
- 제조경비는 500번대 계정코드를, 판매비와관리비는 800번대 계정코드를 사용한다.
- 회계처리 시 계정과목은 등록된 계정과목 중 가장 적절한 과목으로 한다.
- 입력화면 하단의 분개까지 처리하고, 세금계산서 및 계산서는 전자 여부를 입력하여 반영한다.

[1] 1월 2일　제조부문에서 사용하던 기계장치(취득원가 5,000,000원, 감가상각누계액 4,300,000원)를 미래전자에 1,000,000원(부가가치세 별도)에 매각하면서 전자세금계산서를 발급하였으며, 대금 중 부가가치세는 현금으로 받고, 나머지는 전액 미래전자가 발행한 약속어음으로 수취하였다. (3점)

116회 실무시험

[2] 2월 12일 가공육선물세트를 구입하여 영업부 거래처에 접대를 목적으로 제공하고 아래의 전자세금계산서를 수취하면서 대금은 보통예금 계좌에서 지급하였다. (3점)

전자세금계산서					승인번호		20250212-100156-956214	
공급자	등록번호	130-81-23545	종사업장번호		공급받는자	등록번호	130-81-53506	종사업장번호	
	상호(법인명)	(주)롯데백화점 중동	성 명	이시진		상호(법인명)	(주)선진테크	성 명	이득세
	사업장주소	경기도 부천시 길주로 300 (중동)				사업장주소	경기도 부천시 길주로 284, 105호 (중동)		
	업 태	서비스	종 목	백화점		업 태	제조, 도매	종 목	컴퓨터 및 주변장치 외
	이메일	fhdns@never.net				이메일	1111@daum.net		
작성일자		공급가액		세 액		수정사유		비 고	
2025/02/12		7,100,000		710,000					
월	일	품 목	규 격	수 량	단 가	공급가액	세 액	비 고
02	12	가공육 선물세트 1호		100	71,000	7,100,000	710,000	
합계금액		현 금		수 표		어 음	외상미수금	위 금액을 **영수**함
7,810,000		7,810,000						

[3] 7월 17일 당사는 수출회사인 (주)봉산실업에 내국신용장에 의해 제품을 판매하고 영세율전자세금계산서를 발급하였다. 대금 중 1,800,000원은 현금으로 받고, 나머지는 외상으로 하였다. (3점)

영세율전자세금계산서					승인번호		20250717-1000000-0000415871	
공급자	등록번호	130-81-53506	종사업장번호		공급받는자	등록번호	130-81-55668	종사업장번호	
	상호(법인명)	(주)선진테크	성 명	이득세		상호(법인명)	(주)봉산실업	성 명	안민애
	사업장주소	경기도 부천시 길주로 284, 105호 (중동)				사업장주소	서울 강남구 역삼로 1504-20		
	업 태	제조 외	종 목	컴퓨터 및 주변장치 외		업 태	도소매	종 목	전자제품
	이메일	1111@daum.net				이메일	semicom@naver.com		
작성일자		공급가액		세 액		수정사유			
2025/07/17		18,000,000		0		해당 없음			
비 고									
월	일	품 목	규 격	수 량	단 가	공급가액	세 액	비 고
07	17	제품	set	10	1,800,000	18,000,000	0	
합계금액		현 금		수 표		어 음	외상미수금	위 금액을 **영수**함
18,000,000		1,800,000					16,200,000	

[4] 8월 20일   (주)하나로마트에서 한우갈비세트(부가가치세 면세 대상) 2,000,000원을 현금으로 결제하고 현금영수증(지출증빙용)을 수취하였다. 이 중 600,000원 상당은 복리후생 차원에서 당사 공장 직원에게 제공하였고, 나머지는 영업부서 직원에게 제공하였다. (3점)

[5] 9월 10일   아래의 세금계산서를 2025년 제2기 부가가치세 예정신고 시 누락하였다. 반드시 2025년 제2기 부가가치세 확정신고서에 반영되도록 입력 및 설정한다. (3점)

세금계산서																								책번호	권	호
																								일련번호	-	
공급자	사업자등록번호	113-15-53127									공급받는자	사업자등록번호	130-81-53506													
	상호(법인명)	풍성철강			성명(대표자)	이소희						상호(법인명)	(주)선진테크			성명(대표자)	이득세									
	사업장주소	서울시 금천구 시흥대로 53										사업장주소	경기도 부천시 길주로 284, 105호 (중동)													
	업태	도매업			종목	철강						업태	제조업			종목	컴퓨터 및 주변장치 외									
작성			공 급 가 액											세 액									비 고			
연	월	일	공란수	백	십	억	천	백	십	만	천	백	십	일	십	억	천	백	십	만	천	백	십	일		
2025	09	10					1	0	0	0	0	0	0					1	0	0	0	0	0			
월	일		품 목			규 격			수 량			단 가				공급가액				세 액				비 고		
09	10		원재료													1,000,000				100,000						
합 계 금 액			현 금			수 표				어 음					외상미수금				이 금액을 **청구**함						
1,100,000															1,100,000										

문제 3 부가가치세 신고와 관련하여 다음 물음에 답하시오. (10점)

[1] 다음의 자료를 토대로 2025년 제1기 부가가치세 확정신고기간의 [부가가치세신고서]를 작성하시오(단, 아래 제시된 자료만 있는 것으로 가정함). (6점)

매출자료	• 세금계산서 발급분 과세 매출 : 공급가액 200,000,000원, 세액 20,000,000원 - 종이(전자 외) 세금계산서 발급분(공급가액 50,000,000원, 세액 5,000,000원)이 포함되어 있다. - 그 외 나머지는 모두 전자세금계산서 발급분이다. • 당사의 직원인 홍길동(임원 아님)에게 경조사와 관련하여 연간 100,000원(시가) 상당의 제품(당사가 제조한 제품임)을 무상으로 제공하였다. • 대손이 확정된 외상매출금 1,650,000원(부가가치세 포함)에 대하여 대손세액공제를 적용한다.
매입자료	• 수취한 매입세금계산서는 공급가액 120,000,000원, 세액 12,000,000원으로 내용은 아래와 같다. - 승용자동차(배기량 : 999cc, 경차에 해당됨) 취득분 : 공급가액 20,000,000원, 세액 2,000,000원 - 거래처 접대목적으로 구입한 물품(고정자산 아님) : 공급가액 5,000,000원, 세액 500,000원 - 그 외 나머지는 일반 매입분이다.

116회 실무시험

유의사항	· 세부담 최소화를 가정한다. · 불러온 자료는 무시하고 문제에 제시된 자료만 직접 입력한다. · 해당 법인은 홈택스 사이트를 통해 전자적인 방법으로 부가가치세 신고를 직접 한다. · 부가가치세 신고서 이외의 과세표준명세 등 기타 부속서류의 작성은 생략한다.

[2] 다음의 자료는 2025년 제2기 확정신고 시의 대손 관련 자료이다. 해당 자료를 이용하여 2025년 제2기 확정신고 시의 [대손세액공제신고서]를 작성하시오(단, 모든 거래는 부가가치세 과세대상에 해당함). (4점)

대손 확정일	당초 공급일	계정과목	대손금	매출처 상호	대손사유
2025.10.5.	2024.5.3.	미수금 (유형자산매각대금)	11,000,000원	(주)가경	파산종결 결정공고
2025.10.24.	2022.10.10.	외상매출금	22,000,000원	(주)용암	소멸시효완성
2025.5.19. (부도발생일)	2025.4.8.	받을어음	16,500,000원	(주)개신	부도발생 (저당권설정 안 됨)
2025.12.19. (부도발생일)	2025.8.25.	받을어음	13,200,000원	(주)비하	부도발생 (저당권설정 안 됨)

문제 4 결산정리사항은 다음과 같다. 관련 메뉴를 이용하여 결산을 완료하시오. (15점)

[1] 기존에 입력된 데이터는 무시하고, 2025년 제2기 부가가치세 확정신고와 관련된 내용이 다음과 같다고 가정한다. 12월 31일 부가세예수금과 부가세대급금을 정리하는 회계처리를 하시오(단, 납부세액(또는 환급세액)은 미지급세금(또는 미수금)으로, 경감공제세액은 잡이익으로, 가산세는 세금과공과(판)로 회계처리한다). (3점)

- 부가세대급금 : 9,500,000원
- 부가세예수금 : 12,500,000원
- 전자신고세액공제액 : 10,000원
- 세금계산서 미발급가산세 : 240,000원

[2] 아래의 내용을 참고하여 2025년 말 현재 보유 중인 매도가능증권(비유동자산)에 대한 결산 회계처리를 하시오(단, 매도가능증권과 관련된 2024년의 회계처리는 적절하게 수행함). (3점)

주식명	2024년 취득가액	2024년 말 공정가치	2025년 말 공정가치
엔비디아듀	1,000,000원	800,000원	2,000,000원

[3] 9월 1일에 영업부 차량보험에 가입하고 1년치 보험료 1,200,000원을 납부하였다. 보험료 납부 당시 회사는 전액 보험료로 회계처리 하였다(단, 월할계산할 것). (3점)

[4] 당사는 2025년 1월 1일에 사채(액면가액 10,000,000원)를 발행하고 매년 결산일(12월 31일)에 이자비용을 보통예금 계좌에서 지급하고 있다. 만기 2027년 12월 31일, 액면이자율 10%, 시장이자율 7%이며 발행시점의 발행가액은 10,787,300원이다. 2025년 12월 31일 결산일에 필요한 회계처리를 하시오(단, 원단위 이하는 절사할 것). (3점)

[5] 다음은 (주)선진테크의 유형자산 명세서이다. 기존에 입력된 데이터는 무시하며 다음의 유형자산만 있다고 가정하고 감가상각과 관련된 회계처리를 하시오. (3점)

유형자산 명세서					
계정과목	자산명	당기분 회사 계상 감가상각비	상각 방법	내용 연수	사용 부서
건물	공장건물	10,000,000원	정액법	20년	제조부
기계장치	초정밀검사기	8,000,000원	정률법	10년	제조부
차량운반구	그랜저	7,000,000원	정액법	5년	영업부
비품	컴퓨터	3,000,000원	정률법	5년	영업부

문제 5 2025년 귀속 원천징수와 관련된 다음의 물음에 답하시오. (15점)

[1] 다음의 자료를 바탕으로 내국인이며 거주자인 생산직 사원 임하나(750128-2436815, 세대주, 입사일 : 2025.09. 01.)의 세부담이 최소화 되도록 [사원등록] 메뉴의 [기본사항] 탭을 이용하여 아래의 내용 중에서 필요한 항목을 입력하고, 9월분 급여자료를 입력하시오(단, 급여지급일은 매월 말일이며, '사용하지 않는 수당항목은 '부'로 표시할 것). (6점)

> ※ 아래 〈자료〉를 통해 임하나의 [사원등록] 메뉴의 [기본사항] 탭에서 다음의 사항을 입력하고 9월분 급여자료를 입력하시오.
> • 10. 생산직등여부, 연장근로비과세, 전년도총급여
> • 12. 국민연금보수월액
> • 13. 건강보험보수월액
> • 14. 고용보험보수월액

116회 실무시험

〈자료〉
- 국민연금보수월액, 건강보험보수월액, 고용보험보수월액은 1,800,000원으로 신고하였다.
- 급여 및 제수당 내역은 다음과 같다.

급여 및 제수당	기본급	식대	시내교통비	출산.보육수당 (육아수당)	야간근로수당
금액(원)	1,500,000	200,000	300,000	100,000	2,200,000

- 별도의 식사는 제공하지 않고 있으며, 식대로 매월 200,000원을 지급하고 있다.
- 출퇴근용 시내교통비로 매월 300,000원을 지급하고 있다.
- 출산.보육수당(육아수당)은 6세 이하 자녀를 양육하는 직원에게 지급하는 수당이다.
- 9월은 업무 특성상 야간근무를 하며, 이에 대하여 별도의 수당을 지급하고 있다.
  (→ 임하나 : 국내 근무, 월정액급여 1,800,000원, 전년도총급여 27,000,000원)
- 2025년 9월 1일 이전의 연장·야간근로수당으로서 비과세되는 금액은 없다.

[2] 다음은 퇴사자 우미영 사원(사번 : 301)의 2025년 3월 급여자료이다. [사원등록] 메뉴에서 퇴사년월일을 반영하고, 3월의 [급여자료입력]과 [원천징수이행상황신고서]를 작성하시오(단, 반드시 [급여자료입력]의 「F7 중도퇴사자정산」을 이용하여 중도퇴사자 정산 내역을 급여자료에 반영할 것). (6점)

- 퇴사일은 2025년 3월 31일이고, 3월 급여는 2025년 4월 5일에 지급되었다.
- 수당 및 공제항목은 중도퇴사자 정산과 관련된 부분을 제외하고 추가 및 변경하지 않기로 하며 사용하지 않는 항목은 그대로 둔다.
- 3월 급여자료(우미영에 대한 급여자료만 입력하도록 한다.)

급여 항목	금액	공제 항목	금액
기 본 급	2,700,000원	국 민 연 금	121,500원
식 대 (비 과 세)	200,000원	건 강 보 험	95,710원
		장 기 요 양 보 험	12,390원
		고 용 보 험	21,600원
		중 도 정 산 소 득 세	−96,500원
		중 도 정 산 지 방 소 득 세	−9,640원
		공 제 총 액	145,060원
지 급 총 액	2,900,000원	차 인 지 급 액	2,754,940원

실무시험 116회

[3] 다음 자료를 이용하여 이미 작성된 [원천징수이행상황신고서]를 조회하여 마감하고, 국세청 홈택스에 전자신고를 하시오. (3점)

〈전산프로그램에 입력된 소득자료〉

귀속월	지급월	소득구분	신고코드	인원	총지급액	소득세	비고
10월	10월	근로소득	A01	2명	7,000,000원	254,440원	매월(정기)신고

〈유의사항〉
1. 위 자료를 바탕으로 [원천징수이행상황신고서]가 작성되어 있다.
2. [원천징수이행상황신고서] 마감 → [전자신고] → [국세청 홈택스 전자신고 변환(교육용)] 순으로 진행한다.
3. [전자신고] 메뉴의 [원천징수이행상황제작] 탭에서 신고인구분은 2.납세자 자진신고를 선택하고, 비밀번호는 "123456789"를 입력한다.
4. [국세청 홈택스 전자신고 변환(교육용)] → 전자파일변환(변환대상파일선택) → 찾아보기 에서 전자신고용 전자파일을 선택한다.
5. 전자신고용 전자파일 저장경로는 로컬디스크(C:)이며, 파일명은 "작성연월일.01.t사업자등록번호"다.
6. 형식검증하기 ➡ 형식검증결과확인 ➡ 내용검증하기 ➡ 내용검증결과확인 ➡ 전자파일제출 을 순서대로 클릭한다.
7. 최종적으로 전자파일 제출하기 를 완료한다.

115회 이론시험 (합격률: 28.44%) PART 02 기출문제

다음 문제를 보고 알맞은 것을 골라 **이론문제 답안작성** 메뉴에 입력하시오. (객관식 문항당 2점)

> **기본전제**
> 문제에서 한국채택국제회계기준을 적용하도록 하는 전제조건이 없는 경우, 일반기업회계기준을 적용한다.

01. 다음 중 재무제표의 기본가정에 해당하지 않는 것은?
① 기업실체를 중심으로 하여 기업실체의 경제적 현상을 재무제표에 보고해야 한다.
② 기업이 계속적으로 존재하지 않을 것이라는 반증이 없는 한, 기업실체의 본래 목적을 달성하기 위하여 계속적으로 존재한다.
③ 기업실체의 지속적인 경제적 활동을 인위적으로 일정 기간 단위로 분할하여 각 기간마다 경영자의 수탁책임을 보고한다.
④ 회계정보가 유용하기 위해서는 그 정보가 의사결정에 반영될 수 있도록 적시에 제공되어야 한다.

02. 다음의 자료를 통해 2025년 12월 31일 결산 후 재무제표에서 확인 가능한 정보로 올바른 것은?

2023년 1월 1일 기계장치 취득	
• 매입가액	20,000,000원
• 취득에 직접적으로 필요한 설치비	300,000원
• 2023년에 발생한 소모품 교체비	600,000원
• 2023년에 발생한 본래의 용도를 변경하기 위한 제조·개량비	4,000,000원
• 내용연수는 6년, 정액법으로 매년 정상적으로 상각함(월할계산할 것), 잔존가치는 없음.	

① 기계장치의 취득원가는 24,000,000원으로 계상되어 있다.
② 손익계산서에 표시되는 감가상각비는 4,150,000원이다.
③ 재무상태표에 표시되는 감가상각누계액은 8,300,000원이다.
④ 상각 후 기계장치의 미상각잔액은 12,150,000원이다.

03. 다음 중 일반기업회계기준상 무형자산 상각에 대한 설명으로 옳지 않은 것은?
① 무형자산의 상각대상 금액은 그 자산의 추정 내용연수 동안 체계적인 방법에 의하여 비용으로 배분된다.
② 제조와 관련된 무형자산의 상각비는 제조원가에 포함한다.
③ 무형자산의 상각방법으로는 정액법만 사용해야 한다.
④ 무형자산의 잔존가치는 없는 것을 원칙으로 한다.

04. 다음 중 사채에 대한 설명으로 가장 옳지 않은 것은?
  ① 사채할인발행차금은 사채의 발행금액에서 차감하는 형식으로 표시한다.
  ② 액면이자율보다 시장이자율이 큰 경우에는 할인발행된다.
  ③ 사채할증발행차금은 사채의 액면금액에서 가산하는 형식으로 표시한다.
  ④ 액면이자율이 시장이자율보다 큰 경우에는 할증발행된다.

05. 다음 중 회계정책, 회계추정의 변경 및 오류에 대한 설명으로 옳지 않은 것은?
  ① 회계정책의 변경은 기업환경의 변화, 새로운 정보의 획득 또는 경험의 축적에 따라 지금까지 사용해 오던 회계적 추정치의 근거와 방법 등을 바꾸는 것을 말한다.
  ② 회계추정의 변경은 전진적으로 처리하여 그 효과를 당기와 당기 이후의 기간에 반영한다.
  ③ 회계변경의 효과를 회계정책의 변경효과와 회계추정의 변경효과로 구분하는 것이 불가능한 경우 회계추정의 변경으로 본다.
  ④ 회계추정 변경의 효과는 당해 회계연도 개시일부터 적용한다.

06. 다음 중 원가 집계과정에 대한 설명으로 옳지 않은 것은?
  ① 당기제품제조원가(당기완성품원가)는 원재료 계정의 차변으로 대체된다.
  ② 당기총제조원가는 재공품 계정의 차변으로 대체된다.
  ③ 당기제품제조원가(당기완성품원가)는 제품 계정의 차변으로 대체된다.
  ④ 제품매출원가는 매출원가 계정의 차변으로 대체된다.

07. 다음 중 개별원가계산과 종합원가계산에 대한 설명으로 옳지 않은 것은?
  ① 개별원가계산은 주문받은 개별 제품별로 작성된 작업원가표에 집계하여 원가를 계산한다.
  ② 종합원가계산은 개별 제품별로 작업원가표를 작성하여 원가를 계산한다.
  ③ 개별원가계산은 각 제조지시별로 원가계산을 해야하므로 많은 시간과 비용이 발생한다.
  ④ 조선업, 건설업은 개별원가계산이 적합한 업종에 해당한다.

08. 다음 중 제조원가명세서와 손익계산서 및 재무상태표의 관계에 대한 설명으로 옳지 않은 것은?
  ① 제조원가명세서의 기말원재료재고액은 재무상태표의 원재료 계정에 계상된다.
  ② 제조원가명세서의 기말재공품의 원가는 재무상태표의 재공품 계정으로 계상된다.
  ③ 제조원가명세서의 당기제품제조원가는 재무상태표의 매출원가에 계상된다.
  ④ 손익계산서의 기말제품재고액은 재무상태표의 제품 계정 금액과 같다.

115회 이론 시험

09. 다음의 자료를 이용하여 직접노무시간당 제조간접원가 예정배부율을 구하시오.

- 제조간접원가 실제 발생액 : 6,000,000원
- 제조간접원가 배부차이 : 400,000원(과대배부)
- 실제 직접노무시간 : 50,000시간

① 112원　　② 128원　　③ 136원　　④ 146원

10. 기초재공품은 1,000개이고 완성도는 30%이다. 당기투입수량은 6,000개이고 기말재공품은 800개일 경우 선입선출법에 의한 가공원가의 완성품환산량이 6,100개라면, 기말재공품의 완성도는 몇 %인가? (단, 가공원가는 전공정에 걸쳐 균등하게 발생한다.)

① 10%　　② 15%　　③ 20%　　④ 25%

11. 다음 중 부가가치세법상 과세기간에 대한 설명으로 옳지 않은 것은?

① 일반과세자의 과세기간은 원칙상 1년에 2개가 있다.
② 신규로 사업을 개시하는 것은 과세기간 개시일의 예외가 된다.
③ 매출이 기준금액에 미달하여 일반과세자가 간이과세자로 변경되는 경우 그 변경되는 해에 간이과세자에 관한 규정이 적용되는 과세기간은 그 변경 이전 1월 1일부터 6월 30일까지이다.
④ 간이과세자가 간이과세자에 관한 규정의 적용을 포기함으로써 일반과세자로 되는 경우에는 1년에 과세기간이 3개가 될 수 있다.

12. 다음 중 부가가치세법상 재화의 공급에 해당하는 것은?

① 담보의 제공　　② 사업용 상가건물의 양도
③ 사업의 포괄적 양도　　④ 조세의 물납

13. 다음 중 소득세법상 근로소득이 없는 거주자(사업소득자가 아님)가 받을 수 있는 특별세액공제는?

① 보험료세액공제　　② 의료비세액공제
③ 교육비세액공제　　④ 기부금세액공제

14. 다음 중 소득세법상 수입시기로 가장 옳지 않은 것은?

① 비영업대금의 이익 : 약정에 의한 이자 지급일
② 잉여금 처분에 의한 배당 : 잉여금 처분 결의일
③ 장기할부판매 : 대가의 각 부분을 받기로 한 날
④ 부동산 등의 판매 : 소유권이전등기일, 대금청산일, 사용수익일 중 빠른 날

15. 다음 중 소득세법상 기타소득에 대한 설명으로 가장 옳지 않은 것은?

① 「공익법인의 설립·운영에 관한 법률」의 적용을 받는 공익법인이 주무관청의 승인을 받아 시상하는 상금 및 부상과 다수가 순위 경쟁하는 대회에서 입상자가 받는 상금 및 부상의 경우, 거주자가 받은 금액의 100분의 60에 상당하는 금액을 필요경비로 한다.
② 고용관계 없이 다수인에게 강연을 하고 강연료 등 대가를 받는 용역을 일시적으로 제공하고 받는 대가는 기타소득에 해당한다.
③ 이자소득·배당소득·사업소득·근로소득·연금소득·퇴직소득 및 양도소득 외의 소득으로서 재산권에 관한 알선수수료는 기타소득에 해당한다.
④ 이자소득·배당소득·사업소득·근로소득·연금소득·퇴직소득 및 양도소득 외의 소득으로서 상표권·영업권을 양도하거나 대여하고 받는 금품은 기타소득에 해당한다.

115회 실 무 시 험

(주)은마상사(회사코드 : 1152)는 전자제품의 제조 및 도·소매업을 주업으로 영위하는 중소기업으로 당기(제18기)의 회계기간은 2025.1.1. ~ 2025.12.31.이다. 전산세무회계 수험용 프로그램을 이용하여 다음 물음에 답하시오.

기본전제

- 문제에서 한국채택국제회계기준을 적용하도록 하는 전제조건이 없는 경우, 일반기업회계기준을 적용하여 회계처리 한다.
- 문제의 풀이와 답안작성은 제시된 문제의 순서대로 진행한다.

문제 1 [일반전표입력] 메뉴를 이용하여 다음의 거래자료를 입력하시오. (15점)

입력 시 유의사항

- 일반적인 적요의 입력은 생략하지만, 타계정 대체거래는 적요번호를 선택하여 입력한다.
- 채권·채무와 관련된 거래는 별도의 요구가 없는 한 반드시 기등록된 거래처코드를 선택하는 방법으로 거래처명을 입력한다.
- 제조경비는 500번대 계정코드를, 판매비와관리비는 800번대 계정코드를 사용한다.
- 회계처리 시 계정과목은 별도의 제시가 없는 한 등록된 계정과목 중 가장 적절한 과목으로 한다.

[1] 4월 11일 당사가 보유 중인 매도가능증권을 12,000,000원에 처분하고 처분대금은 보통예금 계좌로 입금받았다. 해당 매도가능증권의 취득가액은 10,000,000원이며, 2024년 말 공정가치는 11,000,000원이다. (3점)

[2] 6월 25일 당사의 거래처인 (주)은비로부터 비품을 무상으로 받았다. 해당 비품의 공정가치는 5,000,000원이다. (3점)

[3] 8월 2일 (주)은마상사의 사옥으로 사용할 토지를 비사업자로부터 다음과 같이 매입하였다. 그 중 토지 취득 관련 지출은 다음과 같다. 취득세는 현금으로 납부하고 토지대금과 등기수수료, 중개수수료는 보통예금 계좌에서 이체하였다. (3점)

• 토지가액	300,000,000원
• 토지 관련 취득세	13,000,000원
• 토지 취득 관련 법무사 등기수수료	300,000원
• 토지 취득 관련 중개수수료	2,700,000원

[4] 8월 10일 당기분 퇴직급여를 위하여 영업부서 직원에 대한 퇴직연금(DB형) 5,000,000원과 제조부서 직원에 대한 퇴직연금(DC형) 3,000,000원을 보통예금 계좌에서 이체하였다. (3점)

[5] 12월 13일 자기주식(취득가액 : 주당 58,000원) 120주를 주당 65,000원에 처분하여 매매대금이 보통예금 계좌로 입금되었다. 처분일 현재 자기주식처분손실 200,000원이 계상되어 있다. (3점)

문제 2 [매입매출전표입력] 메뉴를 이용하여 다음의 거래자료를 입력하시오. (15점)

입력 시 유의사항

- 일반적인 적요의 입력은 생략하지만, 타계정 대체거래는 적요번호를 선택하여 입력한다.
- 채권·채무 관련 거래는 별도의 요구가 없는 한 반드시 기등록된 거래처코드를 선택하는 방법으로 거래처명을 입력한다.
- 제조경비는 500번대 계정코드를, 판매비와관리비는 800번대 계정코드를 사용한다.
- 회계처리 시 계정과목은 등록된 계정과목 중 가장 적절한 과목으로 한다.
- 입력화면 하단의 분개까지 처리하고, 세금계산서 및 계산서는 전자 여부를 입력하여 반영한다.

[1] 3월 12일 싱가포르에 소재하는 ABC사에 제품을 $30,000에 직수출하였다. 수출대금 중 $20,000가 선적과 동시에 보통예금 계좌에 입금되었으며 나머지 $10,000는 다음달 말일에 수취하기로 하였다(수출신고번호 입력은 생략할 것). (3점)

수출대금	대금수령일	기준환율	비고
$20,000	2025.03.12.	1,300원/$	선적일
$10,000	2025.04.30.	1,250원/$	잔금청산일

[2] 10월 1일 업무용으로 사용할 목적으로 거래처 달려요로부터 업무용승용차(990cc)를 중고로 구입하였다. 대금은 한 달 후에 지급하기로 하고, 다음의 종이세금계산서를 발급받았다. (3점)

세금계산서(공급받는자 보관용)								
책번호			권		호			
일련번호			-					

	공급자				공급받는자			
등록번호	106-11-56318			등록번호	688-85-01470			
상호(법인명)	달려요	성명(대표자)	정화물	상호(법인명)	(주)은마상사	성명(대표자)	박은마	
사업장 주소	경기도 성남시 중원구 성남대로 99			사업장 주소	경기도 평택시 가재길 14			
업태	서비스	종목	화물	업태	도소매	종목	전자제품	

작성			공급가액									세액							비고
연	월	일	빈칸수	백	십	억	천	백	십	만	천	백	십	일	십	억	천	백	십	만	천	백	십	일
25	10	01	4				2	0	0	0	0	0	0	0				2	0	0	0	0	0	0

월	일	품목	규격	수량	단가	공급가액	세액	비고
10	01	승용차				20,000,000	2,000,000	

합계금액	현금	수표	어음	외상미수금	이 금액을 **청구**함
22,000,000				22,000,000	

115회 실무시험

[3] 10월 29일 업무용승용차를 (주)월클파이낸셜로부터 운용리스 조건으로 리스하였다. 영업부서에서 사용하고 임차료 1,800,000원의 전자계산서를 발급받았다. 대금은 다음 달 5일에 지급하기로 하였다. (3점)

[4] 11월 1일 (주)은마상사는 (주)진산에 아래와 같은 전자세금계산서를 발급하였다. 제품 대금은 (주)진산에게 지급해야할 미지급금(8,000,000원)과 상계하기로 상호 협의하였으며 잔액은 보통예금 계좌로 입금받았다. (3점)

전자세금계산서					승인번호	20251101-1547412-2014956		
공급자	등록번호	688-85-01470	종사업장 번호		공급받는자	등록번호	259-81-15652	종사업장 번호	
	상호 (법인명)	(주)은마상사	성 명	박은마		상호 (법인명)	(주)진산	성 명	이진산
	사업장 주소	경기도 평택시 가재길 14				사업장 주소	세종시 부강면 부곡리 128		
	업 태	도소매	종 목	전자제품		업 태	건설업	종 목	인테리어
	이메일					이메일			
작성일자	공급가액		세 액		수정사유		비 고		
2025.11.01	10,000,000		1,000,000						
월	일	품 목	규 격	수 량	단 가	공급가액	세 액	비 고	
11	01	전자제품				10,000,000	1,000,000		
합계금액	현 금		수 표		어 음		외상미수금	위 금액을 **청구**함	
11,000,000	3,000,000						8,000,000		

[5] 11월 20일 (주)코스트코코리아에서 제조부 사원들을 위해 공장에 비치할 목적으로 온풍기를 1,936,000원(부가가치세 포함)에 구입하고, 대금은 보통예금 계좌에서 이체하여 지급한 후 현금영수증(지출증빙용)을 수취하였다(단, 자산으로 처리할 것). (3점)

거래정보	
거래일시	2025-11-20
승인번호	G45972376
거래구분	승인거래
거래용도	지출증빙
발급수단번호	688-85-01470

■ 거래금액

공급가액	부가세	봉사료	총 거래금액
1,760,000	176,000	0	1,936,000

■ 가맹점 정보

상 호	(주)코스트코코리아
사업자번호	107-81-63829
대표자명	조만수
주 소	경기도 부천시 길주로 284

- 익일 홈택스에서 현금영수증 발급 여부를 반드시 확인하시기 바랍니다.
- 홈페이지(http://www.hometax.go.kr)
  - 조회/발급 > 현금영수증 조회 > 사용내역(소득공제) 조회
                            > 매입내역(지출증빙) 조회
- 관련문의는 국세상담센터(☎126-1-1)

문제 13 부가가치세 신고와 관련하여 다음 물음에 답하시오. (10점)

[1] 다음 자료를 보고 제2기 확정신고기간의 [공제받지못할매입세액명세서] 중 [공제받지못할매입세액내역] 탭과 [공통매입세액의정산내역] 탭을 작성하시오(단, 불러온 자료는 무시하고 직접 입력할 것). (4점)

1. 매출 공급가액에 관한 자료

구분	과세사업	면세사업	합계
7월 ~ 12월	350,000,000원	150,000,000원	500,000,000원

2. 매입세액(세금계산서 수취분)에 관한 자료

구분	① 과세사업 관련			② 면세사업 관련		
	공급가액	매입세액	매수	공급가액	매입세액	매수
10월 ~ 12월	245,000,000원	24,500,000원	18매	90,000,000원	9,000,000원	12매

3. 총공통매입세액(7월~12월) : 3,800,000원
   ※ 제2기 예정신고 시 공통매입세액 중 불공제매입세액 : 500,000원

115회 실무시험

[2] 다음의 자료를 이용하여 2025년 제1기 확정신고기간에 대한 [부가가치세신고서]를 작성하시오(단, 과세표준명세 작성은 생략한다). (6점)

구분	자 료
매출	1. 전자세금계산서 발급 매출 공급가액 : 500,000,000원(세액 50,000,000원) 　(→ 지연발급한 전자세금계산서의 매출 공급가액 1,000,000원이 포함되어 있음) 2. 신용카드 매출전표 발급 매출 공급대가 : 66,000,000원 　(→ 전자세금계산서 발급 매출 공급가액 10,000,000원이 포함되어 있음) 3. 해외 직수출에 따른 매출 공급가액 : 30,000,000원
매입	1. 전자세금계산서 수취 매입(일반) 공급가액 : 320,000,000원(세액 32,000,000원) 2. 신용카드 매입 공급대가 : 12,100,000원 　(→ 에어컨 구입비 3,300,000원(공급대가)이 포함되어 있음) 3. 제1기 예정신고 시 누락된 세금계산서 매입(일반) 공급가액 : 10,000,000원(세액 1,000,000원)
비고	1. 지난해 11월에 발생한 매출채권(5,500,000원, 부가가치세 포함)이 해당 거래처의 파산으로 대손이 확정되었다. 2. 2025년 제1기 예정신고미환급세액 : 3,000,000원 3. 국세청 홈택스에 전자신고를 완료하였다.

문제 4 결산정리사항은 다음과 같다. 관련 메뉴를 이용하여 결산을 완료하시오. (15점)

[1] 전기에 은혜은행으로부터 차입한 장기차입금 20,000,000원의 만기일은 2026년 4월 30일이다. (3점)

[2] 10월 01일에 팝업스토어 매장 임차료 1년분 금액 3,000,000원을 모두 지불하고 임차료로 계상하였다. 기말 결산 시 필요한 회계처리를 행하시오(단, 임차료는 월할 계산한다). (3점)

[3] 아래의 차입금 관련 자료를 이용하여 결산일까지 발생한 차입금 이자비용에 대한 당해연도분 미지급비용을 인식하는 회계처리를 하시오(단, 이자는 만기 시에 지급하고, 월할 계산한다). (3점)

- 금융기관 : (주)중동은행
- 대출금액 : 300,000,000원
- 대출기간 : 2025년 05월 01일 ~ 2026년 04월 30일
- 대출이자율 : 연 6.8%

[4] 결산 시 당기 감가상각비 계상액은 다음과 같다. 결산을 완료하시오. (3점)

계정과목	경비구분	당기 감가상각비 계상액
건 물	판매및관리	20,000,000원
기계장치	제조	4,000,000원
영업권	판매및관리	3,000,000원

[5] 결산일 현재 재고자산은 다음과 같다. 아래의 정보를 반영하여 결산자료입력을 수행하시오. (3점)

> 1. **기말재고자산**
>   - 기말원재료 : 4,700,000원
>   - 기말재공품 : 800,000원
>   - 기말제품 : 16,300,000원
> 2. **추가정보**(위 1.에 포함되지 않은 자료임)
>   - 도착지 인도조건으로 매입하여 운송 중인 미착원재료 : 2,300,000원
>   - 수탁자에게 인도한 위탁제품 14,000,000원 중에 수탁자가 판매 완료한 것은 9,000,000원으로 확인됨.

문제 5 2025년 귀속 원천징수와 관련된 다음의 물음에 답하시오. (15점)

[1] 다음은 영업부 사원 김필영(사번 : 1001)의 부양가족 자료이다. 부양가족은 모두 생계를 함께하고 있으며 세부담 최소화를 위해 가능하면 김필영이 모두 공제받고자 한다. 본인 및 부양가족의 소득은 주어진 내용이 전부이다. [사원등록] 메뉴의 [부양가족명세] 탭을 작성하시오(단, 기본공제대상자가 아닌 경우도 기본공제 '부'로 입력할 것). (5점)

관계	성명	주민등록번호	동거여부	비 고
본인	김필영	830419-1234577	세대주	총급여 8,000만원
배우자	최하나	851006-2219121	동거	퇴직소득금액 100만원
아들	김이온	130712-3035907	동거	소득 없음
딸	김시온	200103-4035458	동거	소득 없음
부친	김경식	460103-1156796	주거형편상 별거	소득 없음, 「국가유공자법」에 따른 상이자로 장애인, 2025.03.08. 사망.
모친	이연화	500717-2155441	주거형편상 별거	양도소득금액 1,000만원, 장애인(중증환자)
장모	한수희	521111-2523467	주거형편상 별거	총급여 500만원
형	김필모	801230-1234577	동거	일용근로소득 720만원, 「장애인복지법」에 따른 장애인

115회 실무시험

[2] 다음은 회계부서에 재직 중인 이철수(사원코드 : 102) 사원의 연말정산 관련 자료이다. 아래의 자료를 이용하여 [연말정산추가자료입력] 메뉴의 [부양가족] 탭, [신용카드 등] 탭, [의료비] 탭을 입력하여 [연말정산입력] 탭을 완성하시오(단, 근로자 본인의 세부담 최소화를 가정한다). (10점)

1. **가족사항**(모두 거주자인 내국인에 해당함)

성명	관계	주민등록번호	동거여부	소득금액	비 고
이철수	본인	840505-1478513		48,000,000원	총급여액(근로소득 외의 소득 없음), 세대주
강희영	배우자	850630-2547861	여	10,000,000원	양도소득금액
이명수	부친	571012-1587425	여	900,000원	부동산임대소득금액 : 　총수입금액 20,000,000원 　필요경비　19,100,000원
이현수	아들	150408-3852602	여	-	초등학생
이리수	딸	201104-4487125	여	-	취학 전 아동

※ 기본공제대상자가 아닌 경우도 기본공제 '부'로 입력할 것

2. **연말정산 관련 추가자료**(모든 자료는 국세청에서 제공된 자료에 해당하며, 표준세액공제가 더 클 경우 표준세액공제를 적용한다.)

내역	비 고
보장성 보험료	• 이철수(본인) : 자동차보험료 300,000원 • 강희영(배우자) : 보장성보험료 200,000원 • 이명수(부친) : 생명보험료 150,000원(만기까지 납입액이 만기환급액보다 큰 경우에 해당) • 이현수(아들) : 보장성보험료 350,000원
교육비	• 이철수(본인) : 정규 교육 과정 대학원 교육비 5,000,000원 • 이현수(아들) : 국내 소재 사립초등학교(「초·중등교육법」상의 정규 교육기관) 수업료 8,000,000원 　　　　　　　바이올린 학원비 2,400,000원 • 이리수(딸) : 「영유아보육법」상의 어린이집 교육비 1,800,000원
의료비	• 이철수(본인) : 질병 치료 목적 의료비 1,050,000원 • 이명수(부친) : 질병 치료 목적 국외 의료비 1,500,000원 • 이리수(딸) : 질병 치료 목적 의료비 250,000원
신용카드 사용액	• 이철수(본인) : 신용카드 사용액 32,500,000원 　　　　　　　(신용카드사용분 중 전통시장/대중교통/도서 등 사용분은 없음)

114회 이론시험 (합격률 : 55.92%)
PART 02 기출문제

다음 문제를 보고 알맞은 것을 골라 이론문제 답안작성 메뉴에 입력하시오. (객관식 문항당 2점)

기 본 전 제

문제에서 한국채택국제회계기준을 적용하도록 하는 전제조건이 없는 경우, 일반기업회계기준을 적용한다.

01. 다음 중 재무상태표의 목적을 설명한 것으로 옳지 않은 것은?
① 일정시점 현재 기업이 보유하고 있는 경제적 자원에 대한 정보를 제공한다.
② 회계정보이용자들이 기업의 유동성, 재무적 탄력성, 수익성과 위험을 평가하는데 정보를 제공한다.
③ 기업이 보유하고 있는 자산과 부채, 그리고 자본에 대한 정보를 제공한다.
④ 종업원의 실적을 측정하여 근무태도를 평가한다.

02. 재고자산의 단가결정방법 중 후입선출법에 대한 설명으로 바르지 않은 것은?
① 실제 물량흐름과 원가흐름이 대체로 일치한다.
② 기말재고가 가장 오래 전에 매입한 상품의 단가로 계상된다.
③ 물가가 상승한다는 가정에는 이익이 과소계상된다.
④ 물가가 상승한다는 가정에는 기말재고가 과소평가된다.

03. 다음 중 일반기업회계기준상 거래형태별 수익 인식시점으로 가장 올바른 것은?
① 배당금 수익 : 배당금을 수취한 날
② 상품권 판매 : 상품권을 발행한 날
③ 장기할부판매 : 판매가격을 기간별로 안분하여 수익으로 인식한다.
④ 건설형 공사계약 : 공사 진행률에 따라 진행기준에 의해 수익을 인식한다.

04. 다음 중 자본에 대한 설명으로 옳지 않은 것은?
① 상법 규정에 따라 자본금의 1/2에 달할 때까지 금전에 의한 이익배당액의 1/10 이상의 금액을 이익준비금으로 적립하여야 한다.
② 주식배당을 하면 자본금 계정과 자본총액은 변하지 않는다.
③ 자본은 주주의 납입자본에 기업활동을 통하여 획득하고 기업의 활동을 위해 유보된 금액을 가산하고, 기업활동으로 인한 손실 및 소유자에 대한 배당으로 인한 주주지분 감소액을 차감한 잔액이다.
④ 현금으로 배당하는 경우에는 배당액을 이익잉여금에서 차감한다.

114회 이론시험

05. 다음은 시장성 있는 유가증권의 취득 및 처분에 대한 내역이다. 다음 중 아래의 자료에 대한 설명으로 틀린 것은?

> • 2024년 07월 12일 : 주식회사 한세의 주식 10주를 주당 20,000원에 매입하였다.
> • 2024년 12월 31일 : 주식회사 한세의 공정가치는 주당 19,000원이다.
> • 2025년 05월 09일 : 주식회사 한세의 주식 전부를 주당 21,000원에 처분하였다.

① 단기매매증권으로 분류할 경우, 2024년 기말 장부가액은 200,000원이다.
② 매도가능증권으로 분류할 경우, 처분 시 매도가능증권처분이익은 10,000원이다.
③ 단기매매증권으로 분류할 경우, 처분 시 단기매매증권처분이익은 20,000원이다.
④ 매도가능증권으로 분류할 경우, 단기매매증권으로 분류하였을 경우보다 2025년 당기순이익이 감소한다.

06. 다음 중 기본원가에 해당하면서 동시에 가공원가에 해당하는 것은?
① 직접재료원가
② 직접노무원가
③ 제조간접원가
④ 직접재료원가와 직접노무원가

07. (주)미르는 동일한 원재료를 투입하여 동일한 제조공정에서 제품 A, B, C를 생산하고 있다. 세 가지 제품에 공통적으로 투입된 결합원가가 400,000원일 때, 순실현가치법으로 결합원가를 배부하는 경우 제품 B의 제조원가는 얼마인가?

제품	생산량	단위당 판매가격	추가가공원가(총액)
A	200kg	@3,000원	없음
B	250kg	@2,000원	125,000원
C	500kg	@1,200원	75,000원

① 100,000원 ② 165,000원 ③ 200,000원 ④ 225,000원

08. 다음 중 제조간접원가 배부차이 조정 방법에 해당하지 않는 것은?
① 매출원가조정법 ② 단계배분법 ③ 비례배분법 ④ 영업외손익법

09. 다음 중 개별원가계산에 대한 설명으로 옳지 않은 것은?
① 제조간접원가는 원가대상에 직접 추적할 수 없으므로 배부기준을 정하여 배부율을 계산하여야 한다.
② 조선업이나 건설업 등에 적합한 원가계산 방법이다.
③ 단일 종류의 제품을 연속적으로 대량 생산하는 경우에 적용한다.
④ 실제개별원가계산에서는 제조간접원가를 기말 전에 배부할 수 없어 제품원가 계산이 지연된다는 단점이 있다.

이론시험 114회

10. 다음 중 공손에 대한 설명으로 틀린 것을 고르시오.
① 정상품을 생산하는 과정에서 불가피하게 발생하는 계획된 공손을 정상공손이라고 한다.
② 정상공손은 예측이 가능하며 단기적으로 통제할 수 없다.
③ 비정상공손은 능률적인 생산조건 하에서는 발생하지 않을 것으로 예상되며 예측할 수 없다.
④ 비정상공손은 통제가능한 공손으로서 제품원가에 가산한다.

11. 다음 중 우리나라 부가가치세법의 특징에 대한 설명으로 옳지 않은 것은?
① 전단계세액공제법
② 간접세
③ 소비행위에 대하여 과세
④ 생산지국 과세원칙

12. 다음 중 부가가치세법상 공통매입세액 안분 계산을 생략하는 경우를 고르시오.

> 가. 해당 과세기간 중 공통매입세액이 5만원 미만인 경우
> 나. 해당 과세기간의 총공급가액 중 면세공급가액이 5% 미만이면서, 공통매입세액은 5백만원 이상인 경우
> 다. 해당 과세기간 중 공통매입세액이 없는 경우

① 가　　② 다　　③ 가, 다　　④ 가, 나, 다

13. 다음 중 부가가치세법상 신고와 납부에 대한 설명으로 옳은 것은?
① 예정신고를 한 사업자는 이미 신고한 과세표준과 납부한 납부세액 또는 환급받은 세액은 각 과세기간의 확정신고에 대한 과세표준과 납부세액 또는 환급세액을 신고할 때 신고하지 아니한다.
② 모든 법인사업자는 예정신고기간의 과세표준과 납부세액을 관할 세무서장에게 신고해야 한다.
③ 신규로 사업을 시작하는 자에 대한 최초의 예정신고기간은 그 날이 속하는 과세기간의 개시일로부터 사업 개시일까지로 한다.
④ 모든 개인사업자는 예정신고를 하고 예정신고기간의 납부세액을 납부할 수 있다.

14. 다음 중 소득세법상 과세 방법이 나머지와 다른 하나는 무엇인가?
① Gross-Up 대상 배당소득 2,400만원
② 일용근로소득 5,000만원
③ 주택임대소득이 아닌 부동산 임대소득 100만원
④ 인적용역을 일시적으로 제공하고 받은 대가 800만원

15. 다음 중 소득세법상 사업소득 총수입금액에 산입하여야 하는 것은?
① 부가가치세 매출세액
② 사업과 관련된 자산수증이익
③ 사업용 고정자산 매각액 (복식부기의무자가 아님)
④ 자가생산한 제품을 타 제품의 원재료로 사용한 경우 그 금액

114회 실무시험

(주)효원상회(회사코드 : 1142)는 전자제품의 제조 및 도·소매업을 주업으로 영위하는 중소기업으로 당기(제12기)의 회계기간은 2025.1.1. ~ 2025.12.31.이다. 전산세무회계 수험용 프로그램을 이용하여 다음 물음에 답하시오.

기본전제

- 문제에서 한국채택국제회계기준을 적용하도록 하는 전제조건이 없는 경우, 일반기업회계기준을 적용하여 회계처리 한다.
- 문제의 풀이와 답안작성은 제시된 문제의 순서대로 진행한다.

문제 1 [일반전표입력] 메뉴를 이용하여 다음의 거래자료를 입력하시오. (15점)

입력 시 유의사항

- 일반적인 적요의 입력은 생략하지만, 타계정 대체거래는 적요번호를 선택하여 입력한다.
- 채권·채무와 관련된 거래는 별도의 요구가 없는 한 반드시 기등록된 거래처코드를 선택하는 방법으로 거래처명을 입력한다.
- 제조경비는 500번대 계정코드를, 판매비와관리비는 800번대 계정코드를 사용한다.
- 회계처리 시 계정과목은 별도의 제시가 없는 한 등록된 계정과목 중 가장 적절한 과목으로 한다.

[1] 1월 25일 미지급세금으로 계상되어 있는 2024년 제2기 확정 부가가치세 납부세액 8,500,000원을 국민카드로 납부하였다. 단, 납부대행수수료는 납부세액의 0.8%이며, 세금과공과(판)로 처리한다. (3점)

[2] 1월 31일 제품 판매대금으로 수령한 약속어음을 하나은행에 할인하고, 할인수수료 85,000원을 차감한 잔액이 보통예금 계좌로 입금되었다(단, 매각거래로 회계처리 할 것). (3점)

전 자 어 음

(주)효원상회 귀하

금 일천만원정   10,000,000원

위의 금액을 귀하 또는 귀하의 지시인에게 지급하겠습니다.

지급기일 2025년 03월 31일   발행일 2024년 12월 31일
지 급 지 국민은행   발행지
지급장소 신중동역 종합금융센터   주 소   경기도 부천시 길주로 284, 805호
                                     발행인 무인상사(주)

[3] 2월 4일   액면가액 10,000,000원(5년 만기)인 사채를 9,800,000원에 할인발행하였으며, 대금은 전액 보통예금 계좌로 입금되었다. (3점)

[4] 6월 17일   생산부에서 사용할 소모품을 현금으로 구입하고 아래의 간이영수증을 수령하였다(단, 당기 비용으로 처리할 것). (3점)

영 수 증 (공급받는자용)				
No.	(주)효원상회 귀하			
공급자	사업자등록번호	150-45-51052		
	상 호	나래철물	성 명	이나래 (인)
	사업장소재지	서울시 강남구 도곡동		
	업 태	도소매	종 목	철물점
작성년월일	공급대가 총액		비 고	
2025.06.17.	20,000원			
위 금액을 정히 **영수**(청구)함.				
월/일	품명	수량	단가	공급가(금액)
06.17.	청소용품	2	10,000원	20,000원
합 계			20,000원	
부가가치세법시행규칙 제25조의 규정에 의한 (영수증)으로 개정				

[5] 9월 13일   매입처인 (주)제주상사로부터 일시적으로 차입한 50,000,000원에 대하여 이자를 지급하였다. 이자 200,000원에 대한 원천징수세액은 55,000원이다. 당사는 이자에서 원천징수세액을 차감한 금액을 보통예금 계좌에서 송금하였다. (3점)

114회 실무시험

문제 2 [매입매출전표입력] 메뉴를 이용하여 다음의 거래자료를 입력하시오. (15점)

입력 시 유의사항

- 일반적인 적요의 입력은 생략하지만, 타계정 대체거래는 적요번호를 선택하여 입력한다.
- 채권·채무 관련 거래는 별도의 요구가 없는 한 반드시 기등록된 거래처코드를 선택하는 방법으로 거래처명을 입력한다.
- 제조경비는 500번대 계정코드를, 판매비와관리비는 800번대 계정코드를 사용한다.
- 회계처리 시 계정과목은 등록된 계정과목 중 가장 적절한 과목으로 한다.
- 입력화면 하단의 분개까지 처리하고, 세금계산서 및 계산서는 전자 여부를 입력하여 반영한다.

[1] 7월 8일 내국신용장에 의하여 (주)한빛에 제품을 22,000,000원에 판매하고, 영세율전자세금계산서를 발급하였다. 판매대금 중 계약금을 제외한 잔금은 (주)한빛이 발행한 약속어음(만기 3개월)으로 수령하였으며, 계약금 7,000,000원은 작년 말에 현금으로 받았다(단, 서류번호 입력은 생략할 것). (3점)

[2] 7월 15일 회사 사옥을 신축하기 위하여 취득한 토지의 부동산중개수수료에 대하여 (주)다양으로부터 아래의 전자세금계산서를 수취하였다. (3점)

전자세금계산서						승인번호		20250715-10454645-53811338		
공급자	등록번호	211-81-41992	종사업장 번호		공급받는자	등록번호	651-81-00898	종사업장 번호		
	상호(법인명)	(주)다양	성 명	오미인		상호(법인명)	(주)효원상회	성 명		오미자
	사업장 주소	서울시 금천구 시흥대로 198-11				사업장 주소	경기도 용인시 처인구 경안천로 2-7			
	업 태	서비스	종 목	부동산중개		업 태	제조 외	종 목		전자제품
	이메일	ds114@naver.com				이메일	jjsy77@naver.com			
작성일자	공급가액		세 액		수정사유					
2025/07/15	10,200,000		1,020,000		해당 없음					
비 고										
월	일	품 목	규 격	수 량	단 가	공급가액		세 액		비 고
07	15	토지 중개수수료				10,200,000		1,020,000		
합계금액		현 금	수 표		어 음	외상미수금		이 금액을 **청구**함		
11,220,000						11,220,000				

[3] 8월 5일   생산부 직원들의 단합을 위한 회식을 하고 식사비용 275,000원(부가가치세 포함)을 현금으로 지급하였으며, 일반과세자인 (주)벽돌갈비로부터 지출증빙용 현금영수증을 적법하게 발급받았다. (3점)

Hometax. 국세청홈텍스 현금영수증

■ 거래정보

거래일시	2025-08-05 20:12:55
승인번호	G00260107
거래구분	승인거래
거래용도	지출증빙
발급수단번호	651-81-00898

■ 거래금액

공급가액	부가세	봉사료	총 거래금액
250,000	25,000	0	275,000

■ 가맹점 정보

상 호	(주)벽돌갈비
사업자번호	123-81-98766
대표자명	심재은
주 소	서울시 송파구 방이동 12-2

· 익일 홈택스에서 현금영수증 발급 여부를 반드시 확인하시기 바랍니다.
· 홈페이지(http://www.hometax.go.kr)
  - 조회/발급 > 현금영수증 조회 > 사용내역(소득공제) 조회
                                  > 매입내역(지출증빙) 조회
· 관련문의는 국세상담센터(☎126-1-1)

[4] 8월 20일   영업부에서 사용하던 업무용 승용자동차(12고1234)를 헤이중고차상사(주)에 5,500,000원(부가가치세 포함)에 처분하고 전자세금계산서를 발급하였다. 대금은 전액 보통예금 계좌로 지급받았으며, 해당 차량은 20,000,000원에 취득한 것으로 처분일 현재 감가상각누계액은 16,000,000원이다. (3점)

114회 실무시험

[5] 9월 12일 제조공장의 임대인으로부터 다음의 전자세금계산서를 발급받았다. 단, 비용은 아래의 품목에 기재된 계정과목으로 각각 회계처리하시오. (3점)

전자세금계산서									승인번호	20250912-31000013-44346111	
공급자	등록번호	130-55-08114	종사업장 번호			공급받는자	등록번호	651-81-00898	종사업장 번호		
	상호(법인명)	건물주	성명	편미선			상호(법인명)	(주)효원상회	성명	오미자	
	사업장 주소	경기도 부천시 길주로 1					사업장 주소	경기도 용인시 처인구 경안천로 2-7			
	업태	부동산업	종목	부동산임대			업태	제조 외	종목	전자제품	
	이메일						이메일	jjsy77@naver.com			
작성일자		공급가액		세액			수정사유				
2025/09/12		3,000,000		300,000			해당 없음				
비고											
월	일	품목	규격	수량	단가	공급가액		세액		비고	
09	12	임차료				2,800,000		280,000			
09	12	건물관리비				200,000		20,000			
합계금액		현금		수표		어음		외상미수금		이 금액을 **청구**함	
3,300,000								3,300,000			

문제 3 부가가치세 신고와 관련하여 다음 물음에 답하시오. (10점)

[1] 아래의 자료를 이용하여 2025년 제1기 부가가치세 확정신고기간의 [수출실적명세서]를 작성하시오(단, 거래처코드와 거래처명은 등록된 거래처를 조회하여 사용할 것). (3점)

거래처	수출신고번호	선적일	환가일	통화	수출액	기준환율	
						선적일	환가일
BOB	12345-77-100066X	2025.06.15	2025.04.10	USD	$80,000	1,350원/$	1,300원/$
ORANGE	22244-88-100077X	2025.06.15	2025.06.30	EUR	€52,000	1,400원/€	1,410원/€

[2] 다음의 자료만을 이용하여 2025년 제2기 확정신고기간의 [부가가치세신고서]를 작성하시오(단, 불러온 데이터 값은 무시하고 새로 입력할 것). (5점)

구분	자 료
매출 자료	1. 전자세금계산서 발급분 과세 매출액 : 공급가액 155,000,000원, 세액 15,500,000원 2. 종이세금계산서 발급분 과세 매출액 : 공급가액 12,500,000원, 세액 1,250,000원 3. 내국신용장에 의한 영세율 매출액 : 공급가액 100,000,000원, 세액 0원 4. 당기에 대손이 확정(대손세액 공제 요건 충족)된 채권 : 1,320,000원(VAT 포함)

매입
자료

1. 전자세금계산서 수취분 매입내역

구 분	공급가액	세 액
일반 매입	185,000,000원	18,500,000원
일반 매입(접대성 물품)	2,400,000원	240,000원
제조부 화물차 구입	28,000,000원	2,800,000원
합 계	215,400,000원	21,540,000원

2. 신용카드 사용분 매입내역

구 분	공급가액	세 액
일반 매입	18,554,200원	1,855,420원
사업과 관련 없는 매입	1,363,637원	136,363원
비품(고정자산) 매입	2,545,455원	254,545원
예정신고누락분(일반 매입)	500,000원	50,000원
합 계	22,963,292원	2,296,328원

기타	1. 당사는 법인으로 전자세금계산서 의무발급대상자이나 종이세금계산서 발급 1건이 있다. 　(위 매출자료의 '2. 종이세금계산서 발급분 과세 매출액') 2. 위 '기타 1.' 외 전자세금계산서의 발급 및 국세청 전송은 정상적으로 이루어졌다. 3. 예정신고누락분은 확정신고 시에 반영하기로 한다. 4. 전자신고세액공제를 받기로 한다.

[3] 다음의 자료를 이용하여 2025년 제1기 부가가치세 예정신고기간(1월 1일 ~ 3월 31일)의 [부가가치세신고서] 및 관련 부속서류를 전자신고하시오. (2점)

> 1. 부가가치세신고서와 관련 부속서류는 마감되어 있다.
> 2. [전자신고] → [국세청 홈택스 전자신고변환(교육용)] 순으로 진행한다.
> 3. [전자신고]의 [전자신고제작] 탭에서 신고인구분은 2.납세자 자진신고를 선택하고, 비밀번호는 "12345678"로 입력한다.
> 4. [국세청 홈택스 전자신고변환(교육용)] → 전자파일변환(변환대상파일선택) → 찾아보기 에서 전자신고용 전자파일을 선택한다.
> 5. 전자신고용 전자파일 저장경로는 로컬디스크(C:)이며, 파일명은 "enc작성연월일.101.v사업자등록번호"이다.
> 6. 형식검증하기 ➡ 형식검증결과확인 ➡ 내용검증하기 ➡ 내용검증결과확인 ➡ 전자파일제출 을 순서대로 클릭한다.
> 7. 최종적으로 전자파일 제출하기 를 완료한다.

114회 실무시험

문제 4 결산정리사항은 다음과 같다. 관련 메뉴를 이용하여 결산을 완료하시오. (15점)

[1] 당기 중 현금 시재가 부족하여 현금과부족으로 처리했던 1,200,000원의 원인이 결산일 현재 다음과 같이 확인되었다(단, 항목별로 적절한 계정과목으로 처리하고, 하나의 전표로 입력할 것). (3점)

내 용	금 액
불우이웃돕기 성금	1,000,000원
영업부 거래처 직원의 결혼 축의금	200,000원

[2] 제조부의 제품 생산공장에 대한 화재보험료 전액을 납부일에 즉시 비용으로 처리하였다. 결산일에 필요한 회계처리를 하시오(단, 보험료는 월할계산 한다). (3점)

구 분	보장기간	납부일	납부액
제조부 제품 생산공장 화재보험료	2025.06.01. ~ 2026.05.31.	2025.06.01.	3,600,000원

[3] 대표자에게 대여한 20,000,000원(대여기간 : 2025.01.01. ~ 2025.12.31.)에 대하여 당좌대출이자율(연 4.6%)로 계산한 이자 상당액을 보통예금 계좌로 입금받았다. (3점)

[4] 당사는 기말 현재 보유 중인 다음의 3가지 채권의 잔액에 대해서만 1%의 대손충당금을 보충법으로 설정하고 있다(단, 원 단위 미만은 절사한다). (3점)

구 분	기말잔액	설정 전 대손충당금 잔액
외상매출금	548,550,000원	4,750,000원
받을어음	22,700,000원	20,000원
단기대여금	50,000,000원	0원

[5] 기말 현재 당기분 법인세(지방소득세 포함)는 8,400,000원으로 산출되었다. 단, 당기분 법인세 중간예납세액과 이자소득 원천징수세액의 합계액인 5,800,000원은 선납세금으로 계상되어 있다. (3점)

문제 15 2025년 귀속 원천징수와 관련된 다음의 물음에 답하시오. (15점)

[1] 다음은 영업부 대리 정기준(사번 : 33)의 급여 관련 자료이다. 필요한 [수당공제등록]을 하고 4월분 [급여자료입력]과 [원천징수이행상황신고서]를 작성하시오. (5점)

1. 4월의 급여 지급내역은 다음과 같다.

이름 : 정기준		지급일 : 2025년 04월 30일	
기 본 급	2,800,000원	국 민 연 금	153,000원
직 책 수 당	400,000원	건 강 보 험	120,530원
야 간 근 로 수 당	200,000원	장 기 요 양 보 험	15,600원
(비과세) 식 대	200,000원	고 용 보 험	27,200원
(비과세) 자가운전보조금	200,000원	소 득 세	114,990원
(비과세) 출산보육수당	200,000원	지 방 소 득 세	11,490원
급여 합계	4,000,000원	공 제 합 계	442,810원
		차 인 지 급 액	3,557,190원

2. 수당공제등록 시 다음에 주의하여 입력한다.
   - 수당등록 시 사용하는 수당 이외의 항목은 사용 여부를 "부"로 체크한다.
     (단, 월정액 여부와 통상임금 여부는 무시할 것)
   - 공제등록은 고려하지 않는다.
3. 급여자료입력 시 다음에 주의하여 입력한다.
   - 비과세에 해당하는 항목은 모두 비과세 요건을 충족하며, 최대한 반영하기로 한다.
   - 공제항목은 불러온 데이터를 무시하고 직접 입력하여 작성한다.
4. 원천징수는 매월하고 있으며, 전월 미환급세액은 601,040원이다.

114회 실무시험

[2] 다음은 2025.08.01. 홍보부에 입사한 홍상현(사원코드 : 1005, 세대주) 사원의 연말정산 관련 자료이다. 다음 자료를 이용하여 [연말정산추가자료입력] 메뉴의 [소득명세] 탭, [부양가족(보험료, 교육비)] 탭, [신용카드 등] 탭, [의료비] 탭을 작성하여 [연말정산입력] 탭에서 연말정산을 완료하시오(단, 근로자 본인의 세부담 최소화를 가정한다). (10점)

1. 전(前)근무지 근로소득원천징수영수증
- 근무기간 : 2025.01.01. ~ 2025.07.31.
- 근무처 : 주식회사 두섬(사업자등록번호 : 103-81-62982)
- 소득명세 : 급여 26,000,000원, 상여 1,000,000원(비과세 급여, 비과세 상여 및 감면소득 없음)

세액명세	소득세	지방소득세	공제보험료 명세	건강보험료	905,300원
결 정 세 액	340,000원	34,000원		장기요양보험료	115,900원
기 납 부 세 액	460,000원	46,000원		고 용 보 험 료	243,000원
차 감 징 수 세 액	-120,000원	-12,000원		국민연금보험료	1,170,000원

2. 가족사항 : 모두 동거하며, 생계를 같이함

성명	관계	주민번호	비 고
홍상현	본인	870314-1287645	현근무지 총급여액 15,000,000원
이명지	배우자	870621-2044767	총급여액 6,000,000원
홍라율	자녀	210827-4842437	소득 없음
홍천운	부친	590919-1287027	소득 없음

※ 기본공제대상자가 아닌 경우, 기본공제 "부"로 입력할 것

3. 연말정산추가자료
(안경 구입비용을 제외한 연말정산 자료는 모두 국세청 홈택스 연말정산간소화서비스 자료임)

항목	내 용
보험료	• 홍상현(본인) – 자동차운전자보험료 800,000원 • 이명지(배우자) – 보장성보험료 800,000원 • 홍라율(자녀) – 일반보장성보험료 500,000원

의료비	• 홍상현(본인) – 질병치료비 300,000원
	             – 시력보정용 안경 구입비용 700,000원
	              (상호 : 모든안경, 사업자등록번호 : 431-01-00574)
	• 홍라율(자녀) – 질병치료비 400,000원
	• 홍천운(부친) – 질병치료비 8,000,000원

교육비	• 홍상현(본인) – 정규 교육 과정 대학원 교육비 7,000,000원 • 홍라율(자녀) – 「영유아보육법」상의 어린이집 교육비 2,400,000원
신용카드 등 사용액	• 홍상현(본인) – 신용카드 사용액 23,000,000원(대중교통 사용분 1,000,000원 포함) – 현금영수증 사용액 7,000,000원(전통시장 사용분 4,000,000원 포함) • 홍상현의 신용카드 사용액은 위 의료비 지출액이 모두 포함된 금액이다. • 제시된 내용 외 전통시장/대중교통/도서 등 사용분은 없다.

113회 이론시험 (합격률: 28.52%)

PART 02 기출문제

다음 문제를 보고 알맞은 것을 골라 [이론문제 답안작성] 메뉴에 입력하시오. (객관식 문항당 2점)

기본전제
문제에서 한국채택국제회계기준을 적용하도록 하는 전제조건이 없는 경우, 일반기업회계기준을 적용한다.

01. 다음 중 재무상태표의 구성요소에 대한 설명으로 틀린 것은?
① 부채는 유동성에 따라 유동부채와 비유동부채로 구분한다.
② 자산과 부채는 유동성이 큰 항목부터 배열하는 것을 원칙으로 한다.
③ 자산은 유동자산과 비유동자산으로 구분하며 유동자산은 당좌자산과 투자자산으로 구분한다.
④ 자본은 자본금, 자본잉여금, 자본조정, 기타포괄손익누계액 및 이익잉여금(결손금)으로 구분한다.

02. 다음의 자료를 이용하여 기말 자본잉여금을 구하시오. 단, 기초 자본잉여금은 10,000,000원이다.

당기에 발생한 자본 항목의 증감 내역은 아래와 같다.
• 주식발행초과금 증가   2,000,000원   • 자기주식처분이익 발생   300,000원
• 이익준비금 적립   3,000,000원   • 자본금 증가   5,000,000원

① 12,000,000원   ② 12,300,000원   ③ 15,000,000원   ④ 17,000,000원

03. 다음 중 받을어음의 대손충당금을 과대 설정하였을 경우 재무제표에 미치는 영향으로 올바른 것은?
① 자산의 과소계상
② 비용의 과소계상
③ 당기순이익 과대계상
④ 이익잉여금의 과대계상

04. 다음 중 일반기업회계기준에 따른 유형자산에 대한 설명으로 옳지 않은 것은?
① 취득원가는 구입원가 또는 제작원가 및 경영진이 의도하는 방식으로 자산을 가동하는 데 필요한 장소와 상태에 이르게 하는 데 직접 관련되는 원가로 구성된다.
② 취득세, 등록면허세 등 유형자산의 취득과 직접 관련된 제세공과금은 당기비용으로 처리한다.
③ 새로운 상품과 서비스를 소개하는 데 소요되는 원가(예 : 광고 및 판촉활동과 관련된 원가)는 유형자산의 원가를 구성하지 않는다.
④ 건물을 신축하기 위하여 사용 중인 기존 건물을 철거하는 경우 그 건물의 장부금액은 제거하여 처분손실로 반영하고, 철거비용은 전액 당기비용으로 처리한다.

113회 이론 시험

05. 다음 중 충당부채에 대한 설명으로 틀린 것은?

① 과거사건에 의해 충당부채를 인식하기 위해서는 그 사건이 기업의 미래행위와 독립적이어야 한다.
② 충당부채는 보고기간말마다 그 잔액을 검토하고, 보고기간말 현재 최선의 추정치를 반영하여 증감조정한다.
③ 충당부채를 발생시킨 사건과 밀접하게 관련된 자산의 예상되는 처분차익은 충당부채 금액의 측정에 고려하지 아니한다.
④ 의무발생사건의 결과로 현재의무가 존재하면 자원의 유출 가능성이 낮더라도 충당부채로 인식해야 한다.

06. (주)한국은 선입선출법에 의한 종합원가계산을 적용하고 있으며, 당기 생산 관련 자료는 아래와 같다. 품질검사는 완성도 30% 시점에서 이루어지며, 당기에 검사를 통과한 정상품의 3%를 정상공손으로 간주한다. 당기의 정상공손수량은 몇 개인가?

〈물량흐름〉	기초재공품	500개	(완성도 70%)
	당기착수량	2,000개	
	당기완성량	2,000개	
	기말재공품	300개	(완성도 50%)

① 51개 ② 54개 ③ 60개 ④ 75개

07. 다음 중 원가회계의 목적과 거리가 먼 것은?

① 내부 경영 의사결정에 필요한 원가 정보를 제공하기 위함이다.
② 원가통제에 필요한 원가 정보를 제공하기 위함이다.
③ 손익계산서상 제품 원가에 대한 원가 정보를 제공하기 위함이다.
④ 이익잉여금처분계산서상 이익잉여금 처분 정보를 제공하기 위함이다.

08. 다음은 정상원가계산을 채택하고 있는 (주)서울의 2025년 원가 관련 자료이다. (주)서울은 직접노동시간에 비례하여 제조간접원가를 배부한다. 제조간접원가 배부액을 구하시오.

- 제조간접원가 예산 : 39,690,000원
- 예산 직접노동시간 : 90,000시간
- 실제 제조간접원가 : 44,100,000원
- 실제 직접노동시간 : 70,000시간

① 30,870,000원 ② 34,300,000원 ③ 47,800,000원 ④ 51,030,000원

09. 다음 중 제조원가의 분류로 잘못 구성된 것을 고르시오.
① 추적가능성에 따른 분류 : 직접재료원가, 간접재료원가, 직접노무원가, 간접노무원가
② 제조원가의 요소에 따른 분류 : 직접재료원가, 직접노무원가, 제조간접원가
③ 원가행태에 따른 분류 : 재료원가, 노무원가, 제조간접원가
④ 발생형태에 따른 분류 : 재료원가, 노무원가, 제조경비

10. 다음 중 보조부문원가의 배분 방법에 대한 설명으로 옳은 것은?
① 직접배분법은 보조부문 상호간의 용역수수관계를 전혀 인식하지 않아 항상 가장 부정확하다.
② 상호배분법은 보조부문 상호간의 용역수수관계를 가장 정확하게 배분하므로 가장 많이 이용된다.
③ 단계배분법은 보조부문 상호간의 용역수수관계를 일부 인식하며 배분 순서에 따라 결과가 달라진다.
④ 단계배분법은 우선순위가 낮은 부문의 원가를 우선순위가 높은 부문과 제조부문에 먼저 배분한다.

11. 다음 중 부가가치세법상 아래의 수정세금계산서 발급 방법에 대한 수정세금계산서 발급 사유로 옳은 것은?

> **(수정세금계산서 발급 방법)**
> 사유 발생일을 작성일로 적고 비고란에 처음 세금계산서 작성일을 덧붙여 적은 후 붉은색 글씨로 쓰거나 음의 표시를 하여 발급

① 착오로 전자세금계산서를 이중으로 발급한 경우
② 계약의 해제로 재화 또는 용역이 공급되지 아니한 경우
③ 필요적 기재사항 등이 착오 외의 사유로 잘못 적힌 경우
④ 면세 등 세금계산서 발급 대상이 아닌 거래 등에 대하여 세금계산서를 발급한 경우

12. 다음 중 부가가치세법상 공제하지 아니하는 매입세액이 아닌 것은?
① 토지에 관련된 매입세액
② 사업과 직접 관련이 없는 지출에 대한 매입세액
③ 기업업무추진비 및 이와 유사한 비용 지출에 대한 매입세액
④ 세금계산서 임의적 기재사항의 일부가 적히지 아니한 지출에 대한 매입세액

13. 다음 중 부가가치세법상 환급에 대한 설명으로 가장 옳지 않은 것은?

① 각 과세기간별로 그 과세기간에 대한 환급세액을 확정신고한 사업자에게 그 확정신고기한이 지난 후 25일 이내에 환급하여야 한다.
② 재화 및 용역의 공급에 영세율을 적용받는 경우 조기환급 신고할 수 있다.
③ 조기환급 신고의 경우 조기환급 신고기한이 지난 후 15일 이내에 환급할 수 있다.
④ 사업 설비를 신설·취득·확장 또는 증축하는 경우 조기환급 신고할 수 있다.

14. 다음 중 소득세법상 종합소득에 대한 설명으로 틀린 것은?

① 이자소득은 총수입금액과 소득금액이 동일하다.
② 퇴직소득과 양도소득은 종합소득에 해당하지 않는다.
③ 사업소득, 근로소득, 연금소득, 기타소득에는 비과세 소득이 존재한다.
④ 금융소득(이자 및 배당)은 납세자의 선택에 따라 금융소득종합과세를 적용할 수 있다.

15. 다음 중 소득세법상 결손금과 이월결손금에 대한 설명으로 가장 옳지 않은 것은?

① 비주거용 부동산 임대업에서 발생한 이월결손금은 타 소득에서 공제할 수 없다.
② 추계 신고 시에는 원칙적으로 이월결손금을 공제할 수 없다.
③ 해당 과세기간에 일반사업소득에서 결손금이 발생하고 이월결손금도 있는 경우에는 이월결손금을 먼저 다른 소득금액에서 공제한다.
④ 결손금의 소급공제는 중소기업에 한하여 적용 가능하다.

113회 실 무 시 험

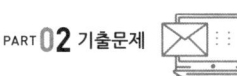

(주)파도상회(회사코드 : 1132)는 전자제품의 제조 및 도·소매업을 주업으로 영위하는 중소기업으로, 당기(제14기)의 회계기간은 2025.1.1. ~ 2025.12.31.이다. 전산세무회계 수험용 프로그램을 이용하여 다음 물음에 답하시오.

기 본 전 제

- 문제에서 한국채택국제회계기준을 적용하도록 하는 전제조건이 없는 경우, 일반기업회계기준을 적용하여 회계처리 한다.
- 문제의 풀이와 답안작성은 제시된 문제의 순서대로 진행한다.

문제 1 [일반전표입력] 메뉴를 이용하여 다음의 거래자료를 입력하시오. (15점)

입력 시 유의사항

- 일반적인 적요의 입력은 생략하지만, 타계정 대체거래는 적요번호를 선택하여 입력한다.
- 채권·채무와 관련된 거래는 별도의 요구가 없는 한 반드시 기등록된 거래처코드를 선택하는 방법으로 거래처명을 입력한다.
- 제조경비는 500번대 계정코드를, 판매비와관리비는 800번대 계정코드를 사용한다.
- 회계처리 시 계정과목은 별도의 제시가 없는 한 등록된 계정과목 중 가장 적절한 과목으로 한다.

[1] 3월 21일 정기 주주총회에서 이익배당을 결의하다. 다음은 정기 주주총회 의사록이며, 실제 배당금 지급일은 4월로 예정되었다(단, 이익배당과 관련된 회계처리를 이월이익잉여금(375) 계정을 사용하여 회계처리 할 것). (3점)

제13기 정기 주주총회 의사록

(주)파도상회
1. 일시 : 2025년 3월 21일 16시
2. 장소 : 경기도 부천시 길주로 284, 515호 (중동, 신중동역 헤리움 메트로타워)
3. 출석상황

주주총수 : 5명		주식총수 : 100,000주
출석주주 : 5명		주식총수 : 100,000주
참 석 율 : 100%		100%

의장인 사내이사 이도진은 정관 규정에 따라 의장석에 등단하여 위와 같이 법정수에 달하는 주주가 출석하여 본 총회가 적법하게 성립되었음을 알리고 개회를 선언하다.

제1호 의안 : 제13기(2024년 1월 1일부터 2024년 12월 31일까지) 재무제표 승인의 건
의장은 본 의안을 2024년 결산기가 2024년 12월 31일자로 종료됨에 따라 재무상태표 및 손익계산서를 보고하고 이에 따른 승인을 구한바 참석주주 전원의 일치로 이를 승인가결하다.

제2호 의안 : 제13기 이익배당의 건
의장은 제13기(2024년) 배당에 관한 안건을 상정하고 의안에 대한 설명 및 필요성을 설명하고 그 승인을 구한바, 만장일치로 찬성하여 다음과 같이 승인 가결하다.
  1) 배당에 관한 사항
    가. 1주당 배당금 : 보통주 1,000원 나. 액면배당률 : 보통주 10% 다. 배당총액 : 100,000,000원
  2) 기타사항
    가. 배당은 현금배당으로 하며, 이익배당액의 10%를 결의일에 이익준비금으로 적립한다.
이상으로서 금일의 의안 전부를 심의 종료하였으므로 의장은 폐회를 선언하다.
위 결의를 명확히 하기 위해 이 의사록을 작성하고 의장과 출석한 이사 및 감사 아래에 기명 날인하다.

113회 실무시험

[2] 3월 28일 남일상사에 대한 외상매입금 15,500,000원 중 7,000,000원은 보통예금 계좌에서 이체하여 지급하였으며 잔액은 대표자 개인 명의의 보통예금 계좌에서 이체하여 지급하였다(단, 가수금 계정을 사용하고, 거래처(00133)를 입력할 것). (3점)

[3] 6월 25일 외부 강사를 초청하여 영업부 직원들의 CS교육을 실시하고 강사료 2,400,000원에서 원천징수세액(지방소득세 포함) 79,200원을 차감한 금액을 보통예금 계좌에서 지급하였다. (3점)

[4] 8월 10일 단기매매차익을 얻을 목적으로 전기에 취득하여 보유하고 있던 (주)연홍의 주식(취득가액 500,000원)을 모두 1,000,000원에 처분하고 대금에서 거래수수료 등 제비용 50,000원을 차감한 잔액이 보통예금 계좌로 입금되었다. (3점)

[5] 9월 5일 제품 생산에 투입할 원재료로 사용하기 위해 구입하여 보관 중인 미가공식료품을 수재민을 도와주기 위하여 지방자치단체에 무상으로 기부하였다. 단, 취득원가는 2,000,000원이며, 시가는 2,100,000원이다. (3점)

문제 2 [매입매출전표입력] 메뉴를 이용하여 다음의 거래자료를 입력하시오. (15점)

입력 시 유의사항

- 일반적인 적요의 입력은 생략하지만, 타계정 대체거래는 적요번호를 선택하여 입력한다.
- 채권·채무 관련 거래는 별도의 요구가 없는 한 반드시 기등록된 거래처코드를 선택하는 방법으로 거래처명을 입력한다.
- 제조경비는 500번대 계정코드를, 판매비와관리비는 800번대 계정코드를 사용한다.
- 회계처리 시 계정과목은 등록된 계정과목 중 가장 적절한 과목으로 한다.
- 입력화면 하단의 분개까지 처리하고, 세금계산서 및 계산서는 전자 여부를 입력하여 반영한다.

[1] 7월 17일 비사업자인 개인 소비자 추미랑에게 제품을 판매하고 대금은 현금으로 받아 아래의 현금영수증을 발급하였다. (3점)

Hometax. 국세청홈텍스 현금영수증

■ 거래정보

거래일시	2025/07/17
승인번호	G45972376
거래구분	승인거래
거래용도	소득공제
발급수단번호	010-****-9694

■ 거래금액

공급가액	부가세	봉사료	총 거래금액
480,000	48,000	0	528,000

■ 가맹점 정보

상 호	(주)파도상회
사업자번호	124-86-94282
대표자명	이도진
주 소	경기도 부천시 길주로 284, 515호

- 익일 홈택스에서 현금영수증 발급 여부를 반드시 확인하시기 바랍니다.
- 홈페이지(http://www.hometax.go.kr)
  - 조회/발급>현금영수증 조회>사용내역(소득공제) 조회
    >매입내역(지출증빙) 조회
- 관련문의는 국세상담센터(☎126-1-1)

[2] 7월 28일 비사업자인 개인에게 영업부 사무실에서 사용하던 에어컨(취득원가 2,500,000원, 감가상각누계액 1,500,000원)을 1,100,000원(부가가치세 포함)에 판매하고, 대금은 보통예금 계좌로 받았다(단, 별도의 세금계산서나 현금영수증을 발급하지 않았으며, 거래처 입력은 생략할 것). (3점)

113회 실무시험

[3] 8월 28일 해외거래처인 LQTECH로부터 제품 생산에 필요한 원재료를 수입하면서 인천세관으로부터 아래의 수입전자세금계산서를 발급받고, 부가가치세는 현금으로 납부하였다(단, 재고자산에 대한 회계처리는 생략할 것). (3점)

수입전자세금계산서						승인번호	20250828-11324560-11134567		
세관명	등록번호	135-82-12512	종사업장 번호		수입자	등록번호	124-86-94282	종사업장 번호	
	세관명	인천세관	성 명	김세관		상 호 (법인명)	(주)파도상회	성 명	이도진
	세관주소	인천광역시 미추홀구 항구로				사업장 주소	경기도 부천시 길주로 284, 515호		
	수입신고번호 또는 일괄발급기간(총건)					업 태	제조업	종 목	전자제품
납부일자		과세표준		세 액		수정사유	비 고		
2025/08/28		5,400,000		540,000		해당 없음			
월	일	품 목	규 격	수 량	단 가	과세표준	세 액	비 고	
08	28	수입신고필증 참조				5,400,000	540,000		
합계금액	5,940,000								

[4] 9월 2일 사내 행사를 위하여 영업부 직원들에게 제공할 다과류를 구입하고 법인카드(비씨카드)로 결제하였다. (3점)

```
과자나라(주)
2025.09.02.(화) 09:30:51

1,100,000원
정상승인 | 일시불

결제정보
카   드         비씨카드(1234-5678-1001-2348)
승인번호                              71942793
이용구분                                일시불

결제금액                            1,100,000원
공급가액                            1,000,000원
부가세                                100,000원
봉사료                                     0원

가맹점 정보
가맹점명                              과자나라(주)
업   종                                  도소매
사업자등록번호                      123-86-12346
대표자명                                  오나라
전화번호                            02-452-4512
주   소                      서울시 서초구 명달로 105

본 매출표는 신용카드 이용에 따른 증빙용으로 비씨카드사
에서 발급한 것임을 확인합니다.
```

[5] 9월 11일 공장에서 사용할 목적으로 지난 4월 2일 (주)오성기계와 체결한 기계장치 공급계약에 따라 절단로봇을 인도받고 시험가동을 완료하였다. 잔금은 보통예금 계좌에서 지급하고 아래의 전자세금계산서를 발급받았다. (3점)

고압제트 절단로봇 공급계약서

(생략)

제2조 위 공급계약의 총 계약금액은 22,000,000원(VAT 포함)으로 하며, 아래와 같이 지불하기로 한다.

계약금	일금 이백만 원정 (₩ 2,000,000)은 계약 시에 지불한다.
잔금	일금 이천만 원정 (₩ 20,000,000)은 2025년 09월 30일 내에 제품 인도 후 시험가동이 완료된 때에 지불한다.

(이하 생략)

전자세금계산서

승인번호: 20250911-31000013-443461111

공급자
- 등록번호: 130-81-08113
- 상호(법인명): (주)오성기계
- 성명(대표자): 유오성
- 사업장주소: 경기도 부천시 길주로 1
- 업태: 제조
- 종목: 생산로봇
- 이메일: osung@naver.com

공급받는자
- 등록번호: 124-86-94282
- 상호(법인명): (주)파도상회
- 성명: 이도진
- 사업장주소: 경기도 부천시 길주로 284, 515호
- 업태: 제조, 도소매
- 종목: 전자제품
- 이메일: wavestore@naver.com

작성일자	공급가액	세액	수정사유
2025/09/11	20,000,000	2,000,000	

비고:

월	일	품목	규격	수량	단가	공급가액	세액	비고
09	11	고압제트 절단 로봇	M701C			20,000,000	2,000,000	

합계금액	현금	수표	어음	외상미수금	이 금액을 **영수**함
22,000,000	22,000,000				

113회 실무 시험

문제 3 부가가치세 신고와 관련하여 다음 물음에 답하시오. (10점)

[1] 이 문제에 한정하여 (주)파도상회는 음식점업만을 영위하는 법인으로 가정한다. 다음 자료를 이용하여 2025년 제1기 확정신고기간(2025.04.01. ~ 2025.06.30.)에 대한 의제매입세액공제신고서를 작성하시오. (4점)

1. 매입자료

취득일자	공급자	사업자등록번호 (주민등록번호)	물품명	수량	매입가액	구분
2025.04.10.	은성	752-06-02023	야채	250개	1,020,000원	계산서
2025.04.30.	(주)이두식자재	872-87-85496	생닭	300마리	1,830,000원	신용카드
2025.05.20.	김어부	650321-1548905	갈치	80마리	790,000원	농어민 매입

2. 제1기 예정분 과세표준은 80,000,000원이며, 확정분 과세표준은 95,000,000원이다.
3. 제1기 예정신고 시 의제매입세액 75,000원을 공제받았다.
4. 위 자료 1의 면세 매입 물품은 모두 과세사업인 음식점업에 직접 사용하였다.

[2] 다음의 자료를 이용하여 2025년 제2기 부가가치세 확정신고기간에 대한 [건물등감가상각자산취득명세서]를 작성하시오(단, 아래의 자산은 모두 감가상각 대상에 해당함). (4점)

취득일	내 용	공급가액	상호	비 고
		부가가치세액	사업자등록번호	
10.04.	영업부의 업무용승용차(2,000cc) 구입	31,000,000원	(주)원대자동차	전자세금계산서 수취
		3,100,000원	210-81-13571	
11.26.	제조부의 공장 건물 신축공사비 지급	50,000,000원	아름건설	종이세금계산서 수취
		5,000,000원	101-26-97846	
12.09.	제조부 공장에서 사용할 포장기계 구입	2,500,000원	나라포장	법인 신용카드 결제
		250,000원	106-02-56785	

[3] 2025년 제1기 예정신고기간(2025.01.01. ~ 2025.03.31.)의 [부가가치세신고서]를 전자신고하시오. (2점)

1. 부가가치세신고서와 관련 부속서류는 마감되어 있다.
2. [전자신고] → [국세청 홈택스 전자신고변환(교육용)] 순으로 진행한다.
3. [전자신고]의 [전자신고제작] 탭에서 신고인구분은 2.납세자 자진신고를 선택하고, 비밀번호는 "12341234"로 입력한다.
4. [국세청 홈택스 전자신고변환(교육용)] → 전자파일변환(변환대상파일선택) → 찾아보기 에서 전자신고용 전자파일을 선택한다.
5. 전자신고용 전자파일 저장경로는 로컬디스크(C:)이며, 파일명은 "enc작성연월일.101.v사업자등록번호"이다.
6. 형식검증하기 ➡ 형식검증결과확인 ➡ 내용검증하기 ➡ 내용검증결과확인 ➡ 전자파일제출 을 순서대로 클릭한다.
7. 최종적으로 전자파일 제출하기 를 완료한다.

문제 4 결산정리사항은 다음과 같다. 관련 메뉴를 이용하여 결산을 완료하시오. (15점)

[1] 아래의 자료를 이용하여 정기예금의 당기분 경과이자에 대한 회계처리를 하시오(단, 월할계산 할 것). (3점)

- 정기예금액 : 30,000,000원
- 예금가입기간 : 2025.04.01. ~ 2026.03.31.
- 연이자율 : 3.4%
- 이자는 만기일(2026.03.31.)에 일시 수령한다.

[2] 일반기업회계기준에 따라 2025년 말 현재 보유 중인 매도가능증권에 대하여 결산일의 적절한 회계처리를 하시오(단, 매도가능증권은 비유동자산이며, 2024년의 회계처리는 적절하게 되었다). (3점)

주식명	2024년 취득가액	2024년 말 공정가치	2025년 말 공정가치
(주)엔지	5,000,000원	6,000,000원	4,800,000원

[3] 2025년 11월 중 캐나다 ZF사에 수출한 외상매출금 $100,000은 2026년 1월 15일에 외화 통장으로 회수될 예정이며, 일자별 기준환율은 다음과 같다. (3점)

구 분	수출신고일 : 25.11.03.	선적일 : 25.11.10.	결산일 : 2025.12.31.
기준환율	900원/$	920원/$	950원/$

[4] 기존에 입력된 데이터는 무시하고 2025년 제2기 확정신고기간의 부가가치세와 관련된 내용은 다음과 같다고 가정한다. 12월 31일 부가세예수금과 부가세대급금을 정리하는 회계처리를 하시오. 단, 납부세액(또는 환급세액)은 미지급세금(또는 미수금)으로, 경감세액은 잡이익으로, 가산세는 세금과공과(판)로 회계처리 한다. (3점)

- 부가세대급금 6,400,000원
- 부가세예수금 8,240,000원
- 전자신고세액공제액 10,000원
- 세금계산서지연발급가산세 84,000원

[5] 결산일 현재 무형자산인 영업권의 전기 말 상각 후 미상각잔액은 200,000,000원으로 이 영업권은 작년 1월 초 250,000,000원에 취득한 것이다. 이에 대한 회계처리를 하시오. 단, 회사는 무형자산에 대하여 5년간 월할균등 상각하고 있으며, 상각기간 계산 시 1월 미만은 1월로 간주한다. (3점)

113회 실무시험

문제 5 2025년 귀속 원천징수와 관련된 다음의 물음에 답하시오. (15점)

[1] 다음 자료를 이용하여 2025년 5월 귀속 [원천징수이행상황신고서]를 작성하시오. 단, 아래에 주어진 자료만을 이용하여 [원천징수이행상황신고서]를 직접 작성하고, [급여자료입력] 메뉴에서 불러오는 자료는 무시할 것. (5점)

[지급일자 : 2025년 6월 05일]			2025년 5월 귀속 급여대장						(단위 : 원)
구분	급여내역상세					공제내역상세			
성명	기본급	자격수당	식대	자가운전보조금	합계	4대보험	소득세	지방소득세	합계
김성현	2,600,000	–	200,000	200,000	3,000,000	234,000	90,000	9,000	333,000
서지은	2,700,000	300,000	200,000	–	3,200,000	270,000	−200,000	−20,000	50,000
합계	5,300,000	300,000	400,000	200,000	6,200,000	504,000	−110,000	−11,000	383,000

1. 위 급여내역 중 식대 및 자가운전보조금은 비과세 요건을 충족한다.
2. 5월 귀속 급여 지급일은 2025년 6월 5일이다.
3. 서지은(중도퇴사자) 관련 사항
   (1) 2025년 5월 31일까지 근무 후 중도퇴사하였다.
   (2) 2025년 1월부터 4월까지의 총지급액은 12,000,000원이라고 가정한다.
   (3) 소득세 및 지방소득세는 중도퇴사자 정산이 반영된 내역이며, 5월분 급여에 대해서는 원천징수하지 않았다.

[2] 함춘식 대리(사번 : 301, 입사일 : 2025년 04월 21일)의 2025년 귀속 연말정산과 관련된 자료는 다음과 같다. 아래의 자료를 이용하여 [연말정산추가자료입력] 메뉴의 [소득명세] 탭, [부양가족] 탭, [의료비] 탭, [신용카드 등] 탭, [월세액] 탭을 작성하고 [연말정산입력] 탭에서 연말정산을 완료하시오(단, 제시된 소득 이외의 소득은 없으며, 세부담 최소화를 가정한다). (10점)

현근무지	• 급여총액 : 40,600,000원(비과세 급여, 상여, 감면소득 없음) • 소득세 기납부세액 : 2,368,370원(지방소득세 : 236,800원) • 이외 소득명세 탭의 자료는 불러오기 금액을 반영한다.
전(前)근무지 근로소득 원천징수영수증	• 근무처 : (주)솔비공업사(사업자번호 : 956-85-02635) • 근무기간 : 2025.01.01. ~ 2025.04.20. • 급여총액 : 12,200,000원(비과세 급여, 상여, 감면소득 없음) • 건강보험료 : 464,810원 • 장기요양보험료 : 97,290원 • 고용보험료 : 134,320원 • 국민연금 : 508,700원 • 소득세 결정세액 : 398,000원(지방소득세 결정세액 : 39,800원)

실무시험 113회

가족사항	성명	관계	주민번호	비 고
	함춘식	본인	900919-1668321	무주택 세대주임
	함덕주	부	501223-1589321	일용근로소득금액 4,300만원
	박경자	모	530807-2548718	복권 당첨소득 500만원
	함경리	누나	881229-2509019	중증환자 등 장애인으로 소득 없음

- 기본공제대상자가 아닌 경우 기본공제 여부에 '부'로 표시할 것
- 위의 가족은 모두 내국인으로 생계를 같이 하는 것으로 한다.

2025년도 연말정산자료

항목	내 용
보험료	• 함덕주(부) : 일반 보장성 보험료 50만원 • 함춘식(본인) : 저축성 보험료 120만원 • 함경리(누나) : 장애인 전용 보장성 보험료 70만원
의료비	• 박경자(모) : 임플란트 비용 200만원 • 함덕주(부) : 보청기 구입비용 30만원 • 함경리(누나) : 치료를 위한 한약 30만원 ※ 위 의료비는 모두 함춘식 본인의 신용카드로 결제하였고, 치료 목적으로 지출하였다. ※ 주어진 자료만 고려하여 입력한다.
신용카드 등 사용액	• 함춘식(본인) 신용카드 사용액 : 2,100만원 　- 대중교통 사용분 60만원, 아파트 관리비 100만원, 동거가족 의료비 260만원 포함 • 함덕주(부) 체크카드 사용액 : 800만원 　- 전통시장 사용분 200만원 포함
월세액	• 임대인 : 이고동(주민등록번호 691126-1904701) • 유형 및 면적 : 아파트, 84m² • 임대주택 주소지 : 경기도 안산시 단원구 중앙대로 620 • 임대차 기간 : 2025.01.01. ~ 2026.12.31. • 월세액 : 월 60만원

※ 위 보험료, 의료비, 신용카드 등 사용액은 모두 국세청 연말정산 간소화 서비스에서 조회된 자료이다.

112회 이론시험 (합격률 : 50.79%) PART 02 기출문제

다음 문제를 보고 알맞은 것을 골라 [이론문제 답안작성] 메뉴에 입력하시오. (객관식 문항당 2점)

기본전제

문제에서 한국채택국제회계기준을 적용하도록 하는 전제조건이 없는 경우, 일반기업회계기준을 적용한다.

---

01. 다음 중 유가증권에 대한 설명으로 옳지 않은 것은?
① 유가증권은 증권의 종류에 따라 지분증권과 채무증권으로 분류할 수 있다.
② 단기매매증권은 주로 단기간 내 매매차익을 목적으로 취득한 유가증권을 의미한다.
③ 지분증권은 단기매매증권과 매도가능증권으로 분류할 수 있으나, 만기보유증권으로 분류할 수 없다.
④ 보고기간 종료일로부터 1년 이내 만기가 도래하는 만기보유증권의 경우 단기매매증권으로 변경하여 유동자산으로 재분류하여야 한다.

02. 다음의 회계상 거래가 2025년 재무제표에 미치는 영향으로 옳지 않은 것은?

> 영업부의 업무용 차량에 대한 보험료(보험기간 : 2025.07.01. ~ 2026.06.30.)를 2025년 7월 1일에 지급하고 전부 비용으로 회계처리하였다. 2025년 12월 31일 결산일 현재 별도의 회계처리를 하지 않았다.

① 자산 과대   ② 비용 과대   ③ 당기순이익 과소   ④ 부채 영향 없음

03. 다음 중 유형자산의 취득 이후 지출에 대한 설명으로 가장 옳지 않은 것은?
① 유형자산의 인식기준을 충족하는 경우에는 자본적 지출로 처리하고, 충족하지 못한 경우에는 수익적 지출로 처리한다.
② 본래의 용도를 변경하기 위한 지출은 자본적 지출에 해당한다.
③ 자산의 원상회복, 수선유지를 위한 지출 등은 자본적 지출에 해당한다.
④ 건물 벽의 도장, 파손된 유리창 대체, 일반적인 소액 수선비는 수익적 지출에 해당한다.

04. 다음 중 용역의 제공으로 인한 수익인식의 조건에 대한 설명으로 틀린 것은?
① 용역제공거래의 성과를 신뢰성 있게 추정할 수 있을 때 진행기준에 따라 인식한다.
② 이미 발생한 원가와 그 거래를 완료하기 위해 추가로 발생할 것으로 추정되는 원가의 합계액이 총수익을 초과하는 경우에는 그 초과액과 이미 인식한 이익의 합계액을 전액 당기손실로 인식한다.
③ 용역제공거래의 성과를 신뢰성 있게 추정할 수 없는 경우에는 발생한 비용의 범위 내에서 회수가능한 금액을 수익으로 인식한다.
④ 용역제공거래의 성과를 신뢰성 있게 추정할 수 없고 발생한 원가의 회수가능성이 낮은 경우에는 수익을 인식하지 않고 발생한 원가도 비용으로 인식하지 않는다.

05. 다음 중 일반기업회계기준상 보수주의에 대한 예시로 옳지 않은 것은?

① 재고자산의 평가 시 저가주의에 따른다.
② 회계연도의 이익을 줄이기 위해 유형자산의 내용연수를 임의로 단축한다.
③ 물가 상승 시 재고자산평가방법으로 후입선출법을 적용한다.
④ 우발손실은 인식하나 우발이익은 인식하지 않는다.

06. 다음 중 원가행태(조업도)에 따른 분류에 대한 설명으로 가장 틀린 것은?

① 고정원가는 조업도의 변동과 관계없이 일정하게 발생하는 원가이다.
② 조업도가 증가하면 총 변동원가도 증가한다.
③ 제조공장의 임차료는 대표적인 고정원가이다.
④ 조업도가 감소하면 단위당 변동원가는 증가한다.

07. (주)한국은 제조간접원가를 직접노무시간 기준으로 배부하고 있으며 제조간접원가 배부율은 시간당 2,000원이다. 제조간접원가 실제 발생액이 18,000,000원이고, 실제 직접노무시간이 10,000시간이 발생한 경우 제조간접원가 배부차이는 얼마인가?

① 2,000,000원 과대배부
② 2,000,000원 과소배부
③ 3,000,000원 과소배부
④ 배부차이 없음

08. 다음은 (주)한국의 제조활동과 관련된 물량흐름 관련 자료이다. 이에 대한 설명으로 옳은 것은?

| • 기초재공품 : 500개 | • 당기착수량 : 5,000개 | • 기말재공품 : 300개 | • 공손품수량 : 700개 |

① 완성품의 10%가 정상공손이면 완성품수량은 4,200개이다.
② 완성품의 10%가 정상공손이면 정상공손수량은 450개이다.
③ 완성품의 10%가 정상공손이면 비정상공손수량은 280개이다.
④ 완성품의 10%가 정상공손이면 정상공손수량은 420개이다.

09. 다음 중 개별원가계산에 대한 설명으로 옳지 않은 것은?

① 작업원가표를 근거로 원가계산을 한다.
② 직접원가와 제조간접원가의 구분이 중요하다.
③ 공정별 제품원가 집계 후 해당 공정의 생산량으로 나누어 단위당 원가를 계산하는 방식이다.
④ 주문생산형태에 적합한 원가계산방식이다.

10. 아래의 자료를 이용하여 평균법에 의한 가공원가의 완성품환산량을 계산하면 얼마인가?

구 분	수량	완성도
기초재공품	1,000개	50%
당기착수	3,000개	
기말재공품	2,000개	40%

① 2,800개　② 3,800개　③ 4,000개　④ 4,300개

112회 이론시험

11. 다음 중 부가가치세법상 간이과세자에 대한 설명으로 가장 틀린 것은?

① 간이과세자란 원칙적으로 직전 연도의 공급대가의 합계액이 1억400만원에 미달하는 사업자를 말한다.
② 직전 연도의 공급대가의 합계액이 4,800만원 이상인 부동산임대사업자는 간이과세자로 보지 않는다.
③ 간이과세자는 세금계산서를 발급받은 재화의 공급대가에 1%를 곱한 금액을 납부세액에서 공제한다.
④ 직전 연도의 공급대가의 합계액이 4,800만원 미만인 간이과세자는 세금계산서를 발급할 수 없다.

12. 다음 중 부가가치세법상 의제매입세액공제제도에 관한 내용으로 가장 틀린 것은?

① 의제매입세액은 면세농산물 등을 공급받거나 수입한 날이 속하는 과세기간의 매출세액에서 공제한다.
② 의제매입세액공제는 사업자등록을 한 부가가치세 과세사업자가 적용대상자이며, 미등록자는 허용되지 않는다.
③ 면세농산물 등의 매입가액에는 운임 등의 직접 부대비용 및 관세를 포함한다.
④ 면세농산물 등에 대하여 세금계산서 없이도 일정한 금액을 매입세액으로 의제하여 공제하는 것이기 때문에 의제매입세액공제라고 한다.

13. 다음 중 소득세법상 근로소득과 관련된 내용으로 틀린 것은?

① 식사나 기타 음식물을 제공받지 않는 근로자가 받는 월 20만원 이하의 식사대는 비과세 근로소득이다.
② 종업원이 지급받은 경조금 중 사회통념상 타당하다고 인정되는 범위 내의 금액은 근로소득으로 보지 않는다.
③ 고용관계에 의하여 지급받은 강연료는 근로소득이다.
④ 근로자의 가족에 대한 학자금은 비과세 근로소득이다.

14. 다음 중 소득세법상 과세표준 확정신고를 반드시 하여야 하는 경우는?

① 퇴직소득만 있는 경우
② 근로소득과 사업소득이 있는 경우
③ 근로소득과 퇴직소득이 있는 경우
④ 근로소득과 보통예금이자 150만원(14% 원천징수세율 적용 대상)이 있는 경우

15. 다음 중 소득세법상 종합소득공제에 대한 설명으로 가장 옳지 않은 것은?

① 근로소득금액 5,000,000원이 있는 40세 배우자는 기본공제 대상자에 해당한다(단, 다른 소득은 없다).
② 종합소득금액이 35,000,000원이고, 배우자가 없는 거주자로서 기본공제 대상자인 직계비속이 있는 자는 한부모공제가 가능하다.
③ 부녀자공제와 한부모공제가 중복되는 경우에는 한부모공제만 적용한다.
④ 기본공제 대상자가 아닌 자는 추가공제 대상자가 될 수 없다.

112회 실 무 시 험

(주)시완산업(회사코드 : 1122)은 전자제품의 제조 및 도·소매업을 주업으로 영위하는 중소기업으로, 당기(제14기)의 회계기간은 2025.1.1. ~ 2025.12.31.이다. 전산세무회계 수험용 프로그램을 이용하여 다음 물음에 답하시오.

기 본 전 제

- 문제에서 한국채택국제회계기준을 적용하도록 하는 전제조건이 없는 경우, 일반기업회계기준을 적용하여 회계처리 한다.
- 문제의 풀이와 답안작성은 제시된 문제의 순서대로 진행한다.

문제 1 [일반전표입력] 메뉴를 이용하여 다음의 거래자료를 입력하시오. (15점)

입력 시 유의사항

- 일반적인 적요의 입력은 생략하지만, 타계정 대체거래는 적요번호를 선택하여 입력한다.
- 채권·채무와 관련된 거래는 별도의 요구가 없는 한 반드시 기등록된 거래처코드를 선택하는 방법으로 거래처명을 입력한다.
- 제조경비는 500번대 계정코드를, 판매비와관리비는 800번대 계정코드를 사용한다.
- 회계처리 시 계정과목은 별도의 제시가 없는 한 등록된 계정과목 중 가장 적절한 과목으로 한다.

[1] 6월 12일 단기매매증권으로 분류되는 (주)단타의 주식 5,000주를 1주당 2,000원에 매입하였다. 매입수수료는 매입가액의 1%이고, 매입 관련 대금은 모두 보통예금 계좌에서 지급하였다. (3점)

[2] 7월 9일 5월분 급여 지급 시 원천징수한 소득세 3,000,000원 및 지방소득세 300,000원을 보통예금 계좌에서 이체하여 납부하였다(단, 소득세와 지방소득세를 합하여 하나의 전표로 입력할 것). (3점)

[3] 7월 21일 대주주로부터 업무용 토지(공정가치 350,000,000원)를 무상으로 기증받고, 같은 날에 토지에 대한 취득세 20,000,000원을 보통예금 계좌에서 납부하였다(단, 하나의 전표로 입력할 것). (3점)

[4] 9월 20일 액면금액 35,000,000원(5년 만기)인 사채를 34,100,000원에 발행하고, 대금은 전액 보통예금 계좌로 입금받았다. (3점)

[5] 10월 21일 전기에 발생한 (주)도담의 외상매출금 $100,000를 회수하고 즉시 전액을 원화로 환가하여 보통예금 계좌에 입금하였다(단, 전기 결산일에 외화자산 및 부채의 평가는 적절히 반영되었으며, 계정과목은 외상매출금을 사용할 것). (3점)

2024년 12월 31일(전기 결산일) 기준환율	2025년 10월 21일(환가일) 적용환율
1,150원/$	1,250원/$

112회 실무시험

문제 2 [매입매출전표입력] 메뉴를 이용하여 다음의 거래자료를 입력하시오. (15점)

입력 시 유의사항

- 일반적인 적요의 입력은 생략하지만, 타계정 대체거래는 적요번호를 선택하여 입력한다.
- 채권·채무 관련 거래는 별도의 요구가 없는 한 반드시 기등록된 거래처코드를 선택하는 방법으로 거래처명을 입력한다.
- 제조경비는 500번대 계정코드를, 판매비와관리비는 800번대 계정코드를 사용한다.
- 회계처리 시 계정과목은 등록된 계정과목 중 가장 적절한 과목으로 한다.
- 입력화면 하단의 분개까지 처리하고, 세금계산서 및 계산서는 전자 여부를 입력하여 반영한다.

[1] 7월 2일   기계장치의 내용연수를 연장시키는 주요 부품을 교체하고 16,500,000원(부가가치세 포함)을 대보상사에 당좌수표를 발행하여 지급하였다. 이에 대해 종이세금계산서를 수취하였다(단, 부품교체비용은 자본적지출로 처리할 것). (3점)

[2] 7월 24일 마케팅부서 직원의 야식을 참맛식당(일반과세자)에서 현금으로 구입하고, 현금영수증(지출증빙용)을 발급받았다. (3점)

Hometax. 국세청홈택스 현금영수증

■ 거래정보

거래일시	20250724
승인번호	G00260107
거래구분	승인거래
거래용도	지출증빙
발급수단번호	609-81-40259

■ 거래금액

공급가액	부가세	봉사료	총 거래금액
80,000	8,000	0	88,000

■ 가맹점 정보

상 호	참맛식당
사업자번호	356-52-00538
대표자명	강연우
주 소	서울시 강서구 가로공원로 74

- 익일 홈택스에서 현금영수증 발급 여부를 반드시 확인하시기 바랍니다.
- 홈페이지(http://www.hometax.go.kr)
  - 조회/발급 > 현금영수증 조회 > 사용내역(소득공제) 조회
  　　　　　　　　　　　　　　> 매입내역(지출증빙) 조회
- 관련문의는 국세상담센터(☎126-1-1)

[3] 8월 1일 제품의 영업관리를 위하여 개별소비세 과세대상 승용차(1,500cc)를 (주)빠름자동차에서 구입하였다. 대금은 보통예금 계좌에서 3,000,000원을 지급하고 나머지는 외상으로 하였으며, 다음과 같은 전자세금계산서를 발급받았다. (3점)

전자세금계산서						승인번호	20250801-410000012-7c00mk5		
공급자	등록번호	123-81-12147		종사업장 번호		공급받는자	등록번호	609-81-40259	종사업장 번호	
	상호(법인명)	(주)빠름자동차	성명	김빠름		상호(법인명)	(주)시완산업	성명	신서윤
	사업장 주소	서울 강남구 강남대로 256				사업장 주소	서울특별시 강서구 가로공원로 173		
	업태	제조	종목	자동차		업태	제조, 도소매	종목	전자제품
	이메일					이메일			
작성일자	공급가액		세액		수정사유		비고		
2025-08-01	25,000,000		2,500,000		해당없음				
월	일	품목	규격	수량	단가	공급가액	세액	비고	
08	01	승용차(1,500cc)				25,000,000	2,500,000		

[4] 8월 17일 (주)더뷰상사에게 제품 2,000개를 개당 20,000원(부가가치세 별도)에 판매하고 전자세금계산서를 발급하였다. 이와 관련하여 공급가액의 30%는 보통예금 계좌로 받고 나머지는 외상으로 하였다. (3점)

전자세금계산서						승인번호	202508172501-45121451215-4212445		
공급자	등록번호	609-81-40259		종사업장 번호		공급받는자	등록번호	606-81-95866	종사업장 번호	
	상호(법인명)	(주)시완산업	성명	신서윤		상호(법인명)	(주)더뷰상사	성명	김소인
	사업장 주소	서울특별시 강서구 가로공원로 173				사업장 주소	충북 청주시 흥덕구 청주역로 105		
	업태	제조, 도소매	종목	전자제품		업태	도소매	종목	완구
	이메일					이메일			
작성일자	공급가액		세액		수정사유		비고		
2025-08-17	40,000,000		4,000,000						
월	일	품목	규격	수량	단가	공급가액	세액	비고	
08	17	모니터 외		2,000	20,000	40,000,000	4,000,000		

112회 실무시험

[5] 11월 30일 미국의 KYM사에 $60,000(수출신고일 11월 27일, 선적일 11월 30일)의 제품을 직수출하였다. 수출대금 중 $30,000는 11월 30일에 보통예금 계좌로 받았으며, 나머지 잔액은 12월 5일에 받기로 하였다. 일자별 기준환율은 다음과 같다(단, 수출신고필증은 정상적으로 발급받았으며, 수출신고번호는 고려하지 말 것). (3점)

일자	11월 27일	11월 30일	12월 05일
기준환율	1,350원/$	1,310원/$	1,295원/$

문제 3 부가가치세 신고와 관련하여 다음 물음에 답하시오. (10점)

[1] 다음 자료를 바탕으로 제2기 확정신고기간(2025.10.01. ~ 2025.12.31.)의 [부동산임대공급가액명세서]를 작성하시오(단, 간주임대료에 대한 정기예금 이자율은 3.1%로 가정한다). (3점)

동수	층수	호수	면적(m²)	용도	임대기간	보증금(원)	월세(원)	관리비(원)
2	1	103	100	사무실	2023.11.01. ~ 2025.10.31.	50,000,000	2,000,000	500,000
					2025.11.01. ~ 2027.10.31.	60,000,000	2,000,000	500,000

• 위 사무실은 (주)삼정테크(502-86-56232)에게 2023.11.01. 최초로 임대를 개시하였으며, 계약기간 만료로 2025.11.01. 임대차계약을 갱신하면서 보증금만 인상하기로 하였다.
• 월세와 관리비 수입은 모두 정상적으로 세금계산서를 발급하였으며, 간주임대료에 대한 부가가치세는 임대인이 부담하고 있다.

[2] 다음 자료를 이용하여 2025년 제1기 예정신고기간(01.01. ~ 03.31.)의 [부가가치세신고서]를 작성하시오(단, 기존에 입력된 자료 또는 불러오는 자료는 무시하고, 부가가치세 신고서 외의 부속서류 작성은 생략할 것). (5점)

구분	내용
매출자료	(1) 전자세금계산서 발급분 : 공급가액 350,000,000원 세액 35,000,000원 (2) 현금영수증 발급분 : 공급가액 12,000,000원 세액 1,200,000원 (3) [부동산임대공급가액명세서]에서 계산된 간주임대료 과세표준 금액 : 287,600원 (단, 임대료에 대한 전자세금계산서는 적법하게 발급되었음)
매입자료	(1) 전자세금계산서 수취분 일반매입 : 공급가액 110,000,000원 세액 11,000,000원 - 업무용 토지취득 관련 법무사비용 공급가액 350,000원 세액 35,000원이 포함되어 있다. (2) 전자세금계산서 수취분 고정자산매입 : 공급가액 40,000,000원 세액 4,000,000원 - 개별소비세 과세 대상 업무용승용차(5인승, 1,995cc) 매입액이다. (3) 신용카드 일반매입액 : 공급가액 50,000,000원 세액 5,000,000원 - 접대 관련 카드사용분 공급가액 5,000,000원 세액 500,000원이 포함되어 있다.
기타자료	• 매출 및 매입에 대한 전자세금계산서는 적법하게 발급되었다. • 전자신고세액공제는 고려하지 않는다.

[3] 2025년 제1기 확정 부가가치세신고서의 [전자신고]를 수행하시오. (2점)

> 1. 부가가치세신고서와 관련 부속서류는 마감되어 있다.
> 2. [전자신고] → [국세청 홈택스 전자신고변환(교육용)] 순으로 진행한다.
> 3. [전자신고]에서 전자파일 제작 시 신고인 구분은 2.납세자 자진신고로 선택하고, 비밀번호는 "13001300"으로 입력한다.
> 4. [국세청 홈택스 전자신고변환(교육용)] → 전자파일변환(변환대상파일선택) → 찾아보기 에서 전자신고용 전자파일을 선택한다.
> 5. 전자신고용 전자파일 저장경로는 로컬디스크(C:)이며, 파일명은 "enc작성연월일.101.v6098140259"이다.
> 6. 형식검증하기 ➡ 형식검증결과확인 ➡ 내용검증하기 ➡ 내용검증결과확인 ➡ 전자파일제출 을 순서대로 클릭한다.
> 7. 최종적으로 전자파일 제출하기 를 완료한다.

문제 4 다음 결산자료를 입력하여 결산을 완료하시오. (15점)

[1] 3월 22일에 장기 투자 목적으로 (주)바른상사의 비상장주식 10,000주를 7,300,000원에 취득하였다. 결산일 현재 해당 주식의 시가는 1주당 850원이다. (3점)

[2] 12월 30일에 장부상 현금보다 실제 현금이 102,000원이 적은 것을 발견하여 현금과부족으로 회계 처리하였으나 기말까지 원인을 파악하지 못했다. (3점)

[3] 결산 시 거래처원장 중 보통예금(우리은행)의 잔액이 (−)35,423,800원임을 발견하였다. 보통예금(우리은행) 계좌는 마이너스 통장으로 확인되었다(단, 마이너스 통장은 단기차입금 계정을 사용하고, 음수(−)로 회계처리하지 말 것). (3점)

[4] 2025년 3월 1일에 영업부 사무실에 대한 화재보험료(보험기간 2025.03.01. ~ 2026.02.28.) 1,200,000원을 전액 납입하고, 전액 비용으로 회계처리하였다(단, 음수(−)로 회계처리하지 말고, 월할계산 할 것). (3점)

[5] 퇴직급여추계액이 다음과 같을 때 퇴직급여충당부채를 설정하시오. 회사는 퇴직급여추계액의 100%를 퇴직급여충당부채로 설정하고 있다. (3점)

구 분	퇴직금추계액	설정 전 퇴직급여충당부채 잔액
생산부서	300,000,000원	60,000,000원
마케팅부서	100,000,000원	20,000,000원

112회 실무시험

문제 I 5 2025년 귀속 원천징수자료와 관련하여 다음의 물음에 답하시오. (15점)

[1] 다음 자료를 이용하여 본사 기업부설연구소의 수석연구원으로 근무하는 박정수(사번:102)의 7월분 [급여자료입력]과 [원천징수이행상황신고서]를 작성하시오(단, 전월미환급세액은 150,000원이다). (5점)

※ 수당등록 시 월정액 및 통상임금은 고려하지 않으며, 사용하는 수당 이외의 항목은 사용 여부를 "부"로 체크한다.
※ 급여자료입력 시 공제항목의 불러온 데이터는 무시하고 직접 입력하여 작성한다.
※ 원천징수이행상황신고서의 귀속월과 지급월은 동일하게 매월 작성하여 신고하고 있으며, 박정수의 급여내역만 반영하고 환급신청은 하지 않기로 한다.
※ 비과세 요건에 해당하면 최대한 반영하기로 한다.

〈7월 급여내역〉

이 름	박정수	지급일	7월 31일
기 본 급	2,000,000원	소 득 세	35,600원
직 책 수 당	300,000원	지 방 소 득 세	3,560원
식 대	200,000원	국 민 연 금	112,500원
[기업연구소] 연구보조비	200,000원	건 강 보 험	88,620원
육 아 수 당	200,000원	장 기 요 양 보 험	11,470원
		고 용 보 험	22,500원
급 여 계	2,900,000원	공 제 합 계	274,250원
		지 급 총 액	2,625,750원

• 식대 : 식대 이외에 현물식사도 함께 제공하고 있다.
• [기업연구소]연구보조비 : 연구활동에 직접 종사하는 자에게 지급하고 있다.
• 육아수당 : 사규에 따라 6세 이하 자녀의 보육과 관련하여 자녀 1인당 200,000원의 수당을 지급하고 있다.

[2] 2025년 9월 20일에 입사한 사원 김민수(사번:130, 세대주)의 2025년 귀속 연말정산 관련 자료는 다음과 같다. [연말정산추가자료입력] 메뉴에서 이전 근무지와 관련한 근로소득 원천징수영수증은 [소득명세] 탭, 나머지 연말정산 자료에 따라 [부양가족] 탭, [의료비] 탭에 입력하고, [연말정산입력] 탭을 완성하시오(단, 제시된 자료 외의 소득은 없으며, 본인의 세부담 최소화를 가정한다). (10점)

1. 가족사항(단, 모두 생계를 같이 하며, 반드시 기본공제대상자가 아닌 경우에는 '부'로 입력할 것)

성명	관계	주민번호	비 고
김민수	본인	800205-1884520	
여민지	배우자	830120-2118534	근로소득자(총급여액 : 5,000,000원)
김수지	자녀	120810-4988231	중학생, 일시적인 문예창작소득 50만원
김지민	자녀	140520-3118523	초등학생, 소득없음.
한미녀	모친	571211-2113255	「장애인복지법」상 장애인, 원천징수 대상 금융소득금액 1,000만원

실무시험 112회

2. 김민수의 전(前)근무지 근로소득 원천징수영수증

- 근무처 : (주)강일전자(205-85-11389)
- 급 여 : 33,250,000원
- 국민연금보험료 : 1,822,500원
- 장기요양보험료 : 183,870원
- 근무기간 : 2025.01.01. ~ 2025.09.19.
- 상 여 : 8,500,000원
- 국민건강보험료 : 1,435,680원
- 고용보험료 : 364,500원

구 분		소득세	지방소득세
세액명세	결정세액	325,000원	32,500원
	기납부세액	370,000원	37,000원
	차감징수세액	-45,000원	-4,500원

3. 연말정산추가자료(모두 국세청 연말정산간소화서비스에서 조회한 자료임)

항목	내 용
보험료	• 김민수 자동차 운전자보험료(보장성) : 1,150,000원 • 한미녀 장애인전용보장성 보험료 : 1,200,000원
의료비	• 여민지(배우자) : 국내에서 지출한 질병 치료비 3,000,000원(김민수의 신용카드로 결제함) ※ 실손의료보험금 수령액 1,000,000원 • 김수지(자녀) : 시력보정용 콘택트렌즈 구입비 600,000원(김민수 신용카드로 결제함)
교육비	• 김수지(자녀) : 중학교의 수업료 및 특별활동비 200,000원, 영어학원비 1,000,000원 • 김지민(자녀) : 초등학교 현장학습체험학습비 400,000원, 태권도학원비 700,000원 • 한미녀(모친) : 평생교육법에 따른 대학교 등록금 3,000,000원 (장애인특수교육비에 해당하지 않음)
신용카드 등 사용액	• 김민수(본인) 신용카드 사용 : 32,570,000원(아래의 항목이 포함된 금액임) | 구 분	금 액
전통시장	5,200,000원
대중교통	7,500,000원 | • 여민지(배우자) 직불카드 사용액 : 12,000,000원 • 한미녀(모친) 현금영수증 사용액 : 5,000,000원

PART 03

집중심화연습 해답

모의고사 &
기출문제

01 집중심화연습 해답

일반전표입력

[1] 일반전표입력 [회사코드 : 2300.(주)대흥]

NO	월	일	구분	계정과목	거래처	차변	대변
❶	3	1	차변	보통예금		12,000,000	
			차변	사채할인발행차금		500,000	
			대변	사 채			10,000,000
			대변	현 금			2,500,000
❷	3	10	차변	자 본 금		10,000,000	
			대변	현 금			8,000,000
			대변	감자차익			2,000,000
❸	3	30	차변	여비교통비(판)		150,000	
			차변	기업업무추진비(판)		300,000	
			차변	현 금		50,000	
			대변	가지급금	김홍국		500,000
			■ 가지급금 정산 시 기업업무추진비는 여비교통비에 포함하지 않고 별도의 계정과목으로 회계처리 한다.				
❹	5	21	차변	투자부동산		53,000,000	
			대변	현 금			53,000,000
❺	8	29	차변	부도어음과수표	인천상사	3,300,000	
			대변	받을어음	인천상사		3,300,000

[2] 일반전표입력 [회사코드 : 2400.(주)태풍]

NO	월	일	구분	계정과목	거래처	차변	대변
❶	2	15	차변	기업업무추진비(판)		250,000	
			대변	미지급금(또는 미지급비용)	비씨카드		250,000
❷	3	2	차변	전력비(제)		500,000	
			차변	수도광열비(판)		300,000	
			대변	보통예금			800,000
❸	3	8	차변	단기매매증권		12,000,000	
			차변	수수료비용(965)		100,000	
			대변	보통예금			12,100,000
			■ 자산의 취득시 발생되는 부대비용은 취득원가에 가산하나 단기매매증권은 영업외비용으로 처리한다.				

NO	월	일	구분	계정과목	거래처	차변	대변
❹	3	30	차변	차량운반구		650,000	
			차변	단기매매증권		250,000	
			대변	현　금			900,000
	■ 유가증권의 취득원가는 공정가치로 회계처리하며 매입가액과 공정가치의 차이는 자산의 취득원가에 가산한다.						
❺	5	31	차변	급　여		2,000,000	
			대변	예 수 금			183,500
			대변	현　금			1,816,500
	예수금 = (171,000원 + 127,300원 + 24,700원) × 50% + 22,000원 = 183,500원						
❻	6	15	차변	보통예금		50,000,000	
			대변	장기차입금	성남시청		25,000,000
			대변	정부보조금(보통차감)			25,000,000
	■ 상환의무가 있는 정부보조금 : 차입금　　■ 상환의무가 없는 정부보조금 : 예금차감계정						

[3] 일반전표입력 [회사코드 : 2500.(주)만세]

NO	월	일	구분	계정과목	거래처	차변	대변
❶	3	14	차변	당좌예금		4,850,000	
			차변	매출할인(406)		150,000	
			대변	외상매출금	(주)도현		5,000,000
	■ 매출할인액 처리시 제품매출관련 코드를 고려하여 회계처리 한다. 　매출할인액 = 5,000,000원 × 3% = 150,000원						
❷	4	3	차변	현　금		29,700,000	
			차변	매출채권처분손실		300,000	
			대변	받을어음	(주)화민전자		30,000,000
❸	4	15	차변	대손충당금(115)		570,000	
			차변	기타의대손상각비		430,000	
			대변	단기대여금	히로상사		1,000,000
	■ 회계처리일자인 4월 15일 기준 합계잔액시산표를 조회하여 단기대여금의 대손충당금 금액(570,000원)을 확인하여 대손충당금과 우선 상계하고 잔액이 부족하면 영업외비용(기타의대손상각비) 처리한다.						
❹	5	12	차변	감가상각누계액(203)		25,000,000	
			대변	전기오류수정이익(370)			25,000,000
	■ 중대한 오류 : 자본의 이익잉여금 계정처리　　■ 중대하지 않은 오류 : 영업외손익						
❺	6	12	차변	자 본 금		500,000	
			차변	감자차손		500,000	
			대변	자기주식			1,000,000
	■ 자기주식 소각은 액면가액으로 자본금을 감소시키고 매입가액과 액면가액의 차이는 감자차손익으로 처리한다.						

[4] 일반전표입력 [회사코드 : 2600.(주)온누리]

NO	월	일	구분	계정과목	거래처	차변	대변
❶	2	15	차변	건설중인자산		1,250,000	
			대변	보통예금			1,250,000
	■ 차입금에 대한 이자는 당기비용처리가 원칙이나 자본화대상인 경우는 취득원가에 가산한다.							
❷	2	22	차변	보통예금		2,400,000	
			대변	단기대여금	(주)세청상사		1,800,000
			대변	외환차익			600,000
❸	2	24	차변	당좌예금		80,000,000	
			대변	자 본 금			50,000,000
			대변	현 금			300,000
			대변	주식할인발행차금			20,000,000
			대변	주식발행초과금			9,700,000
	■ 신주발행비는 주식발행금액에서 차감하며 할증발행 시 주식할인발행차금이 있는 경우 우선 상계 후 잔액을 계상한다.							
❹	4	25	차변	미지급세금		20,550,000	
			차변	수수료비용(판)		164,400	
			대변	미지급금(또는 미지급비용)	우리카드		20,714,400
❺	4	30	차변	보통예금		2,000,000	
			대변	배당금수익			2,000,000

매입매출전표입력

[1] 매입매출전표입력 [회사코드 : 2300.(주)대흥]

NO	일자	유형	품목	공급가액	부가세	공급처명	전자	분개
❶	1/26	11.과세	제품	70,000,000	7,000,000	세현상사	여	혼합
	구분	계정과목		거래처		차변	대변	
	대변	부가세예수금		세현상사			7,000,000	
	대변	제품매출		세현상사			70,000,000	
	차변	외상매입금		백두기업		20,000,000		
	차변	보통예금		세현상사		57,000,000		
NO	일자	유형	품목	공급가액	부가세	공급처명	전자	분개
❷	2/6	11.과세	반품	−800,000	−80,000	수지상사	여	외상
	구분	계정과목		거래처		차변	대변	
	차변	외상매출금		수지상사		−880,000		
	대변	부가세예수금		수지상사			−80,000	
	대변	제품매출		수지상사			−800,000	

NO	일자	유형	품목	공급가액	부가세	공급처명	전자	분개
❸	2/9	22.현과	제품	1,000,000	100,000	이상경		혼합
	구분	계정과목		거래처		차변		대변
	대변	부가세예수금		이상경				100,000
	대변	제품매출		이상경				1,000,000
	차변	보통예금		이상경		1,100,000		

- 신규거래처 등록은 "공급처코드"란에서 "+"키를 누르고 등록이 가능하다.

NO	일자	유형	품목	공급가액	부가세	공급처명	전자	분개
❹	3/3	53.면세	리스료	1,000,000		(주)바로캐피탈	여	혼합
	구분	계정과목		거래처		차변		대변
	차변	임차료(판)		(주)바로캐피탈		1,000,000		
	대변	미지급금(또는 미지급비용)		(주)바로캐피탈				1,000,000

NO	일자	유형	품목	공급가액	부가세	공급처명	전자	분개
❺	3/23	11.과세	기계장치	15,000,000	1,500,000	(주)전주	여	혼합
	구분	계정과목		거래처		차변		대변
	대변	부가세예수금		(주)전주				1,500,000
	대변	기계장치		(주)전주				50,000,000
	차변	감가상각누계액(207)		(주)전주		35,700,000		
	차변	보통예금		(주)전주		10,000,000		
	차변	미 수 금		(주)전주		6,500,000		
	대변	유형자산처분이익		(주)전주				700,000

[2] 매입매출전표입력 [회사코드 : 2400.(주)태풍]

NO	일자	유형	품목	공급가액	부가세	공급처명	전자	분개
❶	8/1	11.과세	제품	10,000,000	1,000,000	한글상회	여	혼합
	구분	계정과목		거래처		차변		대변
	대변	부가세예수금		한글상회				1,000,000
	대변	제품매출		한글상회				10,000,000
	차변	선 수 금		한글상회		2,000,000		
	차변	받을어음		한글상회		9,000,000		

NO	일자	유형	품목	공급가액	부가세	공급처명	전자	분개
❷	8/4	12.영세	임가공용역	6,000,000	0	(주)한중	여	혼합
		영세율 구분		⑩ 수출재화임가공용역				
	구분	계정과목		거래처		차변		대변
	대변	용역매출(420)		(주)한중				6,000,000
	차변	보통예금		(주)한중		6,000,000		

NO	일자	유형	품목	공급가액	부가세	공급처명	전자	분개
❸	8/5	54.불공	용역비	2,000,000	200,000	(주)왕갑	여	혼합
	불공제 사유			⑥ 토지의 자본적 지출 관련				
	구분	계정과목		거래처	차변		대변	
	차변	토 지		(주)왕갑	2,200,000			
	대변	보통예금		(주)왕갑			2,200,000	

■ 토지 취득시 구건물의 철거비용은 토지의 취득원가로 회계처리 하며, 부가가치세는 매입세액 공제가 불가능하다.

NO	일자	유형	품목	공급가액	부가세	공급처명	전자	분개
❹	8/26	51.과세	원재료	110,000,000	11,000,000	(주)판촉	여	혼합
	구분	계정과목		거래처	차변		대변	
	차변	부가세대급금		(주)판촉	11,0000,000			
	차변	원 재 료		(주)판촉	110,000,000			
	대변	선 급 금		(주)판촉			22,000,000	
	대변	받을어음		(주)강남상사			90,000,000	
	대변	당좌예금		(주)판촉			9,000,000	

NO	일자	유형	품목	공급가액	부가세	공급처명	전자	분개
❺	8/29	57.카과	사무용품	30,000	3,000	(주)오피스코리아		카드
	신용카드사			현대카드				
	구분	계정과목		거래처	차변		대변	
	대변	미지급금		현대카드			33,000	
	차변	부가세대급금		(주)오피스코리아	3,000			
	차변	사무용품비(판)		(주)오피스코리아	30,000			

[3] 매입매출전표입력 [회사코드 : 2500.(주)만세]

NO	일자	유형	품목	공급가액	부가세	공급처명	전자	분개
❶	4/3	16.수출	제품	388,000,000	0	SELLA.CO.LTD		혼합
	영세율 구분			① 직접수출(대행수출 포함)				
	구분	계정과목		거래처	차변		대변	
	대변	제품매출		SELLA.CO.LTD			388,000,000	
	차변	선 수 금		SELLA.CO.LTD	24,000,000			
	차변	외상매출금		SELLA.CO.LTD	364,000,000			

■ 과세표준 = 24,000,000원(선수금) + (U$280,000 × 선적일 기준환율 1,300원) = 388,000,000원

NO	일자	유형	품목	공급가액	부가세	공급처명	전자	분개
❷	4/21	61.현과	기계장치	3,500,000	350,000	다모서비스		혼합
	구분	계정과목		거래처	차변		대변	
	차변	부가세대급금		다모서비스	350,000			
	차변	기계장치		다모서비스	3,500,000			
	대변	보통예금		다모서비스			3,850,000	
NO	일자	유형	품목	공급가액	부가세	공급처명	전자	분개
❸	4/25	51.과세	공장건축	20,000,000	2,000,000	(주)한국토목건설	여	혼합
	구분	계정과목		거래처	차변		대변	
	차변	부가세대급금		(주)한국토목건설	2,000,000			
	차변	건설중인자산		(주)한국토목건설	20,000,000			
	대변	미지급금		(주)한국토목건설			22,000,000	

- 중간지급조건부에 해당하므로 부가가치세법상 공급시기 및 세금계산서 발급시기는 대가의 각 부분을 받기로 한 때이므로 계약금에 해당하는 부분만 세금계산서를 발급하고 계약금과 중도금은 선수금(유형자산인 경우 건설중인자산)으로 처리한다.

NO	일자	유형	품목	공급가액	부가세	공급처명	전자	분개
❹	5/6	55.수입	기계장치	43,000,000	4,300,000	인천세관	여	혼합
	구분	계정과목		거래처	차변		대변	
	차변	부가세대급금		인천세관	4,300,000			
	대변	보통예금		인천세관			4,300,000	
NO	일자	유형	품목	공급가액	부가세	공급처명	전자	분개
❺	5/27	54.불공	선물세트	3,000,000	300,000	(주)대양유통	여	혼합
	불공제 사유			④ 기업업무추진비 및 이와 유사한 비용 관련				
	구분	계정과목		거래처	차변		대변	
	차변	기업업무추진비(판)		(주)대양유통	3,300,000			
	대변	미지급금		(주)대양유통			3,300,000	

[4] 매입매출전표입력 회사코드 : 2600.(주)온누리]

NO	일자	유형	품목	공급가액	부가세	공급처명	전자	분개
❶	4/1	11.과세	제품	20,000,000	2,000,000	윤주원	여	현금
	구분	계정과목		거래처	차변		대변	
	입금	부가세예수금		윤주원	(현금)		2,000,000	
	입금	제품매출		윤주원	(현금)		20,000,000	

NO	일자	유형	품목	공급가액	부가세	공급처명	전자	분개
❷	4/2	12.영세	제품	100,000,000	0	(주)무한상사	여	외상
	영세율 구분			③ 내국신용장·구매확인서에 의하여 공급하는 재화				
	구분	계정과목		거래처		차변	대변	
	차변	외상매출금		(주)무한상사		100,000,000		
	대변	제품매출		(주)무한상사			100,000,000	

NO	일자	유형	품목	공급가액	부가세	공급처명	전자	분개
❸	4/3	51.과세	원재료	20,000,000	2,000,000	알파상사	여	외상
	구분	계정과목		거래처		차변	대변	
	대변	외상매입금		알파상사			22,000,000	
	차변	부가세대급금		알파상사		2,000,000		
	차변	원 재 료		알파상사		20,000,000		

NO	일자	유형	품목	공급가액	부가세	공급처명	전자	분개
❹	4/30	11.과세	기계장치	600,000	60,000	세무상사	여	혼합
	구분	계정과목		거래처		차변	대변	
	대변	부가세예수금		세무상사			60,000	
	대변	기계장치		세무상사			2,000,000	
	차변	감가상각누계액(207)		세무상사		1,200,000		
	차변	미 수 금		세무상사		660,000		
	차변	유형자산처분손실		세무상사		200,000		

NO	일자	유형	품목	공급가액	부가세	공급처명	전자	분개
❺	5/31	51.과세	상표권	10,000,000	1,000,000	(주)라디오스타	여	혼합
	구분	계정과목		거래처		차변	대변	
	차변	부가세대급금		(주)라디오스타		1,000,000		
	차변	상 표 권		(주)라디오스타		10,000,000		
	대변	자 본 금		(주)라디오스타			7,500,000	
	대변	주식발행초과금		(주)라디오스타			3,500,000	

신용카드매출전표등 발행집계표

[1] 신용카드매출전표등 발행집계표 [회사코드 : 2300.(주)대흥]

조회기간(2025년 04월 ~ 2025년 06월)을 입력하여 해당 자료를 직접 공급대가로 입력하며, 세금계산서(또는 계산서) 발급금액 중 일부만 신용카드 결제되는 경우 결제금액만 기재한다.

구 분		4월 12일	5월 5일	6월 10일
신용카드 매출전표 발행집계표	신용카드등 발행금액	해당(현금영수증) 11,000,000원	해당(신용카드) 5,500,000원	해당(신용카드) 5,000,000원
	세금계산서 교부내역	비해당	해당(세금계산서) 5,500,000원	해당(계산서) 5,000,000원

■ 2. 신용카드매출전표 등 발행금액 현황

구 분	합 계	신용·직불·기명식 선불카드	현금영수증	직불전자지급 수단 및 기명식선불 전자지급수단
합 계	21,500,000	10,500,000	11,000,000	
과세 매출분	16,500,000	5,500,000	11,000,000	
면세 매출분	5,000,000	5,000,000		
봉 사 료				

■ 3. 신용카드매출전표 등 발행금액중 세금계산서 교부내역

세금계산서발급금액	5,500,000	계산서발급금액	5,000,000

[2] 신용카드매출전표등 발행집계표 [회사코드 : 2400.(주)태풍]

구 분		8월 15일	9월 30일
신용카드 매출전표 발행집계표	신용카드등 발행금액	해당(신용카드) 1,870,000원	해당(신용카드) 3,300,000원
	세금계산서 교부내역	비해당	해당(세금계산서) 3,300,000원
부가가치세 신고서	(1)란 공급가액	–	직접입력 3,000,000원
	(3)란 공급가액	직접입력 1,700,000원	–
	(19)란 공급대가	직접입력 1,870,000원	–

(1) 신용카드매출전표발행집계표

조회기간(2025년 07월 ~ 2025년 09월)을 입력하여 해당 자료를 직접 공급대가로 입력한다.

■ 2. 신용카드매출전표 등 발행금액 현황

구 분	합 계	신용·직불·기명식 선불카드	현금영수증	직불전자지급 수단 및 기명식선불 전자지급수단
합 계	5,170,000	5,170,000		
과세 매출분	5,170,000	5,170,000		
면세 매출분				
봉 사 료				

■ 3. 신용카드매출전표 등 발행금액중 세금계산서 교부내역

세금계산서발급금액	3,300,000	계산서발급금액	

(2) 부가가치세신고서

조회기간(2025년 7월 1일 ~ 2025년 9월 30일)을 입력하며 매입매출전표입력에 자료를 입력하지 않았으므로 해당란에 직접 입력한다. 세금계산서 발급분은 기존 자료에 합산하여 수정 입력한다.

(세금계산서발급분(1)란 : 기존 437,990,000원 + 3,000,000원 = 440,990,000원)

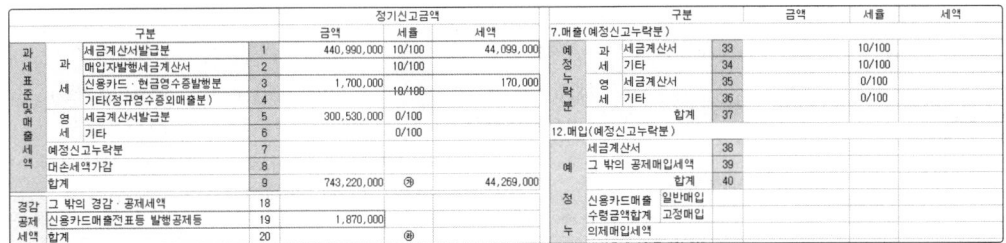

부동산임대공급가액명세서

[1] 부동산임대공급가액명세서 [회사코드 : 2300.(주)대흥]

(1) 부동산임대공급가액명세서(조회기간 : 2025년 04월 ~ 2025년 06월)

[대흥상사]

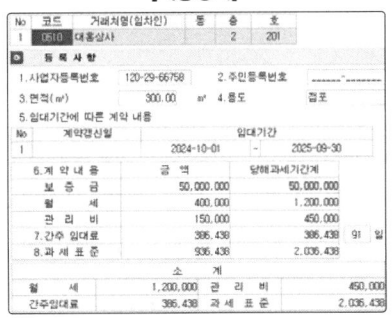

[김세무]

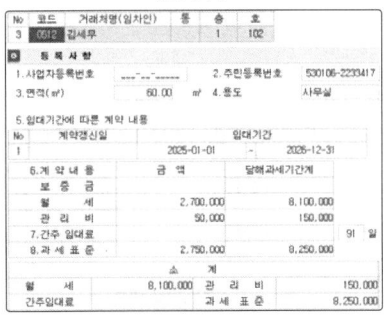

[(주)코리아 ❶]

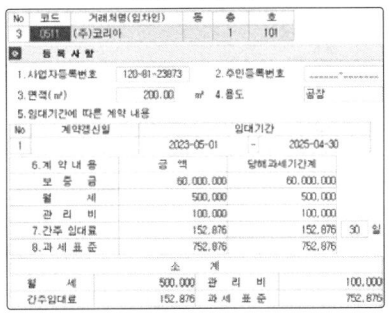

[(주)코리아 ❷]

[전체합계]

(2) 부가가치세신고서

조회기간(2025년 4월 1일 ~ 2025년 6월 30일)을 입력하며 간주임대료에 대한 회계처리 문구가 없으므로 부가가치세신고서 [과세 ⇨ 기타]란에 **직접 입력**한다.

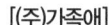

		구분		금액	세율	세액			구분		금액	세율	세액
과세표준및매출세액	과세	세금계산서발급분	1	11,700,000	10/100	1,170,000	7.매출(예정신고누락분)	예정누락분	과세	세금계산서	33		10/100
		매입자발행세금계산서	2		10/100					기타	34		10/100
		신용카드·현금영수증발행분	3		10/100				영세	세금계산서	35		0/100
		기타(정규영수증외매출분)	4	953,779	10/100	95,377				기타	36		0/100
	영세	세금계산서발급분	5		0/100					합계	37		
		기타	6		0/100		12.매입(예정신고누락분)						
	예정신고누락분		7					예	세금계산서		38		
	대손세액가감		8						그 밖의 공제매입세액		39		
	합계		9	12,653,779	㉮	1,265,377			합계		40		

[2] 부동산임대공급가액명세서 [회사코드 : 2400.(주)태풍]

(1) 부동산임대공급가액명세서(조회기간 : 2025년 07월 ~ 2025년 09월)

[(주)가족애]

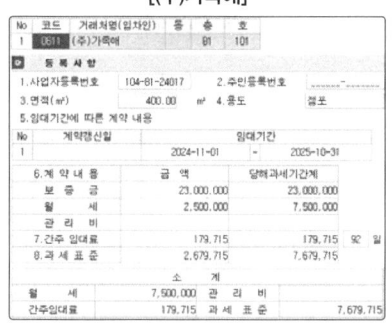

[(주)우리마트]

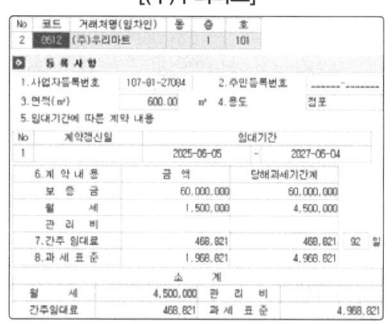

[전체합계]

월세등	12,000,000	간주임대료	648,536	과세표준(계)	12,648,536

(2) 간주임대료 회계처리(과세기간 종료일 : 2025년 9월 30일)

□	일	번호	유형	품목	수량	단가	공급가액	부가세	코드	공급처명	사업/주민번호	전자	분개
□	30	50003	건별	간주임대료			648,536	64,853					혼합

공급처별 매출(입)전체

NO : 50003 (대 체) 전 표

구분	계정과목		적요	거래처	차변(출금)	대변(입금)
대변	0255	부가세예수금	간주임대료			64,853
차변	0817	세금과공과	간주임대료		64,853	
				합 계	64,853	64,853

(3) 부가가치세신고서(조회기간 : 2025년 7월 1일 ~ 2025년 9월 30일)

(29)란의 코드에 "701203"을 입력하고 12,648,536원으로 수정 입력하고 수입금액제외란 금액을 삭제한다.

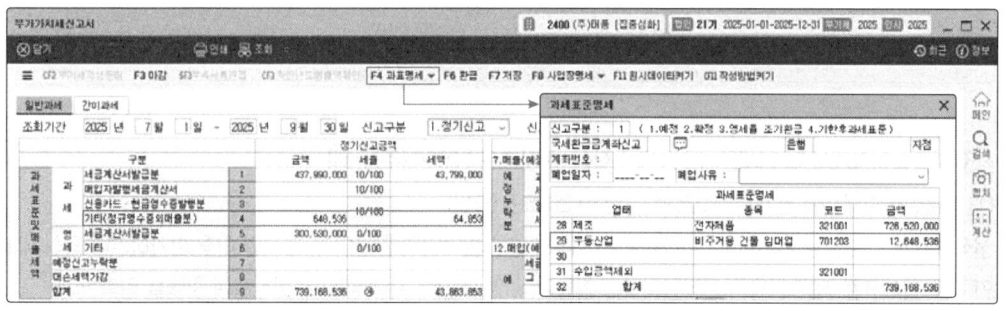

영세율 첨부서류

[1] 수출실적명세서 작성 [회사코드 : 2400.(주)태풍]

(1) 매입매출전표입력

[공급시기 : 2025년 1월 15일 ⇨ 선적일 기준 외상거래이므로 선적일의 기준환율(1,200원/$) 적용]

□	일	번호	유형	품목	수량	단가	공급가액	부가세	코드	공급처명	사업/주민번호	전자	분개
■	15	50001	수출	제품			12,000,000		00116	JENER.CORP			외상

공급처별 매출(입)전체 [1]건 공급가액 12,000,000

영세율구분 1 직접수출(대행수출 포함) 수출신고번호 13042-10-044689X

NO : 50001 (대 체) 전 표

구분	계정과목		적요	거래처		차변(출금)	대변(입금)
차변	0108	외상매출금	제품	00116	JENER.CORP	12,000,000	
대변	0404	제품매출	제품	00116	JENER.CORP		12,000,000
					합계	12,000,000	12,000,000

[공급시기 : 2025년 3월 15일 ⇨ 선수금을 외화로 보유한 경우 선적일의 기준환율(1,053원/$) 적용]

□	일	번호	유형	품목	수량	단가	공급가액	부가세	코드	공급처명	사업/주민번호	전자	분개
■	15	50003	수출	제품			6,318,000		00116	JENER.CORP			혼합

공급처별 매출(입)전체 [1]건 공급가액 6,318,000

영세율구분 1 직접수출(대행수출 포함) 수출신고번호 13045-10-011470X

NO : 50003 (대 체) 전 표

구분	계정과목		적요	거래처		차변(출금)	대변(입금)
대변	0404	제품매출	제품	00116	JENER.CORP		6,318,000
차변	0259	선수금	제품	00116	JENER.CORP	6,333,000	
대변	0907	외환차익	제품	00116	JENER.CORP		15,000
					합계	6,333,000	6,333,000

(2) 수출실적명세서(조회기간 : 2025년 01월 ~ 2025년 03월)

상단의 [전표불러오기] 버튼을 선택하여 매입매출전표에 입력한 해당 자료를 반영한다. 반영 후 통화코드, 환율, 외화 금액을 입력한다.

구분	건수	외화금액	원화금액	비고
⑨합계	2	16,000.00	18,318,000	
⑩수출재화[=⑫합계]	2	16,000.00	18,318,000	
⑪기타영세율적용				

No	□	(13)수출신고번호	(14)선(기)적일자	(15)통화코드	(16)환율	금액 (17)외화	금액 (18)원화	전표정보 거래처코드	전표정보 거래처명
1	□	13042-10-044689X	2025-01-15	USD	1,200.0000	10,000.00	12,000,000	00116	JENER.CORP
2	□	13045-10-011470X	2025-03-15	USD	1,053.0000	6,000.00	6,318,000	00116	JENER.CORP
		합계				16,000	18,318,000		

(3) 부가가치세신고서(조회기간 : 2025년 1월 1일 ~ 2025년 3월 31일)

	구분		정기신고금액 금액	세율	세액	7.매출(예정신고누락분) 구분		금액	세율	세액
과세표준및매출세액	세금계산서발급분	1	914,760,000	10/100	91,476,000	예정누락분	과 세금계산서 33		10/100	
	매입자발행세금계산서	2		10/100			세 기타 34		10/100	
	신용카드·현금영수증발행분	3		10/100			영 세금계산서 35		0/100	
	기타(정규영수증외매출분)	4		10/100			세 기타 36		0/100	
	영세 세금계산서발급분	5	72,000,000	0/100			합계 37			
	기타	6	18,318,000	0/100		12.매입(예정신고누락분)				
	예정신고누락분	7					세금계산서 38			
	대손세액가감	8					그 밖의 공제매입세액 39			
	합계	9	1,005,078,000	㉮	91,476,000		합계 40			

[2] 수출실적명세서 및 영세율매출명세서 작성 [회사코드 : 2500.(주)만세]

(1) 수출실적명세서(조회기간 : 2025년 07월 ~ 2025년 09월)

선적일 이전 선수금을 환가한 경우 과세표준 적용 환율은 환가일의 환율이고, 선적일 이후 환가하거나 외상거래인 경우 과세표준 적용 환율은 선적일의 기준환율이다. 엔화 입력 시 "1¥"으로 환산하여 환율을 입력한다.

구분	건수	외화금액	원화금액	비고
⑨합계	3	1,300,000.00	356,500,000	
⑩수출재화[=⑨합계]	3	1,300,000.00	356,500,000	
⑪기타영세율적용				

No		(13)수출신고번호	(14)선(기)적일자	(15)통화코드	(16)환율	금액 (17)외화	금액 (18)원화	전표정보 거래처코드	전표정보 거래처명
1	□	13041-20-044589X	2025-08-20	USD	1,150.0000	200,000.00	230,000,000	00101	히로상사
2	□	13055-10-011460X	2025-08-22	USD	1,170.0000	100,000.00	117,000,000	00106	LA상사
3	□	13064-25-147041X	2025-09-17	JPY	9.5000	1,000,000.00	9,500,000	00105	킹덤상사
		합계				1,300,000	356,500,000		

(2) 영세율매출명세서(조회기간 : 2025년 07월 ~ 2025년 09월)

수출신고필증에 의한 수출이므로 [직접수출]란에 원화 합계금액을 추가 입력한다.

(7)구분	(8)조문	(9)내용	(10)금액(원)
부가가치세법	제21조	직접수출(대행수출 포함)	356,500,000
		중계무역·위탁판매·외국인도 또는 위탁가공무역 방식의 수출	
		내국신용장·구매확인서에 의하여 공급하는 재화	170,330,000
		한국국제협력단 및 한국국제보건의료재단에 공급하는 해외반출용 재화	
		수탁가공무역 수출용으로 공급하는 재화	
	제22조	국외에서 제공하는 용역	
		(11) 부가가치세법에 따른 영세율 적용 공급실적 합계	526,830,000
		(12) 조세특례제한법 및 그 밖의 법률에 따른 영세율 적용 공급실적 합계	
		(13) 영세율 적용 공급실적 총 합계(11)+(12)	526,830,000

[3] 영세율첨부서류제출명세서 및 수출실적명세서 작성 [회사코드 : 2600.(주)온누리]

(1) 영세율첨부서류제출명세서(조회기간 : 2025년 07월 ~ 2025년 09월)

No		(10)서류명	(11)발급자	(12)발급일자	(13)선적일자	(14)통화코드	(15)환율	당기제출금액 (16)외화	당기제출금액 (17)원화	당기신고해당분 (18)외화	당기신고해당분 (19)원화	과세유형	영세율구분 코드	영세율구분 구분명
1	□	외화입금증명서	98000	신한은행	2025-07-14	2025-07-04	USD	1,050.0000	15,000.00	15,750,000	15,000.00	15,750,000	수출	2	중계무역
2	□	외화입금증명서	98000	신한은행	2025-08-25	2025-07-25	USD	1,100.0000	21,000.00	23,100,000	21,000.00	23,100,000	수출	2	중계무역
								36,000.00	38,850,000	36,000.00	38,850,000			

(2) 수출실적명세서(조회기간 : 2025년 07월 ~ 2025년 09월)

수출실적명세서의 [기타영세율적용]에 기재되는 내용은 반드시 별도로 명세서를 작성하여 부가가치세신고시 함께 제출하여야 한다. 그러므로 본 문제는 영세율첨부서류제출명세서를 먼저 작성하였으며 [기타영세율적용]에 대한 명세서로 이해하고 작성하면 된다. 직수출은 하단에 직접 입력한다.

구분	건수	외화금액	원화금액	비고
⑨합계	3	45,600.00	50,370,000	
⑩수출재화[=⑨합계]	1	9,600.00	11,520,000	
⑪기타영세율적용	2	36,000.00	38,850,000	

No		(13)수출신고번호	(14)선(기)적일자	(15)통화코드	(16)환율	금액 (17)외화	금액 (18)원화	전표정보 거래처코드	전표정보 거래처명
1	□	13064-25-247041X	2025-08-06	USD	1,200.0000	9,600.00	11,520,000		
		합계				9,600	11,520,000		

[4] 내국신용장·구매확인서전자발급명세서 [회사코드 : 2500.(주)만세]

(1) 매입매출전표입력 : 영세율구분 선택과 서류번호를 입력한다.

[공급시기 : 2025년 4월 8일(알퐁스사)]

□	일	번호	유형	품목	수량	단가	공급가액	부가세	코드	공급처명	사업/주민번호	전자	분개
□	8	50002	영세	제품			24,000,000		00111	알퐁스사	666-84-89203	여	외상

| | | | 유형별-공급처별 [1]건 | | | 24,000,000 | | | | | | |

영세율구분 3 내국신용장·구매확인서에 의하 서류번호 PKT4567891

NO : 50002   (대 체) 전 표

구분	계정과목	적요	거래처		차변(출금)	대변(입금)
차변	0108 외상매출금	제품	00111	알퐁스사	24,000,000	
대변	0404 제품매출	제품	00111	알퐁스사		24,000,000
			합 계		24,000,000	24,000,000

[공급시기 : 2025년 5월 7일 ((주)대양유통)]

□	일	번호	유형	품목	수량	단가	공급가액	부가세	코드	공급처명	사업/주민번호	전자	분개
■	7	50001	영세	제품			8,000,000		00404	(주)대양유통	101-86-54365	여	외상
□													
			유형별-공급처별 [1]건				8,000,000						

영세율구분	3	내국신용장 · 구매확인서에 의하	서류번호	LCOAPP1234567

NO : 50001 (대 체) 전 표

구분	계정과목		적요		거래처		차변(출금)	대변(입금)
차변	0108	외상매출금	제품		00404	(주)대양유통	8,000,000	
대변	0404	제품매출	제품		00404	(주)대양유통		8,000,000
						합 계	8,000,000	8,000,000

(2) 내국신용장 · 구매확인서전자발급명세서(조회기간 : 2025년 04월 ~ 2025년 06월)

2. 내국신용장 · 구매확인서에 의한 공급실적 합계

구분	건수	금액(원)	비고
(9)합계(10+11)	2	32,000,000	
(10)내국신용장	1	8,000,000	
(11)구매확인서	1	24,000,000	

[참고] 내국신용장 또는 구매확인서에 의한 영세율 첨부서류 방법 변경(영 제64조 제3항 제1의3호)
▶ 전자무역기반시설을 통하여 개설되거나 발급된 경우 내국신용장 · 구매확인서 전자발급명세서를 제출하고 이 외의 경우 내국신용장 사본을 제출함
=> 2011.7.1 이후 최초로 개설되거나 발급되는 내국신용장 또는 구매확인서부터 적용

3. 내국신용장 · 구매확인서에 의한 공급실적 명세서

□	(12)번호	(13)구분	(14)서류번호	(15)발급일	품목	거래처정보		(17)금액	전표일자	(18)비고
						거래처명	(16)공급받는자의 사업자등록번호			
□	1	구매확인서	PKT4567891	2025-04-20	제품	알퐁스사	666-84-89203	24,000,000	2025-04-08	
□	2	내국신용장	LCOAPP1234567	2025-05-01	제품	(주)대양유통	101-86-54365	8,000,000	2025-05-07	

대손세액(변제대손세액)공제신고서

[1] 대손세액공제신고서 [회사코드 : 2600.(주)온누리]

(1) 대손세액공제신고서(조회기간 : 2025년 04월 ~ 2025년 06월)

① [대손발생 TAB]

한경상사는 부도발생일로부터 6월 미경과로 대손세액공제가 불가능하다.

대손발생	대손변제							
조회기간 2025 년 04 ~ 월 ~ 2025 년 06 ~ 월 1기 확정								
당초공급일	대손확정일	대손금액	공제율	대손세액	거래처		대손사유	
2024-06-10	2025-03-20	5,500,000	10/110	500,000	경일상사	3	사망,실종	
2022-02-10	2025-02-10	1,100,000	10/110	100,000	용인상사	6	소멸시효완성	
합 계		6,600,000		600,000				

② [대손변제 TAB]

대손처분받은 세액(불공제매입세액)에 대하여 외상매입금(부가가치세 포함)을 지급하면 매입세액공제가 가능하며 [대손변제 TAB]에 입력하여 신고한다.

대손발생	대손변제							
조회기간 2025 년 04 ~ 월 ~ 2025 년 06 ~ 월 1기 확정								
당초대손확정일	변제확정일	변제금액	공제율	변제세액	거래처		변제사유	
2024-03-31	2025-03-01	3,300,000	10/110	300,000	청수상사	6	소멸시효완성	
합 계		3,300,000		300,000				

(2) 부가가치세신고서(조회기간 : 2025년 4월 1일 ~ 2025년 6월 30일)

① 대손세액가감(8)란 △600,000원 자동반영
② 그 밖의 공제매입세액(14)란의 변제대손세액(47)란 300,000원 자동반영

구분			정기신고금액			구분		금액	세율	세액
			금액	세율	세액	14.그 밖의 공제매입세액				
과세표준및매출세액	과세	세금계산서발급분	1	494,800,000	10/100	49,480,000	신용카드매출	일반매입	41		
		매입자발행세금계산서	2		10/100		수령금액합계표	고정매입	42		
		신용카드·현금영수증발행분	3		10/100		의제매입세액		43	뒤쪽	
		기타(정규영수증외매출분)	4				재활용폐자원등매입세액		44	뒤쪽	
	영세	세금계산서발급분	5	125,800,000	0/100		과세사업전환매입세액		45		
		기타	6		0/100		재고매입세액		46		
	예정신고누락분		7				변제대손세액		47		300,000
	대손세액가감		8			-600,000	외국인관광객에대한환급세액		48		
	합계		9	620,600,000	㉮	48,880,000	합계		49		300,000
매입세액	세금계산서수취분	일반매입	10	371,050,000		37,105,000					
		수출기업수입분납부유예	10-1								
		고정자산매입	11	10,000,000		1,000,000					
	예정신고누락분		12								
	매입자발행세금계산서		13								
	그 밖의 공제매입세액		14			300,000					
	합계(10)-(10-1)+(11)+(12)+(13)+(14)		15	381,050,000		38,405,000					
	공제받지못할매입세액		16								
	차감계 (15-16)		17	381,050,000	㉯	38,405,000					

[2] 대손세액공제신고서 [회사코드 : 2300.(주)대흥]

(1) 대손세액공제신고서(대손발생 TAB, 조회기간 : 2025년 04월 ~ 2025년 06월)

부도발생일로부터 6월 경과로 대손세액공제요건 충족

당초공급일	대손확정일	대손금액	공제율	대손세액	거래처		대손사유
2024-04-19	2025-06-03	1,100,000	10/110	100,000	화진상사	5	부도(6개월경과)
합 계		1,100,000		100,000			

(2) 부가가치세신고서(조회기간 : 2025년 4월 1일 ~ 2025년 6월 30일)

대손세액가감(8)란 △100,000원 자동반영 되며 간주임대료 입력분은 조회하면 삭제된다.

구분			정기신고금액			구분		금액	세율	세액
			금액	세율	세액	7.매출(예정신고누락분)				
과세표준및매출세액	과세	세금계산서발급분	1	11,700,000	10/100	1,170,000	예정누락분	과세	세금계산서	33		10/100	
		매입자발행세금계산서	2		10/100				기타	34		10/100	
		신용카드·현금영수증발행분	3		10/100			영세	세금계산서	35		0/100	
		기타(정규영수증외매출분)	4						기타	36		0/100	
	영세	세금계산서발급분	5		0/100			합계		37			
		기타	6		0/100		12.매입(예정신고누락분)				
	예정신고누락분		7					세금계산서		38		
	대손세액가감		8			-100,000	예	그 밖의 공제매입세액		39		
	합계		9	11,700,000	㉮	1,070,000		합계		40		

(3) 일반전표입력(대손금확정일 : 2025년 6월 3일)

받을어음은 부도 발생시 "부도어음과수표(기타비유동자산)"로 대체 회계처리 하므로 반드시 "화진상사"의 부도어음 계정과목을 확인한다. 또한 대손금확정일의 합계잔액시산표를 조회하여 부도어음과수표의 대손충당금 잔액(600,000원)을 확인하여 회계처리 한다.

월	일	구분	계정과목	거래처	차변	대변
6	3	차변	부가세예수금		100,000	
		차변	대손충당금(247)		600,000	
		차변	대손상각비(판)		400,000	
		대변	부도어음과수표	화진상사		1,100,000

[3] 대손세액공제신고서 [회사코드 : 2500.(주)만세]

받을어음	① (주)대성 : 부도발생일 2025년 3월 20일 ⇨ 대손확정일 2025년 9월 21일(6월경과로 대손요건 충족)
외상매출금	① 만성상사 : 중소기업의 외상매출금으로서 회수기일이 2년 이상인 경우 대손세액 공제 대상 ② (주)대성 : 중소기업이더라도 부도발생 이전 공급분이 아니므로 공제대상 배제 ③ 하마상회 : 2025년 7월 20일 상법상 소멸시효완성(대손요건 충족)

	당초공급일	대손확정일	대손금액	공제율	대손세액	거래처		대손사유
	2023-09-20	2025-09-21	11,000,000	10/110	1,000,000	(주)대성	5	부도(6개월경과)
	2023-02-10	2025-09-30	22,000,000	10/110	2,000,000	만성상사	7	회수기일 경과
	2022-07-20	2025-07-20	33,000,000	10/110	3,000,000	하마상회	6	소멸시효완성
	합 계		66,000,000		6,000,000			

[4] 대손세액공제신고서 [회사코드 : 2400.(주)태풍]

① 단기대여금은 부가가치세가 포함되어 있지 않으므로 대손세액공제대상이 아니므로 입력하지 않는다.
② (주)세무의 외상매출금은 대손세액공제 요건에 해당하며 (주)우진의 외상매출금은 파산의 사유로 대손세액공제 받았으므로 회수한 날이 속하는 과세기간에 대한 확정신고시에 반대로 음수로 입력한다.
③ 미수금은 저당권 설정 채권으로 대손세액공제대상에서 제외한다.

	당초공급일	대손확정일	대손금액	공제율	대손세액	거래처		대손사유
	2024-05-31	2025-04-01	5,500,000	10/110	500,000	(주)세무	1	파산
	2019-06-30	2025-04-02	-9,900,000	10/110	-900,000	(주)우진	7	대손채권 일부회수
	합 계		-4,400,000		-400,000			

건물등감가상각자산취득명세서

[1] 건물등감가상각자산취득명세서 [회사코드 : 2300.(주)대흥]

조회기간(2025년 04월 ~ 2025년 06월)을 입력한 후 매입세액 불공제 사유에 해당하는 '비영업용소형승용차 구입'을 포함하여 감가상각자산종류별로 입력한다.

취득내역				
감가상각자산종류	건수	공급가액	세 액	비 고
합 계	3	84,000,000	8,400,000	
건물·구축물				
기 계 장 치	1	50,000,000	5,000,000	
차 량 운 반 구	1	30,000,000	3,000,000	
기타감가상각자산	1	4,000,000	400,000	

No	월/일	상호	사업자등록번호	자산구분	공급가액	세액	건수
1	04-15	대림자동차	214-09-22396	차량운반구	30,000,000	3,000,000	1
2	04-18	태연정밀	114-03-79146	기계장치	50,000,000	5,000,000	1
3	04-30	고려전자	220-06-11286	기타	4,000,000	400,000	1
		합 계			84,000,000	8,400,000	3

신용카드매출전표등 수령명세서

[1] 신용카드매출전표등 수령명세서 [회사코드 : 2500.(주)만세]

조회기간(2025년 07월 ~ 2025년 09월)을 입력한 후 매입세액공제가 가능한 내역을 입력하며 북경반점은 세금계산서 발급의무자인 간이과세자이므로 매입세액 공제가 가능하다. 박진헤어샵 : 미용업, 대한의원 : 면세업으로서 매입세액공제가 불가능하다.

2. 신용카드 등 매입내역 합계

구분	거래건수	공급가액	세액
합 계	4	1,970,000	197,000
현금영수증			
화물운전자복지카드			
사업용신용카드	4	1,970,000	197,000
그 밖의 신용카드			

3. 거래내역입력

No	월/일	구분	공급자	공급자(가맹점) 사업자등록번호	카드회원번호	거래건수	공급가액	세액
1	09-04	사업	(주)호이마트	120-81-35097	9540-8105-3071-8344	1	800,000	80,000
2	09-21	사업	지성자동차	111-81-74586	9540-8105-3071-8344	1	500,000	50,000
3	09-22	사업	참맛식당	220-36-54128	9540-8105-3071-8344	1	600,000	60,000
4	09-23	사업	북경반점	105-05-91233	9540-8105-3071-8344	1	70,000	7,000
				합계		4	1,970,000	197,000

[2] 신용카드매출전표등 수령명세서 [회사코드 : 2600.(주)온누리]

(1) 신용카드매출전표등 수령명세서(조회기간 : 2025년 01월 ~ 2025년 03월)

다사랑 : 기업업무추진비, 우성사무 : 간이과세자(영수증발급자)이므로 매입세액공제가 불가능하다.

2. 신용카드 등 매입내역 합계

구분	거래건수	공급가액	세액
합 계	3	900,000	90,000
현금영수증	1	100,000	10,000
화물운전자복지카드			
사업용신용카드	1	500,000	50,000
그 밖의 신용카드	1	300,000	30,000

3. 거래내역입력

No	월/일	구분	공급자	공급자(가맹점) 사업자등록번호	카드회원번호	거래건수	공급가액	세액
1	02-20	사업	추억모텔	607-82-12545	1234-5609-5114-8512	1	500,000	50,000
2	01-20	신용	이맛식당	220-36-54128	9455-4102-9215-1813	1	300,000	30,000
3	03-10	현금	수락만슈퍼	123-52-66527		1	100,000	10,000
				합계		3	900,000	90,000

(2) 부가가치세신고서(조회기간 : 2025년 1월 1일 ~ 2025년 3월 31일)

매입매출전표에 입력하지 않았으므로 [신용카드매출수령금액합계표(41)]란에 입력하여 [그 밖의 공제매입세액 (14)]란에 반영한다.

	구분		금액	세율	세액		구분		금액	세율	세액
매입세액	세금계산서 수취분	일반매입	10	555,000,007		55,500,000	14.그 밖의 공제매입세액				
		수출기업수입분납부유예	10-1				신용카드매출 수령금액합계표	일반매입	41	900,000		90,000
		고정자산매입	11	15,000,000		1,500,000		고정매입	42			
	예정신고누락분		12				의제매입세액		43		뒤쪽	
	매입자발행세금계산서		13				재활용폐자원등매입세액		44		뒤쪽	
	그 밖의 공제매입세액		14	900,000		90,000	과세사업전환매입세액		45			
	합계(10)-(10-1)+(11)+(12)+(13)+(14)		15	570,900,007		57,090,000	재고매입세액		46			
	공제받지못할매입세액		16				변제대손세액		47			
	차감계 (15-16)		17	570,900,007	ⓓ	57,090,000	외국인관광객에대한환급세액		48			
							합계		49	900,000		90,000

의제매입세액공제신고서

[1] 의제매입세액공제신고서 [회사코드 : 2300.(주)대흥]

(1) 의제매입세액공제신고서(조회기간 : 2025년 01월 ~ 2025년 03월)

① [(주)삼성농장 입력화면]

제조업(중소기업)이므로 공제율은 "4/104"이며 의제매입세액공제는 구입시점에 공제받으므로 미사용분이 있어도 구입액 전부를 입력한다.

공급자	사업자/주민등록번호	취득일자	구분	물품명	수량	매입가액	공제율	의제매입세액	건수
(주)삼성농장	201-81-13655	2025-01-25	계산서	배추	1,000	50,000,000	4/104	1,923,076	1
		2025-02-10	신용카드등	무	500	10,000,000	4/104	384,615	1
		합계			1,500	60,000,000		2,307,691	2

② [최불식 입력화면]

구입액 중 면세품 그대로 양도한 부분은 매입대상이 아니므로 제외한다.

관리용	신고용							※농.어민으로부터의 매입분에 대한 자료 입력시 주민등록번호, 품명, 수량은 필수입력 사항입니다.	
공급자	사업자/주민등록번호	취득일자	구분	물품명	수량	매입가액	공제율	의제매입세액	건수
(주)삼성농장	201-81-13655	2025-03-20	농어민매입	소금	500	2,500,000	4/104	96,153	1
최불식	600112-1462362								
			합계		500	2,500,000		96,153	1

③ [의제매입세액]

관리용	신고용						
구	분	매입처수	건수	매입가액	공제율	의제매입세액	
합	계	3	3	62,500,000	4/104	2,403,844	
사업자로부터의 매입분	계산서	1	1	50,000,000	4/104	1,923,076	
	신용카드	1	1	10,000,000	4/104	384,615	
농·어민등으로부터의 매입분		1	1	2,500,000	4/104	96,153	

	농·어민 등으로부터의 매입분에 대한 명세					
No	면세농산물 등을 공급한 농·어민등 성명	주민등록번호	건수	품명	수량	매입가액
1	최불식	600112-1462362	1	소금	500	2,500,000
	합계		1		500	2,500,000

(2) 의제매입세액공제액 회계처리 : 일반전표입력(2025년 3월 31일)

월	일	구분	계정과목	거래처	차변	대변
3	31	차변	부가세대급금		2,403,844	
		대변	원재료(8.타계정으로 대체)			2,403,844

(3) 부가가치세신고서(조회기간 : 2025년 1월 1일 ~ 2025년 3월 31일)

그 밖의 공제매입세액(14란) ⇨ 의제매입세액(43란) 자동반영

		정기신고금액					구분		금액	세율	세액
	구분		금액	세율	세액		14.그 밖의 공제매입세액				
매입세액	세금계산서수취분	일반매입	10	1,571,950,000		157,195,000	신용카드매출수령금액합계표	일반매입	41		
		수출기업수입분납부유예	10-1					고정매입	42		
		고정자산매입	11	22,727,273		2,272,727	의제매입세액		43	62,500,000	뒤쪽	2,403,844
	예정신고누락분		12				재활용폐자원등매입세액		44		뒤쪽	
	매입자발행세금계산서		13				과세사업전환매입세액		45			
	그 밖의 공제매입세액		14	62,500,000		2,403,844	재고매입세액		46			
	합계(10)-(10-1)+(11)+(12)+(13)+(14)		15	1,657,177,273		161,871,571	변제대손세액		47			
	공제받지못할매입세액		16	18,000,000		1,800,000	외국인관광객에대한환급세액		48			
	차감계 (15-16)		17	1,639,177,273	ⓓ	160,071,571	합계		49	62,500,000		2,403,844

[2] 의제매입세액공제신고서 [회사코드 : 2400.(주)태풍]

(1) 매입매출전표입력

구입시점에 공제받을 것이므로 [의제류매입 TAB]에서 입력하며 법인 음식점에 해당하므로 공제율은 "6/106" 이다.

① [삼성수산(주) : 2025년 7월 27일]

구입시점에 공제받으므로 미사용분까지 포함하여 전액 입력한다.

□	일	번호	유형	품목	수량	단가	공급가액	의제구분및매입액	세율	공제세액	코드	공급처명	사업/주민번호	전자	분개
□	27	50002	면세	광어	100	153,000	15,300,000	1 15,300,000	6/106	866,037	00512	삼성수산(주)	201-81-13655	여	외상

| | 공급처별-의제구분별 [1]건 | | 15,300,000 | 15,300,000 | | 866,037 | |

◉	NO : 50002			(대체) 전표			
구분	계정과목		적요		거래처	차변(출금)	대변(입금)
대변	0251 외상매입금		광어 100X153000		00512 삼성수산(주)		15,300,000
차변	0135 부가세대급금		광어 100X153000		00512 삼성수산(주)	866,037	
차변	0153 원재료		광어 100X153000		00512 삼성수산(주)	14,433,963	
					합계	15,300,000	15,300,000

② [(주)현진상회 : 2025년 8월 10일]

취득과 관련하여 발생한 부대비용은 취득원가로 회계처리하나 의제매입 공제대상에는 포함하지 않으며 별도로 회계처리 하였으므로 공급가액은 미포함 금액이다.

□	일	번호	유형	품목	수량	단가	공급가액	의제구분및매입액	세율	공제세액	코드	공급처명	사업/주민번호	전자	분개
■	10	50009	카면	쌀	300	11,900	3,570,000	1 3,570,000	6/106	202,075	00613	(주)현진상회	136-81-18337		외상
			공급처별-의제구분별 [1]건				3,570,000	3,570,000		202,075					

신용카드사 99602 국민카드   봉사료

NO : 50009   (대 체) 전 표

구분	계정과목	적요	거래처	차변(출금)	대변(입금)
대변	0251	외상매입금	쌀 300X11900	99602 국민카드		3,570,000
차변	0135	부가세대급금	쌀 300X11900	00613 (주)현진상회	202,075	
차변	0153	원재료	쌀 300X11900	00613 (주)현진상회	3,367,925	
				합 계	3,570,000	3,570,000

(2) 의제매입세액공제신고서(조회기간 : 2025년 07월 ~ 2025년 09월)

관리용	신고용					※농·어민으로부터의 매입분에 대한 자료 입력시 주민등록번호, 품명, 수량은 필수입력 사항입니다.				
공급자	사업자/주민등록번호	취득일자	구분		물품명	수량	매입가액	공제율	의제매입세액	건수
(주)현진상회	136-81-18337	2025-08-10	신용카드등		쌀	300	3,570,000	6/106	202,075	1
삼성수산(주)	201-81-13655									
			합계			300	3,570,000		202,075	

	매입가액 계	의제매입세액 계	건수 계
계산서 합계	15,300,000	866,037	1
신용카드등 합계	3,570,000	202,075	1
농·어민등 합계			
총계	18,870,000	1,068,112	2

[3] 의제매입세액공제신고서 [회사코드 : 2500.(주)만세]

(1) 매입매출전표입력

의제매입세액을 별도로 일반전표입력에 회계처리하므로 [전체입력 TAB]에서 입력한다. 의제매입세액공제신고서에 자동으로 반영하여야 하므로 적요 "6.의제매입세액공제신고서 자동반영분"을 반드시 입력한다.

① [계산서 매입(2025년 4월 6일)]

수도요금은 면세에 해당하나 의제매입과는 무관한 거래이므로 입력하지 않는다.

□	일	번호	유형	품목	수량	단가	공급가액	부가세	코드	공급처명	사업/주민번호	전자	분개
■	6	50002	면세	복숭아	1	3,060,000	3,060,000		00518	(주)하나	127-81-49025	여	현금
			유형별-공급처별 [1]건				3,060,000						

NO : 50002   (출 금) 전 표

구분	계정과목	적요	거래처	차변(출금)	대변(입금)
출금	0153	원재료	06 의제매입세액공제신고서 자동반영분	00518 (주)하나	3,060,000	(현금)
				합 계	3,060,000	3,060,000

② [신용카드 매입(2025년 6월 3일)]

방역비는 면세에 해당하나 의제매입과는 무관한 거래이므로 입력하지 않는다.

□	일	번호	유형	품목	수량	단가	공급가액	부가세	코드	공급처명	사업/주민번호	전자	분개
■	3	50002	카면	복숭아	1	1,428,000	1,428,000		00626	(주)보람	106-81-51688		외상
			유형별-공급처별 [1]건				1,428,000						

신용카드사 99601 현대카드   봉사료

NO : 50002   (대 체) 전 표

구분	계정과목	적요	거래처	차변(출금)	대변(입금)
대변	0251	외상매입금	복숭아 1X1428000	99601 현대카드		1,428,000
차변	0153	원재료	06 의제매입세액공제신고서 자동반영분	00626 (주)보람	1,428,000	
				합 계	1,428,000	1,428,000

③ [농어민 매입(2025년 4월 1일)]

□	일	번호	유형	품목	수량	단가	공급가액	부가세	코드	공급처명	사업/주민번호	전자	분개
□	1	50004	면건	복숭아	1	3,978,000	3,978,000		00620	최농부	701201-2213216		현금
□													

유형별-공급처별 [1]건   3,978,000

NO : 50004   (출 금) 전 표

구분	계정과목	적요		거래처	차변(출금)	대변(입금)
출금	0153 원재료	06 의제매입세액공제신고서 자동반영분	00620	최농부	3,978,000	(현금)
				합 계	3,978,000	3,978,000

(2) 의제매입세액공제신고서(조회기간 : 2025년 04월 ~ 2025년 06월)

① 매입매출전표의 [전체입력 TAB]에서 입력하였으므로 공제율이 모두 "2/102"이므로 상단의 F6 공제율일괄변경 버튼을 누른 후 "4/104"를 입력하여 일괄 변경한다.

② 예정신고(20,000,000원)와 확정신고(30,000,000원)의 과세표준을 직접 입력한다.
③ 당기매입액 = 예정신고 매입액 + 확정신고 매입액 = 8,000,000원 + 8,466,000원 = 16,466,000원
[B.당기매입액] 및 [이미 공제받은 금액 - 예정신고분] 금액을 입력하여 [공제(납부)할세액]을 확인한다.

공급자	사업자/주민등록번호	취득일자	구분	물품명	수량	매입가액	공제율	의제매입세액	건수
(주)보람	106-81-51688	2025-06-03	신용카드등	복숭아	1	1,428,000	4/104	54,923	1
(주)하나	127-81-49025								
최농부	701201-2213216		합계		1	1,428,000		54,923	1

	매입가액 계	의제매입세액 계	건수 계
계산서 합계	3,060,000	117,692	1
신용카드등 합계	1,428,000	54,923	1
농·어민등 합계	3,978,000	153,000	1
총계	8,466,000	325,615	3

면세농산물등 | 제조업 면세농산물등

가. 과세기간 과세표준 및 공제가능한 금액등   불러오기

과세표준			대상액 한도계산			B.당기매입액	공제대상금액 MIN (A,B)
합계	예정분	확정분	한도율	A.한도액			
50,000,000	20,000,000	30,000,000	50/100	25,000,000		16,466,000	16,466,000

나. 과세기간 공제할 세액

공제대상세액			이미 공제받은 금액		공제(납부)할세액 (C-D)
공제율	C.공제대상금액	D.합계	예정신고분	월별조기분	
4/104	633,307	307,692	307,692		325,615

(3) 의제매입세액공제액 회계처리 : 일반전표입력(2025년 6월 30일)

월	일	구분	계정과목	거래처	차변	대변
6	30	차변	부가세대급금		325,615	
		대변	원재료(8.타계정으로 대체)			325,615

[4] 의제매입세액공제신고서 [회사코드 : 2600.(주)온누리]

① 계산서 수취분 연어산업의 자료를 입력하며 일반기업에 해당하므로 공제율은 "2/102"를 선택한다.
② 예정·확정신고의 과세표준을 입력하며 면세농산물등관련 매출이 아닌 기계공급가액은 입력하지 않는다.
③ 당기매입액 = 예정신고 매입액 + 확정신고 매입액
  = (300,000원 ÷ 2/102) + 12,000,000원 = 27,300,000원
[B.당기매입액] 및 [이미 공제받은 금액 - 예정신고분] 금액을 입력하여 [공제(납부)할세액]을 확인한다.

관리용	신고용				※농.어민으로부터의 매입분에 대한 자료 입력시 주민등록번호, 품명, 수량은 필수입력 사항입니다.					
공급자	사업자/주민등록번호	취득일자	구분	물품명		수량	매입가액	공제율	의제매입세액	건수
연어산업	111-11-11111	2025-04-07	계산서	연어		100	12,000,000	2/102	235,294	1
			합계			100	12,000,000		235,294	
				매입가액 계				의제매입세액 계		건수 계
			계산서 합계			12,000,000			235,294	1
			신용카드등 합계							
			농·어민등 합계							
			총계			12,000,000			235,294	1

면세농산물등 / 제조업 면세농산물등

가. 과세기간 과세표준 및 공제가능한 금액등 … 불러오기

과세표준			대상액 한도계산		B.당기매입액	공제대상금액 [MIN (A,B)]
합계	예정분	확정분	한도율	A.한도액		
52,000,000	24,000,000	28,000,000	50/100	26,000,000	27,300,000	26,000,000

나. 과세기간 공제할 세액

공제대상세액			이미 공제받은 금액			공제(납부)할세액 (C-D)
공제율	C.공제대상금액	D.합계	예정신고분		월별조기분	
2/102	509,803	300,000	300,000			209,803

재활용폐자원매입세액공제신고서

[1] 재활용폐자원매입세액공제신고서 [회사코드 : 2500.(주)만세]

① 조회기간(2025년 04월 ~ 2025년 06월)을 입력하고 관리용 TAB에 직접 입력한다.
② 고수지는 비사업자이므로 영수증 매입분으로 공제가 가능하므로 "1.영수증"을 선택하고 재활용폐자원에 해당하므로 공제율은 "3/103"을 선택한다.
③ 나폐상사는 일반과세사업자이므로 세금계산서 발급이 가능하므로 재활용폐자원매입세액공제를 적용받을 수 없다.
④ 재활용폐자원 공제(중고자동차는 제외)는 확정신고시 한도내 금액까지만 공제가 가능하므로 정산을 하여야 한다. 그러므로 과세기간의 매출액, 당기매입액, 예정신고시 공제받은 세액을 입력한다.
⑤ 당기매입액 입력 시 세금계산서 매입분 및 영수증 입력분까지 입력하여야 함에 유의한다. 영수증 매입분은 "예정 3,000,000원 + 확정 2,546,000원"을 합계(5,546,000원)하여 입력한다.

관리용	신고용							※ 중고자동차 업종은 501103, 501202, 519111 만 허용됩니다.(홈택스검증사항)					
No	(24)공급자		거래구분	(25)구분코드	(26)건수	(27)품명	(28)수량	(29)차량번호	(30)차대번호	(31)취득금액	(32)공제율	(33)공제액 ((31)*(32))	취득일자
	성명 또는 상호(기관명)	거래처 주민등록번호또는 사업자등록번호											
1	고수지	820503-2111111	1.영수증	2.기타재활용폐자원	1	고철	200			2,546,000	3/103	74,155	2025-04-25
	영수증수취분		1		1					2,546,000		74,155	
	계산서수취분												
	합계		1		1					2,546,000		74,155	

재활용폐자원 매입세액공제 관련 신고내용(이 란은 확정신고시 작성하며, 중고자동차(10/110)의 경우에는 작성하지 않습니다.) … 불러오기

매출액			대상액한도계산		당기매입액			(16)공제가능한 금액(=(12)-(14))
(8)합계	(9)예정분	(10)확정분	(11)한도율	(12)한도액	(13)합계	(14)세금계산서	(15)영수증 등	
115,000,000	65,000,000	50,000,000	80%	92,000,000	86,546,000	81,000,000	5,546,000	11,000,000

(17)공제대상금액(=(15)과 (16)의 금액중 적은 금액)	공제대상세액			이미 공제받은 세액			(23)공제(납부)할세액 (=(19)-(20))	(참고)10/110 공제액합계
	(18)공제율	(19)공제대상세액	(20)합계	(21)예정신고분	(22)월별조기분			
5,546,000	3/103	161,533	87,378	87,378			74,155	

[2] 재활용폐자원매입세액공제신고서 [회사코드 : 2600.(주)온누리]

① 조회기간(2025년 04월 ~ 2025년 06월)을 입력하고 관리용 TAB에 직접 입력한다.

② 윤주원은 비사업자이므로 세금계산서를 발급할 수 없으므로 "1.영수증"을 선택하고 중고자동차는 재활용폐자원에 해당하므로 공제율 "10/110"을 선택한다. 재활용폐자원 중 중고자동차는 정산대상이 아니므로 [재활용폐자원 매입세액공제 관련 신고내용]에 입력하지 않는다.

No	(24)공급자 성명 또는 거래처 상호(기관명)	주민등록번호또는 사업자등록번호	거래구분	(25)구분코드	(26)건수	(27)품명	(28)수량	(29)차량번호	(30)차대번호	(31)취득금액	(32)공제율	(33)공제액 ((31)*(32))	취득일자
1	윤주원	631201-1512151	1.영수증	1.중고자동차	1	자동차	1	123가4568	KMHEL13CPYA123456	7,700,000	10/110	700,000	2025-04-06
	영수증수취분		1		1					7,700,000		700,000	
	계산서수취분												
	합계		1		1					7,700,000		700,000	

공제받지못할매입세액명세서

[1] 공제받지 못할 매입세액 내역 [회사코드 : 2300.(주)대흥]

- 조회기간 : 2025년 07월 ~ 2025년 09월

가. 공급받는자의 상호 및 성명, 공급자의 날인은 필요적 기재사항이 아니므로 매입세액공제가 가능하다.
라. 경차는 매입세액공제 대상이다.
바. 신용카드매출전표영수증 수취는 일반전표에 입력하여 경비로 처리하며, 제출대상이 아니다.

매입세액 불공제 사유	세금계산서		
	매수	공급가액	매입세액
①필요적 기재사항 누락 등			
②사업과 직접 관련 없는 지출	1	2,500,000	250,000
③개별소비세법 제1조제2항제3호에 따른 자동차 구입·유지 및 임차			
④기업업무추진비 및 이와 유사한 비용 관련	1	3,000,000	300,000
⑤면세사업등 관련			
⑥토지의 자본적 지출 관련	1	10,000,000	1,000,000
⑦사업자등록 전 매입세액			
⑧금·구리 스크랩 거래계좌 미사용 관련 매입세액			
합계	3	15,500,000	1,550,000

[2] 공통매입세액안분계산내역 [회사코드 : 2300.(주)대흥]

- 조회기간 : 2025년 01월 ~ 2025년 03월

산식	구분	과세·면세사업 공통매입		⑫총공급가액등	⑬면세공급가액등	면세비율 (⑬÷⑫)	⑭불공제매입세액 [⑪*(⑬÷⑫)]
		⑩공급가액	⑪세액				
1.당해과세기간의 공급가액기준		50,000,000	5,000,000	100,000,000.00	60,000,000.00	60.000000	3,000,000
합계		50,000,000	5,000,000	100,000,000	60,000,000		3,000,000

불공제매입액 (3,000,000) = 세액(5,000,000) × 면세공급가액 (60,000,000) / 총공급가액 (100,000,000)

[3] 공통매입세액의 정산내역 [회사코드 : 2400.(주)태풍]

① 조회기간(2025년 10월 ~ 2025년 12월) 입력 후 [공통매입세액의 정산내역 TAB]을 선택한다.

② [1.과세기간의 공급가액기준]을 선택하면 "전표데이타를 불러오시겠습니까?" 메시지가 나오며 직접 입력할 것이므로 "아니오(N)"을 선택한다.

③ 총공통매입세액 = (17,000,000원 + 18,600,000원) × 10% = 3,560,000원
④ 구분은 필수 사항이 아니므로 생략하고 1월 ~ 6월의 전체 총공통매입세액 및 면세사업확정비율을 입력하여 불공제매입세액총액을 계산하고 예정신고시 불공제처리한 금액을 기불공제매입세액을 입력하여 "가산 또는 공제되는 매입세액"을 계산한다.

공제받지못할매입세액내역	공통매입세액안분계산내역	**공통매입세액의정산내역**	납부세액또는환급세액재계산					
산식	구분	(15)총공통매입세액	(16)면세 사업확정 비율			(17)불공제매입세액총액((15)*(16))	(18)기불공제매입세액	(19)가산또는공제되는매입세액((17)-(18))
			총공급가액	면세공급가액	면세비율			
1.당해과세기간의 공급가액기준		3,560,000	840,000,000.00	294,000,000.00	35.000000	1,246,000	476,000	770,000
합계		3,560,000	840,000,000	294,000,000		1,246,000	476,000	770,000

가산또는공제되는매입세액(770,000) = 총공통매입세액(3,560,000) * 면세비율(%)(35.000000) - 기불공제매입세액(476,000)

[4] 공통매입세액의 정산내역 [회사코드 : 2500.(주)만세]

① 매입세액의 구분

일 자	내 역	매입세액	매입세액구분
2025.01.05.	책장 제조용 목재 구입	500,000원	과세매입
2025.02.20.	회계팀 사무용품 구입	150,000원	**공통매입**
2025.03.11.	직원휴게실 음료 등 다과	50,000원	**공통매입**
2025.04.05.	책장를 위한 포장재 구입	100,000원	과세매입
2025.05.20.	세무사 사무소 수수료	100,000원	**공통매입**
2025.06.11.	생산직직원 안전장비	150,000원	과세매입

② 1기 예정 공제받지 못할 매입세액

$$\text{불공제매입세액} = \text{공통매입세액} \times \frac{\text{당해과세기간의 면세공급가액}}{\text{당해과세기간의 총공급가액}} = 200{,}000원 \times \frac{50{,}000{,}000원}{200{,}000{,}000원} = 50{,}000원$$

③ 확정신고시 공제받지 못할 매입세액(조회기간 : 2025년 4월 ~ 2025년 6월)
- 총공통매입세액 = 200,000원 + 100,000원 = 300,000원

공제받지못할매입세액내역	공통매입세액안분계산내역	**공통매입세액의정산내역**	납부세액또는환급세액재계산					
산식	구분	(15)총공통매입세액	(16)면세 사업확정 비율			(17)불공제매입세액총액((15)*(16))	(18)기불공제매입세액	(19)가산또는공제되는매입세액((17)-(18))
			총공급가액	면세공급가액	면세비율			
1.당해과세기간의 공급가액기준		300,000	500,000,000.00	150,000,000.00	30.000000	90,000	50,000	40,000
합계		300,000	500,000,000	150,000,000		90,000	50,000	40,000

가산또는공제되는매입세액(40,000) = 총공통매입세액(300,000) * 면세비율(%)(30.000000) - 기불공제매입세액(50,000)

[5] 납부세액 또는 환급세액재계산 [회사코드 : 2400.(주)태풍]

① 조회기간(2025년 04월 ~ 2025년 06월) 입력, [납부세액또는환급세액재계산 TAB] 선택
② 면세비율의 변화

2024년 1기와 2기의 면세비율 증감변화가 5% 미만이므로 재계산을 하지 않았다. 그러므로 2025년 1기 재계산 비율 증감변화는 2024년 1기와의 차이로 재검토한다.

구분	2024년 제1기	2024년 제2기	2025년 제1기
면세비율	62.5%	60% (5% 미만으로 재계산 없음)	70% (70% - 62.5% = 7.5% 증가)

자산	(20)해당재화의 매입세액	(21)경감률[1-(체감률*경과된과세기간의수)]			(22)증가 또는 감소된 면세공급가액(사용면적)비율					(23)가산또는 공제되는 매입세액 (20)*(21)*(22)
		취득년월	체감률	경과과세기간	경감률	당기		직전		증가율	
						총공급	면세공급	총공급	면세공급		
1.건물,구축물	10,000,000	2024-02	5	2	90	600,000,000.00	420,000,000.00	400,000,000.00	250,000,000.00	7.500000	675,000
2.기타자산	2,000,000	2024-05	25	2	50	600,000,000.00	420,000,000.00	400,000,000.00	250,000,000.00	7.500000	75,000
합계											750,000

가산또는공제되는매입세액 (675,000) = 해당재화의매입세액(10,000,000) * 경감률(%)(90) * 증가율(%)(7.500000)

[6] 공제받지못할매입세액명세서 [회사코드 : 2600.(주)온누리]

(1) 공제받지 못할 매입세액 내역(조회기간 : 2025년 04월 ~ 2025년 06월)

매입세액 불공제 사유	세금계산서		
	매수	공급가액	매입세액
①필요적 기재사항 누락 등			
②사업과 직접 관련 없는 지출			
③개별소비세법 제1조제2항제3호에 따른 자동차 구입·유지 및 임차	1	3,000,000	300,000
④기업업무추진비 및 이와 유사한 비용 관련	2	10,000,000	1,000,000
⑤면세사업등 관련	1	50,000,000	5,000,000
⑥토지의 자본적 지출 관련			
⑦사업자등록 전 매입세액			
⑧금·구리 스크랩 거래계좌 미사용 관련 매입세액			
합계	4	63,000,000	6,300,000

(2) 공통매입세액의 정산내역

■ 총공통매입세액 = (100,000,000원 + 25,500,000원) × 10% = 12,550,000원

산식	구분	(15)총공통매입세액	(16)면세 사업확정 비율			(17)불공제매입세액총액 ((15)*(16))	(18)기불공제매입세액	(19)가산또는 공제되는매입세액 ((17)-(18))
			총공급가액	면세공급가액	면세비율			
1.당해과세기간의 공급가액기준		12,550,000	800,000,000.00	300,000,000.00	37.500000	4,706,250	5,000,000	-293,750
합계		12,550,000	800,000,000	300,000,000		4,706,250	5,000,000	-293,750

가산또는공제되는매입세액 (-293,750) = 총공통매입세액(12,550,000) * 면세비율(%)(37.500000) - 기불공제매입세액(5,000,000)

[7] 납부세액 또는 환급세액재계산 [회사코드 : 2300.(주)대흥]

① 조회기간(2025년 04월 ~ 2025년 06월) 입력, [납부세액또는환급세액재계산 TAB] 선택

② 토지는 감가상각자산이 아니며 비품은 감가상각자산에 해당하나 사후관리 기간(4과세기간 경과)이 경과되었으므로 입력하지 않는다.

③ 면세비율의 변화

구분	2024년 제1기	2024년 제2기	2025년 제1기
면세비율	60%	100%(40% 증가)	60%(40% 감소)

자산	(20)해당재화의 매입세액	(21)경감률[1-(체감률*경과된과세기간의수)]				(22)증가 또는 감소된 면세공급가액(사용면적)비율					(23)가산또는 공제되는매입세액 (20)*(21)*(22)
		취득년월	체감률	경과과세기간	경감률	당기		직전		증가율	
						총공급	면세공급	총공급	면세공급		
1.건물,구축물	15,000,000	2023-12	5	3	85	1,000,000,000.00	600,000,000.00	350,000,000.00	350,000,000.00	-40.000000	-5,100,000
2.기타자산	5,000,000	2024-01	25	2	50	1,000,000,000.00	600,000,000.00	350,000,000.00	350,000,000.00	-40.000000	-1,000,000
합계											-6,100,000

가산또는공제되는매입세액 (-5,100,000) = 해당재화의매입세액(15,000,000) * 경감률(%)(85) * 증가율(%)(-40.000000)

부가가치세신고서 및 가산세

[1] 부가가치세신고서 작성 [회사코드 : 2400.(주)태풍]

① 조회기간(2025년 10월 1일 ~ 2025년 12월 31일), 신고구분(1.정기신고)를 선택하고 조회한다.
② 기존의 입력된 자료는 무시하라고 하였으므로 자료가 조회되는 경우는 반드시 삭제 후 입력하여야 한다.
③ 대손세액공제를 받았던 대손금을 회수하는 경우 [대손세액가감(8)]란에 **양수**로 2,000,000원(22,000,000원 × 10/110)을 입력한다.
④ 토지의 자본적지출은 토지의 취득원가에 가산하므로 일반매입(10)란에 입력하며 매입세액 불공제사유에 해당하므로 공제받지못할매입세액(16란)의 (50)란에 입력한다.
⑤ 매입세금계산서 예정신고누락분은 가산세 적용대상이 아니며 소규모법인의 예정고지세액은 **양수**로 입력한다.
⑥ 홈택스에서 직접 전자신고를 하는 경우 확정신고시 전자신고세액공제 "10,000원"을 [그 밖의 경감 · 공제세액 (18)]란의 (54)란에 입력하며 환급세액에 가산한다.

구분			정기신고금액			구분		금액	세율	세액
			금액	세율	세액	12.매입(예정신고누락분)				
과세표준및매출세액	과세	세금계산서발급분	1	400,000,000	10/100	40,000,000	예정누락분	세금계산서	38	10,000,000		1,000,000
		매입자발행세금계산서	2		10/100			그 밖의 공제매입세액	39			
		신용카드 · 현금영수증발행분	3	60,000,000		6,000,000		합계	40	10,000,000		1,000,000
		기타(정규영수증외매출분)	4		10/100			신용카드매출 수령금액합계	일반매입				
	영세	세금계산서발급분	5		0/100				고정매입				
		기타	6	200,000,000	0/100			의제매입세액				
	예정신고누락분		7					재활용폐자원등매입세액				
	대손세액가감		8			2,000,000		과세사업전환매입세액				
	합계		9	660,000,000	㉮	48,000,000		재고매입세액				
매입세액	세금계산서수취분	일반매입	10	530,000,000		53,000,000		변제대손세액				
		수출기업수입분납부유예	10-1					외국인관광객에대한환급세액				
		고정자산매입	11					합계				
	예정신고누락분		12	10,000,000		1,000,000	16.공제받지못할매입세액					
	매입자발행세금계산서		13					공제받지못할매입세액	50	30,000,000		3,000,000
	그 밖의 공제매입세액		14					공통매입세액면세등사업분	51			
	합계(10)-(10-1)+(11)+(12)+(13)+(14)		15	540,000,000		54,000,000		대손처분받은세액	52			
	공제받지못할매입세액		16	30,000,000		3,000,000		합계	53	30,000,000		3,000,000
	차감계 (15-16)		17	510,000,000	㉯	51,000,000	18.그 밖의 경감 공제세액					
납부(환급)세액(매출세액㉮-매입세액㉯)						-3,000,000		전자신고세액공제	54			10,000
경감공제세액	그 밖의 경감 · 공제세액		18			10,000		전자세금계산서발급세액공제	55			
	신용카드매출전표등 발행공제등		19	66,000,000				택시운송사업자경감세액	56			
	합계		20		㉰	10,000		대리납부세액공제	57			
소규모 개인사업자 부가가치세 감면세액			20-1		㉱			현금영수증사업자세액공제	58			
예정신고미환급세액			21		㉲			기타	59			
예정고지세액			22		㉳	3,000,000		합계	60			10,000
사업양수자의 대리납부 기납부세액			23		㉴							
매입자 납부특례 기납부세액			24		㉵							
신용카드업자의 대리납부 기납부세액			25		㉶							
가산세액계			26		㉷							
차가감하여 납부할세액(환급받을세액)㉮-㉯-㉰-㉱-㉲-㉳-㉴-㉵-㉶+㉷			27			-6,010,000						
총괄납부사업자가 납부할 세액(환급받을 세액)												

[2] 부가가치세신고서 작성(예정신고누락분 입력) [회사코드 : 2400.(주)태풍]

(1) 매입매출전표입력

① 2025년 3월 20일 김규천 누락분

매입매출전표입력 메뉴 상단의 [간편집계표 ⇨ 예정 누락분]을 선택하여 누락분을 반영하고자하는 확정신고 개시년월(2025년 4월 1일)을 입력한다. 분개를 생략하라는 지문이 있으므로 [분개 : 0.분개없음]을 선택한다.

	년 03 ∨ 월 20 일 변경 현금잔액:			대차차액:		매입 누락					
□	일	번호	유형	품목	수량	단가	공급가액	부가세	코드	공급처명	사업/주민번호	전자	분개
□	20	50004	과세	임차료			1,500,000	150,000	00513	김규천	125-20-44552	여	

② 2025년 3월 26일 제이앤제이 누락분

김규천 입력 방식과 동일한 방식으로 입력하며 선적일의 환율로 환산한 금액이 과세표준이다.

	년 03 ∨ 월 26 일 변경 현금잔액:			대차차액:		매출 누락					
□	일	번호	유형	품목	수량	단가	공급가액	부가세	코드	공급처명	사업/주민번호	전자	분개
□	26	50002	수출	제품			18,000,000		00411	제이앤제이			

(2) 부가가치세신고서 작성(조회기간 : 2025년 4월 1일 ~ 2025년 6월 30일)
① 지연수취 가산세 = 1,500,000원 × 0.5% = 7,500원
  ⇨ 공급시기 이후 확정신고기한까지 수취한 경우 매입세액 공제는 가능하며 지연수취 가산세는 적용
② 영세율과세표준 신고불성실 가산세 = 18,000,000원 × 0.5% × (1 − 75%) = 22,500원
  ⇨ 1개월 초과 3개월 이내 수정신고 : 75% 감면

[예정신고누락분]   [가산세 명세]

[3] 부가가치세신고서 작성(예정신고누락분 확정신고 반영) [회사코드 : 2600.(주)온누리]
① 조회기간(2025년 10월 1일 ~ 2025년 12월 31일), 신고구분(1.정기신고)를 선택하고 조회한다.
② 대손세액 공제분 △4,000,000원(부도 6월 미경과 제외)을 입력하고 예정신고미환급세액은 양수로 입력한다.

③ 가산세 내역
  ㉠ 영세율과세표준 신고불성실 가산세
    = 30,000,000원 × 0.5% × (1 − 75%) = 37,500원
    ⇨ 1개월 초과 3개월 이내 수정신고 : 75% 감면
  ㉡ 세금계산서 미발급 등 가산세(64란, 2015년 개정)
    = 10,000,000원 × 1% = 100,000원
    전자세금계산서 발급의무자가 전자세금계산서를 발급하지 않고 그 발급시기에 종이세금계산서를 발급한 경우 공급가액의 1%의 가산세를 적용하며, 미발급등에 기재한다.

[4] 부가가치세신고서 작성(수정신고) [회사코드 : 2300.(주)대흥]

① 조회기간(2025년 10월 1일 ~ 2025년 12월 31일), **신고구분(2.수정신고), 신고차수(1차)**를 선택한다. 수정신고자료는 [**수정신고금액**]란에서 직접 추가입력한다.
② 세금계산서발급분(1란) : 300,000,000원 + 5,000,000원 = 305,000,000원으로 수정입력
③ 세금계산서수취분 일반매입(10란) : 280,000,000원 + 1,000,000원 = 281,000,000원으로 수정입력
④ 그 밖의 공제매입세액(14란)에서 [TAB] 키를 누른 후 일반매입(41란)에 금액 3,000,000, 세액 300,000원 추가입력
⑤ 가산세명세를 수정하는 경우는 [TAB] 키를 누른 후 입력한다.
   ㉠ 전자세금계산서 미전송 가산세 = 5,000,000원 × 0.5% = 25,000원
      ⇨ 2017년 세법개정에 의하여 매출처별 세금계산서합계표 제출관련 가산세가 적용되는 부분은 전자세금계산서 전송관련 가산세가 배제되는 규정이 삭제되었으므로 전자세금계산서 발급 후 공급시기가 속하는 과세기간의 확정신고기간(2026년 1월 25일) 경과 후 전송한 경우 미전송 가산세가 적용된다.
   ㉡ 신고불성실 가산세 = (500,000원 − 400,000원) × 10%(일반과소) × (1 − 75%) = 2,500원
      ⇨ 1개월 초과 3개월 이내 수정신고 : 75% 감면
   ㉢ 납부지연 가산세 = 100,000원 × 34일 × 2.2/10,000 = 748원

⑥ 수정 부가가치세신고서(신고구분 : 2.수정신고, 신고차수 : 1)

	구분		정기신고금액				구분		수정신고금액		
			금액	세율	세액				금액	세율	세액
과세표준및매출세액	과세	세금계산서발급분	1	300,000,000	10/100	30,000,000	과세표준및매출세액	과세	세금계산서발급분	1	305,000,000	10/100	30,500,000
		매입자발행세금계산서	2		10/100				매입자발행세금계산서	2		10/100	
		신용카드 · 현금영수증발행분	3		10/100				신용카드 · 현금영수증발행분	3		10/100	
		기타(정규영수증외매출분)	4						기타(정규영수증외매출분)	4			
	영세	세금계산서발급분	5		0/100			영세	세금계산서발급분	5		0/100	
		기타	6		0/100				기타	6		0/100	
	예정신고누락분		7					예정신고누락분		7			
	대손세액가감		8					대손세액가감		8			
	합계		9	300,000,000	㉮	30,000,000		합계		9	305,000,000	㉮	30,500,000
매입세액	세금계산서수취분	일반매입	10	280,000,000		28,000,000	매입세액	세금계산서수취분	일반매입	10	281,000,000		28,100,000
		수출기업수입분납부유예	10-1						수출기업수입분납부유예	10-1			
		고정자산매입	11						고정자산매입	11			
	예정신고누락분		12					예정신고누락분		12			
	매입자발행세금계산서		13					매입자발행세금계산서		13			
	그 밖의 공제매입세액		14					그 밖의 공제매입세액		14	3,000,000		300,000
	합계(10)-(10-1)+(11)+(12)+(13)+(14)		15	280,000,000		28,000,000		합계(10)-(10-1)+(11)+(12)+(13)+(14)		15	284,000,000		28,400,000
	공제받지못할매입세액		16					공제받지못할매입세액		16			
	차감계 (15-16)		17	280,000,000	㉯	28,000,000		차감계 (15-16)		17	284,000,000	㉯	28,400,000
납부(환급)세액(매출세액㉮-매입세액㉯)						2,000,000	납부(환급)세액(매출세액㉮-매입세액㉯)						2,100,000
경감공제세액	그 밖의 경감 · 공제세액		18				경감공제세액	그 밖의 경감 · 공제세액		18			
	신용카드매출전표등 발행공제등		19					신용카드매출전표등 발행공제등		19			
	합계		20		㉰			합계		20		㉰	
소규모 개인사업자 부가가치세 감면세액			20-1		㉱		소규모 개인사업자 부가가치세 감면세액			20-1		㉱	
예정신고미환급세액			21		㉲		예정신고미환급세액			21		㉲	
예정고지세액			22		㉳		예정고지세액			22		㉳	
사업양수자의 대리납부 기납부세액			23		㉴		사업양수자의 대리납부 기납부세액			23		㉴	
매입자 납부특례 기납부세액			24		㉵		매입자 납부특례 기납부세액			24		㉵	
신용카드업자의 대리납부 기납부세액			25		㉶		신용카드업자의 대리납부 기납부세액			25		㉶	
가산세액계			26		㉷		가산세액계			26		㉷	28,248
차가감하여 납부할세액(환급받을세액)㉯-㉰-㉱-㉲-㉳-㉴-㉵-㉶+㉷			27	2,000,000			차가감하여 납부할세액(환급받을세액)㉯-㉰-㉱-㉲-㉳-㉴-㉵-㉶+㉷			27	2,128,248		
총괄납부사업자가 납부할 세액 (환급받을 세액)							총괄납부사업자가 납부할 세액 (환급받을 세액)						

[5] 부가가치세신고서 작성(기한후신고) [회사코드 : 2500.(주)만세]

(1) 매입매출전표입력

① 2025년 10월 15일 SELLA.CO.LTD 거래분

일	번호	유형	품목	수량	단가	공급가액	부가세	코드	공급처명	사업/주민번호	전자	분개
15	50002	수출	제품			15,000,000		00650	SELLA.CO.LTD			외상

유형별-공급처별 [1]건 　 15,000,000

영세율구분 1 직접수출(대행수출 포함)　수출신고번호

NO : 50002　(대 체) 전 표

구분	계정과목		적요		거래처	차변(출금)	대변(입금)
차변	0108	외상매출금	제품		00650 SELLA.CO.LTD	15,000,000	
대변	0404	제품매출	제품		00650 SELLA.CO.LTD		15,000,000
					합 계	15,000,000	15,000,000

② 2025년 10월 26일 (주)광진 거래분

일	번호	유형	품목	수량	단가	공급가액	부가세	코드	공급처명	사업/주민번호	전자	분개
26	50003	과세	원재료			6,400,000	640,000	00206	(주)광진	120-81-65403	여	외상

유형별-공급처별 [1]건 　 6,400,000 　 640,000

NO : 50003　(대 체) 전 표

구분	계정과목		적요	거래처	차변(출금)	대변(입금)
대변	0251	외상매입금	원재료	00206 (주)광진		7,040,000
차변	0135	부가세대급금	원재료	00206 (주)광진	640,000	
차변	0153	원재료	원재료	00206 (주)광진	6,400,000	
				합 계	7,040,000	7,040,000

③ 2025년 11월 18일 만성상사 거래분

일	번호	유형	품목	수량	단가	공급가액	부가세	코드	공급처명	사업/주민번호	전자	분개
18	50002	과세	제품			7,200,000	720,000	00513	만성상사	134-12-24569		외상

유형별-공급처별 [1]건 　 7,200,000 　 720,000

NO : 50002　(대 체) 전 표

구분	계정과목		적요	거래처	차변(출금)	대변(입금)
차변	0108	외상매출금	제품	00513 만성상사	7,920,000	
대변	0255	부가세예수금	제품	00513 만성상사		720,000
대변	0404	제품매출	제품	00513 만성상사		7,200,000
				합 계	7,920,000	7,920,000

④ 2025년 12월 28일 구민오피스 거래분

일	번호	유형	품목	수량	단가	공급가액	부가세	코드	공급처명	사업/주민번호	전자	분개
28	50003	카과	소모품			200,000	20,000	00508	구민오피스	476-36-24076		카드

유형별-공급처별 [1]건 　 200,000 　 20,000

신용카드사 99601 현대카드　봉사료

NO : 50003　(대 체) 전 표

구분	계정과목		적요	거래처	차변(출금)	대변(입금)
대변	0253	미지급금	소모품	99601 현대카드		220,000
차변	0135	부가세대급금	소모품	00508 구민오피스	20,000	
차변	0830	소모품비	소모품	00508 구민오피스	200,000	
				합 계	220,000	220,000

⑤ 2025년 12월 30일 (주)서림 거래분

간주공급에 해당하는 사업상증여로 세금계산서 발급 면제(유형 : 14.건별)에 해당하며 시가가 과세표준이다.

일	번호	유형	품목	수량	단가	공급가액	부가세	코드	공급처명	사업/주민번호	전자	분개
30	50004	건별	상품			10,000,000	1,000,000	00603	(주)서림	416-54-87904		혼합

유형별-공급처별 [1]건 　 10,000,000 　 1,000,000

NO : 50004　(대 체) 전 표

구분	계정과목		적요	거래처	차변(출금)	대변(입금)
대변	0255	부가세예수금	상품	00603 (주)서림		1,000,000
대변	0146	상품	08 타계정으로 대체액 손익계산서 반영분	00603 (주)서림		7,000,000
차변	0813	기업업무추진비	상품	00603 (주)서림	8,000,000	
				합 계	8,000,000	8,000,000

(2) 부가가치세신고서

① 조회기간(2025년 10월 1일 ~ 2025년 12월 31일), 신고구분(1.정기신고)를 선택하여 조회한 후 기 작성분에서 반영된 대손세액공제액은 삭제한다.

② 기한후 신고와 관련된 가산세를 입력한다.

㉠ 세금계산서 미발급가산세 = 7,200,000원 × 1% = 72,000원

전자세금계산서 발급의무자가 전자세금계산서를 발급하지 않고 그 발급시기에 종이세금계산서를 발급한 경우 공급가액의 1%의 가산세를 적용하며, 지연발급이 아닌 미발급으로 2015년 개정세법에 의하여 미발급에 추가되었다. 그러므로 **"64"란에 기재**하여야 한다.

㉡ 영세율과세표준 신고불성실 가산세 = 15,000,000원 × 0.5% × (1 − 50%) = 37,500원

㉢ 신고불성실 가산세 = 1,060,000원 × 20%(일반무신고) × (1 − 50%) = 106,000원

㉣ 납부지연 가산세 = 1,060,000원 × 5일 × 2.2/10,000 = 1,166원

가산세 계 : 216,666원 ⇨ ㉡, ㉢은 1개월 이내에 기한 후 신고하는 경우에는 가산세의 50%를 감면한다.

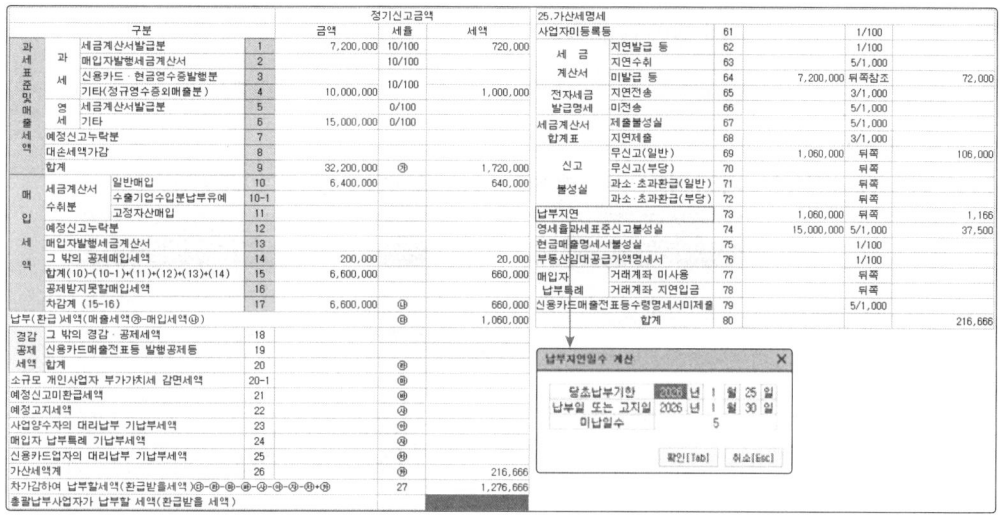

③ 과세표준명세

신고구분(4.기한후과세표준), 신고년월일(2026−01−30)를 입력하며, 간주공급인 사업상증여는 수입금액제외란에 종목(사업상증여) 및 금액(10,000,000원)을 입력한다.

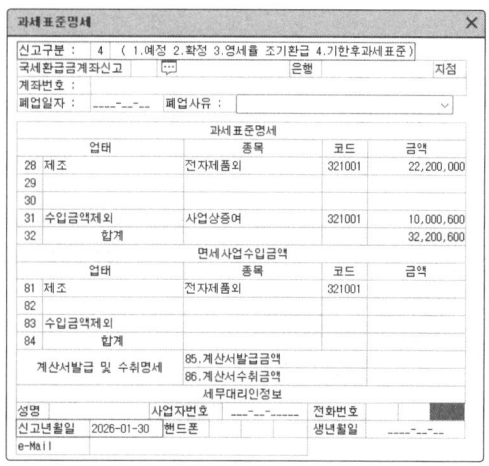

부가가치세 전자신고

[1] 부가가치세 전자신고 [회사코드 : 2250.(주)합격]

(1) 부가가치세신고서 및 관련 부속서류 마감 확인(조회기간 : 2025년 4월 1일 ~ 2025년 6월 30일)

① [CF2 부가세작성관리] 버튼을 클릭하여 해당 과세기간의 마감여부를 확인할 수 있으며 [확인(Tab)] 버튼을 누르면 마감한 부가가치세신고서가 조회된다.

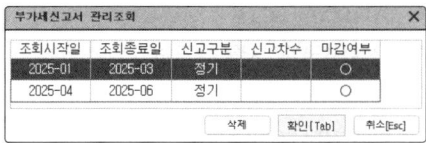

② 또는 조회기간을 입력하여 조회한 후 상단의 [F3 마감취소] 버튼을 클릭하면 부가가치세 신고서 및 부속서류 마감사항을 확인할 수 있다.

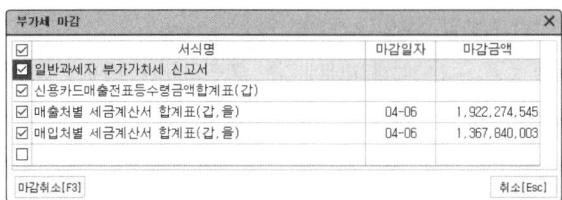

(2) 전자신고 데이터 제작

회사를 선택하고 상단의 [F4 제작] 버튼을 누른 후 비밀번호(45457878)를 입력하여 제작한다.

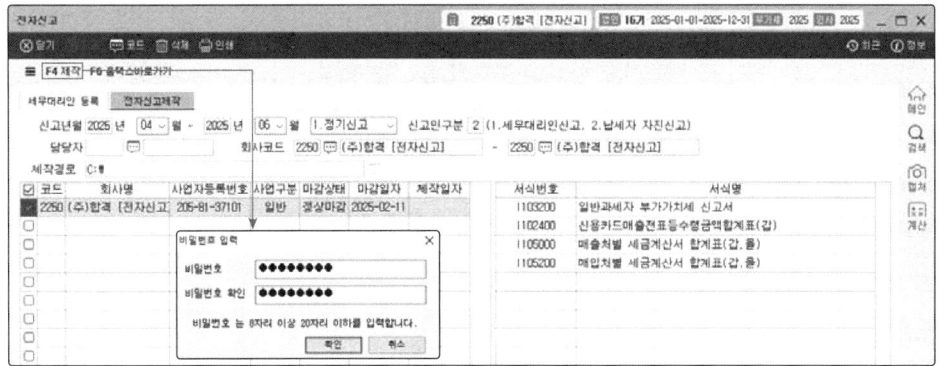

(3) 국세청 홈택스 전자신고

① 부가가치세 신고 : 세금신고 → [01.전자파일변환 - 변환대상파일선택]

[찾아보기] 클릭 → [로컬디스크(C:)] → 파일명 : enc작성연월일.101.v2058137101

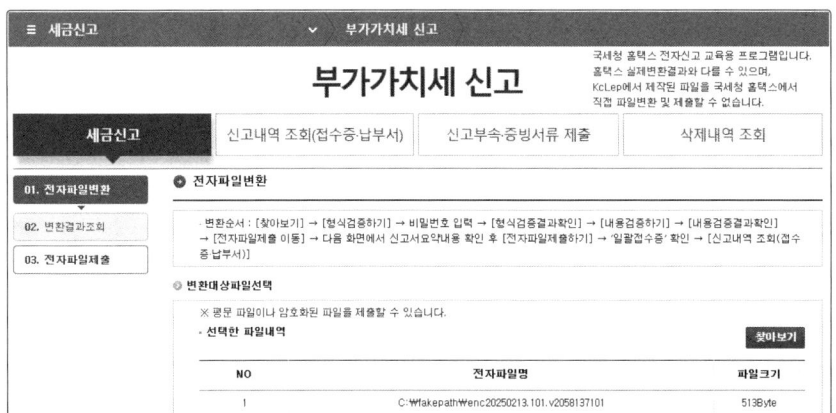

② 부가가치세 신고 : 세금신고 → [01.전자파일변환 - 처리내역]

[형식검증하기] : 비밀번호(45457878) 입력 → [형식검증결과확인] : 오류 유무 확인 → [내용검증하기]
→ [내용검증결과확인] : 오류 유무 확인 → [전자파일제출]

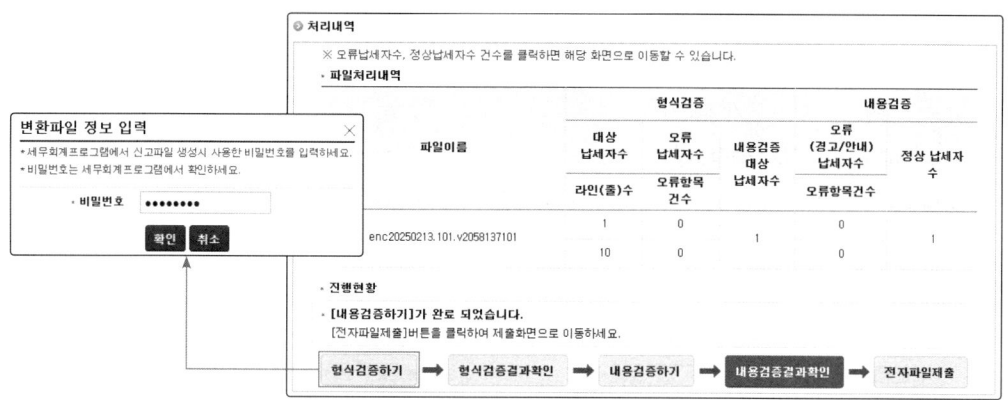

③ 부가가치세 신고 : 세금신고 → [03.전자파일제출]

[전자파일 제출하기] > 부가가치세 신고서 접수증 확인

결산정리사항

[1] 결산정리사항 [회사코드 : 2300.(주)대흥]

① 수동결산 - 일반전표입력

월	일	구분	계정과목	거래처	차변	대변
12	31	차변	보험료(판)		360,000	
		대변	선급비용			360,000

- 선급비용 = 720,000원 × 6개월/12개월 = 360,000원(지출시점 자산처리시 결산시 당기분 비용처리)

② 수동결산 - 일반전표입력

월	일	구분	계정과목	거래처	차변	대변
12	31	차변	잡손실		12,670	
		대변	현 금			12,670

③ 수동결산 – 일반전표입력

월	일	구분	계정과목	거래처	차변	대변
12	31	차변	단기매매증권		10,000,000	
		대변	단기매매증권평가이익			10,000,000

- 단기매매증권평가이익 = 2,000주 × (10,000원 – 5,000원) = 10,000,000원

④ 자동결산 – 결산자료입력

㉠ 고정자산등록

[본사건물 감가상각비 : 2,500,000원]   [기계장치 감가상각비 : 12,520,000원]

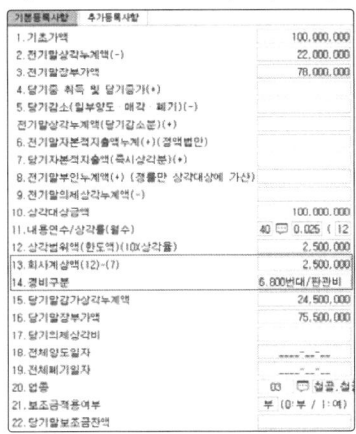

㉡ 결산자료입력

[결산자료입력]의 제조경비와 판매비와일반관리비 "(일반)감가상각비"란에 각각 구분하여 직접 입력하거나 상단의 F7 감가상각 를 클릭하여 [고정자산등록]에 등록한 감가상각비를 결산반영 을 눌러 결산자료에 자동반영 시킨다. 반영 후 상단의 [전표추가]를 선택하여 결산전표를 일반전표에 반영한다.

⑤ 수동결산과 자동결산

㉠ 수동결산 – 일반전표입력

월	일	구분	계정과목	거래처	차변	대변
12	31	차변	재고자산감모손실		800,000	
		대변	원재료(8.타계정으로 대체)			800,000

- 비정상적인 감모손실은 영업외비용에 가산(일반전표입력)
- 정상적인 감모손실은 매출원가에 가산되므로 별도의 회계처리는 필요하지 않다.

ⓒ 자동결산 – 결산자료입력

결산자료 입력 메뉴에서 해당 기말재고자산란에 원재료 8,500,000원, 재공품 3,000,000원, 제품 12,000,000원으로 입력 후 [전표추가]를 선택하여 일반전표에 결산전표를 추가한다.

[2] 결산정리사항 [회사코드 : 2400.(주)태풍]

① 수동결산 – 일반전표입력

월	일	구분	계정과목	거래처	차변	대변
12	31	차변	외화환산손실		1,250,000	
		대변	외화장기차입금	벤스		1,250,000

- 외화환산손실 = U$5,000 × (1,150원 − 900원) = 1,250,000원(부채 증가)

② 수동결산 – 일반전표입력

월	일	구분	계정과목	거래처	차변	대변
12	31	차변	가 수 금		3,000,000	
		대변	선 수 금	(주)정지		500,000
		대변	외상매출금	(주)정지		2,500,000

③ 자동결산 – 결산자료입력

방법 1 : 결산자료입력의 상단 [대손상각]을 선택하여 "대손율 1%" 입력, 외상매출금을 제외한 추가설정액 삭제 후 [결산반영]을 클릭하여 "5)대손상각"란에 반영 ⇨ [전표추가]를 선택하여 일반전표에 결산전표를 추가한다. 또는 "5)대손상각"란에 직접 **음수**로 입력해도 된다.

대손상각							
대손율(%)	1.00						
코드	계정과목명	금액	설정전 충당금 잔액		추가설정액(결산반영) [(금액×대손율)-설정전충당금잔액]	유형	
			코드	계정과목명	금액		
0108	외상매출금	430,220,000	0109	대손충당금	5,308,900	-1,006,700	판관
0110	받을어음	169,140,000	0111	대손충당금	1,252,600		판관
0114	단기대여금	127,700,000	0115	대손충당금			영업외
대손상각비 합계						-1,006,700	판관

방법 2 : 일반전표입력에 직접 입력

월	일	구분	계정과목	거래처	차변	대변
12	31	차변	대손충당금(109)		−1,006,700	
		대변	대손충당금환입(931)			−1,006,700

- 보충법에 의한 대손충당금 환입액
  외상매출금 = 430,220,000원 × 1% − 5,308,900원 = −1,006,700원

④ 자동결산 – 결산자료입력

방법 1 : 결산자료입력 메뉴의 [9.법인세등]의 "1)선납세금 2,000,000원", "2)추가계상액 3,200,000원"을 입력
⇨ [전표추가]를 선택하여 일반전표에 결산전표를 추가한다.

±	코드	과 목	결산분개금액	결산전금액	결산반영금액	결산후금액
	0998	9. 법인세등			5,200,000	5,200,000
	0136	1). 선납세금		2,000,000	2,000,000	2,000,000
	0998	2). 추가계상액			3,200,000	3,200,000

방법 2 : 일반전표입력에 직접 입력

월	일	구분	계정과목	거래처	차변	대변
12	31	차변	법인세등		5,200,000	
		대변	선납세금			2,000,000
		대변	미지급세금			3,200,000

- 법인세등 추가계상액 = 5,200,000원 − 2,000,000원 = 3,200,000원

⑤ 자동결산 − 결산자료입력

결산자료입력 메뉴의 해당 기말재고자산란에 원재료 1,000,000원, 재공품 3,500,000원, 제품 14,000,000원(수탁자의 창고에 보관중인 위탁품 포함)을 입력 후 [전표추가]를 선택하여 일반전표에 결산전표를 추가한다.

[3] 결산정리사항 [회사코드 : 2500.(주)만세]

① 수동결산 − 일반전표입력

월	일	구분	계정과목	거래처	차변	대변
12	31	차변	장기차입금	우리은행	100,000,000	
		대변	유동성장기부채	우리은행		100,000,000

② 수동결산 − 일반전표입력

월	일	구분	계정과목	거래처	차변	대변
12	31	차변	매도가능증권평가이익		200,000	
		차변	매도가능증권평가손실		100,000	
		대변	매도가능증권(178)			300,000

- 매도가능증권 재평가시 매도가능증권평가손실은 매도가능증권평가이익과 우선 상계 후 잔액을 계상한다.

③ 자동결산 − 결산자료입력

방법 1 : 결산자료입력 메뉴의 상단 [퇴직충당]을 선택하여 퇴직급여추계액란에 "508.퇴직급여 5,000,000원", "806.퇴직급여 10,000,000원"을 입력한 후 "결산반영"을 선택하면, "퇴직급여(전입액)"란에 자동반영
⇨ [전표추가]를 선택하여 일반전표에 결산전표를 추가한다.

방법 2 : 일반전표입력에 직접 입력

월	일	구분	계정과목	거래처	차변	대변
12	31	차변	퇴직급여(제)		3,000,000	
		차변	퇴직급여(판)		4,000,000	
		대변	퇴직급여충당부채			7,000,000

- 생산직 사원 : (100,000,000원 × 5%) − 2,000,000원 = 3,000,000원
- 사무직 사원 : (200,000,000원 × 5%) − 6,000,000원 = 4,000,000원

④ 자동결산 – 결산자료입력

방법 1 : 결산자료입력 메뉴의 [1) 원재료비]의 "기말 원재료 30,000,000원", [9.당기완성품제조원가]의 "제품평가손실 5,000,000원", "기말제품재고액 50,000,000원" 입력 ⇨ [전표추가]를 선택하여 일반전표에 결산전표를 추가한다.

±	코드	과 목	결산분개금액	결산전금액	결산반영금액	결산후금액
		1)원재료비		1,033,046,385		1,003,046,385
	0501	원재료비		1,033,046,385		1,003,046,385
	0153	① 기초 원재료 재고액		12,500,000		12,500,000
	0153	② 당기 원재료 매입액		1,020,872,000		1,020,872,000
	0153	⑥ 타계정으로 대체액		325,615		325,615
	0153	⑩ 기말 원재료 재고액			30,000,000	30,000,000

±	코드	과 목	결산분개금액	결산전금액	결산반영금액	결산후금액
	0150	9)당기완성품제조원가		1,875,133,335		1,848,133,335
	0150	① 기초 제품 재고액		18,500,000		18,500,000
	0960	⑧ 제품 평가손실			5,000,000	5,000,000
	0150	⑩ 기말 제품 재고액			50,000,000	50,000,000

방법 2 : 일반전표입력에 직접 입력

제품매출원가의 평가손실을 결산자료입력 대신 12월 31일 일반전표입력에 수동입력 가능함

월	일	구분	계정과목	거래처	차변	대변
12	31	차변	재고자산평가손실		5,000,000	
		대변	재고자산평가충당금(제품)			5,000,000

■ 재고자산평가손실은 매출원가에 가산하고 재고자산평가충당금 계정으로 재고자산의 실제금액에서 차감하는 형식으로 공시하여야 하므로 기말재고액 입력시 시가가 아닌 실제금액을 입력한다.

⑤ 자동결산 – 결산자료입력

방법 1 : 결산자료입력 메뉴에서 [감가상각]란에 기계장치 감가상각비 16,000,000원(제조경비)을 입력하고 [전표추가]를 선택하여 일반전표에 결산전표를 추가한다.

방법 2 : 일반전표입력에 직접 입력

월	일	구분	계정과목	거래처	차변	대변
12	31	차변	감가상각비(제)		16,000,000	
		대변	감가상각누계액(207)			16,000,000

■ 정액법의 감가상각비 = 취득원가 × 상각률 = 80,000,000원 × 0.2 = 16,000,000원

[4] 결산정리사항 [회사코드 : 2600.(주)온누리]

① 수동결산 – 일반전표입력

월	일	구분	계정과목	거래처	차변	대변
12	31	차변	무형자산손상차손		7,000,000	
		대변	특 허 권			7,000,000

■ 무형자산손상차손 = 32,000,000원(합계잔액시산표 잔액) – 25,000,000원 = 7,000,000원

② 수동결산 - 일반전표입력

월	일	구분	계정과목	거래처	차변	대변
12	31	차변	토 지		145,000,000	
		대변	재평가차익(392)			145,000,000

- 최초평가 시 평가이익은 기타포괄손익누계액으로 처리하고 평가손실은 영업외비용으로 처리한다.
  재평가차익(기타포괄손익누계액) = 600,000,000원 - 455,000,000원 = 145,000,000원

③ 자동결산 - 결산자료입력

방법 1 : 결산자료입력의 "6)무형자산상각비" 개발비란에 12,000,000원 입력 후 [전표추가]를 선택하여 일반전표에 결산전표를 추가한다.

±	코드	과 목	결산분개금액	결산전금액	결산반영금액	결산후금액
	0840	6). 무형자산상각비			12,000,000	12,000,000
	0219	특허권				
	0220	상표권				
	0226	개발비			12,000,000	12,000,000

방법 2 : 일반전표입력에 직접 입력

월	일	구분	계정과목	거래처	차변	대변
12	31	차변	무형자산상각비		12,000,000	
		대변	개 발 비			12,000,000

- 무형자산상각비 = 미상각잔액 ÷ 잔존내용연수 = 48,000,000원 ÷ 4년 = 12,000,000원

④ 자동결산 - 결산자료입력

방법 1 : 결산자료입력의 "5)대손상각"란 외상매출금란에 7,070,046원 입력 ⇨ [전표추가]를 선택하여 일반전표에 결산전표를 추가한다.

방법 2 : 일반전표입력에 직접 입력

월	일	구분	계정과목	거래처	차변	대변
12	31	차변	대손상각비(판)		7,070,046	
		대변	대손충당금(109)			7,070,046

- 연령분석법에 의한 대손충당금
  대손추정액 = 30,000,000원 × 1% + 133,502,300원 × 2% + 100,000,000원 × 5%
           = 300,000원 + 2,670,046원 + 5,000,000원 = 7,970,046원
  대손충당금 설정액 = 7,970,046원 - 900,000원 = 7,070,046원

⑤ 수동결산 - 일반전표입력

월	일	구분	계정과목	거래처	차변	대변
12	31	차변	부가세예수금		47,000,000	
		차변	미 수 금		23,010,000	
		대변	부가세대급금			70,000,000
		대변	잡 이 익			10,000

⑥ 수동결산 - 일반전표입력

월	일	구분	계정과목	거래처	차변	대변
12	31	차변	이자비용		472,767	
		대변	현　금			300,000
		대변	사채할인발행차금			172,767

- 사채의 이자비용 = 장부가액 9,455,350원 × 유효이자율 5% = 472,767원
- 사채할인발행차금 상각액 = 이자비용 472,767원 - 액면이자 300,000원 = 172,767원

⑦ 이익잉여금처분계산서 작성
- 당기처분예정일 : 2026년 3월 10일(전기처분확정일 : 2025년 2월 25일)
- 이익준비금 : 1,200,000원, 현금배당 : 12,000,000원, 주식배당 : 10,000,000원을 입력하고 상단의 [전표추가]를 선택하여 손익대체분개를 일반전표에 추가한다.

III.이익잉여금처분액				23,200,000	
1.이익준비금	0351	이익준비금	1,200,000		
2.재무구조개선적립금	0354	재무구조개선적립금			
3.주식할인발행차금상각액	0381	주식할인발행차금			
4.배당금			22,000,000		
가.현금배당	0265	미지급배당금	12,000,000		
주당배당금(률)		보통주			
		우선주			
나.주식배당	0387	미교부주식배당금	10,000,000		
주당배당금(률)		보통주			
		우선주			

사원등록

[1] 사원등록 [회사코드 : 2300.(주)대흥]

① 황진이 : 근로자 본인이므로 기본공제 가능하며, 종합소득금액 3,000만원(총급여액 41,470,588원) 이하로 배우자가 없고 세대주이며 기본공제대상 부양가족이 있는 여성근로자이다. 부녀자공제와 20세 이하 자녀를 부양하고 있어 한부모공제가 가능하다. 단, 중복공제가 불가능하니 한부모공제를 적용한다.

② 사임당 : 사업소득금액 100만원 초과자로 기본공제 불가능, 장애인은 나이는 규제하지 않으나 소득금액은 규제하므로 공제대상에서 제외한다.

③ 홍순아 : 취학상 일시퇴거자는 부양가족에 포함되며 나이와 소득요건 충족으로 기본공제 가능하며 자녀세액공제도 가능하다.

④ 황매화 : 증여받은 재산은 소득금액합계액에 포함되지 않으므로 공제대상자이다. 장애인은 나이는 무관하며 소득금액만 규제하므로 기본공제 및 장애인(1:장애인복지법) 추가공제 가능하다.

⑤ 김소망 : 위탁아동으로 6개월 이상 직접 양육하였으므로 기본공제 가능하다.

사번	성명	주민(외국인)번호	나이
1	황진이	1 830128-2436824	42

연말관계	성명	내/외국인	주민(외국인,여권)번호	나이	기본공제	부녀자	한부모	경로우대	장애인	자녀	출산입양	위탁관계
0	황진이	내	1 830128-2436824	42	본인	○						
1	사임당	내	1 540310-2412840	71	부							
4	홍순이	내	1 081130-4035256	17	20세이하					○		
6	황매화	내	1 880427-1412318	37	장애인				1			
8	김소망	내	1 240405-3035240	1	20세이하							

◆ 부양가족 공제 현황
1. 기본공제 인원 (세대주 구분 [1] 세대주)

[2] 사원등록 [회사코드 : 2400.(주)태풍]

① 김한세 : 근로자 본인으로 공제가능하며 [세대주 구분 : 1.세대주] 설정 확인
② 이은영 : 근로소득금액과 퇴직소득금액의 합계액(120만원 + 290만원 = 410만원)이 100만원 초과로 공제 불가능
③ 김무식 : 과세기간 종료일 전에 사망한 경우 사망일 전일의 상황에 의하여 판정하므로 당해 과세기간 중 공제기준일이 해당하는 날이 있으므로 기본공제, 경로우대추가공제 가능
④ 박정금 : 양도소득금액 100만원 초과이므로 공제 불가능
⑤ 김은정 : 장애인은 나이불문, 소득금액만 규제하므로 기본공제, 장애인(1.장애인복지법)추가공제 가능, 자녀세액공제도 해당하므로 선택
⑥ 김두현 : 나이 및 소득금액 공제요건 충족으로 기본공제 가능, 8세 미만으로 자녀세액공제 배제

사번	성명	주민(외국인)번호	나이	연말관계	성명	내/외국인	주민(외국인,여권)번호	나이	기본공제	부녀자	한부모	경로우대	장애인	자녀	출산입양	위탁관계
103	김한세	1 790301-1023436	45	0	김한세	내	1 790301-1023436	46	본인							
				3	이은영	내	1 820905-2012331	43	부							
				1	김무식	내	1 531109-1023285	72	60세이상			○				
				1	박정금	내	1 630805-2123745	62	부							
				4	김은정	내	1 030128-4012676	22	장애인				1	○		
				4	김두현	내	1 190707-3010233	6	20세이하							

◆ 부양가족 공제 현황
1. 기본공제 인원 (세대주 구분 [1] 세대주)

[3] 사원등록 [회사코드 : 2500.(주)만세]

① 심인경 : 근로자 본인으로 공제 가능하며 [세대주 구분 : 2.세대원] 변경, 총급여액 41,470,588원 초과이므로 부녀자 공제 불가능
② 조태오 : 총급여액 500만원 초과로 공제 불가능
③ 조진수 : 과세기간 종료일 전에 장애가 치유된 경우 치유일 전일의 상황에 의하여 판정하므로 당해 과세기간 중 공제기준일 해당하는 날이 있으므로 기본공제, 경로우대, 장애인(3.중증환자등)추가공제 가능
④ 하지수 : 직계존속은 주거형편상 별거는 생계요건 충족으로 기본공제 가능
⑤ 조상아 : 나이요건은 충족이나 기타소득금액 300만원 초과로 공제 불가능
⑥ 조상혁 : 나이 및 소득금액 요건 충족으로 기본공제, 자녀세액공제 가능

사번	성명	주민(외국인)번호	나이	연말관계	성명	내/외국인	주민(외국인,여권)번호	나이	기본공제	부녀자	한부모	경로우대	장애인	자녀	출산입양	위탁관계
1	심인경	1 850128-2243697	40	0	심인경	내	1 850128-2243697	40	본인							
				3	조태오	내	1 830826-1476729	42	부							
				2	조진수	내	1 520806-1173939	73	60세이상			○	3			
				2	하지수	내	1 600914-2536248	65	60세이상							
				4	조상아	내	1 091130-4035253	16	부							
				4	조상혁	내	1 100228-3078524	15	20세이하					○		

◆ 부양가족 공제 현황
1. 기본공제 인원 (세대주 구분 [2] 세대원)

[4] 사원등록 [회사코드 : 2600.(주)온누리]

(1) 기본사항 TAB

주어진 자료를 사원등록하며 [10.생산직등여부(1.여)], 직전연도 총급여액 2,900만원이므로 [연장근로비과세(1.여)]를 선택한다. 사회보험 보수월액을 해당란에 "2,500,000원"을 입력한다.

(2) 부양가족명세 TAB
① 정별인 : 배우자가 있고 당해연도 근로소득금액이 3,000만원 이하이므로 부녀자추가공제 가능
② 최소한 : 사업소득금액 100만원 초과로 공제 불가능
③ 최한성 : 직계비속(혼인 전 출생한 의붓자녀 포함)은 생계요건은 무관하며 기본공제, 자녀세액공제 가능
④ 최한미 : 나이 및 소득금액 요건 충족으로 기본공제 가능하며 당해연도 입양하였으므로 출산·입양 "둘째" 선택
⑤ 정별거 : 질병으로 인한 일시 퇴거는 생계요건 충족이며, 국가유공자등 법률에 의한 장애인에 해당하므로 나이는 불문, 소득금액은 규제하나 별도의 소득이 없으므로 기본공제, 장애인(2.국가유공자등)추가공제 가능
⑥ 정영일, 김영미 : 해외에 거주(이민)하는 직계존속의 경우는 주거의 형편에 따라 별거한 것으로 볼 수 없으므로 부양가족공제를 받을 수 없음

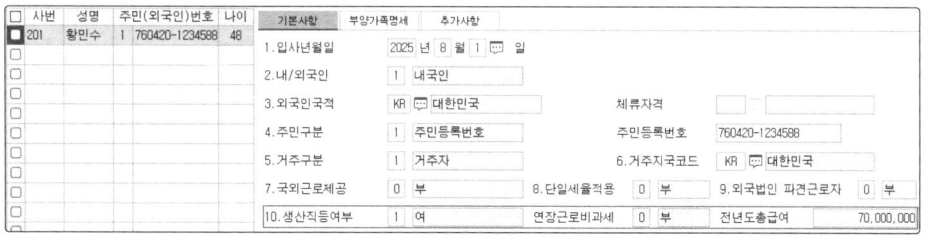

[5] 사원등록 [회사코드 : 2300.(주)대흥]
(1) 기본사항 TAB
주어진 자료를 사원등록하며 [10.생산직등여부(1.여)]를 선택하며 직전연도 총급여액 3,000만원 초과자로 [연장근로비과세(0.부)]를 선택한다.

(2) 부양가족명세 TAB

① 오연지 : 복권당첨금은 무조건 분리과세대상이므로 기본공제 가능
② 황세무 : 2001.12.31. 이전 불입분에 대한 공적연금수령분은 비과세소득에 해당하며, 계부를 직접 부양하므로 기본공제 및 경로우대 추가공제 가능
③ 황장남 : 장애인에 해당하므로 나이는 불문이며 소득이 없으므로 기본공제, 장애인추가공제, 자녀세액공제 가능
④ 황차남 : 나이 및 소득금액 요건 충족으로 기본공제, 자녀세액공제 가능
⑤ 김보름 : 며느리는 공제대상자 제외자이나 직계비속(장애인, 기본공제대상)의 장애인 배우자는 공제대상에 포함되므로 **기본공제(5.직계비속(4제외))**, 장애인추가공제 가능

급여자료입력

[1] 급여자료입력 [회사코드 : 2300.(주)대흥]

(1) 사원등록

조윤진 사원을 선택하고 [10.생산직등여부 : 1.여], [연장근로비과세 : 1.여], [전년도총급여 : 25,000,000원]을 입력한다. "전년도총급여"는 입력하지 않아도 무방하나 시험 지문에 있는 경우는 입력하도록 한다.

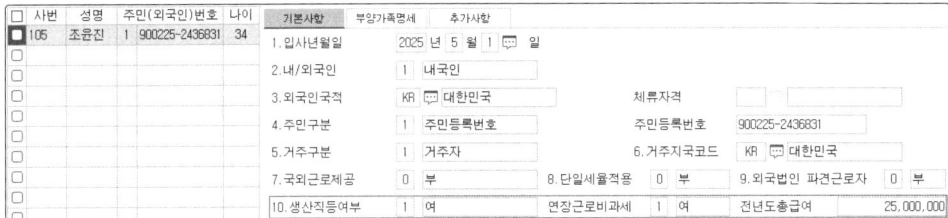

(2) 급여자료입력

귀속년월(2025년 05월), 지급년월일(2025년 05월 31일)을 입력하고 상단의 [수당공제] 버튼을 선택하여 수당항목을 추가 등록한다.

① 수당등록
　㉠ 별도의 식사를 제공하지 않는 식대와 6세 이하 자녀 보육수당은 비과세 급여
　㉡ 시내교통비는 자가운전보조금이 아니므로 과세 급여이며, 야간근로수당은 무조건 비과세 급여로 등록

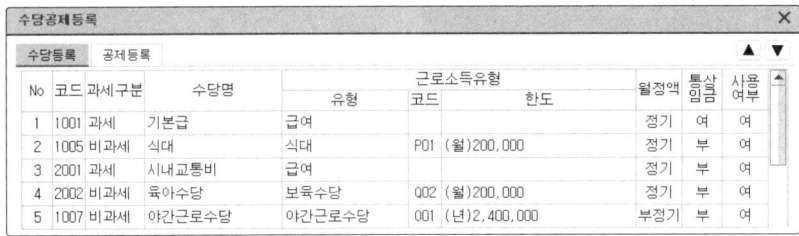

② 조윤진 급여자료입력

□	사번	사원명	감면율	급여항목	금액	공제항목	금액
□	104	이신소		기본급	1,600,000	국민연금	83,250
■	105	조윤진		식대	100,000	건강보험	65,580
□				시내교통비	250,000	장기요양보험	8,490
□				육아수당	100,000	고용보험	16,650
□				야간근로수당	2,000,000	소득세(100%)	11,650
□						지방소득세	1,160
□						농특세	
□				과 세	1,850,000		
□				비 과 세	2,200,000	공 제 총 액	186,780
	총인원(퇴사자)	2(0)		지 급 총 액	4,050,000	차 인 지 급 액	3,863,220

[2] 급여자료입력 [회사코드 : 2400.(주)태풍]

귀속년월(2025년 01월), 지급년월일(2025년 01월 25일)을 입력하고 상단의 [수당공제] 버튼을 선택하여 수당항목을 추가 등록한다.

[수당등록]

사용하지 않는 수당명은 "사용여부 : 부"로 변경하고 과세급여는 추가 등록한다.

① 구내식당에서 무료로 식사를 제공 받으므로 식대보조금은 과세 급여
② 출장시 회사 차량을 업무에 사용하므로 자가운전보조금은 과세 급여

No	코드	과세구분	수당명	근로소득유형			월정액	통상임금	사용여부
				유형	코드	한도			
1	1001	과세	기본급	급여			정기	여	여
2	1002	과세	상여	상여			부정기	부	여
3	2001	과세	식대보조금	급여			정기	부	여
4	2002	과세	자가운전보조금	급여			정기	부	여

[성덕순 급여입력화면]

□	사번	사원명	감면율	급여항목	금액	공제항목	금액
□	101	김수당		기본급	2,000,000	국민연금	99,000
□	102	이기자		상여	500,000	건강보험	77,990
■	104	성덕순		식대보조금	200,000	장기요양보험	10,100
□				자가운전보조금	200,000	고용보험	26,100
□						소득세(100%)	65,360
□						지방소득세	6,530
□				과 세	2,900,000	농특세	
□				비 과 세		공 제 총 액	285,080
□				지 급 총 액	2,900,000	차 인 지 급 액	2,614,920

[3] 급여자료입력 [회사코드 : 2500.(주)만세]

귀속년월(2025년 02월), 지급년월일(2025년 02월 25일)을 입력하고 상단의 [수당공제] 버튼을 선택하여 사용하지 않는 수당명은 "사용여부 : 부"로 변경하고 과세급여는 추가 등록한다.

[수당등록]

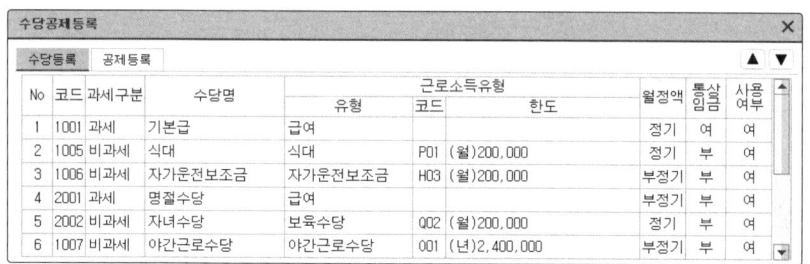

[급여입력화면]

□	사번	사원명	감면율	급여항목		금액	공제항목	금액
■	3	김경자		기본급		1,400,000	국민연금	67,500
□	4	이숙경		식대		250,000	건강보험	53,170
□				자가운전보조금		250,000	장기요양보험	6,880
□				명절수당		200,000	고용보험	15,750
□				자녀수당		250,000	소득세(100%)	9,580
□				야간근로수당		300,000	지방소득세	950
□							농특세	
□				과 세		1,750,000		
□				비 과 세		900,000	공 제 총 액	153,830
총인원(퇴사자)		2(0)		지 급 총 액		2,650,000	차 인 지 급 액	2,496,170

□	사번	사원명	감면율	급여항목		금액	공제항목	금액
□	3	김경자		기본급		1,400,000	국민연금	67,500
■	4	이숙경		식대		250,000	건강보험	53,170
□				자가운전보조금		250,000	장기요양보험	6,880
□				명절수당		200,000	고용보험	18,450
□				자녀수당		250,000	소득세(100%)	15,780
□				야간근로수당		300,000	지방소득세	1,570
□							농특세	
□				과 세		2,050,000		
□				비 과 세		600,000	공 제 총 액	163,350
총인원(퇴사자)		2(0)		지 급 총 액		2,650,000	차 인 지 급 액	2,486,650

원천징수이행상황신고서

[1] 원천징수이행상황신고서 [회사코드 : 2500.(주)만세]

① 귀속기간(2025년 03월 ~ 2025년 03월), 지급기간(2025년 03월 ~ 2025년 03월), 신고구분(1.정기신고)를 선택한다.

② 총지급액 = 지급총액 - 미제출비과세 = 11,000,000원 - 800,000원(자가운전보조금) = 10,200,000원

③ 원천징수이행상황신고서는 소득세 원천징수세액을 신고하는 서식이므로 다른 원천징수액은 입력하지 않는다.

④ 전월미환급세액을 "12란"에 17,500원을 입력한다.

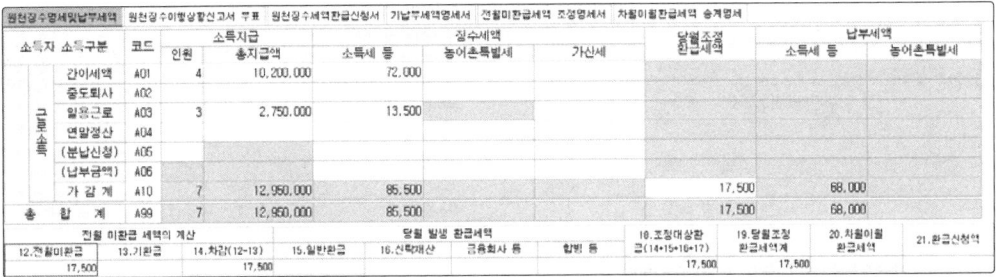

[2] 급여자료입력 및 원천징수이행상황신고서 [회사코드 : 2600.(주)온누리]

(1) 급여자료입력

귀속년월(2025년 05월), 지급년월일(2025년 06월 10일)을 입력하고 상단의 [수당공제] 버튼을 선택하여 수당항목을 추가 등록한다.

[수당등록]

㉠ 식대 : 별도의 식사를 제공하고 있지 않으므로 비과세 소득

㉡ 보육수당 : 6세 이하 자녀를 양육하는 경우 지급하는 수당은 비과세 소득

㉢ 연구보조비 : 기업부설연구소에서 연구활동 종사자에게 지급하므로 비과세소득

㉣ 사용하지 않는 수당은 사용여부를 "부"로 변경하고 상여는 등록정보가 있으므로 그대로 둔다.

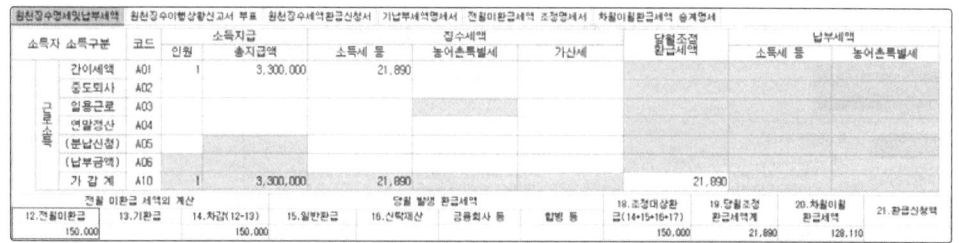

(2) 원천징수이행상황신고서

귀속기간(2025년 05월 ~ 2025년 05월), 지급기간(2025년 06월 ~ 2025년 06월), 신고구분(1.정기신고)을 선택하여 급여자료를 반영한다. 하단의 "12.전월미환급"란에 "150,000원"을 입력한다.

[3] 원천징수 전자신고 [회사코드 : 2250.(주)합격]

(1) 원천징수이행상황신고서 마감(귀속 및 지급기간 : 2025년 09월, 신고구분 : 1.정기신고)

① 귀속기간, 지급기간, 신고구분을 선택하여 조회하면 '저장된 데이터를 불러오시겠습니까?' 메시지가 나오며 [예(Y)]를 클릭하여 반영한다.

② 상단의 [F8 마감] 버튼을 클릭하여 원천징수이행상황신고서 마감을 진행한다.

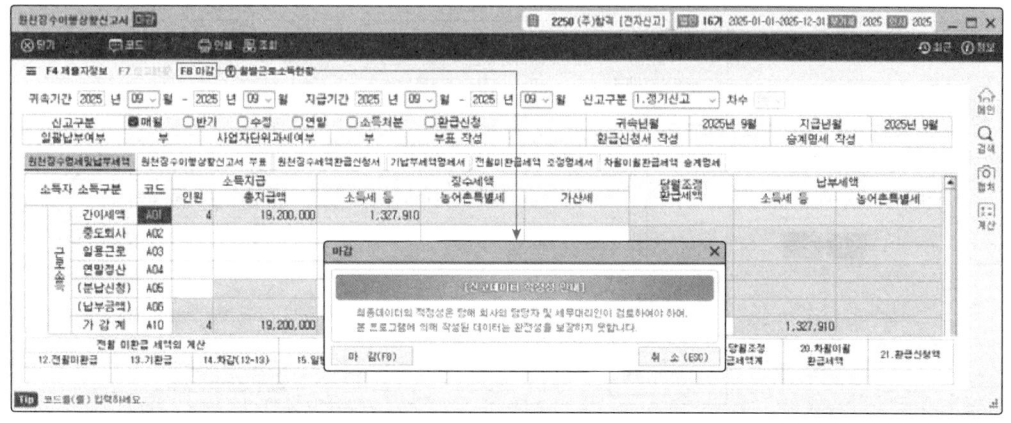

(2) 전자신고 데이터 제작

회사를 선택하고 상단의 [F4 제작] 버튼을 누른 후 **비밀번호(45457878)**를 입력하여 제작한다.

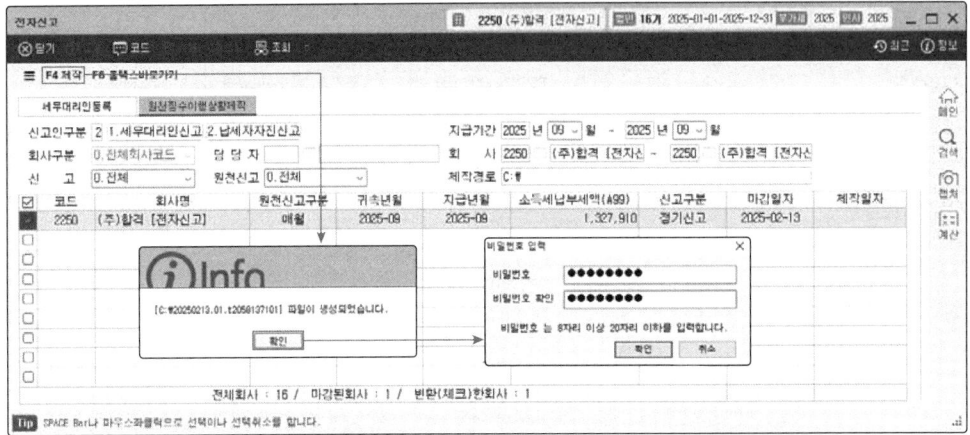

(3) 국세청 홈택스 전자신고

① 원천세 신고 : 세금신고 → [01.전자파일변환 – 변환대상파일선택]

  [찾아보기] 클릭 → [로컬디스크(C:)] → 파일명 : 작성연월일.01.t2058137101

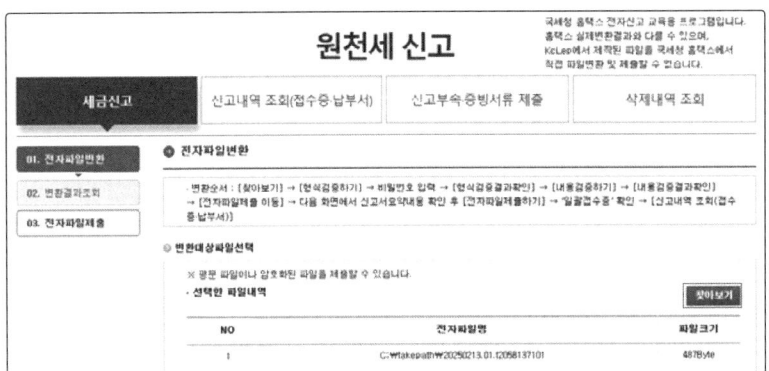

② 원천세 신고 : 세금신고 → [01.전자파일변환 – 처리내역]

  [형식검증하기] : 비밀번호(45457878) 입력 → [형식검증결과확인] : 오류 유무 확인 → [내용검증하기]
  → [내용검증결과확인] : 오류 유무 확인 → [전자파일제출]

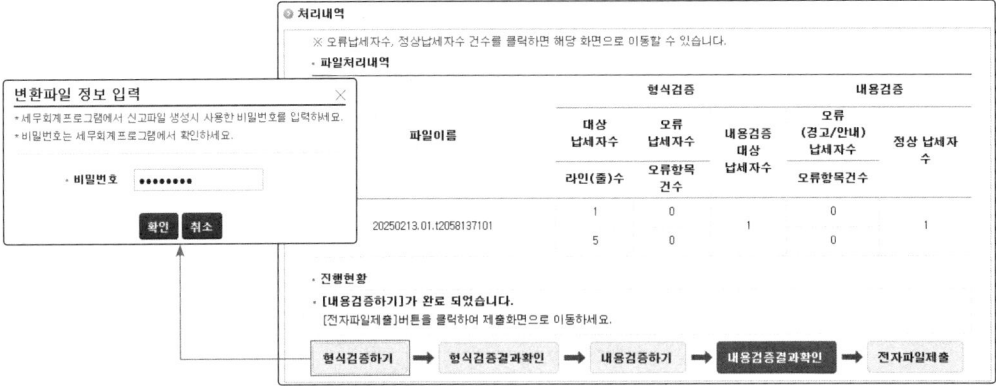

③ 원천세 신고 : 세금신고 → [03.전자파일제출]
    [전자파일 제출하기] > 원천세 신고서 접수증 확인

연말정산추가자료입력

[1] 연말정산추가자료입력 [회사코드 : 2600.(주)온누리]

(1) [소득명세] TAB : 전근무내역을 참고하여 해당란에 입력하며 소득세 및 지방소득세는 **결정세액**을 입력한다.

구분		합계	주(현)	납세조합	종(전) [1/2]
소득명세	9.근무처명		(주)온누리 [집중심화]		(주)엘론
	9-1.종교관련 종사자		부		부
	10.사업자등록번호		133-81-22211		220-81-78135
	11.근무기간		2025-08-01 ~ 2025-12-31	~	2025-01-01 ~ 2025-07-31
	12.감면기간		~	~	~
	13-1.급여(급여자료입력)	33,500,000	12,500,000		21,000,000
	13-2.비과세한도초과액				
	13-3.과세대상추가(인정상여추가)				
	14.상여	5,000,000	5,000,000		
	15.인정상여				
	15-1.주식매수선택권행사이익				
	15-2.우리사주조합 인출금				
	15-3.임원퇴직소득금액한도초과액				
	15-4.직무발명보상금				
	16.계	38,500,000	17,500,000		21,000,000
공제보험료명세	직장 건강보험료(직장)(33)	1,134,450	390,000		744,450
	장기요양보험료(33)	221,570	28,750		192,820
	고용보험료(33)	302,750	113,750		189,000
	국민연금보험료(31)	1,507,500	562,500		945,000
	공적연금보험료 공무원 연금(32)				
	군인연금(32)				
	사립학교교직원연금(32)				
	별정우체국연금(32)				
세액명세	기납부세액 소득세	2,211,100	711,100		1,500,000
	지방소득세	221,090	71,090		150,000
	농어촌특별세				
	납부특례세액 소득세				
	지방소득세				
	농어촌특별세				

(2) 부양가족 TAB : 노란색란은 더블클릭하고 해당란에 직접 입력

① 보험료(나이 및 소득금액 규제) : 본인의 일반보장성 보험료 200만원 입력

② 교육비(나이 불문, 소득금액 규제) : 본인의 대학원 수업료는 공제 가능하므로 300만원 입력

③ 의료비(나이 및 소득금액 불문) : 의료비 TAB에서 입력

건강진단비도 의료비로 인정하므로 350만원 입력

④ 신용카드등 사용액(나이 불문, 소득금액 규제) : 신용카드등 TAB에서 입력

총급여액 7,000만원 이하자로 도서공연사용액 공제가능하며 구분하여 입력

(3) 연말정산입력 TAB : [F8 부양가족탭불러오기] 버튼을 실행하여 [부양가족 TAB] 자료 반영

[2] 연말정산추가자료입력 [회사코드 : 2400.(주)태풍]

(1) 부양가족 TAB : 노란색란은 더블클릭하고 해당란에 직접 입력

① 보험료(나이 및 소득금액 규제) : 본인의 일반보장성 보험료 250만원 입력

② 의료비(나이 및 소득금액 불문) : 의료비 TAB에서 입력

미용성형수술 의료비는 공제 배제대상으로 450만원 입력

③ 기부금(나이 불문, 소득금액 규제) : 기부금 TAB에서 입력

㉠ 기부금 입력 TAB : 본인의 정치자금은 공제대상으로 50만원 입력

| 소득명세 | 부양가족 | 신용카드 등 | 의료비 | **기부금** | 연금저축 등I | 연금저축 등II | 월세액 | 출산지원금 | 연말정산입력 |

| 기부금 입력 | 기부금 조정 |

12.기부자 인적 사항(F2)			
주민등록번호	관계코드	내·외국인	성명
880412-1458722	거주자(본인)	내국인	이기자

구분			기부처			기부명세			자료 구분
7.유형	8.코드	9.기부내용	10.상호 (법인명)	11.사업자 번호 등	건수	13.기부금합계 금액 (14+15)	14.공제대상 기부금액	15.기부장려금 신청 금액	
정치자금	20	금전	행복당	107-82-12235	1	500,000	500,000		국세청

㉡ 기부금 조정 TAB

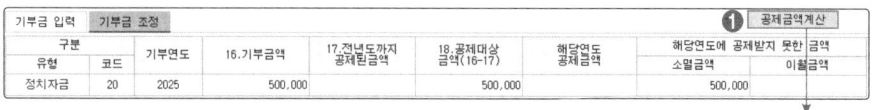

(2) 월세액 TAB : 총급여액이 8,000만원 이하로 국민주택규모에 대한 월세액은 공제 가능

| 소득명세 | 부양가족 | 신용카드 등 | 의료비 | 기부금 | 연금저축 등I | 연금저축 등II | **월세액** | 출산지원금 | 연말정산입력 |

1 월세액 세액공제 명세(연말정산입력 탭의 70.월세액) 크게보기

임대인명 (상호)	주민등록번호 (사업자번호)	유형	계약 면적(㎡)	임대차계약서 상 주소지	계약서상 임대차 계약기간		연간 월세액	공제대상금액	세액공제금액
					개시일	종료일			
나상가	570101-2522145	오피스텔	55.00	경기도 성남시 분당구 성남대	2024-11-01	2025-10-31	5,000,000	5,000,000	783,835

■ 무주택자 해당 여부   √ 여,   부

(3) 연말정산입력 TAB : [F8 부양가족탭불러오기] 버튼을 실행하여 [부양가족 TAB] 자료 반영

| 소득명세 | 부양가족 | 신용카드 등 | 의료비 | 기부금 | 연금저축 등I | 연금저축 등II | 월세액 | 출산지원금 | **연말정산입력** |

	구분		지출액	공제금액		구분		지출액	공제대상금액	공제금액
소득공제	고용보험료		255,360	255,360	특별세액공제	61.보장 성보험	일반	2,500,000	2,500,000	1,000,000	120,000
	34.주택차입금 원리금상환액	대출기관					장애인			
		거주자				62.의료비		4,500,000	4,500,000	3,321,000	498,150
	34.장기주택저당차입금이자상					63.교육비				
	35.특별소득공제 계			1,536,600		64.기부금		500,000	500,000	500,000	150,909
36.차감소득금액				23,349,960		1)정치자금 기부금	10만원이하	100,000	100,000	90,909
37.개인연금저축							10만원초과	400,000	400,000	60,000
그 밖의 소득공제	38.소기업,소상 공인 공제부금	2015년이전가입				2)고향사랑 기부금	10만원이하			
		2016년이후가입					10만원초과			
	39.주택 마련저축 소득공제	청약저축				3)특례기부금(전액)				
		주택청약				4)우리사주조합기부금				
		근로자주택마련				5)일반기부금(종교단체외)				
	40.투자조합출자 등 소득공제					6)일반기부금(종교단체)				
	41.신용카드 등 사용액					65.특별세액공제 계				769,059
	42.우리사주조합 출연금	일반 등				66.표준세액공제				
		벤처 등				67.납세조합공제				
	43.고용유지소기업근로자					68.주택차입금				
	44.장기집합투자증권저축					69.외국납부	▶			
	45.청년형장기집합투자증권저축					70.월세액		5,000,000	5,000,000	783,835

[3] 연말정산추가자료입력 [회사코드 : 2300.(주)대흥]

(1) 부양가족 TAB : 인적공제

① 본인(이신소) : 종합소득금액 3,000만원(총급여액 41,470,588원) 초과자로 부녀자 추가공제 제외
② 직계존속(이부여, 김부여) : 부친은 사업소득금액 100만원 초과(소득기준 초과여부-1:여)로 기본공제 불가능하며 모친은 나이요건 불충족으로 기본공제 불가능하다.
③ 배우자(유신라), 직계비속(이하나, 이현민)은 나이 및 소득금액 요건 충족으로 기본공제 및 자녀세액공제(이하나) 가능
④ 형제자매(이강남) : 나이요건 불충족으로 기본공제 불가능

(2) 부양가족 TAB : 노란색란은 더블클릭하고 해당란에 직접 입력

① 보험료(나이 및 소득금액 규제) : 이부여(아버지)의 보험료는 소득금액 초과로 공제 불가

이하나(자녀) 보장성보험료는 공제 가능하므로 50만원 입력

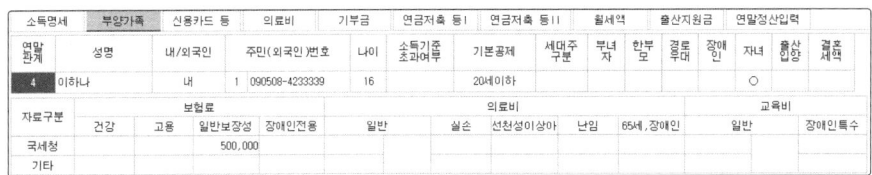

② 의료비(나이 및 소득금액 불문) : 의료비 TAB에서 입력

㉠ 이부여(아버지) : 이신소가 결제하였으므로 공제가능하므로 질병치료비 300만원 입력
㉡ 유신라(배우자) : 건강검진비 공제가능하므로 100만원 입력

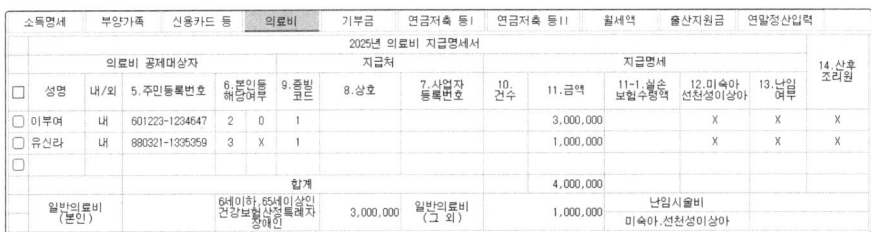

③ 교육비(나이 불문, 소득금액 규제)

㉠ 김부여(어머니) : 직계비속의 일반 교육비는 공제 불가
㉡ 이강남(형제) : 소득금액이 없으므로 이신소 결제분 대학교 교육비 공제가능하므로 400만원 입력
㉢ 이하나(자녀) : 체험학습비(1인당 30만원 한도)도 교육비 공제가능하므로 240만원 입력
㉣ 이현민(자녀) : 유치원 방과후수업료 및 취학전아동의 학원비 교육비 공제 가능, 교육비 금액 입력 시 실제 지출한 360만원과 한도 300만원 중 어떤 금액을 입력하여도 무방함

| 소득명세 | 부양가족 | 신용카드 등 | 의료비 | 기부금 | 연금저축 등I | 연금저축 등II | 월세액 | 출산지원금 | 연말정산입력 |

연말 관계	성명	내/외국인	주민(외국인)번호	나이	소득기준 초과여부	기본공제	세대주 구분	부녀 자	한부 모	경로 우대	장애 인	자녀	출산 입양	결혼 세액
4	이하나	내	1 090508-4233339	16		20세이하						○		
4	이현민	내	1 201805-3236921	5		20세이하								
6	이강남	내	1 980221-1626538	27		부								

자료구분	교육비		자료구분	교육비		자료구분	교육비	
	일반	장애인특수		일반	장애인특수		일반	장애인특수
국세청	4,000,000 3.대학생		국세청	3,600,000 1.취학전		국세청	2,400,000 2.초중고	
기타			기타			기타		

④ 신용카드등 사용액(나이 불문, 소득금액 규제) : 신용카드 등 TAB에서 입력

  ㉠ 이신소(본인) : 신용카드등 소득공제와 의료비 세액공제 중복 가능하나 회사 경비 지출액 500만원은 공제대상 제외하므로 신용카드 1,500만원 입력

  ㉡ 유신라(배우자) : 신용카드등 소득공제와 의료비 세액공제 중복 가능하므로 신용카드 100만원 입력

| 소득명세 | 부양가족 | 신용카드 등 | 의료비 | 기부금 | 연금저축 등I | 연금저축 등II | 월세액 | 출산지원금 | 연말정산입력 |

	성명 생년월일	자료 구분	신용카드	직불,선불	현금영수증	도서등 신용	도서등 직불	도서등 현금	전통시장	대중교통	합계
□	이신소 1987-03-30	국세청 기타	15,000,000								15,000,000
□	유신라 1988-03-21	국세청 기타	1,000,000								1,000,000
	합계		16,000,000								16,000,000

⑤ 기부금(나이 불문, 소득금액 규제) : 기부금 TAB에서 입력

[기부금 입력 TAB]

  ㉠ 김부여(어머니) : 소득금액이 없으므로 종교단체 기부금 공제가능하므로 150만원 입력

  ㉡ 이신소(본인) : 노동조합비(회계 적정공시)는 일반기부금(종교단체 외)으로 24만원 입력

| 소득명세 | 부양가족 | 신용카드 등 | 의료비 | 기부금 | 연금저축 등I | 연금저축 등II | 월세액 | 출산지원금 | 연말정산입력 |

| 기부금 입력 | 기부금 조정 |

12.기부자 인적 사항(F2)

주민등록번호	관계코드	내·외국인	성명
870330-2356543	거주자(본인)	내국인	이신소
681212-2343247	직계존속	내국인	김부여

구분		9.기부내용	기부처		건수	기부명세			자료 구분
7.유형	8.코드		10.상호 (법인명)	11.사업자 번호		13.기부금합계 금액(14+15)	14.공제대상 기부금액	15.기부장려금 신청 금액	
일반	40	금전	금속조합	105-82-03569	1	240,000	240,000		국세청
종교	41	금전	행복교회	134-82-09538	1	1,500,000	1,500,000		국세청

[기부금 조정 TAB]

소득공제 및 세액공제 적용 후 이월금액 변경됨

| 기부금 입력 | 기부금 조정 | | | | | | ❶ 공제금액계산 |

구분		기부연도	16.기부금액	17.전년도까지 공제된금액	18.공제대상 금액(16-17)	해당연도 공제금액	해당연도에 공제받지 못한 금액	
유형	코드						소멸금액	이월금액
일반	40	2025	240,000		240,000			240,000
종교	41	2025	1,500,000		1,500,000			1,500,000

기부금 공제금액 계산 참조								×
근로소득금액	35,850,000	정치,고향기부금외 공제대상금액			세액공제가능액			
코드	구분	지출액	공제대상금액	공제율1 (15%, 20%)	공제율2 (25%,30%,35%)	공제율3 (40%)	소득/세액공제액	공제초과이월액
40	일반기부금(종교외) 당기	240,000						240,000
41	일반기부금(종교) 당기	1,500,000						1,500,000
	합계	1,740,❷	❸		❹			1,740,000

불러오기 | 공제금액반영 | 전체삭제 | 저장 | 종료(Esc)

| 기부금 입력 | 기부금 조정 |

구분		기부연도	16.기부금액	17.전년도까지 공제된금액	18.공제대상 금액(16-17)	해당연도 공제금액	해당연도에 공제받지 못한 금액	
유형	코드						소멸금액	이월금액
일반	40	2025	240,000		240,000			240,000
종교	41	2025	1,500,000		1,500,000			1,500,000

(3) 연금저축 등 I TAB

① 주택청약종합저축 불입액 : 세대의 배우자 불입액도 공제 가능

저축구분	코드	금융회사 등	계좌번호(증권번호)	납입금액	소득공제금액
2.주택청약종합저축	306	(주) 국민은행	2014578950	2,400,000	960,000
청약저축					
주택청약종합저축				2,400,000	960,000
근로자주택마련저축					

② 연금저축 불입액 : 본인의 연금저축 불입액만 공제가능하므로 배우자 불입액은 공제 불가

(4) 연말정산입력 TAB

① 주택차입금원리금상환액 : 무주택 세대주인 본인의 전세자금 대출금은 공제가 가능하며 더블클릭하여 "원금 + 이자" 합계액을 대출기관란에 575만원 입력

구분		공제한도	납입/상환액	공제금액
주택임차차입금 원리금상환액	①대출기관	납입액의 40%	5,750,000	2,300,000
	②거주자(총급여 5천만원 이하)			
2.주택차입금원리금상환액(①-②)		1+2 ≤ 연 400만원	5,750,000	2,300,000

② [F8 부양가족탭불러오기] 버튼을 실행하여 [부양가족 TAB] 자료 반영

구분		지출액	공제금액		구분		지출액	공제대상금액	공제금액
32.공적연금 보험료공제	공무원연금				57.자녀	ⓐ자녀 1명			250,000
	군인연금				세액공제	ⓑ출산·입양 명			
	사립학교교직원				58.과학기술공제				
	별정우체국연금				59.근로자퇴직연금				
33.보험료		1,612,440	1,612,440	계좌	60.연금저축				
특별소득공제	건강보험료	1,228,440	1,228,440		60-1.ISA연금계좌전환				
	고용보험료	384,000	384,000	특별세액공제	61.보장성보험	일반	500,000	500,000	60,000
34.주택차입금 원리금상환액	대출기관	5,750,000	2,300,000			장애인			
	거주자				62.의료비	4,000,000	4,000,000	2,560,000	384,000
34.장기주택저당차입금이자상					63.교육비	10,000,000	10,000,000	9,400,000	799,634
35.특별소득공제 계			3,912,440		64.기부금		1,740,000	1,740,000	
36.차감소득금액			24,317,560	세액공제	1)정치자금기부금	10만원이하			
37.개인연금저축						10만원초과			
38.소기업,소상공인 공제부금	2015년이전가입				2)고향사랑기부금	10만원이하			
	2016년이후가입					10만원초과			
39.주택마련저축 소득공제	청약저축				3)특례기부금(전액)				
	주택청약	2,400,000	960,000		4)우리사주조합기부금				
	근로자주택마련				5)일반기부금(종교단체외)		240,000		
40.투자조합출자 등 소득공제					6)일반기부금(종교단체)		1,500,000		
41.신용카드 등 사용액		16,000,000	600,000		65.특별세액공제 계				1,243,634

[4] 연말정산추가자료입력 [회사코드 : 2500.(주)만세]

(1) 부양가족 TAB : 인적공제

① 배우자(김소연) : 총급여액 500만원 이하로 기본공제 가능

② 자녀(박상혁) : 장애인복지법에 따른 장애인이므로 장애인란에서 "1"을 선택

③ 자녀(박상철) : 해당연도에 출생하였으므로 추가입력하고 출산입양란에서 "셋째"를 선택

연말관계	성명	내/외국인	주민(외국인)번호	나이	소득기준초과여부	기본공제	세대주구분	부녀자	한부모	경로우대	장애인	자녀	출산입양	결혼세액
0	박성민	내	1 830101-1234577	42		본인	세대주							
3	김소연	내	1 890701-2234561	36		배우자								
4	박상아	내	1 151130-4035226	10		20세이하						○		
4	박상혁	내	1 170229-3078546	8		20세이하					1	○		
4	박상철	내	1 250517-3078548	0		20세이하							셋째	
합 계 [명]					5						1	2		

(2) 부양가족 TAB : 노란색란은 더블클릭하고 해당란에 직접 입력

① 보험료(나이 및 소득금액 규제)

　㉠ 저축성 보험료 및 2025년 2월 지출된 보험료는 근로제공기간에 지출한 보험료가 아니므로 공제 제외

　㉡ 김소연(배우자) : 자동차보험료 일반보장성 50만원 입력

　㉢ 박상혁(자녀) : 장애인전용 보험료 70만원 입력

　㉣ 박상철(자녀) : 실비보장성 보험료 40만원 입력

소득명세	부양가족	신용카드 등	의료비	기부금	연금저축 등 I	연금저축 등 II	월세액	출산지원금	연말정산입력

연말관계	성명	내/외국인	주민(외국인)번호	나이	소득기준초과여부	기본공제	세대주구분	부녀자	한부모	경로우대	장애인	자녀	출산입양	결혼세액
3	김소연	내	1 890701-2234561	36		배우자								
4	박상아	내	1 151130-4035226	10		20세이하						○		
4	박상혁	내	1 170220-3078546	8		20세이하					1	○		
4	박상철	내	1 250517-3078548	0		20세이하							셋째	

자료구분	보험료				보험료				보험료			
	건강	고용	일반보장성	장애인전용	건강	고용	일반보장성	장애인전용	건강	고용	일반보장성	장애인전용
국세청			500,000				700,000				400,000	
기타												

② 의료비(나이 및 소득금액 불문) : 의료비 TAB에서 입력

　㉠ 성형수술비 및 2025년 3월 지출된 의료비는 근로제공기간에 지출한 의료비가 아니므로 공제 제외

　㉡ 박성민(본인) : 실손보험수령액이 있는 경우 의료비지출액 전액(235만원)을 입력하고 실손보험수령액란에 수령액(100만원)을 각각 입력

　㉢ 김소연(배우자) : 산후조리원 비용은 출산 1회당 200만원 한도로 공제하므로 증빙코드(5.기타영수증) 및 지급처를 입력하고 금액 200만원, 산후조리원 해당 여부(1.해당)으로 선택

　㉣ 박상아(자녀) : 시력교정용 안경 구입비는 1명당 연 500,000원 한도이므로 50만원 입력

소득명세	부양가족	신용카드 등	의료비	기부금	연금저축 등 I	연금저축 등 II	월세액	출산지원금	연말정산입력

2025년 의료비 지급명세서

	의료비 공제대상자					지급처		지급명세					14.산후조리원
□	성명	내/외	5.주민등록번호	6.본인등해당여부	9.증빙코드	8.상호	7.사업자등록번호	10.건수	11.금액	11-1.실손보험수령액	12.미숙아선천성이상아	13.난임여부	
□	박성민	내	830101-1234577	1	0	1			2,350,000	1,000,000	X	X	X
□	김소연	내	890701-2234561	3	X	5	아가랑	110-92-22892	1	2,000,000		X	X	0
□	박상아	내	151130-4035226	3	X	1				500,000		X	X	X
□													

	합계			1	4,850,000	1,000,000		
일반의료비(본인)	2,350,000	6세이하,65세이상인 건강보험산정특례자 장애인		일반의료비(그 외)	2,500,000	난임시술비		
						미숙아.선천성이상아		

③ 교육비(나이 불문, 소득금액 규제)

　㉠ 박상아(2.초중고) : 취학아동의 학원비는 교육비 공제대상이 아니므로 80만원 입력

　㉡ 박상혁(장애인) : 장애인특수교육비 324만원 입력

소득명세	부양가족	신용카드 등	의료비	기부금	연금저축 등 I	연금저축 등 II	월세액	출산지원금	연말정산입력

연말관계	성명	내/외국인	주민(외국인)번호	나이	소득기준초과여부	기본공제	세대주구분	부녀자	한부모	경로우대	장애인	자녀	출산입양	결혼세액
4	박상아	내	1 151130-4035226	10		20세이하						○		
4	박상혁	내	1 170220-3078546	8		20세이하					1	○		
4	박상철	내	1 250517-3078548	0		20세이하							셋째	

자료구분	교육비		자료구분	교육비	
	일반	장애인특수		일반	장애인특수
국세청	800,000 2.초중고		국세청		3,240,000
기타			기타		

④ 신용카드등 사용액(나이 불문, 소득금액 규제) : 신용카드 등 TAB에서 입력

㉠ 박성민(본인) : 재산세납부분은 공제대상 제외이며 신용카드 1,470만원 입력

㉡ 김소연(배우자) : 신용카드 200만원, 전통시장 100만원 입력

㉢ 박상아(자녀) : 현금영수증 35만원, 대중교통 40만원 입력

성명 생년월일	자료 구분	신용카드	직불,선불	현금영수증	도서등 신용	도서등 직불	도서등 현금	전통시장	대중교통	합계
박성민	국세청	14,700,000								14,700,000
1983-01-01	기타									
김소연	국세청	2,000,000						1,000,000		3,000,000
1989-07-01	기타									
박상아	국세청			350,000					400,000	750,000
2015-11-30	기타									
합계		16,700,000		350,000				1,000,000	400,000	18,450,000

⑤ 기부금(나이 불문, 소득금액 규제) : 기부금 TAB에서 입력

[기부금 입력 TAB]

㉠ 박성민(본인) : 기부금은 근로제공기간 불문이므로 특례기부금 선택 후 25만원 입력

㉡ 김소연(배우자) : 일반기부금(종교단체) 선택 후 120만원 입력

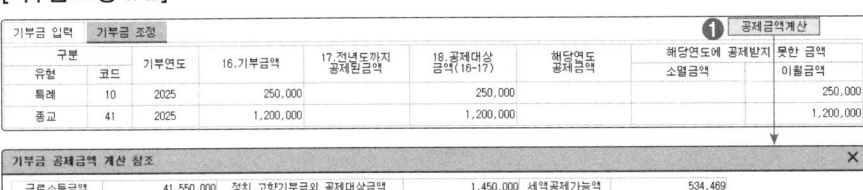

[기부금 조정 TAB]

(3) 연말정산입력 TAB : [F8 부양가족탭불러오기] 버튼을 실행하여 [부양가족 TAB] 자료 반영

소득명세	부양가족	신용카드 등	의료비	기부금	연금저축 등Ⅰ	연금저축 등Ⅱ	월세액	출산지원금	연말정산입력

	구분		지출액	공제금액		구분	지출액	공제대상금액	공제금액
소득 보험료공제	32.공적연금 보험료공제	공무원연금			57.자녀 세액공제	③자녀 2명			550,000
		군인연금				④ 출산.입양 1명			700,000
		사립학교교직원			연금계좌	58.과학기술공제			
		별정우체국연금				59.근로자퇴직연금			
특별소득공제	33.보험료		2,160,090	2,160,090		60.연금저축			
		건강보험료	1,809,090	1,809,090		60-1.ISA연금계좌전환			
		고용보험료	351,000	351,000	특별세액공제	61.보장 일반	900,000	900,000	900,000	108,000
	34.주택차입금	대출기관				성보험 장애인	700,000	700,000	700,000	105,000
	원리금상환액	거주자				62.의료비	4,850,000	4,850,000	2,230,000	334,500
	34.장기주택저당차입금이자상					63.교육비	4,040,000	4,040,000	4,040,000	321,469
	35.특별소득공제 계			2,160,090		64.기부금	1,450,000	1,450,000		
36.차감소득금액				28,071,460	세액공제	1)정치자금 10만원이하 기부금 10만원초과			
37.개인연금저축									
그밖의소득공제	38.소기업,소상공인 공제부금	2015년이전가입				2)고향사랑 10만원이하 기부금 10만원초과			
		2016년이후가입							
	39.주택마련저축 소득공제	청약저축				3)특례기부금(전액)		250,000		
		주택청약				4)우리사주조합기부금				
		근로자주택마련				5)일반기부금(종교단체외)				
	40.투자조합출자 등 소득공제					6)일반기부금(종교단체)		1,200,000		
	41.신용카드 등 사용액		18,450,000	1,145,000		65.특별세액공제 계				868,969

[5] 중도퇴사자 연말정산 [회사코드 : 2400.(주)태풍]

(1) 사원등록

사원등록에서 김수당을 선택하고 [16.퇴사년월일]에 "2025년 7월 31일", 사유(1)를 입력한다.

(2) 급여자료입력

귀속년월(2025년 07월), 지급년월일(2025년 07월 31일)을 입력하고 상단의 [수당공제] 버튼을 선택하여 공제 항목을 추가 등록한다.

① 공제등록

No	코드	공제항목명	공제소득유형	사용여부
1	5001	국민연금	고정항목	여
2	5002	건강보험	고정항목	여
3	5003	장기요양보험	고정항목	여
4	5004	고용보험	고정항목	여
5	5005	학자금상환	고정항목	여
6	6001	주차비	기타	여

② 중도퇴사 연말정산

퇴사월의 급여자료를 입력하고 상단의 F7 중도퇴사자정산 ▼ 버튼을 누른 후 연말정산 추가자료 입력이 있는 경우는 입력한 다음 급여반영(Tab) 를 클릭하여 [차감징수세액]을 반영한다.

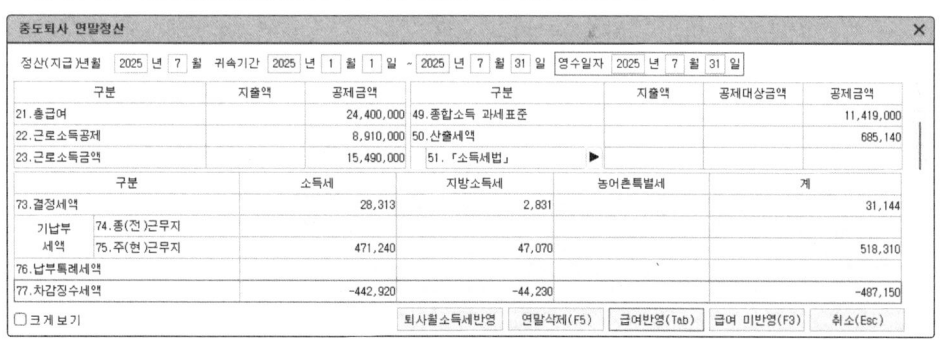

③ 김수당 급여자료입력

사번	사원명	감면율	급여항목	금액	공제항목	금액
101	김수당(퇴사자)		기본급	3,000,000	국민연금	153,000
102	이기자		상여		건강보험	120,530
104	성덕순		식대보조금	200,000	장기요양보험	15,600
			자가운전보조금	200,000	고용보험	30,600
					주차비	100,000
					소득세(100%)	
					지방소득세	
					농특세	
					중도정산소득세	-442,920
					중도정산지방소득세	-44,230
			과　　세	3,400,000		
			비 과 세		공 제 총 액	-67,420
총인원(퇴사자)	3(1)		지 급 총 액	3,400,000	차 인 지 급 액	3,467,420

귀속년월 2025년 07월, 지급년월일 2025년 07월 31일, 급여, 중도정산적용함

(3) 원천징수이행상황신고서

귀속기간(2025년 07월 ~ 2025년 07월), 지급기간(2025년 07월 ~ 2025년 07월), 신고구분(1.정기신고)를 선택 한다. 급여자료입력에 입력된 김수당외 2명의 총지급액 및 소득세가 반영된다. 또한 [중도퇴사]란에 김수당의 연말정산자료(총급여액 및 차감징수세액)이 반영된다.

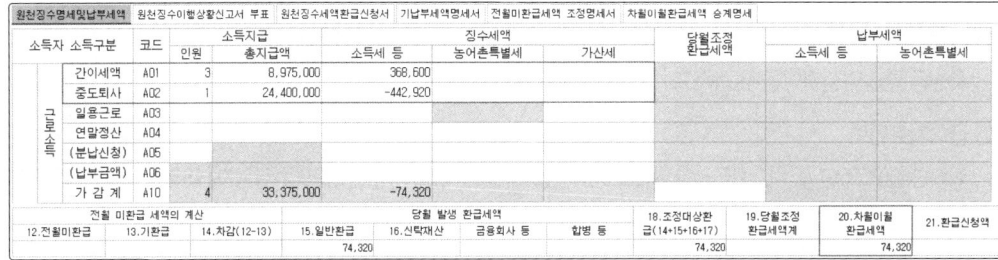

PART 04

모의고사 해답

모의고사 &
기출문제

1회 실전모의고사 해설

PART 04 모의고사

1회	[01]	[02]	[03]	[04]	[05]	[06]	[07]	[08]	[09]	[10]	[11]	[12]	[13]	[14]	[15]
	3	2	2	4	4	1	1	3	1	3	3	4	1	4	2

◆ 해설 ◆

01. 부채는 과거 사건과의 인과관계가 존재하여야 하므로 단지 예상만으로는 부채를 인식할 수 없다.

02. 요구불예금이란 예금주의 요구가 있을 때 언제든지 지급할 수 있는 예금의 총칭(보통예금과 당좌예금 등)이다.

03. 무형자산의 상각방법은 자산의 경제적 효익이 소비되는 행태를 반영한 합리적인 방법이어야 한다. 무형자산의 상각대상금액을 내용연수 동안 합리적으로 배분하기 위해 다양한 방법을 사용할 수 있다. 이러한 상각방법에는 정액법, 체감잔액법(정률법 등), 연수합계법, 생산량비례법 등이 있다. 다만, 합리적인 상각방법을 정할 수 없는 경우에는 정액법을 사용한다.

04. ■ 영업이익 = 매출액 − 매출원가 − 판매관리비
= 30,000,000원 − 25,000,000원 − 2,600,000원
■ 판매관리비 = 임직원급여 + 직원회식비 + 광고선전비 + 기업업무추진비
= 2,000,000원 + 200,000원 + 200,000원 + 200,000원 = 2,600,000원

05. ④는 오류수정이 아니라 회계추정의 변경이다.

06. 제품 홍보를 위한 제품견적서의 인쇄비는 판매비와관리비에 해당한다.

07. ■ 당기총제조원가 = x + y + 5,000
■ 당기제품제조원가 = x + y + 15,000
■ 매출원가 = x + y + 35,000

원재료			
기 초	5,000	사용	x+5,000
당기매입	x	기말	0
	x+5,000		x+5,000

재공품			
기 초	10,000	당기제품제조원가	x+y+15,000
재료비	x+5,000		
가공비	y	기 말	0
	x+y+15,000		x+y+15,000

제 품			
기 초	20,000	매출원가	x+y+35,000
당기제품제조원가	x+y+15,000	기 말	0
	x+y+35,000		x+y+35,000

08. 건물의 감가상각비는 건물의 면적과 가장 밀접한 인과관계를 가진다.
09. ■ 예정배부액 : 1,000시간 × 2,000원 = 2,000,000원
    ■ 예정배부액이 200,000원 과소배부된 경우라면 실제발생액은 2,200,000원이다.
10. 완성품환산량 단위당원가는 가공비(460,000원) ÷ {200개 + 30개(50개 × 60%)} = 2,000원
11. 수출하는 재화는 세금계산서의 교부의무가 면제된다. 다만, 내국신용장 또는 구매확인서에 의해 공급하는 재화와 한국국제협력단, 한국국제보건의료재단에 공급하는 재화는 세금계산서의 교부의무가 면제되지 않는다.
12. 국세징수법에 따른 공매나 민사집행법에 따른 경매는 재화의 공급으로 보지 아니한다.
13. 주택의 임대와 토지의 공급인 가, 나
14. ① 거주자의 종합소득에 대한 소득세는 해당 연도의 종합소득과세표준에 6~45%의 세율을 적용하여 계산한 금액을 그 세액으로 한다.
    ② 기타소득금액의 연간합계액이 300만원 이하인 경우에는 종합과세와 분리과세를 선택할 수 있다.
    ③ 소득세법은 종합과세제도이므로 퇴직소득과 양도소득을 제외한 거주자의 그 밖의 모든 소득(분리과세 및 비과세소득을 제외)을 합산하여 과세한다.
15. 영업권의 대여, 점포임차권의 양도, 공익사업과 관련된 지상권의 대여는 기타소득에 해당하며, 공장재단의 대여는 사업소득(부동산임대업)에 해당된다.

실무문제 해설

문제 1 일반전표입력

NO	월	일	구분	계정과목	거래처	차변	대변
[1]	4	30	차변	세금과공과(판)		500,000	
			대변	보통예금			500,000
[2]	5	10	대변	외상매출금	(주)한국		720,000,000
			차변	보통예금		660,000,000	
			차변	외환차손		60,000,000	
[3]	5	11	대변	이자수익			200,000
			차변	보통예금		169,200	
			차변	선납세금		30,800	
[4]	5	29	차변	자 본 금		20,000,000	
			대변	보통예금			16,000,000
			대변	감자차익			4,000,000

NO	월	일	구분	계정과목	거래처	차변	대변
[5]	12	10	차변	예 수 금		192,850	
			차변	세금과공과(판)		50,000	
			차변	복리후생비(판)		32,000	
			차변	보험료(판)		2,750	
			대변	보통예금			277,600

문제 2 매입매출전표입력

NO	일자	유형	품목	공급가액	부가세	공급처명	전자	분개
[1]	4/10	11.과세	전자제품	4,000,000	400,000	서울상사	여	혼합

구분	계정과목	거래처	차변	대변
대변	부가세예수금	서울상사		400,000
대변	제품매출	서울상사		4,000,000
차변	현 금	서울상사	400,000	
차변	받을어음	서울상사	2,000,000	
차변	외상매출금	서울상사	2,000,000	

■ 세금계산서 또는 계산서를 참고하여 회계처리하는 경우는 하단의 현금·수표·어음·외상미수금을 확인하여 처리한다.

NO	일자	유형	품목	공급가액	부가세	공급처명	전자	분개
[2]	4/12	11.과세	제품	6,000,000	600,000	영도상사	여	혼합

구분	계정과목	거래처	차변	대변
대변	부가세예수금	영도상사		600,000
대변	제품매출	영도상사		6,000,000
차변	선 수 금	영도상사	600,000	
차변	외상매출금	영도상사	6,000,000	

NO	일자	유형	품목	공급가액	부가세	공급처명	전자	분개
[3]	4/15	51.과세	수건	-100,000	-10,000	(주)우리상사	여	혼합

구분	계정과목	거래처	차변	대변
차변	부가세대급금	(주)우리상사	-10,000	
차변	광고선전비(판)	(주)우리상사	-100,000	
대변	미지급금	(주)우리상사		-110,000

1회 모의고사 해설

NO	일자	유형	품목	공급가액	부가세	공급처명	전자	분개
[4]	4/17	51.과세	렌트	500,000	50,000	(주)탐라렌트카	여	혼합
	구분	계정과목		거래처		차변		대변
	차변	부가세대급금		(주)탐라렌트카		50,000		
	차변	임차료(판)		(주)탐라렌트카		500,000		
	대변	미지급금		(주)탐라렌트카				550,000

NO	일자	유형	품목	공급가액	부가세	공급처명	전자	분개
[5]	4/30	55.수입	기계부품	15,500,000	1,550,000	양산세관	여	혼합
	구분	계정과목		거래처		차변		대변
	차변	부가세대급금		양산세관		1,550,000		
	대변	보통예금		양산세관				1,550,000

문제 3 부가가치세신고

[1] 부동산임대공급가액명세서

(1) 부동산임대공급가액명세서(조회기간 : 2025년 07월 ~ 2025년 09월)

[나이스상사 ①]

No	코드	거래처명(임차인)	동	층	호
1	0501	나이스상사	1	1	101

등록사항
- 1.사업자등록번호: 312-85-60155   2.주민등록번호: ------−------
- 3.면적(㎡): 155.00 ㎡   4.용도: 점포
- 5.임대기간에 따른 계약 내용

No	계약갱신일	임대기간
1		2024-08-01 ~ 2025-07-31

6.계약내용	금 액	당해과세기간계	
보 증 금	10,000,000	10,000,000	
월 세	1,000,000	1,000,000	
관 리 비	50,000	50,000	
7.간주 임대료	26,328	26,328	31 일
8.과 세 표 준	1,076,328	1,076,328	

소계
월 세	1,000,000	관 리 비	50,000
간주임대료	26,328	과 세 표 준	1,076,328

[나이스상사 ②]

등록사항
- 1.사업자등록번호: 312-85-60155   2.주민등록번호: ------−------
- 3.면적(㎡): 155.00 ㎡   4.용도: 점포
- 5.임대기간에 따른 계약 내용

No	계약갱신일	임대기간
1		2024-08-01 ~ 2025-07-31
2	2025-08-01	2025-08-01 ~ 2026-07-31
3		

6.계약내용	금 액	당해과세기간계	
보 증 금	20,000,000	20,000,000	
월 세	1,100,000	2,200,000	
관 리 비	50,000	100,000	
7.간주 임대료	103,616	103,616	61 일
8.과 세 표 준	1,253,616	2,403,616	

소계
월 세	3,200,000	관 리 비	150,000
간주임대료	129,944	과 세 표 준	3,479,944

[전체합계]

전체합계				
월세등	3,350,000	간주임대료	129,944	과세표준(계)	3,479,944

(2) 부가가치세신고서

조회기간(2025년 7월 1일 ~ 2025년 9월 30일), 신고구분(1.정기신고)을 입력하면 매입매출전표에 입력한 자료가 자동반영되므로 삭제하고 부동산임대사업자의 과세표준을 회계처리 없이 반영하여야 하므로 직접 해당란에 입력한다.

- [월세등]은 세금계산서 발급이므로 (1)란에 기재 : 3,350,000원
- [간주임대료]는 세금계산서 발급의무 면제이므로 (4)란에 기재 : 129,944원

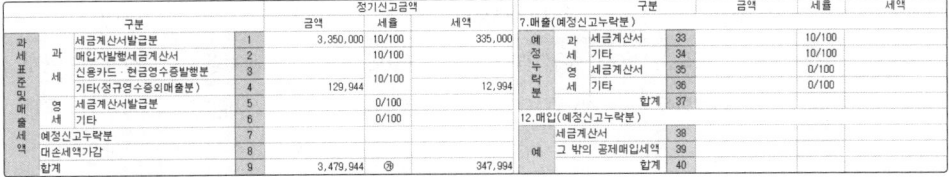

[2] 부가가치세신고서 및 가산세

① 조회기간(2025년 10월 1일 ~ 2025년 12월 31일), 신고구분(1.정기신고)를 선택하고 조회한다.
② 부가가치세신고서를 불러올 때 자동으로 반영되는 자료를 이용하여야 하므로 삭제하지 않고 누락내용과 추가자료 및 가산세를 입력한다.
③ 예정신고누락분 입력 시 매입세액불공제사유에 해당하는 세금계산서 누락분은 [공제받지못할매입세액(16)]의 (50)란에도 반드시 입력하여야 한다.
④ 대손금 회수와 관련된 대손세액공제분은 대손세액가감(8란)에 양수로 300,000원 입력한다.
⑤ 경감공제세액 입력
    ㉠ 신용카드매출전표발행세액공제는 개인사업자(직전년도 공급가액 10억 미만자)만 공제 가능하며, 예정신고누락분은 입력하지 않는다.
    ㉡ 전자세금계산서 발행세액공제는 2015년 12월 31일(법인)로 일몰종료되었으므로 적용하지 않는다.
    ㉢ 기업이 직접 전자신고를 홈택스에서 이행하므로 확정신고시 전자신고세액공제 "10,000원"을 입력한다.
⑥ 가산세 내역(㉠과 ㉡은 1개월초과 3개월이내 수정신고시 75% 감면)
    ㉠ 영세율과세표준 신고불성실 가산세 = 20,000,000원 × 0.5% × (1 - 75%) = 25,000원
    ㉡ 신고불성실 가산세 = 5,000,000원 × 10%(일반과소) × (1 - 75%) = 125,000원
    ㉢ 납부지연 가산세 = 5,000,000원 × 92일 × 2.2/10,000 = 101,200원

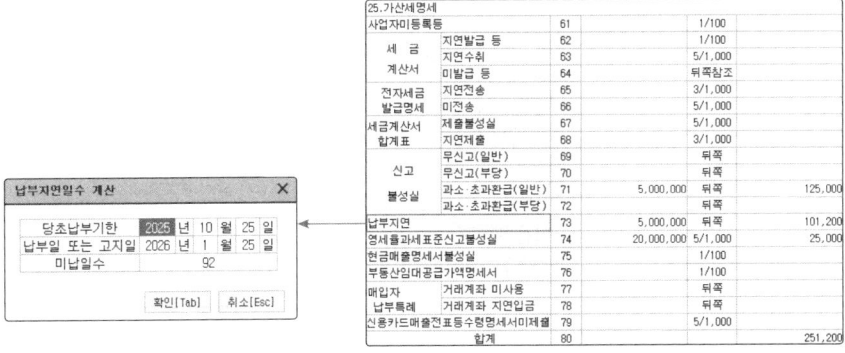

1회 모의고사 해설

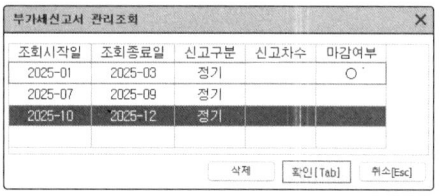

[3] 부가가치세 전자신고(조회기간 : 2025년 1월 1일 ~ 2025년 3월 31일)
(1) 부가가치세신고서 및 관련 부속서류 마감 확인
① [CF2 부가세작성관리] 버튼을 클릭하여 해당 과세기간의 마감여부를 확인할 수 있으며 [확인(Tab)] 버튼을 누르면 마감한 부가가치세신고서가 조회된다.

② 또는 조회기간을 입력하여 조회한 후 상단의 [F3 마감취소] 버튼을 클릭하면 부가가치세 신고서 및 부속서류 마감사항을 확인할 수 있다.

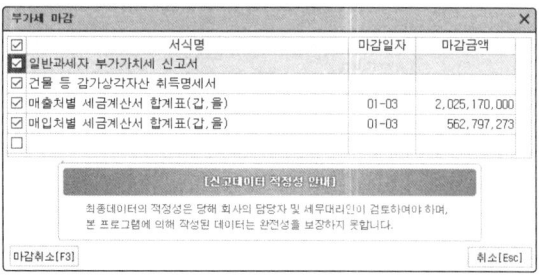

(2) 전자신고 데이터 제작

회사를 선택하고 상단의 [F4 제작] 버튼을 누른 후 **비밀번호(12341234)**를 입력하여 제작한다.

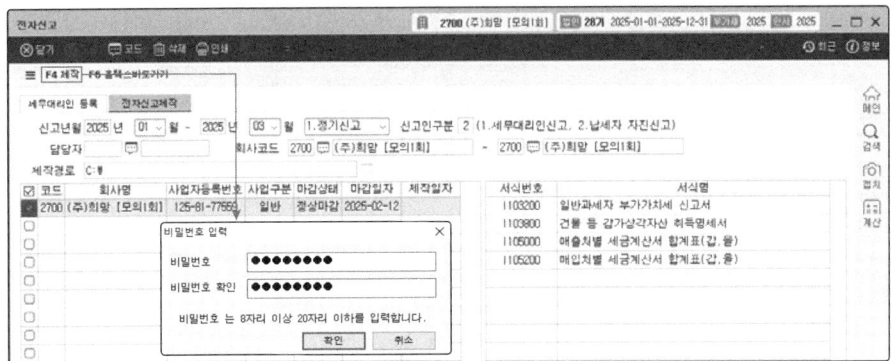

(3) 국세청 홈택스 전자신고

① 부가가치세 신고 : 세금신고 → [01.전자파일변환 - 변환대상파일선택]

[찾아보기] 클릭 → [로컬디스크(C:)] → 파일명 : **enc작성연월일.101.v1258177559**

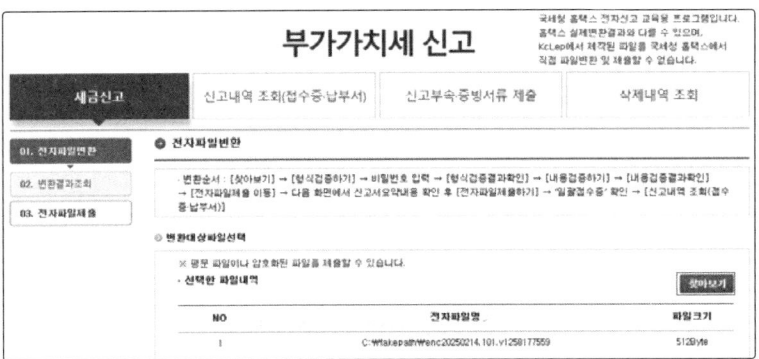

② 부가가치세 신고 : 세금신고 → [01.전자파일변환 - 처리내역]

[형식검증하기] : 비밀번호(12341234) 입력 → [형식검증결과확인] : 오류 유무 확인 → [내용검증하기]
→ [내용검증결과확인] : 오류 유무 확인 → [전자파일제출]

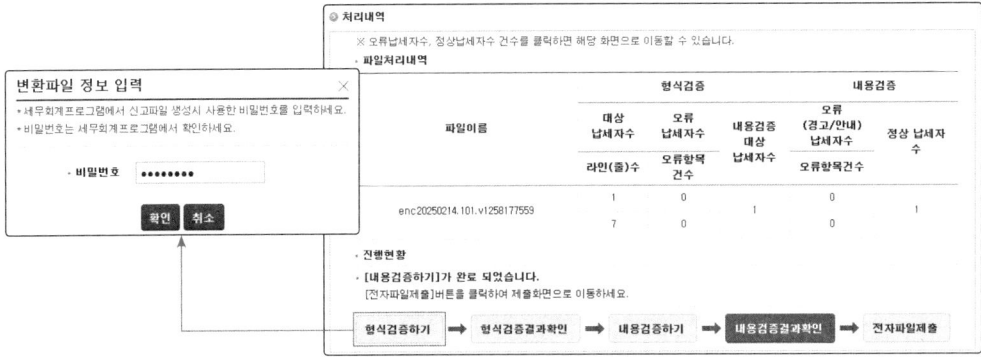

1회 모의고사 해설

③ 부가가치세 신고 : 세금신고 → [03.전자파일제출]

[전자파일 제출하기] > 부가가치세 신고서 접수증 확인

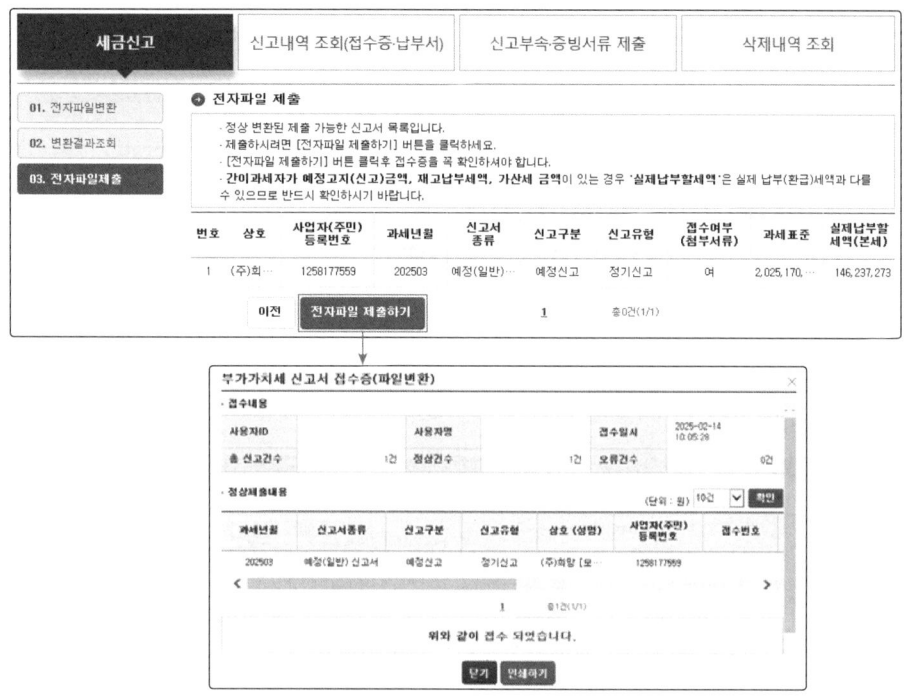

문제 4 결산자료입력

[1] 수동결산 – 일반전표입력

월	일	구분	계정과목	거래처	차변	대변
12	31	차변	보험료(제)		1,800,000	
		대변	선급비용			1,800,000

- 당기 보험료(경과분) = 2,400,000원 × 9개월/12개월 = 1,800,000원

[2] 수동결산 – 일반전표입력

월	일	구분	계정과목	거래처	차변	대변
12	31	차변	현　금		5,000	
		차변	잡손실		2,000	
		대변	현금과부족			7,000

[3] 수동결산 – 일반전표입력

월	일	구분	계정과목	거래처	차변	대변
12	31	차변	외화환산손실		900,000	
		대변	외상매출금	ABC.CO.LTD		900,000

- 외화환산손실 = ($30,000 – $12,000) × (1,170원 – 1,120원) = 900,000원(자산 감소)

[4] 자동결산 – 결산자료입력

- 외상매출금 = 241,000,000원 × 1% – 1,200,000원 = 1,210,000원
- 받을어음 = 211,293,000원 × 1% – 785,000원 = 1,327,930원

방법 1 : 결산자료입력의 상단 [대손상각]을 선택하여 "대손율 1%" 입력, "단기대여금"과 "선급금"에 대한 추가 설정액 삭제 후 [결산반영]을 클릭하여 "5)대손상각"란에 반영 ⇨ [전표추가]를 선택하여 일반전표에 결산전표를 추가한다.

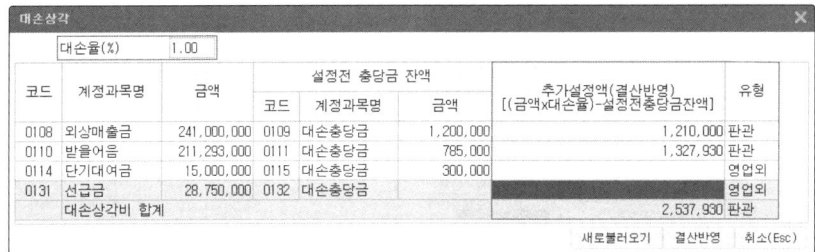

방법 2 : 결산자료입력 메뉴의 대손상각에 [외상매출금 : 1,210,000원, 받을어음 : 1,327,930원]을 입력한 후 결산자료 입력의 전표추가를 한다.

방법 3 : 일반전표입력에 직접 입력

월	일	구분	계정과목	거래처	차변	대변
12	31	차변	대손상각비(판)		2,537,930	
		대변	대손충당금(109)			1,210,000
		대변	대손충당금(111)			1,327,930

[5] 자동결산 – 결산자료입력

결산자료입력 메뉴의 해당 기말재고자산란에 원재료 8,000,000원, 재공품 4,000,000원, 제품 12,840,000원으로 입력 후 [전표추가]를 선택하여 일반전표에 결산전표를 추가한다.

1회 모의고사 해설

문제 5 원천징수

[1] 급여자료입력 : 귀속년월(2025년 05월), 지급년월일(2025년 05월 25일)

상단의 [수당공제] 버튼을 선택하여 수당과 공제항목을 추가등록 후 해당 급여자료를 입력한다.

[수당등록] [공제등록]

급여항목	금액	공제항목	금액
기본급	4,000,000	국민연금	189,000
식대	200,000	건강보험	148,890
자가운전보조금	200,000	장기요양보험	19,280
야간근로수당	100,000	고용보험	37,800
육아수당	200,000	주차비	100,000
출근수당	50,000	소득세(100%)	194,500
체력단련수당	50,000	지방소득세	19,450
과 세	4,200,000	농특세	
비 과 세	600,000	공 제 총 액	708,920
지 급 총 액	4,800,000	차 인 지 급 액	4,091,080

[2] 연말정산추가자료입력

(1) 부양가족 TAB : 인적공제

① 이정연 : 근로소득만 있는 경우 총급여액 500만원 이하까지는 공제대상이므로 기본공제가 가능

② 김시온 : 나이가 20세 초과로 기본공제 제외

③ 김시우 · 김시진 : 나이 20세 이하, 소득금액 충족으로 기본공제, 자녀세액공제 가능

연말관계	성명	내/외국인	주민(외국인)번호	나이	소득기준초과여부	기본공제	세대주구분	부녀자	한부모	경로우대	장애인	자녀	출산입양	결혼세액
0	김범수	내	1 791115-1411435	46		본인	세대주							
3	이정연	내	1 820412-2144776	43		배우자								
4	김시온	내	1 041124-3044762	21		부								
4	김시우	내	1 080209-4044715	17		20세이하						○		
4	김시진	내	1 090809-4044762	16		20세이하						○		
	합 계 [명]					4						2		

(2) 신용카드 등 TAB : 부양가족 TAB에서 더블클릭 또는 직접 선택

신용카드 등 사용액에 대한 소득공제와 의료비 세액공제는 중복공제 가능

성명 생년월일	자료구분	신용카드	직불,선불	현금영수증	도서등신용	도서등직불	도서등현금	전통시장	대중교통	합계
김범수 1979-11-15	국세청 기타	20,169,390	2,484,570	7,958,408				70,550	62,240	30,745,158

(3) 의료비 TAB : 부양가족 TAB에서 더블클릭 또는 직접 선택

① 의료비세액공제는 나이와 소득금액요건을 규제하지 않으며 본인이 지출한 경우 공제 가능

② 김범수(본인) : 질병치료비 4,052,400원, 실손보험수령액 1,000,000원 입력

모의고사 해설 1회

③ 김시온(자녀) : 질병치료비 1,400,500원 입력
④ 김시우(자녀) : 신용카드 등 사용액에 대한 소득공제와 중복공제 가능하며 안경구입비는 1인당 50만원 한도내 금액까지만 인정, 질병치료비(국세청) 477,250원, 안경구입비(기타영수증) 500,000원 각각 입력

(4) 부양가족 TAB : 보험료, 교육비 세액공제 추가입력

보험료	• 김범수(본인) 자동차보험료 600,000원, 이정연(배우자) 생명보험료 844,000원 각각 입력
교육비	• 김범수(4.본인) : 본인 대학원은 교육비 공제대상이므로 1,000만원 입력 • 김시온(3.대학생) : 소득금액은 규제하나 나이는 불문이므로 대학교 교육비 1,000원 입력

(5) 연말정산입력 TAB : [F8 부양가족탭불러오기] 버튼을 클릭하여 부양가족 TAB 자료 반영

2회 실전모의고사 이론 해설 PART 04 모의고사

2회	[01]	[02]	[03]	[04]	[05]	[06]	[07]	[08]	[09]	[10]	[11]	[12]	[13]	[14]	[15]
	2	3	4	2	4	1	2	2	3	3	1	1	4	3	4

해설

01. ①, ③, ④는 선입선출법에 대한 설명이다.
02. 계정과목명을 단기매매증권으로 분류 변경하는 것이 아니라, 만기보유증권(유동자산)으로 분류변경 한다.
03. 정률법과 이중체감법, 연수합계법은 모두 가속상각법으로 초기에 비용을 많이 계상하므로 이익이 정액법보다 적게 계상된다.
04. 무형자산의 인식요건은 식별가능성, 통제가능성, 미래의 경제적 효익의 유입가능성이다.
05. '가', '라'는 자본의 변동은 없다. '나'는 자본이 증가한다.
06. ■ 원재료소비액 = 기초원재료재고 + 당기원재료매입액 − 기말원재료재고
    = 70,000원 + 200,000원 − 40,000원 = 230,000원
    ■ 당기총제조원가 = 원재료소비액 + 직접노무비 + 제조간접비
    = 230,000원 + 150,000원 + 100,000원 = 480,000원
    ■ 당기제품제조원가 = 기초재공품재고액 + 당기총제조원가 − 기말재공품재고액
    = 80,000원 + 480,000원 − 100,000원 = 460,000원
07. ① 실제발생원가, ② 제조간접비, ③ 예정배부율, ④ 배부차이
08. 생산라인에 직접 투입되지 않는 공장장은 간접노무비로 분류한다.
09. 업종이 임대업이므로 가장 적합한 것은 임대면적이다.
10. 선입선출법은 당기발생원가만을 완성품과 기말재공품에 배분하고, 기초재공품원가는 완성품 원가에 가산한다.
11. 폐업하는 때를 공급시기로 한다.
12. 과세표준 또는 세액을 경정할 것을 미리 알고 있는 경우는 제외한다.
13. ① 음식점업을 영위하는 법인사업자는 의제매입세액 공제를 받을 수 있다.
    ② 주로 사업자가 아닌 자에게 재화 또는 용역을 공급하는 개인사업자는 신용카드매출전표 발급 등에 대한 세액공제를 적용받을 수 있고 법인사업자는 제외된다.
    ③ 법인사업자 및 개인사업자(직전연도 사업장별 공급가액 3억원 미만인 사업자 제외) 모두 전자세금계산서 발급에 대하여 전자세금계산서 발급세액공제를 받을 수 없다.
14. ①·②·④ 무조건 종합과세 소득이고, 일용근로자의 일급여는 6%로 원천징수를 한다.
15. ④는 기타소득에 해당한다.

실무문제 해설

문제 1 일반전표입력

NO	월	일	구분	계정과목	거래처	차변	대변
[1]	2	1	차변	대손충당금(115)		9,000,000	
			차변	기타의대손상각비		11,000,000	
			대변	단기대여금	(주)호주무역		20,000,000
[2]	2	20	차변	만기보유증권(181)		600,000	
			차변	차량운반구		400,000	
			대변	현 금			1,000,000
[3]	2	28	차변	부도어음과수표	(주)부도	50,000,000	
			대변	받을어음	(주)부도		50,000,000
[4]	3	1	차변	토 지		42,000,000	
			차변	건 물		28,000,000	
			대변	당좌예금			70,000,000

- 토지 = 70,000,000원 × 60,000,000원/100,000,000원 = 42,000,000원(공정가치로 안분)
- 건물 = 70,000,000원 × 40,000,000원/100,000,000원 = 28,000,000원(공정가치로 안분)

NO	월	일	구분	계정과목	거래처	차변	대변
[5]	3	15	차변	기업업무추진비(판)		1,000,000	
			대변	원재료(8.타계정으로 대체)			1,000,000

문제 2 매입매출전표입력

NO	일자	유형	품목	공급가액	부가세	공급처명	전자	분개
	4/4	11.과세	제품	20,000,000	2,000,000	(주)장금상회	여	외상

	구분	계정과목	거래처	차변	대변
[1]	차변	외상매출금	(주)장금상회	22,000,000	
	대변	부가세예수금	(주)장금상회		2,000,000
	대변	제품매출	(주)장금상회		20,000,000

NO	일자	유형	품목	공급가액	부가세	공급처명	전자	분개
	4/30	51.과세	원재료	21,000,000	2,100,000	(주)엘룬	여	혼합

	구분	계정과목	거래처	차변	대변
[2]	차변	부가세대급금	(주)엘룬	2,100,000	
	차변	원 재 료	(주)엘룬	21,000,000	
	대변	선 급 금	(주)엘룬		5,000,000
	대변	보통예금	(주)엘룬		18,100,000

2회 모의고사 해설

NO	일자	유형	품목	공급가액	부가세	공급처명	전자	분개
	5/1	11.과세	제품	10,000,000	1,000,000	(주)삼정	여	혼합

	구분	계정과목	거래처	차변	대변
[3]	대변	부가세예수금	(주)삼정		1,000,000
	대변	제품매출	(주)삼정		10,000,000
	차변	선 수 금	(주)삼정	3,000,000	
	차변	외상매출금	(주)삼정	8,000,000	

NO	일자	유형	품목	공급가액	부가세	공급처명	전자	분개
	5/11	12.영세	제품	10,000,000	0	(주)한미상사	여	외상

	영세율 구분	③ 내국신용장·구매확인서에 의하여 공급하는 재화			
	구분	계정과목	거래처	차변	대변
[4]	차변	외상매출금	(주)한미상사	10,000,000	
	대변	제품매출	(주)한미상사		10,000,000

NO	일자	유형	품목	공급가액	부가세	공급처명	전자	분개
	5/25	11.과세	건물	40,000,000	4,000,000	(주)신방	여	혼합

	구분	계정과목	거래처	차변	대변
	대변	부가세예수금	(주)신방		4,000,000
	대변	건 물	(주)신방		100,000,000
[5]	차변	감가상각누계액(203)	(주)신방	40,000,000	
	차변	외상매입금	(주)나이스	30,000,000	
	차변	보통예금	(주)신방	14,000,000	
	차변	유형자산처분손실	(주)신방	20,000,000	

문제 03 부가가치세신고

[1] 의제매입세액공제신고서(조회기간 : 2025년 10월 ~ 2025년 12월)

[한우 입력화면]

중소기업에 해당하므로 공제율은 "4/104"로 입력

관리용	신고용				※농·어민으로부터의 매입분에 대한 자료 입력시 주민등록번호, 품명, 수량은 필수입력 사항입니다.				
공급자	사업자/주민등록번호	취득일자	구분	물품명	수량	매입가액	공제율	의제매입세액	건수
한우	111-11-11111	2025-10-05	계산서	소고기	100	5,000,000	4/104	192,307	1
			합계		100	5,000,000		192,307	1

[한돈 입력화면]

관리용	신고용					※농·어민으로부터의 매입분에 대한 자료 입력시 주민등록번호, 품명, 수량은 필수입력 사항입니다.				
공급자	사업자/주민등록번호	취득일자	구분	물품명	수량	매입가액	공제율	의제매입세액	건수
한우	111-11-11111	2025-11-07	신용카드등	돼지고기	200	4,000,000	4/104	153,846	1
한돈	222-22-22222								
			합계		200	4,000,000		153,846	1

[의제매입세액]

예정신고 시에는 의제매입세액 공제를 받지 않았으므로 [당기매입액]은 확정분만 입력하면 되며 [이미 공제받은 금액]란은 공란으로 두면 된다. 한도계산에 의하여 당기 공제금액은 "346,153원"이다.

면세농산물등	제조업 면세농산물등							
가. 과세기간 과세표준 및 공제가능한 금액등								불러오기
과세표준				대상액 한도계산			B.당기매입액	공제대상금액 [MIN (A,B)]
합계	예정분	확정분	한도율	A.한도액				
25,000,000	14,000,000	11,000,000	50/100	12,500,000			9,000,000	9,000,000
나. 과세기간 공제할 세액								
공제대상세액				이미 공제받은 금액			공제(납부)할세액 (C-D)	
공제율	C.공제대상금액		D.합계	예정신고분	월별조기분			
4/104	346,153						346,153	

[2] 부가가치세신고서

① 조회기간(2025년 4월 1일 ~ 2025년 6월 30일), 신고구분(1.정기신고)를 선택하고 조회한다.

② 기존 자료는 삭제하고 작성하여야 하므로 부가가치세신고서를 불러올 때 자동으로 반영되는 자료는 반드시 삭제하고 입력하여야 하며, 매입분 예정신고누락분은 가산세가 적용되지 않는다.

③ 대손세액공제액 = 2,200,000원 × 10/110 = 200,000원 ⇨ (8)란에 음수로 기재

④ 간주임대료 = 보증금 × 정기예금이자율 × 대상일수/365 = 1억원 × 3.1% × 91/365 = 772,876원

  ⇨ 간주임대료는 세금계산서 발급면제이므로 [과세 ⇨ 기타(4)]란에 입력한다.

⑤ 과세 ⇨ 기타(4란) : 현금매출 5,000,000원 + 간주임대료 772,876원 = 5,772,876원

	구분			정기신고금액			구분		금액	세율	세액
				금액	세율	세액	7.매출(예정신고누락분)				
과세표준및매출세액	과세	세금계산서발급분	1		10/100		예정누락분	과	세금계산서	33		10/100	
		매입자발행세금계산서	2		10/100			세	기타	34		10/100	
		신용카드·현금영수증발행분	3		10/100			영	세금계산서	35		0/100	
		기타(정규영수증외매출분)	4	5,772,876		577,287		세	기타	36		0/100	
	영세	세금계산서발급분	5	30,000,000	0/100			합계		37			
		기타	6	24,000,000	0/100		12.매입(예정신고누락분)					
	예정신고누락분		7				예정누락분	세금계산서		38			
	대손세액가감		8			-200,000		그 밖의 공제매입세액		39	500,000		50,000
	합계		9	59,772,876	㉮	377,287		합계		40	500,000		50,000
매입세액	세금계산서수취분	일반매입	10					신용카드매출 수령금액합계표	일반매입	41	500,000		50,000
		수출기업수입분납부유예	10-1						고정매입	42			
		고정자산매입	11					의제매입세액		43		뒤쪽	
	예정신고누락분		12	500,000		50,000		재활용폐자원등매입세액		44		뒤쪽	
	매입자발행세금계산서		13					과세사업전환매입세액		45			
	그 밖의 공제매입세액		14					재고매입세액		46			
	합계(10)-(10-1)+(11)+(12)+(13)+(14)		15	500,000		50,000		변제대손세액		47			
	공제받지못할매입세액		16					외국인관광객에대한환급세액		48			
	차감계 (15-16)		17	500,000	㉯	50,000		합계		49			
납부(환급)세액(매출세액㉮-매입세액㉯)					㉰	327,287	14.그 밖의 공제매입세액					
경감공제세액	그 밖의 경감·공제세액		18									
	신용카드매출전표등 발행공제등		19									
	합계		20		㉱							
소규모 개인사업자 부가가치세 감면세액			20-1		㉲							
예정신고미환급세액			21		㉳							
예정고지세액			22		㉴							
사업양수자의 대리납부 기납부세액			23		㉵							
매입자 납부특례 기납부세액			24		㉶							
신용카드업자의 대리납부 기납부세액			25		㉷							
가산세액계			26		㉸							
차가감하여 납부할세액(환급받을세액)㉰-㉱-㉲-㉳-㉴-㉵-㉶-㉷+㉸			27			327,287						
총괄납부사업자가 납부할 세액(환급받을 세액)												

2회 모의고사 해설

문제 4 결산자료입력

[1] 수동결산 – 일반전표입력

월	일	구분	계정과목	거래처	차변	대변
12	31	차변	선급비용		2,400,000	
		대변	임차료(제)			2,400,000

- 선급비용 = 3,600,000원 × 8개월/12개월 = 2,400,000원

[2] 수동결산 – 일반전표입력

월	일	구분	계정과목	거래처	차변	대변
12	31	차변	단기매매증권		4,000,000	
		대변	단기매매증권평가이익			4,000,000

- 단기매매증권평가이익 = 500주 × (22,000원 − 14,000원) = 4,000,000원

[3] 자동결산 – 결산자료입력

방법 1 : 결산자료입력의 "6)무형자산상각비" 개발비란에 2,400,000원 입력 후 전표추가

과 목	결산분개금액	결산전금액	결산반영금액
6). 무형자산상각비			2,400,000
특허권			
개발비			2,400,000
소프트웨어			

방법 2 : 결산일(12월 31일)에 일반전표입력에 직접 입력

월	일	구분	계정과목	거래처	차변	대변
12	31	차변	무형자산상각비		2,400,000	
		대변	개발비			2,400,000

- 무형자산상각비 = 미상각잔액 ÷ 잔존내용연수 = 7,200,000원 ÷ 3년 = 2,400,000원

[4] 자동결산 – 결산자료입력

방법 1 : 결산자료입력 메뉴 9.법인세등 1).선납세금란에 4,600,000원, 2).추가계상액란에 5,900,000원을 입력한 후 결산자료 입력의 전표추가를 한다.

방법 2 : 결산일(12월 31일)에 일반전표입력에 직접 입력

월	일	구분	계정과목	거래처	차변	대변
12	31	차변	법인세등		10,500,000	
		대변	선납세금			4,600,000
		대변	미지급세금			5,900,000

[5] 자동결산 – 결산자료입력

① 원재료 기말재고액에 선적지 인도기준으로 운송중인 미착품을 포함하여야 하므로 기말재고액은 2,300,000원이다.
② 재고자산감모손실 = (1,500개 − 1,400개) × 10,000원 = 1,000,000원

재고자산을 다른 용도로 사용하였으므로 적요번호(8.타계정으로 대체액~)을 선택한다.

월	일	구분	계정과목	거래처	차변	대변
12	31	차변	재고자산감모손실		1,000,000	
		대변	제품(8.타계정으로 대체)			1,000,000

③ 결산자료입력 메뉴에서 해당 기말재고자산란에 원재료 2,300,000원, 재공품 1,000,000원, 제품 14,000,000원을 입력 후 [전표추가]를 선택하여 일반전표에 결산전표를 추가한다.

문제 5 원천징수

[1] 사원등록

① 본인은 여성근로자로 근로소득금액 3,000만원(총급여액 41,470,588원) 이하자로 배우자가 있으므로 부녀자 공제가 가능하며 세대주 구분(1.세대주)를 선택한다.
② 배우자는 총급여액이 500만원 초과이므로 공제대상이 되지 않는다.
③ 김진훈(부친)의 복권당첨소득은 무조건 분리과세소득이므로 공제대상에 해당한다.
④ 주거형편·근무형편·취학 상의 별거는 공제대상범위에 해당한다.
⑤ 최유선(딸)은 장애인복지법에 해당하는 장애인이므로 장애인 코드 "1"을 선택한다.

[2] 원천징수 전자신고(귀속기간 : 2025년 10월, 지급기간 : 2025년 10월, 신고구분 : 1.정기신고)

(1) 원천징수이행상황신고서 마감

① 귀속기간, 지급기간, 신고구분을 선택하여 조회하면 '저장된 데이터를 불러오시겠습니까?' 메시지가 나오며 [예(Y)]를 클릭하여 반영한다.

② 상단의 [F8 마감] 버튼을 클릭하여 원천징수이행상황신고서 마감을 진행한다.

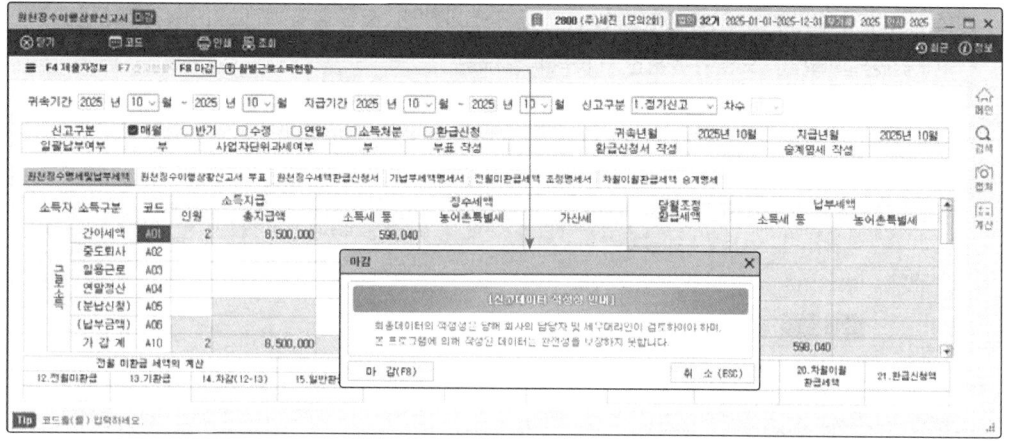

(2) 전자신고 데이터 제작

회사를 선택하고 상단의 [F4 제작] 버튼을 누른 후 **비밀번호(12345678)**를 입력하여 제작한다.

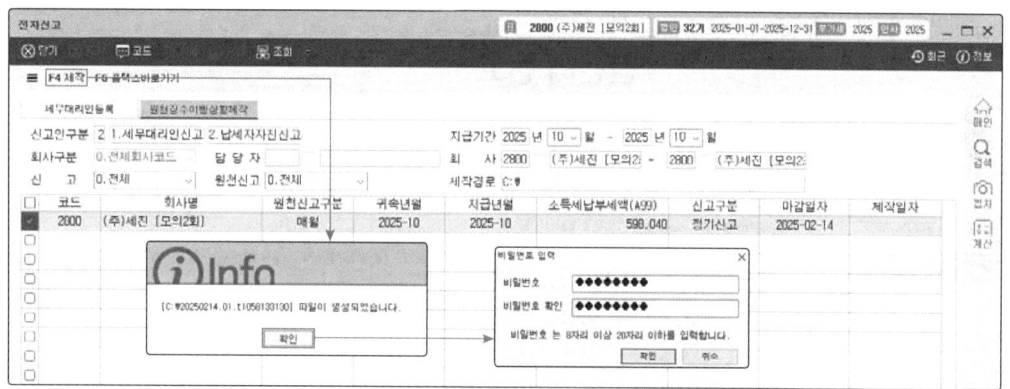

(3) 국세청 홈택스 전자신고

① 원천세 신고 : 세금신고 → [01.전자파일변환 - 변환대상파일선택]

[찾아보기] 클릭 → [로컬디스크(C:)] → 파일명 : **작성연월일.01.t1058133130**

② 원천세 신고 : 세금신고 → [01.전자파일변환 - 처리내역]
 [형식검증하기] : 비밀번호(12345678) 입력 → [형식검증결과확인] : 오류 유무 확인 → [내용검증하기]
 → [내용검증결과확인] : 오류 유무 확인 → [전자파일제출]

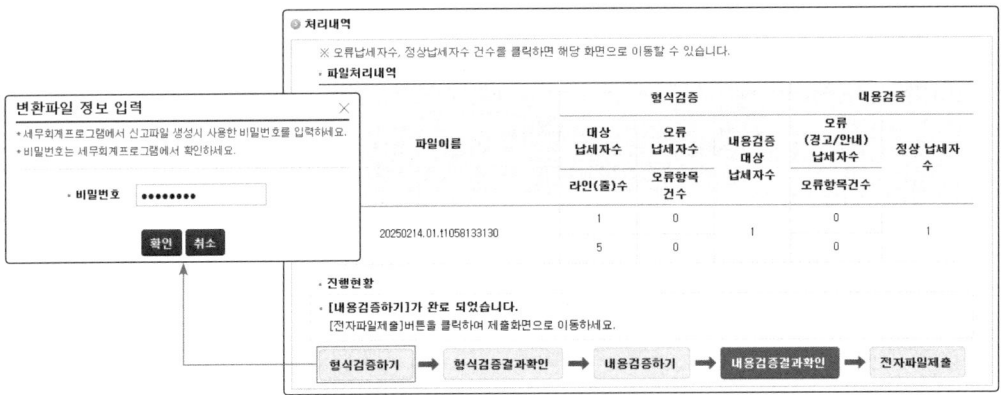

③ 원천세 신고 : 세금신고 → [03.전자파일제출]
 [전자파일 제출하기] > 원천세 신고서 접수증 확인

[3] 연말정산추가자료입력

(1) 소득명세 TAB : 전근무내역을 해당란에 입력하며 소득세 및 지방소득세는 **결정세액**을 입력한다.

구분			합계	주(현)	납세조합	종(전) [1/2]
소득명세	9.근무처명			(주)세진 [모의2회]		신승상사
	9-1.종교관련 종사자			부		부
	10.사업자등록번호			105-81-33130	----------	123-12-12345
	11.근무기간			2025-10-01 ~ 2025-12-31	~	2025-01-01 ~ 2025-09-30
	12.감면기간			---------- ~ ----------	---------- ~ ----------	---------- ~ ----------
	13-1.급여(급여자료입력)		82,000,000	18,000,000		64,000,000
	13-2.비과세한도초과액					
	13-3.과세대상추가(인정상여추가)					
	14.상여					
	15.인정상여					
	15-1.주식매수선택권행사이익					
	15-2.우리사주조합 인출금					
	15-3.임원퇴직소득금액한도초과액					
	15-4.직무발명보상금					
	16.계		82,000,000	18,000,000		64,000,000
공제보험료명세	직장	건강보험료(직장)(33)	2,235,600	550,800		1,684,800
		장기요양보험료(33)	146,410	36,060		110,350
		고용보험료(33)	468,000	117,000		351,000
		국민연금보험료(31)	3,036,150	606,150		2,430,000
	공적연금보험료	공무원 연금(32)				
		군인연금(32)				
		사립학교직원연금(32)				
		별정우체국연금(32)				
세액명세	기납부세액	소득세	5,669,230	1,669,230		4,000,000
		지방소득세	566,920	166,920		400,000
		농어촌특별세				
	납부특례세액	소득세				
		지방소득세				
		농어촌특별세				

(2) 신용카드 등 TAB : 부양가족 TAB에서 더블클릭 또는 직접 선택

신용카드 등 사용액에 대한 소득공제와 의료비 세액공제는 중복공제가 허용되므로 공제 가능

소득명세	부양가족	신용카드 등	의료비	기부금	연금저축 등Ⅰ	연금저축 등Ⅱ	월세액	출산지원금	연말정산입력
	성명 생년월일	자료 구분	신용카드	직불,선불	현금영수증	도서등 신용	도서등 직불	도서등 현금	전통시장	대중교통	합계
□	박용민	국세청	8,000,000		12,000,000				4,000,000	2,000,000	26,000,000
□	1982-04-20	기타									

(3) 의료비 TAB : 부양가족 TAB에서 더블클릭 또는 직접 선택

① 신용카드 등 소득공제와 중복공제 가능하나 성형수술비는 의료비 공제대상 제외

② 건강진단비용은 의료비이므로 500만원, 실손보험수령액 200만원 각각 입력

소득명세	부양가족	신용카드 등	의료비	기부금	연금저축 등Ⅰ	연금저축 등Ⅱ	월세액	출산지원금	연말정산입력
	2025년 의료비 지급명세서								
	의료비 공제대상자			지급처			지급명세			14.산후조리원
□	성명	내/외	5.주민등록번호	6.본인등 해당여부	9.증빙 코드	8.상호	7.사업자 등록번호	10.건수	11.금액	11-1.실손 보험수령액	12.미숙아 선천성이상아	13.난임 여부	
□	박용민	내	820420-1987668	1	0	1			5,000,000	2,000,000	X	X	X
□													
			합계						5,000,000	2,000,000			
	일반의료비 (본인)		5,000,000	6세이하, 65세이상인 건강보험산정특례자 장애인		일반의료비 (그 외)			난임시술비				
									미숙아.선천성이상아				

모의고사 해설 2회

(4) **월세액 TAB** : 총급여액 8,000만원 초과로 월세액 세액공제 배제

(5) **부양가족 TAB** : 보험료 세액공제 추가입력

저축성보험료는 공제대상 제외이며 일반보장성 보험료 100만원 입력

소득명세	부양가족	신용카드 등	의료비	기부금	연금저축 등I	연금저축 등II	월세액	출산지원금	연말정산입력

연말 관계	성명	내/외국인	주민(외국인)번호	나이	소득기준 초과여부	기본공제	세대주 구분	부녀 자	한부 모	경로 우대	장애 인	자녀	출산 입양	결혼 세액
0	박용민	내	1 820420-1987668	43		본인	세대주							

자료구분	보험료				의료비				교육비	
	건강	고용	일반보장성	장애인전용	일반	실손	선천성이상아	난임	65세,장애인	일반	장애인특수
국세청			1,000,000		5,000,000 1.전액		2,000,000				
기타	2,382,010	468,000									

(6) **연말정산입력 TAB** : [F8 부양가족탭불러오기] 버튼을 클릭하여 부양가족 TAB 자료 반영

소득명세	부양가족	신용카드 등	의료비	기부금	연금저축 등I	연금저축 등II	월세액	출산지원금	연말정산입력

	구분		지출액	공제금액		구분		지출액	공제대상금액	공제금액
소득공제	고용보험료		468,000	468,000	특별세액공제	61.보장 일반	1,000,000	1,000,000	1,000,000	120,000
	34.주택차입금 원리금상환액	대출기관				성보험 장애인				
		거주자				62.의료비	5,000,000	5,000,000	540,000	81,000
	34.장기주택저당차입금이자상					63.교육비				
	35.특별소득공제 계			2,850,010		64.기부금				
36.차감소득금액				60,763,840		1)정치자금 10만원이하 기부금 10만원초과				
37.개인연금저축						2)고향사랑 10만원이하 기부금 10만원초과				
그 밖의 소득공제	38.소기업,소상 공인 공제부금	2015년이전가입								
		2016년이후가입				3)특례기부금(전액)				
	39.주택 마련저축 소득공제	청약저축				4)우리사주조합기부금				
		주택청약				5)일반기부금(종교단체외)				
		근로자주택마련				6)일반기부금(종교단체)				
	40.투자조합출자 등 소득공제									
	41.신용카드 등 사용액		26,000,000	2,200,000		65.특별세액공제 계				201,000

PART 05

기출문제 해답

모의고사 &
기출문제

117회 전산세무2급 기출 해설

A형	[01]	[02]	[03]	[04]	[05]	[06]	[07]	[08]	[09]	[10]	[11]	[12]	[13]	[14]	[15]
	2	1	3	4	3	1	1	4	3	1	2	3	2	4	2

해설

01. 사채는 비유동부채이다.
02. ② 내부적으로 창출한 영업권은 원가를 신뢰성 있게 측정할 수 없을 뿐만 아니라 기업이 통제하고 있는 식별가능한 자원도 아니기 때문에 자산으로 인식하지 않는다.
    ③ 연구단계에서 발생한 지출은 무형자산으로 인식할 수 없고 발생한 기간의 비용으로 인식한다.
    ④ 무형자산의 상각기간은 독점적, 배타적인 권리를 부여하고 있는 관계 법령이나 계약에 정해진 경우를 제외하고는 20년을 초과할 수 없다.
03. ■ 채무증권 : 단기매매증권, 매도가능증권, 만기보유증권
    ■ 지분증권 : 단기매매증권, 매도가능증권, 지분법적용투자주식
04. 감가상각방법 중 연수합계법은 자산의 내용연수 동안 감가상각액이 매 기간 감소하는 방법이다.
05. 전기 이전 기간에 발생한 중대한 오류수정은 중대한 오류의 영향을 받는 회계기간의 재무제표 항목을 재작성한다.
06. 전기요금은 준변동원가 및 제조간접비에 해당하므로 변동원가, 가공원가에 해당한다.
07. 기초제품재고액은 재무상태표와 손익계산서에서 확인할 수 있다.
08. ④는 개별원가계산을 설명하는 내용이다.
09. ■ 제조간접원가 예정배부액 = 제조간접원가 예정액 ÷ 예정 기계작업시간 × 실제 기계작업시간
    = 5,000,000원 ÷ 5,000시간 × 4,000시간 = 4,000,000원
    ■ 제조원가 = 직접재료원가 + 직접노무원가 + 제조간접원가 예정배부액
    = 2,000,000원 + 4,000,000원 + 4,000,000원 = 10,000,000원
10. ■ 보조부문 X의 제조부문 B에 대한 배분액 = 100,000원 × 600회/1,000회 = 60,000원
    ■ 보조부문 Y의 제조부문 B에 대한 배분액 = 300,000원 × 300회/600회 = 150,000원
    ■ 제조부문 B에 배분된 보조부문원가 = 60,000원 + 150,000원 = 210,000원
11. 영세율은 단지 세율만 0%로 적용하며 부가가치세법상 납세의무자에 해당하여 면제되지 않는다.
12. 위탁매매 또는 대리인에 의한 매매를 할 때에는 위탁자 또는 본인이 직접 재화를 공급하거나 공급받은 것으로 본다. 다만, 위탁자 또는 본인을 알 수 없는 경우에는 수탁자 또는 대리인에게 재화를 공급하거나 수탁자 또는 대리인으로부터 재화를 공급받은 것으로 본다.
13. 총괄납부의 신청은 그 납부하려는 과세기간 개시 20일 전에 관할세무서장에게 신청해야 한다.

14. 교육비, 의료비, 보험료 세액공제는 근로소득에 대한 종합소득산출세액을 초과하는 경우 공제되지 않는다.
15. ① 공적연금소득과 근로소득이 있는 자로서 각각의 소득을 연말정산 했다하여도 종합소득세 확정신고의무가 있다.
    ③ 근로소득이 있는 자에게 연말정산 대상 사업소득이 추가로 발생한 경우, 해당 사업소득을 연말정산 했다하여도 종합소득세 확정신고의무가 있다.
    ④ 금융소득만 3천만원이 있는 자는 종합소득세 확정신고의무가 있다.

실무문제 해설

문제 1 일반전표입력

NO	월	일	구분	계정과목	거래처	차변	대변
[1]	1	5	차변	보통예금		585,000,000	
			차변	이자비용		15,000,000	
			대변	단기차입금	(주)대명		600,000,000
[2]	4	20	차변	보통예금		60,000,000	
			대변	자본금			50,000,000
			대변	주식할인발행차금			3,000,000
			대변	주식발행초과금			7,000,000
▪ 할증발행 시 주식할인발행차금이 있는 경우 우선 상계 후 잔액만 주식발행초과금으로 계상한다.							
[3]	7	17	차변	보통예금		11,000,000	
			대변	대손충당금(109)			10,000,000
			대변	부가세예수금			1,000,000
▪ 대손금을 회수하면 관련 대손충당금으로 처리하고 대손세액공제액은 부가세예수금으로 처리한다.							
[4]	8	1	차변	보통예금		100,253,800	
			차변	선납세금		46,200	
			대변	정기예금			100,000,000
			대변	이자수익			300,000
[5]	11	1	차변	부가세예수금		950,000	
			차변	잡손실		28,500	
			대변	보통예금			978,500

문제 2 매입매출전표입력

[1]

NO	일자	유형	품목	공급가액	부가세	공급처명	전자	분개
	1/4	57.카과	수선	300,000	30,000	시설수리전문여기야		카드(혼합)

신용카드사		국민카드		
구분	계정과목	거래처	차변	대변
대변	미지급금	국민카드		330,000
차변	부가세대급금	시설수리전문여기야	30,000	
차변	수선비(제)	시설수리전문여기야	300,000	

[2]

NO	일자	유형	품목	공급가액	부가세	공급처명	전자	분개
	2/3	55.수입	사출기	42,400,000	4,240,000	인천세관	여	혼합

구분	계정과목	거래처	차변	대변
차변	부가세대급금	인천세관	4,240,000	
대변	보통예금	인천세관		4,240,000

[3]

NO	일자	유형	품목	공급가액	부가세	공급처명	전자	분개
	2/15	53.면세	화환	100,000		풍성화원	여	혼합

구분	계정과목	거래처	차변	대변
차변	기업업무추진비(판)	풍성화원	100,000	
대변	미지급금 또는 미지급비용	풍성화원		100,000

[4]

NO	일자	유형	품목	공급가액	부가세	공급처명	전자	분개
	2/18	11.과세	트럭	10,500,000	1,050,000	이배달	여	혼합

구분	계정과목	거래처	차변	대변
대변	부가세예수금	이배달		1,050,000
대변	차량운반구	이배달		18,000,000
차변	선수금	이배달	1,800,000	
차변	보통예금	이배달	9,750,000	
차변	감가상각누계액(209)	이배달	6,000,000	
차변	유형자산처분손실	이배달	1,500,000	

117회 기출문제 해설

NO	일자	유형	품목	공급가액	부가세	공급처명	전자	분개
[5]	3/7	51.과세	인테리어공사	110,000,000	11,000,000	(주)양주산업	여	혼합

구분	계정과목	거래처	차변	대변
차변	부가세대급금	(주)양주산업	11,000,000	
차변	건　물	(주)양주산업	110,000,000	
대변	미지급금	(주)양주산업		121,000,000

■ 상거래 이외의 어음발행은 미지급금 계정과목으로 처리한다.

문제 3 부가가치세 신고

[1] 공제받지못할매입세액명세서(조회기간 : 2025년 10월 ~ 2025년 12월)

(1) 공제받지못할매입세액내역 TAB

매입세액 불공제 사유	매수	세금계산서 공급가액	매입세액
①필요적 기재사항 누락 등			
②사업과 직접 관련 없는 지출			
③개별소비세법 제1조제2항제3호에 따른 자동차 구입·유지·임차			
④기업업무추진비 및 이와 유사한 비용 관련			
⑤면세사업등 관련	8	20,000,000	2,000,000
⑥토지의 자본적 지출 관련			
⑦사업자등록 전 매입세액			
⑧금·구리 스크랩 거래계좌 미사용 관련 매입세액			
합계	8	20,000,000	2,000,000

(2) 공통매입세액의 정산내역 TAB

산식	구분	(15)총공통매입세액	(16)면세 사업확정 비율			(17)불공제매입세액총액((15)*(16))	(18)기불공제매입세액	(19)가산또는 공제되는매입세액((17)-(18))
			총공급가액	면세공급가액	면세비율			
1.당해과세기간의 공급가액기준		5,000,000	250,000,000.00	50,000,000.00	20.000000	1,000,000	800,000	200,000
합계		5,000,000	250,000,000	50,000,000		1,000,000	800,000	200,000

가산또는공제되는매입세액(200,000) = 총공통매입세액(5,000,000) * 면세비율(%)(20.000000) - 기불공제매입세액(800,000)

[2] 수출실적명세서 및 내국신용장·구매확인서전자발급명세서 작성

(1) 수출실적명세서(조회기간 : 2025년 07월 ~ 2025년 09월)

구분	건수	외화금액	원화금액
⑨합계	1	30,000.00	42,000,000
⑩수출재화[=⑫합계]	1	30,000.00	42,000,000
⑪기타영세율적용			

No		(13)수출신고번호	(14)선(기)적일자	(15)통화코드	(16)환율	금액		전표정보	
						(17)외화	(18)원화	거래처코드	거래처명
1		81234-58-123458X	2025-07-22	USD	1,400.0000	30,000.00	42,000,000		
		합계				30,000	42,000,000		

(2) 내국신용장 · 구매확인서전자발급명세서(조회기간 : 2025년 07월 ~ 2025년 09월)

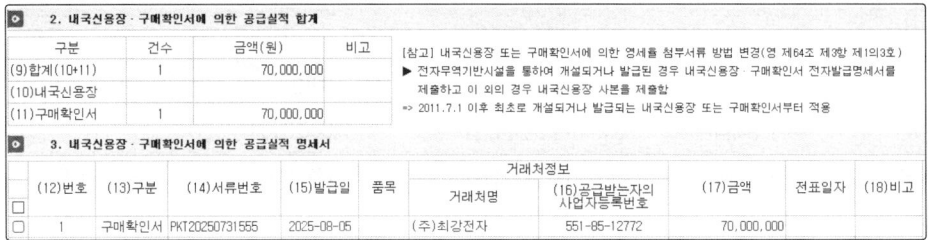

[3] 부가가치세 전자신고(조회기간 : 2025년 4월 1일 ~ 2025년 6월 30일)

(1) 부가가치세신고서 및 관련 부속서류 마감 확인

① [CF2 부가세작성관리] 버튼을 클릭하여 해당 과세기간의 마감여부를 확인할 수 있으며 [확인(Tab)] 버튼을 누르면 마감한 부가가치세신고서가 조회된다.

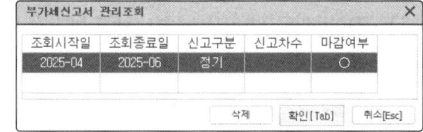

② 또는 조회기간을 입력하여 조회한 후 상단의 [F3 마감취소] 버튼을 클릭하면 부가가치세 신고서 및 부속서류 마감사항을 확인할 수 있다.

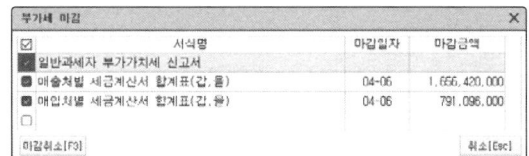

(2) 전자신고 데이터 제작

회사를 선택하고 상단의 [F4 제작] 버튼을 누른 후 비밀번호(12341234)를 입력하여 제작한다.

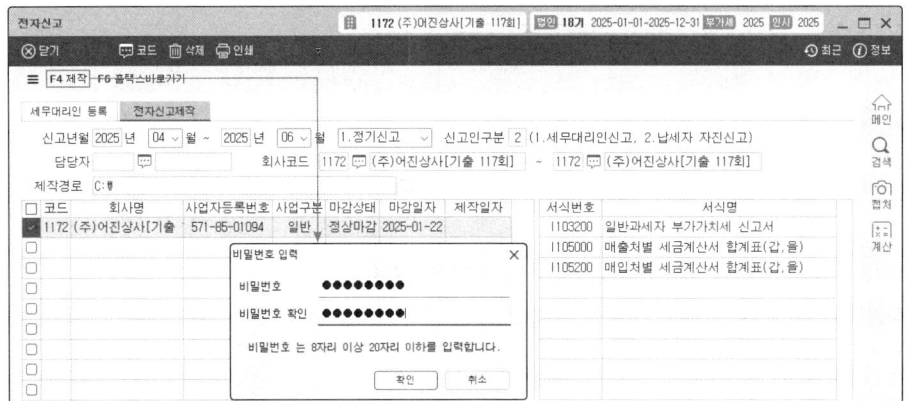

(3) 국세청 홈택스 전자신고

① 부가가치세 신고 : 세금신고 → [01.전자파일변환 – 변환대상파일선택]

[찾아보기] 클릭 → [로컬디스크(C:)] → 파일명 : enc작성연월일.101.v5718501094

② 부가가치세 신고 : 세금신고 → [01.전자파일변환 – 처리내역]

[형식검증하기] : 비밀번호(12341234) 입력 → [형식검증결과확인] : 오류 유무 확인 → [내용검증하기]
→ [내용검증결과확인] : 오류 유무 확인 → [전자파일제출]

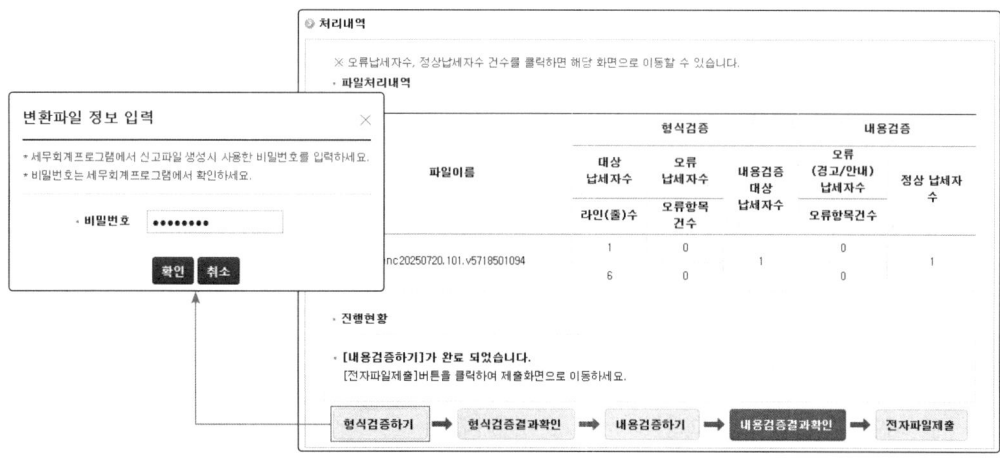

③ 부가가치세 신고 : 세금신고 → 03.전자파일제출
  [전자파일 제출하기] > 부가가치세 신고서 접수증 확인

문제 4 결산정리사항

[1] 수동결산 – 일반전표입력

월	일	구분	계정과목	거래처	차변	대변
12	31	차변	보통예금	국민은행	5,700,000	
		대변	단기차입금	국민은행		5,700,000

- 보통예금 계정과목에 거래처를 입력하여야 하나 확정답안에서는 기재되지 않으므로 채점에서 제외

[2] 수동결산 – 일반전표입력

월	일	구분	계정과목	거래처	차변	대변
12	31	차변	외화환산손실		9,250,000	
		대변	외상매입금	INSIDEOUT		9,250,000

- 외화환산손실 = ($50,000 × 1,390원) − 60,250,000원 = 9,250,000원(부채 증가)

117회 기출문제 해설

[3] 수동결산 – 일반전표입력

월	일	구분	계정과목	거래처	차변	대변
12	31	차변	임차료(제)		6,000,000	
		대변	선급비용			6,000,000

- 임차료(경과분) = 18,000,000원 × 4개월/12개월 = 6,000,000원

[4] 자동결산 – 결산자료입력

- 외상매출금 : (615,347,500원 × 2%) – 12,000,000원 = 306,950원
- 받을어음 : (131,800,000원 × 2%) – 5,000,000원 = △2,364,000원

방법 1 : 결산자료입력 메뉴의 상단 [대손상각] 버튼을 클릭하여 "대손율(%) : 2%"를 입력하고 외상매출금·받을어음을 제외한 이외의 계정과목에 대한 "추가설정액"란의 금액은 삭제한 후 [결산반영] 버튼을 눌러 "결산반영금액"란에 반영하여 전표추가를 한다.

방법 2 : 결산자료입력 메뉴의 판매비와일반관리비의 5).대손상각에 [외상매출금 : 306,950원, 받을어음 : △2,364,000원]을 입력한 후 결산자료 입력의 전표추가를 한다.

방법 3 : 결산일(12월 31일)에 일반전표입력에 직접 입력

월	일	구분	계정과목	거래처	차변	대변
12	31	차변	대손상각비(판)		306,950	
		차변	대손충당금(111)		2,364,000	
		대변	대손충당금(109)			306,950
		대변	대손충당금환입(851)			2,364,000

[5] 자동결산 – 결산자료입력

- 무형자산 상각비 = 취득원가 54,000,000원 ÷ 잔존내용연수 5년 × 9개월/12개월 = 8,100,000원

방법 1 : 결산자료입력 메뉴 판매비와일반관리비의 6).무형자산상각비에 [영업권 : 8,100,000원]을 입력한 후 결산자료 입력의 전표추가를 한다.

방법 2 : 결산일(12월 31일)에 일반전표입력에 직접 입력

월	일	구분	계정과목	거래처	차변	대변
12	31	차변	무형자산상각비(판)		8,100,000	
		대변	영업권			8,100,000

문제 5 원천징수

[1] 급여자료입력 및 원천징수이행상황신고서

(1) 환경등록

- 급여자료입력 메뉴의 구분을 급여와 상여로 구분하여 각각 입력하기 위하여 [기초코드등록] → [환경등록] → [원천] → [5.급여자료입력 화면]을 "2.구분별로 입력"으로 변경한다.

	회계	원천	법인		
1	사원 코드 형태			1.숫자	
2	급여 산정 기준일 사용 여부			0.미사용	
	급여 산정 기준일			1.전월	1 일 부터 한 달(기준일 포함)
3	급여 지급 형태			1.당월급여를 당월에 지급	
4	급여 지급 일자			일	
5	급여자료입력 화면			2.구분별로 입력	

(2) 급여자료입력

① 급여 자료(귀속년월: 2025년 11월, 구분: 1.급여, 지급년월일: 2025년 11월 30일)

사번	사원명	감면율	급여항목	금액	공제항목	금액
300	김성민		기본급	3,000,000	국민연금	135,000
			식대	200,000	건강보험	106,350
					장기요양보험	13,770
					고용보험	24,000
					소득세(100%)	74,350
					지방소득세	7,430
					농특세	
			과 세	3,000,000		
			비 과 세	200,000	공 제 총 액	360,900
총인원(퇴사자)	1(0)		지 급 총 액	3,200,000	차 인 지 급 액	2,839,100

② 상여 자료(귀속년월: 2025년 11월, 구분: 3.상여, 지급년월일: 2025년 12월 31일)

사번	사원명	감면율	급여항목	금액	공제항목	금액
300	김성민		상여	2,500,000	고용보험	20,000
					소득세(100%)	207,020
					지방소득세	20,700
					농특세	
			과 세	2,500,000		
			비 과 세		공 제 총 액	247,720
총인원(퇴사자)	1(0)		지 급 총 액	2,500,000	차 인 지 급 액	2,252,280

(3) 원천징수이행상황신고서

① 급여 자료(귀속기간 : 2025년 11월 ~ 11월, 지급기간 : 2025년 11월 ~ 11월, 신고구분 : 1.정기신고)

원천징수명세및납부세액	원천징수이행상황신고서 부표	원천징수세액환급신청서	기납부세액명세서	전월미환급세액 조정명세서	차월이월환급세액 승계명세

소득자 소득구분		코드	소득지급		징수세액			당월조정 환급세액	납부세액	
			인원	총지급액	소득세 등	농어촌특별세	가산세		소득세 등	농어촌특별세
근로소득	간이세액	A01	1	3,200,000	74,350					
	중도퇴사	A02								
	일용근로	A03								
	연말정산	A04								
	(분납신청)	A05								
	(납부금액)	A06								
	가 감 계	A10	1	3,200,000	74,350				74,350	

117회 기출문제 해설

② 상여 자료(귀속기간 : 2025년 11월 ~ 11월, 지급기간 : 2025년 12월 ~ 12월, 신고구분 : 1.정기신고)

소득자 소득구분		코드	소득지급		징수세액			당월조정 환급세액	납부세액	
			인원	총지급액	소득세 등	농어촌특별세	가산세		소득세 등	농어촌특별세
근로소득	간이세액	A01	1	2,500,000	207,020					
	중도퇴사	A02								
	일용근로	A03								
	연말정산	A04								
	(분납신청)	A05								
	(납부금액)	A06								
	가 감 계	A10	1	2,500,000	207,020				207,020	

[2] 연말정산추가자료입력

(1) [소득명세] TAB : 전근무지 자료 입력 시 기납부세액은 '**결정세액**'을 입력한다.

소득명세		부양가족	신용카드 등	의료비	기부금	연금저축 등I	연금저축 등II	월세액	출산지원금	연말정산입
	구분		합계		주(현)		납세조합		종(전) [1/2]	
소득명세	9.근무처명				(주)어진상사 [기출117회]				(주)경기	
	9-1.종교관련 종사자				부				부	
	10.사업자등록번호				571-85-01094		--.--.--		412-81-24785	
	11.근무기간				2025-12-01 ~ 2025-12-31		--.--.-- ~ --.--.--		2025-01-01 ~ 2025-11-30	
	12.감면기간				--.--.-- ~ --.--.--		--.--.-- ~ --.--.--		--.--.-- ~ --.--.--	
	13-1.급여(급여자료입력)		55,000,000		5,500,000				49,500,000	
	13-2.비과세한도초과액									
	13-3.과세대상추가(인정상여추가)									
	14.상여									
	15.인정상여									
	15-1.주식매수선택권행사이익									
	15-2.우리사주조합 인출금									
	15-3.임원퇴직소득금액한도초과액									
	15-4.직무발명보상금									
	16.계		55,000,000		5,500,000				49,500,000	
공제보험료명세	직장	건강보험료(직장)(33)	1,992,750		166,750				1,826,000	
		장기요양보험료(33)	204,090		17,090				187,000	
		고용보험료(33)	489,550		49,550				440,000	
		국민연금보험료(31)	2,618,700		218,700				2,400,000	
	공적연금보험료	공무원 연금(32)								
		군인연금(32)								
		사립학교교직원연금(32)								
		별정우체국연금(32)								
세액명세	기납부세액	소득세	2,869,850		289,850				2,580,000	
		지방소득세	286,980		28,980				258,000	
		농어촌특별세									
	납부특례세액	소득세								
		지방소득세								
		농어촌특별세								

(2) [부양가족] TAB : 인적공제

① 최명순(모친) : 장애인인 경우 나이는 불문이나 소득금액 100만원 초과로 공제대상 제외(소득기준 초과여부-1:여)

② 이민석(아들) : 나이 20세 초과로 공제대상 제외

소득명세	부양가족	신용카드 등	의료비	기부금	연금저축 등I	연금저축 등II	월세액	출산지원금	연말정산입력					
연말관계	성명	내/외국인	주민(외국인)번호		나이	소득기준초과여부	기본공제	세대주구분	부녀자	한부모	경로우대	장애인	자녀	출산입양	결혼세액
0	이태원	내	1 731210-1254632		52		본인	세대주							
3	김진실	내	1 781214-2458709		47		배우자								
1	최명순	내	1 450425-2639229		80	○	부								
4	이민석	내	1 040505-3569897		21		부								
4	이채영	내	1 090214-4452148		16		20세이하						○		
	합 계 [명]					1	3						1		

(3) [부양가족] TAB : 보험료, 교육비 세액공제 추가입력

보험료	• 본인(이태원) : 자동차보험 60만원+보장성운전자보험 24만원은 일반보장성보험료로 공제 가능하므로 84만원 입력 • 모친(최명순) : 나이 및 소득금액 규제로 장애인전용보장성보험료는 공제 제외 • 배우자(김진실) : 저축성생명보험료는 공제대상에 해당하지 않음
교육비	• 본인(이태원) : 본인 대학원 교육비는 공제 가능하므로 800만원(4.본인) 입력 • 배우자(김진실) : 기본공제 대상자로 대학교 교육비 700만원(3.대학생) 입력 • 아들(이민석) : 나이는 불문이므로 대학교 수업료 700만원(3.대학생) 입력 • 딸(이채영) : 교복구입비는 1인 50만원 한도, 현장체험학습비는 1인 30만원 한도이므로 고등학교 수업료 200만원, 교복구입비 50만원, 현장체험학습비 30만원을 합산하여 280만원(2.초중고) 입력

(4) [의료비] TAB : 부양가족 TAB 더블클릭 또는 직접 선택

① 의료비는 나이 및 소득금액 불문으로 근로자 본인이 부담한 경우 공제 가능
② 안경구입비는 1인당 50만원 한도내 금액만 공제가능하며 실손보험수령액은 지출액에서 공제하지 않고 전액 입력한다. (배우자(김진실)의 미용목적 성형수술비는 공제대상 제외)

117회 기출문제 해설

(5) [연말정산입력] TAB : [F8 부양가족탭불러오기] 버튼을 클릭하여 부양가족 TAB 자료 반영

구분			지출액	공제금액	구분		지출액	공제대상금액	공제금액
21.총급여				55,000,000	48.종합소득 과세표준				32,694,910
22.근로소득공제				12,500,000	49.산출세액	▶			3,644,236
23.근로소득금액				42,500,000	세 50.「소득세법」	▶			
기본공제	24.본인			1,500,000	액 51.「조세특례제한법」(52제외)	▶			
	25.배우자			1,500,000	감 52.「조세특례제한법」 제30조	▶			
	26.부양가족	1명		1,500,000	면 53.조세조약	▶			
추가공제	27.경로우대	명			54.세액감면 계				
	28.장애인	명			55.근로소득 세액공제	▶			660,000
	29.부녀자				56.결혼세액공제	부			
	30.한부모가족				57.자녀 ㉮자녀	1명			250,000
연금보험료공제	31.국민연금보험료		2,618,700	2,618,700	세액공제 ㉯ 출산·입양	명			
	32.공무원연금				연 58.과학기술공제				
공적연금 보험료공제	군인연금				금 59.근로자퇴직연금				
	사립학교교직원				계 60.연금저축				
	별정우체국연금				좌 60-1.ISA연금계좌전환				
특별소득공제	33.보험료		2,686,390	2,686,390	61.보장 일반	840,000	840,000	840,000	100,800
	건강보험료		2,196,840	2,196,840	특별 성보험 장애인				
	고용보험료		489,550	489,550	세 62.의료비	5,300,000	5,300,000	650,000	97,500
	34.주택차입금 대출기관				액 63.교육비	24,800,000	24,800,000	24,800,000	2,535,936
	원리금상환액 거주자				공 64.기부금				
	34.장기주택저당차입금이자상				제 1)정치자금 10만원이하				
	35.특별소득공제 계			2,686,390	기부금 10만원초과				
36.차감소득금액				32,694,910	2)고향사랑 10만원이하				
37.개인연금저축					기부금 10만원초과				
그 밖의 소득공제	38.소기업,소상 2015년이전가입				세 3)특례기부금(전액)				
	공인 공제부금 2016년이후가입				액 4)우리사주조합기부금				
	39.주택 청약저축				공 5)일반기부금(종교단체외)				
	마련저축 주택청약				제 6)일반기부금(종교단체)				
	소득공제 근로자주택마련				65.특별세액공제 계				2,734,236
	40.투자조합출자 등 소득공제								
	41.신용카드 등 사용액								

116회 전산세무2급 기출 해설

A형	[01]	[02]	[03]	[04]	[05]	[06]	[07]	[08]	[09]	[10]	[11]	[12]	[13]	[14]	[15]
	1	1	3	2	3	3	4	2	2	4	2	4	4	1	3

◆해설◆

01. ■ 자본적지출 회계처리 : (차) 기계장치등 ××× (대) 현금등 ×××
　　■ 수익적지출 회계처리 : (차) 수선비등 ××× (대) 현금등 ×××
　　∴ 자산을 비용으로 계상하면 자산과 당기순이익 및 자본이 과소계상 되나, 부채에는 영향이 없다.

02. 영업권은 무형자산에 해당한다.

03. 재고자산 평가방법의 변경은 회계정책의 변경에 해당한다.

04. 신주발행비는 주식의 발행대금에서 차감한다.

05. ■ 반품률을 합리적으로 추정할 수 없는 상태로 판매한 상품 : 기말재고자산에 포함
　　■ 시용판매 조건으로 판매된 시송품 중 고객이 구매의사표시를 한 상품 : 기말재고자산에 불포함
　　■ 담보로 제공한 저당상품 : 기말재고자산에 포함
　　■ 선적지 인도조건으로 매입한 미착상품 : 기말재고자산에 포함
　　∴ 기말재고자산 금액 17,000,000원
　　　　= 반품률 추정 불가 상품 2,000,000원 + 고객이 구매의사 미표시 상품 2,000,000원
　　　　　+ 담보제공 저당상품 9,000,000원 + 선적지 인도조건으로 매입한 미착상품 4,000,000원

06. 가공원가는 직접노무원가와 제조간접원가를 합한 금액이다.

07. 종합원가계산은 공정별로 원가를 집계하므로 재공품 원가의 개별확인이 불가능하여 원가계산 기간말 현재 가공 중에 있는 재공품의 원가를 별도로 추정해야 한다.

08. 단계배분법은 보조부문 상호 간의 용역수수관계를 일부 반영하는 방법이다.

09. ■ 당월 발생 보험료
　　　= 당월 지급액 100,000원 − 전월 미지급액 30,000원 + 당월 미지급액 20,000원 = 90,000원
　　∴ 당월 발생 보험료 중 제조부문에 대한 배부율이 80%이므로 72,000원(= 90,000원 × 80%)
　　　이 당월 제조간접원가로 계상된다.

10. ■ 평균법 = 완성량 1,100개 + (기말재공품 200개 × 완성도 60%) = 1,220개
　　■ 선입선출법 1,160개
　　　= 완성량 1,100개 + (기말재공품 200개 × 완성도 60%) − (기초재공품 300개 × 완성도 20%)

11. 일반적인 여객운송 용역은 부가가치세를 면제한다. 다만, 고속철도에 의한 여객운송 용역은 부가가치세를 면제하는 용역에서 제외한다.

13. ■ 1월부터 11월까지의 근로소득을 해당 과세기간의 12월 31일까지 지급하지 않은 경우, 그 근로소득은 12월 31일에 지급한 것으로 보아 소득세를 원천징수 한다.
    ■ 12월 귀속 근로소득을 다음 연도 2월 말일까지 지급하지 않은 경우, 그 근로소득은 다음 연도 2월 말일에 지급한 것으로 보아 소득세를 원천징수 한다.
    ∴ 2025년 12월 귀속 근로소득을 2026년 3월에 지급한 경우, 원천징수시기는 2026년 2월말이다.
14. 복식부기의무자의 경우 사업용 유형자산의 처분으로 발생하는 이익을 사업소득에 포함시킨다.
15. 배우자가 있는 여성인 경우 배우자의 소득유무에 불구하고 종합소득금액 3,000만원 이하인 경우 부녀자공제를 받을 수 있다.

실무문제 해설

문제 1 일반전표입력

NO	월	일	구분	계정과목	거래처	차변	대변
[1]	1	3	차변	받을어음	하남상회	1,400,000	
			차변	보통예금		2,000,000	
			대변	외상매출금	하남상회		3,400,000
[2]	1	15	차변	도서인쇄비(판)		25,000	
			대변	현 금			25,000
[3]	8	20	차변	토 지		19,500,000	
			차변	매도가능증권(178)		10,500,000	
			대변	보통예금			30,000,000
	■ 유형자산 등록시 구입하는 유가증권 공정가치와 액면가액의 차액은 취득원가에 가산한다. 토지 = 취득세 18,000,000원 + (액면가액 12,000,000원 − 공정가치 10,500,000원) = 19,500,000원							
[4]	10	25	차변	임금(제) 또는 급여(제)		3,500,000	
			차변	상여금(제)		3,000,000	
			대변	보통예금			5,332,740
			대변	예수금			1,167,260
[5]	12	1	차변	미지급금	(주)은성기계	22,000,000	
			대변	미지급금	신한카드		22,000,000

문제 1 2 매입매출전표입력

NO	일자	유형	품목	공급가액	부가세	공급처명	전자	분개
[1]	1/2	11.과세	기계장치	1,000,000	100,000	미래전자	여	혼합

구분	계정과목	거래처	차변	대변
대변	부가세예수금	미래전자		100,000
대변	기계장치	미래전자		5,000,000
대변	유형자산처분이익	미래전자		300,000
차변	현 금	미래전자	100,000	
차변	미수금	미래전자	1,000,000	
차변	감가상각누계액(207)	미래전자	4,300,000	

▪ 상거래 이외의 어음거래이므로 미수금으로 회계처리 한다.

NO	일자	유형	품목	공급가액	부가세	공급처명	전자	분개
[2]	2/12	54.불공	선물세트	7,100,000	710,000	(주)롯데백화점 중동	여	혼합

불공제 사유	④ 기업업무추진비 및 이와 유사한 비용 관련

구분	계정과목	거래처	차변	대변
차변	기업업무추진비(판)	(주)롯데백화점 중동	7,810,000	
대변	보통예금	(주)롯데백화점 중동		7,810,000

NO	일자	유형	품목	공급가액	부가세	공급처명	전자	분개
[3]	7/17	12.영세	제품	18,000,000	0	(주)봉산실업	여	혼합

영세율 구분	③ 내국신용장 · 구매확인서에 의하여 공급하는 재화

구분	계정과목	거래처	차변	대변
대변	제품매출	(주)봉산실업		18,000,000
차변	현 금	(주)봉산실업	1,800,000	
차변	외상매출금	(주)봉산실업	16,200,000	

NO	일자	유형	품목	공급가액	부가세	공급처명	전자	분개
[4]	8/20	62.현면	한우갈비세트	2,000,000		(주)하나로마트		현금(혼합)

구분	계정과목	거래처	차변	대변
출금	복리후생비(제)		600,000	(현금)
출금	복리후생비(판)		1,400,000	(현금)

116회 기출문제 해설

NO	일자	유형	품목	공급가액	부가세	공급처명	전자	분개
[5]	9/10	51.과세	원재료	1,000,000	100,000	풍성철강		외상

구분	계정과목	거래처	차변	대변
대변	외상매입금	풍성철강		1,100,000
차변	부가세대급금	풍성철강	100,000	
차변	원재료	풍성철강	1,000,000	

- 간편집계(F11) → 예정누락분 → 확정신고 개시연월 2025년 10월(또는 11월, 12월) 입력 → 확인(Tab)

문제 3 부가가치세 신고

[1] 부가가치세신고서 작성(조회기간 : 2025년 4월 1일 ~ 2025년 6월 30일)

① 경조사와 관련하여 직원에게 제공한 제품 등은 연간 100,000원 이하까지 재화의 공급으로 보지 않는다.
② 대손세액 = 1,650,000원 × 10/110 = 150,000원 → 대손세액가감(8)란에 음수로 입력
③ 배기량 999cc 경차 구입은 매입세액 공제가 가능하며 고정자산매입(11)란에 입력한다.
④ 접대성 물품 매입은 매입세액공제가 불가능하므로 [세금계산서수취분-일반매입(10란)]과 [공제받지못할매입세액-공제받지못할매입세액(50란)]에 입력한다.
⑤ 기업이 직접 홈택스로 전자신고를 한 경우 확정신고시 전자신고세액공제 "10,000원"을 입력한다.
⑥ 전자세금계산서 발급의무자가 세금계산서 발급시기에 종이세금계산서를 발급한 경우 세금계산서 불성실 가산세 중 미발급(1%) 가산세를 적용한다. 다만, 종이발급 세금계산서 관련 가산세를 입력하는 란이 별도로 존재하지 않으며, 지연발급(62)란에 입력한 경우도 정답으로 인정한다.

세금계산서 미발급(64란) 가산세 = 50,000,000원 × 1% = 500,000원

[2] 대손세액공제신고서(대손발생 TAB)
- (주)비하 : 부도발생일로부터 6월 미경과로 인하여 대손세액공제를 적용할 수 없다.

당초공급일	대손확정일	대손금액	공제율	대손세액	거래처		대손사유
2024-05-03	2025-10-05	11,000,000	10/110	1,000,000	(주)가경	1	파산
2022-10-10	2025-10-24	22,000,000	10/110	2,000,000	(주)용암	6	소멸시효완성
2025-04-08	2025-11-20	16,500,000	10/110	1,500,000	(주)개신	5	부도(6개월경과)
합 계		49,500,000		4,500,000			

조회기간 : 2025년 10월 ~ 2025년 12월 2기 확정

문제 4 결산정리사항

[1] 수동결산 – 일반전표입력

월	일	구분	계정과목	거래처	차변	대변
12	31	차변	부가세예수금		12,500,000	
		차변	세금과공과(판)		240,000	
		대변	부가세대급금			9,500,000
		대변	잡이익			10,000
		대변	미지급세금			3,230,000

[2] 수동결산 – 일반전표입력
- 매도가능증권평가손익은 재무상태표상 자본 항목 중 기타포괄손익누계액 항목으로 차기 이후 발생하는 평가손익과 상계하여 회계처리 한다.
- 2024년 말 인식한 매도가능증권평가손실(기타포괄손익누계액) 200,000원을 2025년 말 발생한 매도가능증권평가이익과 우선 상계하여 회계처리 한다.

매도가능증권평가이익 = 2025년 말 공정가치 2,000,000원 – 취득가액 1,000,000원 = 1,000,000원

월	일	구분	계정과목	거래처	차변	대변
12	31	차변	매도가능증권(178)		1,200,000	
		대변	매도가능증권평가손실			200,000
		대변	매도가능증권평가이익			1,000,000

[3] 수동결산 – 일반전표입력

월	일	구분	계정과목	거래처	차변	대변
12	31	차변	선급비용		800,000	
		대변	보험료(판)			800,000

- 선급비용(미경과분) = 1,200,000원 × 8개월/12개월 = 800,000원

116회 기출문제 해설

[4] 수동결산 - 일반전표입력

월	일	구분	계정과목	거래처	차변	대변
12	31	차변	이자비용		755,111	
		차변	사채할증발행차금		244,889	
		대변	보통예금			1,000,000

- 시장이자율 7% < 액면이자율 10% : 사채 할증발행
- 사채 지급이자 = 사채 액면가액 10,000,000원 × 액면이자율 10% = 1,000,000원
- 사채 이자비용 = 사채 발행가액 10,787,300원 × 시장이자율 7% = 755,111원
- 사채할증발행차금 상각액 = 지급이자 1,000,000원 - 이자비용 755,111원 = 244,889원
- 문제의 조건에 따라 원단위 이하를 절사하여 입력한 회계처리도 정답으로 인정함

[5] 자동결산 - 결산자료입력

방법 1 : 결산자료입력 메뉴 제품매출원가의 2).일반감가상각비에 [건물 : 10,000,000원, 기계장치 : 8,000,000원], 판매비와일반관리비의 4).감가상각비에 [차량운반구 : 7,000,000원, 비품 : 3,000,000원]을 입력한 후 결산자료 입력의 전표추가를 한다.

방법 2 : 결산일(12월 31일)에 일반전표입력에 직접 입력

월	일	구분	계정과목	거래처	차변	대변
12	31	차변	감가상각비(제)		18,000,000	
		차변	감가상각비(판)		10,000,000	
		대변	감가상각누계액(203)			10,000,000
		대변	감가상각누계액(207)			8,000,000
		대변	감가상각누계액(209)			7,000,000
		대변	감가상각누계액(213)			3,000,000

문제 5 원천징수

[1] 사원등록 및 급여자료입력

(1) 사원등록의 기본사항 TAB

① 생산직 근로자는 월정액급여가 210만원 이하로서 직전 과세기간의 총급여액이 3,000만원 이하인 경우, 야간근로수당은 연 240만원까지 비과세를 적용한다.
  10.생산직등여부(1.여), 연장근로비과세(1.여), 전년도총급여(27,000,000)를 입력한다.
② 12.국민연금보수월액, 13.건강보험보수월액, 14.고용보험보수월액란에 1,800,000원을 입력하여 급여자료입력의 공제항목 금액란에 납부액을 자동 반영한다.

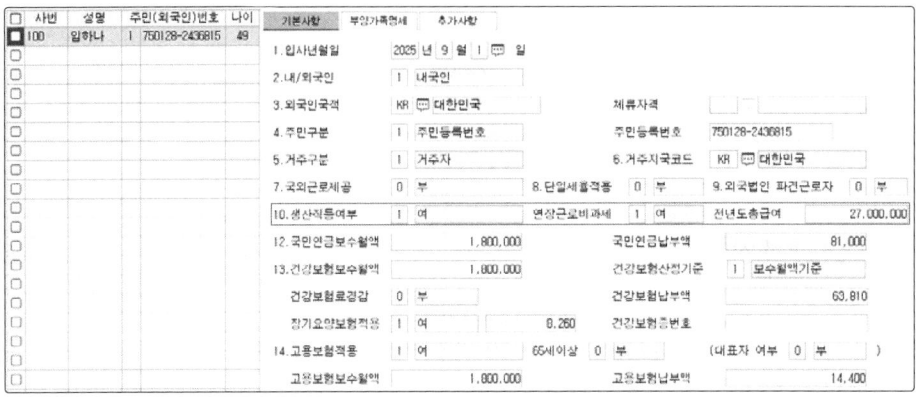

(2) 급여자료입력

① 수당공제등록

- 현물식사를 제공받지 않고 있으므로 식대로 제공받는 금액은 비과세소득이다.
- 출퇴근용 시내교통비는 과세 소득이다.
- 6세 이하 자녀를 양육하는 경우 출산·보육수당 지급액은 비과세소득이다. (부양가족등록과 무관)
- 야간근로수당은 사원등록사항에 따라 비과세가 적용되므로 수당등록은 비과세로 등록한다.

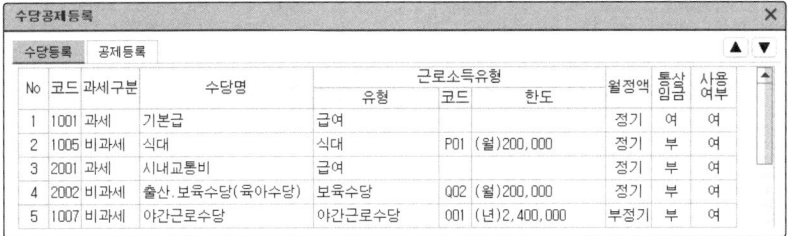

② 급여자료입력(귀속년월 : 2025년 09월, 지급년월일 : 2025년 09월 30일)

- 지문에 월정액급여 180만원으로 기재되어 있으나 실제 계산을 하면 210만원이며 야간근로수당 220만원은 비과세 급여이다.

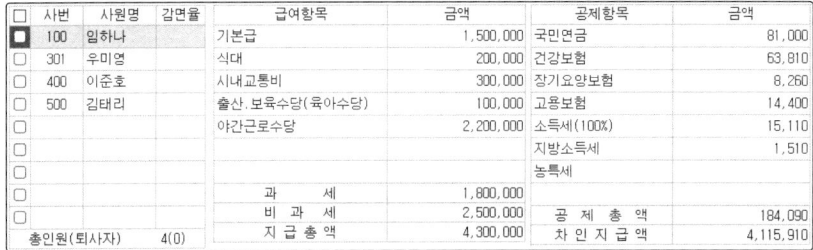

116회 기출문제 해설

[2] 중도퇴사자 정산신고

(1) 사원등록 기본사항 TAB
- 우미영의 퇴사년월일(2025년 3월 31일)을 입력한다.

(2) 급여자료입력
① 귀속년월, 지급년월일을 입력하여 조회하면 "전월 임금대장 포함하여 복사하겠습니까?" 메시지가 나오면 "예(Y)"를 클릭하여 반영 후 우미연 사원의 3월 급여자료를 확인한다.
② 상단의 [F7 중도퇴사자정산] 버튼을 클릭하여 중도정산소득세 및 중도정산지방소득세를 반영한다.

(3) 원천징수이행상황신고서

[3] 원천징수이행상황신고서 전자신고

(1) 원천징수이행상황신고서 작성 및 마감

① 원천징수이행상황신고서 메뉴에서 귀속기간(2025년 10월 ~ 2025년 10월), 지급기간(2025년 10월 ~ 2025년 10월), 신고구분(1.정기신고)을 입력하여 조회한다. 해당 지급기간의 근로소득 및 원천징수세액 반영을 확인하고 상단의 [마감(F8)] 버튼을 클릭하여 마감을 진행한다.

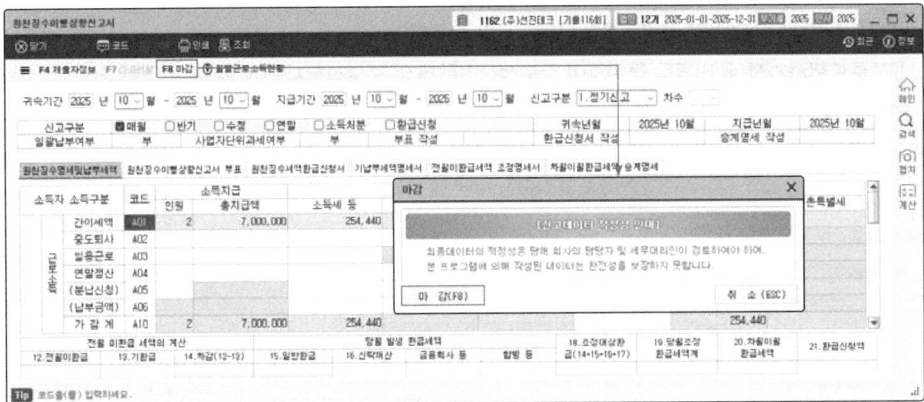

(2) 원천징수이행상환신고서 전자신고 파일제작

① [원천징수이행상황제작 TAB]을 선택하고 **신고인구분(2.납세자자진신고)**, 지급기간(2025년 10월 ~ 2025년 10월), 신고(1.정기신고), 원천신고(1.매월), 제작경로(C:₩)를 입력한다.

② 선택한 회사코드의 마감자료가 조회되며 변환하고자 하는 회사를 선택하고 [제작(F4)] 버튼을 클릭하여 국세청 변환파일로 변환한다. 제작이 완료되면 전자신고 파일이 생성되었다는 메시지가 나오며 [확인]을 누른 후 파일 **비밀번호(123456789)**를 입력하여 파일을 암호화 한다.

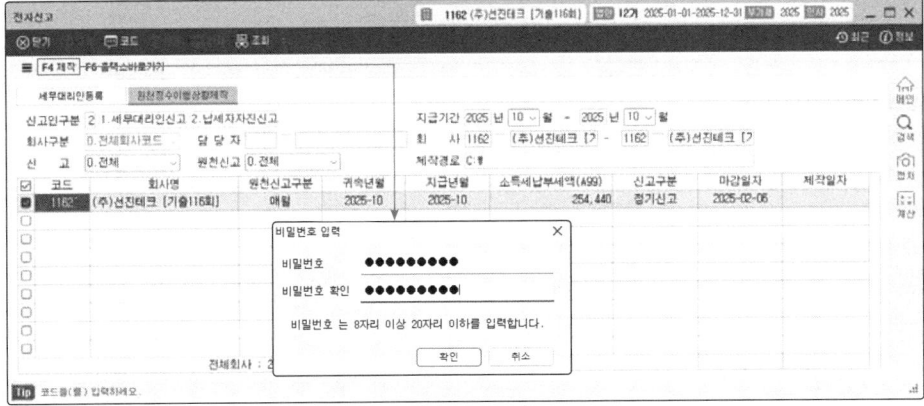

116회 기출문제 해설

(3) 국세청 홈택스 전자신고

① [세금신고] TAB에서 전자파일변환을 위해 [찾아보기] 버튼을 클릭하여 변환대상파일을 선택한다.

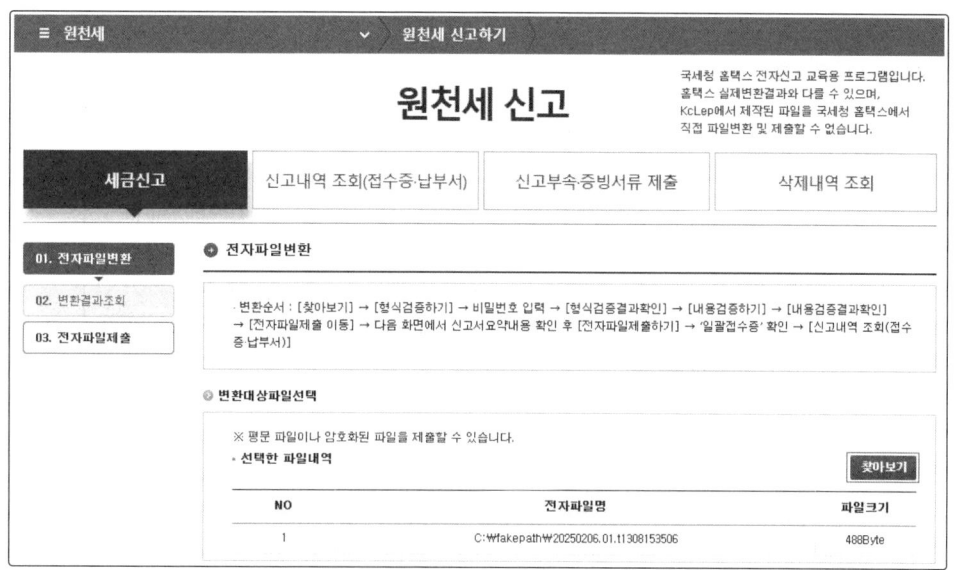

② 하단 진행현황의 [형식검증하기]를 클릭하고 신고파일 생성시 입력한 비밀번호를 입력하여 첨부파일의 오류를 진행하고 [형식검증결과확인]으로 진행상황을 확인한다.

③ [내용검증하기]를 클릭하여 신고내용을 검증하고 [내용검증결과확인]으로 신고내용의 오류사항을 처리내역에서 확인한다.

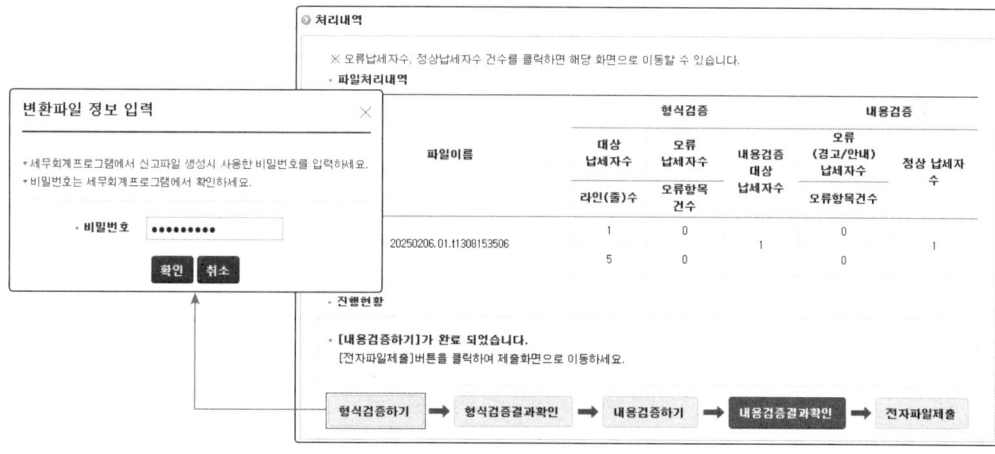

기출문제 해설 116회

④ [**전자파일제출**]을 클릭하여 전자파일 제출로 이동하여 [**전자파일 제출하기**]를 클릭하여 원천징수이행상황신고서를 제출하며 "원천세 신고서 접수증(파일변환)" 화면이 나오면 정상적인 제출이 완료된 것이다.

115회 전산세무2급 기출 해설

A형	[01]	[02]	[03]	[04]	[05]	[06]	[07]	[08]	[09]	[10]	[11]	[12]	[13]	[14]	[15]
	4	4	3	1	1	1	2	3	2	4	3	2	4	3	1

◆해설◆

01. ④는 회계정보의 질적특성 중 목적적합성(적시성)에 대한 설명이다.
02. ① 기계장치 취득원가 = 20,000,000원 + 300,000원 + 4,000,000원 = 24,300,000원
    - 소모품 교체비는 수익적 지출로서 당기 비용으로 처리한다.
    ② 감가상각비 = 취득원가 24,300,000원 ÷ 내용연수 6년 = 4,050,000원
    ③ 감가상각누계액 = 4,050,000원 × 3년 = 12,150,000원
    - 2023년, 2024년, 2025년 감가상각비의 합계액
    ④ 25.12.31. 미상각잔액 = 취득원가 24,300,000원 − 감가상각누계액 12,150,000원
      = 12,150,000원
03. 무형자산의 상각방법은 합리적인 방법을 사용하며, 합리적인 상각방법을 정할 수 없는 경우에는 정액법을 사용한다.
04. 사채할인발행차금은 사채의 액면금액에서 차감하는 형식으로 표시한다.
05. 회계정책의 변경은 재무제표의 작성과 보고에 적용하던 회계정책을 다른 회계정책으로 바꾸는 것을 말한다.
06. 당기제품제조원가(당기완성품원가)는 재공품 계정의 대변으로 대체된다.
07. 작업원가표는 종합원가계산이 아닌, 개별원가계산을 적용할 때 작성한다.
08. 제조원가명세서의 당기제품제조원가는 손익계산서의 당기제품제조원가에 계상된다.
09. ■ 제조간접원가 예정배부액 = 실제 발생액 6,000,000원 + 과대배부액 400,000원
      = 6,400,000원
    ■ 예조간접원가 예정배부율 = 예정배부액 6,400,000원 ÷ 실제 직접노무시간 50,000시간 = 128원
10. ■ 선입선출법에 의한 가공원가의 환성품환산량 6,100개
      = 완성품수량 + 기말재공품완성품환산량 − 기초재공품완성품환산량
      = 6,200개 + (800개 × 기말재공품완성도) − (1,000개 × 30%)
    ∴ 기말재공품완성도 = (6,100개 + 300개 − 6,200개) ÷ 800개 = 0.25 → 25%
11. 일반과세자가 간이과세자로 변경되는 경우 그 변경되는 해에 간이과세자에 관한 규정이 적용되는 기간은 그 변경 이후 7월 1일부터 12월 31일까지이다.
12. 사업용 상가건물의 양도는 재화의 공급에 해당하지만, 담보의 제공, 사업의 포괄적 양도, 조세의 물납은 재화의 공급으로 보지 않는다.

13. 기부금세액공제는 종합소득(사업소득자는 필요경비 산입)이 있는 거주자가 받을 수 있다.
14. 소득세법상 장기할부판매의 수입시기는 상품 등을 인도한 날이며, 부가가치세법상 장기할부판매의 공급시기는 대가의 각 부분을 받기로 한 때이다.
15. 「공익법인의 설립·운영에 관한 법률」의 적용을 받는 공익법인이 주무관청의 승인을 받아 시상하는 상금 및 부상과 다수가 순위 경쟁하는 대회에서 입상자가 받는 상금 및 부상의 경우, 거주자가 받은 금액의 100분의 80에 상당하는 금액을 필요경비로 한다.

실무문제 해설

문제 1 일반전표입력

NO	월	일	구분	계정과목	거래처	차변	대변
[1]	4	11	차변	보통예금		12,000,000	
			차변	매도가능증권평가이익		1,000,000	
			대변	매도가능증권(178)			11,000,000
			대변	매도가능증권처분이익			2,000,000

■ 매도가능증권처분이익 = 처분가액 12,000,000원 − 취득가액 10,000,000원 = 2,000,000원
매도가능증권 처분 시 매도가능증권평가이익 1,000,000원 장부에서 제거한다.

[2]	6	25	차변	비 품		5,000,000	
			대변	자산수증이익			5,000,000

[3]	8	2	차변	토 지		316,000,000	
			대변	현 금			13,000,000
			대변	보통예금			303,000,000

■ 토지 취득 부대비용(취득세, 등기수수료, 중개수수료 등)은 취득원가에 가산한다.

[4]	8	10	차변	퇴직연금운용자산		5,000,000	
			차변	퇴직급여(제)		3,000,000	
			대변	보통예금			8,000,000

■ 확정급여형(DB) 퇴직연금 : 퇴직연금운용자산   ■ 확정기여형(DC) 퇴직연금 : 퇴직급여

[5]	12	13	차변	보통예금		7,800,000	
			대변	자기주식			6,960,000
			대변	자기주식처분손실			200,000
			대변	자기주식처분이익			640,000

■ 자기주식처분이익은 자기주식처분손실과 우선 상계 후 잔액만 장부에 계상한다.

115회 기출문제 해설

문제 1 2 매입매출전표입력

NO	일자	유형	품목	공급가액	부가세	공급처명	전자	분개
[1]	3/12	16.수출	제품	39,000,000	0	ABC사		혼합

	영세율 구분	① 직접수출(대행수출 포함)
	수출신고번호	생략

구분	계정과목	거래처	차변	대변
대변	제품매출	ABC사		39,000,000
차변	보통예금	ABC사	26,000,000	
차변	외상매출금	ABC사	13,000,000	

■ 과세표준 = $30,000 × 1,300원/$(선적일) = 39,000,000원

NO	일자	유형	품목	공급가액	부가세	공급처명	전자	분개
[2]	10/1	51.과세	업무용승용차	20,000,000	2,000,000	달려요		혼합

구분	계정과목	거래처	차변	대변
차변	부가세대급금	달려요	2,000,000	
차변	차량운반구	달려요	20,000,000	
대변	미지급금	달려요		22,000,000

■ 1,000cc 이하의 경차는 부가가치세 매입세액공제가 가능하다.

NO	일자	유형	품목	공급가액	부가세	공급처명	전자	분개
[3]	10/29	53.면세	리스료	1,800,000		(주)월클파이낸셜	여	혼합

구분	계정과목	거래처	차변	대변
차변	임차료(판)	(주)월클파이낸셜	1,800,000	
대변	미지급금 또는 미지급비용	(주)월클파이낸셜		1,800,000

NO	일자	유형	품목	공급가액	부가세	공급처명	전자	분개
[4]	11/1	11.과세	제품	10,000,000	1,000,000	(주)진산	여	혼합

구분	계정과목	거래처	차변	대변
대변	부가세예수금	(주)진산		1,000,000
대변	제품매출	(주)진산		10,000,000
차변	미지급금	(주)진산	8,000,000	
차변	보통예금	(주)진산	3,000,000	

NO	일자	유형	품목	공급가액	부가세	공급처명	전자	분개
[5]	11/20	61.현과	온풍기	1,760,000	176,000	(주)코스트코코리아		혼합
	구분	계정과목		거래처		차변	대변	
	차변	부가세대급금		(주)코스트코코리아		176,000		
	차변	비 품		(주)코스트코코리아		1,760,000		
	대변	보통예금		(주)코스트코코리아			1,936,000	

문제 3 부가가치세 신고

[1] 공제받지못할매입세액명세서(조회기간 : 2025년 10월 ~ 2025년 12월)

(1) 공제받지못할매입세액내역 TAB

매입세액 불공제 사유	세금계산서		
	매수	공급가액	매입세액
①필요적 기재사항 누락 등			
②사업과 직접 관련 없는 지출			
③개별소비세법 제1조제2항제3호에 따른 자동차 구입·유지 및 임차			
④기업업무추진비 및 이와 유사한 비용 관련			
⑤면세사업등 관련	12	90,000,000	9,000,000
⑥토지의 자본적 지출 관련			
⑦사업자등록 전 매입세액			
⑧금·구리 스크랩 거래계좌 미사용 관련 매입세액			
합계	12	90,000,000	9,000,000

(2) 공통매입세액의 정산내역 TAB

산식	구분	(15)총공통매입세액	(16)면세 사업확정 비율			(17)불공제매입세액총액((15)*(16))	(18)기불공제매입세액	(19)가산또는 공제되는매입세액((17)-(18))
			총공급가액	면세공급가액	면세비율			
1.당해과세기간의 공급가액기준		3,800,000	500,000,000.00	150,000,000.00	30.000000	1,140,000	500,000	640,000
합계		3,800,000	500,000,000	150,000,000		1,140,000	500,000	640,000

가산또는공제되는매입세액 (640,000) = 총공통매입세액(3,800,000) * 면세비율(%)(30.000000) - 기불공제매입세액(500,000)

[2] 부가가치세신고서 작성(조회기간 : 2025년 4월 1일 ~ 2025년 6월 30일)

① "신용카드·현금영수증발행분(3)"란에 입력한 공급대가 금액을 "신용카드매출전표등 발행공제등(19)"란도 입력하여야 하며, 시험은 별도의 문구가 없는 경우 채점에는 영향을 주지 않는다.

② 대손사유 파산은 대손 확정으로 확정신고시 대손세액공제 가능하며 대손세액가감(8)란에 음수로 입력한다.
→ 대손세액 = 5,500,000원 × 10/110 = 500,000원

③ 그 밖의 공제매입세액(14)란에 신용카드 매입세액 공제분을 일반매입(8,000,000원)과 고정자산매입(3,000,000원)으로 구분하여 입력한다.

④ 정상적으로 수취한 예정신고 누락분 매입 세금계산서는 가산세 적용 대상이 아니며 [예정신고누락분-세금계산서(38란)]에 입력한다.

115회 기출문제 해설

⑤ 예정신고시 미환급된 세액은 (21란)에 양수로 입력하여 납부세액에서 차감한다.
⑥ 기업이 직접 홈택스로 전자신고를 한 경우 확정신고시 전자신고세액공제 "10,000원"을 입력한다.
⑦ 세금계산서 지연발급(62란) 가산세 = 1,000,000원 × 1% = 10,000원

문제 4 결산정리사항

[1] 수동결산 – 일반전표입력

월	일	구분	계정과목	거래처	차변	대변
12	31	차변	장기차입금	은혜은행	20,000,000	
		대변	유동성장기부채	은혜은행		20,000,000

[2] 수동결산 – 일반전표입력

월	일	구분	계정과목	거래처	차변	대변
12	31	차변	선급비용		2,250,000	
		대변	임차료(판)			2,250,000

- 선급비용(미경과분) = 3,000,000원 × 9개월 / 12개월 = 2,250,000원

[3] 수동결산 – 일반전표입력

월	일	구분	계정과목	거래처	차변	대변
12	31	차변	이자비용		13,600,000	
		대변	미지급비용			13,600,000

- 미지급비용 = 300,000,000원 × 6.8% × 8개월 / 12개월 = 13,600,000원

[4] 자동결산 – 결산자료입력

방법 1 : 결산자료입력 메뉴 제품매출원가의 2).일반감가상각비에 [기계장치 : 4,000,000원], 판매비와일반관리비의 4).감가상각비에 [건물 : 20,000,000원], 6).무형자산상각비에 [영업권 : 3,000,000원]을 입력한 후 결산자료 입력의 전표추가를 한다.

방법 2 : 결산일(12월 31일)에 일반전표입력에 직접 입력

월	일	구분	계정과목	거래처	차변	대변
12	31	차변	감가상각비(판)		20,000,000	
		차변	감가상각비(제)		4,000,000	
		차변	무형자산상각비(판)		3,000,000	
		대변	감가상각누계액(203)			20,000,000
		대변	감가상각누계액(207)			4,000,000
		대변	영업권			3,000,000

[5] 자동결산 – 결산자료입력

- 도착지 인도조건으로 매입하여 운송 중인 미착원재료 2,300,000원은 기말재고에 포함하지 않고, 위탁제품 중 판매되지 않은 5,000,000원은 기말재고에 포함한다.
- 결산자료입력 메뉴 제품매출원가의 1).원재료비의 기말원재료재고액 4,700,000원, 8).당기총제조비용의 기말재공품재고액 800,000원, 9).당기완성품제조원가의 기말제품재고액 21,300,000원 입력 후 [전표추가]를 선택하여 일반전표에 결산전표를 추가한다.

115회 기출문제 해설

문제 5 원천징수

[1] 사원등록 부양가족명세 TAB

① 최하나(배우자) : 퇴직소득금액 100만원 이하로 기본공제 가능

② 직계존속은 주거형편상 별거이므로 생계를 같이 하는 것으로 본다.
- 김경식(부친) : 과세기간 중 사망한 경우 사망일 전일(2025.03.07. 생존) 상황에 의해 판단하므로 기본공제, 경로우대 추가공제, 장애인(2) 추가공제 가능. 기본공제 항목 선택 시 "60세 이상"과 "장애인" 모두 선택 가능
- 이연화(모친) : 장애인은 나이는 무관하나 소득금액 규제로 양도소득금액 100만원 초과로 기본공제 불가
- 한수희(장모) : 근로소득 총급여액 500만원 이하로 기본공제 가능

③ 김필모(형) : 장애인은 나이는 무관, 무조건 분리과세인 일용근로소득만 있으므로 기본공제 및 장애인(1) 추가공제 가능

연말관계	성명	내/외국인	주민(외국인, 여권)번호	나이	기본공제	부녀자	한부모	경로우대	장애인	자녀	출산입양	위탁관계
0	김필영	내	1 830419-1234577	42	본인							
3	최하나	내	1 851006-2219121	40	배우자							
4	김이온	내	1 130712-3035907	12	20세이하					○		
4	김시온	내	1 200103-4035458	5	20세이하							
1	김경식	내	1 460103-1156796	79	60세이상			○	2			
1	이연화	내	1 500717-2155441	75	부							
2	한수희	내	1 521111-2523467	73	60세이상			○				
6	김필모	내	1 801230-1234577	45	장애인				1			

◆ 부양가족 공제 현황
1. 기본공제 인원 (세대주 구분 1 세대주)

본인	○	배우자	유	20세 이하	2	60세 이상	2

2. 추가공제 인원

경로 우대	2	장 애 인	2	부 녀 자	부
한 부 모	부	출산입양자			

3. 자녀세액공제 인원   자녀세액공제 1

◆ 자녀세액공제는 8세 이상 20세 이하의 자녀인 경우 공제 받을 수 있습니다.

[2] 연말정산추가자료입력

(1) [부양가족] TAB : 인적공제

① 강희영(배우자) : 양도소득금액 100만원 초과로 기본공제 불가(소득기준 초과여부-1:여)

② 이명수(부친) : 부동산임대(사업)소득금액 100만원 이하로 기본공제 가능

연말관계	성명	내/외국인	주민(외국인)번호	나이	소득기준초과여부	기본공제	세대주구분	부녀자	한부모	경로우대	장애인	자녀	출산입양	결혼
0	이철수	내	1 840505-1478513	41		본인	세대주							
3	강희영	내	1 850630-2547861	40	○	부								
1	이명수	내	1 571012-1587425	68		60세이상								
4	이현수	내	1 150408-3852602	10		20세이하						○		
4	이리수	내	1 201104-4487125	5		20세이하								
	합 계 [명]				1	4						1		

(2) [부양가족] TAB : 보험료, 교육비 세액공제 추가입력

보험료	• 이철수(본인) : 자동차보험료 30만원을 일반보장성에 입력 • 소득금액 요건 미충족인 강희영(배우자) 보장성보험료 공제 제외 • 이명수(부친) : 만기까지 납입액이 만기환급금보다 큰 보험은 저축성 보험에 해당하지 아니하므로 15만원을 일반보장성에 입력 • 이현수(아들) : 보장성보험료 35만원 일반보장성에 입력
교육비	• 이철수(본인) : 본인 대학원 교육비는 공제 가능하므로 500만원(4.본인) 입력 • 이현수(아들) : 사립초등학교 수업료 800만원 또는 300만원(2.초중고) 입력. 취학아동의 학원비는 공제대상 배제 • 이리수(딸) : 어린이집 교육비 180만원(1.취학전아동) 입력

(3) [의료비] TAB : 부양가족 TAB 더블클릭 또는 직접 선택

■ 국외 의료비는 공제 대상 의료비에서 제외된다.

115회 기출문제 해설

(4) [신용카드 등] TAB : 부양가족 TAB 더블클릭 또는 직접 선택

	성명 생년월일	자료 구분	신용카드	직불,선불	현금영수증	도서등 신용	도서등 직불	도서등 현금	전통시장	대중교통	합계
□	이철수	국세청	32,500,000								32,500,000
□	1984-05-05	기타									
□											
	합계		32,500,000								32,500,000
	총급여				48,000,000	신용카드 등 최소금액(총급여의 25%)					12,000,000

(5) [연말정산입력] TAB : [F8 부양가족탭불러오기] 버튼을 클릭하여 부양가족 TAB 자료 반영

구분			지출액	공제금액	구분		지출액	공제대상금액	공제금액
21.총급여				48,000,000	48.종합소득 과세표준				22,384,080
22.근로소득공제				12,150,000	49.산출세액	▶			2,097,612
23.근로소득금액				35,850,000	50.「소득세법」	▶			
기본공제	24.본인			1,500,000	세액감면	51.「조세특례제한법」 (52제외)	▶		
	25.배우자								
종합공제	26.부양가족	3명		4,500,000		52.「조세특례제한법」 제30조	▶		
추가공제	27.경로우대	명				53.조세조약	▶		
	28.장애인	명				54.세액감면 계			
	29.부녀자								
	30.한부모가족				55.근로소득 세액공제	▶			660,000
연금보험료공제	31.국민연금보험료		2,160,000	2,160,000	56.결혼세액공제	부			
	32. 공무원연금				57.자녀 ㉮자녀	1명			250,000
	공적연금 군인연금				세액공제 ㉯ 출산.입양	명			
	보험료 사립학교교직원								
	공제 별정우체국연금				58.과학기술공제				
특별소득공제	33.보험료		2,305,920	2,305,920	연금계좌	59.근로자퇴직연금			
	건강보험료		1,921,920	1,921,920		60.연금저축			
	고용보험료		384,000	384,000		60-1.ISA연금계좌전환			
	34.주택차입금 대출기관				61.보장 일반	800,000	800,000	800,000	96,000
	원리금상환액 거주자				성보험 장애인				
	34.장기주택저당차입금이자상				62.의료비	1,300,000	1,300,000		
	35.특별소득공제 계			2,305,920	특 63.교육비	14,800,000	14,800,000	9,800,000	1,091,612
36.차감소득금액				25,384,080	별 64.기부금				
37.개인연금저축					세 1)정치자금 10만원이하				
그 38.소기업,소상 2015년이전가입					액 기부금 10만원초과				
밖의 공인 공제부금 2016년이후가입					공 2)고향사랑 10만원이하				
소득 39.주택 청약저축					제 기부금 10만원초과				
공제 마련저축 주택청약					3)특례기부금(전액)				
소득공제 근로자주택마련					4)우리사주조합기부금				
40.투자조합출자 등 소득공제					5)일반기부금(종교단체외)				
41.신용카드 등 사용액			32,500,000	3,000,000	6)일반기부금(종교단체)				
42.우리사주조합 일반 등					65.특별세액공제 계				1,187,612
출연금 벤처 등					제 66.표준세액공제				
43.고용유지중소기업근로자					67.납세조합공제				
44.장기집합투자증권저축					68.주택차입금				
45.청년형장기집합투자증권저축					69.외국납부	▶			
46.그 밖의 소득공제 계				3,000,000	70.월세액				
					71.세액공제 계				2,097,612

114회 전산세무2급 기출 해설

A형	[01]	[02]	[03]	[04]	[05]	[06]	[07]	[08]	[09]	[10]	[11]	[12]	[13]	[14]	[15]
	4	1	4	2	1	2	모두정답	2	3	4	4	3	1	2	2

◆ 해설 ◆

01. 종업원의 근무태도를 평가하는 것은 재무상태표의 목적이 아니다.
02. 실제 물량 흐름과 원가흐름이 대체로 일치하는 것은 선입선출법에 대한 설명이다.
03. ① 배당금 수익 : 배당금을 받을 권리와 금액이 확정된 날
    ② 상품권 판매 : 상품권을 회수하고 재화를 인도한 시점
    ③ 장기할부판매 : 재화의 인도 시점
04. 주식배당을 하면 이익잉여금 계정이 감소, 자본금 계정이 증가하고 자본총액은 변하지 않는다.
    회계처리 : (차) 미처분이익잉여금   ×××   (대) 자본금   ×××
05. 단기매매증권으로 분류할 경우, 2024년 기말 장부가액은 190,000원이다.
06. 기본원가와 가공원가에 모두 포함되는 것은 직접노무원가이다.
    ■ 직접재료원가 + 직접노무원가 = 기본원가
    ■ 직접노무원가 + 제조간접원가 = 가공원가
07. 시험 범위 이탈로 모두 정답처리하였으며 문제에 정답은 ④번이다.
    ■ B제품 제조원가 = 결합원가 배부액 100,000원 + 추가가공원가 125,000원
                    = 225,000원

구분	순실현가치	결합원가 배부액
A	200kg × @3,000원 = 600,000원	160,000
B	250kg × @2,000원 − 125,000원 = 375,000원	100,000
C	500kg × @1,200원 − 75,000원 = 525,000원	140,000
합계	1,500,000원	400,000

08. 단계배분법은 보조부문원가의 배분방법에 해당한다.
09. ③은 종합원가계산에 대한 설명이다.
10. 비정상공손은 통제가능한 공손으로서 제품원가로 처리할 수 없고, 발생한 기간에 손실로 처리한다.
11. 소비지국 과세원칙을 구현하기 위해 영세율 제도를 두고 있으며 재화의 수입에 대하여 내국물품과 동일하게 과세한다.
12. 해당 과세기간의 총공급가액 중 면세공급가액이 5% 미만이면서 공통매입세액 5백만원 미만이어야 한다.

13. ② 직전 과세기간 공급가액의 합계액이 1억5천만원 미만인 법인사업자는 예정고지에 의하여 부가가치세를 납부한다.
③ 신규로 사업을 시작하는 자에 대한 최초의 예정신고기간은 사업 개시일부터 그 날이 속하는 예정신고기간의 종료일까지로 한다.
④ 휴업 또는 사업 부진으로 인하여 사업실적이 악화된 경우 등 대통령령으로 정하는 사유가 있는 사업자만 예정신고를 할 수 있다.

14. ■ 일용근로소득은 금액과 관계없이 분리과세로 종결하며, 나머지는 종합과세 대상이다.
■ 기타소득의 필요경비 60%를 공제한 기타소득금액이 320만원이므로 종합과세 대상에 해당한다.

15. 사업과 관련된 자산수증이익은 사업소득 총수입금액에 산입하여야 한다.

실무문제 해설

문제 1 일반전표입력

NO	월	일	구분	계정과목	거래처	차변	대변
[1]	1	25	차변	미지급세금		8,500,000	
			차변	세금과공과(판)		68,000	
			대변	미지급금 또는 미지급비용	국민카드		8,568,000
[2]	1	31	차변	보통예금		9,915,000	
			차변	매출채권처분손실		85,000	
			대변	받을어음	무인상사(주)		10,000,000
	■ 매각거래 할인료 : 매출채권처분손실				■ 차입거래 할인료 : 이자비용			
[3]	2	4	차변	보통예금		9,800,000	
			차변	사채할인발행차금		200,000	
			대변	사 채			10,000,000
[4]	6	17	차변	소모품비(제)		20,000	
			대변	현 금			20,000
[5]	9	13	차변	이자비용		200,000	
			대변	예수금			55,000
			대변	보통예금			145,000

문제 2 매입매출전표입력

NO	일자	유형	품목	공급가액	부가세	공급처명	전자	분개
	7/8	12.영세	제품	22,000,000	0	(주)한빛	여	혼합
		영세율 구분		③ 내국신용장 · 구매확인서에 의하여 공급하는 재화				
		서류번호		생략				

[1]

구분	계정과목	거래처	차변	대변
대변	제품매출	(주)한빛		22,000,000
차변	선수금	(주)한빛	7,000,000	
차변	받을어음	(주)한빛	15,000,000	

NO	일자	유형	품목	공급가액	부가세	공급처명	전자	분개
	7/15	54.불공	중개수수료	10,200,000	1,020,000	(주)다양	여	혼합
		불공제 사유		⑥ 토지의 자본적 지출 관련				

[2]

구분	계정과목	거래처	차변	대변
차변	토 지	(주)다양	11,220,000	
대변	미지급금	(주)다양		11,220,000

NO	일자	유형	품목	공급가액	부가세	공급처명	전자	분개
	8/5	61.현과	회식	250,000	25,000	(주)벽돌갈비		현금(혼합)

[3]

구분	계정과목	거래처	차변	대변
출금	부가세대급금	(주)벽돌갈비	25,000	(현금)
출금	복리후생비(제)	(주)벽돌갈비	250,000	(현금)

NO	일자	유형	품목	공급가액	부가세	공급처명	전자	분개
	8/20	11.과세	자동차	5,000,000	500,000	헤이중고차상사(주)	여	혼합

[4]

구분	계정과목	거래처	차변	대변
대변	부가세예수금	헤이중고차상사(주)		500,000
대변	차량운반구	헤이중고차상사(주)		20,000,000
대변	유형자산처분이익	헤이중고차상사(주)		1,000,000
차변	보통예금	헤이중고차상사(주)	5,500,000	
차변	감가상각누계액(209)	헤이중고차상사(주)	16,000,000	

114회 기출문제 해설

NO	일자	유형	품목	공급가액	부가세	공급처명	전자	분개
[5]	9/12	51.과세	임차료외	3,000,000	300,000	건물주	여	혼합

	구분	계정과목	거래처	차변	대변
[5]	차변	부가세대급금	건물주	300,000	
	차변	임차료(제)	건물주	2,800,000	
	차변	건물관리비(제)	건물주	200,000	
	대변	미지급금 또는 미지급비용	건물주		3,300,000

- 복수거래 입력 여부는 채점과 관계없음

문제 3 부가가치세 신고

[1] 수출실적명세서(선적일 이전에 환가한 경우 환가일 환율, 외상거래는 선적일의 기준환율 적용)

조회기간 2025년 04월 ~ 2025년 06월 구분 : 1기 확정 과세기간별입력

구분	건수	외화금액	원화금액	비고
⑨합계	2	132,000.00	176,800,000	
⑩수출재화[=⑫합계]	2	132,000.00	176,800,000	
⑪기타영세율적용				

No		(13)수출신고번호	(14)선(기)적일자	(15)통화코드	(16)환율	금액 (17)외화	금액 (18)원화	전표정보 거래처코드	전표정보 거래처명
1	☐	12345-77-100066X	2025-06-15	USD	1,300.0000	80,000.00	104,000,000	00178	BOB
2	☐	22244-88-100077X	2025-06-15	EUR	1,400.0000	52,000.00	72,800,000	00179	ORANGE
	☐								
		합계				132,000	176,800,000		

[2] 부가가치세신고서 작성(조회기간 : 2025년 10월 1일 ~ 2025년 12월 31일)

① 대손세액 공제요건 충족된 경우 확정신고시 대손세액가감(8)란에 음수로 입력한다.
- 대손세액 = 1,320,000원 × 10/110 = 120,000원

② 접대성 물품 매입은 매입세액공제가 불가능하므로 [세금계산서수취분-일반매입(10란)]과 [공제받지못할매입세액-공제받지못할매입세액(50란)]에 입력한다.

③ 신용카드 매입내역 중 사업과 관련 없는 매입액은 불공제 매입세액으로 일반전표에 입력하여 전액 사용자의 가지급금으로 처리하므로 이를 제외한 금액을 그 밖의 공제매입세액(14란)의 일반매입(41)과 고정매입(42)을 구분하여 입력한다.

④ 정상적으로 수취한 예정신고 누락분 신용카드영수증은 가산세 적용 대상이 아니며 [예정신고누락분-그 밖의 공제매입세액(39란)]에 입력한다.

⑤ 기업이 직접 홈택스로 전자신고를 한 경우 확정신고시 전자신고세액공제 "10,000원"을 입력한다.

⑥ 전자세금계산서 발급의무자가 세금계산서 발급시기에 종이세금계산서를 발급한 경우 세금계산서 불성실 가산세 중 미발급(1%) 가산세를 적용한다. 다만, 부가가치세 신고서식에 종이발급 세금계산서 관련 가산세를 입력하는 란이 별도로 존재하지 않으며, 지연발급(62)란에 입력한 경우도 정답을 인정한다.
- 세금계산서 미발급(64란) 가산세 = 12,500,000원 × 1% = 125,000원

[3] 부가가치세 전자신고(조회기간 : 2025년 1월 1일 ~ 2025년 3월 31일)

(1) 부가가치세신고서 및 관련 부속서류 마감 확인

① [CF2 부가세작성관리] 버튼을 클릭하여 해당 과세기간의 마감여부를 확인할 수 있으며 [확인(Tab)] 버튼을 누르면 마감한 부가가치세신고서가 조회된다.

② 또는 조회기간을 입력하여 조회한 후 상단의 [F3 마감취소] 버튼을 클릭하면 부가가치세 신고서 및 부속서류 마감사항을 확인할 수 있다.

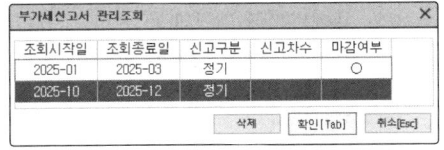

114회 기출문제 해설

(2) 전자신고 데이터 제작

회사를 선택하고 상단의 [F4 제작] 버튼을 누른 후 **비밀번호(12345678)**를 입력하여 제작한다.

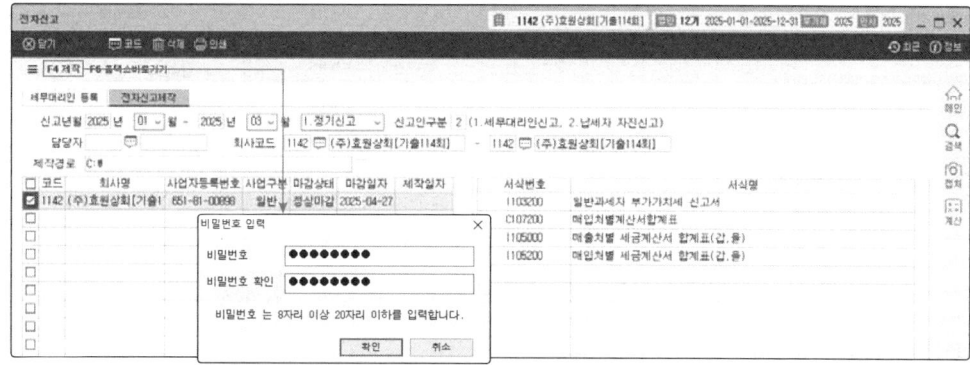

(3) 국세청 홈택스 전자신고

① 부가가치세 신고 : 세금신고 → [01.전자파일변환 – 변환대상파일선택]

[찾아보기] 클릭 → [로컬디스크(C:)] → 파일명 : enc작성연월일.101.v6518100898

② 부가가치세 신고 : 세금신고 → [01.전자파일변환 – 처리내역]

[형식검증하기] : 비밀번호(12345678) 입력 → [형식검증결과확인] : 오류 유무 확인 → [내용검증하기]
→ [내용검증결과확인] : 오류 유무 확인 → [전자파일제출]

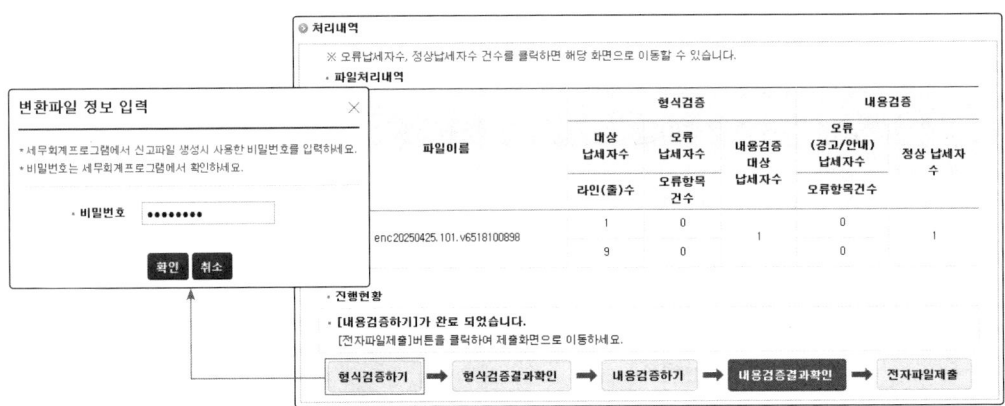

③ 부가가치세 신고 : 세금신고 → 03.전자파일제출

[전자파일 제출하기] > 부가가치세 신고서 접수증 확인

114회 기출문제 해설

문제 4 결산정리사항

[1] 수동결산 – 일반전표입력

월	일	구분	계정과목	거래처	차변	대변
12	31	차변	기부금		1,000,000	
		차변	기업업무추진비(판)		200,000	
		대변	현금과부족			1,200,000

[2] 수동결산 – 일반전표입력

월	일	구분	계정과목	거래처	차변	대변
12	31	차변	선급비용		1,500,000	
		대변	보험료(제)			1,500,000

- 선급비용(미경과분) = 3,600,000원 × 5개월/12개월 = 1,500,000원

[3] 수동결산 – 일반전표입력

월	일	구분	계정과목	거래처	차변	대변
12	31	차변	보통예금		920,000	
		대변	이자수익			920,000

- 이자수익 = 20,000,000원 × 4.6% × 365일/365일 = 920,000원

[4] 자동결산 – 결산자료입력

- 외상매출금 : (548,550,000원 × 1%) − 4,750,000원 = 735,500원
- 받을어음 : (22,700,000원 × 1%) − 20,000원 = 207,000원
- 단기대여금 : (50,000,000원 × 1%) − 0원 = 500,000원

방법 1 : 결산자료입력 메뉴의 상단 [대손상각] 버튼을 클릭하여 "대손율(%) : 1%"을 입력하고 외상매출금 · 받을어음 · 단기대여금을 제외한 이외의 계정과목에 대한 "추가설정액"란의 금액은 삭제한 후 [결산반영] 버튼을 눌러 "결산반영금액"란에 반영하여 전표추가를 한다.

방법 2 : 결산자료입력 메뉴의 판매비와일반관리비의 5).대손상각에 [외상매출금 : 735,500원, 받을어음 : 207,000원], 영업외비용의 2)기타의대손상각에 [단기대여금 : 500,000원]을 입력한 후 결산자료 입력의 전표추가를 한다.

방법 3 : 결산일(12월 31일)에 일반전표입력에 직접 입력

월	일	구분	계정과목	거래처	차변	대변
12	31	차변	대손상각비(판)		942,500	
		차변	기타의대손상각비(954)		500,000	
		대변	대손충당금(109)			735,500
		대변	대손충당금(111)			207,000
		대변	대손충당금(115)			500,000

[5] 자동결산 - 결산자료입력

방법 1 : 결산자료입력 메뉴 9.법인세등의 [1)선납세금 : 5,800,000원, 2)추가계상액 : 2,600,000원]에 입력한 후 결산자료 입력의 전표추가를 한다.

방법 2 : 결산일(12월 31일)에 일반전표입력에 직접 입력

월	일	구분	계정과목	거래처	차변	대변
12	31	차변	법인세등		8,400,000	
		대변	선납세금			5,800,000
		대변	미지급세금			2,600,000

문제 5 원천징수

[1] 급여자료입력 및 원천징수이행상황신고서

(1) 급여자료입력

① 수당공제등록

- 야간근로수당 : 비과세로 설정된 수당을 사용하여도 사원등록 및 월정액에 따라 비과세 및 과세소득으로 계산되므로 사용하여도 무방하다.

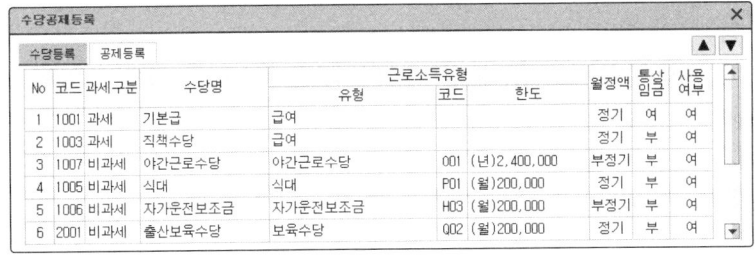

114회 기출문제 해설

② 급여자료입력

귀속년월 2025년 04월	지급년월일 2025년 04월 30일	급여		
사번	사원명	감면율	급여항목	금액
33	정기준		기본급	2,800,000
			직책수당	400,000
			야간근로수당	200,000
			식대	200,000
			자가운전보조금	200,000
			출산보육수당	200,000
			과 세	3,400,000
			비 과 세	600,000
총인원(퇴사자)	1(0)		지 급 총 액	4,000,000

공제항목	금액
국민연금	153,000
건강보험	120,530
장기요양보험	15,600
고용보험	27,200
소득세(100%)	114,990
지방소득세	11,490
농특세	
공 제 총 액	442,810
차 인 지 급 액	3,557,190

(2) 원천징수이행상황신고서

■ 귀속기간(2025년 04월 ~ 2025년 04월), 지급기간(2025년 04월 ~ 2025년 04월), 신고구분(1.정기신고)를 입력하여 조회한 후 "12.전월미환급"란에 601,040원을 입력한다.

소득자 소득구분	코드	인원	소득지급 총지급액	징수세액 소득세 등	농어촌특별세	가산세	당월조정 환급세액	납부세액 소득세 등	농어촌특별세
간이세액	A01	1	3,800,000	114,990					
중도퇴사	A02								
일용근로	A03								
연말정산	A04								
(분납신청)	A05								
(납부금액)	A06								
가 감 계	A10	1	3,800,000	114,990				114,990	

12.전월이환급	13.기환급	14.차감(12-13)	15.일반환급	16.신탁재산	금융회사 등	합병 등	18.조정대상환급(14+15+16+17)	19.당월조정 환급세액계	20.차월이월 환급세액	21.환급신청액
601,040		601,040					601,040	114,990	486,050	

[2] 연말정산추가자료입력
(1) [소득명세] TAB : 전근무지 자료 입력 시 기납부세액은 **'결정세액'**을 입력한다.

소득명세	부양가족	신용카드 등	의료비	기부금	연금저축 등 I	연금저축 등 II	월세액	연말정산입력	
	구분		합계		주(현)		납세조합		종(전) [1/2]
9.근무처명					(주)효원상회[기출114회]				주식회사 두섬
9-1.종교관련 종사자					부				부
소 10.사업자등록번호					651-81-00898		---_--_----		103-81-62982
득 11.근무기간					2025-08-01 ~ 2025-12-31		----_--_-- ~ ----_--_--		2025-01-01 ~ 2025-07-31
명 12.감면기간					----_--_-- ~ ----_--_--		----_--_-- ~ ----_--_--		----_--_-- ~ ----_--_--
세 13-1.급여(급여자료입력)			41,000,000		15,000,000				26,000,000
13-2.비과세한도 초과액									
13-3.과세대상추가(인정상여추가)									
14.상여			1,000,000						1,000,000
15.인정상여									
15-1.주식매수선택권행사이익									
15-2.우리사주조합 인출금									
15-3.임원퇴직소득금액한도초과액									
15-4.직무발명보상금									
16.계			42,000,000		15,000,000				27,000,000
공제보험 직장	건강보험료(직장)(33)		1,437,050		531,750				905,300
	장기요양보험료(33)		184,750		68,850				115,900
	고용보험료(33)		363,000		120,000				243,000
	국민연금보험료(31)		1,845,000		675,000				1,170,000
세액 기납부세액	소득세		711,750		371,750				340,000
	지방소득세		71,150		37,150				34,000
	농어촌특별세								

(2) [부양가족] TAB : 인적공제

- 이명지(배우자) : 총급여 500만원 초과로 기본공제 제외(소득기준 초과여부-1:여)

연말관계	성명	내/외국인	주민(외국인)번호	나이	소득기준 초과여부	기본공제	세대주 구분	부녀자	한부모	경로우대	장애인	자녀	출산입양	결혼세액
0	홍상현	내	1 870314-1287645	38		본인	세대주							
3	이명지	내	1 870621-2044767	38	○	부								
4	홍라율	내	1 210827-4842437	4		20세이하								
1	홍천운	내	1 590919-1287027	66		60세이상								
합 계 [명]					1	3								

(3) [부양가족] TAB : 보험료, 교육비 세액공제 추가입력

보험료	• 홍상현(일반보장성) 80만원, 홍라율(일반보장성) 50만원 입력 • 이명지(배우자) : 소득금액 초과로 자동차운전자보험료 공제 제외
교육비	• 홍상현(본인) : 본인 대학원 교육비는 공제 가능하므로 700만원(4.본인) 입력 • 홍라율(자녀) : 어린이집 교육비 240만원(1.취학전 아동) 입력

(4) 신용카드 등 TAB : 부양가족 TAB 더블클릭 또는 직접 선택

- 신용카드 등 사용액에 대한 소득공제와 의료비 세액공제는 중복공제가 허용되므로 공제 가능

	성명 생년월일	자료구분	신용카드	직불,선불	현금영수증	도서등 신용	도서등 직불	도서등 현금	전통시장	대중교통	합계
□	홍상현 1987-03-14	국세청 기타	22,000,000		3,000,000				4,000,000	1,000,000	30,000,000
□	합계		22,000,000		3,000,000				4,000,000	1,000,000	30,000,000
	총급여				42,000,000	신용카드 등 최소금액(총급여의 25%)					10,500,000

114회 기출문제 해설

(5) [의료비] TAB : 부양가족 TAB 더블클릭 또는 직접 선택

- 홍상현(본인) : 국세청 홈택스 자료와 안경점에서 수취한 의료비영수증을 각각 구분하여 입력하며, 시력보정용 안경 또는 콘택트렌즈를 구입하기 위하여 지출한 비용은 기본공제대상자 1명당 연 50만원까지 공제대상 의료비 지출액으로 입력한다.

	소득명세	부양가족	신용카드 등	**의료비**	기부금	연금저축 등I	연금저축 등II	월세액	출산지원금	연말정산입력
					2025년 의료비 지급명세서					

		의료비 공제대상자				지급처		지급명세					14.산후 조리원
□	성명	내/외	5.주민등록번호	6.본인등 해당여부	9.증빙 코드	8.상호	7.사업자 등록번호	10. 건수	11.금액	11-1.실손 보험수령액	12.미숙아 선천성이상아	13.난임 여부	
□	홍상현	내	870314-1287645	1	0	1				300,000		X	X	X
□	홍상현	내	870314-1287645	1	0	5	모든안경	431-01-00574	1	500,000		X	X	X
□	홍라흘	내	210827-4842437	2	0	1				400,000		X	X	X
□	홍천운	내	590919-1287027	2	0	1				8,000,000		X	X	X
□									1					
					합계					9,200,000				
	일반의료비 (본인)		800,000	6세이하,65세이상인 건강보험산정특례자 장애인		8,400,000	일반의료비 (그 외)			난임시술비				
										미숙아.선천성이상아				

(6) 연말정산입력 TAB : [F8 부양가족탭불러오기] 버튼을 클릭하여 부양가족 TAB 자료 반영

	소득명세		부양가족	신용카드 등	의료비	기부금	연금저축 등I		연금저축 등II	월세액	출산지원금	**연말정산입력**
		구분		지출액	공제금액		구분		지출액	공제대상금액		공제금액
21.총급여					42,000,000	48.종합소득 과세표준						17,495,200
22.근로소득공제					11,550,000	49.산출세액		▶				1,364,280
23.근로소득금액					30,450,000	50.「소득세법」		▶				
기본공제	24.본인				1,500,000	세액감면	51.「조세특례제한법」(52제외)		▶			
	25.배우자											
	26.부양가족		2명)		3,000,000		52.「조세특례제한법」 제30조					
추가공제	27.경로우대		명)				53.조세조약		▶			
	28.장애인		명)				54.세액감면 계					
	29.부녀자						55.근로소득 세액공제		▶			668,000
	30.한부모가족						56.결혼세액공제	부				
연금보험료공제	31.국민연금보험료			1,845,000	1,845,000		57.자녀	⑦자녀	명)			
	32. 공적연금 보험료	공무원연금					세액공제	ⓛ 출산.입양	명)			
		군인연금				연금계좌	58.과학기술공제					
		사립학교교직원					59.근로자퇴직연금					
		별정우체국연금					60.연금저축					
특별소득공제	33.보험료			1,984,800	1,984,800		60-1.ISA연금계좌전환					
	건강보험료			1,621,800	1,621,800	특별세액공제	61.보장 일반 성보험 장애인		1,300,000	1,300,000	1,000,000	120,000
	고용보험료			363,000	363,000							
	34.주택차입금 원리금상환액	대출기관					62.의료비		9,200,000	9,200,000	7,940,000	576,280
		거주자					63.교육비		9,400,000	9,400,000	9,400,000	
	34.장기주택저당차입금이자상						64.기부금					
	35.특별소득공제 계				1,984,800		1)정치자금 기부금	10만원이하				
36.차감소득금액					22,120,200			10만원초과				
	37.개인연금저축						2)고향사랑 기부금	10만원이하				
그 밖의 소득공제	38.소기업,소상공인 공제부금	2015년이전가입 2016년이후가입						10만원초과				
	39.주택 마련저축 소득공제	청약저축 주택청약 근로자주택마련					3)특례기부금(전액)					
							4)우리사주조합기부금					
							5)일반기부금(종교단체외)					
	40.투자조합출자 등 소득공제						6)일반기부금(종교단체)					
	41.신용카드 등 사용액			30,000,000	4,625,000		65.특별세액공제 계					696,280

113회 전산세무2급 기출 해설

A형	[01]	[02]	[03]	[04]	[05]	[06]	[07]	[08]	[09]	[10]	[11]	[12]	[13]	[14]	[15]
	3	2	1	2	4	2	4	1	3	3	2	4	1	4	3

◆해설◆

01. 유동자산은 당좌자산과 재고자산으로 구분하고 투자자산은 비유동자산에 속한다.

02. 기말 자본잉여금 12,300,000원
    = 기초 자본잉여금 10,000,000원 + 주식발행초과금 2,000,000원 + 자기주식처분이익 300,000원

03. ■ 회계처리 : (차) 대손상각비(비용) ×××   (대) 대손충당금(받을어음의 차감 평가계정) ×××
    ∴ 대손충당금 과대 설정은 동시에 대손상각비가 과대 계상되고, 받을어음 과소 계상된다.

04. 취득세, 등록면허세 등 유형자산의 취득과 직접 관련된 제세공과금은 유형자산의 원가를 구성한다.

05. 충당부채는 과거사건이나 거래의 결과에 의한 현재의무로서, 지출의 시기 또는 금액이 불확실하지만 그 의무를 이행하기 위하여 자원이 유출될 가능성이 매우 높고 또한 당해 금액을 신뢰성 있게 추정할 수 있는 의무를 말한다.

06. ■ 실제 물량의 흐름

구 분	검사 30%	기말 50%	기초 70%	완성 100%
완성품	2,000개			
기초재공품	500개			
당기착수완성품	1500개			
기말재공품	300개			

    ■ 당기에 검사를 통과한 정상품 = 1,500개 + 300개 = 1,800개
    ∴ 정상공손수량 = 1,800개 × 3% = 54개

07. 이익잉여금처분은 주주에게 지급하는 배당 등을 의미하며 주주인 외부 이해관계자에게 제공하는 것은 재무회계의 목적에 해당한다.

08. ■ 제조간접원가 예정배부율 = 제조간접원가 예산 39,690,000원 ÷ 예산 직접노동시간 90,000시간
    = 441원/직접노동시간
    ∴ 제조간접원가 배부액 = 실제 직접노동시간 70,000시간 × 제조간접원가 예정배부율 441원
    = 30,870,000원

09. 제조원가를 원가행태에 따른 분류하면 변동제조원가, 고정제조원가로 분류한다.

10. ■ 단계배분법은 우선순위가 높은 부문의 보조부문원가를 우선순위가 낮은 부문과 제조부문에 먼저 배분하는 방법으로 상호간의 용역수수관계를 일부 인식하지만 배분 순서가 부적절한 경우 직접배분법보다도 정확성이 떨어질 수 있다.
    ■ 상호배분법은 보조부문 상호간의 용역수수관계를 가장 정확하게 배분하지만 보조부문의 수가 여러 개일 경우 시간과 비용이 많이 소요되고 계산하기가 어려워 실무상 거의 사용되지 않는다.

11. ① 착오로 전자세금계산서를 이중으로 발급한 경우 : 처음에 발급한 세금계산서의 내용대로 음의 표시를 하여 발급
    ③ 필요적 기재사항 등이 착오 외의 사유로 잘못 적힌 경우 : 처음에 발급한 세금계산서의 내용대로 세금계산서를 붉은색 글씨로 쓰거나 음의 표시를 하여 발급하고, 수정하여 발급하는 세금계산서는 검은색 글씨로 작성하여 발급
    ④ 면세 등 세금계산서 발급 대상이 아닌 거래 등에 대하여 세금계산서를 발급한 경우 : 처음에 발급한 세금계산서의 내용대로 붉은색 글씨로 쓰거나 음의 표시를 하여 발급
12. 세금계산서 임의적 기재사항의 일부가 적지 아니한 지출에 대한 매입세액은 공제가 가능하다. 필요적 기재사항의 일부가 적지 아니한 지출에 대한 매입세액에 대해서는 공제 불가하다.
13. 납세지 관할 세무서장은 각 과세기간별로 그 과세기간에 대한 환급세액을 확정신고한 사업자에게 그 확정신고기한이 지난 후 30일 이내(조기환급에 해당하는 경우에는 15일 이내)에 대통령령으로 정하는 바에 따라 환급하여야 한다.
14. 금융소득은 납세자의 선택에 따라 종합소득합산과세를 적용할 수 없으며 금융소득이 연 2천만원을 초과하는 경우 금융소득종합과세를 적용한다.
15. 해당 과세기간에 일반사업소득에서 결손금이 발생하고 이월결손금도 있는 경우에는 당해 과세기간에 발생한 결손금을 먼저 다른 소득금액에서 공제한 후에 먼저 발생한 이월결손금부터 공제한다.

실무문제 해설

문제 1 일반전표입력

NO	월	일	구분	계정과목	거래처	차변	대변
[1]	3	21	차변	이월이익잉여금(375)		110,000,000	
			대변	미지급배당금			100,000,000
			대변	이익준비금			10,000,000
[2]	3	28	차변	외상매입금	남일상사	15,500,000	
			대변	보통예금			7,000,000
			대변	가수금	대표자		8,500,000
[3]	6	25	차변	교육훈련비(판)		2,400,000	
			대변	예수금			79,200
			대변	보통예금			2,320,800
[4]	8	10	차변	보통예금		950,000	
			대변	단기매매증권			500,000
			대변	단기매매증권처분이익			450,000

■ 단기매매증권처분이익 = 처분가액 1,000,000원 – 취득가액 500,000원 – 거래수수료등 50,000원 = 450,000원

NO	월	일	구분	계정과목	거래처	차변	대변
[5]	9	5	차변	기부금		2,000,000	
			대변	원재료(8.타계정으로 대체)			2,000,000
	▪ 재고자산을 생산 및 판매 이외에 사용하는 경우 원가 금액을 타계정 대체 처리한다.						

문제 2 매입매출전표입력

NO	일자	유형	품목	공급가액	부가세	공급처명	전자	분개
[1]	7/17	22.현과	제품	480,000	48,000	추미랑		현금 (혼합)

구분	계정과목	거래처	차변	대변
입금	부가세예수금	추미랑	(현금)	48,000
입금	제품매출	추미랑	(현금)	480,000

NO	일자	유형	품목	공급가액	부가세	공급처명	전자	분개
[2]	7/28	14.건별	에어컨	1,000,000	100,000			혼합

구분	계정과목	거래처	차변	대변
대변	부가세예수금			100,000
대변	비품			2,500,000
차변	감가상각누계액(213)		1,500,000	
차변	보통예금		1,100,000	

NO	일자	유형	품목	공급가액	부가세	공급처명	전자	분개
[3]	8/28	55.수입	원재료	5,400,000	540,000	인천세관	여	현금 (혼합)

구분	계정과목	거래처	차변	대변
출금	부가세대급금	인천세관	540,000	(현금)

NO	일자	유형	품목	공급가액	부가세	공급처명	전자	분개
[4]	9/2	57.카과	다과	1,000,000	100,000	과자나라(주)		카드 (혼합)
	신용카드사		비씨카드					

구분	계정과목	거래처	차변	대변
대변	미지급금 또는 미지급비용	비씨카드		1,100,000
차변	부가세대급금	과자나라(주)	100,000	
차변	복리후생비(판)	과자나라(주)	1,000,000	

113회 기출문제 해설

NO	일자	유형	품목	공급가액	부가세	공급처명	전자	분개
[5]	9/11	51.과세	로봇	20,000,000	2,000,000	(주)오성기계	여	혼합

구분	계정과목	거래처	차변	대변
차변	부가세대급금	(주)오성기계	2,000,000	
차변	기계장치	(주)오성기계	20,000,000	
대변	선급금	(주)오성기계		2,000,000
대변	보통예금	(주)오성기계		20,000,000

문제 3 부가가치세 신고

[1] 의제매입세액공제신고서(조회기간 : 2025년 04월 ~ 2025년 06월)

(1) 1기 확정 의제매입분 입력

① 농어민으로부터의 매입은 제조업자에 한하여 가능하므로 김어부 매입분은 공제대상에서 제외되며, 법인 음식점의 경우 공제율은 "6/106"을 적용한다.

② 은성(계산서) 매입분

공급자	사업자/주민등록번호	취득일자	구분	물품명	수량	매입가액	공제율	의제매입세액	건수
은성	752-06-02023	2025-04-10	계산서	야채	250	1,020,000	6/106	57,735	1
			합계		250	1,020,000		57,735	1

③ (주)이두식자재(신용카드) 매입분

공급자	사업자/주민등록번호	취득일자	구분	물품명	수량	매입가액	공제율	의제매입세액	건수
은성	752-06-02023	2025-04-30	신용카드등	생닭	300	1,830,000	6/106	103,584	1
(주)이두식자재	872-87-65496								
			합계		300	1,830,000		103,584	1

(2) 1기 과세기간의 정산 : 면세농산물등 TAB

① 예정신고기간 매입액 = 예정신고 시 의제매입세액 75,000원 ÷ 6/106 = 1,325,000원

② 당기매입액 = 예정신고기간 매입액 1,325,000원 + 확정신고기간 매입액 2,850,000원 = 4,175,000원

다만, 예정신고기간 분에 대한 의제매입액을 명시하고 있지 아니하므로 의제매입세액공제신고서 하단의 B.당기매입액 2,850,000원, C.공제대상금액 161,320원으로 입력한 경우도 정답으로 인정

	매입가액 계	의제매입세액 계	건수 계
계산서 합계	1,020,000	57,735	1
신용카드등 합계	1,830,000	103,584	1
농·어민등 합계			
총계	2,850,000	161,319	2

면세농산물등 | 제조업 면세농산물등

가. 과세기간 과세표준 및 공제가능한 금액등 [불러오기]

과세표준			대상액 한도계산		B.당기매입액	공제대상금액 [MIN (A,B)]
합계	예정분	확정분	한도율	A.한도액		
175,000,000	80,000,000	95,000,000	50/100	87,500,000	4,175,000	4,175,000

나. 과세기간 공제할 세액

공제대상세액		이미 공제받은 금액			공제(납부)할세액 (C-D)
공제율	C.공제대상금액	D.합계	예정신고분	월별조기분	
6/106	236,320	75,000	75,000		161,320

[2] 건물등감가상각자산취득명세서(조회기간 : 2025년 10월 ~ 2025년 12월)

- 공장 건물 신축공사비는 완공된 건물로 자산구분을 "건물, 구축물"로 입력하며, 건물이 미완성된 경우 '건설중인자산'에 해당하며 이 또한 감가상각자산취득명세서를 작성하여 제출하여야 한다.

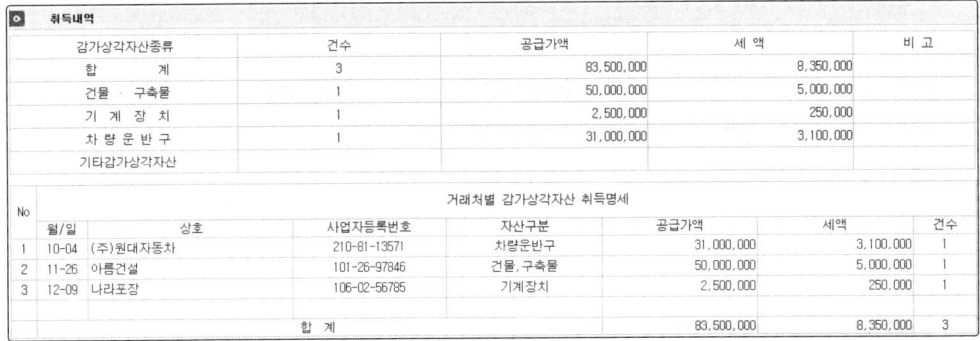

[3] 부가가치세 전자신고(조회기간 : 2025년 1월 1일 ~ 2025년 3월 31일)

(1) 부가가치세신고서 및 관련 부속서류 마감 확인

① [CF2 부가세작성관리] 버튼을 클릭하여 해당 과세기간의 마감여부를 확인할 수 있으며 [확인(Tab)] 버튼을 누르면 마감한 부가가치세신고서가 조회된다.

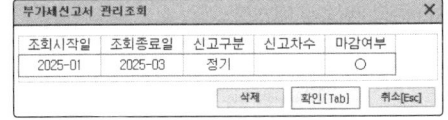

② 또는 조회기간을 입력하여 조회한 후 상단의 [F3 마감취소] 버튼을 클릭하면 부가가치세 신고서 및 부속서류 마감사항을 확인할 수 있다.

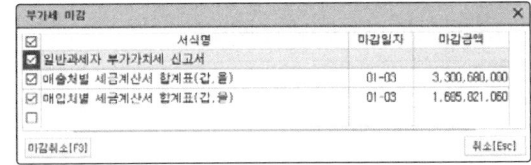

(2) 전자신고 데이터 제작

회사를 선택하고 상단의 [F4 제작] 버튼을 누른 후 **비밀번호(12341234)**를 입력하여 제작한다.

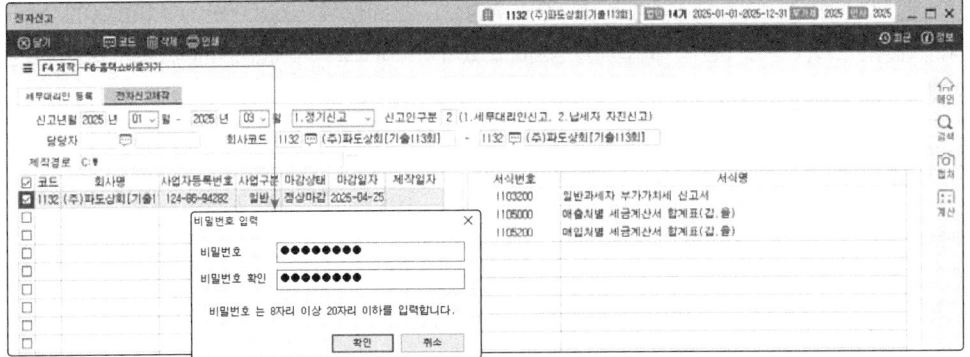

113회 기출문제 해설

(3) 국세청 홈택스 전자신고

① 부가가치세 신고 : 세금신고 → [01.전자파일변환 – 변환대상파일선택]

[찾아보기] 클릭 → [로컬디스크(C:)] → 파일명 : enc작성연월일.101.v1248694282

② 부가가치세 신고 : 세금신고 → [01.전자파일변환 – 처리내역]

[형식검증하기] : 비밀번호(12341234) 입력 → [형식검증결과확인] : 오류 유무 확인 → [내용검증하기]
→ [내용검증결과확인] : 오류 유무 확인 → [전자파일제출]

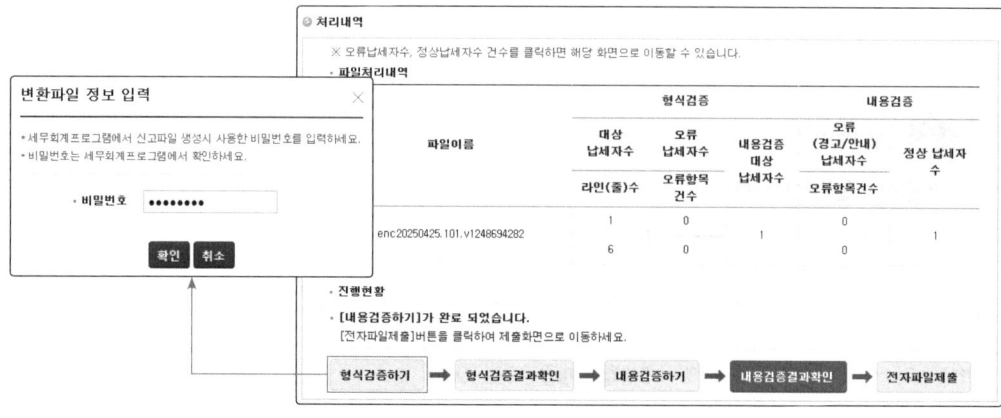

③ 부가가치세 신고 : 세금신고 → 03.전자파일제출

　[전자파일 제출하기] > 부가가치세 신고서 접수증 확인

문제 4 결산정리사항

[1] 수동결산 – 일반전표입력

월	일	구분	계정과목	거래처	차변	대변
12	31	차변	미수수익		765,000	
		대변	이자수익			765,000

- 미수수익 = 30,000,000원 × 3.4% × 9개월/12개월 = 765,000원

[2] 수동결산 – 일반전표입력

- 매도가능증권평가손익은 재무상태표상 자본 항목 중 기타포괄손익누계액 항목으로 차기 이후 발생하는 평가손익과 상계하여 회계처리 한다.

113회 기출문제 해설

- 2024년 말 인식한 매도가능증권평가이익(기타포괄손익누계액) 1,000,000원을 2025년 말 발생한 매도가능증권 평가손실과 우선 상계하여 회계처리 한다.

  매도가능증권평가손실 = 2025년 말 공정가치 4,800,000원 − 취득가액 5,000,000원 = △200,000원

월	일	구분	계정과목	거래처	차변	대변
12	31	차변	매도가능증권평가이익		1,000,000	
		차변	매도가능증권평가손실		200,000	
		대변	매도가능증권(178)			1,200,000

[3] 수동결산 – 일반전표입력

월	일	구분	계정과목	거래처	차변	대변
12	31	차변	외상매출금	캐나다 ZF사	3,000,000	
		대변	외화환산이익			3,000,000

- 외화환산이익 = $100,000 × (950원 − 920원) = 3,000,000원(자산 증가)

[4] 수동결산 – 일반전표입력

월	일	구분	계정과목	거래처	차변	대변
12	31	차변	부가세예수금		8,240,000	
		차변	세금과공과(판)		84,000	
		대변	부가세대급금			6,400,000
		대변	잡이익			10,000
		대변	미지급세금			1,914,000

[5] 자동결산 – 결산자료입력

- 무형자산 상각비 = 취득가액 250,000,000원 ÷ 내용연수 5년 = 50,000,000원

  또는 미상각잔액 200,000,000원 ÷ 잔존내용연수 4년 = 50,000,000원

방법 1 : 결산자료입력 메뉴 판매비와일반관리비의 6).무형자산상각비에 [영업권 : 50,000,000원]을 입력한 후 결산자료 입력의 전표추가를 한다.

방법 2 : 결산일(12월 31일)에 일반전표입력에 직접 입력

월	일	구분	계정과목	거래처	차변	대변
12	31	차변	무형자산상각비(판)		50,000,000	
		대변	영업권			50,000,000

문제 15 원천징수

[1] 원천징수이행상황신고서

① 귀속기간(2025년 05월 ~ 2025년 05월), 지급기간(2025년 06월 ~ 2025년 06월), 신고구분(1.정기신고)를 입력하여 조회한다.
② 간이세액(A01)의 인원은 6월 급여지급자(계속근무자 + 중도퇴사자)를 2명을 입력한다.
③ 간이세액(A01)의 총지급액은 과세소득 및 제출비과세 · 감면소득의 합계를 기재한다. 식대는 제출비과세 항목이고, 자가운전보조금은 미제출비과세 항목이다.
  - 총지급액 = 과세소득 + 제출(신고하는)비과세 · 감면소득
      = 급여 합계 6,200,000원 – 미제출비과세소득 200,000원
      = 6,000,000원
④ 간이세액(A01)의 [징수세액–소득세등]란은 계속근무자인 김성현의 소득세만 입력한다.
⑤ 중도퇴사(A02)의 총지급액(1월 ~ 5월 합계)
  = 1월 ~ 4월 총지급액 12,000,000원 + 5월 총지급액 3,200,000원
  = 15,200,000원
⑥ 중도퇴사(A02)의 [징수세액–소득세등]란은 환급세액은 음수로 납부세액은 양수로 입력한다.
⑦ 근로소득 가감계(A10)의 금액이 음수인 경우 당월 발생 환급세액이 발생하며 별도의 환급신청을 하지 않으므로 "20.차월이월환급세액"란에 기재하여 신고한다.

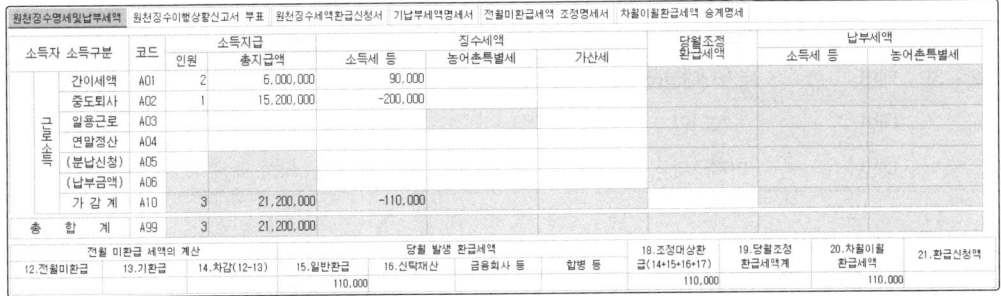

113회 기출문제 해설

[2] 연말정산추가자료입력

(1) [소득명세] TAB : 전근무지 자료 입력 시 기납부세액은 '**결정세액**'을 입력한다.

	구분		합계	주(현)	납세조합	종(전) [1/2]
소득명세	9.근무처명			(주)파도상회[기출113회]		(주)슬비공업사
	9-1.종교관련 종사자			부		부
	10.사업자등록번호			124-86-94282	---.--.-----	956-85-02635
	11.근무기간			2025-04-21 ~ 2025-12-31	----.--.--- ~ ----.--.---	2025-01-01 ~ 2025-04-20
	12.감면기간			----.--.--- ~ ----.--.---	----.--.--- ~ ----.--.---	----.--.--- ~ ----.--.---
	13-1.급여(급여자료입력)		52,800,000	40,600,000		12,200,000
	13-2.비과세한도초과액					
	13-3.과세대상추가(인정상여추가)					
	14.상여					
	15.인정상여					
	15-1.주식매수선택권행사이익					
	15-2.우리사주조합 인출금					
	15-3.임원퇴직소득금액한도초과액					
	15-4.직무발명보상금					
	16.계		52,800,000	40,600,000		12,200,000
공제보험료명세	직장	건강보험료(직장)(33)	1,904,000	1,439,190		464,810
		장기요양보험료(33)	283,640	186,350		97,290
		고용보험료(33)	459,120	324,800		134,320
		국민연금보험료(31)	2,335,700	1,827,000		508,700
	공적연금보험료	공무원 연금(32)				
		군인연금(32)				
		사립학교직원연금(32)				
		별정우체국연금(32)				
세액	기납부세액	소득세	2,766,370	2,368,370		398,000
		지방소득세	276,600	236,800		39,800
		농어촌특별세				

(2) [부양가족] TAB : 인적공제

① 함덕주(부친) : 일용근로소득은 무조건 분리과세소득으로 기본공제 및 경로우대 추가공제 가능
② 박경자(모친) : 복권 당첨소득은 무조건 분리과세소득으로 기본공제 및 경로우대 추가공제 가능
③ 함경리(누나) : 장애인은 나이는 제한하지 않고 소득이 없으므로 기본공제 및 장애인(3) 추가공제 가능

연말관계	성명	내/외국인	주민(외국인)번호	나이	소득기준초과여부	기본공제	세대주구분	부녀자	한부모	경로우대	장애인	자녀	출산입양	결혼세액
0	함춘식	내	1 900919-1668321	35		본인	세대주							
1	함덕주	내	1 501223-1589321	75		60세이상				○				
1	박경자	내	1 530807-2548718	72		60세이상				○				
6	함경리	내	1 881229-2509019	37		장애인					3			
	합 계 [명]					4				2	1			

(3) [부양가족] TAB : 보험료 세액공제 추가입력

보험료	• 동일인·동일보험증권이 아닌 경우 일반보장성보험과 장애인전용보장성보험 중복공제 가능 • 함춘식(본인) : 저축성 보험료는 공제 대상에 해당하지 않으므로 공제대상 제외 • 함덕주(일반보장성) 50만원, 함경리(장애인전용) 70만원 입력

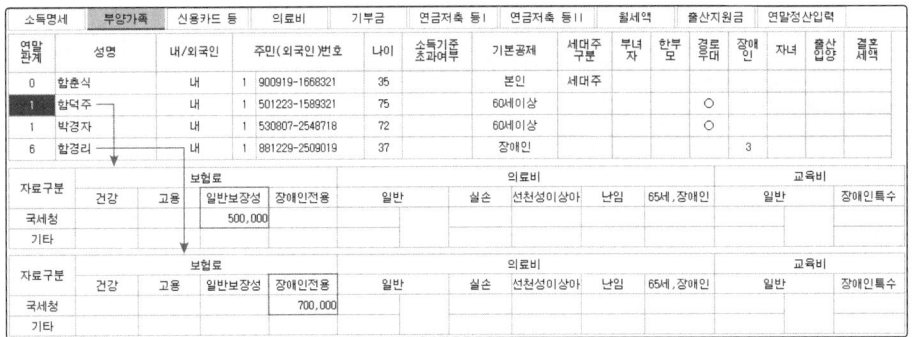

(4) 신용카드 등 TAB : 부양가족 TAB 더블클릭 또는 직접 선택

① 신용카드 등 사용액에 대한 소득공제와 의료비 세액공제는 중복공제가 허용되므로 공제 가능
② 함춘식(본인)의 신용카드 사용액 중 아파트 관리비는 공제대상 배제

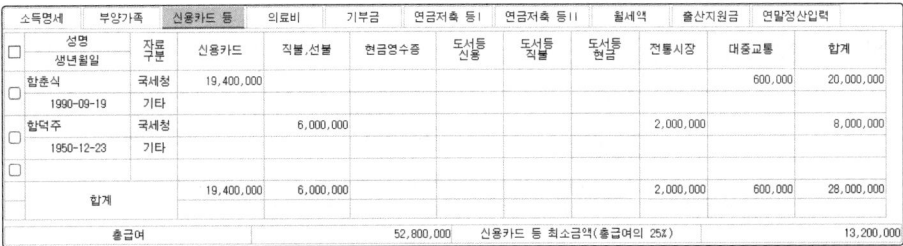

(5) [의료비] TAB : 부양가족 TAB 더블클릭 또는 직접 선택

■ 임플란트 비용(박경자), 보청기 구입비용(함덕주), 치료를 위한 한약(함경리)은 의료비 공제대상이다.

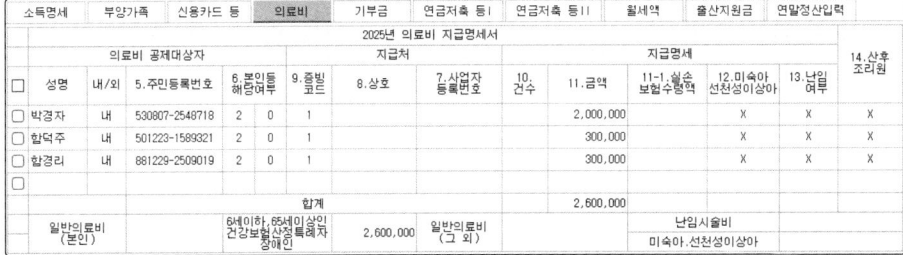

113회 기출문제 해설

(6) [월세액] TAB : 무주택 세대주로서 총급여액 8,000만원 이하로 공제 가능

임대인명 (상호)	주민등록번호 (사업자번호)	유형	계약 면적(㎡)	임대차계약서 상 주소지	계약서상 임대차 계약기간 개시일 ~ 종료일	연간 월세액	공제대상금액	세액공제금액
이고동	691126-1904701	아파트	84.00	경기도 안산시 단원구 중앙대로 620	2025-01-01 ~ 2026-12-31	7,200,000	7,200,000	1,011,231

■ 무주택자 해당 여부   √ 여,   부

(7) 연말정산입력 TAB : [F8 부양가족탭불러오기] 버튼을 클릭하여 부양가족 TAB 자료 반영

구분			지출액	공제금액	구분	지출액	공제대상금액	공제금액
21.총급여				52,800,000	48.종합소득 과세표준			21,657,540
22.근로소득공제				12,390,000	49.산출세액			1,988,631
23.근로소득금액				40,410,000	50.「소득세법」			
기본공제	24.본인			1,500,000	51.「조세특례제한법」(52제외)			
	25.배우자				52.「조세특례제한법」제30조			
	26.부양가족	3명		4,500,000	53.조세조약			
추가공제	27.경로우대	2명		2,000,000	54.세액감면 계			
	28.장애인	1명		2,000,000	55.근로소득 세액공제			660,000
	29.부녀자				56.결혼세액공제			
	30.한부모가족				57.자녀 ㉮자녀 명)			
연금보험료공제	31.국민연금보험료		2,335,700	2,335,700	세액공제 ㉯출산.입양 명)			
	32.공무원연금				58.과학기술공제			
	군인연금				59.근로자퇴직연금			
	사립학교교직원				60.연금저축			
	별정우체국연금				60-1.ISA연금계좌전환			
특별소득공제	33.보험료		2,646,760	2,646,760	61.보장 일반	500,000	500,000	60,000
	건강보험료		2,187,640	2,187,640	성보험 장애인	700,000	700,000	105,000
	고용보험료		459,120	459,120	62.의료비	2,600,000	1,016,000	152,400
	34.주택차입금 대출기관				63.교육비			
	원리금상환액 거주자				64.기부금			
	34.장기주택저당차입금이자상				1)정치자금기부금 10만원이하 / 10만원초과			
	35.특별소득공제 계			2,646,760	2)고향사랑기부금 10만원이하 / 10만원초과			
36.차감소득금액				25,427,540	3)특례기부금(전액)			
	37.개인연금저축				4)우리사주조합기부금			
그 밖의 소득공제	38.소기업,소상공인 공제부금	2015년이전가입 / 2016년이후가입			5)일반기부금(종교단체외)			
	39.주택마련저축 소득공제	청약저축 / 주택청약 / 근로자주택마련			6)일반기부금(종교단체)			
	40.투자조합출자 등 소득공제				65.특별세액공제 계			317,400
	41.신용카드 등 사용액		29,000,000	3,770,000	66.표준세액공제			
	42.우리사주조합 출연금	일반 등 / 벤처 등			67.납세조합공제			
	43.고용유지중소기업근로자				68.주택차입금			
	44.장기집합투자증권저축				69.외국납부			
	45.청년형장기집합투자증권저축				70.월세액	7,200,000	7,200,000	1,011,231
	46.그 밖의 소득공제 계			3,770,000	71.세액공제 계			1,988,631

112회 전산세무2급 기출 해설

A형	[01]	[02]	[03]	[04]	[05]	[06]	[07]	[08]	[09]	[10]	[11]	[12]	[13]	[14]	[15]
	4	1	3	4	2	4	1	2	3	1	3	3	4	2	1

◆해설◆

01. 보고기간 종료일로부터 1년 이내 만기가 도래하는 만기보유증권의 경우 단기매매증권으로 분류 변경하지 아니하며, 유동자산의 만기보유증권으로 재분류하여 유동성대체 한다.

02. ■ 보험료 지출시점에 비용처리한 경우 미경과분을 선급비용(자산)으로 대체 처리한다.
    누락 회계처리 : (차) 선급비용(자산) ×××　　　(대) 보험료(비용) ×××
    ∴ 자산 과소계상, 비용 과대계상, 당기순이익 과소계상, 자본 과소계상, 부채 불변(영향 없음)

03. 자산의 원상회복, 수선유지를 위한 지출은 수익적 지출에 해당한다.

04. 용역제공거래의 성과를 신뢰성 있게 추정할 수 없고 발생한 원가의 회수가능성이 낮은 경우에도 발생한 원가는 비용으로 인식한다.

05. 회계연도의 이익을 줄이기 위해 유형자산의 내용연수를 임의로 단축하는 것은 회계처리의 오류이다.

06. 조업도가 증가하거나 감소하더라도 단위당 변동원가는 변함이 없다.

07. ■ 예정배부액 = 실제 직접노무시간 10,000시간 × 제조간접원가 배부율 2,000원 = 20,000,000원
    ■ 제조간접원가 배부차이
      = 예정배부액 20,000,000원 − 실제발생액 18,000,000원 = 2,000,000원 과대배부

08. ■ 완성품수량 4,500개
      = 기초재공품 500개 + 당기착수량 5,000개 − 기말재공품 300개 − 공손품수량 700개
    ■ 정상공손수량 = 당기완성품 4,500개 × 10% = 450개
    ■ 비정상공손수량 = 공손품 700개 − 정상공손수량 450개 = 250개

09. ③은 종합원가계산에 대한 설명이다.

10. ■ 완성품수량 = 기초재공품 1,000개 + 당기착수 3,000개 − 기말재공품 2,000개 = 2,000개
    ∴ 완성품환산량(평균법) = 완성품수량 2,000개 + (기말재공품 2,000개 × 40%) = 2,800개

11. 간이과세자는 세금계산서를 발급받은 재화의 공급대가에 0.5%를 곱한 금액을 납부세액에서 공제한다.

12. 의제매입세액의 공제대상이 되는 원재료의 매입가액은 운임 등의 부대비용을 제외한 매입원가로 한다.

13. 근로자의 가족에 대한 학자금은 근로소득으로 과세한다.

14. 근로소득과 사업소득이 있는 경우 과세표준확정신고의 예외에 해당하지 않으므로 반드시 확정신고를 해야 한다.

15. 총급여액 5,000,000원 이하의 근로소득만 있는 자가 기본공제 대상자에 해당하며, 근로소득금액 500만원이면 총급여액은 10,833,333원이 되므로 기본공제대상자가 될 수 없다.

실무문제 해설

문제 1 일반전표입력

NO	월	일	구분	계정과목	거래처	차변	대변
[1]	6	12	차변	단기매매증권		10,000,000	
			차변	수수료비용(984)		100,000	
			대변	보통예금			10,100,000

- 단기매매증권 매입수수료는 영업외비용(수수료비용)으로 처리한다.

[2]	7	9	차변	예수금		3,300,000	
			대변	보통예금			3,300,000
[3]	7	21	차변	토 지		370,000,000	
			대변	자산수증이익			350,000,000
			대변	보통예금			20,000,000
[4]	9	20	차변	보통예금		34,100,000	
			차변	사채할인발행차금		900,000	
			대변	사 채			35,000,000
[5]	10	21	차변	보통예금		125,000,000	
			대변	외상매출금	(주)도담		115,000,000
			대변	외환차익			10,000,000

- 외환차익 = $100,000 × (1,250원 − 1,150원) = 10,000,000원

문제 2 매입매출전표입력

NO	일자	유형	품목	공급가액	부가세	공급처명	전자	분개
[1]	7/2	51.과세	부품교체	15,000,000	1,500,000	대보상사		혼합

	구분	계정과목	거래처	차변	대변
[1]	차변	부가세대급금	대보상사	1,500,000	
	차변	기계장치	대보상사	15,000,000	
	대변	당좌예금	대보상사		16,500,000

NO	일자	유형	품목	공급가액	부가세	공급처명	전자	분개
	7/24	61.현과	야식	80,000	8,000	참맛식당		현금(혼합)

[2]	구분	계정과목	거래처	차변	대변
	출금	부가세대급금	참맛식당	8,000	(현금)
	출금	복리후생비(판)	참맛식당	80,000	(현금)

NO	일자	유형	품목	공급가액	부가세	공급처명	전자	분개
	8/1	54.불공	승용차	25,000,000	2,500,000	(주)빠름자동차	여	혼합

	불공제 사유	③ 개별소비세법 제1조제2항제3호에 따른 자동차 구입·유지 및 임차

[3]	구분	계정과목	거래처	차변	대변
	차변	차량운반구	(주)빠름자동차	27,500,000	
	대변	보통예금	(주)빠름자동차		3,000,000
	대변	미지급금	(주)빠름자동차		24,500,000

NO	일자	유형	품목	공급가액	부가세	공급처명	전자	분개
	8/17	11.과세	제품	40,000,000	4,000,000	(주)더뷰상사	여	혼합

[4]	구분	계정과목	거래처	차변	대변
	대변	부가세예수금	(주)더뷰상사		4,000,000
	대변	제품매출	(주)더뷰상사		40,000,000
	차변	보통예금	(주)더뷰상사	12,000,000	
	차변	외상매출금	(주)더뷰상사	32,000,000	

NO	일자	유형	품목	공급가액	부가세	공급처명	전자	분개
	11/30	16.수출	제품	78,600,000	0	KYM사		혼합

	영세율 구분	① 직접수출(대행수출 포함)
	수출신고번호	생략

[5]	구분	계정과목	거래처	차변	대변
	차변	외상매출금	KYM사	39,300,000	
	차변	보통예금	KYM사	39,300,000	
	대변	제품매출	KYM사		78,600,000

■ 과세표준 = $60,000 × 1,310원/$(선적일) = 78,600,000원

112회 기출문제 해설

문제 3 부가가치세 신고

[1] 부동산임대공급가액명세서(조회기간 : 2025년 10월 ~ 2025년 12월)

| 조회기간 | 2025년 10월 ~ 2025년 12월 | 2기 확정 | | 일수확인 | 적용이자율 | 3.1% |

No	코드	거래처명(임차인)	동	층	호
1	0219	(주)삼정테크	2	1	103
2					

등록사항

1. 사업자등록번호: 502-86-56232
2. 주민등록번호: ------- -------
3. 면적(m²): 100.00 m²
4. 용도: 사무실
5. 임대기간에 따른 계약 내용

계약갱신일	임대기간
	2023-11-01 ~ 2025-10-31
2025-11-01	2025-11-01 ~ 2027-10-31

6.계약내용	금액	당해과세기간계	
보 증 금	50,000,000	50,000,000	
월 세	2,000,000	2,000,000	
관 리 비	500,000	500,000	
7.간주 임대료	131,643	131,643	31 일
8.과 세 표 준	2,631,643	2,631,643	

소 계

월 세	2,000,000	관 리 비	500,000
간주임대료	131,643	과 세 표 준	2,631,643

6.계약내용	금액	당해과세기간계	
보 증 금	60,000,000	60,000,000	
월 세	2,000,000	4,000,000	
관 리 비	500,000	1,000,000	
7.간주 임대료	310,849	310,849	61 일
8.과 세 표 준	2,810,849	5,310,849	

소 계

월 세	6,000,000	관 리 비	1,500,000
간주임대료	442,492	과 세 표 준	7,942,492

전 체 합 계

| 월세등 | 7,500,000 | 간주임대료 | 442,492 | 과세표준(계) | 7,942,492 |

[2] 부가가치세신고서 작성(조회기간 : 2025년 1월 1일 ~ 2025년 3월 31일)

정기신고금액

	구분		금액	세율	세액
과세표준및매출세액	과세	세금계산서발급분	1	350,000,000	10/100	35,000,000
		매입자발행세금계산서	2		10/100	
		신용카드·현금영수증발행분	3	12,000,000	10/100	1,200,000
		기타(정규영수증외매출분)	4	287,600		28,760
	영세	세금계산서발급분	5		0/100	
		기타	6		0/100	
	예정신고누락분		7			
	대손세액가감		8			
	합계		9	362,287,600	㉮	36,228,760
매입세액	세금계산서수취분	일반매입	10	110,000,000		11,000,000
		수출기업수입분납부유예	10-1			
		고정자산매입	11	40,000,000		4,000,000
	예정신고누락분		12			
	매입자발행세금계산서		13			
	그 밖의 공제매입세액		14	45,000,000		4,500,000
	합계(10)-(10-1)+(11)+(12)+(13)+(14)		15	195,000,000		19,500,000
	공제받지못할매입세액		16	40,350,000		4,035,000
	차감계 (15-16)		17	154,650,000	㉯	15,465,000
납부(환급)세액(매출세액㉮-매입세액㉯)					㉰	20,763,760
경감공제세액	그 밖의 경감·공제세액		18			
	신용카드매출전표등 발행공제등		19	13,200,000		
	합계		20		㉱	
소규모 개인사업자 부가가치세 감면세액			20-1		㉲	
예정신고미환급세액			21		㉳	
예정고지세액			22		㉴	
사업양수자의 대리납부 기납부세액			23		㉵	
매입자 납부특례 기납부세액			24		㉶	
신용카드업자의 대리납부 기납부세액			25		㉷	
가산세액계			26		㉸	
차가감하여 납부할세액(환급받을세액)㉰-㉱-㉲-㉳-㉴-㉵-㉶-㉷+㉸			27			20,763,760
총괄납부사업자가 납부할 세액(환급받을 세액)						

14. 그 밖의 공제매입세액

구분			금액	세율	세액
신용카드매출수령금액합계표	일반매입	41	45,000,000		4,500,000
	고정매입	42			
의제매입세액		43		뒤쪽	
재활용폐자원등매입세액		44		뒤쪽	
과세사업전환매입세액		45			
재고매입세액		46			
변제대손세액		47			
외국인관광객에대한환급세액		48			
합계		49	45,000,000		4,500,000

16. 공제받지못할매입세액

구분		금액	세율	세액
공제받지못할 매입세액	50	40,350,000		4,035,000
공통매입세액면세등사업분	51			
대손처분받은세액	52			
합계	53	40,350,000		4,035,000

① "신용카드 · 현금영수증발행분(3)"란에 입력한 공급대가 금액을 "신용카드매출전표등 발행공제등(19)"란도 입력하여야 하며, **시험은 별도의 문구가 없는 경우 채점에는 영향을 주지 않는다.**

② 간주임대료 과세표준은 세금계산서 발급면제이므로 "기타(정규영수증외매출분)(4)"란에 입력한다.

③ 토지취득 관련 법무사비용은 토지의 취득원가에 가산하는 것으로 매입세액은 공제받을 수 없다. 토지는 감가상각자산이 아니므로 "일반매입(10)"란에 입력하고 공제받지 못할 매입세액(16란 → 50란)으로 입력한다.

④ 개별소비세 과세 대상 업무용승용차 구입은 "고정자산매입(11)"란에 입력하고 공제받지 못할 매입세액(16란 → 50란)으로 입력한다.

- 공제받지 못할 매입세액 = 토지 350,000원 + 차량운반구 40,000,000원 = 40,350,000원

⑤ 신용카드 일반매입 중 기업업무추진비 관련 매입액은 불공제 매입세액으로 일반전표에 입력하여 전액 비용처리하므로 이를 차감한 금액을 그 밖의 공제매입세액(14란 → 41란)으로 입력한다.

- 신용카드 일반매입 = 50,000,000원 − 기업업무추진비 5,000,000원 = 45,000,000원

[3] 부가가치세 전자신고(조회기간 : 2025년 4월 1일 ~ 2025년 6월 30일)

(1) 부가가치세신고서 및 관련 부속서류 마감 확인

① [CF2 부가세작성관리] 버튼을 클릭하여 해당 과세기간의 마감여부를 확인할 수 있으며 [확인(Tab)] 버튼을 누르면 마감한 부가가치세신고서가 조회된다.

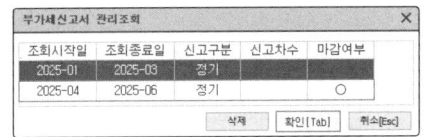

② 또는 조회기간을 입력하여 조회한 후 상단의 [F3 마감취소] 버튼을 클릭하면 부가가치세 신고서 및 부속서류 마감사항을 확인할 수 있다.

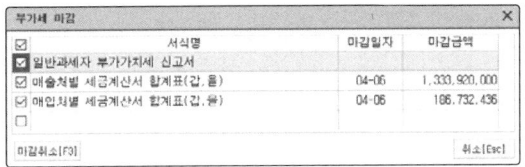

(2) 전자신고 데이터 제작

회사를 선택하고 상단의 [F4 제작] 버튼을 누른 후 **비밀번호(13001300)**를 입력하여 제작한다.

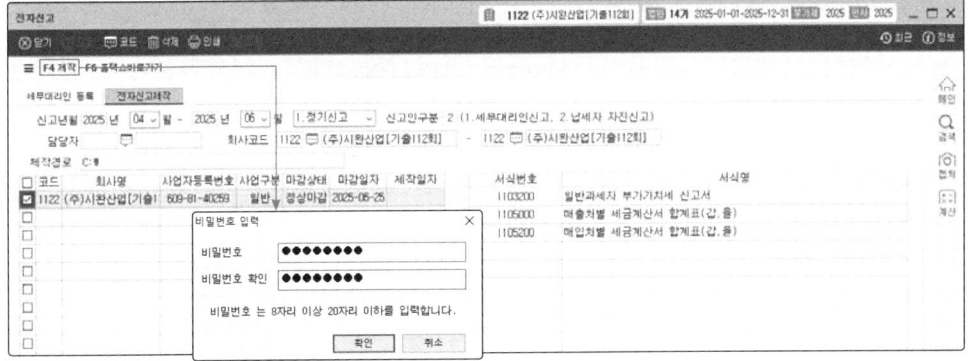

112회 기출문제 해설

(3) 국세청 홈택스 전자신고

① 부가가치세 신고 : 세금신고 → [01.전자파일변환 – 변환대상파일선택]

  [찾아보기] 클릭 → [로컬디스크(C:)] → 파일명 : enc작성연월일.101.v6098140259

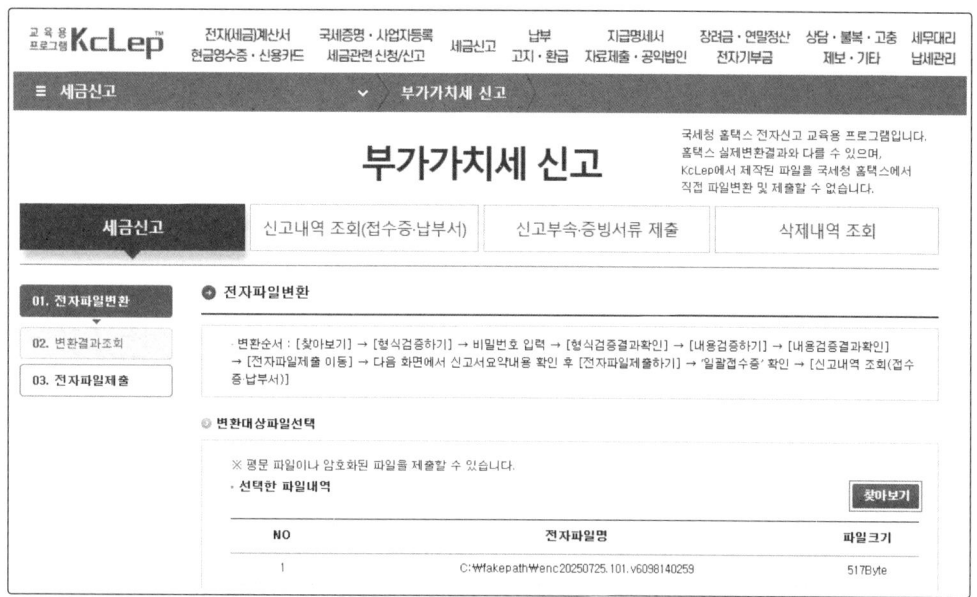

② 부가가치세 신고 : 세금신고 → [01.전자파일변환 – 처리내역]

  [형식검증하기] : 비밀번호(13001300) 입력 → [형식검증결과확인] : 오류 유무 확인 → [내용검증하기]
  → [내용검증결과확인] : 오류 유무 확인 → [전자파일제출]

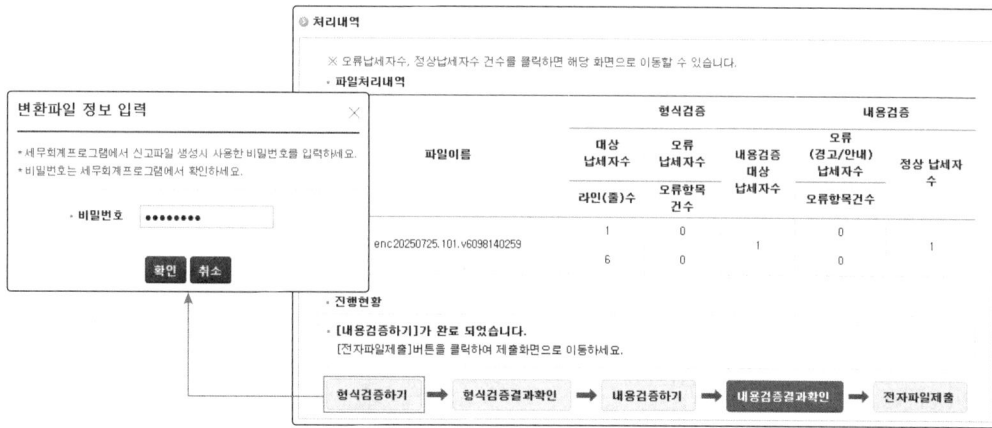

③ 부가가치세 신고 : 세금신고 → 03.전자파일제출

[전자파일 제출하기] > 부가가치세 신고서 접수증 확인

문제 14 결산정리사항

[1] 수동결산 – 일반전표입력

월	일	구분	계정과목	거래처	차변	대변
12	31	차변	매도가능증권(178)		1,200,000	
		대변	매도가능증권평가이익			1,200,000

■ 매도가능증권평가이익 = (10,000주 × 850원) − 7,300,000원 = 1,200,000원

112회 기출문제 해설

[2] 수동결산 - 일반전표입력

월	일	구분	계정과목	거래처	차변	대변
12	31	차변	잡손실		102,000	
		대변	현금과부족			102,000

[3] 수동결산 - 일반전표입력

월	일	구분	계정과목	거래처	차변	대변
12	31	차변	보통예금	우리은행	35,423,800	
		대변	단기차입금	우리은행		35,423,800

- 보통예금 계정과목에도 거래처를 입력하여야 하나 확정답안에서는 공지하지 않았으므로 입력하지 않아도 무방함

[4] 수동결산 - 일반전표입력

월	일	구분	계정과목	거래처	차변	대변
12	31	차변	선급비용		200,000	
		대변	보험료(판)			200,000

- 선급비용(미경과분) = 1,200,000원 × 2개월/12개월 = 200,000원

[5] 자동결산 - 결산자료입력

- 퇴직급여(제) : (300,000,000원 × 100%) − 60,000,000원 = 240,000,000원
- 퇴직급여(판) : (100,000,000원 × 100%) − 20,000,000원 = 80,000,000원

방법 1 : 결산자료입력 메뉴의 상단 [퇴직충당] 버튼을 클릭하여 퇴직급여추계액란의 [508.퇴직급여 : 300,000,000 원, 806.퇴직급여 : 100,000,000원]을 입력하고 추가설정액이 확정되면 [결산반영] 버튼을 눌러 "결산반 영금액"란에 반영하여 전표추가를 한다.

방법 2 : 결산자료입력 메뉴 제품매출원가의 3)노무비에 [2).퇴직급여(전입액) : 240,000,000원], 판매비와일반관 리비의 [2).퇴직급여(전입액) : 80,000,000원]을 입력한 후 결산자료 입력의 전표추가를 한다.

방법 3 : 결산일(12월 31일)에 일반전표입력에 직접 입력

월	일	구분	계정과목	거래처	차변	대변
12	31	차변	퇴직급여(제)		240,000,000	
		차변	퇴직급여(판)		80,000,000	
		대변	퇴직급여충당부채			320,000,000

문제 15 원천징수

[1] 급여자료입력 및 원천징수이행상황신고서

(1) 급여자료입력

① 수당공제등록
- 현물식사를 제공받고 있으므로 식대로 제공받는 금액은 과세이다.
- 연구활동에 직접 종사하는 자에게 지급하는 연구보조비는 비과세한다.
- 육아수당은 6세 이하 자녀가 있는 근로자가 받는 금액 중 월 20만원을 비과세한다.

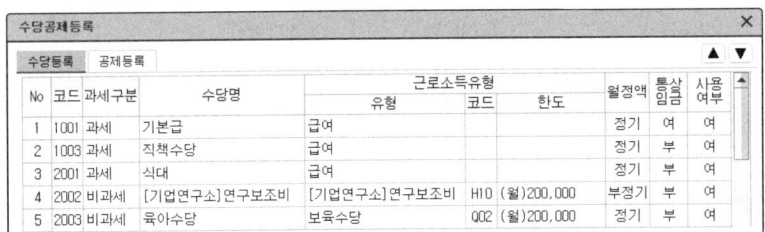

② 급여 자료(귀속년월 : 2025년 07월, 지급년월일 : 2025년 07월 31일)

사번	사원명	감면율	급여항목	금액	공제항목	금액
102	박정수		기본급	2,000,000	국민연금	112,500
			직책수당	300,000	건강보험	88,620
			식대	200,000	장기요양보험	11,470
			[기업연구소]연구보조비	200,000	고용보험	22,500
			육아수당	200,000	소득세(100%)	35,600
					지방소득세	3,560
					농특세	
			과 세	2,500,000		
			비 과 세	400,000	공 제 총 액	274,250
총인원(퇴사자)	1(0)		지 급 총 액	2,900,000	차 인 지 급 액	2,625,750

(2) 원천징수이행상황신고서

- 귀속기간(2025년 07월 ~ 2025년 07월), 지급기간(2025년 07월 ~ 2025년 07월), 신고구분(1.정기신고)을 입력하여 조회한 후 "12.전월미환급"란에 150,000원을 입력한다.

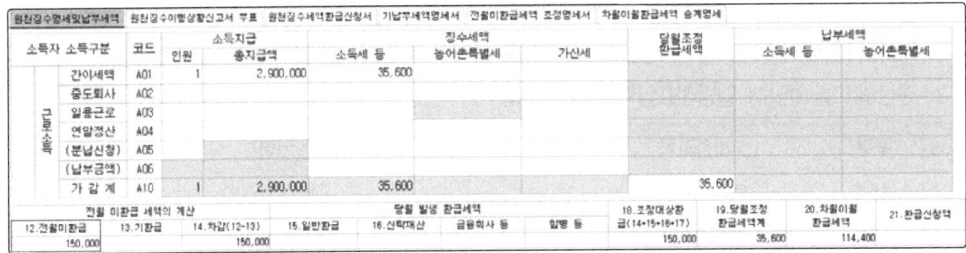

112회 기출문제 해설

[2] 연말정산추가자료입력

(1) [소득명세] TAB : 전근무지 자료 입력 시 기납부세액은 '**결정세액**'을 입력한다.

소득명세	부양가족	신용카드 등	의료비	기부금	연금저축 등I	연금저축 등II	월세액	연말정산입력
구분		합계		주(현)		납세조합		종(전) [1/2]

	구분		합계	주(현)	납세조합	종(전) [1/2]
소 득 명 세	9.근무처명			(주)시환산업[기출112회]		(주)강일전자
	9-1.종교관련 종사자			부		부
	10.사업자등록번호			609-81-40259	---–--–-----	205-85-11389
	11.근무기간			2025-09-20 ~ 2025-12-31	----–--–-- ~ ----–--–--	2025-01-01 ~ 2025-09-19
	12.감면기간			----–--–-- ~ ----–--–--	----–--–-- ~ ----–--–--	----–--–-- ~ ----–--–--
	13-1.급여(급여자료입력)		50,750,000	17,500,000		33,250,000
	13-2.비과세한도초과액					
	13-3.과세대상추가(인정상여추가)					
	14.상여		8,500,000			8,500,000
	15.인정상여					
	15-1.주식매수선택권행사이익					
	15-2.우리사주조합 인출금					
	15-3.임원퇴직소득금액한도초과액					
	15-4.직무발명보상금					
	16.계		59,250,000	17,500,000		41,750,000
공 제 보 험 료 명 세	직장	건강보험료(직장)(33)	2,056,052	620,372		1,435,680
		장기요양보험료(33)	263,310	79,440		183,870
		고용보험료(33)	504,500	140,000		364,500
		국민연금보험료(31)	2,610,000	787,500		1,822,500
	공적 연금 보험료	공무원 연금(32)				
		군인연금(32)				
		사립학교교직원연금(32)				
		별정우체국연금(32)				
세 액 명 세	기납부세액	소득세	1,301,080	976,080		325,000
		지방소득세	130,100	97,600		32,500
		농어촌특별세				
	납부특례세액	소득세				
		지방소득세				
		농어촌특별세				

(2) [부양가족] TAB : 인적공제

① 여민지(배우자) : 총급여 500만원 이하는 기본공제 가능
② 김수지(자녀) : 일시적인 문예창작소득 50만원은 기타소득 분리과세로 기본공제 가능
③ 한미녀(모친) : 기본공제유형 60세이상 또는 장애인 선택

장애인은 나이의 제한이 없으며, 원천징수 대상 금융소득금액 2,000만원 이하는 분리과세로 기본공제 및 장애인(1) 추가공제 가능

소득명세	부양가족	신용카드 등	의료비	기부금	연금저축 등I	연금저축 등II	월세액	출산지원금	연말정산입력

연말관계	성명	내/외국인	주민(외국인)번호	나이	소득기준초과여부	기본공제	세대주구분	부녀자	한부모	경로우대	장애인	자녀	출산입양	결혼세액
0	김민수	내	1 800205-1884520	45		본인	세대주							
3	여민지	내	1 830120-2118534	42		배우자								
4	김수지	내	1 120810-4988231	13		20세이하						○		
4	김지민	내	1 140520-3118523	11		20세이하						○		
1	한미녀	내	1 571211-2113255	68		60세이상					1			
		합 계 [명]				5					1	2		

(3) [부양가족] TAB : 보험료 및 교육비 세액공제 추가입력

보험료	• 동일인 · 동일보험증권이 아닌 경우 일반보장성보험과 장애인전용보장성보험 중복공제 가능 • 김민수(일반보장성) 115만원, 한미녀(장애인전용) 120만원 입력
교육비	• 학원비는 취학전 아동에 한하여 공제가 가능하므로 영어 및 태권도 학원비 공제 제외 • 김수지(자녀) : 수업료 20만원(2.초중고) 입력 • 김지민(자녀) : 체험학습비는 1인당 30만원 한도내 금액만 공제가능하므로 30만원(2.초중고) 입력 • 한미녀(모친) : 직계존속 일반교육비는 공제 배제(다만, 장애인 특수교육비는 공제가능)

(4) 신용카드 등 TAB : 부양가족 TAB 더블클릭 또는 직접 선택

■ 신용카드 등 사용액에 대한 소득공제와 의료비 세액공제는 중복공제가 허용되므로 공제 가능

	성명 생년월일	자료 구분	신용카드	직불,선불	현금영수증	도서등 신용	도서등 직불	도서등 현금	전통시장	대중교통	합계
□	김민수 1980-02-05	국세청 기타	19,870,000						5,200,000	7,500,000	32,570,000
□	한미녀 1957-12-11	국세청 기타			5,000,000						5,000,000
□	여민지 1983-01-20	국세청 기타		12,000,000							12,000,000
□											
	합계		19,870,000	12,000,000	5,000,000				5,200,000	7,500,000	49,570,000
	총급여				59,250,000	신용카드 등 최소금액(총급여의 25%)					14,812,500

112회 기출문제 해설

(5) [의료비] TAB : 부양가족 TAB 더블클릭 또는 직접 선택

① 여민지(배우자) : 실손보험수령액은 지출액에서 공제하지 않고 전액 입력한다.
② 김수지(자녀) : 시력보정용 안경 또는 콘택트렌즈를 구입하기 위하여 지출한 비용은 기본공제대상자 1명당 연 50만원까지 공제대상 의료비 지출액으로 한다.

| 소득명세 | 부양가족 | 신용카드 등 | 의료비 | 기부금 | 연금저축 등Ⅰ | 연금저축 등Ⅱ | 월세액 | 출산지원금 | 연말정산입력 |

2025년 의료비 지급명세서

	의료비 공제대상자				지급처			지급명세				14.산후조리원
□	성명	내/외	5.주민등록번호	6.본인등해당여부	9.증빙코드	8.상호	7.사업자등록번호	10.건수	11.금액	11-1.실손보험수령액	12.미숙아선천성이상아	13.난임여부	
□	여민지	내	830120-2118534	3	X	1			3,000,000	1,000,000	X	X	X
□	김수지	내	120810-4988231	3	X	1			500,000		X	X	X
				합계					3,500,000	1,000,000			
	일반의료비(본인)		6세이하,65세이상인건강보험산정특례자장애인			일반의료비(그 외)			3,500,000	난임시술비미숙아.선천성이상아			

(6) 연말정산입력 TAB : [F8 부양가족탭불러오기] 버튼을 클릭하여 부양가족 TAB 자료 반영

| 소득명세 | 부양가족 | 신용카드 등 | 의료비 | 기부금 | 연금저축 등Ⅰ | 연금저축 등Ⅱ | 월세액 | 출산지원금 | 연말정산입력 |

	구분		지출액	공제금액		구분		지출액	공제대상금액	공제금액
	21.총급여			59,250,000		48.종합소득 과세표준				25,603,638
	22.근로소득공제			12,712,500		49.산출세액	▶			2,580,545
	23.근로소득금액			46,537,500		50.「소득세법」	▶			
기본공제	24.본인			1,500,000	세액감면	51.「조세특례제한법」(52제외)	▶			
	25.배우자			1,500,000						
	26.부양가족	3명)		4,500,000		52.「조세특례제한법」제30조	▶			
추가공제	27.경로우대	명)				53.조세조약	▶			
	28.장애인	1명)		2,000,000		54.세액감면 계				
	29.부녀자					55.근로소득 세액공제	▶			660,000
	30.한부모가족					56.결혼세액공제	부			
연금보험료공제	31.국민연금보험료		2,610,000	2,610,000		57.자녀 ㉮자녀 세액공제 ㉯ 출산.입양	2명) 명)			550,000
	32. 공적연금보험료공제	공무원연금				58.과학기술공제				
		군인연금			세액공제	59.근로자퇴직연금				
		사립학교교직원				60.연금저축				
		별정우체국연금				60-1.ISA연금계좌전환				
특별소득공제	33.보험료		2,823,862	2,823,862		61.보장 일반	1,150,000	1,150,000	1,000,000	120,000
	건강보험료		2,319,362	2,319,362		성보험 장애인	1,200,000	1,200,000	1,000,000	150,000
	고용보험료		504,500	504,500	특별세액공제	62.의료비	3,500,000	3,500,000	722,500	108,375
	34.주택차입금	대출기관				63.교육비	500,000	500,000	500,000	75,000
	원리금상환액	거주자				64.기부금				
	35.장기주택저당차입금이자상					1)정치자금기부금	10만원이하 10만원초과			
	35.특별소득공제 계			2,823,862		2)고향사랑기부금	10만원이하 10만원초과			
	36.차감소득금액			31,603,638						
그밖의소득공제	37.개인연금저축					3)특례기부금(전액)				
	38.소기업,소상공인 공제부금	2015년이전가입 2016년이후가입				4)우리사주조합기부금				
	39.주택마련저축소득공제	청약저축 주택청약 근로자주택마련				5)일반기부금(종교단체외)				
	40.투자조합출자 등 소득공제					6)일반기부금(종교단체)				
	41.신용카드 등 사용액		49,570,000	6,000,000		65.특별세액공제 계				453,375

MEMO

* 저자약력

황향숙

약력
- 호남대학교 산업경영대학원 석사(졸업)
- (주)더존비즈아카데미 강사
- (재)현대직업전문학교 강사
- (재)중앙전산직업전문학교 강사
- 한국직업전문학교 강사
- 경기도일자리재단 여성능력개발본부 강사
- 강서여성인력개발센터 강사
- 정명정보고 직무연수 강사
- 신정여상 취업연수 강사
- NYK Corption 관리부 팀장
- 제이더블유어패럴(주) 팀장
- (주)태평양물산 관리부
- (주)더존비즈온 지식서비스센터 강사
- (주)더존에듀캠 재경캠퍼스 강사
- (주)더존에듀캠 평생교육원 강사
- 한국생산성본부 ERP 연수 강사
- EBS 직업교육 ERP정보관리사 동영상 강의
- (주)이패스코리아 ERP정보관리사 동영상 강의
- (주)토마토패스 전산세무회계 동영상 강의
- 한국산업인력공단 주관 청년취업아카데미 산학협력 교수
- 대한상공회의소 직무 강사

저서
- PERFECT 전산세무 1급(도서출판 배움)
- PERFECT 전산세무 2급(도서출판 배움)
- PERFECT 전산회계 1급(도서출판 배움)
- PERFECT 전산회계 2급(도서출판 배움)
- PERFECT 전산회계 1급 FINAL(도서출판 배움)
- PERFECT 전산세무 2급 FINAL(도서출판 배움)
- ERP정보관리사 회계·인사 1급(지식과경영)
- ERP정보관리사 회계·인사 2급(지식과경영)
- ERP정보관리사 물류·생산 1급(지식과경영)
- ERP정보관리사 물류·생산 2급(지식과경영)
- TAT 세무실무 2급(지식과경영)
- FAT 회계실무 1급(지식과경영)
- FAT 회계실무 2급(지식과경영)
- 기업자원통합관리 고등학교인정도서(지식과경영)
- 회계정보처리시스템 고등학교인정도서(지식과경영)

성명 또는 카페닉네임	

2025 Perfect 전산세무 2급

8판 발행 : 2025년 2월 27일
8판2쇄 발행 : 2025년 6월 2일
저 자 : 황향숙
발 행 인 : 박성준
발 행 처 : 도서출판배움
등 록 : 제2017-000124호
주 소 : 경기도 성남시 분당구 성남대로 2번길 6 LG트윈하우스 120호
전 화 : (031)712-9750
팩 스 : (031)712-9751
홈페이지 : WWW.BOBOOK.CO.KR
정 가 : 29,000원
I S B N : 979-11-89986-58-2 13320

저자와의 협의하에 인지생략

도서출판 배움의 발행도서는 정확하고 권위있는 해설을 제공하고자 노력을 다하고 있습니다. 그럼에도 불구하고 본서가 모든 경우에 그 완전성을 항상 보장하는 것은 아니므로 실제 적용에 있어서는 최대한 주의를 기울이시고 필요한 경우 전문가와 사전논의를 거치시길 바랍니다. 또한 본서의 수록 내용은 특정사안에 대한 구체적인 의견제시가 될 수 없으므로 본서의 적용결과에 대하여 당사는 책임지지 아니합니다.

❉ 파본은 구입하신 서점이나 출판사에서 교환해 드립니다.